13TH EDITION

GATEWAYS TO PSYCHOLOGY
AN INTRODUCTION TO MIND AND BEHAVIOR

心理学导论
——思想与行为的认识之路

（第13版）

[美] 丹尼斯·库恩（Dennis Coon）
约翰·O. 米特雷尔（John O. Mitterer） 著

郑钢 等译

中国轻工业出版社　全国百佳图书出版单位

图书在版编目（CIP）数据

心理学导论：思想与行为的认识之路：第13版／（美）库恩(Coon, D.)等著；郑钢等译. —北京：中国轻工业出版社，2014.1（2024.9 重印）

ISBN 978-7-5019-9346-8

Ⅰ.①心… Ⅱ.①库…②郑… Ⅲ.①心理学 Ⅳ.①B84

中国版本图书馆CIP数据核字（2013）第148061号

版权声明

Gateways to Psychology: An Introduction to Mind and Behavior, 13th Edition
Dennis Coon, John O. Mitterer
郑钢等译

Copyright © 2013, 2010 by Wadsworth, a part of Cengage Learning.
Original edition published by Cengage Learning. All Rights reserved. 本书原版由圣智学习出版公司出版。
版权所有，盗印必究。

China Light Industry Press is authorized by Cengage Learning to publish and distribute exclusively this simplified Chinese edition. This edition is authorized for sale in the People's Republic of China only (excluding Hong Kong, Macao SAR and Taiwan). Unauthorized export of this edition is a violation of the Copyright Act. No part of this publication may be reproduced or distributed by any means, or stored in a database or retrieval system, without the prior written permission of the publisher.

本书中文简体字翻译版由圣智学习出版公司授权中国轻工业出版社独家出版发行。此版本仅限在中华人民共和国境内（不包括中国香港、澳门特别行政区及中国台湾）销售。未经授权的本书出口将被视为违反版权法的行为。未经出版者预先书面许可，不得以任何方式复制或发行本书的任何部分。

ISBN 978-7-5019-9346-8

本书封底贴有Cengage Learning防伪标签，无标签者不得销售。

责任编辑：孙蔚雯　　　　　　责任终审：杜文勇
策划编辑：戴　婕　孙蔚雯　　责任校对：刘志颖　　责任监印：吴维斌

出版发行：中国轻工业出版社（北京鲁谷东街5号，邮编：100040）
印　　刷：三河市鑫金马印装有限公司
经　　销：各地新华书店
版　　次：2024年9月第1版第17次印刷
开　　本：850×1092　1/16　印张：48.5　插页：10
字　　数：910千字
书　　号：ISBN 978-7-5019-9346-8　　定价：98.00元
读者热线：010-65181109
发行电话：010-85119832　010-85119912
网　　址：http://www.chlip.com.cn　http://www.wqedu.com
电子信箱：1012305542@qq.com
版权所有　侵权必究
如发现图书残缺请拨打读者热线联系调换
241868Y2C117ZYW

《心理学导论》（第13版）

国内知名学者应邀对本书的译稿进行了认真细致的审校，在此向他们表示衷心的感谢。各章审校人依次是：

导言	**心理学的学习方法**　彭凯平（清华大学）	10	**动机与情感**　周仁来（南京大学）
1	**什么是心理学**　周晓林（北京大学）	11	**性别与性**　胡佩诚（北京大学医学部）
2	**神经系统与心理学**　苏彦捷（北京大学）	12	**人格**
3	**毕生发展**　周宗奎（华中师范大学）	13	**健康心理学**　孙时进（复旦大学）
4	**感觉、知觉和现实**　沈模卫（浙江大学）	14	**变态心理学**　肖水源（中南大学）
5	**意识**　高定国（中山大学）	15	**心理治疗**　张　明（东北师范大学）
6	**学习类型**　梁宁建（华东师范大学）	16	**社会心理学**
7	**记忆**　罗跃嘉（深圳大学）	17	**亲社会行为和反社会行为**　乐国安（南开大学）
8	**认知**　孙健敏（中国人民大学）	18	**生活中的心理学**　钟　年（武汉大学）
9	**智力**　张庆林（西南大学）		

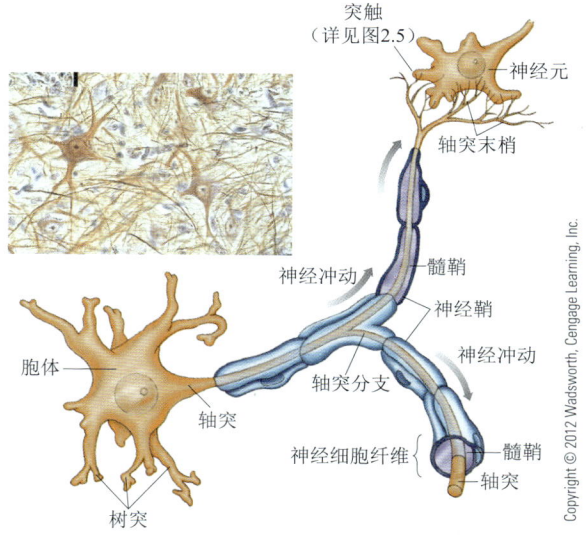

彩图 2.1 一个神经元。左上图为脑组织中的神经元形态。右图为一个运动神经元的剖面图解。神经冲动通过树突传入细胞体,再通过轴突传至神经末梢。运动神经元聚集在大脑或脊髓中,其轴突延伸至肌肉或腺体。

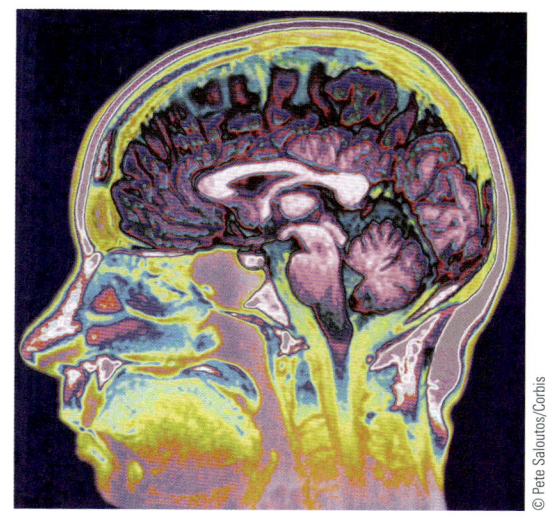

彩图 2.10 一张磁共振成像的大脑彩图能揭示许多细节。你能从中区分出不同的脑区吗?

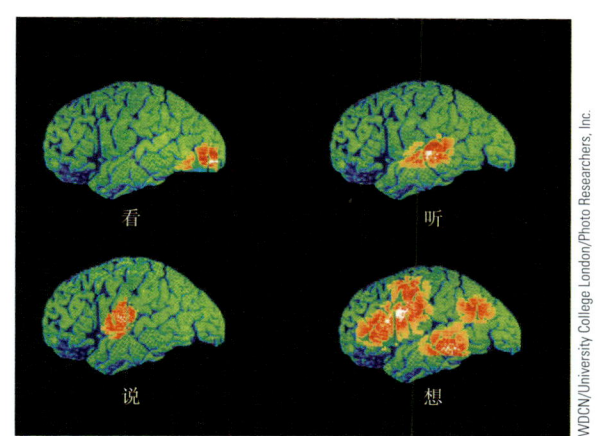

彩图 2.13 彩色 PET 扫描发现不同任务状态下的不同脑激活模式

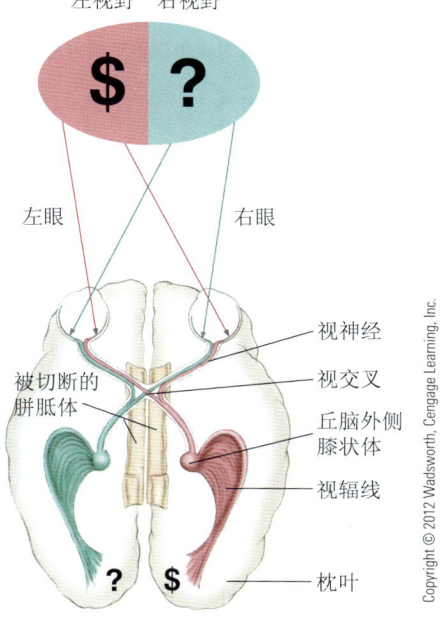

彩图 2.16 视觉神经通路示意图。可以看到,两只眼睛的左侧部分都与大脑左半球相连,右侧部分与大脑右半球相连。当胼胝体被切断后,一个人便成为割裂脑人。视觉信息可以直接传到一侧半球,或在割裂脑人向前直视的状态下,通过在右视野或左视野呈现视觉信息,将信息传递到对侧半球的枕叶视区。

左脑功能
- 语言加工
- 言语
- 写作
- 计算
- 时间感
- 节奏感
- 复杂运动控制

右脑功能
- 非言语加工
- 知觉技能
- 形象化
- 模式、面孔及音调识别
- 情绪的识别和表达
- 空间技能
- 简单语言理解

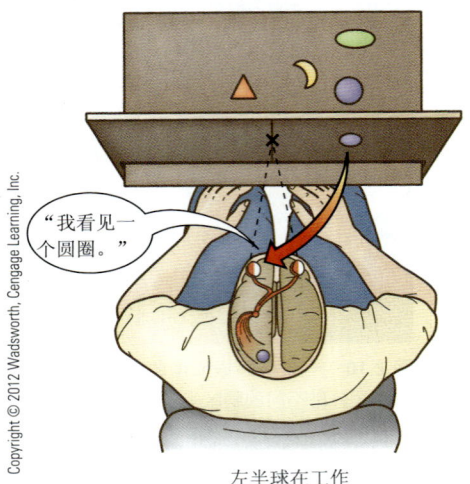

左半球在工作 　　　　　　　　　　　右半球在工作

彩图 2.17 对割裂脑病人左脑呈现一个圆形，然后问他看见了什么，他立马回答："一个圆"。他也能用右手在视野外单靠触摸挑出其中的圆形，但他的左手不能。而如果在他的右脑呈现一个三角形，他却不能说出图形的形状（左半球负责言语），也不能用右手在视野外挑出三角形，但是左手可以。在其他测试中，两半球也会表现出许多不同的技能，如图中所列举的。

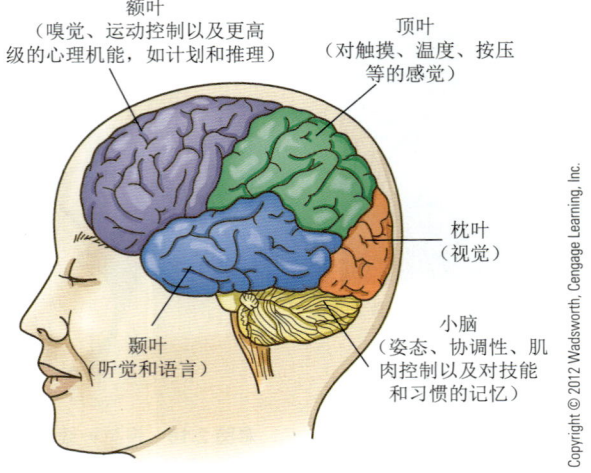

彩图 2.19 大脑皮质的脑叶及小脑位置图

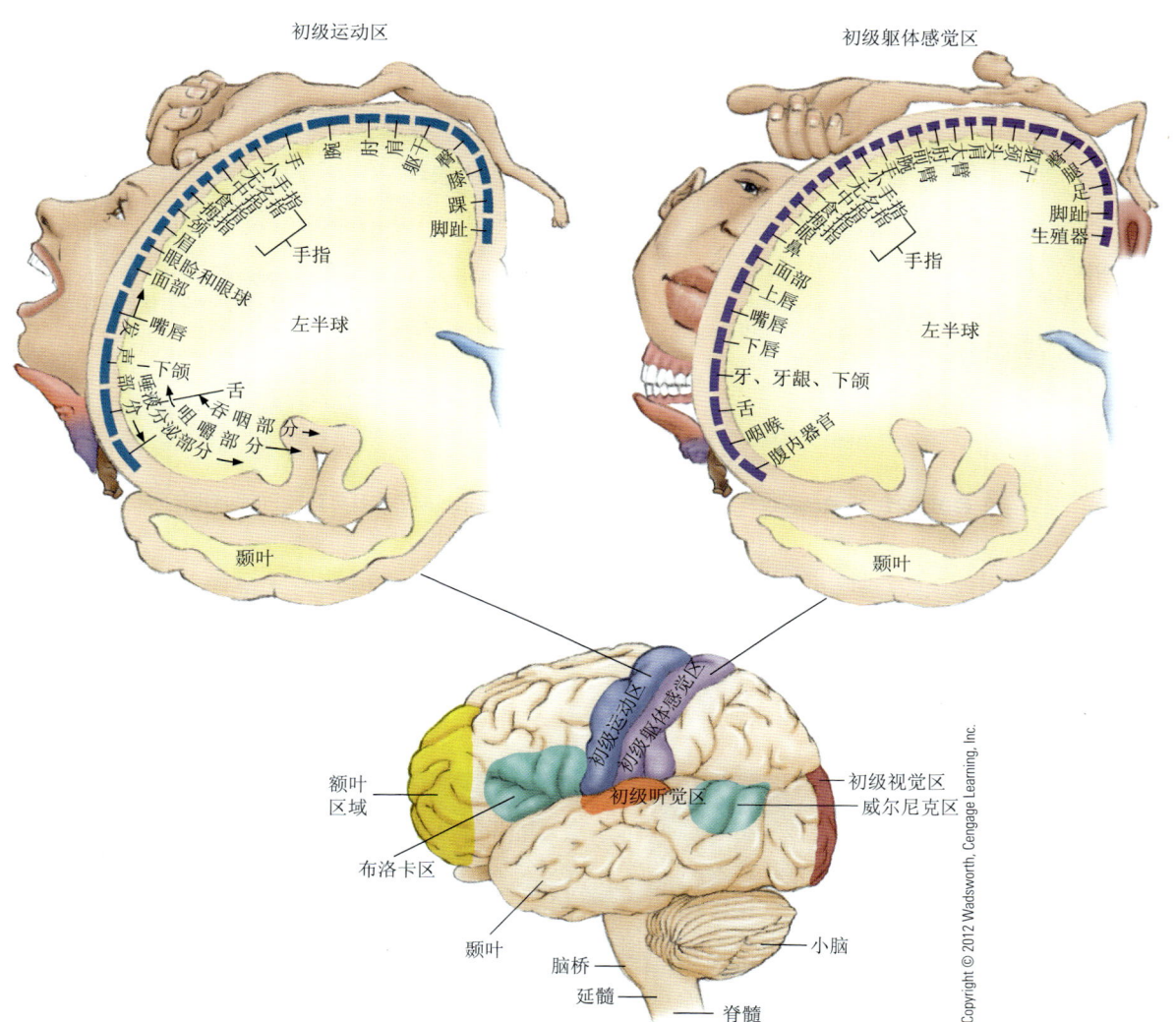

彩图 2.20 大脑皮质的脑叶与初级运动区、初级躯体感觉区、初级视觉区以及初级听觉区示意图。上面两幅图，展示了不同躯体部分的感觉中枢和运动中枢在皮质上的分布。（两幅大脑皮质的剖面图都被翻转了 90°，相当于从背后观察大脑皮质的这两个剖面。）

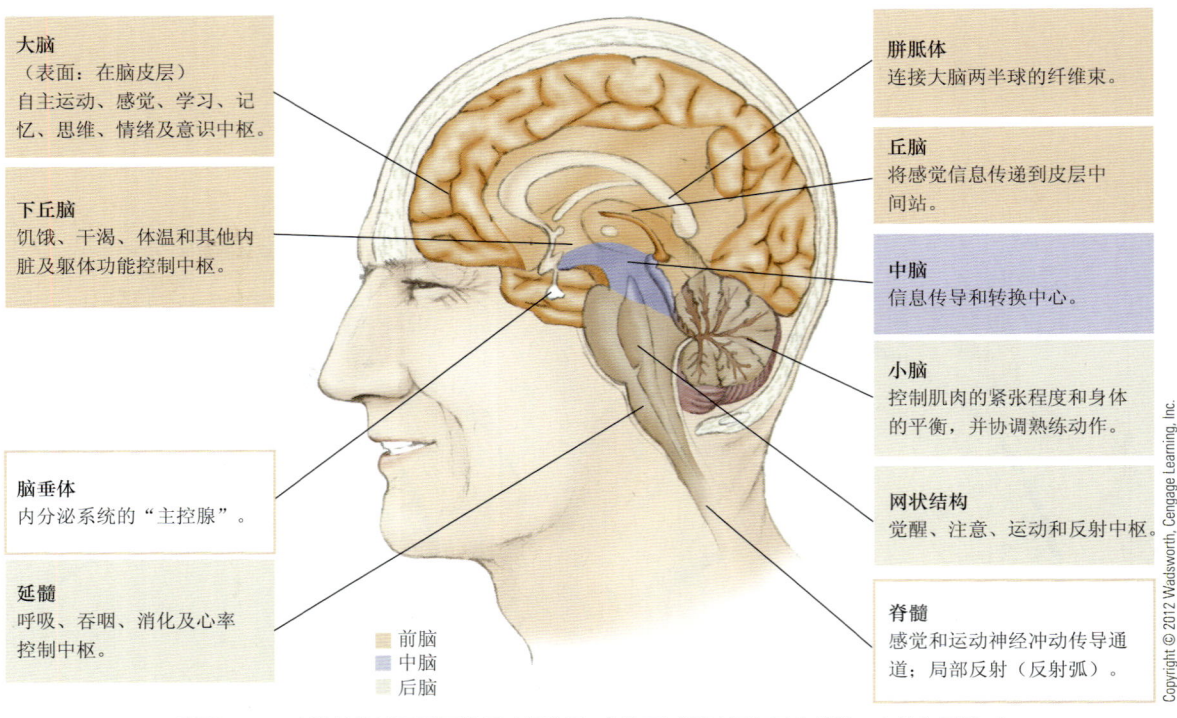

彩图 2.21 人脑结构以及重要脑区功能简图。(你可以通过颜色区分前脑、中脑和后脑。)

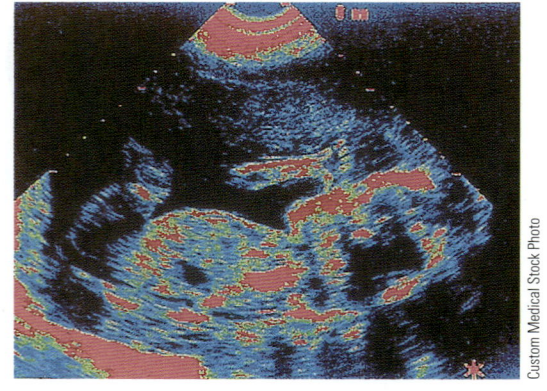

彩图 2.25 从这张超声波图可以看到一个 4 个月大的胎儿在吮吸它的右手拇指。英国心理学家 Peter Hepper 的研究表明。这个胎儿在出生以后会继续表现出右手偏好,最终成为右利手者。

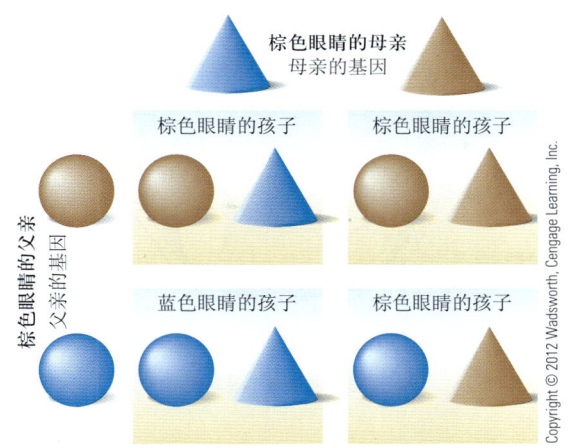

彩图 3.3 棕色眼睛的父母生下的孩子的基因模式。父母各有一个棕色眼睛基因和一个蓝色眼睛基因。因为棕色眼睛基因是显性的,所以平均四个孩子里有一个可能是蓝色眼睛。这样的话,两个都是棕色眼睛的父母是有可能生出蓝色眼睛的孩子的。

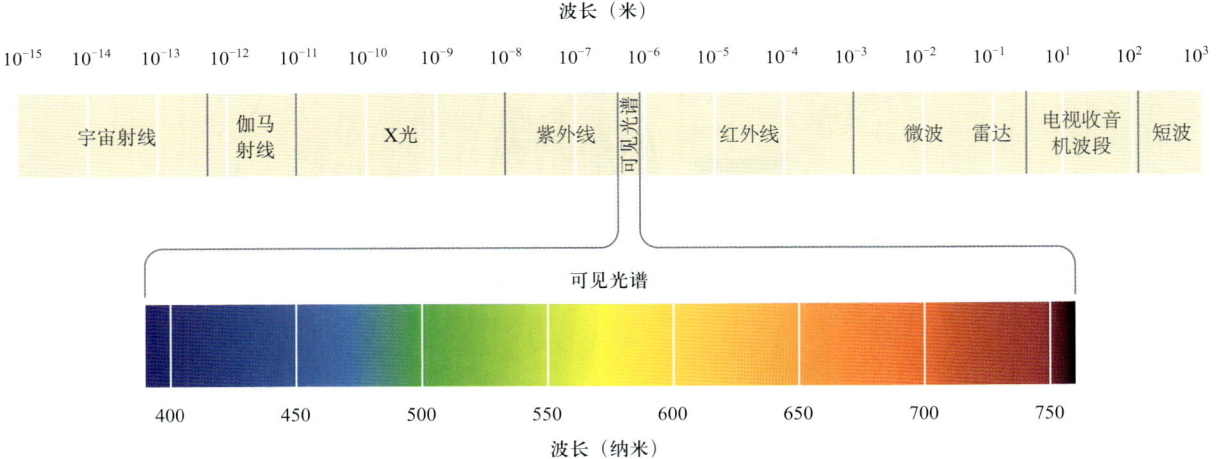

彩图 4.2 可见光谱。
FREBERG. Discovering Biological Psychology, 2e. Copyright©2010 Wadsworth, a part of Cengage Learning, Inc.

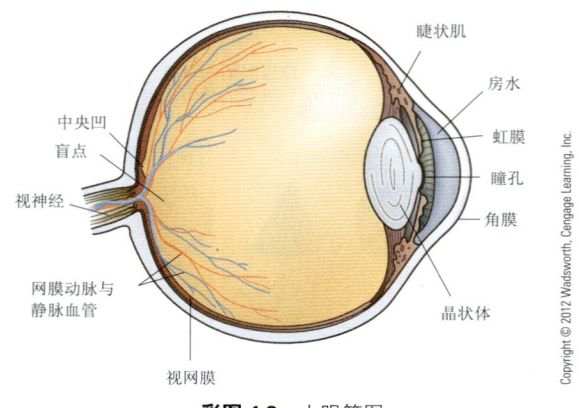

彩图 4.3 人眼简图

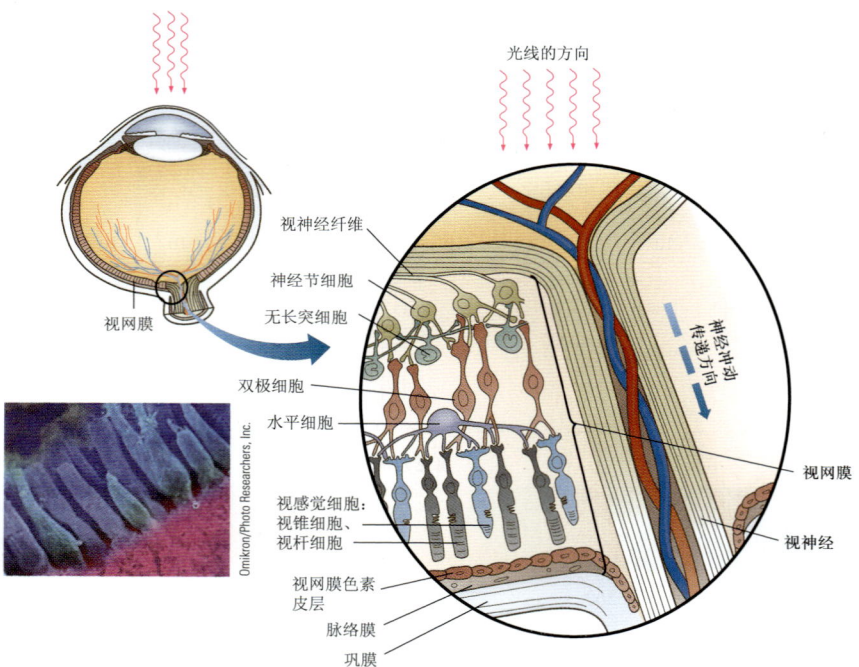

彩图 4.5 视网膜的结构。光线并非直接投射在视锥细胞和视杆细胞之上。它们首先要穿过角膜、晶状体、玻璃体液（充满眼球的果冻状液体）以及视网膜外层。差不多只有一半的光线能从眼球前部到达视锥细胞和视杆细胞——这再次说明了视网膜的高度敏感性。左下侧的照片显示的是电子显微镜下的视锥细胞和视杆细胞。照片里绿色的是视锥细胞，蓝色的是视杆细胞。

Copyright©2012 Wadsworth，Cngage Learning，Inc.

彩图 4.8 视觉后像。眼睛盯着花朵中心的黑点看 30 秒以上，然后立即将视线转向一张白纸或者白色的墙壁。你将会看见常见颜色的花朵。长时间的注视会造成视觉系统对红色、绿色以及黑色敏感度降低，因而产生了对立色的视觉。将视觉后像投射到其他颜色的平面上会产生叠加的效果。

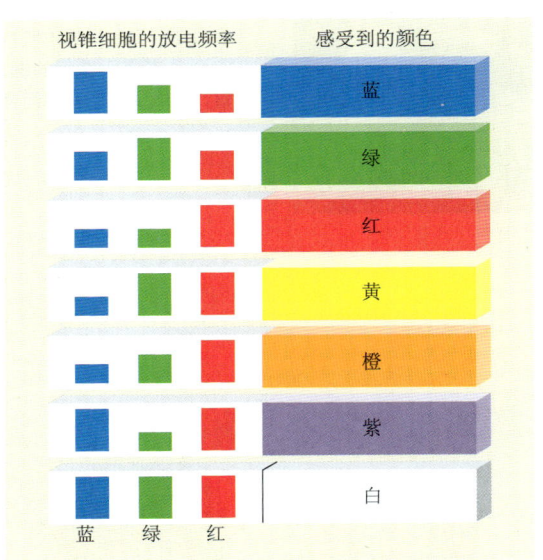

彩图 4.9 不同颜色对应的蓝、绿、红视锥细胞放电频率。颜色条越高，对应的视锥细胞的放电频率也越高。如你所见，颜色可以通过三种正常人眼中的视锥细胞放电频率得到编码（摘自 Goldstein，2010）。

彩图 4.10 色盲和色弱。(a) 正常视觉所看到的图片。(b) 只用蓝色和黄色打印的图片，模拟红—绿色盲的人所产生的图像。(c) 模拟完全色盲者所看到的图片。如果你是完全色盲，那么三幅图对你而言都是一模一样的。

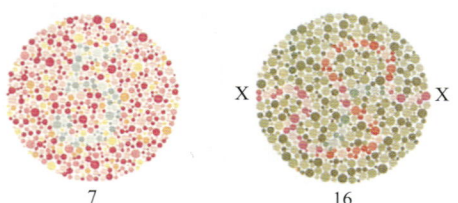

彩图 4.11 被广泛使用于诊断红绿色盲的石原氏色盲测验，本图呈现的是测验中的两张图片。
Copyright©2012 Wadsworth，Cengage Learning，Inc.

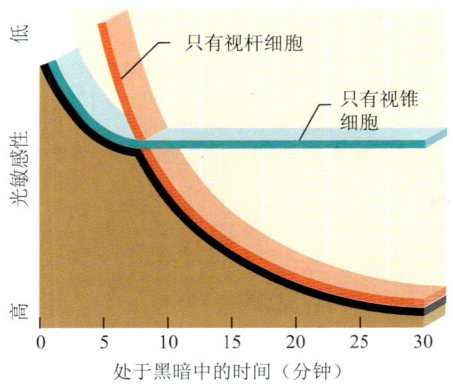

彩图 4.12 暗适应的进程。黑色的线条标明了人眼随着处于黑暗中的时间增加，降低对光敏感性阈限的过程。（较低的阈限表明了较高的敏感性。）绿色线条标明的是视锥细胞先适应，但是很快就不再能提高光敏感性。红线标明的视杆细胞适应得较晚，但是在视锥细胞停止适应之后，依旧不断提高对光的敏感性。

Copyright © 2012 Wadsworth，Cengage Learning，Inc.

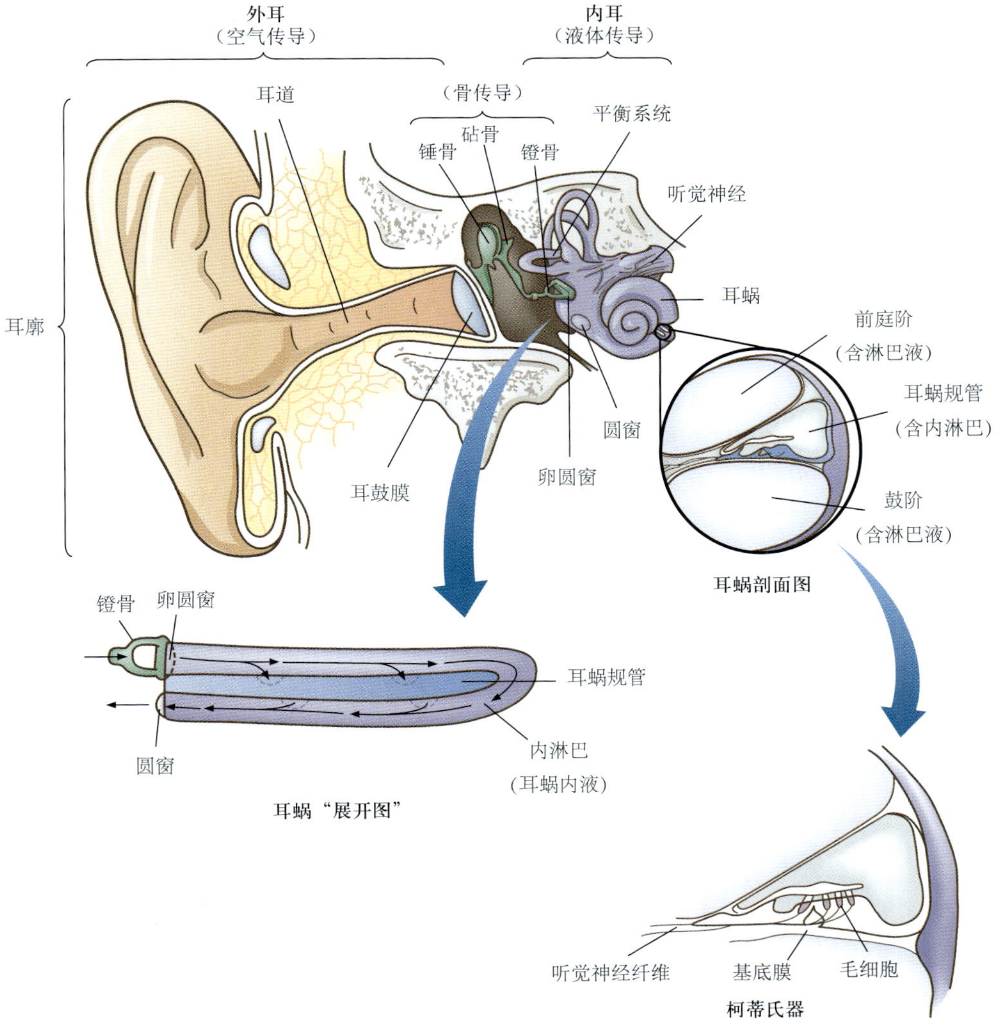

彩图 4.14 耳朵的解剖结构。整个耳朵是一台将空气压力转换为神经冲动的精密仪器。在核心部分（展开的耳蜗）的初始，镫骨振动了卵圆窗，这个圆形的窗口向外凸，使得耳蜗内的液体开始波动。波动影响了毛细胞附近的膜，造成静纤毛或者"短毛"的顶部弯曲。然后毛细胞就会向大脑发出神经冲动（放大的耳蜗图示见彩图 4.16）。

Copyright©2012 Wadsworth，Cengage Learning，Inc.

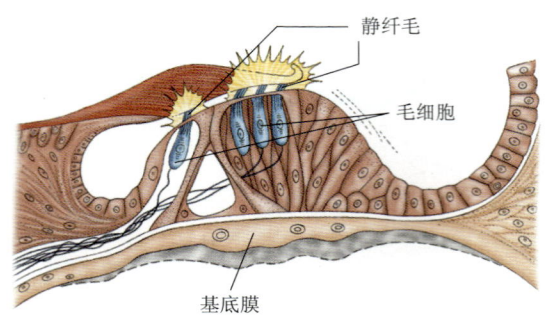

彩图 4.15 毛细胞的放大图，耳蜗内液体的波动会引起细微的静纤毛弯曲，从而引发神经冲动。
Copyright©2012 Wadsworth, Cengage Learning, Inc.

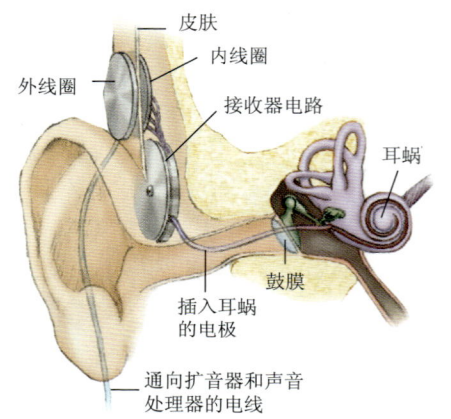

彩图 4.18 植入式耳蜗，或"人造耳"。
Copyright©2012 Wadsworth, Cengage Learning, Inc.

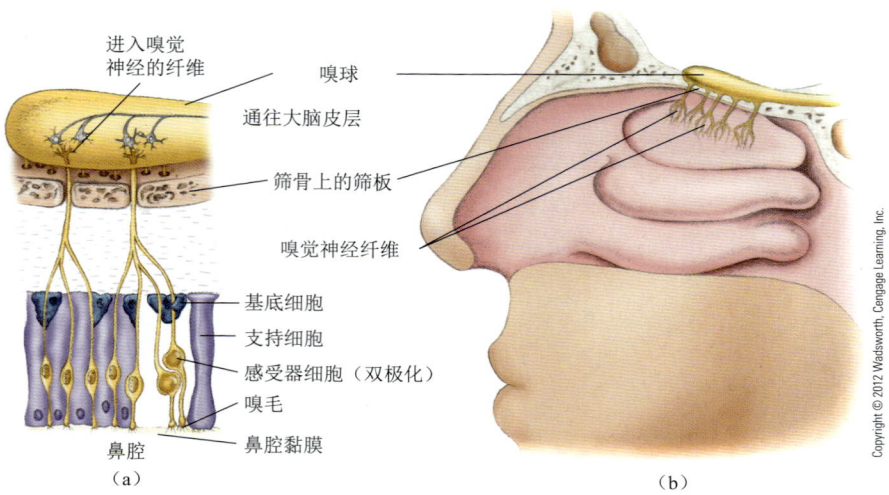

彩图 4.19 嗅觉感受器。（a）嗅觉神经纤维对气体分子敏感。感受器细胞可见于左图。（b）嗅觉感受器位于鼻腔顶部。

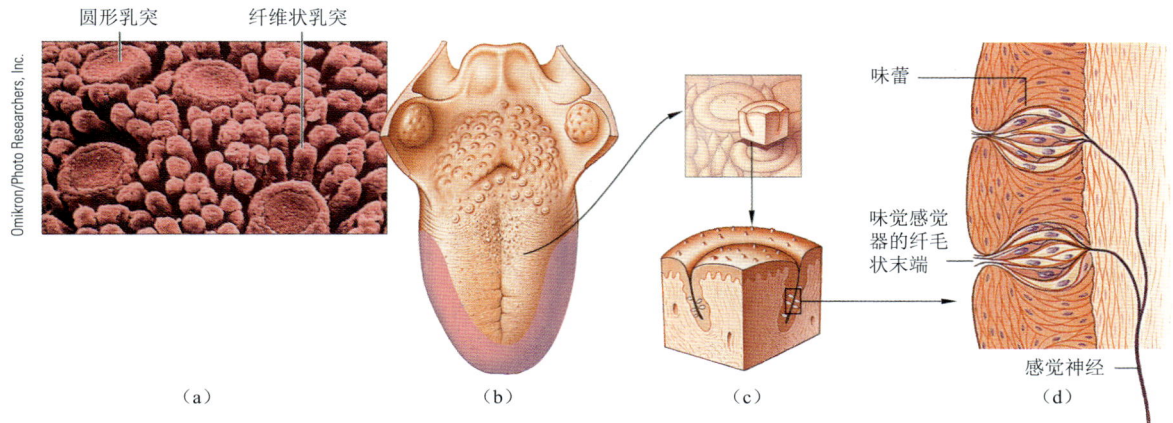

彩图 4.20 味觉感觉器。(a) 舌头上分布着许多乳头状突起。(b) 大部分的味蕾都分布在舌头的上边缘（阴影处），但也有一些位于别的部位，比如舌头的下方。刺激舌头的中部并不会引起味觉。四种主要味觉都产生于味蕾所在的位置。(c) 这张放大图显示了味蕾位于乳头状突起的底部。(d) 味蕾细节图。这些味觉感觉器也分布在消化系统的其他位置，比如口腔内壁。
Copyright @ 2012 Wadsworth, Cengage Learning, Inc.

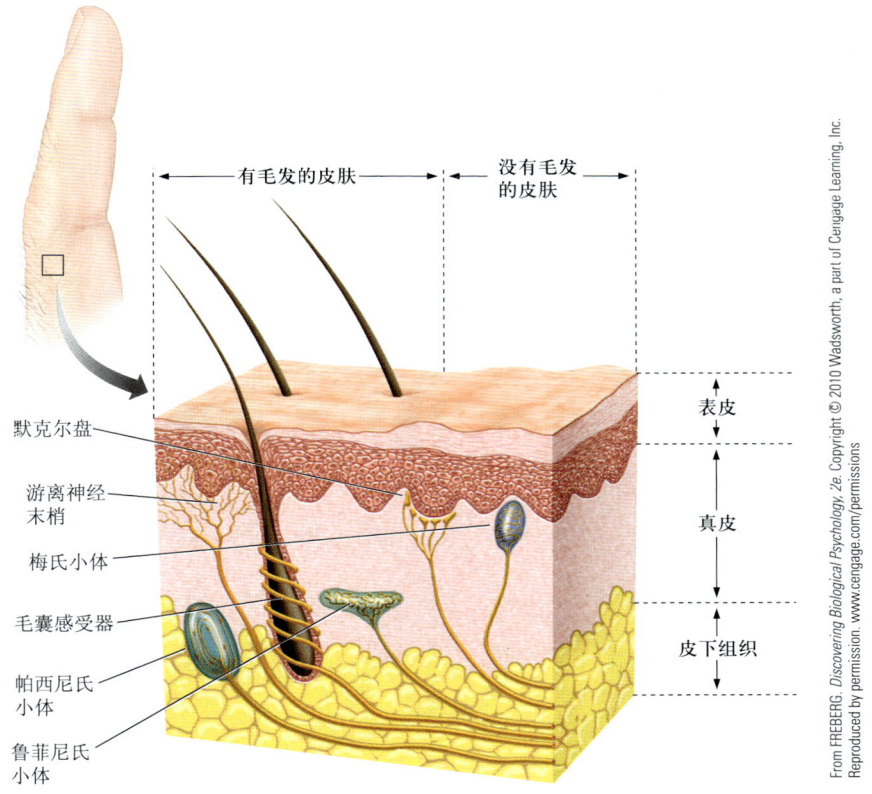

彩图 4.21 皮肤觉包括了触觉、压觉、痛觉、冷觉和温觉。这幅图展示了不同类型的皮肤感受器。这些感受器大致功能如下：默克尔盘感受皮肤上的压力；游离神经末梢感受温、冷和痛觉；梅氏小体感受压力；毛囊感受器感应毛发的运动，帕西尼氏小体感受压力和振动；鲁菲尼氏小体感应皮肤的拉伸（Freberg, 2010; Kalat, 2009）。被触摸的感觉很可能是这些感受器不同程度的活动共同作用的结果。

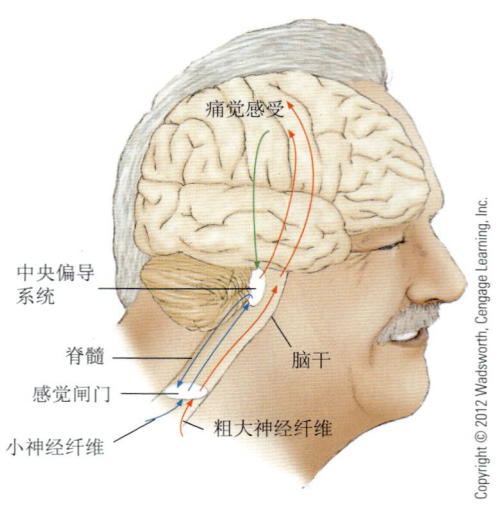

彩图 4.22 痛觉闸门的示意图。一系列的痛觉通过闸门可能会阻断其他痛觉信息的通过。痛觉信息也可能依靠"中央偏导系统"来控制闸门,使它阻断其他痛觉信息通过。

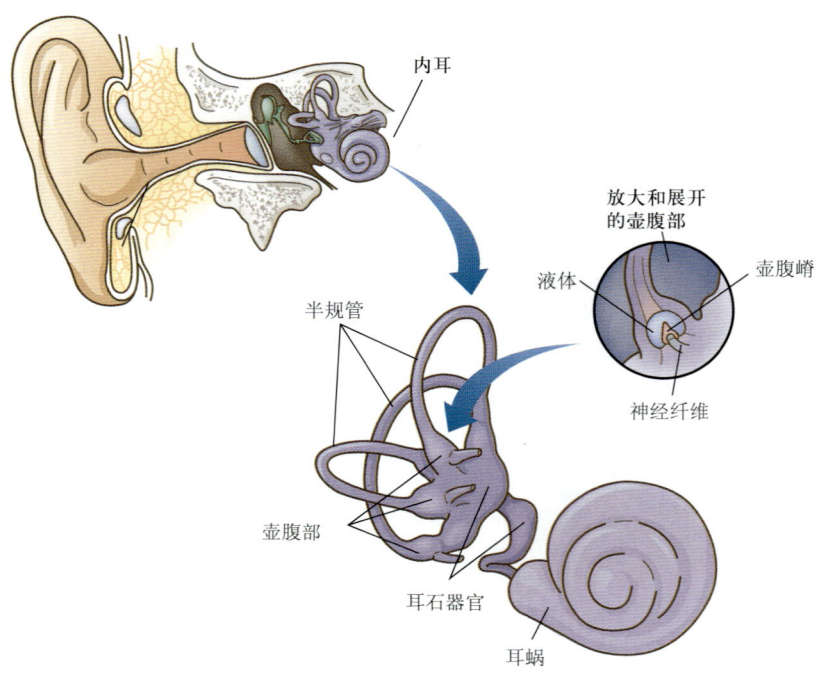

彩图 4.23 前庭系统示意图。
Copyright©2012 Wadsworth, Cengage Learning, Inc.

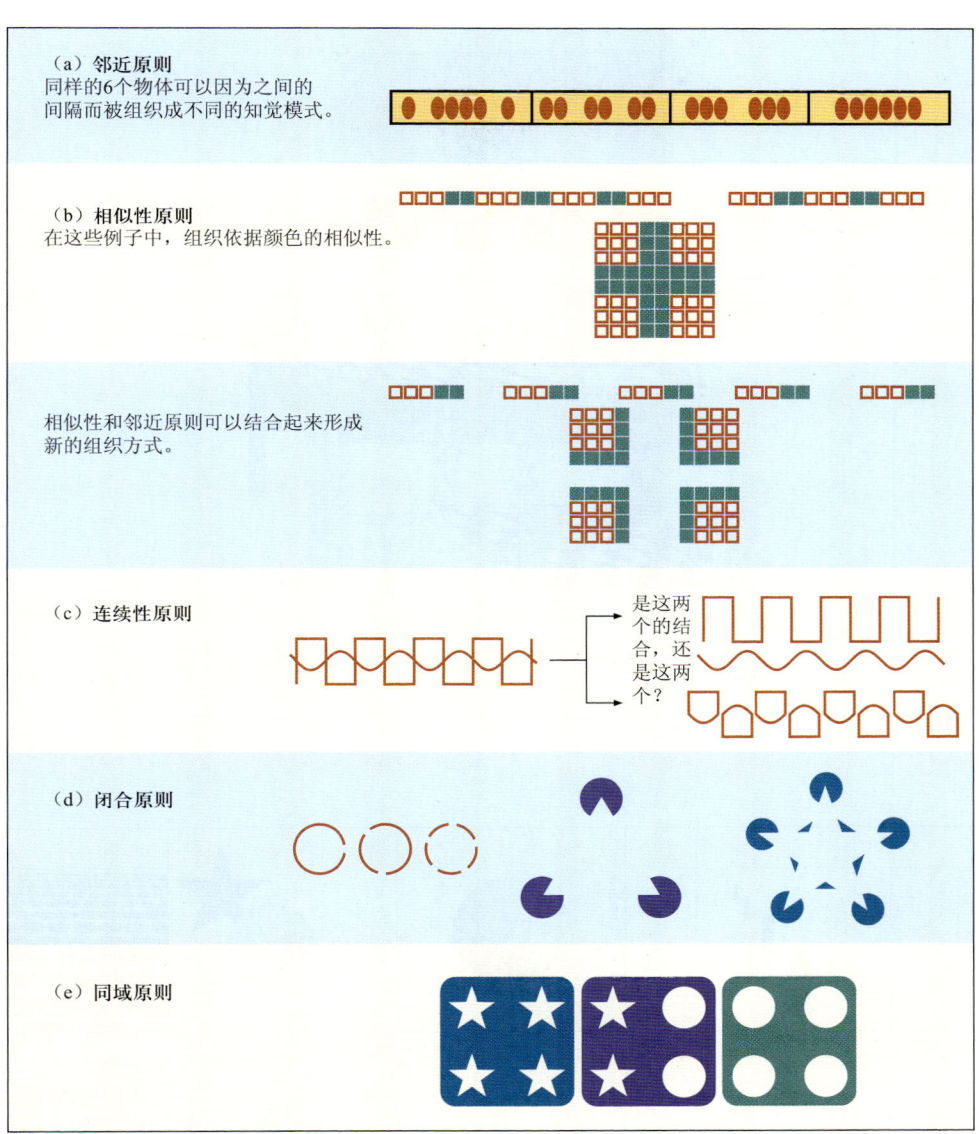

彩图 4.27 格式塔组织原则。
Copyright©2012 Wadsworth, Cengage Learning, Inc.

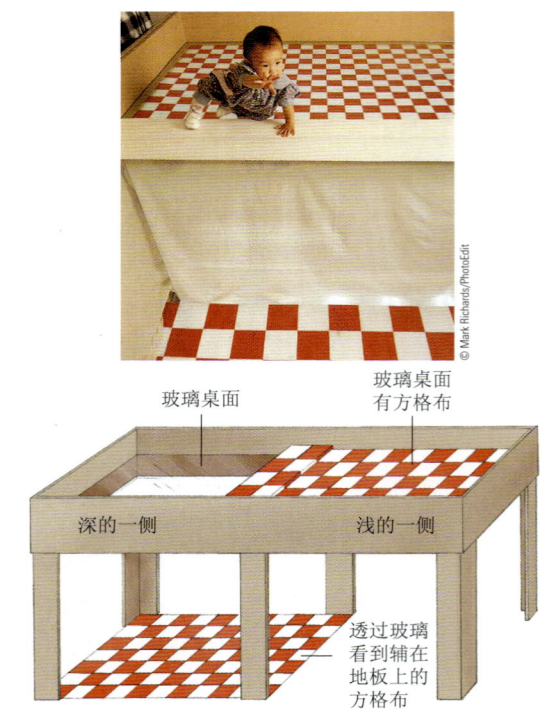

彩图 4.32 婴儿以及刚出生的动物会拒绝爬过视崖的边缘。

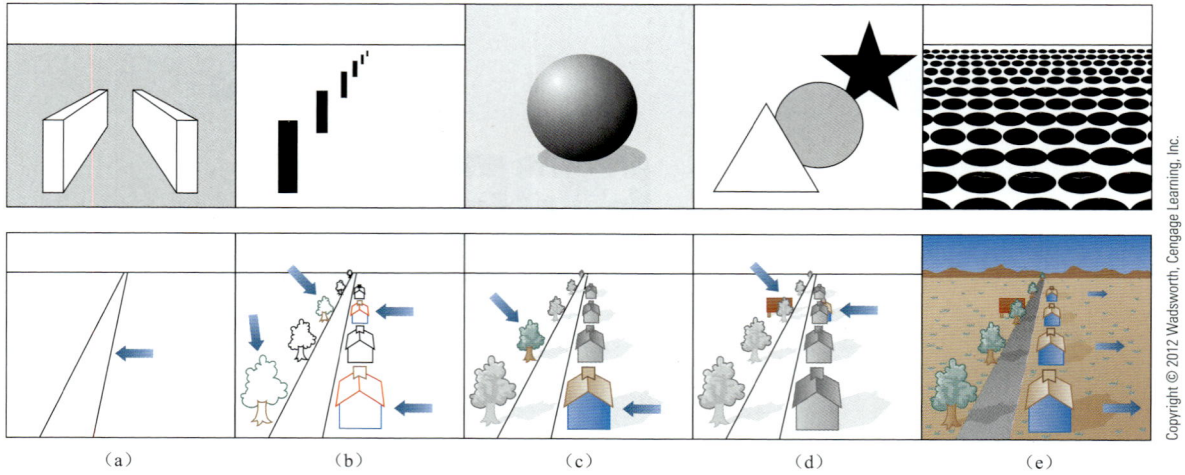

彩图 4.35 （a）线条透视。（b）相对大小。（c）光影。（d）重叠。（e）纹理梯度。第一排的图形表现了比较单纯的每种图形线索的作用。而下一排的图形中，图形线索被结合起来以制造更为逼真的三维效果图。

彩图 8.8 Stroop 效应。请以最快的速度说出上面两行方块的颜色，然后以最快的速度说出下面两行字的颜色（不要读字）。命名下面两行字的颜色是不是比命名上面两行更难？（Adapted from MacLeod，2005）

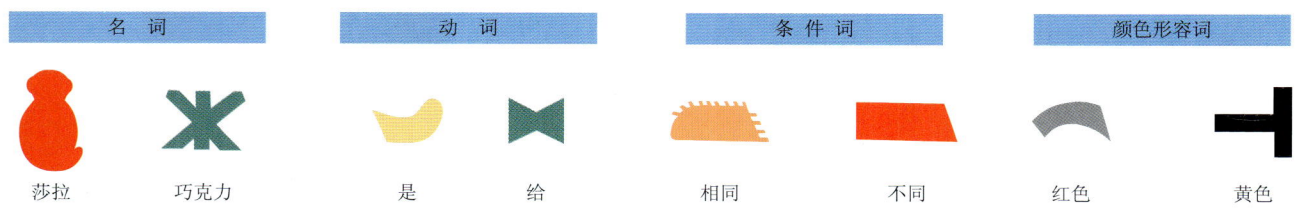

彩图 8.11 黑猩猩莎拉用来与人交流的一些符号词。

彩图 12.7 从这些类似罗夏墨迹测验的图中，你看到了什么？

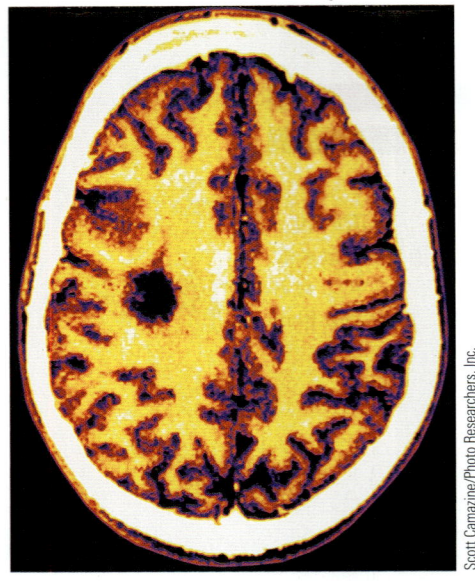

彩图 14.2 人脑的 MRI（磁共振成像）扫描图（俯视图）中发现肿瘤（黑点）。心理障碍有时有类似的器质性病因。然而，在很多情况下都找不出器质性损伤。

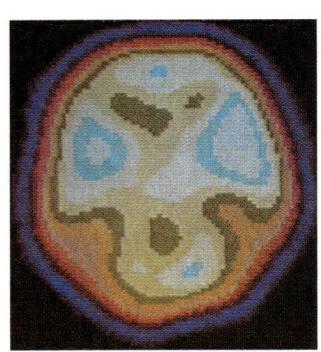

正常的

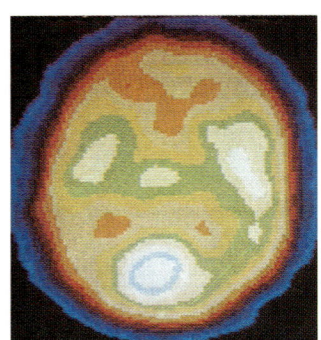

精神分裂状态

狂躁的-压抑的

彩图 14.7 正电子发射断层扫描技术提供了大脑的 PET 扫描图。在右侧图片中，红色、粉色和橘色表示较低的大脑活动水平，白色和蓝色表示较高的大脑活动水平。请注意，精神分裂症患者的大脑额叶（每张图的顶部）的活动水平非常低（Velakoulis & Pantelis，1996）。躁郁症患者的大脑左半球活动水平较低，而右半球活动水平较高。精神分裂症患者的情况则常常相反。研究者正试图得到稳定一致的结果来帮助诊断心理障碍。

中文版再版前言

《心理学导论——思想与行为的认识之路》的作者 Dennis Coon 博士是以教学见长的心理学家,讲授基础心理学课程近30年。本书在美国出版后,反复修订,多次再版,早已成为美国心理学领域里难以超越的"现象级"入门教材,其累计销量已高达280万册。

2004年年初我们首次引进推出了《心理学导论》(第9版),受到了普遍欢迎。2007年,应广大读者要求,我们又组织翻译了《心理学导论》(第11版),市场热度不减。时隔6年,经过我们不懈的努力,这一次《心理学导论》(第13版)的中文版再版时间与英文版基本同步,及时地向广大读者呈上最前沿、最权威的心理学研究成果及观点。

在第13版中,作者不仅对有关心理学的基本问题做了详尽的解答,而且系统地讲述了心理学各分支领域的基本知识和研究动态,使广大读者对心理学产生一个全面、正确的认识。本书在传授心理学基础原理的同时,注重结合日常生活与社会现实,指引人们自觉应用心理学知识、培养良好的心理素质。它让大家了解到如何运用心理学原理解决实际问题,把书本的文字变成鲜活的体验,真切地感受到心理学和日常生活息息相关,使所学知识终身受用。

与其他学科一样,心理学一直在飞速发展,新的成果不断涌现,观念也不断更新。本次再版,作者压缩、整合了一批过时、枯燥的基础内容,同时也充实、拓展了许多新领域的知识。本书从神经科学、自我、人类多样性与文化差异、性别各角度出发,以这四条主线索平行贯穿全书所涉及的各个心理学领域,全方位科学解读人类的思想和行为,令读者耳目一新。

另外,本书延续了前版在撰写方式上的一大优势——从读者的角度出发,把心理学原理应用于结构和内容的编排中,遵循学习的本质规律,有效帮助读者学习和记忆。它的语言通俗易懂,案例丰富多彩,给一门严肃的学科赋予了生动活泼的表达。对于没有任何相关知识背景的初学者来说,在阅读本书的过程中同样能感受到"科学心理学"带给人们的便捷和快乐。

《心理学导论》(第13版)中文版的面市是集体智慧的结晶。参与新版修订的译者有20余位,大部分来自中国科学院心理研究所、北京大学和北京师范大学,他们分别是:张乃㯋、陆怡、徐玥、陈浪、李稔秋、邵艳萍、何津、张磊、季琼妍、官欣、蒋雯、李毅飞、孟蕊、孙菲菲、武艳俊、张萌。

本书翻译进展之顺利与迅速,同前两版中文版译者、审校者与修订者们所做出的努力密不可分。因此,在这里,我们再一次向参与了前两版翻译及修订工作的同人们表示感谢——

第11版译者

张乃㯋　潘苗苗　段小菊　牟　毅　陈　浪
白湘云　王晓菁　李　洁　刘海程　程　婷
杨锦陈　何姗姗　陈　蕾　毕　玉　鲍云非

上官芳芳　邓林园　蒋玉娜　刘泽文　周　莹

第 11 版审校者

郑　钢　周晓林　苏彦捷　周宗奎　申继亮
沈模卫　游旭群　高定国　梁宁建　罗跃嘉
俞国良　张庆林　卢家楣　胡佩诚　孙时进
肖水源　张　明　乐国安　龙立荣

第 9 版译者

王文忠　王建平　石绍华　冯金华　曲衍立
朱莉琪　刘艳芳　毕鸿雁　孙向红　孙　沛
孙凯跃　邱炳武　何大芳　张雨青　周新林
郑　钢　施建农　恽　梅　唐　洪　彭小虎
管益杰

第 9 版审校者

石绍华　刘　丹　张　侃　陈永明　郑　钢
游旭群

为确保这部教材的严谨性和权威性，力争以较高的品质让更多的读者受益，在第 13 版翻译工作完成后，我们邀请了二十余位国内心理学界知名学者对各章内容进行审校，他们分别来自国内各高校和科研机构的相关专业领域。为忠实原著，追求科学准确的中文翻译，他们反复推敲、一丝不苟，认真负责的工作态度着实令人感动和钦佩，在此，也向他们表示衷心的感谢（审校名单请见彩页和封底）。

我们有幸生活在大时代的转折点上，在变幻莫测的社会生活中，认识自己、解读他人，进而去探索人类心灵世界的存在本质，是每个人在个人成长之路上难得的机遇。"万千心理"愿与读者真诚携手，沿着这条人类思想与行为的认识之路，继往，开来。

万千心理
2013 年 9 月

目 录

导 言	心理学的学习方法 1

反思式阅读法——有效地使用教材 2
以反思法记笔记—— LISAN 法 5
反思式学习策略——良好习惯,助你成功 ... 6
自律学习——让你成为佼佼者 7
拖延是学习的敌人——避免最后时刻的
　　焦虑 8
反思式考试技巧——做"精明"的考生 9

第 1 章　什么是心理学 13
心理学——研究行为规范 14
批判性思维——带着怀疑的态度学习 18
伪心理学——手相术、占星术与人格 19
科学研究——像心理学家那样思考 22
心理学简史——心理学家"全家福" 26
心理学现状——关于行为的三大互补
　　观点 32
心理学家——心理健康的保障 35
心理学实验——探索因果关系 40
双盲实验——安慰剂效应与自我实现
　　预言 43
非实验性研究方法——各显其能 45

第 2 章　神经系统与心理学 59
神经元——构造"生物计算机" 60
神经系统——行为通路 66
研究方法——探索脑的内部世界 70

大脑皮质——嘿,你的脑真皱! 73
皮质下结构——脑的中心 79
内分泌系统——激素和行为 82

第 3 章　毕生发展 93
先天与后天——两个人的探戈 94
新生儿——绝非眼见的那样简单 100
社会性发展——宝宝,我好喜欢你 105
父母影响——和爸爸妈妈一起生活 107
语言发展——快速学话的宝宝 111
认知发展——像儿童一样思考 114
青少年期与成年早期——最美好的时光,
　　最麻烦的年纪 121
道德发展——增长的良知 122
一生的故事——荆棘满布还是花园
　　大道? 125
成年中期和后期——现在你是个成年
　　人了! 127
临终与死亡——最终边境 130

第 4 章　感觉、知觉和现实 141
感觉加工——第一步 142
视觉——捕捉光线 146
听觉——美妙的振动 150
嗅觉和味觉——舌头不知道,鼻子知道 ... 153
躯体感觉——跟着感觉走 154
知觉——第二步 158

选择性注意——选择这个，还是那个？......163
深度知觉——如果世界是二维平面的？......165
知觉学习——所信即所见............170
超感官知觉——你相信鬼神的存在吗？......175

第 5 章 意 识 185
意识状态——觉察的多面性............186
睡眠——美妙的境地............187
睡眠阶段——夜间的云霄飞车............190
睡眠紊乱——令人沮丧的倦意............194
梦——分离的现实？............198
催眠——看着我的眼睛............200
冥想与感觉剥夺——冷静下来，活得更
　　健康............204
药物改变的意识——兴奋剂和抑制剂......207
兴奋剂——安非他命、可卡因、摇头丸、
　　咖啡因和尼古丁............212
抑制剂——镇静剂、安定药和酒精......216
致幻剂——舞动在迷幻的光影中............220

第 6 章 学习类型 231
什么是学习——可以通过练习来完
　　善吗？............232
经典条件反射——巴甫洛夫与铃声......234
经典条件反射的原理——莱纳德研究柠
　　檬汁............236
人类的经典条件反射——谈及情绪......238
操作性条件反射——鸽子能打乒乓
　　球吗？............241
操作性强化物——你的快乐是什么？......246
部分强化——拉斯维加斯，一个人类的
　　斯金纳箱？............252
刺激控制——红灯，绿灯............254
惩罚——行为的刹车闸............257
认知学习——在条件反射之上............261
模仿——学我做的，而非我说的............263

第 7 章 记 忆 275
记忆的三个阶段——你的记忆像一块铁板，
还是像一张网？............276
短时记忆——你知道"神奇的数字"吗？......280
长时记忆——逝去的岁月是否留下了
　　踪迹？............281
记忆测量——答案就在你的舌尖上！......288
遗忘——为什么我们，哦，让我想想，
　　为什么我们，哦……忘了！............292
记忆和大脑——一些惊人的发现............300
超常记忆——回忆魔法............304
改善记忆——开启记忆之门的钥匙............306

第 8 章 认 知 317
思维是什么——全在大脑中............318
心理表象——青蛙有嘴唇吗？............319
概念——我是积极的............321
语言——说些什么呢？............324
问题解决——要得到看得见的回答............330
创造性思维——少有人走的路............336
直觉——捷径还是弯路？............340

第 9 章 智 力 351
定义智力——智力是……你知道，它是......352
智力测量——智商与你............354
智力差异——数字游戏............359
智力超常——聪明、更聪明、最聪明............361
智力落后——导致本质差别的不同............363
遗传与环境——超级老鼠、家族树与电
　　子游戏............367
不仅仅是测量智力——除了"g"以外的
　　其他智力............370

第 10 章 动机与情绪 383
动机——推拉的动力............384
饥饿感——不好意思，我的下丘脑在
　　嘟囔............388
再论生理动机——渴、性与疼痛............396
刺激动机——跳伞运动、恐怖电影和娱乐
　　中心............398
习得性动机——追求卓越............401

"需要层次"金字塔 403
情绪——你的感受是什么？ 407
生理与情绪——唤起、猝死和撒谎 409
情绪的表达——面部表情和身体语言 413
情绪理论——害怕熊的几种情形 416

第 11 章 性别与性 429
性别的发展——分类标准一：XX 或
　　XY？ 430
性取向——你爱谁？ 432
性别的发展——男性化还是女性化？ 435
双性化——你是大丈夫，小女人，还是
　　二者兼有？ 440
当生理性别和心理性别不匹配时——两者
　　间的大麻烦 441
性行为——描绘性敏感区 443
人类的性反应——性的相互作用 446
非典型性行为——胶布雨衣、鞭子、皮衣
　　和绳子 449
当代的社会态度和性行为——无论好
　　与坏 451
性病和安全性行为——选择、风险和
　　责任 455

第 12 章 人　格 469
人格心理学——你有人格吗？ 470
特质论——用 18000 个词来描述你自己 474
精神分析理论——本我在梦中体现 479
人本主义理论——高峰体验与个人成长 486
人格的学习理论——早就形成的习惯？ 492
遗传与环境——人格大辩论 497
人格理论——回顾和比较 500
人格评估——心理学的准绳 502

第 13 章 健康心理学 517
健康心理学——关乎你的健康 518
心理压力——兴奋还是威胁？ 523
挫折——死胡同和失败 530
心理冲突——是，不是，是，不是，哦，
到底是不是？ 533
心理防御——精神空手道？ 536
习得性无助——还有希望吗？ 539
压力与健康——揭露隐藏的杀手 543

第 14 章 变态心理学 561
正常行为——什么是正常？ 562
心理障碍的分类 565
正确看待心理障碍——精神病标签 570
精神病性障碍——月亮的阴暗面 572
妄想障碍——每棵树后面都有一个敌人 574
精神分裂症——支离破碎的现实 575
心境障碍——情绪忽涨忽落 581
焦虑障碍——焦虑控制了生活 586
焦虑与心理障碍——导致问题的四个
　　原因 592
人格障碍——对适应不良的研究 594

第 15 章 心理治疗 605
心理治疗的起源——"开洞"的头骨 606
精神分析——探索无意识 607
治疗的范畴——数不尽万万百计 609
人本主义疗法——重塑人类潜能 611
认知疗法——积极思考 613
以经典条件反射为基础的治疗——通过
　　学习治愈 617
操作性治疗——整个世界就是一个斯金
　　纳箱吗？ 621
药物治疗——精神科护理 624
心理治疗——治愈人类之路 629
心理治疗的将来——电子信息技术、团体
　　治疗和智能手机 633

第 16 章 社会心理学：思考和影响 649
人在江湖——人，人，到处都是人 650
社会知觉——面具后面 654
态度——信念 + 情绪 + 行为 658
态度改变——为什么信徒们要说服
　　公众？ 660

社会影响——跟随领导者..................664
　　他人在场——只是因为你在那儿..........665
　　从众——不要引人注目......................667
　　依从——登门槛..............................670
　　服从——你愿意电击一个陌生人吗？......671
　　强迫——洗脑和邪教..........................674

第 17 章　亲社会行为和反社会行为..................685
　　亲社会行为——在一起......................686
　　人际吸引——社会磁力......................686
　　爱情——约会和结合..........................690
　　帮助他人——乐善好施者..................693
　　反社会行为——世界上最危险的动物......696
　　偏见——伤害性的态度......................703
　　群体间冲突——偏见产生的根源..........705

第 18 章　生活中的心理学..................719
　　工业与组织心理学——工作中的心理学......720
　　环境心理学——地球号宇宙飞船上的
　　　生活..730
　　教育心理学——教育的主题..................739
　　司法心理学——陪审团......................741
　　运动心理学..................................743

附　　录　心理统计概述..................755
　　描述统计——量化的心理学..................756
　　相关分析——确定事物间的关系..........761
　　推论统计——数据的显著性检验..........764

参考文献..767

导 言

心理学的学习方法

主题

做一名主动加工信息的反思型学习者,你的学习将更高效且有效。

关键问题

I.1 阅读教材的最佳方法是什么?

I.2 如何改进课堂学习方法?

I.3 最佳学习途径是什么?

I.4 什么是自律学习?

I.5 怎样克服拖拖拉拉的学风?

I.6 怎样更高效地准备考试?

引 子

从掌握正确的学习方法入手

你在读这本教材！身为作者，这令我们非常高兴（真的！）。许多学生总是习惯打开教材，把它从头到尾翻阅一遍就完事了。这很令人遗憾，因为更好的学习方法应该是研究教材，而不只是翻翻它。请你认真想想，在读完了一章内容之后，你到底记住了多少？如果答案是"没记住"或"没记住多少"，原因恐怕在于阅读与研究是两码事。即便你是个优秀的学生，你依然需要提高自己的学习技能。成绩优异的学生不仅仅是学习时间更长、更刻苦，他们的学习方法也更为得当（Santrock & Halonen, 2010），考试过后很久，他们依然能够记得和理解自己学过的知识。对他们来说，心理学事关自己的生活，而不仅仅是考试。为了使你有一个良好的开局，请仔细阅读下面推荐的几种方法，来提高你的学习能力。

反思式阅读法——有效地使用教材

关键问题 I.1：阅读教材的最佳方法是什么？

阅读教材与研究教材之间的区别在哪里？你是否曾经整晚呆坐，边吃零食，边看电视？虽然这可能使你很愉快，但你或许注意到，你对看到的电视节目既没有深入的思考，也没有清晰的记忆。心理学家 Donald Norman（1993）用**体验性认知**一词来描述人们在被动体验时的思维方式。尽管你在这个过程中能够体验到快乐，但如果你的学习目标是阅读一本教材，那么效果恐怕不会理想。

相反，假设一个关于全球变暖的电视专题节目引发了你的思考，你很想知道它对你个人前途的影响。或许你对节目中的某些预测持怀疑态度，因为你看到过其他的说法，于是你上谷歌网站对"全球变暖"这个题目搜索了一番。如此一来，你是在"用心"回应，而不只满足于被动接受（Bruner, 1973; Siegel, 2007）。这就是**思考性认知**（Norman, 1993），即积极思考问题，而不仅是获取体验。与此相似，假如你能用心地思考教材内容，你就能学到更多的东西。在你未来的学习中，思考将有助于你更好地理解和记忆各种细节。（在记忆学中，思考被视作精细加工过程。详细内容请参阅第7章。）

如何在阅读中更广泛地进行思考？一个很给力的方法是自我联想。在阅读时，你要将新事实、新术语、新概念与自己熟悉的经验、信息联系在一起。这就是所谓的**自我参照法**。这样做的结果能使这些新信息对你更有意义、更容易记忆。另一个好方法是**批判性思维**。进行批评性思维的人在阅读过程中会适时地停下来，对内容加以评价、对比、分析、批判和整合（Chaffee, 2010）。你也应该这样做。在第1章中，我们将学习对心理学进行批评性思维的方法。

改进学习的这些方法可以整合为**反思式 SQ4R 阅读法**。SQ4R 分别代表概览（survey）、提问（question）、阅读（read）、测一测（recite）、想一想（reflect）和复习（review）。这六个步骤将帮助你更有效地学习：

S = 概览。在开始阅读新的一章之前，应大概翻一遍全章，先看看标题、图片说明和章末总结，这能使你对将要阅读的材料有一个全面的了解。本书章节短小，你可以一次只浏览一节。

Q = 提问。阅读时，你要从每个标题中引出一

"我正忙着考大学，没工夫学习。"

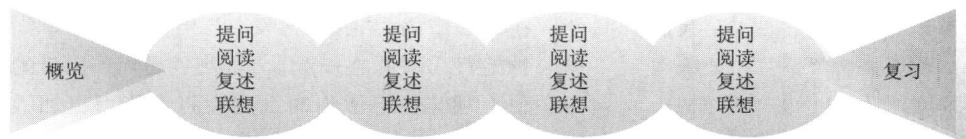

图 I.1 反思式 SQ4R 阅读法能够促进积极阅读和信息加工的效率。你应该根据自己的学习计划，首先从概览开始，然后进入提问—阅读—复述—联想的循环过程，最后以复习作为结束。

个或几个问题来。比如，读到"睡眠的阶段"这个标题时，你可以想这样一些问题："难道睡眠不止一个阶段吗？睡眠分哪些阶段？不同阶段的区别在哪儿？"这些问题有助于你有目的地阅读。

R1 = 阅读。SQ4R 中的第一个 R 代表阅读。在阅读时，要试着找出你所提问题的答案，要一点一点地"啃"，每读完一个小标题后的内容就停下来。如果内容不好懂，可以读一两段后就停下。

R2 = 测一测。读了一小节之后，应停下来测一测读过的内容，也就是在大脑中试着回答自己所提的问题。最好是做简要的笔记，总结所学内容。记笔记能使你了解自己知道什么、不知道什么，以填补知识的空白（Peverly et al., 2003）。

如果不能总结出所读章节的中心思想，则要返回去重读一遍，直到你能够理解和记住读过的内容，否则继续往下读是没有意义的。等你"啃"下这一小部分内容之后，就可以转向下一个标题，并就此标题再提出问题。如此往复。同样，应该在阅读、复述和记录的过程中寻找问题的答案，然后继续往下看。不断地问自己："这一段的中心意思是什么？"

学习的过程就是"提问－阅读－测一测"循环往复的过程，直至你读完整章（以本书为例，如果你想快一点的话，就从一个"知识巩固"栏读到下一个"知识巩固"栏）。

R3 = 想一想。这是反思式 SQ4R 阅读法中最重要的一步。在阅读时要不断地运用反思。前面介绍过，自我反思和批判性思考是两种非常有效的方法。越是对你个人有意义的内容、越是能真正引发你兴趣的内容，你记住得就越多（Hartlep & Forsyth, 2000；Van Blerkom, 2011）。

R4 = 复习。读完一段或一章之后，需要返回来简略看一下所学内容或学习笔记，然后再进行复述和做小测验，检查一下自己的记忆情况。应当在学习中养成经常积极地进行复习的习惯（图 I.1），本书每章末尾的"本章总结"栏目就是对本章内容的复习。

反思式 SQ4R 阅读法真能提高学习效率吗？ 是的，不信咱们打赌。它不但能改善学习效果，提高学习成绩（Taraban, Rynearson, & Kerr, 2000），还有助于长期记忆。仅仅从头到尾把书读一遍常常会导致"消化不良"。因此，在学习过程中要经常停下来，去思考、提问、复述、联想和复习，这样才能"消化"所获得的信息。

本书的使用方法

在阅读任何书籍时，都可以使用反思式 SQ4R 阅读法。而这本教材是专门用来帮助你积极地学习心理学知识的。事实上，本章的设计与其他章节一样，你同样可以运用以下建议来阅读。

概览

本书中，每章开篇都有一个概览，由"主题"和"关键问题"等栏目组成。在正式阅读之前，你可以利用这些栏目了解有关的重要概念。"引子"中是一个开篇小故事，引出该章的内容，使你对章节主题产生兴趣。"主题"和"关键问题"会很好地引导你在阅读时寻找各种信息。事实上，每章中的"关键问题"答案都是对核心概念的很好总结。如

体验性认知 / Experiential cognition 被动体验过程中的思维方式。

思考性认知 / Reflective cognition 对某种体验进行积极思考时的思维方式。

自我参照 / Self-reference 将新信息与以前的生活体验联系在一起的实践活动。

批判性思维 / Critical thinking 对信息进行评价、对比、分析、批判和整合的能力。

反思式 SQ4R 阅读法 / Reflective SQ4R method 学习中的一种基于以下步骤的积极阅读技巧：概览、提问、阅读、复述、联想、复习。

果很多年以后你仍然能够记得这些关键概念，我们会感到非常高兴。无论如何，在你了解了"关键问题"后，你应该花一点时间制作你自己的本章概览、插图说明和章末内容等。此外，"关键问题"还被分散放置在各相关标题下面。这些设计有助于你为将要开始的学习绘制一幅"心理路线图"。

提问

为了使阅读更生动、更有效率，我该如何运用反思式 SQ4R 阅读法呢？办法是，在阅读中积极地与教材互动，而大量的自我提问或许是最重要的步骤之一。前面提到过，每节开头都设有标题，你可以试着将标题转变成问题。第 1 章有这样一个标题："批判性思维——带着怀疑的态度学习"，你可以把它转变成："我为什么应该对读到的东西抱有怀疑态度呢？"因为如果你读书的目的就是要寻找答案，那么你在阅读中找到关键性论点的可能性就更大。类似本段开头的那个对话式问题能将你的注意力集中在对相关信息的搜集上。阅读时，所有问题将不断地在你的脑海中闪现。除了每章开头，"关键问题"还会在章内反复出现，帮助你了解各章的主题。你可以试着回答这些问题，而更好的做法是提出你自己的问题。

阅读

为了帮助读者阅读，书中重要的术语在第一次出现时以**黑体字**印刷，并给出定义，同时还把这些名词解释集中排印在页角，免得你对其含义妄加猜测。此外，众多的插图、表格也可以帮助你快速掌握重要概念。

测一测和想一想

为了缩小学习单元，本书中的章节都比较短，每节结尾处设有一个名为"知识巩固"的学习指导栏目，其中的"测一测"类问题是为了检查你对教材内容的记忆情况，而"批判性思考"中的问题将帮助你更深入地思考"怎样做"和"为什么"的问题，"自我反思"中的问题可使你将新知识与个人生活联系起来。（别忘了做笔记，并且用自己的话进行复述和联想。）

本书还利用其他机会来帮助你思考。每章末尾都有一个"应用篇"，密切联系生活，富有实用

性。在许多章内，"探索·发现"栏目把心理学知识与你的行为联系在一起。"批判性思考"栏目的问题很有趣味，将使你的批判性思维能力更加敏锐。此外，"人类多样性"一栏鼓励你思考人类实践活动的巨大差异，而"聚焦研究"栏阐述了人类大脑与心理学的关系，"临床案例"栏则探讨了心理学知识在临床上的应用。

复习

各章末的"本章总结"其实是一份详细的复习资料，不但再次列出"关键问题"，还逐条给出答案，是对心理学重要内容和经典理论的总结。当你第一次读完一章的内容后，不必强迫自己去记忆那些关键概念。但是，你一定要花时间对其加以思考。最终，你的总结归纳将是优秀的、高水平的，并能为己所用，其价值将是长期的，因为你将学会像心理学家那样去观察人类的行为。

你还可以利用页脚的术语表、黑体字、插图和表格来做进一步复习。表 I.1 总结了运用反思式 SQ4R 阅读法来学习本教材的步骤。即便如此，你仍然有很大余地按照自己的方法去做。

表 I.1	反思式 SQ4R 阅读法的使用方法

概览
- 主题
- 各章开篇的故事
- 关键问题
- 标题
- 插图说明

提问
- 标题
- 关键问题

阅读
- 黑体字术语
- 页脚术语表
- 插图与表格

测一测
- "知识巩固"中的"测一测"问题
- 阅读时的笔记

续表
想一想
●"知识巩固"中的"批判性思考"问答题
●"知识巩固"中的"自我反思"问答题
●各章的"应用篇"
●各种栏目
复习
●黑体字术语
●页角术语表
●插图与表格
●学习指导

Copyright © Cengage Learning 2013

以反思法记笔记——LISAN 法

关键问题 I.2：如何改进课堂学习方法？

就学习而言，阅读策略或许是有益的，但记课堂笔记用什么方法好呢？有时候真搞不清楚哪些是重点。反思法不仅是教材学习的最佳方法，对课堂学习也是一样（Norman, 1993）。要想记好笔记，你必须积极主动地寻找信息。在这方面，**积极听课者**是很有技巧的，他们能够集中精力而不分心。这里介绍一个对许多学生都很管用的记笔记的方法，按照5个英文单词的首字母组合，可简称为 LISAN 法（听上去很像 listen，或许有助于你记住其步骤）：

主动记（L = Lead. Don't follow）。课前阅读指定的材料并自我提问，以便提前预估教师要讲什么。如果教师事先提供了讲义或 PowerPoint 课件等，课前要预览。你可以从上述材料、学习指导、阅读作业，甚至是自己的好奇心中找出问题加以思考。

重点记（I = Ideas）。每一节课都是围绕一个重要的核心观点而设计的。通常情况下，教师都是先介绍一个观点，然后举一些例证，或进行解释。你可以经常问一下自己："现在讲的要点是什么？这个观点得到了哪些证据的支持？"

抓信号词（S = Signal words）。听讲时要抓住那些表示教师思路变化的话语。下面就是一些信号词，比如教师说：

"这里有三个原因说明为什么……"	表示将提出观点
"最重要的是……"	表示要讲的主要观点
"与此相反的是……"	表示要讲的相反观点
"我们看一个例子……"	表示要讲支持观点的证据
"因此……"	表示要下结论

积极听（A = Actively listen）。坐在能与教师交流并提问的地方。带着前一次听课时或自己看书时遇到的问题来，一上课便举手提问或课前找老师请教。要让自己保持活跃、机敏和投入的状态。

选择记（N = Note taking）。听课时笔记记得好的学生考试成绩一般也不错（Williams & Eggert, 2002）。但是，不要成为一台录音机。听课要完整，但记录要有选择，只记要点。如果总是忙于记录，就可能漏掉一些正在讲的内容。记笔记的时候，要把自己想象成一个正在捕捉重大新闻的记者（Ryan, 2001；Wong, 2011）。

事实上，大多数学生笔记都做得相当好，但课后基本不看，只在临近考试时才拿出来翻翻。这样的话，记笔记就失去了意义。如果你不想自己的笔记变得像"天书"一样难以辨认，就应该每天整理和复习它（Ellis, 2011）。

笔记的使用和复习

如果你采取下面的方法复习，将学到更多的东西（Burka & Yuen, 2008；Ellis, 2011；Santrock & Halonen, 2010）：

● 尽早抽时间完善你的笔记，填补空缺，完成思考，并寻找各要点之间的联系。
● 把新的观点与已知观点联系在一起思考。
● 对笔记进行总结，写出摘要并加以整理。

积极听课者 / Active listener　能够集中注意力，不分心，并积极主动地从授课者那里捕捉信息的人。

- 每一节课后，要写下若干个在未来考试中可能出现的要点、定义和细节。然后，根据课堂笔记设想各种问题，并确信你都能回答。

小结

LISAN 法是一种积极听课的方法，但要记住，仅仅听好课和做好笔记是不够的，还必须复习、整理笔记、联想、拓宽思路，并对新的观点进行思考。在课堂上要积极听课，要与教师交流，这样你一定能学到更多知识（Van Blerkom, 2011）。

反思式学习策略——良好习惯，助你成功

关键问题 1.3：最佳学习途径是什么？

努力和智力这两个因素对学习成绩的影响一样大。但要记住，学习好的学生不仅努力，而且更有效率。很多人的学习效果不佳是因为他们在学习时不动脑筋，如反复抄写讲义，只看笔记不读课本（或只看课本不读笔记），读书时只看要点而不细读，做练习时只是从书中抄答案，在所谓的小组学习时聊天浪费时间等。优秀学生则强调质量：读书要读懂、读透，不能缺课。许多学生考试成绩不佳只会怨天尤人，这种抱怨毫无益处。唯有立志成功的学生才能取得好成绩（Perry et al., 2001）。为了养成良好的学习习惯，你可以尝试做下面的事：

营造适合学习的环境

学习需要一个安静的、光线充足、没有干扰的环境，这是毋庸置疑的。如有可能，还应该至少有一处专门用于学习的地方，在那里不做任何其他事情，因此要把杂志、MP3、朋友、手机、宠物、MSN、游戏机、字谜、食品、情人、赛车、名牌运动鞋、钢琴、电视机、脸谱网站及其他干扰学习之物都请出你的学习室。只有这样，才能真正在这个特定的地方进行学习。然后，不必刻意强迫自己去学习，你只需要养成到那个小环境里去的习惯。有了这种习惯，一旦你坐在学习室里，就很容易静下心来开始学习。

采用分散复习法

考试之前拼命复习的做法并非不合理。但是，如果你总是在最后一分钟才填鸭式地死记硬背的话，你会面临很大风险。研究表明，分散复习比集中复习更有效率（Anderson, 2010）。**分散复习法**是指把复习时间分为一些相对较短的时间段，而长时间、不间断的复习则称为**集中复习法**。如果你把所有功课都集中在一起复习，最后反而可能使自己的大脑乱成一锅粥。

填鸭式的复习方法将使你的记忆不堪重负。一般来说，在考试之前的最后一天，你不要再去学新知识。最好的方法是，每天都学一点，并且时常复习。

运用记忆术

记忆是学习的第一步。我们将在第 7 章的最后几节中，详细介绍增强记忆的方法。这里只讲一种技巧。

记忆术可以使获得的新信息更为我们所熟悉，更方便我们记忆。这只头顶扣着个平底锅的鸭子有助于你记住西班牙语的鸭子（pato）一词。

方法众多的**记忆术**可以辅助记忆。大多数记忆术是把新的信息与容易记住的某种概念或形象联系起来。比如，你想记住西班牙语的鸭子（pato）一词，它的发音是 pot-oh，而 pot 在英语中的意思是锅，由此你可以联想到锅里的鸭子或头上扣着个平底锅的鸭子。同样，如果你想记住"小脑（cerebellum）负责控制人的协调功能"，你可以想象有一位名叫 Sarah Bellum 的人，其动作非常协调。要获取最佳效果，你就要使自己记忆中的形象夸张、搞怪、生动，并能与你互动（Macklin & McDaniel, 2005；Radvansky, 2011）。

自测

在真正的考试之前，应该为自己安排几次练习性的测验，这对于提高你的考试成绩很有益处（Karpicke & Blunt，2011）。换句话说，联想式学习应该包括**自测**，比如，用卡片、"知识巩固"栏中的"测一测""批判性思考""自我反思"等习题以及学习指导或其他方法向自己提问，并试着回答。要尽量多向自己提问，并确信自己能够回答所有的问题。学习中不做自测，就好比在篮球比赛前的热身活动中不做投篮练习一样。

为使自测更加便利，教师会提供一些学习指导或测验练习簿。你可任选一种以备复习之用。但是，不要用练习簿代替你的教科书或笔记本，否则你反而考不好。最好的做法是利用测验练习簿来发现你的知识空白点并加以弥补（Brothen & Wambach，2001）。

过度学习

考试成绩不理想，有的人是由于复习得不够，也有很多人是由于过高地估计了自己的实力。解决这两个问题的方法就是进行**过度学习**，也就是在初步掌握了知识以后，还要继续学下去。换句话说，即使你觉得已经为考试做好了准备，你仍然要制订计划，强化学习和复习。有一种过度学习的方法是把所有考试都当作问答题考试来准备，这样，你学习的内容将更全面，将真正掌握所学的知识。

自律学习——让你成为佼佼者

关键问题 I.4：什么是自律学习？

不论是音乐、体育、时装、跑车，还是烹饪、政治、电影，凡是你特别感兴趣的事情，都能令你的学习充满快乐。那么，怎样才能使大学生也更加自觉自愿地学习呢？自律学习法可能是一个良好的开端。所谓**自律学习**就是审慎的自我反思和积极的自我引导式的学习（Hofer & Yu，2003；Kaplan，2008）。用自律学习法可以变被动学习为思考式的、以目标为导向的学习。

1. **设立具体、客观的学习目标**。在每个学习阶段都要设立具体的目标，比如，打算掌握哪些知识或技术？希望完成什么目标？（Burka & Yuen，2008）
2. **制订一个学习计划**。你打算怎样实现你的目标呢？制订出每天、每周和每月的学习计划，并付诸行动。
3. **自我指导**。效率高的学生总是默默地自学，自我提问。比如，当你读书时，你可以问自己："这一段的中心思想是什么？我记住了多少？哪些地方我还没理解？哪些地方我还需要再看一遍？下一步我该做什么？"
4. **监控进展**。自律学习有赖于自我监控。那些运用自律学习方法较为成功的学生都会及时记下自己迈向学习目标的每个进步，包括读书页数、学习时间和任务完成情况等。他们会自觉地运用测验和学习指导，遵照反思式 SQ4R 方法读书，并想方设法来检查自己的理解程度。
5. **自我奖赏**。当你完成了每天、每周、每月的学习计划后，要采取某种方式对自己进行奖励，比如去看一场电影或下载新的歌曲。自我表扬也是对学习的奖励。对自己说"嘿，我成功了"或"干得漂亮"，觉得自己的努力是值得的，这些都会有很大的强化作用。从长远来看，成功、自我提高和个人满足感给自律学习提供了实实在在的奖励。
6. **经常性评价**。经常对自己的成绩和目标进行评价

分散复习法 / Spaced practice　把时间分为一些相对较短的时间段的复习方法。

集中复习法 / Massed practice　长时间、不间断的复习方法。

记忆术 / Mnemonic　记忆的辅助手段或策略。

自测 / Self-testing　通过自我提问，评估学习效果。

过度学习 / Overlearning　在认为自己已经掌握了知识以后，仍要学下去。

自律学习 / Self-regulated learning　审慎的自我联想和积极的自我引导式学习。

是一种很好的做法。比如，在你的学习中有没有哪些地方需要改进？如果你在迈向长期目标时进展不顺利，是否需要审视自己的短期目标？

7. **发现问题后，及时采取措施。**如果没有达到目标，你需要调整自己的时间安排，或者改变你的学习环境，解决那些让你分心的干扰因素，如看电视、做白日梦、与朋友聊天、听iPod等。

如果你发现自己缺乏自律学习的能力或技巧，你应该去寻求帮助，可以找家教，或者从课外寻找信息。一个人学会自律，能够控制自己的学习行为，就等于拿到了终生发展和自我实现的钥匙（Van Blerkom，2011）。

拖延是学习的敌人——
避免最后时刻的焦虑

关键问题 1.5：怎样克服拖拖拉拉的学风？

前面介绍的学习策略都很好，但我在学习上总是拖拖拉拉的。该怎么克服？拖延的倾向在大学生中很普遍（如果学校里开设关于拖延问题的讲座，许多学生也会拖拖拉拉不去参加的）。即使拖延没有导致考试不及格，也会给学生带来痛苦（Wohl，Pychyl, & Bennett，2010）。这些学生没有压力就不学习，逃课，还为自己的拖延编造借口，到了最后一分钟才"临时抱佛脚"，为此他们自己也很惭愧，常常感到挫败、烦躁、内疚（Blunt & Pychyl，2005）。

为什么会有那么多学生喜欢拖延呢？许多学生把考试成绩与个人价值画等号。也就是说，他们似乎认为，考试分数的高低表明他们够不够好，聪不聪明，将来能否取得成功。于是，很多拖拖拉拉的学生把学习成绩差归因于动手晚了，而不是归因于自己能力差（Beck, Koons, & Milgrim，2000）。他们可以宣称，成绩不好只是因为自己没有尽最大的努力。

过分追求完美也会产生拖延的问题。如果对自己的期望值过高，你会发现很难着手做事。标准定得过高的学生往往养成要么学得很好、要么根本不学的习惯（Onwuegbuzie，2000）。

时间管理

大多数办事拖拉的人最终都将面临自我价值的问题，但是，通过掌握更好的学习技巧和有效的时间管理方法，这一问题可以得到改善。我们在前面已经讨论过一般的学习技巧，下面我们将详细地介绍有关时间管理的问题。

你可以做一张**周时间表**，分配自己的学习、工作及休闲活动时间。制订时间表时，先画出一张标有每天24小时的一周时间表格，在空格里填上那些已经确定了的事情，如睡觉、吃饭、上课、工作、团体活动、学习、约会的时间等，再在上课时间中标出每门课程的名称。余下的时间为可以自由支配的时间。

每天，你可以用这张时间表进行检查。从表中你可以知道已经完成了哪些事，还有哪些事需要引起你的注意（Burka & Yuen，2008）。

做一张**学期时间表**对你也是有帮助的。在这张表中，你应注明本学期每一门课程的测验、考试、写报告、交论文以及其他主要活动的日期。

严守时间表的妙处在于，你知道自己正在付出诚实的努力，免得你学习时想玩儿，而玩儿时又惦记着学习。

你要把遵守学习时间视为一项严肃的承诺，同时也要尊重自己的休闲时间。记住，那些学习刻苦而又善于进行时间管理的学生总能获得更好的成绩（Rau & Durand，2000）。

确定目标

如前所述，善于思考的积极学习者都为自己的学习设定了**具体目标**，它们清晰、简洁，并且可以测量（Burka & Yuen，2008）。如果你感到自己缺乏动力，就请为每学期、每周、每天，甚至每一堂课设定目标。要知道，在一门课程的初期付出更多的努力，将极大地减轻学习后期的痛苦和压力。如果教师不经常留作业，你就要给自己订出每天的学习目标。这样一来，一项庞大的学习任务就被你分解成易于完成的一系列短小任务了（Ariely & Wertenbroch，2002）。比如，你可以计划每天读8页新内容，并复习一下前一天读的内容，于是40页一章的内容5天就可以读完了。对本书来说，每天从一个"知识巩固"栏读到下一个，进度就很合适。记住：持之以恒，跬步千里。

学习就是探险

最后一点需要记住的是，当一项工作令你不快时，你很可能会拖延（Pychyl et al., 2000）。学习是艰苦的，但很多学生的学习方法得当，使得他们的学习之旅既有情趣又有乐趣。请把你的学习之旅当成游戏、运动、探险，或者是让你变得更出色的途径。最好的学习经历充满了挑战，但也会让你乐在其中（Ferrari & Scher, 2000; Santrock & Halonen, 2010）。

事实上，所有人对所有的课程都感兴趣是不可能的。你或许对南美树蛙的性生活兴味索然，但生物学家却对此兴致勃勃（其他树蛙大概也是）。如果你只是坐等教师们把课都讲得引人入胜，你将一无所获。兴趣是态度问题。图I.2总结了各类学习技巧。

学习技巧总览
时间管理方法
□ 制订时间表
□ 给自己规定具体的目标
良好的学习习惯
□ 在特定地点学习的习惯
□ 控制学习和复习节奏的习惯
□ 使用记忆术的习惯
□ 自我测验的习惯
□ 过度学习的习惯
阅读方法
□ 反思式SQ4R法
□ 边读边学法
□ 经常复习法
记笔记的方法
□ 积极听讲
□ 运用LISAN法
□ 经常复习笔记

图 I.2 学习技巧一览表

反思式考试技巧——做"精明"的考生

关键问题 I.6：怎样更高效地准备考试？

我已经下功夫学习了，还能做些什么来提高考试成绩呢？你所学到的知识需要在考试中体现出来。这里有一些提高考试成绩的技巧。

一般考试技巧

只要你按下面的指导去做，就可以在各类考试中取得更好的成绩（Wood & Willoughby, 1995; Van Blerkom, 2011）：

1. 认真阅读考卷上的所有说明和问题，你会从中获得答好考题的建议或线索。
2. 答题之前先快速地把整篇考卷看一遍。
3. 先答较容易的题，再花时间做难题。
4. 确保你回答了所有问题。
5. 明智地分配做题时间。
6. 有问题时一定要请求解释。

应对客观题测验的技巧

有一些技巧可以使你在客观题测验中做得更好。客观题测验指的是多项选择题或是非题。你的任务是从给出的答案中，按要求做出对—错或真—假的判断。对付这类考题，你不妨试试以下方法：

1. 首先，要把所提的问题和你知道的与此有关的知识联系起来，然后读一遍各个备选项，看看能否找到与你的期望相符的答案。如果没有，再认真看一遍备选项，找到一个部分相符的答案。
2. 每个问题都要看过所有备选项后再做选择。如

周时间表 / Weekly time schedule 以一周为单位，分配学习、工作和休闲活动时间的书面计划。

学期时间表 / Term schedule 标明了本学期每一门课程中主要活动日期的书面计划。

具体目标 / Specific goal 定义清晰、结果可测的目标。

果你看过 a 便立刻认为这是正确答案而不再往下看，就很可能会出错，因为后面有一个"a 和 d 都对"的备选项，或许那才是正确的选择。

3. 快速跳过那些你没有把握回答的题，先答后面的题。做题过程可能会使你得到启示，有助于你解答难题。

4. 排除肯定不对的备选项。在 4 个备选项中任选一个，你猜对的可能性是 25%，如果你能先排除掉 2 个，你猜对的希望就有 50%。

5. 除非猜错了会扣分，否则一定不要忘记那些你暂时没答的题。猜题虽然没有把握，可如果猜对了就能得分。如果你放弃那些难题不答，就肯定不能得分。当你被迫去猜答案时，不要总是选那个最长的答案，也不要总是选择你刚才最少用到的选项号码。同随机猜测相比，这两种策略使你丢分的可能性更大。

6. 学生中间流行着一种"聪明"的做法，即做多项选择题时一次选定答案，绝不再改。据说第一次的选择通常是对的。然而研究表明，这种做法是错误的！如果你改变自己的选择，你更有可能得分，而不是失分。当你对第一个选择很怀疑，或有一种直觉，或你的第二个选择更为深思熟虑时，这样做尤其正确（Higham & Gerrard, 2005）。

7. 对每个问题来说，只有一个最好的答案。有些答案也许部分正确，但在微妙之中还是有缺陷。当你不知选哪个答案最合适时，可以试着把备选项按 1~10 的等级评价一下，等级分最高的那个可能就是你要找的答案。

8. 世事无绝对，包含最多、最少、最好、最坏、最大、最小等最高级形容词的答案通常是错误的。

应对问答题测验的技巧

如果你缺乏语言组织能力、不太会论证或者回答问题经常跑题，那么应付这类考试通常是你的弱项（Van Blerkom, 2011）。你可以试试以下技巧：

1. 认真读问题。要特别留意关键词，如比较、对比、讨论、评价、分析、描述等，这些词提示你答题的重点是什么。

2. 回答问题。如果要求你写出定义和一个例证，那么在你的答案中，两者缺一不可，少了任何一项你都会损失一半的分数。当然，超出答题要求而多提供例证也不会使你多得分。

3. 下笔前要先考虑一下你将怎么答，最好简要列出你的论点，想到什么就列出什么，然后按照逻辑顺序重新组织这些想法并开始答题。没必要过于精心地编写提纲。

4. 答题切记不要拐弯抹角或短话长说，要直截了当地写出一个观点并论证它。把你列出的想法表述清楚即可。

5. 写完之后，要检查一下你的文章中是否有错别字和病句。在回答问题时，最重要的是你的观点。如果你在遣词造句方面的不足影响了你的成绩，那么今后你要在这方面再下些功夫，提高一下。

应对简答题测验的技巧

填空、写定义或列项一类的测验是有难度的。通常，问题本身几乎没有什么信息可供参考。如果你不知道答案，那么从问题中你得不到多少帮助。

应对简答题测验的最佳方法就是对细节的过度学习。学习中，对相关术语要给予特别的关注。

再强调一遍，你最好先回答有把握的问题，然后回答你可能知道答案的问题。答不上的问题只好空在那里了。

你可以参考图 I.2 中对主要学习技巧的总结。

结束语

佛教的禅宗思想中将文字分为活字和死字：用于记载一件事的文字是死字，而当人对事物有了亲身体验后，再讲出来的就是活字。只有当你读过这本书并真正踏上探索知识的挑战之旅后，书中一行行的死字才能变成活字。后面的章节中有许多有益、有用、有趣的知识，要想把它们变成你的知识，你必须尽可能积极主动地学习、思考。希望以上介绍的学习方法能够使你有一个良好的开端。祝你好运！

以下书目将为你提供更多信息：

Burka, J. B., & Yuen, L. M. (2008). *Procrastination: Why you do it, what to do about it*. Cambridge, MA: Perseus.

Chaffee, J. (2010). *Thinking critically* (10th ed.). Belmont, CA: Cengage Learning/Wadsworth.

Ellis, D. (2011). *Becoming a master student: Concise* (13th ed.). Belmont, CA: Cengage Learning/Wadsworth.

Rosnow, R. L. (2011). *Writing papers in psychology: A student guide to research papers, essays, proposals, posters, and handouts* (9th ed.). Belmont, CA: Cengage Learning/Wadsworth.

Santrock, J. W., & Halonen, J. S. (2010). *Your guide to college success: Strategies for achieving your goals* (6th ed.). Belmont, CA: Cengage Learning/Wadsworth.

Van Blerkom, D. L. (2011). *College study skills: Becoming a strategic learner* (7th ed.). Belmont, CA: Cengage Learning/Wadsworth.

Wong, W. (2011). *Essential study skills* (7th ed.). Belmont, CA: Cengage Learning/Wadsworth.

知识巩固

学习技巧

测一测

1. 反思式 SQ4R 阅读法中的 4 个 R 分别代表阅读、测一测、想一想和复习。对不对？
2. 学生使用 LISAN 法的目的就是要尽可能多地记录讲课内容，使笔记完整。对不对？
3. 分散复习法的效果通常优于集中复习法。对不对？
4. 研究表明，考试中做多项选择题时，第一次选择答案后以不再改动为妙。对不对？
5. 过度学习就是学生在感到自己已经掌握了知识以后仍要继续学下去。对不对？
6. 建立学习目标和监控学习进展是_____学习的重要组成部分。
7. 过分追求完美、认为学习成绩体现个人价值的思想会导致拖延学习。对不对？

想一想

批判性思考

8. 反思式 SQ4R 阅读法与 LISAN 法有何联系？

自我反思

你认为哪种学习技巧对你最有帮助？你已经使用了哪些技巧？你准备尝试哪些技巧？你已经在多大程度上进行了自律学习？要想成为一个更积极主动、以目标为导向的学习者，你还应该做些什么？

答案：1.对 2.不对 3.对 4.不对 5.对 6.自律 7.对 8.为使学习更有效率，两种方法都鼓励人们勤于思考，并积极提炼信息。

本章总结

关键问题回顾

1.1 阅读教材的最佳方法是什么？

1.1.1 反思式阅读需要对阅读内容的积极思考，它比被动阅读更为有效。

1.1.2 要更积极主动地阅读，就需要遵循反思式 SQ4R 阅读法中的 6 个步骤：概览、提问、阅读、测一测、想一想、复习。

1.2 如何改进课堂学习方法？

1.2.1 在课堂上进行联想式学习需要学生积极听讲。

1.2.2 要在课堂上积极听讲，就需要遵循 LISAN 法中的 5 个步骤：主动记、重点记、抓信号词、积极听、选择记。

1.3 最佳学习途径是什么？

1.3.1 要想更多地进行联想式学习，需要营造适合学习的环境，采用分散复习法和记忆术，进行自测，做过度学习。

1.4 什么是自律学习？

1.4.1 自律学习就是审慎的自我反思和积极的自我引导式学习。

1.5 怎样克服拖拖拉拉的学风？

1.5.1 这个问题可以通过时间管理、确定目标、探险式学习等方法加以解决。

1.6 怎样更高效地准备考试？

1.6.1 提高一般考试技巧的方法是很多的。

1.6.2 针对客观题、问答题和简答题测验的专门技巧也有不少。

第 1 章

什么是心理学

主题

心理学既是一门科学,也是一个职业。科学观察法是以批判性思维解答人类行为问题的最强有力的工具。

关键问题

1.1 什么是心理学?它的目标是什么?

1.2 什么是批判性思维?

1.3 心理学与伪心理学对人类行为的解释有何不同?

1.4 如何使用科学方法进行心理学研究?

1.5 心理学是怎样产生的?

1.6 当代心理学理论有哪些?

1.7 心理学的主要领域有哪些?

1.8 如何进行心理学实验?

1.9 什么是双盲实验?

1.10 心理学家使用的非实验性研究方法有哪些?

1.11 大众媒体上的心理学信息可靠吗?

引子

鹰击长空

亨利是一名高空极限跳伞爱好者,每到周末,他都要穿上一套紧身翼装作飞机跳伞练习,因为他不满足于只做个普通的跳伞爱好者(他坚持认为"那太没劲了"),而紧身翼装可以让他以最快的速度向下俯冲,并且最大限度地晚开降落伞。亨利有点儿迷信,如果不随身携带他的幸运银币,他绝不跳伞。这枚银币是美国在1986年铸造的,与他同龄,上面有一只雄鹰。每当他以惊人的速度从高空扑向大地怀抱时,这枚银币一定放在他的口袋里。

你也许觉得奇怪,亨利为什么会有这种疯狂之举,还一遍又一遍地乐此不疲?你或许同样奇怪人们为什么要结婚、参军、出国旅行、种植玫瑰、甘当自杀式袭击者、上学、去修道院出家?还有,这与那枚银币有何关系?

至少有的时候你可能想知道,为什么每个人都有自己的行事风格?换句话说,跟我们一样,你也对人类的行为感到好奇。或许这就是你学习心理学课程、阅读本书的部分原因吧。

心理学对不断变化的人类及其思想进行着全景式扫描,如果你对它一无所知,你就不能声称自己受过完整教育。尽管我们都仰慕那些登月和探海的勇士,但科学的终极前沿其实就在我们身边。心理学能帮助我们更好地理解自身和他人,而本书就是一部关于人类行为的旅行指南。希望你尽情欣赏这次探险之旅。

心理学——研究行为规范

关键问题1.1:什么是心理学?它的目标是什么?

那些对亨利的极限跳伞爱好难以理解的人并不是对人类行为感到好奇的第一批人。Psychology(心理学)一词已有数千年的历史,它来自希腊语词根psyche和logos,前者的意思是"心灵",而后者的意思是"知识"或"研究"。但是,心灵是看不见、摸不着、无法直接研究的,所以,**心理学**现在的定义是"对行为和心理过程的科学研究"。

按照心理学的定义,"行为"一词指的是什么?简单地说,你所做的任何事情——吃饭、闲逛、睡觉、谈话、打喷嚏——都是一种行为,包括学习、赌博、看电视、系鞋带、送礼、学西班牙语、读这本书以及极限跳伞等也都属于"行为"的范畴。当然,我们感兴趣的是上面提到的外显行为,即可以观察到的行为和反应,而心理学家还要研究内隐行为,比如思考、做梦、记忆等个人心理活动(Jackson, 2011)。

现代心理学既是一门科学,也是一个职业。作为科学工作者,有的心理学家研究、发现新知识,而有的心理学家则运用心理学知识去解决心理健康、商业、教育、体育、法律、医疗、机械设计等各方面的问题(Coolican et al., 2007),还有些心理学家是传授知识的教师。我们会在后文中详细介绍心理学家所从事的各项工作。现在,让我们先谈谈心理学家的工作方法。无论是从事实验、临床,还是教师工作,他们都离不开批判性思维,尤其离不开科学研究中所发现的信息。

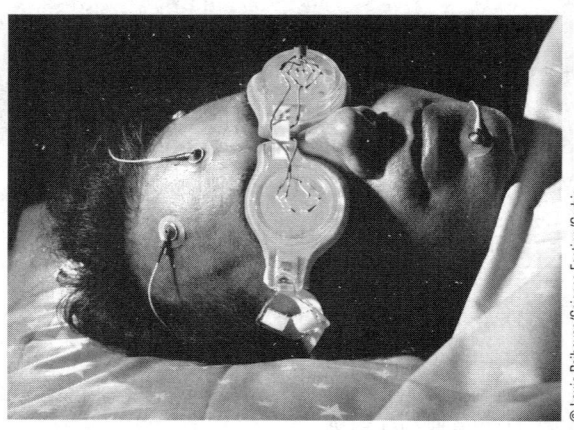

心理学家都是训练有素的专家,在咨询与治疗、测量与测验、研究与实验、统计与诊断,以及众多其他领域中都具备专业技能。图中的心理学家Steven LaBerge戴了一副特制眼镜,这种眼镜在他做梦时能够提示他,增加其清晰记忆自己梦境的概率(Holzinger, LaBerge, & Levitan, 2006)。(更多详情参见第5章。)

第 1 章　什么是心理学　　**15**

批判性思考　　对常识性信念的检验

心理学研究所发现的似乎都是日常生活经验中已知的东西，既然如此，何必还要浪费时间和金钱呢？事实上，常识性信念经常是错误的。不信的话，你可以试着判断下列说法对不对（Landau & Bavaria, 2003）：

- 婴儿喜欢妈妈的原因是，妈妈总能满足婴儿对食物的生理需要。对不对？
- 人类通常只使用了大脑潜能的10%。对不对？
- 盲人的触觉都异常灵敏。对不对？
- 你的动机越强烈，就越能更好地解决复杂问题。对不对？
- 导致遗忘的主要原因在于记忆随时间而衰退。对不对？
- 心理治疗取得的最大成功是对与现实隔绝的精神病患者的治疗。对不对？

- 人格测验可以揭示人们的基本动机，甚至包括那些没有意识到的动机。对不对？
- 要想改变人们对待少数族裔人士的行为，必须首先改变人们的态度。对不对？

研究结果已经证实，以上所有的信念都是错误的。但在参加调查的大学生中，多数人都把它们视为常识而接受（Landau & Bavaria, 2003）。你呢？

在评价常识性信念时多动脑筋将令我们受益，应该多问：这些信念是否符合逻辑，有证据支持吗（Jackson & Newberry, 2012）？它们能否用本书中的概念加以解释？你该如何收集证据，使自己了解真相？本书中的"批判性思考"将有助于你对人类的行为进行更多的思考。

探索心理学知识

心理学知识真的只是常识吗？ 许多人自视为所谓的"看人"专家，自有一套关于人类行为的"常识性"理论，其实这些常识性智慧基本上都属于"马后炮"。读读"对常识性信念的检验"栏目吧，你会感到吃惊，原来那些自封的专家以及人们长久以来所坚信的关于人类行为的常识性信念大多是错误的（Lilienfeld et al., 2010）。

怎么会有这么多常识性信念都是错误的呢？ 让我们花一些时间进行探讨。首先，许多常识性信念都是模棱两可、似是而非的。比如，你的朋友跟一位脾气、秉性截然不同的人结了婚，大家会说："嗯，异性相吸嘛。"可是没过多久，他们离婚了，这回大家又改口说："别忘了，人以类聚嘛。"再举个例子。你的小情人不理你了，一开始你没当回事儿，反而觉得这是与家人团聚的好机会，"塞翁失马，安知非福"嘛。你尽情享受着与家人相聚的温馨，直到他们提醒你"别让小烟酿成大火"时，你再也坐不住了。与此相似，绝大多数的常识性信念都是"事后诸葛亮"。

其次，很多常识性信念源自有限的个人观察。例如，有没有人告诉过你，纽约（或墨西哥、加拿大、巴黎，或别的什么地方）的饮食非常糟糕？其实，那只不过是某人在某次旅行中对某个餐馆的饮食质量不满意罢了。这些观察是漫不经心的，而心理学家则要依赖**科学观察法**收集实验证据（即从直接观察中收集信息）。与我们每天的个人观察不同，科学观察法讲究系统性、精心设计，并且要具有主体间性，也就是说，结果要能够被不止一个观察者所证实。

实证研究讲求"观察要更为客观"（Stanovich, 2010）。心理学家要直接对行为进行研究、收集数据（即观察到的现象），从而得出正确结论。例如，要验证"久别情深"这句话，心理学家就得分别找一些不能经常见面的情侣（分离型）以及每天都能见面的情侣（常聚型），观察两者之间谁的爱意更深。

下面举例说明实验证据的收集方法：你是否想

心理学 / Psychology　对行为和心理过程的科学研究。

科学观察法 / Scientific observation　以探索世界奥秘为目标的结构化实验调查方法，具有系统性和主体间性（结果可被多个观察者令人信服地加以证实）。

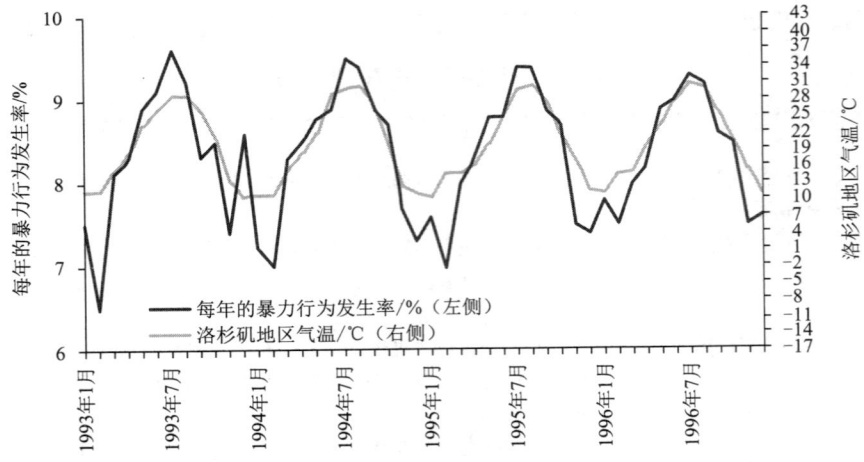

图 1.1 实证研究结果。该图说明，当气温升高时，洛杉矶地区的暴力行为增加。这表明，身体上的不适与攻击行为是有关联的。

知道在气温很高的时候，人们会不会变得更具攻击性？John Simister 和 Cary Cooper（2005）决心找出答案。他们拿到了4年里洛杉矶地区的气温数据及犯罪活动数据，并以气温—暴力行为发生率为单位作图（图1.1）。从中可以清楚地看出，两条曲线无论升降，其关系总是相互对应的。

这项研究的结果完全可以预测出来，不是吗？如果你的想法不同，你不一定能预测出结果。有的时候，研究结果与个人观察结果或常识性信念的确是吻合的，而有的时候，研究结果却出人意料。在这个例子中，你或许猜出了结果，你的怀疑得到了科学观察法的证实。但是，在气温非常高的日子里，那些需要花费大力气的攻击行为，比如动手打架，反而可能有所减少。所以，如果不系统地收集数据，我们将无法确定"热"不可支的洛杉矶人会变得更慵懒还是更好斗。

心理学研究

历史、法律、艺术和商业等众多领域对人类行为也很关注。与其相比，心理学有何不同？心理学的伟大之处在于它是以科学观察的方法来系统研究有关人类行为的所有问题（Stanovich, 2010）。当然，有些问题由于伦理或操作方面的原因而无法研究，更多的问题则是由于缺少合适的**研究方法**而难以解答。比如，过去曾经有人声称他们从来不做梦，而科学家们也不得不接受他们的说法。后来，脑电图仪（EEG）问世了，借助它的工作以及对眼球运动情况的观察，就能够揭示一个人是否在做梦。结果发现，那些声称自己从不做梦的人其实经常做梦，如果在做梦时将他们弄醒，他们甚至还有生动的记忆。所以，EEG 的应用使得对梦的研究更加科学。

心理学的目标

心理学家希望达到的目标是什么？作为科学家，心理学家的最终目标是造福全人类（O'Neill, 2005）。一般而言，心理学以达到对行为的描述、理解、预测和控制为研究目标。而从实践角度来说，心理学的目标意味着什么呢？让我们来看一看。

EEG 能够记录一个人在睡眠时大脑产生的微弱电信号，可用于对做梦进行科学研究。通过 EEG，可以把这些脑电信号转化为对大脑活动的书面记录。大脑活动的特定变化以及快速眼动都与做梦有着密切的联系。

描述行为

要想回答心理学问题，我们首先需要对行为加以细致描述。**描述**，或称为命名和分类，是建立在对典型行为进行科学观察、详细记录的基础上的。

但描述并非解释，对吗？是的。有用的知识源自准确的描述，但描述并不能解答"为什么"这一重大课题，比如：为什么企图自杀者多为女性，但完成自杀者多为男性？为什么当人感觉不适时更具有攻击性？为什么在紧急情况下旁观者往往不愿出手相助？

理解行为

如何对一种行为做出解释，这是心理学的第二个目标，也就是说，**理解**行为通常意味着我们要能说明这种行为产生的原因。例如，对"旁观者效应"的研究揭示出：当有其他人在场并可能去施救时，人们往往不愿自己出手相助。为什么？原因是此时会出现一种"责任扩散"心理，没人觉得自己必须出手。结果是，在场的潜在施救者越多，就越是没人挺身而出（Aronson, Wilson, & Akert, 2010; Darley, 2000）。至此，我们可以给这个令人困惑的现象一个解释了。

> **知识桥**
> 社会心理学家对旁观者效应及其影响因素有着浓厚的兴趣。详见第 17 章相关内容。

预测行为

心理学的第三个目标是对行为进行**预测**，即能够准确预言行为。假设你的座驾在一条繁忙的高速公路上抛锚了，会很快有人来帮你吗？根据对"旁观者效应"的研究结果来预测，你不可太乐观。虽然来来往往的司机都可以停车帮忙，但未必真有人停下来。

控制行为

对行为的描述、了解和预测都是无可厚非的，但为什么要去控制别人的行为呢？控制似乎威胁到了个人自由。但对心理学家来说，**控制**指的是根据预测结果，改变影响行为的条件。比如，临床心理学家要帮助某人克服对蜘蛛的恐惧心理，行为控制将是必不可少的；如果你建议重新布置教室环境以利于孩子们的学习，这也是在运用行为控制方法；汽车设计中也需要运用行为控制原理，以避免驾驶员发生致命错误。当然，人类必须理智、人道地运用心理控制方法。

总而言之，心理学目标来源于我们了解人类行为的愿望，简单来说就是要找出下列问题的答案：

- 这种行为的本质是什么？（描述）
- 这种行为为什么会发生？（理解和解释）
- 我们能预测这种行为将在什么时候发生吗？（预测）
- 影响这种行为的条件有哪些？（控制）

> **知识巩固**
> **心理科学**
>
> **测一测**
>
> 为了测测你的记忆力，先试着回答下面的问题。如果你答不上来，就请你重新阅读前面的内容，直到完全理解为止。
>
> 1. 心理学是研究____和____过程的____。
> 2. 常识性信念通常是____。

> **研究方法 / Research method**　探讨科学问题的系统步骤。
>
> **描述 / Description**　科学研究中的命名和分类过程。
>
> **理解 / Understanding**　在心理学中，它是通过阐明行为原因而获得的。
>
> **预测 / Prediction**　对行为进行准确预言的能力。
>
> **控制 / Control**　改变影响行为的条件的能力。

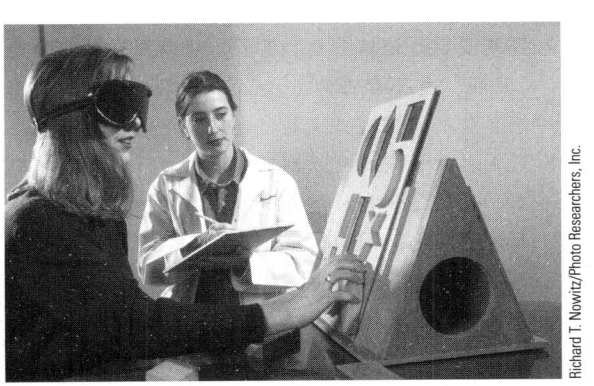

有些心理学家专门从事各种心理测验的施测、记分、解读工作，如智力测验、创造力测验、人格测验和能力倾向测验等。这就是所谓的心理测量学，它是利用心理学知识预测未来行为的一个例子。

a. 模棱两可的　　　　　　b. 似是而非的
c. 源自有限的观察　　　　d. 以上都对

3. 获取心理学知识的最佳基础是____。
   a. 对行为的预测
   b. 专家、权威的意见
   c. 拟人化测量
   d. 实验证据

4. 下面哪个问题与了解行为的目的有着最直接的关系？
   a. 男性和女性在思维能力测验中的得分有差别吗？
   b. 为什么头部受到打击会导致记忆丧失？
   c. 办公室温度的升高或降低会影响工作效率吗？
   d. 受考试焦虑症困扰的大学生的比例是多少？

想一想

批判性思考

5. 各学科中都有对研究对象进行控制的问题。对不对？

自我反思

许多学生曾经认为，异常行为和心理治疗是心理学研究的主要内容。你过去的看法呢？现在你怎样描述心理学？

答案：1. (来自)什么为,(内隐)心理。科学 2. d 3. d 4. b 5. 不对,与心理学界一样,通天文学和考古学中都存在这种同题。有谁能找到黑洞或恐龙呢？

批判性思维——带着怀疑的态度学习

关键问题 1.2：什么是批判性思维？

批判性思维在心理学中究竟能发挥什么作用？面对易趣网站上以寥寥数美元价格兜售的"货真价实"的劳力士手表或名牌太阳镜，我们大多会疑窦丛生。对于自己在亚原子物理学上的无知，我们一般心知肚明。但是，由于我们每天都与人类行为打交道，所以我们自以为对心理学相当了解。其实，我们常常被别人牵着鼻子走，对那些常识性信念、市井传闻，甚至荒诞不经的"水晶球治病魔力""万能草药疗法"、占星术以及所谓能解析人格、预卜未来的心灵学等"打包认购"、深信不疑。

这些都令我们意识到，批判性思维是能够令我们终生受益的大学教育成就之一。正如同我们在本书导言中所指出的，心理学中的**批判性思维**是一种思维方式，要求人们在面对某个观点时问问自己，它能否得到科学理论及科学观察结果的支持（Yanchar, Slife, & Warne, 2008）。批判性思维者总是乐于提出尖锐的问题，向公众意见发起挑战（Jackson & Newberry, 2012）。例如，人们普遍认为，与男人相比，女人更喜欢喋喋不休地说个没完。这是真的吗？批判性思维者或许会立刻反问："有没有科学理论能够解释所谓女人比男人话更多的原因？有没有实验证据支持这种观点？"我们该怎样搜集证据呢？（本章后文中将提供一些证据。）

批判性思维的原则

批判性思维的核心是人们乐于积极思考各种问题。在进行观点评估时，批判性思维者会深挖推理过程中的缺陷，并对支持性证据加以分析，质疑各种假设，寻找其他可能的结论。在他们心中，真正的知识来源于我们对客观世界认识的不断深入。

批判性思维的基础是五条基本原则（Elder, 2006；Jackson & Newberry, 2010；Kida, 2006）：

1. **不需要通过逻辑分析和实验验证就可以被接受的"真理"是不存在的。** 人们可以有各自不同的宗教信仰和价值观，这是"忠诚"问题，但除此之外，其他思想和观点都应该而且可以通过逻辑分析、实验证据和科学方法加以评估。

2. **批判性思维者总在思考，应该如何揭穿那些伪"真理"。** 他们积极寻找证据，揭露那些错误观念，包括自己的错误观念，并勇于承认错误。就像 Susan Blackmore（2001）所说的，当研究结果迫使她不得不放弃某些曾长期坚持的观点时，"承认自己的错误是非常困难的，尽管这是每一位心理学家都必须掌握的技能。"也正因如此，对于那些经过重重证伪过程的考验而保存下来的观点，批判性思维者更有信心。

3. **权威或专家的意见不能自动证实或证伪某个观点**。不能仅仅因为某位教师、专家、名人、权威被公认为是诚实可信的，你就自动相信他或怀疑他。如果你不问问自己："他的话有没有得到很好地支持和解释？还有没有更好的观点？他的话有证据吗？"，就天真地接受（或否定）这位"专家"的观点，你的做法将是非常不科学的，也贬低了自己的身份。

4. **判断证据的质量至关重要**。如果你是法庭上的陪审员，你需要对控、辩双方针锋相对的陈述进行评判。为了做出正确的判断，你不能只对双方提交的证据进行数量上的比较，还必须批判性地评价其质量，然后才能将更大的权重赋予最为可信的证据。

5. **批判性思维者需要心态开放**。应该只相信证据，并随时准备抛弃错误观点。不过，心态不能开放到盲从的地步。宇航员 Carl Sagan 曾说："我所渴望的似乎是在两种冲突性需求之间找到精细的平衡点：既要用最为挑剔的目光仔细审视摆在面前的所有假设，又要对新的观点保持开放心态。"（Kida, 2006）

为了将上述原则付诸行动，当你评估新的信息时可以提出一些问题（Browne & Keeley, 2010；Jackson & Newberry, 2012）：

1. 正在形成的新观点是什么？它们有什么含义呢？
2. 这些观点是可以理解的吗？在逻辑上有意义吗？有没有其他解释？新的解释更为简单吗？
3. 针对这些观点做过哪些验证？这些验证的性质如何，质量如何？验证能够被重复吗？是谁做的验证？他们可信、可靠吗？他们有没有涉及利益冲突？他们的发现客观吗？有没有其他独立研究人员能够复制这些发现？
4. 证据情况如何？（一般来说，科学观察法提供的证据的质量最高。）
5. 最后，这些观点有多大的可信度？很可信、比较可信，还是不可信？

请认真领悟这些问题。本书中的内容，包括"批判性思考"中的习题，都是建立在这些问题的基础上的。心理学课程能够丰富人们的思维技巧。你所付出的努力将使自己的思维能力更加突出，也会使你的学习更加生动。下一节将揭露那些自称能够解释人类行为的伪科学，请大家用批判性思维来迎接这场挑战。

伪心理学——手相学、占星术与人格

关键问题 1.3：心理学与伪心理学对人类行为的解释有何不同？

所谓**伪心理学**指的是那些貌似心理学但其实没有任何事实依据的体系。各种伪心理学都是假科学之名而行骗人之实的**迷信**活动，这些迷信活动没有证据的支持或者是靠伪造的证据装门面。

与科学心理学不同，多年来，伪心理学几乎没有变化，这是因为其追随者只拼凑那些貌似支持性的证据，而不敢正视与其不相符的事实真相。与此相反，批判性思维者、科学家、心理学家则对自己的理论总是秉持怀疑的态度（Schick & Vaughn, 2011），积极寻找矛盾之处，以此推动科学的进步。

你能举例说明伪心理学吗？ 例如颅相学，它是由德国一位解剖学教师 Franz Gall 提出的，在19世纪轰动一时。颅相学家声称，一个人的个性特征会通过其颅骨的形状显示出来。而心理学研究早已

（心理学中的）批判性思维 / Critical thinking (in psychology) 是一种思维方式，思考如何通过科学理论和科学观察来确定某种观点的正确性。

伪心理学 / Pseudopsychology 试图解释人类行为的各种虚假的、违背科学理念和实践的体系。pseudo 的意思就是"假的"。

迷信 / Superstition 无事实依据的观点，无证据支持或者证据是假的。

证明，颅骨形状与人的天分和能力毫无关系。颅相学家的定位系统也很离谱，他们所标定的显示人的"好斗性"的脑区其实是大脑的听觉中枢！手相学则是另一个伪心理学体系，它声称，手掌上的纹路能显示一个人的个性并可预测其未来。尽管大量证据批驳了这些说法，但伪心理学家依然我行我素，在许多城市中，不少人仍靠看手相来敛财。

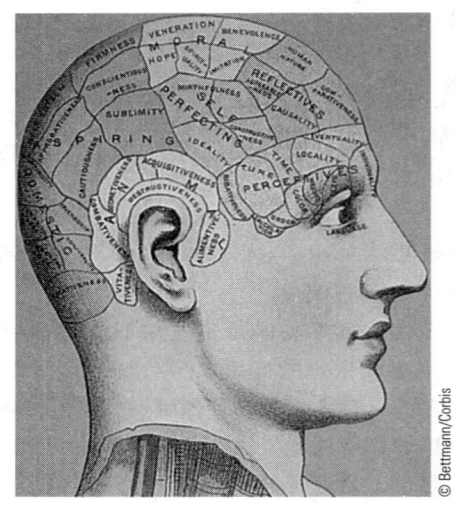

颅相学家使用的图谱。他们试图通过对比颅骨的不同区域来确定人的个性特征。与其他的伪心理学家一样，颅相学家也从未用实验验证过自己的观点。

笔迹学也属于伪心理学，尽管乍看上去它似乎相当理性。笔迹学家声称，笔迹可以揭示人格特质。于是，有些公司聘请笔迹学家参与员工选拔。但这只会带来麻烦，因为笔迹学家在人格评价准确度测验中的得分几乎为零（Dazzi & Pedrabissi, 2009; Furnham, Chamorro-Premuzic, & Callahan, 2003）。事实上，他们评价人格和工作绩效的准确性与从未受过训练的大学生相比，没有什么差别（Neter & Ben-Shakhar, 1989）。连笔迹学会也承认，不应该根据笔迹分析结果来决定人员招聘（Simner & Goffin, 2003）。（顺便说一句，笔迹学家在进行人格测评时是失败的，但对真假笔迹的鉴定是成功的。）

笔迹学看似对人们没有伤害，但如果仅仅因为某位笔迹学家不喜欢你的字体而使你丢了工作，恐怕你就不觉得它无害了。这种伪科学曾经被用来决定人员聘用、向申请人发放银行信用卡、挑选陪审团等。在这个时候以及类似的情况下，伪心理学的确害人不浅。

"这是本书作者的笔迹。你觉得它揭示出了什么？你的解释很可能与笔迹学家的解释一样准确（或不准确）。"

如果伪心理学全都没有科学依据，它们怎么能流传这么多年，而且还颇受欢迎呢？通过对占星术的批判，我们来说明其中的缘由。

有关星座的问题

作为流传最广的伪心理学，占星术充满争议。占星家认为，一个人的人格特质和行为是由其出生时天上恒星与行星的位置决定的。科学证据已经反复证明，无论在理论上还是实验上，占星术与其他伪心理学一样，都是没有科学效度的（Kelly, 1999; Rogers & Soule, 2009）：

1. **占星术理论不能令人信服。** 数千年前，古文明发源地之一的巴比伦人发明了黄道十二宫图，而占星术就是在此基础上发展起来的。与人们对科学理论的不断求证、反证和修正不同，占星术的理论核心自诞生到现在基本保持不变。时至今日，没有一位占星家能拿出令人信服的证据，说明人们出生时星辰的位置是怎样影响他们的未来的，占星家同样无法解释为什么出生时刻比其他时刻（比如受孕时刻）更为重要（或许是因为，掌握出生时刻比较容易，而推算受孕时刻则比较棘手）。况且，自占星术创立至今，黄道带的位置已经整整移动了一个星座（换句话说，当年的天蝎座位置而今已经被天秤座占据了）。对此，占星家们佯装不知（Martens & Trachet, 1998）。

2. 反驳占星术的证据充分、确凿。研究结果表明，在著名的占星家们所作的三千多个预言中，能算作被证实的预言没有几个。而这些所谓的成功预言要么是语焉不详（如"春天，在东方的某个地方将发生一场灾难"），要么是很容易从现在的事件中预料到结果的事情（Culver & Ianna, 1988）。同样，当要求占星家把一组陌生人与其占星图一一对应起来时，情况跟胡蒙乱猜差不多。在一项著名的测试中，占星家甚至无法根据占星图区分杀人犯和守法公民（Gauquelin, 1970）。事实上，人类的智慧、个性与占星图毫无关系（Hartmann, Reuter, & Nyborg, 2006），夫妻之间在占星图上是否般配与他们的结合、离异没有关系，占星图同人们的领导能力、生理特征和职业选择也沾不上边儿（Martens & Trachet, 1998）。

简而言之，占星术根本不灵。

既然如此，人们为什么常常认为占星术很灵验？令人感到诡异的是，连每天印在报纸上的占星图都是那么的精确。于是，很多人就此认为占星术是可靠的。很遗憾，这种无批判接受顺言的行为忽视了一些我们马上将要讨论的非常简单的心理学现象（see Rogers & Soule, 2009）。

无批判接受顺言

人们对占星术的认可是一种典型的**无批判接受顺言**的行为。无批判接受顺言的意思是，当某种说法貌似正确或者能令方方面面皆大欢喜的时候，人们就会倾向于相信它。其实，占星术的法宝就是多说奉承话。如果对你个性的描述说的都是你爱听的话，你自然而然不愿意否认它。假设你的生日属于处女座，不妨在读了下面这段描述后，看看你对占星术的认可程度增加了多少。

处女座：你是个逻辑性很强的人，讨厌无序和混乱。你挑剔的个性甚至让你的朋友都难以忍受。你处事冷静，不动声色，常常做爱未完，人已入睡。你天生就是化解冲突的高手。

确认偏向

虽然有时在占星家的描述中既有好的方面，也有不好的方面，人们依然觉得它很准确。要想知道原因，请先读读下面这段人格剖析。

你的人格剖析

你很有人格魅力，虽然也有弱点，但一般来说你有能力弥补。你倾向于接受自己，对生活的某些方面感到满足，并总是很乐于体验不同的生活。尽管在内心里，你对自己有某种不确定感，但在别人看来，你能很好地掌控自己。你的性适应力很强，虽然确实存在一些问题。你的生活目标大体上是现实的。偶尔你会质疑自己的决定和行动，因为你不确定它们是否正确。你希望别人喜欢你、崇拜你。你的潜能尚未充分开发利用。你喜欢独立思考，对别人的意见如果没有考虑成熟就不会采纳。你不愿意向别人敞开心扉，因为那可能会产生问题。你天生内向，应对周围事物谨慎小心，但有时你也会外向张扬，放浪形骸。

这些能够准确说出你的个性特征吗？一位心理学家调查了79位曾参加过人格测试的大学生，把一份类似的报告分别读给每个人听，其中认为报告没有准确抓住自己个性特征的只有5人。另一项经典研究表明，人们认为这类"人格剖析"要比占星图的描述更准确（French et al., 1991）。

请你再读一遍那些描述，你会发现，其中包括了若干人格维度上的两面特征。比如，前面说"你天生内向"，后面又说"有时你也会外向张扬"，其中总会有一种说法是准确的。这很容易使人在确认

无批判接受顺言 / Uncritical acceptance 当某种说法貌似正确或者能令方方面面皆大欢喜的时候，人们就会倾向于相信它。

偏向的基础上产生错觉。**确认偏向**是指人们由于只关注与自己的期望相符的信息而忽略其他信息所导致的知觉错误（Lilienfeld, Ammirati, & Landfield, 2009），伪心理学正是靠着这种效应才发展起来的。举个例子，你总能在一个水瓶座的人身上发现占星术中描述的水瓶座个性特征，但如果你再仔细读读那些特征，你就能发现，这些描述与对双子座个性特征或天蝎座个性特征的描述实际上大同小异。具有讽刺意味的是，这或许可以用来解释下述现象：曾经有人将一个臭名昭著的杀人犯的占星图交给一群人看，其中竟然有94%的人认为这些长达10页的图描述的就是自己（Gauquelin, 1970）。

确认偏向被形形色色的"通灵者"利用，他们装作能与死者对话，欺骗观众。通过分析发现，这些骗子的表演极少能成功。但由于确认偏向的作用，许多观众只对他们"成功"的表演印象深刻，而对其失败则视而不见。况且，电视台在节目播出之前，也会将那些令人尴尬的失败镜头统统删掉（Nickell, 2001）。

巴纳姆效应

伪心理学家利用的另一个心理效应是**巴纳姆效应**，即越是使用空泛、笼统的语言描述他人的情况，就越能使其觉得这些描述是准确的（Kida, 2006）。巴纳姆（P. T. Barnum）是个有名的马戏艺人，他的成功秘诀就是一句话："永远要让每个观众都感到自己若有所获。"如同前面的万能型人格剖析一样，看手相、算命、占星术和其他伪心理学使用的也都是非常空泛、笼统的语言，因此无论说什么，保证不会出错，能让"每个人都感到自己若有所获"。有一个办法可以使你了解巴纳姆效应：只要连续几天阅读报纸上所刊登的对12星座的未来预言，你就会发现，在那些预言中，不同星座未来将要发生的事情都差不多。知道你朋友的星座吗？你试试，故意拿一张错误的占星图给他，他八成仍会对预言的"准确性"佩服有加。

占星术至今依然很有市场，这一现象说明，很多人仍没有能力区分哪些是科学心理学，哪些是貌似真实、实则骗人的伪心理学。我们所做的这些讨论，就是为了使你能够批判性地观察人类行为，能够分辨什么是心理学，什么不是心理学。好啦，下面就是预测你未来的"占星图"：

> 现阶段你要关注自己的教育，关注个人成长。未来，你依然需要继续学习，这是具有永恒价值的事情。学习任务远比娱乐活动重要。心理学将在你未来的生活中大放异彩。

伪心理学不只是令人厌恶，实际上，它们的危害很大。比如，那些自封的"心理专家"会使众多心理障碍患者上当受骗，因为他们提供的伪心理疗法完全站不住脚（Kida, 2006；Lilienfeld, Ruscio, & Lynn, 2008）。科学心理学的基础是科学理论和证据，而非狂热、臆测或妄想。

科学研究——像心理学家那样思考

关键问题 1.4：如何使用科学方法进行心理学研究？

心理学批判性思维的基础是对事实、事件的精心记录，这也是一切科学研究的核心。要想进行科学研究，我们必须进行系统的观察，这样才能确保对行为的观察结果真实可靠（Stanovich, 2010）。借用前面的一个例子，如果你对温度与人类攻击行为之间的关系感兴趣，你就不能只是开着车四处乱转，东一眼西一眼地观察攻击行为，那只会使你一无所获。只有周密计划、系统观察，你的研究才有价值。

科学方法

所谓**科学方法**其实就是一种批判性思维方式，它的基础是仔细收集证据、精确描述与测量、准确定义、在受控条件下观察、研究的结果能够重现（Jackson, 2011；Yanchar, Slife, & Warne, 2008）。在理想条件下，科学方法包括六个要素：

1. 观察；
2. 对问题进行定义；
3. 提出假设；

4. 收集证据，检验假设；
5. 建构理论；
6. 发表研究结果。

下面我们将对这些要素进行一番更深入的探讨。我们曾经提到过一个常识性信念：女人比男人话更多。那么，心理学家该怎样证明或怎样反驳这个说法呢？这个研究实例囊括了科学方法中的所有基本要素，它是由亚利桑那大学的心理学家 Mathias Mehl 和他的同事们于2007年完成的。

观察

首先，此次待检的常识性信念是：女人比男人更爱说。有什么证据支持这个信念吗？研究者们查阅了以前发表过的研究报告，结果显示，还真有一些报告似乎支持这种刻板印象。

对问题给出定义

不过，研究者们发现，以前的研究实际上都没有长时间记录过男人和女人的正常谈话。于是，他们把问题定义为："在既不会干扰谈话者，又不会使调查结果发生偏差的条件下，如果能够在一个比较长的时间跨度里记录自然状态下的谈话，女人是否比男人话更多？"

提出假设

到底什么是"假设"？假设是对某一事件或某种关系所做的尝试性解释或说明。用通俗的话讲，假设就是对行为的一种可检验的预感或经验性推测。例如，你提出了这样一个假设："挫折感会引发攻击行为。"如何验证这个假设呢？首先，你得决定怎样使人们产生挫折感（这部分内容会很好玩）；然后，需要找到某种方式来测量人们是否变得更具攻击性了（此时，如果你站得离这些人太近，接下来发生的事情可能就不那么好玩儿了）；最后，你的观察结果要能为证实（或证伪）这一假设提供依据。

什么是"挫折感"？我们看不见摸不着，所以必须给它下一个操作定义。所谓**操作定义**就是用来表达概念的严格的研究步骤，它使得那些原本无法进行观察的想法（内隐行为）得到具体检测（图1.2）。拿刚才的例子来说，由于无法直接测量挫折感，你可以把它定义为："在一位成年人成功解决了一道字谜难题并获赠一张电影票之前打断他。"而攻击行为则可定义为："受挫者辱骂干扰者的次数。"换句话说，我们要通过操作定义把内隐行为转化成外显行为，这样才能科学地加以观察和研究。

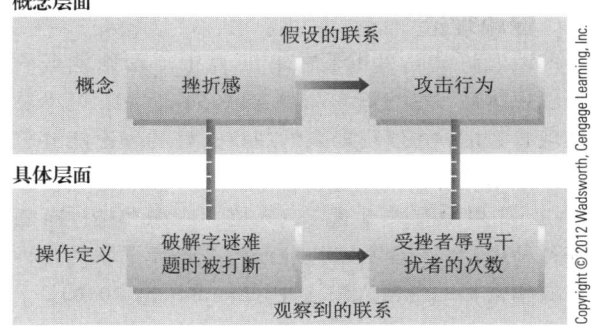

图1.2 操作定义把概念与具体观察联系起来。你认为本例中对挫折感和攻击行为的操作定义恰当吗？不同的操作定义与概念的吻合程度不同，正因如此，在心理学中，为了得出关于假设关系的明确结论，需要进行各种不同的实验。

收集证据，检验假设

我们回过头再来看看那个"女人比男人话更多"的问题。为了收集证据、追踪谈话，研究者给参加测试的每个人都戴上一个录音机，这种装置是电子控制的，每隔12.5分钟自动录音30秒。由于每次录音时参与者感觉不到，所以他们很快就适应了状况，行动、谈话一如往常。实验结束后，研究人员要清点每位参与者所说的单词量，并推

确认偏向 / Confirmation bias 人们只记住或关注与自己的期望相符的信息而忽略不相符信息的倾向。

巴纳姆效应 / Barnum effect 越是使用空泛、笼统的语言描述他人的情况，就越能让其感到这些描述是准确的。

科学方法 / Scientific method 以精确测量和受控条件下的观察为基础的批判性思维方式。

假设 / Hypothesis 对实验结果的预测，或对变量关系的经验性推测。

操作定义 / Operational definition 通过说明具体的测量行动、程序，对一个科学概念给出定义。例如，可以将"饥饿"定义为"食物剥夺的时间（小时数）"。

算出他们每天说话的总词量。经过统计，平均来讲，每天每个女士共说16215个单词，而每个男士则说15699个单词，比女士只少一点点，这个差距小得可以忽略不计。所以我们的结论是（该项目的研究人员也这么认为）：这项研究所提供的证据并不支持"女人比男人话更多"的假设（Mehl et al., 2007）。

建构理论

该怎样建构理论呢？在研究中，**理论**就是一个思想体系，它将概念与事实联系在一起，可以总结现有数据，并预测未来的观察。好的理论能够总结观察结果并加以解释，还能指导未来的研究（图1.3）。如果没有关于遗忘、人格、应激和精神疾病等各种理论，心理学家将被淹没在毫无关联的各种事实和资料的汪洋大海之中（Stanovich, 2010）。

> **知识桥**
> 弗洛伊德人格理论的一个主要问题就在于，其很多概念既无法测量，也无法验证。详见第12章相关内容。

尽管Mehl和他的同事们对于话多话少因人而异的原因并没有提出自己的理论，但他们还是讨论了这一研究对理论建构可能会产生的影响。比如他们指出，这次的研究对象全都是大学生，而老年男女的情况或许是相当不同的。他们的发现将带动对其他年龄组情况的研究，并最终导致解释各组之间差异的理论的诞生。

发表研究结果

科学信息必须公开，所以心理学研究结果通常都要在专业刊物上发表（表1.1），供其他研究人员阅读。如果其他人对研究结果有怀疑，可以自主进行研究（Jackson, 2011）。当研究结果能够为其他人所复制（重现）时，这些结果的可信度将会提升。

表1.1　研究报告提纲

●摘要	位于研究报告的开端，对其研究和发现做一个非常简洁的总结。一篇文章的摘要使你不读全文即知大意。
●导言	用以描述要研究的问题，并且对同一问题或相关课题的主要研究资料进行综述。
●方法	解释为什么和怎样进行观察，并且描述用来收集数据的特定程序，以便于其他研究者重复这项研究。
●结果	呈现调查结果。数据呈现方式可以是图、表，也可以是统计分析结果。
●讨论	要讨论与最初提出的问题有关的研究结果，探查这项研究的潜在价值，并指出需要进一步研究的问题。

Copyright © Cengage Learning 2013

Mehl等人的研究论文发表在2007年的《科学》（*Science*）杂志上，文章中描述了他们研究的问题、使用的研究方法以及研究结果。

科学研究中的伦理问题

科学家对待研究对象的方式方法是受规则约束的，不是吗？完全正确。心理学实验时常会引发伦理问题。行为研究中的伦理问题主要涉及三个

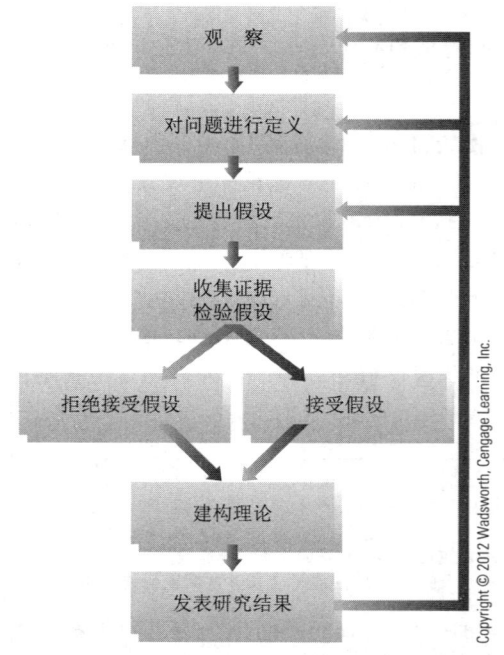

图1.3 心理学家运用科学的逻辑来回答行为问题。特定的假设可以通过自然观察、相关研究、控制实验、临床法和调查法等多种研究方法加以检验。心理学家必须根据收集到的资料不断修正自己的理论，而新的理论或经过修正的理论又会引出新的观察、新的问题和新的假设。

方面：使用欺骗手段，侵犯个人隐私，可能导致长期损害。历史上曾有过一个研究服从问题的经典案例，它酿成了对他人的欺骗和潜在伤害等问题。在那项实验中，参与者被命令对某人实施据认为将导致极大痛苦的电击（当然，实际上并没有进行电击）(Milgram, 1963)。许多参与者都确信自己给别人造成了伤害，并因此而感到震惊和不安，甚至有人在此后很长一段时间内都极为内疚和痛苦。

> **知识桥**
> Stanley Milgram 实施了这项声名狼藉的实验，以便更好地说明人们是怎样心甘情愿地臣服于权威的。详见第16章相关内容。

这样的实验产生了严重的伦理问题，例如，为了获取信息而迫使人们付出了精神上的代价，这难道是正当的吗？使用欺骗手段也是必需的吗？作为对这些问题的回答，美国心理学协会发表的指导意见中称，"心理学家在任何研究中都必须尊重参与者，关注其尊严与福祉"（表1.2）。对于实验动物也有类似的指导意见，要求实验者"确保动物们的福祉并人道地对待它们"(American Psychological Association, 2002, 2010a)。为确保万无一失，绝大多数的大学心理系都设有道德委员会来监督研究工作。但是，心理学所涉及的道德问题是没有简单的答案的，对于某些特殊实验的争论恐怕还将持续下去。

表1.2　心理学研究者的基本伦理准则

不得造成伤害。
向可能的参与者准确说明实验风险。
确保所有的参与者都是出于自愿。
把参与者的不适感降到最低。
保守秘密。
避免对个人隐私不必要的侵犯。
只有在绝对必要时，方可使用欺骗手段。
消除由于使用欺骗手段而导致的任何误解（询问情况）。
要向参与者说明实验结果并加以解释。
尊重参与者的尊严。

Copyright © Cengage Learning 2013

知识巩固
心理学中的批判性思维与科学研究方法

测一测

1. 心理学中的大部分知识被叫作常识性信念，这是因为心理学家更喜欢使用非正式的观察方法，而不是系统观察法。对不对？
2. 笔迹学在笔迹鉴定中的价值受到人们的认可，这就是确认偏向效应。对不对？
3. 伪心理学使用空泛的语言进行个性描述，让"每个人都感到若有所获"。它依赖的是：
   a. 看手相者的谬误
   b. 无批判接受顺言模式
   c. 确认偏向效应
   d. 巴纳姆效应
4. 某位心理学家想了解运动是否能够增加人们的幸福感。在研究中，他需要检测：
   a. 实验性假设
   b. 操作定义
   c. 实验定义
   d. 拟人化理论
5. 我们通过操作定义将____行为转化为____行为。
   a. 外显，内隐
   b. 可观察的，外显
   c. 内隐，外显
   d. 内隐，抽象

想一想

批判性思考

6. 请列举一些相互矛盾的常识性信念。
7. 请使用非常空泛、笼统的语言杜撰一些"巴纳姆陈述"（即人格陈述），让人人都觉得与自己的情况很吻合。你能不能进一步把它们组织起来，构成一个"巴纳姆人格特质"？然后，再将其加工成一个"巴纳姆预言"？
8. 每年元旦当天，骗人的通灵大师们都要对新的一年中将要发生的事做出预言。这类预言

理论 / Theory　为解释概念与事实之间的关系而提出的系统观点，以总结现有数据并预测未来的观察。

绝大多数都是错误的。但是，他们年年照侃不误。你能解释一下这是为什么吗？

自我反思

我们几乎每天都会遇到一些人，他们要么迷信伪心理学，要么散布没有科学依据的消息。你怎样严格评价你自己的观念和其他人的观念？

常言说："老狗学不会新把戏。"你该怎样科学地鉴别这句话的真伪？请按照科学步骤提出一个可供检测的假设，并且确定收集证据的方法。（啊，对了，发表研究结果的事儿就免了吧。）

答案：1. 对的 2. 不对 3. d 4. a 5. c 6. 假 7. 所以这个说法是错的。事实上，Levy与 "老狗学不会新把戏"，"老狗也可以学会新把戏"，老年人的脑细胞死亡率远远少于他们以前所假设的；许多老年人都能很好地解决问题，并且他们在日常生活中所表现出来的智力也是很惊人的，人们往往只注意到年长者的幼稚，而忽视他们的智慧；再如，"学习"的技能其实也是老年人所能掌握的全新的东西。

起感官反应的物理能量。之后，冯特运用**内省法**探查自己对不同刺激的反应。（现在，请你停止阅读，闭上眼睛，仔细检视自己的思想、情感和感觉，这就是内省。）

在数年的时间里，冯特研究了视觉、听觉、味觉、触觉、记忆、时间知觉等众多课题。他自始至终坚持进行系统观察和测量并提出了一些很有趣的问题，这也使得心理学有了一个良好的开端（Schultz & Schultz, 2012）。

冯特（1832—1920）最早将心理学从哲学中分离出来，使之成为一门独立的学科，他也因此而深孚众望。冯特原本是学医出身，但他对心理学产生了浓厚的兴趣。他在实验室中研究了人的感觉、表象和情感整合为个人经验的方式。

心理学简史——心理学家"全家福"

关键问题 1.5：心理学是怎样产生的？

前面提到过，数千年来，人类一直以非正规的方式对自身行为进行着观察，并试图从哲理角度加以解释。而与此形成对照的是，作为一门科学，心理学却只有130多年的历史。其标志性事件是，1879年，在德国莱比锡，冯特（Wilhelm Wundt）创建了一个实验室，研究人类的意识体验，他也因此被尊为"心理学之父"。

冯特很希望了解感觉、表象和情感等体验对人类产生的影响。为了寻找答案，他对各种刺激（如光线、声音和重量等）进行了系统观察和测量。这里所谓的**刺激**指的是任何一种作用于有机体并能引

结构主义心理学

铁钦纳（Edward Titchener）把冯特的思想带到美国，并称其为**结构主义**，他试图把人的精神生活结构分解成一个个基本要素（就像建筑结构中的一块块砖那样）来加以分析。

铁钦纳要怎么做呢？能不能像分解化合物那样分解体验呢？ 恐怕不能。但是，结构主义者常常试图用内省法进行心理上的"化学分解"。比如，观察者可以举起一个苹果，然后说自己已经感觉到了苹果的色、形及重量等要素。再如，许多食品的味道是混合而成的，极其复杂，如花椰菜、酸橙、咸肉和草莓慕斯等，那么它们的味道是由哪些基本味觉元素构成的呢？这是一个结构主义者感兴趣的问题。

在许多研究中，内省法并不是一个寻找答案的好方法（Benjafield, 2010）。原因在于，无论观察

方法多么具有系统性,结构主义者得出的结论常常不一致,而且这种分歧无法弥合。比如,你和一位朋友都用内省法研究对苹果的知觉,可是你们各自发现的基本要素却大相径庭,谁对谁错呢?不过,尽管有局限性,但作为一种获取知识的方法,内省法在有关催眠、冥想、问题解决、情绪等许多课题的研究中还是有其可取之处的。

机能主义心理学

美国学者詹姆士(William James,1842—1910)拓展了心理学领域,将动物行为、宗教体验、异常行为及其他一些有趣的课题纳入心理学研究范畴。他的第一部著作《心理学原理》(*Principles of Psychology*,1890)不愧为传世之作,奠定了心理学的独立学科地位(Hergenhahn,2009)。

机能主义一词来自詹姆士对心理机能在人类适应环境的过程中所起作用的兴趣。詹姆士认为,人的意识绝不像结构主义者所宣称的那样是一堆无生命的砖头,而是一泓表象与感觉的清泉,潺潺流淌,永不停息。

机能主义者崇拜达尔文学说。达尔文曾推断,生物进化是以适者生存的方式进行的。他提出**自然选择**的原则,认为只有那些有助于动植物适应其生存环境的生理机能才能在进化过程中得以保留。那么,思想、知觉、习惯、情绪等行为是怎样帮助人类适应环境并生存下来的呢?这是机能主义者想搞清楚的问题。

机能主义对现代心理学有什么影响?机能主义把动物研究引入了心理学,也促进了教育心理学(研究对象包括学习过程、教学、课堂动力学及相关问题)的发展。学习可以使人的适应性得到提高,所以机能主义者希望找出完善教育的方法。同样,机能主义研究还刺激了工业与组织心理学的发展,促使我们关注工作中人的因素。

> **知识桥**
> 今天,教育心理学、工业与组织心理学依然是心理科学的两大应用学科(Coolican et al.,2007)。详见第 18 章有关应用心理学的内容。

斯金纳在严格控制的条件下对简单行为进行研究。在对学习的研究中,这里所展示的斯金纳箱被广泛应用于简化的动物实验。斯金纳希望自己的这种彻底的行为主义主张不仅能够促进心理学的发展,而且能够促进人类生活的改善。

行为主义心理学

机能主义与结构主义很快就受到了**行为主义**

刺激 / Stimulus 有机体感觉到的任何一种物理能量。

内省法 / Introspection 通过检验自己的思想、情感和感觉,了解内心活动的方法。

结构主义 / Structuralism 一种思想流派,它把感觉和个人体验分解成一个个基本要素来加以分析。

机能主义 / Functionalism 一种心理学派,关注的是各种行为和心理机能在人对环境的适应过程中所起的作用。

自然选择 / Natural selection 达尔文理论中提出的生物进化原则之一,即只有那些适应环境能力最强的动植物才能在进化过程中得以生存。

行为主义 / Behaviorism 一个心理学派,强调对外显的、可观察行为的研究。

的挑战，而后者研究的是可观察的行为，其代表人物是华生（John B. Watson，1878—1958），他强烈反对研究思想或意识体验，并认为，内省不是科学方法，因为观察者之间的分歧是不可调和的。华生主张，即便无法向动物发问，不知道它们在想什么，他依然可以对其外显行为进行研究（Benjafield，2010），只要观察刺激（环境中发生的事件）和动物的**反应**（肌肉动作、腺体分泌活动或其他可确认的行为）之间的联系就足够了。这些观察不涉及对主观经验的内省，因而是客观的。华生问道，为什么不用同样的客观方法研究人类行为呢？

华生很快开始采用俄国生理学家巴甫洛夫的条件反射概念来解释行为（条件反射即对特定刺激的一种习得性反应）。华生宣称："如果给我12个健康并发育正常的婴儿，允许我按我的方式把他们抚养成人，我保证可以把随意挑选出的任何一个孩子培养成我想要的任何一类人，不论是医生、律师、艺术家、百万富翁，还是乞丐或窃贼。"（Watson，1913/1994）

心理学家们同意华生的观点吗？不同意。行为主义者相信，所有的反应都是由刺激所决定的。而在今天，这种观点被认为言过其实了。但行为主义思想确实有助于心理学发展成一门独立的自然科学，而没有成为哲学的一个分支（Benjamin，2009）。

彻底的行为主义心理学

斯金纳（B. F. Skinner，1904—1990）是当代最负盛名的行为主义者，他相信，人的行为是受奖惩作用控制的。为了研究学习，他制作出条件反射箱，即人们熟知的"斯金纳箱"，通过这种条件反射箱，可以对实验动物进行刺激，并记录下它们的反应。虽然斯金纳关于学习的很多观点都是在对大鼠或鸽子的实验中形成的，但他相信，人类也遵循着相同的行为规律。作为一个"彻底的行为主义者"，斯金纳认为，没有必要用心理内部发生的事，比如思维，来解释行为（Schultz & Schultz，2012）。

> **知识桥**
>
> 详见第6章有关操作性条件反射的内容。

感谢行为主义者的贡献，我们得以了解有关学习、条件反射、合理使用奖惩手段等知识。斯金纳确信，积极的强化措施能够鼓励良好行为，应该用这种方法设计我们的文化。但他反对单纯使用惩罚手段，因为那不可能带来正确的反应。他指出，人类常常因惩罚和误导性奖励而产生自我毁灭的行为，并导致了人口过剩、污染和战争等诸多问题。

认知行为主义心理学

人们批评彻底的行为主义者忽视了思维的作用，甚至有人抨击斯金纳的心理学是"丧失意识"的心理学，但许多批评意见如今已经在**认知行为主义**理论中得到了解决。认知行为主义是在认知（思维）与条件反射相结合的基础上产生的观点，是一种能够对行为进行解释的学说（Zentall，2002）。举例来说，你经常访问一家特殊网站，因为那里提供实时播放的免费录像。对此，行为主义者认为，你的行为是因为看录像带来的快乐奖励了你。而认知行为主义者则补充说，除此之外，你还"期待"着在这家网站发现免费录像，这份期待是你行为的认知部分。

格式塔心理学

现在想象一下，你吹奏了两遍"生日快乐"这首曲子，第一遍使用低音大号，第二遍使用高音长笛。虽然两种乐器吹奏出的音调完全不同，但有趣的是，只要音符之间的关系没变，人们就能够识别出这是同一首乐曲。不过，如果你还是以正确的音符顺序来演奏这支曲子，但把每一个音都拉得很长，用一个小时的时间才演奏完，那将会发生什么情况呢？人们肯定听不出你演奏的是什么，因为那只是些支离破碎的长音，而不再是优美的旋律了。在知觉上，旋律不仅仅是一个个音符，它也是个整体。

格式塔学派正是在这种观察的基础上产生的。德国心理学家韦特海默（Max Wertheimer，1880—1941）第一个提出格式塔观点。在德语中，格式塔（Gestalt）一词的意思是形式、模式或整体。韦特海默认为，结构主义者把心理事件分解成单个的要素是错误的。因此，**格式塔心理学**将思维、学习和知觉作为整体加以研究，而不是分解处理。"整体大于各部分之和"是格式塔心理学家的口号（图1.4）。

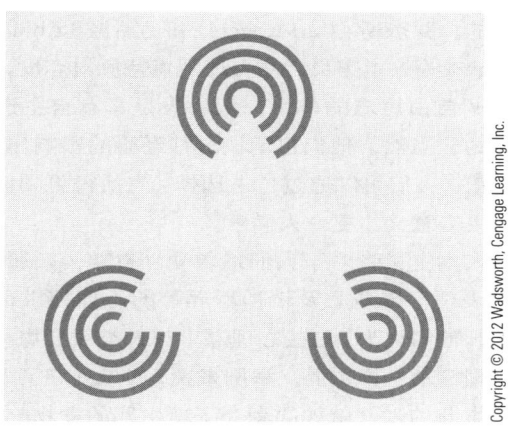

图 1.4 本图是由不完整的圆环组成的。然而，格式塔心理学家发现，人类的知觉总是极其倾向于组成有意义的构形。因此，你或许能从图中发现一个三角形，尽管它仅仅出自你的想象。这说明，你的整体知觉经验优先于各局部经验的组合。

就像不能把一支优美的曲子分解开一样，许多经验也不能像结构主义心理学家建议的那样被分解成更小的单元。正因为如此，格式塔观点在知觉和人格研究中颇具影响力。

精神分析心理学

正当美国的心理学界朝着更加科学的方向迈进时，一位名叫弗洛伊德（Sigmund Freud）的奥地利医生却发展出一套截然不同的理论，为艺术、文学、历史以及心理学研究开辟了一片新天地（Chessick，2010；Jacobs，2003）。弗洛伊德相信，人的心理活动就像一座冰山，只有暴露在海面之上的很小一部分是可以看到的。他把个人意识之外的那部分思想称为**无意识**。按照弗洛伊德的理论，人类行为受到无意识思想、冲动和欲望的深刻影响，尤其是与性和攻击有关的欲望和冲动。

弗洛伊德的理论认为，人类的许多无意识思想处于被**压抑**的状态，或者是被排斥于意识之外，因为它们是危险的，但有时会在梦、情绪和口误中流露出来。"弗洛伊德式口误"（Freudian slip）经常令人忍俊不禁。比如，一位上学迟到了的学生解释说："对不起，我真的没法儿来得更晚（早）了。"

与行为主义者相同的是，弗洛伊德相信，一切思想、情绪和行为的发生都是可以被确定的，也就是说，它们不是无缘无故发生的，因此，只要我们深入探究，就一定能够发现引发思想和行为的原因。但与行为主义者不同的是，他认为起主要作用的是无意识过程，而非外部刺激。

弗洛伊德（1856—1939）对无意识思想进行了长达半个多世纪的探索，他的研究改变了对人类本质的传统认识。他早年使用"谈话疗法"治疗歇斯底里症的实验被认为是精神分析疗法的开端。通过精神分析，弗洛伊德将心理治疗方法引入对精神疾病的治疗中。

弗洛伊德等人最早认识到，儿童期对成人人格的形成具有重要影响，因此他说："童年塑造了成人。"但弗洛伊德之所以闻名于世，最主要的原因

反应 / Response 肌肉动作或腺体分泌活动，以及其他可确认的行为。

认知行为主义 / Cognitive behaviorism 将行为主义原理与认知（知觉、思维、预期）结合在一起解释行为的方法。

格式塔心理学 / Gestalt psychology 一个心理学派，强调将思维、学习和知觉作为整体加以研究，而不是分解开来。

无意识 / Unconscious 指意识之外的那部分思想，尤其是无法直接感知的冲动和欲望。

压抑 / Repression 无意识的过程，通过这一过程，记忆、思想或冲动都被排除到意识之外。

也许是他发明了**精神分析法**，这是人类第一种成熟的心理治疗方法，也称为"谈话疗法"。弗洛伊德的心理疗法对无意识冲突和情绪问题进行了探讨。

不久之后，他的学生开始在理论研究上独辟蹊径，在对弗洛伊德思想加以修改的基础上形成了**新弗洛伊德学派**。他们修正了弗洛伊德的部分理论，但保留了其中的许多主要内容，例如，淡化对性和攻击行为的关注，强调社会动机和社会联系。新弗洛伊德学派的代表人物包括阿德勒（Alfred Adler）、弗洛伊德的女儿安娜·弗洛伊德（Anna Freud）、霍妮（Karen Horney）、荣格（Carl Jung）、兰克（Otto Rank）和埃里克森（Erik Erikson）等。今天，弗洛伊德理论被修改得面目全非，以致严格意义上的精神分析心理学几乎已经不存在了。但在各式各样的**心理动力学理论**中，我们仍可感受到弗洛伊德思想的存在，因为这些理论依然强调内在动机、冲突和无意识力量的作用（Gedo，2002；Moran，2010）。

人本主义心理学

人本主义强调对人的经验的主观认识。人本主义心理学家感兴趣的是研究人的潜能、理想以及各种问题。

人本主义理论提出了哪些新的思想？弗洛伊德理论认为人类是受无意识力量控制的，而行为主义则强调条件反射，这两种观点都带有强烈的**宿命论**的味道，认为人的行为是由自己无法控制的力量决定的。罗杰斯（Carl Rogers）和马斯洛（Abraham Maslow）等人本主义者对上述观点持反对态度，他们强调**自由意志**的作用，认为人是具有自主选择能力的。当然，他们也承认过往经验的影响作用，但相信，人们可以通过自主选择，生活得更具创造性、更有意义、更令人满意。

人本主义者对于人们追求爱、自尊、归属感、自我表现、创造力及精神境界等的心理需求很感兴趣。他们认为，这些心理需求与人类对食物和水的生理需求一样重要。举例来说，如果剥夺了人们对新生儿的爱，就如同剥夺了新生儿的食物一样，将导致婴儿的死亡。

人本主义理论是否科学？起初，人本主义者并没有把心理学当作一门科学来对待，相反，他们强调人的自我形象、自我评价和参照系等主观因素的重要性（自我形象指的是对自己的身体、个性及能力的知觉；自我评价则是指对自己的积极或消极的评判；而参照系则是对事物进行解析的心理视角）。今天，人本主义者仍在试图了解人们对自己的认识和对世界的感受。但是，他们中的绝大多数人也像其他心理学家一样，开始通过实验来检验自己的观点（Schneider, Bugental, & Pierson, 2001）。

马斯洛提出的自我实现概念是人本主义思想的关键特征。**自我实现**指的是充分发挥个人潜能并获得个人最高成就的过程。人本主义者认为，每个人生来都具有这种潜能，而人本主义研究的目标就是要找到帮助人们发挥这种潜能的方法。

表1.3是对心理学早期发展状况的总结。

心理学家中的多样化特点

早期的心理学家都是白人男性吗？尽管来自妇女和少数族裔的心理学家长期偏少，但也不乏先驱者（Minton，2000）。1894年，Margaret Washburn成为获得心理学博士学位的第一位妇女。截至1906年，在美国的每10位心理学家中就有1位是女性。1920年和1933年，Francis Cecil Sumner与Inez Beverly Prosser分别成为美国第一位获得心理

马斯洛（1908—1970）是人本主义心理学的创始人，他的主要兴趣是研究那些心理状态超常的人，他相信，这些自我实现者都充分发挥了自身的天赋和能力。马斯洛对于人类潜能的积极认识使得人本主义逐步取代了行为主义和精神分析心理学。

表1.3 心理学早期发展中的重要事件

学说	年代	重要事件
实验心理学	1875	●詹姆士第一次开设心理学课程
	1878	●美国第一次授予心理学博士学位
	1879	●冯特在德国建立了第一个心理学实验室
	1883	●美国第一个心理学实验室在约翰·霍普金斯大学建立
	1886	●杜威编写的美国第一本心理学教科书出版
结构主义心理学	1898	●铁钦纳在内省法基础上发展出结构主义心理学
机能主义心理学	1890	●詹姆士所著《心理学原理》(Principles of Psychology)一书出版
	1892	●美国心理学协会成立
心理动力学	1895	●弗洛伊德发表第一批研究成果
	1900	●弗洛伊德的《梦的解析》(The Interpretation of Dreams)一书出版
行为主义心理学	1906	●巴甫洛夫做关于条件反射的研究报告
	1913	●华生提出行为主义观点
格式塔心理学	1912	●韦特海默等心理学家提出格式塔理论
人本主义心理学	1942	●罗杰斯出版《咨询与心理治疗》(Counseling and Psychotherapy)一书
	1943	●马斯洛发表《人类激励理论》(A Theory of Human Motivation)论文

Copyright © Cengage Learning 2013

学博士学位的非洲裔男性和妇女。

在早期的心理学家中,白人男性占据支配地位的现象是令人忧虑的,因为这在无形中导致了心理学理论与研究的局限性。举例来说,Laurence Kohlberg(1969)提出的人类道德发展的理论称,女性在道德上"不成熟",因为她们不像男性那样关心公平问题。然而,在他的研究中几乎没有女性参加,他只是轻率地假设:对男性的研究结论同样适用于女性。而作为回应,Carol Gilligan(1982)提供的证据则表明,女性其实更愿意从关爱的角度做出道德选择,而不是从公平的角度。仅此而言,道德上不成熟的是男性。

> **知识桥**
> 今天的人们已经认识到,公平理论和关爱理论对于了解人类智慧都是必不可少的。详见第3章相关内容。

Kohlberg的失察其实是一种**研究中的性别偏差**,即在各类研究中,女性被试的代表性不充分及研究者忽视女性问题的倾向,其结果造成研究者武断地假设从男性身上得出的研究结论对女性也适用。如果不直接对女性进行研究,就不可能知道这种假设的错误概率有多大。而研究者在整合针对男性和女性的研究结论时,会出现另一个问题,即两者之间的重大差异可能被掩盖。还有一个问题是,在某些类型的研究中,男女志愿者的人数不相等。例如,在研究性行为时,男性大学生志愿者的人数要多于女性(Wiederman,1999)。这真令人惊奇!而不那么令人惊奇的是,对于年龄偏差、性取向偏差、种族和民族偏差的各种指责也一直不绝于耳。要想了解更多情况,请参见"谁才是怪人?"栏目。

幸运的是,自2000年以来,70%多的心理学

> **精神分析法 / Psychoanalysis** 弗洛伊德心理治疗方法,注重对无意识冲突的研究。
>
> **新弗洛伊德学派 / Neo-Freudian** 接受了弗洛伊德理论中的基本理念,但对部分理论加以修正,以适应自己的观念的心理学家。
>
> **心理动力学理论 / Psychodynamic theory** 强调内部冲突、动机和无意识力量的行为理论。
>
> **人本主义 / Humanism** 一种心理学理论,强调对人的经验、人的问题、人的潜能和人的理想的研究。
>
> **宿命论 / Determinism** 这种信条认为,前世之因导致今世之果,如果能够知道这些原因的话,人们的选择和行为就都能得到解释了。
>
> **自由意志 / Free will** 该观点认为,人类有能力自主做出选择和决定。
>
> **自我实现 / Self-actualization** 充分发挥个人潜能的过程。
>
> **研究中的性别偏差 / Gender bias in research** 在心理学或其他研究领域中,忽视女性及女性问题的倾向。

人类的多样性

谁才是怪人？

当你阅读本书时，你或许总在想：这些概念、理论或研究结论对于不同性别、种族、民族、年龄或性取向的人们都同样适用吗？"人类多样性"栏目将有助于你更好地思考我们这个文化多元、异彩纷呈的大千世界。

心理学研究在研究者和参与者的种族、民族、年龄以及性取向等方面所存在的偏差，无疑使我们的理解能力受到限制（Denmark, Rabinowitz, & Sechzer, 2005; Guthrie, 2004）。许许多多的研究结论都是由一小部分人做出的，或者是在对一小部分人进行研究的基础上做出的，这些人并不能代表全人类。例如，在现代心理学实验中，绝大多数的参与者都是学习普通心理学的大学生。针对这一情况，杰出的心理学家 Edward Tolman 曾评论道：心理学实验中的被试主要有两类——大鼠和大学二年级的学生。他开玩笑说，大鼠当然代表不了人类，大学二年级的学生恐怕也代表不了。此外，多年来，参加实验的人大多是中产阶级家庭出身的白人，而大多数研究者本人也是白人（Guthrie, 2004）。虽然不能说这种情况必然会使实验结果失去价值，但实验的意义将大打折扣。

在所有的心理学研究偏差中，最大的偏差来自何人？

你只要扪心自问住在世界上最怪异社会中的人是谁，答案就一清二楚了：最大的偏差来自那群十足的怪人（WEIRD）[作者在此开了一个一语双关的玩笑，WEIRD 既有"怪人"之意，在此也代表：西方人（Western）、受过良好教育（Educated）、出身工业化国家（Industrialized）、富有（Rich）、崇尚民主（Democratic）]。按照 Henrich、Heine 和 Norenzayan（2010）的说法，我们西方人有一种强烈的、根深蒂固的倾向，总是认定：在对人类行为的研究中，西方研究者从西方参与者身上得出的结论就是标准答案，其他社会的人都不正常。然而，在仔细审视了将西方人与其他社会的人进行比较的各种研究结论之后，Henrich、Heine 和 Norenzayan 得出的结论却恰恰相反：我们西方人才是怪人，必须慎重对待"西方社会的研究结论必然适用于其他社会"的观点。

值得庆幸的是，解决偏差问题的方法很简单：鼓励更多来自不同社会阶层的人成为研究者，可能的话，还要选择更大量的来自不同社会阶层的被试参加到实验中来。这正是目前心理学研究中的普遍做法，因为研究者已经意识到了人类多样性的问题（Lum, 2011; Reid, 2002）。

学士学位和硕士学位获得者都是女性。与此类似，25% 的心理学学士学位和 16% 的心理学博士学位授予了有色人种（American Psychological Association, 2003a）。人类多样性问题正在心理学领域逐步得到越来越充分的反映（Hyde, 2007）。

心理学现状——关于行为的三大互补观点

关键问题 1.6：当代心理学理论有哪些？

曾经有一个时期，人们对各自所属的心理学派都竭尽忠诚，各种冲突司空见惯。而现在，一些早期的理论体系（如结构主义心理学）已经彻底消失，新的理论异军突起。同时，机能主义心理学、格式塔心理学等也被观点更新颖、视野更开阔的理论体系所吸收。构成现代心理学体系的主要是生物学观点、心理学观点和社会文化观点等（表1.4）。

生物学观点

生物学观点试图通过生物学原理（如大脑功能、进化论和遗传学等）来解释人类的行为。生物心理学家利用新科技探索大脑与思维、感觉、知觉及异常行为的关系，不断有激动人心的成果问世。他们与研究大脑和神经系统的生物学家、生化学家等密切合作，共同创立了**神经科学**，研究领域更加广阔。至于**进化心理学家**，他们根据人类进化论和遗传理论来解释我们的行为。

心理学观点

按照**心理学观点**，行为是一个人心理作用的结果。像早期的行为主义心理学一样，心理学观点强调客观观察的重要性，但它同时吸收了认知心理学的理论，探索心理作用对思想、行动、感觉的影响

| 表1.4 | 有关行为的现代理论 |

生物学观点

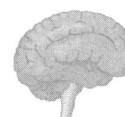
生物心理学
主要观点：人类和动物的行为受体内的生理、化学和生物过程的控制。
力图通过大脑和神经系统的活动及生理学、遗传学、内分泌学、生物化学等作用来解释行为。对人的本性的看法是中立、还原主义和机械论的。

进化论
主要观点：人类和动物的行为受进化过程的控制。
力图通过以自然选择为基础的进化论来解释行为。对人的本性的看法是中立的、还原主义和机械论的。

心理学观点

行为主义
主要观点：行为是在环境中形成的，并受环境的控制。
强调对可观察行为和学习效果的研究，重视外部奖惩作用的影响。对人的本性持中立和科学的观点，但看法多少有点机械。

认知理论
主要观点：人的行为就是对信息的心理加工过程。
关注人的思维、认识、知觉、理解、记忆、决策与判断过程，用信息加工过程来解释行为。以一种中立的、有点像看待计算机的眼光来看待人的本性。

心理动力学
主要观点：行为由人的个性中的力量所驱动，这些力量经常是深藏的或无意识的。
强调对内冲动、欲望和冲突的探查，特别是对无意识力量的研究。认为人的行为是由冲突性的个性力量控制的。对人的本性的看法较为消极和悲观。

人本主义
主要观点：行为是由一个人的自我形象、对世界的主观知觉及个人成长需要所决定的。
关注人的主观的和有意识的体验、人类的问题、人的潜能以及人的理想，强调用自我形象、自我实现对行为进行解释。从哲学的角度积极看待人的本性。

社会文化观点

社会文化理论
主要观点：行为是受一个人的社会及文化背景影响的。
强调行为与一个人出生、成长和生活的社会及文化环境有关。对人的本性持中立的、交互作用论的观点。

Copyright © Cengage Learning 2013

第1章 什么是心理学

方式（Goldstein，2011）。近年来，科学家们发明了许多新方法对内隐行为进行客观研究，如思维、记忆、语言、知觉、解决问题的能力、意识和创造力等，认知心理学的地位日益突出。可以说，这些对人类思维的新兴趣使得心理学又"重新占领了意识"（Robins，Gosling，& Craik，1998）。

弗洛伊德的精神分析法演化为视野更广阔的心理动力学理论。尽管他的许多观点遭到挑战或批评，但心理动力学仍在继续研究人类受无意识心理活动支配的行为，并且力图用心理疗法帮助人们生活得更幸福、更充实。人本主义心理学的情况也是一样，只不过其强调的是主观性、意识体验和人性中的积极方面，而不是无意识作用。

积极心理学

长期以来，心理学家所关注的都是人类行为中的消极方面，这是可以理解的，因为解决人类自身问题的需求极为迫切。但是，受到人本主义心理学的影响，越来越多的心理学家开始自问："对于人类的爱情、幸福、创造力、心身健康、自信和成就，我们到底了解多少？"而这其实就是**积极心理学**的关注范畴，它研究人类的优点、美德和最佳行为（Compton，2005；Seligman & Csikszentmihalyi，2000）。本书中包含了许多积极心理学的内容，如果它们能够使你的生活变得更加阳光、更加快乐，那将是再理想不过的事了（Simonton & Baumeister，2005）。

社会文化观点

以多种视角审视人类的行为是大有裨益的。

生物学观点 / Biological perspective 根据生物学原理来解释人类行为的尝试。

神经科学 / Neuroscience 由生物心理学家与研究大脑及神经系统的生物学家、生化学家共同创立的一门研究前景更加广阔的学科。

进化心理学 / Evolutionary psychology 试图用进化论和遗传学来解释人类行为的研究领域。

心理学观点 / Psychological perspective 一种传统观点，认为行为是由个人的心理作用所造成的。

积极心理学 / Positive psychology 对人类的优点、美德和有效机能的研究。

从社会文化多元化的意义上讲,情况也确实如此。因此,现代心理学体系中的**社会文化观点**很强调社会和文化背景对人类行为的影响。我们的社会文化日益多元,来自不同国家的人们走到一起。这对于心理学将有何影响?让我们来看看杰瑞的例子。

杰瑞是美籍日本人,而他妻子一家来自爱尔兰,信奉天主教。元旦这天,杰瑞夫妇和孩子们早上先去爱尔兰人的教堂做弥撒,那里有黑人唱诗班的演出。然后,他们赶往美籍日本人的社区活动中心,参加日本式的新年庆祝仪式,观看了佛教徒为驱除厄运而举办的射箭活动,吃了日本传统的新年米糕,还欣赏了一位年轻的美籍日本人的说书人表演。在回家的路上,他们在唐人街转了一会儿,又到一家墨西哥快餐店吃了饭(Njeri,1991)。

杰瑞的家庭生活反映了一种新的社会现实,即多元文化的结合变得越来越普遍。现在,有1亿多美国人是黑人、拉丁美洲人、亚洲人、土著居民或太平洋岛国的移民(U.S. Census Bureau,2007)。在一些大城市,如底特律和巴尔的摩等,这些"少数民族"目前已占据人口的多数。

图中所示为2009年巴拉克·奥巴马的总统就职典礼。从中可以看出,美国的人口结构正变得日益多元化。因此,要想全面了解人类的行为,就必须通盘考虑人们在年龄、种族、文化、民族、性别和性取向等方面的个人差异。

文化的相对性

假设你是一位心理学家,正在为一位美国印第安土著妇女琳达做咨询。她告诉你,在她家附近的树林里住着一群幽灵。这是琳达的幻觉吗?她的精神是不是有点儿不正常?很显然,如果你没有考虑到琳达的文化信仰背景,很可能会做出错误的判断。这就是所谓的**文化相对性**,在评估他人的行为时,必须与其所属文化中的价值观联系起来。文化相对性对于我们诊断和治疗来访者的心理障碍影响甚大(Lum,2011)。琳达的案例提醒我们,无论是进行诊断,还是在不同群体之间做比较时,都必须慎之又慎,绝不能使用狭隘的、不恰当的标准。

> **知识桥**
> 当心理治疗师与来访者具有各不相同的文化背景时,心理治疗的效果将会降低。参见第15章中有关文化背景对心理治疗的影响的讨论。

以更广博的视野看待多样性

除了文化差异外,年龄、民族、性别、宗教、残疾状况和性取向等都会对指导我们行为的各种**社会规范**产生影响。社会规范是定义不同团体中可接受和可预期的成员行为的准则。我们常犯的错误是习惯于把西方白人、中产阶级、男性的行为当成普世的行为标准(Henrich,Heine,& Norenzayan,2010)。而要想透彻、有效地研究人类的行为,心理学家必须知道人类的共同性和差异性,必须充分了解其他民族和其他文化(American Psychological Association,2003b)。尊重人类的多样性将丰富我们的生活,并加深我们对心理学的理解(Denmark,Rabinowitz,& Sechzer,2005)。

更好地了解全人类

今天,许多心理学家都意识到,单靠一种观点是不可能全面了解复杂的人类行为的。于是他们兼收并蓄,从各种各样的观点中汲取真知灼见。纵览本书将会发现,当我们试图更好地了解全人类的时候,不同的观点和认识可以相互补充。在下一节中,我们将进一步介绍心理学家的工作。现在,先回答几个问题,以帮助你回忆、提高。

知识巩固

心理学史及心理学现代理论

测一测

请正确匹配：

1. ____ 哲学　　　　A. 反对分解，强调对整体经验的研究
2. ____ 冯特　　　　B. "心理化学"和内省
3. ____ 结构主义　　C. 强调自我实现和个人成长
4. ____ 机能主义　　D. 对行为的无意识原因感兴趣
5. ____ 行为主义　　E. 研究心理对生存的帮助
6. ____ 格式塔　　　F. 研究刺激、反应和条件反射
7. ____ 心理动力学　G. 属于心理学"漫长过去"的一部分
8. ____ 人本主义　　H. 研究思维、语言和问题解决的过程
9. ____ 认知研究　　I. 运用内省和测量
10. ____ 生物心理学　J. 将行为与大脑、生理学和遗传学机制相联系

11. 假如心理学家与来访者不是出身于同一民族，那么心理学家应该清楚地了解文化相对性和____对来访者行为的影响。
    a. 拟人化错误
    b. 操作定义
    c. 有偏差的样本
    d. 社会规范

12. "对美国大学生行为的研究结论适用于全世界所有的人"，这种观点____。
    a. 在科学上是恰当的
    b. 是认知行为主义的一个例子
    c. 很容易导致错误的泛化结论
    d. 是一种多元文化思想

想一想

批判性思考

13. 心理学是一门现代科学。现代科学的标准之一是，任何一项研究结果都必须得到两个或更多的独立观察者的证实。结构主义研究是否达到了这一标准？理由是什么？

自我反思

你对行为的认识与哪种心理学派最接近？你认为早期的心理学派或当代的三大观点能够解释清楚人类的各种行为吗？如此多的心理学家都持兼收并蓄的观点，你能解释原因吗？

有一群心理学家被问到这样一个问题："为什么鸡要过马路？"下面是他们的回答。你能从中识别出他们各自属于哪个心理学派吗？

- 鸡曾经因为过马路而受到过奖励。
- 鸡的无意识愿望是想结束自己的生命。
- 鸡试图解决平安到达马路对面这一难题。
- 鸡感到需要去探索发挥自身潜能的新途径。
- 来自下丘脑的信息激活了鸡的大脑运动皮层。

答案：1.G 2.I 3.B 4.E 5.F 6.A 7.D 8.C 9.H 10.J 11.d 12.c，而这是其他观察者无法观察到的东西。13. 没有达到标准，结构主义所依赖的基本观察方法是内省，每一位心理学家观察到自己头脑中的结构和关系。

心理学家——心理健康的保障

关键问题 1.7：心理学的主要领域有哪些？

是不是所有的心理学家都做心理治疗工作，处理那些异常行为？事实上，他们中间大约只有59%的人开展临床和咨询工作。当然，所有的**心理学家**在研究方法、实际知识和心理学理论等方面都接受过高水平的训练，他们通常都拥有硕士或博士学位，而获得这些学位需要经过若干年时间的学习和训练。

社会文化观点 / Sociocultural perspective　关注社会和文化背景在影响个人行为方面的重要性。

文化相对性 / Cultural relativity　这种观念认为，对人们行为的判断必须与其所属文化中的价值观相联系。

社会规范 / Social norms　定义各团体中可接受和可预期的成员行为的准则。

心理学家 / Psychologist　在研究方法、实际知识和心理学理论等方面接受过高级训练的专业人士。

另有29%的人在大学里做教学、科研、咨询或治疗等全职工作。其余的人则在工商企业、政府部门、军队系统中开展心理测试和研究工作或出任咨询顾问等（图1.5）。

目前，美国心理学协会下设50个分会，每个分会都代表一种特定的心理学技能或一个心理学领域。不论心理学家们受雇于何处，从事何种专业，他们中的很多人都开展研究工作，一些是基础性的，而另一些则是应用性的。前者主要是求知，比如研究记忆以了解其工作原理，而后者则是为了解决实际问题，比如探索提高运动成绩的途径（Coolican et al., 2007）。还有些心理学家两种研究兼顾。表1.5中列出了主要的研究领域。

如果你想知道成为一名心理学家应具备的条件，请参阅"你适合做心理学方面的工作吗？"一栏。

动物与心理学

在表1.5中列举了一些动物研究案例，心理学为什么还要研究动物呢？或许会令你感到惊讶，心理学家对所有生物的行为都感兴趣——从扁虫到人类，有些比较心理学家甚至将自己的职业生涯都用在了对鼠、猫、狗、鹦鹉和黑猩猩的研究上。

居住在靠近美国、加拿大边界太平洋沿岸的逆戟鲸已被列入濒危动物名录。对于它们社会行为的研究正促使我们努力保护这些体态优美的庞然大物（Parsons et al., 2009）。

尽管动物研究在心理学研究中所占的比例很小，但其涉及的研究门类相当多（Ord et al., 2005）。一些心理学家利用**动物模型**去探索适用于人类的心理学理论。例如，动物研究有助于我们了解应激、学习、肥胖症、衰老、睡眠等问题。反过来，动物们也从心理学研究中受益，因为行为研究让我们更加关爱动物，无论是家养的、动物园里的，还是野外那些濒危动物。

以助人为业的心理学家

虽说绝大多数心理学家都在以某种方式帮助他人，但专注于情绪问题的心理学家通常都会从事临床心理学或咨询心理学的工作（表1.5）。**临床心理学家**的工作是进行心理治疗或从事对心理疗法、

图1.5 （a）不同专业的心理学家分布（American Psychological Association, 2007a），数据为近似值。（b）心理学家在不同机构中的工作分布（Cheal et al., 2009）。（c）该图为心理学家在工作中的主要活动。实际上，有些心理学家可能会同时参与几项工作。如你所见，绝大多数心理学家都是从事应用领域内的工作（Cheal et al., 2009）。

（a）心理学中的不同专业？
- 临床心理学 49%
- 咨询心理学 10%
- 其他 19%
- 实验心理学和其他研究领域 5%
- 健康心理学 2%
- 学校心理学 3%
- 教育心理学 2%
- 工业与组织心理学 4%
- 发展心理学 3%
- 社会和人格心理学 3%

（b）心理学家在哪工作？
- 私人开业 34%
- 大专院校 29%
- 学校 5%
- 医院和心理诊所 12%
- 商业 12%
- 人类服务 8%

（c）心理学家都做什么（主要工作领域）？
- 心理卫生服务 51%
- 其他 4%
- 应用工作 4%
- 教育和教育辅助工作 18%
- 研究工作 13%
- 行政管理 10%

表1.5　心理学的主要研究领域

专业	性质	具体工作	研究示例
生物心理学	基础	研究导致行为产生的大脑、神经系统及其他生理根源。	"我一直在研究大脑是怎样控制饥饿感的。"
临床心理学	应用	进行心理治疗；研究临床治疗中的各种问题；研究新的治疗方法。	"我一直想了解儿童早期心理创伤对成年后人际交往的影响，以便使人们拥有更成功的婚姻。"
认知心理学	基础	研究人类的思维和信息加工能力。	"我想知道推理、问题解决和记忆等心理过程与玩计算机游戏之间的联系。"
社区心理学	应用	通过对心理疾病的研究、预防、教育和咨询，促进社区心理卫生水平的提高。	"怎样才能更有效地阻止性病传播？我想更好地了解这一问题。"
比较心理学	基础	研究和比较不同生物的行为，尤其是动物的行为。	"我个人对海豚之间的沟通能力很着迷。"
消费心理学	应用	开展包装、广告、营销方法研究及消费者特点调查等。	"我的工作是促进环境友好型产品的市场销售。"
咨询心理学	应用	开展心理治疗和个人咨询；研究人类的情感障碍及相关咨询方法。	"我致力于更好地了解为什么有人有收藏癖，以及该如何帮助他们。"
文化心理学	基础	研究文化、次文化和种族对人们的行为影响方式。	"我关心的是文化对饮食行为的影响，特别关注食物以及人们是用刀叉、筷子还是用手吃饭。"
发展心理学	基础，应用	研究婴儿发展、儿童发展、青少年发展和成人发展，对心理障碍儿童开展临床工作，做家长及学校的咨询顾问。	"我关注的是未成年人向成人早期的过渡。"
教育心理学	应用	课堂动力学、教学风格及学习的研究，试卷编制，教育计划评估等。	"我希望帮助学习方式不同的人们成为更有效的学习者。"
工程心理学	应用	在企业、工厂和军队中开展机械、计算机、飞机和汽车设计等心理学应用问题的研究。	"我正在研究人们使用移动计算机界面的方式。"
环境心理学	基础，应用	从事有关城市噪声污染、拥挤、人类对环境的态度、空间的人性化利用等问题的研究，环境课题顾问。	"我很关心全球变暖的问题，希望了解温度升高对人类文化的影响。"
进化心理学	基础	研究人类长期进化模式对行为的影响。	"我正在研究有趣的男女择偶倾向问题。"
司法心理学	应用	犯罪和预防犯罪的研究，服刑期间自新计划的编制，监狱中各种心理问题的研究，法庭动力学研究，警务人员选拔等。	"我感兴趣的是提高目击证人庭审证词的可靠性。"
性别心理学	基础	研究课题包括男性与女性之间的心理差别、人类性别身份的获取方式，以及性别在人的一生中的作用。	"我想了解刻板的性别印象对青年男女的影响。"
健康心理学	基础，应用	研究行为与健康之间的关系；运用心理学原理促进健康、预防疾病。	"我的研究课题是更好地帮助人们戒除毒瘾。"
工业与组织心理学	应用	人员选拔、工作技能分析、在职培训效果评估、工作环境改善、工作环境中的人际关系研究等。	"在成功的管理模式中，智慧因素和情感因素谁的作用更大？这就是我的课题。"
学习心理学	基础	发掘学习根源，研究学习方法，提出新的学习理论。	"目前我正在研究强化模式对学习的影响。我对迷信式条件反射尤其感兴趣。"
医学心理学	应用	运用心理学原理处置医疗问题，如疾病对情绪的影响、癌症的自我筛查、患者服药的遵从性等。	"我想知道如何使人们更好地关心自己的健康。"
人格心理学	基础	研究人格特征和人格动力学，开发新的人格理论，编制对人格特征的测验。	"我对那些喜欢极度冒险的人的人格特质特别有兴趣。"
学校心理学	应用	学生的心理测试，心理治疗转介，情绪问题咨询，择业咨询，学习困难学生的发现与治疗，研究提高课堂学习效率的方法等。	"我所关注的是怎样把学生留在学校，避免其辍学。"

续表

专业	性质	具体工作	研究示例
感觉与知觉心理学	基础	研究感觉器官和知觉过程，研究感觉机理，开发新的知觉理论。	"我正在利用知觉理论研究我们是如何从人群中识别面孔的。"
社会心理学	基础	研究人类各种社会行为，包括态度、从众、说服、偏见、友谊、攻击、帮助等。	"我的个人兴趣集中在人际吸引方面。我把两个陌生人安排在一个房间里，然后分析他们彼此的吸引力有多大。"

Copyright © Cengage Learning 2013

心理障碍等的研究，而**咨询心理学家**解决的通常都是更轻微的心理问题，比如在工作场所或学校发生的心理困扰。不过这种差异正在逐渐消失，现在许多咨询心理学家也在从事心理治疗师的工作。

要想成为临床心理学家，你首先要获得博士学位，哲学、心理学或教育学博士都可以。大多数临床心理学家获得的是哲学博士学位，并按照"科学家－开业者两栖模式"接受专门训练，然后才去做临床科研或临床治疗方面的工作。也有不少人二者兼顾。除此之外，其他人获得的则是心理学博士学位，他们接受的主要是治疗技术方面的训练，而不是心理学研究方面的训练（Peterson，2001）。

心理学家是不是一定要有从业执照才可进行心理治疗？ 过去在美国的很多州，任何人都可以挂出"心理学家"的招牌开业。而现在，开业者必须满足严格的教育和法律上的要求，才能合法地被称为心理学家。从事临床或咨询工作的心理学家必须持有州一级专门机构签发的合法执照。不过，法律上并不限制开业者打其他的招牌。因此，有些开业者怎么能招徕顾客就怎么称呼自己的职业，有的自称为治疗家，有的则自称为再生术大师、原始感觉调节师、宇宙灵气平衡师、生活技能教练，等等。只要有人愿意付钱，法律不限制开业者兜售他们的"服务"。因此，求助者要小心对待那些名不副实的广告。有些开业者即使有济世之心，也根本没有广告中所吹嘘的能力，因为他们没有接受过训练。正规的开业心理学家都受过全面训练，持有合法的证书。而那些自称"得道"的开业者充其量不过知道一点儿具体的治疗技术。开业者之间的差别是很大的！

在媒体上，心理学家经常被贬为无能的治疗师，这很不正确。有些电影甚至把心理学家写得比病人还反常，或者是语无伦次、丑态百出。在喜剧影片《春心荡漾》（*Prime*）中，一位来访者向心理治疗师详细描述了她与男友的亲密关系，但那位治疗师没有告诉来访者，来访者的男友其实是她儿子。这些角色或许很有戏剧效果，可以娱乐观众，却使得心理学家们任劳任怨、辛勤工作的形象在观众的心目中发生了严重的扭曲（Schultz，2004）。

真正的临床心理学家、咨询心理学家都要遵守他们的职业道德，主要表现在以下几方面：①医术高、医德好、责任心强；②尊重来访者的隐私、尊严、信任、个人自由等各种权利；③最重要的是保护来访者的福祉（American Psychological Association，2002，2010a；Barnett et al.，2007）。此外，心理学家也以他们的专业才华服务于社会，很多人在居住的社区里无偿地做着志愿者的工作。

其他的心理健康专家

临床心理学家并非唯一从事心理健康工作的人，他们经常需要与其他受过专业训练的专家开展协调配合。那么，心理学家、精神科医生、精神分析专家、咨询顾问及其他心理卫生专家之间的区别何在呢？其实，不同的头衔说明他们所受的训练和具备的技能是不同的。

所有的心理学家都是精神科医生吗？ 当然不是。**精神科医生**虽然也通过心理疗法来治疗心理障碍，但他们是大夫，可以给病人开药，而这是心理学家不可以做的事。不过，情况也在发生着变化，新墨西哥州和路易斯安那州的心理学家已经可以合法地给病人开药了。人们还在饶有兴致地等着看，其他州是否也会授予心理学家们开药的

探索·发现

你适合做心理学方面的工作吗？

当你阅读本书的时候，为了更好地理解和记忆新的概念与理论，你必须时常进行思考，并与你个人的生活联系起来。"探索·发现"一栏的目的就是为了帮助你更多地反思心理学与你自身的联系。现在，我们先通过下列问题测一测，看看你是否适合成为一位心理学家：

1. 我对人类行为非常感兴趣。是真，是假？
2. 我很擅长识别模式、评估证据、得出结论。是真，是假？
3. 我的情绪总是很稳定。是真，是假？
4. 我有很强的人际交往能力。是真，是假？
5. 我觉得各种理论学习总是富有挑战性，也很刺激。是真，是假？
6. 朋友们都说，我对别人的感受特别敏感。是真，是假？
7. 我总爱设计和实施复杂的项目与活动。是真，是假？
8. 我喜欢参与心理学活动，也喜欢阅读心理学读物。是真，是假？
9. 我乐于与别人一起工作。是真，是假？
10. 清晰的思维、客观的看法和细致的观察对我总是很有吸引力。是真，是假？

如果你的大部分答案都是"这是真的"，那么心理学领域的工作可能很适合你。要知道，许多心理学知识已被成功地应用于管理、公共事务、社会服务、商业、销售和教育等领域中（Kuther & Morgan, 2010）。

处方权（Munsey，2008）。

一说到精神分析，你肯定会想起影视作品中的心理学家：留着山羊胡子、戴着眼镜、满嘴德国口音，而来访者则躺在松软舒适的长沙发上。实际情况当然不是这样！做一个**精神分析专家**必须先获得医学博士或哲学博士学位，之后还要接受有关弗洛伊德的精神分析理论和治疗实践方面的进一步专业训练。换句话说，你要想成为一名精神分析专家，必须先成为一名医生或一位心理学家，然后还要接受更多的心理治疗专业训练。

在美国的许多州，**咨询顾问**也开展心理卫生工作，他们帮助来访者解决婚姻、就业、上学、工作中的各种问题。要成为一名有执照的开业咨询顾问（如婚姻与家庭咨询顾问、儿童咨询顾问、学校咨询顾问），必须拥有硕士学位，还要有1~2年由专家督导的全职实习经历。咨询顾问在实际工作中使用的是辅助性技术，他们不负责对严重心理障碍患者进行治疗。

而**负责帮助精神疾病患者的社会工作者**在众多心理卫生工作中起着重要作用。他们在心理诊所或精神病院中运用社会科学原理帮助患者。大多数社会工作者都拥有社会工作硕士学位。作为治疗团队的一员，他们通常是心理学家和精神病医生的助手，其职责包括对患者及其家庭进行评估，充当小组心理治疗的实施者，到患者的家庭、学校或工作单位了解情况，以帮助解决问题。

下面，我们将进一步介绍心理学家是如何开展研究工作的。在此之前，先来复习一下本节学过的知识。

动物模型 / Animal model 指的是研究中所使用的动物，根据其行为所总结出的理论同样适用于人类行为。

临床心理学家 / Clinical psychologist 对心理和行为障碍等开展治疗或研究的专业心理学家。

咨询心理学家 / Counseling psychologist 治疗轻度情绪和行为障碍的专业心理学家。

精神科医生 / Psychiatrist 接受过心理和情绪障碍诊断及治疗专业训练的医生。

精神分析专家 / Psychoanalyst 受训并从事精神分析工作的心理卫生专家（通常是医生）。

咨询顾问 / Counselor 为心理问题并不严重者提供帮助的专业心理卫生专家，如婚姻咨询顾问、就业咨询顾问和学校咨询顾问等。

负责帮助精神疾病患者的社会工作者 / Psychiatric social worker 受训在心理诊所或精神病医院用社会科学原理帮助患者的心理卫生专业人员。

知识巩固

心理学家及心理学专业

测一测

请正确匹配心理学研究领域与研究课题：

1. ____ 发展心理学　　A. 态度、团体、领导
2. ____ 学习　　　　　B. 条件反射、记忆
3. ____ 人格　　　　　C. 法律心理学
4. ____ 感觉与知觉　　D. 大脑与神经系统
5. ____ 生物心理学　　E. 儿童心理学
6. ____ 社会心理学　　F. 个体差异、动机
7. ____ 比较心理学　　G. 加工感觉信息
　　　　　　　　　　　H. 动物行为

8. 在心理学研究中，动物____被用来研究适用于人类行为的科学理论。

9. 擅长治疗情绪障碍的心理学家被称为____心理学家。

10. 在下列专业人士中，哪一类人一直都可以为心理障碍患者开药？
    a. 心理学家
    b. 精神科医生
    c. 心理治疗师
    d. 咨询顾问

想一想

批判性思考

11. 既然大多数心理学家都从事应用工作，为什么还说基础研究是非常重要的？

自我反思

你对心理学的哪个领域最感兴趣？它最吸引你的地方是什么？

答案：1.E 2.B 3.F 4.G 5.D 6.A 7.H 8.相似 9.临床心理 10.b。如同内科医生和精神科医生一样，只有精神科医生接受过医学培训，可以用药物治疗疾病。

心理学实验——探索因果关系

关键问题 1.8：如何进行心理学实验？

心理学家除了要全方位描述和了解人类行为之外，还必须解释人类各种行为的原因。要做到这一点，一般要通过**实验**来寻找答案。实验是指用于证实或证伪假设的行为原因的正式试验（尽管有的时候，使用自然观察法或相关法就足够了）。在实验中，心理学家可以仔细控制各种条件，把重心放在因果关系上。因此，实验是心理学最强有力的科研工具。通常，一个实验的步骤如下：

1. 直接改变你认为会影响行为的条件。
2. 选择两个或两个以上被试组。除了接受研究者所控制的不同实验条件外，各组中的被试在其他方面都应该是一样的。
3. 对条件变化能否影响行为加以记录。

举一个例子。如果你想查明开车时打手机是否会增加发生交通事故的风险，首先你要有两个被试组，然后对他们进行相同的驾驶能力测验，测验的区别在于：一组被试打手机，而另一组被试不打手机。通过比较两组被试的平均驾驶能力分数，就能够证明打手机对驾驶能力是否有影响。

由此可见，最简单的心理学实验（不论是动物实验，还是人类实验）也要包括两组**实验被试**（人类被试也称为参与者），一组为实验组，另一组为控制组。控制组和实验组的被试除了接受研究者有意改变的条件（即变量）外，其他各方面均应保持一致。

变量和分组

有哪些不同类型的变量？**变量**指可以改变并可能影响实验结果的条件。在实验中，要确定因果关系，会涉及三类变量：

1. **自变量**是由实验者操纵的变量，其大小、范围或取值由实验者决定。自变量被认为是引起行为差

异的可能原因。
2. **因变量**被用来衡量实验结果。也就是说，这类变量揭示了自变量对行为的作用结果，这种结果往往是通过测验分数之类的绩效参数来体现的。
3. **无关变量**是实验者希望排除的条件，以使实验结果不受其影响。

把这些术语用于前面的驾车时打手机的实验，即可以这样表达：

1. 打手机是自变量：我们想知道打手机是否会影响驾驶能力；
2. 驾驶能力（由驾驶能力测验得分来体现）是因变量：我们想知道驾驶能力是否受到司机打手机行为的影响；
3. 所有其他可能影响驾驶能力的条件都是无关变量，包括测验前一天晚上的睡眠时间、驾驶经验以及对实验用车的熟悉程度等。

顺便说一句，心理学家 Davis Strayer 及其同事已经证实，几乎所有开车时打手机的司机的表现并不比酒后驾车者的表现更好；如果发短信的话，情况就更糟了（Drews et al., 2009; Strayer, Drews, & Crouch, 2006; Watson & Strayer, 2010）。

如前所述，**实验组**被试接受的是自变量条件（开车时打手机），而**控制组**被试则接受除自变量条件以外的所有其他条件。

再举一个简单的例子。假如你发现边听 iPod 边学习的效果好，即意味着有这样一个假设：音乐可以促进学习。那么为了检验这一假设，要建立一个在音乐条件下进行学习的实验组，而控制组则是在没有音乐的条件下学习，然后，通过比较他们在同一测验中的成绩来验证你的假设。

非得设立控制组不可吗？只测试实验组就不能说明问题吗？有比较才能有鉴别。控制组的存在为与实验组进行对比提供了参照。没有控制组，就不可能肯定音乐对学习是否确有影响。如果实验组的平均成绩比控制组高，那么结论就是音乐可以促进学习；而如果两组的成绩没有差异，就说明音乐（自变量）对学习没有影响。

在这个实验中，因变量是学习的效果（以测验分数来表示）。问题是：那个自变量真的对因变量有影响吗（音乐真的能影响学习效果吗？）

实验控制

我们怎么知道两个组的被试在智力上原本没有差别呢？被试的个体差异的确会影响实验结果，但这可以通过把被试随机分配到两个组来加以控制。**随机分配**意味着每个被试都有相等的机会被分配到实验组或控制组，这有利于保证个体差异在两个组之间保持平衡。在上述有关音乐作用的实验中，随机分配可以简单地通过抛硬币的方式来决定，正面朝上，被试就到实验组；反面朝上，就到控制组。随机分配可以使每个组中被试的分布在各个方面大体相同，比如性别、聪明程度、饥饿程度、醉酒与否、身高差别、音乐喜好程度等。

对其他的无关变量或外部情况也必须加以控制，使它们不致影响实验结果。比如，学习时间的长短、室内温度、实验时间和光线强度等，都应考虑到。但是，如何进行控制呢？一般做法是

实验 / Experiment 用来证实或证伪某种假设的因果关系的正式试验。

实验被试 / Experimental subject 在实验中作为行为观察对象的人（也称参与者）或动物。

变量 / Variable 任何一种可以改变的条件，如参数、事件或状态。

自变量 / Independent variable 作为引发行为改变的可能原因，而在实验中被加以研究的条件。其数值由研究者决定。

因变量 / Dependent variable 实验中受自变量影响的条件（一般是行为）。

无关变量 / Extraneous variable 实验中需要排除的条件或因素，以防止其可能对实验产生影响。

实验组 / Experimental group 在控制实验中，接受自变量或实验条件的被试组。

控制组 / Control group 在控制实验中，接受除自变量以外的其他实验条件或变量的被试组。

随机分配 / Random assignment 全凭偶然性（如用抛硬币的方法）来决定将被试分配到实验组还是控制组。

使除自变量以外的其他所有条件在两个组中都完全一样。当两个组的所有条件都一样时，差别只在有无音乐上，那么学习效果的差别只能是由音乐引起的（图1.6）。

至于在偶然条件下发生的概率不会超过5%。当然，研究结果如果被其他研究者所复制（重现），将更加具有说服力。

> **知识桥**
> 有关推论统计的内容，详见附录中的统计部分。

元分析

心理学已经对许多重要的课题进行了大量的研究。尽管每一项研究都促进了我们对人类行为的了解，但是不同的研究可能会有不同的结果。比如，我们想对"谁更喜欢冒险——男性还是女性"这一课题展开调查，对象是酷爱高空极限跳伞的亨利那类人。计算机搜索结果显示，这类研究已经多达100多项（如吸烟、飙车、不采取任何保护措施的性交行为等）。

有没有办法把这些研究的结果整合起来呢？有的。一种称为**元分析**的统计技术已被用于将多项研究结果整合起来，就如同它们是一个大型研究项目的组成部分（Cooper，2010）。换句话说，元分析其实就是对其他研究结果的再研究。近年来，元分析已经被用于对海量的心理学研究成果进行总结和综合，这使得我们拥有了更广阔的视野，也使得我们能够发现在单一的、小规模的研究中很可能被忽视的结果。对了，关于前面提到的冒险问

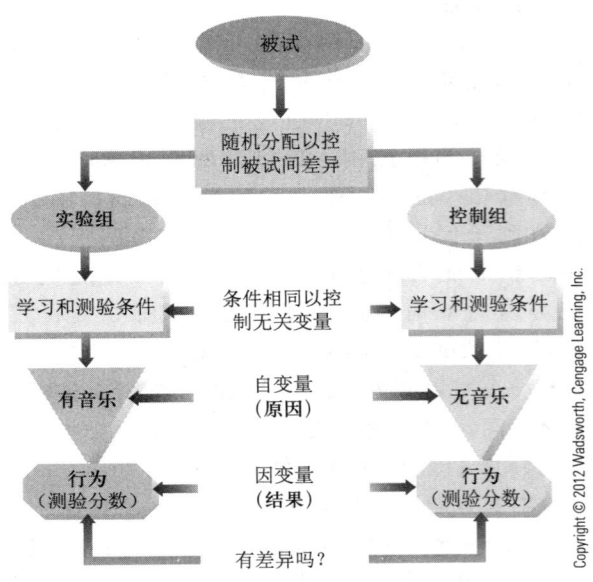

图 1.6 一个有关在学习过程中听音乐对学习成绩是否有影响的心理学实验及其中所包含的因素。

因果关系

现在我们对上面的内容做下小结。在心理学实验中，两个或两个以上的被试组接受不同的自变量条件，但在其他方面都相同，也就是说，所有组别接受的无关变量都是一样的，因此，我们可以测量出自变量（条件变化）对因变量（行为）的影响。在一个仔细控制的实验中，自变量的差异是使因变量发生变化的唯一可能原因，通过这种方法即可确定明确的因果关系（图1.7）。

结果评估

我们如何知道自变量是否真的引起了差异？这是一个统计学问题。在心理学期刊上的论文中，几乎都包括这样的陈述："实验结果具有**统计显著性**。"也就是说，完全由于偶然性而导致出现这种实验结果是非常不可能的。实验结果如果具有统计显著性，那就意味着这种差异是如此之大，以

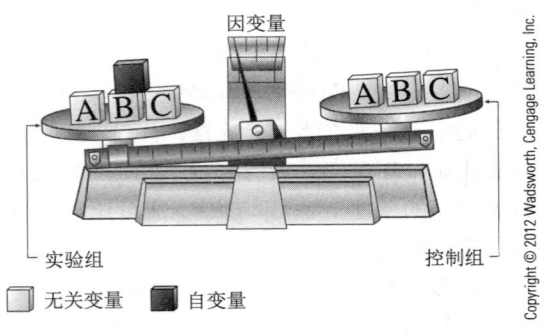

图 1.7 通过平衡实验组和控制组中的无关变量，就可以达到控制实验的目的。比如，我们先使两组被试在平均年龄（A）、受教育程度（B）和智商（C）上达到基本相同，然后再将自变量作用于实验组。如果被试的行为（因变量）发生改变（与控制组相比较），那么这种变化就一定是由自变量引起的。

题，元分析结果告诉我们，男性的确比女性更喜欢冒险（Byrnes，Miller，& Schafer，1999）。（据说，那些喜欢冒险的小伙子临终前说的最后一句话往往是："喂，小心点儿！"）

双盲实验——安慰剂效应与自我实现预言

关键问题 1.9：什么是双盲实验？

假设我们想做个实验来考察一下强效中枢神经兴奋剂苯丙胺能不能提高学习质量。我们先向各位参与者解释了实验的目的，然后实验组在学习之前吃了苯丙胺，而控制组什么都没吃，最后测验每个被试学得如何。这个实验有效吗？事实上，它是有很大缺陷的。

为什么？实验组服了药，而控制组没有服，他们在学习上的差异肯定是由药物引起的。难道不对吗？的确不对，因为药物并不是导致两组之间差异的唯一原因。从一开始，由于已经了解了实验的目的，实验组的被试很可能就期待着自己学得更好。即使没有药物的化学作用，仅凭学习动机这一点就有可能提高他们的成绩。

研究参与者偏差

无论实验设计得多么严谨，研究人员在向参与者透露口风时都必须慎之又慎，因为任何一点微小的信息都可能影响参与者的期望，导致出现**研究参与者偏差**或使他们的行为发生改变。此外，实验组服用药片，而控制组却不服，这也是一种研究参与者偏差，因为那些服用了药片的参与者无形之中就会期待自己比别人做得更好。毕竟，药片就是药物，不是吗？仅此一点就可能产生**安慰剂效应**，即因为相信服用了有效药物或接受了有效治疗而使人们的行为发生改变。但是，假如研究人员给参与者服用的是**安慰剂**或某种假药，而不是苯丙胺药片，那么它的作用一定是来自心理暗示，而不是化学成分（McBurney & White，2010）。糖丸和生理盐水注射液等非活性

物质是常用的安慰剂。安慰剂效应的心理作用非常大，比如生理盐水注射液在减轻疼痛方面的效果约相当于吗啡的70%。多年来，医生们就是根据这一事实，给一些似乎并没有身体疾患的病人服用安慰剂。已经证明，安慰剂能够减少疼痛、焦虑、抑郁、警觉、紧张、性唤起、酒精依赖以及其他许多症状（Wampold et al.，2005）。

服用安慰剂为什么有效？安慰剂会改变我们对自身情绪和生理反应的有意识或无意识预期。由于人们总是把服药与感觉变好联系起来，所以我们期待安慰剂也能使我们感觉更好（Benedetti，2009）。在服用了安慰剂之后，与疼痛有关的大脑活动会减弱，所以安慰剂效应是真实的，而不是想象出来的（Wager et al.，2004）。

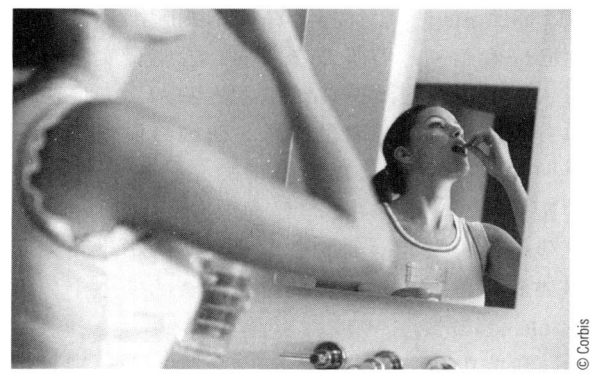

在医学治疗中，安慰剂效应是非常重要的。你觉得在心理治疗中也存在安慰剂效应吗？（当然存在，这使得对新型疗法有效性的研究变得更加复杂。）

统计显著性 / Statistical significance 几乎不可能因偶然原因而出现的实验结果。

元分析 / Meta-analysis 将对同一课题所进行的众多研究结果加以综合的统计技术。

研究参与者偏差 / Research participant bias 由于无形之中受到个人期待的影响，导致研究参与者的行为发生改变。

安慰剂效应 / Placebo effect 由于参与者预期药物（或治疗）将发挥有效作用而出现行为变化。

安慰剂 / Placebo 心理学实验中使用的或医生给出的非活性物质，以取代真实的药物，其作用是给人以心理暗示。

对研究参与者偏差的控制

怎样消除研究参与者偏差呢? 方法是使用**单盲实验**。以上例来说,就是不让参与者知道自己被分在实验组还是控制组,也不知道自己服用的是真药还是安慰剂,因为每个人收到的指示是一样的,而且每个人都得服用药片或接受注射。所不同的是,实验组用的是真药,而控制组用的是安慰剂。由于参与者对于实验目的、药物真实性一无所知,所以他们心中的期待(不论是有意识的,还是无意识的)是一样的,这样一来,引起他们行为差异的唯一原因只能是药物。不过,即便做出这样的安排,有时也是不够的,因为研究人员本身对参与者的影响也会干扰实验结果。而这又是怎么发生的呢?

研究者偏差

研究者本人对参与者有何影响呢? 我们在前面已经看到了,当研究者向参与者解释实验目的时,很可能会导致研究结果发生偏差。即便使用单盲法避免对参与者的误导,**研究者偏差**依然是个问题。所谓研究者偏差指的是研究者无意中的影响引起了参与者的行为改变。这种效应的风险是,研究者得到的是自己期望的结果。之所以如此,是因为人类被试对研究者的期望十分敏感(Rosenthal, 1994)。

研究者偏差甚至在实验室之外也会出现。关于期望对人的影响,心理学家 Robert Rosenthal(1973)报告过一个典型案例:美国空军学院预备班的100名学员被随机分配到5个班上数学课,教员们并不知道分配是随机的,相反,他们被告知学生是根据能力的高低加以分派的。后来发现,那些"高能力"班的学生比"低能力"班的学生数学成绩提高得多得多。其实,最初每个班中学生的能力是相同的。

很明显,虽然教师并没有意识到自己对学生有任何偏见,但通过语调、身体语言、鼓励或批评等方式把自己对学生的期望微妙地传递出来,这种暗示对学生产生了影响,成为一种**自我实现预言**,促使学生们按照实现预言的方式行动。比如,许多美国教师倾向于低估少数族裔学生的能力,这降低了学生们获得成功的机会(Weinstein, Gregory, & Strambler, 2004)。简言之,人们有时候会按照别人对他们的预期去做。大家一定要记住,我们对别人的期望会影响到他们的进步或落后(Jussim & Harber, 2005)。

双盲实验

由于研究参与者偏差及研究者偏差的存在,我们有必要使参与者和研究者"双盲",让他们对实验组和控制组的情况都不了解,包括谁在实验组,谁在控制组,谁服用的是真药,谁服用的是安慰剂。这就是**双盲实验**,它不仅可以消除研究参与者偏差,也使得研究者不可能在无意中影响到参与者。

研究者怎么可能被"致盲"呢? 那是他们的实验,不是吗? 具体做法是这样的:研究者先设计好实验,包括准备好药片或注射剂,然后雇用助理来收集参与者的数据,而这些助理对于哪些是真药、哪些是安慰剂、哪些人分配在实验组、哪些人分配在控制组全都一无所知。

有关双盲实验的测试表明,包括"神药"百忧解(Prozac)在内,抗抑郁药的50%的疗效是由安慰剂效应造成的(Kirsch & Sapirstein, 1998),而许多草药的保健功效其实也是安慰剂效应所致(Seidman, 2001)。

> **知识桥**
> 要进一步了解心理学家对安慰剂的研究情况,请详见第13章。

> **知识巩固**
> **心理学实验**
>
> **测一测**
> 1. 在基本的心理学实验中,需要有两组被试,即____组和____组,这样才能检验因果关系作用。
> 2. 实验中要考虑三种变量:由实验者控制的____,测量实验结果的____,以及实验需要排除的____。

3. 有位研究者进行了一项实验,想考察在模拟监狱的拥挤环境中,室温是否会影响参与实验的大学生的攻击行为。在该实验中,自变量是____。
   a. 室温   b. 攻击行为的数量
   c. 拥挤程度   d. 模拟的监狱环境
4. 在心理学实验中,用来控制研究参与者偏差和研究者偏差的方法是____。
   a. 相关法   b. 控制实验
   c. 双盲实验   d. 随机分配被试

想一想

批判性思考

5. "我一直在服用维生素C片,已经一年多没患感冒了。维生素C就是好!"这段话中的问题在哪里?
6. 那些非常迷信占星术的人在一定程度上有着与占星术预言相一致的性格特征。你能解释这是为什么吗?

自我反思

从某种意义上讲,我们大家都会做一些小实验,来检验因果关系。比如,你对烹饪很感兴趣,有一次你特意将菜肴烹制成两份,一份加入了某种香料,而另一份没加。你要研究的问题是:"加入香料(自变量)对于菜肴的风味(因变量)会产生影响吗?"通过对加了香料的菜肴(实验组)与未加香料的菜肴(控制组)做比较,你就能判断出这种香料值不值得使用。在上个月中,你有没有做过哪怕一次非正式的实验呢?实验的变量是什么?结果如何?

答案:1. 实验组、控制组 2. 行为意图、无关变量 3.a 4.c
5. 这种说法只代表你的看法,维生素C可以预防感冒,但是,没有科学证据表明这一点,也许你没有患感冒是因为其他原因。6. 占星术的预言行为与一种自我实现预言相似,以便自己与占星术的预测相一致 (van Rooij, 1994)。

非实验性研究方法——各显其能

关键问题 1.10:心理学家使用的非实验性研究方法有哪些?

确定变量之间因果关系的关键意义在于解释人类的行为,而不仅仅是发现人类的行为。因此,心理学家对于受控的实验技术的运用(**实验法**)极为重视。但是,在很多情况下无法开展实验,所以科学家不得不采用其他方法来收集证据、检验假设(Jackson, 2011),比如,使用**自然观察法**在自然环境中观察行为表现,使用**相关法**测量和发现事件之间的关系,在心理诊所通过**临床法**对心理问题及心理疗法进行研究,使用**调查法**对大量被试进行问卷调查。这些方法的运用极大地丰富了心理学的知识体系。

自然观察法

心理学家有时候需要积极主动地在自然环境(即

单盲实验 / Single-blind experiment 使参与者不知道自己属于实验组还是控制组的实验安排。

研究者偏差 / Researcher bias 由于受到研究者无意中的影响而引起参与者的行为改变。

自我实现预言 / Self-fulfilling prophecy 一种预言,它能促使人们按照使其实现的方式行事。

双盲实验 / Double-blind experiment 一种实验安排,使参与者和实验者都不知道谁在实验组,谁在控制组,谁服用真药,谁服用安慰剂。

实验法 / Experimental method 通过控制实验条件,研究行为原因的方法。

自然观察法 / Naturalistic observation 在自然环境中对行为进行观察。

相关法 / Correlational method 通过测量来发现事件之间关系的方法。

临床法 / Clinical method 在心理诊所中研究心理问题和心理疗法的方法。

调查法 / Survey method 采用问卷和调查技术,了解大众想法的方法。

人与动物的典型生存环境)中进行行为观察。比如，1960年 Jane Goodall 第一次观察到一只黑猩猩拿草茎当工具从白蚁洞里取食白蚁（Van Lawick-Goodall, 1971）。需要注意的是，自然观察法只能提供对行为的描述，而要想解释这些观察结果，还需要其他研究方法提供信息。尽管如此，Goodall 的发现表明，人类并不是唯一能制作工具的动物（Rutz et al., 2010）。

动物园里的黑猩猩也能把物体当作工具使用，这难道不是说明了同一事实吗？那不一样。自然观察法能使我们观察到未受外来因素影响的行为。只有通过观察黑猩猩在自然环境中的表现，我们才能判断，在没有受到人类影响的情况下它们是否能使用工具。

自然观察法的局限性

人类观察者的存在真会影响动物的行为吗？是的，观察者效应是一个主要问题。所谓的**观察者效应**指的是被观察者由于意识到自己被观察而发生的行为上的改变。科学家必须非常小心地与正在观察的动物保持距离，并避免与它们"交朋友"。同样，如果你想了解机动车驾驶员发生交通事故的原因，你不能径直钻进人家的车里，一边看他开车，一边做记录。作为一位陌生者，你的出现会改变司机的行为。可能的话，你应该隐藏起来，以减少观察者效应。

另一个解决办法是使用隐蔽式记录器材。在一项对交通事故的自然观察研究中，研究者把摄像机安装在100辆汽车里（Dingus et al., 2006），结果发现，绝大多数的交通事故都是由于司机没有很好地观察车前的交通状况造成的。（切记，眼睛向前看！）而在对动物的观察中，被固定的隐蔽式摄像机也能提供很有价值的信息。随着记录器材日益微型化，我们已经能够把摄像机直接捆绑在动物身上，方便了我们在更大范围的自然环境中进行观察。例如，为了更好地了解新喀里多尼亚乌鸦用工具取食的情况，动物学家 Christian Rutz 及其同事曾经把摄像机绑在这种胆小的乌鸦身上进行观察（Rutz et al., 2007, 2010），结果发现它们非常聪明，不但能用细枝取食，还能用短枝去够长枝，再拿长枝取食（Wimpenny et al., 2009）。很显然，并非只有人类和灵长类动物才会使用工具。

观察者偏差是另一个问题，即观察者只看到他们希望看到的东西，有选择地记录细节（Jackson, 2011）。在一个经典案例中，研究人员故意将一群智力正常的小学生随机分为"学习困难儿童""智力低下儿童""情绪障碍儿童"和"正常儿童"，然后让教师对这些孩子进行观察、评价。遗憾的是，教师们的评价显然是参照那些误导性分类做出的（Foster & Ysseldyke, 1976）。在某些情况下，观察者偏差甚至会造成严重的后果（Spano, 2005）。例如，如果警察认定某人是罪犯，有可能将此人掏钱包的动作误当作掏枪而直接射杀。

拟人化错误是观察动物时必须避免的一种特殊错误。这种错误是把人类的思想、情感或动机加到动物身上，作为解释动物行为的方法（Waytz, Epley, & Cacioppo, 2010）。人们假设动物"生气""嫉妒""厌烦"或"内疚"的欲望很强烈。如果你饲养过宠物，你应该知道，要想避免拟人化错误是相当困难的，但这种错误的确会导致做出不正确的结论。比如，当你的宠物犬冲着你的女朋友"汪汪"叫时，你可能认定它不喜欢她。其实，那只不过是因为她身上的古龙香水味儿刺激了狗的嗅觉而已。

使用自然观察法的心理学家需要付出特别的努力，通过**观察记录**完整保留全套观察结果和数据，以便将偏差降低到最小程度。就像在研究交通事故和使用"动物摄像机"时那样，录像记录通常才是最客观的。尽管自然观察法存在一些问题，但它可以提供丰富的信息，促使人们发现许多有趣的问题。绝大多数的科学研究都是从自然观察开始的，它是一个良好的开端。

相关研究

假设一位心理学家注意到，父母与子女的智商之间、外貌与受社会欢迎程度之间、焦虑和考试成绩之间，甚至犯罪和天气之间有一定的关系。那么上述每种现象中，被观察的两个事件就是**相关**的，它们以一种有序的方式相互联系着。前面我们曾经提到过的洛杉矶市对攻击行为与天气温度之间的关系所做的研究，就是一个**相关研究**的典型案例。在相关研究中，首先要测量你感兴趣的两个因素，然后运用统计技术确定它们之间的相关程度。

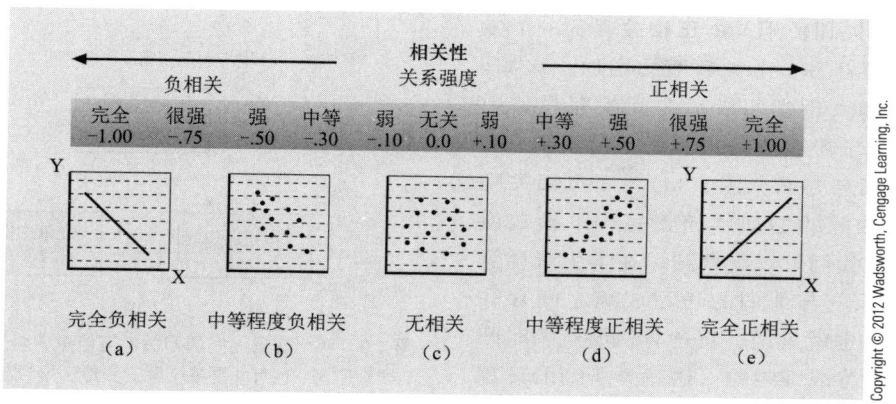

图 1.8 相关系数是用来说明两个参数之间的相关程度的。图中显示了两个参数（X 和 Y）之间相关程度的范围。如果相关是负的，如图（a）所示，一个参数值的增加将伴随着另一个参数值的减少（Y 值增大，X 值变小）；而在正相关中，如图（e）所示，一个参数值的增加将伴随着另一个参数值的增加（Y 值增大，X 值也增大）。图（b）为中等程度的负相关，表示玩计算机游戏的时间（Y）和测验分数（X）之间呈负相关，即玩的时间越长，测验分数就越低。图（c）为零相关的散点图，表示一个人的鞋码大小（Y）与其智力水平（X）之间没有相关性。图（d）为中等程度正相关，表示学生在高中阶段的学习成绩（Y）与大学阶段的学习成绩（X）之间的相关性，高中学习成绩好的学生在大学里的成绩也较好。

例如，我们可以找出运动员的专项练习时间与比赛成绩之间的相关程度，如果相关性很高，那么知道了运动员的练习时间，我们就可以预测出他在比赛中的成绩。同样，他的比赛成绩也可以用来推算他花了多少时间做练习。

相关系数

如何表达相关程度？ 相关性的强度和方向用**相关系数**来表达，它是从 −1.00 到 +1.00 之间的一个数值。我们用图 1.8 来说明相关系数的性质。如果相关系数是 0 或接近 0，就说明两个参数之间不存在联系或联系很弱（图 1.8c）。比如，一个人所穿鞋子的大小和他的智力水平之间的相关系数就是 0（穿大号鞋的朋友，很抱歉告诉你们这些）。如果相关系数是 +1.00，就说明存在着完全的正相关（图 1.8e）；如果相关系数是 −1.00，则说明是完全的负相关（图 1.8a）。

> **知识桥**
> 要进一步了解相关性的计算及作图，详见附录中有关统计的内容。

心理学中很少有完全的相关，但是，相关系数越接近 +1.00 或 −1.00，就说明相关程度越高。比如，同卵双生子的智商几乎相同，相关系数达 0.86；而父母与子女的智商只是一般相关，相关系数是 0.35。

> **知识桥**
> 家庭成员之间的智商相关性被用来评估遗传与环境对智力的影响程度。请详见第 9 章。

观察者效应 / Observer effect 被观察者由于意识到自己被观察而发生的行为改变。

观察者偏差 / Observer bias 观察者对观察结果和知觉加以歪曲，使其满足自己的预期的倾向。

拟人化错误 / Anthropomorphic error 这种错误是把人类的思想、情感或动机加到动物身上，作为解释动物行为的方法。

观察记录 / Observational record 对被观察事件的详细总结或对被观察行为的录像记录。

相关 / Correlation 两个事件、两个参数或两个变量之间所存在的一致而系统的关系。

相关研究 / Correlational study 测量两个或两个以上事件、参数或变量之间相关程度的非实验性研究方法。

相关系数 / Coefficient of correlation 从 −1.00 到 +1.00 的统计指数，以表示相关的方向和强度。

什么是正相关和负相关？**正相关**表示一个参数值的增加伴随着另一个参数值的增加。比如，高中学习成绩和大学学习成绩之间就存在着中度正相关，高中学习成绩好的学生在大学里一般也比较优秀，反之亦然（图1.8d）。而**负相关**则意味着一个参数值的增加伴随着另一个参数值的减少。比如，我们可以观察到，在学生玩计算机游戏的时间长度与他们的学习成绩之间存在着中度负相关，也就是说，玩计算机游戏的时间越长，学生的学习成绩越差（这就是所谓的计算机游戏的"迟钝效应"；图1.8b）。

那么，能不能说沉迷于计算机游戏会导致学习成绩的降低呢？看起来似乎是这样，但就像我们在前面所说的，验证这种因果关系的最佳方式是进行控制实验。

相关性与因果关系

相关研究帮助我们发现事件之间的关系，并进行预测。但是，相关性并不代表**因果关系**，即原因与结果的联系（Jackson & Newberry, 2012）。比如说，学生是由于对所学的课程不感兴趣才把更多的时间用在玩计算机游戏上。如果是这样的话，他们的不学习与成绩差是缺乏兴趣的结果，而非由于游戏时间过长（这是两回事）。两个事件表面上看起来有联系不能说明其间一定存在因果关系。

再举一个例子来说明不能把相关性当成因果关系。假如一位心理学家发现了精神分裂症患者的血液中含有某种正常人血液中所没有的化学物质，他该怎么想呢？这是否表明是这种化学物质引起了精神分裂症呢？看起来似乎是这样。但是，也可能是精神分裂症导致了这种化学物质的形成。此外还有第三种可能，即精神分裂症和这种化学物质都是由另外一种未知的因素引起的，比如是由精神病院的典型饮食结构造成的（图1.9）。由此，我们需要再次强调，当一个事件表面看来引发了另一个事件时，事实并非一定如此。确定因果关系的最佳途径就是进行控制实验。

临床法

用实验方法去研究那些罕见案例是很困难的

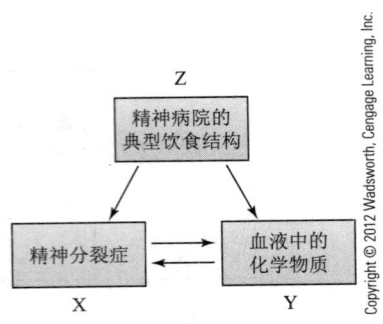

图1.9 两个变量之间的相关性可能意味着是X导致了Y，或Y导致了X；也可能是某个第三变量Z导致了X和Y。

或根本不可能的，例如针对异常心理障碍患者、天才儿童或暴戾的校园枪击案等进行心理学实验在道德上令人难以接受，或者在操作上不可行（Harding, Fox, & Mehta, 2002）。在这种情况下，通过**个案研究**来获取信息或许是最好的方法。个案研究就是针对一位被试各方面的情况进行深入的探讨。临床心理学家所依赖的主要是个案研究，尤其是在研究抑郁、精神错乱等心理障碍问题时。此外，针对心理疗法的个案研究也提供了许多处理情绪问题的有益方法（Wedding & Corsini, 2011）。

个案研究有时被认为属于**自然临床检验**，也就是对能够提供心理学数据的偶发事件或自然事件的检验。枪伤、脑瘤、意外中毒和其他诸如此类的灾祸都能提供关于人脑的大量信息。心理学史上有一个著名的案例，见于1868年 J. M. Harlow 博士的一份报告：盖奇是个年轻的工头，在一次爆炸事故中，一支重约6千克的钢钎意外刺中了他的大脑前部（图1.10）。而令人吃惊的是，他竟然活了下来，在两个月内就能正常地走路、说话、活动了。但是，这次意外事故却永远改变了他的个性，他不再像以前那样诚实、可靠，而是变得粗暴无礼、满口谎话。Harlow 博士详细记录了这个可能是首例意外的大脑额叶切断术病案的所有细节。

后来，洛杉矶市的一位木匠梅尔尼克也遭受了类似的不幸事件，但他完全康复了，没有留下长期后遗症。梅尔尼克受到相似的伤害，后果却完全不同，这一事例可以解释为什么心理学家更喜欢严格控制的实验，总是利用实验室动物来研究大脑。个案研究缺少正规的控制组，使得临床观察所获得的结论具有某些局限性。

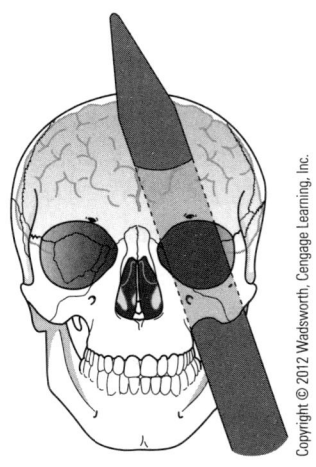

图1.10 早期有关大脑额叶损伤的信息，有些就是来自对盖奇意外受伤个案的研究。

不过，个案研究也使我们有机会探讨一些非常有趣的问题，比如格纳恩家的同卵四胞胎姐妹。她们具有相同的基因，而且在25岁之前都患上了精神分裂症（Rosenthal & Quinn, 1977）。同卵四胞胎全部罹患精神分裂症的概率大约只有15亿分之一。

对于四姐妹的研究已经持续了40多年。她们一生都是精神病院的常客。由于她们具有相同的基因，说明精神障碍受遗传的影响。而在这四姐妹中，有些人病情较重，有些人病情稍轻，这表明精神疾病也与环境因素有关。的确，病情最轻的迈拉是四姐妹中唯一能够躲开那个酒鬼父亲的孩子。这位父亲恐吓、监视他的女儿，并对她们进行性骚扰。可以说，其他研究方法都无法像临床法那样对此类个案进行深入研究（Mirsky et al., 2000）。

> **知识桥**
> 有关精神分裂症的病因，请详见第14章。

调查法

有时，心理学家精选出一些问题，希望能问一下全世界的每一个人："你想高空跳伞吗？为什么想跳伞？""小时候，父母是怎样管教你的？""你所做过的最不诚实的事是什么？"这些问题的诚实答案可以很好地揭示人类的行为。但是，你不可能问遍世界上的每一个人，因此，调查法才是更为现实的做法。

研究者需要使用民意测验技术来了解这些心理学问题，这种方法被称为**调查法**（Tourangeau, 2004）。调查中要询问的一系列问题事先需要仔细斟酌，调查对象也必须是具有代表性的样本。**代表性样本**是指能够准确代表一个较大总体的一小部分人，样本中的成员不论在性别、年龄、职业、政见还是种族上，比例均要与总体相一致。

总体是指属于特定范畴的所有的人（或动物），如所有的大学生或所有单身女性。虽然我们的最终目标是总体，但我们可以选择一个小样本进行调查，并得出有关总体的结论，而不必去调查每一个人。如图1.11所示，代表性样本一般是通过对总体中的成员进行随机选择而获得的。（请注意，这与实验法中将被试随机分配到各组的做法是相似的。）

调查法的准确度有多大？ 盖洛普民意测验和哈里斯民意测验等现代调查机构的调查结果都相当准确。自从1954年以来，盖洛普民意测验在历次选举预测中的差错率只有1.5%。但如果调查

> **正相关 / Positive correlation** 一种统计关系，即一个参数值的增加伴随着另一个参数值的增加（反之亦然）。
>
> **负相关 / Negative correlation** 一种统计关系，即一个参数值的增加伴随着另一个参数值的减少。
>
> **因果关系 / Causation** 即某种行为导致了某种结果。
>
> **个案研究 / Case study** 针对某人的各个方面所进行的深入细致的调查研究。
>
> **自然临床检验 / Natural clinical test** 可为某种心理学现象提供研究数据的偶发事件或自然发生的事件。
>
> **调查法 / Survey** 采用民意调查技术，了解公众对心理学问题的看法。
>
> **代表性样本 / Representative sample** 从一个较大总体中随机挑选的一小部分人，但可准确反映总体的特点。
>
> **总体 / Population** 属于某一特定范畴的所有的人或动物，如全体大学生或全部已婚女性。

样本有偏差，那么其预测结果就是错误的。**有偏差的样本**不能准确反映总体特征。由各家杂志社、网站、在线服务机构所做的调查可能偏差得相当离谱。比如由《奥普拉杂志》(*O: The Oprah Magazine*)和《枪与子弹》(*Guns and Ammo*)杂志所做的有关枪支使用情况的调查结果可能完全不同，而且都不能代表大众的意见。正因如此，心理学家在使用调查法时都要竭尽所能保证其样本是富有代表性的。幸运的是，今天的民意调查可以通过电话和互联网进行，这使得获取较大样本变得更加容易。即使有1/3的受访者拒绝回答问题，调查结果依然是有效的（Hutchinson, 2004）。

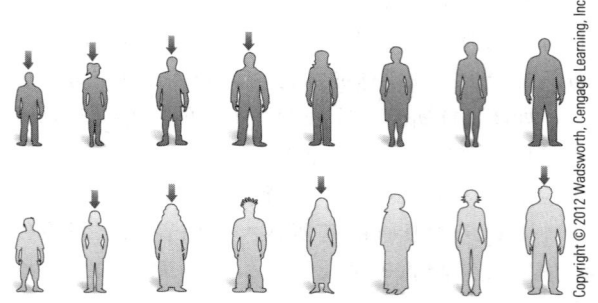

图1.11 假设你正在进行一项调查，其中个体身高是一个重要的变量。那么，上排的非随机样本就不具有代表性，而下排根据随机数码表选出来的样本才能更好地代表总体。

互联网上的调查

近年来，心理学家已经开始在互联网上进行调查和实验。网络研究的优点在于成本低廉，受众面非常广，而且有些人用其他调查法是难以接触到的（Smyth et al., 2010）。针对愤怒、做决定、种族偏见、令人厌恶的事物、宗教、性态度等众多课题，网络研究已经提供了非常有趣的信息。虽然样本偏差问题对网络研究有不利影响（因为很难掌握究竟谁才是真正回答在线问卷的人），但心理学家利用网络收集有效信息的情况正变得越来越好（Birnbaum, 2004；Lewis, Watson, & White, 2009）。

给出可被社会接受的回答

即便是精心设计的调查，也有可能遇到如下困扰：当一位心理学家仔细询问你的性经历和当前的性行为时，你会非常准确地回答他吗？你的回答会不会言过其实？你会不会感到很尴尬？人们对调查问题的回答不可能总是准确的、真实的，许多人表现出一种本能的礼貌偏差（courtesy bias），即给出礼貌的或社会可接受的回答。比如，对于性、酗酒、药物滥用、收入和宗教活动等问题，人们的回答往往是不真实的。同样，在大选投票后的一周，很多没有投票的人也声称他们去投了票（Hutchinson, 2004）。

小结

尽管调查法有一定的局限性，但通过调查，经常可以得到许多有价值的信息，如为了提升美国零售超市防范恐怖袭击并做出快速反应的能力，在有关的专项调查中发现了不少薄弱环节（Rigakos et al., 2009）。总而言之，调查法是一个强有力的研究工具。虽然它同其他方法一样也有不足之处，但新技术与新策略正在为我们提供有关人类行为的很有价值的信息（Kahneman et al., 2004）。

如此强调心理学的科学性是否真有必要？一言以蔽之：确实有必要。如前所述，要想提出有关人类世界的各种问题并得到可靠答案，科学是非常给力的工具。

表1.6总结了本节中的知识要点。

阅读预习

为了最大限度地帮助读者学习心理学，本书每章结尾处都有一个"应用篇"栏目，从中你会发现很多现在或将来能够用到的知识。下面的"应用篇"将对大众读物中的一些常见信息加以批判性分析，以此结束本章的学习。你会发现以这种方式让我们的心理学启程之旅告一段落是非常有趣的。

■ 知识巩固

非实验性研究方法

测一测

1. 自然观察法中的两个主要问题是观察者效应和观察者偏差。对不对？
2. _____错误就是把人类的情感和动机加到动物的身上。

表1.6 五种心理学研究方法比较一览表

研究方法	优点	缺点
实验法	能确定明确的因果关系；可在有效控制的实验条件下进行观察；无须等待自然事件的发生	可能带有人为性；某些自然行为不容易在实验室中研究（现场实验可避免这些缺点）
自然观察法	在自然环境中观察行为；可获得大量的信息，并提出问题，为进一步研究建构假设	难以进行控制；如有观察者在场，被观察者的行为可能会改变；观察可能有偏差；难以对因果关系下结论
相关法	表明存在相关性；可进行预测；可用于实验室、临床或自然环境中的研究	难以进行控制；相关性可能只是出于巧合；不能证实因果关系
临床法	采取自然临床检验，可以对罕见的问题或事件进行调查	难以进行任何控制；不能提供用于比较的控制组；解释经常带有主观性；个案可能会产生误导或缺乏代表性
调查法	可以收集大众信息；往往在使用其他方法无法进行研究的情况下使用	能否选取有代表性的样本是调查结果准确与否的关键，但很难做到；人们对问题的回答可能不准确，他们的说法与实际做法可能不一致

3. 相关并不代表因果关系。对不对？
4. 下面哪个相关系数代表的相关程度最高？
   a. -0.86   b. +0.66
   c. +0.10   d. +0.09
5. 个案研究通常被认为属于自然检验，并且被临床心理学家广泛使用。对不对？
6. 要想使调查法成为一种有效的方法，就必须对有代表性的人群样本进行民意测验。对不对？
7. 在使用调查法时，人们对于问题的回答并不总是____和____。

想一想

批判性思考

8. 一位心理学家在购物中心对过往的行人进行调查。他用抛硬币的方法选择调查对象，如果正面朝上，他就调查这个人；如果反面朝上，就放弃这个人。这位心理学家获得的是随机样本吗？
9. 人们把车辆不能正常行驶归因于车辆的恶作剧动机，这种思维谬误与拟人化错误是相似的。对不对？

自我反思

到谷歌网站搜索一款你能使用的"动物摄像机"。你打算观察什么动物呢？你会观察和记录它的什么行为呢？

你能不能从人类的行为中至少发现一种正相关关系和一种负相关关系？

在你认识的人中，有没有谁的大脑曾经受伤或生病？他的行为发生了哪些变化？这些变化适不适合进行自然临床检验？

你是否曾经被邀请参加某项调查？你答应了吗？如果你拒绝了，你认为会不会影响最终的调查结果？假如很多人都拒绝参与调查，对调查的准确性有影响吗？如果你参加了调查，你的回答是否诚实？假如很多人的回答都不诚实，对调查的准确性有影响吗？

答案：1. 对 2. 抛又光 3. 对 4.a 5. 对 6. 对 7. 准确的，诚性的人表达。8. 心理学家用抛硬币的方式决定从人群中抽取一个样本，每个样本来自，但问题在于，他家家的只是某一时段出现于这家购物中心的人，这显然不能代表所有城市的居民，更不要说其他地区的居民。因此，这位心理学家所调查的样本并不具有真实的随机性。9. 对。

有偏差的样本 / Biased sample　是一个较大总体的样本，但不能准确反映该总体的特征。

应用篇

媒体上的心理学——你的克林贡语流利吗？

关键问题 1.11：大众媒体上的心理学信息可靠吗？

在各类媒体上，心理学总是颇受关注的话题。但不幸的是，人们所读到的大多数内容只具有娱乐价值，既没有经过批判性思考，也缺乏科学性。如何把高质量的科学信息与误导性的虚构故事区分开呢？下面是一些具体建议。

建议1：保持怀疑态度 有一个集体游戏叫"打电话"或"往下传"，玩法是：第一个人把一句话耳语给第二个人，第二个人再把这句话耳语给第三个人，就这样一直传下去，直到最后一个人。通常，当最后的那个人把这句话重复出来的时候，它已经变得"面目全非"，令人乐不可支。与此相似，现代媒体（尤其是互联网）的功能就像是一个巨大的"回音室"，里面充斥着各种各样的谣言、骗局、半真半假的消息和市井传说，比如曾有人宣称，在纽约市的下水道里生存着巨型鳄鱼（Hughes, 2008）。

多年来人们津津乐道的一个故事是说，奥尔良市的卫生部门正在给精神病人寻找翻译，因为这些病人只会讲电视连续剧《星际迷航》(*Star Trek*)中的虚构语言——克林贡语。当一家报纸报道说，有些精神病人声称克林贡语是他们使用的语言之一时，这个故事就流传开了。该报道特意强调说："事实上，并没有精神病人用克林贡语相互交谈。"但是，随着故事在互联网上的传播，这个所谓的"奥尔良市正在寻找克林贡语翻译"的传言也就变成"真事"了（O'Neill, 2003）。

媒体上的报道一般未经批判性分析，而且总是偏好那些耸人听闻的发现和奇闻逸事。所以请大家记住，所谓的"这真不可思议"就意味着"这真不能相信"，这种意识通常是正确的。

建议2：考察信息来源 产品促销广告所追求的是利润，而不是客观事实，这一点不足为奇。有一则广告是这样说的："政府的检验证明，没有比我们的 Coma 更有力、更有效的安眠药了！"这类广告是很典型的，它其实意味着：该产品跟其他受检产品没什么区别，并不比别人更好。

记住，有人会利用心理学来赚钱。当看到制造商对家用生物反馈仪、睡眠学习机和阈下CD盘等产品的宣传时，你一定要留意这些信息的来源。要警惕那些收费不菲的培训班，它们声称只要参加，就能迅速获得心理健康和快乐、提高效率、改善记忆、增加超感官知觉能力或超自然能力、控制无意识思想、帮助戒烟，等等。一般情况下，这些宣传不过是几个人的证词，再加上许多无法证实的断言而已（Lilienfeld, Ruscio, & Lynn, 2008）。

对于那些声称自己通灵、具有超自然能力的人，你要格外小心。魔术师 James Randi 为此悬赏100万美元（你可以上谷歌网站搜索一下），只要有人能够在控制条件下表演上述能力，就能得到这笔巨款。但到目前为止，还没人能够通过第一轮测试。

表演心灵感应的人以欺骗大众为生，因此，他们要千方百计使人相信那些根本不存在的能力。在电视广告中抛头露面的所谓心灵顾问也都是骗子，他们靠巴纳姆效应（用空泛、笼统的语言描述别人的情况，使人觉得这些描述是真实的）制造假象，谎称他们能感知给其打电话的电视观众的私人信息（Nickell, 2001）。

建议3：当心过于简单化的、以赚钱为目的的宣传 那些承诺"三节课塑造一种新个性""让婚姻充满爱和满足的六个步骤"的培训课，以及最近出现的"释放心灵和宇宙能量的秘诀"的广告都应受到怀疑。

过于简单化的案例之一来自促销某录像的网站，它们声称，该录像揭示了"拥有无穷快乐、健康、金钱、人际关系、爱情和青春的秘密：让你美梦成真"。按照它们的说法，你要做的事就是把你的愿望散播到宇宙中，而宇宙的回应则使你如愿以偿，你只需购买那盘录像就搞定了。（在这个游戏中，真正的赢家是那些促销者，这是毋庸置疑的。）

建议4：请记住，一个例子并

不代表证据 学完这一章后,你应该很容易发现,以个例来代表普遍结果有多么危险。如果你见到有报道称,"法律系学生使用睡眠学习机,于是通过了州律师资格考试",切不要急于去购买这种仪器。系统调查早已表明,这些装置作用极小或根本没用(Druckman & Bjork, 1994)。对这类建议的反应应该是质疑:"根据观察结果,那玩意儿对多少人适用?"一个类似的案例是,从2002年起,棒球投手约翰逊开始佩戴一种特制的金属浸渍旋索式项链,据说它"能够稳定人体电流"。到2010年职业棒球联赛时,数百名运动员盲目跟风也戴起了这种项链,然而对其效力从没有过任何科学说明,也没有任何科学依据(Carroll, 2010)。

媒体报道中的例子、逸事、个案和证明信之类的所谓证据都具有潜在的欺骗性。曾有不少的证明材料称,很多相信神秘力量的人在观看了前面所说的录像资料后立刻发了大财,取得了成功,获得了幸福。但遗憾的是,少数案例并不能说明在整体意义上具有普遍性(Stanovich, 2010)。在购买了录像的人中,有多少人买彩票一无所获?在佩戴了"魔力项链"的人中,又有多少人到头来碌碌无为?这些情况没人掌握。再比如,对于大量人群的研究表明,吸烟会增加人类肺癌的发病率,但也许你就认识一个活到95岁的大烟鬼!这样一个例子说明不了什么,我们要记住的是普遍性结论。

建议 5: 自问有没有控制组 控制组在任何一个实验中都非常重要,但天真的人们常常忽视这个问题。你当然不会再犯这种错误。大众传媒上满是那些没有设立控制组的"实验"报道,如"与植物谈话能加速其生长""特殊饮食有助于控制儿童多动症""火中行走研修班的毕业生不怕脚掌被烧坏",等等。

我们来谈最后这个例子。近年来,出现了一些教人们赤脚在烧红的煤上行走的学习班,收费昂贵。(人们为什么总想在火上行走,这本身就是一个很有趣的问题。)据说,火上行走者使用了一种被称为"神经语言程序学"的技术来保护他们的脚。许多人花大价钱来学习这门技术,并且大多数人确实能在燃烧的煤上快速行走了。但是,这是一种专门的技术吗?在火上行走的特别之处何在?没有对照组是很难说明这些问题的。

庆幸的是,物理学家 Bernard Leikind 为我们提供了一个有控制组的实验。Leikind 的实验说明,任何一个志愿者,只要其脚底有一定厚度的老茧,都能走过燃烧着的煤而不被烧坏。原因在于,在你的脚接触到轻软、蓬松的煤炭的瞬间,这些煤几乎是不传热的,其中的原理类似于你把手快速地往热烤箱里伸一下。如果你去摸热的平底锅,你会被烫伤,因为金属的导热性非常好;但是,如果你的手在热的空气中停留一下,你会安然无恙,因为空气的导热性很差(Kida, 2006;

Mitchell, 1987)。至此,赤脚火上行走的谜底也就被揭开了。

火上行走是基于简单的物理学原理,而非任何形式的超自然的心理控制术。燃煤的温度可能高达650℃,但是,煤传导热的速度较慢,瞬间的接触不会将人体烫伤。

建议 6: 在区分相关和因果关系时发现错误 你现在知道,仅仅因为相关就认定一件事情引发了另一件事情很可能是错误的。尽管如此,你仍会发现许多结论所依据的相关关系其实是靠不住的。举一个错把相关当成因果关系的例子:科学家们指出,占星术没有科学依据。对此,一位知名的占星家 Jeanne Dixon 这样回答:"如果他们去查阅一下各自所在地区警察局的记录就会发现,暴力犯罪率的变化情况与月亮的周期性变化是相关的。"当然，Dixon 相信月亮能影响人的行为。

假如在每个月的特定时间内暴力犯罪都有增加，是否能证明占星家的论点？不能证明。因为每个月中总有几天月光暗淡夜色深沉，在这个时候，一些不法之徒会变得更加疯狂，加上其他类似因素，都可能导致犯罪率上升。此外，对于所谓"月亮效应"的直接研究表明，这种效应并不存在（Dowling, 2005）。"月亮引发疯狂犯罪"的说法纯属虚构（Iosif & Ballon, 2005）。

建议 7：区分观察和推论 如果你看到一个人在哭泣，就能断定他是因悲伤而流泪吗？尽管这种推论表面上看似合理，但实际上可能是错误的。我们能客观地观察到一个人在哭，但他可能是因为切洋葱而被刺激流泪，或抽奖赢得了 100 万美元而欣喜落泪，或第一次尝试佩戴隐形眼镜而出现生理反应，因此，武断地认定他是由于悲伤而落泪可能是错误的。

心理学家、政治家、医生、科学家和其他专家也经常根据已知事实做出大胆推论，这并不意味着他们的推理、观点和解释没有价值。专家提出的关于心理疾病、犯罪行为、学习问题起因的观点可能是具有启发性的，问题在于，我们要注意区分哪些是事实，哪些是观点。

小结
我们每天都会面对海量的新信息而应接不暇，即使在有限领域内，如心理学、生物学、医学等，其中的信息量依然很大，没有人能完全消化、吸收。既然如此，你需要努力使自己成为一名批判性的、有选择、有准备的信息接收者，这一点正变得越发重要（Lilienfeld, et al., 2010）。

知识巩固
媒体上的心理学

测一测
1. 大众传媒上的报道通常都很强调客观性和准确性。对不对？
2. 在心灵感应者和心灵顾问的表演中经常有欺骗。对不对？
3. 把暴力犯罪率的变化归因于月亮的周期性变化，这是错把相关关系说成因果关系的一个例子。对不对？
4. 一位心理系学生使用睡眠学习机并通过了期中考试，这足以证明这种仪器的有效性。对不对？

想一想
批判性思考
5. 神秘论者证明：在太阳直射赤道，昼、夜时间相等，世界处于完美的平衡状态的春分时刻，生鸡蛋可以大头朝下地立起来。他们的观察有什么错误吗？

6. 很多家长认为，孩子吃糖过多会变得好动，而某些早期研究似乎也证明了这种观点。但我们现在知道，吃糖对孩子们的行为几乎没有影响。你认为，为什么吃糖看似会导致孩子好动呢？

自我反思
你有没有过积极主动地评价和质疑媒体观点？在消化吸收各种信息时，你能不能、会不会更富有批判精神？

答案：1. 不对 2. 对 3. 对 4. 不对 5. 鸡蛋随时都能立起来，当然要在他们耐心到足以把蛋立起来之时。这不是那些神秘论者所说的特殊时刻才有的特性。其次，春分时刻与地球或太阳之间没有任何关系，春分时刻是以地球自转为依据的。6. 没有科学依据表明吃糖与多动有关（Halpern, 2003）。也许是因为父母一看到孩子好动，并开始告诉孩子不要吃糖，所以孩子需要多吃糖以及其他食物，以补充活力。

本章总结

关键问题回顾

1.1 什么是心理学？它的目标是什么？

1.1.1 心理学是研究行为和心理过程的科学。

1.1.2 心理学家是探索、应用心理学知识的专业人士。

1.1.3 心理学家在对行为问题的研究中，总是通过批判性思维来系统地搜集和分析实验证据。

1.1.4 心理学家需要收集科学数据，对行为进行描述、理解、预测和控制。

1.2 什么是批判性思维？

1.2.1 批判性思维对于科学研究、对于了解心理学和人类行为都是至关重要的。

1.2.2 心理学中的批判性思维是一种开放式思考，以科学的解释和观察来检验心理学理论。

1.2.3 只有通过逻辑分析，评估正、反两方面证据，并衡量证据质量，方可对理论的效度做出判断。

1.2.4 批判性思维者从不依赖所谓的专家意见来做判断，而总是独立进行思考。

1.3 心理学与伪心理学对人类行为的解释有何不同？

1.3.1 人们很容易将伪心理学与科学心理学混为一谈，其实，伪心理学纯属无稽之谈。

1.3.2 与科学心理学不同，伪心理学的信徒们只搜罗貌似能够支持其观点的证据，而对那些不利的证据则视而不见。所以，伪心理学多年来几乎没有变化。

1.3.3 伪心理学赖以生存的基础包括无批判接受顺言、确认偏向和巴纳姆效应。

1.4 如何使用科学方法进行心理学研究？

1.4.1 系统观察就是一种科学方法，用来检验对行为和心理问题的各种假设。而科学研究则是观察客观世界、做出正确结论的有力工具，它所提供的行为和心理问题的信息质量是最高的。

1.4.2 心理学研究是从定义问题、提出假设开始的，在对概念开展实验研究之前先要给出其操作定义。

1.4.3 然后，研究者收集证据来检验假设。科学研究的结果应公之于众，以便其他研究者能够对其进行评价和学习，并用来提出新的假设，开展进一步的研究。

1.4.4 心理学研究必须符合伦理规范，保护参与者的权利、尊严和福祉。

1.5 心理学是怎样产生的？

1.5.1 心理学是130多年前诞生的，当时的研究人员已经开始直接对心理问题进行研究和观察。

1.5.2 第一个心理学实验室是由冯特于1879年在德国建立的，他的研究领域是意识体验。

1.5.3 心理学的第一个学派是结构主义，它是一种以内省法为基础的"心理化学"理论。

1.5.4 继结构主义之后，又出现了机能主义、行为主义和格式塔心理学等学派。

1.5.5 心理动力学的各种理论，例如弗洛伊德的精神分析法，强调行为中无意识因素的作用。

1.5.6 人本主义心理学的特色是强调主观体验、人的潜能和个人成长。

1.5.7 由于早期的心理学家绝大多数都是白人，无形之中使心理学研究产生了偏差。而今天，越来越多的妇女和少数族裔人士成了心理学的研究者和参与者。

1.6 当代心理学理论有哪些？

1.6.1 当代心理学理论中的三大互补的主流观点是：生物学观点，包括生物心理学和进化心理学；心理学观点，包括行为主义、认知心理学、心理动力学理论和人本主义；以及社会文化观点。

1.6.2 近年来，心理学家已经开始对人类行为的积极方面加以研究，即所谓的积极心理学。

1.6.3 我们的思想、感觉和行为大多会受到社会和文化环境的影响。

1.6.4 目前心理学发展的一个趋势是，各种观点相互融合、渗透。

1.7 心理学的主要领域有哪些？

1.7.1 心理学的研究领域众多，包括生物心理学、临床心理学、认知心理学、社区心理学、比较心理学、消费心理学、咨询心理学、文化心理学、发展心理学、教育心理学、工程心理学、环境心理学、进化心理学、司法心理学、性别心理学、健康心理学、工业与组织心理学、学习心理学、医学心理学、人格心理学、学校心理学、感觉与知觉心理学、社会心理学等。

1.7.2 从性质上讲，心理学研究可分为基础研究和应用研究。

1.7.3 部分心理学家对动物行为的研究是出于自身的兴趣，而其他人对动物的研究则是为了发现适合解释人类行为的模型。

1.7.4 尽管心理学家、精神科医生、精神分析专家、咨询顾问和负责帮助精神疾病患者的社会工作者都在心理卫生领域工作，但他们在所受的训练和使用的方法等方面存在着很大的差别。

1.8 如何进行心理学实验？

1.8.1 在心理学实验中，需要有两个或两个以上的被试组，它们的不同之处仅在于自变量。实验要测量的是对因变量的影响，所有其他条件（无关变量）均保持不变。

1.8.2 实验组与控制组之间的不同就在于自变量，所以自变量是引起因变量变化的唯一可能原因。

1.8.3 在设计心理学实验时，要使得因果关系能够被确定。

1.8.4 重要的是，实验结果必须具有统计显著性，也就是说，该结果在纯偶然条件下非常不可能发生。如果实验结果能够被他人所重现或者对元分析有所贡献，那么该结果将更加令人信服。

1.9 什么是双盲实验？

1.9.1 实验中的研究参与者偏差是一个难题。在检测药效的实验中，安慰剂效应会造成研究参与者偏差。

1.9.2 另一个问题是研究者偏差，即研究者的期望会产生一种自我实现预言效应，使参与者按照研究者的期望改变自己的行为。

1.9.3 在双盲实验中，无论被试还是收集数据的研究人员都不知道谁在实验组、谁在控制组，只有这样，实验结果才真实、可信。

1.10 心理学家使用的非实验性研究方法有哪些？

1.10.1 包括自然观察法、相关法、个案研究法和调查法等。

1.10.2 与受控的实验法不同的是，非实验性研究方法通常无法确定因果关系。

1.10.3 许多调查研究始于自然观察。运用自然观察法需要注意两个问题：观察者效应和观察者偏差。

1.10.4 相关法所测量的是两个特征、两种反应或两个事件之间的相关程度，可以通过相关系数来表达。在心理学研究中，相关或正或负。利用相关关系可以进行预测。但是，相关不代表因果关系。

1.10.5 个案研究法能够使我们获取用其他研究方法无法得到的有关人类行为的信息。

1.10.6 使用调查法首先要选择代表性样本，并提出一系列精心准备的问题。当用调查法研究较大的总体时，能否获得代表性样本是成功的关键。

1.11 大众媒体上的心理学信息可靠吗？

1.11.1 大众媒体上的信息在质量和准确性方面差别很大，应该以怀疑和谨慎的态度来对待这些信息。

1.11.2 要想从大众消息来源（或任何其他来源）中区分事实与谬误，必须以批判性思维来评估各种信息。

1.11.3 媒体报道中存在的问题通常都与信息偏差、信息来源不可靠、观察中未设立控制组、以相关代替因果关系、推论错误、过于简单化的宣传、用个别案例做证据、结果无法重复等情形有关。

第 2 章

神经系统与心理学

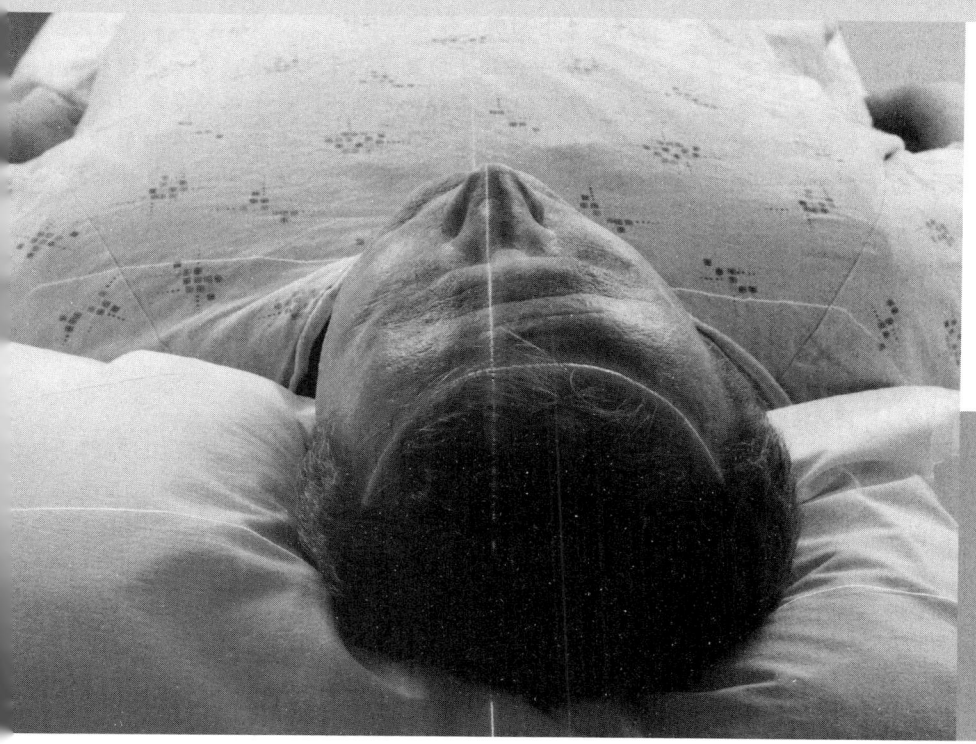

主题

大脑的活动是人的意识、智慧和行动的源泉

关键问题

2.1 神经元如何工作和进行信息交换?

2.2 神经系统有哪些主要组成部分?

2.3 如何识别不同脑区及其各自的功能?

2.4 大脑左右半球有何不同?不同脑叶的功能有何不同?

2.5 皮质下结构有哪些主要的组成部分?

2.6 内分泌系统会影响行为吗?

2.7 右利手和左利手的人有何不同?

引子

厄运袭来

一天早晨，Bryan Kolb 失去了他的左手。他早早起床正准备喂猫，却发现自己的手不见了！他看不见长在身体左侧的手臂。作为一名加拿大神经学家，Kolb 立刻意识到发生了什么——他的大脑右半球中风了！（负责血液运输的动脉破裂或阻塞导致局部脑组织坏死。）他随即驱车赶往医院，并与医生就自己的诊断进行了讨论。毫无疑问，他是正确的！在那之后，他成功回到了研究领域，还撰写了自己的个案记录（Kolb, 1990）。

通常情况下，人们并不会意识到大脑的重要性，直到中风或其他脑损伤突然改变一切。受害者几乎能立刻觉察出不对劲——想象一下如果你突然发现自己不能动，不能感觉到身体的某个部分，不能看，不能说，将有多么怪异。也有一些脑损伤的症状不那么明显，却可以导致人格、思维、判断力以及情感的改变。

人脑只有一个葡萄柚那么大，重约 1.4 千克，表面看上去皱皱巴巴像核桃一样，质地则很像豆腐。下次你去超市经过卖猪脑的柜台时，不妨停下来驻足观看一会儿，因为它和你的大脑非常相似，只是小了点。这么一小块黏糊糊的皱褶状组织是怎样让人演奏出美妙的音乐的？怎样给人以智慧来寻找治疗癌症的妙方？怎样让人坠入爱河？又是怎样让你读懂这本书的呢？

人脑中神经元的数量达千亿之多，每一个神经元又与成千上万个神经元相连，这个极端复杂的网络使我们能够加工大量的信息。事实上，人脑中神经元之间的通路数量很可能超过宇宙中可见星体的总数！人脑毫无疑问是世上最神奇的"计算机"，让我们进入这个迷人的领域吧！

神经元——构造"生物计算机"

关键问题 2.1：神经元如何工作和进行信息交换？

脑由上千亿个**神经元**组成。正是这些如蛛网般交错的神经元发出的电冲动决定了现在的你。虽然这些神经元看上去似乎与我们的日常生活没什么关系，但你所思、所感、所做的每一件事都是从这些小小的细胞开始的（Banich & Compton, 2011）。除去这许许多多的神经元，脑中还有几乎等数量的神经胶质细胞，它们以多种方式对神经元起支持作用（Carlson, 2010）。神经元不仅将感觉信息传入脑以供进一步加工，也将脑的指令输出，激活肌肉和腺体。单个神经元并不聪明，单单完成眨眼这样简单的动作也需要许多神经元的协同工作。Lady Gaga 演唱的每一个曲调都有数十亿的神经元参与！

每个神经元都与其他神经元形成复杂的网络连接，智力便由此产生。神经元接收来自无数其他神经元的信息输入，又再将整合的信息输出到其他神经元。这样相互联系形成大型的网络结构产生了智力和意识。那么让我们来看看神经元如何工作，以及神经系统如何连接。

神经元的构成

神经元是什么样子？它有哪些主要组成部分？虽然我们无法找到两个在大小和形状上完全相同的神经元，但大多数神经元由四个基本部分构成（彩图2.1）。看起来像树根的部分叫**树突**，它的主要作用是从其他神经元那里接收信息。**胞体**（也叫细胞体）也接收信息，并通过神经冲动将信息沿一根细细的纤维（即所谓的**轴突**）传递出去。

有些轴突只有 0.1 毫米长（大约是铅笔线的宽度），而有些轴突可在神经系统中延伸 1 米左右（约等于从脊椎底部到大脚趾的距离）。轴突如同一根细细的电缆，在脑和神经系统中传递信息。算起来，我们大脑中包含的轴突总长度约有 500 万千米（Breedlove, Watson, & Rosenzweig, 2010）。

轴突分叉为许多更细的纤维，并在末端生成泡状突起，称为**轴突末梢**。神经元之间的信息传递正是通过轴突末梢与其他神经元的树突或胞体形成连接而实现的。

现在我们用一个比喻作为小结。假设你站在一行很长的队列中，队列里的人都手拉着手。排在最右侧的人想把一个信息悄悄地传递给队列最左侧的

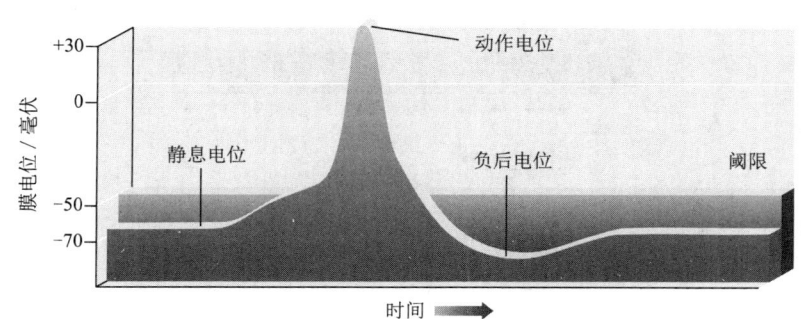
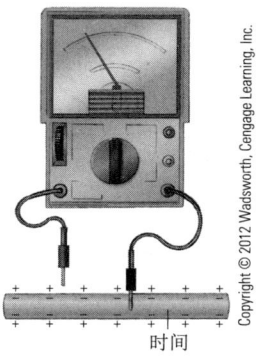

图 2.2 通过在轴突膜内外分别放置电极来探测神经活动。(图中放大了实物尺寸,这样的电记录方法要求电极非常小,本章中会讨论到。)在静息状态下,膜内相对膜外维持着 −70 ～ −60 毫伏的电位差。神经元的电化学改变激发动作电位。带正电的钠离子(Na⁺)涌入膜内,使膜内电压由负变正,动作电位产生。动作电位经过之后,带正电的钾离子(K⁺)流到膜外,膜内又恢复到原本的负电压。

人,于是他握了一下站在自己左侧的人的手。收到握手信息的这个人同样也握了一下站在他左侧的人的手,依次下去,信息传到了你的右手(相当于树突)。这时你(相当于胞体)需要决定是否把这个信息传递给下一个人。然后信息顺着你的左臂(相当于轴突)一直传到你的左手(相当于轴突末梢),你握了站在自己左侧的人的手,于是信号继续传递下去。

神经冲动

神经元内外聚集着带电的离子(图2.2),有的离子带正电,有的带负电。当神经元处于不兴奋(静息)状态时,细胞膜外带正电荷多,细胞膜内带负电荷多,其结果就是轴突膜内外恒定保持 −70 ～ −60 毫伏的电位差(1毫伏=1/1000伏)。每个神经元就像一节小小的生物电池一样被储存在脑内(图2.2)。

通过在轴突膜内外分别放置电极来探测神经活动(图中放大了实物尺寸,这样的电记录方法要求电极非常小,本章中会讨论到)。在静息状态下,膜内相对膜外维持着 −70 ～ −60 毫伏的电位差。神经元的电化学改变激发动作电位。带正电的钠离子(Na⁺)涌入膜内,使膜内电压由负变正,动作电位产生。动作电位经过之后,带正电的钾离子(K⁺)流到膜外,膜内又恢复到原本的负电压。

在不兴奋状态下,神经元所带电位叫作**静息电位**。但是神经元很少处于这个水平:来自其他神经元的信息或升高或降低静息电位。当内外电位差升到约 −50 毫伏时,神经元就达到了它的**阈限**或激发点(图2.2)。就好像在宣布:"啊哈!该把信息告诉邻居们了!"当神经元达到了阈限时,**动作电位**,或者神经冲动便以每小时320千米的速度沿轴突向下传递(图2.3)。这个过程看似很快,但仍需一定时间,这也是为什么击中时速160千米的棒球那么难的原因之一。

产生动作电位中发生了什么?轴突膜上分布着许多小的通道,或者"小孔",名叫**离子通道**。通常情况下,这些小口被分子堵塞,它们充当着"门"的作用。动作电位发放时,门被打开,钠离子(Na⁺)涌入轴突。靠近胞体的离子通道最先被打开。随着动作电位的传递,这些小门一扇接一扇沿着轴突

神经元 /Neuron	单个神经细胞。
树突 /Dendrites	接收传入信息的神经纤维。
胞体 /Soma	神经元或者其他细胞的主体部分。
轴突 /Axon	将信息从胞体传出的神经纤维。
轴突末梢 /Axon terminals	轴突尾部的小泡结构,与其他神经元的树突或胞体联系形成突触。
静息电位 /Resting potential	静息状态下神经元所带电位差。
阈限 /Threshold	激发神经冲动的最小电位差。
动作电位 /Action potential	神经冲动。
离子通道 /Ion channels	轴突膜上分布的小孔。

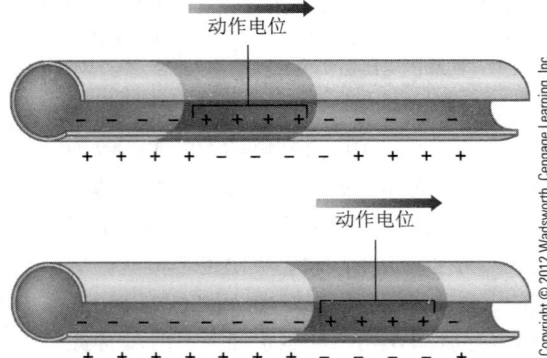

1. 静息状态下，轴突内电位为负

2. 发生动作电位时，带正电的原子（离子）进入轴突，使动作电位轴突内的电位由负变为正。同时，轴突外的电位变为负。

3. 动作电位继续沿轴突传递，经过之处都会发生轴突内外动作电位正负电位逆转的电活动。

4. 在动作电位通过之后，正离子迅速流出轴突，轴突内部动作电位恢复为负电位。多余的正离子继续流出轴突，轴突内恢复了原始静息电位。

图2.3 轴突内部与外部的电位差。通常轴突内为负，轴突外液体环境为正。当动作电位通过轴突时，则发生逆转，轴突内部暂时变为正。

被依次打开。

每一个动作电位都是全或无事件（神经冲动要么完全发放，要么完全不发放，不存在中间状态）。你可以将轴突想象成一串多米诺骨牌。推倒骨牌就是一个全或无事件，一旦第一个被推倒，其后的骨牌就像波浪一样相继倒下直到最后一个。相似的，当神经冲动在胞体附近被激发时，一连串波浪般的活动（动作电位）便沿轴突向下传递。当舞者舞动时，她的大脑就这样指挥着一长串神经元的电活动来控制脚一步一步完成整个舞蹈。

在每次神经冲动之后，细胞电位会稍降到静息电位以下，这段时间内细胞比平常更加不容易或者没准备好发放动作电位。产生这种**负后电位**的原因是钾离子（K^+）在离子通道还开放时持续流出轴突。一次神经冲动发放之后，离子进进出出，为下一次的发放做准备。接着之前多米诺骨牌的比喻，重新摆好骨牌也需要一段时间。很快，轴突便整装迎接下一波行动。

跳跃传导

一些神经元轴突外包裹着名为**髓鞘**的脂肪层（如彩图2.1所示）。髓鞘层中的小沟可以让神经冲动传导更加快速。比起沿整段轴突的连续传导，动作电位采用以一个一个沟壑为节点、越过中间路径的方式传导，称为**跳跃传导**。如果没有这种加速的跳跃传导，也许一些行为便无法完成，比如为避免交通事故而急刹车，或者接住一个快速飞来的球。如果髓鞘层被破坏，人可能会感到发麻、无力或麻痹。这就是多发性硬化症病人的症状，他们身体中的髓鞘层因受到自身免疫系统攻击而受损（Khan, Tselis, & Lisak, 2010）。

突触和神经递质

信息是如何从一个神经元传到另一个神经元的？神经冲动主要是电信号，所以对大脑进行电

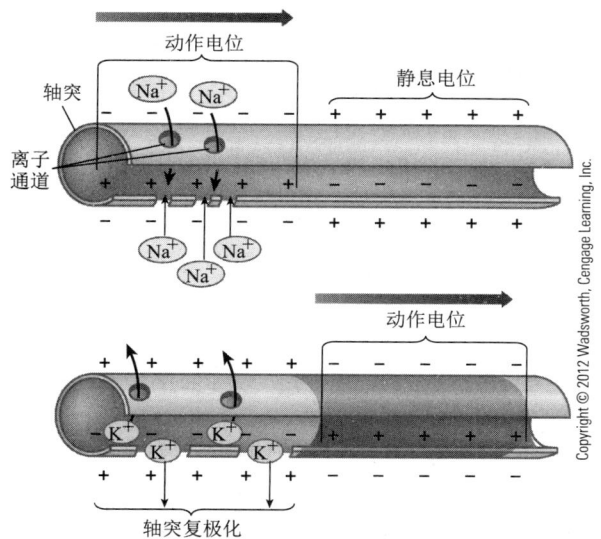

图 2.4 神经元轴突的横剖面图。图中轴突右侧处于静息状态，内部电荷为负。当离子通道敞开之后，钠离子（Na⁺）进入轴突，产生了动作电位。在此图中，动作电位沿着轴突自左向右传递。下图显示，动作电位传到右侧。钾离子（K⁺）在动作电位通过之后从轴突中流出。轴突内立刻恢复为负电荷，并为下一次动作电位做好准备。动作电位产生时，流入轴突的钠离子移出比较缓慢，这些离子的移动使轴突回到原始的静息状态。

刺激会影响行为。为证明这一假设，José Delgado 曾经亲自进入斗牛场，他一手拿着披肩，一手拿着无线电发射器。突然，愤怒的公牛向他猛冲过来，Delgalo 立即后退，就在此时，公牛突然停了下来，这是为什么？因为 Delgalo 在公牛脑的深部植入了无线电诱发电极！电极刺激公牛脑中的"控制中心"使公牛止步（Horgan, 2005）。

与神经冲动相反，神经元之间的交流却是通过化学信号完成的。神经元之间信息传递的微观结构叫作**突触**（图2.5）。动作电位到达轴突末梢之后，**神经递质**便被释放到突触间隙中。神经递质是一种化学信号，它能够改变神经元的活动状态。

让我们再次回到一群人站成一行队列的比喻。现在队列中的人们并没有手牵着手，他们每个人右手上都拿着一把水枪。传递信息时，人们需要用水枪射站在右边人的左手。当被射击的人接收到这个信息，她也要用水枪射击右边人的左手，依此类推。

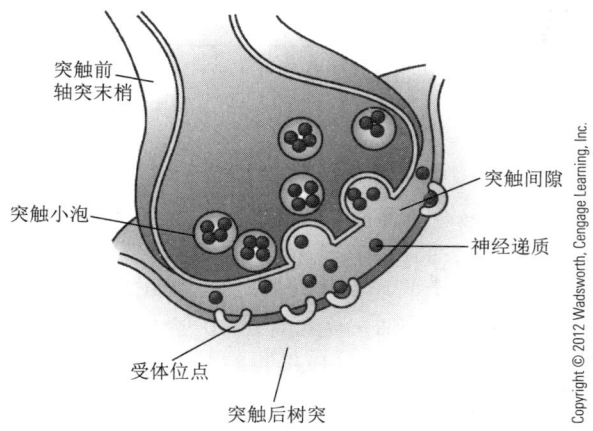

图 2.5 突触组织示意图。在突触中，神经递质储存在轴突末梢的囊泡（即突触小泡）中。当一个神经冲动到达轴突末梢后，囊泡移至轴突末梢的表面，并释放出神经递质。这些分子穿过突触间隙，作用于下一个神经元。突触间隙的宽度大约为 2.5 厘米的百万分之一。不同递质分子的作用不同，有些对下一个神经元的活动起兴奋作用，有些则起抑制作用。

化学分子穿过突触间隙后进入下游神经元细胞膜上特定的接收区域（图2.5）。细胞膜上的这些微小的**受体位点**对神经递质非常敏感。它们大量分布在神经元胞体和树突上，肌肉和腺体中也有受体位点。

神经递质总是激发神经元的动作电位吗？不是，它们只是改变神经元动作电位发放的可能性。一些神经递质激活神经元（使它更接近发放状态），而另一些神经递质抑制神经元（使它更不可能发放）。研究者们已在人脑中发现了上百种神经递

负后电位 /Negative after-potential 动作电位经过后，膜内电位降低到静息电位以下。

髓鞘 /Myelin 覆盖在一些神经细胞轴突表面的脂肪层。

跳跃传导 /Saltatory conduction 神经冲动在有髓鞘包裹的轴突上以沟壑为节点间断传导的过程。

突触 /Synapse 两个神经元之间的微观结构，供信息在神经元间传递。

神经递质 /Neurotransmitter 神经元释放的各种化学物质，影响其他神经元的活动。

受体位点 /Receptor sites 对神经递质或激素敏感的神经元或其他细胞表面区域。

表2.1　主要神经递质

神经递质	主要作用方式	功能	失调产生的影响
乙酰胆碱	兴奋性神经递质	参与运动、自主功能、学习和记忆	不足导致阿尔兹海默症
多巴胺	兴奋性神经递质	参与动机、奖赏以及行为计划	不足导致帕金森症，快感减弱；过量导致精神分裂症
伽马氨基丁酸	抑制性神经递质	中枢神经系统中主要的抑制性神经递质；与心境有关	不足导致焦虑
谷氨酸	兴奋性神经递质	中枢神经系统中主要的兴奋性神经递质；参与学习与记忆	过量导致神经元死亡与自闭症；不足导致疲惫
去甲肾上腺素	兴奋性神经递质	参与唤醒与警觉，与心境有关	过量导致焦虑
5-羟色胺	抑制性神经递质	参与心境、食欲以及睡眠	不足导致抑郁或焦虑

Adapted from Freberg，2010；Kalat，2009

质，如乙酰胆碱、多巴胺、伽马氨基丁酸、谷氨酸、去甲肾上腺素和5-羟色胺等（见表2.1）。

为什么存在如此之多种神经递质？ 一些神经递质只服务于特定的连接"通道"，就好像不同的"通道"说着不同的语言一样。也许正是这种机制防止了信息混淆。例如，脑中有一种奖赏或"愉悦"系统，它主要使用的"语言"是多巴胺（人们在这一系统中也发现了别的神经递质）（Opland, Leinninger, & Myers, 2010; Salamone, 2007）。

神经递质功能的细微差异可能与人们在婴儿期时的性情，或者成年期以后人格的差异有关（Ashton, 2007）。任何一种神经递质的强烈扰动都会导致严重的后果。例如，过量的多巴胺可能引发精神分裂症（Di Forti, Lappin, & Murray, 2007），而5-羟色胺不足可能引发抑郁（Merens et al., 2008）。

许多药物通过模仿、复制或者阻断神经递质产生作用。例如，可卡因的化学结构与多巴胺相似。短期内，可卡因能够激发奖赏系统产生更多的多巴胺而给人以"快感"（Briand et al., 2008）。但长期服用可卡因类兴奋性药物会导致奖赏系统的过度激活，干扰多巴胺的正常功能，产生药物成瘾（Volkow et al., 2007）。

另一个案例是箭毒——一种致瘫痪毒素。乙酰胆碱一般能激活肌肉运动。箭毒则通过与肌肉细胞的乙酰胆碱受体结合，阻断乙酰胆碱功能。感染箭毒的人或动物会因此失去活动能力。在亚马孙流域居住的南美洲印第安人非常清楚这一点，所以他们将它涂在弓箭上用于捕猎。如果没有了乙酰胆碱，即使是非常优秀的棒球投手也会动弹不得，更不用说投球了。

神经调节素

一些更加精细的大脑活动主要受一种叫作**神经肽**的化学物质调节。神经肽本身不直接参与信息传递，它们通过调节神经元的活动来影响记忆、疼痛、情感、快乐、心境、饥饿、性行为以及其他基本功能。例如，当你碰到很烫的东西时会立即缩手。缩手信息是由神经递质所携带的，但同时，疼痛导致大脑释放一种叫作脑啡肽的神经肽。这种阿片类的神经肽能够舒缓疼痛和压力。类似的神经肽还有垂体释放的内啡肽。这些化学物质共同起到舒缓疼痛、减轻痛苦的效果（Drolet et al., 2001）。

现在我们能够解释安慰剂（假的药片或者注射）的止疼效果了：安慰剂提高了内啡肽水平（Stewart-Williams, 2004）。诸如"跑步者高峰体验"、受虐偏好、针灸，甚至分娩、自残性仪式、跳伞等所带来的快感似乎都伴随着内啡肽释放（Janseen & Arntz, 2001）。在上述过程中，疼痛和应激导致内啡肽释放，而这种释放反过来引起了与吸食吗啡类似的愉悦或快感。那些说自己对跑步"上瘾"的人也许阐述了一个连他们自己都意想不到的事实。更重要的，我们也许终于能够理解为什么一些意志坚强的人能够在洗过冷水浴之后马上进入滚烫的蒸气浴！最后，神经肽有助于解释抑郁、精神分裂症、药物成瘾以及其他令人困惑的议题。

> **知识桥**
> 关于在特定情境下，疼痛是如何带来轻松及快感的，请参考第 4 章。

神经网络

让我们整合已有的关于神经冲动和突触传递的知识，来看看大脑中的**神经网络**——一群相互联系的神经元集团——是如何加工信息的。

图 2.6 是神经网络的局部示意图。一个神经元胞体接收来自五个神经元的信息，然后再传递给另外三个神经元。在图中展示的时间点上，该神经元正分别接收来自五个神经元的一个强兴奋性信号、两个弱兴奋性信号以及两个抑制性信号。这个神经元会发放动作电位吗？不一定。如果足够强度的兴奋性信号在相当接近的时间内到达，达到该神经元动作电位发放阈限，则动作电位发放——仅在其接收的抑制性信号强度不足以将其推离激发阈限的情况下。信息以这种方式进行整合，然后以全或无的原则决定是否发放。

让我们尝试另一个比喻。比方说你跟五个朋友出门购物，你看见一条中意的牛仔裤。同行的朋友中有三人认为你应该买下牛仔裤，尤其是你最要好的朋友特别支持（+）；而另外两个认为你不应该买（-）。最终，因为他们的意见总体倾向于支持，你决定购买牛仔裤。也许你还会推荐其他朋友去买同样的牛仔裤。相似的，神经网络中的单个神经元"听取"与它有突触联系的所有神经元传递的信息，然后将这些信息整合起来再输出。它们每时每刻都权衡着成百上千的信息并决定是否要把信息传出去。在从上一个动作电位发放中恢复过来之后，它们马上又开始新一轮的信息整合和信息输出工作，周而复始。

因此，脑中的每一个神经元都像是一台小小的计算机。虽然它们比最普通的笔记本电脑还要简单，运行也缓慢得多，但是上千亿计的神经元和百兆计的神经突触同时从事着这样的工作，便成就了最惊人的计算机。而要问它有多大？一个鞋盒就能装下它。

神经可塑性

你脑中的神经网络也在不断变化着。**神经可塑性**这个术语正是用来描述脑随经验改变的能力。新的突触可能会形成，或者已有的突触连接可能被增强。（图 2.6 中就描述了一个特别强的突触连接——大号的"+"。）另一些突触连接可能减弱甚至消失。你的每个新经历都体现在脑的上述变化中。例如，在丰富的环境中成长的小鼠相较于在简单的环境中成长的小鼠，大脑中突触更多，树突更长（Kolb, Gibb, & Gorny, 2003）。再比如，有两名青少年尼克和布鲁克，他们相当一部分的大脑在婴儿期被切除。然而时至今日，经过多年的发育，他们的大脑已经补偿了缺损部分的功能（Immordino-Yang, 2008）。

成人的脑依旧"可塑"吗？ 尽管成人的脑不如幼年时可塑性高，但它仍然能够在长期的不懈坚持下得到改变。见"想法可变，那么大脑可变吗？"

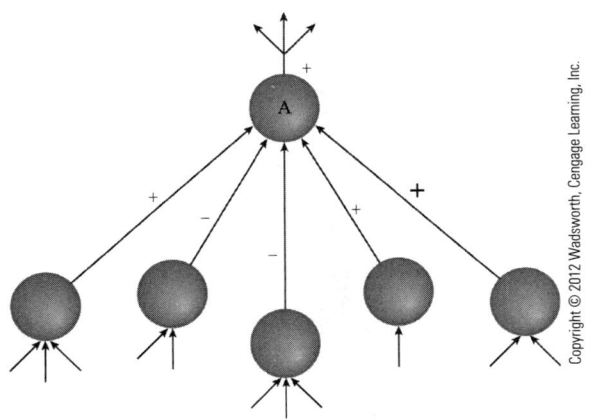

图 2.6 一个简单的神经网络示意图。神经元 A 接收了来自两个弱兴奋性连接、一个强兴奋性连接以及两个抑制性连接的信息，并将它们进行整合，然后决定是否发放动作电位，将信息传递给其他神经元。

神经肽 /Neuropeptides 调节神经元活动的脑化学物质，如脑啡肽与内啡肽。

神经网络 /Neural networks 相互联系的神经元集团，能够在脑中加工信息。

神经可塑性 /Neuroplasticity 脑随经验改变的能力。

批判性思考　　　　想法可变，那么大脑可变吗？

你可以随时改变自己的想法。但是这种改变与大脑有关吗？脑科学家的答案是肯定的，他们相信任何心理事件都来源于脑的活动。

在一项研究中，那些患有严重蜘蛛恐惧症的患者在经过认知行为疗法的治疗后变得能够直接碰触蜘蛛。同时，脑成像结果显示，他们大脑中与恐惧症相关的脑区活动减弱（Paquette et al., 2003）。他们并不仅仅改变了自己对蜘蛛的看法，也真正改变了自己的脑。

另一项对大脑左半球损伤引发失语症的病人的研究发现，经过语言能力康复训练，病人的语言理解能力得到提高；同时，为弥补损伤的左半球，他们的右半球相应区域活动也得到了增强（Musso et al., 1999）。这一研究证实，学习经验可以改变脑。

伴随着每一次的学习，你的大脑都得到了重塑（Begley, 2006）。甚至有一个美妙的词语可形容这一行为：自主神经可塑性。想一想吧，当你在阅读本书的时候，不但你关于心理学的看法在发生改变，同时改变的还有你的脑！

神经系统——行为通路

关键问题 2.2：神经系统有哪些主要组成部分？

哈里和玛雅正在玩抛接橄榄球。这个活动看起来相当简单，然而，为了完成抛或接这个简单的动作，人脑就需要收集和理解大量感觉信息，还要指挥数不清的肌肉纤维。在他们玩的过程中，神经系统也积极地活动着。现在就让我们来看看神经系统的"接线图"吧。

如图2.7所示，**中枢神经系统**（CNS）由脑和脊髓组成。脑实现了神经系统的主要"计算"功能。哈里必须要使用这台"计算机"才能预料到橄榄球何时会落在何地。哈里的脑通过脊髓这根巨大的"电缆"与全身各部位保持联系。正是通过这根"电缆"，信息流过**外周神经系统**（PNS）。这一复杂的神经网络会将信息传入或传出中枢神经系统。

神经和神经元是不是一回事？ 神经元是一个个极小的细胞体，我们要用显微镜才能看清楚。**神经**是一大束轴突，直接用肉眼就能看到。

外周神经受损后能够再生。大部分外周神经元轴突外包裹着一层薄薄的细胞，我们称之为**髓鞘**。（彩图2.1）髓鞘形成了受损的神经纤维再生时可通过的通道。这个机制使得那些肢体截断的病人在断肢复位后能够重新恢复控制能力。

外周神经系统

外周神经系统包含两部分（见图2.7），一个是负责传递感觉器官和骨骼肌信息的**躯体神经系统**（SNS），它控制的行为是随意性的，例如玛雅掷橄榄球，纳达尔打网球；另一个是支配内脏和腺体活动的**自主神经系统**（ANS），自主的含义相当于"自我管理"，它控制的活动是非随意性的，多数是基

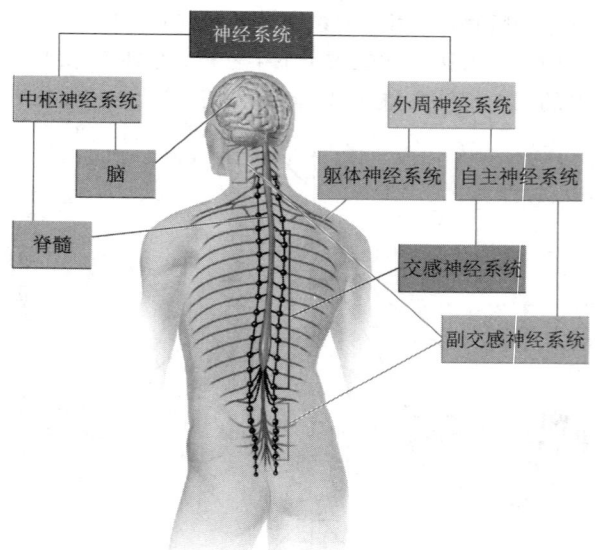

图 2.7 神经系统可以被分为中枢神经系统（脑和脊髓）和外周神经系统（由连接中枢神经系统与身体的神经组成）。
From FREBERG. Discovering Biological Psychology, 2e. Copyright © 2009 Wadsworth.

本的生命活动，如心跳、消化、排汗等。所以，躯体神经系统传递的信息可以让你的手移动，但不能让你的瞳孔放大；自主神经系统传递的信息能刺激消化功能，却不能帮你完成任何随意运动，例如写字。当哈利因为没赶上公车而大怒时，由自主系统管理的许多活动都会瞬间增强。

> **知识桥**
>
> 自主神经系统在人们的情感生活中扮演着重要的角色。事实上，如果不是自主神经系统，人类根本感觉不到情绪。更多关于自主神经系统和情绪的内容见第 10 章。

躯体神经系统和自主神经系统共同调节身体内部对外界刺激的反应。例如，如果一条狗狂叫着冲向你，躯体神经系统会控制你的腿部肌肉让你赶快跑。同时，自主神经系统可使血压升高、呼吸加速等。自主神经系统又可以分为交感神经和副交感神经系统两类。

两类自主神经系统有什么不同？ 交感神经系统和副交感神经系统都与情绪反应相关，如哭泣、出汗、心率以及其他不随意行为（见图2.8）。**交感神经系统**是一种"应激"系统。其功能是在危险性或情绪性情境出现时使躯体兴奋起来，以便采取战斗或逃跑的行动。换句话说，它会唤醒躯体采取行动。与之相反，**副交感神经系统**的功能是使躯体保持平静，或使兴奋起来的躯体返回到较低的唤醒水平。因此，副交感神经会在突发事件结束后或情绪活动之后很快被激活。此外，副交感神经系统还负责使心率、呼吸和消化功能保持在维持生命所必需的水平。

当然，自主神经系统的这两个部分一直处于活动状态。两个系统的协同合作决定了躯体的唤醒水平。

脊髓

如前面所提到的，脊髓连接脑和身体的其他部分。如果截断这根电缆，你会看到由白质组成的柱状结构（髓鞘包裹着的轴突束）。这些轴突最终离开脊髓后，构成外周神经系统的神经。31对**脊神经**将感觉与运动信息传入并传出脊髓。除此之外，12

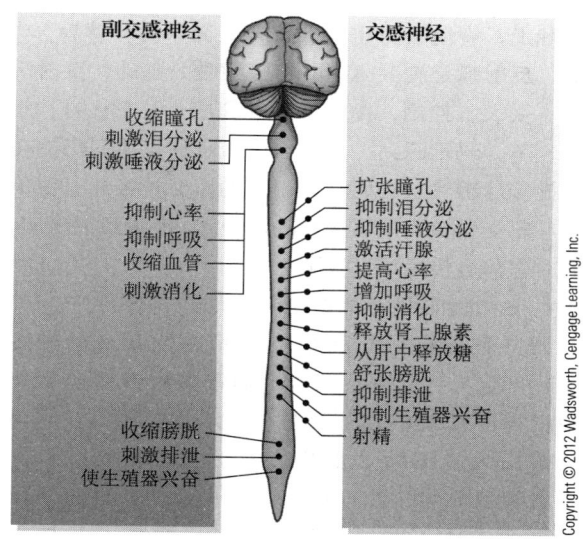

图 2.8 自主神经系统的交感神经分支和副交感神经分支。两个分支都控制着自主行为。交感神经系统能激活身体，而副交感神经系统则使其镇静。交感神经分支的信息中转要经过脊髓外神经核团。

对**脑神经**从脑发出，不经过脊髓直接与身体其他部分相连。总之，这些神经使整个身体与脑相连。

脊髓的功能仅仅是连接脑和外周神经系统吗？

中枢神经系统 /Central nervous system（CNS） 脑和脊髓。

外周神经系统 /Peripheral nervous system（PNS） 脑和脊髓以外的所有神经系统。

神经 /Nerve 神经元轴突束。

髓鞘 /Neurilemma 包裹轴突的一层细胞。

躯体神经系统 /Somatic nervous system（SNS） 连接脊髓与躯体感觉器官的神经系统。

自主神经系统 /Autonomic nervous system（ANS） 负责身体内部器官和腺体的信息输入、输出的神经系统。

交感神经系统 /Sympathetic branch 自主神经系统的一部分，功能是提高身体的唤醒程度。

副交感神经系统 /Parasympathetic branch 自主神经系统的一部分，功能是让身体平静放松。

脊神经 /Spinal nerves 负责将感觉信息和运动信息传入或传出脊髓的神经。

脑神经 /Cranial nerves 由脑发出，不经过脊髓的神经。

实际上，脊髓自身也能实现一些简单的"计算"功能。**反射弧**是刺激驱动的自主反应的基础。反射活动不受大脑控制，由脊髓独立完成（见图2.9）。想象一下，玛雅踩到了一根钉子（是的，他们仍然在玩抛接球游戏。）这时，她足底的**感觉神经元**（将信息从感受器传到中枢神经的神经元）检测到了疼痛，同时将信息传递给了脊髓。

在脊髓内部，感觉神经元通过突触与中间神经元（负责将另外两个神经元连接起来的神经元）相连。中间神经元激活运动神经元（负责将中枢神经系统的指令传输给肌肉与腺体）。肌肉纤维由效应细胞（能够产生反应的细胞）组成。肌肉细胞收缩，使玛雅产生缩足反应。注意，反射弧的完成不需要脑活动参与。玛雅的身体能够自动产生自卫反应。

事实上，一个简单的反射常常会引发更复杂的活动。例如，为了支撑体重，玛雅另一条腿的肌肉就必须收缩。在脊髓完成这一系列反射的过程中，还需要更多神经细胞和脊神经的参与。同时，脊髓一般还会将发生的行为通知大脑。在玛雅把脚从钉子上缩回的同时她会感到疼，也会想："哎哟！是什么呀？"

现在，你可能已经认识到脊髓的这种独立反应能力具有多么重要的适应性意义了吧。这种自主反应让橄榄球明星们在轮番表现自己精湛球技的同时，还能去处理另一些重要的信息，如树或街灯的位置，以及漂亮的观众。

虽然外周神经能够再生，但脑或脊髓的严重损伤几乎是永久性的。科学家们已经着手研究中枢系统神经元的损伤修复了。比如，他们已经利用"细胞桥"技术以关闭缝隙的方式实现了老鼠截断脊髓的部分修复。其他修复方式还有：诱导切断的神经纤维向缝隙生长（Cheng, Cao, & Olson, 1996），移植神经纤维填充缝隙（Féron et al., 2005），以及向缝隙中注射干细胞（这是一种未成熟的细胞，成熟后可分化为各种专门化细胞，如神经元）（Davies et al., 2008）。

继动物研究之后，科学家们也进行了对人类的研究。试着想象一下，这对于一个只能靠轮椅活动的人来说有多么重大的意义吧！虽然我们不应该怀抱过于迫切的希望，但我们应该知道这一领域的研究已经起步。总之，要好好保护自己的中枢神经系统，开车时系上安全带，骑摩托车或自行车时戴头盔，运动时穿上护具，还要避免参加可能造成头部或者脊髓损伤的活动。

脑损伤也能修复吗？ 下文中将会更加详细探讨大脑，目前为止，我们可以乐观并谨慎地回答：是的（见"修复脑"）。

在我们开始探讨生理学家们所使用的研究方法之前，花时间整理一下目前为止我们都学到了什么。

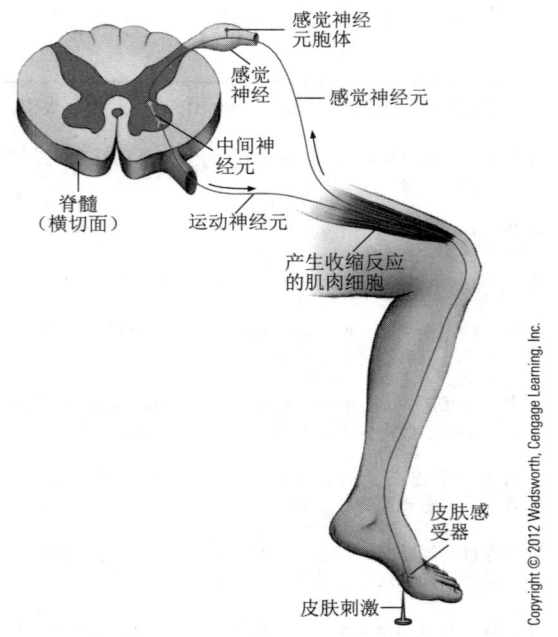

图 2.9 感觉—运动弧（反射弧），皮肤（或身体其他部位）受到刺激引发运动。神经冲动传入脊髓，然后传到肌肉，引起肌肉收缩。自主反射起着保护身体的作用。

知识巩固
神经元和神经系统

想一想

1. 用于接收来自其他神经元信息的神经元结构是_____和_____。
2. 神经冲动沿_____传到_____。

聚焦研究　　　　修复脑

仅仅数年之前人们还相信，人一生中具有的所有脑细胞都是与生俱来的（Ben Abdallah，2010）。这意味着从出生开始，每个大脑都在以每天失去成千上万个神经元的步伐走向消亡。但是现在人们已经发现，一位健康的75岁老人的大脑神经元数量几乎与年轻气盛的25岁成人没有差别。虽然人脑每天都在失去神经元，但新的神经元也在迅速生成，产生新神经元的过程就叫作**神经发生**。每一天，这些新神经元在脑深处产生，之后移动到皮质层，然后与其他神经元相连，最终成为脑工作回路的一部分。这对于脑科学工作者来说是非常振奋人心的消息，他们立即开始探讨这些新神经元的作用，并认为它们很有可能参与了学习、记忆以及其他环境适应功能（Canales，2010）。

在神经发生被发现之前，神经元移植被认为是修复脑损伤的唯一方法（Wong, Hodges, & Horsburgh, 2005）。假设病人鲍比因中风导致左上肢部分偏瘫（像Bryan Kolb一样），我们应该如何帮助他恢复呢？一种方法是往损伤脑区注射神经干细胞，如果干细胞发育成新的神经元然后与其他细胞相联系，将修复受损脑区（Davies et al., 2008；Zhang, Zhang, & Chopp, 2005）。

成人脑中神经发生现象的发现为脑损伤治疗带来了新的可能性。比如，限制—诱导疗法可以用来加速鲍比的康复。它通过限制鲍比右手的活动促使他更多地使用自己的左手。而对左手的使用会加速受损区域的神经发生（Taub，2004）。另一种方法是直接向损伤脑区注射促进神经发生的药物（Zhang, Zhang, & Chopp, 2005）。这些技术同样也为许多其他类型的脑损伤患者们带来了康复的希望，如失明或帕金森疾病（Brinton & Wang，2006；Burke et al., 2007）。

这些疗法是否只对仍具有神经发生能力的大脑有效？那么不具有神经发生能力的大脑呢？好问题！虽然脑中风通常并不会损坏大脑神经发生能力，但由于神经发生受损而导致大脑损伤的病例是存在的（Tompson et al., 2008）。事实上，这正是神经科学家Carla Toro和Bill Deakin提出的精神分裂症等重度心理障碍的神经机制（Toro & Deakin，2007）。精神分裂症病人的大脑通常更小，这说明他们的神经元数量更少。Toro和Deakin认为精神分裂症病人的大脑不能产生新的神经元来补充那些死去的神经元。如果他们的假设正确，那么这些新治疗方法可能直指精神分裂症（破坏性最大的心理障碍之一）治疗的核心。（更多有关精神分裂症的信息请查阅第14章。）

---

3. 当神经元达到发放阈限时，膜电位由_____变为_____。
4. 神经肽是一种协助调节神经元活动的递质。对不对？
5. 躯体神经系统和自主神经系统都是_____的组成部分。
6. 钠离子和钾离子通过突触离子通道流入接收神经元，激发神经冲动。对不对？
7. _____是最简单的行为反应。
8. 副交感神经系统在高情绪唤醒状态下活动性更高。对不对？

测一测
批判性思考
9. 如果一种药物可以阻断神经递质跨突触传递，那么这种药物的作用是什么？
10. 心灵存在于大脑这个"硬件"的什么地方？心灵与脑的关系是什么？

自我反思
将一个个神经元想象成某种陌生的生物有助于理解本章涉及的所有术语。试着想象一下它们如何行动？什么激发它们？它们如何交流？

反射弧 /Reflex arc　最简单的行为模式，一个刺激激起一个自动反应。

感觉神经元 /Sensory neuron　将感觉信息上传到中枢神经系统的神经细胞。

神经发生 /Neurogenesis　产生新的脑细胞的过程。

答案：1. 树突 2. 胞体 3. 轴突或动作电位 4. 突触神经递质 6. 兴奋 7. 抑制 8. 于于 9. 这样的药物作用增加了，而且药物周期性振荡，那么神经元就不再活跃了。10. 多次关闭已经因某种原因而停止活动的神经元，或者放电模式改为一种连续有节奏的振荡，并可以让人部分分离的动物周围加的世界。他们精确的信使传递讯息者，而神经元是一种兼有的乐曲。

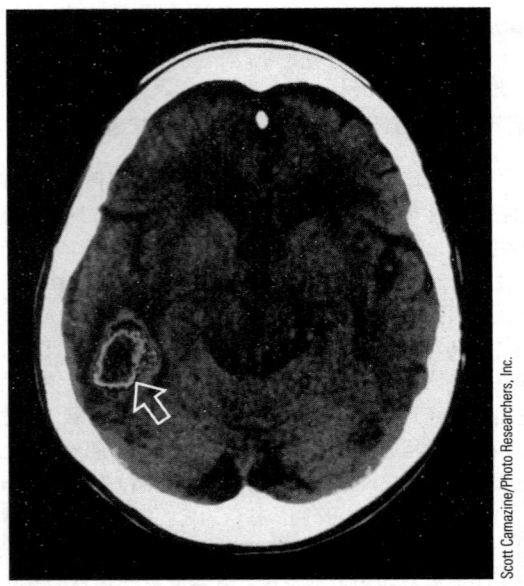

图中的脑因中风产生损伤（箭头所指的区域）。中风位置决定其对心理或行为功能的影响。

研究方法——探索脑的内部世界

关键问题 2.3：如何识别不同脑区及其各自的功能？

生物心理学是一门研究生理过程，尤其是发生在神经系统中的生理过程与行为之间关系的科学。许多生物心理学研究者试图理解脑的哪个部分负责哪些特定的心理或行为功能，比如人脸识别或手指运动。也就是说，他们试图了解脑的功能定位。在这一研究思想下产生了许多能够区分不同脑区结构和功能的技术。

绘制脑结构

解剖学家解剖人和动物尸体的脑，并在显微镜下对它们进行观察，从而获得了许多关于脑结构的知识。解剖发现，脑由许多结构特异的区域或者"部件"构成。一些非侵入性的新方法，如 CT 扫描和 MRI 扫描使绘制活体脑结构成为可能。

CT 扫描

计算机化的扫描设备的出现引发了脑结构研究领域的技术革新，使得识别大脑病变或者损伤更加容易。传统的 X 射线技术只能得到非常模糊的脑影像。而**计算机断层（CT）扫描技术**是用一种特殊的 X 射线大大提高脑的可视化程度。在 CT 扫描仪中，计算机采集不同角度的 X 射线之后整合成一张脑图。一次 CT 扫描便可以发现脑中风、脑损伤、肿瘤以及许多其他脑结构异常的位置。

MRI 扫描

磁共振成像（MRI）采用强磁场而非 X 射线来生成身体内部的影像。在 MRI 扫描中，首先要将扫描对象置于磁场中，然后通过计算机进行信号处理，生成一个脑或身体的三维模型。其中的任何一个二维平面（或片层）都能选择性地以图片方式呈现在计算机上。MRI 能提供比 CT 扫描更加精细的成像，使得我们可以清楚地观察到活体脑的内部结构，就像在一个透明的三维空间中观察脑一样（见彩图 2.10）。

探索脑功能

虽然观察脑结构本身具有重要意义，例如 CT 扫描和 MRI 成像所实现的，但是观察这些结构在正常脑功能中所起的作用又是一个全新的具有更大意义的课题。

大脑的哪些部分使我们能够思考、感知和反应？为了回答这些问题，我们必须找到心理或行为能力与特定脑区之间的联系，即**定位脑功能**。在许多情况下，**临床个案研究**帮我们实现了这一目标。通过这些研究可观察脑疾病或损伤所带来的人格、行为或感知觉能力的改变。如果某一脑区损伤始终与特定的功能丧失相联系，那么我们就可以说这一功能是能够定位到这一脑区的。前提是这一脑区在我们每一个人身上都具有同样的功能。

虽然一些主要的脑损伤很容易被发现，但是心理学家们还要试图寻找一些不太明显但确实能反映出脑功能异常的症状，即**神经系统软体征**。其中包括笨拙、古怪的步态、手眼协调能力差以及其他一些知觉或者精细肌肉控制困难（Morgan & Ricke, 2008）。这些示警体征之所以是"软"的，是因为它不像 CT 或者 MRI 一样是对脑的直接检查。Bryan Kolb 最初只通过这些软体征就对自己做出了准确的诊断。同样，从儿童学习障碍到全面爆发的精神疾病，软体征都能帮助心理学家们进行诊断（Stuss & Levine, 2002）。

除依赖临床研究外，研究者们从**对脑的电刺激技术**（ESB）中也获益良多（图2.11）。用微弱电流刺激大脑表层能够使其"激活"。用来传递电流的细绝缘导线被称为**电极**。通过脑外科手术将电极安放好之后，病人就可以描述刺激带来的影响。（大脑中没有痛觉感受器，所以手术可以在病人清醒的状况下完成，只需要局部麻醉头皮和头骨，你们愿意参加吗？）使用除接触点以外与其他部分都绝缘的电极探入目标脑区甚至可以针对性地刺激大脑深处的区域。对脑的电刺激在改变外显行为上有惊人的效果。它几乎能立即引发攻击、警觉、逃跑、进食、饮水、睡眠、运动、欣快、记忆、言语、流泪等行为。

对脑的电刺激可以使人违背意愿行事吗? 看上去对脑的电刺激技术似乎能够像操纵机器一样操纵人的行为，但每个人在刺激条件下的细微情绪和行为反应都受到其人格和所处环境的调控。科幻电影中经常描述一个独裁者通过"无线电遥控"的方式控制人类大脑并完全奴役他人。这样的情节是不太可能实现的。

另一种研究方法是**切除法**。通过外科手术切除局部脑组织（见图2.11），之后，人在行为或感知觉能力上的改变可以使我们推断该损毁脑区的功能。通过**深层损伤法**，我们还可以移除大脑表层以下的结构。具体实现方法是将电极探入脑内深层区域，然后使用强电流损毁目标区域的小部分脑组织（见图2.11）。同样，损毁后的行为改变提示了损毁脑区的功能。

为了了解单个神经元的活动，我们需要使用微电极记录法。微电极是一根极为细小的、内含带盐的导电液的玻璃管，其顶端面积小到足以探测到单个神经元的活动。通过观察单个神经元的动作电位发放，我们就可以了解行为的真正起源。（图2.2中

> **计算机断层扫描技术** /Computed tomographic scan（CT scan） 计算机辅助X射线成像技术，由计算机将收集到的X射线信息形成一个图像。
>
> **磁共振成像** /Magnetic resonance imaging（MRI） 由计算机辅助系统根据脑或躯体对磁场的反应制作的脑和躯体的三维图像。
>
> **定位脑功能** /Localization of function 将特定脑区与特定心理行为能力相联系的研究方法。
>
> **临床个案研究** /Clinical case study 对个体（尤其是正在经受某种疾病或痛苦的个体）行为进行深入细致的调查研究。
>
> **神经系统软体征** /Neurological soft signs 反应大脑功能障碍的软性行为征兆，包括行为笨拙、步态古怪、手眼协调差以及其他感知觉困难和运动困难。
>
> **对脑的电刺激技术** /Electrical stimulation of the brain（ESB） 对脑组织直接进行电刺激并激活。
>
> **电极** /Electrode 用于电刺激神经或损毁神经组织，或记录其活动的任何仪器，可以是导线、金属探针或金属片。
>
> **切除法** /Ablation 使用外科手术将某部分组织摘除。
>
> **深层损伤法** /Deep lesioning 用电极损毁脑深部特定小区域的神经外科手术。

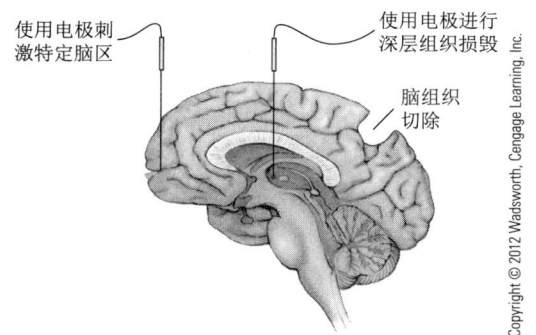

图2.11 通过选择性刺激或者切除脑结构来研究其功能。在对脑的研究中，大多使用电刺激方法，但有时也使用化学刺激。

的动作电位就是用微电极记录的。)

有更加非侵入性的研究脑功能的方法吗? 虽然 CT 扫描和 MRI 都不能告诉我们各个脑结构的功能,但还有其他一些技术使我们能够在不损伤脑的前提下研究各个子结构的功能。这些技术包括 EEG、PET 以及 fMRI。这些技术使生理心理学家们能够更有针对性地研究那些负责思维、情感和行为的脑区。

脑电图

脑电图测量的是脑表层附近的电活动波形。将碟形的小金属片贴在人的头皮上,脑活动脉冲被这些电极检测到后会传给**脑电图**(EEG)仪。EEG 放大这些微弱的脑波信号并在一张移动的纸或者计算机屏幕上记录它们(见图2.12)。通过不同的脑波模式,我们能够辨别出脑瘤、癫痫以及其他疾病。EEG 也能揭示睡眠、做白日梦、催眠以及其他心理状态下的大脑活动的变化。

> **知识桥**
> 参见第 5 章,解释了脑波是如何揭示不同的睡眠阶段的。

正电子断层扫描

一种更新的技术,正电子断层扫描(PET),能够提供反映脑表面以及表层以下脑区活动的更加精细的图像。**正电子断层扫描**检测的是脑吸收带放射性葡萄糖后释放出的正电子(比原子更小的粒子)。因为脑活动时会消耗葡萄糖,PET 能够发现哪些区域耗能多。高能耗意味着高活动水平。因此,通过在头部附近放置正电子接收器并将信号传递给计算机,就能生成彩色的动态反映脑活动变化的图像。如彩图2.13所示,PET 扫描能够发现注视、聆听、说话以及思考等过程中脑区的特异性激活模式。

> **知识桥**
> PET 扫描结果证实:许多主要的心因性疾病(如抑郁、精神分裂症等)都伴随着不同的脑激活模式。参见第 14 章。

激活强度高的脑更好吗? 虽然我们可能会认为努力工作的脑更加聪明,但事实正好与此相反(Neubauer & Fink,2009)。Richard Haier 及其同事率先用 PET 扫描技术发现那些在复杂推理任务中表现优秀的人的脑吸收葡萄糖的量少于表现不那么好的人(Haier et al.,1998)。Haier 相信这一结果表明智力与脑的工作效率有关:低效的脑活动水平更强但是成绩更差(Haier, White, & Alkire,2003)。我们都有过这样的经历!

大部分人都只使用了大脑的10%,这是真的吗? 这是长期以来关于脑的误解。大脑扫描结果显示,人在清醒状态下,所有脑区几乎都有激活。诚然,一些人能更好地利用大脑,但在一个正常运作的大脑中,并没有埋藏着所谓伟大的未被开发的潜能。

功能性磁共振成像

功能性磁共振成像(fMRI)技术利用磁共振成像技术使脑活动可视化。与正电子断层扫描相似,fMRI 也提供全脑活动的图像。例如,如果我们在 Bryan Kolb 阅读杂志时扫描他的脑,fMRI 图像中控制右手运动的脑区会更亮。(相反,如果我们使用 MRI 而不是 fMRI,我们能够得到一张脑结构的精美图像,但却反映不出脑活动水平高低的信息。)

精神病学家 Daniel Langleben 及其同事(2005;Hakun et al.,2009)利用 fMRI 图像来辨别一个人是否在说谎。人在说谎时大脑前部区域会更加活跃,这可能是因为说谎需要付出额外的努力,因此 fMRI 能检测到更多区域的激活。fMRI 甚至能帮助我们区别谎言(为了隐藏事实而故意做出错误表述)与

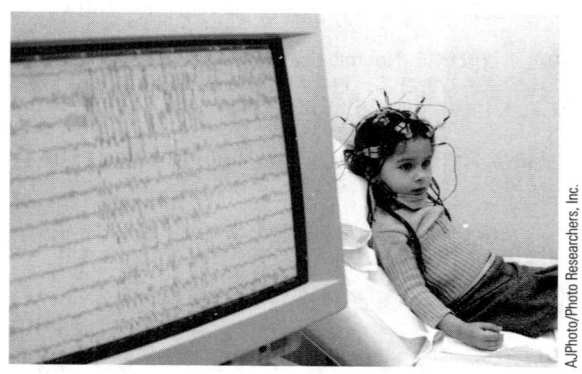

图 2.12 常规脑电图检查和脑波记录

虚构（同样是错误陈述但本人相信是事实）（Hirstein，2005；Langleben, Dattilio, & Gutheil, 2006）。

随着人脑研究逐步取得进展，研究者们开始绘制三维的数字脑地图。这些"地图集"能够展示不同的脑结构及其对应的心理功能。他们相信，这项工作对于临床治疗以及脑研究领域都将具有指导意义（Jagaroo, 2009；Jellinger, 2009）。可见，为神秘的内在思想世界点上更明亮的探灯也只是时间的问题。

知识巩固
脑研究

测一测

1. 下列哪种研究方法与脑损伤的临床研究最相似？
   a. EEG 记录　　b. 深层损伤法
   c. 微电极记录　d. PET 扫描
2. CT 扫描之所以不能决定脑的哪部分参与言语产生，是因为它_____？
   a. 使用 X 射线
   b. 揭示脑结构而不是脑功能
   c. 揭示脑功能而不是脑结构
   d. 使用磁场
3. 寻找脑结构与功能之间联系的研究方法叫作_____。
4. 人们只使用了脑的 10%。对不对？

想一想

批判性思考

5. 使用深层损伤法切除老鼠下丘脑之后，老鼠对食物失去了兴趣。为什么据此得出所切除的区域是"饥饿中枢"的结论是错误的？

自我反思

你怀疑某特定的脑区与冒险有关。你应该如何利用临床个案研究、切除法、深层损伤法以及对脑的电刺激技术来研究这个区域？

如果你感兴趣的是视神经的单个神经元对光照的反应，你应该采用哪种技术？

你想知道人看见面孔时大脑皮质哪些区域活动最强，你应该采用哪种方法？

答案：1. b 2. b 3. 功能定位 4. 不对 5. 因为这还有其他因素需要被考察。例如，切除后老鼠可能昏昏欲睡，或者因为周围的脑地图混乱，也有可能是因为切除中枢或者其他脑位置，当所有的脑损伤区还存在着信息传递的干扰或。

大脑皮质——嘿，你的脑真皱！

关键问题 2.4：大脑左右半球有何不同？不同脑叶的功能有何不同？

人类在各种意义上都是非常平凡的生物。其他动物在几乎所有涉及力量、速度以及感官敏感度的能力上都超过人类。但是，我们智慧超群。

这意味着人类拥有体积最大的脑吗？令人意外的是，答案为否。哺乳动物的脑比其他动物更大，但人类并不是哺乳动物中最大脑体积纪录的保持者。这一荣耀归属于鲸鱼，它们的脑几乎能达到 8.6 千克。相比之下，只有 1.4 千克重的人脑小得可怜——除非我们比较脑与身体重量之比。结果发现，抹香鲸的脑占整个身体重量的 1/10000，而在人类身上这个比率是 1/60。但同时，树鼩（类似松鼠的小型的以昆虫为食的哺乳动物）的比率是 1/30。所以人脑不管在绝对重量还是相对重量上都不突出（Coolidge & Wynn, 2009）。

所以脑体积越大的人不见得越聪明，是吗？的确。虽然智力与脑体积之间存在微弱的正相关，但一个人的智力并不由脑的总体积决定（Johnson et al., 2008；Witelson, Beresh, & Kigar, 2006）。事实上，人脑的许多部分都与低等动物脑的相应部分极其相似，如蜥蜴。使人脑如此特殊的其实

脑电图 /Electroencephalograph（EEG） 用来探测、放大并记录脑电活动的仪器。

正电子断层扫描 /Positron emission tomography（PET） 根据脑内葡萄糖消耗情况，计算机生成脑活动图像的成像技术。

功能性磁共振成像 /Functional MRI（fMRI） 用于记录脑活动的磁共振成像技术。

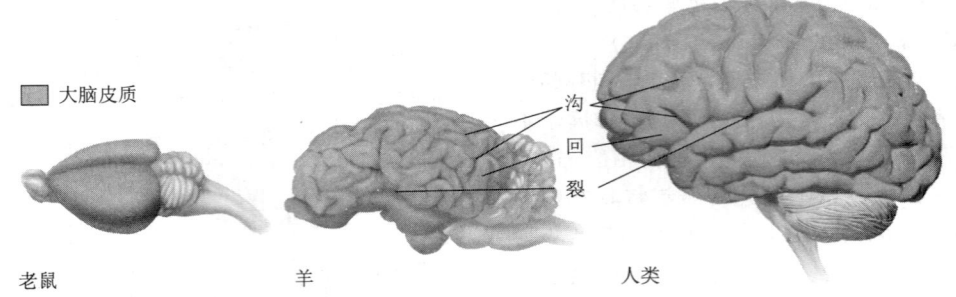

图 2.14 褶皱的皮质具有更强的认知功能。高度皮质化是人类智力的关键。
From FREBERG. Discovering Biological Psychology 2/e. Copyright © 2009 Wadsworth, a part of Cengage Learning, Inc. Reproduced by permission.

是**大脑皮质**。

大脑皮质，看上去有点像一个巨大的布满褶皱的核桃，它由两个半球组成，位于脑的顶端。两个半球又各自被分为更小的区域——脑叶。不同脑叶分别负责视、听、运动、思维以及言语功能。正如后文会涉及的，大脑皮质地图在某种意义上就像是一张人类行为的示意图。

大脑皮质就像一张由灰质（主要由神经元胞体构成的疏松组织）织成的斗篷，覆盖了大部分脑结构。虽然皮质只有3毫米厚，但它囊括了整个中枢神经系统中70%的神经元。大脑皮质对于我们使用语言、制造工具、习得复杂技能以及适应庞大社会族群的能力至关重要（Coolidge & Wynn, 2009）。人脑中的皮质卷曲折叠在一起，是最大的脑结构，低等动物的皮质则较小并且较平滑（见图2.14）。人类比其他动物更加聪明正是拜**皮质化**所赐，即皮质面积以及褶皱度的增加。如果没有了皮质，人类的智力将与癞蛤蟆无异。

大脑半球

皮质由两个半球（大脑半球）组成，半球间通过名为胼胝体的厚轴突纤维束相连（见图2.15）。左半球主要控制右侧躯体，右半球主要控制左侧躯体。当我们的朋友玛吉中风之后，她的右半球损伤，致使左侧躯体部分瘫痪并且丧失感觉。（她的中风比Bryan Kol更加严重，他们虽然都瘫痪了，但是玛吉所受的影响更大。）

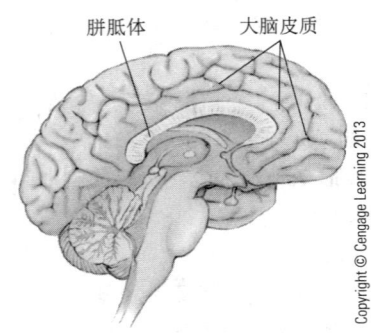

图 2.15 大脑皮质与胼胝体图示

单侧大脑半球损伤还会产生一种奇怪的现象，称为空间忽视。右侧半球受损的病人对他们左视野中的东西"视而不见"，常常不吃放在盘子左边的食物，其中有些人甚至不承认瘫痪的左手是他们自己的（Hirstein, 2005）。如果你指着他们的左臂，他们可能会说："噢，那不是我的胳膊，它一定是别人的。"

半球功能一侧化

1981年，Roger Sperry（1914—1994）因其发现了左右半球在语言、知觉、音乐以及其他能力测试上的不同表现而获得诺贝尔奖。

"割裂脑"

怎样才能做到仅测试大脑的单个半球？一种方法是研究那些接受了"割裂脑"手术的病人。这种罕见的手术通过切断胼胝体来控制严重的癫痫发作。手术的结果就是一个人体内似乎有了"两个脑"（Gazzaniga，2005）。手术之后，向两个半球中的任何一个传递信息仍然正常（见彩图2.16）。因为两个半球已经被分离，所以每一个半球都能独立进行知觉加工、概念组织以及行为激发。

割裂脑病人有怎样的行为表现？ 拥有两个"脑"会导致人遭遇一些有趣的窘境。有个割裂脑病人试图穿衣时，有时会一只手将裤子往上提（半个脑希望穿上裤子）而另一只手却将裤子往下扯（另外半个脑却不想）。有一次他的左手粗暴地抓住自己的妻子并用力摇晃她，而他的右手却试图帮助可怜的妻子并握住粗暴的左手（Gazzaniga，1970）。但这样的冲突其实不那么常见，因为两个脑通常都在同一时间有着同样的经历。并且，即使冲突发生了，也总是由占主导的一个脑控制行为。

在特定的测验中，割裂脑效应表现得尤为明显。研究者给割裂脑患者汤姆的右脑呈现一个美元符号，同时给其左脑呈现一个问号（操作方法见彩图2.16）。当要求汤姆在他看不见的地方用左手画出所看到的东西时，他画了一个"美元"符号。接着，研究者又请他用右手指出刚才用左手画出的是什么，是"美元"还是"问号"，这时汤姆就用右手指向问号（Sperry，1968）。简而言之，对一个割裂脑病人来说，一个半球也许不知道另一个半球中发生了什么事，因此，右手并不知道左手干了什么。彩图2.17是对割裂脑人的另一项测验。

右脑、左脑

前面论述了左右半球的能力各不相同，那么它们的差异究竟表现在哪些方面呢？脑的分工方式十分有趣。大约有95%的成年人用左半球处理语言性工作，如说话、写作和言语理解。另外，左半球在数学、时间节奏判断和协调复杂运动顺序（例如完成说话的动作）等方面的功能更强（Pinel & Dehaene，2010）。

相比之下，右半球只对一些简单的语言和数字有反应。一个只用右脑工作的人讲起话来就好像是一个只懂得十几个单词的小孩，回答问题时也必须使用非语言的方式，例如用手指着物体（见彩图2.17）。

虽然右脑产生语言的能力非常弱，但知觉能力很强，比如识别模式、面孔和旋律，以及拼图和画画等。右脑还帮助我们表达情绪以及识别他人的情绪（Borod et al.，2002；Castro-Schilo & Kee，2010）。

虽然右半球不太会"说"，但它在语言理解的某些方面很有优势。如果右脑受损，人们会难以理解语言中的幽默、讽刺、挖苦、暗示和其他一些细微差别。总的说来，右半球帮助我们理解话语的整个语境（Beeman & Chiarello，1998；Dyukova et al.，2010）。

一个大脑，两种风格

总体上，大脑左半球主要负责分析（信息分解）和顺序加工（将信息按顺序一个一个地加工）。右半球主要完成对信息的同时性、整体性的加工（Springer & Deutsch，1998）。

换句话说，右半球擅长将分散的片段组织成连贯的整体，它能发现总体模式和普遍联系。左半球更关注细节。如图2.18中，右脑看到的都是整体的、广阔的视野，而左脑则捕捉具体细节；左脑更加聚焦，右脑更加广泛（Hübner & Volberg，2005）。

人们只用右脑猜谜或画画吗？或者只用左脑做其他事情吗？ 许多书上都写着如何使用右脑进行管理、教学、画画、骑马、学习甚至做爱（Clark, Boutros & Mendez，2005）。这类书将右脑和左脑的差异过分简单化了。通常，人们在任何时刻都在同时使用大脑的左右两半球。尽管许多任务可能会更多地使用到其中一侧半球，但是在大多数任务中，两个半球必须共同参与，每个半球负责完成自己最擅长的一部分，同时不断与对侧半球进行信息交流。

聪明的脑从来都是既注意细节同时又能领会整体含义的。举个例子，在音乐会上，小提琴家不仅要用左脑判断时间和节奏，并协调手的运动，同时

大脑皮质 / Cerebral cortex 脑的外层组织。

皮质化 / Corticalization 大脑皮质相对面积的增加。

"割裂脑"手术 / "Split-brain" operation 一种通过切断胼胝体而分离大脑两半球功能的外科技术。

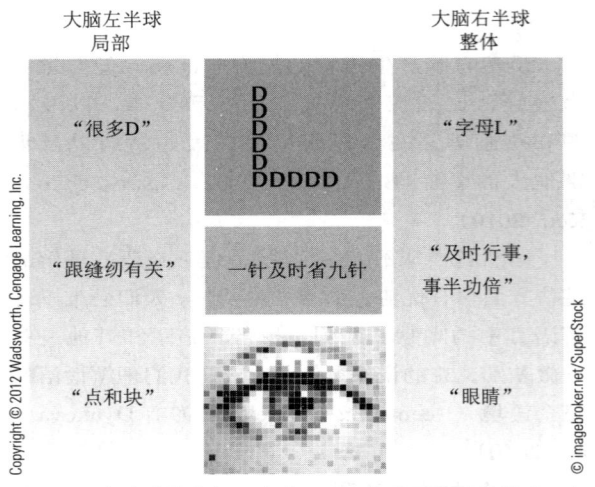

图2.18 左右脑信息加工方式不同。右脑寻找整体模式，左脑关注具体细节。

也要用右脑识别和组织乐曲。

大脑皮质的不同脑叶

大脑皮质的每个半球还可以进一步分为不同的脑叶。其中一些脑叶由皮质表面大的沟裂进行划分，而另一些则以明显的功能差异进行划分（见彩图2.19）。

额叶

额叶与高级心理功能相关并且参与自我感知。这个区域也负责运动控制。值得一提的是，在额叶顶部有一个弧形组织，叫作**初级运动区**（或**初级运动皮质**），这里指挥着全身的肌肉。如果用电流刺激这个部位，将会引起身体各部位的抽搐或运动。在彩图2.20中，围绕着运动皮质的图形之所以看上去比例失调，是因为它反映的是该部位的灵巧度而不是它的实际大小。例如，手在运动区中所占的面积比脚大（见彩图2.20）。如果你曾经困惑于为什么手比脚更加灵巧，这可能部分源于运动皮质中对应手的区域面积更大。需要补充说明的是，神经可塑性使得学习和经验可以改变这些"运动地图"。例如，在提琴演奏家的运动皮质上，"手"占的面积要更大（Hashimoto et al., 2004）。

运动皮质中存在一些**镜像神经元**。这些神经元在我们完成某项动作或者仅仅观察别人完成同样动作时都能得到激活（更多关于镜像神经元的信息，见"镜子，脑中的镜子"）。

额叶中除运动皮质以外的其他区域通常被称为额叶联合区。只有极小部分大脑皮质能直接控制躯体或接收来自感官的信息，它们被称为初级区。周围的其他区域均负责加工和整合信息，这些区域被称为**联合区**（或**联合皮质**）。例如，当你看见玫瑰花时，联合区便会将来自初级区的感觉信息与你过去的记忆相联系，于是你才能认出那是玫瑰花。一些联合区还参与许多高级心理功能，如言语。比如，左半球联合区受损可能导致人患上**失语症**，或使语言能力受损。

布洛卡区是位于左侧额叶联合区（也有5%的人该区域位于右侧额叶联合区）的"言语中枢"。该区域损伤将导致运动性失语症，即在说、写方面的语言能力障碍（Grodzinsky & Santi, 2008）。一般情况下，病人知道自己要表达的内容却不能流畅地进行说写表达（Geschwind, 1979），其典型表现为语法和发音能力差、说话迟缓费力。例如，他们会将"bike"发成"bife"，将"sleep"发成"seep"，或者将"zodiac"发成"zokaid"。

额叶前端的区域，即**前额叶区**或**前额皮质**与更加复杂的行为相关（Banich & Compton, 2011）。额叶损伤会明显改变一个人的个性和情绪，还记得第1章里描述的年轻工头盖奇吗？他在脑损伤后的人格改变可能正是因为前额叶负责自我概念形成，包括对自我当前情绪状态的觉知（Kawasaki et al., 2005；Moran et al., 2006）。

推理或计划能力也可能受到影响（Roca et al., 2010）。额叶损伤的病人在完成推理时常常会遇到困难，他们总是一遍又一遍地重复错误的答案（Stuss & Knight, 2002）。PET研究也表明，许多被我们称为智力的能力与额叶的活动水平相关（Duncan, 2005）。额叶功能减弱会带来高冲动性，更容易药物成瘾（Crews & Boettiger, 2009）。很不幸的是，研究者发现药物滥用也会破坏大脑的这一重要区域（Liu et al., 1998）。

顶叶

顶叶位于大脑顶部，躯体感觉区就位于这里。触觉、温度觉、压力觉以及其他躯体感觉中枢都在位于顶叶的**初级躯体感觉区**（或**初级躯体感觉皮质**）之中。同样，躯体感觉地图也比例失常。从彩图2.20中可以看到，身体部位的大小与其在感觉区中所占的面积并不是对应的。一个躯体部位在感觉区中所占的面积越大，感觉的敏感程度就越高。如嘴唇在图中被画得很大是因为它的敏感度高，而背和躯干因为敏感度低，所以在图中被画得很小。值得注意的是，手在图中所占的比例仍然很大，这对于音乐家、打字员、钟表匠、按摩师、恋人以及外科医生来说显然是很有帮助的。

颞叶

颞叶位于大脑的两侧。听觉信息直接投射到颞叶，这里是听觉信息最先到达的大脑皮质区。如果在你听最喜爱的歌曲时，对你的大脑进行PET扫描，那么我们会发现你的**初级听觉区**是最先被激活的区域，其次是颞叶联合区。同样，如果用电极直接刺激颞叶的听觉区，人将会在没有外界声音时"听到"一系列声音。

威尔尼克区，位于左侧颞叶的联合区（见彩图2.20；同样，也有5%的人的威尔尼克区位于右侧颞叶）。威尔尼克区也是语言区，如果受到损伤，会导致感觉失语症（或流畅性失语症）——尽管病人能够听见他人的话语，却不能理解它们的意义。因此，如果给一个布洛卡失语症的病人看一幅椅子的图片，他们可能会说"起子"。相反，如果给一个威尔尼克失语症病人看同样的图片，他们会立即流畅、但不正确地说出"卡车"（Tanner，2007）。

枕叶

枕叶位于大脑皮质后部，主要负责视觉加工。**初级视觉区**（最先接收来自眼睛的信息的皮质区域）的肿瘤会导致病人产生视野盲点。

初级视觉皮质直接对应着我们所看见的东西吗？ 图像虽然被映射到皮质上，但映射后就严重伸缩变形了（Carlson，2010）。因此我们不能直接将视野想象为大脑中的微型电视机。视觉信息在脑中表现出许多复杂的活动模式；它并不会生成电视机一样的图像。

脑损伤导致的最不可思议的后果之一是视觉失认症，即无法辨认看到的物体。**视觉失认症**通常由枕叶联合区损伤导致（Farah，2004）。这种情形有时被称为"心盲"。例如，如果我们让视觉失认症患者爱丽丝看一根蜡烛，她能看见蜡烛并描述其为"又长又窄顶端有烛芯的东西"。爱丽丝甚至能够准确地画出蜡烛的图像，却不能说出它的名字。但是，如果她能够触摸蜡烛，她便能迅速命名。总之，爱丽丝能看见颜色、大小和形状，但她不能将各个孤立的特征联系起来，也就认不出那到底是个什么。

失认症只针对物体吗？ 并非如此。另一种令

大脑皮质的不同脑叶 /Lobes of the cerebral cortex 以重要的沟和裂或明显的功能差异划分的大脑左右半球皮质子区域。

额叶 /Frontal lobes 与运动、自我感知以及高级心理功能有关的皮质区。

初级运动区（初级运动皮质） /Primary motor area (primary motor cortex) 与控制运动有关的大脑皮质区。

镜像神经元 /Mirror neuron 自己执行运动或观察他人执行相同运动时都被激活的神经元。

联合区（联合皮质） /Association areas (association cortex) 大脑皮质中除初级感觉和初级运动区以外的全部区域。

失语症 /Aphasia 一种由脑损伤导致的言语产生障碍。

布洛卡区 /Broca's area 大脑中与语法和发音相关的一个语言区。

前额叶区（前额皮质） /Prefrontal area (prefrontal cortex) 位于额叶前端，参与自我知觉、推理和计划。

顶叶 /Parietal lobes 负责躯体感觉信息登记的大脑皮质区。

初级躯体感觉区（初级躯体感觉皮质） /Primary somatosensory area (primary somatosensory cortex) 接收全身感觉信息的区域。

颞叶 /Temporal lobes 包括听觉信息登记区在内的大脑皮质区。

初级听觉区 /Primary auditory area 位于颞叶，听觉信息首先登记的区域。

威尔尼克区 /Wernicke's area 大脑中与语言理解有关的一个区域。

枕叶 /Occipital lobes 视觉信息登记的大脑皮质区。

初级视觉区 /Primary visual area 最先接收来自眼睛的信息的枕叶区域。

视觉失认症 /Visual agnosia 不能识别看见的物体。

临床案例　　　　　　　镜子，脑中的镜子

有位意大利研究者刚刚记录到在猴子拿到食物时，猴脑运动皮质中的一个神经元的活动增强了。随即，另一个研究者碰巧也伸手去拿自己的零食，此时猴子的这个神经元竟然也表现出活动增强，如同猴子亲自完成了取食行为一般。研究者惊喜地发现，这些神经元不仅在参与运动控制时能被激活，而且在观察别人完成同样的动作时也会被激活，镜像神经元就这样被发现了（Rizzolatti, Fogassi, & Gallese, 2006），这些神经元可以镜像反映他人的行为。它们也可能是模仿学习背后的机制（Pineda, 2009；Rizzolatti & Craighero, 2004）。

镜像神经元的发现引起了新一轮的研究热潮。最近，研究者证实了镜像神经元存在于多个脑区，人脑中同样如此（Bertenthal & Longo, 2007）。除此之外，神经科学家发现，新生儿（或猴子）之所以能够模仿别人是因为他们的镜像神经元网络在他们观看他人行为时被激活了。之后，同样的神经元网络帮助他们完成了动作模仿（Lepage & Théret, 2007）。类似的，人类的共情体验（与他人的经历和情感产生共鸣的能力）也可能来自镜像神经元的活动（de C. Hamilton, 2008）。

镜像神经元甚至能够部分解释自闭症谱系障碍。自闭症患者在幼儿早期就出现了与他人互动和交流上的障碍。我们在这些孩子身上经常能看到刻板重复的行为，如撞头。根据"破镜子"假设，自闭症患儿可能因为天生基因缺陷或环境危害导致镜像神经元系统受损（Ramachandran & Oberman, 2006）。这一解释看上去非常有力的原因在于，自闭症患者表现出来的人际交往障碍似乎与镜像神经元系统参与对他人行为和语言的反应有关。

至今为止，许多种假设仍有待验证。更重要的是，这些可能性目前正引领着自闭症的治疗（Wan et al., 2010）。无论如何，这些可能性都是令人兴奋的。

黑猩猩模仿研究者珍妮·古道尔的行为。

人称奇的"心盲"是**面孔失认症**，即无法识别熟悉的面孔（Farah, 2006；Sacks, 2010）。一名病人认不出来医院探视她的丈夫和母亲，也认不出照片中的自己的孩子。但是，他们一开口说话，她马上就认出了他们。

负责面孔识别的脑区位于枕叶底部的联合区。这些区域除此之外似乎没有其他任何功能。为什么会存在一个特定的仅负责面孔识别的脑区呢？从生物进化的角度来看，这并不难理解。毕竟人是社会性动物，我们都知道面孔识别有多重要。这种特异化只是展示这个拥有意识的器官有多么神奇的例子之一。

脑的个体差异有多大？我们能在不同脑中发现不同的功能分化吗？有可能。"他和她的脑？"解释了其中的原因。

总之，我们所有的日常经验和对世界的理解都可以追溯到大脑皮质的不同区域。人类的脑在所有有脑生物中是最为发达、功能最为精妙的。当然，这并不能保证这台惊人的"生物计算机"总是在全效工作。但我们仍应以崇敬之心看待这一切可能性。

知识巩固

大脑半球与各个脑叶

测一测

将下面两列的内容进行匹配：
1. ＿胼胝体　　A. 视觉区
2. ＿枕叶　　　B. 语言、言语、书写
3. ＿顶叶　　　C. 运动中枢、抽象思维
4. ＿颞叶　　　D. 空间能力、视觉化、模式识别
5. ＿额叶　　　E. 言语混乱
6. ＿联合皮质　F. 引发睡眠

人类多样性

他和她的脑？

男性和女性的脑是否各有专长？简单来说，的确如此（Cahill, 2006）。男性和女性的脑在许多物理属性上都表现出了差异，这些差异的影响仍有待研究。其中一个经受住了时间检验的理论是，男性的脑和女性的脑可能采用了不同的特异化模式，最终达到同样的能力（Piefke et al., 2005）。

例如，研究者观察了人们完成语言任务时的大脑活动情况，男性和女性都如预测的那样表现出大脑左半球布洛卡区活动增强。令人惊讶的是，接受测试的女性中超过半数表现出双侧脑区的活动增强（Shaywitz & Gore, 1995）。尽管存在上述差异，但是男性和女性在读单词任务中表现相当（Shaywitz et al., 1995）。

关于智力的研究也发现，女性相比男性更加倾向于使用双侧半球（Tang et al., 2010）。另一项研究发现，即使匹配了男性与女性的智商分数，他们在需要运用智力的任务中仍表现出了脑活动模式的差异（Haier et al., 2004）。总体而言，男性脑中有更多灰质（神经元胞体），而女性脑中有更多白质（髓鞘包裹的轴突）。另外，女性脑中的灰质和白质比男性更加集中地分布在额叶，男性脑中的灰质平均分布在额叶和顶叶，白质则更多集中于颞叶。

在语言加工及其他智力活动中使用双侧半球具有巨大的优势。比如，一些女性在布洛卡区受损后可以通过另一半球弥补损伤的语言功能，使语言功能得到恢复（Hochstenbach et al., 1998）。而同样条件下的男性可能会经受永久性损伤。因此，当一个男性告诉你，"我有点想告诉你我是怎么想的"（直译为"一半的我想告诉你我是怎么想的"），他说的也许恰恰是这样一个奇妙的事实。无论如何，大自然让男性和女性以殊途同归的方式获得了相同的能力。

---

7. ___ 失语症   G. 增加脑中皮质比率
8. ___ 皮质化   H. 躯体感觉
9. ___ 左半球   I. 治疗重度癫痫
10. ___ 右半球   J. 物体识别障碍
11. ___ "割裂脑"   K. 连接大脑半球的纤维束
12. ___ 失认症   L. 感觉区和运动区之外的皮质
                  M. 听觉区

想一想

批判性思考

13. 如果你想要增加大脑皮质表面积，还要将其塞回头骨中，你应该怎么做？
14. 如果你的大脑被移植到一个新的身体中，然后你的身体中替换上新的大脑，你认为哪个才是原本的你，是有着你的大脑的新身体，还是换上新脑的你的身体？

自我反思

学习有关不同脑叶功能的知识就像学认一张地图。试着画一张大脑皮质图。你能够标出其中不同的脑叶的所在吗？能说出它们各自的功能吗？初级运动区在哪？初级躯体感觉区呢？布洛卡区呢？一次画不好就坚持多画几次直到画出更加精细准确的大脑皮质图为止，这并不难。

答案：
1.K 2.A 3.H 4.M 5.C 6.L 7.E 8.G 9.B 10.D 11.I 12.J 13. 一个简单的办法是把这片大的皮质都压扁，就像你现在大脑正在做的事情中的一小部分一样，这就意味着要有很多的回沟和回。14. 虽然这一问题并没有明确的答案，但大部分的人认为，由于人的大脑中包含着由基因所决定的部分，所以有着你的大脑的新身体将仍是"真正的你"。

皮质下结构——脑的中心

关键问题 2.5：皮质下结构有哪些主要的组成部分？

一个人失去了大部分皮质后仍然能够存活。**皮质下结构**（位于大脑皮质下面的脑结构）却并非如此，该区域的严重损伤可能是致命的。饥饿、渴、

面孔失认症 / Facial agnosia 对熟悉面孔的知觉障碍。

皮质下结构 / Subcortex 大脑皮质以下的所有脑结构。

睡眠、注意、性、呼吸和其他许多生命功能都由它控制着。现在我们先简要概括一下这些脑区。它们可被分为脑干（或后脑）、中脑和前脑。（前脑也包括大脑皮质，因其体积和重要性，我们在前文中单独进行了讨论。）在我们看来，中脑是前脑和脑干的连接部分。因此下面主要讨论另外两个皮质下结构（见彩图2.21）。

后脑

为什么脑区的较低部位如此重要？ 当脊髓进入颅骨并与脑相连后，体积变宽，形成**脑干**。脑干主要由**延髓**和小脑组成。延髓控制着生命活动中最重要的反射功能，包括心率、呼吸、吞咽等。药物、疾病或受伤对延髓的破坏将威胁生命，甚至置人于死地，你也可能被"禁锢"起来（见"禁锢！"）。

脑桥看上去像是脑干上的一个小肿块，它起着连接延髓和其他脑区的作用。此外，它还会影响人的睡眠和唤醒。

小脑位于脑的基部，看上去像大脑皮质的缩小版。已有越来越多的证据表明，它也参与认知与情绪过程（Schmahmann, 2010），**小脑**主要负责调整姿势、肌肉的紧张程度和协调肌肉的运动。小脑在技能动作和习惯性行为模式的记忆中也起着重要的作用（Christian & Thompson, 2005）。音乐家毕生都要练习特定的运动技能，他们的小脑比一般人的更大（Hutchinson et al., 2003）。

> **知识桥**
>
> 总的来说，小脑储存"关于怎么做的知识"或"技能记忆"。关于"内容知识"的记忆，例如记住一个人的名字或者小脑的功能，储存在脑的其他区域。参见第7章。

如果小脑受到损伤，人会怎么样？ 没有小脑，人就不可能完成走路、跑步或抛接球等动作。一种导致跛行的疾病叫作脊髓小脑退化症，患者的典型症状是颤抖、头昏眼花、肌肉萎缩；到后期，病人会难以站立和走路，甚至自己吃饭都困难。

网状结构

网状结构位于延髓和脑干内，由神经纤维网络和胞体组成。当神经冲动进入大脑时，网状结构决定着哪些信息可以有优先权，哪些信息将被删除（Kalat, 2009），因此影响的是人的注意。网状结构要到青少年期才发育成熟，这解释了儿童的注意广度为什么如此狭窄。网状结构也调控着发送到躯体的命令，所以肌肉状态、姿势和眼睛、面部、头部、躯体、四肢的运动都受到网状结构的影响。另外，这一结构还控制着呼吸、打喷嚏、咳嗽和呕吐等反射性活动。

网状结构的另一项重要功能，是维持警觉和唤醒水平。一部分感觉信息进入网状结构后，来到一个叫作**网状激活系统**的部位。这里发出的信号起着激活皮质的作用，使大脑保持活跃和警觉。举个例子，一个昏昏欲睡的司机转弯时看到路中间有一只小鹿，他立刻警醒地踩下了刹车。在这里，他要感谢网状激活系统唤醒了其他脑区，从而避免了这场事故。如果你看到这段文字时困意袭来，不妨试试掐一下耳朵，一点点疼痛肯定会让你的网状激活系统瞬间唤醒大脑皮质。

前脑

就像深埋的宝藏，人体中最重要的两个结构都位于脑的深层。丘脑和位于其下面的下丘脑正是前脑的关键部分（见彩图2.21）。

为什么这两个地方比前面描述的其他地方更重要呢？ 当感觉信息通过特定通道传入皮质时，**丘脑**是最后的"中继站"。视觉、听觉、味觉和触觉的信息都会在这个小小的足球状结构中停留一下。所以，只要丘脑受到丝毫损伤，就有可能导致耳聋、失明或除嗅觉外的其他感觉丧失。

下丘脑虽然只有小葡萄那么大，但却是情绪和许多基本动机的主要控制中枢（Carlson, 2010）。

下丘脑是皮质与皮质下结构之间许多通道的连接点，看起来就像是一条信息传出大脑的"干线"。同时它也是信息离开脑前的最后一站，对许多行为的组织或决定都是在这里完成的。

临床案例

禁锢！

凯特·亚当森 33 岁时脑中风发作，她的脑干受到了灾难性的损伤。这一事件让她进入了"禁锢"状态：之前她一直很健康，而从中风那一刻起，她就完全瘫痪了，被困在自己的身体里几乎连呼吸都不能独立完成（Laureys & Boly, 2007; Smith & Delargy, 2005）。虽然她完全清醒并且意识正常，但她不能活动任何一块肌肉，不能与他人进行最简单的交流。

凯特以为她马上就会死去。她的医生也以为她已经脑死亡，在给她的喉管中插入呼吸和喂食管道时，甚至没有给她注射止痛剂。但是，凯特及时发现她可以通过眨眼与他人交流。在奇迹般地恢复之后，她回到了美国国会，并且撰写了自己的经历（Adamson, 2004）。

并不是每个人都如此幸运。想象一下，如果凯特连眨眼都不能完成，她的命运会变得怎样。在一项令人心惊的研究中，昏迷研究者 Steven Laureys 及其同事用 fMRI 重新检查了 54 名被诊断为永久性植物人状态（又称脑死亡）的患者。病人被反复要求想象自己挥动网球拍或者沿一条熟悉的街道散步。其中 5 位病人在两种任务中表现出了明显不同的脑激活模式，尽管他们不能以任何方法与医生们交流（Monti et al., 2010）。

如果他们有"意愿"，那他们可以借助计算机说话吗？正是如此！这些结果表明，并不是每个完全被禁锢的病人都已脑死亡，希望日益发展的脑机接口技术能够最终解放这些被囚禁在自己身体里的病人（Hinterberger et al., 2003; Karim et al., 2006）。

> **知识桥**
> 下丘脑影响诸多行为，如性行为、愤怒、体温控制、激素释放、进食和饮水、睡眠、觉醒以及情绪。参见第 10 章。

边缘系统

边缘系统由下丘脑、部分丘脑、杏仁核、海马及其他结构组成（图 2.22）。这一系统在产生情绪和动机行为方面起着主要作用。在**边缘系统**中，我们可以找到控制愤怒、害怕、性反应和其他强烈的觉醒反应的对应点。笑，作为人类社会生活令人快乐的要素，也能在边缘系统找到相应的源头（Cardoso, 2000）。

在进化过程中，边缘系统是前脑最早发展起来的部分。在低等动物中，边缘系统有助于组织基本的求生反应：进食、逃跑、搏斗或繁殖。在人类中，

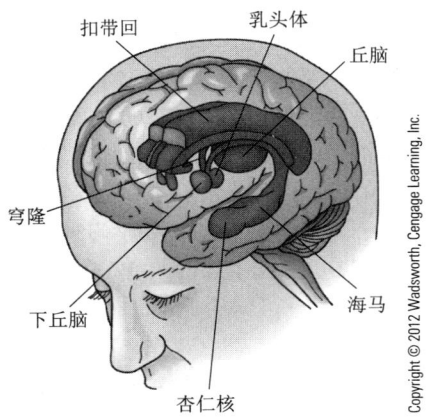

图 2.22 边缘系统部分结构。图中只显示了一个半球，海马和杏仁核伸向大脑两侧的颞叶。边缘系统是原始脑的核心，与情绪相关。

脑干 /Brainstem　位于最底层的脑结构，包括小脑、延髓、脑桥和网状结构。

延髓 /Medulla　连接脑和脊髓并负责生命功能的结构。

脑桥 /Pons　联系延髓和其他结构的脑干区域。

小脑 /Cerebellum　控制姿势、肌紧张度以及协调运动的脑结构。

网状结构 /Reticular formation（RF）　延髓和脑干中的网络结构，与注意、警觉以及一些反射活动有关。

网状激活系统 /Reticular activating system（RAS）　网状结构的一部分，负责激活大脑。

丘脑 /Thalamus　将感觉信息传达到大脑皮质的脑结构。

下丘脑 /Hypothalamus　调节情绪、行为和动机的大脑区域。

边缘系统 /Limbic system　与情绪反应密切相关，位于前脑。

边缘系统的功能还涉及情绪。**杏仁核**与恐惧情绪有着密切的联系。在一个临床实验中，研究者对一个女患者的杏仁核进行电刺激，使她突然爆发出恐惧和愤怒情绪。她喊叫道："我想从椅子上起来！不要让我这样做！我不是有意的！给我个什么东西，我要撕碎它！"（King, 1961）

杏仁核是通往皮质的"快速通道"，这使我们在完全弄清楚刺激的性质之前就能对可能有害的刺激做出反应（Fellous & LeDoux, 2005）。在军队打仗这样危险的现实情境中，杏仁核的快速反应可能会帮助士兵活下来。不过，大脑的恐惧系统如果出现问题，后果会很严重。例如一个刚退伍的老兵听到汽车发动机发出的后喷声音，便一下跳入路边灌木丛中——那声音实在太像枪声了。杏仁核在情绪中的功能可以解释为什么那些患恐惧症和焦虑障碍的病人经常感到毫无缘由的恐惧（Lamprecht et al., 2009; Schlund & Cataldo, 2010）。

> **知识桥**
> 杏仁核产生的无意识恐惧似乎可以解释为什么那些经历了诸如飞机失事等可怕经历的人在多年之后还会产生恐惧。参见第 14 章压力障碍相关讨论。

边缘系统的一些组织具有相当高级的功能。位于两侧颞叶中央的**海马**对于长时记忆的形成非常重要（Kumaran & Maguire, 2005）。因此，当颞叶受到电刺激时，人往往会产生类似回忆或做梦的体验。海马还能帮助我们进行空间定位。例如，当你的大脑正在计划如何开车穿过小镇时，你的右侧海马就会活跃起来（Maguire, Frackowiak, & Frith, 1997）。

心理学家发现，动物可以学会通过按压杠杆获得对边缘系统的电刺激。动物这样做就好像它们能从刺激中获得满足或者愉悦感。事实上，边缘系统中的一些区域起着奖赏或快乐通道的作用。人们在下丘脑中发现了许多这样的通道，它们与负责饥饿、干渴感和性的区域相互重叠在一起。目前常被滥用的药物，包括可卡因、苯丙胺类、海洛因、尼古丁、大麻和酒精等，都能激活快乐通道。该机制部分解释了为什么药物容易令人上瘾（Niehaus, Cruz-Bermúdez, & Kauer, 2009）

一些激昂刺激的音乐也能激活脑中的"快乐系统"。这也许解释了为什么一些美妙的音乐能够带来直达骨子里的战栗感（Blood & Zatorre, 2001）。（同样也解释了为什么人们愿意为音乐会门票花大价钱！）

研究者在边缘系统中还发现了"惩罚中枢"或"厌恶中枢"。当这些区域被刺激时，动物会表现出躁动行为，并努力学会自己来去除这些刺激。这些发现令心理学家为之惊叹，因为人类的大量行为都是以寻求满足和逃避惩罚为动力的。

完整的人

我们已经知道，人脑是由无数敏感的神经细胞和神经纤维组成的。脑控制着维持生命所需的各种重要功能，保持着与外部世界的广泛联系，向肌肉和腺体发布着一道道命令，对人体的每一种需求做出反应，调整着自身活动，甚至创造了"心灵"和不可思议的意识，所有这一切都在同一时间完成。

现在我们必须补充两点声明。第一，为了便于读者理解，我们将一切简化，分别解释不同脑区的一些特定功能，就像解释计算机的不同部件一样。但这一比喻并不完全恰当。实际上，大脑是一个强大的信息处理系统，外来信息传入后，被送到脑中的各个部位；在各处加工后，信息会再次整合，并被发送到肌肉和腺体。总而言之，大脑作为一个整体，其活动方式比我们这里提到的任何单独部分的功能都要复杂得多。第二，我们说到了脑活动如何产生了我们所有的丰富多彩的经历，这也只是事实的一部分。人类经验同时也塑造了脑（Kolb & Whishaw, 2011）。例如，我们前面已经知道了，对于诸如数学、音乐等文化知识的学习训练，不仅能提高行为表现，也引起了脑的改变（Merlin, 2008）。

内分泌系统——激素和行为

关键问题 2.6：内分泌系统会影响行为吗？

行为并不仅仅由神经系统决定。内分泌腺体

在其中也扮演了同等重要的角色。**内分泌系统**由分泌化学物质的腺体组成（见图2.23）。这些被称为**激素**的化学物质随着血液循环和淋巴循环被运送到全身，影响人体内部活动和外显行为。激素与递质类似，作用于特异的细胞受体位点，激活细胞。激素影响青春期发育、人格、侏儒症、时差感等许许多多的事情。

激素是如何影响行为的？我们很少能够意识到激素的存在，但它们却通过多种途径影响着我们的行为（Carlson，2010）。例如，在压力情境中，人的肾上腺分泌会增加；雄性激素（即"男"性激素）的分泌会影响男性和女性的性欲；在情绪高度紧张和记忆形成时，激素的分泌量也会增加；一些青春期的情绪问题与激素水平的升高有关；愤怒和害怕与不同的激素分泌有关。甚至连一些人格障碍也与激素分泌失调有关（Evardone，Alexander，& Morey，2007）。

哪怕是像看电影一样普通的生活事件也能引起激素水平的变化。看过电影《教父》中的暴力镜头后，男性的雄性激素睾酮的水平会升高；而看过爱情电影后，男女两性体内一种与放松和生殖有关的激素水平都有升高（Schultheiss，Wirth，& Stanton，2004）。这只是些例子，现在我们来看看激素对身体和行为的其他影响。

脑垂体是一个豌豆状的结构，垂在脑的下部（见图2.23）。它的重要作用之一是调节人的生长。在童年期，脑垂体分泌一种生长激素，能够加速身体的生长。如果**生长激素**的分泌量不足，就会使人个子矮小长不高。如果不加以治疗，这些儿童会比同龄人矮15～30厘米。一些成年人虽然身体各部位的比例很匀称，但个子很矮，这是脑垂体机能减退侏儒症造成的。如果定期注射生长激素可能会使脑垂体功能减退的儿童多长高几厘米，但仍会略低于平均水平。

生长激素分泌过量会使人的躯体过度生长，导致巨人症。如果分泌过量发生在儿童成长期的后期，将导致肢端肥大症，出现胳膊、手、脚和脸部骨骼过度生长的症状。肢端肥大症会造成一种不同寻常的面部特征，在摔跤运动员和特型演员中，我们常可以见到具有这种面部特征的人。

脑垂体还分泌一种名为**催产素**的重要激素。催产素调节与快乐相关的广泛行为（Viero et al.，2010），包括怀孕、育儿、性行为、社会支持、信任以及缓解压力反应（Gordon et al.，2010；Kingsley & Lambert，2006；Mikolajczak et al.，2010）。

脑垂体经常被称为"控制腺体"是因为它还具有调节其他腺体的功能，尤其是对于甲状腺、肾上

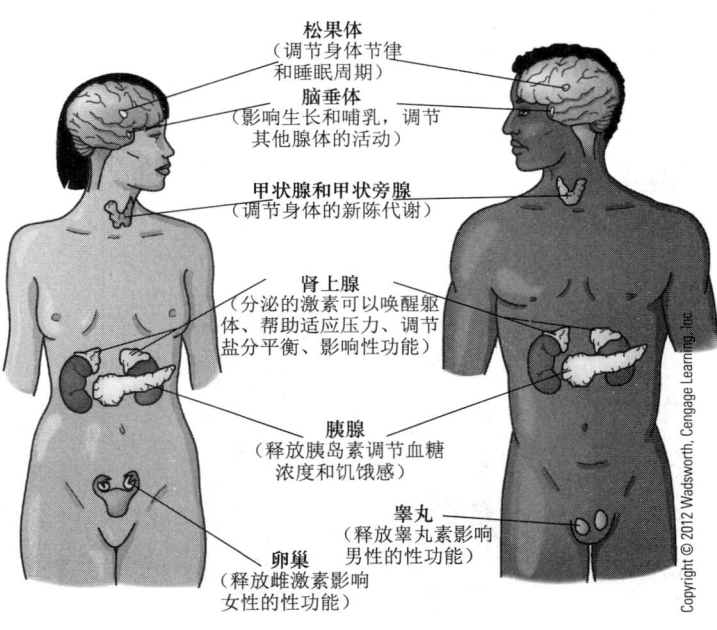

图2.23 内分泌系统

杏仁核 /Amygdala 边缘系统的一部分，与恐惧反应相关。

海马 /Hippocampus 边缘系统的一部分，与记忆储存相关。

内分泌系统 /Endocrine system 分泌激素直接进入血液循环系统和淋巴系统的腺体。

激素 /Hormone 由腺体分泌，影响机体功能以及行为。

脑垂体 /Pituitary gland 被称为"控制腺体"，分泌激素调节其他腺体活动。

生长激素 /Growth hormone 脑垂体分泌的促进生长的激素。

催产素 /Oxytocin 由脑垂体所分泌，调节怀孕、育儿、性行为、社会交往、信任以及缓解压力反应等广泛行为。

腺和卵巢或睾丸。这些腺体又各自负责调节躯体的新陈代谢、压力反应和生殖。但这个中枢之上还有中枢,脑垂体活动受到位于其上方的下丘脑的调节。下丘脑就是以这种方式影响分布于全身的腺体的,这就是脑与激素的主要联系(Kalat, 2009)。

人们一度认为,**松果体**只是一个进化的遗留物,没什么大用。一些鱼类、青蛙和蜥蜴有着高度发达的光感器官,似乎有着"第三只眼",这种功能与松果体有关。目前,人类松果体的功能正在被重新认识。松果体分泌一种叫**褪黑素**的激素,使得我们能够对白昼和黑夜的变化做出反应。褪黑素在血液中的水平在黄昏时升高,在午夜时达到最高点,接近天亮时又降低。从脑的角度来看,褪黑素水平上升预示着睡眠时间的到来(Norman, 2009)。

> **知识桥**
> 褪黑素可以用来重设生物钟以此降低远距离飞行中驾驶员、机组成员以及乘客的时差感。参见第 10 章。

脑垂体功能低下导致侏儒症,身高不到 80 厘米的 Verne Troyer(上图)因出演《王牌大间谍》而知名,侏儒症给他带来了演员这一美好的职业。脑垂体功能亢进可能导致巨人症,身高 190 厘米的 Richard Kiel(下图)也从事演员行业。他因在多部 007 电影中饰演钢牙而知名。

甲状腺位于颈部,功能是调整新陈代谢。你可能在生物课中学到过,新陈代谢指体内能量产生和消耗的速率。通过调整新陈代谢,甲状腺对人格有着相当大的影响。甲状腺功能亢进是一种甲状腺分泌过多的疾病,患者通常会消瘦,并变得紧张、易激动和神经质。与之相反则是甲状腺机能减退,成年患者的症状包括不活动、嗜睡、动作缓慢和抑郁(Joffe, 2006)。

> **知识桥**
> 婴儿期甲状腺功能亢进影响神经系统发育,导致严重的智力障碍。参见第 9 章。

当人愤怒或恐惧时,体内会发生许多重要变化,以准备应付外部的危险。这些变化包括心跳加速,血压升高,体内储备的糖被释放到血液中,肌肉变得紧张并接受更多的血液,凝血速度加快以免受伤后失血过多,等等。如前所述,这些改变都是自主神经系统的活动引起的,特别是交感神经系统引起肾上腺分泌两种激素——肾上腺素和去甲肾上腺素。**肾上腺素**分泌与恐惧有关,**去甲肾上腺素**分泌与愤怒有关,二者都起着唤醒机体的作用。

肾上腺位于胸腔的下方,肾的正上方。肾上腺髓质又称肾上腺内核,是肾上腺素和去甲肾上腺素的主要源泉。肾上腺皮质又称肾上腺外皮,产生肾上腺皮质类固醇。这种激素可以调节身体中的盐类平衡,一定程度的缺乏会使人产生强烈的盐分摄取渴求。肾上腺皮质类固醇还帮助躯体适应压力,同时也是性激素的第二来源。

肾上腺性激素的过度分泌会导致过度男性化,即一些男性特征的过度发展。例如,一个过度男性化的女人会长出胡须,而一个过度男性化的男人嗓音会变得非常低。在生命早期,性激素过度分泌会导致性早熟,儿童期的孩子就表现出成人的性特征。例如在秘鲁,曾有一个 5 岁的女童生出了孩子(Strange, 1965),这也许是有据可查的最早的生育年龄。

提到性激素,我们还需要注意一点:睾酮是一种重要的雄性激素,肾上腺也会分泌微量睾酮(男性的睾酮则主要来自睾丸)。大多数类固醇类药物是人工合成的睾酮,你或许也听说过许多运动员服用它们希望能增强肌肉的爆发力或促进肌肉生长。

虽然许多运动员这样相信,但并没有充分证据表明类固醇能够提高运动成绩。使用类固醇后出现的副作用则显而易见(Sjöqvist, Garle, & Rane, 2008):女性的嗓音会变得深沉单调,男性的睾丸则会收缩、阳痿或乳房增大(Millman & Ross, 2003)。未成年人服用类固醇后患心脏病、脑中风和肝脏疾病或者出现发育延迟的概率都会提高。类固醇的使用还会增加敌意和攻击性(Hartgens & Kuipers, 2004)。不难理解为什么所有体育组织都禁止使用类固醇类药物。

刚才我们简要介绍了内分泌系统的几种重要腺体,相信你现在对行为和人格与体内激素水平的涨落之间的关系应该有了一定的了解。

展望

在接下来的"应用篇"中,我们将介绍优势手,看看它与脑组织有何关系,以及它是否会影响人的寿命。

知识巩固
皮质下结构和内分泌系统

想一想

1. 脑可以分为三个基本部分,分别是脑干(又名_____)、_____和_____。
2. 心跳呼吸反射中枢在以下哪个结构中?
   a. 小脑   b. 丘脑
   c. 延髓   d. 网状结构
3. 网状激活系统是网状结构的一部分,是脑中负责_____的系统。
   a. 唤醒   b. 肾上腺
   c. 调节   d. 厌恶
4. _____是感觉信息传递到大脑皮质之前的"最后中继站"。
5. 在_____系统中发现了与情绪有关的"奖赏"与"惩罚"区。
6. 甲状腺分泌不足可能导致以下哪些异常?
   a. 侏儒症   b. 巨人症
   c. 肥胖   d. 智力障碍
7. 机体抵抗压力的能力来源于肾上腺_____的作用。

测一测

批判性思考

8. 人的皮质下结构与低等动物脑中相对应的区域非常相似。为什么知道了这一点就能够帮助你大致推测皮质下结构的功能?
9. 心理存在于大脑这个"硬件"的哪个部分?心理和脑是什么关系?

自我反思

假设延髓与小脑在一个聚会中相遇,它们会如何介绍自己在脑中扮演的角色?网状结构看上去会像一张网吗?你会注意到它吗?如果你正站在行为指令从脑中传出的最后通道上,你是站在丘脑还是下丘脑中?当你情绪激动时,你会挥舞四肢吗(你的边缘系统是否会变得更加活跃)?

现在请你尽量多地写下你能记住的内分泌腺的名字,看看漏掉了哪些,然后总结每个腺体的功能。

答案:1. 古脑,中脑,前脑 2. c 3. a 4. 丘脑 5. 边缘 6. c、d (侏儒症是脑垂体的异常引起的) 7. 皮质 8. 因为这样的话,我们对于人类的大脑就有了动物实验的支持。每一个人的脑都与动物的脑有相似之处,都是因为它们来自同一个进化的过程,而不是非常不同的。9. 关于心理和大脑的关系有很多种说法,例如心理是大脑的功能;或用一个更简单的表述:有什么样的大脑,就有什么样的心理。人脑是一个非常复杂的东西。

| **松果体 /Pineal gland** | 脑中帮助调节身体节律和睡眠周期的腺体。 |

| **褪黑素 /Melatonin** | 松果体分泌的对日照产生周期反应的激素。 |

| **甲状腺 /Thyroid gland** | 调节新陈代谢的内分泌腺。 |

| **肾上腺素 /Epinephrine** | 一种使机体兴奋的肾上腺激素;与恐惧相关。 |

| **去甲肾上腺素 /Norepinephrine** | 既是神经递质也是一种令机体兴奋的肾上腺激素;与愤怒相关。 |

| **肾上腺 /Adrenal glands** | 负责唤醒机体、调节盐平衡、应激反应以及性功能的内分泌腺。 |

应用篇

优势手——你是左利手还是右利手?

关键问题 2.7:右利手和左利手的人有何不同?

回顾历史,左利手始终不受欢迎。左利手的人通常被形容为笨拙、古怪、不幸,甚至虚伪。拉丁语中表示左利手的词汇同时还有不吉祥之意!而相反,右利手似乎被塑造成了美德的典范。拉丁语中表示右利手的词汇有幸运之意,并且右利手的人通常被形容为幸运、合作、娴熟以及公正的。这些态度是否有所偏颇呢?

那么,是什么因素造成了**优势手**现象,即一个人更偏向使用左手或右手呢?为什么人群中右利手比左利手多?左利手与右利手的不同之处在哪里?左利手有何利弊?想要回答这些问题,我们还要从大脑的结构和功能谈起。下面就来看一下相关的研究结果。

优势手测试

现在请你准备一张纸,先用右手在上面写你的名字,然后用左手写你的名字。你会发现自己的"优势手"写起来更为自如。这一现象十分有趣,因为其实两只手本身在力量或灵活性方面没有本质差异。**优势手**现象只是因为大脑其中一侧的运动控制能力强于另一侧。如果你是右利手,那么你的左侧大脑上负责控制右手的区域就更大;如果你是左利手,情况则相反。

上述的简单测验只能得出绝对意义上的左利手或右利手,而优势手其实是一个程度上的问题。为了测量你的优势手,请用勾选的方式完成以下修改自 Waterloo 优势手量表的问题(Brown et al., 2006)。你勾选的"右手"选项越多,你的右利手程度越高。

你是右利手还是左利手?

	右手	左手	都有
1. 你一般用哪只手写字?	___	___	___
2. 你会用哪只手刷墙?	___	___	___
3. 你会用哪只手拿书?	___	___	___
4. 喝汤时你用哪只手握勺?	___	___	___
5. 你用哪只手翻薄饼?	___	___	___
6. 你用哪只手捡起一张纸?	___	___	___
7. 你用哪只手画画?	___	___	___
8. 你开锁时用哪只手插入钥匙?	___	___	___
9. 你用哪只手插电源插头?	___	___	___
10. 你用哪只手投球?	___	___	___

约90%的人属于右利手,其余10%是左利手。大部分人(约75%)是强左利手或右利手者,其余的人在不同活动中有不同的优势手。你属于哪种?

存在左利足吗? 这是一个非常棒的问题。**优势侧**测量通常考察手、足、眼、耳的使用偏好(Greenwood et al., 2006)。事实上优势侧无处不在,我们连呼吸时都会偏好使用一侧鼻孔,甚至接吻时也偏好将头向某一边倾斜(Barrett, Greenwood, & McCullagh, 2006)。无论如何,优势手仍是优势侧最重要的行为指标。

如果一个人是一个彻头彻尾的"左撇子",那么这是否说明他的大脑右半球占据着主导?不一定。大脑右半球的确控制着左手,但是控制左利手人士言语生成的**优势半球**可能还是在大脑的另一侧。

优势脑

在右利手者中,约95%的人言语加工中枢在左半球,并以左半球为优势半球。而在左利手者中,只有约70%的人与右利手者一样,言语加工中枢位于左半球。大约19%的左利手者和3%的右利手者使用右脑处理语言。此外,还有大约12%左利手者使用大脑两半球进行语言加工。总体来看,90%的人使用左半球加工语言(Coren, 1992; Willems, Peelen, & Hagoort, 2010)。

如何判断一个人的优势半球在哪一侧? 经典的线索之一是观察人们书写的方式(见图2.24)。

采用"直握"方式的右利手者以及采用"钩握"方式的左利手者,其语言加工的优势半球通常在左脑。反之,采用"钩握"的右利手者以及采用"直握"的左利手者其优势半球通常在右脑(Levy & Reid, 1976)。另一个线索是手势,如果你说话时通常用右手做手势,你可能使用左半球进行语言加工,反之亦然(Hellige, 1993)。

你的朋友们是左半球优势还是右半球优势呢?在你做出任何结论之前,请先注意他们写字时手的位置和握笔的姿势是不是固定不变的。而如果想确切知道脑优势半球在哪一侧,唯一的方法是进行针对单个半球功能的医学检查(Kirveskari, Salmelin, & Hari, 2006)。

优势手的产生

优势手是来自父母的遗传吗? 是的,至少部分是。我们可以从胎儿的超声波图像中看出,婴儿在出生之前就已经表现出了明显的优势手现象(彩图2.25)。英国心理学家Peter Hepper认为,出生前的优势手倾向能在出生后保持至少十年(Hepper, Wells, & Lynch, 2005)。这一结果告诉我们,优势手是不能被矫正的。父母们应该停止强迫一个左利手的孩子努力使用自己的右手,否则可能引发语言或阅读障碍(Klöppel et al., 2010)。

对双生子的研究则发现优势手的遗传并不像其他特征(如瞳色和肤色)那样简单直接(Ooki, 2005; Reiss et al., 1999)。尽管如此,同是左利手的父母生下左利手孩子的概率仍然高于同是右利手的父母(McKeever, 2000)。目前为止,最强的证据源于左利手之所以在男性中更加常见是因为该基因与X染色体有关(Papadatou-Pas-tou et al., 2008)。

另一方面,学习、出生损伤以及使用右手的社会压力等许多因素都会影响优势手的最终形成(Bailey & McKeever, 2004)。过去,许多左利手的孩子被强迫只能使用右手完成写字、进食等活动。这一现象在对左利手持消极态度的日本、印度这样的集体主义国家尤为显著。这些国家左利手者的比例甚至只有美国、加拿大这样的个人主义国家的一半(Ida & Mandal, 2003)。

右利手优势

左利手有什么缺陷吗? 少部分的左利手者来源于出生时的损伤,例如早产、出生体重低以及臀位分娩等。这些个体更有可能存在过敏症、学习障碍和其他问题(Betancur et al., 1990)。类似地,那些无明显利手者患免疫系统疾病的风险更高(Bryden, Bruyn, & Fletcher, 2005)。(无明显利手者是指那些在一些行为中偏好一只手,而在另一些行为中偏好另一只手的人。)

右利手者寿命比左利手者长是真的吗? 高龄左利手者的确相对少见。可能的原因之一是左利手者发生事故的概率更高(Dutta & Mandal, 2005)。但是,左利手者的这种笨拙可能是来源于他们生活在一个为右利手者建造的世界。一个研究发现,左利手的火车司机的事故率更高。研究者认为,原因在于发动机控制设备的设计是适应右利手者的(Bhushan & Khan, 2006)。那些能抓握、旋转、推拉的设备都是为右利手者设计的。另一方面,它可能只是反映了一个事实,那就是过去有更多的左利手孩子被强迫改成了右利手,所以才会看上去以为左利手者死得早。实际上,左利手者也能活到老,只是他们中的许多人表面看上去是右利手者(Martin & Freitas, 2002)。

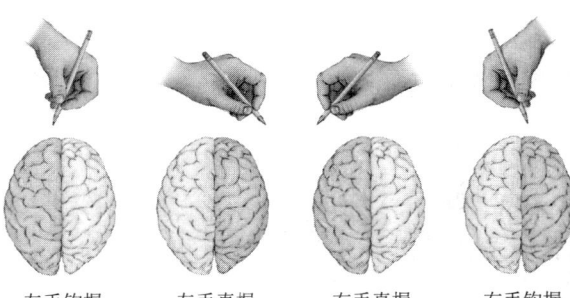

左手钩握　左手直握　右手直握　右手钩握

图 2.24 研究者认为,从书写时手的姿势能够推断负责语言加工的大脑半球。(Redrawn from an illustration by M. E. Challinor.)

优势手/Handedness 在大多数活动中表现出对左手或右手的使用偏好。

优势侧/Sidedness 对手、足、眼、耳的整体偏好倾向。

优势半球/Dominant hemisphere 通常用来指代脑中负责语言加工的半球。

左利手优势

左利手者有什么优势吗？事实上，左利手者有着许多明显的优点（Faurie et al., 2008）。历史上，有很多伟大的艺术家都是左利手，如达·芬奇、米开朗琪罗、毕加索等。由于右半球在表象和视觉能力方面的功能比左半球更强，左利手画家在绘画方面的优势不难理解（Springer & Deutsch, 1998）。在处理三维物体的表象方面，左利手者的能力无疑超过右利手者，这也可能是许多著名建筑师、艺术家和棋手之所以都是"左利手"的一个原因（Coren, 1992）。同样，并不只有右利手者能成为优秀的运动员，在拳击、击剑、手球、网球等许多专业运动领域都有优秀左利手运动员的身影（Coren, 1992；Dane & Erzurumluoglu, 2003；Holtzen, 2000）。

脑功能**偏侧化**反映了半球在能力方面的专门化，而左利手者的一个显著特征是，他们脑的偏侧化程度低于右利手者。左利手者的脑甚至在两个半球的大小和形状上都更加相似。如果你是左利手，你可以骄傲地说，你的大脑会比大多数人更加对称！一般来说，左利手者几乎在所有方面都更对称，包括视力、指纹、甚至脚的大小（Bourne, 2008；Polemikos & Papaeliou, 2000）。

在一些情况下，偏侧化程度相对较低会表现出优越性。例如，音调记忆是一种基本的音乐能力，而中等程度的左利手者或双手同利者比大多数右利手者的音调记忆能力更强。与此相对应，音乐家中双手同利者的比例也比普通人群更大（Bourne, 2008；Springer & Deutsch, 1998）。

数学能力也可能得益于对右脑的充分使用。数学学习优秀的学生中许多人是左利手或双手同利（Benbow, 1986）。左利手的优势甚至在基本算术技能中即可表现出来（Annett, 2002；Annett & Manning, 1990）。

左利手最明显的优点是，在大脑损伤后具有更强的功能恢复能力。正因为左利手者大脑的偏侧化程度较低，因此，任何一侧半球损伤之后都不会完全丧失语言功能，而且恢复起来也更容易（Geschwind, 1979）。也许"有两条左腿"并不一定是件坏事呢！

图中为 2010 年美国网球公开赛冠军纳达尔，左利手者在诸如击剑与网球等运动中占优势，因为在与右利手运动员比赛时，对手通常不能适应他们的动作。

知识巩固

优势手与大脑偏侧化

测一测
1. 大约 95% 的左利手者与右利手者一样用左半球加工语言。对不对？
2. 书写时手腕低于书写平面的左利手者更可能属于大脑右半球优势者。对不对？
3. 左利手或右利手通常是习得的。对不对？
4. 总体来说，左利手者在脑和躯体中都更少表现出偏侧化。对不对？

想一想
批判性思考

5. 新闻中关于左利手者寿命更短的报道方式有很大的缺陷：左利手人群的平均年龄比右利手人群小。为什么这样的表述会让人得出不同的结论？

自我反思

想想你在阅读本书之前对优势手和左利手者的看法，哪些观念是正确的？你关于优势手的知识发生了哪些改变？

答案：1. 正确 2. 错 3. 不详 4. 错 5. 因为我们尚能排除左侧优势手群体的寿命影响其它寿的可能性。比如，如果我们考察一个年龄范围为20—30岁的族群，我们将一个年龄为30—40岁的族群一起比较，同样如果我们将一个年龄为20—30岁的族群，这个年龄段的左利手人数的较少，并不能说明优势手本身与死亡年龄之间的关系。

偏侧化 /Lateralization　双侧身体能力的差异，尤其双侧大脑半球能力的差异。

本章总结 关键问题回顾

2.1 神经元如何工作和进行信息交换？

2.1.1 神经元树突和胞体整合输入信号，沿轴突传到轴突末梢，最后跨突触将信号传递给其他神经元。

2.1.2 动作电位（神经冲动）是一种电信号。

2.1.3 神经元间信息传递依赖化学信号：神经递质跨过突触，与突触后膜受体位点结合，使另一个神经元兴奋或抑制。

2.1.4 神经肽是一种调节脑活动的化学物质。

2.1.5 所有的行为都可以追溯到神经网络的活动。

2.1.6 脑中的回路并不是一成不变的。脑可以"自我重构"甚至产生新的神经细胞以适应变化的环境。

2.2 神经系统有哪些主要组成部分？

2.2.1 神经系统可以分为中枢神经系统和外周神经系统。中枢神经系统由脑和脊髓组成。脑负责几乎全部的"计算"工作，脊髓联系脑和外周神经系统。

2.2.2 外周神经系统，包括躯体神经系统和自主神经系统。躯体神经系统将感觉信息传给脑并将脑的指令传给身体，自主神经系统控制"植物性"和自主性身体活动。自主神经系统又分为交感神经和副交感神经。

2.2.3 脊髓可完成简单的反射。

2.2.4 外周系统中的神经元和神经可再生。目前中枢神经系统的损伤通常是永久性的，科学家们正在研究如何修复受损的神经组织。

2.3 如何识别不同脑区及其各自的功能？

2.3.1 生理心理学家研究身体、脑以及神经系统的工作与行为的关系。

2.3.2 功能定位是目前主要的研究模式之一，它试图寻找特定的脑区结构和特定的心理行为功能之间的联系。

2.3.3 人们通过解剖以及非侵入性的CT扫描和MRI成像的方式研究脑结构。

2.3.4 人们通过临床个案研究、对脑的电刺激、切除法、深层损伤法、电记录、微电极记录以及非侵入性的脑电图、PET扫描、fMRI成像的方法研究脑功能。

2.4 大脑左右半球有何不同？不同脑叶的功能有何不同？

2.4.1 人脑的卓越之处体现于高度皮质化（皮质体积增大）而不是总体积。

2.4.2 "割裂脑"产生于胼胝体切除术。割裂脑病人的左右半球明显表现出了独立性。

2.4.3 左半球负责分析、按序处理细节信息。大部分人的"语言中枢"位于左半球。它同时也具有书写、计算、时间和节奏判断以及复杂运动组织等专门化能力。

2.4.4 右半球可觉察整体模式；具有同时性整体性的信息加工模式。它主要负责非言语的加工，尤其擅长空间与知觉加工、图形化操作以及模式识别、面孔识别和旋律识别。

2.4.5 额叶包含初级运动区（存在许多镜像神经元）以及负责信息整合与加工的联合区。布洛卡区损伤导致运动性失语症（口语和书写困难）。前额叶皮质与抽象思维以及自我知觉有关。

2.4.6 顶叶包含初级感觉区，负责感觉信息加工。

2.4.7 颞叶包含初级听觉区，与听觉和语言相关。威尔尼克区损伤导致流畅性失语症（语义理解困难）。

2.4.8 枕叶包含初级视觉区，负责视觉加工。

2.4.9 男性和女性的脑有不同的专门化模式。

2.5 皮质下结构有哪些主要的组成部分？

2.5.1 脑可以被分为前脑、中脑和后脑三个部分。皮质下结构包括后脑和中脑以及前脑中大脑皮质下的区域。

2.5.2 延髓包含生命活动所必需的心跳、呼吸及其他"植物性"功能的反射中枢。脑桥连接延髓与其他脑区。

2.5.3 小脑维持平衡、姿势以及肌紧张度。

2.5.4 网状结构负责传送感觉和运动信息，其中的网状激活系统担负着激活大脑皮质的任务。

2.5.5 丘脑负责把感觉信息传送到大脑皮质。

2.5.6 下丘脑是进食、饮水、睡眠周期、体温以及其他基本动机和行为的中枢。

2.5.7 边缘系统与情绪关系密切。边缘系统里还有奖赏中枢、惩罚中枢和海马。海马对记忆的形成具有非常重要的作用。

2.6 内分泌系统会影响行为吗？

2.6.1 内分泌系统是人体内的化学性交流系统。内分泌腺分泌激素进入血液，影响行为、心境和人格。

2.6.2 多数内分泌腺都受到脑垂体（"控制腺体"）的影响，而脑垂体又受下丘脑控制。大脑同时以快速的神经系统活动和缓慢的内分泌活动这两种方式控制身体。

2.7 右利手和左利手的人有何不同？

2.7.1 大多数人是右利手，即运动能力在左半球占优势。超过90%的右利手者和约70%的左利手者的左半球负责语言产生。

2.7.2 优势脑和脑活动决定了一个人是左利手、右利手还是双手同利。

2.7.3 大多数人是高度右利手，少数人是高度左利手。一部分人属于两手同利或两手能力较平衡的中间类型。因此，利手的特点并不能简单地用"左"或"右"概括。

2.7.4 左利手者的大脑功能偏侧化程度可能低于右利手者（他们的大脑半球专门化程度较低）。

第 3 章

毕生发展

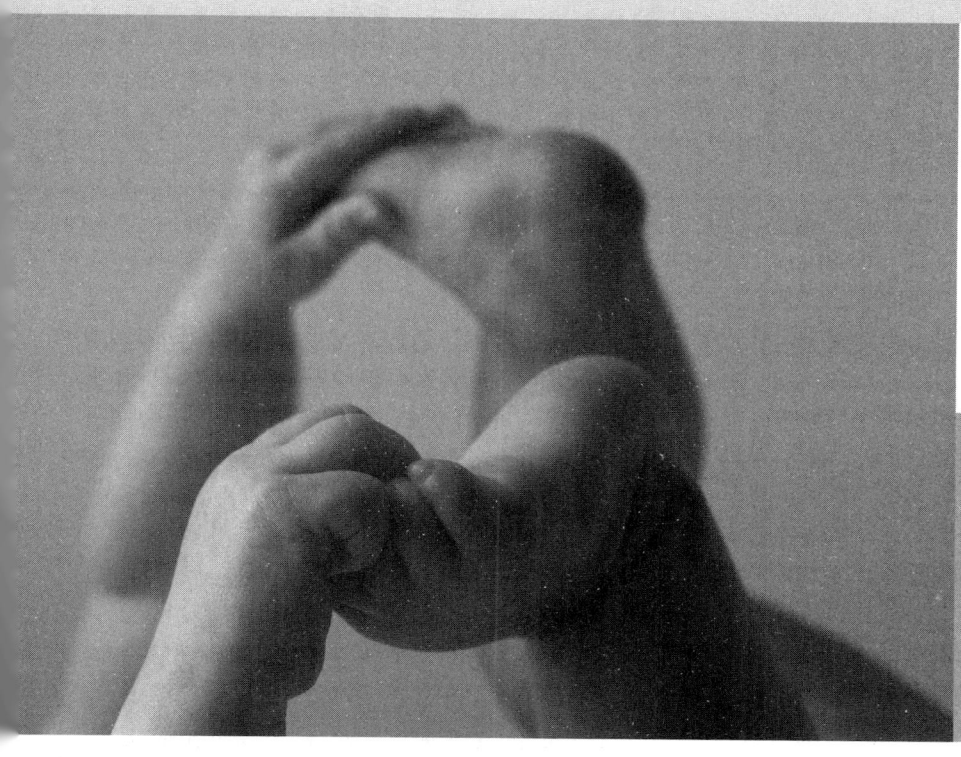

主题

了解发展的规律,不仅有助于我们更好地了解儿童,而且有助于我们了解自己的行为。

关键问题

3.1 遗传和环境对儿童发展有何影响?

3.2 新生儿有哪些能力?

3.3 儿童与父母之间的情感联结意义何在?

3.4 父母的教养方式有何重要作用?

3.5 儿童的语言能力是如何获得的?

3.6 儿童的思维能力是如何获得的?

3.7 为什么青少年期向成年期的过渡具有特殊的挑战性?

3.8 人们的道德观和价值观是如何发展的?

3.9 人的一生中会遇到哪些主要任务和困境?

3.10 成年中后期的幸福感涉及哪些方面?

3.11 人们面对死亡时一般会有怎样的反应?

3.12 父母如何做到教子有方?如何与孩子进行沟通?

引子

是个女儿！

伴随着这句话，卡萝尔看了她刚生出的小宝贝萨曼莎第一眼。老实讲，这个时候的萨曼莎看起来就像是一颗长出了粗短胳膊腿的皱皱巴巴的紫红色西梅。然而，她看起来却是那么的完美——至少在她父母的眼里。当卡萝尔和她的丈夫戴维看着萨曼莎的时候，他们想知道：她的人生将如何展开？她会成为怎样的一个人？萨曼莎会长成一个快乐的少女吗？她会结婚，当妈妈，找到一份自己感兴趣的工作吗？戴维和卡萝尔只希望等到萨曼莎83岁的时候，能够度过圆满而幸福的人生。

如果我们用快进播放萨曼莎的人生，来看她各年龄段的表现，我们会了解些什么？我们会学到些什么？通过她的眼睛看世界也将会是一件非常有趣且收获颇丰的事情。比如，孩子的视角能让我们更加留意我们曾认为是理所当然的事。年幼的小朋友在语言的运用上只能考虑到字面意思。在萨曼莎3岁的时候，她觉得洗澡水太热了，于是她就对戴维说："让水更暖和些吧，爸爸。"起初，戴维很困惑。水已经很热了呀。但随后，他意识到她的真正意思是，让水温和"暖和"的温度一样吧。当你这样去理解的时候，她的话就好懂了。

科学研究讲述了关于人类成长和发展的精彩故事。让我们用卡萝尔、戴维和萨曼莎分别代表所有的母亲、父亲和孩子，来看看心理学家告诉我们在成长、成熟、老去和濒死时会遇到什么挑战。跟随萨曼莎的发展轨迹，可能有助于你回答两个非常重要的问题：我是如何变成现在这个样子的？我将来会是什么样子？

先天与后天——两个人的探戈

关键问题3.1：遗传和环境对儿童发展有何影响？

当我们想到发展时，必然会想到儿童长大成人。但是，即便到了成年，我们也没有真正停止变化的脚步。**发展心理学**研究的是行为和能力的逐步变化，包括生命从一个受精卵到死亡（子宫到坟墓）的每个阶段。遗传和环境也影响着我们的整个人生。有些事件，比如萨曼莎的性成熟，主要是由遗传决定的。而有些，比如萨曼莎学习游泳、读书或开车，则主要是由环境决定的。

但是，遗传和环境到底哪个更重要呢？实际上，答案并不是其中的某一个。生物心理学家Donald Hebb曾经做了一个有意思的类比：在定义一个矩形时，长和宽哪个更重要？当然，这两个维度都很重要。没有长和宽，就没有矩形。相似的，如果萨曼莎成长为一名杰出的民事诉讼律师，那么她的成功是遗传和环境共同作用的结果。

虽然遗传给我们每个人不同的潜能和缺陷，但是这些也会受到环境的影响，例如，学习、营养、疾病和文化。基本上，你现在的样子是先天和后天的力量不断交互作用的结果（Freberg, 2010）。

遗传

遗传（"先天"）指的是父母通过基因将生理和心理的特征传给子女。个体的无数特征都是在受精——即卵子和精子结合——的那一刻就决定了的。

同卵双生子。拥有相同基因的双生子（同卵双生子）显示出了遗传的影响。即使同卵双生子后来被分开抚养，他们在运动技能、身体发育和外貌上也是非常相似的。但同时，双生子在成年后没有孩童时那么相像，这显示了环境也在起作用（Freberg, 2010；Larsson, Larsson, & Lichtenstein, 2004）。

遗传是如何起作用的呢？每个人的细胞核里都有**DNA**，或称**脱氧核糖核酸**。DNA是由一对对化学分子像长长的阶梯一样连接而成的链状结构（图3.1）。这些分子（或碱基）的顺序就是基因信息的密码。每个细胞中的DNA都包含着形成一个人所需的指令——并且绰绰有余。2003年，人类基因

图 3.1 图中（左上）相互联结的分子（有机碱基）形成了 DNA 螺旋状的"分子梯"中的每一"级"。这些相互联结的分子顺序就是基因信息的密码。密码的顺序决定了个体独有的基因蓝图（只有同卵双胞胎才可能是相同的）。该图仅仅显示了一条 DNA 链中很小的一部分，一整条 DNA 链由数亿个更小的分子所组成。身体中的每个细胞核中都含有染色体，染色体是由紧紧缠绕在一起的一团团的 DNA 组成。染色体非常微小，只有在显微镜下才可看到，而组成 DNA 的化学分子更微小。
Copyright © 2010 Wadsworth, a part of Cengage Learning, Inc.

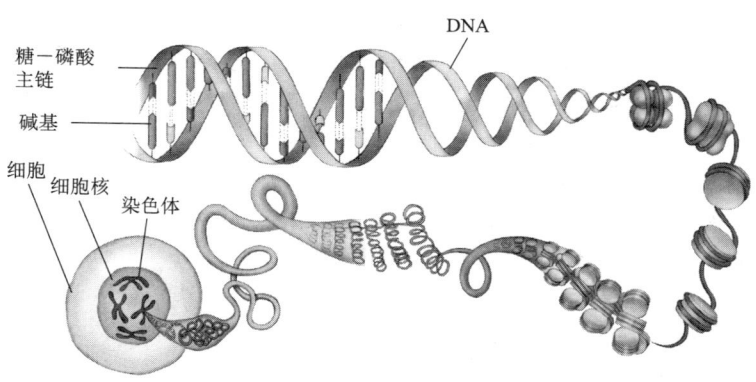

组计划已完成了人类 DNA 中三十亿对碱基的测序工作，是科学史上的重大里程碑（U.S. Department of Energy Office of Science, 2008）。

人类 DNA 由 46 个**染色体**组成。这些螺旋状的结构掌控着遗传指令的密码（图3.2）。最与众不同的是精子和卵子，它们每个只含有 23 个染色体。这样，萨曼莎就从卡萝尔和戴维那里各得到了 23 个染色体。这就是她的基因遗传。

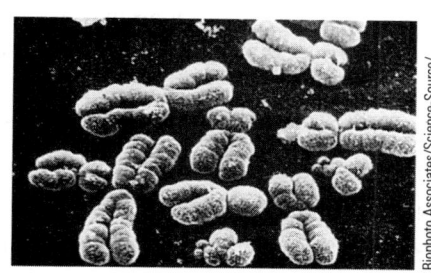

图 3.2 电子显微镜下看到的几对人类染色体（经过了人工染色）。

基因是 DNA 上面的小片段，影响着特定过程或个人特征。有时候，单个基因可决定一个遗传特征，比如萨曼莎眼睛的颜色。基因可以是显性的，也可以是隐性的。当一个基因是**显性**的时，只要存在该基因，它所控制的特质就会显现出来。如果一个基因是**隐性**的，那么只有当它和另一个隐性基因配对时它的作用才能显现出来。例如，如果萨曼莎从戴维那里得到了蓝色眼睛的基因，从卡萝尔那里得到了棕色眼睛的基因，那么萨曼莎的眼睛将是棕色的，因为棕色眼睛的基因是显性的。

如果棕色眼睛的基因是显性的，那么为什么都是棕色眼睛的父母有时却会生出蓝色眼睛的孩子呢？如果父母中至少一人带有两个棕色眼睛基因，那么他们的子女只能是棕色眼睛。但如果父母中每个人有一个棕色眼睛基因和一个蓝色眼睛基因呢？在这种情况下，父母都会是棕色眼睛。但是他们的子女有 1/4 的可能会得到两个蓝色眼睛基因，从而有一双蓝色的眼睛（彩图 3.3）。

实际上，我们的特征只有很小一部分是由单个基因控制的。大多数都是**多基因特征**，或者说是由许多基因共同控制的。所以，举个例子来说，并不存在一个"高"或"矮"基因；事实上，大约有 200 个基因在决定着身高（Allen et al., 2010）。通过基

发展心理学 /Developmental psychology　研究从怀孕到死亡的过程中行为和能力的逐渐变化。

遗传（"先天"） /Heredity ("nature")　父母通过基因将身体和心理特征传给后代。

DNA（脱氧核糖核酸） /deoxyribonucleic acid　一种带有基因信息编码的双螺旋结构。

染色体 /Chromosomes　位于每个细胞核中的线状结构，由 DNA 构成。

基因 /Genes　DNA 链上的特定区域，携带着遗传信息。

显性基因 /Dominant gene　只要存在就会显现其作用的基因。

隐性基因 /Recessive gene　只有与另一个隐性基因配对时才显现作用的基因。

多基因特征 /Polygenic characteristics　因受多个基因的联合影响而形成的行为或生理特点。

因的作用，遗传决定了眼睛的颜色、皮肤的颜色以及对某些疾病的易感性。另外，基因在特定年龄或发展阶段还可能会开始或停止表达。通过这样的方式，遗传在**成熟**的过程中持续施加着强有力的影响，包括生理上的发育和身体、大脑以及神经系统的发展（Cummings，2011）。正如人类生长顺序表所展现的，基因指令影响着身体的大小和形态、高矮、智力、运动潜能、人格特质、性取向和许多其他方面（见表3.1）。

表3.1 人类生长顺序

时期	起止时间	阶段
出生前时期	从受孕到分娩	
胚芽期	受孕后头两周	受精卵
胚胎期	受孕后2—8周	胚胎
胎儿期	受孕后8周至分娩	胎儿
新生儿期	从出生到出生后几周	新生儿
婴儿期	从出生后几周到孩子学会自己安全地行走。有些孩子不到1岁就能自己走，而有些直到17—18个月才有此能力。	婴儿
童年早期	约从15—18个月到2周岁或2岁半	学步儿童
	从2—3周岁到6周岁左右	学龄前儿童
童年中期	从6周岁左右到12周岁左右	学龄儿童
青春前期	青春期前的2年左右	青少年
青春期	青春期发育的生理变化达到最高潮，以性成熟为标志	
青少年期	从青春期发育初期到个体达到社会成熟（起止时间难以确定）	
成年期	从成年早期到死亡，有时成年期被细分为左边所示的一些阶段	成年人
成年早期（20—34岁）		
成年中期（35—64岁）		
成年后期（65岁之后）		

注：每个成长时期没有明确的起止时间。以上给出的仅为大致年龄，每一个阶段的后期与下一个阶段的前期可能会交叠在一起。（本表由Tom Bond提供。）

准备就绪状态

几岁的时候萨曼莎做好自己吃饭、自己走路或和尿布说拜拜的准备呢？这些里程碑可能是由儿童适宜快速学习的**准备就绪状态**所支配的。也就是说，在学会这些技能之前，必须达到成熟的最低水平。父母太早或太晚让孩子学习新的技能都会面临失败(Jonison et al.，2009；Schum et al.，2002)。

举例来说，在儿童能够成熟地控制他们的身体之前是很难教会他们使用马桶的。流行的育儿指南上说排便训练要从18~24个月开始逐步进行。试想一下，过于心急的父母训练14个月的孩子自己上厕所，那么他们此后的12周可能都要在错误警报和"意外"中度过。如果他们等到孩子20个月再进行训练，那么可能只需要3周他们就成功了。父母或许能控制孩子排便训练的开始时间，但是真正发号施令的是孩子成熟的程度（Schum et al.，2002）。从另一个角度来说，推迟了孩子的排便训练开始时间，情况可能也好不到哪儿去。排便训练开始的时间过晚可能会导致孩子无法控制好膀胱并且白天经常尿裤子（Joinson et al.，2009）。所以为什么要违抗自然的力量呢？

环境

我们身处的环境同样会对我们的发展产生巨大的影响。**环境（"后天"）**，是指影响一个人的所有外部条件的总和。例如，与成人的大脑相比，婴儿在出生时大脑中的树突（神经细胞的分枝）和突触（神经细胞之间的联结）都比较少。然而，新生儿的大脑具有高度的可塑性（随经验而改变的能力）。在生命的前三年中，每天大脑内都会形成数百万的新联结。同时，没有用的联结也会断开。最终，早期的学习环境，通过突触的"怒放"和"修剪"，塑造了发展中的大脑结构（Nelson，1999）。

虽然人类文明加速了人类DNA的进化，但是现代人类在遗传上和3万年以前的穴居者依然是非常相似的（Cochran & Harpending，2009；Hawks et al.，2007）。不同的只是一个诞生在今天的婴儿有可能成为芭蕾舞演员、工程师、歌手、跳伞运动员或生物化学家，而一个出生在旧石器时代以前的婴儿长大后只能成为猎人或食物采集者。

出生前的影响

环境对发展的影响在出生前就开始了。虽然胎儿在子宫内受到了很好的保护，但是发育中的胎儿仍然可能受到环境的影响。例如，当卡萝尔怀孕时，巨大的声响或震动都可以令萨曼莎的心率和活动增加（Kisilevsky et al.，2004）。

如果卡萝尔在怀孕期间压力过大，萨曼莎在出生时可能就是一个瘦小羸弱的宝宝（Schetter，2001）。如果卡萝尔的健康或营养状况比较差，或者她感染了风疹、梅毒、HIV，或者吸毒、受到X射线照射甚至遭到核辐射，都有可能影响萨曼莎的发育。在这些情况下，婴儿们可能会出现**先天性问题**，或称"出生缺陷"。这些环境问题影响了正在发育的胎儿，并且其负面作用在出生后就会显现出来。相对的，**遗传障碍**是从父母那里遗传来的。例如，镰状细胞性贫血、血友病、肌肉萎缩症、囊胞性纤维症、白化病和某些智力缺陷。

胚胎或胎儿在什么情况下会受到伤害呢？ 在母亲和她未出生的孩子之间并不存在直接的血液混合。然而，某些物质确实可以渗透到胎儿体内，尤其是药物。任何能够造成胎儿出生缺陷的东西均被称为**致畸物**。有时候，女性是在毫不知情的情况下暴露在大量致畸物中的，比如辐射、铅、农药或多氯联苯。但是孕妇也可以自己造成致畸物过量。例如，孕妇服食可卡因有极大的可能会对胎儿造成伤害（Schuetze & Eiden，2006）。简言之，怀孕的妈妈吃什么药，肚子里的宝宝就吃什么药。

不幸的是，在美国，药物是未出生的孩子面临的最大威胁之一（Coles & Black，2006；Keegan et al.，2010）。事实上在美国，怀孕期间反复过量饮酒是引起出生缺陷的最常见原因（Liles & Packman，2009）。受影响的婴儿会出现胎儿酒精综合征（FAS），其症状包括出生时体重很轻、头小、有身体缺陷、面部畸形等。许多婴儿还会出现情绪、行为或心理方面的障碍（Golden，2005）。

如果母亲对吗啡、海洛因或者美沙酮成瘾，那么婴儿可能生下来就有毒瘾。吸烟对胎儿同样有害。孕妇如果大量抽烟，胎儿的氧气供应就会减

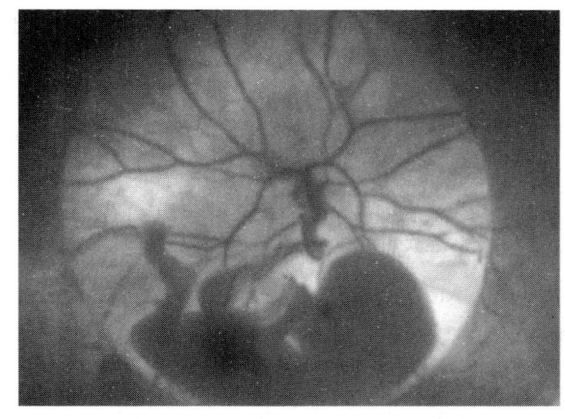

11周大的胎儿。由于胚胎中的基本结构处于快速发展期，所以它对很多疾病、药物以及辐射源都很敏感，尤其是在怀孕的前三个月。

少。抽烟太多，流产或早产低体重婴儿的风险就大，这些婴儿可能出生不久就面临死亡。母亲抽烟的儿童在语言和基本心理能力测验中得分也较低（Huijbregts et al.，2006）。换言之，未出生孩子的未来就"随烟而逝"了。抽大麻也将是同样下场（Viveros et al.，2005）。

敏感期

早期经验往往会产生特别长久的影响。例如，受过虐待的儿童可能一生都会有情绪上的困扰（Goodwin, Fergusson, & Horwood，2005）。同时，特别的关爱有时可能也会扭转原本悲惨的人生（Bornstein & Tamis-LeMonda，2001）。简言之，环境对人类发展的影响，不论好坏，都贯穿一生。

成熟 /Maturation 生理上的发育和身体、大脑、神经系统的发展。

准备就绪状态 /Readiness 为了快速学会某个特定技能，必须预先达到的成熟条件。

环境（"后天"） /Environment（"nurture"） 所有影响心理发展的外部条件的总和，特别包括学习的影响。

先天性问题 /Congenital problems 出生前在子宫里产生的问题或缺陷。

遗传障碍 /Genetic disorders 由基因缺陷或遗传特征而导致的问题。

致畸物 /Teratogen 可以影响胎儿发育并引起出生缺陷的射线、药物或其他物质。

为什么有些经验比其他一些经验的影响时间更长？这有一部分是**敏感期**的原因。在这期间，儿童对一些特定类型的环境影响更加敏感。发生在敏感期的事件可能会永久性地改变发展的过程（Michel & Tyler, 2005）。例如，孩子在生命早期与看护者建立起紧密的情感纽带对其良好发展是非常重要的。类似的，如果孩子在1岁前没有听到正常的言语，就会有语言能力障碍（Thompson & Nelson, 2001）。

贫乏的环境和丰富的环境

一些环境可以被描述为贫乏的或者丰富的。**贫乏的环境**指的是缺乏正常的刺激、营养、安慰和关爱的环境。**丰富的环境**指的是有意增添了更多刺激、关爱等的环境。

当环境严重贫乏时，儿童会怎么样？有些受虐待的孩子在储藏室、阁楼或其他受限制的环境中悲惨地度过了他们生命中的前几年。当他们被发现时，这些儿童通常闭口不言，智力严重落后，感情冷漠（Wilson, 2003）。庆幸的是，这种极端的环境贫乏并不常见。

> **知识桥**
> 当成人被剥夺了感官刺激时，会体验到各种紊乱。详见第6章。

但是，许多家庭都会存在轻微的知觉、智力或感情缺失，尤其是在贫困家庭中（Matthews & Gallo, 2011）。贫困至少会以两种方式影响儿童的发展（Huston & Bentley, 2010；Sobolewski & Amato, 2005）。首先，贫困的父母不能给孩子提供需要的资源，例如有营养的饭菜、卫生保健和学习资料。因此，贫困家庭中的孩子更容易患病、心理发展迟滞、课业成绩差。其次，贫困也会给父母带来难以承受的压力，导致婚姻问题、消极养育和不良的亲子关系。这种情况所导致的情绪混乱会影响孩子社会情绪的发展。极端情况下，还可能会引起心理问题和犯罪行为。

当贫困家庭的孩子长大成人，往往会再次陷入贫困的怪圈。2009年有超过4000万美国人生活在贫困线以下，这个无情的现实每天都会在数百万个美国家庭中上演。

丰富的环境能促进发展吗？ 为了回答这个问题，心理学家们创造了更加新奇、复杂和知觉刺激丰富的环境。刺激丰富的环境可能是儿童变得更聪明的土壤。为了加以证明，我们来看看在"仙境"中长大的老鼠。它们的笼子里到处都是平台、梯子、舒适的小窝和彩色图案。结果，这些老鼠在学习走迷宫中表现得更好。另外，它们的大脑更大、更重，而且大脑皮质更厚（Benloucif, Bennett, & Rosenzweig, 1995）。当然，老鼠和人类的差别很大，但我们不可忽视大脑增大的事实。如果额外的刺激能提高普通老鼠的"智力"，那么人类婴儿也会从丰富的环境中获益。有许多研究表明，丰富的刺激环境能提高能力或促进发展（Phillips & Lowenstein, 2011）。但愿戴维和卡萝尔在好好照

在贫困家庭长大的孩子更有可能经历多种形式的环境剥夺。当孩子必须应对早期条件的严重缺失时，其社会、情绪和认知的发展都会受到长期的有害影响。

顾萨曼莎身体的同时，也给她的心灵以足够的营养（Beeber et al., 2007）。

父母怎样为孩子创造丰富的环境呢？父母可以通过一些婴儿感兴趣的活动鼓励他们对世界进行探索和游戏。家长应让房间变得能够让孩子"安全地"随意活动，而不要严格地规定孩子不能碰这儿、不能动那儿。为孩子提供多样化的感觉经验也是很有用的。让孩子看颜色、听音乐和看人，多看、多尝、多闻、多触摸东西。家里要有丰富的物质材料，父母还要对孩子的需要做出反应，这样孩子的进步速度就会很快（Bradley et al., 2007）。据此，我们可以明智地把整个童年看作一个"相对敏感期"（Nelson, 1999）。

遗传限

我们可以将遗传和环境的交互影响形象化，即一个人所处的环境对其遗传效应的影响有一定范围（见图3.4）。我们假设萨曼莎出生时的智力处于正常水平。如果萨曼莎成长在一个贫乏的环境中，她最终的智力可能低于成年人的平均智力水平。如果卡萝尔和戴维为她提供了丰富的环境，她有可能也是正常的智力，或者稍稍高于正常水平。尽管从遗传上看萨曼莎不能变成天才少女，但她的父母为她所提供的环境在一定程度上可以决定她的发展轨道。

完整的人

后天往往通过不断地交互作用影响遗传趋势的表达。举个恰当的例子就是成长中的婴儿在被父母改变的同时也左右着父母的行为。

新生儿在**气质**上有着显著的不同。气质是人格在遗传和生理上的核心。它包含了敏感性、易激惹程度、注意力分散水平和典型心境（Kagan, 2004）。所有的新生儿中大约有40%属于随和型儿童，他们放松自在，讨人喜欢。约有10%的新生儿属于困难型儿童，他们喜怒无常，精神紧张而且易怒。慢热型儿童（约占15%）矜持、沉默寡言或者害羞。剩下的儿童不适合精确地归到某个单一的类型中（Chess & Thomas, 1986）。

由于气质的差异，有些婴儿比另一些婴儿更容易笑、哭、发声、探索或集中注意力。因此，婴儿

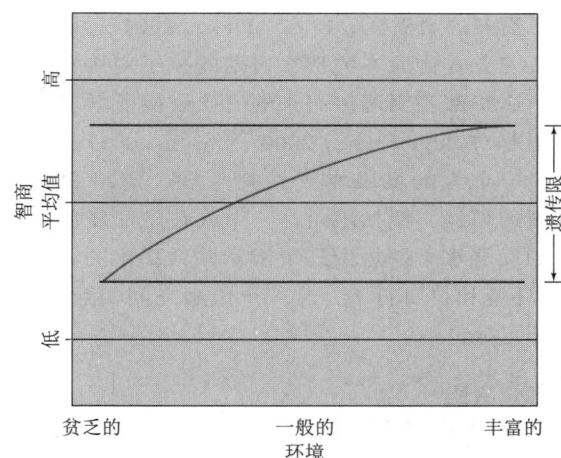

图 3.4 遗传对人类特质的影响。如智力，通常会受到环境的影响。如果一个婴儿出生时智力处于平均水平，且成长在一个刺激一般的环境中，那么他长大后智力可能还是处于平均水平。但是，如果他成长在一个缺乏刺激的环境中，他的智力可能低于成年人的平均水平；如果他成长在一个刺激丰富的环境中，他有可能在智力上高于平均水平。可见，环境对遗传效应的影响有一定范围的阈限，这就叫作遗传限。
Copyright © 2012 Wadsworth, Cengage Learning, Inc.

们很快能成为自己发展过程的积极参与者。例如，萨曼莎就是一个随和的婴儿，她经常笑，吃东西很乖。这就会鼓励卡萝尔对萨曼莎抚摸、喂食和唱歌；卡萝尔的行为奖励了萨曼莎，于是她笑得更多。很快，母亲和婴儿之间就建立起一种强有力的联系。用这样的方法，优秀的父母也可以让非常害羞的孩子逐渐变得不那么害涩。

反之亦然：困难型儿童让父母不高兴，也就导

敏感期 /Sensitive period 在发展过程中，对环境影响非常敏感的一段时期。在此期间，必须出现正常发展要求的特定事件。

贫乏的环境 /Deprivation 在发展过程中，正常的刺激、营养、安慰和关爱的缺失或缺乏。

丰富的环境 /Enrichment 在发展过程中，有意让环境变得更加新奇和复杂，具有更多的有利于知觉和智力发展的刺激。

遗传限 /Reaction range 一个人所处的环境对其遗传效应的影响有一定范围。

气质 /Temperament 人格生理上的核心，包括敏感性、易激惹程度、注意力分散水平和典型心境。

致了更多的消极抚养方式（Parke，2004）。而消极的抚养方式让原本没那么害羞的孩子变得畏首畏尾。这些都表明遗传而来的气质会接受学习对其的塑造（Bridgett et al.，2009；Kagan，2005）。

一个人的**发展水平**指其生理、情绪和智力发展的现状。概括地讲，一个人在生命任何阶段中的发展水平都是由三个因素联合决定的，即遗传、环境和自身行为。这三个因素之间相互作用，密不可分。

知识巩固
遗传与环境的交互作用

测一测
1. DNA 分子上称为基因的区域是由显性染色体和隐性染色体构成的。对不对？
2. 大多数的遗传特征都是多基因的。对不对？
3. 如果一方父母有一个显性的棕色眼睛基因和一个隐性的蓝色眼睛基因，而另一方父母有两个显性的棕色眼睛基因，那么他们的孩子拥有蓝色眼睛的概率是多少？
   a.5%   b.50%   c.0   d.75%
4. 许多基本特征按顺序呈现要归功于_____。
5. _____是对环境影响的敏感性增加的时期。
6. 慢热型儿童可以被描述为矜持、沉默寡言或害羞的。对还是错？
7. 随着儿童的发展，遗传和环境的力量之间存在着持续的_____。

想一想
批判性思考
8. 环境影响可以以非常直接的方式与基因计划进行互动。你能猜到是什么方式吗？

自我反思
你能举出几个清楚的例子表明是遗传和环境共同影响你的发展吗？

成熟度怎样影响教会一个婴儿自己用勺子吃东西的成功概率？

你小时候属于什么气质类型？你怎样影响了你与父母或养育者之间的关系？

答案：1.不对 2.对 3.C 4.成熟 5.敏感期 6.对 7.交互作用 8.环境条件件有时促并加速表因计划，因此其接受响遗传内的表达（Keller，2010；Lickliter & Honeycutt，2010）。

新生儿——绝非眼见的那样简单

关键问题 3.2：新生儿有哪些能力？

出生时，人类新生儿如果得不到成人的照料就会死亡。新生儿没有能力抬头、翻身或自己进食。这是否意味着他们迟钝和没有感觉呢？绝不是！与惯常的观念相反，新生儿对周围的环境并不是毫无觉察的。婴儿的生理和心理能力不停地让研究者惊叹，让父母雀跃。许多能力的出现都与大脑、神经系统和躯体的成熟密切相关。

刚出生的婴儿对人脸表现出特别的兴趣，对妈妈的脸的视觉偏好发展得很快，这促进了母子之间的互动。

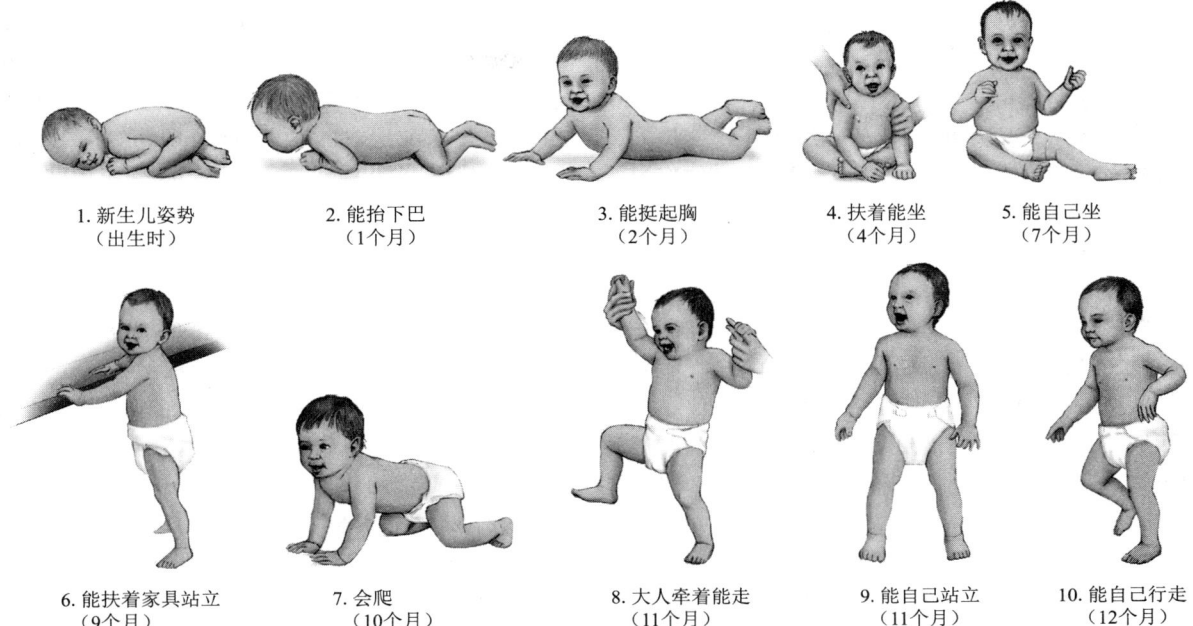

图 3.5 动作发展示意图。大多数婴儿的动作发展遵循顺序发展的模式。尽管儿童发展的一般顺序相似，但在出现某一能力的年龄上存在着很大的个体差异。图中列出的是适用于美国儿童的平均年龄。如果一些能力的出现比平均年龄提前或者延迟几个月，也属正常，家长不必担心。

Copyright © 2012 Wadsworth, Cengage Learning, Inc.

同样地，婴儿的早期情绪的发展时间表在很大程度上也是由成熟度决定的。

像萨曼莎一样的新生儿可以看、听、嗅、尝，还可以对疼痛和触摸做出反应。尽管在出生时他们的感觉还不太准确，但是他们可以立即做出反应。萨曼莎会用目光追随一个移动的物体，会向发出声音的方向转头。

萨曼莎还能表现出许多适应性反射（Siegler, DeLoache, & Eisenberg, 2011）。以抓握反射为例，如果你把一个东西放到新生儿的手掌上，婴儿就能以令人惊讶的力量抓住它。实际上，许多婴儿甚至可以抓着棍子使自己悬在空中，像是在荡秋千。抓握反射可以帮助婴儿免于坠落，从而有助于生存。如果碰触萨曼莎的脸颊，你可以看到觅食反射。她会立即转向你的手指，就像在寻找什么东西。

这种转向有什么适应性的作用吗？觅食反射能帮助新生儿找到乳头或奶嘴。当婴儿的嘴接触到奶嘴时，一种吮吸反射有助于婴儿获得所需的食物。和其他反射一样，这都是遗传设定好了的动作。同时，食物强化了吸吮动作。因此，吸吮动作在出生后的几天内迅速增加。由此可以看到，遗传和环境共同决定了婴儿的行为。

莫罗反射也很有趣，即当萨曼莎的位置被突然改变或者突然被大的响动惊吓时，就会做出类似拥抱的动作。这种动作与幼猴紧抱在母猴身上的动作类同（其间是否真的存在联系，留待读者自己去想象和判断）。

动作发展

正如我们之前强调的，许多基本能力的出现与成熟度密切相关，例如萨曼莎学习爬行和走路这样的动作技能。当然，成熟的速率对每个儿童来说各有不同。然而，成熟的顺序是普遍一样的。例如，

> 发展水平 /Developmental level 个体当前的生理、情绪和心智发展状况。

萨曼莎要先有坐的能力，之后才能爬行。因此，全世界的儿童一般都是先会坐后会爬，再会站，最后才会走（图3.5）。

我的表弟纳威小时候就从来没爬过，这是为什么？和纳威一样，一些儿童不会爬行，他们只会打滚，匍匐挪动，后来学会蹒跚而行。极少数儿童能直接从坐发展到站立和行走。即使是这样，动作发展的阶段顺序性还是很明显。一般来说，随着对肌肉的控制能力逐步增强，幼儿的各种能力按先头后脚和先近后远的原则与顺序发展，即头在前而脚在后，离心脏较近的部位在前而四肢远端在后。虽然纳威没能学会爬，他的运动发展还是遵循先头后脚和先近后远的标准模式进行的（Piek，2006）。

尽管成熟非常重要，但是运动技能的出现并没那么简单。萨曼莎必须通过学习才能控制自己的动作。婴儿积极尝试各种运动，选择有效的运动方式。萨曼莎最初的动作尝试可能是不精确的，爬得不稳或走路摇摆。然而，婴儿通过练习可以"调整"动作，使之更协调、更高效。这种学习在生命的最初几个月是非常明显的（Thelen，2000；图3.6）。

知觉和认知发展

30年前，许多人认为刚出世的婴儿的能力仅仅是各种反射的集合。但是，婴儿的能力比我们想象的更强。例如，心理学家 Meltzoff 发现新生儿生来就会模仿。Meltzoff 曾经向一个20天大的女婴做伸出舌头、张开嘴巴和撅起嘴唇时的样子。她会学他的样子吗？对婴儿的观察录像证实，他们都会模仿成人的面部动作。9个月大的婴儿能够模仿出一天以前看过的动作（Heimann & Mettzoff，1996；Meltzoff，2005）。很明显，这种模仿能力是婴儿期快速学习的一种手段。

新生儿有多聪明？ 婴儿比大多数人认为的更聪明。在生命最初的日子里，宝宝看起来就像在努力学习世界是怎么样的。他们立即开始看、触摸、尝，并用别的方法探索他们的环境。从进化的角度来看，宝宝的大脑是用来接收信息的，而且接收速度很惊人（Meltzoff & Prinz，2002）。

在生命最初的几周里，宝宝会迅速学会思考，通过所看到的东西学习、做出预测并且寻找解释。儿童心理学家 Jerome Bruner（1983）发现，3～8周的婴儿似乎知道一个人的声音和身体应该联系在一起。当婴儿们听到妈妈的声音从她所站的位置传过来时，他们就会保持平静；当妈妈的声音不是来自她所站的位置，而是从1米外的喇叭里传来时，婴儿们就变得躁动不安，并开始啼哭。

理解婴儿世界的另一种方法是测查婴儿的视觉，因为婴儿不会交谈，这实施起来比较困难。Robert Fantz 发明了叫作"视箱"的设备，专门用来测查婴儿在看什么、注意什么。想象一下，萨曼莎被仰卧着放在视箱里，面对正上方的光亮区域。此时，实验者把两个物体放进视箱，通过观察她的眼动和推测她的反应，就可以弄清楚婴儿在看什么。

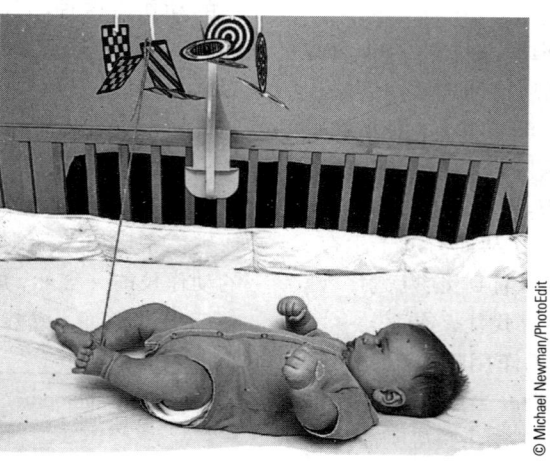

图 3.6 根据心理学家 Carolyn Rovee-Collier 的研究，仅3个月大的婴儿就可以学习如何控制自己的动作。在她的实验里，婴儿仰卧着躺在小床上，床上方挂着彩色的可以活动的物品。一根带子系在婴儿的脚踝上，把脚踝和活动物品连在一起。无论什么时候，婴儿无意中踢踢腿，活动物品就摇晃起来，叮咚作响。在几分钟之内，婴儿就学会了加快踢腿速度。他们踢腿得到的奖赏是有机会看到物体动起来。（Hayne & RoveeCollier，1995）

这类测查显示，成人的视敏度比婴儿精细30倍，但是婴儿能够识别一些大的图案、形状和边界。

Fantz 发现，出生3天的婴儿更喜欢看诸如棋盘和靶环等复杂图案，而不是简单的彩色矩形图形。其他的心理学家也发现，婴儿更喜欢圆形和曲线，他们注视光亮区域的时间更长

（图3.7a；Brown，1990）。当萨曼莎6个月大的时候，她就能识别形状和颜色不同的物体种类。9个月大的时候，她就会区别狗和鸟或其他类的动物了（Mandler & McDonough，1998）。到1岁时，她能看见的就和父母一样了（Sigelman & Rider，2009）。所以，在那个小小身躯里面已经有一个真正意义上的人了。

新生儿可以非常清楚地看到30厘米远的物体。这就像是他们为看到喜欢并照顾他们的人做了最好的准备（Gopnik，Meltzoff，& Kuhl，2000）。这也许是宝宝们为什么特别喜欢人脸的原因。仅仅在出生4个小时后，与陌生人的脸相比，宝宝就开始偏爱母亲的脸（Walton, Bower, & Bower，1992）。在宝宝出生2—5天时，他们更注意看自己的人，而不是看别处的人（Farroni et al.，2004）（图3.7b）。

视箱实验还发现，婴儿看人脸图案的时间比看拼凑的人脸或涂色椭圆的时间要长（图3.7c）。如果采用真正的人脸图案，婴儿偏好熟悉的脸，而不是陌生的脸。然而，这种偏好在两岁时发生逆转。到那时，不寻常的物体更能吸引儿童的兴趣。例如，Jerome Kagan（1971）把面具拿给两岁的儿童看，发现幼儿在看下巴上有眼睛和前额中间有鼻子的脸时更为入迷。他认为，幼儿有一种需要，想了解为什么拼凑的人脸和他们所知道的不一样，他们对怪脸的兴趣就来自这种需要。这些行为更加证明了婴儿正积极地理解周围的环境（Gopnik, Meltzoff, & Kuhl，2000）。

情绪发展

早期的情绪发展也遵循一个与成熟密切相关的模式。甚至像气愤、害怕和高兴这些基本情绪，虽然它们不需要通过学习来获得，但也需要一定的发展时间。通常新生儿清楚表达的唯一情绪状态是一般的兴奋。然而，就像戴维和卡萝尔一样，任何一位家长都会告诉你，儿童的情绪发展很快。一位研究者（Bridges，1932）对大量的婴儿进行了观察，发现人类所有的基本情绪在两岁以前都已经出现。Bridges发现情绪的出现有其固定的顺序，最

(a)

(b)

(c)

图3.7 （a）与非同心的和直线的模式相比，13个月大的婴儿偏爱同心的和弯曲的模式。（b）出生几天的婴儿更多地注意那些视线直接盯着他们看的人脸。（c）婴儿看人脸图案的时间长于拼凑的脸，而看这两幅脸的时间都要长于看最右边那幅。

先区分出的是愉快与不愉快的情绪。

心理学家Carroll Izard认为，10周大的孩子就能表达出几种基本的情绪。Izard仔细观察了婴儿的表情，发现婴儿期的情绪非常丰富（图3.8）。他发现，婴儿最基本的表情不是兴奋，而是兴趣，接下来是高兴、生气和伤心（Izard et al.，1995）。

如果Izard的观点是对的，那么情绪基本上就是与生俱来的，而且有着深厚的生物进化基础。也许这就是为什么微笑是婴儿最常见的反应之一。

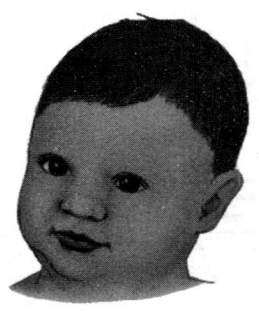 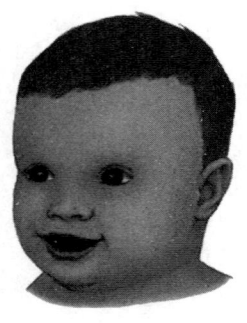 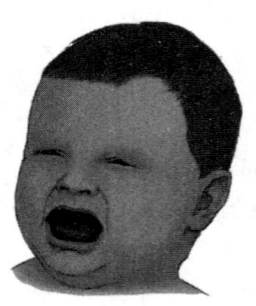 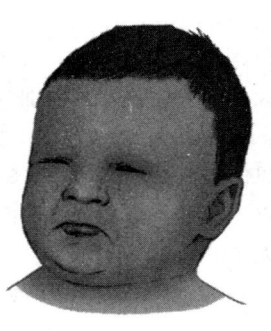

图 3.8 婴儿能表现许多和成人一样的表情。Carroll Izard 认为，这些表情说明明显的情绪在出生后的头几个月就已出现。其他一些理论家持不同观点，认为婴儿情绪发展就像神经系统的成熟一样，有一个逐渐形成的过程。不管以哪种方式，父母在婴儿满一岁的时候都可以看到，婴儿已具有了全部的基本情绪。

微笑能调动看护者的感情和积极的情绪，这将有助于婴儿的生存（Izard et al., 1995）。

最初，婴儿的微笑只是偶然的。等到 8—12 个月的时候，婴儿在有人在场的时候笑得更频繁（Jones & Hong, 2001）。这种**社会性微笑**对父母是一种特殊的奖励。婴儿通过社会性微笑表达他们对目标的兴趣，就像萨曼莎看到母亲举起她最爱的泰迪熊时就会露出微笑（Venezia et al., 2004）。从另一方面讲，当初为父母的人看到和听到婴儿啼哭时，会感到不安、不高兴、气愤或愤怒。这些反应也促使父母对婴儿的需要更敏感，这又增加了婴儿存活的机会。全世界的婴儿都能够很快让其他人知道他们喜欢什么和讨厌什么。

孩子以惊人的速度从无助的婴儿成长为独立的个体。早期的成长非常迅速。3 岁时，萨曼莎就有了独特的个性，也可以站立、行走、说话和探索环境。其他时间的发展都比不过刚出生时的迅速。在此期间，萨曼莎与他人的关系也发展了。在我们讨论这个主题前，先来复习一下你所学到的知识。

知识巩固

新生儿与早期成熟

测一测

1. 如果一个婴儿被吓了一跳，那么他会做出类似拥抱的动作，这叫作_____。
   a. 抓握反射　　b. 觅食反射
   c. 莫罗反射　　d. 适应性反射

2. 婴儿期，模仿他人的能力开始于 9 个月左右。对不对？
3. 2 岁后的幼儿在视箱测试中对熟悉的脸和简单图形表现出明显的偏好。对不对？
4. 新生儿能够清楚地表达出的只是一般性的兴奋或感兴趣，有意义的高兴和悲伤随后才会出现。对不对？
5. 新生儿大约在出生后 10 天就能表现出社会性微笑。对不对？

想一想

批判性思考

6. 如果你想通过测试观察新生儿更偏爱自己妈妈的脸还是陌生人的脸，你需要特别注意什么问题？

关联题

你观察到了婴儿的哪些反射？你能举例说明在动作发展中遗传和环境是怎样共同起作用的吗？

为了了解婴儿的感受，可以从考察他们的喜怒哀乐入手吗（Izard）？

答案：1. c　2. 不对　3. 不对　4. 对　5. 不对　6. 在一项有关新生儿偏好的研究中，因为人的相貌和气味等方面有紧密的关联，所以必须消除气味（气体）等因素。但是婴儿的偏好仍然可能是由于他们所熟悉的那些看见的脸和听到的声音等。其实，在实验中，新生儿能同时听见和看见熟悉的妈妈的脸（Bushnell, Sai, & Mullin, 1989）。

社会性发展——宝宝，我好喜欢你

关键问题 3.3：儿童与父母之间的情感联结意义何在？

和所有人一样，婴儿是社会性动物。他们早期的**社会性发展**植根于情绪上的依恋和对身体接触的需要。当婴儿与一个成人——通常是父亲或母亲——第一次形成情感联结时，他们也同时开始发展自我意识和对他人的意识。这些早期的社会性发展将为以后与父母、兄弟姐妹、朋友、亲戚以及同学建立关系打下基础（Shaffer & Kipp, 2010）。

依恋

社会性发展的真正核心是建立在婴儿与主要看护者之间的**社会性依恋**或亲密的情感联结基础上的。为了研究母婴关系，Harry Harlow 在恒河猴出生起，就把它们和它们的妈妈分开，由**代理妈妈**顶替。有一些代理妈妈是用冰冷、坚硬的金属丝做成的。另一些是在外层包着柔软的绒布。

当让小猴在两个妈妈间进行选择的时候，它们总喜欢去拥抱绒布妈妈，即使奶瓶在金属丝妈妈身上，由"她们"为小猴提供食物，小猴也仍然愿意拥抱绒布妈妈。小猴对绒布妈妈表现出的"爱"和依恋与对真妈妈表现出的"爱"和依恋相同。当小猴受到来自橡胶蛇、发条玩具或其他恐怖刺激的惊吓时，就会跑向它们的绒布妈妈，依靠在她们身上寻求安全感。这些经典的研究表明，**舒适接触**是依恋的重要部分。即婴儿由于接触柔软而温暖的东西（特别是母亲）而获得的愉快和安全的感觉。

为了婴儿能够健康发展，依恋必须在一定的敏感期内（大约在1岁前）形成。回到萨曼莎的故事，我们发现依恋帮助她与妈妈卡萝尔保持亲密关系，而妈妈会给孩子提供安全感、丰富的刺激和安全的"根据地"，使萨曼莎能够放心大胆地出去探索世界。

母亲们通常在孩子尚未出生前就开始感受到了对孩子的依恋。对他们来说，孩子越成熟，就越能够与他们的母亲建立情感联结。在最初的时候，婴儿对每个人的反应大致相同。到了两三个月时，

相比陌生人，大多数的婴儿都更喜欢母亲。到了大约7个月时，婴儿通常开始真正地依恋他们的母亲，尽可能跟随着她们。此后，他们也开始对其他人产生依恋，例如父亲、祖父母或兄弟姐妹（Sigelman & Rider, 2009）。

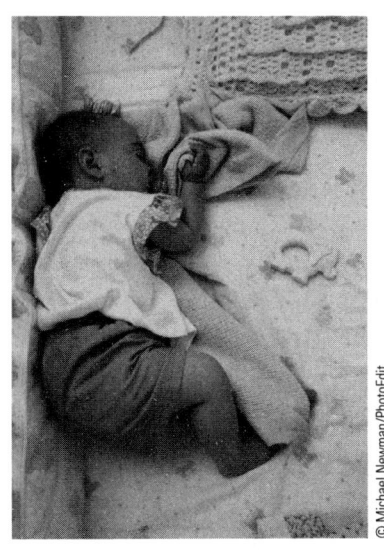

大多数父母都体验过，如果让婴儿一个人睡觉，他们有时醒来就会大哭。睡眠忧伤是一种轻微的分离焦虑。许多父母也知道，只要让孩子手里有一件"安全物"，比如一个毛绒玩具，或者一条孩子最喜欢的小毯子，他们的这种难过就会得到缓解（Donate-Bartfield & Passman, 2004）。

在8—12个月的时候，大多数孩子开始形成明显的情感联结。在这段时间里，如果让萨曼莎自己一个人待着，或者和陌生人待在一起，他们就会害

社会性微笑 /Social Smile　社会性刺激引发的微笑，例如看到父母的脸庞。

社会性发展 /Social development　心理学中指儿童的自我意识、依恋以及与各种人际关系的发展。

社会性依恋 /Emotional attachment　婴儿对父母或其他养育者形成的紧密的情感关系。

代理妈妈 /Surrogate mother　在动物研究中一般是用没有生命的物质代替。

舒适接触 /Contact comfort　人类婴儿和幼小动物接触柔软、温暖的物体时获得的愉快感和安全感。

怕，会哭，表现出**分离焦虑**。轻微的分离焦虑是正常的。但是如果发生得很频繁时，可能就会出现一些问题。大约有5%的孩子会遭遇分离焦虑障碍（Dick-Niederhauser & Silverman, 2006）。当把这些孩子从依赖着和陪伴着的父母身边分开时，他们会很痛苦。有些孩子害怕会走丢，再也见不到父母了。许多孩子拒绝去上学，这可能引发更严重的问题。虽然孩子可以逐渐摆脱这种障碍（Kearney et al., 2003），但如果分离焦虑较强或持续一个月以上，父母应该为孩子寻求专业帮助（Allen et al., 2010）。

依恋的质量

根据心理学家 Mary Ainsworth（1913—1999）的观点，可以通过让妈妈离开一小会儿再回来的方法来测量依恋的质量。这时，观察婴儿怎么做就可以看出依恋的质量如何。对母亲形成**安全型依恋**的婴儿情绪稳定、积极，他们会因为妈妈不在而显得不安，当她回来时，就会更近地靠着她。形成的情感联结为**不安全—回避型依恋**的婴儿表现出焦虑，但当母亲回来时，他们又会转过脸不理她。**不安全—矛盾型依恋**也是一种焦虑性的情感联结，当母亲回来时，婴儿显得很矛盾，既向母亲靠近又生气地拒绝与她接触（图3.9）。

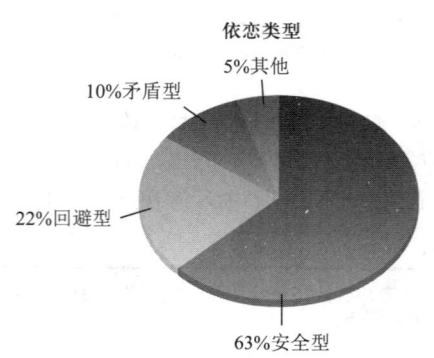

图 3.9 在美国，中产阶级家庭的孩子有2/3是安全依恋型的，约有1/3是不安全依恋型的。

依恋有持久性的影响（Bohlin & Hagekull, 2009）。在1岁时形成安全型依恋的幼儿，在学前期表现出更强的适应力、更多的好奇心、更好的问题解决能力和社会能力（Collins & Gunnar, 1990）。

相反，未形成依恋会有很大的破坏影响。例如，想一想那些在拥挤不堪的孤儿院长大的孩子的苦楚（Wilson, 2003）。这些孩子在一两岁的时候几乎没有得到过成人的关注。即使被收养，许多孩子也无法对新父母形成依恋。例如，有些孩子会跟着陌生人游荡，充满了焦虑和孤单，也不想被人抚摸或与人进行目光接触（O'Conner et al., 2003）。简言之，对一些孩子来说，生命早期缺乏关爱将会留下一生的情绪伤害（见"你属于哪种依恋类型？"）。

促进安全依恋的形成

形成安全型依恋的关键是，母亲要能够敏感地察觉和回应婴儿的信号和节律。一些母亲的行为不恰当，不能够满足孩子，总是打断孩子的节律，不是给孩子过多的刺激就是拒绝孩子。比如，当孩子困了的时候，妈妈非要逗他玩儿；而当孩子对着妈妈咿咿呀呀时，她却视而不见。这样将会与儿童形成不良类型的依恋。敏锐的关爱和安全依恋之间的联系在其他文化中也是这样的（Posada et al., 2002）。

婴儿对父亲的依恋是怎样的？ 在那些形成安全型依恋的家庭中，父亲一般都对人友好、随和，婚姻幸福。一般来说，儿童在温暖的家庭气氛中才能够无忧无虑地成长（Belsky, 1996; Gomez & McLaren, 2007）。

日托

商业化的日托影响依恋的质量吗？ 这取决于日托的质量。总的来说，高质量的日托看护不会对孩子与父母的依恋造成不良影响。事实上，高质量的日托可以促进儿童的社会和心理技能发展（Mercer, 2006; National Institute of Child Health and Human Development, 2010）。接受高质量日托的孩子与母亲有更好的关系，也较少有行为问题。他们也有较高的认知技能和语言能力（Burchinal, et al., 2000; Vandell, 2004）。

然而，低质量的日托则会引发与上述所有积极效果完全相反的问题。低质量的日托是充满风险的，而且可能降低依恋水平（Phillips & Lowenstein, 2011）。低质量的日托会导致出现一些以前没有的行为问题（Pierrehumbert et al.,

探索·发现

你属于哪种依恋类型？

我们最初的依恋在我们成年后还会有持续影响吗？一些心理学家认为，它们会通过影响我们与朋友和恋人的关系来起作用（Bohlin & Hagekull, 2009；Sroufe et al., 2005）。阅读下面的描述，看看哪一条最恰当地描述了你成年的人际关系。

安全型依恋
一般来说，我认为大部分人是善意并值得相信的。
我觉得比较容易和其他人接近。
依赖他人和被他人依赖时，我觉得很舒服。
我并不担心会被别人抛弃。
当有人从情感上想接近我时，我觉得很自在。

回避型依恋
当与他人相处得不太顺利时，我倾向于退缩。
我有点怀疑真爱。
我难以信任恋人。
其他人非常希望得到我的承诺。
如果有人从情感上和我很近，我有点紧张。

矛盾型依恋
在恋爱关系中，我经常感到被误解或没被赏识。
我的朋友和伴侣有些靠不住。
我爱我的恋人，但我担心他并不真心爱我。
我想和恋人的关系更亲密，但我并不能确定是否信任他。

是不是有些叙述听起来很熟悉？如果是这样，它们可以描述你成年的依恋类型。大部分成人有安全型依恋，它的特点是关心、支持和理解。但回避型依恋也较常见，它反映了对亲密关系和对他人承诺的抵抗（Collins et al., 2002）。矛盾型依恋的特点是对爱情和友谊的矛盾感情（Tidwell, Reis, & Shaver, 1996）。在你现在的人际关系和孩提时代的依恋中，你发现相似之处了吗？

2002）。明智的父母应该认真评估和监督孩子接受的日托的质量。

父母在评估日托质量时应该关注什么？正在寻找高质量的日托中心的父母应该考察保育员的责任感和敏感性，看他们是否能提供足够的关注以及语言和认知方面的刺激（Phillips & Lowenstein, 2011）。日托中心至少应做到以下几方面：①每位保育员看护的儿童数量不多；②班的规模要小（12～15）；③保育员要经过专门训练；④日托中心的工作人员变动很小。（也要避免名字中有"动物园""展览""栅栏"等的日托中心。）

依恋与情感需要

婴儿的**情感需要**是指对爱和感情的需要，这些心理的需要与对食物、水和照料等生理的需要同样重要。总的来看，在生命的第一年，婴儿发展中的一个关键环节就是和（至少一个）他人之间形成信任和感情的联结。父母有时害怕太多的关爱会把孩子宠坏了，但是，把1—2岁孩子"宠坏"不大可能。婴儿只有在此时建立起对他人的信任和感情，长大后才有能力与人建立友谊和爱情关系。

父母影响——和爸爸妈妈一起生活

关键问题3.4：父母的教养方式有何重要作用？

在生命的最初几年，儿童世界的中心是养育者，从那时起直到长大成人，父母教养的方式和质量都是非常重要的。

教养方式

心理学家Diana Baumrind（1991，2005）研究

分离焦虑/Separation anxiety 婴儿与父母或熟悉的照料者分开时表现出的痛苦。

安全型依恋/Secure attachment 一种稳定而积极的情绪联结。

不安全—回避型依恋/Insecure–avoidant attachment 一种焦虑的情绪联结，其特点是逃避与父母或照料者的重聚。

不安全—矛盾型依恋/Insecure–ambivalent attachment 一种焦虑的情绪联结，其特点是既希望和父母或照料者在一起，又有些抵制和他们的重聚。

情感需要/Affectional needs 个体对爱和感情的需要。

了三种主要的**教养方式**，即父母养育孩子和与孩子互动的方式。看看你是否能辨认出她所描述的几种方式。

专制型家长强调僵化的规则，要求严格服从权威。他们一般认为儿童除了履行与成人同样的义务外不享有其他权利。他们希望孩子不添麻烦，无条件地接受大人的是非判断，"我这么说你就得这么做"。这种专制型家庭中的孩子一般都很顺从，能自我克制，但也往往性情古板、退缩、忧虑和缺乏好奇心。

"我和你爸爸都觉得关禁闭有时候是唯一合适的惩罚。"

放纵型家长很少要求孩子，给孩子太多的自由。这类父母常常给孩子与成人几乎相等的权利，却又不要求孩子为自己的行为负责。他们不注重规则，孩子可以自行其是，"想做什么就做什么"。这种家庭教育反而会使孩子变得依赖性强、不成熟，结果会出现问题行为。这样的孩子没有目标，有时会胡作非为。

Baumrind 将**权威型家长**描述为在给予孩子爱和亲情的同时，会坚决地对孩子进行始终如一的要求和指导。这种父母让孩子和自己有平等的权利，当他们约束孩子行为的时候，不是以专制的方式进行，而是采用关怀和支持的方式，对孩子说："如果这样做有道理，那你就去做吧。"教子有方的父母态度坚决而不粗暴，有一贯的原则而不僵化。他们通常会鼓励孩子对自己的行为负责任，鼓励孩子思考并做出正确的决定。这样的教养方式能够培

养出具有复原力（善于从不好的经验中恢复过来）以及在不同环境中具备生存能力的孩子（Bahr & Hoffmann，2010；Kim-Cohen et al.，2004）。以这样的方式教育出来的孩子往往有能力、能自控、有独立性、有主见和好奇心。他们知道如何管理自己的情绪以及如何使用积极的应对技能（Eisenberg et al.，2003；Lynch et al.，2004）。要想了解更多教子良方，请看本章的"应用篇"。

母亲和父亲的影响

父亲和母亲的教养方式有显著不同吗？答案是肯定的。虽然一般来说**母亲影响**（母亲对她的孩子产生的所有影响）更大，但是父亲在养育孩子的过程中也发挥着独特且不可替代的作用（Santrock，2009）。虽然现在父亲开始花更多时间陪伴孩子了，但是母亲仍然是孩子的最主要照料者，孩子年龄越小越是如此（Craig，2006）。

父爱对儿童早期的发展有独特作用，只是与母爱的侧重不同。

有关**父亲影响**（父亲对他的孩子产生的所有影响）的研究表明，父亲更多的是当孩子的玩伴和给他们讲故事。相对的，母亲主要负责照顾孩子的身体和情感需求（图3.10）。

看上去父亲作为玩伴好像没那么重要，但是事实并非如此。从婴儿一出生，父亲对孩子的注视就要比母亲对婴儿的注视更多。父子的交流更多是属于接触性的（举起孩子、挠孩子痒痒、把孩子抱来抱去），和孩子做一些剧烈的身体游戏（打

第 3 章 毕生发展 109

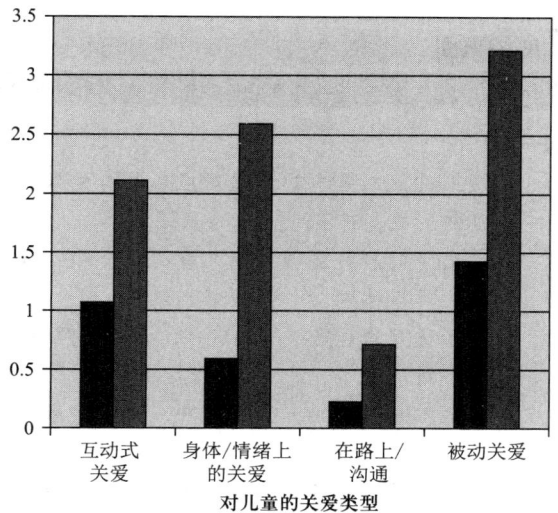

图 3.10 母亲与孩子和父亲与孩子的互动方式。图中显示了 1400 多个澳大利亚家庭样本每天发生的事情。母亲每天用来照顾孩子的时间比父亲的两倍还多。进一步分析可以看到，母亲花更多的时间在孩子的身体和情感关爱上（例如，喂食、洗澡、安抚），而不是互动式关爱上（例如，玩耍、阅读、活动），父亲则完全相反。最后，母亲在路上（送孩子去运动或上音乐课）、沟通（向老师了解孩子的情况）和被动关爱（例如，孩子玩耍时从旁看护）方面也比父亲花更多的时间。

闹），并且更可能想出不同寻常的玩法（例如，模仿婴儿）。相比之下，母亲对婴儿说的话更多，而且和婴儿玩的游戏也更常规（如藏猫猫）。她们在看护婴儿上花的时间更多。和父亲花很长时间一起玩的孩子，在许多方面的能力都表现得更高（Paquette, 204; Tamis-LeMonda et al., 2004）。

总之，父亲们能够像母亲们一样，对孩子做出亲切、敏感和快速的反应。不过，婴儿总会用不同的眼光看待爸爸和妈妈。妈妈代表的是舒适、养育和言语刺激，似乎总是伸手可及。爸爸常常来了又走，当他们在的时候就有刺激性的活动、新鲜事和冒险。因此，母亲和父亲的两种不同教养方式，对于儿童的性别角色发展都有着重要的影响（Holmes & Huston, 2010; Videon, 2005）。

种族差异：四种教养方式

不同的种族在教养儿童方面也会存在不同吗？Diana Baumrind 的工作对教养方式的影响进行了比较全面的总结。但是，她的结论可能最适合欧裔家庭。其他种族群体在抚养儿童方面通常也会反映出其不同的习惯和信仰。文化差异主要在于对孩子行为意义的尊重上。一个特殊的行为是"好"还是"不好"？应该鼓励还是阻止？答案主要依赖于父母的文化价值观（Leyendecker et al., 2005）。

把结果推论到不同人群总是很冒险的。不过，在北美地区我们的确也发现了在儿童抚养方面的典型差异（Kaplan, 1998; Parke, 2004）。

非裔美国家庭

传统的非裔美国家庭的价值观强调成员间的忠诚和互相依赖、安全、发展积极的个性、面对困难时坚持到底。非裔美国家庭中的父母一般注重对长者的顺从和尊敬（Dixon, Graber & Brooks-Gunn, 2008）。对孩子的管教虽然比较严格（Parke, 2004），但是许多非裔父母认为这是必要的，尤其是当他们居住在城市中，要考虑安全问题时。非裔父母也试图培养孩子的自立、足智多谋和在困难情境下照顾自己的能力（Parke, 2004）。

拉美裔家庭

与非裔美国家庭的父母一样，拉美裔家庭中的父母也倾向于较严格地管教孩子（Dixon, Graber & Brooks-Gunn, 2008）。他们也注重家庭观念、家庭自尊和忠诚（Glass & Owen,

---

教养方式 /Parental styles 父母照料子女和与子女互动的模式。

专制型家长 /Authoritarian parents 强制子女执行死板的规则和命令、严格服从父母的父母。

放纵型家长 /Overly permissive parents 给子女过多自由而很少给予指导、不教育子女对自己行为负责的父母。

权威型家长 /Authoritative parents 对子女提供确定的、前后一致的，并关爱子女的家长。

母亲影响 /Maternal influences 母亲对其子女的心理影响的总和。

父亲影响 /Paternal influences 父亲对其子女的心理影响的总和。

2010）。西班牙家庭一般比较溺爱和纵容较小的孩子。然而，当孩子长大后，他们也要求孩子学习社会技能，要沉着、顺从、有礼貌和尊敬他人（Calzada, Fernandez & Cortes, 2010）。事实上，这些社会技能被看得比认知技能更重要（Delgado & Ford, 1998）。此外，拉美裔父母更注重合作，而不是竞争。这种价值观会使拉美裔孩子在竞争激烈的欧美文化中处于劣势。

亚裔美国家庭

亚洲文化是集体主义取向的，他们强调个体间的互相依赖。而西方文化更看重个体的奋斗和独立。亚裔美国家庭的养育方式中也体现出了这种差异（Chao & Tseng, 2002）。亚裔美国人认为孩子的行为可以为家庭带来骄傲或羞耻。当家庭利益处于危急关头时，他们应放弃自己的愿望（Parke, 2004）。父母就像老师一样鼓励孩子努力工作、品行端正和有所成就。在最初几年里，教养方式是宽大放纵的。在孩子大约5岁后，亚裔美国家庭中的父母开始注重尊重、顺从、自控和自律。

阿拉伯裔美国家庭

中东文化要求孩子有礼貌、顺从、有规矩、遵守规则（Erickson & Al-Timimi, 2001）。惩罚措施包括打屁股、在他人面前对孩子嘲笑和羞辱。阿拉伯裔美国家庭中的父亲往往是一个强大的权威形象，他要求别人顺从，这样的话，家庭就不会因为孩子有不良行为而蒙羞。在阿拉伯裔美国群体的文化中，人们非常注重成功、慷慨、好客等品质。对家庭荣誉的追求鼓励了努力工作、节俭、保守和教育成就等观念。家庭的幸福重于个体自身。所以，阿拉伯裔美国家庭从小就教育孩子要尊重父母、家庭中的其他长辈和其他成人（Medhus, 2001）。

启示

世界各地的儿童抚养方式差异很大。事实上，我们在北美做的许多事情，比如让一个小孩子自己睡，在其他文化中可能是奇怪或者是错误的。在最终的分析中，只有我们知道孩子以后要进入哪个文化或民族社区时，才能评价他的教养方式（Leyendecker et al., 2005）。

知识巩固
儿童的社会性发展

测一测
1. 婴儿的分离焦虑的发展对应着其对父母的依恋的形成。对不对？
2. 高质量的日托能够提高儿童的社会和心理机能。对不对？
3. 父亲更多的是当孩子的玩伴，而不是照料者。对不对？
4. 根据 Diana Baumrind 的研究，优秀父母是专制地对待他们孩子的行为。对不对？
5. 亚裔美国父母相比那些欧裔的父母更偏向于个人主义取向。对不对？

想一想
批判性思考
6. 情感联结在出生前就会产生吗？
7. 你认为哪种教养方式最有可能养育出有进食障碍的孩子？

自我反思
你是否认为你童年时的经验，例如你早期的依恋类型，影响了你成年之后的人生？你能举出例子来吗？

你认识家有小宝宝的父母吗？他们是专制型、放纵型还是权威型的？他们的孩子怎么样？

你认为教养方式与种族有相关吗？如果有，为什么？如果没有，为什么？

答案：1. 对 2. 对 3. 对 4. 不对 5. 不对 6. 只有父母之子以为一位父亲的情感联结是胎儿动时，就能够亲身感受到了。同样的，准妈妈和准爸爸的孩子出生之前就能在心里勾勒出 B 超图像中，也会产生这种情感联结（Santrock, 2009）。7. 专制型的教养方式和不能有效地控制孩子的放纵型，这两种极端的教养方式都可能使孩子出现进食障碍问题（Haycraft & Blissett, 2010）。

语言发展——快速学话的宝宝

关键问题 3.5：儿童的语言能力是如何获得的？

宝宝说出第一个字是非常神奇的。那么，婴儿是如何跃入言语世界的呢？事实很快就清楚了，成熟（先天）和社会性发展（后天）共同奠定了语言学习的基础。

语音的发展和婴儿的成熟紧密相关（Carroll, 2008；Gleason & Ratner, 2009）。任何一位父母都可以告诉你，婴儿一生下来就会哭。1个月时，婴儿可以很好地控制自己什么时候哭，用来引起大人们的注意。此时，父母可以从婴儿的哭声中分辨出婴儿到底需要什么（Kaplan, 1998）。6—8周时，婴儿开始发出喔啊声，即重复发出像"喔""啊"等元音声。

到7个月时，萨曼莎的神经系统已经足够成熟，可以抓握物体、微笑、大笑、坐起来以及咿呀发声。在咿呀发声阶段，辅音 b、d、m、g 和元音掺杂在一起，发出无意义的音节：dadadadada 或 bababa。世界上所有的咿呀开始时都是一样的。但父母说的语言很快就产生影响了。也就是说，日本的婴儿开始以听起来像日语那样的声音咿呀，墨西哥的婴儿用像西班牙语一样的声音咿呀，等等（Gopnik, Meltzoff & Kuhl, 2000；Kuhl, 2004）。

1岁左右的婴儿可以独自站一小会儿，可以对"不""你好"之类的词做出反应。之后不久，婴儿可以在词和物体之间形成联系，可以用"妈妈""爸爸"称呼父母。在1岁半到两岁，萨曼莎学会站立和独自行走。这时她的词汇量可以达到24～200个。语言习得的最初阶段是单词阶段，这个阶段的儿童每次只说一个词，比如"走""喝""上"等。不久之后，他们开始可以把单词连成简单的双词句，出现电报式言语，比如"要－熊""妈妈－走"等。

语言和可怕的两岁

在儿童开始说双字词或三字词的时候，他们已经变得非常独立了。两岁的孩子能理解父母的一些命令，但他们并不总是愿意听从。像萨曼莎一样的孩子会通过说"不喝""我来""我的杯子"之类的话来显示自己的独立。当然还有更糟糕的。一个两岁的孩子会专注地看着你，和你对视，一边听你喊"不要，不要"，一边把果汁倒在小猫身上。

两岁这年，儿童越来越会恶作剧和发脾气（Kaplan, 1998）。但把这段时间称为"可怕的两岁"还不完全合适。一岁的孩子也会做很多父母不喜欢的事情。然而，两岁的孩子会因为父母不想让他们做，才故意做一些事情（Gopnik, Meltzoff, & Kuhl, 2000）。也许父母听到"不听话的、消极的两岁孩子以后会变得更独立"这个消息时，能稍稍安下心来。当萨曼莎两岁时，卡萝尔和戴维应该牢记"这总会过去的"。

在两岁以后，儿童对词汇的理解和运用向前跃进一大步。从这时开始，儿童的词汇量和语言技能明显增长（Fernald, Perfors & Marchman, 2006）。到上小学一年级的时候，萨曼莎会用的词大约有4000个，可以理解的词在8000个左右。她将真正进入语言的世界。

语言的起源

是什么导致了语言发展的大爆发呢？ 语言学家 Noam Chomsky（1975, 1986）早就宣称，人类由遗传得来一种**生物性素质**，或遗传上的准备就绪状态，用来发展语言。根据 Chomsky 的观点，语言组织就像人协调步伐的能力一样，是与生俱来的。以下是一些儿童最初的典型的语言表达模式。如果先天的语言"再认"确实存在，也许可以解释为什么全世界的儿童最初语句中使用的模式都是这么有限的几种（Mussen et al., 1979）：

- 指认表达模式：   "看小猫。"
- 不存在表达模式：   "没奶。"
- 拥有表达模式：   "我的娃娃。"
- 发起动作表达模式：   "妈妈拿。"
- 否定表达模式：   "不球。"
- 问题表达模式：   "哪儿小狗？"

生物性素质 /Biological predisposition 决定人学会特定技能或以特定方式行为的生物特性，比如学习如何使用语言。

Chomsky的理论能否解释为什么婴儿语言发展得如此之快？Chomsky的理论也许能解释一部分。但是，许多心理学家感到，Chomsky低估了学习的重要性（Tomasello，2003）以及塑造语言发展的社会环境（Hoff，2006，2009）。心理语言学家在语言的心理学方面的研究表明，对成人的模仿和用词恰当时得到的强化是语言学习中的重要部分。儿童也通过问问题积极地参与到学习语言中来，比如，"这个一什么？"（Domingo & Goldstein-Alpern，1999）

此外，如果儿童说话时句子有毛病，父母通常会加以必要的纠正后重复给孩子听（Bohannon & Stanowicz，1988；Hoff，2006），或者提出疑问以引起孩子对错误的注意（Saxton, Houston-Price & Dawson，2005）。尤为重要的是，在儿童会说话之前的很长一段时间，父母和儿童之间就已经开始言语交流了，经过了好几个月的共同努力之后婴儿才说出第一个词。根据这一观点，婴儿与父母进行社会性互动的准备就绪状态，与他们天生的语言再认能力同样重要。下一部分将解释原因。

早期交流

父母在婴儿还不会说话时如何与其交流？父母总是千方百计地使宝宝微笑和发声。为了达到目的，他们很快学会了要变换动作吸引婴儿的注意、唤起他们并保持理想的活跃状态。一个熟悉的例子是和宝宝玩"我要抓住你"的游戏。在这个游戏里，成人说："我要抓了，我要抓了，我要抓了，抓住了！"通过这样的游戏，形成了成人和婴儿共同的节律和期待（Carroll，2008）。很快，一个包括抚摸、发声、凝视和微笑等**信号**的系统建立起来。这些都是以后运用语言交流的基础（Tamis-LeMonda, Bornstein & Baumwell，2001）。更重要的是，这些信号建立起一种轮流模式，即在交谈中交替发送和接收信息。

卡萝尔	萨曼莎
"宝贝，你笑得真好看！"	（微笑）
"好极了，是不是？"	
"再笑一个！"	
"你笑得真好！"	（打嗝）
"哦，怎么了，宝贝？"	
"好点儿了吗？"	
"好了？"	
"好了。"	（发声）
"好了！"	（微笑）
"又笑啦。什么事这么好笑？"	

从表面上看，这种交流可能毫无意义。而事实上，这就是真正的交流。婴儿的注意和发出的声音是他与父母间情绪互动的一种方式。一项研究发现，6周大的婴儿就能够追随着成人的言语节奏凝视着成人的脸庞（Crown et al.，2002）。在成人与婴儿轮流式互动中，甚至只有4个月大的婴儿也会发出好像说话一般的声音（Jaffe et al.，2001）。父母和孩子进行交流的时间越多，儿童说话就会越早，成人告诉儿童的物体名称越多，他们的词汇量增长越快（Dickinson & Tabors，2001；Hoff & Tian，2005）。很明显，早期语言学习与社会关系有关（Hoff，2006，2009）。

父母用语

当父母对婴儿说话时，会使用一种夸张的模式说话，称为**父母用语**。他们对婴儿说话时一般都会提高声调、用短句子、不断重复、还会频繁地利用手势（Gogate, Bahrick & Watson，2000）。他们也会放慢速率，用夸张和富有变化的语调说话，比如说："萨曼莎把瓶瓶里的奶喝光光了吗？"

使用这种特殊言语方式的目的是什么？很明显，父母是在帮助孩子学习语言（Soderstrom，2007）。当一个宝宝还在咿呀发声阶段时，父母说话常用的还是成人风格的长句子。一旦宝宝说出第一个词之后，父母就会开始使用这种父母用语。当孩子4个月时，与正常语言相比，他们更喜欢父母用语（Cooper et al.，1997）。

父母用语除了简单之外，还有着明显的"音乐"性质（Trainor & Desjardins，2002）。在世界上，不管妈妈们说的是哪一种语言，她们对孩子进行安慰、表扬或者给予警告的用语在音调、停顿以及变化上都是一样的。心理学家Anne Fernald发现，不管是哪个民族，妈妈和她们的宝宝说话时的音高的变化都很相似：在称赞宝宝时，都是先升调后降调（比如："真好！""好孩子！"）；警告时，说话的节奏急促、尖锐（比如："不行！ 不行！""别动！小坏蛋！"）；当安慰孩子时，父母用的是低柔和拉长的语调（比如："哦——哦，可怜的宝贝。"）；吸引孩子对物体的注意时，一般是升调，音也较高（比如："看见那只小鸟了吗？它多漂亮啊！"）（Fernald, 1989）。

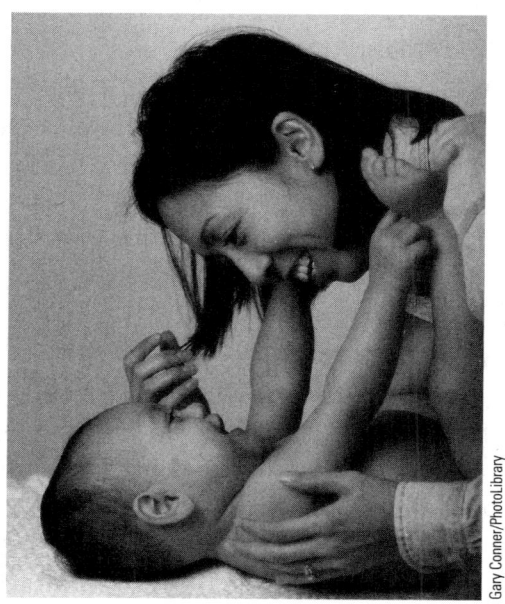

当使用父母用语时，父母会用完全不同的方式对婴儿唱歌。甚至其他语种的人也能分辨出一段录音是唱给婴儿还是唱给成人听的。（Trehub, Unyk, & Trainor, 1993）

父母用语有助于父母吸引婴儿的注意、与婴儿进行交流和教他们说话（Thiessen, Hill & Saffran, 2005）。当儿童的说话能力提高后，父母会根据儿童的语言水平来调整自己的言语表达方式。尤其是在儿童1岁半到4岁之间，父母一方面要弄清儿童在说什么，另一方面要让孩子多说。

综上所述，语言发展的某些要素是遗传决定的，凡是正常的儿童，只要不是生长在一个极不正常的环境中，都能够习得语言。当然，一个人学的是英语、德语、西班牙语还是俄语，与语言的先天因素无关。环境的作用会影响一个人掌握语言技能的水平和复杂程度。7岁前是语言学习的敏感期

(Hoff, 2009)。只有得到精心的培养，儿童语言发展的潜能才能够得到充分的开发。

知识巩固
儿童的语言发展

测一测

1. 语言和语言的发展通常遵循以下哪一种顺序？
   a. 哭、喔啊发声、咿呀学语、电报式言语
   b. 喔啊发声、哭、咿呀学语、电报式言语
   c. 咿呀学语、哭、喔啊发声、电报式言语
   d. 哭、咿呀学语、喔啊发声、识别
2. 简单双字词句子是_____语言的特征。
3. Noam_____提出了语言习得是以与生俱来的模式为基础的观点。
4. 前语言的轮流式互动和社会性互动是心理语言学家非常感兴趣的课题。对还是错？
5. 父母对婴儿说话时都会提高声音并用一种夸张的模式，这被称为_____。

想一想
批判性思考

6. 有父母陪伴的孩子比福利院的孩子每小时听到更多的词语，他们的心理能力的分数也更高。这种高分数还有其他的解释吗？

自我反思

看看你能否按顺序说出和模仿从出生时到2岁的宝宝的语言能力。再看看你能否说出和模仿出一些父母用语的基本要素。

用你自己的语言，各陈述至少一种观点来支持和反对乔姆斯基的语言习得观点。

答案：1. a 2. 电报式 3. Chomsky 4. 对 5. 父母用语 6. 在家庭中的孩子比起福利院的孩子有更多的爱抚，当来自福利院的孩子得到照料时，他们的孩子也能得到更好的发展。

信号/Signal 在言语发展早期，父母和孩子间非言语互动的任何接触、声音、注视或微笑。

父母用语/Motherses（或 Parentese） 其特点是声调高、句子简短、重复、语速慢和夸张。

认知发展——像儿童一样思考

关键问题 3.6：儿童的思维能力是如何获得的？

现在我们知道萨曼莎可以说话了，让我们以更广的视角来看智力的发展。瑞士心理学家和哲学家让·皮亚杰（1896—1980）最先提出了关于儿童思维发展的观点，他推断儿童的认知技能按照一系列成熟阶段逐步发展。与此同时，许多心理学家也开始对不同文化背景下儿童的心智技能感兴趣。尤其是，儿童如何在"导师"（父母和他人）的指导下进行学习。

皮亚杰的认知发展理论

皮亚杰的理论对我们认识儿童有着深远的影响（Feldman，2004）。根据皮亚杰的观点（1951，1952），儿童的思维一般来讲没有成人抽象。他们倾向于把理解基于特定的事例、当时的感觉和能看到或摸到的物体上。同时，儿童也很少使用概括、归类或法则。皮亚杰还认为所有儿童的心智发展都是按照一系列明显的阶段逐步成熟的。他的许多想法都来自对自己孩子在解决各种问题时的观察。（试想一下，皮亚杰卓越的职业生涯是这样开始的——有一天他的妻子对他说："照看一会儿孩子好吗？"）

让·皮亚杰（1896—1980），哲学家、心理学家、儿童热心观察者。

心理过程

皮亚杰认为，心智是在同化和顺应的过程中发展的。**同化**指将现有的心理模式运用到新的情境中去。例如，一个名叫本杰明的男孩坐车去乡下。他生平第一次看到了鸭子，于是指着大喊："鸭子！"他曾经在图画书上看见过鸭子，而且还有鸭子的毛绒玩具。这时，他将新的经验加入他对鸭子的已有观念中。用皮亚杰的说法，就是同化到了已有的知识结构中。

顺应是通过修正已有的观念以适应新的要求。例如，假设一个月后本杰明去动物园，他第一次看到了鸳鸯。他又一次自豪地大喊："鸭子！"他的母亲回答说："不对，亲爱的，那是鸳鸯。"小本杰明将鸳鸯同化到他关于鸭子的观念中失败了。他现在必须通过创造一个鸳鸯的新概念来进行顺应，并调整他对鸭子的观念。

感觉运动阶段（0—2岁）

把你的目光从本书转移到房间里的其他地方。现在闭上你的眼睛。书还在那儿吗？你是怎么知道的？作为一个成年人，你能够用"心灵的眼睛"保存物体的图像。而皮亚杰认为，新生儿是没有内在表征的，如心理表象。所以，他们就缺乏**客体恒常性**，即理解即便离开视线物体仍然存在的能力。

> **知识桥**
> 概念和语言是其他类型的内在表征。详见第8章。

因此，在2岁之前，萨曼莎的心智发展大多是非智力和非言语方面的发展。她所做的主要是学习协调感觉获得的信息和有目的的运动。在这段时间里，儿童明白了一点：即使看不见物体，它们依旧存在，有了客体恒常性概念。但1岁以内的儿童有时会积极地去找不见了的东西。到了2岁，儿童可以预期隐藏物体的运动，比如，当玩电动火车的时候，火车进了隧道，萨曼莎不是盯着火车消失的地方看，而是会朝着火车将要出现的方向看。

总而言之，这个阶段的发展表明儿童的概念变得更加稳定了，物体不再奇迹般地出现和消失。一个更加有序、可预测的世界取代了婴儿的混乱、毫无联系的感觉世界。

前运算阶段（2—7岁）

再次闭上你的眼睛，想象你睡觉的房间。你能想象出你坐在天花板上而你的床消失了的样子吗？现在你就是在心里通过心理转换来操控你的表象。根据皮亚杰的观点，即使前运算阶段的儿童也能形成心理表象，但处于前运算阶段的他们不能随意地进行**心理转换**。

这就是为什么虽然在六七岁之前儿童已开始出现符号思维并开始使用语言，但是他们的思维仍然是以**直觉思维**为主的（较少使用推理和逻辑判断）。（你还记得小时候走路的时候，会认为太阳和月亮都跟着你走吗？）这样的想法通常也被认为是迷信的，特别是到了儿童后期和成年期依然保持这样的想法时（Wargo, 2008）。

让我们看看5岁的萨曼莎：如果你给她看两个盛满了牛奶的杯子，其中一个玻璃杯矮粗，另一个细高，她会告诉你，高杯子里盛的牛奶多（即便事实并非如此）。即使她看着你把矮杯子里的牛奶倒进一个空的高杯子里，她还是会说高杯子里盛的牛奶多。只是换了个杯子，牛奶怎么可能由少变多了呢？但儿童丝毫不为此感到困扰。相反，他们只是觉得高一点儿就意味着多一点儿（图3.11）。

到了7岁左右，儿童就不再会为这种情况所迷惑了。这也许就是为什么7岁被称作"推理年龄"的原因吧。7岁以后，我们看到儿童更有逻辑、更像成人思维的明确发展趋势（Flavell, 1992）。

在前运算阶段，儿童还具有**自我中心思维**，或者说他们还不会从他人的角度看事物。儿童心理世界的中心似乎就是自我。例如，给萨曼莎看一个双面镜，然后把它放在你和她中间，这时她能从镜子里看到自己。如果你问她，她认为你能看到什么？她会说你从镜子里看到的还是她，而不是你。她无法进行心理转换来想象你能看到什么。

"自我中心"这一概念有助于我们理解为什么儿童有时会显得"自私"或给人捣乱。例如，本杰明站在电视机前，挡住了你的视线。其实，他以为你看到的和他看到的一样。这时，如果你让他挪一下好让你也能看电视，他也许会动一下，但他还是以自己能看得更好为目的！本杰明并不是我们一般说的"自私"，他只是意识不到你的视野和他的视野不同。

另外，孩子对语言的使用貌似也没那么熟练。儿童常常把词和它们代表的物体混为一谈。如果本杰明把一块积木叫作"小汽车"，当你用它

图3.11 如果把液体从一个矮粗的容器里倒进一个高细的容器里，7岁以下的儿童会根据直觉设想液体的量增加了。照片中的男孩认为，高容器比矮容器盛得多。实际上，两个容器里液体的量一样多。儿童的判断是基于液体的高度，而不是它的量。

同化 /Assimilation　皮亚杰理论中的概念，指将现有的心理图式用于新的环境（也就是说，新环境被同化到现有的心理图式中）。

顺应 /Accommodation　修正当前的心理图式使之符合新的需求（也就是说，改变心理图式以适应新的信息或经验）。

感觉运动阶段 /Sensorimotor stage　智力发展的一个阶段，在此阶段中感觉输入和运动反应变得协调起来。

客体恒常性 /Object permanence　婴儿获得的概念，即物体在看不见时依然存在。

前运算阶段 /Preoperational stage　在这个智力发展阶段中，儿童开始运用语言和符号思维，但仍有直觉性和自我中心的特点。

心理转换 /Transformation　皮亚杰理论中的概念，指儿童知道一个物体形状改变但其体积不变的心理能力。

直觉思维 /Intuitive thought　很少或不使用推理和逻辑的思维。

自我中心思维 /Egocentric thought　以自我为中心的思维方式，不能正确考虑到他人的立场。

搭一个"房子"时,他就被弄糊涂了。对儿童来讲,物体的名称和它的大小、形状、颜色一样,是它的一部分。这就是为什么侮辱性的外号会对前运算阶段的儿童造成伤害,叫外号就像打他们一样。例如,一个小女孩被哥哥惹恼了,她想办法报复,但又打不过强壮的对手,于是她对哥哥喊道:"你这紧身裤!"因为紧身裤是她所能想到的世界上最坏的东西。

对一个前运算阶段的孩子来说,独自过马路是危险的。因为他们的思维还非常自我中心,他们不能理解为什么他们能看到汽车,而司机看不到他们。7岁以下的孩子还不能始终一致地判断来车的速度和距离之间的关系。成人很容易高估小孩子的街道生存能力。建议教孩子在绿灯时或者在别人的帮助下从人行道穿过马路。

具体运算阶段(7—11岁)

这段时间的另一个重要发展是,出现了逆向思维或心理运算的能力。下面是研究者和一个前运算阶段的4岁男孩的谈话(我们从中可以看到如果缺乏逆向思维能力会怎么样):

> 研究者:"你有兄弟吗?"
> 孩子:"有。"
> 研究者:"他叫什么名字?"
> 孩子:"吉姆。"
> 研究者:"吉姆有兄弟吗?"
> 孩子:"没有。"

掌握思维可逆性原则后,儿童便能自然地想到:如果$4 \times 2 = 8$,那么2×4也等于8。小一点的儿童必须分开记忆每种关系。处于前运算阶段的儿童可能知道$4 \times 9 = 36$,但可能无法说出9×4等于多少。

具体运算阶段中一个重要的发展是掌握**守恒**的概念。例如,儿童知道,把一个黏土揉成一条"蛇"后,黏土的量并不增加。当儿童明白物体形状改变后数量不变时,他们就掌握了守恒,这时,他们知道,把液体从一个细高的玻璃杯倒入一个浅盘,也不会使液体的总量减少。在上述情况下,尽管形状或外表改变了,但是总量保持不变,最初的量是恒定的(图3.11)。

在这一阶段,儿童开始使用关于时间、空间和数的概念。儿童可以根据具体的物体、情境、类别或原则进行逻辑思考。这就是为什么儿童达到此阶段后就不再相信有圣诞老人的原因,因为他们可以根据数量守恒的原则认识到,圣诞老人的袜子不可能装得下送给成千上万个孩子的礼物。

形式运算阶段(11岁以后)

大约在11岁以后,儿童思维开始脱离开具体的物体和特定的事例。思维基于更加抽象的规则,比如"公平""荣誉"或"相关"。儿童能对他们自己的想法进行反思,而且变得不那么自我中心了。更大一点的儿童和少年还能够逐渐考虑一些假设的可能性,进行推测、猜想或估计。例如,如果你问一个处于具体运算阶段的儿童:"如果人一下子会飞了,你认为会发生些什么事?"他可能回答:"人不会飞。"如果是问一个有形式运算能力的儿童,他会考虑一些可能性。

儿童的心智在形式运算阶段充分发展,达到成人水平。年龄更大一点的青少年可以进行归纳推理和演绎推理,能够理解数学、物理、哲学、心理学和其他抽象的学科。他们可以学会如何对科学假设进行检验。当然,不是每一个人都能达到这个水平。许多成人可以在某些方面进行形式运算水平的思维,但是一旦到了他们不熟悉的领域,他们的思维方式还是要回到具体运算。这表明,形式运算思维能力更多的是文化和学习的结果,而不是成熟的结果。总之,从青春期开始,心智能力的提高主要取决于知识、经验和学识的增长,

表 3.2　皮亚杰理论——父母指南

皮亚杰理论阶段	"大富翁"游戏	父母指南
感觉运动阶段（0—2岁） 感觉和运动反应变得协调。	把房子、宾馆和骰子都放到嘴里，随意扔牌。	这个阶段积极地与孩子玩是最有效的。鼓励通过触摸、闻和操作来探索。"藏猫猫"是建立客体恒常性的好方法。
前运算阶段（2—7岁） 儿童开始使用语言并运用符号思维的认知发展期，此间，只保留直觉的、自我中心的思维方式。	会玩这个游戏了，但他们按自己的规则走，不理解指令。	特殊例子、触摸或观察事物仍然比言语解释更有用。通过展示液体、珠子、土和其他物质来学习守恒的概念。
具体运算阶段（7—11岁） 儿童开始使用时间、空间、容积和数等概念思维的认知发展期，但思维方式简单，缺乏抽象能力。	可以理解基本规则并按照规则玩，但是还不能通过抵押、贷款与其他玩者进行假想的交易。	孩子开始使用概括，但要掌握观点还需要一些具体的例子。孩子在新情境下应用时间、空间和量的概念还有些不一致。
形式运算阶段（11岁以上） 以具有抽象、理论和假设思维为特征的认知发展期。	不再只是按一般的套路玩，能够针对每一种可能出现的复杂和假设情况游戏。	帮助儿童掌握一般规律和原则时，较有效的方法是用言语或符号来解释。鼓励孩子建立假设，并想一想事情会如何发展。

Copyright © Cengage Learning 2013

而不再与先天的潜能有多大关系。

父母如何应用皮亚杰的观点呢？ 按照皮亚杰的理论，引导儿童智力发展的理想方式是，让他们去做稍微有点奇特、不寻常或者有挑战性的事。记住，儿童的智力发展主要是通过顺应。通常最有效的做法是采用"超出一步"的策略，就是教育要略微超出儿童现有的理解水平（Brainerd，2003）。

父母应该避免强迫式教育，那是揠苗助长。强迫儿童提前学习阅读、算术、体操、游泳或音乐，往往会使他们感到厌烦和压抑。真正的丰富化环境应尊重儿童的兴趣，不会让儿童感觉到有压力要表现好。

表3.2简要地概括了皮亚杰理论的各个阶段。为了便于记住皮亚杰的儿童认知发展阶段理论，我们把儿童在每个阶段的发展情况与他们在玩游戏时可能的表现联系起来。你也可以找到如何把孩子与每个阶段联系起来的简要建议。

皮亚杰理论在今天的影响

今天，皮亚杰的理论在我们理解儿童如何思考时，依然具有重要的指导意义。从广泛的意义上讲，皮亚杰的许多观点仍旧屹立不倒。但是，在一些细节问题上也存在着反对的声音。例如，按照学习理论家的观点，儿童获得各种特殊知识是一个不间断的过程，并不是每进入一个新的年龄阶段心理能力就有一个突然的提高（Feldman，2004；Siegler，2005）。然而，脑神经的发展连接确实是与皮亚杰提出的发展阶段相对应的。因此，也许我们可以通过把皮亚杰的阶段理论与现代学习理论结合起来，最终找到真理。

另外，现在人们普遍同意儿童认知技能的发展早于皮亚杰的观点（Bjorklund，2005）。例如，皮亚杰认为，不到1岁的婴儿不能思考（利用内在表征）。他说这些能力要在感觉运动发展很长时间之后才能出现。他还说，婴儿对超出视线之外的人和物体没有记忆。可是，现在我们已经知道，婴儿很早就开始形成关于世界的表征。例如，3个月大的婴儿就知道，物体是一直存在的，即使看不见也不会消失（Baillargeon，2004）。

为什么皮亚杰没有发现婴儿的思维能力？ 很有可能是因为他把婴儿有限的运动能力误以为是心理能力。皮亚杰的测验要求婴儿去寻找物体，或者伸手去触摸物体。而更敏感的方法可以揭示出皮亚杰所不能探查到的能力。婴儿和成人一样，当看到"不可能"或出乎意料的事情

具体运算阶段 /Concrete operational stage　智力发展的一个阶段，在此阶段，儿童可以使用时间、空间、体积和数字的概念，但这种使用依然很简单、具体，还不是抽象的。

守恒 /Conservation　在皮亚杰理论中，指当容器的形状和外观改变时容量不变的概念。

形式运算阶段 /Formal operational stage　智力发展的一个阶段，其特点是包括抽象的、理论的和假设观点的思维。

批判性思考

心理理论：你是你！我是我！

人类发展的一个主要阶段就是意识到自己是一个人。当你在照镜子的时候，你知道镜子里的那个人是你。和许多方面一样，初始的自我意识依赖于神经系统的成熟。在一个经典的自我认知实验中，婴儿观看电视上他们自己的影像。大多数的婴儿要在18个月以后才能认出他们自己 (Nielsen & Dissanayake, 2004)。

但是2岁的孩子知道他是"我"并不意味着他知道你是"你"。3岁的埃瑞克曾经用手捂住自己的眼睛并对他的小伙伴劳伦斯说："现在你看不见我了！"他知道自己的视角，却不知道小伙伴的视角和自己是不同的。

早些时候，我们看到皮亚杰用"自我中心"这个词来表示幼儿的这一特征，并且假设幼儿在进入7岁的具体运算阶段之前都是自我中心的。最近的证据显示，儿童从4岁开始就没那么自我中心了（Baron-Cohen, 1985; Doherty, 2009）。如前所述，这种发展能力被称为心理理论（Gopnik, 2009）。

评价一个儿童是否理解他人有其自己的心理状态的方法是错误信念（或Sally-Anne）任务。给儿童展示两个娃娃，Sally和Anne。Sally有一个篮子，而Anne有一个盒子。Sally把一个硬币放在篮子里然后出去玩了。Anne从Sally的篮子里拿出了硬币并放进了盒子里。Sally回来要找她的硬币。为了评价心理理论，儿童会被提问说Sally会去哪里找她的硬币。虽然儿童知道硬币在Anne的盒子里，但是正确答案是Sally会在她的篮子里找硬币。为了回答正确，儿童必须理解从Sally的视角看不到他所看到的一些东西（Baron-Cohen, 1985）。

心理理论一直在发展。心理理论逐渐发展，孩子就能够理解其他人可能会说谎、讥讽、开玩笑或者使用修辞手法。有些人成年了还不能精于此道。事实上，有证据显示儿童的自闭症就是这方面存在严重的不足（O'Hare et al., 2009）。

自我意识直到18个月才发展起来。在儿童发展出自我意识之前，他们无法从镜子里辨认出自己。他们通常以为自己在看其他的小孩。有的儿童会想要抱抱镜子里的小孩或者走到后面去找他们看到的小孩（Lewis, 1995）。

时都会感到惊讶。研究者利用了这一事实，找到了一种更有揭示力的实验方法。心理学家Renee Baillargeon（1991, 2004）为婴儿进行"魔术表演"，用玩具或者其他物品为婴儿表演可能发生的事件和不可能发生的事件。一些3个月大的婴儿就会对这种不可能的事件表现出惊奇，注视的时间更长。比如，让婴儿看到两个固态物体似乎相互穿过对方。8个月大的婴儿能够记住物体应该在哪里，记忆至少可保持1分钟（图3.12）。

类似的，皮亚杰认为儿童在前运算阶段仍然是自我中心的，等到7岁时才能意识到自己之外的视角。研究者们认为，这是**心理理论**的发展，即理解人拥有心理状态，例如思想、信念和意图，并且其他人的心理状态与我们自己的不同。目前，心理学家认为4岁的儿童就能够理解他人的心理状态不同于自己（Doherty, 2009）。（想对此了解更多，请见"心理理论：我是我！你是你！"）

关于皮亚杰的另一个批评是，他低估了文化对发展的作用。下一部分将讲述萨曼莎是如何掌握她所在文化中所崇尚的智力工具的。

维果斯基的社会文化理论

当皮亚杰专注于成熟在认知发展中的作用时，俄国学者维果斯基（Lev Vygotsky, 1896—1934）正

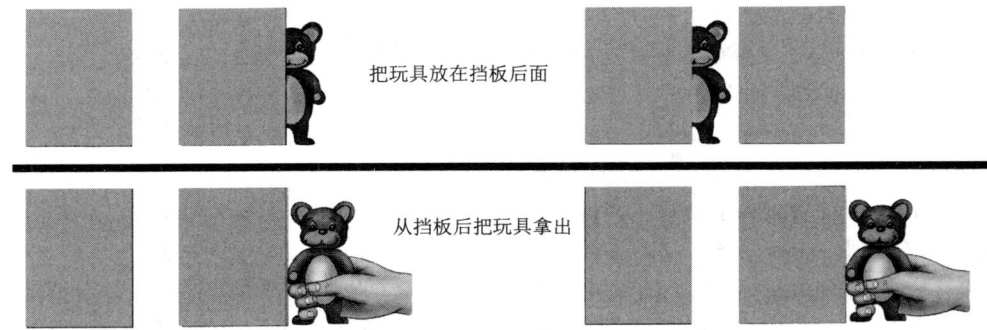

图 3.12 图中左边显示的是可能发生的事件：婴儿看到玩具被放在一块挡板后面，70秒钟后，玩具被从同一块挡板后面拿出。右边显示的是不可能发生的事件：婴儿看到玩具被放在一块挡板后面，但后来玩具被从另一块挡板后面拿出（这是预先藏好的）。8个月大的婴儿看到不可能的事件发生时非常惊讶。这种反应表明，婴儿记住了藏玩具的地方。这说明，婴儿的记忆和思维能力大大超出皮亚杰认为感觉运动阶段儿童能够达到的水平。

对社会文化因素的影响感兴趣。许多心理学家认为皮亚杰太不重视学习环境的作用了。例如，在贫穷的乡村长大的孩子能在比皮亚杰预测的阶段更早的时候就正确回答出黏土守恒的问题。维果斯基的主要观点（1962，1978）是，儿童思维的发展是通过与能力更高的成人的交流来实现的。

"年轻人，回你的房间去待到你大脑皮质成熟了再出来吧。"

这与智力的发展有什么关系呢？到目前为止，还没有人发表《儿童的人生指南》（*A Child's Guide to Life on Earth*）这样的书。所以孩子必须从各种老师身上学习生活的知识，比如从父母、老师或兄长那里学习。就算真的有《儿童的人生指南》这样的书，每个文化都需要一个不同的版本。仅仅教儿童如何学习是不够的。每个儿童还必须学习自己所在文化所崇尚的特殊技能。

与皮亚杰一样，维果斯基相信儿童会主动去发现新的规则。但维果斯基强调儿童许多最重要的发现是在熟练的老师的指导下完成的。发展心理学家David Shaffer 和 Katherine Kipp（2010）提供了下面的例子：

> 4岁的托尼娅刚收到的一份生日礼物是拼图。她试着自己来玩，却没有任何进展，这时她爸爸进来了，坐在她身边，给了她一些建议。他说最好是先把角拼起来，然后指着角上的一块粉红色的区域说："我们再来找一块粉色的"。当托尼娅看起来很泄气时，他把可以拼在一起的两块拼图放得很近，这样托尼娅就会注意到它们，当托尼娅成功时，他就鼓励她。当托尼娅慢慢知道拼图的诀窍时，他就离开了，让她自己独立完成。

在孩子的**最近发展区**内，这样的互动最有效。维果斯基这样说的意思是什么？维果斯基认为在任何既定的阶段，有些任务是略微超过孩子的

心理理论 /Theory of mind 理解人拥有心理状态，例如思想、信念和意图，并且其他人的心理状态与我们自己的不同。

最近发展区 /Zone of proximal development 儿童不能独立完成，但在能力更强的伙伴的帮助下可以完成的任务范围。

能力的，孩子很快就能具备完成这些任务所需要的心理技能了，但如果让他自己掌握就会有些复杂。然而，如果儿童能接受一个熟练伙伴的指点，就会在这个发展区内快速进步(LeBlanc & Bearison, 2004)。

维果斯基还强调一个过程，他称之为**脚手架**。维果斯基相信，成人可以通过脚手架或支持他们尝试解决问题或发现规则，来帮助孩子学习如何思考(Daniels, 2005)。脚手架必须对孩子的需要有反应性，这样才会最有效。比如，当托尼娅的父亲帮助她拼图时，他为了适应托尼娅的能力，把建议和指导做了修改。两块小的可以拼到一起，就这样一步步地，托尼娅就理解了如何去拼一个拼图。就某种意义来说，托尼娅的父亲建立了一系列临时桥梁来帮助她进入新的心理领域。根据维果斯基的理论可以预测，8~10岁儿童的阅读技能与他们的母亲在他们3~4岁时提供的言语脚手架的数量密切相关(Dieterich et al., 2006)。

在与他人合作中，孩子会学到重要的文化信仰和价值。比如，有个男孩想知道自己有多少张牌，他妈妈帮他数，每数一张牌就把它放到牌堆上面，然后教他怎么样把数字记到纸上来帮助记忆。这样就不仅教会了孩子数数，而且告诉了他在他们的文化中，写字也是很重要的。而在其他地区，孩子在学习数数时，可能会学怎样在木棍上刻凹痕或在绳子上打结。

启示

维果斯基认为成年人在儿童获取知识时起很重要的作用。当儿童想解释世界时，他们就会依赖成人的帮助来理解事物是如何发展的。维果斯基进而指出，成人无意识地调节自己的行为以给予儿童解决问题所需要的信息。通过这种方式，儿童就在成人的帮助下了解了自己所处的文化和社会(Gredler & Shields, 2008; LeBlanc & Bearison, 2004)。

知识巩固

儿童的认知发展

测一测

找出每一项匹配的阶段。
A. 感觉运动阶段；　B. 前运算阶段；
C. 具体运算阶段；　D. 形式运算阶段。

1. ＿＿＿＿自我中心
2. ＿＿＿＿抽象或假设思维
3. ＿＿＿＿目的性运动
4. ＿＿＿＿直觉性思维
5. ＿＿＿＿守恒
6. ＿＿＿＿思维的可逆性
7. ＿＿＿＿客体恒常性
8. ＿＿＿＿非言语性发展
9. 同化是指将现有的思维模式或知识应用到新的情境中。对不对？
10. 新的探查婴儿思维能力的方法，通常是考察当出现表面上＿＿＿＿的事情时，婴儿是否＿＿＿＿。
11. 维果斯基称为了学习新的心理技能而提供暂时的支持框架的过程为＿＿＿＿。

想一想

批判性思考

12. 在西方文化中，4岁的儿童能够理解其他人的心理状态不同于他们自己的。换句话说，他们发展出了一种心理理论。这种能力是西方人独有的吗，或者其他文化背景下的儿童也能发展出心理理论吗？

自我反思

你将要和不同年龄的儿童一起做饼干。你能说出皮亚杰理论的每个阶段，并给出每阶段儿童表现的例子吗？

要求你去帮助一个孩子学习如何使用袖珍计算器做简单的加法运算。你将如何确定这个孩子在这个任务上的最近发展区？你将如何一步步地帮助这个孩子学习。

答案：1.B 2.D 3.A 4.B 5.C 6.C 7.A 8.A 9.对 10.不可能的事情，婴儿是否注视更长时间 11.脚手架 12.所有的人群都能够逐渐使他们认识到，其他人的行为是有目的的，并对做出的行为进行解释。在一个对非西方社会孩子的研究中，4岁的孩子也能发展出心心理理论 t (Oberle, 2009)。

青少年期与成年早期——最美好的时光，最麻烦的年纪

关键问题 3.7：为什么青少年期向成年期的过渡具有特殊的挑战性？

青少年期和成年早期是一个充满变化、探索、活力和追求的时期。这也是一个充满焦虑和问题的时期，尤其在今天的社会里，更是问题多多。我们完全可以说这段时期是"最美好的时光，最麻烦的年纪"。在青少年期，有关个人认同和道德价值观等问题变得非常突出，尤其是同时还要向成年进行过渡。

青少年期指的是儿童期和成年期之间的阶段。在社会看来，青少年已不再是儿童，同时也还不完全是成年人。几乎所有文化中都认可这个过渡期的地位。不过，青少年期有多长，在不同文化中差异很大。例如，在美国文化中，到14岁仍算是少年，而在其他的一些文化中，到了这一年龄则已算是成年人。例如，在北美洲，多数14岁的女孩还在上学，住在家里；对比之下，在一些比较贫穷的国家，很多14岁的乡村女子已经结婚并有了孩子。

在北美，结婚是确立成人地位的基本标准吗？当然不是，这甚至不是确立成人地位的三大标准之一。当今被广泛认可的标准是：①能为自己负责；②独立做决定；③经济独立。实际上，这些意味着通过参加工作和独立居住来脱离父母的照顾（Arnett，2010）。

青春期

很多人分不清"青少年期"和"青春期"两个概念的区别。青春期是指一种生理上的变化状态，而不是社会性的发展状况。在**青春期**，激素的变化加速了身体的生长和性成熟。从生物学角度讲，多数人在十几岁时已达到生育的成熟期。然而，社会和智力的成熟则还需要几年。尽管青少年的认知发展、知识和社会经验还不成熟，但他们常会贸然做出影响自己一生的决定。虽然存在着这样那样的危险，但是大多数人都能顺利度过这个时期，并

没有留下什么严重的心理问题（Rathus，2011）。

青春期的发育进程会造成哪些差异？对男孩来说，早熟一般有好处。这通常能使他们的自我形象得到加强，并在社交和运动中占优势。由于这些原因，早熟的男孩往往更镇定、放松、有支配力、自信、在同伴中有人缘。但他们也更容易受到毒品、酗酒、斗殴和反社会行为的影响（Steinberg，2001）。

女孩早熟的优势不明显。在小学阶段，发育超前的女孩在同伴中的威信往往较低，她们的自我形象也较差，这可能是因为她们比其他女孩子看上去丰满（Deardorff et al.，2007）。目前美国的女孩发育超前的情况越来越多（Biro et al.，2010）。初中时期的早熟以第二性征的出现为标志，则会导致更积极的身材形象、更高的同伴威信和成人的支持（Brooks-Gunn & Warren，1988）。早熟的女孩较早开始约会、更独立、在学校更积极。然而，她们和早熟的男生一样，在学校也更容易遇到问题，也可能更早发生性行为（Negriff & Trickett，2010）。

可以看出，发育早熟有利有弊。早熟的另一个代价是被迫形成早熟认同。当十几岁的萨曼莎看起来像成年人时，她就有可能被当作成人来对待。理想状况下，这种变化有助于个体更加成熟和独立。但是，如果过早开始了对认同感的寻求，萨曼莎就可能形成不健全或扭曲的自我感。

寻求认同感

认同感的形成是青少年面临的重要挑战（Schwartz，2008）。当然，认同感的问题也会发生在其他阶段。但是从一个非常现实的意义上讲，青春期的到来发出了一个信号：到了开始形成一个新的、更成熟的自我形象的时候了（Rathus，2011）。很多青少年期问题的根源是青年人在社会中的角

脚手架 /Scaffolding 调整指导的过程，它可以适应初学者的行为，帮助初学者理解一个问题或学会一项心理技能。

青少年期 /Adolescence 儿童期和成年期之间的过渡阶段。在不同文化中间，青少年期的时间长短有所不同。

青春期 /Puberty 指一种生理上的变化状态，激素的变化加速了身体的生长和性成熟。

人类多样性 — 种族多样性和认同感

种族归属是个人认同感的一个重要方面（Weisskirch, 2005）。对少数族裔的青少年来说，问题还不止"我是谁？"，问题还包括"我在家时是谁？在学校时是谁？在左邻右舍的朋友当中时，我又是谁？"

随着美国少数族裔地位的逐渐提高，青少年越来越少在试图寻找他们的位置时因为种族归属问题而感到被拒绝或被排斥。这是令人高兴的事情，因为少数族裔经常会面对一些关于他们的智力、性、社会地位、礼貌等负面的刻板印象。结果导致了较低的自尊感以及自我角色、价值观和个人认同感的混乱（Charmaraman & Grossman, 2010）。同时，当代美国社会多元化的发展也为青少年带来了新的问题，那就是：什么才是美国人（Schwartz, 2008）？

在形成认同感的过程中，少数族裔的青少年面对的问题是他们应该如何看待自己。Lori 是个美国人还是亚裔美国人？Jaime 是个拉丁美洲人还是墨西哥裔美国人？答案通常依赖于青少年对家庭和种族的认同感有多强烈。为本族文化感到骄傲的青少年会具有较高的自尊感和自我形象感，个人认同也更强烈（Roberts et al., 1999; Tse, 1999）。他们可能也较少参与吸毒（Marsiglia et al., 2004）或暴力行为（French, Kim, & Pillado, 2006）。

群体自豪感、正面形象和更加宽容的社会，这些因素都会为所有青年人创造出一个更加开放、宽容的环境。

色标准不清楚，不知道自己是孩子还是成人、应该自立还是依赖别人、应该开始工作还是继续玩耍。这些模棱两可的问题使得青年人难于形成清晰的自我形象，也不知道应该如何行事。

认知的发展也会激发"我是谁"的问题。青少年到达形式运算阶段之后，会思考诸如自己在世界上的位置和有关道德观、价值观、政治、社会关系等问题。青少年思考假设的可能性问题的能力使得他们能够更深入地对未来进行思考，更现实地提出"我将成为什么样的人"的问题（Côté, 2006b）。（见"种族多样性和认同感"。）

成人初显期

今天，认同感形成所面临的挑战变得更为复杂，因为越来越多的年轻人推迟进入成年早期，他们倾向于将对认同感的探索推迟到20多岁以后，对爱情和工作做出长期稳定的选择之前（Arnett, 2010）。西方个人主义社会，例如美国和加拿大，越来越接纳**成人初显期**，一种青少年期的延伸阶段（Arnett, 2010; Côté, 206a）。（见"没长大的年轻人"。）

萨曼莎到20多岁的时候可能还和卡萝尔和戴维生活在一起，这推迟了她向成年早期的转变。当然，她也有可能在传统的18~20岁的时候就步入成年早期。无论如何，她最终都将面对基本的成年问题：结婚、生子和工作。如何管理她的核心人际关系对于决定她体验到的是亲密感还是疏离感尤为重要。

从各方面来讲，青少年期和成年早期相比中老年人在情绪上会有更多的困扰。其中一个重要方面就是关于对错的抉择——换句话说，发展道德价值观的需要。

道德发展——增长的良知

关键问题 3.8：人们的道德观和价值观是如何发展的？

一个身患绝症的人正忍受着巨大的痛苦，她只求尽早结束生命。医生到底应不应该采取医疗措施为其延长生命？如果你的一位朋友必须通过一个重要的测验，请你帮他作弊，你会不会帮他？这些都是道德问题，或者说是有关良心的问题。

道德发展始于童年，持续到成年（Turiel, 2006）。在这段时间，我们获得价值观、信仰和指导行为的思考能力（King, 2009）。随着自我控制能力和抽象思维能力的增长，道德观在青少年向成年转变的过程中变得明确起来（Hart & Carlo, 2005）。让我们简要地看看道德发展的有趣方面。

道德发展的水平

道德价值观如何获得？心理学家科尔伯格（Lawrence Kohlberg，1981）相信，人的道德观是通过思维和推理而习得的。为了研究道德发展问题，科尔伯格编了一些涉及两难问题的故事，讲给不同年龄的儿童听。下面就是科尔伯格曾经使用过的道德难题之一（Kohlberg，1969，改编版）：

> 一个女人得癌症快要死了，只有一种药也许能救她。这种药是一个药剂师发明的，以10倍于成本的价格出售。药剂师开价2000美元，而这个人的丈夫只能付得起1000美元。他请求药剂师便宜点卖给他，或者让他过后再付清欠款。药剂师不答应。这个人绝望了，于是他闯进药店为妻子偷走了药。他应该这么做吗？这么做对不对？为什么？

科尔伯格问每一个儿童：这个人应该怎么做？随后，他对儿童做出选择的理由进行了分类，区分出道德发展的三个水平。注意，不同水平的划分不是基于选择怎么做，而是基于做出选择的理由。

在最低层次上，即**前习俗水平**，道德思维是由自身利益和行动的结果决定的，比如那样做将得到的是惩罚、奖赏或互惠。例如，在这个阶段的人会说："他不应该偷药，因为他可能被抓住，送进监狱"（逃避惩罚）。或"他偷药不会得到任何好处，因为他妻子可能在他出狱之前就死了"（自身利益）。

在第二个层次上，即**习俗水平**，选择的理由是要符合他人的期望、规则和一般的是非标准。例如，处于这个道德发展水平的人会说："他不应该偷药，因为其他人会把他当成一个小偷。他的妻子不会用偷来的东西救自己的命"（避免别人说不好）。或"尽管他的妻子需要这种药，他不应该为了得到它而触犯法律。法律面前人人平等，他妻子的情况并不能使盗窃变得合法"（守法的传统道德观）。

在最高层次上，即**后习俗水平**，道德行为是在自我选择的伦理准则指导下的，这种准则大多具有一般性、可理解性或普遍性。具有这种高水平价值观的人公正高尚，重平等。例如，这样的人可能会说："他应该偷药，接着去自首。他也许会受到惩罚，但是他挽救了一个人的生命，值得"（由自己选择的伦理准则）。

是不是每个人最后都能达到道德发展的最高水平？人们通过各个道德阶段的速率不同，许多人最终也没能达到后习俗水平，实际上，有许多人甚至没有达到习俗水平。例如，大学一年级男生中有相当一部分人认为强迫性的亲密行为是可以接受的（Tatum & Foubert，2009）。

前习俗水平是幼儿和违法者的典型特点（Forney, Forney & Crutsinger，2005）。习俗水平的群体导向道德观是大孩子和大多数成人的特点。科尔伯格估计，只有20%左右的成人达到了代表着自我定向和更高原则的后习俗水平。

发展出一个"道德罗盘"是成长中的重要组成部分。我们每天所要做出的许多选择都包含着是与非的基本问题。明辨这些问题的能力对于成为一个有责任感的成年人尤为重要。

公正还是关爱？

Carol Gilligan（1982）指出，科尔伯格的道德体系主要是以公正为基础的。Gilligan通过研究女性被试对现实生活中的两难问题的态度，提出了不同观点，她认为在公正之外还有关爱。为了证明自己的观点，Gilligan把下面的故事呈现给11—15岁的美国儿童：

> 一只豪猪为了寻找避寒的地方，向一窝鼹鼠请求，希望能搬进鼹鼠们住的岩洞里来。鼹

成人初显期 /Emerging adulthood　在西方社会目前普遍存在的青少年期的延伸期。

道德发展 /Moral development　随着价值观、信仰和思维能力发展所发生的人的道德判断标准的变化。

前习俗水平 /Preconventional moral reasoning　科尔伯格提出的道德发展水平之一，这一水平的人根据行为后果（如惩罚、奖励或互惠）做出道德判断。

习俗水平 /Conventional moral reasoning　科尔伯格提出的道德发展水平之一，这一水平的人根据他人期望、规则和一般行为标准做出道德判断。

后习俗水平 /Postconventional moral reasoning　科尔伯格提出的道德发展水平之一，这一水平的人能够在认真检验事实和自主选择道德原则的基础上做出自己的道德判断。

批判性思考

没长大的年轻人

当你在阅读这些文字时,我们鼓励你批判性地思考新的观点和概念。例如,"成年人"这个词。长大成人是严格意义上的生物学事件吗?来看看22岁的柯尔丝滕:

> "我们的母亲在我们这个年龄已经订婚了……对于怎样进行今后的人生,她们至少已经有了一些自己的打算……而我呢,虽说即将取得英语和政治学的双学位(这种专业说好听点叫万金油,说难听点就是不实用),手指上没有戒指,不知道自己是谁,想做什么……我也会勉为其难地承认这段时光充满激情。但有时候当我展望未来的广袤天地,我的眼里只是空空如也。没有什么可以指望的路了;也没有谁为我指明方向"(Page,1999)。

柯尔丝滕是一个没长大的年轻人,或者说处于成人初显期:20来岁,和父母一起居住,未婚,没有孩子,也没有固定的职业。事实上,27岁还住在父母家里、没有固定职业或确立婚姻关系已经司空见惯了。在英国,这类蚕食父母养老金的大孩子被称作"kippers"。在澳大利亚,时常回到父母家的他们被称为"boomerang kids"。而在德国,人们用"nesthocker"来称呼那些赖在家里不出去独立生活的人。这样的人还是渴望寻找认同感的青少年吗?或者,他们是逃避进入成年世界的青年人?还是说他们是被困在"成熟的缝隙"里自我放纵的个体(Galambos, Barker & Tilton-Weaver, 2003)?

心理学家Jeffrey Arnett提出,成人初显期是富足的西方化文化中日益显著的一个特点,它给予年轻人更长的时间来适应成年角色(Arnett, 2004)。然而,在不发达国家以及美国的一些不发达地区,大部分青少年仍然早早地就成了成年人(Arnett & Galambos, 2003)。因此,不能仅仅用生理的成熟度来区分"童年"和"成年"。当我们比较了不同的文化后,很明显我们找不到一个简单而确定的年龄标准来区分儿童和成人(Arnett, 2010)。

鼹鼠们同意了。但是,岩洞很小,鼹鼠不久就发现,只要豪猪一动,它身上的刺就会扎到它们。最后,鼹鼠们要求豪猪搬走。但是豪猪不肯,说:"既然是你们鼹鼠不满意,那你们搬走好了。"

男孩们大多倾向于选择公正原则来解决问题,他们会说:"那是鼹鼠的家。没什么可说的,让豪猪离开。"但女孩们则不同,她们更倾向于寻找让双方都高兴和满意的解决办法,比如"用毯子把豪猪的刺裹住"。

Gilligan提出,大多数男性心理学家都是根据公正和自主的概念来定义道德的成熟。从这个角度看,女性更看重相互间关系的倾向似乎是她们的弱点,而不是优点。(一个助人为乐的女性可能处于科尔伯格道德系统的习俗水平)。但是Gilligan认为,关爱也是道德发展的一个主要因素,而男性在关爱上的发展可能落后于女性(Botes, 2000; Gilligan & Attanucci, 1988)。

是否有证据支持Gilligan的观点?研究发现,男性和女性在道德推理能力方面没有差异,或差异非常小(Glover, 2001; Levenson, 2009)。事实上,无论男女,一个人在做道德判断的时候关爱和公正都会用到,他们的道德标准有很强的情境依赖性(Wark & Krebs, 1996)。无论如何,Gilligan的贡献是,她明确提出了判断道德水平的第二个重要维度。应该说最好的道德选择是综合了公平和关爱、理性和情感,这或许就是所谓的智慧吧(Pasupathi & Staudinger, 2001)。

知识巩固

青少年、成年早期和道德发展

测一测

1. 在北美,青少年步入成人的主要标志是结婚。对不对?
2. 认同感的形成是受到_____和_____驱动的。
3. 根据Jeffrey Arnett的观点,富足的西方文明倾向于允许年轻人用更长的时间过渡到成年

人的趋势可以描述为
a. 成人初显期　　b. 忙碌的童年
c. 成熟间隙　　　d. 延伸的青少年期

4. 根据科尔伯格的学说，道德发展习俗水平的特点是对外在权威的依赖。对不对？

5. 自我利益和避免惩罚是道德发展后习俗水平的特点。对不对？

6. 在成年人中，处于后习俗道德推理水平的约占80%。对不对？

7. Gilligan认为公正意识是道德发展的首要基础。对不对？

想一想

批判性思考

8. "青少年期"或"成年早期"这样的标签是遗传还是环境的反映？

自我反思

根据你自己在青少年期的经验，认同感形成的概念对你有多大影响？

你认识那些还处于成人初显期的人吗？（或者你自己就是？）你认为成人初显期是因为青少年要花费更长时间来寻找他们的认同感呢，还是出于成年早期逃避用成人世界的标准评价自己的需要呢？

你认为大多数的恐怖分子处于道德发展的哪个阶段？

答案：1. b 对。2. 孝养期。认同发展。3. a 4. 对 5. 不对 6. 不对 7. 不对 8. 主要反映环境，青少年期和成年早期在许多文化中并不存在，因此它们是环境产生的人工性概念（Côté, 2006a, b）。

一生的故事——
荆棘满布还是花园大道？

关键问题3.9：人的一生中会遇到哪些主要任务和困境？

每个阶段的生活都有其发展里程碑（Kail & Cavanaugh, 2010）。它们是个人发展中的重要事件、标记或者转折点。例如，你从学校毕业、工作、结婚、孩子离家（或者搬回来）、父母亡故、自己当了爷爷奶奶、退休、死亡等等。迄今为止，我们追踪了萨曼莎从童年、青少年期到成年早期的发展历程，现在摆在她面前的挑战又将是什么呢？

埃里克森的心理社会理论

也许，浏览萨曼莎一生的最好方法就是思考主要的心理里程碑以及她可能遇到的挑战。人们的生命旅程最大的相似之处就是都要经历婴儿期、儿童期、青少年期、成年早期、成年中期和老年期这些人生阶段。在每个发展阶段都要面对为得到理想发展而必须完成的新的**发展任务**，比如儿童期要学习阅读，青少年期要经历对性成熟的适应，成人期要确定自己的职业。

埃里克森（1903—1994）因提出关于人类发展生命阶段的理论而享有盛名。

人格心理学家埃里克森（Erik Erikson, 1903—1994）有一本影响广泛的著作，名为《童年与社会》（*Childhood and Society*）。他在书中提出，我们在生命的每一个阶段都要面对一种特有的心理社会困境或"危机"。**心理社会困境**指个人冲动与社会

发展任务/Developmental task　个体在特定的生命阶段健康发展必须掌握的技能或必须发生的改变。

心理社会困境/Psychosocial dilemma　个体冲动和社会现实之间的矛盾冲突。

现实之间的矛盾冲突。如果"成功地"解决了每一个两难问题并摆脱困境，会使个人和社会之间产生新的平衡，从而得到健康发展，并获得满意的生活。如果问题不能解决，会使人失去平衡，应对以后的危机会更加困难，生活之路变得更加坎坷，个人成长也将受到阻碍。表3.3列出了埃里克森（1963）所说的困境。

不同阶段中关键性的发展任务和危机是什么？下面对埃里克森提出的各个"危机"阶段逐一做简单介绍。

表3.3　埃里克森的心理社会困境

年龄	主要困境
出生到1岁	信任对不信任
1~3岁	自主对羞愧和怀疑
3~5岁	主动对内疚
6~12岁	勤奋对自卑
青少年期（12~19岁）	角色认同对角色混乱
成年早期（20~34岁）	亲近感对孤立感
成年中期（35~64岁）	普遍关注对自我专注
成年后期（65岁以后）	圆满感对绝望感

Copyright © Cengage Learning 2013

第一阶段，出生后的第一年：信任对不信任

在出生后的第一年中，儿童完全依赖他人。埃里克森认为，信任或不信任的基本态度是在这一时期形成的。婴儿如果能够得到温暖、抚摸、爱和生理方面的关怀，获得满足，就会形成对他人信任的倾向。如果父母对孩子不够关心，孩子在需要时得不到关怀，父母的冷漠或感情上的拒绝会使孩子形成对他人不信任的倾向。不信任的基本态度可能导致孩子以后发展中的不安全感、猜疑和与他人建立关系时的困难。信任产生的条件与孩子对父母产生安全型依恋的条件相同。

第二阶段，1—3岁：自主对羞耻和怀疑

在这一阶段，儿童自控能力增强，表现出爬行、触摸、探索和自己动手的愿望。父母可以通过鼓励孩子尝试新本领来培养孩子自主的意识。不过，在孩子笨手笨脚的尝试中经常会出现各种"事故"，如把水洒一地、摔跤、尿床，等等。这时，如果父母的嘲笑伤害了孩子，或一切包办代替，对孩子过度保护，都可能使孩子怀疑自己的能力，对自己的行为感到羞耻。

第三阶段，3—5岁：主动对内疚

这一时期的儿童不只是简单的自控，他们开始表现出主动精神（如用彩笔在墙上画）。通过做游戏，儿童学习制订计划和执行任务。如果父母让孩子自由地做游戏、提问、发挥想象和选择活动，就可以强化儿童的主动性。如果父母总是严厉地批评孩子，不让他们玩游戏，不鼓励他们提问，会让孩子认为积极主动参与活动是件错事，因而产生内疚感。

第四阶段，6—12岁：勤奋对自卑

上学的那天是一个重大的日子，童年时期的很多变化都是由此开始的。儿童的世界以极快的速度扩展到家庭以外，使其开始面临一连串的新挑战。

埃里克森把小学阶段描绘成儿童"生活的开端"。在学校，儿童开始学习那些社会认为重要的技能，其成败会影响他们对自身能力的自信。如果儿童在手工、绘画、做饭、阅读和学习中因为自己富有成效的活动而得到赞扬，他们就会形成勤奋的倾向。如果儿童的努力总是被斥为添乱、幼稚和做得不到位，他们就会形成自卑的倾向。从这一阶段开始，对孩子的自我态度形成起作用的不仅仅是父母，教师、同学和家庭以外的成人也会起同等重要的作用。

第五阶段，青少年期：角色认同对角色混乱

青少年期通常是一个不安定的时期。青少年处在童年和成年之间，面临一些独特的问题。埃里克森认为，这个阶段的主要任务是要回答一个问题："我是谁？"心理和身体的成熟带来新的感觉、新的躯体和新的态度。青少年必须根据自己的各种自我知觉、生活经历、文化环境和人际关系，来建立统一的角色认同感（Douvan, 1997），即把自己所扮演的学生、运动员、儿子（或女儿）、朋友、恋人等不同的角色在自我感觉上整合起来，将自己各种矛盾的经历整合起来，形成统一的自我。无法形成这种角色认同的人会陷入角色混乱的痛苦中，因为他们无法确定自己是谁，不知道该何去何从。

第六阶段，成年早期：亲近感对孤立感

成年早期的主要冲突是亲近感对孤立感。在这个阶段，个体感到自己在生活中有亲近他人的需要。确立了稳定的角色认同后，一个人便会准备与他人分享生活中的爱或深厚的友谊。埃里克森的亲近感有着专门的定义，即指"一种关心他人并与他们同甘共苦的能力"。大学生中有75%的人把建立美满的婚姻和家庭生活看作他们在成人期的首要目标（Bachman & Johnson，1979），这好像与埃里克森的观点一致。然而，婚姻或性关系并不一定说明亲密关系，很多成年人之间的婚姻关系只是表面的或有名无实的。一个人如果无法与他人建立亲密关系就会陷入深深的孤立感，即感到孤独和被遗忘，这种情况常常给以后阶段的发展带来困难。

第七阶段，成年中期：普遍关注对自我专注

按照埃里克森的说法，成熟的成年期使人保持平衡的主要动力来自指导下一代的兴趣。这种被埃里克森称为普遍关注的素质是通过关心自己、关心自己的孩子和关心后代体现出来的。普遍关注可以通过指导自己的孩子或帮助别人的孩子来实现，比如，你可以去当教师或教练，也可以通过有成果的或有创造性的工作来达到此目的。总之，人到中年要能够放眼整个社会，关心他人幸福并为之贡献自己的力量。无法做到这一点的人将处于一种只关心自己的需求和舒适的自我专注状态。如此，生活便失去意义，人也会感到痛苦，忧郁寡欢，不能自拔（Peterson & Klohnen，1995）。

第八阶段，成年后期：圆满感对绝望感

老年时期是反省的时期。埃里克森说，一个人必须抱着接受自己和满意的态度回顾一生。一生充实和对自己负责的人会有一种完满感，自尊自重，这使得他可以带着尊严面对衰老和死亡。如果带着遗憾看从前的生活，老年人会有一种绝望感，背负痛心和懊悔，觉得生活中失去了很多机会，自己失败了，而一切重新开始已不可能。衰老和死亡的威胁成为恐惧和消沉的根源。

完整的人

仅用几页纸描述人的一生必然丢失很多细节，但同时也使整个生命周期的脉络更加清晰。在萨曼莎（或者你自己）过去和未来的生活中，肯定会经历埃里克森描述的一个个危机吗？可能不会。上述的心理社会困境反映了很多人生活中的典型事件。了解这些可以使你预测生活中可能出现的变化和烦恼，也可以使你做好心理准备，去理解你的那些在生命不同阶段中的亲友的问题和感受。

根据埃里克森的理论，养育后代的兴趣标志着成人发展的理想状态。

成年中期和后期——现在你是个成年人了！

关键问题 3.10：成年中后期的幸福感涉及哪些方面？

信任对不信任/Trust versus mistrust 生命早期在形成对他人和外部世界的基本信任感中产生的冲突。

自主对羞耻和怀疑/Autonomy versus shame and doubt 自控和自主能力的增强与羞耻或怀疑的感觉之间形成矛盾对抗而产生的冲突。

主动对内疚/Initiative versus guilt 儿童积极主动做事与因害怕出错而对主动行为感到内疚之间的冲突。

勤奋对自卑/Industry versus inferiority 在儿童中期，如果儿童的勤奋得不到鼓励，就可能使其产生自卑感，形成这一时期的冲突。

角色认同对角色混乱/Identity versus role confusion 青少年期需要建立统一的角色认同，这一发展阶段的主要心理冲突由此产生。

亲近感对孤立感/Intimacy versus Isolation 成年早期在与朋友、家庭、恋人或配偶建立亲密关系中面临的挑战。

普遍关注对自我专注/Generativity versus stagnation 在成年中期，一个人是只关心自己还是更多地关心后代，形成这一阶段的心理冲突。

圆满感对绝望感/Integrity versus despair 老年时期一个人对自己一生的圆满感与因对一生的悔恨而产生的绝望感之间的冲突。

虽然埃里克森的困境一直延伸到成年阶段,但正如我们在这部分将要讨论的那样,它们并不是成年人所要面对的唯一挑战。

成年期的其他挑战

成年中期(35到64岁)到成年后期(65岁以上)的人所面临的人生挑战简单列举一下有:经济压力、官司缠身和人生悲剧等。这些挑战看上去惊人但很少见,成年人的大多数挑战是围绕着健康、工作、婚姻、儿女和父母的(Santrock, 2010)。

健康

戴维刚刚结束了物理治疗回到家中。他的膝盖在一场橄榄球比赛中受伤了。作为高中时的橄榄球明星,40岁的戴维越来越明显地感觉到:他正在变老。虽然有的成年人面临着更多严重的健康问题,从心脏病到癌症,但是每个成年人都会随着年龄的增长按部就班地折旧。一个人如何应对成年期不可避免的缓慢衰老严重影响着成年阶段的生活满意度(Lachman, 2004)。幸运的是,大多数时间里,衰老都是慢慢发生的,慢到它们可以由增加的人生历练所抵消。大多数成年人都学会了"更睿智"地工作,无论是生理上的还是心理上的(Miller & Lachman, 2000)。

工作

成年人所做的工作——例如,家庭主妇、志愿者、小时工或者正式职业——也是获得成功感的关键(Sterns & Huyck, 2001)。这时候通常是收入的顶峰,而同时花销的增加也持续制造着经济压力,例如,从养育孩子到给孩子付学费,从交租金到还贷款。这也是为什么职业困境和解雇会给成年人的幸福感带来严重挑战的原因。当然,另一个原因是许多成年人对自己的认同感都源于他们的工作(Santrock, 2010)。

婚姻,儿女和父母

大多数美国成年人都认为他们的社会人际关系——特别是和子女、配偶和父母之间的关系——是成年生活的另一个重要方面(Markus et al., 2004)。创造和维持社会人际关系涉及的压力可能来自养育孩子、孩子离开后变成空巢家庭、成为祖父母、经历婚姻纠纷或离婚、单身或再婚、看着父母逐渐衰老、需要支持和死亡。

中年危机

每个人在中年期都会遇到危机吗?虽然大多成年人都遭遇了各种人生挑战,但是只有大约1/4的男女认为他们经历了中年危机(Wethington, Kessler, & Pixley, 2004)。"中途修正"比"危机"更普遍(Freund & Ritter, 2009; Lachman, 2004)。理想的中年过渡期应是再次坚定原有认同的时期、实现长期追求目标的时期、发现真实自我的时期和为今后发展与衰老做准备的时期。对自己做出评估,对中年有特殊的意义,当然,审视自己做出的选择,为未来做好准备对任何年龄都是有益的。对某些人来说,生活中的那些难熬的转折点,为个人成长敲起警钟并创造了新的机会(Weaver, 2009; Wethington, 2003)。

应对成年期的挑战

人们如何在现代生活的冲击之下保持健康状态呢?心理学家Carol Ryff(1995)提出了中年期心理健康的六个要素(Ryff & Singer, 2009; van Dierendonck et al., 2008):

1. 自我接受
2. 保持与他人的积极关系
3. 有自主性(个人自由)
4. 能驾驭环境
5. 有生活目标
6. 不断进取

Ryff发现,对于许多成年人来说,年龄带来的问题会被积极的人际关系和对生活中复杂要求的驾驭能力抵消(Ryff & Singer, 2009)。因此,人们在与他人分享快乐和分担悲痛的过程中,能够更多地了解世界,健康地度过中年期,步入老年期(Lachman et al., 2008; Ryff, Singer, & Palmersheim, 2004)。更为重要的是要认识到,尽管我们的文化是重视年轻人的,但中年及以后才是人生最富足的阶段，因为这个阶段充满了安全感、幸福感和自信（Rubenstein，2002）。

老年

50岁以后，身体老化令个人的发展变得更为复杂。然而，认为年长的人就是病恹恹、虚弱不堪是错误的看法。（现今的60岁是新的40岁，这是本书作者的共同观点！）65岁以上的人中，只有5%需要护理人员的陪伴。从心理上讲，许多年长的人和年轻人一样能干。在智力测验中，65岁以上的最高得分者与35岁以下男性的平均得分是相等的。是什么因素使这些银发明星有别于其他老年人呢？一般来说，他们都是在继续工作、保持着活跃的智力活动的老年人（Hooyman & Kiyak，2011；Salthouse，2004）。老年学家 Warner Schaie（1994，2005）发现，如果你能做到以下几点，就很可能在老年时保持思维敏捷：

1. 保持身体健康。
2. 生活在一个好的环境中。（这具体指你受过教育、有你喜欢的职业、收入较高、有完整的家庭。）
3. 参与能激发智力的活动（阅读、旅游、继续受教育、参加文化或职业协会组织的活动等）。
4. 有灵活的个性。
5. 有一个聪慧的婚姻伴侣。
6. 保持自己的知觉加工速度。
7. 对中年时自己的成就感到满意。

总而言之就是：与智慧同在。

成功地变老

什么是成功变老的关键？ 成功地变老的关键与中年幸福的要素并没什么不同。最健康、最幸福的老人共同拥有以下四个心理特征（de Leon，2005；Vaillant，2002）：

1. 乐观，对未来好奇和充满希望。
2. 宽容大度，总能看到生活好的方面。
3. 有同情心，能体察他人情感并能将心比心地从他人角度看问题。

4. 与人联系紧密，能给人支持帮助，同时也能获得社会支持。

实际上，这些关于幸福的金玉良言对于成年的任何阶段都是通用的。

总而言之，在有关老龄化问题上，明智之举是改变社会对老年人的陈旧观念。无论在技术、知识及能量方面，老年人作为一个社会群体都是我们不可忽视的重要人力资源。我们生活的这个星球如此变化莫测，需要青年、中年和老年人共同去对付那些接踵而至的挑战。

老龄化与年龄偏见

年龄偏见指基于年龄的歧视和偏见，既有歧视年轻的，也有歧视年长的（Bodner，2009）。例如，你去找工作，不被录用只是因为你"太老"或"太年轻"！在一些社会中，年龄偏见是建立在对老年人的尊重之上的。例如在日本，人们看重老年人，年老会带来更高的地位和更多的尊敬。但在多数西方国家年龄偏见通常指对老年人的歧视。

人们在谈起年龄偏见时仿佛高人一等。老年人经常被说成过分客气、行动缓慢、讲话大声甚至虚弱不堪，即便他们并没有这样（Nelson，2005）。"老态龙钟""老气横秋"或"老糊涂"这些词也加深了对老年的误解。这些成见或刻板印象构成了对老年人歧视的基础。但是这样的刻板印象显然也是错误的：老年人之间存在着巨大的差异——有的老太太孱弱多病，有的却天天跳有氧舞蹈。

在很多职业中，老工人在要求速度技能平衡的工作中表现更加出色。当然，人们通常认为流体智力（需要速度或快速学习）随着年龄呈降低的趋势，但是晶体智力（已有的知识和技能）完全相反，例如词汇量和能记住的事情，实际上至少到60岁都一直在提高（Schaie，2005）。总之，工人并不会因为年老而降低工作业绩。在专业领域，智慧和专长通常可以弥补反应速度上的缺失（Ericsson，2000）。单以年龄来判断是否应该退休

年龄偏见 /Ageism　由于对方年龄而对其产生的歧视和偏见。

并无什么意义。

2010年，贝蒂·怀特88岁时获得了美联社年度艺人奖。照片中是怀特70岁时参加她的电影《怎么又是你》(You Again)的首映式，身为艺人，她并没有因年老而结束富有挑战性的生活。

临终与死亡——最终边境

关键问题 3.11：人们面对死亡时一般会有怎样的反应？

> "我不怕死，我只是希望这事发生的时候我不在场。"
> ——伍迪·艾伦

死亡的概率统计再明确不过了：百分之一百。然而，我们中的大多数人都并没有意识到死亡和出生一样都是基本的过程。在本章中我们已经看到了解人生发展历程的主要趋势的价值。带着这样的想法，我们来看看面对死亡这一每个人注定结局的情绪反应。

对临近死亡的反应

很多人直到自己相当老的时候对死亡才有直接经验。人们以为似乎是人越老越怕死，但实际上老年人对死亡的恐惧少于年轻人。一般而言，老人怕的是临终前痛苦或无助的处境，而不是死亡本身（Thorson & Powell，1990）。这些研究结果似乎表明对死亡感到恐惧的人并不多，但从另一个角度看，这些结果也许实际上反映的是很多人拒绝接受死亡。在日常用语中也是这样，人们谈到一个死去的人时常常避讳用"死"字，而是说"去世了""大限已到"或者"安息了"等。

死亡是不可避免的，但是，人可以带着尊严告别人世，有时也可以带着一点幽默面对死亡。布兰克（Mel Blanc），这位为兔巴哥和猪小弟以及其他卡通形象配音的著名配音演员，他的墓志铭和他本人一样著名，那就是镌刻在他的大理石墓碑上的"诸位，演出到此结束"。

Elisabeth Kübler-Ross（1926—2004）的研究结果可以对临近死亡的情绪反应做出更直接的解释。Kübler-Ross是一位死亡学家，或者说是研究死亡的人。多年来，她在晚期病人的床边度过了几百个小时，观察到了临终前的五个基本反应阶段（Kübler-Ross，1975）：

1. **否认和不接受事实阶段**。在得到死亡信息的最初时期，病人否认死亡的现实，拒不接受有关死亡就要发生的信息。他们会肯定地说"这完全是个错误"，认为"实验室弄混了化验单"或"医生搞错了"。这种否认事实的做法也许是企图回避任何关于死亡临近的消息提示。

2. **愤怒阶段**。很多临终者感到愤愤不平，他们会说："为什么是我?!"当生命的最后时刻迫近的时候,他们的愤怒变得更加激烈,并往生者身上发泄。甚至好朋友有时也会激起他们的愤怒,因为他们嫉妒那些朋友的健康。

3. **讨价还价阶段**。患者与自己或上天讨价还价是另一种常见的反应。这时,临终者想:"就让我再多活一段时间吧,我愿意为此付出任何代价!"他们会试着去"做个好人",改过自新。有些人祈祷说,如果让他们再活得久一些,就一定将延长的生命奉献给宗教。

4. **抑郁阶段**。当死亡临近时,病人开始意识到死是不可避免的了,于是便觉得自己没用了,产生疲惫和挫折感,进而变得抑郁。他们意识到自己就要离开朋友、亲人和熟悉的生活,这使得他们产生深深的悲哀。

5. **接受死亡阶段**。如果死亡不是突发性的,很多人会认可这一事实并平静地接受它。接受死亡的人不悲不喜,平静地面对这一不可避免之事。这种反应一般表明人与死亡的战斗已见分晓,谈论死亡已没有意义。此时人的全部愿望就是在他人的陪伴下静静地与世长辞。

不是所有晚期病人都会表现出上述几种反应,而且,病人的反应也不一定按照上述的顺序出现。每个人的死亡方式不同,这与其情绪的成熟程度、宗教信仰、年龄、受教育程度及亲属的态度等多种因素有关。一般情况下,人们常常经历从最初的震惊、否认和愤怒到最终接受事实这样一个过程。不过,有些看起来似乎已接受死亡事实的人也许是带着怨气,在与不可抗拒的现实的抗争中死去。相反,一些开始时愤怒的斗士后来会放弃抗争,平静地死去。一般来说,个人的死亡方式反映了他们的生活方式(Yedidia & MacGregor,2001)。

因此,我们最好不要把Kübler-Ross描述的阶段顺序看成每个人都会有的经历,不要错误地认为没有表现出上述情绪反应的人不正常。那只是一些对人们临近死亡时典型反应的观察结果。我们可以注意到,当人们经历离婚、失业、宠物死亡或家被火烧毁等重大损失时,很多反应是相同的。

启示

关于死亡的知识对我们有何帮助?首先,这些知识可以帮助临终者和生者认识问题,在抑郁、愤怒、否认和讨价还价等阶段中较好地调整心态。其次,可以帮助人们意识到在一个人死亡前后其亲朋好友也会产生同样的情绪,因为他们也面临丧失亲友的痛苦。

应当认识到的最重要的一点是,临终者需要与他人分享感受并坦诚地讨论死亡问题。在大多数情况下,医生、护士和家人的沉默会形成一堵墙,使临终者感到孤立和被隔离。在这种情况下,死亡学家Kirsti Dyer (2001)建议:

- 做回自己,与人沟通
- 耐心倾听
- 保持尊敬
- 注意情感和非言语线索
- 享受寂静
- 坦荡真诚
- 活在当下

近年来,许多晚期病人都受到了临终医院的妥善对待,提高了他们最后的日子里的生活质量。临终医院通常能够提供支持、指导、关怀和帮助减轻疼痛(Broom & Cavenagh,2010)。濒死之人过得更舒服,感到了更多的爱和尊重(Lynn,2001)。濒死之人的看护者也会得到类似的体验(Manslow & Vandenberghe,2010)。当我们每个人面对生命的终结时,都会感到好好死去和好好活着一样重要。

知识巩固
纵观一生的挑战

测一测

为了增强你的记忆,下面的方法可以帮助你总结埃里克森的八个人生阶段和危机。完成这个总结,并将你的回答与正确答案相比较。

阶段	危机	喜闻乐见的结果
出生后第一年	1. _____ 对 2. _____	信任周围的环境与其他人
1—3岁	自主 对 3. _____	有自我控制感和满足感
3—5岁	4. _____ 对 内疚	有能力自己展开行动
6—12岁	勤奋 对 5. _____	对能力充满自信，学习如何做事
青少年期	6. _____ 对 角色混乱	把自己看作一个独一无二的人，有完整的自我意象
成年早期	亲密感 对 7. _____	有能力与他人建立恋爱和友谊关系
成年中期	普遍关注 对 8. _____	关心家庭、社会和下一代
成年后期	9. _____ 对 10. _____	感到有尊严和自我实现，坦然面对死亡

11. 几乎每个人到40岁左右都要经历中年危机。对不对？
12. 65岁以后，相当一部分老年人都表现出明显的心理失调并需要特殊照顾。对不对？
13. 老年工作者的工作业绩迅速下滑。对不对？
14. 按照 Kübler-Ross 的观点，濒死之人在讨价还价阶段会问："为什么是我？！"对不对？

想一想
批判性思考
15. 试着举出至少一个令概括人生发展非常困难的主要因素。你是怎么想的？

自我反思
你能否想到一个认识的人，他正面临着埃里克森所说的某个心理社会困境。现在，看看你能否再想到一个人解决了其他的难题？
举出三个你所见过的年龄偏见的例子。

答案：1. 信任 2. 不信任 3. 羞愧或怀疑 4. 主动 5. 自卑 6. 角色同一性 7. 孤立感 8. 自我关注 9. 圆满感 10. 绝望感 11. 不一定（有相当的人在中年时期没有经历过中年危机。出生在不同时代的人们可能会有完全不同的生活。12. 不对 13. 不对 14. 不对 15. 不可数的（Stewart & Ostrove, 1998）。

教子有方——亲吻你的孩子并对他说晚安

应 用 篇

关键问题 3.12：父母如何做到教子有方？如何与孩子进行沟通？

权威型的父母通过积极的亲子互动帮助他们的孩子发展出爱、快乐、满足感、责任感和自我控制能力。积极的互动发生于父母在充满爱、关怀与尊重的氛围里鼓励他们的孩子，并和孩子共度愉快的时光时（Dinkmeyer, McKay & Dinkmeyer, 1997; Takeuchi & Takeuchi, 2008）。

然而，正如任何父母都能告诉你的那样，积极的互动说起来容易做起来难。随着孩子逐渐成熟，独立性越来越强，父母必须找到控制孩子行为的方法（"不，你不可以把香蕉按在爸爸的脸上"）。当父母管教（对可接受的行为进行指导）失败时，孩子就会变得反社会、具有攻击性并且缺乏安全感。当然，在管教你的孩子时，还要和他进行积极的互动可不是件容易的事情。这也是为什么过度放纵的父母就疏于管教孩子的原因。

有效的管教方式可以在不破坏亲子之间爱和信任的纽带的同时帮助孩子完成社会化过程。孩子应该感到可以自由表达他们内心深处的想法。然而，这并不是说他们可以为所欲为。孩子应该在可接受的行为界限之内自由行动，这些界限是一致且明确的。

有效的管教方式

父母管教孩子的方式一般有三种。**硬性管教**是指体罚或威胁，例如收回玩具或特权。除此之外，有的父母使用**情感惩罚**，他们拒绝和孩子讲话，或者表现得好像孩子不惹人喜爱了似的。**正面教育法**结合了表扬、认可、赞赏、规则、讲理以及对好行为的鼓励。上述每种方法都可以控制孩子的行为，但是它们的副作用完全不同。

都有哪些副作用呢？ 硬性管教——特别是苛求或严重的体罚——会导致孩子对父母的恐惧和怨恨，并缺少自主性和温暖感（Hergenhahn & Olson, 2009）。大多数被打屁股的孩子并没有表现出长期的伤害——如果打屁股伴随着支持性的教养方式（Baumrind, Larzelere & Cowan, 2002）。然而，如果打屁股下手很重、很频繁，并且伴随着严厉的教养方式，就会造成情感上的伤害。另外，频繁的打屁股还可能增加攻击性，并且导致更多的问题行为，而不是减少问题行为（Aucoin, Frick & Bodin, 2006; Thomas, 2004）。回顾了众多研究之后，心理学家 Elizabeth Gershoff（2002）得出结论说父母应该少打孩子的屁股或者完全不要打。

> **知识桥**
> 惩罚对学习也有重要的作用。如何更明智地利用惩罚，参见第 6 章。

情感惩罚可以让孩子学会自律。你可以说，这样的孩子能发展出良好的意识。通常，他们被称为"模范宝宝"或是"好宝宝"。但是其副作用是，他们也会产生更多的焦虑和不安全感，更多依赖于成年人的认可。

正面教育也有其局限性。最重要的是需要根据孩子的理解能力进行认真的调整。年幼的孩子并不总能认清规则、解释和他们自己的行为之间的联系。然而，正面教育最大的好处是：在管教和孩子的自尊之间建立了直接的联系。

管教方式是如何影响自尊的呢？ 如果你认为自己是一个有价值的人，你就拥有**自尊**。在学校里，高自尊的孩子在班级里更受欢迎，更善于合作，也更可能成功。低自尊的孩子容易退缩，表现也低于平均水准（Amato & Fowler, 2002）。

低自尊与身体和情感惩罚脱不了干系。难道不是吗？如果父

硬性管教 /Power assertion　指家长使用体罚或其他强迫方式对孩子进行管教。

情感惩罚 /Withdrawal of love　指通过在情感上抑制自己对孩子的爱，以达到对孩子进行惩罚和管教的目的。

正面教育法 /Management techniques　结合赞赏、认可、表扬、规则和讲理对孩子进行管教。

自尊 /Self-esteem　对自己有积极评价，认为自己是一个有价值的人。

母打孩子或者告诉他们他们不值得被爱，孩子会接收到什么样的信息呢？可见，最好少对孩子进行身体和情感惩罚。相对的，高自尊来自正面教育。感到父母在情感上支持他们的孩子倾向于拥有高自尊（Amato & Fowler, 2002）。

自尊有可能会过高吗？ 当代的许多父母倾向于把权力下放给他们的孩子，对他们的行为不加限制，让他们享受特殊待遇，并且他们要什么就给什么（Mamen, 2004）。这些出发点虽然是好的，但事与愿违，带给父母的是人为的高自尊和权力感的孩子。也就是说，过度溺爱的父母会培养出被宠坏的自我放纵的孩子，他们缺乏应有的自我控制能力（Baumrind, 1991）。权力感会让孩子倾向于欺凌其他的孩子甚至走上犯罪的道路。长大以后，这样的孩子可能变得热衷于寻找各种途径来提升自己的自尊。例如，他们可能更加看重外表的吸引力，从而导致压力、药物和酒精滥用以及进食障碍（Crocker & Park, 2004）。

管教的一致性

有的家长可能管得严些，有的管得松些。但最重要的是管教要有**一致性**——维持稳定的行为规范。这种一致性的纪律约束能给孩子以安全感和稳定感。如果今天管得严、明天管得松，则会使孩子感到没有安全感以及这个世界似乎不可预测。

什么是对孩子管教的一致性？ 下面我们先看一些管教"不一致"的例子（Fontenelle, 1989）：

- 说一套做一套。你先告诉孩子："如果你不吃蔬菜，就不能吃甜点！"然后你觉得内疚，又主动给孩子拿甜点吃。
- 说你不可能做的事。"如果你不安静下来，我就停下车让你走回家！"而你根本不会让孩子下车走回家。
- 家长对同一种错误行为的前后反应不一致。今天孩子们因为打架被送回自己的房间关禁闭，明天家长对打架又不予惩罚了。

管教中的不一致性给孩子传达了这样的信息："孩子，别信我的话，我说话经常不算数。"

建设性的管教方式

家长们一般总是使用硬性管教、情感惩罚或正面教育法来控制孩子。每种管教方式都有作用。但体罚和情感惩罚要慎用。（记住，奖励孩子的正确行为通常比惩罚他们的错误行为更有用。）这里有一些指导原则：

1. 具体说出你所惩罚的行为是什么，向孩子解释清楚你为什么对这种行为要有所限制。
2. 家长应该把指责孩子与指责行为区别开来，不要说"我惩罚你是因为你太坏"，而应该说"我惩罚你是因为你做的事让我很失望"。
3. 惩罚孩子绝不可过于粗暴或对他们造成伤害。不要在你发怒的时候打孩子。如果你确定要使用体罚，最好在幼儿可能发生危险的情境中使用，例如，孩子自己跑到马路上。
4. 打屁股或其他形式的体罚对两岁以下的孩子效果不大，会使孩子感到困惑和受到惊吓。打5岁以上的孩子也不好，因为挨打会让孩子感到羞辱，产生敌对情绪。
5. 在发现孩子不良行为后立即惩罚（如斥责或取消"特殊待遇"）最有效，对幼儿尤其如此。

对于5岁以上的孩子采用正面教育的方法最有效，特别是要掌握父母与孩子沟通的技术（Bath, 1996）。

与孩子有效沟通

和孩子有效沟通依赖于"我"的信息和逻辑结果。

"我"的信息

儿童心理学家Thomas Gordon（2000）认为父母应该多把关于"我"的信息传递给孩子，而不是传递"你"的信息。

其中有何不同呢？ "你"的信息都是以威胁、命令、指责、训诫或批评的形式。通常，"你"的信息告诉儿童"他们犯了什么错"。例如劳累了一天后，苏珊想坐下来休息一会儿，放松一下，她开始读报纸。这时，她5岁的女儿开始咚咚咚地敲玩具鼓，响声让人心烦。这时，多数家长会用关于"你"的信息对此做出反应，进行责骂、命令或威胁，如"你现在立刻给我出去玩！"（命令）或"别人看报的时候不要弄出这么大声音！"（训诫）。

Gordon 建议家长使用关于"我"的信息。例如，"我很累，现在想看会儿报。你弄这么大的噪声让我感到难受，没法儿看报了！"这就提醒孩子要为自己的行为承担责任（Dinkmeyer, McKay, & Dinkmeyer, 1997）。

逻辑结果

我们应该尽量避免进行力量抗衡。假如有个孩子不爱吃饭，父母最好不要表现得好像"我是你的父母。现在赶快吃掉你的晚饭。"更好的办法是认识到有些事情自然而然就能使孩子摈弃错误的行为。例如，拒绝吃饭的孩子自己会感到饿得难受（Fontenelle, 1989）。在这样的情况下，孩子的行为有**自然结果**，或者说内在影响。另一种可能的方式就是，父母可以建立逻辑结果，或者说理性和合理的结果。例如，家长可以说："你吃完饭就可以玩了。"

将这种父母定义的逻辑结果与"我"的信息结合起来，有助于纠正日常生活中孩子的很多错误行为。其中的关键是要用"我"的信息建立逻辑结果，之后给孩子选择的权利："米歇尔，我们现在要看电视。你要么坐下来和我们一起看，要么去别处玩儿。你想怎么做自己决定吧。"（Dinkmeyer, McKay, & Dinkmeyer, 1997）。

玛丽亚5岁的孩子要敲鼓，她该怎么做呢？按照告诉孩子关于"我"的信息和建立逻辑结果的方法，妈妈可以说："我希望你别再敲了，或者你把它拿出去敲。"之后，如果孩子继续在屋里敲鼓，玩具就可能被没收；如果孩子选择把鼓拿出去敲，就既尊重了母亲的愿望又能继续玩儿。这样，父母和孩子都可以保持自尊，避免了不必要的冲突。

一旦父母说明了结果，让孩子自己做决定，就一定要尊重孩子的选择。如果孩子的无理行为再次出现，你可以让给孩子的教训持续的时间长一些，但随后要给孩子另一次与你合作的机会。

在所有的儿童教养方法中，最重要的是父母要坚定、和蔼、保持一致性、尊重孩子和鼓励孩子，在生活中的每一天都要想到与孩子进行沟通。

知识巩固

教子有方

测一测

1. 有效的管教方法中，既包括一致的、规定明确的要求，又要给孩子以自由。对不对？
2. 为了在管教孩子中保持一致，过度夸大无理行为的后果是一个好方法。对不对？
3. 打屁股及其他形式的体罚对于两岁以下的孩子非常有效。对不对？
4. 对孩子的进步和为提高所做的努力也给予认可，这是父母_____的一个例子。
5. "我"的信息是一种指出孩子错误行为的温和的方法。对不对？
6. 当孩子的不合理行为无法在自然结果状况下得到纠正时，父母应该通过建立一种逻辑结果来规范孩子的行为。对不对？

批判性思考

7. 几个北欧国家已经规定父母体罚自己的孩子是违法的。这是不是侵犯了父母的权利？
8. 如果硬性管教不是管教孩子的好方法，为什么还有这么多的父母在用？

一致性 /Consistency 对儿童的行为来说，是指保持行为的规则不变。

"我"的信息 /I-message 表明他人行为对你影响的信息。

"你"的信息 /You-message 威胁、责备、指挥、评论或批评他人的信息。

逻辑结果 /Logical consequences 父母规定的合理的结果。

自然结果 /Natural consequences 自然地伴随一个特定行为的影响。

想一想

你认为管教儿童最好的方法是什么？你的方法可以归为哪一类呢？它有什么优缺点？

父母管教孩子的态度可能从来不会完全一致。想一个你的父母在管教你时不一致的事件。它对你有什么影响？

回想一个你刚给孩子、家人、舍友或恋人的一个"你"的信息。你能把它换成"我"的信息吗？

答案：1. 对 2. 不对 3. 不对 4. 不确切 5. 对 6. 对 7. 这没准是个好观点。对任何为身边的人从行为方式及精神健康方面都可能是有意义的。对任何为身边的人从行为方式及精神健康方面都可能是有意义的。许多父母宁可忍受小孩子哭闹、不听话且自我意志重的时候的告诫（Durrant & Janson, 2005）。8. 大多数父母或看孩子的其他照看者用他们认为最有效的方式，就算有些是非常严重的。然而，大多数父母并不知道什么是错的。

本章总结

关键问题回顾

3.1 遗传和环境对儿童发展有何影响？

3.1.1 遗传（先天）和环境（后天）对人类的发展共同起着必要的作用。但是，养育者只能对环境产生影响。

3.1.2 遗传指令是由身体内每个细胞中的染色体和基因携带的。大多数特征是由多个基因决定的，反映着显性基因和隐性基因的联合作用。

3.1.3 躯体和神经系统的成熟是运动技能、认知能力、情绪和语言发展的基础。许多早期技能的发展都遵循准备率。

3.1.4 胎儿发育受制于各种环境影响，包括疾病、药物、辐射，以及母亲的孕期营养、健康和情绪，等等。

3.1.5 在发展的敏感期，婴儿对特定环境影响的敏感性增强。

3.1.6 早期知觉、智力和情绪剥夺会严重阻碍发展，而有意识地创造丰富化的环境，对发展大有益处。

3.1.7 一般来说，环境起到的作用在一定的遗传限范围内。

3.1.8 出生时表现出的气质特点有遗传的成分。大多数儿童可归于随和型、困难型或慢热型三种气质类型之一。

3.1.9 一个婴儿的发展水平取决于遗传、环境和儿童自身行为之间的相互作用。

3.2 新生儿有哪些能力？

3.2.1 婴儿期的发展很大程度上受到遗传的影响。然而，环境因素如营养、教养方式和后天学习也很重要。

3.2.2 人类的新生儿表现出许多适应性反射，包括抓握反射、觅食反射、吮吸反射和莫罗反射。婴儿出生后立即表现出学习和评价自己行为结果的迹象。

3.2.3 成熟的速度因人而异。学习对基本运动技能的发展也有着很大的影响。

3.2.4 视箱测验结果表明，新生儿有许多视觉偏好。复杂、圆形、弯曲和明亮的东西更能吸引新生儿的注意。

3.2.5 新生儿偏爱人脸图案，特别是熟悉的脸。在婴儿期后期，他们开始对不熟悉的脸表现出兴趣。

3.2.6 情绪发展保持着一定的顺序，最早始于新生儿的一般性兴奋。三种基本的情绪——恐惧、愤怒和高兴——是不用通过学习来获得的。

3.3 儿童与父母之间的情感联结意义何在？

3.3.1 人类婴儿出生之后一个关键的早期事件是形成情感依恋。

3.3.2 婴儿的依恋可由分离焦虑反映出来。依恋按其质量可以划分为若干类，包括安全型依恋、不安全—回避型依恋和不安全—矛盾型依恋。

3.3.3 当父母对孩子发出的信号非常敏感，并始终如一地照料时，就可以培养出安全型依恋。

3.3.4 高质量的日托对儿童不会有害处。而低质量的日托对孩子的发展来说是很危险的。

3.3.5 满足婴儿的情感需要和满足身体照顾的需要一样重要。

3.4 父母的教养方式有何重要作用？

3.4.1 主要的父母教养方式有三类：专制型、放纵型和权威型。研究显示，父母教养方式对情绪和智力的发展有着潜移默化的影响。权威型家长的教养方式对孩子最好。

3.4.2 母亲对婴儿更多地起着照料者作用，而父亲常常起着游戏伙伴的作用。两种作用对幼儿的成长都很重要。

3.4.3 不同文化之间的教养风格也有所不同。教养方式最终是否成功取决于儿童将进入何种文化或种族社区。

3.5 儿童的语言能力是如何获得的？

3.5.1 学习使用语言是早期智力发展的基石。语言发展的进程开始于对哭声的控制，之后的阶段依次为喔啊发声、咿呀学语和对单个词语的使用，再往后是电报式言语。

3.5.2 电报式言语的基本模式表明，人具有获得语言的生物性素质。目前争论的焦点在于这种素质到底是天生的还是习得的。

3.5.3 父母和儿童之间的前语言沟通过程包括形成共同的节律和非言语的信号，以及轮流模式。

3.5.4 父母用语是父母为了帮助宝宝学习语言，所使用的一种简化的、有韵律的说话方式。

3.6 儿童的思维能力是如何获得的？

3.6.1 儿童思维没有成人那样抽象化。根据皮亚杰的理论，心智的发展是通过同化和顺应的结合而实现的。

3.6.2 皮亚杰提出，儿童认知发展要经过一系列顺序固定的阶段，与这些认知阶段大致对应的年龄阶段是：感觉运动阶段在0—2岁，前运算阶段在2—7岁，具体运算阶段在7—11岁，形式运算阶段大约从11岁开始，一直到成年期。

3.6.3 养育者应该为孩子提供最适合他们认知发展水平的学习机会。

3.6.4 学习理论提出的另一个观点是，认知发展是连续的而不是阶段性的。

3.6.5 对1岁以下婴儿的近期研究表明，他们的思维能力大大超出了皮亚杰曾观察到的能力。

3.6.6 维果斯基的社会文化理论强调，与能力更高的伙伴互动可以发展儿童的心理能力。心理发展在最近发展区内出现，这个过程中一个更熟练的人的指导可以逐步帮助儿童进步。

3.7 为什么青少年期向成年期的过渡具有特殊的挑战性？

3.7.1 青春期的时间影响着青少年的角色认同的形成，这是他们的主要任务之一。

3.7.2 角色认同的形成在少数族裔后代的青少年群体中是更大的难题。

3.7.3 在西方工业化社会中，向成年人的过渡被推迟到20岁左右。

3.8 人们的道德观和价值观是如何发展的？

3.8.1 发展成熟的道德观也是青少年期的主要任务之一。

3.8.2 科尔伯格区分出道德推理包括前习俗、习俗和后习俗三种水平。

3.8.3 大多数人都处在道德的习俗水平，但是有的人从未走出自私的前习俗水平。只有极少数人达到了道德推理的最高层次的后习俗水平。

3.8.4 Carol Gilligan 在科尔伯格的基础上区分了公平和关爱。成熟的成年人的道德观同时包含这两方面。

3.9 人的一生中会遇到哪些主要任务和困境？

3.9.1 埃里克森认为人的一生要经过一系列的挑战。从婴儿期的需要获得信任感到老年的需要活得圆满。

3.9.2 成功摆脱这些困境有利于健康的发展，否则产生的不良后果就会令之后的危机更加难以解决。

3.10 成年中后期的幸福感涉及哪些方面？

3.10.1 身体上的老化始于成年早期。每个成年人必须找到成功应对老化的方法。

3.10.2 只有少数人体验到了中年危机，但是一般人在整个中年期都会不断进行修正。

3.10.3 中年期的健康生活中包含六个要素：自我接受、保持与他人的积极关系、有自主性、能驾驭环境、有生活目标和不断进取。

3.10.4 在70岁之前，智力随年龄增长而下降的幅度是有限的。继续从事脑力活动的人的智力一般极少下降。

3.10.5 成功的人生以幸福感、目的、意义和圆满感为基础。

3.10.6 年龄偏见指基于年龄的偏见、歧视和成见，对所有年龄段的偏见都存在。年龄偏见一般是建立在刻板印象、凭空想象或错误信息基础上的。

3.11 人们面对死亡时一般会有怎样的反应？

3.11.1 人在临近死亡的典型情绪反应中，有一个从不接受事实、愤怒、讨价还价、抑郁到最后接受现实的过程，但是并非所有人都如此。

3.11.2 死亡是人生必然的组成部分。人们要理解和接受它。

3.12 父母如何做到教子有方？如何与孩子进行沟通？

3.12.1 积极的互动发生于父母在充满爱、关怀与尊重的氛围里鼓励他们的孩子，并和孩子共度愉快的时光时。

3.12.2 有效的父母教养方式强调对孩子的正面教育（特别是沟通），而不是硬性管教或情感惩罚。好的父母让孩子表达他们的感受，但是在一定范围内限制他们的行为。

3.12.3 一致性也是教子有方的重要方面。

3.12.4 在对错误行为进行管教时，要利用"我"的信息，以及自然结果和逻辑结果。

第 4 章

感觉、知觉和现实

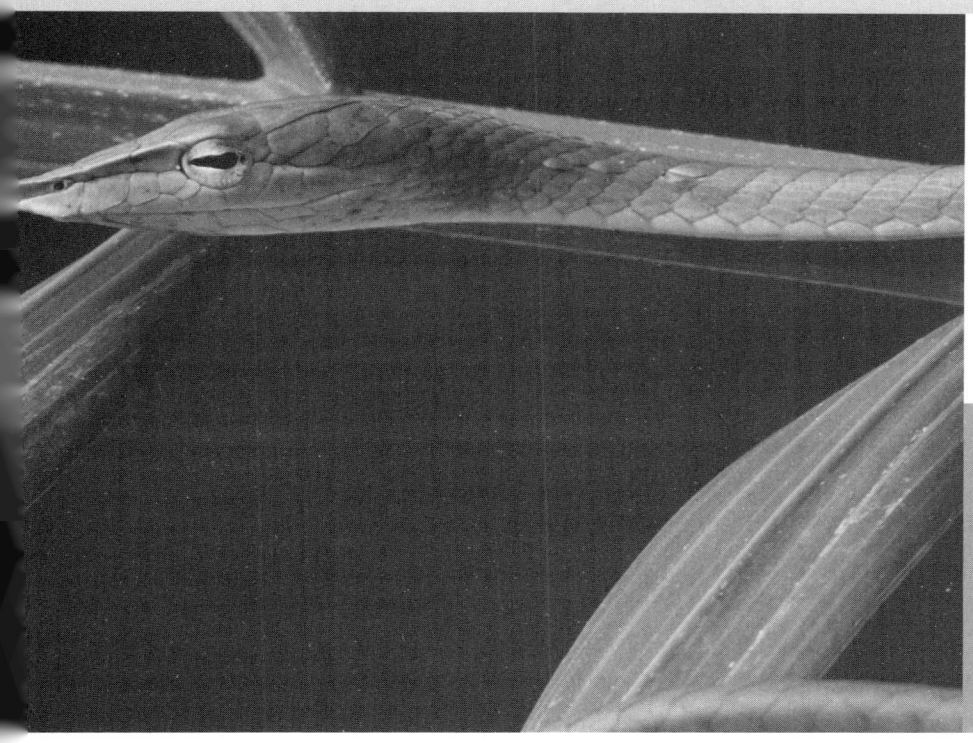

主题

我们通过感觉和过去经验所提供的信息主观地建构知觉;因而知觉并不总是对于事件的准确反映。

关键问题

4.1 总体而言,感觉系统是如何发挥作用的?

4.2 视觉系统是如何发挥作用的?

4.3 听觉的机制是什么?

4.4 化学感觉是如何实现的?

4.5 躯体感觉都有哪些?

4.6 总体而言,我们是如何构建知觉的?

4.7 为什么我们的某些感觉更为敏锐?

4.8 我们是如何感知深度和距离的?

4.9 期望、动机、情绪和学习是如何影响知觉的?

4.10 "超感官知觉"是否存在?

4.11 我们如何能够更准确地感知事件?

引子

有眼睛的树

此时此刻，我们身处于一个由光线、热量、压力、振动、各种粒子、射线和机械力共同制造的变幻多端的万花筒之中。如果没有感觉系统将外部刺激转译为大脑能处理的信息，那我们只能感受到无尽的宁静与黑暗。因此，当你沉醉于夕阳的绚烂、花朵的缤纷以及朋友的相伴之际，千万别忘记：是你的感觉让一切得以实现。

然而，我们的感觉系统是否能够完全忠实地反映现实的"面貌"呢？本书的一位作者曾经在热带雨林中欣赏花朵之时，隐约觉得有人暗中监视自己。接下来的数分钟里，他苦苦寻觅，大声呼喊，却未有回应。什么人都没有。不对，等等。在头顶不远处的树枝上，一条蛇探出头，直勾勾地盯着他。天哪！他认真地找了半天，怎么可能没发现它呢？他一边慢慢地退避，一边惊叹于这条蛇的伪装是如此完美——纹丝不动地躺在树枝上，如同一条绿色的藤蔓，静静地注视着这个世界（难怪这种蛇被称为绿蔓蛇）。

正如这个故事所表现的一样，感受这个世界只是认知这个世界的第一步而已。尽管他的眼睛搜集到了感知这条蛇的基本视觉信息，他的大脑却并未意识到蛇的存在。感觉信息会以多种形式被认知（以及错误地认知）。这是我们感受世界的第二步。在这一章中，我们先了解感觉，那首要的第一步。然后我们会了解第二步，知觉。我们的知觉从初步的感觉信息中构建了面孔、旋律、艺术作品、错觉，以及偶然出现的那条蛇。

感觉加工——第一步

关键问题 4.1：总体而言，感觉系统是如何发挥作用的？

光线、热量或者声音等物理能量刺激着我们的感觉系统。瞬息之后，你注意到一团雪球擦过你的鼻翼，或者一缕阳光温暖着你的脸庞，又或者一段悦耳旋律从收音机里传来。就在那一瞬之间，我们的感觉系统完成了捕捉、分析以及解析感觉信号的一系列神奇过程。在我们深入研究具体的感觉类型之前，让我们先来看看感觉系统是如何削减大脑必须处理的感觉信息的。

感觉系统的主要功能是作为生物**传感器**，将一种能量形式转化为另一种能量形式（Fain, 2003）。每一种感觉都是将某种特殊的外部能量转化为神经细胞的活动（动作电位）。感觉器官接收到的信息产生了**感觉**。然后大脑会处理这些信息。当大脑将这些感觉信息组织成有意义的模式之后，我们就有了**知觉**。很有趣的是，"看见"和"听见"发生在我们的大脑之中，而非眼睛或者耳朵之内。

在我们探讨知觉之前，让我们进一步了解一下感觉。以视觉为例，它为我们提供了认知世界的大量信息。在某一刻，你能够观察到几光年之外的星辰；另一时刻，你可以窥见隐藏于露珠之中的微观世界。然而，视觉也限制了我们能够认知的范围。如同其他感觉一样，视觉系统是一个信息滤波系统。它选择和分析感觉信息，以便记录和传递大脑最需要的信息（Goldstein, 2010）。

选择

感觉信号的削减是如何发生的？ 因为感觉器官不能传导所有的信息，因此需要对信息进行大量的选择。例如，吉他会将琴弦的振动转化为声波。拨弄吉他上的琴弦会产生声音。但是，不能让琴弦振动的刺激就毫无作用。如果你用光去照琴弦，或者向琴弦上泼一杯凉水，吉他将依然纹丝不动。（当然，吉他的主人此刻或许已经雷霆大作！）同样的，我们的眼睛会传导电磁波信号，耳朵会传导声波信号，诸如此类。很多其他类型的外部刺激无法被感知，只是因为我们没有对应的感觉器官来传导它们。比如说，人类无法感知其他生物的生物电场，但是具有特殊器官的鲨鱼却可以（Fields, 2007）。（它们能听到电场或者感受到它吗？）

在**心理物理学**的研究领域，研究者会测量物理能量（例如，声波或者电磁波）并分析引起感觉经验的物理特征（例如，响度或者亮度）。心理物理学研究表明，感觉接收器只会传导可接受能量范围中的一部分（Fain, 2003）。举例而言，你的眼睛只会传导整个电磁能量范围中很小的一部分——我们称为可见光谱的部分。而蜜蜂的眼睛可以传导并处理人类所无法看到的电磁波谱段。同样的，蝙蝠"叫出"的声音因频率过高而无法被人类听到，但是它们自己却可以听到反射的回声。这种被称为回声定位的能力让蝙蝠能够在伸手不见五指的黑夜畅行无阻并且猎食昆虫。

类似的，高于某种强度的能量才能引起感觉的产生。而这种必要的最低强度标准被定义为该感觉系统的**绝对阈限**。比如说，很轻微的声音（如果再稍稍大声一点就可以被听到）低于绝对阈限，就无法被听到。当然，在夜间捕猎的猫头鹰的听觉绝对阈限要比人类低很多。如你所见，我们丰富的感觉经验其实只是所有能被感知的信息的一部分，也只是某些动物的感知范围的一部分。

感觉适应

传递到大脑的感觉信息还在以另一种方式减少。试想一下，你走进一间刚准备好炸鱼、酸菜以及奶酪作为晚餐的屋子。或许刚到门口，强烈的气味就会刺激着你的鼻子，然而在屋里待了一段时间的人却对食物的气味置若罔"闻"。这是为什么呢？因为感觉接收器对恒定不变的刺激几乎不做反应，这种现象被称为**感觉适应**。

幸好嗅觉感受器适应得非常迅速。当我们持续地闻到某种气味时，它传递到大脑的神经冲动就会越来越少，直到我们完全注意不到它们。我们会习惯腕表、腕带、戒指以及眼镜所产生的压力，都是同一原理。因为我们不需要时刻提醒大脑有关那些不变的刺激信息，一般来说，刺激发生变化时，感觉感受器的反应才最为敏锐。没人需要一天16个小时都提醒自己，我穿着鞋子。

感觉分析

我们的感觉经验也受到**感觉分析**的影响。在感觉系统处理信息的过程中，感觉器官将世界分解

为重要的**知觉特征**，或者基本的刺激模式。就视觉系统而言，具有一套特征觉察器来感知特定的刺激，包括线条、形状、边界、颜色等。请看图4.1，你的眼睛一下子即可捕捉到许多斜线之中的一条垂直线，这种视觉效应称为"突现"。突现的发生是由于视觉系统对基本视觉特征的高度敏感(Adler & Orprecio, 2006)。

同样，蛙眼对那些细小的、移动的黑点特别敏感，似乎专门用于探测附近的飞虫（Lettvin, 1961）。换言之，那些小虫（黑点）必须是运动的，否则蛙眼的"飞虫觉察器"就会失效。因此，即便青蛙的身边堆满了死苍蝇，它仍将会饿死。我们对于知觉特征的敏感程度是神经系统的天生特质。如同其他与生俱来的能力一样，这种敏感度受到早期经验的影响。英国剑桥大学的Colin Blakemore和Graham Cooper曾将小猫喂养在墙壁上只有竖直线条的环境之中。而另一组小猫喂养在只有水平线条的环境中。当被放回正常的环境后，"水平线条"小猫能够轻易地跳上椅子，却会在走路的时候撞上椅子腿。"竖直线条"小猫恰好相反，它们能够轻易地避开椅子腿，却难以跳上水平的椅凳面之上。在竖直线条环境中成长的小猫无法"看到"水平线条，而在水平线条环境中成长的小猫却对竖直线条视而不见（Blakemore & Cooper, 1970）。其

传感器 /Transducers 对能量形式进行转换的装置。

感觉 /Sensation 感觉反应；感觉器官感受物理能量的过程。

知觉 /Perception 将感觉组织起来成为有意义的模式的心理过程。

心理物理学 /Psychophysics 有关物理刺激与其所引起的人类感觉之间关系的研究领域。

绝对阈限 /Absolute threshold 产生感觉所必需的最小物理量。

感觉适应 /Sensory adaptation 对不变化刺激的感觉反应降低。

感觉分析 /Sensory analysis 感觉系统对输入的信息进行解析的能力。

知觉特征 /Perceptual features 刺激形式的重要元素，如线、形状、边、点和颜色等。

他研究表明，负责处理那些没有体验过的知觉特征的脑细胞也相应地减少了（Grobstein & Chow, 1975）。

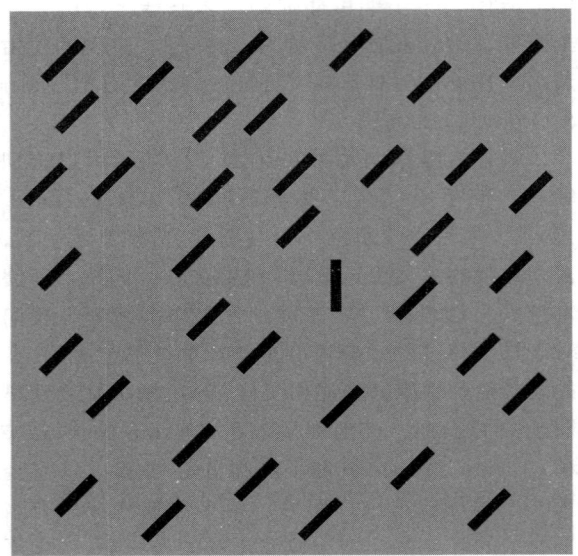

图 4.1 视觉突现。突现是一种很基本的现象，甚至仅 3 个月大的婴儿都能对此做出反应（Adler & Orprecio, 2006）。

感觉编码

感觉系统在选择和分析信息的同时，也在进行编码。**感觉编码**是指将重要的特征转化为大脑能够认知的神经信号（Hubel & Wiesel, 2005）。比如，不是所有刺激之间的差别都会被编码；相反，两个刺激之间的差别必须足够大才能得到编码。心理物理学将其称为**差别阈限**。在这类研究中，我们探讨的是"刺激之间的差别要达到多大才能被感知，即被编码？"比如说，如果你打算在一杯咖啡里多加一粒砂糖，你是否能尝出差别？要加多少才能感觉到不同？几粒？半勺？一整勺？

想了解感觉编码的过程，你可以先将眼睛闭起来。然后用指尖压在眼皮上。轻轻施加适度的力，持续大约 30 秒，看看有什么变化。（患有眼疾或者佩戴隐形眼镜的读者请不要尝试。）

你是否"看见"光点、棋盘格，或者闪动的颜色？这种现象称为压眼闪光，是由于视网膜受到机械性刺激而引起的视感觉。这一现象产生的原因是眼睛的感受细胞在正常情况下对光做出反应，但对压力也有一定的敏感性。然而眼睛会将外界刺激（包括压力）均编码为视觉特征，因此，你感觉到的是光，而不是压力。产生这个效应还有另一个重要条件，那就是大脑的感觉定位。

感觉定位是指感觉体验的类型与被激活的大脑区域有关。大脑的一些特定区域接收视觉信息，另一些区域接收听觉信息，其他区域接收味觉或触觉信息。一般情况下，通过了解大脑激活的区域，可以了解你所体验到的感觉信息类型。

> **知识桥**
> 有关大脑不同区域接收不同感觉信息的内容，参见第 2 章。

感觉定位的特性已经逐步应用于恢复视力、听力以及其他感觉。一种方法是用微型摄像头将电信号直接传送给大脑（Dobelle, 2000；Warren & Normann, 2005）。另一种方法是将一块电感应装置板植入视网膜，从而给视神经发送电信号。运用这些技术，失去视力的患者现在可以"看见"字母、单词以及诸如刀叉等寻常物品（Zrenner et al., 2010）。

尽管感觉系统将初步信号传递给大脑，但这些数据在被解译前基本上是毫无意义的。就好比感觉系统只不过是提供了拼图的各个碎片。接下来我们会深入了解其他的感觉系统以及如何将碎片拼成完整的图案。

知识巩固
感觉加工

测一测

1. 感受器是生物的_____，负责将一种类型的能量转换为另一种类型的能量。
2. 随着时间的流逝，戴着腕表的皮肤下的那些神经会向大脑传递越来越少的信号，你就会逐渐感觉不到腕表的存在。这种现象被称为：
   a. 传导　　　　　b. 差别阈限
   c. 逆向注意　　　d. 感觉适应
3. Lettvin 发现，蛙眼对压眼闪光特别敏感。对不对？
4. 将环境里的重要特征发送到大脑的过程称为_____。
   a. 压眼闪光　　　b. 编码
   c. 探测　　　　　d. 程序化

想一想

批判性思考

5. 威廉·詹姆斯曾说过："如果外科医生能够交换视觉和听觉神经，那我们将能听到闪电和看见雷鸣。"你能阐释詹姆斯的意思吗？

自我反思

感觉如何影响你现在所体验到的世界？试想一下，如果没有信息滤波系统，你将会如何不堪重负？

如果就像其他一些动物那样，你可以传导其他的能量形式，那会发生什么？如果你的感觉系统适用于探测不同的直觉特征呢？你的感觉世界将有怎样的改变？成为一只蝙蝠会有什么样的感受？

当你阅读这本书的时候，哪种感觉通道正在适应？怎样的新刺激能够让你转移注意力，引起你的注意？

答案：1.传感器　2.d　3.对　4.b　5.答案是感受是由人脑特定部位的光线刺激引起的（Dixon, Smilek & Merikle, 2004）。例如，一位接受各类磁性刺激的人说他的视觉区域引起并伴随响声音。因此，我们的感觉并不能告诉我们世界是怎样的，而是告诉我们大脑对感觉的解释。

视觉——捕捉光线

关键问题 4.2：视觉系统是如何发挥作用的？

清晨，你睁开双眼，轻易地就可以感受到世界的多姿多彩。但是这种常人轻而易举就能完成的行为却隐藏着极为烦琐的过程。视觉十分神奇，需要我们详细地进行探讨。

光线和视觉的基本维度是什么？可见波谱——人眼能够感知的电磁波频谱范围——只是整个电磁波谱上很窄的一段。从波长400纳米开始，可使人产生紫、蓝感觉。更长的波长能产生蓝、绿、黄和橙的感觉。波长为700纳米时，我们看到的将是红色（见彩图4.2）。

色相是指红、橙、黄、绿、蓝、靛、紫等基本颜色类别。不同的色相（颜色感觉）与不同波长的光相对应（Mather, 2008）。而白光却不同，是由颜色光谱上多种波长组成的一种混合光。一个狭窄范围波长产生的色调是饱和的或"纯"的。（例如，消防车的红色比红墙砖的红色更饱和。）视觉的第三个维度是亮度，基本上对应于光波的物理峰值。波幅较大的光波有更多的能量，并且颜色看起来更亮或更强，例如，同样一面砖墙的红色在高亮度照明条件下比在低亮度照明条件下看起来更鲜艳。

眼睛的构造

尽管视觉系统比任何数码相机都要复杂，然而相机和眼睛都拥有镜头来对焦图像，并成像于封闭空间终端的光敏感材质表面上。对于相机，光敏感材质是一块数码图像感应器。对于人眼，光敏感材质是一层感光细胞，位于邮票大小和厚薄的**视网膜**上（见彩图4.3）。

感觉编码 /Sensory coding　是指感觉器官通过编码将信息传送到大脑。

差别阈限 /Difference threshold　观察者能够识别的最小差异刺激。

视网膜 /Retina　眼后部对光敏感的细胞层。

眼睛如何聚焦？ 眼睛的聚焦主要由角膜完成，它是位于眼球前部的透明膜，将光线折射进眼球内部。晶状体会接着对折射到眼球内部的光线进行微调。随着附着在晶状体上的肌肉收缩和伸长，眼睛的焦点也随之改变。晶状体的这一过程称为**调节**。相机聚焦的方式相对要简单得多，主要通过调节透镜和胶片之间的距离来控制。

视觉问题

聚焦的效果总是受制于眼睛的形状。如果眼球前后径过短，近距离的物体就会显得模糊，而远距离的物体却能看清楚，即所谓的**远视**。如果眼球前后径过长，远处的物体被聚焦在视网膜之前，不能落在视网膜上，即出现**近视**。当角膜或晶状体的形状不规则时，一部分视域可以被聚焦，但另一部分会发生扭曲，眼睛中的焦点就不止一个，即出现**散光**。这三种视觉缺陷都可以通过框架眼镜或隐形眼镜进行校正。不同形状的玻璃透镜可以改变进光路径，恢复正常的聚焦（见图4.4）。随着年龄的增长，眼睛中的晶状体会变得缺少弹性，不能聚焦，出现**老视**，即俗称的"老花眼"，或者由于老化引起的远视。你或许已经发现，爷爷奶奶或者老年人要把报纸举得老远才能看见。如果你现在戴近视镜，当你年老时可能要戴双焦距眼镜（就像本书作者一样，唉），以便同时对近视和远视进行矫正。

视杆细胞和视锥细胞

眼睛里有两种"图像感应器"，被称为视锥细胞和视杆细胞（Mather, 2008）。在每一只眼睛中，**视锥细胞**大约有500万个，适合在亮光下工作，同时也负责感受颜色和细节。相比较而言，**视杆细胞**数量众多，大约有1亿2000万个，但却不能辨别颜色（见彩图4.5）。如果只有视杆细胞，视觉就会是黑白的。然而，视杆细胞比视锥细胞对光线更为敏感，所以使我们能够感应非常微弱的光线。

令人惊奇的是，视网膜上有一个"洞"：在那里没有感受器，是视神经纤维离开眼球和血管出入眼球的部位。因此，每一只眼睛都有一个盲点（如彩图4.5右）。盲点的存在再次表明，视觉在很大程度上依赖于大脑。如果你闭上一只眼睛，部分光线将落入另一只睁开的眼睛的盲点区域，但为什么你的视觉体验依然是连续的呢？这是因为，大脑的视觉皮层会主动利用盲点周围的视觉模式来填补盲点区域的视觉体验（如图4.6）。如果你闭上一只眼睛，把另一个人的影像放到自己的盲点区，你

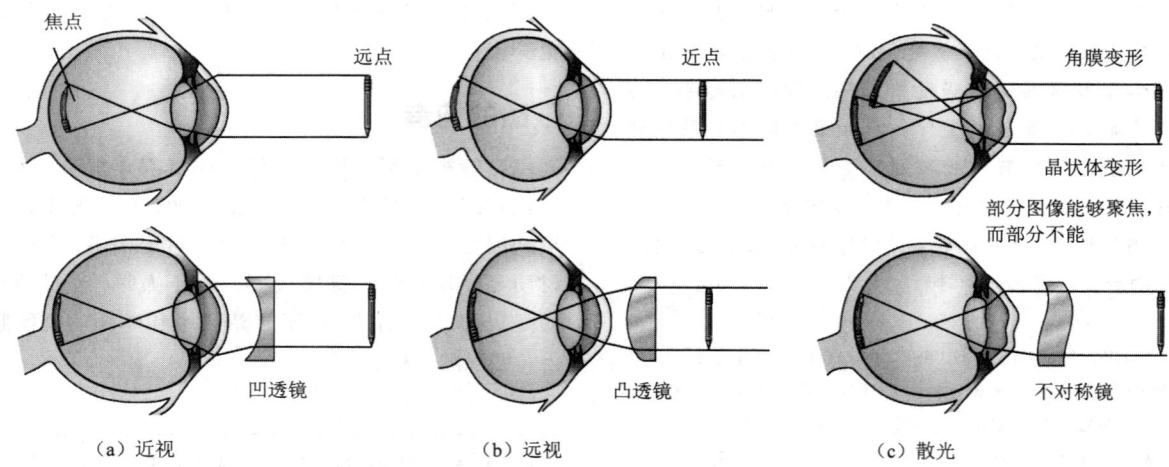

图 4.4 视觉问题和矫正镜。（a）近视眼（前后距过长）。凹透镜能够散射光线从而增加眼睛的焦距。（b）远视眼（前后距过短）。凸透镜通过加强折射让焦点落在视网膜上。（c）散光眼（晶状体或角膜不对称）。对散光眼来说，一部分视觉很清晰，而另一部分却很模糊。矫正散光的眼镜也是不对称的。
Copyright © 2012 Wadsworth, Cengage Learning, Inc.

第 4 章 感觉、知觉和现实　　147

图 4.6 体验盲点。(a) 闭上右眼，盯着右边的十字。把书举到距离自己 30 厘米处，然后慢慢地前后移动书本。你应该可以找到一个距离让你正好看不见左边的黑点。此刻，它正好落在你的盲点上。经过一定的训练，你也可以让你不喜欢的人或物体消失！(b) 这一次，重复之前的步骤，但是盯着下面这个十字。当白点落在你的盲点之上时，黑色线条看起来依然是连续的。通过这个例子，你可以知道为什么我们平时不会感觉到盲点的存在。

Copyright © 2012 Wadsworth，Cengage Learning，Inc.

就会仿佛看到一个没有头的人（当然，这只是为了上课无聊时解解闷）！大脑同样也可以"抹去"干扰性的视觉信息。将你的双眼转向右边，然后闭上你的右眼，你可以清楚地看到视野内的鼻翼。但当你睁开双眼，鼻子就几乎消失在视野里。这正是因为大脑需要忽视它的存在。

视敏度

视锥细胞和视杆细胞也影响到**视敏度**，也称为锐度 (Foley & Matlin，2010)。视锥细胞主要位于眼睛中央。事实上，在中央凹，即视网膜中央一个小茶杯形状的区域里，只有视锥细胞，数量大约为 5 万个。如同高分辨率的数码成像器是由许多小像素组成的一样，中央凹中紧密排列的视锥细胞产生了最清晰的图像。正常的视力标准为 20/20：即一个人在 6 米（20 英尺）处可以看清楚一般人在 6 米（20 英尺）处即可看清楚的物体（见图 4.7）。如果你的视力为 20/40，即表明你只能在 6 米的距离处看清楚普通人可以在 12 米（40 英尺）处看清的物体。如果你的视力是 20/200，那么，你眼中的世界就是一片模糊，你需要一副眼镜了！如果你的视力达到了 20/12，表明你可以在 6 米远的地方看清一般人要在 3.6 米处才可以看清楚的物体，这说明你的视力相当不错。美国的宇航员 Gordon Cooper 声称他可以在印度北部上空 100 英里（约 160 千米）处看到地面上的铁路线。他的视力就是 20/12。

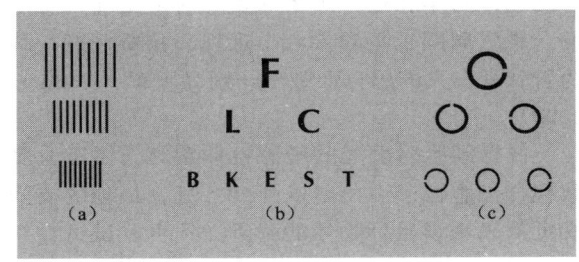

图 4.7 三种通用的视力测查表示意图。(a) 线条测验，将最后仍可被分开的一排线条作为测查结果。(b) 斯内伦视力表，将最后仍可被读出的一排字母作为测查结果。(c) 兰道环，将最后仍可被正确说出圆环开口方向的一排作为测查结果。

Copyright © 2012 Wadsworth，Cengage Learning，Inc.

调节 /Accommodation　改变眼睛晶状体的形状使之聚焦于不同距离的物体。

远视 /Hyperopia　无法聚焦近处的物体。

近视 /Myopia　无法聚焦远处的物体。

散光 /Astigmatism　由于晶状体、角膜或者眼球的结构缺陷，导致视野内的部分视觉失焦。

老视 /Presbyopia　由衰老引起的远视。

视锥细胞 /Cones　感应颜色和对强光敏锐的视觉感应器。

视杆细胞 /Rods　对弱光敏感但只能产生黑白视觉的视觉感受器。

视敏度 /Visual acuity　视知觉的清晰度或敏锐度。

周围视觉

中央凹以外的视网膜区域有什么作用呢？中央凹以外的区域也同样接受光，并产生大面积的**周围视觉**。视杆细胞在距视网膜中央约20°的位置最为集中，因此周围视觉主要是视杆细胞视觉。尽管视杆细胞的视觉图像分辨率不高，但是视杆细胞对周围视觉里的运动相当敏感。为了体验视杆细胞的这种特性，请你将双眼平行正视前方，双臂侧平举，使双手与双眼分别成90°夹角。晃动双手的手指，双臂慢慢向中间靠拢，直到你感觉到了运动的存在。在你见到你真实的双手之前，你会首先感到运动。这种用眼角"余光"看物体的能力在体育运动、驾车和进入黑暗的走廊时都是非常重要的。丧失周围视觉的人会出现视野狭窄问题，称为管状视，人的感觉像戴着一副马眼罩（Godnig, 2003）。

视杆细胞对弱光的敏感性非常高。由于大多数视杆细胞位于中央凹以外20°处，最佳的夜间视觉效果来自目标物体的附近。你可以试试在夜晚盯着星星的近旁，来观察光线微暗的星星。

颜色视觉

视锥细胞是如何产生颜色视觉的？**三色理论**认为，一共存在三种类型的视锥细胞，它们分别对红、蓝、绿三种颜色最为敏感。而其他颜色都是这三种颜色的复合色。

三色理论存在的一个基本问题是色光似乎主要有四种——红、绿、蓝、黄（它们无法通过其他颜色混合而产生）。此外还有一个问题：为什么视觉中产生不出"发红的绿"或"发黄的蓝"？由于三色理论无法很好地解释这些现象，另一种理论得到了发展。这种理论被称为**对立过程理论**，认为视觉将颜色分析为"或此或彼"的信息（Goldstein, 2010）。这种理论的假设是，视觉系统可以产生"红或绿""黄或蓝"和"白或黑"的信息，对其中的一种颜色（如红色）进行编码，同时阻断对立的另一种颜色（如绿色）。因而，发红的绿色不会出现，但是发红的黄色（橙色）却可以出现。

根据对立过程理论，在视觉系统对某种颜色产生疲劳后所进行的恢复过程中，会产生相应对立色的视觉后像。视觉后像是指在视觉刺激已经消失之后依然持续产生的视觉效应——例如一盏灯熄灭后所看到的黑点。按照彩图4.8的指示，你就可以看到对立过程理论所预测的视觉后像。

哪种理论是正确的呢？两种都对！三色理论适用于解释视网膜的成像机制，三种对应的视锥细胞也被发现了。每种视锥细胞具有不同类型的光感化学物质，即视觉色素，遇光而分解。这一过程会引发动作电位，并将信号传递给大脑。这三种类型的视锥细胞分别对红、绿、蓝三色最为敏感。其他颜色是由这三种颜色组合产生的。如你所想，每种视觉色素对可见光谱中的红、绿、蓝光波段最为敏感。因而，三种视锥细胞不同的放电频率产生了不同颜色的视觉（见彩图4.9）。

相反，对立过程理论更适用于解释信息离开眼睛之后，在视觉通路和大脑加工的机制。例如，有的神经细胞对红色兴奋，却被绿色抑制。因此，两种颜色理论都是"正确"的。一种解释了眼球本身的机制，另一种解释了之后信息加工的机制（Gegenfurtner & Kiper, 2003）。

色盲和色弱

你周围是否有那种常常因为着装颜色极不协调而引起众人哈哈大笑的朋友？或者有人总是不好意思说出物体的颜色？如果有的话，那你肯定知道一些被叫作色盲的人。

色盲是什么样的？引起色盲的原因是什么？**色盲**的人不能感知颜色。对他们而言，世界几乎是黑白电影。造成色盲的原因可能是缺少视锥细胞，或者视锥细胞的功能有缺陷（Deeb, 2004）。全色盲是很少见的。更普遍的情况是**色弱**，或称为部分色盲，即不能区别某些颜色。大约8%的白人男性（亚裔、非裔和原住美洲男性比例较少）以及少于1%的女性为红-绿色盲者（Delpero et al., 2005）。红-绿色盲的人把红色和绿色都感知为一种淡淡的黄褐色（见彩图4.10）。另一种色弱的类型是黄-蓝色弱，但极为罕见（Hsia & Graham, 1997）。

令人吃惊的是，直到成年之前，有人都不知道自己看的颜色并不完全（Gündogan et al., 2005）。

如果你看不出彩图4.11里的数字"5"以及连接两个X之间的圆点组成的曲线，那么你很可能是红—绿色盲（Coren, Ward, & Enns, 2004）。

色盲的人怎么开车？他们又如何识别交通灯？ 红—绿色盲者的主要问题是不能区别红光和绿光，但对黄色和蓝色仍有正常的视觉。事实上，这并不是什么大问题。红灯总是安装在绿灯上面，并且绿灯比红灯亮一些。此外，"红灯"之中混合有黄光，而"绿灯"实际上是蓝绿色的。

黑暗里的视觉

眼睛在适应黑暗房间的过程中发生了什么变化？ 暗适应是在我们进入黑暗之后，视网膜极其迅速地提高光感受性的过程（Goldstein, 2010）。想象一下进入电影院的情景。当你从明亮的大厅走进黑暗的电影厅时，你需要人带领到座位上；可是很快你便可以看清周围的一切（甚至远处角落里一对正在接吻的恋人）。视觉需要经过大约30～35分钟从一片漆黑达到最大程度的视觉敏感度（彩图4.12）。当完全达到暗适应之后，我们的眼睛对光的感受性可以提高10万倍。

暗适应是如何产生的？ 视杆细胞像视锥细胞一样，也含有一种光感色素，可产生黑和白的视觉。一旦被光击中，这些视觉色素就会发生化学分解，即被"漂白"。我们的眼睛被闪光灯直接晃照后引起的后像就是这种漂白的结果。事实上，只需要几秒钟对白光的注视，就可能完全地消除暗适应。这也就是为什么晚上开车的时候要特别注意不要直视迎面而来的车头灯——特别是新型的青白色氙气灯。要恢复光感受性，视觉色素就必须重新合成，但这需要时间。

有没有可以加速暗适应的方法？ 视杆细胞对非常红的光不敏感。潜水艇、飞机座舱、战斗机飞行员、地勤人员的值班室中采用红光照明，就是利用了视觉感受性的这种特性。这样人们就能够快速进入黑暗环境工作，而不再需要暗适应过程。由于红光不刺激视杆细胞，它就仿佛一直置身于黑暗之中。

其他感觉

我们太过于依赖视觉，以至有时候都忘记了其他感觉的存在。但是你只需要戴上耳塞很短一段时间，就会体会到听觉对于交流、辨别方位、娱乐以及其他活动的重要性。同样的，娴熟的小说家总是会将气味引入他们的作品。或许对于他们而言，缺乏气味的描述是不完整的。更重要的是，如果没有触觉、痛觉、平衡觉以及其他躯体感觉，我们很难移动、保持直立甚至生存。如同其他感觉一样，躯体感觉是我们感知世界的重要部分。在详细探讨其他感觉之前，让我们看看你在视觉部分都学到了什么。

知识巩固

视觉

测一测

1. 填空：

　　　　　　近视
　　　　　　远视
　　　　　　老花眼
　　　　　　散光

　　a. 远处物体清晰
　　b. 眼球过长
　　c. 由于年龄增长而产生的远视
　　d. 缺少视锥细胞
　　e. 变形的角膜或晶状体

2. 在弱光条件下，视觉主要依靠　　　　；在亮光条件下，颜色以及精细视觉由　　　　产生。

周围视觉 /Peripheral（side）vision 视野边缘的视觉。

三色理论 /Trichromatic theory 基于三类视锥细胞所提出的颜色视觉理论，这三类视锥细胞分别对红、蓝、绿三种颜色最为敏感。

对立过程理论 /Opponent-process theory 基于三种编码系统（红或绿、黄或蓝和黑或白）所提出的颜色视觉理论。

色盲 /Color blindness 完全无法感知颜色。

色弱 /Color weakness 无法区分部分颜色。

暗适应 /Dark adaptation 提升对光敏感性的过程。

3. 最佳的视敏度和_____与_____相关。
   a. 三原色，视杆细胞
   b. 玻璃体液，视锥细胞
   c. 中央凹，视锥细胞
   d. 纳米，视锥细胞
4. 颜色的视觉后像能够很好地被_____解释。
   a. 三色理论   b. 散光效应
   c. 感觉定位   d. 对立过程理论
5. 暗适应与_____的增加直接相关。
   a. 视觉色素   b. 散光
   c. 调节   d. 饱和

想一想

批判性思考

6. 眼球的感觉传导是先发生在角膜，然后是晶状体，最后是视网膜。对不对？

自我反思

假想自己是一束光线。在你穿过眼球并到达视网膜的过程中，你都经历了哪些步骤？如果眼球的形状有变化，会发生什么结果？视网膜怎么知道你已经到达？它如何辨别你所携带的颜色？它会对大脑发出什么信号？

答案：1. BACE 2. 视杆细胞，视锥细胞 3.c 4.d 5.a 6. 不对，感觉传导和冒状体并未对进入眼球的光线产生变化，而视网膜上，由于感受细胞的形状，光能则被转化为神经冲动，但并非所有视网膜都会发生变化。

听觉——美妙的振动

关键问题 4.3：听觉的机制是什么？

摇滚、古典、爵士、说唱、乡村、嘻哈——无论你喜欢哪一种音乐风格，你都一定曾经被声音的美妙感动过。听觉收集着身体周围的信息，例如身后方一辆看不见的汽车正向我们驶来（Yost, 2007）。尽管视觉用处极大，然而它只能感知身体前方的刺激（当然，除非你的盲区被后视镜所弥补）。

什么样的刺激能产生听觉？ 如果你把一块石头扔到平静的池塘中，会看到一个个圆形的水波向各个方向扩展。声音在空气中的运动与此相类似，也是以一系列看不见的波（波峰为压缩，波谷为舒张）的形式进行传播。所有振动的物体——音叉、乐器的琴弦或者人的声带都会产生声波（空气分子的节律运动）。其他一些液体或固体材料也可以传播声音。声音在真空或是没有气体的外太空里是不能传播的。在科幻电影中，外星飞船的"轰鸣声"或外太空里战舰激战的声音都不过是为了增加戏剧效果。

声波的频率（也就是每秒钟声波的个数）相对应的是感觉上的音高（高音和低音）。而振幅相当于声波波峰的"高度"，表示了声波中蕴含的能量的大小。与其相对应的心理量是感觉上的响度（声音的强度）（图4.13）。

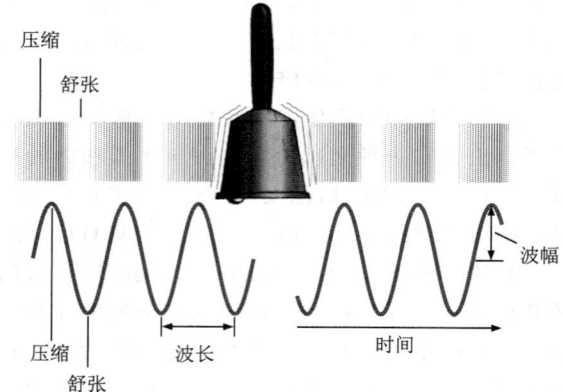

图 4.13 空气中波的压缩或者振动是听觉的物理刺激。声波的频率决定了音高。振幅决定了响度。
Copyright © 2012 Wadsworth, Cengage Learning, Inc.

我们如何听见声音

声音是如何转换为神经冲动的？ 听觉涉及一连串精巧的事件，首先是从耳廓，即外在可见的耳朵开始。除了可以挂耳环或者夹铅笔之外，耳廓实际上是汇聚声音的通道。在声音被引导进入耳朵后，声波撞击鼓膜，让其发生振动。接着又会引起三块听小骨的振动（彩图4.14）。听小骨包括锤骨、砧骨、镫骨，由它们把鼓膜与耳蜗联结起来。耳蜗是组成内耳的器官，形状像蜗牛。镫骨就附着在耳蜗的一个称为卵圆窗的膜上。当卵圆窗前后运动时，耳蜗内的液体就会产生波动。

在耳蜗的内部，细微的**毛细胞**会探测液体的波动。毛细胞是**柯蒂氏器**的一部分，柯蒂氏器构成了耳蜗最核心的部分（见彩图4.15）。当波动传导到柯蒂氏器周围的液体之时，毛细胞顶端像短头发一样的静纤毛会在耳蜗盖膜上刷动。接下来，弯曲起来的静纤毛就引发了神经冲动，然后传导到大脑。

听觉系统如何分辨声音的高低？ 听觉的**频率理论**认为，随着音高的增加，听神经会产生相同频率的神经冲动。也就是说，800赫兹的音高会引起每秒800次神经冲动（赫兹是每秒振动次数的单位）。这一理论可以解释4000赫兹以下的声音是如何传达到大脑的。但对于更高的音高呢？**位置理论**认为，不同音高的声音会激活耳蜗中不同的特定区域。高音会在耳蜗底部引起最强的神经反应（接近卵圆窗）。而相反，低音会引起位于耳蜗外顶部窄处的毛细胞运动（见图4.16）。耳蜗中不同位置被激活，则产生不同的音高。位置理论还能解释为什么有些猎人会对特定音高范围内的声音丧失听觉。"猎人性耳聋"正是由于耳边的枪声导致与一定高音区域对应的毛细胞受到损伤所致。

耳聋

其他类型的耳聋是怎样引起的？ 最主要的两类耳聋影响了世界上超过2.78亿人（Tennesen，2007）。**传导性耳聋**是因为外耳到内耳的声音振动过弱造成的。例如，疾病或创伤可能引起耳膜或听小骨的损坏或者无法移动。在许多情况下，传导性耳聋者可以使用助听器使声音增大和变得清晰。**神经性耳聋**是由于毛细胞或听神经受到了损害造成的。很多特殊的工作、爱好、经历会引起**噪声引发性耳聋**，这是由于响度过大的声音损伤了耳蜗中特定区域的毛细胞（例如猎人性耳聋）。我们耳朵中的毛细胞像蜘蛛网丝一样纤细，非常容易受损伤。

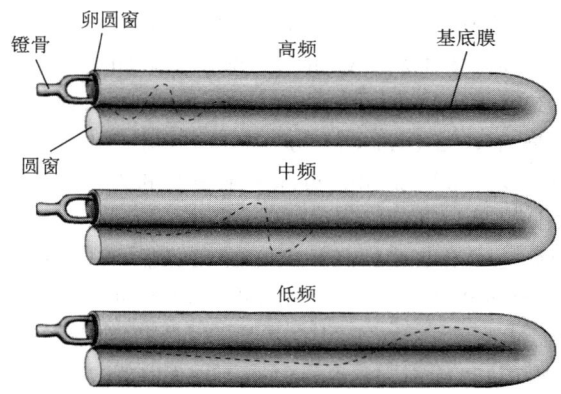

图4.16 展开的耳蜗简图。基底膜是耳蜗底部具有弹性的"屋顶"。柯蒂氏器以及毛细胞都停留在基底膜的顶端。图中的虚线标明了引起基底膜移位最为明显的耳蜗部位。（图中的移动幅度比实际有所夸大。）毛细胞在位移最大的地方反应最为强烈，从而确定了声音的频率。

Copyright © 2012 Wadsworth, Cengage Learning, Inc.

如果你在一个噪声环境中工作或喜欢开大音量听音乐、开摩托、玩雪地摩托、打猎以及类似的活动，你就很可能患上噪声引发性耳聋。毛细胞一旦受损后将不可恢复：在大约65岁的时候，我们会失去超过40%的毛细胞，其中绝大多数是用于传导高音的（Chisolm，Willott & Lister，2003）。这也就是为什么现在的年轻学生喜欢下载调子很高的铃声：如果他们的老师听力已经衰退，他们就没法听到学生能够听到的铃声。（本书的作者可能都

毛细胞 /Hair cell 耳蜗内负责将震动转换成神经冲动的感受器细胞。

柯蒂氏器 /Organ of Corti 耳蜗的主要组成部分，包括毛细胞、规管、盖膜。

频率理论 /Frequency theory 该理论认为听觉是由耳蜗将4000赫兹以下的声音转换成相应频率的神经冲动实现的。

位置理论 /Place theory 认为频率不同的声音对应耳蜗不同位置的听觉理论。

传导性耳聋 /Conductive hearing loss 从耳鼓到内耳的声音传导障碍。

神经性耳聋 /Sensorineural hearing loss 由于毛细胞或听觉神经受损引起的耳聋。

噪声引发性耳聋 /Noise-induced hearing loss 过度强烈的声音所致的器官损伤引起的耳聋。

还没有意识到这样的事情正在发生!)

多大的声音会对听力造成损害? 如果一个人每天处于85分贝以上的声音中，就可能出现永久性听力丧失（Mather, 2008）。分贝用于衡量声音的强度。每增加20分贝即表示声音的强度增加了10倍。换句话说，120分贝的摇滚音乐会中的声音能量是60分贝的说话声的1000倍。短时间暴露在120分贝以上的声音中就可能造成暂时的听力缺失。而短暂的150分贝的声音（近处的喷气式飞机的噪声）可能引起永久性的听力丧失。从图4.17中，你或许会饶有兴趣地发现自己常做的活动所对应的分贝评级。需要特别注意的是，震耳欲聋的摇滚音乐会、塞入式耳机以及车载音响都可能造成听力损失。

人工听力

助听器对于神经性耳聋毫无帮助，因为听觉信息被阻断在耳朵到大脑的通路上。然而在很多案例中，听觉神经其实是完好无损的。这一发现刺激了有关人造耳蜗的开发，这种技术可以让听觉信息不通过毛细胞直接传达到听觉神经（彩图4.18）。麦克风首先将听觉信号以电信号的方式传递给外部线圈。皮下的匹配好的内部线圈会接收到信号，并将它传递到某个或多个耳蜗区域。最新的人造耳蜗应用了位置理论，将高音和低音设置到了不同的频道里。这一技术的发展使得一些之前耳聋的人能够听到谈话声、音乐以及其他的高频声音。差不多60%的使用多频道人造耳蜗的患者能够理解部分口语词汇以及欣赏音乐（Leal et al., 2003; Foley & Matlin, 2010）。一些耳聋的孩子在装上人工耳蜗之后学会了说话。那些在2岁接受植入的孩子几乎达到了正常的语言发展水平（Dorman & Wilson, 2004）。

目前，人造耳蜗的技术依然不够成熟。绝大多数成功植入了人造耳蜗的人将他们听到的声音描述为"来自没有调准的电台频道"。事实上，30%的成人放弃了植入人工耳蜗的方法。但是该技术仍在不断改进。即便是现在，对于像Kristen Cloud这样的乐观人士而言，人造耳蜗也已经功效显著。在Kristen安装了耳蜗之后不久，她听到了警笛声，并且避免了被一辆超速飞奔的汽车撞倒。按照她的说法："人造耳蜗救了我的性命。"

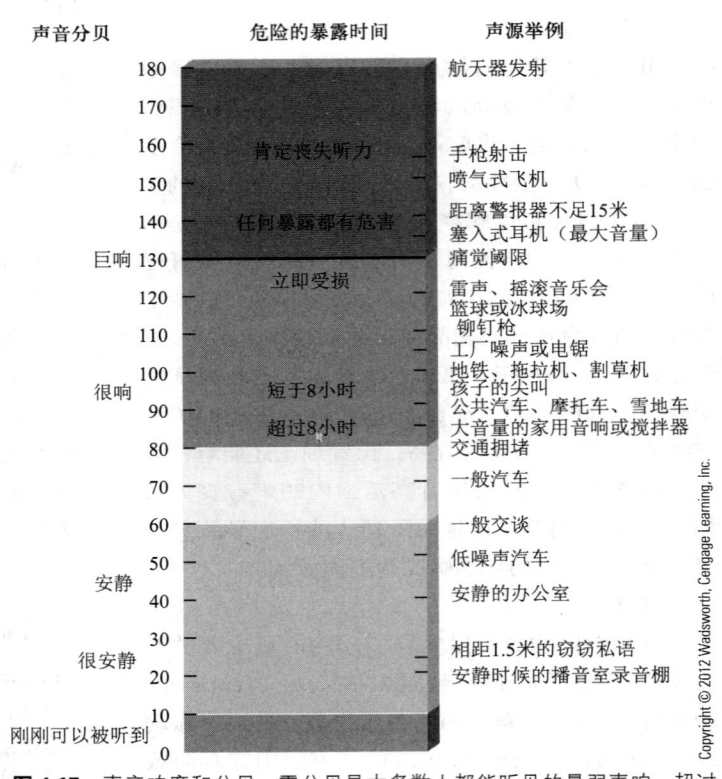

图4.17 声音响度和分贝。零分贝是大多数人都能听见的最弱声响。超过110分贝的声音会让人不适。长期暴露在高于85分贝的环境中可能导致内耳受损。某些摇滚音乐会的最大响度能达到120分贝，造成了很多乐手和听众的听觉丧失。超过130分贝的声音会立刻对听力造成损害。

嗅觉和味觉——舌头不知道，鼻子知道

关键问题 4.4：化学感觉是如何实现的？

除非你想成为一位品酒师、香水调配师、大厨或美食评鉴家，否则你可能觉得**嗅觉**和**味觉**并不太重要。当然，没有这两种化学感觉（即对化学分子做出反应的感受器），你依然可以生存。千万别被骗了，没有这两种感觉，你的生活很可能举步维艰（Drummond，Douglas，& Olver，2007）。例如，某个人的公寓起火了，但由于他闻不出烟味，就可能因此丧命。此外，嗅觉和味觉让我们的生活变得有滋有味。让我们看看它们吧。

嗅觉

嗅觉感受器主要对空气中的气体分子进行反应。空气进入鼻子，会穿过大约500万个排列于上鼻道的神经纤维（彩图4.19）。分布在神经纤维表面上的感受器蛋白对空气中的多种分子敏感。当神经纤维被刺激，它就将神经信号传送到大脑。

不同气味的感觉是如何产生的？这个谜至今仍然没有完全解开。可能的线索来自失嗅症，即对于单一气味的"嗅盲"。对于某种特定气味的嗅觉丧失说明，不同气味有对应的不同的嗅觉感受器。实际上，能产生特定气味的化学分子在形状结构上也是相似的。特定的形状会产生对应的气味：花香（各种鲜花类）、樟脑（樟脑类）、麝香（你是否曾经闻过一头大汗淋漓的雄麝的味道？）、薄荷（薄荷类）和乙醚（乙醚以及清洁液体）等不同气味的分子，都有不同的特殊形状。

这是否意味着我们主要有五种嗅觉感受器？事实上，研究者认为，人类拥有大约1000种嗅觉感受器（Bensafi et al.，2004）。在嗅觉感受器上有着不同形状的"洞"或"袋子"，就像锁和钥匙一样，当一个气体分子正好可以落入一个形状匹配的"洞"时，人们便嗅出了它的气味。这种假说被称为锁和钥匙嗅觉理论。

而且，分子能够引发不同组合的嗅觉神经兴奋。因此，人类能够辨别大约1万种气味。就像你可以通过26个字母组合出成千上万的单词一样，多种嗅觉感受器的组合是可能的，进而产生了多样的嗅觉感受。由特定气味所引起兴奋的感受器的位置也能提供部分有关辨认气味类型的信息。最后，激活的神经纤维的数量提供了大脑气味的强烈程度（Bensefi et al.，2004）。通过嗅觉感受器提供的各种独特的信息模式，大脑才能识别气味。

失嗅症是如何产生的？大概有5%的人存在不同程度的嗅觉障碍，其中包括失嗅症，即一种对气味完全没有辨别能力的病症（Bramerson et al.，2004）。可能的因素包括感染、过敏或头部创伤（嗅神经受到损坏）。接触某些化学品（如氨水、化学显影剂）和美发剂也可能引起嗅觉障碍。如果你在乎自己的嗅觉，那么请注意你正在呼吸的东西（Drummond，Douglas，& Olver，2007；Herz，2001）。

味觉

基本的味觉至少有四种，即甜、咸、酸和苦。我们对苦最敏感，对酸次之，接下来为咸，对甜味的敏感性最差。在人类寻找食物时，苦和酸的东西一般是不可食用的，因此，这一味觉敏感性顺序可以帮助人类防止中毒。

现在绝大多数研究者认为还有第五种味道属性存在（Chandrashekar et al.，2006）。日语单词"umami"常常用于描述一种可口的美味，或者一种"肉汤味"，跟鸡汤、肉类提炼物、巨藻、金枪鱼肉、人奶、奶酪和豆类中存在的氨基酸有关。umami的味觉感受器对谷氨酸特别敏感，而味精（MSG，主要成分为谷氨酸钠）中就含有大量的谷氨酸成分（Sugimoto & Ninomiya，2005）。

嗅觉/Olfaction 对气味的感觉。

味觉/Gustation 对味道的感觉。

锁和钥匙嗅觉理论/Lock and key theory of olfaction 一种嗅觉理论，认为气味与化学分子的形状有关。

如果我们只具有四五种味觉，那为什么会品尝到如此多的味道？因为我们常常把口感、温度、气味甚至痛觉（"热辣"的红椒）与味觉混合在一起，所以我们品尝到的味道才能够如此多样。在对味道的感觉中，嗅觉的作用是非常重要的（Shepherd, 2006）。如果没有嗅觉的参与，那么当你"品尝"一小片苹果、土豆和洋葱时，味道几乎完全一样。连美味的彩豆糖也是！因此，当人患感冒时吃东西总是觉得没味道。所以说味道一半是尝出来的，一半是闻出来的，并不夸张。

有趣的是，当美味（例如鸡汤）和谷氨酸（本身味道并不怎么样）结合起来之后，味精作为"提味佳品"的作用将更为显著（McCabe & Rolls, 2007）。至少，我们现在知道鸡汤为什么如此"沁人心脾"。不过，记得吃之前要先闻闻它的香味！

味蕾，也叫味觉感受细胞，大部分位于舌头前端，尤其是舌头的两侧（彩图 4.20）。当食物被咀嚼时，被嚼碎的部分进入味蕾，在那里引发神经冲动，使信息传送到大脑（Northcutt, 2004）。和嗅觉差不多，甜味和苦味的感觉是由特定形状的感受器与特定的化学分子相匹配而产生的，与嗅觉中"锁和钥匙"的机制一样。而咸味和酸味则是由带电的原子直接进入味细胞末端而产生的（Lindemann, 2001）。

躯体感觉——跟着感觉走

关键问题 4.5：躯体感觉都有哪些？

体操运动员在高低杠之间的空翻动作不仅需要依赖视觉，还需要**躯体觉**的参与（soma 是身体的意思，esthetic 是感觉的意思）。哪怕是一些日常的动作，例如走路、跑步，或是做一个酒精测试，都需要**皮肤觉**（触觉）、**运动觉**（肌肉和关节里的感受器，感知身体的位置和运动）以及**平衡觉**（内耳的感受器，对平衡、重力以及加速度敏感）的参与。它们都是很重要的感觉，让我们先从皮肤觉开始介绍。

皮肤觉

很难想象没有触觉的生活会是什么样子，而 Ian Waterman 的故事或许能给我们一些启示。在一次重病之后，Waterman 永久性地失去了颈部以下的所有躯体感觉。现在，为了知道他的身体在什么地方，他必须亲眼看到它才行。如果他闭着眼睛行走的话，他根本不知道自己正往哪儿行走。如果房间的灯都熄灭，他的生活就会有很大困难（Gallagher, 2004）。

皮肤觉感受器至少可产生五种不同的感觉，包括触觉、压觉、痛觉、冷觉和热觉。产生不同感觉的感受器形状不同。具有特定形状的感受器似乎也专属于某一种感觉（彩图 4.21）。然而，某些游离的神经末梢可以产生全部五种感觉（Carlson, 2010）。总的来说，皮肤表面大约一共有 20 万个对温度反应的神经末梢，50 万个对触、压反应的神经末梢，以及 300 万个对痛反应的神经末梢。

一块区域内的感受器数量是否与皮肤的敏感度有关呢？当然。通过对人体进行热、冷、触、压或痛的测验，可以"画"出皮肤上感受器的分布图（Hollins, 2010）。进行这样的测量可发现身体不同部位感受器数目的差别，并看到与特定皮肤区域感受器数量相应的感觉敏感性的差别。大致而言，像唇、舌、脸、手以及生殖器这些重要的部位，感受器的密度比较高。当然，你最后感受到的强度还要根据你的大脑活动程度来判断。

痛觉

痛觉的感受器数量在身体的不同区域也有所差别，对吧？当然，如同其他的皮肤觉一样，痛觉感受器数量的分布也是不均匀的。在每平方厘米的皮肤上，膝盖后的腿弯处平均约有 230 个疼痛点，臀部约有 180 个，大拇指上约有 60 个，而鼻尖上约有 40 个。（这样看来，似乎鼻子被打到要比腿弯处被打好受一些？那就要看你自己怎么想了！）

由粗大的神经纤维传导的痛觉，感觉比较强烈、确定和快速，告诉我们疼痛来自什么区域（McMahon & Koltzenburg, 2005）。这是身体的**预**

警系统。用小针扎你一下的感觉就属于这种痛觉。同时，你会注意到这种预警性的疼痛很快会消失。预警性疼痛对人非常重要，通常是身体受到损伤或可能被损伤的一个信号。没有这种信号，我们就不可能知道自己受伤，也不可能及时保护自己免受伤害。由于遗传原因，一些儿童对疼痛不敏感，他们在遭到烫伤、骨折、咬到舌头或生病时，却无法自知（Cox et al., 2006）。正如你所想的那样，那些患有先天性痛觉缺失的人也很难体会和理解常人的疼痛感觉（Danziger, Prkachin, & Willer, 2006）。

第二种类型的痛觉是由小神经纤维传导的。这种类型的疼痛来得较慢，由于是持续不断和弥散式的，会使人感到非常烦恼和难受（McMahon & Koltzenburg, 2005）。如果这种疼痛刺激反复发作，感觉会更加糟糕。这属于身体的**提醒系统**。提醒大脑身体已受到伤害。例如，背腰部的疼痛通常属于这一类型。遗憾的是，这种提醒系统能够在身体复原后持续引起疼痛感，而对于绝症而言，这种提醒没有丝毫的作用。

疼痛闸门

或许你已经注意到，一种疼痛有时候会消除另一种疼痛感。Ronald Melzack 和 Patrick Wall（1996）的**闸门控制理论**认为，来自不同神经纤维的痛觉信息会通过脊髓中的同一个神经"闸门"。如果闸门被某个痛觉信息所"关闭"，那么其他的信息就无法通过（Melzack & Katz, 2004）。

闸门是如何被关闭的？由粗大而且传导速度快的神经纤维发送的信息似乎可以直接关闭脊髓中的疼痛闸门。这样便可以阻止传导速度较慢的"提醒性"疼痛信息向大脑发送。来自细小而传导速度慢的神经纤维的信息似乎有不同的通道。这种信息在通过疼痛闸门之后，被传递到脑的一个"中央偏导系统"中，在某些情况下，这一系统会向脊髓发出反馈信息，使疼痛闸门关闭（彩图4.22）。Melzack 和 Wall 认为，闸门控制理论同样可以解释针灸的止痛效用（请参阅"黑客帝国：魅影危机？"）。

针灸是一种中国医学技术，通过在身体上插入细针消除疼痛和医治疾病。当针灸师将那些细

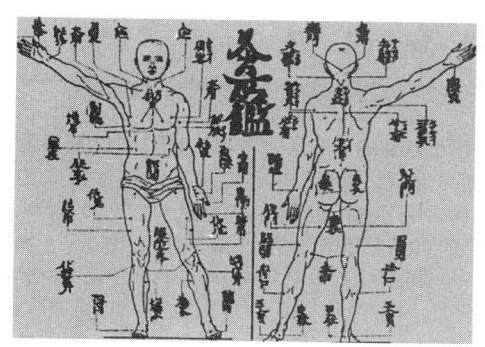

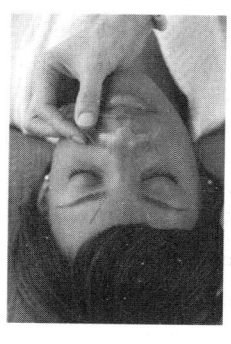

（上图）针灸师的穴道图。（下图）纤细的钢针被插进图示中的穴道。

当代研究已经开始试图解释针灸的止痛机制（见正文）。然而针灸的治疗功效依然备受争论。

味蕾 /Taste bud	味觉感受器官。
躯体觉 /Somesthetic senses	皮肤、肌肉、关节、内脏和平衡器官产生的感觉。
皮肤觉 /Skin senses	对于触摸、压、痛、冷和热等刺激的感觉。
运动觉 /Kinesthetic senses	对身体运动和姿势的感觉。
平衡觉 /Vestibular senses	平衡、体位和速度的感觉。
预警系统 /Warning system	体内粗大神经纤维产生的疼痛，警示身体可能出现损伤。
提醒系统 /Reminding system	由较大神经产生的疼痛，提示大脑身体的部分受到了损伤。
闸门控制理论 /Gate control theory	该理论认为痛觉信息需要通过脊髓中的一个神经"闸门"。

聚焦研究

黑客帝国：魅影危机？

在颇受欢迎的电影系列《黑客帝国》中，基努里维斯扮演的尼尔发现，机器人将人类禁锢在一个称为矩阵的虚幻世界之中，从而获取人类自身的能源。事实上，"矩阵"的想法并非完全天马行空。你的大脑可能就在制造一个神经矩阵，让你感受和体验自己的身体（Iannetti & Mouraux, 2010）。

接受截肢的患者不需要通过《黑客帝国》这部电影来感受幻肢的存在。很多截肢者在截肢几个月甚至几年之后，都有所谓的幻肢感觉，包括痛觉。由于虚幻的肢体是如此的"真实"，刚截肢的患者可能不经意地想用已经不存在的腿走路，从而造成了更严重的伤害。有时候，幻肢好像被卡在了不舒服的姿势。例如，一位男性患者没法躺着睡觉，因为他感觉被截掉的手臂卡在了背后。

幻肢是如何产生的？闸门控制理论难以解释幻肢的痛觉产生机制（Hunter, Katz, & Davis, 2003）。因为痛觉不可能来源于不存在的肢体（毕竟，它已经被截掉了！），所以它不可能通过痛觉闸门来到大脑。相反，按照 Ronald Melzack（1999；Melzack & Katz, 2006）的观点，随着时间推移，大脑会制造出一个称为神经矩阵的躯体印象。这个内在的躯体模型可以自行产生有关身体的感觉。尽管截肢会截去肢体，但是对于大脑里的神经矩阵而言，被截去的肢体依旧存在。核磁共振成像（fMRI）的研究证实，大脑的感觉和运动区域在患者体验到幻肢的时候会提高活动水平（Rosen et al., 2001）。哪怕痛觉信号无法再从被截去的肢体上产生，神经矩阵依然会将其他的感觉体验理解为幻肢的痛觉（Giummarra et al., 2007）。

有时候，大脑可以逐渐调整以适应这种由截肢造成的感觉缺失（Wu & Kaas, 2002）。例如，失去一只手臂的患者可能在刚开始的时候还感到手臂和手掌依然存在。多年之后，幻肢会逐渐萎缩，直到仿佛只有一只手掌接在肩膀上。或许对于截肢的患者来说，他们比任何人都能更加真切地感受到，我们所体验到的感觉世界是被构建的、是实时的，创造者不是机器人，而是我们自己的大脑活动。

针捻动、加热或通电之后，细小的痛神经纤维就会被激活。接着，这些信号被传到脑的"偏导系统"，那里发出的反馈信号使疼痛闸门关闭，从而使剧烈的、持续的疼痛得到缓解（Melzack & Wall, 1996）。实验结果证明，针灸对40%～80%的病人有效，可以使他们在短时间内不再感到疼痛（Ernst, 1994；Weidenhammer et al., 2007）。（但是，对于针灸实际的治愈效果仍没有达成共识。）

疼痛控制

闸门控制理论有助于解释对抗刺激，即一种常用的疼痛控制技术。诊所通过给皮肤施加轻微的电流实施对抗刺激疗法。这种方法会引起轻微的刺痛感，但却能够极大地减轻更为痛苦的痛觉（Köke et al., 2004）。对于更为极端的疼痛，电流疗法可以直接地施加在脊髓上（Linderoth & Foreman, 2006）。

你也可以使用对抗刺激方法来控制自己的疼痛感（Schmelz, 2010）。例如，当医生正在为你补牙钻洞的时候，试着抓挠或者掐一下自己，或者把手指甲插进关节处。把注意力都放在你制造的疼痛上，当补牙越发疼痛难受的时候，适当地增加疼痛的程度。这个方式或许听起来荒谬，但效果确实不错。孩子们常常用这种方法来缓解屁股挨打的疼痛。

在某些文化中，人们只需要忍受一点点疼痛来接受刺青、拉伸、切割甚至烧烙。他们是怎么做到的？很可能他们是依靠一些大家都适用的心理调节方法，例如降低焦虑、控制以及调配注意力（Mailis-Gagnon & Israelson, 2005）。

总的来说，类似恐惧和焦虑这样的负面情绪会增加疼痛感；而正面情绪会降低它（Rainville, 2004）。当你可以预期疼痛的时候（例如要去看医生，看牙医，去文身），你都可以通过让自己准备好来减轻焦虑。总体来说，当你觉得自己越能掌控疼痛刺激的时候，你所体会到的疼痛感就会越轻（Vallerand, Saunders, & Anthony, 2007）。想要应用这个方法，你可以跟医生、牙医或者文身师约定好一个信号，来表明引起疼痛刺激的开始和结束。最后，分散注意力也可以减轻疼痛。比如说，不要去听牙医手里的钻头工作的声音，相反你可以想象自己躺在阳光海滩上，正在仔细凝听海浪拍打岩壁的声音。或者带上你的播放器，尽情享受你最爱的歌曲（Bushnell，Villemure，& Duncan，2004）。在家的时候，音乐也可以帮助你转移对持续疼痛的注意力（Mitchell et al.，2007）。

前庭系统

虽然太空飞行看起来相当有乐趣，但是有70%的可能性你会在飞向轨道的途中呕吐不止。

这是为什么呢？失重和太空飞行会影响前庭系统的正常工作，通常会造成严重的运动晕眩。前庭系统中的耳石器官由充满液体的小囊构成，是对运动、加速度和重力敏感的器官（彩图4.23）。耳石器官中的软胶状物里含有微小的晶体。重力的牵引或快速头部移动会引起胶状物移动，进而使毛发状的感受器细胞受到刺激，使我们感觉到重力和运动的过程（Lackner & DiZio，2005）。

平衡觉的感觉器官是三根充满液体的管状结构，称为半规管。如果你能够进入这些管道，你会发现，头部的运动会引起这些液体转动。当液体移动时，会使神经纤维末端的壶腹嵴（一个小的"舢板"或"浮板"）弯曲。壶腹嵴的作用是探测半规管中液体的运动。它的弯曲将头部运动的信号通过毛细胞传送到大脑。

运动晕眩是如何产生的？根据**感觉冲突理论**，当大脑从平衡系统获得的感觉不能与从眼睛和身体接收的信息相匹配时，便会发生头晕和恶心（Flanagan，May，& Dobie，2004）。在陆地上，我们所获得的平衡觉、视觉和运动觉信息一般都是匹配的。然而，在起伏或颠簸的汽车、轮船和飞机上，甚至是某些计算机游戏里，则可能发生信息间的严重不匹配和冲突，因此引起方位混乱和眩晕（Merhi et al.，2007；Stoffregen et al.，2008）。

为什么感觉冲突会引起呕吐？你应该可以归咎于（或者感谢）进化过程。许多有毒的食物都会干扰平衡觉、视觉和躯体觉之间的信息协调，而呕吐作为一种对感觉冲突的反应，可以排出胃里的毒物。然而，这种进化的能力使那些饱受运动晕眩的人着实苦不堪言。为了减少这种感觉冲突，试着让你的头保持正直不动，让你的视线锁定在远处的某个静止的物体上，有条件的话，也可以躺下来（Harm，2002）。

失重状态对宇航员的感觉适应能力提出了重大的挑战。在2007年，世界著名的物理学家，罹患有肌萎缩性侧索硬化症（ALS，或叫作卢伽雷氏症）的斯蒂芬·霍金完成了毕生的心愿——体验完全的失重状态。他登上了美国宇航局绰号为"失重之旅"的航天飞机，宇航员在这里能够进行短暂的失重状态训练。（这架航天飞机的非官方绰号叫作"呕吐彗星"）。

知识巩固

听觉、化学感觉以及躯体感觉

测一测

1. 声波的频率对应于声音的响度。对不对？
2. 下列哪个结构不属于耳蜗？
   a. 听小骨　　b. 耳廓
   c. 鼓膜　　　d. 以上皆不是

感觉冲突理论/Sensory conflict theory 认为运动晕眩是由于视觉、前庭系统以及运动觉之间不匹配的感觉信号引起的理论。

3. 听小骨受损会造成神经性耳聋。对不对？
4. 每天暴露在＿＿＿＿分贝的声音下会造成永久性的听觉丧失。
5. 嗅觉产生的机制一部分可以用有关分子和感受器形状的＿＿＿＿理论解释。
6. "Umami"一词主要用来指：
   a. 嗅盲   b. 毛细胞的暂时性损伤
   c. 次级嗅觉   d. 一种美味
7. 下面哪种属于躯体觉？
   a. 味觉   b. 嗅觉
   c. 稀疏   d. 运动觉
8. 预警性的疼痛由＿＿＿＿神经传导。
9. 头部运动信息主要由半规管感应，耳石器官负责感应重力。对不对？

想一想

批判性思考

10. 为什么你录下来的自己的声音和平时自己听到的大不相同？
11. 嗅觉和听觉两者与视觉之间有哪些不同之处有利于生存？
12. 司机通常比乘客更不容易晕车。你认为为什么司机和乘客晕车的可能性会有差别？

自我反思

闭上你的眼睛，静静听着周围的声音。此刻，试着追寻那些将振动转化为声音的重要过程。如果你忘掉了某些重要的步骤，试着回顾一下相关的部分。

你最喜欢的食物的气味是什么？你最喜欢的口味呢？你能否解释自己是如何感受香味和美味的？

闭上眼睛，试着单腿站立。现在用你的食指来指自己的鼻尖。你用到了哪些躯体觉来完成这一系列动作？

你能想到使用对抗刺激来缓解疼痛的一些方式吗？

试想你正和朋友坐船，而你的朋友感到晕船了。你能不能解释他或她为什么会晕船，有什么办法能够预防？

答案：1. 不对 2. d 3. 不对 4. 85 5. 锁匙和锁 6. d 7. d 8. 快 9. 对 10. 这个问题的答案需要重新措辞为一个问题：你录下自己的声音听起来，让你觉得听起来不太自然，是因为你只能听到声音通过头骨组织传到你耳朵的声音（有时候你听见自己在说话的声音）。11. 嗅觉和听觉可以提前预警，尤其是在你看不到危险的方向之前，这让你有机会避开严重的危害。12. 司机更加活跃，他们可以预测汽车运动的方向，从而调整自己的头部和眼睛的运动。

知觉——第二步

关键问题 4.6：总体而言，我们是如何构建知觉的？

某天晚上开车的时候，一位女性为了躲避一头鹿而紧急刹车。在停下来之后，她意识到那头"鹿"实际上不过是路边的灌木丛。这种错觉并不罕见。我们的大脑必须在纷繁芜杂的感觉信息中找出知觉模式。我们是如何将感觉信息组织成有意义的知觉的？我们的大脑会利用已有的知识经验，例如知觉组织的规律以及知觉恒常性，来处理感觉信息。

我们是否生来就能将感觉信息组织为知觉？想象一下在你一生都被失明所困时，突然得以恢复正常的视力。事实上，瞥见世界的第一眼很可能让你失望透顶，因为刚获得的感受世界的能力并不代表你能够感知它。重获光明的患者必须学习分辨物体、看时钟、读数字和字母，以及判断大小和距离（Gregory, 2003）。例如，S. B. 先生从一出生就失明。在他52岁时经历一次手术后，S. B. 先生重获光明，他必须努力学习运用他的视觉。

S. B. 先生很快学会了从大钟上看时间，以及阅读他曾经只会通过触摸才能读出的方块字母。在动物园里，他能够依据过去读到的描述而认出大象。但是，在他重获视力之后的一年多里，手写体对他而言简直就是天书，很多物体也要在触摸之后才能知道是什么。因此，S. B. 先生慢慢地学

视知觉需要我们从复杂的物理刺激中找到有意义的模式。如果你仔细地观察这副由 Robert Silver 制作的拼格图片,你会看到它是由很多小幅的独立照片组成的。但是由于图片形成了一个熟悉的模式,你会很轻易地看到一面美国国旗。

习着将自己的感觉信息组织成为有意义的知觉。类似 S. B. 先生这样的案例表明,你的经验是**知觉建构**的,或者外在事件的心理模型,是由你的大脑主动创造的。

当然,知觉受我们的需求、期望、态度、价值观以及信念的影响,因而也会产生错误的认知(图 4.24)。本书的一位作者曾在一家超市里,遇到一位大喊"救命!有人想杀了爸爸!"的年轻女孩。

图 4.24 我们很难只去注意简单的图画而忽略所感知到的深度信息。然而,图画都不过是平面图形的组合。将这一页逆时针旋转 90°,你会看到 3 个字母 C,一个套着一个。而当侧着看这幅图的时候,它看起来几乎是平面的。然而,如果你再次把这幅图转正,深度信息会再次出现。很明显,你应用了你的知识和期望来构建深度错觉。如果没有任何的先验知识,这幅图将不过是一副平面设计图。

他赶紧跟着女孩过去,看到两个正在搏斗的男人。坐在上面的男人的手正放在身下男人的脖子上。地上都是血。这根本就是谋杀进行时!然而不久后人们发现,"躺在下面"的男人摔倒了,撞到了自己的头,于是流血了。而"在上面"的男人只是看到他摔倒,当时正在试着解开他的衣领。

当然,那个女孩错误地认知了发生在她父亲身上的事情。由于她的话产生的巨大影响,作者也被误导了。就像这个故事一样,感觉信息可以以多种方式被理解。女孩的描述完全改变了他的第一印象。这或许是可以理解的。但是他将难以忘却他以为自己遇到了"杀人犯"的那种震惊感。他在片刻之前所认为的那个恶毒、长相凶狠的男人其实并不是陌生人。那个男人是作者的邻居——一个之前见过数次的邻居。很明显,我们不仅相信自己眼睛所看到的,我们也会看到自己所相信的。

错觉

知觉错构会导致多种错觉的产生。在**错觉**中,长度、位置、运动、曲度或方向将被错误地判断。

知觉建构/Perceptual construction 外在事件的心理模型。

错觉/Illusion 一种误解或歪曲的知觉。

需要注意的是，错觉是对真实存在的客观刺激的歪曲认知。而在**幻觉**中，人们所感知到的物体和事件是并不存在的(Boksa, 2009)。例如，他们会听见不存在的声音(见"联系现实")。如果你觉得自己正体验到错觉或幻觉，请尝试做一些真实性检验。

所谓的真实性检验是什么？**真实性检验**指的是当你有任何怀疑或者不确定的情境时，你可以获取额外的信息来检验你的知觉(Landa et al., 2006)。如果你认为自己看到了90厘米长的蝴蝶，你可以通过触摸它的翅膀来确认这是否是幻视。对于错觉，你可以通过测量或者直接描画的方法来判断。

现在让我们来探讨知觉建构的过程以及影响和扭曲知觉的因素。

自下而上和自上而下的加工

我们的知觉通常时时刻刻由自下而上和自上而下的两种方式进行建构。对比一下建房子的过程：基本的材料，例如木材、门、砖瓦、地毯、螺丝以及钉子，这些都需要巨细靡遗地整合到一起。同时，设计蓝图又会指导这些基本的材料要如何被组装起来。

我们的大脑构建知觉的过程也是类似的。在**自下而上的加工**中，我们首先从"底层"开始构建，使用原始的材料。换句话说，我们使用最小的感觉单位(特征)，然后基于它们构建完整的知觉。反方向的过程也同样在进行。**自上而下的加工**会使用已有的知识和经验将特征迅速地组织为有意义的整体(Goldstein, 2010)。如果你要把从未见过的拼图拼到一起，那你基本上是依赖于自下而上的加工——你需要将每一片拼图慢慢拼凑起来，直到熟悉的模式开始出现。而自上而下的加工如同是在重组一幅玩过多次的拼图，在放好几块碎片之后，你过去的经验能够指导你迅速地补全剩余的部分。

两种加工模式都可以在图4.25中得到体现。

知觉建构的绝佳例子就是格式塔的组织原则。

格式塔组织原则

感觉信息是如何被组织为知觉印象的？格式塔心理学家认为，最简单的组织方式包括了将感觉信息组合成能脱离背景的物体或者图形。**图形—背景组织**可能是一种天生的组织能力，因为这是像S. B.先生这样的白内障患者恢复视力后最先出现的知觉能力。在一般的图形-背景知觉中，我们仅看见一个图形。然而，在可逆图形中，图形和背景可以相互转换。在图4.26中，我们看见的要么是深色背景上的红酒杯图形，要么是浅色背景上的两个人脸的侧面影像。当你从一种模式变换到另一种时，你就会清楚地领会图形-背景组织的意义。

> **知识桥**
> 有关格式塔心理学派的简要介绍请参加第1章。

其他的格式塔组织原则有哪些？格式塔学派的心理学家列出了几种主要的建构知觉的原则(彩图4.27)。

图4.25 看看这个抽象的设计。如果你的加工是"自下而上"的，那么你可能看到的就是3个深色的处在边缘的几何图形。现在要不要尝试一下"自上而下"的方式呢？这幅图的标题或许会让你应用上自己的知识，然后用一种全新的方式看待这幅图。标题是什么？"特殊的K"。看出来了吗？

Copyright © 2012 Wadsworth, Cengage Learning, Inc.

临床案例

联系现实

假如你经常很突然地听到一个人在喊"满满一桶血",或者看到血喷溅在你卧室的墙上,那么别人很可能会认为你精神失常。幻觉是精神病、痴呆、癫痫、偏头痛、酒精滥用和药物成瘾病人的一个主要症状(Spence & David, 2004),同时也是个体"和现实失联"最明显的信号之一。

我们可以以电影《美丽心灵》(2002年奥斯卡最佳影片)中的数学家John Nash为例。Nash虽然患有精神分裂症,但是他最终还是学会了运用自己的真实性检验方法,来辨别哪些经验是真实的知觉,哪些是幻觉。遗憾的是,许多经历过幻觉的人却很少像John Nash那样具备分辨现实的能力(Hohwy & Rosenberg, 2005)。

令人惊讶的是,"神志清醒的幻觉"也会发生。邦纳综合征(Charles Bonnet Syndrome, CBS)是一种很罕见的症状,通常出现在精神正常但部分失明的老人身上(Cammaroto et al., 2008)。他们可能会"看见"人、动物、建筑物、花草和其他物体出现或消失在他们眼前。一个患有白血病和部分失明的老人总是抱怨他看见屋里有牛和熊等动物(Jacob et al., 2004)。然而,经历过"神志清醒的幻觉"的人能很容易地报告他们的幻觉不是真实的,因为他们检测现实的能力并没有受损。

这些不寻常的经验说明大脑强烈地在感觉信息中寻求有意义的模式,以及运用真实性检验对于正常的知觉体验是多么的重要。

---

1. **邻近原则**。在其他条件一致的情况下,在空间上彼此接近的刺激物更容易被知觉为一个整体(Quinn, Bhatt, & Hayden, 2008)。因此,如果三个人站得很近,而第四个人站在3米外,邻近的三人就会被视为组内者,而远处的那个人则被视为组外者(见彩图4.27a)。

2. **相似性原则**。有句成语说"物以类聚"。那些在大小、形状、颜色或形式上相似的刺激物更容易被知觉为一个整体(彩图4.27b)。如果两个乐队并肩前进,而制服颜色不同,人们会自然地将他们看作两个小组,而不是一个大组。

3. **连续性原则**。知觉的另一个原则是简单和连续性。我们一般会把彩图4.27c中的图形看成一条方形锯齿线中加一条波形线,因为这要比把它看成一组排列复杂的图形更简单。

4. **闭合原则**。闭合指人倾向于将一个图形知觉

图4.26 一副可逆的图形—背景图形。你是否看到了两张脸的侧影,或者一个红酒杯?

幻觉/Hallucination 一种想象的感觉,如看到、听到或者闻到外部世界中并不存在的东西。

真实性检验/Reality testing 通过获取额外信息来确认知觉的准确性。

自下而上的加工/Bottom-up processing 对信息的分析从基本的细小特征开始,逐步形成完整知觉的过程。

自上而下的加工/Top-down processing 利用已有知识,开始时找到几个关键特征,迅速把各种感觉组织为一个有意义的整体的过程。

图形—背景组织/Figure-ground organization 把一些感觉信息组织成一个在背景上浮现出来的物体或图形。

为一个连续完整的形状。在彩图 4.27d 中，最左边的三个图形都有一个或多个缺口，然而每一个都被我们知觉为一个可辨认的图形，其余两个图中显现出来的"形状"是幻觉图形（实际上并没有边或轮廓将它们闭合）。即便那些图形"不是真的在那里"，可就算是儿童也能看出这些形状。对幻觉图形的知觉说明：人具有非常强的借助微小的线索组织形状的能力。

5. **接近原则**。彩图 4.27 中无法表现的原则是接近原则，或者是时间或者空间中的靠近。接近原则通常被认为是造成因果认知的原因（Buehner & May，2003）。一位做心理学研究的朋友在课堂上展示了这一原则：他用一只手敲自己的头，同时用另一只手在学生看不见的地方敲木桌子，敲击桌子发出的声音和他用手敲头的动作完全吻合，这就使学生们产生了一种不可抗拒的知觉印象——他的头是木头做的。

6. **同域原则**。如彩图 4.27e 所示，处于同一地带或同一区域的刺激物更容易被视为一组（Palmer & Beck，2007）。如果根据相似性原则和邻近原则，彩图 4.27e 中的星应被视为一组，圆点是另一组。但是，背景着色后划分出三个区域，产生了三组物体（四个星，两个星和两个圆，以及四个圆）。或许同域原则可以解释为什么人们总是习惯于根据国家、地区或地理位置来划分人群。

很显然，格式塔原则给我们提供了一些基本的"方案"，以自上而下的方式来组织我们日常的知觉活动。在一定意义上，我们都是侦探，总是在根据我们看见的线索寻找模式。一种有意义的方法就是形成**知觉假设**，即形成一个关于如何把感觉组织起来的最初的猜想。你是否有过这样的经历：远远地看见了一位"朋友"，但当你走近时却发现那原来是一位陌生人？先入为主的观念和期望在许多场合影响着我们对自己感觉的解释（Most et al.，2005）。知觉的主动性和建构性或许在具有歧义的图案（允许存在多种理解的模式）中表现得最为明显。当注视天上的一朵云时，你可以用无数种方

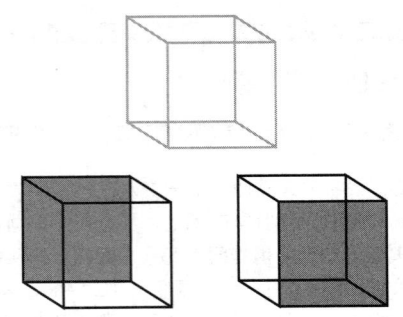

图 4.28 内克尔立方体。
Copyright © 2012 Wadsworth, Cengage Learning, Inc.

法把它的外形组织成奇特的形状模式和景象。甚至对于定义明确的刺激，人们也可以做出多种认知解释。如果你还对知觉的主动性心存怀疑，请看图 4.28 中的内克尔立方体。试着把上面的那个图形视为一个用金属丝编成的立方体，一直盯着它看。你可能发现，它的组织会改变。有时看上去向上突（如同左下方的立方体），有时又向下突（如同右下方的立方体）。这种差别的产生就在于大脑是用不同的方式解释同样的信息。总之，我们并不是被动地记录我们周围的事件和信息，而是主动地建构有意义的知觉（Rolls，2008）。

在某些情形下，一个刺激还可能提供冲突的信息，以致知觉的组织变得不可能。比如，想要将图示中的"三头器"，一个不可能的图形（图 4.29），知觉为一个三维图形的想法简直让人抓狂。这样的一些模式无法被组织成稳定的、一致的和有意义的物体。如果你遮住图 4.29 中图形的任何一头，知觉组织就变得容易许多。然后，当你尝试要组织整个图案时就会出现问题。所以，它所具有的冲突信息会阻碍你形成稳定的知觉经验。

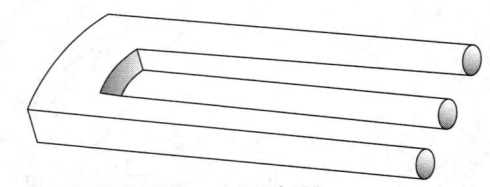

图 4.29 不可能的图形——"三头器"。
Copyright © Cengage Learning 2013.

学习组织视觉的感觉信息只是 S. B. 先生在重获视觉之后面对的众多问题中的一个。下一节，我们将探讨其他的问题。

知觉恒常性

当 S. B. 先生刚恢复视力的时候，他只能判断熟悉场景中的距离（Gregory，1990）。一天，医生发现他正要从医院病房的窗户爬出去，以便更近地观看街上行驶的车辆。他的这种好奇心很容易理解，但是必须被制止，因为病房在四楼。

为什么 S. B. 先生会企图从四楼的窗户往外爬呢？他难道不能判断距离吗？是的。因为人只有先熟悉了物体的外形后，才可能利用其大小来判断距离。如果你把自己的左手放在眼睛前方几厘米处，把右手放在一臂远处。右手的视觉像大约只有左手的一半大。但由于你曾无数次从各种不同的距离观察过自己的手，你知道你的右手并没有突然缩小，这种效应就是**大小恒常性**。在知觉中，尽管客体投射在视网膜上的像的大小在改变，但人对这个客体大小的知觉保持不变。

为了准确地感知手的大小，你必须借助过去的经验，应用自上而下的机制来建构你的知觉。一些基本的知觉能力似乎是天生的。比如，看见一张纸上画着的一条线的能力。我们甚至可以在新生儿身上找到大小恒常性的一些证据（Granrud，2006；Slater, Mattock, & Brown，1990）。但是，许多知觉是建立在先前经验的基础之上的。例如，当人从远处或不熟悉的角度观察时，房屋、汽车和人看上去不再正常，而是变得像小玩具。这一现象表明，尽管大小恒常性可能是天生的，但是它同样受到后天经验的影响（Granrud，2004）。

形状恒常性，即对物体形状的知觉不受视网膜像形状改变的影响。为了简单地体验形状恒常性，你可以从正上方看这本书，然后再换一个角度，从斜上方来看它。很显然，不管你怎么看，这本书都是长方形的。然而当视角不同时，它投射在你视网膜上的视像会变形，尽管如此，你对它的形状的知觉却保持不变（图4.30）。酒精会破坏知觉的大小恒常性和形状恒常性，这就是高速公路上酒后驾车事故发生率极高的原因之一（Goldstein，2010）。

让我们假设：你身处室外明媚的阳光下，在你身边是一位身着灰色裙子和白色衬衫的朋友。突然一片乌云遮住了太阳，白色的衬衫看上去可能变暗了。但是，它仍然呈现出亮白色，这是因为它仍然比附近别的物体反射出更大比例的光。**亮度恒常性**就是指在光照条件改变时，知觉到的物体亮度保持不变。但是，只有当衬衫和周围的物体都处在相同量的光照之下才能是这样。你可以用一束强光照射你朋友灰色裙子上的一小块地方，使它比衬衫看上去更白。

总之，各种形式的能量在到达我们的感官时都会发生变化，即使它们是来源于同一个物体。大小恒常性、形状恒常性和亮度恒常性使我们得以在这样一个变化万千的世界上正常生活，虽然一个物体看上去时而缩小时而变大、时而亮起来时而暗下去，但我们都能把它识别出来。

选择性注意——选择这个，还是那个？

关键问题 4.7：为什么我们的某些感觉更为敏锐？

尽管感觉系统已经将视觉、听觉、气味、味道以及触觉的混合信息降低到能够处理的数量，对于大脑而言，这些信息依然过于庞大。这也是为什么感觉信息还必须经过选择性注意的筛选。例如，当你坐下来阅读这本书的时候，由裤子所引起的触觉和压觉依然在向大脑传递神经冲动。尽管感觉

知觉假设 / Perceptual hypothesis　形成一个关于如何组织（感知）刺激的最初猜想。

大小恒常性 / Size constancy　当视网膜呈现的客体图像大小改变时，人们对这个客体大小的知觉保持不变。

形状恒常性 / Shape constancy　当视角不同时，客体投射在视网膜上的视像会变形，而人们对客体形状的知觉会保持不变。

亮度恒常性 / Brightness constancy　在光照条件改变时，人们对这个客体表面亮度的知觉保持不变。

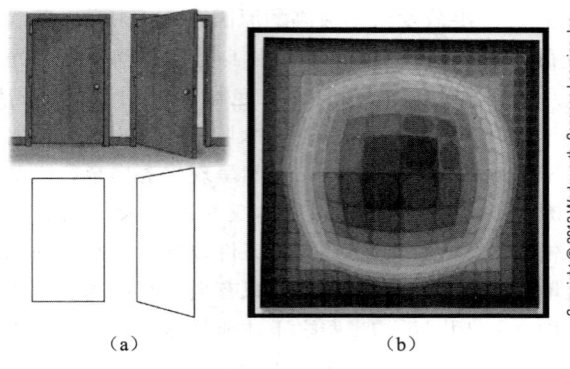

图 4.30 形状恒常性。(a) 当一扇门打开的时候，它的图案实际上是一个梯形，然而形状恒常性让我们知觉它仍是长方形。(b) 如果你非常认真地观察，你会发现这幅图案是由众多的平面的形状组成的。然而，如果你保持着形状的恒常性，扭曲的五边形会让你觉着这是一个球体的表面。(Paz-ket [oil on canvas], Vasarely, victor [1908–1997]/Museo de Bellas Artes, Bilbao, spain/©DACS/The Bridgeman Art Library international)

信息一直都存在，但是你或许直到刚刚才注意到这些信息。这种"着衣不自知"的现象是**选择性注意**的一个例子——主动地关注特定的感觉输入信息。选择性注意似乎依靠大脑的功能对感觉信息进行选择和筛选（Mather, 2008）。我们能够"特写"某个特定的信息，同时排除其他的感觉信息。

有关选择性注意的另一个熟悉的例子是"鸡尾酒会效应"。在酒会上，人声嘈杂，你被各种各样的声音包围，但你仍然可以与你对面的人交谈。如果谈话变得无趣的时候，你就可以听到酒会上其他的谈话（当然，不要忘了适时微笑和点头！）。而且，不管谈话是如何的有趣，当你听到某个地方有人说你的名字时，你的注意还是会被吸引过去（Conway, Cowan, & Bunting, 2001）。我们总是特别注意别人谈论自己，对吧？

有时候，我们甚至会出现**非注意盲视**，因为注意集中在其他地方，而无法意识到某个刺激出现（Most et al., 2005）。看不见眼前的东西最有可能发生在你的注意力高度集中的时刻（Bressan & Pizzighello, 2008）。下面的实验形象地展现了非注意盲视。在该实验中，参与者要观看分别身着一黑一白运动衫的两个篮球队的影片。观察者被要求认真观察其中一队的队员之间互传了多少次球，而忽略另一个队伍的次数。当观察者正在计数的时候，一个身穿大猩猩服饰的人走进了两个篮球队里，面对摄像机，拍拍胸脯，然后又走出摄像机的拍摄范围。一半的观察者竟然没有注意到这一令人吃惊的事件（Simons & Chabris, 1999）。这种现象应该可以解释为什么敌对球队的拥护者表现得好像和你看的是不同的比赛一样。

类似的，开车的时候打电话也会造成非注意盲视。和忽略一只大猩猩不同，当你专心在打电话的时候，你可能会没看见一辆车、一个摩托车手或者一位行人，很可能这件事没什么严重的后果，但是在开车时候，对行为的专注程度（例如发手机短信）越高，那么出问题的概率也越大（Fougnie & Marois, 2007）。

或许可以把选择性注意想象成一个瓶颈，或者一条感觉信息通往知觉系统的狭窄的通道。当某个信息进入瓶颈之后，它似乎就会阻碍其他的信息通过（图4.31）。比如，你正开车走到一个十字路口，需要确认信号灯是否还是绿色。正当你准备确认的时候，你身边的朋友突然向你指出路边的熟人。如果你之后没注意到绿灯已经变成了红灯的话，一

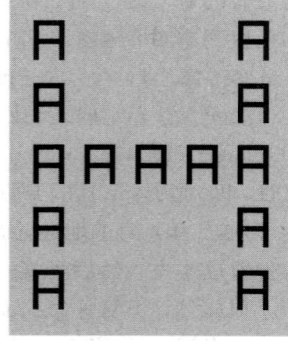

图 4.31 注意的"瓶颈"或者"聚光灯"可宽可窄。如果你专注于局部细节的信息，你会在图中看到重复的 13 个字母 A。如果你拓宽注意的范围，顾及整体的模式，你会看到字母 H。
Copyright © 2012 Wadsworth, Cengage Learning, Inc.

场车祸可能就会发生。

是否有的刺激更加引人注意？当然。非常强烈的刺激通常更容易抓住人的注意力。比较明亮的、大声的或者大块的刺激都比较难以让人忽略，比如，图书馆里的一阵枪声一定让人难以忽略。如果一个颜色鲜亮的热气球忽然停在了校园里，它肯定也会引得人头攒动。

重复的刺激，重复的刺激，重复的刺激，重复的刺激，重复的刺激，重复的刺激 重复的刺激也同样引人注意。夜晚嘀嗒滴水的龙头只是很普通地制造一些噪声，但由于重复性，它或许比一瞬即逝的响声更加引人注意。类似的策略常常被应用于电视或者电台的广告中。

注意通常也跟**对比**或者变化有关系。上一句话令人注意正是因为它的出其不意。

我们的知觉能力最神奇的地方就在于它能将二维的视网膜图像重现为三维的立体空间。我们将在下一节详细探讨这一点，不过首先让我们总结和回顾一下刚学习的内容。

知识巩固
知觉和注意

测一测

1. 在自上而下的信息加工过程中，个体特征会被分析和组合成为一个有意义的整体。对不对？
2. 对于重获视力的盲人来说，最先恢复和最基本的知觉组织是：
   a. 连续性原则
   b. 邻近原则
   c. 辨别数字和字母
   d. 图形—背景组织
3. 有时候，有意义的知觉组织会造成一种_____，或者"猜测"，直到有证据反驳它。
4. 内克尔立方体是一个不可能图形。对不对？
5. 下列哪些具有基本的恒常性特征？
   a. 图形—背景组织   b. 大小
   c. 歧义   d. 亮度
   e. 连续性   f. 封闭性
   g. 形状   h. 邻近
6. 由大脑功能影响我们所接收到的感觉信息的过程叫作：
   a. 感觉适应   b. 心理物理学
   c. 选择性注意   d. 感觉偏导
7. 下列哪一种刺激更容易引起注意：
   a. 未预期到的刺激   b. 重复性的刺激
   c. 强烈的刺激   d. 以上皆是

想一想

批判性思考

8. 那些经常服用如致幻剂或迷幻药等精神类药物的人，常常说他们看到的事物和人都改变了大小、形状以及亮度。这表明这些药物阻断了怎样的知觉过程？

自我反思

看看你的四周，格式塔的组织原则是如何帮助你整合知觉的？试着为每一条原则找到一个实例。

如果你需要向一位朋友解释知觉恒常性，你将会怎样解释？为什么知觉恒常性对于保持一个对世界稳定的知觉很重要？

你是否能同时注意多个感觉刺激信息？

答案：1. 不对 2. d 3. 假设 4. 不对 5. b, d, g 6. c 7. d 8. 知觉恒常性（大小、形状和亮度）

深度知觉——如果世界是二维平面的？

关键问题 4.8：我们是如何感知深度和距离的？

交叉两只眼睛的视线，保持头部静止不动，然后盯着屋里的一点看；你周围的世界将会变得

选择性注意 / Selective attention 优先注意特定的感觉输入信息。

非注意盲视 / Inattentional blindness 由于并非处于注意中心而不能清晰地知觉感觉刺激的现象。

好像是平面一样，就像画或照片一样。神经科学家 Susan Barry 由于斗眼，从出生到48岁为止，所看到的世界都是这样的。48岁开始，她需要重新学习认知三维的世界（Barry & Sacks, 2009）。现在恢复双眼平行的视线，你立刻又会看到三维的真实世界。下面让我们来探讨知觉深度和空间的机制。

深度知觉是能够感知三维空间并准确判断距离的能力。没有这种重要的知觉重建能力，我们的世界就会变成平面的。你会发现开车、骑自行车、接球、投篮、穿针，或者只是简单穿过一间房间，都不再得心应手（Howard & Rogers, 2001a）。

S.B. 先生在复明后曾因缺乏深度知觉能力而困扰。**深度知觉是后天习得的吗？**基于视崖研究的结果，深度知觉既有习得的部分，也有天生的部分（Witherington et al., 2005）。基本上，视崖就像一张桌子，桌面是透明的玻璃板（彩图4.32）。半张桌子的玻璃板下面压着红白格子相间图案的布，而另外半张桌子下的红白格子图案是在玻璃桌面下1.2米处。这样，一边的玻璃板看上去是桌面，而另一边看上去是空的，和悬崖一样。

为了测试深度知觉，研究人员把6—14个月大的婴儿放在这种视崖的中间。这样就可以观察他们选择爬向深的一侧还是浅的一侧。事实上，绝大多数婴儿都拒绝爬向深的一侧，即使他们的母亲站在那一侧极力鼓励他们爬过来（Gibson & Walk, 1960）。如果婴儿在接受视崖测试的时候已经6个月大了，那么他们的深度知觉能力应该是习得的吧？是的。近来的研究表明，婴儿最早从2个星期大就开始发展深度知觉（Yonas, Elieff, & Arterberry, 2002）。不过最基本的深度知觉能力很可能是天生的。然而，完整的深度知觉至少要等到6个月大才能完成，表明它的发展需要大脑的发育和个体的经验共同作用。

那么为什么有些婴儿还会从床上或者桌子上摔下来呢？当婴儿熟练地掌握了爬行时，他们会拒绝爬到视崖深的一侧。然而，更大一些的刚学会走路的婴儿需要重新学习，从而避免视崖中比较"深"的一侧（Witherington et al., 2005）。此外，哪怕婴儿能够知觉深度，也并不代表他们在要摔下来的时候有能力控制自己。缺乏协调性——而非缺乏深度知觉——也可能是4个月大的婴儿会"紧急迫降"的原因。

我们对三维空间的知觉是通过若干深度线索的结合产生的。这些线索中包括环境特征和来自肌体内部的消息，**深度线索**是由身体提供的关于距离和空间的信息。有些线索只需要一只眼睛的参与，称为**单眼深度线索**，而另一些线索需要两只眼睛的配合，称为**双眼深度线索**。

双眼深度线索

最基本的一种深度知觉线索称为双眼视差（物体在左右眼的视网膜上成像的差别）。双眼视差是一种双眼线索，是由于人的两只眼相距约6.50厘米而产生的。正因如此，左右眼接收到的物体外部形象总是略有差别。你可以做个实验：将一只手指放在你的眼睛前面，尽可能地靠近自己鼻子。首先闭上一只眼睛，然后睁开它，闭上另一只眼睛，反复多次。你就会发现你的手指好像在面前跳来跳去，因为你的两只眼睛形成的图像是有差别的。然而，当两个图像混合成一幅整体的图像时，**立体视觉**（3D 视觉）就产生了（Howard & Rogers, 2001b）。这就产生了一种强烈的深度知觉（图4.33）。

辐合是第二种深度信息的双眼线索。当我们看远处的物体时，双眼视线是平行的。但当你注视15米之内的物体时，你的双眼必须向内侧会聚，以对准物体（就像你在玩接球游戏或者把论文的初稿扔进垃圾桶的时候）。这是怎么办到的呢？附着在眼球上的肌肉会将眼球位置的信息传递给大脑，以助于判断距离信息（图4.34）。

你可以很夸张地感受辐合过程：双眼盯住指尖，然后让指尖慢慢靠近眼睛中间，直到变成斗鸡眼。你可以清楚地感受到肌肉控制着眼睛的运动，随着指尖越靠越近，肌肉也越来越紧绷。

只有一只眼睛的人是否能够产生深度知觉？当然，不过不如两只眼睛的效果那么好。总的来说，判断深度的立体视觉要比任何单眼线索有效得

图4.33 2009年最成功的3D电影《阿凡达》。詹姆斯·卡梅隆导演所运用的一种特殊技术就是立体摄像机，它能够模拟人眼的双眼视差，然后制造深度视觉。当你通过特殊的眼镜观看电影的时候，画面就变成了三维的。

多（Rosenberg，1994）。你可以试验一下只睁着一只眼睛去开车或者骑自行车。你会发现自己要么刹车过早，要么过晚，而且你也难以准确估计自己的速度。（"可是警察叔叔，书上说……"）但除此之外你还是可以开车，尽管会比普通情况要难。这是因为一只眼睛也能依靠单眼线索来知觉深度。

单眼深度线索

单眼深度线索，名副其实，就是依靠一只眼睛来判断深度。其中一条线索称为调节，即晶状体调节焦距来聚焦近处的物体。附着在晶状体上的肌肉会将感觉信息反馈给大脑。这种感觉信息的变化能够帮助我们判断大约1米之内的距离。这种信息哪怕你只有一只眼睛也能获取，所以是单眼深度线索。超过1米的距离时，调节的作用就微不足道了。当然，这样的线索对于钟表师傅或者穿针的活儿更有用，而对于篮球队员或者司机来说就不那么有用了。其他的单眼深度线索还包括图形深度线索，因为好的电影、油画或者相片都能够表达出本身不存在的深度感受。

如何在二维平面上产生深度错觉呢？**图形深度线索**指在绘画和摄影作品中可以找到的一些特征，它们传递着有关空间、深度和距离的信息。你只要向窗外看，就能理解这些线索是如何起作用的。可以想象，如果你能够在玻璃上把你透过窗户所看到的东西都描出来，就是一幅极具立体

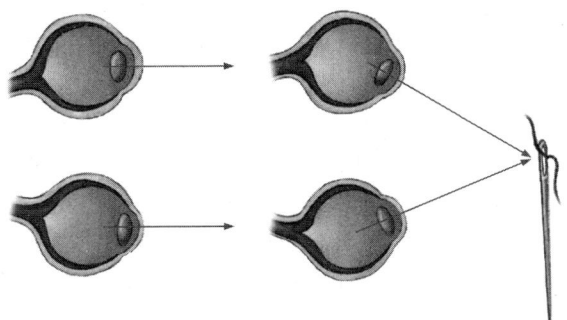

图4.34 眼睛必须辐合或者转向鼻侧，来聚焦近处的物体。图中显示的眼睛是从头顶角度观察的示意图。

深度知觉 /Depth perception 看见三维空间和准确估计距离的能力。

深度线索 /Depth cues 由身体提供的有关距离和三维空间的环境和信息特征。

单眼深度线索 /Monocular depth cues 只需用一只眼就能传达的有关距离和三维空间的知觉特征。

双眼深度线索 /Binocular depth cues 需要双眼来传达的有关距离和三维空间的知觉特征。

立体视觉 /Stereoscopic vision 主要指由双眼接收不同形象而产生的空间和深度知觉。

图形深度线索 /Pictorial depth cues 绘画和照片中能够提供空间、深度、距离信息的单眼深度线索。

感的图画。如果你分析玻璃上的画，就会发现以下特征。

1. **线条透视**。在现实环境中，平行的直线看起来会在远方聚合。如果你站在两条铁轨之间，这两条铁轨似乎在接近地平线处相交。由于我们知道它们是平行的，因此这两条线看上去聚合就说明它们离我们有很远的距离（彩图4.35a）。
2. **相对大小**。如果画家要画出不同距离上两个大小相同的物体，他就会把较远的物体画得小一些（彩图4.35b）。在电影的特技效果中，深度知觉可以通过不断变换行星、飞船、怪兽等东西的大小来传达。
3. **图画中的相对高度**。在图画中，（更靠近地平线）容易被知觉为在较远处。在彩图4.35b的上图中，深色的柱体像是一个个排向远方，这一方面是因为它们由大变小，另一方面则是因为它们在图中的相对高度也在增加。
4. **光影**。光线下的大多数物体都会在背光的一面出现阴影。把这些阴影画在图中，就可以在二维的画面上表现出三维的效果（彩图4.35c）。
5. **重叠**。重叠（或遮挡）是当一个物体部分地遮住另一个物体时发生的一种深度线索。如果你让一个朋友站在屋子的另一边，举起双手问他你的哪一只手离他更近一些，你的朋友就可以根据手的相对大小判断哪一只更靠近他。但是，如果你的两只手靠得很近，你的朋友就很难分辨。这时，如果你把一只手往另一只手的前面移动，让你的朋友看到这只手挡住了另一只，他自然就知道没被挡住的那只手更靠近他（彩图4.35d）。
6. **纹理梯度**。纹理的梯度变化也对深度知觉有一定作用。例如，当你站在鹅卵石街道的中间时，在你的脚边的道路看起来很粗糙。而当你向街道的远处看时，它的结构会显得较为细致（彩图4.35e）。
7. **空气透视**。烟、雾和沙尘都会使物体看上去较远。因为空气透视的影响，即使天空晴朗，远处的物体也总是显得朦胧、颜色暗淡、缺乏细节。在工业化社会中，空气污染有加重的趋势，人们对这种雾霾似乎习以为常。如果你到美国或加拿大开阔的原野去旅行，会清晰地看见那些好像离你只有几公里远的山脉，然后你可能会非常惊讶地发现，实际上那些山脉离你不下几十公里，而你透过像水晶般透彻的空气看到了它们！
8. **相对运动**。相对运动又称作运动视差。如果你正向窗外看，头部从一边向另一边转动，你会发现，随着你视线的移动，近处的物体在视野中似乎移动了相当大的距离，而远处的树木、房屋、电线杆移动很小，天边的山或天上的云则几乎不动。我们把这些图形线索结合起来，就能够产生强烈的深度错觉。（表4.1是对于上述图形深度线索的总结。）

表4.1　视觉深度线索总结

双眼线索
- 双眼视差
- 辐合

单眼线索
- 调节
- 图形深度线索
    线条透视
    相对大小
    图片中的相对高度
    光影
    重叠
    纹理梯度
    空气透视
    相对运动（运动视差）

运动视差能算是图形线索吗？ 严格地讲，除了在电影、电视和卡通片里，运动视差并不是图形线索。然而，当视差出现时，我们总是能产生深度知觉。在一部好的电影中，视觉上的深度感大部分来自拍摄的那些相对运动镜头。图4.36中的例子说明了运动视差的一些有趣特征。想象你坐在一辆公共汽车上，以和马路成直角的视线观察一路上的景色。在这种条件下，附近的物体将迅速向后运动，那些远处的大山好像移动得非常慢或几乎不动，而太阳或月亮这些更加遥远的物体则显得像是和你做同一方向的运动。（这就是为什么当你散步的时候，太阳好像在"跟着"你走。）

第 4 章 感觉、知觉和现实   **169**

图 4.36 在旅途上看到的物体运动状况取决于物体和观察者的距离关系。观测到的运动状态同样跟观察者的注意焦点有关系。在中等的距离，焦点距离内的物体看起来是向后移动的；而那些焦点距离之外的物体看起来是向前运动的。而处于距焦点很远处的物体，例如太阳或月亮，看起来总是跟观察者一起向前移动的。

Copyright © 2012 Wadsworth, Cengage Learning, Inc.

月亮错觉

深度知觉线索与日常生活经验有什么关联呢？我们每天都在使用图形线索和身体线索来判断深度和距离。有种非常有趣的知觉效应，叫作月亮错觉（即我们觉得月亮在低空出现时显得较大）。比如，当月亮在地平线上时，它看上去大得像一个一元钱的硬币，而在月亮当空时它看上去像一个一角钱的硬币。和大多数人想的不同，月亮并不是被大气层放大了。如果你拍摄一组月亮的照片并进行测量，你就会发现，月亮在地平线附近时并不会变大。但是，当月亮在低空时，它看上去确实几乎大了一倍（Ross & Plug, 2002）。发生这种现象的原因部分在于，月亮靠近地平线时的表面距离较大，而月亮当空时的表面距离较小（Jones & Wilson, 2009）。

不过当月亮看上去距离我们更遥远时，它是否应该显得更小呢？并不是这样。当月亮在我们的头顶上方时，它的周围没有任何深度线索。而当我们看到月亮处在地平线上时，它位于房屋、树木、电线杆和群山的后面，这些物体为我们提供了大量的深度线索，使得地平线看上去好像比头顶上的天空更遥远。为了更好地理解月亮错

觉，我们可以找两个气球，一个放在 3 米远处，另一个在 6 米远处。假设较远的一个气球被充气，直到它看上去与较近的气球大小一致，我们如何知道较远的气球较大呢？根据大小对比原则，因为它与较近的气球一样大，它离得较远，所以更大。同样，地平线上的月亮和正当空的月亮大小是一样的，但由于地平线好像离我们更远，结果就是地平线上的月亮显得较大（Kaufman & Kaufman, 2000；图 4.37）。这种解释被称为**表面距离假说**（地平线附近看起来要比夜空远很多）。你可以通过除去深度线索的方式来检验这个假说。当月亮在地平线附近的时候，你可以用纸筒或把手握成空拳当作"望远镜"，去看你刚才见到的大月亮。当你的视野中没有深度线索时，月亮看上去就会立刻变小（Ross & Plug, 2002）。

图 4.37 庞佐错觉或许能够帮你理解月亮错觉的产生。图中的两套白线条跟铁轨平行。在图中，两条白线条实际上是一样长的。但因为上方的线条处于更远的铁轨上，因为我们会觉得它比较长。同样的逻辑也可以应用于月亮错觉。

Copyright © 2012 Wadsworth, Cengage Learning, Inc.

表面距离假说 /Apparent-distance hypothesis 关于月亮错觉的一种解释，认为地平线看起来比夜空更远。

知识巩固
深度知觉

测一测

1. 视崖被用于测试婴儿对线条透视的认知能力。对不对？
2. 在下列名词后的横线上填空用 M 表示单眼深度线索，用 B 表示双眼深度线索。
   调节_____ 辐合_____ 双眼视差_____
   线条透视_____ 运动视差_____
   重叠_____ 相对大小_____
3. 第 2 题中的哪些线索是依靠肌肉提供的信息？
4. 对于图形深度线索的解释不需要先前经验。对不对？
5. 表面距离假说能够很好地解释：
   a. 月亮错觉　　b. 水平—垂直错觉
   c. 祖鲁错觉　　d. 非注意视盲
6. 大小—距离的关系似乎跟哪种错觉有关？_____

想一想

批判性思考

7. 跟立体视觉最相关的听觉能力是什么？
8. 你觉得多大的物体才能在一臂的距离外遮住整个月亮？

自我反思

动作大片和电子游戏所提供的刺激感一部分来自它们所制造的深度知觉。回顾一下图形深度线索。你曾经见过哪些线索被用于表现图形的深度？试着回想一下你最近看过的电影或者玩过的电子游戏。

答案：1. 不对 2. 调节 M 辐合 B 双眼视差 B 线条透视 M 运动视差 M 重叠 M 相对大小 M 3. 调节和辐合 4. 不对 5. a 6. 月亮错觉 7. 双耳听觉时，每一耳朵感受到的声音稍有不同，跟我们双眼视觉类似（Kunkel, 1993）。虽然传播的是声音而非光线，但它们都遵守几乎一样的原理。

知觉学习——所信即所见

关键问题 4.9：期望、动机、情绪和学习是如何影响知觉的？

很多认知加工都会影响知觉，让它大大地远离世界真实的模样。让我们看看一些影响知觉经验的准确度的因素。就像我们刚了解的那样，我们会使用格式塔组织原则、知觉恒常性以及深度线索来构建我们的视知觉。所有这些以及其他的过程，构成了基本的部分源于天生的知觉能力的核心。此外，我们每个人都有自己独特的生活经验，它们能够自上而下地影响我们的知觉。具体而言，我们所知觉到的会被我们的知觉期望、动机、情感以及知觉习惯所改变。

知觉期望

什么是知觉期望？ 如果你是位正站在起跑线上的赛跑选手，那么你一定已经蓄势待发了。如果这时有汽车发生回火，准备就绪的赛跑选手就可能以为那是枪声而作离弦之箭。类似的，过去的经验、动机、情境以及暗示都会形成**知觉期望**（或**定势**），让你用某种特定的方式去认知世界。事实上，我们常常在认知世界的时候蓄势待发。从根本上来讲，期望是一种直觉假设，我们常常将其应用到外部刺激上——哪怕并不适当。

知觉定势常常让我们看到我们所期望看到的东西。比如开车的时候，你刚进行了一次违规的变换车道。然后你看到了一盏不断闪烁的灯。"糟糕，"你心想，"这下倒霉了！"然后你等着警车赶上你并让你将车停到路边。但是当那辆车慢慢靠近的时候，你发现那不过是一辆正打着转向灯的普通汽车。很多人都有类似的关于期望改变认知的经验。为了直观地感受知觉期望，我们可以看看图 4.38。

知觉期望常常是由于暗示而产生的。在一个研究中（爱品红酒的人注意了），品尝了价值 90 美元的红酒的被试报告说它的味道比 10 美元的红酒好多了。功能磁共振成像证实，和愉悦有关的大脑

 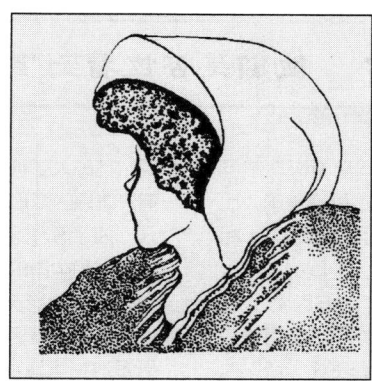 

图 I　　　　　　　　　　　图 II　　　　　　　　　　图 III

图 4.38 "女孩—老妇"错觉。这幅图生动地展现了知觉期待，让你的一些朋友只看图 I，另一些朋友只看图 II（同时遮住其他的图）。然后让你所有的朋友都看图 III，问问他们都看到了什么。那些看图 I 的人会从图 III 里看到老妇；而那些看图 II 的人会从图 III 里看到少女。你是否都能看到呢？

脑区确实在被试品尝较贵的红酒时，激活更加明显（Plassmann et al.，2008）。而这个研究有趣的地方在于，在两种情况下，被试品尝的红酒其实是完全一样的。暗示红酒很贵会造成知觉定势，从而使被试认为它的味道应该更加醇美，而结果也的确如此（广告商们注意了）。同样的，把某些人定位为"不良分子""精神病""同性恋""非法移民""泼妇"等，都容易歪曲我们的知觉。

动机、情绪和知觉

我们的动机和情绪同样也会影响我们的知觉。比如，当你很饿的时候，与食物相关的词语会比与食物不相关的词语更能让你注意（Mogg et al.，1998）。广告商通常就会利用我们社会里的两种普遍动机：焦虑和性。从漱口水到汽车轮胎，各色的广告里都充斥着和性有关的信息来吸引眼球（LaTour & Henthorne，2003）。其他一些广告则会把性和渴望联系起来。除味剂、香皂、牙膏以及难以计数的商品都被设计为跟魅力动人的渴望有关，它们会使你具有性吸引力，或者使你避免尴尬。

我们的情绪也改变着我们的知觉。根据心理学研究者 Barbara Frederickson 的观点，负面的情绪通常会缩小我们的知觉焦点区，或者"聚光区"，增加了非注意视盲的可能性。相反，积极的情绪能够让我们的注意范畴扩大（Fredrickson & Branigan，2005）。例如，积极的情绪可以影响人们辨识非同种族的人的能力。在辨认面孔的时候，会出现一致的"异族效应"。这是种"其他人看起来都跟我差不多"的偏见，主要针对的是跟自己非同种族的人。在面孔识别的测试中，人们更加善于辨认同种族的人。但是当人们处于积极情绪之中时，他们辨认其他种族人群的成绩就会有所进步（Johnson & Fredrickson，2005）。

产生异族效应的主要原因是，我们通常都对自己种族的个体比较了解。因此，我们对能够用以辨认同种族的个体特征了若指掌。而对于其他族群，我们却缺乏足够的知觉经验以帮助我们区分他们（Sporer，2001）。这种差别表明了知觉学习的重要性，我们将稍后再探讨这个问题。

好吧，或许不同民族或种群的成员习得了不同的知觉定势，让他们能够区分同族群个体的差异，但是在其他方面，我们认知到的世界都是一样的，对吧？要了解这个问题的答案，请阅读"他们是否也看到了我们眼里的世界？"

知觉期望（定势）/Perceptual expectancy（or set） 由于强烈的期望而准备好以特定的方式进行知觉。

人类多样性 —— 他们是否也看到了我们眼里的世界？

在心理学家 Richard Nisbett 和他的同事看来，不同文化背景的人所认知到的世界的确是不同的。欧裔美国人比较个人主义，倾向于关注自我本身以及对他人的影响力。相反，东亚人比较集体主义，倾向于关注人和人之间的关系以及社会责任。因此，欧裔美国人更倾向于按照内在因素（"她是自己愿意这样做的。"）判断行为。相反，东亚人更可能使用社会背景来理解行为（"因为他对家人员有责任，所以他才这么做。"）（Norenzayan & Nisbett, 2000）。

这种文化背景的差异是否也会影响我们对日常事物和事件的认知呢？显然会。在一项研究中，美国和日本的被试需要观看一幅日常场景的图片，比如农场。之后，被试会看另一幅稍做改动的相同场景的图片。一些改动涉及图片的焦点或主体。另一些改动则涉及图片的背景以及地面。结果表明，美国人更善于察觉图片核心内容的改变，而日本人却对背景信息的变化更为敏感（Nisbett & Miyamoto, 2005）。

为了解释这种差异，Chua、Boland 和 Nisbett（2005）向美国和中国的研究被试呈现了处于情景（例如森林）中的物体（例如老虎）的图片，然后同时检测被试观察图片时候的眼动。美国人将视线锁定在图片的主体上；中国人则会更多地注意图片的背景信息。换句话说，西方人的注意焦点比较集中，而东方人的注意分布相对宽泛（Boduroglu, Shah, & Nisbett, 2009）。很显然，我们所生活的社会的确能影响我们最根本的知觉习惯。这样的知觉习惯也影响了东西方艺术家在美学偏好上的选择（Masuda et al., 2008）。

知觉习惯

英格兰是世界上少数几个车辆左侧通行的国家之一。由于这种颠倒，在街上经常会遇到游客不经意就走下了马路沿，站到了汽车跟前——而且是在他们认真观察了反方向的车辆情况之后。这个实例表明，学习在自上而下的知觉加工中起到了重要的影响。

在很多体育项目中，经验丰富的运动员比新手更加善于将注意力放在关键信息上。相比新手而言，老运动员扫描动作和事件更为迅速，并且只加工最有意义的信息。这使得老运动员能够更快地做出决策和反应（Bard, Fleury, & Goulet, 1994）。

学习是如何影响知觉的？**知觉学习**指的是我们的大脑改变了如何将感觉信息构建为知觉的方式（Moreno et al., 2009）。例如，要学会用计算机的话，你要学着特别关注某些刺激，例如不同的图标和光标。同样我们也学会了辨识起初看起来一模一样的图标。另一个例子是新手厨师要学会区分晒干之后的九层塔、牛至叶以及龙蒿之间的差别。而在其他一些情景中，我们学着只关注一组刺激中的部分内容。这让我们避免处理同类的全部信息。例如，足球队里的后卫只要观察一两个主要球员的动作就可以判断下个球是长传还是配合过人，而不必去注意对方整个球队球员的动作。

总的来说，学习就会造成**知觉习惯**——会影响我们日常生活的固有的组织和注意模式。首先，让我们来看看图4.39。不用说，左边的那幅蒙娜丽莎看起来有点儿奇怪。但似乎又不是特别离谱——直到你把这一页颠倒过来。你会发现这张脸是多么的古怪。可是颠倒前后差别为什么这么大呢？很明显，绝大多数人都没有什么看一张颠倒过来的脸的经验。因此，知觉学习对我们感知一张颠倒的面孔没有什么影响。而当面孔被摆正的时候，你知道该预期什么，该往哪儿看。同时，你也倾向于将

图 4.39 先前经验对于知觉的影响。当图片翻转过来之后,做了改动的图片看起来就很诡异。这是因为它能和我们的知识经验产生联系。

面孔知觉为一个整体的模式。当面孔被颠倒之后,我们就不得不分别观察它的各个部分(Caharel et al., 2006)。

缪勒－莱尔错觉

知觉习惯能够解释其他错觉产生的原因吗? 知觉习惯能够解释一些错觉产生的机制。总的来说,图4.40的错觉是由于大小及形状恒常性、习惯性眼动、连续性以及知觉习惯共同作用的结果。与其试着面面俱到地解释,不如让我们专注于最为简单的一个例子。

图4.40a展示的是人们熟知的**缪勒－莱尔错觉**,即你看到的两头为箭头的水平线段显得比两头带V字的线段短。但量一下这两条线段你就可以知道,它们是一样长的。如何解释这种错觉呢?研究者 Richard Gregory(2000)认为,带V字头的水平线段很像我们从房间里面往外看时,看到的房间拐角(图4.41);而当我们从外往里看时,则会把房间或建筑物的拐角看作带箭头的线段。换句话说,三维空间线索改变了我们对二维图形的知觉。

之前我们在解释月亮错觉时说过,如果两个物体在视网膜上的成像大小相同,那么较远的物体被知觉为更大的。这一概念称作大小—距离恒常性(物体成像的大小和物体与我们的距离有着精确的对应关系)。Gregory 认为,同样的概念可以用于解释缪勒－莱尔错觉,因为当你认为V字头直线比箭头直线更远时,你就会把V字头的直线看作较长的线。当然,对缪勒－莱尔错觉的这种解释有一个假定的前提条件,即人们在多年生活中积累起的对直线、锐角、拐角的知觉经验——至少在我们的文化中,这个假设应该是成立的。

有什么方法能证明过去的经验可以引起错觉? 如果我们能够测试那些从小只对波浪形和弧形的线条有经验的人群,就可以知道"方形"的社会经验是否引起了错觉的产生。幸运的是,在南非有一个祖鲁族的部落,他们恰好生活于一种"圆"的文化中。祖鲁族人的日常生活中极少能碰到直线,他们的棚屋像一个圆的土堆,村落中的棚屋亦排列为一个圆圈,工具和玩具都是弯曲的,也没有

知觉学习 /Perceptual learning 由于先前经验而产生的知觉改变;是大脑处理感觉信息方式改变的结果。

知觉习惯 /Perceptual habits 固有的影响我们日常经验的组织和注意模式。

缪勒－莱尔错觉 /Müller–Lyer illusion 等长的两条线段两端分别连着两个朝内的V或朝外的V,则两条线段会被人们知觉成不等长。

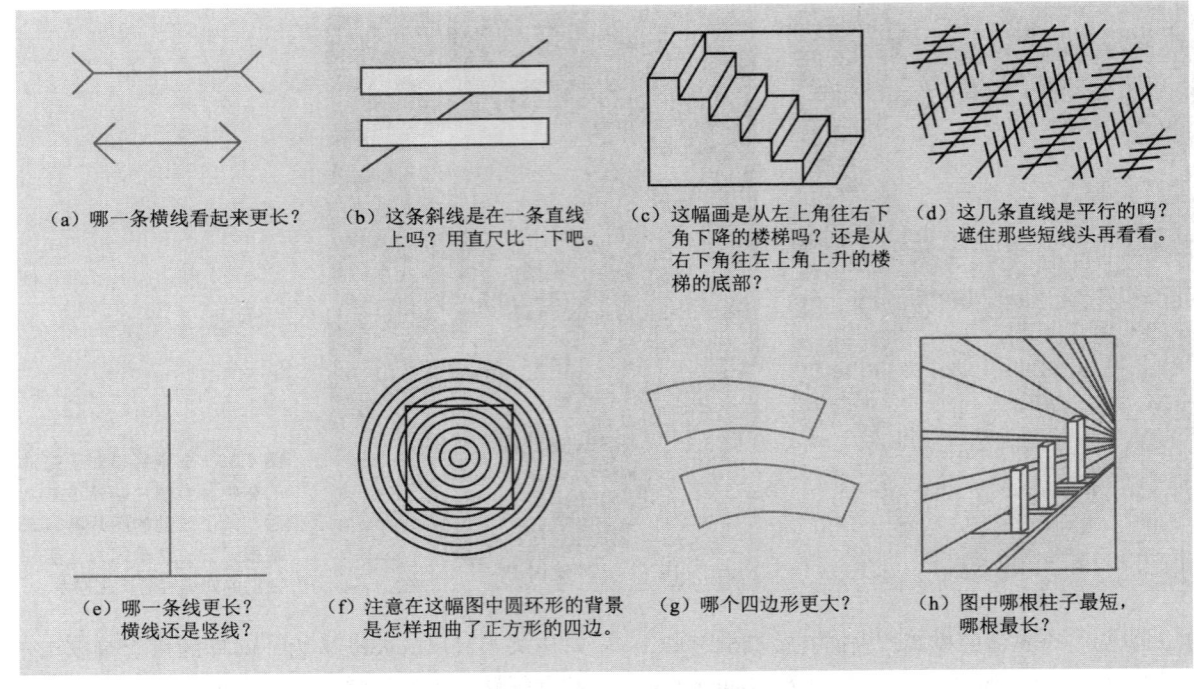

图 4.40 一些有趣的错觉现象。这些错觉现象表明，知觉的错构是视觉知觉过程中的常见情况。

直的道路或方形的建筑。

那么祖鲁人是怎么知觉缪勒－莱尔图片的呢？一般的祖鲁村民不会产生典型的错觉反应。他们最多会认为 V 字头直线稍稍长一丁点儿（Gregory，1990）。这似乎可以证实过去经验和知觉习惯在人类知觉中的重要性。

在下一节中，我们将突破常规知觉的范畴来讨论超感官知觉是可能的吗？在回答这个问题之前，让我们先休息一下，看看你都记住刚才学习的内容了吗？

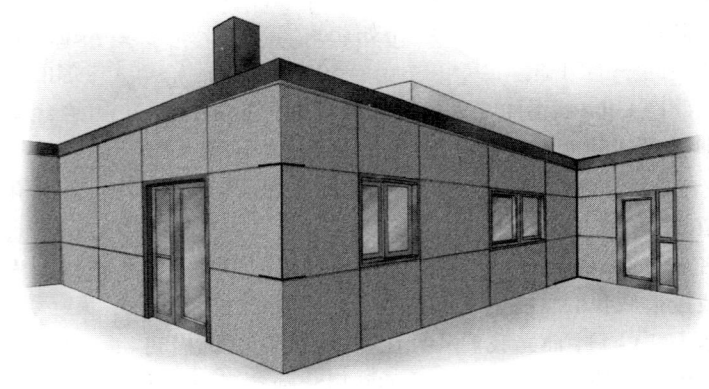

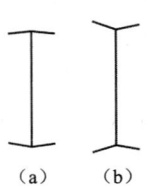

图 4.41 为什么在缪勒－莱尔错觉中（b）线条看起来要比（a）线条长呢？很可能是因为它看起来更像远处的墙角而非近处的墙角。由于两条竖直的线条会在视网膜上产生同样长度的影像，因而"更远"的线条在知觉上更长。正如你在图中看到的，额外的背景深度信息会更加凸显缪勒－莱尔错觉（Enns & Coren，1995）。

知识巩固
知觉学习

测一测

1. 当人们按照特定的方式去看待事件的时候，表明知觉期待或者_____正发挥作用。
2. 不管文化差异如何，所有人看待世界的方式都是一样的。对不对？
3. 知觉习惯很可能过于根深蒂固，以致人们会错误地知觉某个刺激。对不对？
4. 知觉学习似乎会让大脑着重处理环境里重要的_____。

想一想

批判性思考

5. 美国的香烟广告都被要求印上"吸烟有害健康"的标识。香烟公司如何才能让这些标示不那么明显呢？

自我反思

由于知觉期待或者你的情绪和动机的影响，你不时会错误地感知情境。你的知觉会受到怎样的影响？

如果你花一年的时间在亚马孙丛林里行走，你对缪勒-莱尔错觉图片的知觉会发生怎样的改变？

知觉学习对你安全驾驶带来了怎样的影响？例如，在十字路口的时候，你会注意什么？开车的时候你会习惯性地看哪些地方？

答案：1. 知觉定势 2. 不对 3. 对 4. 特征 5. 广告商会把标识放在不起眼的地方。同时，"警示"的设计本身，从语言到视觉效果都很重要。同时，他们的策略意在不让人们对这些警示印象深刻。时间一长，请批判思考。

超感官知觉——
你相信鬼神的存在吗？

关键问题4.10："超感官知觉"是否存在？

约有一半的普通人群相信超感官知觉的存在（Wiseman & Watt, 2006）。但是几乎没有心理学家相信它的存在。实际上，哪怕有更多的人相信超感官知觉也不足为奇。在很多的电影和电视作品中，超感官知觉和超自然现象常被当作真实存在的。这也是舞台表演常用的"惊喜"招数。那么，有什么样的证据可以支持或者反对超感官知觉呢？

让我们来考虑一个真实的情况。有位女士正在周末出游中，突然她感到一种强烈的欲望想要回家。当到家的时候，她发现家里着火了，而丈夫还在熟睡之中（Rhine, 1953）。她是怎么知道这一切的？她是否具有**超感官知觉（ESP）**——一种无法用正常的感知觉解释的假想的能力？

心灵学是对ESP和其他**特异功能现象**进行研究的领域。特异功能现象是指那些看似与现有科学规律相违背的现象。心灵学家一直在寻找对ESP的三种主要表现形式的解释。它们是：

1. **心电感应**。传说中和他人的思想直接交流的能力。当另一个人已经身亡时，这种情况又被称为灵媒。
2. **超感知力**。能够不受距离和实际障碍物限制的感受事件和物体的能力。
3. **预知力**。即感知或准确预言未来的能力。预知力经常以能预言未来的梦境形式出现。

顺便我们也提一提另一种特异现象：

4. **心灵致动**。即通过意念驱动无生命物体发生变化的能力（例如让勺子变弯）。（虽然心灵致动不属于ESP，但也是心灵学家们经常研究的特异现象中的一种。）

对ESP的评断

为什么心理学家不相信超感官知觉？尽管大众对超感知力趋之若鹜，心理学家却对其高度存

超感官知觉/Extrasensory perception（ESP） 用无法被正常感知能力所解释的方式感知世界的能力。

特异功能现象/Psi phenomena 用已知的科学原理或定律难以解释的现象。

疑。让我们来看看支持和反对超感官知觉的证据。关于特异现象的正式研究主要来自研究者J. B. Rhine，他致力于用客观方法来研究ESP。Rhine的许多实验都使用了齐纳卡片（一套卡片共有25张，每一张上印有如图4.42所示的五种符号中的一种）。在一个典型的超感视觉测验中，参加实验的人从洗过了的卡片中抽出一张背对着自己的卡片，并猜测卡片上的符号。如果完全依靠猜测，那么被试在25张卡片中平均可猜中5张。Rhine和其他研究者报告说，有的结果远高于猜测水平。

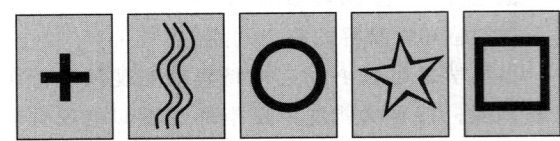

图4.42 心灵学的早期研究者J. B. Rhine所使用的ESP卡。

这样的证据能够说明问题吗？ 不能，其中的原因包括欺骗、控制不够严格的实验以及概率。

欺骗

心灵学研究领域中的欺骗行为甚为猖獗。当超感知能力有利可图时，谨慎的怀疑精神尤为重要。ESP的表现舞台上充斥着欺骗和花招，以及其他"唯利是图"的手段。例如，2002年"Cleo小姐"电视通灵热线的操纵者被指控犯有重大欺诈罪。据称是牙买加后裔的通灵者"Cleo小姐"实际上只是洛杉矶的一个女演员。想要从"Cleo小姐"那里了解自己命运的人必须支付每分钟4.99美元的热线通话费，而事实上电话那头的人只是数百个接线员之一。这些接线员都是通过写着"无须经验"的广告雇来的。尽管是场彻头彻尾的骗局，"Cleo小姐"在被揭穿以前还是聚敛了至少10亿美元。

懂得"冷读法"的人都能够充分地取悦客人（Wood et al.，2003）。"冷读法"是一套特异功能者和灵媒常用于说服人们相信他们的技术。其中包括了很多占星师会使用的方法，例如无批判接受顺言、证实倾向以及巴纳姆效应（还记得第1章吗？）。

"灵媒们"首先从一些泛泛之谈开始"读取"对方。然后通过对方的表情、肢体语言以及语调来察言观色。当灵媒们有"感应"（探查到对的方向了）的时候，他们就会继续做出一些类似的评价。如果对方的反应比较冷淡，灵媒们就会转换话题然后重新开始（Hyman，2007）。

控制不严谨的实验

遗憾的是，Rhine使用的齐纳卡片印制得很糟糕，从卡片背面可以影影绰绰地看见符号。作弊也很容易，可以把手指印留在卡片上，或在卡片上做记号。有证据表明，就算被试不作弊，早期的主试有时也会无意识地通过自己的眼神、面部表情或唇部动作给被试提供卡片图案的线索。总之，早期的心灵学研究中没有一项实验能够控制并排除作弊或泄露信息的可能性（Alcock，Burns，& Freeman，2003）。

现代的心灵学家采用双盲实验进行精确的控制，准确记录实验结果，并重复实验（Milton & Wiseman，1997；O'Keeffe & Wiseman，2005）。在过去的10年中，心灵学期刊上发表了数以百计的实验报告，其中许多实验结果似乎都在证明特异功能的存在（Aldhous，2010）。

概率

那么为什么心理学家仍然对特异功能现象心存怀疑？ 最重要的原因就是概率。还记得那个预感到自己的丈夫会有危险的女性的故事吗？她回到家发现房子着火了，而丈夫还在酣睡当中。类似的超感知力或者心电感应现象着实让人惊奇，但这并不能表明ESP的存在。这种巧合时常都在发生。在任何一个晚上，或许有很多人都被"预感"支配着做了某些事情。如果由于概率原因，其中某一个人的预感得到了证实，这就可能会被认为是某种超感知力（Marks，2000；Wiseman & Watt，2006）。然后第二天你就会读到相关的新闻。更多没实现的"预报"根本不会被报道，很快会被当事人遗忘。

研究结果的不一致性也是一个相关的问题。在被发表的有支持证据的研究报告背后，还有大量得不出支持证据而未被发表的研究结果（Alcock，2003）。哪怕"成功"的研究效应也很微弱。而且心灵学里很多显著的结果都没法被重复（重现或复制）（Hyman，1996a）。此外，实验方法得到进一步改进的研究通常更难得到支持性的结果

（Hyman, 1996b; O'Keeffe & Wiseman, 2005）。

即便有人确实似乎表现出特异功能现象，那么他们要长时间保持这样的能力也是相当罕见的——事实上，几乎是从未听闻（Alcock, Burns, & Freeman, 2003）。这很可能是因为某个得分高出概率水平的人只是恰好遇上了**小概率事件**——一个只是基于概率，在统计上很少发生的结果。

为了理解小概率事件这一问题，假设你抛一枚硬币100次，并记录下结果。之后，再抛另一枚硬币100次，再记下结果。现在，你以每10次为一组，一组一组地比较两次的记录。你可以根据概率期望：任意一组10对的结果中有5对相一致，要么都是"正面"，要么都是"反面"。如果你发现某一组10对的结果中有9对相一致，那就是一个大大高于概率的结果。但是，这是否意味着当你抛第一枚硬币时就能很有把握地"知道"抛第二枚硬币的结果呢？这种想法当然是荒谬的。那么假设一个人这样猜测了100次。然后，我们或许能发现其中10次完全符合结果。这是否表明，这个人在某个时间具有"预知能力"，然后又突然失去了呢？

你或许会发现 ESP 研究者对这样的结果的解释非常惊人。他们认为，这只是一种"衰减效应"，说明特异功能本身是脆弱的，就像连接不良的电话线，有时候通信清晰，有时候通信不良。如果一个人在短时间内猜对了，就是因为那一刻他拥有了超感官知觉，而下一刻他猜错了，就是因为他的超感官知觉暂时失灵了。

事实上，这种富有想象力的解释在特异功能研究中是一个普遍的问题。例如，前宇航员 Edgar Mitchell 曾声称自己在太空中成功完成了一项心电感应的实验。然而，新闻报道里从来不会让你知道，在有的项目上结果高于概率，而有的项目上结果是低于概率的。或许你认为在低于概率的项目上，是特异功能暂时的失灵，但是 Mitchell 却将它们视为"成功"的结果，声称那是有意的"特异功能消失"。存疑者则会认为，如果高分和低分都被视为"成功"的结果，那什么是失败的结果呢？

启示

经过130多年的研究，我们目前还不能确切地说特异功能现象是否存在。正如我们所看到的，对于特异功能现象实验的严密观察常常揭露出一些证明其存在的证据、过程在科学性方面有着严重的问题（Alcock, Burns, & Freeman, 2003; Hyman, 2007; Stokes, 2001）。对特异功能研究的检验越是严谨，支持性的结果越是难以被发现（Alcock, 2003; Stokes, 2001）。一位批评者认为，支持 ESP 的结果通常意味着"漏洞百出"（Marks, 2000）。

如何科学地论证 ESP 是否存在？很简单，如果有人可以找到一种方法，让任何一个胜任的、不带偏见的观察者在排除了一切欺骗可能的条件下，通过使用一套标准的指导语，使一个"超感"事件发生，那么，ESP 就能被证明是存在的（Schick & Vaughn, 2001）。毫无疑问，研究者将继续寻找难以辩驳的证据。另一些人仍然持怀疑态度，认为过去130多年毫无结果的研究足以让我们抛弃 ESP 的概念（Marks, 2000）。不过，存疑并不代表要去反对某件事物，而只是表示你没有被说服。因此，这部分的讨论主要是为了对质那些对特异现象毫无怀疑地接受以及那些不经考证而"盲信"的大众媒体或者研究者。（不过你早就知道我们想说什么了，不是吗？）

当然，在很多 ESP 测验中，结果已经不容争辩。通过报纸、广播以及电视所做的 ESP 实验就是一个不错的例子。超过150万次的实验并没有发现有力证据支持 ESP 现象（Milton & Wiseman, 1999）。所以，买彩票的人们不必再有什么担心疑虑了！

展望

在之前的章节里，我们从基本的感觉能力谈到了对人和事物等复杂刺激的知觉机制。我们同样还谈及了有关 ESP 的争议话题。在下面的应用篇里，我们将回归"日常"的知觉现象，讨论知觉意识问题。

小概率事件/Run of luck 一个统计上少见（例如抛硬币的时候，连续5次正面）但依然可能由于概率而出现的事件。

知识巩固

超感官知觉

测一测

1. 心灵学研究者关注的四种特异现象包括超感知力、心电感应、预知力以及_____。
2. 齐纳卡被用于早期关于_____的研究。
   a. 特异现象
   b. 非注意盲视
   c. 缪勒 - 莱尔错觉
   d. 自上而下的加工
3. 自然或者"真实生活"中所发生的事件被认为是 ESP 最好的证据。对不对?
4. 存疑者将支持 ESP 的证据看作小概率事件的结果。对不对?
5. ESP 实验的重复率很高。对不对?

想一想

批判性思考

6. 你觉得在 30 个人里找到两个同一天生日的人的概率是多大(同月同日,不一定同年)?
7. 电视上的一位"特异功能者"声称能够修好观众的坏手表。过了一会儿,一些观众打热线进来说他们的手表奇迹般地又开始运转了。这些观众忽略了什么问题?

自我反思

假设你有一位朋友是超自然现象电视节目的忠实粉丝。试试看你能不能总结有关 ESP 的知识并告诉他或她。请包括正反两面的证据以及那些对超自然现象全盘接受的人所具有的思维漏洞。

答案:1. 心灵致动 2. a 3. 不对 4. 不对 5. 不对 6. 很多人认为这是非常小概率的事件。事实上,在 30 个人里,有 71% 的机会至少有两个人同一天生日。大多数人低估了很多看似神秘的事件的自然发生的概率。7. 当心理专家在排除那些排除汇报者的干扰时,他们发现节目开始后的某个时候,其中没有多少"特异功能者"的招牌;请这同样电视房统计了蕴藏同题;如果电视节目不使用持有坏的表的人,也只有少数的几只手表才会自己动起来。

注意！更好地观察生活

应用篇

关键问题 4.11：我们如何能够更准确地感知事件？

在法庭上，目击者的证言对于证明被告有罪或无罪是很重要的。当目击者说"这是我亲眼所见"时，会对陪审团（如果他们没有学过心理学）有很大的影响（Brewer & Wells，2006；Durham & Dane，1999）。哪怕是法官也会对证人证词的可靠度过于乐观（Wise & Safer，2004；2010）。但是坦白地说，目击者证词在很多时候都是不可靠的（Wells & Olson，2003）。例如，如果本书的作者没有得到进一步信息来纠正错误知觉的话，他很可能在法庭上发誓说在超市见证了一起谋杀案。

目击者所确信的事情到底有多准确呢？陪审团到底应不应该相信他们呢？ 事实上，你所相信的证言几乎没有什么准确性（Brewer & Wells，2006）！心理学研究的结果正在逐步使律师、法官和警官们相信，目击者的证词难免会有错误（Yarmey，2003）。即便如此，仍有成百上千的人因为目击者的错误证词而被冤判（Scheck, Neufeld, & Dwyer，2000）。

令人遗憾的是，知觉很少能够使事件得到"即时重现"。正如前文所说，当一个人受到惊吓、威胁或者处于巨大的压力下时所形成的印象特别容易遭到扭曲（Yuille & Daylen，1998）。一项研究表明，在警局指认嫌疑犯的错误率高达25%（Levi，1998）。

受害人能否比目击者记得更多？ 事实上并没有。一项研究结果表明，作为受害者（看到自己的手表被偷）与作为目击者（看到一个小型计算器被偷）对罪犯描述的准确性是相同的（Hosch & Cooper，1982）。因此，如果陪审员更看重受害人的证词，可能会犯严重的错误。在许多犯罪案件中，受害者经常陷入"关注凶器"的陷阱。很自然地，受害者会把全部注意力集中于袭击者所用的刀子、枪或其他凶器。因此，他们并没有留意罪犯的相貌、衣着或其他线索（Pickel, French, & Betts，2003）。在表4.2中，我们一一列出了其他可以影响目击者的因素（Kassin et al.，2001；Wells & Olson，2003）。

启示

随着DNA检测的施行，美国有超过200名被指控犯有谋杀、强奸以及其他罪行的人被证明是无罪的。这些清白的人被判有罪基本上都是目击者证词所造成的。他们在洗刷冤屈之前已经在狱中度过了多年（Foxhall，2000）。日常的知觉也像一个情绪化的目击者所看到的那样频繁地发生错误和扭曲吗？答案是趋于肯定的。这种认识不仅能够帮你更加容忍别人的观点，而且能够更加谨慎地考察自己观点的客观性。多做一些真实性检验，这对于每一个人都是必要的。

即使在白天，目击者的证词也不一定可靠。2001年，一架美国航空公司的飞机在纽约肯尼迪国际机场附近坠毁。有很多人看到了这一过程。目击者中有一半人说飞机失火了，但是机上的"黑匣子"记录飞机并没有失火。1/5的目击者看到飞机是向左转的，还有1/5的目击者看到飞机是往右转的。一项研究表明，最好的目击者也许是"父母不在身边的12岁以下的孩子"，因为成人似乎很容易被自己的期望所左右。

有时，我们碰到一些人，觉得他们似乎很不友好，总是气哼哼的，一脸的不耐烦。但是，如果你没有对自己知觉的真实性进行检验，就很可能把好人当坏人。个体的客观性是一种难以把握的品质，需要经常通过真实性检验来保持。至少，当一个人怀疑别人的时候，应当问问当事人到底是怎么想的。显然，我们能够学会成为日常生活中更好的"目击者"。

积极心理学：知觉意识

哪些人能比一般人更准确地知觉事物？ 人本主义心理学家马斯洛（1969）相信，有一种人知觉自己和他人的准确度强于一般人。这些人的个性特点是活泼、心胸开阔、意识清楚、心理健康。马斯洛发现，这类人的知觉方式有以下特点：沉浸于当下，缺少自我意识，不做任何选择、批评和评价，专注于体验。马斯洛认为具有这种知觉类型的人就像那些刚刚生下婴儿的母亲们、圣诞节中的孩子们和恋爱中的情侣们。

在日常生活中，我们很快能对那些可以预期或一成不变的刺激产生**习惯化**，或者减少反应。习惯化也是一种学习——从根本上来说，就是学会对熟悉的刺激减少注意。当你刚从影音商店上下载了新歌的时候，新的旋律会全面地吸引你的注意。但当那首歌不再"新鲜"时，你往往注意不到正在播放的歌曲是什么。当一个刺激毫无变化地不断重复时，我们对其反应就会减少，开始习惯化。有趣的是，创造力强的人习惯化速度比一般人慢。我们一般认为他们会很快对一个重复的刺激感到厌烦。事实恰恰相反，这种人总是积极地注意每一次的刺激，甚至连那些重复的刺激也不会轻易忽略（Colin, Moore, & West, 1996）。

注意的价值

虽然我们中的大多数人并没有用"见一木而识林"的信条限制自己的知觉，但是，由于习惯化的作用，我们看见一棵树后，往往只是把它划入"一般的树"的知觉类别而已，此时，即使奇迹就在面前我们也意识不到。那么，我们怎样做才能做到**去习惯化**——时常去消除习惯化的效应呢？去习惯化简单得令人难以置信的方式就是：注意。以下的故事说明了注意的重要性：

一天，一个人对禅宗大师说："大师，您可以给我写一条最高智慧境界的箴言吗？"大师立刻提笔写下"注意"二字。那人问："就这些吗？您能再加上几个字吗？"大师又写了两遍："注意、注意。"那人有些不耐烦了，说道："好吧。但我实在看不出您这两个字中有什么深奥、玄妙之处！"大师听后，又写了三遍："注意、注意、注意。"那人不解地问道："这'注意'二字究竟是什么意思？"大师耐心地回答道："注意的意思就是注意。"（Kapleau, 1996）

如何才能更好地观察生活

以下是从本章内容中总结出的一些方法，可以帮助你保持和提高知觉准确性。

1. 记住，**知觉是对于现实的建构**。要学会经常对自己的知觉提问：我知道的准确吗？另一种解释是不是也符合事实？我的假设是什么？到底对还是错？我的假设会不会影响对于实际情况的知觉？

2. **打破知觉习惯，不受习惯化的影响**。每天要试着以一些新的方式进行活动，比如，选择不同的路线去上班或上学；在刷牙、梳头等日常活动中，有时不妨试着换另一只手，不要总是使用利手；在探访朋友和家人时，试着让自己觉得是第一次去见他们。

3. **寻求不寻常的经历**。试试你平常不吃的食物，看看与你的观点截然不同的人写的文章或书，在安静的树林中散步，到喧闹的游乐场去玩。不同的经历可

表 4.2 影响目击者知觉准确性的因素

影响知觉准确性的因素	研究结果
1. 提问方式	目击者证词受到对他询问时所用的提问方式和措辞的影响。
2. 事后信息	目击者的证词不仅反映了他当时看到了什么，而且包含事后获得的信息。
3. 态度和期望	目击者对事件的知觉和记忆受其态度和期望的影响。
4. 酒精作用	酒精会损伤事后对事件的回忆能力。
5. 种族知觉	目击者识别同种族者比识别其他种族者更准确。
6. 对凶器的关注	凶器的出现会降低目击者准确识别罪犯面孔的能力。
7. 准确性—自信	目击者的自信程度与其证词的准确程度无关。
8. 目击时间	目击者观察事件的时间越短，对事件感知和记忆的准确性越低。
9. 无意识转移	有时目击者会把在另一场合见到的人误认为罪犯。
10. 颜色知觉	在单色光（如橙色的路灯灯光）下做出的颜色判断，可信程度极低。
11. 压力	极高的压力水平会降低目击者知觉的准确程度。

Adapted from kassin et al., 2001.

以使人有耳目一新的感觉。
4. **克服知觉定势**。无论何时，只要你把人、物或事归类，你的知觉就有可能被期望或已有的类别概念所扭曲，按照一定的定势进行知觉。因此，无论发生了什么，我们都要把每一个人看成独立的人，把每一件事看成独立的事。
5. **避免受动机或情绪的影响**。要让自己避免受兴趣、需要、期望或情绪的支配是困难的。但是，我们可以让自己意识到这种犯错误的可能性，并且积极地尝试从其他人的角度来看世界。在争论或讨论中，要善于采纳别人有价值的观点。
6. **养成进行真实性检验的习惯**。要主动寻找其他的证据来检验你的知觉的真实性。提出疑问，澄清事实，然后参考来自其他渠道的信息。记住，知觉不可能自动调整。你可能会犯错——我们都一样。
7. **注意**。要努力有意识地去注意你周围的人和事物。要使自己养成一种习惯：在知觉世界的同时，随时考虑对所见所闻进行真实性检验。

知识巩固
知觉意识和准确性

测一测
1. 绝大多数知觉过程可以看作对外部世界的主观建构。对不对？
2. 观察者知觉的不准确性肯定会在"现实生活"中出现，但是这无法在心理学的实验中被重复。对不对？
3. 在法庭上，目击者所提供证词的准确性不超过75%。对不对？
4. 与犯罪活动的旁观者相比，受害人提供的证词更为准确。对不对？
5. 真实性检验与去习惯化是两个同义的概念。对不对？
6. 克服知觉习惯化的好办法是付出有意识的努力去_____。
   a. 改变感觉闸门　b. 集中注意
   c. 完成视觉调节　d. 消除形状恒常性

想一想
批判性思考
7. 在本章开始部分关于绿蔓蛇的故事涉及了哪些知觉的因素？为什么对作者而言，要看见绿蔓蛇那么困难？

自我反思
知觉是对外部事件的重构或模拟，因此我们应该经常进行真实性检验。你能想到最近的哪件事情，其知觉结果可能会因为真实性检验而改变呢？
为了增强你的知觉意识和准确性，你可以采用哪些方法和策略？

答案：1.对 2.不对 3.对 4.不对 5.不对 6.b 7. 作者对绿蔓蛇之经验的缺乏使他不仅没准备好知觉的印象，此外，绿蔓蛇的伪装很好，用来隐蔽自己以躲开捕食动物和猎物（作者是一种捕食动物）。

习惯化/Habituation	对重复刺激降低反应的知觉过程。
去习惯化/Dishabituation	消除习惯化的过程。

本章总结

关键问题回顾

4.1 总体而言，感觉系统是如何发挥作用的？

4.1.1 感觉系统会有选择性地进行信息滤波以防止大脑被过量的感觉输入信息充斥。

4.1.2 感觉开始于感觉器官的传导器；其他信息滤波过程还包括感觉适应、分析以及编码。

4.1.3 感觉类型基本上可以根据大脑的感觉定位来判断。

4.2 视觉系统是如何发挥作用的？

4.2.1 眼睛是视觉系统，而不是照相机。整个视觉系统主要负责分析视觉信息。

4.2.2 四种主要的眼睛疾患包括近视、远视、散光和老花眼。

4.2.3 视锥细胞和视杆细胞是分布在眼球的视网膜上的视觉感受器。

4.2.4 视杆细胞主要负责周围视觉、夜视觉、黑白视觉以及探测运动。视锥细胞主要负责颜色视觉、精细视觉以及明视觉。

4.2.5 颜色视觉在视网膜上可以用三色理论解释，在眼球以后的视觉系统里可以用对立过程理论解释。

4.2.6 全色盲是很少见的，但有8%的男性和1%的女性是红绿色盲或者色弱。

4.2.7 暗适应主要由视杆细胞里的视觉色素增加来完成。

4.3 听觉的机制是什么？

4.3.1 声波是听觉所接收的物理刺激，由鼓膜、听小骨、卵圆窗、耳蜗以及毛细胞传导完成。

4.3.2 频率理论可以解释我们如何听到4000赫兹以下的声音；位置理论解释我们如何听到4000赫兹以上的声音。

4.3.3 两种听觉缺失的类型是传导性耳聋和神经性耳聋。噪声引发性耳聋是由于暴露在音量过大的声音环境中引起的神经性耳聋。

4.4 化学感觉是如何实现的？

4.4.1 嗅觉（气味）和味觉（味道）是化学感觉，主要感受空气传播的和溶水性的分子。

4.4.2 嗅觉的钥匙和锁理论可以部分地解释我们如何感受气味。此外，鼻子不同部位的感受器也会产生不同的气味感觉。

4.4.3 甜味和苦味的味觉感受可以基于钥匙和锁嗅觉论解释。咸味和酸味是由离子直接进入味觉感受器引发的。

4.5 躯体感觉都有哪些？

4.5.1 躯体觉包括皮肤觉、平衡觉以及运动觉（探知肌肉和关节位置的感受器）。

4.5.2 皮肤觉包括触觉、压觉、痛觉、冷觉和温觉。每个皮肤区域的敏感度跟该区域内感受器数量的多少有关。

4.5.3 痛觉可分为预警性疼痛和提醒性疼痛。

4.5.4 按照闸门控制理论，疼痛信息的选择性闸门位于脊髓中。

4.5.5 疼痛可以通过对抗刺激法，调节预期和动机来控制。

4.6 总体而言,我们是如何构建知觉的?

4.6.1 知觉是将感觉信息建构为对于世界的有意义的表征的主动过程。

4.6.2 知觉受到同时进行的自上而下和自下而上的两种过程的作用。完整的知觉印象是以下两者共同作用的结果:即"自下而上"地将感觉特征组合在一起的过程和先前经验"自上而下"地指导协助将感觉特征组合成有意义的整体的过程。

4.6.3 分离主体和背景是最基本的知觉组织能力。

4.6.4 下列格式塔组织原则也能帮助知觉组织:邻近原则、相似性原则、连续性原则、闭合原则、接近原则、同域原则。

4.6.5 一次知觉组织可以被看作一个假设,直到有证据反对它。

4.6.6 在视知觉中,投射到视网膜上的图像时刻在发生变化,是由于大小、形状以及亮度恒常性,我们才能知觉到稳定的、未被扭曲的世界。

4.7 为什么我们的某些感觉更为敏锐?

4.7.1 接收到的感觉信息受到注意力的调控,大脑会选择性地注意一些感觉输入信息以便进一步加工,同时也忽略另一些信息。

4.7.2 开车的时候,千万别用手机!

4.8 我们是如何感知深度和距离的?

4.8.1 基本的、天生的深度知觉能力在出生后不久就会表现出来。

4.8.2 深度知觉的双眼线索包括双眼视差和辐合。

4.8.3 深度知觉同样也依赖于调节的单眼线索。

4.8.4 单眼的"图形"深度线索也很重要,包括线条透视、相对大小、图形中的相对高度、光影、重叠、纹理梯度、空气透视以及运动视差。

4.8.5 月亮错觉可以用表面距离假说来解释,该假说认为,当月亮靠近地平线的时候,有很多线索能够提供深度视觉信息,而当月亮靠近天顶的时候,深度视觉信息就少了。

4.9 期望、动机、情绪和学习是如何影响知觉的?

4.9.1 暗示、动机、情绪、注意以及先前经验会以各种方式共同作用,形成知觉定势或知觉期望。

4.9.2 个人的动机和价值观会通过改变对所见事件的评价或者改变对细节的注意,从而改变知觉。

4.9.3 知觉学习会改变对感觉信息的自上而下的组织和理解。

4.9.4 最为人们了解的缪勒-莱尔错觉似乎和知觉学习、线条透视以及大小—距离恒常性有关系。

4.10 "超感官知觉"是否存在?

4.10.1 心灵学是研究特异现象的领域,研究内容包括心电感应(包括灵媒)、超感知力、预知力以及心灵致动。

4.10.2 由于存在大量缺点和局限,心灵学的研究结果依然颇具争议。至今的大量研究结果并不支持 ESP 的存在。

4.10.3 ESP 研究实验控制得越严格,越难以发现支持 ESP 现象的结果。

4.11 我们如何能够更准确地感知事件?

4.11.1 目击者证词的不可靠性令人吃惊。目击者证词的准确性进一步受到对凶器的注意以及类似因素的影响。

4.11.2 当某个物理刺激一直不变时,人们对其的反应会发生习惯化。

4.11.3 知觉的准确性可以由真实性检验、去习惯化以及加强注意来提高。避免知觉习惯、拓宽对照系统、破除知觉定势以及注意情绪和动机对于知觉的影响都是非常有意义的。

第 5 章

意 识

主题

理解意识的不同状态能够帮助我们提升自我意识和个人效能。

关键问题

5.1 什么是意识？

5.2 睡眠缺失或睡眠模式改变会有何后果？

5.3 睡眠都有哪些功能？

5.4 什么是睡眠障碍和非正常睡眠？

5.5 梦是否有意义？

5.6 催眠是什么？

5.7 冥想和感觉剥夺对人是否有好处？

5.8 常见的精神活性药物都有什么效果？

5.9 如何通过梦的解析促进对人的理解？

引子

意识的几种状态

- 美国纽约，一名渴望成功的演员求助于催眠治疗师，想要减轻她的舞台恐惧感。
- 巴西里约热内卢的一家医院，从一场严重的交通事故中幸存下来的男子正处于昏迷之中。
- 美国怀俄明州北部的黄石公园，一名大学生徒步穿越荒野，处于一种安宁的正念冥想状态。
- 美国明尼苏达州，一名大学生坐在课堂上，思绪却已沉浸在了自己的白日梦里。
- 新西兰，毛利族牧师用整晚的时间来举行典礼，向在神话时代（也就是土著人所认为的梦的时代）创造世界的神祷告。
- 加拿大蒙特利尔，三个忙碌了一整天的商人去往当地一家有名的酒吧，打算喝上一杯。
- 美国西南部，夜晚，随着鼓声响起，一名纳瓦霍族长者在印第安教堂中向教众们分发圣餐——仙人掌茶。
- 美国洛杉矶，一名艺术家在重新开始作画之前，花了两个小时在漂浮室中清理她的思绪。
- 荷兰阿姆斯特丹的一座公园中，一群街头音乐家聚在一起抽大麻并卖唱。
- 北爱尔兰，一名修女在修道院中用整整一星期时间默默地祷告和沉思。
- 美国亚利桑那州图桑市，本书的一位作者又为自己冲了一杯咖啡。

例子中的每个人都处于不同的意识状态下。不论主动或被动，他们都在试图改变自身的意识状态——用不同的方法、在不同的程度上，以及为了不同的目的。就像这些例子所显示的，意识可以有很多种状态。在接下来的讨论中，我们首先会从比较熟悉的领域——睡眠和梦开始讲起，然后再来讨论一些更加特异的意识状态。

意识状态——觉察的多面性

关键问题5.1：什么是意识？

意识意味着觉察。意识由你对外界的所有感觉和知觉以及你对自身的思想、记忆和情感的觉察组成（Morin, 2006; Robinson, 2008）。以埃里克在大峡谷中的体验为例，当下到峡谷深处时，他全然地感受到了自己的渺小，对自然的敬畏之情油然而生。在这个时候，埃里克充分意识到自己正在体验一个激动人心的场景，同时也觉察到了震撼的心灵感受。

虽然意识的定义看似显而易见，但它实际是一种建立在个人主观感受上的、第一人称视角的体验。我们都能够清晰地感知到发生在自己身上的事情，那么对于其他人呢？我们能体会到美国总统奥巴马的感觉吗？或者知道我们的母亲有什么感受吗？抑或了解一个处于昏迷中的人有什么感觉？当一只狗在嗅闻它的同伴时，它感知到了什么？这令它心情愉悦吗？

对于上述问题，我们不会得到任何答案，因为我们无法通过自己的主观感受来推断他人的思想。

了解别人的真实想法并非易事，这也是早期的行为主义者质疑内省的原因之一。（还记得第1章的内容吗？）于是，心理学家们采取了一种客观的形式，从第三人称的角度来解决这个问题。通过对大脑和行为的客观研究来帮助人们理解思想与意识，是心理学史上里程碑式的突破（Koch, 2004; Robinson, 2008）。本章将会对现有的研究结果进行总结，并介绍几种不同的意识状态。

意识改变状态

通常情况下，我们处于**清醒的意识状态**下，即一种清楚的、有组织的、警觉的状态。在清醒的意识状态下，我们把时间、地点和事件知觉为真实的、有意义的和熟悉的。同时，疲劳、谵妄、催眠、药物作用及异常欣快时的意识状态会与"正常"觉察有明显不同（Chalmers, 2010）。我们都经历过一些意识改变状态，比如睡眠、梦和白日梦（Blackmore, 2004）。有的人由于中风或其他脑损伤，还会体验到一些低唤醒的意识改变状态（Morin, 2006）。在日常生活里，人们在长跑、听音乐或做爱等许多情况下都可能出现意识状态的改变。

那么，如何能够区分意识改变状态与正常觉知呢？在**意识改变状态**（altered state of consciousness，ASC）下，人的心理活动在性质和模式上都会有明显变化，人的知觉、情绪、记忆、时间感、思维、自控和接受暗示等方面都有明显改变（Siegel, 2005）。即使在不了解定义的情况下，大部分人也都能觉察到自己是否处于意识改变状态之中。实际上，自我意识的增强正是意识改变状态的一个重要特点（Revonsuo, Kallio, & Sikka, 2009）。

有哪些因素可导致意识改变状态？除了上述因素之外，还有如下几类因素：感觉超负荷（如暴怒、狂欢节聚会、摇滚演唱会）、单调刺激（如长途驾驶中的"高速公路催眠现象"）、异常身体状况（如高烧、换气过度、脱水、睡眠缺失、濒死体验）、感觉输入受限以及许多其他可能的状况。在某些例子中，意识改变状态具有重要的文化意义（参见后面的"意识与文化"）。

一个没有意识的人如果没有得到持续的照顾就会死去。意识如此重要，而我们却无法真正解释它究竟是如何发生的（Robinson, 2008; Schwitzgebel, 2011）。尽管如此，我们还是可以鉴别意识的几种状态，并且探索意识在我们生活中所扮演的角色。首先，让我们来看看睡眠与梦。

睡眠——美妙的境地

关键问题 5.2：睡眠缺失或睡眠模式改变会有何后果？

一个人一生有大约 25 年在睡眠中度过。因为大家都熟悉睡眠，因此很多人认为他们对睡眠十分了解。然而，许多关于睡眠的"常识"都是错误的。比如，人们在睡眠时并非完全没有反应。一个熟睡的母亲可能听不见一架喷气式飞机轰鸣的声音，但是一旦她的孩子发出非常轻的哭声，她就会立刻醒过来。同样地，在睡眠中听到有人叫自己的名字，会比听到叫别人的名字更容易醒过来。有些人睡眠时甚至能完成简单的任务。在一个实验中，被试需要学会在听到某种音调的声音时就按

一个开关，从而避免电击。最后，他们甚至可以在睡眠中完成这个任务（就像是在睡梦中关掉闹铃那样的基本生存技能）。当然，人在睡眠中存在相当多的局限，所以别指望在睡梦中学会数学、外语或其他复杂的技能，在课堂上打瞌睡你将会一无所获（Froufe & Schwartz, 2001; González-Vallejo et al., 2008）。但是良好的睡眠能够帮助你更好地回忆起前一天学过的内容（Fenn, Nusbaum, & Margoliash, 2003; Saxvig et al., 2008）。

睡眠需要

睡眠需要有多强烈？睡眠是一种不可忽视的**先天生物节律**（Mistlberger, 2005；见图 5.1）。但是，暂时取消睡眠是可能的，特别是在非常危险的时候。就像喜剧演员和电影制作人伍迪·艾伦所说的："你可以让狮子和羔羊躺在一起，但羔羊是睡不着觉的。"人可以较长时间不睡觉，但可持续的时间终究是有限的。有一种罕见的疾病使患者无法入睡，病情发展的必然结果就是患者不省人事、昏迷继而死亡（Zhang et al., 2010）。

人可以坚持多久不睡觉？对一般人来说，持续 4 天或者 4 天以上不睡觉就会感到极大的痛苦。不睡觉时间最长的世界纪录是兰迪·加德纳创造的，他 17 岁时曾持续 264 小时（11 天）无眠。（虽然有人坚持的时间比 11 天还要长，但兰迪仍然是官方纪录的保持者，因为吉尼斯世界纪录出于健康方面的考虑，不再承认睡眠剥夺的比赛结果。）出人意料的是，兰迪后来只睡了 14 小时就恢复了正常状态。由此可知，大多数由于**睡眠剥夺**（睡眠缺失）引发的症状，只需

意识 /Consciousness 指人对外界的感觉和知觉的心理觉察以及对思想、记忆和情感等心理过程的觉察。

清醒的意识状态 /Waking consciousness 正常的、警惕的意识状态。

意识改变状态 /Altered state of consciousness（ASC） 与正常觉醒状态下的意识有明显不同的意识状态改变。

先天生物节律 /Biological rhythm 生物活动周期，如睡眠和觉醒周期。

睡眠剥夺 /Sleep deprivation 缺乏所需睡眠。

一夜的睡眠就能恢复（Sallinen et al., 2008）。

睡眠缺失的代价是什么？ 在不睡觉的11天中，兰迪多次表现出言语含糊、注意力不集中、记忆力下降以及对常见物体的命名困难（Coren, 1996）。睡眠缺失的典型反应是双手颤抖、眼睑下垂、注意力涣散、易怒、目光呆滞、疼痛敏感性升高和全身不适（Doran, Van Dongen, & Dinges, 2001）。

图5.1 并非所有的动物都需要睡眠，但也有一些动物和人类一样有着睡眠的需求。以海豚为例，它们每隔一段时间就要浮出水面换气，睡眠与呼吸似乎成了不可调和的矛盾。为了解决这个问题，海豚能够让左右脑交替休息。当一半大脑处于睡眠状态时，另一半大脑可以让身体继续呼吸（Jouvet, 1999）。

即使只有几个小时的睡眠缺失，很多人也会体验到**嗜睡**，或者过度的日间睡眠。嗜睡是青少年中常见的问题（Carskadon, Acebo, & Jenni, 2004）。其原因是青春期生理上的快速变化使得睡眠的需求增加，而青少年睡眠的时间和质量却降低了（Fukuda & Ishihara, 2001）。

对于大部分1～2天没有睡觉的人而言，完成一些有趣或复杂的脑力劳动也并非难事。但是，他们很难集中注意力、保持警觉，或者重复做一些简单乏味的常规工作（Trujillo, Kornguth, & Schnyer, 2009）。这样的人也很容易进入一种**微睡眠状态**，即人们在清醒状态下大脑活动会短暂地转换到正常睡眠模式的现象。想象一下，如果把一只动物放在一个开启着的跑步机上，而跑步机下便是水池。即使在这样的条件下，动物也会很快进入不断反复的微睡眠状态。假如一个飞行员或机械操作师出现了这种情况，后果将是灾难性的（Hardaway & Gregory, 2005）。如果工作任务是单调的（比如车间工作或者飞机驾驶），那么只有充足的睡眠才能保证安全。事实上，即使你一个晚上只是少睡了1小时，你的情绪、记忆、注意力甚至是你的健康也会受到影响（Maas, 1999）。睡眠能够调节体温和免疫系统，可以保持能量，有助于身体的发育和休整，使大脑和躯体保持健康（Faraut et al., 2011；Freberg, 2000）。根据**睡眠的修复理论**，睡眠期间身体与大脑活动和新陈代谢的降低有利于能量的储存，并能够延长寿命。从生物学的角度来说，睡眠是必需品，而非奢侈品。

开车时出现微睡眠现象可能导致重大事故。即使一直睁着眼，你也可能会睡着几秒钟。每年有近十万起交通事故是因疲劳驾驶引起的（Rau, 2005）。如果你开车时感到很困，你就应该停车并打个盹。喝咖啡也有提神的作用，但是打盹会更有效一些（Kamimori et al., 2005）。

严重的睡眠缺失可导致暂时性的**睡眠剥夺精神病**，主要表现为丧失与现实世界的联系能力。这种疾病的典型反应包括精神错乱、定向障碍、妄想和幻觉。幸运的是，这种"疯狂"的行为并不常见。研究表明，60小时以下的睡眠剥夺一般不会出现幻觉和妄想（Naitoh, Kelly, & Englund, 1989）。

怎样知道我们需要多长时间的睡眠？ 选择一个自己感觉休息得不错的日子，从晚上一直睡到自然醒。当你起床的时候，如果你感觉已经休息够了，那么这个时间就是你自然的睡眠需求时间。如果你平时睡得比这个时间短，你就欠下了"睡眠债"（Basner & Dinges, 2009）。

睡眠模式

为什么说睡眠是一种先天的生物节律呢？ 睡眠和觉醒周期会产生多种睡眠模式。睡眠和觉醒节律是十分稳定的，即使在不知道时间和看不到昼夜交替的情况下也能持续多日。然而，在这种条件下，人的睡眠—觉醒周期最终会发生转变，平均来说略多于24小时（Czeisler et al., 1999）。这一发现告诉我们，人以24小时为一天的正常睡眠节律实际是在外在环境时间标记，尤其是昼夜循环的基础上建立的。否则，我们每个人都会有自己独特的睡眠周期（Duffy & Wright, 2005）。

人类多样性

意识与文化

自古以来，世界各地的人们都对改变意识的方法有着浓厚兴趣（Siegel，2005）。一个颇富戏剧性的例子是美洲印第安人的达科他人的发汗屋仪式。仪式中，男人们坐在漆黑的小屋里，煤火使屋内温度不断升高，空气中充满雪松木燃烧的烟雾、爆发的水蒸气和鼠尾草的香味，人们有节奏地唱着圣歌，温度不断升高，直到屋里的人无法忍受为止。这个时候，门被打开了，凉爽的夜风吹进小屋。然后呢？这个循环又重新开始。一般来说，这一过程要重复四五次。

就像印度神秘主义者的瑜伽练习以及土耳其苦行僧的旋转舞蹈一样，达科他人的"发汗"仪式象征着灵魂和肉体的净化。当他们真正投入其中，就可以获得意识的改变并受到个人启迪。

还有一种人，他们寻求意识改变状态是为了得到快感，那些沉溺于毒品的人就是如此。就像达科他人的例子，在很多文化中，改变的意识状态都会被认为是获得个人启迪的途径。确实，几乎所有的文化和宗教都认可或接受某些意识改变状态。然而，不同文化赋予特定状态的意义可能完全不同——从"发疯"的征兆到"神灵附体"，再到生命力的提升和突破。可见，文化环境极大地影响着人们对意识改变状态的认可和追求，决定着我们每个人所希望保持何种正常状态和如何获得正常的意识状态（de Rios & Grob，2005）。

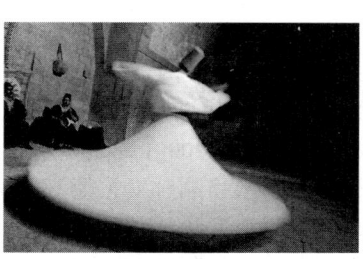

在许多文化中，诸如治疗、祈祷、净化、精神升华等仪式都伴随着意识状态的改变。这种土耳其苦行僧的旋转舞蹈旨在让人进入注意力集中的入定状态。

> **知识桥**
> 短时间内的跨时区旅行以及轮班工作都有可能干扰正常的睡眠周期。相关内容请参见第10章。

正常睡眠时间是多长？ 有很少一部分人，他们每晚只睡一两个小时却感觉很好，但这是很罕见的。短时睡眠者只占世界人口很少的比例，他们平均每晚睡眠不超过5小时。另一个极端是长时睡眠者，他们平均每晚要睡9小时或9小时以上（Grandner & Kripke，2004）。大多数人的睡眠时间为每天7～8小时。

我们的睡眠时间会随着年龄的增长而减少吗？50岁以上的老年人平均每晚只睡6小时。与此相反，婴儿每天睡20小时，一般为2小时或4小时一个睡眠—觉醒周期。随着年龄增长，大多数儿童开始时还需要在白天睡一小觉，但最终会建立起每天睡眠一次的稳定周期。也许我们都应该保持午睡的习惯，中午的困倦是睡眠周期中自然的部分。这也是为什么短暂而规律的午睡对需要时刻保持警觉的卡车司机和实习医生大有神益（Ficca et al.，2010）。

工作繁忙的人也许试图减少睡眠。然而，如果实行短睡眠周期——比如3小时睡觉，6小时做事——那么到了该睡觉的时候往往无法入睡，这就是宇航员在太空中也要保持正常的地球作息时间的原因。适应较长的睡眠周期似乎更容易，这与自然的睡眠模式更为匹配，觉醒和睡眠时间的比例为2:1（16小时觉醒，8小时睡眠）。例如，一项研究表明，某些人可以适应以28小时为"一天"的周期。然而，总的来说，睡眠是一位"温和的暴君"，睡眠模式可以被压缩或者延伸，但要完全屈从人的意志几乎不可能（Åkerstedt，2007）。

嗜睡 /Hypersomnia 白天过度的睡眠。

微睡眠状态 /Microsleep 时有时无地出现类似睡眠中的脑电波的状态。

睡眠的修复理论 /Repair/restorative theories of sleep 睡眠期间身体和大脑活动和新陈代谢的降低有利于能量的储存，并延长寿命。

睡眠剥夺精神病 /Sleep-deprivation psychosis 由于睡眠缺乏导致的精神和情绪功能的严重破坏。

睡眠阶段——夜间的云霄飞车

关键问题 5.3：睡眠有哪些功能？

什么引起了睡眠？ 人处于睡眠还是觉醒状态，取决于睡眠与觉醒两个相互独立系统之间的平衡。一个系统包含大脑回路和化学递质，作用是促进睡眠（Lagos et al., 2009；Steiger, 2007）；另一个系统中的脑细胞网络能针对抑制睡眠的化学递质做出反应。这两个系统活动的交替变化使脑从睡眠转换到觉醒，又从觉醒转换成睡眠。睡眠时，大脑并没有"关闭"，而是改变了活动模式。

睡眠的四个阶段

大脑活动在睡眠时如何改变？大脑产生的微小电信号（脑电波）可用**脑电图仪（EEG）**放大并记录下来。当人处于觉醒和警觉状态时，EEG 呈现小幅快波形式，称为 **β 波**（图5.2）。即将进入睡眠的瞬间，EEG 转换为大幅慢波形式，称为 **α 波**（当人放松并随意畅想时，也会出现 α 波）。随后，人闭上眼睛，呼吸逐渐变得缓慢而有规律，脉搏减慢，体温下降。四个独立的**睡眠阶段**随即出现。

第 1 阶段

当人进入**浅层睡眠**，心率就会进一步降低，呼吸更为不规律，全身肌肉放松。这可能引发反射性肌肉收缩，发生入睡抽动（这是一种相当正常的现象，不要羞于向你的朋友承认你发生过入睡抽动）。在第 1 阶段中，EEG 主要是小而不规则的波形，并伴有一些 α 波。如果人在这时被唤醒，可能说自己睡着了，也可能说没睡着。

第 2 阶段

随着睡眠加深，体温进一步下降。EEG 开始呈现**睡眠纺锤波**，这是丘脑产生的一阵独特的脑电波（Fogel et al., 2007）。纺锤波能使睡眠中的大脑不受外界刺激的干扰，也是睡眠与觉醒的真正分界（Dang-Vu et al., 2010）。如果在纺锤波出现 4 分钟后唤醒被试，大多数人都会说他们睡着了。

第 3 阶段

睡眠第 3 阶段会有一种新的脑电波出现，即 δ 波。δ 波又大又慢，它的出现标志着睡眠进一步加深，意识的进一步丧失。

第 4 阶段

大约 1 小时后，大多数睡眠者进入睡眠第 4 阶段或**深层睡眠**阶段（最深的睡眠阶段）。脑电波几乎完全呈现 δ 波，大脑一片空白。如果这时人被很大的噪声惊醒，会感到脑子一片混乱，可能不记得有噪声。

睡眠的两种基本状态

一整晚的睡眠并非只有从第 1 阶段到第 4 阶段的单次周期。由于睡眠激素的变化，深层睡眠和

（a）

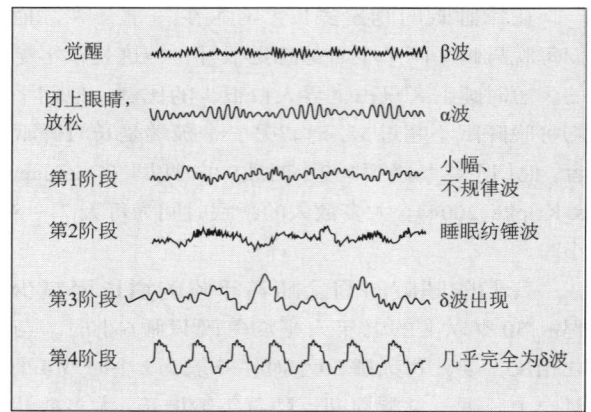

（b）

图 5.2 a 图中显示了脑电图仪的使用场景。画面中的男孩正处于睡眠中。(b) 不同睡眠阶段中脑波的变化。实际上，大部分波形在整个睡眠过程中都会出现，只是在某些特定的睡眠阶段出现的频率不同。

Copyright © 2012 Wadsworth, Cengage Learning, Inc.

浅层睡眠之间的转换贯穿整晚的睡眠（Steiger, 2007）。在不断重复的浅层睡眠中，睡眠者的眼球有时候会在眼皮下移动（如果你观察过小孩、室友或者配偶的睡眠，你可能会发现这样的眼动）。**快速眼动（REMs）**与做梦有紧密的联系（见图5.3）。除了快速的眼球运动，**快速眼动睡眠**的另一个标志是 EEG 返回睡眠第 1 阶段的模式。事实上，快速眼动睡眠期大脑非常活跃，以至看起来就像醒着一样（Rock, 2004）。

现在看来，和梦相关联的 REM 睡眠和发生在睡眠第 2、3、4 阶段中的**非快速眼动睡眠（NREM）**是睡眠中的两种最基本的状态（Rock, 2004）。我们之前从生理角度介绍了睡眠的益处。根据**睡眠的两种基本状态**，快速眼动睡眠与非快速眼动睡眠还有额外的作用：消除大脑疲劳并储存记忆（Ficca & Salzarulob, 2004）。

非快速眼动睡眠的作用

非快速眼动睡眠的作用是什么呢？90% 的 NREM 睡眠都是无梦的，多发生在最初的几次第 4 阶段的睡眠中。在刚入睡时的第 1 阶段睡眠中一般没有快速眼动，也没有梦。在再次回到睡眠第 1 阶段时，一般都会伴有快速眼动。无梦、慢波的 NREM 睡眠帮助我们从一天的疲劳中恢复过来。体力活动后，NREM 会增加。在睡眠初期，NREM 也有"镇静"大脑的作用（Tononi & Cirelli, 2003）。

我们每天都被大量的信息包围，这使得神经系统愈发活跃。因此，大脑需要更多的能量来维持正常运转。睡眠早期的慢波睡眠降低了整个大脑的活动程度，为第二天的工作和生活做好准备。

不妨回忆一下每天发生的事件。有些事情应该被记住（比如你正在阅读的内容），也有些事情并没有那么重要（比如你今天早上先穿了哪只袜子）。随着慢波睡眠对大脑活动程度的降低，一些

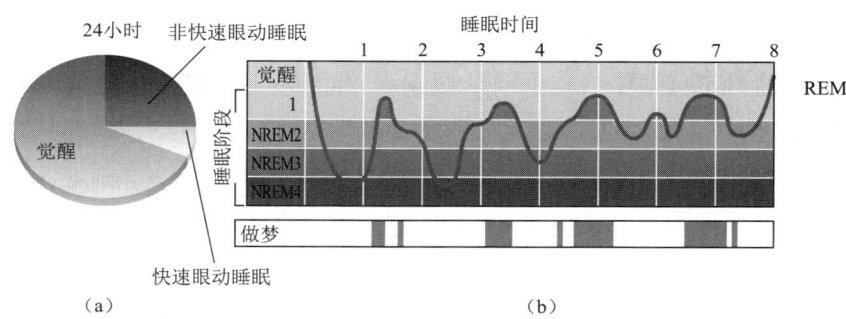

图 5.3 1. 成年人睡眠中 REM 睡眠和 NREM 睡眠所占比例。其中，REM 睡眠占整个睡眠时间的 20% 左右。2. 在整晚睡眠过程中睡眠阶段的变化。从图中可以看出，梦通常在 REM 睡眠时产生。
Copyright © 2012 Wadsworth,Cengage Learning,Inc.

次要的事件就会被遗忘。如果你一觉醒来，发现自己对昨晚学到的知识印象更深刻了，说明你的大脑没有"为琐事烦恼"！

脑电图仪 /Electroencephalograph（EEG） 探测、放大和记录脑电活动的仪器。

β 波 /Beta waves 小而快的脑电波，在清醒和警觉时出现。

α 波 /Alpha waves 大而慢的脑电波，在放松和睡眠时出现。

睡眠阶段 /Sleep stages 不同的睡眠深度水平，可根据不同的脑电波模式和行为变化识别。

浅层睡眠 /Light sleep 睡眠第 1 阶段，脑电波幅度小、不规则，伴有部分 α 波。

睡眠纺锤波 /Sleep spindles 入睡眠时出现的脑电波活动的独特波形。

δ 波 /Delta waves 出现在深睡眠期（第 3～4 阶段）的大幅而慢速的脑电波。

深层睡眠 /Deep sleep 睡眠第 4 阶段，正常睡眠的最深阶段。

快速眼动 /Rapid eye movements（REMs） 伴有眼球快速运动的睡眠阶段。

快速眼动睡眠 /REM sleep 伴有快速眼动的睡眠阶段，脑电波回到第 1 阶段的模式。

非快速眼动睡眠 /Non-REM（NREM）sleep 睡眠的第 2、3、4 阶段，不伴有快速眼动的睡眠阶段。

睡眠的两种基本状态 /Dual process hypothesis of sleep 当 NREM 睡眠降低大脑活动程度时，REM 睡眠则强化白天重要事情的记忆。

批判性思考

被外星生物绑架？

"想象你在入睡的瞬间睁开眼睛，试图在床上翻个身，突然意识到自己已经完全麻痹了。你无助地躺在床上，无法呼救，你觉察到自己的卧室里潜伏着险恶的家伙。他们慢慢地移动到你的床边，你的心脏开始怦怦直跳，感觉好像窒息了。你听到嗡嗡的声音，感觉身上好像触电了。一瞬间，所有的景象突然消失，你又可以活动了。你十分惊恐地回想刚才究竟发生了什么。"（McNally & Clancy, 2005）

这种身体无法移动的现象被称为睡眠麻痹，常见于REM 睡眠期间，也可能发生在将要醒来的时候。睡眠麻痹通常伴有半醒幻觉。心理学家 Al Cheyne (2005) 的研究显示，半醒幻觉可能包含一些奇异体验，诸如感到房间里存在外星人，胸口有令人窒息的压迫感，灵魂飘浮在躯体之上，等等。

对于这些奇异体验，大部分人选择一笑置之，但也有人认为这些经历蕴含着十分重要的意义。古时候，人们把这些幻觉中出现的形象解释为天使、魔鬼或巫婆，并且相信灵魂出窍是真实存在的（Cheyne & Girard, 2009；Cheyne, Rueffer, & Newby-Clark, 1999）。当我们的文化发生改变后，这些解释也发生了相应的变化。最近，有人把此解释为被外星生物绑架，甚至解释为性虐待所引起的（McNally & Clancy, 2005）。

人类的诸多体验，包括睡眠过程中的奇异经历，通常都带有迷信和民俗色彩。通过半醒幻觉的研究，心理学家们试图从科学的角度解读这些看似超自然的现象（Cheyne & Girard, 2009）。

瑞士艺术家 Henry Fuseli 以他在半觉醒状态下见到的图像为灵感，创作了他的著名画作——梦魇。

快速眼动睡眠的作用

快速眼动睡眠的作用是什么？根据睡眠的两种基本状态，当 NREM 睡眠降低大脑活动程度时，REM 睡眠则强化了对白天重要事情的记忆（Saxvig et al., 2008）。白天的压力可能会使 REM 睡眠增加。当人遇到情绪性事件时，如亲友过世、工作不顺利或婚姻危机等，REM 睡眠也会显著增多。REM 睡眠的增加有助于分类和整合白天的记忆，尤其是那些帮助我们解决问题的策略性记忆（Walker & Stickgold, 2006）。因此，在学习了很长一段时间之后，去床上睡一觉会比熬一整夜学习的效果更好。（记住，一定要进行 REM 睡眠！）

在生命的早期阶段，REM 睡眠能够刺激发育中的大脑。新生儿需要加工大量的新信息，所以他们每天的 REM 睡眠高达 8～9 小时，占整个睡眠时间的一半。

快速眼动睡眠与梦

如果睡眠者在出现快速眼动时被唤醒，其中大约85%的人会报告生动的梦境。部分的眼动和梦相关联：如果梦见自己正在看一场网球比赛，那么，眼球就会左右来回地动。而且即使是天生的盲人也有快速眼动，因此眼动并不仅仅是"观察"梦境所引起的运动（Shafton, 1995）。在猫和狗等宠物身上，你也可以毫不费力地观察到 REM 睡眠，看到它们在睡眠时眼睛的运动和不规则的呼吸（但你还是别拿你的宠物蜥蜴开试了，你在爬行动物身上是观察不到 REM 睡眠的）。

与非快速眼动睡眠期出现的思维和表象比较，快速眼动睡眠中的梦一般持续时间更长，内容更为清晰、详细、古怪且富有梦幻性（Hobson, Pace-Schott, & Stickgold, 2000）。同时，与图像以及情绪相关联的脑区在 REM 睡眠期也更为活跃，这或许可以解释为什么 REM 睡眠期的梦比 NREM 睡眠期的梦更加生动（Rock, 2004）。

不太精确地说，梦中的大脑就像在回顾电话答录机中的留言，以确定哪些是值得保留的。在白天，由于信息量太大，大脑没有时间来有效地选择有用的记忆。而当有意识的大脑"掉线"的时候，则能更好地去形成新的记忆。

做梦时身体有什么变化？ 在快速眼动睡眠时期，你会变得情绪高涨、心律不规则、血压和呼吸波动。男性和女性都可能有性唤起：男性一般会出现阴茎勃起，女性则出现生殖器内血流加快的现象。这种情况发生在所有的快速眼动睡眠期，因此不一定与做色情的梦有关（Jouvet, 1999）。

在快速眼动睡眠期间，人的躯体静止不动，好像被麻醉了一样。想象一下，如果人一边做梦一边将梦付诸行动会有什么后果？很有可能，REM 睡眠的麻痹作用在于阻止某些闹腾的、危险的夜间出轨行为。如果麻醉失败，有些人可能就会出现严重的暴力行为，如从床上跳起攻击身边的其他睡眠者。REM 睡眠时的肌肉麻醉缺失被称为快速眼动行为障碍（Ochoa & Pulido, 2005）。一位有这种病的患者每晚都把自己捆住再睡觉，以免在梦中跳起来撞在家具或墙上（Shafton, 1995）。然而有的时候，对睡眠麻痹作用的解释可能令人大跌眼镜（参见"被外星生物绑架？"）。

如果你还醒着，那么接下来我们要介绍一些其他的睡眠障碍。首先，这里有一些小问题来测验你是否还记得刚才所讨论的内容。

知识巩固
睡眠与意识状态

测一测

1. 精神活动性质和模式的改变称为：
   a. EEG b. REM c. SIDS d. ASC
2. 当遭受睡眠剥夺的个体恢复正常睡眠后，幻觉和妄想仍要持续几天。对不对？
3. 阿丽莎在开车的时候经历了一次微睡眠。这表明：
   a. 此时产生的脑电波主要为 β 波
   b. 此时她血流中有大量的睡眠激素
   c. 此时她的脑电波从 δ 波转为 α 波
   d. 此时她处于睡眠剥夺状态
4. 老年人比儿童需要更多的睡眠，因为老年人更容易疲劳。对不对？
5. α 波是睡眠前的瞌睡，_____ 是睡眠第 4 阶段。
6. 快速的眼动表明个体处于深层睡眠状态。对不对？
7. 以下哪种睡眠状态最不容易伴发手脚活动？
   a. REM 睡眠 b. 睡眠纺锤波
   c. δ 波 d. NREM 睡眠
8. 强化记忆并使之易于储存是以下哪种睡眠的功能之一？
   a. 激活—合成周期 b. REM 睡眠
   c. 深层睡眠 d. NREM 睡眠

想一想

批判性思考

9. 对人类来说，和短于 24 小时的周期相比，人类原始的睡眠—觉醒周期略长于 24 小时会更好一些。为什么？
10. 除了保持身体能量和储存记忆，从进化的角度来说，睡眠能为人体提供什么好处？

自我反思

列举出几个你经历过的意识改变状态。它们有什么共同点？又有什么区别？它们是在何种情境下被引发的？

假设你是一名睡眠诊所的咨询师，你需要向一位对睡眠知之甚少的客户解释睡眠与梦的基本知识，你该如何去做？

答案：1. d; 2. 不对; 3. d; 4. 不对; 5. δ 波; 6. 不对; 7. a; 8. b; 9. 睡眠专家经过的理论是，假如人的生物周期—觉醒周期少于 24 小时，那么，为适应 24 小时昼夜变化，就必须每天把自己的生物钟提前。但如果该周期长于 24 小时，就只需要延后，而我们习惯于延后睡觉。10. 有些猎食者之所以存在晚睡眠，也许是因为那段夜晚上能够保持活力的动物重要性最高（Freberg, 2010）。（答案：这种问题或许也有其他自己的答案。）

睡眠紊乱——令人沮丧的倦意

关键问题 5.4：什么是睡眠障碍和非正常睡眠？

睡眠质量不好已经在北美造成很大的影响。人工照明、日程安排紧张、激动人心的休闲活动、抽烟、饮酒、过度刺激以及其他很多的因素，共同促成了当前睡眠问题的流行。睡眠紊乱对人们的健康和福祉带来了严重威胁（Shneerson, 2005）。睡眠诊所每年要治疗数以千计的睡眠不佳或睡眠障碍患者。下面让我们来看看这些人面临的一些相当有意思的问题。这些睡眠紊乱包括白天突袭的睡意、梦游以及梦魇，等等（见表5.1）。

表 5.1 睡眠紊乱——夜间发生的问题

嗜睡	白天睡眠过度。可由抑郁、失眠、发作性睡病、睡眠呼吸暂停、睡醉、周期性肢体抽动障碍、药物滥用或其他问题引起。
失眠	入睡困难或根本睡不着，睡眠后也没有休息过的感觉。
发作性睡病	白天突发的、不可抗拒的睡眠发作。一般持续几分钟至半小时。患者可以在走路、说话甚至驾驶时入睡。
梦魇障碍	周期性出现活灵活现的梦魇，严重破坏睡眠。
周期性肢体运动综合征	肌肉抽搐（一般是腿部），每 20～40 秒发作一次，严重影响睡眠。
REM 行为障碍	肌肉不能被麻痹，导致 REM 睡眠期发生剧烈的身体活动。
不安腿综合征	不可抗拒的移动腿的愿望，以便减轻由于爬行、麻刺、刺痛、疼痛或紧张而产生的不适感。
睡眠呼吸暂停	睡眠时呼吸停止达 20 秒或更长的时间，人微醒后大口吸气，然后重新入睡。这个循环一晚可重复数百次。
睡醉	觉醒后不能很快进入清晰的意识状态，有时伴有易怒的或攻击性的行为。
夜惊障碍	夜惊反复出现，严重影响睡眠。
睡眠—觉醒时间障碍	个体生物节律所要求的睡眠—觉醒时间与环境要求的睡眠—觉醒时间不匹配。
梦游障碍	睡眠中反复发生离开床铺到处行走的行为。

Adapted from Carney, Geyer, & Berry, 2005; Shneerson, 2005

失眠

对大多数人来说，"半夜两点钟盯着天花板"在他们最喜爱的娱乐活动表中都应该排在最后的位置。有6000万美国人长期受到失眠的困扰（National Institute of Neurological Disorders and Stroke, 2007）。**失眠**包括入睡困难、夜间常醒、早醒或同时有以上几种问题。失眠影响了人们的工作、健康和人际关系（Ebben & Spielman, 2009）。

失眠的种类和原因

忧虑、压力和兴奋常常引起暂时性失眠和自我挫败的循环。首先，过度的精神活动（"我不能把我脑中的开关关掉"），增强的觉醒阻碍了睡眠；其次，因不能入睡导致的挫折和愤怒引发了更多的忧虑和觉醒，使睡眠被进一步延迟；而延迟睡眠会导致更大的挫折感（Sateia & Nowell, 2004）。对付这个循环的一个好方法是，避免和失眠做斗争。睡不着时，可以起来做些有用的事或自己想做的事（找本书读读是一个很管用的选择），直到感觉已经困得睁不开眼睛了，再回到床上去。如果失眠已经超过3个星期，就可以诊断为慢性失眠。

药物依赖性失眠（由于戒断安眠药物所导致的失眠）也很常见。北美人每年在安眠药物上数以亿计的花费真像个讽刺。非处方类安眠药，比如盐酸苯海拉明片剂、尼托安眠药和安睡宁神褪黑素片等，安眠效果都非常不好，巴比妥酸盐的作用还要差一些。处方类镇静药物可以同时减少第4阶段的睡眠和 REM 睡眠，严重降低了睡眠质量。除此之外，许多使用这些药的人成了"安眠药物成瘾者"，需要越来越多的安眠药才能入睡，药物受害者在戒断安眠药的过程中历尽艰辛。否则，可怕的梦魇和"失眠反弹"很快会让他们重新开始使用药物。需要强调的是，尽管酒精和其他镇静类药物可以帮助人们入睡，但它们都会大大降低睡眠质量（Nau & Lichstein, 2005）。

即使像安必思、鲁尼斯塔这样能增加睡眠的新药也有弊端。可能引起的副作用有健忘、判断力降低、食欲增长、性欲减退、抑郁，甚至出现梦游、睡眠进食和梦游驾驶，失眠反弹也是潜在的危险之一。因此，最好只是偶尔使用安眠药物，不要形成依赖。

"如果没什么好节目的话，就只能失眠了。"

失眠的行为治疗

如果安眠药物治疗效果很差，那我们还有什么其他方法？睡眠专家现在倾向于通过改变个人的生活方式和行为技术来治疗失眠（Montgomery & Dennis, 2004）。治疗慢性失眠，首先要仔细分析患者的睡眠习惯、生活方式、应激水平以及生理疾病等。以下提到的所有方法对治疗失眠都有所助益（Ebben & Spielman, 2009；Nau & Lichstein, 2005）：

1. **刺激控制**。采取规律的作息时间表，建立稳固的身体节律，可大大改善睡眠。通过**刺激控制**，也就是在反应和特定刺激之间建立联系，能达到最佳的效果。每天按时起床和睡觉十分重要，周末也要如此（Bootzin & Epstein, 2000）。另外，在床上杜绝除睡觉以外的任何事。不要在床上学习、吃东西、看电视、阅读、支付账单或沉思（当然，做爱是允许的）。在这种方式下，只有睡觉和放松会与在特定时间上床睡觉相关联。
2. **睡眠限制**。即使你一整晚都没睡，第二天早上也别晚起，白天睡觉别超过1小时，傍晚别睡觉，晚上也不要早睡，一直坚持到正常的睡眠时间再上床。在正常的上床时间之前限制睡眠，就不会破坏你的睡眠节律（Shneerson, 2005）。
3. **逆转意图**。另一个有用的方法是降低睡不着觉的压力，你可以在黑暗中尽可能长时间地睁着眼睛并保持清醒（Nau & Lichstein, 2005）。这样，睡眠可能不期而至，并能够降低焦虑（Taylor & Roane, 2010）。
4. **放松**。用有效的身体或心理策略进行放松以降低觉醒程度。比如，渐进性肌肉放松、冥想或用平静的想象来驱除忧虑。另一个有用的方法是，提前在傍晚把自己所担心或关心的事写下来，计划好明天该怎么做。然后就把它们置于脑后，安心睡觉。

> **知识桥**
> 学会如何深度放松是一项很有用的技能。相关内容请参见第15章。

5. **锻炼**。白天的身体锻炼可改善睡眠（Brand et al., 2010）。但是如果是在睡觉前3～6小时锻炼，只有轻度的运动才有助于睡眠。
6. **进食**。食物的种类也会影响睡眠。食用淀粉类的食物可以增加大脑中的色氨酸含量，色氨酸可以提高脑中的5-羟色胺水平，而5-羟色胺和放松、积极情绪及睡眠相关联（Silber & Schmitt, 2010）。因此要想促进睡眠，尝试吃一点以淀粉为主的小点心，包括曲奇、面包、意大利面、燕麦片、椒盐卷饼、百吉饼或者谷类食物等。如果你非常想要改善睡眠，吃个烤土豆吧。（这可能是世界上最大个的催眠药片了！）。
7. **避免使用兴奋剂**。必须避免使用兴奋剂，比如咖啡和烟。还要记住，不要饮酒，酒虽然不是兴奋剂，但会降低睡眠质量。

梦游、梦呓和梦交

梦交？听起来有些奇怪，但很多清醒时的行为也会发生在睡眠中，例如开车、做饭、演奏乐器和进食（Plazzi et al., 2005）。其中，梦游既吓人

失眠 /Insomnia 长时间无法入睡或无法保持正常睡眠。

刺激控制 /Stimulus control 建立特殊刺激和特定反应之间的联系。

又有意思。梦游者能避开障碍物，能下楼，偶尔还能越窗而出或在车流中过马路。据记载，**梦游者**还可能跳入湖中，在垃圾桶或橱柜里小便（真够恶心的！），搬移家具，甚至挥舞武器（Schenck & Mahowald, 2005）。

梦游者通常睁着眼睛，但一脸茫然，脚步踉跄，这说明梦游者还在睡觉。如果你发现有人在梦游，你应该温和地把他引回到床上。将梦游者唤醒对他没有什么害处，但没有必要这么做。

梦游是在做梦时发生的吗？并不是。记住，人的身体在 REM 睡眠时无法动弹。EEG 研究表明，梦游发生在睡眠的第 3 阶段和第 4 阶段，即 NREM 睡眠期（Stein & Ferber, 2001）。梦呓也大多发生在 NREM 睡眠阶段。由于梦游和说梦话都发生在深层睡眠阶段，所以，人在梦游中被唤醒会感到困惑而且记不清梦游中的事，所说的梦话也没什么意义。

哦，对了，你一定还想知道梦交是怎么回事儿。它的正式名称叫作睡眠性行为（Klein & Houlihan, 2010）。睡眠性行为并不像听起来这样有趣，想象一下，你突然被身旁熟睡的人惊醒，对方仍然处于睡眠之中，却试图与你做爱（Andersen et al., 2007；Mangan, 2004）。

梦魇和夜惊

睡眠第 4 阶段是夜惊的多发阶段，夜惊与一般梦魇完全不同。**梦魇**是发生在 REM 睡眠期的不好的梦。经常发作梦魇（每周一次或更多）的人心理压力较大（Levin & Fireman, 2002）。而发生在睡眠第 4 阶段的**夜惊**会使个体遭受极度惊恐，还可能幻想在卧室中出现可怕的梦境。夜惊持续时间一般为 15~20 分钟，个体醒来后浑身大汗，但只能模模糊糊地记得一些可怕的事。由于夜惊发生在非快速眼动睡眠阶段，身体可以活动，因此做梦者可能坐起身来、尖叫、下床或在房间里来回跑动，但过后很少有人记得发生过什么（但他们的家人又有故事可以说了）。夜惊在儿童中较为常见，也有人终生都受其折磨（Belicki, Chambers, & Ogilvie, 1997；Kataria, 2004）。

怎样消除梦魇

是否有办法阻止梦魇一再出现呢？梦魇可能比任何恐怖电影都可怕。你不想看恐怖电影，可以选择离开电影院，但我们常被困在自己最害怕的梦中而不能自拔。尽管如此，通过以下三个步骤还是可以消除大多数梦魇：第一，详细写下你的梦魇内容；第二，按照你的希望，改写梦的内容并写下细节；第三，重新入睡前，通过想象预演，在心里预演改编以后的梦（Krakow & Zadra, 2006）。想象预演之所以能起作用，可能是因为人在醒着和有安全感时熟悉了梦的内容，也可能是因为大脑"重新编排"了梦的内容。不管怎样，这一技术对许多人有效。

睡眠呼吸暂停

智者曾说过："你笑，世界就会跟你一起笑；你打呼噜，就只好一个人睡觉。"睡觉"拉大锯"一般是无害的，但它可能预示着严重的问题。一个人鼾声大作、间歇短暂、伴有大声地喘息或鼻息，很可能是患了睡眠呼吸暂停。**睡眠呼吸暂停**出现时，呼吸停止 20 秒~2 分钟。当他们迫切需要氧气时，会醒一下，吞咽几口空气，然后又睡过去。很快，呼吸又停止了。每天晚上，这一循环会重复数百次。打呼噜也许是件值得调侃的事，但暂停呼吸的后果非常严重。可以预期的是，睡眠呼吸暂停患者白天往往相当困倦（Collop, 2005），对时间的控制能力降低（Grenèche et al., 2011），大脑也将因长期缺氧受到损伤（Jo et al., 2010）。

睡眠呼吸暂停是什么原因引起的呢？一个原因是大脑停止发送维持呼吸的信号，另一个原因是上呼吸道阻塞。最有效的治疗方法之一是在睡眠时使用持续气道正压通气（Continuous Positive Airway Pressure，CPAP）面罩帮助呼吸。睡眠质量的改善会提升白天的生活状态（Tregear et al., 2010）。除此之外，还有减肥和用手术处理气道阻塞等治疗方法（Collop, 2005）。

婴儿猝死综合征

婴儿的睡眠呼吸暂停可能是**婴儿猝死综合征**（SIDS）或者"摇篮死亡"的原因之一。在典型的"摇篮死亡"中，一些早产或弱小的婴儿先是有一些感冒或咳嗽迹象，父母把他包起来放在摇篮里。一小会儿以后，父母发现孩子已经死了。通常，婴儿在被剥夺呼吸以后会挣扎并重新开始呼吸，但SIDS婴儿的唤起反射似乎比较弱，从而妨碍了他们在睡眠呼吸暂停以后改变睡姿并恢复呼吸（Horne et al.，2001）。婴儿猝死综合征是导致1个月—1岁大的孩子死亡的主要原因（National Institute of Child Health and Human Development，2010）。

对具有SIDS风险的婴儿，在出生后6个月内要特别细心照料。父母可以使用一种特殊的监控器来帮助照顾婴儿，该监控器可以在婴儿的呼吸和脉搏变微弱时发出警报（见图5.4）。SIDS高发于早产儿，此外，哭声高而尖、有"打鼾"现象、呼吸停顿或夜间常醒、把脸埋入枕头或毯子后不挣扎的婴儿也极有可能发生SIDS。

"婴儿仰卧最安全"

睡眠姿势是SIDS的另一个主要危险因素。健康婴儿睡觉时最好仰卧——侧卧不如仰卧，但比俯卧要好得多（Shapiro-Mendoza et al.，2009）。（早产儿、有呼吸问题的婴儿以及经常呕吐的婴儿可能需要趴着睡，我们可以咨询儿科医生获得指导。）记住，对大多数婴儿来说，仰卧是最安全的姿势（Hauck et al.，2002）。需要注意的是，有15%的SIDS患儿是由意外窒息和床上物品的挤压造成的。例如，过于松软的枕头和被褥可能引发窒息，婴儿床的围栏可能对婴儿头部造成挤压，熟睡中的大人在翻身时也可能会压到婴儿（Shapiro-Mendoza et al.，2009）。

发作性睡病

发作性睡病是最富有戏剧色彩的睡眠问题之一，是一种突发的、不可控制的睡眠发作。发作持续几分钟到半小时不等。患者可能在站立、说话甚至驾驶汽车时突然入睡。情绪激动特别是大笑常常引发发作性睡病（例如，一个精彩的笑话就可以让发作性睡病患者睡着）。半数以上的患者还同时患有**猝倒症**，即肌肉突然出现暂时性麻痹，导致身体完全瘫痪（Peterson & Husain，2008）。发作性睡病对人的事业和社会生活的影响由此可见一斑（Thorpy，2006）。

梦中可发生突发麻痹，那么，发作性睡病与REM睡眠之间有何联系呢？发作性睡病患者往往直接进入REM睡眠。因此，发作性睡病的睡眠发作和麻痹似乎是觉醒状态突然被REM睡眠打断的结果（Mignot，2001）。

所幸的是，发作性睡病很罕见。这种病症往往在家族中代代相传，表明它具有遗传性（Chabas et al.，2003）。实际上，这一点已经在对几代患有发作性睡病的狗的研究中得到证实（这些狗在学习"翻身和装死"游戏中表现得相当出色）。目前对发

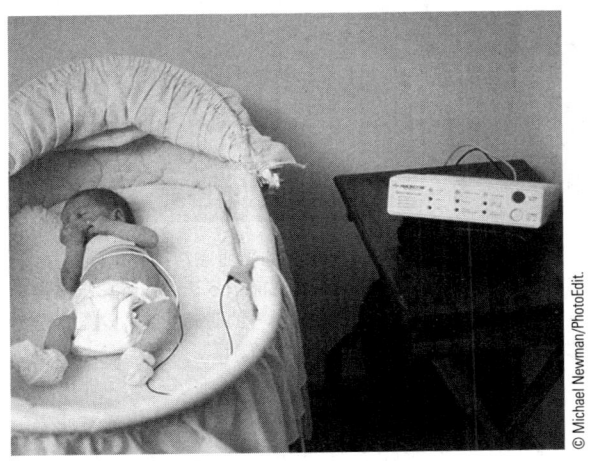

图5.4 对处于SIDS危险中的婴儿，通常需要使用监控器来监测其睡眠过程中的呼吸和心率。如果脉搏或呼吸有问题，监控器就会发出警铃提醒父母。SIDS很少发生在1岁以上的婴儿中。注意，应让存在SIDS风险的婴儿仰卧睡觉。

梦游者 /Somnambulist 睡眠时走路的人，发生在NREM睡眠阶段。

梦魇 /Nightmare REM阶段发生的令人恐惧的梦。

夜惊 /Night terror NREM睡眠中出现的极度惊恐的状态。

睡眠呼吸暂停 /Sleep apnea 睡眠多次发生呼吸中断。

婴儿猝死综合征 /Sudden infant death syndrome（SIDS） 看似健康的婴儿突然死亡，原因不明。

猝倒症 /Cataplexy 突发的、暂时的肌肉麻痹。

发作性睡病 /Narcolepsy 突发的、不可控制的睡眠发作。

作性睡病尚无有效的治疗方法，但一种称为羟丁酸钠的药物可降低患者发作的频率和强度（Lammers et al., 2010）。

梦——分离的现实？

关键问题 5.5：梦是否有意义？

1952年，当 REM 睡眠被发现以后，梦的研究宣告进入了一个"黄金时代"。为总结与睡眠相关的讨论，让我们思考一下关于梦的一些老问题。

每个人都做梦吗？梦是否在瞬间发生？ 大多数人每晚做 4～5 次梦，但并不是所有的人都能记住自己的梦。当那些自称从不做梦的人第一次在 REM 睡眠中被唤醒时，往往惊讶地发现原来自己也做梦。梦与梦之间通常间隔 90 分钟左右，第一个梦大约只有 10 分钟，最后一个梦平均时长 30 分钟，长的可达 50 分钟。因此，梦实际上会持续一段时间，并不是一闪而过（Shafton, 1995）。

REM 睡眠反弹

REM 睡眠对做梦来说有多重要？ 为回答这些问题，睡眠研究专家 William Dement 进行了一项研究：被试每次进入 REM 睡眠时都会被唤醒，很快，他们对"做梦时间"的需求急剧地增加。到第 5 个晚上，为了打断被试的 REM 睡眠，有的人被唤醒的次数高达 20～30 次。最后，当被试被允许无干扰地睡眠后，他们做梦变得多了。这种效应被称为**快速眼动睡眠反弹**，解释了为什么当酗酒者停止酗酒以后，他们的梦魇会增多。酒精会抑制快速眼动睡眠，因此戒断时就会产生明显的反弹现象（Stein & Friedmann, 2005）。

Dement 的被试们报告了记忆衰退、注意力不集中以及焦虑等现象。曾有人认为，人被剥夺了 REM 睡眠后会发疯。但后来的实验表明，睡眠中任何阶段的缺失都会引起 REM 睡眠的反弹。总之，是睡眠总量不足而非某个阶段睡眠缺乏造成了白天的精神不济（Devoto et al., 1999）。

梦的理论

梦境有多大意义？ 一些理论家认为，梦具有深刻的隐含意义；另一些则认为梦几乎毫无意义；还有一些理论家认为梦反映了我们觉醒时的思维、幻想和情绪。让我们分别来看看这三种观点。

关于梦的心理动力学理论

梦的**心理动力学理论**强调内部冲突和潜意识的力量（Jones, 2007）。弗洛伊德的代表作《梦的解析》（*The Interpretation of Dreams*）首次提出很多梦代表着**愿望达成**，即潜意识欲望的表达。弗洛伊德认为，梦以伪装了的**梦的象征**（具有深刻象征意义的表象）来表达潜意识的欲望和冲突。为了理解梦的含义，我们需要通过分析梦的**显性内容**（明显的、一目了然的意义）来揭示其**潜在内容**（隐藏的象征性意义）。

根据心理动力学理论，梦中的画面通常具有象征性意义。那么，你如何解释意大利艺术家 Mimmo Paladino 根据梦境描绘的《晚祷》？事实上，梦没有单一的明确意义，这是弗洛伊德有关梦的理论的一个不足之处。

例如，如果一个女人被她闺蜜的丈夫所吸引，则可能梦见偷了朋友的结婚戒指戴在自己手上，间接地表现出她的真实欲望。同样，旅途代表死亡，骑马或跳舞代表性交。

> **知识桥**
> 释梦是弗洛伊德精神分析的一个重要组成部分。参见第 15 章。

是否所有的梦都有隐藏的意义？ 可能不是。甚至弗洛伊德也认识到，有些梦只是琐碎的"白天的残片"，或者清醒时常规事件的残留。而另一方面，梦的确容易反映一个人当前关心的问题，所以弗洛伊德也并非完全错误。

激活—合成假说

精神病学家 Allan Hobson 和 Robert McCarley 则提出了另一种有关梦的解释，称为**激活—合成假说**。他们认为：在 REM 睡眠时，大脑中的一些低级中枢被随机激活。但由于从脑细胞发出的信息被阻断，不能到达躯体，所以活动并没有发生。而这些细胞又不断把它们的活动通知给更高级的脑区。为解释这些信息，大脑只能搜索存储的记忆，并制造出梦（Hobson, 2000, 2005）。但是，大脑皮层的额叶，也就是控制高级心理活动的区域，在 REM 睡眠期呈休眠状态。这也可以解释为什么梦中的思维比白天的思维更为原始和古怪（Hobson, 2000）。

激活－合成假说如何解释梦的内容？ 根据这个假说，梦通常是没有意义的。以梦中典型的追赶情景为例。在这样的梦里，我们感到自己在跑，但两条腿就是不听使唤。原因是大脑被告知身体在跑动，但事实上身体并没有运动，不能给出反馈来确证这一点。此时，大脑为了使这一信息合理化，便创造了一个追赶的剧本。有关漂浮或飞翔的梦也可以用这个过程来解释。

所以，梦没有任何含义吗？ 激活－合成假说否认梦是潜意识进行有意义表达的产物，但并不排除梦有含义。因为梦产生于个体的记忆和以往经历，所以它可以告诉我们许多与个人精神生活、情感和所关注事件相关的信息（Hobson, 2000）。

认知神经梦境理论

梦难道就不能只是对于普通的日常事物的反映吗？ 当然可以。William Domhoff 提出了梦的第三种理论。根据他的**认知神经梦境理论**，梦与清醒时的想法和情感非常相似。Domhoff 认为，大部分梦境都是对日常事件的真实反映，因为白天清醒时就在活动的脑区在睡梦中依然保持着活性（Domhoff, 2001, 2003）。由此可知，我们的梦表达了 REM 睡眠对白天的经历进行分类和储存的过程。因此，一个对老师不满的学生可能会梦见在课堂上让老师难堪，一个寂寞的人可能梦见浪漫的爱情，一个饥饿的孩子可能梦见食物。

梦的世界

哪一种梦的理论更广泛地被大众接受呢？ 每个理论都有自己的优势与不足（MacDuffie & Mashour, 2010）。但是，对梦境内容的研究结果偏向于支持梦与现实想法的连贯性，即认知神经梦境理论。与光怪陆离的奇异梦境相比，大部分梦都是对日常事物的反映（Domhoff & Schneider, 2008；Pesant & Zadra, 2006）。举例而言，运动员通常就会梦到前一天的比赛情况（Erlacher & Schredl, 2004）。总的来说，在梦中最常出现的场所是熟悉的房间，梦中的活动常常发生在做梦者和另外两三个重要他人之间，如朋友、敌人、父母或老板。梦

快速眼动睡眠反弹 /REM rebound 被剥夺快速眼动睡眠后出现的额外的快速眼动睡眠。

心理动力学理论 /Psychodynamic theory 任何强调内在冲突、动机和无意识作用的行为理论。

愿望达成 /Wish fulfillment 弗洛伊德认为梦表达了潜意识的欲望。

梦的象征 /Dream symbol 睡梦中的视觉表象，精神分析学家认为，这些符号中隐含着人的想法、欲望、冲动、情绪和人际关系等。

显性内容 /Manifest content (of dreams) 梦中明显的、一目了然的内容，做梦者能够记住的梦境。

潜在内容 /Latent content (of dreams) 梦所隐藏的象征性意义，通过对梦的解析来体现。

激活—合成假说 /Activation–synthesis hypothesis 该假说试图对梦的内容做出解释，即大脑在睡眠时发出了运动指令，但却没有执行，从而产生了梦。

认知神经梦境理论 /Neurocognitive dream theory 该理论认为梦境反映的是觉醒时的日常思维和情绪。

中的活动也都是跑、跳、骑车、坐、说话和看等最熟悉的活动。大约半数的梦包含性的成分。飞翔、漂浮和掉落的梦境要少一些，但这些梦可以从侧面支持激活—合成假说，因为这样的动作很少会发生（除非你是一位杂技演员）。

即使很多梦境被视为思想的一种形式，仍有很多心理学家相信梦具有深刻含义（Halliday, 2010; Wilkinson, 2006）。毋庸置疑的是，梦让我们的生活变得不同：梦境研究专家 Dement 曾经梦到他得了肺癌，梦中一位医生告诉 Dement，他很快就要死了。那时，Dement 一天吸两包烟。Dement 说："我永远不会忘记醒来时感到的震惊、欢欣和绝妙的慰藉，我感到获得了新生。"第二天，他真的把烟戒了。（更多信息详见本章"应用篇"。）

知识巩固
睡眠障碍与梦

测一测

1. 以下哪一项不属于针对失眠的行为疗法？
   a. 嗜睡　　　　b. 刺激控制
   c. 肌肉放松　　d. 逆转意图

2. 吃一顿富含淀粉的快餐可以促进睡眠，原因是它可以增加脑内的_____？
   a. β 波　　　　b. 色氨酸
   c. EEG 活动　　d. 催眠循环

3. 夜惊、梦游和梦呓都发生在睡眠的第 1 阶段，也就是 NREM 睡眠期。对不对？

4. 睡眠_____被认为是 SIDS 的原因之一。

5. 白天突发的睡眠发作出现在哪种睡眠障碍中？
   a. 发作性睡病　　b. REM 行为障碍
   c. 梦游症　　　　d. 睡眠纺锤波

6. 根据梦的激活－合成假说，梦产生于_____，用于解释来自控制眼动、平衡和身体活动的神经细胞发出的信息。

7. 梦中最常出现的地点是_____。
   a. 工作场所
   b. 学校
   c. 户外或不熟悉的地方
   d. 熟悉的房间

8. 哪一种梦境理论最为广泛地被接受？
   a. REM 睡眠反弹
   b. 认知神经梦境理论
   c. 心理动力学理论
   d. 激活—合成假说

想一想
批判性思考

9. 即使没有人告诉你梦游症是 NREM 睡眠事件，你也能知道，梦游并不发生在做梦的时候。为什么？

自我反思

几乎每个人都会偶尔遇到失眠的问题。书中所提供的消除失眠的技术中，有哪些和你平时用的一样？

你知道哪几种睡眠紊乱（包括表 5.1 中所列出来的）？你经历过睡眠紊乱吗？你认为哪种睡眠紊乱最让人感到困扰？

你认为激活－合成假说是否可以充分地解释你的梦？你是否做过反映了弗洛伊德愿望达成理论的梦？你认为你的梦有象征性意义吗？你的梦是否反映了日常事物？

答案：1a 2b 3 不对 4 呼吸暂停 5a 6 脑干 7d 8b 9 因为人在 REM 睡眠时身体不能动，而 REM 睡眠是做梦者有梦的阶段，所以梦游者不太可能在做梦中有身体活动。

催眠——看着我的眼睛

关键问题 5.6：催眠是什么？

"你的身体越来越沉重。你的眼皮也变得沉重。你感觉非常疲惫，一点儿也动不了。放松，放松，闭上眼睛，放松。"这是一本教科书最不应该带给你的感觉，但这也是职业催眠师开始催眠时会对你说的几句话。

催眠术的兴起始于 17 世纪，由奥地利医生 Franz Mesmer 始创，"施催眠术"（mesmerize）一词的来源正是这位医生的姓氏。Mesmer 认为他

探索·发现

摇摆的暗示

这里提供一个供你进一步了解催眠的示范。在一根15厘米左右的细绳末端系上一个小的重物,比如一个戒指或者一个金属螺母。将戒指悬挂,与眼睛保持平行,距离脸约30厘米。集中注意力在戒指上,这时候戒指开始轻轻晃动;把你所有的注意力都集中到戒指上。然后,集中你所有的能量,用你的精神力量来推动戒指向远处晃动。每次当戒指开始向远处晃动的时候,就继续推动它,注意只用你的精神力量来做这件事;然后,放松,使戒指重新晃回来。继续用你的精神力量来推动戒指向远处晃动,然后放松,使戒指晃回来,直到戒指可以自由地来回晃动为止。为了达到最好的效果,你最好现在就试一试。

戒指晃动了吗?如果是的话,你就是使用了自我暗示的方法,通过某种精妙的途径影响了你的行为。你暗示自己戒指会晃,从而影响了你手指肌肉的精细活动,反过来使戒指真正开始晃动——并没有什么特殊的精神力量或者是超自然的力量在其中起作用。

如果催眠的暗示真的在起作用,那么戒指的晃动似乎就是自动发生的。很明显,你必须集中精神才能做到这一点。然而,如果你对暗示有回应的话,戒指的晃动看起来就和你的努力没有什么关系了。同样,当人们被催眠的时候,他们的行为看起来也好像是不由自主的。偶尔,自我暗示也会导致其他现象的产生,比如在占卜板上写出问题的答案。自我暗示在很多类型的自我治疗中也起到很大的作用。

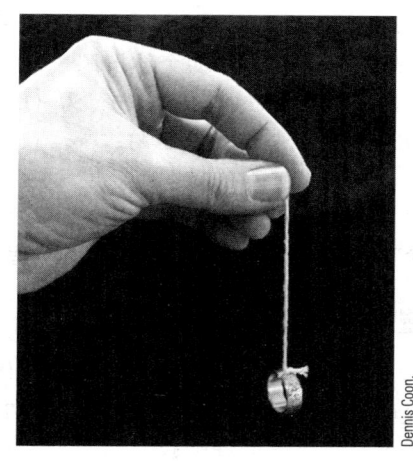

可以用磁力来治病。他的神秘"治疗"均与催眠有关,因为他实际上运用了暗示,并非借助于磁力(Benjafield, 2010;Waterfield, 2002)。追随Mesmer的人一度很多,但后来他的"动物磁力"理论被否定,他本人也被打上了骗子的印记。

催眠这一术语由英国外科医生James Braid最先提出。在希腊语中,hypnos意为睡眠,Braid用这个词来描述催眠状态。现在我们知道,催眠状态不同于睡眠,但由于催眠师在进行催眠时总是说"睡吧,睡吧",故而这两者仍然容易被混淆。但是,催眠时的脑电图与睡眠时以及假装被催眠时的脑电图并不相同(Oakley & Halligan, 2010)。

催眠的理论

如果催眠不是睡眠,那它到底是什么呢?这是个好问题。**催眠**是一种意识改变状态,其特征为注意范围的缩小和受暗示程度的提高(Kallio & Revonsuo, 2003)。在这种定义下,催眠是一种独特的意识状态。

Ernest Hilgard(1904-2001)提出了著名的催眠状态理论,即催眠可能引起觉察的分离或"断裂"。为说明这一点,他要求被催眠的被试把一只手插入冰冷刺骨的水里,并告诉他们这样做没有痛苦。当问被试有什么感觉时,他们报告说什么也没有感觉到。但当被再次提问被试内心某处是否感到痛苦时,很多人用未插入冰水的手写道:"疼!""停,你把我弄疼了!"但是,他们仍然表现出不疼的样子(Hilgard, 1977, 1994)。这时,被催眠者的一部分说自己不疼,并表现出不疼。而被Hilgard称为"隐藏的观察者"的另一部分,却能意识到疼痛但隐藏在背后。**隐藏的观察者**是被催眠者觉察中被分离的部分,这一部分静静地观察着事情的真实过程。

催眠/Hypnosis 注意狭窄和受暗示性增高的意识改变状态。

隐藏的观察者/Hidden observer 指被催眠者意识中被分离的部分,它可安静地觉察到发生的事。

然而，催眠状态理论的反对者认为，催眠根本不是分离的意识状态，而仅仅是遵从、放松、想象、服从和角色扮演（Kirsch, 2005; Lynn & O'Hagen, 2009）。很多理论家认为，催眠事实上是自我催眠（或自我暗示）的结果。从这个观点来说，催眠师只是一个向导，帮助个体按照一系列暗示去改变感觉、知觉、思维、情绪和行为（Lynn & Kirsch, 2006；参见"摇摆的暗示"）。

不论这两种定义哪一个更为盛行，它们都可以被一般的原则所解释。催眠并不神秘，也不是"魔术"，只是催眠师试图让你感受到一些事物而已。

催眠的真相

催眠如何进行？ 如果违反了个体的意愿，是否还能被催眠？有多少个催眠师就有多少种催眠方法，但所有的催眠技术都不外乎让人做到以下几点：①集中注意催眠师说的话；②放松并感到疲倦；③顺其自然，甘心服从催眠师的指令；④进行生动的想象（Barabasz & Watkins, 2005）。基本上，只有个体自愿合作，才能被催眠。

被催眠是什么感觉？ 你可能会惊讶于自己被催眠时的行为表现，你可能有温和的漂浮、沉降、麻醉或与躯体分离的感觉，但每个人的体验都不一样。催眠中的关键元素为**基本暗示效应**（即被催眠者在执行暗示的同时认为自己是自然而然这样做的）。被催眠者感到，他们的动作和体验是自动的，是不需费力的。下面是一位被催眠者描述自己被催眠时的感觉：

"我感到很困，眼睛不能聚焦，想闭上……我的手感到很轻……我感到我陷到椅子里面……很深很深……我感到我想放松再放松……我的反应越来越自动化。我不用想做什么事就能把事情做了……我感觉在漂浮……我就要睡着了。"（Hilgard, 1968）

与电影中通常呈现的催眠不同，被催眠者实际上仍对自己的行为有所控制，并知道自己在做什么。例如，大多数被催眠者都会拒绝不道德的或者恶意的催眠暗示，如在大庭广众下脱衣服或伤害他人（Kirsch & Lynn, 1995）。

催眠感受性

是不是人人都能被催眠？ 10个人中大概有8个人能被催眠，但只有4个人能达到较好的催眠效果。富有想象力、好空想的人往往容易被催眠（Kallio & Revonsuo, 2003）。但没有这些特质的人也可被催眠。如果你愿意被催眠，那就可以被催眠。催眠更依赖于被催眠者的努力和能力，而不是催眠师的技术。但是别搞错，被催眠者的反应并非是伪装的。

催眠感受性是指一个人被催眠的容易程度。它可以通过一系列暗示以及个人对暗示的反应来测量。表5.2展示的斯坦福催眠感受性量表（Stanford Hypnotic Susceptibility Scale）是一个经典的催眠测验。这个测验会提供不同的暗示，每个受试者的反应会被记录下来。比如，受试者会被告知："你的胳膊变得越来越僵硬，不能弯曲。"如果他在之后的10秒钟内无法弯曲胳膊，就表明受试者对催眠暗示的感受性较高（见图5.5）。

表 5.2　斯坦福催眠感受性量表

暗示行为	通过标准
1. 倾斜身体	非强制性地倒下
2. 闭上眼睛	非强制性地闭上眼睛
3. （左）手垂下	10秒后（左）手垂下至少15厘米
4. （右手臂）不能动了	10秒内手臂能抬起的幅度少于3厘米
5. 手指交叉，不能分开	10秒后手指不能完全分开
6. （左臂）手臂僵直	10秒内手臂能够弯曲的幅度小于5厘米
7. 两手放到一起	10秒后两手相距15厘米以内
8. 禁止出声（不能说姓名）	10秒内说不出自己的姓名
9. 幻想（自己在飞）	出现任何对应的运动或面部表情
10. 眼睛紧闭，睁不开	10秒后仍保持眼睛紧闭
11. 催眠后运动（换椅子）	任何部分的运动反应
12. 健忘测验	只能回忆起三个或更少的项目

Adapted from Weitzenhoffer & Hilgard, 1959

图 5.5 在催眠感受性测验中,在被暗示其双手手指已经相互交叉无法分开后,被试正在尝试将双手分开。

催眠的作用

催眠能有哪些作用? 研究者对人在催眠状态下的很多能力进行了检验,基本结论如下:

1. **力量**。除了指导性地鼓励被催眠者尽他们的最大努力之外,催眠不会使人产生更大的力量(Chaves,2000)。
2. **记忆**。有证据表明,催眠可以增强记忆(Wagstaff et al.,2004),但同时也会增加记忆中的错误。由于这一原因,美国许多州禁止那些通过催眠来增强证据记忆的人在法庭上作证。

> **知识桥**
> 警察是否应该使用催眠来帮助目击者进行回忆呢? 一般情况下是不允许的。相关内容请参见第 7 章。

3. **遗忘**。如果被催眠者在催眠过程中被告知不要记住听到的某事之后,他可能会说自己不记得那件事了。在某种情况下,这可能是因为人故意不去想某些特定的东西。然而,这种暂时的失忆情况的确存在(Barnier, McConkey, & Wright,2004)。

4. **止痛**。催眠可以止痛(Harmmond,2008; Keefe, Abernethy, & Campbell,2005)。因此,在药物止痛不起作用的情况下,可通过催眠止痛。例如,催眠可被用于治疗幻肢痛(Oakley, Whitman, & Halligan,2002)。(我们在第 4 章中讨论过,一些做了截肢手术的人有时感到被截掉的肢体仍在疼痛。)
5. **返老还童**。如果给予适当的指导语,一些被催眠者就会表现出"退回"到童年时期。但大多数理论家认为,表现出"返老还童"现象的被试仅仅是在表演催眠者暗示给他们的角色。
6. **感觉改变**。有关感觉的催眠暗示是最有效的。给出适当的指导语,一个人能在闻一小瓶氨水时觉得自己在闻高级香水。催眠还可改变颜色视觉、听觉灵敏度、时间感、有关错觉的知觉和很多其他感觉反应。

催眠在诱导放松、控制疼痛和进行心理治疗中是一个有用的工具(Chapman,2006)。一般来说,催眠用于改变主观经验效果较好,而用于对吸烟或暴饮暴食的行为矫正则效果差一些。

舞台催眠

在舞台上,催眠师念道:"当我数到 3,你就想象你正坐在通往迪士尼乐园的火车上。随着火车的行进,你变得越来越年轻。"成年男女听到这样的暗示后不久,就开始像孩子们一样咯咯地笑着并扭动身体。

舞台催眠者是如何利用催眠让人们做出各种怪事的?事实上他们并没有这么做。**舞台催眠**中并不需要或者几乎不需要真正的催眠,它仅仅是对催眠效果的模仿。舞台催眠只是利用舞台上的若

基本暗示效应 /Basic suggestion effect 受催眠者自然而然执行暗示动作的倾向。

催眠感受性 /Hypnotic susceptibility 个体被催眠的能力。

舞台催眠 /Stage hypnosis 娱乐性的催眠,仅仅类似于催眠。

干特点进行表演（Barber，2000）。

1. **唤醒感受性**。我们或多或少都会接受暗示。但走上舞台的人们会特别合作，因为他们不想"搞砸演出"，因此情愿遵循表演者的任何指导。
2. **选择易感被试**。参加舞台催眠的志愿者们会先被集体"催眠"，其中不服从指导的人将被淘汰。
3. **催眠标签的去抑制作用**。人们一旦被贴上"被催眠了"的标签后，就可以唱歌、跳舞或做出愚蠢的举动而丝毫不必害怕或感到窘迫。在舞台上，被催眠者不需要对自己的行为负责任。
4. **催眠师是"导演"**。当志愿者们放松地对各种暗示进行反应时，他们发现，自己突然成了舞台明星。此时观众对舞台上滑稽动作的反应又促使许多人放开了去表演。"催眠师"所要做的只是当好导演。
5. **舞台催眠使用的花招**。舞台催眠中，大约有50%是在利用情境，剩下的50%是骗局。一个常见的舞台花招是让一个人僵硬地悬躺在两把椅子之间。令人惊讶的是，居然没有观众对此提出疑问。事实上任何人都能这样做，就像图5.6中的照片和指导语所示。试试看！

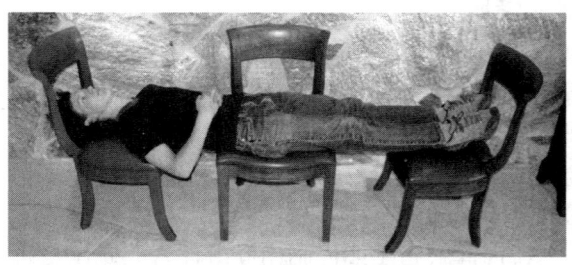

图 5.6 准备三把椅子，让一个人躺在上面。让他轻轻地把身体抬起，然后抽走中间的椅子。准备好接受雷鸣般的掌声吧！（对于催眠和类似的现象，在有确凿的证据之前，不要轻易相信你所看到的。）

总之，催眠是真实的，可以显著地改变个人体验。催眠是一种被应用于很多方面的有用工具，但是不包括夜总会。舞台"催眠师"只是为了娱乐，几乎不算是催眠。

冥想与感觉剥夺——冷静下来，活得更健康

关键问题5.7：冥想和感觉剥夺对人是否有好处？

纵观历史，冥想与感觉剥夺是使用最广泛的通过深度放松来改变意识的方法之一。让我们来看看它们之间有何异同。

冥想

冥想是用来改变意识状态的一种精神训练。冥想时，注意力通常高度集中，日常的思绪和烦恼被暂时隔绝。通过冥想来缓解压力的人们较少发生肢体紧张和焦虑（Andresen，2000；Sears & Kraus，2009）。脑部扫描（PET和fMRI）的结果展示了冥想时额叶的变化，说明冥想也许是一种分离的意识状态（Cahn & Polich，2006；Farb et al.，2007）。

冥想主要分为专注冥想和正念冥想。**专注冥想**专注于一个焦点，通常是一个物体，也可以是一个想法，或者你自己的呼吸。与此相反，**正念冥想**较为"开放"和弥散，通过扩大注意力来获取对这个世界全面而不加评判的觉知（Lazar，2005）。例如，当你怀着一颗宁静而包容的心行走在野外，自我意识就会逐渐消融。看起来正念冥想更容易一些，但实际并非如此。专注冥想是较为实用的自我控制方法，我们将重点对其进行介绍。

进行专注冥想

如何进行专注冥想？ 基本方法是安静地坐好，将注意力集中在一些外在物品或持续不断的内部刺激上，例如自身的呼吸或嗡鸣声（Blackmore，2004）。除此之外，反复默念咒文（使注意力集中的词语）也是一种方法。最好选择语音平缓流畅、易于重复的词语，比如用途最广泛的"唵"（om）。

也可以从熟悉的歌词、诗句、祷文中任选一个令人愉悦的词语作为咒文。若是在默诵咒文的过程中出现了其他杂念，尽可能将注意力重新集中在咒文上，才能继续专注冥想。

放松反应

冥想可以降低心率和血压，放松肌肉，缓解压力（Lazar et al., 2000）。医学研究者 Herbert Benson 提出，冥想的精髓之处在于**放松反应**：一种与身体"战斗或逃跑"机制截然相反的内在生理模式。Bensen 认为，大多数人都不知道该如何进行深度放松。根据如下指导语，他的实验被试可以进入放松状态：

> "安静而舒适地坐好，闭上你的眼睛。放松全身肌肉，从脚底开始向上，逐渐放松至头部，深度地放松。感受你的呼吸，呼气时，对自己轻轻说一句'安静'。不要担心你放松的程度，顺其自然。假如有其他意念干扰，忽略它们，继续重复'安静'。"（Benson, 1977; Lazar et al., 2000）

对于那些需要放松，但容易被消极想法困扰的人，冥想不失为一种缓解压力的好方法。研究显示，一组大学生在接受了90分钟的放松训练之后，其压力水平显著降低（Deckro et al., 2002）。从健康的角度来说，冥想可以降低血压和心率，缓解肌肉紧张，消除一些由于压力引发的身体症状（Zeidan et al., 2010），同时可以增强身体免疫力（Davidson et al., 2003）。

Shauna Shapiro 和 Roger Walsh（2006）的研究结果显示，除了能够放松身心之外，冥想还有其他益处。如果经常进行冥想，人的精神状态会有很大提升，拥有清晰、专注、冷静的头脑。由此看来，冥想和精神疗法有许多共通之处。研究显示，冥想能够消除多种心理紊乱，如失眠、过度焦虑等，也可以降低攻击行为，减少对精神药物的非法使用（Shapiro & Walsh, 2006）。有规律地进行冥想还能增强对注意力的控制，提高自我意识，促进心智成熟（Hodgins & Adair, 2010; Travis, Arenander, & DuBois, 2004）。

感觉剥夺

轻度的感觉剥夺也可以产生放松反应。**感觉剥夺**（SD）指的是感觉刺激总量和种类的大幅度减少。

感觉大量减少时会发生什么？ 来自监狱里被关禁闭的囚犯、北极探险家、高空飞行员、长途卡车司机和雷达操作人员的研究报告给出了一些提示。这些人长期面对有限的、单调的刺激，他们报告称有时候会出现古怪的感觉、危险的注意失误和广泛发生的歪曲的知觉。长时间的感觉剥夺会造成紧张和不舒适感。但令人奇怪的是，短时间的感觉剥夺却能使大多数人感到非常放松。

为了研究感觉限制带来的益处，心理学家们设计了一种小型的独立舱（如图5.7）。在感觉剥夺舱里漂浮 1～2个小时，可使血压、肌肉紧张度和其他应激征兆大大降低（Dierendonck & Te Nijenhuis, 2005）。当然，反对者会说，洗个热水澡也可能会有这样的效果。但有证据表明，短时间的感觉剥夺是产生深度放松的可靠方法之一（Suedfeld & Borrie, 1999）。

与冥想类似，感觉剥夺的好处不仅限于放松。通过温和的感觉剥夺可以帮助人们戒烟、减肥以及减少酒精和药物的使用（Dierendonck & Te Nijenhuis, 2005）。心理学家 Peter Suedfeld 把这一技术称为**环境刺激限制治疗（REST）**。深度放松使得人们更容易接受建议，而感觉剥夺打乱了个人的

冥想 /Meditation 用来放松身心，提高自我意识的一种精神训练。

专注冥想 /Concentrative meditation 专注于一个物体或想法的精神训练。

正念冥想 /Mindfulness meditation 通过扩大注意力范围来体察周围发生的一切。

放松反应 /Relaxation response 放松状态中内在的身体变化。

感觉剥夺 /Sensory deprivation（SD） 感觉刺激量或种类大幅度减少。

环境刺激限制治疗 /Restricted Environmental Stimulation Therapy（REST） 通过轻度的感觉剥夺来达到有利于身心的效果。

图5.7 感觉剥夺室。心理学家用小漂浮舱来研究轻度感觉剥夺的作用。舱内黑暗、安静，水温接近人体体温，并含有上百斤泻盐，因此人可以在水面漂浮。轻度的感觉剥夺可以让人深度放松。

生活习惯和行为模式。总的来说，REST可以通过各种途径"松动"个人的信念系统，从而使得改正坏习惯变得更为容易（Suedfeld & Borrie, 1999）。

REST有希望成为促进创造性思维的一条途径（Norlander, Bergman, & Archer, 1998）。REST也可以提高体操、网球、篮球、标枪、剑术以及射击等技巧运动的成绩（Norlander, Bergman, & Archer, 1999）。也有证据表明，REST对于缓解慢性疼痛和降低应激都有效果（Bood et al., 2006）。很明显，在这片空白领域里还有很多东西值得我们去研究。

总结

多项研究表明，冥想和轻度的感觉剥夺都能引发放松反应。对很多人而言，安静地坐着休息就能达到类似的效果。除此之外，每天舒展肌肉、做一些积极的白日梦、闲暇时进行阅读也可以缓解压力。不过，如果你发现自己很容易受到消极思想的影响，那么专注冥想或许是一种不错的放松方法。有规律地进行冥想和环境刺激限制治疗能提高精神状态，这样的方法也适用于快节奏生活的现代人。

积极心理学：正念与幸福

今天，你"走神"了吗？我们都有注意力不集中的时候。**正念**是对当下开放、不加以评判的觉知。换言之，就是修习正念冥想的人所寻求的状态。拥有正念的人每分每秒都生活在当前（Siegel, 2007）。他们能敏锐地觉察到各种思想、情绪和感觉，但对其不加以评判和反应。他们完全清醒地生活，与周遭的现实协调一致。

对积极心理状态感兴趣的心理学家们开始研究正念的作用。例如，进行正念冥想的癌症患者焦虑程度较低，比起没有冥想的患者，拥有较高的幸福感。类似的情况对健康人来说也是一样。一般来说，正念与自我认识和幸福感相关（Brown & Ryan, 2003; Siegel, 2010）。那些不想浑浑噩噩过一辈子的人——虽然这是很普遍的状态——应该意识到正念的价值所在。

知识巩固

催眠、冥想与感觉剥夺

测一测

1. 根据Ernest Hilgard的催眠状态分离理论，意识被分为正常的意识状态和_____。
   a. 抑制解除　　b. 自我暗示
   c. 记忆　　　　d. 隐藏的观察者
2. 催眠易感性的测验反映了被试对_____的反应倾向性？
   a. 暗示　　　　b. 想象预演
   c. 刺激控制　　d. 激活—合成效应
3. 以下哪一项是通过催眠最有把握达到的？
   a. 超常的体力　b. 止痛
   c. 增强记忆　　d. 睡眠样脑电波
4. 在专注冥想时，注意力是开放、广阔的。对不对？
5. 咒文是用来默念并结束冥想的。对不对？
6. 下面哪一项彼此没有关联？
   a. 专注冥想—放松反应
   b. 正念冥想—咒文
   c. 感觉剥夺—环境刺激限制治疗

d. 冥想——改变的意识状态
7. 冥想最大的好处就是能产生放松反应。对不对？
8. 长时间的感觉剥夺可减轻焦虑，诱导深度放松。对不对？

想一想

批判性思考

9. 为了鉴别催眠的真实效果，你需要什么样的对照组？
10. 研究显示，经常进行冥想的人应激水平较低，幸福感较高。在确定这是冥想带来的作用之前，我们还应排除什么可能的解释？

自我反思

在读了这部分内容以后，你对催眠的看法是否有所改变？你能想到一个曲解催眠的例子吗？例如，在高中聚会、舞台表演、电影或者电视剧中。

很多活动都能产生放松反应。你什么时候会体验到伴随着宁静感觉的深度放松？这些事件和冥想有什么相似之处吗？

你是否经历过感觉受限或者感觉剥夺？你的反应是什么？你愿意尝试通过环境刺激限制治疗来改正自己的一个坏习惯吗？

答案：1.d 2.a 3.b 4.d 5.d 6.b 7.对 8.对 9.对于催眠的效果，你需要一个对照组，他们知道所谓的催眠，并要求他们尽力去模仿。10.至少有两个可能的解释，其中之一是，冥想的人也可能代谢水平运行较大。

药物改变的意识——兴奋剂和抑制剂

关键问题 5.8：常见的精神活性药物都有什么效果？

要想改变人的意识，给予**精神活性药物**（指能够改变注意、判断、记忆、时间感、自我控制、情绪或知觉的物质）是最有把握的方法。事实上，大多数美国人都会经常性地使用一些能改变意识的药物（别忘了，咖啡因、酒精、尼古丁都有温和的精神活性作用）。精神活性药物通过直接作用于大脑来改变意识状态（Maisto，Galizio，& Connors，2011；见"药物如何影响大脑"）。大多数精神活性药物都可以依照其从兴奋到抑制的不同特性，被排列在如图 5.8 所示的量表上。**兴奋剂**是促进身体和神经系统活动的物质，**镇静剂**则是起相反作用的物质。

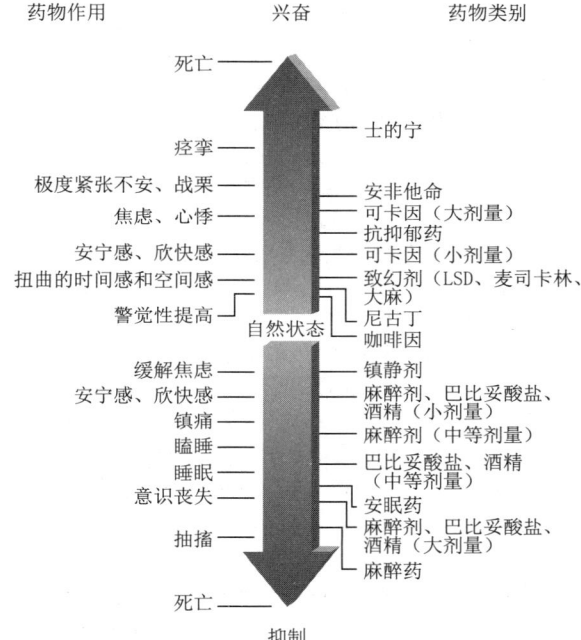

图 5.8 药物活性图谱。各种药物可根据它们对中枢神经系统的作用排列在一个从兴奋到抑制的分度上。虽然 LSD、麦司卡林和大麻也被列在图谱中，但这些药物的作用跟兴奋与抑制的关系不大，这些致幻剂的主要特点是能够改变心理状态。
Copyright © 2012 Wadsworth,Cengage Learning,Inc.

正念 /Mindfulness 对当下开放、不加以评判的觉知。

精神活性药物 /Psychoactive drug 用于改变注意、记忆、判断力、时间感、自我控制、情绪或知觉的物质。

兴奋剂 /Stimulant（upper） 提高身体和神经系统活性的药物。

镇静剂 /Depressant（downer） 抑制身体和神经系统活动的药物。

聚焦研究　　　药物如何影响大脑

精神活性药物会影响大脑细胞的活动（Kalat, 2009）。一般来说，神经递质的作用是在脑细胞间传递信息，而药物可以模拟或者改变神经递质的功能。一些药物，如摇头丸、苯丙胺以及一些抗抑郁药，能够促进神经递质的释放促进大脑细胞活性；另一些药物比如可卡因，能够减缓神经递质释放后的再摄取过程，从而延长神经递质的作用时间，达到兴奋的效果；还有一些药物，如尼古丁和鸦片，能够通过模仿神经递质而直接刺激大脑细胞。酒精和镇静剂则提供了另一种可能途径，这些药物作用于特定的大脑细胞，起到放松和减少焦虑的作用。而有的药物则会占用脑细胞受体，从而阻断信息传递。还存在一些其他的可能性，这就是为什么药物对大脑会有多种多样效果的原因（Julien, 2011）。

所有成瘾性药物都会刺激大脑的自我奖赏系统，引发愉悦的感觉（Freberg, 2010）。药物作用于伏隔核之后，神经递质多巴胺释放，从而引发强烈的快感（图5.9）。正如一位专家所说，成瘾性药物愚弄了大脑的自我奖赏通路，结果自我奖赏通路得到信号："感觉好极了。再来一次吧。让我们记清楚到底干了些什么。"这就导致了个体强迫性地一再使用药物，并最终引发成瘾（National Institute on Drug Abuse, 2010b）。最后，药物从生理上改变了大脑的奖赏通路，使个体越来越难克服药瘾（Henry et al., 2010; Niehaus, Cruz-Bermudez, & Kauer, 2009）。青少年更容易对药物成瘾，原因在于青少年的大脑系统还不够成熟，抑制风险的能力弱于寻求愉悦奖赏的能力（Chambers, Taylor, & Potenza, 2003）。

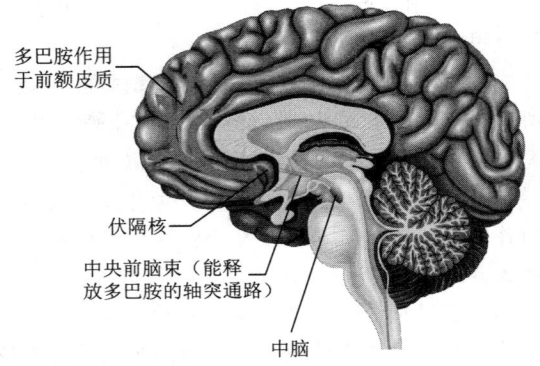

图 5.9 成瘾的药物使中央前脑束和伏隔核的多巴胺活性增加，刺激额叶皮质，从而引发强烈的快感。
Copyright © 2012 wadsworth, Cengage Learning, Inc.

药物可以缓解疼痛，诱导睡眠，或者治疗抑郁，但都具有潜在的滥用风险，有些强力药物属于管制物品（Goldberg, 2010）。约有2200万美国人正在使用非法药物（Substance Abuse and Mental Health Services Administration, 2010）。药物滥用是西方社会最为顽固的社会问题之一。

为什么药物滥用如此普遍？这要从人们用药的原因说起——从单纯的好奇、希望加入某个团体，到寻求某种意义或逃避失败感。许多药物滥用者将使用药物作为一种自我防御机制。所有容易被滥用的药物都能让人立刻产生愉悦感，而不良后果会在很久之后才出现。这种即刻的欢愉和延迟的惩罚能够让药物滥用者在用药后迅速得到满足。

由药物带来的愉悦感终究会烟消云散，而瘾君子们的问题只会变得更糟。然而如果药物滥用者只能在服药后才会获得一些愉快感，那么服药就会成为一种强迫行为（Higgins et al., 2004）。反之，很多人会因为认识到药物的弊大于利而戒掉药物（Toneatto et al., 1999）。

青少年药物滥用和如下方面密切相关：同辈药物滥用、父母药物滥用、青少年犯罪、亲代适应不良、低自尊、社会适应不良以及生活发生巨大改变。研究显示，滥用药物的青少年通常有适应不良、被孤立、易冲动、精神紧张等倾向（Masse & Tremblay, 1997）。反社会行为、学业失败、危险的性行为等也常伴随药物滥用出现（Ary et al., 1999）。种种迹象表明，药物滥用是个体或社会适应不良的征兆，而不是原因（Hart, Ksir, & Ray, 2009）。

药物依赖

药物滥用很普遍的原因之一是大部分精神活性药物都会导致药物依赖。一旦开始，便一发不可收拾（Calabria, 2010）。药物依赖可分为两大类（Maisto, Galizio, & Connors, 2011）。当一个人强迫性地使用一种药物以维持身体舒适时，就形成了**生理性依赖**。生理性依赖最常由那些会导致**戒断症状**（在停用药物之后引起的身体不适）的药物引起。戒断酒精、巴比妥酸盐和鸦片类药物可引发严重的类似流感的症状，包括恶心、呕吐、腹泻、打寒战、出汗和痉挛。成瘾还常伴有**药物耐受性**提高（对药物的反应性降低），从而导致成瘾者只有使用越来越大剂量的药物才能达到满意的效果。

对某种药物产生**心理性依赖**后，个体认为必须使用药物才能保持舒适感和安宁。通常，他们热切地渴望药物及其效果（Winger et al., 2005）。心理性依赖对药物使用者的影响与生理性依赖一样严重。因此，有些心理学家将成瘾定义为一种强迫性习惯模式。根据这一定义，无论出于什么原因，只要一个人不能自控地使用药物，就是药物成瘾。事实上，如果你对下面这两个问题都回答"是"的话，那么你极有可能已经存在酒精或药物成瘾，需要寻求专业人士的帮助：

- 在过去的一年中，你是否有过使用药物超过自己打算的程度？
- 在过去的一年中，你是否感觉自己想要或者必须减少饮酒或使用药物？

药物滥用模式

某些药物比另一些药物更容易上瘾。海洛因无疑比咖啡因更危险。但这仅仅是问题的一面，在评价药物时，还需要对药物使用行为进行分类。例如，有的人喝酒喝了一辈子，但始终都是为了社交，并不上瘾；而有的人刚开始饮酒几个星期就成了酒鬼（Robinson & Berridge, 2003）。从这个意义来说，药物滥用可以分为以下几类：体验性的（由于好奇而短期使用）、社交消遣性的（为获得愉悦感或放松偶尔使用）、情境性的（为应对特定问题而使用，如为了保持清醒）、强化性的（日常带有成瘾性质地使用）、强迫性的（极端成瘾，大剂量使用）。不论服用哪一种药物，后三类药物使用都会造成危害。

多重药物滥用

值得一提的是，还有一种同时使用多种药物的滥用模式。美国佛罗里达法医协会（2008）的数据显示，由于服药过量致死的案例中，大部分是由多重药品滥用引起的。当不同药物被混合在一起时，其效果会因为**药物交互作用**而成倍增长。药物交互作用是指某种药物的存在导致另一种药物的效果增强，这是每年因药物过量致死的主要原因（Goldberg, 2010）。不论混合药物是否合法都是如此。

滥用药物

这一部分讨论的大部分药物都是合法的（Hart, Ksir, & Ray, 2009; Goldberg, 2010）。为了追求深入的洞察力，有一些药品在各种文化中被沿用了上百年之久。其他的一些药物被用来治疗多种精神疾病，还有一些药对健康有益。安全用药的关键之处在于节制，但不幸的是，很多时候药物变成了"生命不能承受之重"。这也是为什么许多人选择一开始就远离药物的原因。

表5.3列出了一些容易引起生理性依赖的药物，如酒精、安非他命、巴比妥酸盐、可卡因、可待因、海洛因、美沙酮、吗啡和烟草（尼古丁）。使用表5.3中任意一种药物都可能导致心理性依赖。值得一提的是，通过静脉注射用药的吸毒者感染艾滋病的风

生理性依赖 /Physical dependence　身体成瘾，表现为药物耐受和戒断症状。

戒断症状 /Withdrawal symptoms　因戒除药物而产生的身体疾病或不适。

药物耐受性 /Drug tolerance　身体对某种药物的反应降低。

心理性依赖 /Psychological dependence　药物依赖，基本上由情绪或心理需求导致。

药物交互作用 /Drug interaction　两种药物的联合效果，一种药物导致另一种药物的效果增强。

表 5.3 精神活性药物的比较

名称	类别	医学用途	普通剂量（毫克）	药效持续（小时）	期望效果	长期症状	是否可能产生生理依赖	是否可能产生心理依赖	是否可能损伤机体
酒精	镇静、安眠药	溶剂、防腐剂	酌情	1~4	改变感觉、缓解焦虑，有利于社交	肝硬化、中毒性精神病、神经损伤、成瘾	是	是	是
安非他命	兴奋剂	缓解轻度抑郁、控制发作性睡病和多动症	2.5~5	4	警觉、活跃	食欲减退、幻觉、妄想、中毒性精神病	是	是	是
巴比妥酸盐	镇静、安眠药	镇静剂、缓解高血压、抗痉挛	50~100	4	缓解焦虑、欣快	成瘾，伴有严重戒断症状、可能有抽搐、中毒性精神病	是	是	是
苯二氮䓬类	抗焦虑药	安定作用	2~100	10分钟~8小时	缓解焦虑	易怒、精神错乱、抑郁、睡眠障碍	是	是	否，但会影响胎儿
咖啡因	兴奋剂	消除镇静剂作用、治疗偏头痛	酌情	不等	觉醒、警觉	失眠、心律不齐、高血压	否?	是	是
可卡因	兴奋剂、局部麻醉剂	局部麻醉	酌情	不等、较短	兴奋、健谈	抑郁、抽搐	是	是	是
可待因	麻醉剂	缓解疼痛和咳嗽	30	4	欣快、防止戒断不适	成瘾、便秘、食欲减退	是	是	否
GHB	镇静、安眠药	实验性治疗发作性睡病和酒精中毒	1~3克（粉末）	1~3	致醉、欣快、放松	焦虑、精神错乱、失眠、幻觉、突发惊厥	是	是	否?
海洛因	麻醉剂	止痛	酌情	4	欣快、防止戒断不适	成瘾、便秘、食欲减退	是	是	否*
LSD	致幻剂	心理功能的实验研究、治疗酒精中毒	100~500	10	顿悟体验、兴奋、感觉扭曲	可能加剧已有的精神病、惊恐反应	否	否?	否?
大麻（THC）	松弛剂、安乐药，大剂量时为致幻剂	治疗青光眼和化疗副作用	1~2支烟	4	放松、促进欣快、知和社交	可能引发肺癌和其他疾病	否	是	是?
摇头丸（MDMA）	兴奋剂/致幻剂	无	125	4~6	兴奋、欣快	人格改变、过高热、肝损伤	否	是	是

续表

名称	类别	医学用途	普通剂量（毫克）	药效持续（小时）	期望效果	长期症状	是否可能产生生理依赖	是否可能产生心理依赖	是否可能损伤机体
麦司卡林	致幻剂	无	350微克	12	顿悟体验，兴奋，感觉扭曲	可能加剧已有的精神病，惊恐反应	否	否?	否?
美沙酮	麻醉剂	止痛	10	4～6	防止戒断不适	成瘾，便秘，食欲减退	是	是	否
吗啡	麻醉剂	止痛	15	6	欣快，防止戒断不适	成瘾，便秘，食欲减退	是	是	否※
苯环利定（PCP）	麻醉剂	无	2～10	4～6（之后需12小时恢复）	欣快	不可预测的行为，猜疑，敌意，精神病	有争议	是	是
赛洛西宾	致幻剂	无	25	6～8	顿悟体验，兴奋，感觉扭曲	可能加剧已有的精神病，惊恐反应	否	否?	否?
烟草（尼古丁）	兴奋剂	催吐剂（尼古丁）	酌情	不等	警觉，冷静，有利于社交	肺气肿，肺癌，口腔和咽喉癌，心血管损伤，食欲减退	是	是	是

注：? 表示观点有争议。应该注意：非法药物经常掺假，因此使用者可能面对未知的危险。
※ 表示在未消毒条件下注射给药，存在感染艾滋病、肝炎、脓肿或循环系统疾病的较大风险。

险极高。下面我们要讨论最常被学生滥用的药物。

> **知识桥**
> 艾滋病的相关介绍参见第 11 章。

图为好莱坞影星、奥斯卡奖获得者 Heath Ledger 在《蝙蝠侠前传》中饰演的小丑角色。这也是他参演的最后一部影片。许多影星的演艺事业因为多药物滥用问题而被迫中断,而他也是其中之一。

兴奋剂——安非他命、可卡因、摇头丸、咖啡因和尼古丁

现在,让我们关注一些诸如安非他命、可卡因、摇头丸、咖啡因和尼古丁等常见的兴奋剂。

安非他命

安非他命是人工合成的兴奋剂。这类药物曾被广泛用于减肥和抗抑郁治疗。现在,安非他命完全合法地被用于治疗发作性睡病、儿童多动症和镇静剂过度使用。安非他命的非法使用非常广泛,但在两类人群中尤为常见:一类是想要保持觉醒的人;另一类是认为药物可提高心理或生理表现的人(DeSantis & Hane, 2010; Iversen, 2006)。

阿得拉和利他林是两种混合了安非他命的"学习用药",用来治疗**注意力缺陷多动障碍(ADHD)**。ADHD 患者很难集中注意力,表现出多动、强迫性的行为(American Psychiatric Association, 2000)。有越来越多的健康大学生非法服用这些药物,希望自己能在学业上更加专注(McCabe et al., 2005)。

那么,这些药物是否真的对学习有益呢?安非他命能小幅提高问题解决能力(Elliott et al., 1997),但其代价是创造性的降低(Farah et al., 2009)。最重要的是,安非他命类药物的副作用令人忧虑,我们稍后会进行讨论。

脱氧麻黄碱是效力更强的安非他命类药物,可以通过鼻吸、注射和口服使用。在安非他命类的各种药物中,脱氧麻黄碱引起的药物滥用问题最多。这种药物在简陋的实验室就可以制造,从而使制药者获得巨额利润。脱氧麻黄碱不仅会造成成瘾,毁掉一个人的生活,同时还促进了暴力犯罪亚文化的发展。

安非他命可迅速产生耐药性。大多数药物滥用者为了得到想要的效果,有可能死于超大剂量用药。最终,有些人会干脆直接通过静脉注射脱氧麻黄碱。持续狂欢几天后,瘾君子们会因缺乏睡眠和进食而"垮掉"。

滥用

滥用安非他命有多危险?滥用安非他命药物有很大危险。大剂量的药物可以导致恶心、呕吐、极高的血压、致命的心脏病发作以及造成残疾的中风。另外,必须记住,安非他命类药物能加速身体资源的消耗,但并不能神奇地为身体提供能量。在大量使用安非他命类药物后,个体会感到极度疲劳、抑郁、精神错乱、不可控的易怒以及出现攻击行为。反复使用安非他命类药物会损害大脑。安非他命类药物还可引发与现实的脱节,称为安非他命精神病。患者会出现"有人要抓我"的类似妄想的错觉。因为有了这种错觉,他们变得暴力,最终导致其自杀、自伤或者伤害他人(Iversen, 2006)。

可吸入的晶体状烈性脱氧麻黄碱更加剧了兴奋剂滥用问题。这种药在市场上被称为"冰毒",是一种高度成瘾性药物。它像可吸入式可卡因一样,可使人产生高度兴奋。但同时,冰毒也能很快导致强迫性药物滥用和严重的药物依赖。

可卡因

可卡因是一种烈性中枢神经系统兴奋剂，从古柯叶提炼得来。可卡因能使人产生警觉、欣快、安宁、有力量、精力充沛和愉悦的感觉（Julien，2011）。可卡因被利用和误用的历史很长。19世纪末至20世纪初，几十种非处方药用饮剂和万灵药中都含有可卡因。也就是在那段时间，可口可乐饮料确实"货真价实"。在1886～1906年美国通过《纯净食品及药品法案》期间，可口可乐饮料含有可卡因成分（此后被咖啡因所取代）。

可卡因与安非他命类有什么不同? 两者对中枢神经系统的作用十分相似。它们的主要区别在于安非他命的作用可持续数小时，而可卡因通过鼻吸进入并很快被人体代谢，因此作用只持续15～30分钟。

滥用

滥用可卡因有多危险? 可卡因的成瘾性和社会危害性都可以和海洛因相提并论。如果让大鼠和猴子服用可卡因，想吃多少就吃多少，它们将不能抗拒可卡因的诱惑。最后，它们中的许多都将死于可卡因服用过量所引发的抽搐。即使是偶然使用或第一次使用，也会有引发痉挛、心脏病发作或中风的风险（Lacayo，1995）。可卡因能够增加脑中的化学信使多巴胺和去甲肾上腺素。去甲肾上腺素能唤醒大脑，而多巴胺能产生愉快的"冲动"。这对可卡因滥用者是很强的奖赏，因此，他们成为强迫性药物使用者的风险非常大（Ridenour et al.，2005）。

停止使用可卡因的人不会遭受类似海洛因的戒断症状，但可卡因也高度成瘾。大脑适应了可卡因滥用，而停药会扰乱大脑的化学平衡，引起抑郁。首先，可卡因使用者的情绪和能量轰然崩塌，在随后的几天，个体出现长时间的疲劳、焦虑、妄想、厌倦和**快感缺乏**（感受愉快的能力丧失）。不久以后，想要再用可卡因的渴望变得强烈。因此，尽管可卡因并不符合经典的成瘾模式，但足以引发强迫性滥用。一个戒断了可卡因的人仍有可能会在几个月甚至几年后重新产生对可卡因的渴望（Washton & Zweben，2009）。如果可卡因的价格再低一些，使用者中的90%都会发展为强迫性滥用。事实上，更便宜的霹雳可卡因滥用程度更高。以下是一些可卡因滥用的信号：

- **强迫性使用。** 如果人人都可以得到可卡因（比如在一个聚会上），你也不能拒绝。
- **使用失控。** 一旦得到可卡因，你就会一直使用，直到可卡因用完，或因用药出了危险。
- **不计后果。** 可卡因高于一切；房租急待支付、工作岌岌可危、家人反对、健康受损都是次要的。

如果你发现自己可能对可卡因上瘾，一定要去戒毒诊所寻求帮助或参加可卡因匿名治疗小组。戒除可卡因非常困难，尽管如此，坚持治疗的可卡因成瘾者中仍有3/4获得了成功（Simpson et al.，1999；Sinha et al.，2006）。如今，一种能够阻止可卡因刺激神经系统的疫苗有望投入临床研究（Kampman，2005）。

MDMA（"摇头丸"）

MDMA也被称为"摇头丸"，它和安非他命类药物具有相似的化学结构。除了能快速产生能量之外，使用者还报告他们感觉与人更亲近，感觉体验也提升了。MDMA可以促使脑细胞释放过量的5–羟色胺，发生的生理反应包括瞳孔扩张、血压升高、下颚紧缩、食欲减退和体温升高（National Institute on Drug Abuse，2010a）。尽管有使用者认为MDMA可以增加性快感，但它会降低性功能，导致高潮延迟和40%的男性勃起困难（Zemishlany，Aizenberg，& Weizman，2001）。

滥用

北美地区的摇头丸使用者数量在2002年达到顶峰后有小幅度的下降，这也许要归功于对其危害的公益宣传。然而，在2009年，仍有70万美国

注意力缺陷多动障碍/Attention deficit/hyperactivity disorder（ADHD） 一种表现为注意力范围狭窄、多动、学习能力降低的行为障碍。

快感缺乏/Anhedonia 无法感觉到愉悦。

人初次尝试摇头丸（Substance Abuse and Mental Health Services Administration，2010）。急诊室的医生每年都会遇见更多的 MDMA 使用者，也包括稳步增长的 MDMA 使用相关的死亡案例。部分死亡由能导致虚脱的体温升高或心律失常引起。在狂野派对上，摇头丸使用者会试图用喝凉水来降低自己过高的体温，这也许可以起一点作用，但风险是确定的——它能导致致命的精力耗竭。MDMA 会导致严重的肝损伤，这也是致命的（National Institute on Drug Abuse，2010a）。除此之外，摇头丸的使用者更容易发生酒精滥用或其他药物滥用，更容易忽略学习，更容易过多地参与聚会和危险性行为（Strote，Lee，& Wechsler，2002）。讽刺的是，在狂野派对上使用摇头丸原本是为了渲染音乐气氛，但摇头丸最终会过量刺激大脑，导致抑郁"反弹"（Iannone et al.，2006）。

摇头丸对健康的长期危害已经显现出来。在停止使用摇头丸后几个月内，个体仍然会维持焦虑和抑郁的感觉。此外，严重的 MDMA 使用者通常在智力和记忆力测试中得分较低（National Institute on Drug Abuse，2010a；Quednow et al.，2006）。幸运的是，这些摇头丸的长期危害比当初预期的要好很多（Advisory Council on the Misuse of Drugs，2009）。

咖啡因

咖啡因在北美是最常被使用的精神活性药物。如果不喝一杯咖啡，许多人几乎无法开始一天的活动（我也无法继续写下一个段落），因为咖啡因有消除睡意、提高警觉的作用（Wesensten et al.，2002），加了糖之后效果更佳（Adan & Serra-Grabulosa，2010）。咖啡因的生理作用包括出汗、多语、耳鸣（耳朵听见铃声）和手颤（Nehlig，2004）。它阻断那些抑制或减缓神经活动的化学物质的作用，从而兴奋大脑（Maisto，Galizio，& Connors，2011）。50 毫克咖啡因即可起效，大概也就是半杯煮咖啡中咖啡因的含量。

你一天喝多少咖啡？一般认为，咖啡是咖啡因的主要来源。但咖啡因的来源其实很多，包括茶、软饮料（尤其是可乐）、巧克力和可可制品。还有 2000 多种非处方药物也含有咖啡因，包括提神丸、感冒药和很多品牌的阿司匹林药物。

滥用

咖啡因有哪些严重的危害？ 频繁的滥用可以导致不健康的咖啡因依赖，即**咖啡因成瘾**。成瘾的症状包括失眠、易怒、无食欲、寒战、心率加快和体温升高。有这些症状的人通常每天喝 15～20 杯咖啡。即使只喝少量的咖啡，咖啡因也会增加焦虑和其他的心理问题（Hogan，Hornick，& Bouchoux，2002）。

咖啡因可导致各种各样的健康风险，如促进妇女乳腺囊肿的生长，导致膀胱癌、心脏病和高血压。女性在怀孕后应完全避免咖啡因，因为咖啡因可能和某些出生缺陷有关。怀孕妇女如果每天喝 6 杯或 6 杯以上的咖啡，会使流产的风险增加 1 倍。（Cnattingius et al.，2000）。

习惯上认为咖啡因不属于药物，但是即便一天只喝 2.5 杯咖啡（或相同剂量的替代物）也可能产生问题。即使在这样的饮用量下，个体在戒断咖啡时也会出现焦虑、抑郁、疲劳、头疼及流感样症状（Juliano & Griffiths，2004）。在所有喝咖啡的人中，大约有一半都出现了某些药物依赖的症状（Hughes et al.，1998）。请记住：咖啡因是药物，请适量使用。

尼古丁

尼古丁是一种主要来源于烟草的天然兴奋剂。尼古丁是最为广泛使用的精神活性药物之一，仅次于咖啡因和酒精（Julien，2011）。

与其他兴奋剂相比较，尼古丁的作用如何？尼古丁是一种烈性药物，毒性之大有时甚至可以用作杀虫剂。大剂量使用尼古丁会导致胃痛、呕吐和腹泻、出冷汗、眩晕、精神错乱和肌肉震颤。如果剂量非常大，还可引起痉挛、呼吸衰竭和死亡。对于不吸烟者来说，单次剂量达 50～75 毫克的尼古丁就将是致命的（相当于连续吸 17～25 支香烟）。大多数人第一次吸烟时，吸 1～2 支就会感到不适。相反，一个"老烟鬼"一天吸 40 支烟也不会觉得不舒服。

滥用

尼古丁的成瘾性如何？ 一系列的证据表明，尼古丁具有高度成瘾性（Spinella，2005）。首次吸烟者的平均年龄为15岁，一般在吸烟1年之后开始成瘾（Baker，Brandon，& Chassin，2004）。在15—24岁的吸烟人群中，有60%的人出现成瘾（Breslau et al.，2001）。对许多吸烟者来说，戒烟后会出现头痛、出汗、抽筋、失眠、消化不良和易怒症状，极其渴望抽烟（National Institute on Drug Abuse，2009）。这些症状持续2～6周，可能比海洛因戒断更糟糕。事实上，戒烟后的复发模式与酒精成瘾、海洛因成瘾以及可卡因戒断后的复发模式几乎相同（Stolerman & Jarvis，1995）。近90%的人在戒烟1年之内复吸，在戒烟2年后，仍有20%的人复吸（Krall，Garvey，& Garcia，2002）。

对健康的危害

吸烟对健康的损害有多大？ 如果你认为吸烟是无害的，吸烟与癌症之间没有联系，那你就是在拿自己的生命开玩笑。一支点燃的香烟会释放多种烈性致癌物。美国卫生局局长（U.S.Department of Health and Human Services，2004）曾说过，吸烟"会对身体的每个器官都造成损害"，并使癌症（比如肺癌）、心脑血管疾病（比如中风）、呼吸道疾病（比如慢性支气管炎）和生育障碍（比如出生率下降）的患病风险增加。这些健康风险会使吸烟者的寿命减少10~15年。每年有大约45万人死于烟草使用（National Center for Chronic Disease Prevention and Health Promotion，2010）。

顺便说一下，牛仔们和海盗们口嚼烟草和吸鼻烟的危害与吸烟是一样的。接触一撮"无烟"烟草30分钟的危害等同于吸3~4根烟。此外，使用"无烟"烟草还会提高口腔癌的患病危险（American Lung Association，2011）。

吸烟者不仅损害自己的健康，也损害家人和同事的健康。在美国，每年有3000人死于二手烟引起的肺癌，70000人死于二手烟导致的心脏病。致使儿童被动吸烟更是一种极其不负责任的行为（American Lung Association，2011）。

戒烟

一次戒烟好还是逐步戒烟好？ 大部分人想凭借自己的力量来戒烟。有些人选择一次戒断，有些人偏向于逐步戒断。尽管一次戒断不乏其拥护者，但是对于大多数人而言，逐步戒断更有效。

一次性戒烟使得抽烟成了一件"全或无"的事情，吸烟者在决定"永不再抽烟"后，一旦再吸一支烟，就会感到自己戒烟失败了。于是，很多人会想：既然戒不掉，那还是继续抽吧。接受逐步戒烟的人则会多多尝试，用几个月的时间获得成功。所以，如果你想一次性戒烟，那么告别香烟的日子就是今天，而不是日后的某个时间（West & Sohal，2006）。

戒烟的最好方法是有计划地逐步减少吸烟（Riley et al.，2002）。逐步戒烟有许多种方法。戒烟者可以：①推迟早上吸第一支烟的时间，以后每天尽量比前一天再推迟一些；②逐步减少每天吸烟的数量；③坚持一周内完全不吸烟，不断重复这种"一周戒烟行动"，直至把烟戒掉。逐渐拉长吸烟间隔时间是这种方法的关键，计划吸烟可以帮助人们应付对烟的渴望。因此，使用这一方法的人更容易获得成功。同时，与使用其他方法的戒烟者相比，使用这一方法的人更容易成为永久性非吸烟者（Cinciripini，Wetter，& McClure，1997）。

无论采用何种方法，戒烟都不容易（Abrams et al.，2003；National Institute on Drug Abuse，2009）。许多人发现尼古丁替代品和口香糖在戒烟期间有很大作用（Shiffman et al.，2006）。正如前文所提到的，如果你想成功戒烟，还必须做好多次尝试的准备。幸运的是：已有几千万人成功戒烟了！

> **知识桥**
>
> 行为的自我管理技术在改正习惯（如戒烟）时很有用，参见第6章和第15章。

咖啡因成瘾/Caffeinism 患者过量食用咖啡因，导致对咖啡因依赖，并伴有多种身心问题。

抑制剂——
镇静剂、安定药和酒精

尽管一些麻醉剂（如海洛因和吗啡）可能更为强效，既能止痛又会令人上瘾，但最为广泛使用的抑制剂或镇静剂还是酒精、巴比妥酸盐、GHB 和苯二氮类安定药。这些药物的效果十分相似。事实上，巴比妥酸盐和安定药有时被认为是"固体酒精"。下面让我们来看看每种药物的特性。

巴比妥酸盐

巴比妥酸盐是抑制脑活动的镇静类药物。常见的巴比妥酸盐包括异戊巴比妥、戊巴比妥、司可巴比妥以及西可巴比妥。在医学上，巴比妥酸盐被用于使患者镇静或催眠。

滥用

使用中等剂量巴比妥酸盐的效果与醉酒类似，大剂量则可引起严重的精神错乱甚至是幻觉。使用药物后，使用者将变得放荡不羁和健忘从而接二连三地使用药物，导致巴比妥酸盐过量使用。巴比妥酸盐的过量使用先会引起意识丧失，然后严重抑制用以控制心跳和呼吸的大脑中枢，最终导致死亡（McKim, 2007）。

GHB

你是否尝试过吞食除油脂溶剂和地沟清洁剂的混合物来让自己的情绪高涨？很多人都在这么做。近几年，GHB（γ-羟基丁酸）掀起了一股小小的流行潮流，尤其是在夜店和热闹的聚会上。GHB 是中枢神经系统抑制剂，可使肌体放松和镇静。根据使用者的描述，它的效果类似于酒精。少量使用 GHB 会使使用者感觉欣快、社交需求增加和轻度失控。根据服用剂量的大小，GHB 的效果可以维持 3～4 个小时。

滥用

小剂量使用 GHB 能缓解焦虑并使肌体放松。当剂量增大时，它的镇静作用会导致恶心、肌肉失控、睡眠或者意识丧失。GHB 的潜在致命剂量仅是普通服用剂量的 3 倍，如此狭窄的安全边际导致了大量的 GHB 过量服用，尤其在和酒精同时使用时。过量服用会导致昏迷、呼吸衰竭以及死亡。GHB 还能抑制呕吐反射，因此，有些人会因为自己的呕吐物窒息而死。

美国政府于 2000 年将 GHB 归为管制药物，拥有 GHB 将被以重罪处理。临床研究的证据进一步表明，GHB 具有成瘾性，使用它具有很大危险。在频繁使用药物的人群中，有 2/3 会在使用 GHB 后丧失意识。GHB 的慢性使用会损伤大脑（Pedraza, García, & Navarro, 2009）。对于严重的 GHB 使用者来说，停止使用 GHB 的戒断症状包括焦虑、兴奋、震颤、谵妄和幻觉（Miotto et al., 2001）。

如果前面这些理由还不足以说明 GHB 的危害性，让我们来看看下面这个理由：GHB 通常都是个人通过在网络上获得的配方和成分在家中制造所得。就像之前所提到的，通过将除油脂溶剂与地沟清洁剂混合就可以制得（Falkowski, 2000）。如果你想让自己的脑子变笨，GHB 一定做得到。

安定药

安定药能缓解焦虑和紧张。医生用苯二氮类安定药减轻紧张和压力。这类药中最有名的是安定，其他还包括阿普唑仑、三唑仑以及氯氮。即使在正常使用剂量下，这些药物也能引起瞌睡、震颤和精神错乱。如果使用剂量过大或时间过长，苯二氮类就会强烈成瘾（McKim, 2007）。

市场上在售的名为氟硝西泮的药加剧了安定药的滥用问题。这种药便宜而且具有 10 倍于普通安定的效力，其作用是降低自控力、放松和产生醉意。大剂量的使用会导致短期健忘和睡眠。它的街头叫法为"迷奸药"，无臭无味。有的歹徒乘人不备时将此药放在饮料里，在受害者丧失意识后对其进行性骚扰或强奸。（要知道的是，尽管如此，大量饮酒往往是强奸的更为常见的前奏。）

滥用

重复使用巴比妥酸盐类药物可引起生理依赖。一些滥用者遭受严重的抑郁，最终自杀。同样，长时间或过量使用安定药也会成瘾。许多人从自己的痛苦经历中得知，他们所使用的合法处方安定药与许多非法药物一样危险（McKim，2007）。

巴比妥酸盐或安定药与酒精一起使用极端危险。人们常常用酒送药，或把药溶在酒中服用。正是这个原因，造成了一位名叫卡伦·安·昆兰的年轻姑娘昏迷了10年，最后以死亡告终。毫不夸张地说，将安定药与酒混合将是致命的。

酒精

酒精的学名是乙醇，乙醇是酿造和蒸馏酒精饮料中的致醉成分。一般人会认为酒精是兴奋剂，但实际上它是一种抑制剂，人们在酒会上热情活跃的真正原因正是它的抑制作用。少量的酒精能降低中枢神经系统本身的抑制水平，从而使人放松和产生欣快感。大剂量酒精则可对大脑造成更大的损害，直到饮酒者丧失意识。酒精会损害性功能而非增加性唤起，尤其对于男性。莎士比亚早就说过，酒精使人"心有余而力不足"。

喝醉以后，有些人变得具有攻击性，变得喜欢争吵或打架，而有些人则变得放松和友善。为什么一种药物会有如此不同的效果？喝醉后，人的思维和知觉变得呆滞和迟钝，这种状态被称为**酒精性近视**。只有非常明显和直接的刺激才能引起他们的注意。平时人们总是小心翼翼地约束自己的行为，遇事讲究"三思而后行"，但喝多以后，脑子里的这些法则就不存在了。这就是醉酒者产生极端行为的原因。在大学里，喝醉的学生很容易卷入事故、打架斗殴、性骚扰或危险性行为中。同时，他们还破坏公共财产，影响其他想要睡觉或学习的学生（Brower，2002）。

滥用

酒精是全世界最受欢迎的镇静剂，同时也带来了最大的药物滥用问题。在美国和加拿大，约有2000万人存在严重的酗酒问题。仅在美国，每20分钟就有人在与酒精相关的交通事故中丧生。美国的酒精滥用程度非常严重，图5.10显示了各个年龄段的酗酒情况。

青少年和年轻人的酗酒情况格外令人担忧。**酗酒**指的是在短时间内喝下5杯或更多的酒（对女性来说是4杯）。很明显，很多学生都认为一醉方休并被朋友们抛上天相当有意思。但是，酗酒往往是酒精滥用的严重讯号（Beseler，Taylor，& Leeman，2010），每年导致了1800名大学生的死亡和上千起的急诊抢救（Mitka，2009）。

酗酒之所以得到特别关注，是因为大脑在20岁左右时仍在继续发育。而研究表明，饮酒过多的青少年和年轻人会丧失10%左右的大脑功能，尤其是记忆能力（Brown et al.，2000）。这种损失会对个体终生的发展产生长期影响。简单地说，酗酒导致人变傻的过程虽然缓慢，但却"势不可当"（Wechsler & Wuethrich，2002）。

危害

如果父母或者其他亲戚酗酒，儿童更容易成为酗酒者。这种影响可能有部分的遗传因素，事实上，某些人在喝了一点酒以后会对酒精产生更强烈的渴望（Hutchison et al.，2002）。女性饮酒危险更

酗酒和酒精滥用已经成为大学生中的严重问题（Tewksbury，Higgins，& Mustaine，2008）。

安定药/Tranquilizer 能缓解焦虑和紧张的药物。

酒精性近视/Alcohol myopia 酒精中毒后短浅的思维和知觉。

酗酒/Binge drinking 在短时间内喝下5杯或5杯以上的酒（对女性来说是4杯）。

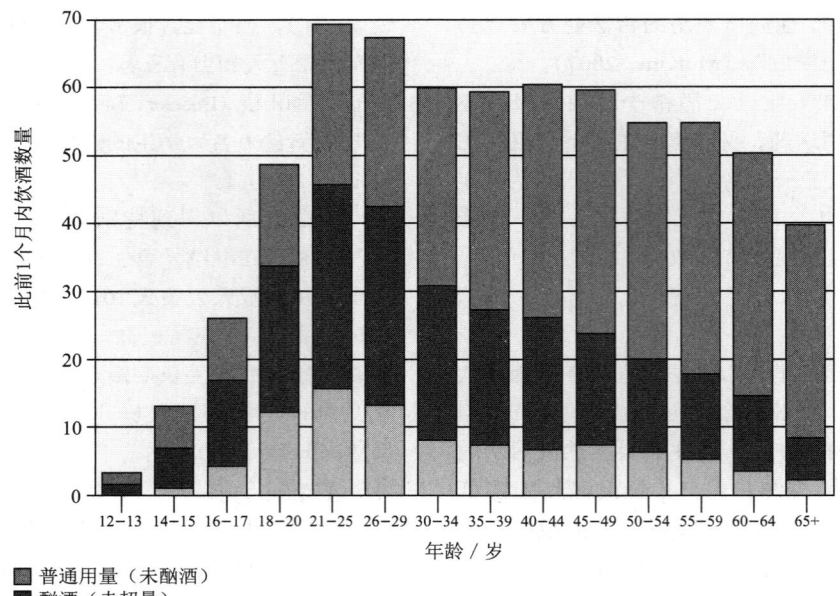

图 5.10 很多美国人都酗酒。根据 2008 年的一项调查，有 40% 的 18~29 岁的年轻人承认，在做调查之前的一个月内有过酗酒或超量饮酒的行为（Substance Abuse and Mental Health Services Administration，2009）。

大，因为她们的身体对酒精吸收得更快，而代谢却更慢，所以比男性更容易醉。醉酒的女性也更易患肝病、骨质疏松症和抑郁症。如果每天饮酒，女性患乳腺癌的可能性会增加 7%（Aronson，2003）。

正强化——为了开心而饮酒——这是大部分人饮酒的动机。酗酒者和他们之间的区别就是，酗酒者在情绪不好的时候也饮酒，比如焦虑或抑郁的时候。这就是酒精滥用提高人应激水平的原因。那些想要通过饮酒来舒缓坏情绪的人更容易成为酗酒者（Kenneth，Carpenter，& Hasin，1998）。

重视酗酒问题

酒精滥用有哪些迹象？ 酒精滥用是一个非常普遍的问题。认清酒精依赖形成过程中的危险信号十分重要。如果你对下列问题的回答中哪怕只有一个"是"，你都有可能存在饮酒问题（adapted from the College Alcohol Problems Scale, revised；Maddock et al.，2001）：

饮酒之后，我……
1. 会参与一时兴起的性活动。
2. 会开车。
3. 进行无保护措施的性活动。
4. 摄入非法药物。
5. 感觉沮丧、消沉、抑郁。
6. 精神紧张，易怒。
7. 对自己感到不满。
8. 食欲不振，或者睡眠出现问题。

最简单的鉴别问题饮酒者的方法也许是这样一个问题："你最近一次喝酒超过了 5 杯（对女性来说是 4 杯）是什么时候？"在回答"3 个月之内"的人中，有 86% 的人都是酒精成瘾者（Williams & Vinson，2001）。

适量饮酒

几乎每个人都参加过被某些喝酒太多太快的人搅得一团糟的聚会。那些饮酒适度者则能过得很愉快，他们的朋友也是。那么，如何避免饮酒过量呢？有俗语道"贪杯丧志"，有研究者给出了部分答案。当血液中的酒精浓度升高但保持在0.05%以下时，饮酒让你感觉良好。这时，人们变得放松、愉快和好交际。随着酒精浓度水平升高，人们从醉醺醺过渡到酩酊大醉。随后，随着血液中酒精浓度下降，饮酒过量的人会感到不适和难受。表5.4给出的是可使血液酒精浓度保持在0.05%以下的每小时大致饮酒量（即使在这一水平，开车也会受到影响）。通过自我控制饮酒量，饮酒者可在社交场合长时间保持舒适、愉快和理智。简而言之，如果你想饮酒，明智的做法是根据表5.4的数字来进行控制。

在某些社交场合中，环境会强烈地诱惑你饮酒，这时就需要一些技巧来控制饮酒量。如果你选择喝酒，以下方法可能对你有帮助（Miller & Munoz, 2005; National Institute on Alcohol Abuse and Alcoholism, 2007）：

1. 事先考虑自己的酒量，计划好如何控制。
2. 慢慢喝，边饮酒边吃东西，或者饱腹饮酒。只喝一种酒，加喝其他不含酒精的饮料。
3. 在社交场合或聚会的第一个小时里控制饮酒，利用表5.4的信息控制饮酒量。
4. 学会有礼貌而坚决地拒绝饮酒。
5. 学会在没有酒的场合也能够放松地与人交往。

另外请记住，研究显示人们通常会低估同伴的饮酒量（Maddock & Glanz, 2005）。所以，不要因为感到别人喝的都比你多（这有可能是错觉）而使自己过量饮酒。限制自己饮酒可能也会帮助其他人。当人们想要喝更多的酒时，能阻止他们的最好的理由就是"其他人已经不喝了，他们觉得已经喝得足够了"（Johnson, 2002）。

对酒精依赖的治疗

进行治疗首先要切断酒的供应并使酗酒者清醒过来，这一阶段称为**解毒**。此时，酗酒者通常会出现所有的戒断症状，感到极其难受。下一步是恢复酗酒者的健康。严重的酒精滥用会引起严重的身体器官和神经系统损伤；戒酒后，这些损伤可在某种程度上部分恢复。镇静剂、抗抑郁药或进行心理治疗也用于治疗酒精依赖，遗憾的是，这些方法的效果并不明显。

匿名戒酒小组（Alcoholics Anonymous, AA）是一种较为成功的互助方法。AA的基本做法是，由一个戒酒成功的前酗酒者帮助一个当前酗酒者。参加AA的人们都承认自己有酗酒问题，分享自己的感受，每次保证某天能够一整天不饮酒。想戒酒的人从其他小组成员那里获得支持，努力摆脱对酒的依赖。（这与匿名可卡因小组和匿名麻醉剂小组等12步疗法小组采用了同一种方法。）

参加AA活动一年以上的人群中，有80%在下一年里不再饮酒。但是，AA的成功是有前提条件的：参加AA活动的人都是志愿者，是那些承认自己有严重问题的人（Morgenstern et al., 1997）。而可悲的是，除非无路可走了，酗酒者一般都否认自己有问题。如果他们愿意参加，AA其实是很有

表 5.4　适量饮酒参考标准

保持血液酒精含量在0.05以下的每小时大致饮酒量/份		
体重/千克	男	女
45	0.75	0.60
54	1.00	0.75
64	1.25	0.90
73	1.30	1.00
82	1.50	1.10
91	1.60	1.20
100	1.80	1.35

注1：一份酒的量大致为啤酒340克，葡萄酒142克或80°烈酒43克。
注2：表中的数字为大致的量，饮酒量还和个人的新陈代谢情况、是否刚吃过饭及其他因素有关。

(National Institute on Alcohol Abuse and Alcoholism, 2007; Vogler & Bartz, 1992)

解毒 /Detoxification　在酒精中毒的治疗中使酗酒者戒断酒精的过程。

效的治疗方法（Vaillant，2005）。

新出现的通过理性说教而非依靠精神力量的小组可能对某些人更为适用，包括理性恢复协会和戒酒者非教会组织（Secular Organizations for Sobriety，SOS）。除了 AA 外，还可以通过医学治疗、小组治疗、冥想和个人心理治疗的方法戒酒（Buddie，2004；Jacobs-Stewart，2010）。酗酒者几乎都拒绝承认自己的问题。而越早寻求帮助，结果就越好。

致幻剂——舞动在迷幻的光影中

大麻是美国最受欢迎的一种非法药物（Substance Abuse and Mental Health Services Administration，2010）。大麻的主要活性化学成分是四氢大麻酚（THC）。THC 是一种药性温和的**致幻剂**（能改变感觉的物质）。常见的致幻剂还有 LSD 和 PCP。

LSD 和 PCP

麦角二乙酰胺（LSD）可能是最著名的致幻剂，只要用一点儿就能产生幻觉，使思维和知觉发生精神病样紊乱。另外两种常见的致幻剂是麦司卡林和裸头草碱（"致幻蘑菇"）。PCP（苯环利定，也称"天使之尘"）也有致幻效果，但 PCP 是麻醉剂，同时具有兴奋剂和抑制剂的作用，这种结合会造成极端兴奋、定向力丧失和暴力，常常导致悲剧的发生。包括大麻在内的所有致幻剂，它们的作用是通过影响神经递质系统而产生的，而该系统的作用是在脑细胞之间传递信息（Maisto，Galizio，& Connors，2011）。

大麻

大麻和印度大麻都是从植物大麻中提炼所得。大麻的原料包括大麻的叶和花，印度大麻则是从大麻叶中提取出的树脂状物质。大麻的心理作用包括欣快、安宁、放松、时间感改变和知觉扭曲，大剂量使用会产生妄想、幻觉和错觉（Hart，Ksir，& Ray，2009）。比起 LSD 或酒精，大麻的麻醉作用相对较轻（Kelly et al.，1990）。但是，使用大麻后开车就十分危险。事实上，使用任何麻醉药物后开车都是非常危险的。

虽然没有研究证明过量使用大麻可以致死，但大麻确实是有害的。THC 会在人体脂肪组织蓄积，对脑和生殖器官的危害尤其严重。即使有人每周只吸一次大麻，大麻也会在其体内永远存在。科学家最近发现了位于大脑细胞表面的特定受体，THC 通过该受体产生作用。大脑皮层受体数量众多，而这儿正是人类意识活动的中心区域（Julien，2011）。此外，THC 受体也存在于那些控制精细动作的区域。自然产生的类似于 THC 的化学物质可以帮助大脑应对疼痛和压力。然而，当 THC 被当作药物来使用时，高剂量的 THC 可以导致妄想、幻觉和眩晕。

滥用

大麻是否会产生生理依赖？ 是的，根据最新的研究结果（Filbey et al.，2009；Lichtman & Martin，2006），经常使用大麻的人很难戒除，这说明大麻有一定的依赖危险（Budney & Hughes，2006）。但人对大麻的依赖主要是心理性的，而非生理性的。

吸食大麻一天后，人的注意力、协调性和短时记忆都会受到影响。长期使用大麻者的学习、记忆、

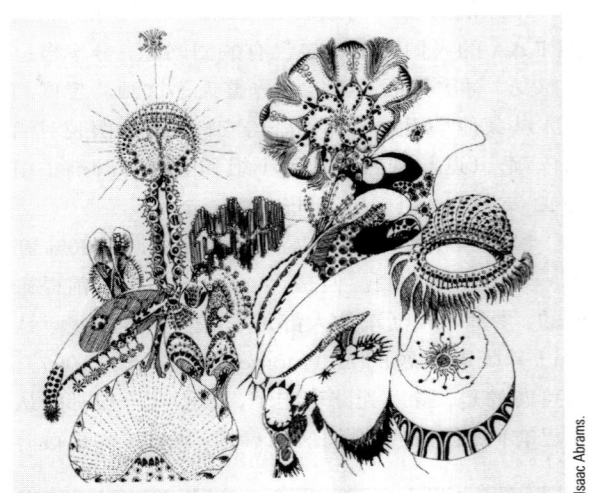

艺术家有时会尝试捕捉幻觉。这是某位艺术家使用 LSD 后对于视觉体验的描绘。

注意和思维能力都会受到轻微的损害（Solowij et al., 2002）。对29岁的人群进行的调查发现，不使用大麻的人比常规使用大麻的人更健康，有更高的收入，对生活的满意度也更高（Ellickson, Martino, & Collins, 2004）。实际上，大麻的使用与精神健康问题密切相关（Buckner, Ecker, & Cohen, 2010）。

那些每周吸食5份或者更多大麻的个体，通常在IQ测验中的分数要比对照组低4分，这足以影响他们的学习能力。事实上，很多戒掉大麻的人报告说，他们之所以戒掉大麻，是因为吸食大麻造成了他们的短时记忆减退，而且出现注意力问题。幸运的是，个体的IQ得分和其他认知测验成绩在其停止吸食大麻以后一个月左右就可以恢复（Grant et al., 2001）。也就是说，吸食大麻的人看起来像是些笨蛋，但是如果他们停止吸食大麻，大多数人都有机会恢复他们的心理能力。

长期健康风险

大麻的长期危害包括以下几个部分：

1. 大麻烟所含的致癌烃类物质比普通烟高50%，焦油含量是普通烟的16倍。因此，每周吸几支大麻烟相当于每天吸十多支香烟。常用大麻的人罹患癌症的风险会增高，特别是前列腺癌和宫颈癌（Hashibe et al., 2005）。
2. 大麻会暂时性地使男性精子减少，而且导致产生更多异常的精子。这对接近生育期并希望组建家庭的男性来说是个问题（Schuel et al., 1999）。
3. 在对雌猴的研究中发现，THC会引起月经周期异常和排卵紊乱。对其他动物的研究表明，THC会使流产率升高，并影响发育中的胎儿。因此，和其他一些药物一样，怀孕期间应禁用大麻。
4. THC会抑制身体的免疫系统，增加患病的风险。
5. 大麻会引起动物体细胞内基因的损伤。目前尚不清楚大麻的这种损伤在人身上如何表现，但这无疑对健康有害。
6. 大麻使用者的小脑活动水平低于正常人。这可以解释为什么长期使用大麻会导致动作不协调（Volkow et al., 1996）。
7. 有一些证据表明，THC会损伤对记忆非常重要的大脑部位（Chan et al., 1998）。
8. 母亲在怀孕期间吸食大麻会降低孩子在挑战性和目标定向性活动中的能力（Fried & Smish, 2001；Noland et al., 2005）。

尽管还有很多未知数，但大麻确实能引起一系列的健康问题。只有进一步的研究才能带给我们更多的信息。

展望

在之前讨论的多种多样的意识状态中，梦仍然是我们最为熟悉也最令人惊讶的一种。我们能从梦中学到什么呢？梦到底隐藏着什么？"应用篇"会解答这些问题。

知识巩固

精神活动性药物

测一测

1. 成瘾性药物作用于_____，从而刺激大脑的奖赏循环。
   a. 神经递质　　　b. α 波
   c. 色氨酸水平　　d. δ 纺锤波
2. 以下所列的药物中，哪些被认为会引起生理依赖？
   a. 海洛因　　　b. 吗啡
   c. 可待因　　　d. 美沙酮
   e. 巴比妥酸盐　f. 酒精
   g. 大麻　　　　h. 安非他命
   i. 尼古丁　　　j. 可卡因
   k. GHB
3. 安非他命类药物导致的精神错乱与极端的_____非常类似，患者感到被威胁，被幻觉困扰。
4. 可卡因对中枢神经系统的作用与以下哪种药物相似？
   a. 司可巴比妥　b. 可待因
   c. 大麻制品　　d. 安非他命

致幻剂 /Hallucinogen　能够改变或歪曲感觉印象的物质。

5. 下列哪组药物混合后的交互作用是致命的?
   a. 大麻和苯丙胺类
   b. 巴比妥酸盐和酒精
   c. 酒精和可卡因
   d. 大麻和THC
6. 大学生可能会因为想要跟上同伴的喝酒进度而过量饮酒。对不对?
7. 在治疗酒精依赖的第一阶段,使酗酒者清醒并切断酒精供应,被称为是:
   a. 满灌   b. 关键阶段
   c. 解毒   d. 临床快感缺乏

想一想
批判性思考

8. 美国政府一边花钱支持戒烟运动,资助相关的健康研究,一边又为烟草种植者提供补贴。你能解释这一自相矛盾的做法吗?

9. 你认为大麻管制法规和烟草酒精管制法规如此不同的原因是什么?

自我反思

在过去的一年中,你使用过什么合法药物?这些药物有促进精神活性的作用吗?关于潜在的滥用危险方面,精神活性药物与其他药物有什么不同?

答案:
1. a 2. 令人愉快 3. 偏执狂 4. d 5. b 6. 对 7. c 8. 我们的卫生部门关注药物使用的后果。9. 因为我们的法律反映了我们的文化对使用药物的历史习惯。用药更换的历史越长,用药管理、健康后果和潜在的滥用问题就越复杂,发现他们之间不一致的可能性。

梦的探索和应用

应 用 篇

关键问题 5.9：如何通过梦的解析促进对人的理解？

不论你支持梦的哪种理论，梦都可以被看作自己向自己传递的信息。因此，理解梦的方法是记住它们，写下它们，发现它们所携带的信息，并熟悉自己的象征系统。以下是一些具体方法：

怎样捕捉梦

1. 就寝之前，做好记住你的梦的计划。把笔、纸或录音机放在床边。
2. 如果可能，最好不用闹钟，让自己慢慢醒来。自然醒几乎总是紧跟在 REM 睡眠期之后。
3. 如果你很少记住你的梦，可以设定一个闹钟，在你正常醒前 1 小时把你叫醒。这样做虽然不如自然醒效果好，但可以帮助你捕捉到梦。
4. 醒后不要睁开眼睛，躺着不动回忆梦境，回忆尽可能多的细节。
5. 如果可能，闭着眼睛记录下你的第一个梦（如录音或写下来）。睁开眼睛会破坏梦的回忆。
6. 再次回忆梦境并尽可能多地记录你能回忆的细节。梦的记忆消失得很快。要记录梦的情节、角色、活动以及伴随的情感。
7. 在同一本梦的日记本里记录梦，按日期顺序写，并定时回顾。这个过程可以揭示周期性的主题、冲突和情绪。这几乎总会带给你有价值的启发。
8. 记住，某些药物会通过干扰 REM 睡眠抑制做梦（见表 5.5）。

解梦

几乎每个人都曾经做过似乎具有深刻含义的梦（Rock，2004）。分析每天的梦境能够成为提升自我和帮助个人成长的资源（Halliday，2010）。心理学家用什么方法来解梦呢？我们首先来看看弗洛伊德是怎么做的。

为揭示梦之谜，弗洛伊德区分了用于掩饰梦的意义的四种**梦的加工**，即梦的心理过滤。第一种是**凝缩**，即将几个人物、物体或事件结合到一个梦境中。比如，梦中的人物看起来像老师，行为像父亲，说话像母亲，穿着像老板——这个人可能是你对生活中权威形象的凝缩。

表 5.5　某些药物对梦的影响

药物	对 REM 睡眠的影响
酒精	减少
安非他命	减少
巴比妥酸盐	减少
咖啡因	无
可卡因	减少
摇头丸	减少（通过中断睡眠）
LSD	稍有增加
大麻	稍有减少或无影响
鸦片制剂	减少
地西泮	减少

Copyright © 2012 Wadsworth, Cengage Learning, Inc.

移置是伪装梦的内容的第二种方式。移置使梦中重要的情绪或活动转变指向，比如，指向安全的或表面看来不重要的东西。因此，一个对父母生气的学生可能梦见自己无意中毁坏了他们的汽车，而不是直接攻击父母。

梦的第三种加工是**视象**。之前提到，弗洛伊德认为，梦的表达常常是象征的表象，而非文字。因此了解梦中表象所象征的感受或观点十分有用。例如，一个学生梦见自己裸体走进教室。从字面上看，这个学生也许是暴露癖，但其象征意义很可能是这个学生不情愿或还没有准备好进入课堂。

润饰是对梦的意义进行伪装的第四种方式。**润饰**是在回忆梦境时使梦更完整和更符合逻辑的倾向。润饰越完美，梦的记忆就越清晰。

对于凝缩、移置、视象和润饰的分析可以帮助你了解自己的梦。但其他技术或许更为有效。Fritz Perls 是格式塔疗法的创始

梦的加工 /Dream processes　梦的心理过滤，从而隐藏梦的真正含义。

凝缩 /Condensation　将几个人物、物体或事件结合到一个梦境中。

移置 /Displacement　将情绪或行为指向安全或不重要的梦中意象。

视象 /Symbolization　有关梦的内容的非文字表达。

润饰 /Secondary elaboration　在回忆梦境的过程中使梦更完整和更符合逻辑。

人，他认为大多数梦所传递的是一种特殊的信息，与我们在生活中失去的、避免去做的或是需要再度拥有的东西有关。Perls认为，梦是填补个人缺失体验的途径（Perls，1969）。

Perls发现的一种有用的方法是"充当"梦中的每一个人或物，并"代替"梦中的人或物"说话"。也就是说，如果你梦到一个陌生的男人站在门后，你就大声与他说话，并替他回答。用Perls的这种方法，你甚至可以代替门说话，说些类似这样的话："我是个屏障，我保护你的安全，但我也把你关在里面。陌生人有事要对你说，你必须冒险打开我，看他说什么。"

另一位研究者Ernest Hartmann认为，梦是大脑寻找创造性连接时的产物。撇开简单重复白天事物的梦，不寻常的梦境元素是解开梦境奥妙的关键（Hartmann，2010）。Hartmann还提出，我们的情绪影响梦境的连接。因此，梦的总体"情绪基调"（潜在的情绪）是梦的意义的主要线索（Hartmann，2008）。梦是否滑稽、险恶、愉快或消沉？你是否感到孤独、嫉妒、害怕、被爱或生气？

每个梦都有几个可能的意义或不同水平的意义，因此，解梦并没有一个固定的方式（Halliday，2010）。告诉别人自己的梦，并讨论它的意义是一个好的开始。描述梦可以帮助重新体验梦中的感觉。同时，家庭成员或朋友可能会提供你没有想到的问题。注意语言和视觉的双关意义以及其他有趣的元素。例如，你梦见你在进行摔跤比赛，你的胳膊被扭在背后。这可能意味着在现实生活中你觉得有什么人在"捆"着你的手脚。

通过探索性的工作可以获得大多数梦的真实含义。试着针对你想要理解的梦提出一系列问题：

1. 梦里都有谁？动物、人类，还是神话中的人物？你能认出哪些人物？
2. 梦中发生了什么社会活动？这些活动是友善的，具有侵略性的，还是与性有关的？
3. 发生了什么？你在梦中活跃吗？
4. 出现过反抗吗？梦中的反抗成功了还是失败了？
5. 梦里的事情是幸运的还是不幸的？
6. 在梦中你有何种情绪？生气、担忧、迷惘、快乐，或者难过？
7. 梦里的周围环境是怎样的？都有什么摆设？

另一个特别有趣的练习是在醒后用幻想把你的梦继续下去，这样，梦也许就会有一个更有意义的结尾。随着你对梦的世界和你个人的梦的语言越来越熟悉，你一定会在自己的行为中发现许多答案、矛盾和直觉，并获得启发。

运用你的梦

我们也可以有意识地利用梦。就像前文中提到的，饱受噩梦困扰的人可以运用想象预演来驱散梦魇（Germain et al.，2004；Krakow & Zadra，2006）。类似地，我们也能用梦增强创造力（Stickgold & Walker，2004）。

梦与创造性思维

梦能够成为通往创造和发现之路，历史上这样的例子不胜枚举。其中之一便是药物学家、诺贝尔奖得主Otto Loewi博士。Loewi花了很多年研究神经冲动的化学传递，他的一个重大研究突破就得益于他的梦。一连三个晚上，他都梦见在做一个实验。前两个晚上，当他在夜里醒过来时，他把梦中的实验"记录"在了记事本上，但早上醒来后却根本不知道自己记的东西是什么意

你如何知道梦意味着什么？传统的方法是寻找其象征性的意义和文字上的意义。例如，如果你发现自己在梦中带了一个面具，这可能是和你在学校、工作场合或家庭中扮演的某个重要角色有关；也可能是因为你想要躲起来，或者想要参加一个化装舞会。要想精确地解梦，理解自己梦中的表象或意义的"词汇表"就非常重要。记录梦的日记是得到有价值的信息的第一步。

思。第三天晚上,他又从梦中醒来,这次他没有再做笔记,而是直接去实验室做了这个关键性的实验。Loewi 后来表示,如果他在清醒时想到这个实验,他是绝不会去做的。

Loewi 的经历启示我们利用梦来产生创造性的解决方法。在梦里,禁锢减少了,这有助于解决那些需要全新观点的问题。甚至那些想象力很差的人,每晚也会在梦中创造出神奇的世界。对大部分人来说,白天满满的感觉输入使得他们失去了这一能力。

如果你在就寝之前做好准备,就可以更好地利用梦来解决问题。上床之前,专心思考你想要解决的问题,明确陈述它,审视所有相关的信息,让自己沉浸在问题中。然后,用前面所说的方法捕捉到你的梦。这个方法并不能保证产生新颖的问题解决方法或新的观点,但它肯定是一种新的探索。实验证明,在连续一星期使用这种方法的大学生中,约一半人获得了帮助其解决个人问题的方法(Barrett, 1993)。

清醒的梦

如果你想了解更多梦的领域,你可能想知道什么是清醒的梦——一段相对较少发生但却迷人的经历。在**清醒的梦**中,个体会感觉自己在梦中完全觉醒,能够正常地思考和活动。你问自己:"这是在做梦吗?"如果答案为"是",你就是在做清醒的梦(Holzinger, LaBerge, & Levitan, 2006;LaBerge, 2000)。

美国斯坦福大学睡眠研究中心的 Stephen LaBerge 及其同事使用一种独特的方法,证明清醒的梦确实存在,这样的梦发生在 REM 睡眠中。在睡眠实验室中,做梦者同意当意识到自己是在做梦时,发出预定的信号。其中一个信号是在梦中突然向上看,产生明显的眼睛向上的运动;另一个信号是(在梦中)左手和右手用事先预定的方式握拳。也就是说,做清醒的梦的人可以部分控制 REM 睡眠麻痹。这些信号清楚地表明,清醒的梦和在梦中的自主活动都是可能的(LaBerge, 2000)。

怎样才能学会做清醒的梦? 只要通过以下简单的步骤即可:当你从梦中自动醒来时,先用几分钟的时间回忆并记住它,然后用 10~15 分钟的时间读书或做其他需要充分觉醒的活动,然后躺到床上再次入睡,并对自己说:"下次做梦时,我要记住我是在做梦。"最后,你似乎可以看到自己躺在床上睡觉并在做刚才所做的梦。同时,想象自己意识到自己正在做梦的场景。每次醒来都按照这种方式练习(如果你不是在梦后醒来,可用回忆另一个梦来代替)。研究者发现,对前庭系统的刺激也会增加梦的清醒度。因此,在吊床、船或水床上睡觉也可以增加清醒的梦(Leslie & Ogilvie, 1996)。

人们为什么想要做清醒的梦? 研究者之所以对清醒的梦感兴趣,是因为这些梦可以成为我们理解梦的工具(Paulsson & Parker, 2006)。对那些能在做梦时发出信号的被试进行研究,使获得来自做梦者的第一手数据成为可能。

在个体水平上,清醒的梦可以将梦变成夜间情绪成长的"工作坊"。例如,一位刚刚离婚的女性总是梦见自己被巨浪吞没。咨询师建议这位女性在下次梦见被巨浪吞没时尝试游泳。她坚决地照做了,从而梦魇不再恐怖。更重要的是,她对梦的修改让她觉得自己又可以应对生活了。因此,做清醒的梦的人往往在情绪上更为健康(Wolpin et al., 1992)。梦境专家 Allan Hobson 认为,学习自主地进入意识改变状态(比如,做清醒的梦或者使用自我催眠)能让人获得启迪,而不需要冒着服用改变意识药物的风险(Hobson, 2001)。因此,不论是白天还是夜晚,做点儿梦都不是坏事。

清醒的梦 /Lucid dream 做梦者感到自己醒着并可以正常思维和行动时的梦。

知识巩固
探索和运用梦

测一测

1. 以下哪个不属于弗洛伊德提出的四类梦的加工？
   a. 凝缩　　　　　b. 清醒度
   c. 移置　　　　　d. 视象

2. 在润饰中，梦中的一个角色可以代表其他几个角色。对不对？

3. Fritz Perls 提出了解梦的另一种方法，强调梦中的角色和物品。对不对？

4. Ernest Hartmann 认为梦是一种相对机械的过程，并没有很多个人的意义。对不对？

5. 酒精和 LSD 都会轻微地导致做梦增加。对不对？

6. 最近的研究表明，清醒的梦主要发生在 NREM 睡眠时期或微觉醒时期。对不对？

想一想

批判性思考

7. 既然有可能存在清醒的梦，一个有趣的问题是：如果你现在正在做梦，你如何证明呢？

自我反思

一些人总是很有兴趣去记住并且解释自己的梦，而其他人则可能对梦很不在意。你对梦是怎么看的？你认为梦和解梦可以促进自我觉察吗？

答案：1. b 2. 对 3. 对 4. 不对 5. 对 6. 不对 7. 在睡眠瘫痪时，我们身动的肌肉会在即时的感觉反馈的中断之外，如果尝试起身或挥手，就图尝试出这些或你的事情能说明这一点。

本章总结

关键问题回顾

5.1 什么是意识？

5.1.1 意识是精神生活的核心，由人们对外界环境的感觉和知觉以及对自身的思想、记忆和情感组成。

5.1.2 异于正常、警觉和觉醒意识的觉察状态叫作意识改变状态（ASCs）。意识改变状态与睡眠、做梦、催眠、感觉剥夺和精神活性药物之间有特定联系。

5.1.3 文化环境极大地影响人们认识、寻求、获得意识状态的改变，以及把什么看作正常的。

5.2 睡眠缺失或睡眠模式改变会有何后果？

5.2.1 睡眠是维持生存的重要的先天生物节律。

5.2.2 中等程度的睡眠缺失主要影响警觉以及常规或单调任务的执行。

5.2.3 高等动物和人被剥夺睡眠时，会出现不自主的微睡眠。

5.2.4 睡眠期间，身体与脑的活动程度降低，新陈代谢速率降低，有利于保持体力，延长寿命。

5.2.5 长时间睡眠剥夺（相当少见）会导致暂时性睡眠剥夺精神病。

5.2.6 可以对睡眠模式进行修改，但不能忽视它。

5.2.7 睡眠模式有一定的弹性，但平均睡眠时间为 7~8 小时。随着年龄的增长，睡眠时间逐渐缩短。

5.3 睡眠都有哪些功能？

5.3.1 睡眠有 4 个阶段。第 1 阶段是浅层睡眠，第 4 阶段是深层睡眠。每天晚上，睡眠者要经历好几次从第 1 阶段到第 4 阶段的循环。

5.3.2 根据睡眠的两种基本状态，非快速眼动（NREM）睡眠能使大脑和身体消除疲劳，快速眼动（REM）睡眠有利于记忆的储存。

5.3.3 NREM 睡眠能够使整个大脑活性降低，"镇静"大脑。

5.3.4 REM 睡眠与梦紧密相连。REM 睡眠和做梦有助于重要记忆的储存。

5.4 什么是睡眠障碍和非正常睡眠？

5.4.1 包括失眠、梦游、梦魇、夜惊、睡眠呼吸暂停和嗜睡症在内的睡眠障碍是严重的健康问题，一旦有持续的症状，应当及时矫正。

5.4.2 失眠可能是暂时的，也可能会发展成慢性的情况。采用睡眠限制和刺激控制等行为方法治疗失眠相当有效。

5.4.3 梦游、梦呓和梦交均发生在 NREM 睡眠期间。

5.4.4 噩梦常见于 REM 睡眠，夜惊常发生于 NREM 睡眠时期。

5.4.5 睡眠呼吸暂停（呼吸中断）是失眠和白天睡眠过度的原因之一。

5.4.6 呼吸暂停被怀疑是婴儿猝死综合征（SIDS）的原因之一。SIDS 的主要风险来自被动吸烟。除个别情况外，健康婴儿睡觉时应仰卧或侧卧。

5.4.7 嗜睡症和猝倒症由清醒时突然向睡眠第 1 阶段的 REM 模式切换而引发。

5.5 梦是否有意义？

5.5.1 REM 睡眠帮助我们形成记忆，有助于日常的心理有效性。

5.5.2 弗洛伊德学说也被称为心理动力学理论，其认为梦表达潜意识的愿望，而且常常隐藏于梦的象征中。

5.5.3 很多理论家质疑弗洛伊德关于梦的理论。例如，激活－合成模型认为，梦是一种生理过程。

5.5.4 从认知神经的角度来说，梦境是清醒时思想与情绪的延续。

5.5.5 梦与清醒时的思想一样重要，大多数梦的内容是关于熟悉的环境、人和活动。

5.6 催眠是什么？

5.6.1 催眠状态是一种特异意识状态，其特征是注意狭窄和受暗示性提高。人在被催眠时是否必然有意识的改变这一点还存有争议。

5.6.2 催眠可使人放松，还可控制疼痛和改变知觉。催眠还能改变习惯和其他的主观经验，如吸烟等。

5.6.3 舞台催眠师的表演仅仅是利用典型的舞台效果和小花招对催眠进行模仿。

5.7 冥想和感觉剥夺对人是否有好处？

5.7.1 专注冥想能够让精神集中，改变意识状态，并纾解压力。正念冥想通过扩大注意力来达到类似的效果。

5.7.2 冥想的好处在于缓解焦虑情绪，引发放松反应。

5.7.3 短时间的感觉剥夺可使人放松。在适当的条件下，感觉剥夺有助于消除长期养成的不良习惯。

5.7.4 正念是对当下开放的、不加以评判的觉知，是一种积极的心理状态。

5.8 常用精神活性药物都有什么效果？

5.8.1 精神活性药物是通过影响大脑从而改变意识的物质。大多数精神活性药物可分为兴奋剂和抑制剂两大类。

5.8.2 精神活性药物被滥用的可能性极大。

5.8.3 药物滥用与个人适应不良、药物强化的效果、同伴的影响和对药效的期待相关。

5.8.4 药物可引起生理依赖（成瘾）或心理依赖，或两者都有。生理成瘾药物包括酒精、安非他命、巴比妥酸盐、可卡因、可待因、GHB、海洛因、美沙酮、吗啡、尼古丁和安定药。所有精神活性药物都能导致心理依赖。

5.8.5 药物使用可根据其性质分为体验性用药、消遣性用药、情境性用药、强化性用药和强迫性用药。药物滥用往往与后三类有关。

5.8.6 服用兴奋剂后，先兴奋随后抑郁，人们很容易为此而过度使用药物。安非他命类（尤其是脱氧麻黄碱）、可卡因、MDMA 和尼古丁被滥用的危险最大，咖啡因滥用也存在风险。此外，尼古丁导致的健康风险还包括肺癌、心脏病和其他健康问题。

5.8.7 巴比妥酸盐和安定药是镇静类药物，其作用与酒精相似。巴比妥酸盐和 GHB 的过量水平接近于它们的致醉剂量，因此它们属于危险药物。巴比妥酸盐、安定药或 GHB 与酒精混合后将产生致命的药物交互作用。

5.8.8 酒精是当前在日常使用中滥用最严重的药物。酗酒是大学中常见的问题。可以通过控制饮酒量来防止酗酒。

5.8.9 大麻滥用的模式与酒精类似。研究发现，长期使用大麻可能是导致肺癌、各类心理能力受损和其他健康问题的原因。

5.9 如何通过梦的解析促进对人的理解？

5.9.1 记录并解释你的梦能够提高自我意识。

5.9.2 弗洛伊德认为，梦的真实意义通过凝缩、移置、视象和润饰过程被隐藏；Perls 提出了代替梦中元素说话的技术；Hartmann 则认为梦是大脑寻找创造性连接时的产物，我们的情绪影响连接，不寻常的梦境元素与情绪是梦的关键。

5.9.3 梦被用于创造性问题解决，尤其是在做可自我控制的清醒的梦时。

第 6 章

学习类型

主题

学习的原理可以用来理解和调控人们的行为。

关键问题

6.1 什么是学习?

6.2 经典条件反射是怎样形成的?

6.3 条件反射影响情绪吗?

6.4 操作性条件反射是怎样形成的?

6.5 操作性强化有哪些类型?

6.6 我们是如何受不同奖赏模式影响的?

6.7 惩罚对行为有何影响?

6.8 什么是认知学习?

6.9 学习是从模仿开始的吗?

6.10 如何应用条件反射原理去解决实际问题?

引子

老鼠！

拉里清晰地记得母亲所描述的被一只老鼠惊吓到的情景。她绘声绘色地讲述着，就好像又一次体验到了看见那生物从炉子里蹦跳出来时的恐惧。虽然大家都在大笑，但是6岁的拉里在想象那具有攻击性的啮齿动物时被吓得发抖。正是那天他学会了害怕老鼠。

若干年后，拉里在非洲研究大猩猩时，第一次遇到了一只活生生的老鼠。他被自己的反应震惊了。尽管已是一名受人敬重的科学家，拉里却像小孩一样尖叫着跑开了。在数次未能控制恐惧之后（以及因此事被别人无恶意地取笑），拉里决心克服对老鼠的恐惧。

回家之后，拉里通过阅读了解了非理性恐惧，并且认识了一种称为"间接性经典条件反射"的学习方式，这种学习方式解释了拉里如何对老鼠产生恐惧。在查阅了更多的书籍之后，拉里返回丛林中，他相信自己能够应对老鼠的出现了。但是，他惊奇地发现自己新获得的知识根本没有用武之地。

拉里偶然发现一个奇怪的事实：所有抽象的"书本知识"（认知学习的一种形式）在老鼠面前都显得爱莫能助。这回拉里学乖了，他求助于治疗师，治疗师用经典条件反射帮助他克服了恐惧。最终拉里不害怕老鼠了，并且现在他还养了一只叫作"爱因斯坦"的宠物鼠。拉里继续开展有关猩猩宝宝如何通过观察他人进行学习的研究——与当初他观察妈妈讲述老鼠的故事时所表现出的情形差不多。

各种不同形式的学习存在于我们生活的每个角落，你准备好学习更多的知识课了吗？如果准备好了，我们就开始吧！

什么是学习——可以通过练习来完善吗？

关键问题 6.1：什么是学习？

我们的大多数行为都是学习后获得的。想象一下，如果你突然把学过的所有东西都忘记了，什么都不会了，不会阅读，不会写字，不会用语言表达自己，不知道怎么吃饭，忘了回家的路，不会开车，不懂弹奏单簧管或举办派对，你将怎样办？毫无疑问，你将完全丧失能力（而且看起来像个呆子！）。**学习**是由经验引起的相对持久的行为变化（Domjan, 2010）。需要注意的是，这个定义不包括因为动机、疲劳、成熟、疾病、受伤或药物所引起的暂时的和相对持久的行为变化。虽然这些因素能够改变行为，但都不能称为学习。

学习类型

正如拉里对待老鼠的经历所表明的，学习有不同的类型（Shanks, 2010）。当一个人或一只动物在多种刺激和反应之间建立联结时，就会产生**联想学习**。人类和很多其他物种都有联想学习的能力。稍后，我们将探讨联想学习的两种类型，经典条件反射和操作性条件反射。

人类还具有**认知学习**的能力，认知学习是指知道、理解、预测，或其他形式利用信息并使之丰富的高级心理过程。诸如从书本中学习知识等较为复杂的认知学习类型是人类特有的。但是有些动物也能进行一些相对简单的认知学习，我们将在本章的后续部分进行介绍。

联想学习

学习是练习的结果吗？这取决于你是如何界定练习的。如果只是单纯地重复一个反应，并不一定能产生学习。你闭上眼睛，数百次地挥舞高尔夫球杆，却未能提高你的击球水平。强化是联想学习的关键。**强化**是指增强某种反应重复发生的可能性的任何事件。反应是指任何可以被确认的行为，包括诸如眨眼、吃寿司、通过门把手开门等可观察到的行为，也包括诸如心率变化等身体内在的反应。

如果你想教给狗一种"本领"，比如让它坐起来，你就要在狗每次坐起来时给它一些食物，以强化它的正确反应。同样，你也可以在一个孩子收拾玩具时给予赞扬，以强化他保持整洁的行为。学习也会发生在另一类情境中，如果一个女孩被蜜蜂蜇过，她可能会在疼痛和蜜蜂之间建立联系，从而学会害怕蜜蜂。在这个例子中，女孩的恐惧被看见蜜蜂之后所引起的不安所强化。

为了更加深入地理解联想学习，首先需要注意在一个反应之前和之后都发生了哪些事情。在反应发生之前的事件为**前因**。例如，3 岁的阿什莉就学到，当她听到卡车停靠在路边的声音时，就意味着爸爸回家了。阿什莉跑到门口去，随着反应而出现的效应称为**后果**。阿什莉从爸爸那里获得的拥抱是她跑到门口去的强化。从事例中可以看出，了解联想学习的"前因和后果"，是理解联想学习的关键所在。

经典条件反射是建立在反应之前所发生的事情之上的（前因）。它起始于能引发反应的刺激。想象一下，一阵风（刺激）吹到眼睛上，会使你眨眼（反应）。眨眼是一种**反射**（自动化的、非习得性的反应）。现在，如果在每阵风吹向你的眼睛之前，你都会听到号角的声音（另一种刺激），并且号角声和风一起多次出现，会出现什么情况呢？要不了多久，即使没有风，你只要听到号角声也会眨眼。显然，你已经学会某些东西。在这之前号角声不会使你眨眼，而现在它却让你眨眼了。

在**经典条件反射**中，一个不能产生某种反应的先前刺激与一个能产生这种反应的刺激建立起联系（例如号角声与吹到眼睛的一阵风建立起联系）。我们认为当新刺激也能引发反应时，学习就产生了（图 6.1）。

在**操作性条件反射**中，学习是建立在反应结果的基础上的。一种反应可能伴随着一个强化物（例如食物），或者惩罚，或者什么都没有。不同的结果决定了这种反应再次出现的可能性（图 6.1）。例如，今天你穿了一件新衬衫，同事们见到后是一片赞扬声（强化），今后你可能更愿意穿它；如果你穿了这件新衬衫，同事们见到后便说三道四，嘲笑你，打电话叫警察，或尖叫（惩罚），今后你可能很少再穿它。

既然你已经大致了解了两类联想学习，下面让我们详细地了解一下经典条件反射。

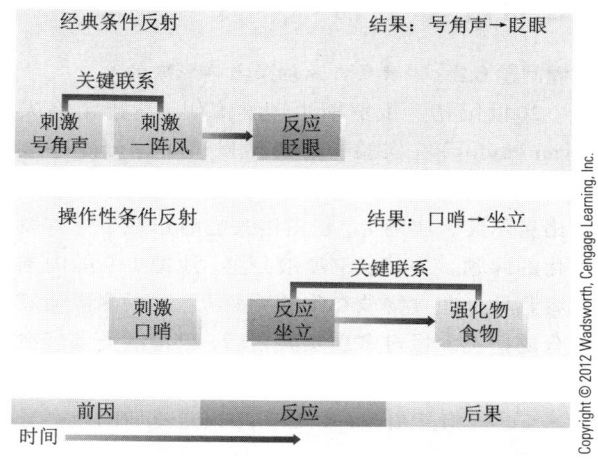

图 6.1 在经典条件反射中，一个不能引发某种反应的刺激与一个能够引发这种反应的刺激配对出现。在配对出现多次之后，先前不能产生效应的刺激开始引发这种反应。如实例所示，如果一有号角声响起就有一阵风吹向眼睛，最终仅有号角声时也能引发眨眼。在操作性条件反射中，一种伴随着强化结果的反应在今后的情景中很有可能再次出现。如实例所示，当狗听到哨音之后，学会了坐立。

学习 /Learning　由经验引起的相对持久的行为变化。

联想学习 /Associative learning　多个刺激和反应之间形成联结。

认知学习 /Cognitive learning　知道、理解、预测等更高水平的学习过程。

强化 /Reinforcement　增强某种反应重复发生的可能性的任何事件。

前因 /Antecedents　在反应发生之前的事件。

后果 /Consequences　随着反应而出现的效应。

反射 /Reflex　一种对刺激天生的、自动化的反应。例如眨眼。

经典条件反射 /Classical conditioning　一种学习类型，在这种学习中，新刺激与反射行为形成联结。

操作性条件反射 /Operant conditioning　学习是建立在反应结果的基础上的。

经典条件反射——巴甫洛夫与铃声

关键问题 6.2：经典条件反射是怎样形成的？

20世纪初，俄罗斯生理学家伊万·巴甫洛夫（Ivan Pavlov）在实验中意外地发现了狗分泌唾液的秘密，巴甫洛夫独具慧眼的观察和发现使他荣获了诺贝尔奖。实际上，巴甫洛夫当时正在研究有关消化的课题。为了观察唾液分泌，他把少量的肉末或者其他一些食物放在狗的舌头上，然后测量唾液的分泌情况。经过多次实验之后，巴甫洛夫发现在这些食物被放进狗的嘴里之前它们就会分泌唾液。后来，这些狗甚至一看到巴甫洛夫走进房间就会分泌唾液（Schultz & Schultz，2012）。

巴甫洛夫认为分泌唾液是一种自动化的、遗传的反射。它不会随着时间的改变而改变。在巴甫洛夫把食物放到狗嘴里面时，狗应该开始分泌唾液，当这些狗没得到食物的时候就不应该分泌唾液。但这却因经验引起了行为的变化。巴甫洛夫发现了某种学习方式的产生，不久之后就开始研究被他称为"条件反射"的现象（图6.2）。由于其在心理学经典理论发展中有着重要的地位，这种学习类型被称为"经典条件反射"或"巴甫洛夫条件反射"，也被称为"反应性条件反射"（Mackintosh，2003）。

图 6.2 巴甫洛夫条件反射的实验装置。一根管子将狗嘴里流出的唾液输送到控制杆，控制杆用于激活测量仪器。在条件反射过程中，不同的刺激物与放置在狗前方的餐盘进行配对。图中所示的仪器比巴甫洛夫在早期实验中所使用的仪器更为精密。

巴甫洛夫的实验

巴甫洛夫是怎样研究条件反射的？实验开始时，巴甫洛夫摇动响铃。起初，铃声是一个中性刺激，狗在听到铃声之后并未产生分泌唾液的反应。紧接着，他把碎肉末放在狗的舌头上，引发狗分泌唾液的反射。这一连串的操作被重复数次："铃声、碎肉末、唾液"→"铃声、碎肉末、唾液"。最终（条件反射形成），当狗听到铃声，它们便开始分泌唾液（图6.3）。通过建立联系，刚开始没有效果的铃声就像食物一样刺激出相同的反应。有时候单独摇铃证明了这一点，即使没有食物放在嘴边，狗在听到铃声之后也会开始分泌唾液。

心理学家使用若干术语来描述这些事件。碎肉末是一个**无条件刺激（US）**，即自身具备引发某种反应（在本例中为分泌唾液）的能力的刺激。需要注意的是，对于无条件刺激而言狗是不必学习如何反应的。这类刺激能自然地引发反射或情感反应。由于这种反射行为是天生的或"内在的"，因此被称为**无条件反射（UR）**或非习得性反应。在巴甫洛夫的实验中，分泌唾液是一种无条件反射。

铃声刚开始是一个**中性刺激（NS）**，最终它变成了**条件刺激（CS）**，即经过学习能够引发某种反应的刺激。当铃声引发唾液分泌时，狗正在产生一个新的反应。因此，分泌唾液变成了一个**条件反射（CR）**或习得性反应（图6.3）。表 6.1 中概括列出了经典条件反射中的重要成分。

所有这些术语都是必需的吗？是的，因为它们有助于我们在各种各样的学习实例中识别刺激。下面用前面的一个例子来总结这些术语：

条件反射建立之前	实例
US → UR	风→眨眼
NS →无反应	号角声→无反应
条件反射建立之后	实例
CS → CR	号角声→眨眼

参阅案例"一眨眼间"，它讲述了经典条件反射如何应用于临床问题。

临床案例

你注意到本章前面部分提到的眨眼实例了吗？许多讲师都会举这个例子，因为它很容易被学生理解。

那么习得性的眨眼是不是另有他用呢？通过经典条件反射技术而习得的眨眼条件反射看似微不足道，但是却具有巨大的临床价值。记得我们在第二章提及的凯特·安德森吗？那名身陷闭锁症、英勇无畏的女子。由于全身瘫痪，医生推断她可能已经脑死亡。幸运地，凯特发现她能通过有意识地眨眼来进行沟通。但是如果她连这个都不能做呢？甚至更糟糕，如果她虽然没有脑死亡，但仅有最低限度的知觉，这又该怎么办呢？

眨眼条件反射有助于将身陷闭锁症的个体从脑损伤严重的个体中区别出来，以及将脑损伤严重但是存有最低限度知觉的个体从处于植物人状态的个体中区别出来(Bekinschtein et al, 2009)。那些存有最低限度知觉的病人能够形成条件反射，可能会恢复某些心理功能，而陷入植物人状态的病人不可能形成条件反射或恢复心理功能。可以肯定的是，有些处于最低限度知觉的病人会被误诊，从而未能得到恰当的治疗。

眨眼条件反射还有助于早期诊断。例如，心理学家Diana Woodruff-Pak（2001）注意到早在其他测试显现出罹患痴呆症信号的6年前，病人便已经产生无序的眨眼条件反射了。（最终，痴呆症患者的记忆、判断、语言、思考等能力会有较大的衰退。）

自从眨眼条件反射（包括眨眼条件反射所涉及的大脑区域）被人们越来越深入地理解之后，它具有了更多的临床应用（Lee & Kim, 2004）。例如，目前已知眨眼条件反射与小脑有关，而自闭症与小脑功能紊乱有关，从而我们能够在自闭症患者身上研究眨眼条件反射。当Joseph Steinmetz及其同事开展了此项研究后，他们发现自闭症患者表现出了异常的眨眼条件反射。在强迫症、胎儿酒精综合征、精神分裂症中也发现了类似的研究结果（Bolbecker et al., 2009；Steinmetz, Tracy, & Green, 2001；Woodruff-Pak, 2001）。它们之间的这种关系为我们提供了诊断这些病症的另一方法，同时能够让我们更深入地了解它们。

谁能想到"一眨眼间"能发现这么多事呢？

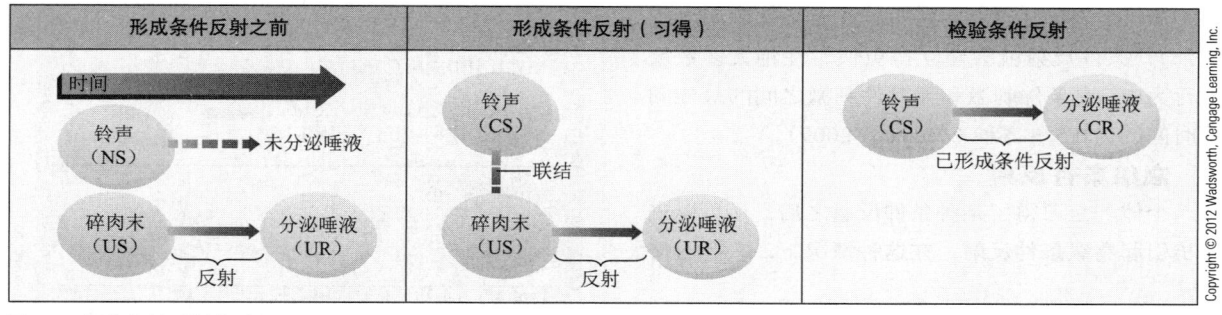

图6.3 经典条件反射的过程

表6.1　经典条件反射的成分

成分	简写	描述	实例
无条件刺激	US	自身具备引发某种反应的能力的刺激	碎肉末
无条件反射	UR	由无条件刺激引发的内在的反射行为	由无条件刺激引发的分泌唾液
中性刺激	NS	不能激发反应的刺激	条件反射形成前的铃声
条件刺激	CS	一种刺激，由于与一个无条件刺激重复配对出现而能够引发某种反应	条件反射形成后的铃声
条件反射	CR	一种由条件刺激激发的习得性的反应	由条件刺激引发的分泌唾液

Copyright © 2013 Cengage Learning, Inc

经典条件反射的原理——莱纳德研究柠檬汁

假设一位名叫莱纳德的科学家想要在朋友谢尔顿的身上研究条件反射的形成。为了观察条件反射的形成过程,他先摇铃,然后把柠檬汁挤进谢尔顿的嘴里。多次重复这个程序后,他可以通过铃声使得谢尔顿产生分泌唾液的条件反射。此后,谢尔顿的反应可以使你更好地理解经典条件反射的其他方面。

习得

在**习得**或训练期间,条件反射必须被强化(图6.4)。当条件刺激伴随着无条件刺激或与无条件刺激配对出现时,条件反射必须被强化。这个过程被称为**反应性强化**,因为无条件刺激产生某种反应,这种反应又与条件刺激建立联结。对于谢尔顿而言,铃声是条件刺激,分泌唾液是无条件反射,酸柠檬汁是无条件刺激。为了强化对铃声的分泌唾液反应,必须把铃声和柠檬汁联系在一起。如果条件刺激(铃声)出现之后立即出现无条件刺激(柠檬汁),条件反射就会建立得更快。在绝大多数反射行为中,在条件刺激和无条件刺激之间的最佳间隔时间约为 0.5～5秒(Chance,2009)。

高级条件反射

个体一旦习得了某种条件反射之后,还可以进一步引起**高级条件反射**。在这种情况下,一个习得的条件刺激会像一个无条件刺激一样,被用于进一步的强化学习。让我们还是用谢尔顿的例子来说明。

作为早期学习的结果,无须柠檬汁,只要铃声一响,即可使谢尔顿分泌唾液。再进一步,莱纳德先拍手,再摇铃(不使用柠檬汁)。通过高级条件反射,谢尔顿不久就学会在莱纳德拍手时分泌唾液(图6.5)。

高级条件反射会在原来条件刺激的基础上进一步拓展学习。许多广告商都在应用这一原理,把那些能够引起美好情感的画面(如知名人士、微笑、愉悦经历)与商品捆绑在一起呈现给人们,通过建立联结,他们期望顾客在看到那些商品时即会感到心情舒畅(Priluck & Till,2004;Till,Stanley,& Priluck,2008)。

期望

巴甫洛夫认为,经典条件反射不涉及任何高级心理过程。当今许多心理学家都认为经典条件反射

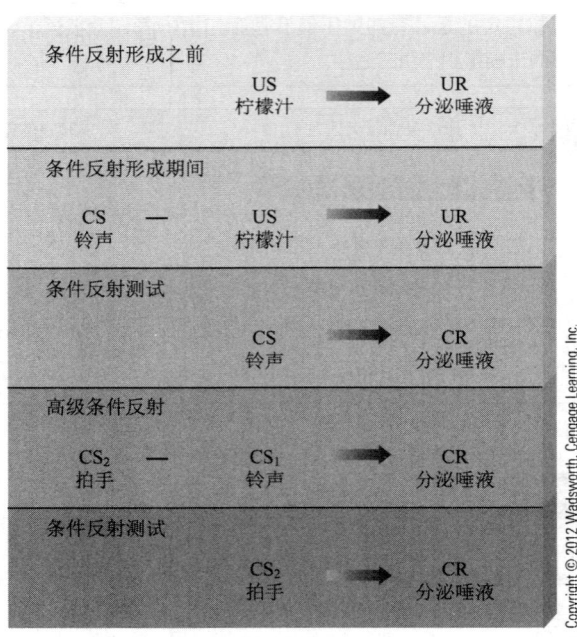

图6.5 当一个习得的条件刺激像一个无条件刺激一样,被用于进一步的强化学习,就会发生高级条件反射。在本例中,谢尔顿首先被训练对铃声分泌唾液的这种条件反射。最终,铃声可以刺激唾液分泌。到那时,莱纳德先拍手,再摇铃。在重复这个程序不久后,谢尔顿就学会在莱纳德拍手时分泌唾液。

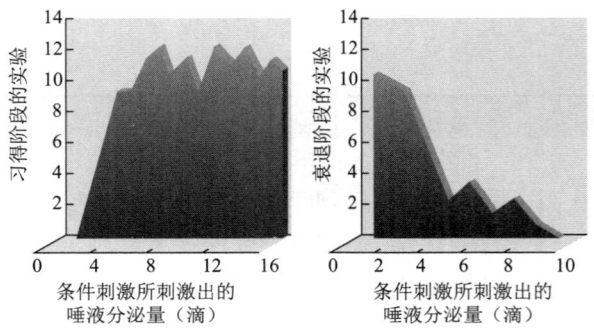

图6.4 条件反射的习得与衰退(After Pavlov,1927)

确实是存在认知根源的，因为它与那些有助于生存的信息有关联。根据这一**信息观**，我们在事件之间寻找联系。这样做会使得我们对事件之间如何联系产生新的心理**期望**或思考。

经典条件反射如何改变期望行为？ 在经典条件反射中，条件刺激出现在无条件刺激之前，因此，条件刺激预示着无条件刺激的发生（Rescorla，1987）。在形成条件反射的过程中，大脑学会了新的期望，即某种条件刺激出现后肯定会出现特定的无条件刺激。此时，大脑已使身体做好准备，对无条件刺激进行反应。例如，当你准备要打针时，一看到针管，你的肌肉就会绷紧，呼吸会变得急促。为什么呢？因为你已经学会预想到打针时会疼痛，而你的身体已经准备好忍受这种疼痛。这种在经典条件反射中习得的期望改变了你的行为。

消退和自动恢复

由经典条件反射所形成的联结是否会消失？如果条件刺激出现后不再伴有无条件刺激出现，条件反射将会消退。在谢尔顿的例子中，如果莱纳德摇铃后不再往谢尔顿嘴里喂柠檬汁，多次之后，谢尔顿对"铃声－柠檬汁"的期望就会减弱，听到铃声后分泌唾液的行为也会相应减少。由此可以看到，当我们消除条件刺激与无条件刺激之间的联结时，经典条件反射将会减弱（图6.4），这个过程称为**消退**。

如果一种条件反射是经过很长时间才建立的，那么是否同样需要很长时间才会消退？答案是肯定的。事实上，条件反射的消退也需要经过许多次反复的消退过程才能完成。例如，莱纳德可以一直摇铃而不给谢尔顿柠檬汁，直到谢尔顿停止分泌唾液的反应。虽然这看起来好像消退过程已经完成，其实不然，第二天，谢尔顿一听到铃声又会产生分泌唾液的反应，至少一开始会（Rescorla，2004）。这种现象被称为**自动恢复**，即一个反应明显消退之后又再次出现。同样道理，当人经历过一次可怕的车祸之后，往往需要经过多次安全地搭乘汽车，对乘车的恐惧才可能完全消退。

泛化

当条件反射之后，与特定的条件刺激相似的其他刺激也能引起同样的条件反射，称为**刺激泛化**。例如，谢尔顿对铃声产生分泌唾液的条件反射之后，听到电话铃声或门铃声也会分泌唾液。在此之前，电话铃声和门铃声并没有作为条件刺激出现过。

刺激泛化的意义是显而易见的。例如，一个孩子玩火柴时不慎烧了手指。根据经典条件反射原理，对她而言，划着的火柴将会变为一个引起恐惧感的条件刺激。由于刺激泛化，她可能对打火机、壁炉、火炉中的火焰都产生自我保护式的恐惧。如果我们没有这种将一种学习结果泛化到其他情境中的本领，就很难适应环境。

无条件刺激 /Unconditioned stimulus(US)　自身具备引发某种反应的能力的刺激。

无条件反射 /Unconditioned response(UR)　由无条件刺激引发的天生的反射行为。

中性刺激 /Neutral stimulus(NS)　不能激发反应的刺激。

条件刺激 /Conditioned stimulus(CS)　一种刺激，由于与一个无条件刺激重复配对出现而能够引发某种反应。

条件反射 /Conditioned response(CR)　一种由条件刺激激发的习得性的反应。

习得 /Acquisition　条件反射形成的过程，在这个过程中某种反应被强化。

反应性强化 /Respondent reinforcement　一种强化，它出现在一个无条件刺激紧随一个条件刺激出现时。

高级条件反射 /Higher order conditioning　在经典条件反射中，把一个被习得的条件刺激当作无条件刺激那样用于进一步的强化学习。

（条件反射的）信息观 /Informational view(of conditioning)　一种从信息角度解释学习的观点，这些信息来源于环境中的事件。

期望 /Expectancy　对未来可能产生的事件或关系的预测。

消退 /Extinction　由于解除强化而产生的条件反射减弱。

自动恢复 /Spontaneous recovery　在经过特定刺激后已习得的反应再次重现。

刺激泛化 /Stimulus generalization　对与条件刺激类似但是不同的刺激产生反应的倾向。

你或许已经想到，刺激泛化是有一定限度的。新刺激与原条件刺激差异越大，条件反射越弱。如果一个人已经在眨眼行为与钢琴弹奏的一个特定音符之间建立了条件反射，那么，当你弹奏比这个音符更高或更低的音符时，眨眼反射将会减弱。当你弹奏的音符高（或低）到一定的程度时，此人将不会再有眨眼反应（图6.6）。刺激泛化可以用来解释为什么许多商店会卖名牌的仿制品，因为很多消费者对正品的喜好感也会泛化到廉价的仿制品身上（Till & Priluck, 2000）。

辨别

我们以谢尔顿为例来理解更多的内容（谢尔顿看来真的要在他的生活中"爆炸"了）。假设莱纳德又开始以铃声为刺激使得谢尔顿形成条件反射。在实验中，他偶尔用蜂鸣声代替铃声，但是此时在蜂鸣声之后不给无条件刺激（柠檬汁）。最初，由于泛化作用，谢尔顿在听到蜂鸣声时会产生分泌唾液的反应。但是在莱纳德多次制造出蜂鸣声之后，谢尔顿就不会再对它产生反应了。这是为什么？从本质上讲是因为谢尔顿对蜂鸣声的泛化反应已经消退，他学会了辨别不同的刺激，即对铃声和蜂鸣声产生不同的反应。

刺激辨别指对不同刺激产生不同反应的能力。再举个例子，你可能会记得，在你小时候，你的爸爸或妈妈有时会绷着脸吓唬你说："你把玩具都给我收拾起来！你是不是想挨打？"开始时，你总是挺害怕，但你很快就学会了区分他们真生气和假装生气时的语气。

人类的经典条件反射——谈及情绪

关键问题6.3：条件反射影响情绪吗？

人类的学习有多少是建立在经典条件反射基础上的？从本质上看，形成经典条件反射的基础是反射反应。前文提到，反射是天生的、固定的"刺激-反应"联系。例如，手疼痛时会引起退缩反射；在强光照射下，眼睛的瞳孔会反射性收缩；对着眼睛吹气会引起眨眼，各色食物会引起分泌唾液反应。这些反射，也包括其他反射能够与新的刺激建立联系。至少，你可能已经注意到，在自己看到或闻到面包时会不自觉地流口水。甚至是食物的图片也会使你分泌唾液（酸柠檬的照片尤具此功效）。

条件性情绪反应

面对各种新的刺激，我们还会形成许多复杂的情绪反应。例如，在你小的时候，当你受到责骂时，脸就会涨红。现在，每当你感到尴尬或害羞时，你的脸同样会涨得通红。再如，你第一次走进牙科诊室体验到那难以忘怀的疼痛，后来当你再走进牙科

图6.6 （a）刺激泛化，与条件刺激相似的刺激同样能引发特定反应。（b）当这只猫看到一个猫食袋时便开始分泌唾液，当向其展示外观相似的清洁剂袋子时它也会分泌唾液。

诊室、准备接受牙科医生治疗时，是不是心里怦怦跳、手掌汗津津呢？

通过经典条件反射，许多无意的、自主神经系统反应（攻击或逃离反射）都能和新的刺激或情境结合在一起。例如，一些习得的反应会使高血压病更加恶化。交通堵塞和伴侣吵架及其他类似情景都有可能成为引起血压上升的条件刺激（Reiff, Katkin, & Friedman, 1999）。

当然，情绪性条件反射的形成也同样适用于动物。饲养宠物的人最常犯的一个错误就是叫宠物（特别是狗）过来而它不过来时打它，这样一来，你的呼唤往往会成为宠物恐惧和退缩的一个条件刺激，你也就怪不得在你呼唤它们时，它们不愿意靠近你了。那些打骂或体罚孩子的父母们往往也犯同样性质的错误。

习得恐惧

心理学先驱约翰·华生（John Watson）在1920年报告了一名叫小阿尔伯特的幼儿是如何通过经典条件反射形成对老鼠的恐惧的（Beck, Levinson, & Irons, 2009）。从那以后，人们普遍接受，许多恐惧症开始于**条件性情绪反应（CER）**或对先前中性刺激习得的情绪反应（Field, 2006）。恐惧症是指即使在真正的危险不存在的情况下仍然体验到的恐惧感。比较常见的是对动物、置身高处、雷电、臭虫、乘坐电梯等类似事物产生恐惧。

很多恐惧症患者的恐惧可以追溯到他们曾经被某些刺激惊吓、伤害或困扰的时候，特别是在童年时期（King, Muris, & Ollendick, 2005）。即使只有一次被蜘蛛伤害或者惊吓的经历便可以让这种恐惧的情绪持续很多年（de Jong & Muris, 2002）。刺激泛化与高级条件反射可以使条件性情绪反应泛化到其他刺激上。因此，刚开始程度有限的恐惧感可能会演变成使人丧失能力的恐惧症（图6.7）。

在条件性情绪反应发生过程中，有一片被称为杏仁核的脑区会变得较为活跃，产生恐惧的感觉。杏仁核是边缘系统的一部分，该系统也负责控制其他情绪（详见第2章）。认知学习对于这些低级脑区的作用微乎其微（Olsson, Nearing, & Phelps, 2007）。这也是为什么难以通过获知如何控制恐惧

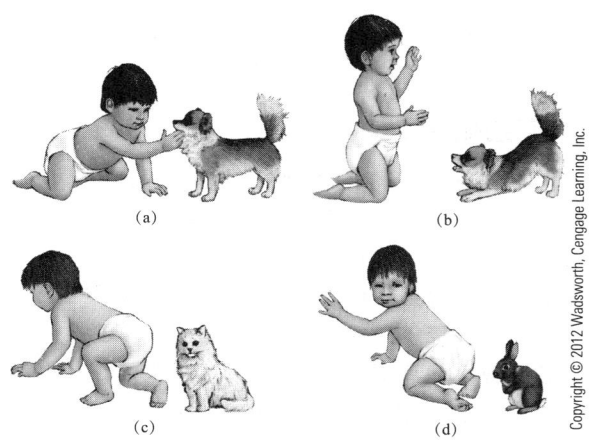

图 6.7 条件性情绪反应如何演变成恐惧症的假想案例。（a）一个儿童接近一只狗；（b）然后被狗惊吓到；（c）由于刺激泛化作用而对其他动物也产生恐惧；（d）最终甚至害怕毛绒动物玩具。

来减轻恐惧感和恐惧症，例如前文中的拉里不能通过这种方法克服老鼠恐惧症。但是，有一种称为**脱敏疗法**的理论有助于消除已形成的恐惧。让恐惧症患者在尽力保持平静和放松的同时逐渐接近曾给他造成恐惧的刺激。例如，具有恐高症的人被逐步地带到更高的地方，直到他们的恐惧感消退。当计算机绘图被用于刺激恐高经历时这一理论同样有效（Wiederhold & Wiederhold, 2005）。

> **知识桥**
>
> 参见第15章，可获得更多有关基于学习理论的疗法的信息。

毋庸置疑，人们许多的喜怒哀乐都是通过条件性情绪反应习得的。根据这个道理，广告商们总是让令人愉悦的画面和音乐与他们的商品同时出现。

刺激辨别 /Stimulus discrimination 对不同刺激产生不同反应的能力。

条件性情绪反应 /Conditioned emotional response（CER） 通过经典条件反射，与先前的非情绪性刺激建立联系的情绪性反应。

脱敏疗法 /Desensitization 通过让个体在尽力保持放松的同时逐渐接近情绪性刺激，以降低恐惧或焦虑。

同样，许多学生在第一次约会时也会用同样的方法，如营造花前月下或轻歌曼舞的气氛。

间接性条件反射

条件反射也能间接地出现。让我们来举个例子，你观察到另一个人触电的经历，即使你从未有过触电经历，每当只有电灯亮起而没有发生触电时，你也会对电灯产生条件性情绪反应。儿童对雷电也经历过类似的条件反射形成过程，他们通过观察父母对雷电的反应而习得对雷电的恐惧。许多美国人在观看了2011年9月11日在纽约和华盛顿的恐怖袭击报道之后产生了精神创伤（Blanchard et al., 2004）。那些向产生精神创伤的性虐待受害者提供咨询的人自己也会产生间接性创伤（Rothschild & Rand, 2006；Way et al., 2004）。

在我们观察其他人对某种刺激的情绪反应时，我们学会了对一个刺激产生情绪上的反应，**间接性经典条件反射**由此产生（Olsson, Nearing, & Phelps, 2007）。在很多情况下，这种"二手的"学习会影响到我们的情绪。告诉儿童"蛇是危险动物"并不能解释儿童对蛇的情绪性反应，更贴切的解释是，儿童观察到人们"谈蛇色变"的恐惧表情或者看到电视中蛇的形象（King, Muris, & Ollendick, 2005）。这也确切地解释了本章前面部分提到的研究者拉里是如何对老鼠产生恐惧的。在儿童的成长过程中，父母、朋友和亲戚的情绪毫无疑问会增强儿童对蛇、山洞、蜘蛛、高处及其他恐怖事物的恐惧。甚至总有演员在里面尖叫的恐怖电影也有类似的作用。

推而论之，我们对于一种食物、一件事情、一个政党或一类人的态度，不仅可能通过亲身的经验形成，也可能通过间接的方式形成。因此，当父母们发现自己的孩子在态度或行为方面出现问题时，首先应当反思自己，看看是不是由于自身的原因造成的。

知识巩固

经典条件反射

测一测

1. 强化概念适用于_____。
   a. 前因和后果
   b. 中性刺激和奖励
   c. 经典条件反射和操作性条件反射
   d. 习得和自动恢复
2. 由俄国心理学家_____研究的经典条件反射，也被称为_____条件反射。
3. 你闻到炒菜的香味，直流口水。在这里，菜香是一个_____，你分泌的口水是一个_____。
   a. 条件反射、条件刺激
   b. 条件刺激、条件反射
   c. 后果、中性刺激
   d. 反射、条件刺激
4. 信息观认为经典条件反射建立在对条件刺激和无条件刺激的心理_____改变的基础上。
5. 在你习得一个条件反射之后，它将随着_____而减弱。
   a. 自动恢复
   b. 刺激泛化
   c. 强化移除
   d. 在条件刺激之后出现无条件刺激
6. 当一个条件刺激被用于强化学习二次条件刺激，就会产生高级条件反射。对不对？
7. 心理学家提出，许多恐惧症开始于条件性情绪反应泛化到其他相似的情景。对不对？
8. 3岁的约翰看到他5岁的姐姐被邻居家的狗追赶。现在约翰和他姐姐一样怕狗。约翰的恐惧是_____的结果。
   a. 刺激泛化
   b. 间接性条件反射
   c. 自动恢复
   d. 高级条件反射

想一想

批判性思考

9. 每次你触碰到门把手的时候都会被静电电击到，现在你开门的动作有些迟疑。你能从经典条件反射的角度分析一下这个情景吗？

自我反思

无条件刺激、条件刺激、无条件反射、条件反射——你如何理解这些术语？首先你应该注意我们既关注刺激（S），也关注反应（R）。我们还需要知道些什么？每个 S 或 R 可以是条件的（C），也可以是无条件的（U）。

在学习发生之前，一个刺激能够引发一个反应吗？如果能，那么它是一个无条件刺激。对于一个刺激你是否需要学习才能产生反应？如果是，那么它是一个条件刺激。一个反应是否不用习得就会发生？如果是，那么它是一个无条件反射。如果需要习得，那么它是一个条件反射。

答案：1.c 2.它逗乐了，它可能会再次被引发 3.b 4.瞳孔 5.c 6.关于按铃的反应，这些反应是通过食物引发的流涎反应而形成的。门开了已经成为条件刺激，能够引发流涎的条件反应。可能也会发生其他行为。

操作性条件反射——鸽子能打乒乓球吗？

关键问题 6.4：操作性条件反射是怎样形成的？

操作性条件反射是另一种类型的联想学习，它的原理是心理学中最重要的原理之一。学会怎样使用它们，你将绝对不会后悔。操作性条件反射可以应用于所有生物，用来解释大部分日常行为。操作性条件反射可以用来改变宠物、儿童、其他成人的行为，当然也包括你自己的行为。

正如前文所提到的，**操作性条件反射**（也称为工具性条件反射）的形成过程就是学会把反应与其结果联系在一起的过程。操作性条件反射的基本原理是：被强化的行为再次发生（Chance, 2009）。学习理论的先驱者爱德华·李·桑代克（Edward L. Thorndike）称之为**效果律**，即一个反应再次发生的可能性会被这个反应所产生的效果所改变（Benjafield, 2010）。当一个反应发生后，如果伴随着令人满意的事件，就能对学习起强化作用。你讲的笑话把人们都给逗乐了，你以后就很可能再讲这个笑话。如

果刚开始连着有 3 个人在听到你讲的笑话之后都皱了眉，那你可能就不会再讲这个笑话。

在操作性条件反射中，学习者主动地对环境进行"操作"。因此操作性条件反射主要是指学习自主性反应。例如，按压电视遥控器的开关是一个习得的操作性反应，通过获取你想要的结果，比如更换频道、让令人讨厌的商业广告静音等，由此按压遥控器的反应被强化了。相对而言，经典条件反射则是被动的，当一个无条件刺激跟随一个条件刺激出现时，在学习者身上才会发生经典条件反射（如表 6.2 所示）。

表 6.2 经典条件反射与操作性条件反射的比较

	经典条件反射	操作性条件反射
反应性质	反射性的、不随意的	自主的、随意的
强化	发生在反应之前（无条件刺激紧接条件刺激之后出现）	发生在反应之后（强化刺激或事件在反应之后出现）
学习者的角色	被动学习者（反应由无条件刺激引发的）	主动学习者（主动做出反应）
学习性质	中性刺激通过与无条件刺激之间建立联系而成为条件刺激	特定反应结果决定这一反应再次发生的可能性
习得期待	预期在条件刺激之后将出现无条件刺激	预期自己的反应将产生特定结果

正强化

奖励的另一种叫法难道不是强化吗？不完全是。更确切地说，奖励是一种强化物。为什么呢？因为奖励不总是能增强反应。你给孩子一块巧克力作为其良好行为的"奖励"，但只有在这个孩子喜欢巧克力的条件下它才能起到效果。对一个人

间接性经典条件反射/Vicarious classical conditioning 通过观察他人对特定刺激做出的反应而产生的经典条件反射。

操作性条件反射/Operant conditioning 在反应结果的基础上进行学习。

效果律/Law of effect 那些能够产生想要的效果的反应被重复，那些产生不想要的效果的反应不被重复。

有强化作用的事物未必对他人也有同样的作用。作为一条基本原则，心理学家将**操作性强化物**定义为"伴随一个反应发生并能增加这个反应再次发生的可能性的事件"（图6.8）。

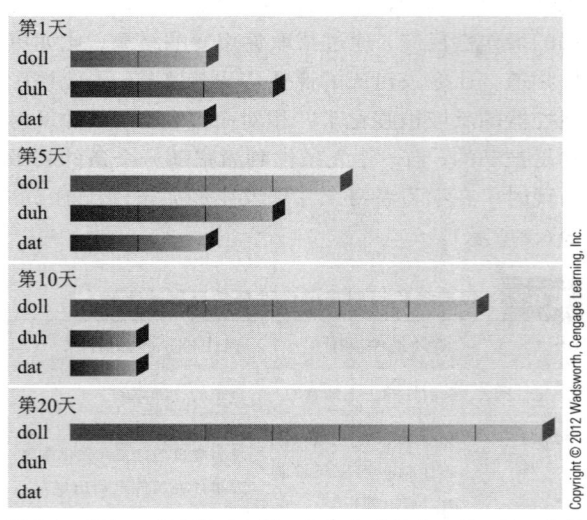

图 6.8 假如一个孩子正在学习如何表述她喜欢的玩具，在她想要布娃娃的时候，她会说"doll""duh""dat"（"doll"是娃娃的正确英文发音）。图中显示了孩子在索要布娃娃时所使用的词汇的次数（图中每一块横柱体代表孩子的一次发音）。起初，她交替着使用全部三个词汇。为了加快学习，她的父母决定只有当她发音正确的时候才给她布娃娃。你应该注意到孩子行为由此产生的变化，这就是操作性强化的应用。到了第20天，她已经完全学会说"doll"了。

操作性反应的习得过程

很多在动物身上开展操作性条件反射的研究都利用了斯金纳（B. F. Skinner）于1938年发明的**操作性条件反射箱**，这套装置也被称为"**斯金纳箱**"（图6.9）。箱子内部四壁无其他装饰，只露出一个金属杠杆和一个可以放食物的托盘。实际上，在斯金纳箱中并没有其他可玩的东西能够增加实验对象做出实验者想要的行为反应的机会。饥饿使得动物积极地寻找食物，主动发出或自愿放弃各种各样的行为反应。深入地了解斯金纳箱有助于解析操作性条件反射的发生过程。

"爱因斯坦"获得食物

一只机灵、饥饿的老鼠（其实就是拉里的那只名叫"爱因斯坦"的宠物鼠）被放置在一个操作性条件反射箱中。开始时，老鼠四处溜达，蹲坐着舔了舔自己的身体，闻闻箱角处，用后肢撑着身体站了起来，表现出了老鼠特有的一些行为。鼠类总是闲不住，它用前肢搭到杠杆上，好像是要观察一下箱子的顶部。突然间，发生了一件事情。就在老鼠按下杠杆时，随着咔嗒一声响，一个食物团掉进托盘里。大鼠来到托盘前，吃掉食物，然后又舔舔自己的身体。之后，大鼠又开始东跑西颠地在箱子里探索，又一次不经意地压了一下杠杆，咔嗒一声响，托盘里又出现一个食物团！几经"天上掉下馅饼"的好事之后，大鼠来到杠杆处，开始使劲嗅杠杆，然后把前肢搭在上面，又是咔嗒一声。很快，"爱因斯坦"便形成了稳定的频繁按压杠杆的行为模式。

值得注意的是，在这一情景中，老鼠并没有习得一项新技能，它早就会按压杠杆。强化只改变了老鼠按压杠杆的频率。在操作性条件反射中，新的行为模式可以通过改变不同反应发生的可能性来进行塑造。

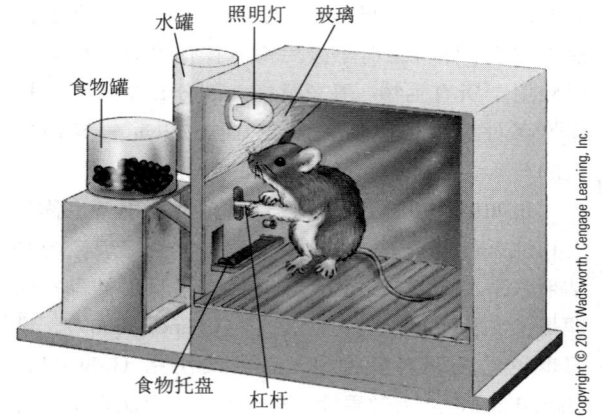

图 6.9 斯金纳箱。这套装置是斯金纳为了研究操作性条件反射所发明的。当老鼠按压杠杆时，就会产生一个食物团或一滴水。（在本书第一章有斯金纳箱的图片。）

批判性思考　　我们并不比鸽子更迷信吗?

斯金纳曾经把几只鸽子放在斯金纳箱中,不管这些鸽子正在做什么都不时地给它们食物进行强化(Domjan,2010)。尽管在鸽子的行为及其后果之间并不存在实质性联系,每只鸽子却表现得似乎其行为和结果存在某种联系,一只鸽子开始扇动翅膀,另一只鸽子单腿跳,还有一只鸽子在箱子里转圈圈,等等。尽管这些行为并不是获得强化所必需的(愚蠢的鸽子)。

人类是不会那样做的,对吗?不要那么绝对。在斯金纳做研究时,他设想人类行为也是这样的。为什么一个高尔夫球员在击球之前总是要先在草地上轻轻地挥动几次球杆?斯金纳的设想是对的,因为在击球之前,高尔夫球员有时会快速轻挥几次球杆,而这种挥动行为往往伴随着出杆成功,因此被强化了,即使它与一记漂亮的击球毫无关联(其实击球成功与否只取决于他是否正确地挥杆了)。强化物不仅能影响其所伴随的特定反应,还能影响到不久前产生的其他反应。所以这名高尔夫球员每次击球之前都要轻挥几次球杆(愚蠢的人)。

斯金纳用**迷信行为**这一术语来描述这种行为,一个行为重复出现,是因为它看似能够引发强化,尽管它并不是获得强化所必需的。我们能从职业棒球运动员身上发现一些迷信行为的实例,比如有人总要在每场比赛之前吃炸鸡,有人还会一直佩戴同一运动绷带——长达4年(老天啊)(Burger & Lynn, 2005; Wright, Perry, & Erdal, 2008)。

斯金纳的这一观点有助于解释很多人类的迷信行为。有一次你恰好走在一个梯子下面,不慎跌断了腿,你可能会因此而避免在梯子下面走。以后你没有再跌断腿,这就强化了你的"在梯子下行走不吉利"的迷信。这个观点还可以用来解释巫术。那些祈求施雨、祛疾或作物丰收的仪式之所以被很多人所信奉,都可以用这种偶然性的逻辑加以解释,人们往往因为一些"碰巧"的成功而痴迷于各种迷信行为。(Jahoda, 2007)。因此,祈求好运吧!

信息和期望

与经典条件反射一样,操作性学习也是建立在信息和期望基础上的(Chance, 2009)。在操作性条件反射中,我们学会了某种期望,即在特定时间通过特定反应将会获得某种特定结果。也就是说建立了某种刺激与某种行为进而某种后果之间的联系。此外,当操作性强化的是随机反应时,强化效果最佳。也就是说,必须仅在期待的行为反应出现后才给予强化。从这个观点来看,强化的作用在于向一个人或一个动物传递这样一个信息:"这种反应是正确的。再来一次!"

举个例子,我们要教一个不懂礼貌的9岁儿童学说"请""谢谢"和"对不起"。在开始阶段,这个孩子看见自己喜欢的东西就抢过来,根本不说"请"字,如果得不到,他就会生气。实验中,如果他说了"请"字,就用三种方式进行强化:一是让他得到他想要的东西,二是给他糖或爆米花等他喜欢的食品,三是对他的文明行为给予表扬。后来,每次他想要什么东西的时候,大多会礼貌地先说"请"字(Matson et al., 1990)。

同样的道理,操作性条件反射有效地影响了我们在家庭、学校和事业上的行为。适时地给予强化是有意义的,有助于鼓励有成效的、负责任的行为。

强化的时间控制

在正确反应出现之后立即给予操作性强化,将是非常有效的(Powell, Symbaluk, & Honey, 2009)。事实上,恰当的强化时间控制是学习出现所必需的(详见"我们并不比鸽子更迷信吗?")。对于斯金纳箱中的老鼠,如果在它按压杠杆和获得食物之间的时间间隔超过50秒,会使老鼠难以

操作性强化物 /Operant reinforcer　伴随一个反应发生并能增加这个反应再次发生的可能性的事件。

操作性条件反射箱(斯金纳箱)/Operant conditioning chamber(Skinner box)　一套研究动物的操作性条件反射的装置。

迷信行为 /Superstitious behavior　一个行为重复重现是因为它看似能够引发强化,尽管它并不是获得强化所必需的。

学会按压杠杆取食（图6.10）。一般来说，如果在一个期望反应出现后立即给予强化，那么成功学习的可能性将会很大。因此，如果要培养儿童良好的行为习惯，就要在看到他们帮助别人和表现出礼貌的举止后立即给予赞赏。

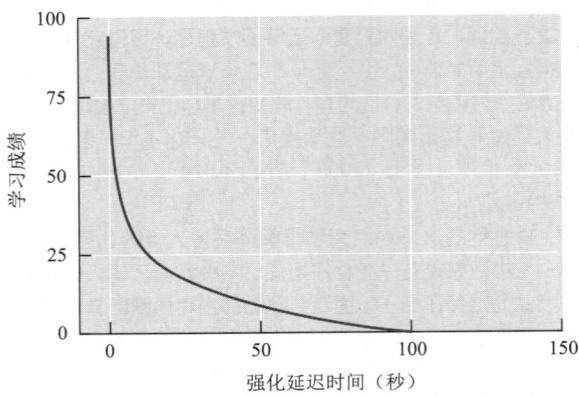

图6.10 强化的延迟效应。随着奖赏延迟时间的增加，学习成绩迅速下降。在动物按压杠杆超过100秒后才出现强化物的条件下，学习不再发生（Perin，1943）。

你也许会问："我整个学期都在努力学习，希望获得好成绩，但是这要到期末考试后才能看到，这么长的强化延迟时间会不会对学习效果有影响？"当然不会。这里有几个要说明的原因：第一，对人类而言，我们能预测未来的奖赏；第二，在整个学期，我们都可以通过测验或期中考试的成绩来获得强化；第三，一个强化物常常能维持一个很长的反应链，即一系列相互联系的、最终导致强化物出现的行动。

让我们通过狗的敏捷性训练比赛的例子，来看一下**反应链**。狗被训练如何越过各种各样的障碍，包括跨过栅栏、走过跷跷板、爬上斜墙并从上面跳下、钻过隧道（Helton，2007，2009）。在比赛过程中，在狗完成全部反应链之后，训练员会通过食物或拥抱来强化狗。在完成全部动作后，犯错最少、使用时间最少的狗获胜。（好敏捷的狗！）

我们每天做的许多事情都包含着反应链，例如，我们需要经过一系列程序才能准备出一桌好饭菜，最后吃到饭，得到"奖赏"。再如，一个制造小提琴的工匠需要经过上千个步骤，才能完成一把小提琴的制作，而听见从这把小提琴上发出的第一个音符才是对这位制造者的奖赏。作为一名学生，你同样已经对获得好成绩这一最终的奖励建立起了长长的反应链。

行为塑造

如何去强化那些极少发生的反应呢？即使是在单调的斯金纳箱中，即使对一只和"爱因斯坦"一样聪明的老鼠，它也需要经过很长时间才能偶然地按压杠杆并得到食物。如果想要强化更为复杂的反应，我们更需要长久等待。例如，你想看到一只鸭子走出鸭笼，开亮电灯，然后在玩具钢琴上踏响一个音符，然后关掉电灯，走回鸭笼里。如果你想奖励的是这些行为，那么恐怕一辈子也别想等到它们偶然发生。

那么电视节目和游乐园里的动物是怎么被教会复杂动作的？答案是**行为塑造**，即对一种目标行为模式进行渐进式的培养。我们再次以宠物鼠爱因斯坦为例。

"爱因斯坦"的行为塑造

除了花很长时间去等着"爱因斯坦"第一次偶然地按压杠杆以外，我们还可以塑造它的这种行为。假设"爱因斯坦"还没有学会按压杠杆，那么首先要让它学会面对杠杆，即每当它面对杠杆时都给它一些食物进行强化。不久，"爱因斯坦"在大部分时间中都会面对着杠杆了。之后，

对于狗来说，它们需要建立较长的反应链以完成敏捷性训练比赛。

我们要开始强化它向杠杆靠近的动作。如果它面对杠杆后又走掉，则不给它任何食物，如果它面对杠杆并向前靠近，就给它食物。最终咔哒一声，"爱因斯坦"的反应被成功地塑造。

通过改变行为强化规则，我们可以一步步地训练老鼠接近并按压杠杆。换句话说，在行为塑造过程中，对目标反应的渐进式接近被不断强化。斯金纳曾经应用这种方法来训练两只鸽子打乒乓球（图6.11）。行为塑造方法同样适用于人类学习（Lamb et al., 2010）。想一蹴而就往往是不现实的，不论你想学习更多的知识，还是使自己的生活环境更整洁，或是锻炼身体，都要每天为自己设立一个阶段式目标，并对自己的每一个进步进行奖励（Watson & Tharp, 2007）。

图6.11 操作性条件反射原理被用于训练鸽子打乒乓球。

操作性消退

大鼠学会按压杠杆后，如果不再给予食物强化，那么大鼠按压杠杆的行为会停止吗？如果不再被强化，一个习得反应不会马上停止，但会逐渐消退，这个过程被称为**操作性消退**。正如习得一个操作性反应需要很长时间一样，消退也需要一定的时间。例如，你可能发现一个电视频道的节目变得越来越无聊，但你还是不时地看看，需要过一段时间后才不再看这个节目。

即使在消退过程完成以后，以前强化的反应也可能会恢复。当一只大鼠产生操作性消退后，会被从斯金纳箱中拿出来，进行短暂休息。当这只大鼠被重新放入斯金纳箱时，它仍然会去按压杠杆。同理，一些人可能决心不再购买彩票，但经过几周之后，其中的一部分人仍然会再次尝试。

第二次消退的过程是否比第一次消退需要的时间短？如果被重新放入斯金纳箱的大鼠仍得不到强化，它按压杠杆的反应通常会更快地消退。一个操作性反应在消退后再次发生的现象，就是我们在讨论经典条件反射时提到的自发性恢复。自发性恢复具有很强的适应性。在休息一段时间后，大鼠仍然会产生按压杠杆的反应，也许它只是想再证实一下，从前获得食物的规则是否真的变了。

我们经常把强化和消退结合起来，达到使人改变行为的目的。例如，对于儿童而言，父母的注意和表扬是非常有用的强化物。一些父母看见孩子在安静地玩耍，就不再注意他们。相反，当他们大声喊叫"妈妈过来！"或当他们发脾气、砸东西时，父母就跑来询问。此时，虽然孩子得到的经常是责备，但仍是一种注意，会强化孩子这种负向的寻求注意的行为。结果，父母在不知不觉中反而强化了儿童的不良行为习惯。许多有经验的父母都知道，当儿童安静时或自己玩得很好的时候，更要对他们加以注意和及时赞扬，而在他们哭闹的时候则尽量不去理会他们。

负强化

到目前为止，我们所讨论的都属于**正强化**，即一个反应发生之后出现一个愉快的或想得到的事物。操作性学习还能被如何强化？让我们来考虑操作性条件反射的另一种强化方式——**负强化**，即一个反应

反应链/Response chaining 多个分离的反应集合成一系列相互联系的、最终导致强化物出现的行动。

行为塑造/Shaping 对一种目标行为模式进行渐进式的培养。

操作性消退/Operant extinction 操作性反应如果不再被强化则会逐渐地变弱或消失。

正强化/Positive reinforcement 产生于当一个反应发生后可以获得奖赏或其他积极的事件时。

发生之后可以消除一件不愉快的事件。在这里不要被"负"这个词语所欺骗。负强化也可以促进某个反应的再次发生，但是负强化的结果是"结束不愉快"。

例如，当你头痛时，你吃了一片阿司匹林。如果你的头痛停止了，你吃阿司匹林的行为就得到负强化。同样，我们可以教会老鼠按压杠杆以获得食物（正强化），也可以教会老鼠按压杠杆以避免遭到电击（负强化）；无论用什么方式进行强化，按压杠杆的行为都会增加。这是为什么？因为老鼠按压杠杆的行为能达到某一种理想状态，或是获得食物，或是消除疼痛。下面是其他两个负强化的实例。

当在野外徒步时，你的双手被冻得发疼，你从背包里拿出一双手套戴上，以防冻并缓解疼痛。（今后你更可能会戴上手套，因为戴手套被负强化了。）

一名你不喜欢的政治家在晚间新闻上接受采访，为了不再听他说话，你更换了频道。（下一次再次看到这个政治家时，你极有可能还会更换频道，因为更换频道被负强化了。）

惩罚

许多人把负强化与惩罚混为一谈，这是不对的。**惩罚**是指一个反应随之带来的结果是**厌恶刺激**（不愉快）。惩罚降低反应再次发生的可能性，而负强化的作用是增加反应再次发生的可能性。举一个例子：假设你住在一所公寓里，邻居家的音响总是开得非常响，致使你难以集中精力读书。但是如果你敲击墙壁，音响声骤降（负强化），今后再被音响吵到的时候你很有可能再去敲墙。但是如果敲击墙壁，音响声反而增大（惩罚），或者邻居过来揍你一顿（更强烈的惩罚），你以后则不大可能再去敲墙壁。下面是其他两个惩罚的实例，在这两个例子中，行为反应伴随着不愉快的结果。

你车开得太快而超速，被测速雷达拍下来，吃到了一张超速罚单。今后，你会尽量不去超速。（你减少了超速行为，因为超速受到罚款的惩罚。）

有时你向朋友提建议时，她会突然不理你和疏远你。此后，你就不会再给她提建议了。（你减少向朋友提建议这一行为，因为提建议受到了拒绝的惩罚。）

为了产生特定反应，取消特权、金钱或其他激励性事物是否也有惩罚作用？强化或激励性事件被消除也会产生惩罚，比如失去特权。**反应代价**是惩罚的第二种类型。违规停车罚单及其他罚单都是基于反应代价原理的。"暂停"是最广为人知的反应代价，比如父母可以不再让孩子处于能够获得强化的环境中。父母把你赶回自己房间，这就是一种暂停，由此他们可以不让你获得强化，比如和家人待在一起或与朋友一起玩。表6.3总结了五类基本反应结果。

表 6.3 多种结果在行为上的效果

	反应的结果	实例	反应重复出的可能性
正强化	积极事件产生	获得食物	增加
负强化	消极事件终结	疼痛终止	增加
惩罚	消极事件产生	疼痛开始	减少
惩罚（反应代价）	积极事件终结	拿走食物	减少
无强化	无	—	减少

Copyright © Cengage learning 2013

操作性强化物——你的快乐是什么？

关键问题 6.5：操作性强化有哪些类型？

对于人类而言，有效的操作性强化物可以是多样的。比如，给你一包巧克力糖豆可以是强化，在你背上轻轻拍两下也可以是强化。在对强化物进行分类时，最关键的是区分一级强化物与二级强化物，同时还要区分强化与反馈，强化通过联想学习

聚焦研究 — 激发你自己的想象力

假设你的大脑被植入一根电极，电极另一端与一个音乐播放器大小的控制器相连。扭动控制器，然后电脉冲刺激大脑的"快乐中枢"。那些有机会尝试直接接受大脑刺激的极少数人报告，脉冲刺激比食物、饮水、性爱、毒品或其他常见的强化物更能带来强烈的愉悦感（Heath，1963；图6.12）。

大多数颅内自我刺激研究都是在老鼠身上用类似的电极做的（Olds & Fobes，1981）。在老鼠脑中的特定区域植入微电极后，可以刺激大脑的快乐中枢。我们可以训练一个在快乐中枢植入了电极的老鼠去按压斯金纳箱中的杠杆，就是说，如果老鼠按压杠杆，就会接通电流，刺激自己大脑的快乐中枢，获得愉快感。许多老鼠每小时能按压杠杆几千次！经过15～20小时的连续按压，一些老鼠会因疲劳过度而昏倒。但它们一旦苏醒过来后，又会再去按压杠杆。如果不切断电路，老鼠就会连续按压杠杆，并且可以全然不顾对食物、水和性的需要。

> **知识桥**
> 电刺激是一种研究各个大脑区域的功能的重要工具。参见第2章。

许多天然的一级强化物也同样有着激活大脑快乐中枢、增强颅内自我刺激的作用（Powell，Symbaluk，& Honey，2009）。一些精神药物，如酒精、可卡因也有这种作用。事实上，老鼠也能自我施用尼古丁。当它们施用尼古丁时，它们更有可能获得颅内自我刺激的体验（Kenny & Markou，2006）。而尼古丁则会进一步增加脑内愉悦路径的敏感性。

不敢想象，如果脑内植入电极变得简单、易操作，那将会发生些什么事（当然那是不可能的）。从花花公子到微软，每家公司都将在市场上配置电极装置，按照他们的意愿来刺激我们的快乐中枢，这恐怕也是一件让人想起来就会不寒而栗的事。

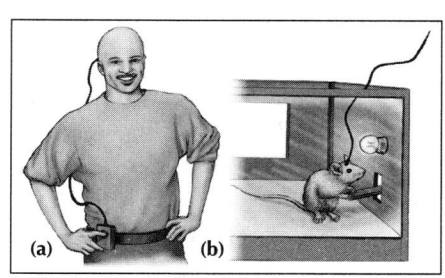

图6.12 图（a）是植入人脑的"快乐中枢"刺激装置。但植入电极的目的不只是用于产生快感，也是为了尝试制止那些使用其他方法无法控制的暴力行为。图（b）中的老鼠通过按压杠杆可接通电流，使大脑"快乐中枢"得到刺激。

产生作用，反馈则是认知学习的重要组成部分。下面将详细讲述强化与反馈。

一级强化物

一级强化物是自然形成的和非习得性的，具有生理基础，能产生舒适感和消除不适感，或能够满足即时的生理需要。例如，食物、水和性需要的满足都是一级强化物。每当你打开冰箱、走向饮水机、开启暖气、购买一大杯拿铁咖啡时，你的行为都受到一级强化物的影响。

除了这些常可以看到的一级强化物之外，还有我们一般看不到的一级强化物，如精神药物。颅内自我刺激是效应最强烈的强化物之一，它能够直接激活大脑中的"快乐中枢"（参见"激发你自己的想象力"）。

> **负强化 /Negative reinforcement** 产生于当一个反应发生之后可以中止不适的感觉或消除不愉快事件时。
>
> **惩罚 /Punishment** 伴随一个反应产生的、并能降低这个反应再次出现的可能性的事件。
>
> **厌恶刺激 /Aversive consequence** 一种痛苦的、令人不舒服的刺激。
>
> **反应代价 /Response cost** 在一个反应发生后，积极的强化物被消除。
>
> **一级强化物 /Primary reinforcer** 能满足生理需要的非习得性强化物。

二级强化物

在一些发展水平较低的社会里,食物、水和其他可满足生理需要的东西仍经常被用于强化学习。但对于世界上大多数人来说,奖赏和强化物的范围早已超出一级强化物。金钱、赞扬、注意、赞同、成功、情感、成绩以及其他的奖赏都可以成为强化物,即习得的**二级强化物**。

二级强化物如何促进学习?一些二级强化物可与一级强化物之间建立起联系。例如,如果你想训练一只狗跟着你一起散步("尾随"),当狗紧跟着你的时候你可以奖给它少量食物,如果你在每次给它喂食的时候都赞扬它,那么你的赞扬将会成为二级强化物。最后,当狗听从了你的命令后,你可以不再给它食物,而是对它进行赞扬。这一原理也可以应用到儿童身上,家长的赞扬之所以能成为二级强化物,主要是因为它通常与食物、糖果、拥抱及其他一级强化物联系在一起。

代币

此外,一些二级强化物具有"代币物"的功能,可用以交换一级强化物,因此就有了更直接的价值(Powell, Symbaluk, & Honey, 2009)。例如,钱币本身没有太大价值,既不能充饥也不能解渴,但是,你可以用它来换取食物、水及其他生活必需品。

代币强化物是一种有形的二级强化物,如钱、奖章和筹码等诸如此类的东西。研究者曾通过实验教黑猩猩为获得代币物而工作。首先,训练黑猩猩把筹码放进一个特制的自动售货机里,每一个筹码可换取一些葡萄或葡萄干。当黑猩猩学会用代币换取食品后,它们还要学习如何获取代币。在这个经典的系列实验中,黑猩猩学会了为了能够从自动售货机中得到食物而努力去获取筹码(Cowles, 1937)。

代币有一个主要优点,即不会像一级强化物那样迅速失去强化作用。例如,你想用糖果作为强化物来教一个智障儿童正确地说出事物的名称,一旦这个孩子获得足够多的糖果或者不再饥饿,他将对糖果失去兴趣。因此,代币作为学习的及时奖赏更具优势,儿童在获得代币之后,可以用它去交换糖果、玩具及其他零食。

代币法被用于儿童和成人的问题行为治疗项目,也被普遍应用于美国小学课堂教学中(Spiegler & Guevremont, 2003)。发奖券的目的是及时奖励良好的学习行为,孩子们可以把奖券换成食品、礼物、游乐园票或电影票。许多父母也发现,使用"代币物"的方法能够极大地减少儿童的胡闹行为。如果孩子有一次良好表现,就给他们记上小红星,如果他们一周里能够赢得一定数量的小红星,星期日就能得到一份礼物。

> **知识桥**
> 代币制是通过有选择地强化反应来管理和改变行为的一种方法。参见第 15 章,可获得更多有关代币制用于行为治疗的信息。

社会性强化物

人类有着一些习得的需要,如希望能够得到他人的注意和赞扬,因此,别人的注意和赞扬就成为**社会性强化物**,经常会影响我们的行为。下面所讲的这个实验例子像是一个恶作剧,但是可以很好地说明社会性强化物作为二级强化物的作用。

"塑造"老师?

为了证明这一点,研究者需要请班级里一半以上的学生配合进行这个实验。首先,大家要选定一个"目标行为",比如"老师应站在讲台右边讲课"。随后,学生们开始使用以下方法"训练"老师:每当老师转向讲台的右边,或向右边的方向走一步的时候,学生们就表现出对老师讲课很感兴趣的样子,微笑着面对老师、积极提问,身体前倾并注视老师;如果老师向讲台的左边转,或向左边踱步,学生们就会表现出很不耐烦的样子,靠在椅子上,打哈欠或闭眼。这位老师模模糊糊似乎有所察觉,又好像没有意识到究竟发生了什么事。但用不了多久,他讲课的大部分时间都是站在讲台的右边。

多年来,这个实验一直是心理系的学生们最喜欢的游戏之一。在我上大学的时候,我们不但"教"

探索·发现　　　学习与环境保护

心理学家乐于帮助人们解决现实中的问题。一个很值得关注的行为领域就是今天"一次性使用"的社会。我们以矿石为燃料，毁灭森林，使用化工产品，开辟耕地等。这些行为改变了地球本来的面目。对此我们能做些什么？

方法之一，改变使用不经济能源、污染以及类似行为所带来的后果。例如，能源税可以被用来增加使用化石燃料的成本（责任成本）。而在正强化方面，对安装隔热设备、购买节能装置或节能汽车的消费者可以提供回扣或打折，对采取措施保护环境的公司可以减税。整个家庭都参加回收的效果会更好，因为其中某些家庭成员（通常是妈妈）会强化其他成员的回收行为（Meneses & Beerlipalacio, 2005）。

反馈也是非常重要的。环境心理学家很早之前就发现，缺乏及时的反馈是环境保护的一个主要障碍（Abrahamse et al., 2005；Carrico & Riemer, 2010）。当家庭、工作班组、工厂、宿舍等收到有关他们每周回收了多少能源和材料的反馈之后，他们将会回收得更多。诸如生态足迹计算器等新工具使得个人更容易获得有关个人资源消耗的反馈（Global Footprint Network, 2010）。随着公众越来越关注全球变暖问题，很多人开始计算他们的碳足迹，以及个人排放到大气中的温室气体量（The Nature Conservancy, 2011）。

> **知识桥**
> 参见第18章，获得更多有关碳足迹的信息。

会了一位教授站在讲台右边讲课，过了一周之后，又"训练"他站在窗边，一边玩弄百叶窗的拉绳一边讲课。这个例子告诉我们，你的关注和赞扬可以改变孩子、家人、朋友和同事的行为。要记住一点：你必须清楚地知道你所强化的"目标行为"是什么。

反馈

他的眼睛瞪得大大的，炙热地盯着前方的东西。他的身体扭曲着，手在快速地做圆周运动。这是一种奇怪的神经紊乱症状吗？事实上，这是10岁的维克拉姆在玩他喜欢的Wii模拟器游戏，一个扣人心弦的滑雪板冒险游戏。

没人以食物或金钱作为奖励，那么维克拉姆是如何学会复杂的动作来完成虚拟滑雪板游戏的呢？答案是维克拉姆喜欢的视频游戏提供了反馈，它是学习的重要组成要素之一。**反馈**是有关行为反应所取得的效果的信息，在人类认知学习中是非常重要的（Lefrançois, 2006）。

每当玩家操纵游戏模拟器，视频游戏就会以逼真的声音、栩栩如生的动作、不断高低变化的得分进行回应。如果你想在游戏中获胜，游戏机的回应及其所提供的信息流将会变得非常具有激励性。这一原理被用于很多其他的学习情境：假设你正在试着学习使用计算机、学习演奏一种乐器、学习烹饪美味佳肴、学习一项体育运动或解答一道数学题，那么有关你达到预期目标的反馈自身就会起到强化作用。

反馈的适应性价值有助于解释为什么人类在没有食物、水等有效强化物的情况下也会产生学习。人们愿意学习的不仅仅是能产生预期效果的行为反应，也愿意学习能朝着目标更进一步的行为反应。后面会进一步探讨这个主题。

知道结果

假设你向一个靶子投掷标枪，但你的标枪要飞过一块屏障，所以，你无法断定自己每一次投出的标枪离靶子有多远。如果是这样，你即使向这个方向投掷了1000次标枪，估计你的成绩也不会有多

二级强化物/Secondary reinforcer 习得的强化物，通过与一级强化物建立联系而获得强化性质。

代币强化物/Token reinforcer 有形的二次强化物，如钱币、奖牌、筹码等。

社会性强化物/Social reinforcer 基于获得他人的注意、赞扬或情感的强化。

反馈/Feedback 学习者了解到自己的反应是否正确的反馈信息，也称为结果反馈。

大提高,原因是你无法获得反馈。虽然没有人对维克拉姆在玩视频游戏中的正确反应给予奖赏,可游戏机本身却提供了反馈,因此他学得很快。

如何应用反馈原理?不断增加的反馈,也称为**结果获知**(KR),有助于学习及提高表现(Snowman & McCown, 2011; Vojdanoska, Cranney, & Newell, 2010)。如果你想练习一种乐器或唱歌、学一门外语或准备演讲,就可以通过听自己的录音获得反馈,这是一种非常有用的方法。在球类训练中,视频回放可以为发球与接球之间的一切细节提供信息反馈。无论你何时想要学习一项复杂的技能,它都能提供更多的反馈(Eldridge, Saltzman, & Lahav, 2010; Jaehnig & Miller, 2007)。参照"探索·发现:学习与环境保护",你能获得更多的内容。

学习辅助技术

怎么应用反馈呢? 由于反馈有助于学习及提高表现,设计一些学习辅助技术来为学习者提供有效反馈,这是很有意义的(Snowman & McCown, 2011)。频繁的、及时的、详细的反馈是最有效的。**程序教学**的基本模式是向学习者呈现少量信息,及时提供练习,并不断地给予反馈。经常的反馈能使学习者少犯错误,也能使学习者根据自己的实际情况掌握学习的进度。

为了理解程序教学模式,这里举个例子,你阅读完下面几段内容,并完成"知识巩固"中相应的练习。每次解答一个问题,检查这个问题的答案,然后再解答下一个问题。通过这种方法,你的回答是否正确可以获得及时的反馈。

近年来,程序教学通常由计算机来实现(Mayer, 2011; Springer & Pear, 2008),也就是你所知道的**计算机辅助教学**(computer-assisted instruction, CAI),或者由"讲解与练习"来实现。除了给予学习者及时的反馈外,计算机还能提示一个回答为什么是错误的以及需要改正什么(Timmerman & Kruepke, 2006)。一种被称为"严肃游戏"的CAI程序利用情景故事的形式、与他人竞争、音响效果以及丰富多彩的计算机制图来激发学习者的兴趣和动机(Charsky, 2010; Westera et al., 2008;见图6.13)。

教学型刺激是最复杂的严肃游戏,它让学生探索虚构情景或"微型世界",以求学会如何解决真实世界中的问题(图6.14)。学生可以看到自己做出选择后出现的结果,从而发现物理学、生物学、心理学及其他学科的基本原理(Grabe, 2006; Herold, 2010)。

虽然通过CAI软件所掌握的技能或知识有一定局限性,最终水平可能不是很高,但是它能够为教师和学生节约大量的时间和精力。此外,学生通过计算机反馈能学得更好,因为他们毫无顾忌地犯错,并从错误中学习(Mayer, 2011; Ward & Parr, 2010)。

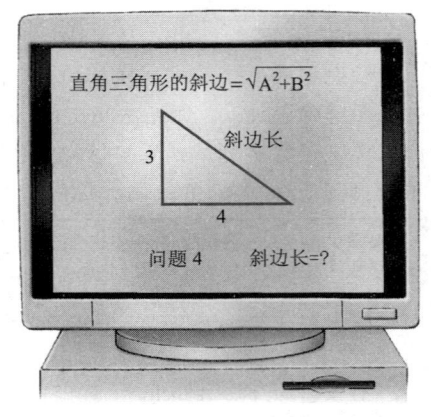 

图6.13 计算机辅助教学。左侧屏幕显示一个典型的讲解和练习相结合的数学题,学生要计算出直角三角形的斜边长度。右侧屏幕显示以严肃游戏的方式呈现的同一道题,其目的在于提高学生们的学习兴趣和激发其学习动机。在这个游戏中,学生要计算的是飞碟与攻击它的飞机之间的距离。

图 6.14 波音747飞行训练模拟器。在这个飞行模拟器里，飞行学员可以学到驾驶一架大型喷气式飞机所需的知识和技能。我们都感到很庆幸，这些飞行学员不必在满载乘客的真实飞机上训练。

知识巩固

操作性条件反射

测一测

1. 在操作性条件反射中，反应是_____或_____；在经典条件反射中，是被动的、_____或_____反应。
2. 所谓_____，指的是以渐进式的方法训练动物或人改变行为模式，并最终形成一种目标行为模式。
3. 操作性条件反射的消退需要一个过程，并常会出现_____的现象。
   a. 逐步接近 b. 塑造
   c. 自动化   d. 自发性恢复
4. 正强化增加反应发生的频率，而负强化则降低反应发生的频率。对不对？
5. 一级强化物是通过经典条件反射习得的。对不对？
6. 下面哪一对配对是正确的？
   a. 社会性强化物——一级强化物
   b. 代币强化物——二级强化物
   c. 颅内刺激——二级强化物
   d. 负强化物——惩罚
7. 迷信行为_____。
   a. 是通过二级强化物形成的
   b. 是一种消退反应
   c. 带有遗传因素
   d. 是一种无须强化的行为
8. 结果获知（KR）又被称为_____。
9. CAI 基于以下哪种原理？
   a. 负强化   b. 程序教学
   c. 高级条件反射 d. 刺激泛化

想一想

批判性思考

10. 你能列举出不同形式的反馈吗？
11. 迷信行为确实能提高人们的行为表现，这是为什么？

自我反思

在阅读了操作性条件反射之后，你对"奖赏"的看法有哪些改变？你能解释正强化、负强化与惩罚三者之间的区别吗，你能以自身经历说明这三个概念吗？

你的一位朋友总是惩罚他的宠物狗，你会给他提供一些什么样的建议，告诉他如何用强化、消退、塑造来代替惩罚？

你是否有迷信行为？你能解释自己是怎么养成这些迷信行为的吗？

答案：

1. 自发的，被鼓励出来的，不情愿的，被引起的； 2. 塑造； 3. d； 4. 不对； 5. 不对； 6. b； 7. d； 8. 反馈； 9. b； 10. 许多种，如正确和错误的反馈，正确反应后的褒扬和将奖励与正确答案相联系的，正确答案后的许多种强化； 11. 人们错误地认为他们的行为在某种程度上与奖励有关，因而错误地把所做的事与奖励带来的结果相联系（Jaehnig & Miller, 2007）。迷信行为确实能在表面上加强精神和并不准确的信念的力量（Damisch, Stoberock, & Mussweiler, 2010）。

结果获知/Knowledge of results（KR） 信息反馈。

程序教学/Programmed instruction 一种学习模式，它向学习者呈现少量信息，之后就立即提供练习，并不断地给予反馈。

部分强化——
拉斯维加斯，一个人类的斯金纳箱？

关键问题 6.6：我们是如何受不同奖赏模式影响的？

任何人想要影响操作性条件反射的效果都必须先了解不同模式的强化对行为的影响。假如，一位母亲想训练儿子在离开房间的时候关灯。我们的建议也许和你想象的不同：我们只建议她强化儿子部分的正确行为。这是为什么呢？下面的讨论会告诉你答案。

我们将操作性强化视为持续不断的，**连续强化**指在每一个正确反应之后都给予强化。刚开始，连续强化对于习得新的行为反应是非常有用的（Domjan, 2010）。为了训练你的宠物狗学会跟随你，在听到你呼唤之后，它马上跑到你跟前，每当这个时候你就要对它进行强化。

一旦狗学会了听从呼唤，你最好将连续强化转换成**部分强化**，即不是在每个反应之后都给予强化。由部分强化获得的反应不易消退，这种现象被称为**部分强化效应**（Domjan, 2010; Svartdal, 2003）。

老虎机是一个部分强化分配器。

为什么部分强化能使一种习惯更为持久？ 如果你去过赌场，你肯定看到过一排排的人在玩老虎机。为了更好地解析连续强化与部分强化之间的区别，设想你把1美元投到老虎机中，拉一下把手，机器吐出了10美元，你再次往里面投了1美元，又赢了，这种情况持续了几分钟。每次拉把手都能有所回报。由于持续不断地被强化，你很快就"上瘾"了，甚至开始幻想今天便可以退休了。

可在这以后，老虎机突然不再吐钱。显然，在彻底放弃之前，你还会尝试若干次，但是无论你怎么玩，老虎机再也没有吐出钱。此时的情景已经传递了明显的信息：再也没有回报了，在连续强化停止之后，你的行为开始消退。

下面我们再来看部分强化的情景。假设你往老虎机里投了五次钱，一次也没获得回报。你决定，再试最后一次就不玩了，就在这时候，老虎机哗啦啦地吐出了20美元硬币。在这之后，老虎机不时地吐出点儿钱，有时多，有时少，回报以部分强化的形式出现。你无法预测何时吐出钱来，有时候能连中三元，有时会连赔20把、30把。

假设从现在开始不再有回报，在"拉把手"的行为消退之前，你还可能尝试多少次？因为你已经形成一种"这次肯定能赢"的预期，难以抵挡"再玩一次"的诱惑，所以你很可能继续玩下去。而且，由于部分强化包含长时间得不到奖励的情况，人们很难将强化阶段与消退阶段完全分开。毫不夸张地说，许多人之所以输得精光，就是由于部分强化效应。即使是心理学家走进赌场，也会被榨得精光。

回到之前的例子，在使用连续强化教会孩子在离开房间的时候关灯或让狗听从命令之后，最好变成部分强化，这样可保证新的行为更不易消退。

部分强化间隔模式

部分强化可以以多种模式或部分**强化程序**（有关哪种反应被强化的计划）出现（Domjan, 2010）。现在让我们来看四种最基本的类型及其所产生的效应，每类模式的典型反应如图6.15所示。图中所示的结果是由一个与斯金纳箱连接的累计记录器画出来的。这个记录器包括移动的纸带和随着反应而上下跳动的机械笔组成。快速反应下画出来的是陡峭的曲线，水平线则说明没有反应。线上的小斜杠代表那时给予强化。

固定比率模式（FR）

如果每隔1个反应给予一次强化，会发生什

么？每隔3个、4个、5个或任何固定次数的反应再给予强化，又会发生什么？这些都属于**固定比率（FR）程序**，即在一组固定次数的正确反应之后给予一次强化物。在 FR 程序中，我们需要注意的是强化物出现的比率是固定的，比如 FR-2 表示每 2 次反应给予一次强化，FR-3 表示每 3 次反应给予一次强化，FR-10 表示每 10 次反应才给予一次强化。固定比率程序可以产生非常高的反应率（图 6.15）。例如一只饥饿的老鼠在学会 FR-10 之后，会迅速完成 10 个反应，停下来吃东西，之后再迅速完成 10 个反应。计件工资的方法也属于这种模式，因为工人要在完成一定数量的工作之后才能得到一定报酬，所以干得又快又多。

不定比率模式（VR）

在**不定比率（VR）程序**中，每隔一定数量的正确反应之后就给予强化，但其间隔是不固定和变化的。例如，在 VR-4 程序中，并不是每 4 个正确反应之后都得到强化，而是在平均每 4 个正确反应中会有一次得到强化，即有时完成 2 个正确反应就有强化，而有时要等 5 个正确反应后强化才出现，有时是 4 个，等等。强化出现的间隔在不断地变化着，但平均出现率是固定的。不定比率模式也能产生很高的反应率。

VR 程序似乎比 FR 更难以预测，那它的效果是否也更不易消退呢？因为强化更不可测，VR 程序表现得比固定比率程序更不容易消退。玩老虎机赌博就是一个以不定比率程序来保持行为的例子，那些赌上瘾的人很难"消退"。一个孩子学会在离开房后关灯，之后只需偶尔对孩子给予强化就能维持孩子关灯的良好行为。在高尔夫球、网球、棒球以及其他运动的训练中，也有一个不定比率强化的秘密：即使是最优秀的棒球击球手，每 10 次击球，平均击中次数也不超过 3 次。

固定时间间隔模式（FI）

在另一种模式中，学习者做出正确的反应，在经过一段固定的时间间隔之后才被给予强化。这个时间间隔从前一个强化后开始计时，在这个时间段中间发生的反应不给予强化，在**固定间隔（FI）程序**中，对经过规定的时间间隔之后做出的第一个正确反应给予强化。例如，在 FU-30 秒程序中，从上一个正确反应被强化后开始计时，经过 30 秒之后，老鼠按压杠杆的行为才会再次被强化，而在这期间，老鼠可以随心所欲地按压杠杆，但是都不能得到食物。

固定间隔程序可以产生适度反应率。FI 程序使得动物似乎能感受到时间的推移（Eckerman，1999），在刚获得强化后，它们的反应会急剧降低，

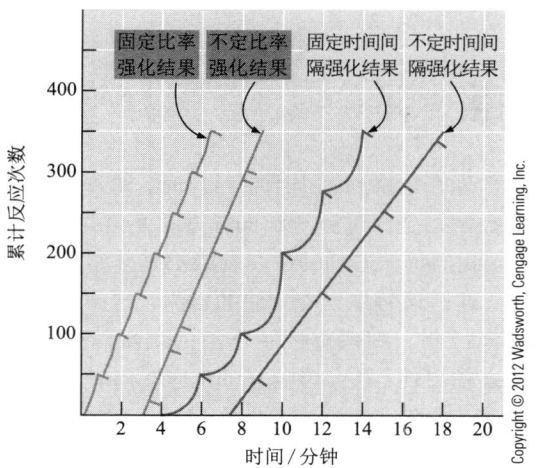

图 6.15 四种不同强化方式的典型反应模式

连续强化 /Continuous reinforcement　在每一个正确反应之后都给予强化。

部分强化 /Partial reinforcement　只对全部反应中的一部分进行强化。

部分强化效应 /Partial reinforcement effect　由部分强化获得的反应不易消退。

强化程序 /Schedule of reinforcement　有关哪种反应将会被强化的计划或规则。

固定比率程序 /Fixed ratio（FR）schedule　在一组固定次数的正确反应之后给予一次强化物。例如，每 4 次正确反应给予一次强化物。

不定比率程序 /Variable ratio（VR）Schedule　隔一定数量的正确反应之后就给予强化，但其间隔是不固定和变化的。例如，在 3～7 次正确反应之后给予一次强化物，具体几次是随机的。

固定间隔程序 /Fixed interval（FI）Schedule　对经过规定的时间间隔之后做出的第一个正确反应给予强化，在这个时间段中间发生的反应不给予强化。

> **批判性思考**　　　　　　　　　**动物也有时间观念吗？**
>
> 人类是有感知的时间旅行者，经常在脑海中反复地进行时间穿梭。例如，我们可以回忆过去发生过的事件，比如今天早上吃的什么早餐，也可以想象未来会发生的事，比如待嫁新娘会为她们的婚礼做详尽的计划。动物也能这样做吗？它们是有感知的时间旅行者，还是难以感知时间而被"困在"时间里（Clayton, Russell, & Dickinson, 2009；Zentall, 2005）？狗能思考昨天有多热或明天计划做什么吗？为了解答这些问题，心理学家以操作性条件反射为工具开展了一系列研究。
>
> 很多条件反射研究证明，动物可以感受到时间的推移（Zentall, 2005）。例如，在固定间隔程序下，鸽子和老鼠在得到一次强化之后，会立即停止反应行为，而在下一次强化出现之前才开始做出反应行为（Roberts, 2002）。在一项研究中，数只鸽子被放置在斯金纳箱中，箱子四壁各装有一个啄食键，它们很快学会了在每天早上9点30分时只啄键1，每天下午4点整时只啄键3（Saksida & Wilkie, 1994）。
>
> 接下来是有关蜂鸟的一项研究。蜂鸟喜欢储藏食物，它们在不同的地方储存多余的食物，不久后再飞回去取食。研究者让蜂鸟在一个地方储存坚果，在另一个地方储存蠕虫，然后把蜂鸟禁锢起来，如果蜂鸟在4小时后被放飞，它们会直接飞向蠕虫，但是如果蜂鸟在5天后才被放飞，它们会直接飞向坚果。蠕虫是蜂鸟最喜爱的食物，这一点解释了为什么4小时后蜂鸟飞向蠕虫，但是蠕虫差不多一天后就腐坏了，而坚果可以储存数日，所以蜂鸟在5天后飞向坚果。这个研究表明，蜂鸟清楚地知道它们的食物存放在哪里与间隔的时间（Clayton, Yu, & Dickinson, 2001）。
>
> 虽然这些研究很有启发，但是有关动物是否具有时间感知能力、是否会陷入时间的问题，人们的看法不一（Roberts & Roberts, 2002）。无论如何，到了该给心爱的狗喂食的时候，如果狗由条件反射形成了"吃饭时间到了"的想法，而你却忘记按时给它喂食，那么它就会啃咬你最喜欢的凉鞋来代替食物！

而在下一次强化到来之前，它们的反应会骤然增多（参阅"动物也有时间观念吗？"）。

按周支付工资是一种FI程序吗？在人类的生活中，严格属于FI程序的例子不多，按周支付工资近似于FI程序，但许多工人在发工资之前的一段时间内并不会提高工作效率。另一个例子是学生中常见的一种情况，每2周需要提交一次课程报告，可是在交报告之前的一周或一周多的时间内什么都不做，直到提交报告的期限快要到来的时候才开始"疯狂地"写报告（Chance, 2009）。

不定时间间隔（VI）模式

不定间隔（VI）程序是固定时间间隔的一种变式，在经过不固定的时间间隔之后，对第一个正确反应给予强化。例如，在"VI-30秒"程序中，平均每隔30秒钟给予一次强化。

VI程序产生缓慢而稳定的反应率，对于消退有很强的抑制作用（Lattal, Reilly, & Kohn, 1998）。在生活中，我们打电话时经常会碰到占线的情况，不知道需要等候多长时间。但大多数人认为很快就能接通，所以会一遍又一遍地尝试拨号，可能拨了30秒钟，也可能拨了30分钟，直到接通为止。这就是一种VI程序。人们从钓鱼的经验中学会的也是一种VI反应程序，因此，钓鱼爱好者们都显得那么执着和有耐心（Chance, 2009）。

刺激控制——红灯，绿灯

当你开车来到一个十字路口时，你会受到红绿灯的控制，是绿灯就继续向前开，是红灯就停车。同样，我们每天遇到的许多刺激都是开始或停止的信号，这些信号指导着我们的行为，这种效应被称为**刺激控制**。那些有控制作用的刺激总是在奖赏反应之前出现，并会影响这种反应在何时、何处出现。下面我们来看看它在对老鼠"爱因斯坦"的训练中是怎样起作用的。

熄 灯

在学习按压杠杆反应的期间,"爱因斯坦"所处的斯金纳箱被一盏明灯照亮。在几次训练之后,灯开始开、关交替。当灯开着的时候,按压杠杆会得到食物。当灯关着的时候,按压杠杆不会得到奖励。不久之后可以发现,当灯开着的时候,"爱因斯坦"会积极地按压杠杆,而当灯关着的时候,它会忽视杠杆。

在这个例子中,灯预示着在一个反应发生之后会产生什么样的结果。刺激控制的存在还可以通过下面的操作得到证明,一只训练有素的老鼠学会只在灯亮着的时候按压杠杆,之后改变规则,在灯灭的时候仍然提供食物。但是那只老鼠可能永远也不会发现规则已经变化(Powell, Symbaluk, & Honey, 2009)。儿童们大多能学会识别一些刺激控制信号。例如,许多孩子会在妈妈心情好的时候索要糖果,而在看到妈妈心情不好的时候则不乱要东西。又如我们在电话响的时候会把话机提起来,却不会在它没响的时候这么干。

泛化

刺激控制的两个重要方面是泛化和辨别。下面我们以狗为例来详细阐述这两个概念,首先来看泛化。

操作性条件反射中的泛化与经典条件反射中的泛化是一样的吗? 我们可以认为两种条件反射中的泛化基本相同。**操作性刺激泛化**是指,如果一种刺激与操作性强化前出现的刺激相似,那么这种刺激的出现也会引发同样的反应倾向。换而言之,当相似的刺激预先出现时,被强化的反应趋于再次发生。例如,假设无论何时你一旦在餐桌上吃早饭,狗就会跳起来扑向你,这是因为你用餐桌上的碎食物奖励了狗的这种行为。现在只要你一坐到餐桌旁边,狗就会扑向你。这只狗已经学会,当你在餐桌旁时,强化就会出现。我们可以用刺激控制来解释狗的这些行为。此外,在你家里还有其他相似的桌子,狗的"跳扑"反应极有可能会泛化到其他桌子上,只要你一坐到这些桌子旁边,狗就会跳着向你扑过来。刺激泛化也可以很好地解释,为什么在儿童发展的一段时期内,他们在街上见到一个男人会张口叫"爸爸"(此时父母就会非常尴尬)。

辨别

我们还是以"坐在桌子旁"为例来进行阐述。如前所述,辨别即对不同的刺激产生不同的反应。由于一张桌子强化了狗的"跳扑"反应,那么由于泛化的原因,当你坐在其他桌子旁边时,狗也会向你扑过来。当你坐在其他桌子旁边时,不给狗喂食,泛化到其他桌子上的"跳扑"反应就得不到强化,并产生消退。这样,只有当你坐在某些类型的桌子旁时,狗的"跳扑"反应才能得到强化,而对于那些不同类型的桌子而言,狗的反应将会逐渐消退。通过**操作性刺激辨别**,狗学会了区分在有奖赏反应之前出现的刺激和在无奖赏反应之前出现的刺激,使自己的反应模式能与这些**辨别性刺激**相匹配。

嗅探犬具有较好的刺激辨别能力,它们在机场和边境通道搜寻毒品和爆炸物。人们用操作性辨别来训练这些嗅探犬去识别违禁品。在训练过程中,嗅探犬只有搜寻到装有毒品或爆炸物的样品的容器才能被给予强化。

刺激辨别对人类的行为也有很大的影响,人们学会区别不同品牌的汽车、不同种类的鸟、哺乳动物或酒,不同类型的音乐,甚至是不同的心理测验结果,这些都完全基于或部分基于刺激辨别学习。

许多汽车驾驶员最熟悉的辨别性刺激就是停在

不定间隔程序 /Variable interval(VI)schedule 部分强化学习的一种模式。自上一次强化起,在一段时间后给所做的正确反应强化,而这段时间的长度是变化的。在这段时间之内做出的反应不给予强化。

刺激控制 /Stimulus control 当一个操作反应建立之后,控制刺激的呈现即可控制反应在何时何地出现。

操作性刺激泛化 /Operant stimulus generalization 对一个刺激的操作反应建立后,被试倾向于对类似的刺激做出同样的反应。

操作性刺激辨别 /Operant stimulus discrimination 对以往伴随奖赏的刺激做出反应,而对以往不伴随奖赏的刺激不做出反应的倾向。

辨别性刺激 /Discriminative stimuli 在操作性条件反射学习中使用的不同刺激,其中包括引导有奖励反应的刺激和引导无奖励反应的刺激。

路边的警车：只要一看到那里有一辆警车，大家就会迅速降低车速，不再强行并线，避免了许多事故的发生。也许你已经注意到了，警车的出现大大减少了超速、变线、追尾的发生。

在手机上设置不同的铃声，这是辨别性刺激的应用实例吗？没错，你对想要说话的人设置一种铃声，对不想说话的人设置一种铃声，而对陌生人设置另外一种铃声。没多久，你就会对不同的来电铃声表现出不同的接电话行为。

出现时也会产生同样的反应。对不对？

4. 适度反应率是_____的特征，临近强化前，反应会骤然增多，强化过后则会急剧降低。
   a. 固定比率程序　　b. 不定比率程序
   c. 固定间隔程序　　d. 不定间隔程序

5. 部分强化所产生的反应较慢且学习结果比较容易消退。对不对？

6. 玩老虎机或其他赌博游戏时，人们表现出的强化程序是_____。
   a. 固定比率　　　　b. 不定比率
   c. 固定间隔　　　　d. 不定间隔

想一想

批判性思考

7. 有些企业按小时支付雇员工资。如果想提高生产效率，老板应如何更有效地使用强化呢？

8. 你如何运用条件反射原理训练你的猫或狗？比如，让它们一听到你的呼唤就马上跑过来。

自我反思

回想你曾经做过的一些事，它们有些时候得到强化，有些时候得不到强化。在这种情况下，你是否还坚持去做那些事情呢？你是如何受到部分强化影响的？

你是否能从日常生活中举出五种基本强化程序的实例（连续强化和四种类型的部分强化）？

装有金属板的门应该是向外推的，而装有把手的门则是向内拉的。这些辨别性刺激是否会影响你的行为？

驯鲸员通过"操作性塑造"教会鲸在表演中向观众"鞠躬"。鱼是鲸的食物，被驯鲸员用作强化物。注意，驯鲸员的特定的手势是特定的"刺激控制"辨别信号，控制着鲸的行为反应。

知识巩固

部分强化和刺激控制

测一测

1. 刺激控制的两个重要方面是_____和_____。
2. 如果辨别性刺激与强化建立联系，则辨别性刺激会引发反应；如果辨别性刺激没有与强化建立联系，辨别性刺激则不会引发反应。对不对？
3. 假设一个新刺激与操作性强化之前出现的刺激相似，刺激泛化即指当这个相似的新刺激出现时也会产生同样的反应。

答案：

1. 泛化、辨别 2. 对 3. 对 4. c 5. 对 6. b 7. 持续使用固定时间间隔式（小时工资制、月薪）来强化员工是不妥当的。为鼓励员工额外的努力，可以以升职和加薪等不定比率刺激来奖励。当劳动成本的增长，可对出色的员工一月或一季度加一次薪，每次标准化为不定值，这也是一种不定比率奖励，动机效应也是较强的。8. 每当你呼叫你的猫叫或狗的名字时，动物跟随你去吃食物，这样重复强化动物的听觉所听到的叫声就与食物上餐联系起来了。

惩罚——行为的刹车闸

关键问题6.7：惩罚对行为有何影响？

打屁股、训斥、罚款、监禁、解雇、被判不及格等相似的方法常被用来控制行为。显然，不了解惩罚的作用，就无法全面地了解工具性学习。如前所述，**惩罚**能够降低一个反应再次出现的可能性。如果想要取得较佳的效果，我们应该视情况进行惩罚，只有在不良反应发生之后才给予惩罚。

与强化物一样，我们可以通过观察**惩罚物**对行为产生的影响来对其进行界定。惩罚物指用于降低目标行为再次发生的可能性的任何事物或事件。我们往往无法预测什么东西可以作为对于某个人的惩罚物。例如，杰森乱扔玩具，妈妈训斥他之后他就不再这样做了，那么训斥在这里就是惩罚物。再如，克丽丝乱扔玩具，以此来吸引父母的注意，对克丽丝而言，妈妈训斥她或打她屁股，则正好对她乱扔东西的行为起了强化作用。谨记，惩罚包括两种效应，一种是直接惩罚，即惩罚物直接产生令人不愉快的结果，另一种是反应代价，即惩罚物是做了某种愉快的事情之后的痛苦代价。

惩罚物是为了减少行为再次发生的可能性。交通罚单就是一种直接的惩罚，因为司机被拦下来，受到责备。而交罚款和高额保险费率则作为一种反应代价，让惩罚的分量更重。

影响惩罚效果的因素

惩罚的效果究竟如何？心理学家们认为，惩罚的效果在很大程度上取决于惩罚的时间、一致性和强度。在时间上，当某个反应正在发生的时候或当这个反应发生之后立即给予惩罚，惩罚才能取得最佳效果。因此，当你坐在桌旁，仅仅只是简单地拒绝给狗喂食，并不足以阻止它扑跳到你身上，这时你可以往它鼻子上喷水来对狗进行有效的、温和的惩罚。一般而言，经过10~15次就能卓有成效。但是如果你只是偶尔惩罚它一两次，或者在狗扑跳后很长时间才去惩罚它，惩罚将难以奏效。再如，你回家之后可能发现，你家的狗毁坏了院子里的小树，但这可能是它几个小时前干的，此时再惩罚狗将毫无益处。同样，我们经常听到妈妈威胁孩子们说："看你爸爸回来怎么收拾你！"这句话的效果往往只是使孩子把他们的爸爸想象成一个魔鬼，而不能有效地惩罚一个需要制止的行为。

在强度上，重度惩罚对于制止行为有特效，它是指在一个反应之后给予一个极度厌恶的和反感的刺激。3岁的比维斯把手指插进电源插座，受到电击，只需要这一次重度惩罚，他今生都不会第二次随便摸电源插座。但是在更多的情况下，轻度惩罚只能暂时抑制某个反应。如果一个反应在受到惩罚的同时仍然受到强化，那么，惩罚则不会有什么效果。

为了证明这一点，我们可以看一下，在斯金纳箱中，当老鼠伸爪按压杠杆的时候，击打一下它们的爪子，老鼠会如何反应。研究者们曾做过一个实验，主要目的是比较两组老鼠在经过训练后的反应消退过程，实验组的老鼠按压杠杆的时候，爪子会被击打，受到惩罚，而另一组老鼠则不给予任何惩罚。研究者们假设，如果给予惩罚，大鼠按压杠杆的行为会更快地消退。但是，从图6.16中可以看到，实验结果并非如此。惩罚只是暂时降低了反应的频率，并没有使反应迅速消退。对于一个被强化过的反应来说，轻度惩罚不会产生持久的效应。

同样的道理，7岁的艾丽萨在晚饭之前偷吃冰箱里的零食，并为此受到惩罚，她在短时期内可

惩罚/Punishment 抑止某种反应的过程。

惩罚物/Punisher 可降低其后反应发生频率的事件。

能不会再偷吃；但是，由于偷吃零食的行为总能够被偷到的零食所强化，所以，她过一段时间还有可能再次偷吃零食。但是，重度惩罚对抑制一种反应会有永久性作用，包括抑制诸如进食类的基本行为。另一个实验的结果证明，如果在动物进食时给予重度惩罚，动物甚至会再也不吃东西（Bertsch，1976）。

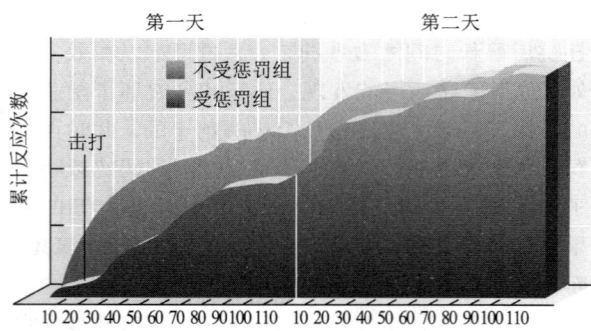

图6.16 惩罚条件下的反应消退效应。老鼠受到惩罚后，按压杠杆的频率立即下降，但是到了第二天快结束的时候，惩罚的效果已经消失了。

惩罚的副作用

惩罚会产生副作用吗？ 会的，随着惩罚强度的增加，它很可能会带来一些负面效应。从本质上讲，惩罚是令人厌恶的、痛苦的和反感的。在建立经典条件反射的过程中，与惩罚相关的人或情境往往会使被惩罚者感到恐惧、厌恶和憎恨。因此，在教育儿童文明排便或礼貌用餐时，不能使用惩罚的方法，否则效果将适得其反（Miltenberger，2011）。

逃避和回避

惩罚的第二个副作用在于厌恶刺激会引发逃避学习和回避学习（Brennan, Beck, & Servatius, 2003）。在**逃避学习**中，我们学会做出某种行为来结束一个厌恶刺激。逃避学习清晰地反映了负强化的操作原理，如下例所示。

一只狗被放入一个穿梭箱，箱子被分为两个隔间。如果这只狗在其中一个隔间被电击，它将会迅速学会跳到另一个隔间中，以逃避电击。如果每次电击开始前10秒，蜂鸣器都发出响声，狗不久就会学会在蜂鸣声与电击之间建立联系，在实际遭受电击之前，为了回避痛苦，狗一听到蜂鸣声就会跳到另一个隔间（Solomon & Wynne，1953）。

回避学习是指为了推迟或阻止不适感而做出的反应，它既包含经典条件反射，也包含操作性条件反射（Levis，1989）。在上述穿梭箱里，狗首先通过经典条件反射学会对蜂鸣声产生恐惧，在这里，蜂鸣声是一个条件刺激，先于电击出现，电击是一个引发疼痛和恐惧的无条件刺激。每次当蜂鸣声响起时，狗就会感到恐惧。但是通过跳入"安全的"隔间，狗可以摆脱那令其反感的恐惧，因此，狗学会了在电击出现之前跳出去，恐惧减少对狗的这种行为有负强化作用，这是回避学习的操作性部分。

狗一旦学会了逃避，这种反应就不会改变。你可以去掉穿梭箱中的电击，然而，狗每次听到蜂鸣器响起的时候还会从所在的隔间中逃出去，它似乎已经学会预测蜂鸣器响后会伴有电击。狗在电击出现之前就逃走了，因而也就无从得到任何可以使其改变预期的信息（Chance，2009）。

逃避和回避学习在日常生活中是普遍存在的（Schlund & Cataldo，2010）。例如，如果你与一个吵闹的、令人讨厌的人一起共事。开始时，你会尽量避免与他交谈，以便能轻松一会儿。再后来，你会想办法躲开他。这就是回避学习，即为了延迟或消除不愉快状态而学习某种回避反应。当你能够不听他唠叨的时候，那种轻松的感觉会再次强化你的躲避行为。如果一个人经常处于受惩罚的情景下，就会出现逃避和回避的想法。例如，当孩子认为他们会受到父母惩罚时，他们会马上跑开（逃避），到后来可能撒谎（回避），或者尽量在外面待着而不回家（回避反应）。

攻击

惩罚的第三个副作用是极可能引发被惩罚对象的攻击行为。很多研究者发现一种普遍现象，动物会由于疼痛而攻击周围的对象。一只平时非常忠诚的狗会因为疼痛而咬其主人，这在动物医院是很常见的。同样，痛苦的人也会攻击其他人以宣泄自己的痛苦。

众所周知，攻击行为是人们遭受挫折后最常见的反应。总而言之，惩罚会让人感到痛苦，或让人感到灰心丧气，或两者兼具。惩罚因此为攻击行为的学习营造了极为适宜的环境。一个孩子被家长打过之后会感到很生气、沮丧，并对他人产生敌意，这时，他走出家门，见到自己的弟弟、妹妹或邻居的孩子，便去打他们。结果会怎样呢？由于他宣泄出了自己心中的怒气和挫折感，因此会感觉良好！如果这样的话，攻击性行为就受到了强化，并且在今后遇到挫折时会再次发生。

> **知识桥**
> 受挫与攻击行为之间的联系是非常紧密的，但是挫折是不是总会引发攻击行为呢？参见第13章，可获得更多的信息。

研究表明，经常遭受体罚的学生容易产生攻击的、冲动的、反社会的行为（Thomas, 2004）。同样的，一项经典研究结果证明，那些有暴力倾向的青少年大都在家遭受过父母的严厉惩罚。他们的暴力行为在家里被制止了，却在外面表现得更为突出。父母以为他们出了家门也都是"好孩子"，当父母了解到他们的孩子在学校里是打架斗殴的"大王"时，都非常吃惊（Bandura & Walters, 1959; Simons & Wurtele, 2010）。对于青少年而言，如果父母减少使用惩罚教育，他们的孩子的攻击性将会降低（Thomas, 2004）。

在课堂中，体罚、吼叫和羞辱通常都不会起作用。以赞扬、认可、奖励等形式出现的积极强化则更有利于消除课堂中的捣乱、对抗、漫不经心等行为。

> **知识桥**
> 学习原理是有效的儿童管理方法中的一种，参见第3章，可获得更多的信息。

正确地使用惩罚

鉴于惩罚的局限和副作用，它还能被用来控制行为吗？不论是驯兽员，还是父母或教师，他们在训练或教育中所使用的基本方法不外乎以下三种：①强化以加强反应；②通过不予强化使某种反应消退；③惩罚以抑制反应。（参见图6.17，帮助你回忆一下不同类型的强化和惩罚。）如果把这些方法结合在一起，效果会更好。刚开始，可以多多利用正强化去鼓励良好行为，比如赞扬（Martin & Pear, 2011）。接下来，仔细观察如果你忽视了一个问题行为，会发生什么，或者只关注目标活动，然后用赞扬来进行强化。需要注意的是，强化和鼓励目标行为比惩罚非目标行为更为有效（Gershoff, 2002; Olson & Hergenhahn, 2009）。当这些方法都不管用时，则需使用惩罚来帮助管理动物、儿童甚至是成人的行为。在不得已而必须给予惩罚的时候，应该记住下面7条原则：

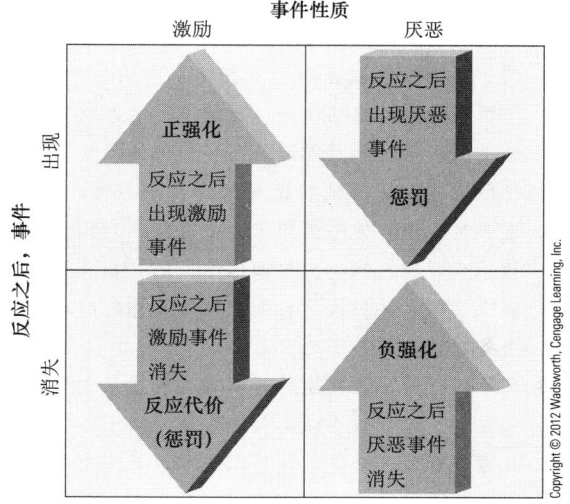

图6.17 强化和惩罚的类型。一个事件的效果取决于在反应发生之后它是出现还是消失。每个方块代表一种可能：方块箭头向上表示反应频率增加，方块箭头向下表示反应频率降低。

逃避学习/Escape learning 学习做出某种反应以结束厌恶刺激。

回避学习/Avoidance learning 学习做出某种反应以延缓或阻止不适感。

1. **避免使用严厉的惩罚**。过于严厉或过分的惩罚将有很大的负面效应。记住,永远不要打孩子的脸。玉不琢,不成器,尽管表面上打孩子并没有对孩子造成长期的影响,因为打的背后其实是对孩子的关怀。但是正如前文所述,严厉的惩罚会产生消极的情绪反应、逃避和回避行为、攻击性增加(Aucoin, Frick, & Bodin, 2006;Simons & Wurtele, 2010),会导致长期的心理健康问题(Afifi et al., 2006)。

   如果换成打屁股呢? 父母应该尽量少打孩子屁股,或者完全不打(Gershoff, 2002)。虽然在支持型教养方式下,责打对儿童的长期成长没有破坏性的影响,但是如果重重地、频繁地责打,或者伴随着严厉型教养方式,则会对儿童的情绪产生严重影响(Baumrind, Larzelere, & Cowan, 2002;Stacks et al., 2009)。事实上,在世界上很多国家责打孩子是被明令禁止的(Gershoff & Bitensky, 2007)。

2. **在不得已之下,尽量使用最轻的惩罚去抑制错误行为**。如果要使用惩罚,则必须是温和的。轻度惩罚在"应急"情况下非常有效。例如,你的狗跑到街上,或你的孩子想去摸一摸炉子,你及时给予惩罚可以阻止事故的发生。在这种情况下,惩罚的针对性越强越好。也就是说,假设孩子要伸手摸炉子,此时你最好不要打他的屁股,而要打他的手,因为他将记住那样伸手将受到惩罚,这对制止他"伸手摸炉子"很有效。对稍大点的孩子或者成人来说,收回给他们的特权或者其他正强化物(反应代价)就很有效。通常,口头的责备就已经足够了。

3. **在不良行为正在发生的时候或在发生后立即给予惩罚**。有时,很难做到及时惩罚,对于大一些的儿童或者成人来说,你可以采取事后惩罚,但是一定要清楚地向他们说明惩罚的原因。如果你不能及时惩罚年幼的儿童或者动物,那么要等到下次那种行为再发生时才施以惩罚。

4. **要保持一致性**。一定要对"哪些行为属于不良行为"心中有数。每当一种不良行为发生时,都要进行惩罚,切不可今天罚了明天不罚。不要在孩子第一次犯错误时就大发雷霆,要先有警告。如果你说给孩子3次机会改正错误,就要遵守这个承诺。给孩子定规矩时,父母也要保持一致,惩罚要有同样的原因和使用同样的方式。

5. **使用对抗性条件**。在某一情景中,如果孩子仍然可以获得强化物,那么轻度惩罚几乎没有什么作用。这就是为什么最好要有选择地奖励孩子的良好行为。例如,莎莉总是抢夺妹妹的玩具,除了在她这样做的时候责备她以外,还应该鼓励和表扬其与别人一起分享玩具的行为。对孩子表现出来的与不良行为相反的行为进行奖励,这样下去,良好行为会越来越频繁,而不良行为则会越来越少出现。显然,莎莉不可能在分享玩具的同时去抢夺妹妹的玩具。

   切记,惩罚只能让一个人或一只动物知道某个反应是"错误的",而不能说清楚什么样的反应才是"正确的",因而不能以此来教授新行为。如果没有强化,惩罚的效果是很小的(Gershoff, 2002)。

6. **预估到惩罚对象的怒气**。要意识到惩罚对象对你的怒气,但是绝对不要强化这种怒气。如果你错误地惩罚了一个人,或惩罚过于严厉,你要勇于承认自己的错误。

7. **以善意和尊重的态度进行惩罚**。要避免在自己生气的时候实施惩罚,因为在这种情况下,惩罚容易变得失控,进而被滥用(Gershoff & Bitensky, 2007;Gonzalez et al., 2008)。2/3 的儿童虐待案源于体罚(Trocmé et al., 2001)。为了防止做出出格的惩罚,方法之一就是以善意和尊重的态度进行惩罚。这样做还可以让惩罚对象保持自尊。比如,尽量不要当着别人的面惩罚一个人。如果有可能的话,与被惩罚者保持一种亲密的、相互信任的关系,这将有助于减少惩罚所带来的问题行为。实际上,人们大都希望得到赞扬,他们改正错误主要为的是自己能做好,而不是因为惧怕惩罚。

总的来说,人们在培养或训练过程中存在一个普遍的错误,就是过多地依赖惩罚。频繁惩罚使得一个人或一只动物感到不愉快、困惑、焦虑、恐惧及富有攻击性(Gershoff, 2002;Hergenhahn & Olson, 2009)。在以奖励为主的教养方式下成长的儿童或宠物,其情绪适应能力要优于在以惩罚为主的教养方式下成长的儿童或宠物。

家长和老师应该注意的是，使用惩罚容易"上瘾"。当孩子表现出吵闹、捣乱、不讲礼貌等不良行为时，惩罚他们的念头是非常强烈的。不幸的是，惩罚经常发生。当实施惩罚的时候，成人的愤怒会被终结，这是一种负强化物，使得成人在以后更频繁地使用惩罚（Alberto & Troutman, 2009）。即刻的沉默可能是"金子"，但是考虑到儿童的情绪健康，它的代价实在太高。

知识巩固
惩罚

测一测

1. 负强化促进反应的发生，惩罚抑制反应的发生。对不对？
2. 影响惩罚效果的3个主要因素是时间、一致性和_____。
3. 轻度惩罚往往只能暂时地_____一个被强化的反应。
   a. 提高　　　　　b. 加剧
   c. 取代　　　　　d. 抑制
4. 惩罚的3个副作用包括：①使被惩罚者形成条件反射性恐惧和憎恨；②引起攻击性行为；③使其学会逃避反应或_____反应。
5. 当你无法忍受他人某种行为时，使用惩罚能够阻止他人的行为。这一结果对惩罚使用者是一种_____。因此，使用惩罚很容易形成习惯。

想一想

批判性思考

6. 请运用部分强化的概念解释为什么不一致的惩罚是无效的。
7. 逃避和回避学习的原理可以被运用来鼓励人们坐车时系安全带，你能解释它们是怎样起作用的吗？

自我反思

回想一下你儿时是如何被惩罚的，惩罚是及时的吗？是一致的吗？这些因素对你的行为有什么影响？惩罚是有效的吗？你是否见证或亲历过惩罚的副作用？

答案：

1.对 2.强度 3.d 4.回避 5.负强化 6.如果对于一个反应时而强化时而不予强化，那么这一"部分强化"的效应，将使该反应变得更加难以消退。7.如果没有系上安全带，就会听到让人心烦的蜂鸣声，为了逃避这种噪声，人们会系上安全带；或者，人们会预料到蜂鸣声以避免系上安全带之后，蜂鸣器就会停止。

认知学习——在条件反射之上

关键问题6.8：什么是认知学习？

一切学习的基础都是建立刺激与反应之间的联系吗？尽管许多学习都可以用经典条件反射与操作性条件反射来解释。但是，我们知道，再简单的条件反射也含有"心理"成分。就人类而言，我们可以预测未来的赏罚情况，并做出相应反应。当听到医生或牙医说："放心吧，一点都不疼的！"你会想到他们是在骗你。毫无疑问，人类学习包含着很多认知成分或心理成分（Goldstein, 2011；Lefrançois, 2006）。作为人类，我们受到信息、期望、知觉、心理表象等多种因素的影响。

正如本章前面部分所提到的，简单来说，认知学习是指理解、认识、预测或其他利用丰富信息的高级心理过程。**认知学习**超出了基本的条件反射式学习，是一种包括记忆、思维、问题解决和语言因素的学习过程。后续章节将对记忆、思维、问题解决和语言的过程进行详细讨论，因此在这里先简单介绍这些条件反射之外的学习类型。

认知地图

你是如何在所居住的城市行走的？从一个地方到另一个地方时，你是否已经学会哪里向左转弯、哪里向右转弯？你可以自由地在所居住的城市穿梭，因为你对于这个城市的布局已经有了一张

认知学习/Cognitive learning　一种包括思考、认识、理解及预测的高级学习过程。

比较完整的心理地图或认知地图，甚至在你必须绕行或重新开辟新路线时，它都能做你的向导（Foo et al., 2005）。**认知地图**是某一区域的内在表征，比如迷宫、城市或校园。鼠类是智力水平相对较低的动物，但也能学会在迷宫中寻找食物，并且知道应该如何转弯才能找到食物（Tolman, Ritchie, & Kalish, 1946）。如果你曾经在电子游戏中学会在不同的楼层之间穿梭，那么你对认知地图究竟为何物将会有更加形象的认识。从某种意义上说，认知地图还能提供其他方面的用途。例如，你可以在读这本书的时候形成一个"心理学内容图"，利用作图的方式把许多心理学概念组合在一起。

潜在学习

我们还可以通过潜在学习来揭示认知学习的存在。**潜在学习**发生于没有明显强化的情境中，并保持潜伏状态，直到被给予强化，才转化为外显行为（Davidson, 2000）。下面是一个经典的动物实验案例，研究者让两组老鼠探索迷宫，一组老鼠在迷宫的尽头发现了食物，不久以后，它们便能够在迷宫中迅速找到食物；第二组老鼠在迷宫中没有食物强化，也没表现出任何学会认路的迹象。几天之后，研究者开始把食物放在迷宫中的目的地。很短时间之后，那些"没有学会认路"的老鼠找到食物的速度便与第一组同样快了（Tolman & Honzik, 1930）。第二组老鼠虽然在开始阶段没有得到强化，

也没有外显的学习迹象，但它们能与强化组一样迅速到达目的地，说明潜在学习已经存在（图6.18）。

当没有强化的时候学习是怎么发生的呢？满足好奇心就已经是对学习的强化了（Harlow & Harlow, 1962）。对人类而言，潜在学习与高级能力相关，比如预测未来的奖励。举个例子，当你送一位颇具魅力的同学回家时，你也许会无意识地记下送她（他）回家的那条路，因为你期望将来你们之间可能会有约会。

发现式学习

认知学习最为主要的特点是理解。我们每个人都曾用过**机械式学习**的方式，简单地进行重复和记忆。虽然机械式学习是有效的，但是许多心理学家认为，当人们亲自去发现事实和原理的时候，学习将更灵活，记忆也更持久。在**发现式学习**中，技能是通过顿悟和理解的方式获得，而不是死记硬背（Snowman & McCown, 2011）。

> **知识桥**
> 参见第8章，可获得更多有关顿悟的信息。

发现式学习与机械式学习有哪些区别？图6.19显示了它们之间的区别。实验中，教师分别教两组学生通过"底×高"来计算一个平行四边形的面积。对于理解学习组，教师鼓励他们多观察，当移动平行四边形的一部分时，能组成一个长方形。在后来的测试中，这些学生能较好地解决不规则图形问题，这些问题不能直接运用"底×高"公式。对于机械学习组的学生，教师只教计算公式，在面对不规则图形时，他们却被难住了（Wertheimer, 1959）。这一结果表明，发现式学习有助于更好地理解新的问题与情景。在学习过程中，人们应该尽可能地使用新策略和发现新的解决方法。但这并不意味着学生需

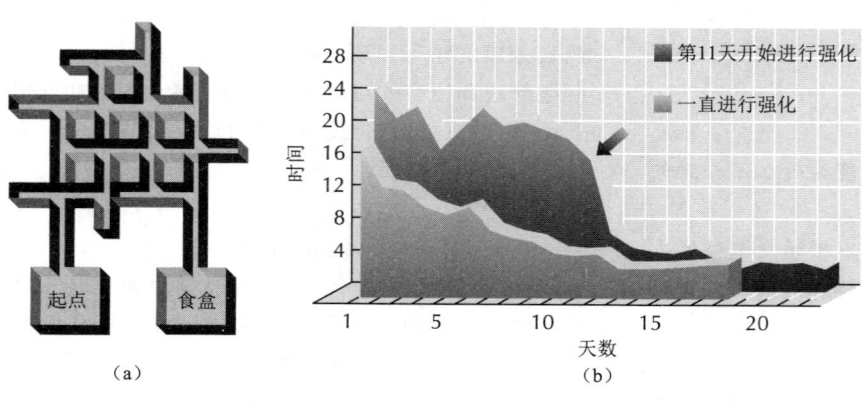

图6.18 潜在学习实验及结果。（a）Tolman与Honzik用于研究老鼠潜在学习的迷宫。（b）实验结果，当给那些先前没有得到过强化的老鼠提供食物奖赏之后，其成绩显著提高，这表明此前已经发生了某种隐性的或内在的学习。（Adapted from Tolman & Honzik, 1930）

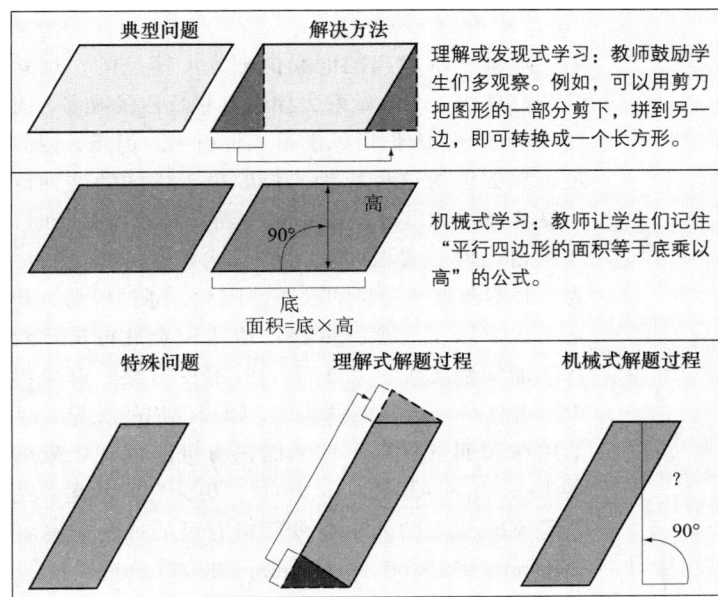

图 6.19 发现式学习和机械式学习对比。虽然两种类型的学习都很普遍，但对于某些类型的学习来说，发现式学习的效果更好。（After Wertheimer, 1959）

通过观察进行学习的价值是显而易见的。不论是系鞋带、走舞步，或是弹奏吉他，我们都是先看别人做，之后自己再学着做。班杜拉认为，凡是通过直接经验学到的东西，都能通过观察间接学到。因此，有时我们可以直接掌握正确的操作方法或知识，而不必经过最初的"尝试－错误"过程。

观察学习

我们确实可以通过观察进行学习，那么这一过程是如何发生的呢？通过观察一个**榜样**（起示范作用的某个人），一个人可以：①学习新反应；②学会做出或回避先前学习过的某个反应（取决于在榜样做出反应之后会产生怎样的结果）；③学会某种普遍适用的规则（Lefrançois，2006）。

观察学习的发生必须满足以下几个条件。首先，学习者要注意观察榜样，并能够记住他所做的全部动作。一名初级汽车技工可能会聚精会神地观看整个汽车调试过程，但是不能记住其中的每一个步骤。其次，学习者要能够重复榜样的行为。有时，我们可以通过练习以重复榜样的动作，但是，也可能永远重复不出某些动作或行为。例如，我们可以去观看世界级运动员高超的体操表演，但他们的动作并不是人人花时间练习都可以模仿的。如果榜样成功地完成某个任务或因某个

要重新探索和发现数学、物理或化学原理。最佳的教学策略是有指导的发现式学习，学生能充分自由地思考问题，同时还能获得足够的指导，这样学生才能摄取有用的知识（Mayer，2004，2011）。

模仿——学我做的，而非我说的

关键问题 6.9：学习是从模仿开始的吗？

根据阿尔伯特·班杜拉（Albert Bandura，1971）的观点，许多技能都是通过观察学习或模仿习得的。观察他人的行为及其结果和模拟他人的行为能够导致**观察学习**（Lefrançois，2006）。人类及其他哺乳动物具有观察学习的能力，比如拉里的大猩猩（Meunier, Monfardini, & Boussaoud, 2007；Tennie et al., 2010）。

> **知识桥**
> 模仿学习对很多动物而言是非常重要的，在动物的大脑中有专门的神经元负责这一功能。参见第 2 章以获得更多有关镜像神经元的信息。

认知地图/Cognitive map　某个区域（迷宫、城市及校园等）的内部图像或心理表征，它能构成一种选择其他实现同样目标的路径的能力。

潜在学习/Latent learning　学习发生于没有明显强化的情境中，并保持潜伏状态，直到被给予强化，才转化为外显行为。

机械式学习/Rote learning　学习是机械地开展的，通过重复、记忆，或学习原理。

发现式学习/Discovery learning　基于顿悟和理解的学习。

观察学习/Observational learning　通过观察他人的行为及其结果和模拟他人的行为进行学习。

榜样/Model　作为观察学习典范的人。

观察学习传递了大量不能通过阅读说明书或死记硬背而获得的信息。

反应受到奖赏，学习者就更有可能去模仿榜样的行为。最后，学习者模仿出一个新反应，要对其给予强化或反馈，这决定了这个行为在今后是否还会重复出现。

模仿榜样

榜样学习对于行为有很大的影响作用。在一项经典实验研究中，研究者让儿童观看一个成年人攻击一个大塑料娃娃的行为。儿童被分为三组：一组儿童在现场观看，成年人时而坐在娃娃身上，时而打它，用锤子砸它，时而把它在房间里踢来踢去；第二组儿童则通过录像观看这些行为；第三组儿童观看的是含有这些攻击行为的卡通片。之后，研究者让孩子们玩一些好的玩具，又突然把玩具拿走，使孩子们产生挫折感。接下来，研究者让孩子去玩他们刚才看到的那种大塑料娃娃。结果发现，许多孩子都会重复成人的攻击行为，甚至还加上一些新的攻击行为。研究者还发现了一个有意思的结果，看现场表演和看电影对孩子模仿攻击行为的影响更大，而看卡通片的效果相对较弱（Bandura, Ross, & Ross, 1963）。

儿童是不是盲目地模仿成人？不是的。观察学习只是让一个人做好去模仿某种反应的准备，通过观察学习，人们可以学习某种行为。但是，他们是否真去模仿这种行为，将取决于榜样的这种行为是获得强化，还是被惩罚。当父母教育孩子时，如果自己说一套做一套，孩子就会模仿父母的行为，而不会遵从父母的教诲。因此，通过模仿，儿童不仅习得了态度、姿势、情绪和个性特征，而且还能学会恐惧、焦虑和一些不良习惯。青少年吸烟者就是一个典型的实例，如果他们的父母、兄弟姐妹和朋友吸烟，那他们很有可能也开始吸烟（Wilkinson & Abraham, 2004）。更为悲剧的是，见惯了家庭暴力的儿童在今后极有可能成为施暴者（Murrell, Christoff, & Henning, 2007）。

举一个例子，小雷蒙德正在玩游戏，被哥哥罗伯特过来打断，他气急败坏地冲着哥哥大喊大叫，并使劲乱打。这一来又干扰了父亲看电视，父亲过来揍了小雷蒙德的屁股，并警告说："你不许打人，这是给你的教训！"由于模仿效应，期望孩子"学我所说的，而不是我所做的"是极其不现实的。父亲弗兰克的行为给孩子的信息是很明确的，这就是："谁敢惹我，我就打谁。"再下一次小雷蒙德被惹火的时候，他多半会模仿父亲，打他的哥哥。

模仿与媒体

电视能促进观察学习吗？现今，8—18岁的青少年消耗在各种媒体上的时间超过50小时/周，这些媒体包括电视节目、电子游戏、电影、网络、音乐和出版物（Rideout, Foehr, & Roberts, 2010）。虽然电视节目所占的比率有所下降，但它仍是人们所关注的媒体中份额最大的，平均每周30小时（网络所占比率不断地接近电视节目）。

一个人从出生起到中学毕业止，平均看电视的时间是15000小时，而在学校上课的时间是11000小时。这段时期中，每个人会从电视中看到大约18000个谋杀场景，以及无数的抢劫、纵火、爆炸、折磨和拷打情景。甚至在G级（成人和儿童都适宜观看）的卡通片中，每小时就有10分钟的暴力镜头（Yokota & Thompson, 2000）。总之，电视观众被暴露在大量的暴力情节中，这会让他们更有可能通过观察学习学到暴力行为。

电视暴力

很多研究者就电视节目对攻击行为的影响进行了研究，其结果没有出乎人们的预料。研究表明，如果儿童观看大量电视暴力，他们更容易产生攻击性行为（Anderson et al., 2003; Anderson, Gentile, & Buckley, 2007）。当然，并非所有的儿童都变得更具有攻击性，但许多儿童会受影响。更糟糕的是，这种影响会持续到成年早期。研究者追踪一组有电视瘾的小学生到他们成年早期（Huesmann et al., 2003）。那些观看更多电视暴力的学生在经过15年成年之后表现得更具攻击性（图6.20）。

电子游戏是否也会对儿童行为产生影响？当然会，儿童倾向于模仿他们从各种媒体上观察到的东西。从职业摔跤（Bernthal, 2003）到饶舌音乐（Wingood et al., 2003），再到电子游戏（Carnagey & Anderson, 2004），儿童有着无数的机会去观察和模仿有益的东西和有害的东西。（参阅"你是说电子游戏对我有害？"）。

这样说是否公平，即媒体暴力能够激发消费者，尤其是儿童的攻击行为？媒体暴力使得攻击行为更有可能出现，但是不会让任何接触媒体的儿童都变得具有攻击性（Gunter, 2008）。很多其他因素也会增加敌对意识转化为攻击行动的概率，比如家庭冲突、抑郁、同伴的负面影响等（Ferguson, Miguel, & Hartley, 2009）。那些最容易模仿媒体暴力的未成年人有以下特点：他们认为暴力是一种可接受的解决问题的方式，相信媒体上的暴力情景是真实的，认同电视里看到的英雄角色（Huesmann et al., 2003）。更为麻烦的是，媒体英雄表现得与其中的恶棍一样暴力。年幼的儿童会更容易受到这些媒体暴力的影响，因为他们相信媒体英雄和故事是真实的。

在认识到媒体暴力的影响之后，加拿大、挪威和瑞士等国家对暴力节目的播放制定了严格的限制。这是一种值得其他国家借鉴的做法。

展望

条件反射原理虽然是从动物实验的基础上得

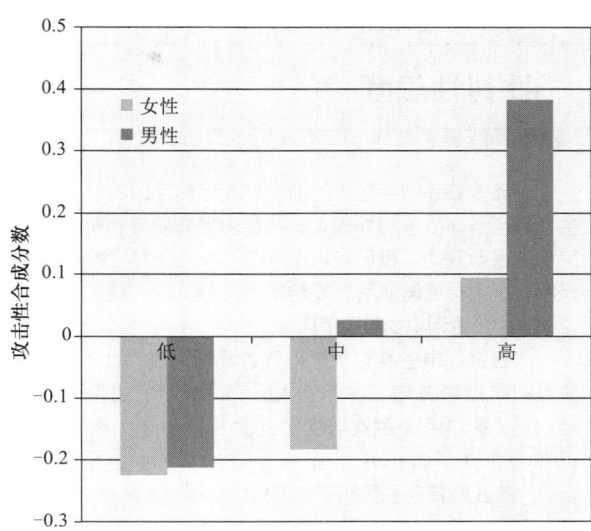

图6.20 在15年之后，那些较少观看电视暴力的学龄前儿童在成年期所表现出来的攻击性低于平均水平。相反，那些较多观看电视暴力的学龄前儿童在成年期所表现出来的攻击性高于平均水平。攻击性合成分数包括间接攻击行为（如言语暴力）和直接攻击行为（物理性攻击）的分数。（Huesmann et al., 2003）

媒体英雄是观察学习攻击行为的典型榜样。

出的，但是其同样适用于人类的行为，想想强化是如何影响我们自己的行为的，会使你的理解更深刻。带着这个思考，让我们在下面的"应用篇"中一起来看一个操作性条件反射的实际应用，千万不要错过这个有趣的内容！

批判性思考　　你是说电子游戏对我有害？

今天的孩子们所见到的血腥场面可能比以前很多人一生（甚至身处战争时期的人）所经历的都要多。例如，在某个电子游戏中，丧尸攻击了一个小女孩，并把她也变成丧尸，这个女孩再残暴地攻击她的父亲，这种残忍的情节持续了片刻直到小女孩被杀死。

这些游戏中的暴力场景对玩游戏的人会有什么影响？最近一份报告总结了许多前人研究，得到的比较可靠的结论是：暴力电子游戏增加了儿童和青少年的暴力行为（Anderson, 2004；Krahé & Möller, 2010）。相对电视来说，孩子们更容易受到暴力游戏的影响（Anderson et al., 2003；Bensley & Van Eenwyk, 2001）。事实上，电子游戏的体验越拟人化、越亲近，则其对行为产生的影响越深远（Fischer, Kasten müller, & Greitemeyer, 2010）。

一项经典研究证明了电子游戏暴力的影响。首先让两组大学生分别玩一个非常暴力的游戏（真人快打）和一个不暴力的游戏（职业高尔夫锦标赛）。然后他们要与一个竞争者（由实验者扮演）一起完成一项任务，完成过程中允许使用暴力和报复行为。结果发现，开始玩暴力游戏的那组大学生在任务完成过程中对竞争者表现出更高的暴力倾向（Bartholow & Anderson, 2002）。

电子游戏暴力是怎么让暴力行为增加的呢？一种可能是，重复体验暴力游戏使得人们对暴力的敏感性降低，因此不那么反感暴力，增加了使用暴力的倾向（Funk, 2005；Krahé et al., 2011）。另一种可能是，玩游戏的人把在游戏中学到的暴力扩散到现实生活中了（Unsworth & Ward, 2001）。

知识桥
在你对电子游戏全盘否定之前，请阅读第 9 章"电子游戏对我有好处吗？"。

知识巩固
认知学习与模仿

测一测

1. ＿＿＿＿是对空间关系的内在表征。
2. 由于＿＿＿＿的作用，一旦呈现奖赏或刺激后，学习效果即可突然显现出来。
   a. 发现式学习　　b. 潜在学习
   c. 机械式学习　　d. 回忆
3. 心理学家使用＿＿＿＿这个术语来描述观察学习。
4. 如果榜样获得成功或受到奖励，那么他或她的行为＿＿＿＿。
   a. 很难再次发生
   b. 别人不可能注意
   c. 更可能被别人模仿
   d. 将产生正迁移
5. 在现场看到成人攻击性行为的儿童攻击行为会增多，而影视或卡通片中的攻击性行为对儿童的影响相对较小。对不对？
6. 孩子们模仿他们认同的影视明星的可能性最大。对不对？
7. 儿童在观看了大量暴力电视节目后会有暴力倾向，以下哪种效应可解释这种现象？
   a. 负强化　　　　b. 塑造和渐近式接近
   c. 观察学习　　　d. 间接性经典条件反射

想一想

批判性思考

8. 按照你现在所熟知的校园画一张你所在学校的地图；根据你以前第一次参观校园后的印象，画另一张地图。比较一下这两张地图有何区别？为什么？
9. 电视节目中有许多暴力镜头，看过很多暴力场景的儿童比一般儿童更具有攻击性。然而，为什么上述现象还不能说明电视暴力能引发儿童的攻击行为呢？

自我反思

试着就下面几个概念想一想你亲身经历过的实例：认知地图、潜在学习、发现式学习。

请讲述你通过观察学习而学会的一项技能，模仿是如何帮助你学习的？

在你青少年时期认同过哪些娱乐明星或体育健将？他们是如何对你的行为产生影响的？

答案：

1. 认知地图 2. b 3. 模仿 4. c 5. 亦步亦趋 6. 兴 7. c 8. 作为大脑认知地图背后实质的涌现和精制，揭示了许多动物之友。9. 这就可能实现若某些相关关系引起的几种可能的关联性，即并未发生任何内容的儿童，并因此关注儿童长期接受的多少电视节目，当然也不仅仅是要考察电视是否有负面影响，电视是否以认及其作为之间的作用有着更严重的关联和发生。

应用篇

关键问题6.10：如何应用条件反射原理去解决实际问题？

你是否愿意多锻炼身体、上更多的课、减少吸烟、长时间集中注意力或阅读更多的书籍？这就有必要形成一项属于你的自我管理方案。这也是本书将心理学应用于个人生活的例子之一。

自我管理行为

操作性条件反射的原理可以被用来管理你的行为（Miltenberger，2011；Watson & Tharp，2007），如下所示：

1. **选择一个目标行为。** 确定你希望改变的行为。
2. **记录初始值。** 记录下目前每天你实施目标行为的时间，或者记录下你每天做出的目标反应及非目标反应的次数。
3. **设定目标。** 你需要记住行为塑造的原则，不可操之过急，要为每一天、每一周都建立现实并合理的进步目标。
4. **选择强化物。** 如果你完成了每天的目标，就要按照计划给自己奖励，例如，一天的奖励可以是看电视、吃一块糖、去找朋友聚一聚、玩一会儿乐器，或找一件自己喜欢的事做。同时，也要为自己制定达到一周目标后的奖励办法，例如，看一场电影，下一次馆子，或做一次周末旅行。
5. **记录你取得的进步。** 要精确记录每天花在"目标行为"上的时间以及自己做出的"目标行为"的数量。
6. **奖励成功。** 一定要诚实待己，如果你达到了每天的目标，就要给自己奖励，如果没有达到目标，则没有奖励。要根据每周计划完成情况决定奖励与否。
7. **当你能更深入地了解自己的行为时，可调整计划。** 如果你在自我管理中获得成功，你进行自我管理的做法就会得到强化。

如果你难以找到合适的奖励，请记住任何经常发生的事都可以作为强化物。这就是众所周知的**普雷马克原则**，即任何一个经常发生的（或占优势的）反应都可以用于强化一个不经常发生的反应。这个原则是由心理学家大卫·普雷马克（David Premack）提出并推广应用的。例如，如果你喜欢每天晚上看电视，同时又想学习更努力些，那么你可以用看电视去强化努力学习的行为，要求自己在学习一小时之后才可以去看电视，你可以根据需要设置学习时间。然后每周逐渐地延长学习时间。下面是一个学生的学习计划：

1. **目标行为：** 用于学习的小时数。
2. **记录初始值：** 目前平均每天25分钟，即每周3小时。

自我管理行为——一种奖励方案

3. **周目标：** 第一周每天把学习时间增加到40分钟，达到周学习时间5小时的目标。第二周目标为每天学习50分钟，周目标为6小时。第三周目标为每天学习60分钟，周目标为7小时。最终目标为达到并维持每周学习14小时。
4. **每天对达成目标进行奖励：** 晚上弹吉他1小时，如果达不到目标则不能弹吉他。达到周目标的奖励为看一场电影或买一张DVD。

自我记录

即使你不能每天都真的做到给自己奖赏，**自我记录**可以让你的学习计划仍有望获得成功。自我记录是指持续记录反应发生的频率，是一种反馈。即使是我们自己监控自己的行为，由于认识到自己是被监控的，我们倾向于做出规定行为。总之，当你系统地对自己进行观察，你更有可能做出目标行为，而较少地做出非目标行为（Fireman，Kose，& Solomon，2003；Watson & Tharp，2007）。

记录下你想要改变的行为发生的次数，如锻炼身体、上课迟到、吃蔬菜、吸烟、努力学习、看电视、喝咖啡、说脏话等。你可以用一张纸记下特定行为每天发生的次数或时间，或者用一个小计算器来进行计算。记录有助于你打破固化模式，反馈则可以激发进步。

改变坏习惯的有效方法

有没有一些可以改变坏习惯的诀窍？刚才我们讨论到，可以使用反馈的方法逐步减少自己的不良行为，如吸烟、咬手指甲、说脏话、出口伤人、喝咖啡过量、看电视时间过长，等等。但是，一种不良行为习惯已经形成，要改变它并不容易，这需要一些技巧，下面是改变坏习惯的4种策略。

改变反应

改变坏习惯的有效策略之一是"以新代旧"，即做出一个新的、同样能够得到强化的反应。

例如，玛塔喜欢拿其他人开玩笑，有些时候她的朋友会被这种尖酸的幽默伤害。玛塔意识到了这一点，并试图加以改变。但是，该怎样改变呢？通常，玛塔一讲笑话就会得到同事的注意，大家爱听是对她的强化。为了获得同样的强化，玛塔可以说一些赞扬和恭维别人身上优点的话，同样能够引起大家的注意。由于玛塔可以继续得到她所希望得到的强化，因此她专拿别人缺点开玩笑的不良行为习惯是可以改变的。

消退

改变坏习惯的有效策略之二是"远离诱惑"，即发现那些不良行为习惯的强化物，并移走它们，避开它们，或推迟它们的强化作用。

例如，法蒂玛喜欢在学习休息时间看电视，看电视强化了她的休息行为，休息时间越来越长，学习时间越来越短。为了改变这种习惯，法蒂玛选择到图书馆或没有电视机的地方去学习，这样就避开了电视，推迟了强化发生。

反应链

改变坏习惯的有效策略之三是"打破反应链"，主要方法是打乱导致不良反应出现的事件链（Watson & Tharp，2007）。

例如，伊格纳西奥每天晚上下班后回到家，习惯先打开电视，边看边吃甜点或炸薯条，然后洗浴和换衣服，到晚餐的时候，他已经觉得饱了。他意识到，自己吃零食的习惯影响了正常饮食。伊格纳西奥可以通过打破晚饭前的"反应链"来改变这个习惯，比如，回家后可以立即去洗澡，或在晚餐后再看电视。

线索和前因

改变坏习惯的有效策略之四是"控制隐患"，即设法避免、减少或消除可能引起坏习惯的刺激。

例如，布兰特想戒烟。他把周围与香烟有关的东西都拿走了，在家里、汽车上和办公室中再也看不见烟灰缸、火柴和香烟，这是一个好的开始。与香烟有关的东西，例如烟味，都会激起他对吸烟的渴望。之后，他逐步控制自己。开始的时候，他只在单位休息室里吸烟，在办公室里不吸烟。然后，他限制自己只在家里吸烟，在单位不吸烟。在家里，只在一个特定的房间、坐在一把特定的椅子上吸烟，在其他地方不吸烟。当布兰特成功达到这一目标后，可以再做限制，比如只在卫生间、地下室或车库里吸烟（Riley et al.，2002）。

行为契约

如果你在尝试上述技巧时难以坚持下去，你可以试着建立行为契约。在**行为契约**里，你设定一个想要控制的问题行为，或者一个想要实现的目标，同时再设定你将受到什么奖励，失去什么权利或接受什么惩罚。这个契约由你和你信任的另一个人签订。

当你把适度的惩罚办法详细写进合同之后，将激发你履行合同的行为动机。Nurnberger 和 Zimmerman（1970）曾举过这样一个经典事例：有一个博士生，他已经在两年中完成了全部前期

普雷马克原则 /Premack principle 任何一个经常发生的或占优势的反应都可以用于强化一个不经常发生的反应。

自我记录 /Self-recording 通过坚持记录自己的某种行为出现的频率进行自我管理。

行为契约 /Behavioral contract 一份正式的约定，设定要改变的行为以及行为改变（或者不能被改变）的后果。

研究工作，但博士论文一个字也没写，就是不想动笔。为此，这位博士制定了一个"合同"，规定自己每周必须按时写出一定数量的稿子。为了保证自己按时完成任务，他开出一些支票，交给了作为合同监督人的好朋友，如果自己在周末完成了任务，监督人就还回一张支票；如果不能完成任务，监督人就把一张支票寄给美国三K党之类的组织。博士生对那些组织深恶痛绝，为了不把钱捐给他们，便开始按计划写论文，最后成功地完成了论文。

寻求帮助

真正地去管理或改变自己的行为要比说起来难得多。如果你需要进一步的信息，可以参阅第15章的应用篇中所给的建议。如果你已经开始一项自我矫正计划，却发现难以实现目标，你还可以寻求专家给予你指导意见。

从哪里获得更多的信息

《自我导向行为》（第九版）Watson, D.L., & Tharp, R.G. (2007). *Self-directed behavior* (9th ed.) Belmont, CA: Wadsworth.

《行为矫正：原理与方法》（第五版）Miltenberger, R.G. (2011). *Behavior modification: Principles and procedures* (5th ed.). Belmont, CA: Cengage Learning/Wadsworth.

知识巩固
自我管理行为

测一测

1. 在设定好强化哪种目标行为之后，最好记录下初始值，以便你能为改变设定可实现的目标。对不对？
2. 即使没有额外的奖励，自我记录也能带来想要的变化，逐渐实现目标行为。对不对？
3. 普雷马克原则表明行为契约可以增强行为的改变。对不对？
4. 自我管理计划利用塑造原理，设置一系列可逐步达成的目标。对不对？
5. 艾莱妮在写课程论文的休息期间，喜欢在电脑上玩玩纸牌，但是每次休息都拖延着，玩很久的纸牌，她才开始写论文。为了改掉这个坏习惯，艾莱妮把纸牌游戏从电脑桌面上清除，在她开始学习的时候，她看不到这个游戏，自然也不会再玩。艾莱妮使用了上文改变行为中所提及的什么策略？

a. 改变反应　　b. 消退
c. 避开线索　　d. 契约

想一想
批判性思考

6. 在自我管理计划中设定每日目标是如何使得强化效果最大化的？

自我反思

即使你现在还不想马上制订一套自我管理的计划，也请你列出一个改变你某个行为的计划大纲。要清楚地描述出行为特征、设定目标，并确定强化物。

答案：
1.对 2.对 3.不对 4.对 5.c 6.每日目标的频繁强化了强化的强度，而这又使其威望最大化。

本章总结

关键问题回顾

6.1 什么是学习？

6.1.1 学习是由经验引起的相对持久的行为变化。

6.1.2 联想学习是一种常见的学习类型，影响到日常生活的很多方面。

6.1.3 认知学习包含信息丰富的高级心理过程。

6.1.4 由条件反射产生的学习是以强化为基础的。强化增加了特定反应再次出现的可能性。

6.1.5 经典条件反射（应答性条件反射）与操作性条件反射（工具性条件反射）是联想学习的两种基本类型。

6.1.6 在经典条件反射中，一个中性刺激通过与其他刺激建立联系可产生条件反射。

6.1.7 在操作性条件反射中，随意反应的频率和模式可被这个反应的结果改变。

6.2 经典条件反射是怎样形成的？

6.2.1 经典条件反射是由巴甫洛夫研究发现的，它发生于在一个中性刺激（NS）与一个无条件刺激（US）建立联系时。

6.1.2 无条件刺激（US）引起的反射称为无条件反射（UR）。如果一个中性刺激出现后总是伴随一个无条件刺激，那么，它就会变成能够产生反应的条件刺激（CS）。这个反应被称为条件反射或习得反应（CR）。

6.2.3 如果条件刺激总是伴随着无条件刺激出现，就会强化条件反射。

6.2.4 一个习得的条件刺激就像一个无条件刺激一样能够引发进一步的学习，就会产生高级条件反射。

6.2.5 从信息观来看，条件反射的形成过程也是"期望"的建立过程。新的期望改变了原反应模式。在经典条件反射中，条件刺激的出现使个体产生对将出现的无条件刺激的期望。

6.2.6 当条件刺激被不断呈现但不给予强化时，条件反射会消退，即出现减弱和抑制。在一次消退过程完成之后，经过一段时间的休息，条件反射会再次发生。这种现象被称为自发性恢复。但条件反射再次发生的现象将是暂时的。

6.2.7 在刺激泛化作用下，一些与条件刺激相似的刺激也能产生同样的反应。刺激辨别学习指个体学会只对特定刺激产生反应，而对相似的刺激不产生反应。

6.3 条件反射影响情绪吗？

6.3.1 条件反射原理同样适用于本能反应和情绪反应，所以能够形成条件性情绪反应（CER）。

6.3.2 恐惧症是一种非理性的恐惧，始于条件性情绪反应。情绪性条件反射的形成可以是直接的，也可以是间接的。

6.4 操作性条件反射是怎样形成的？

6.4.1 一个自发的反应发生之后伴有强化物（增加反应出现的频率）或惩罚物（降低反应出现的频率），就会产生操作性条件反射。

6.4.2 延迟强化会显著降低强化的效果，但是对于较长的反应链而言应该尽量使用一个强化物。

6.4.3 迷信行为通常会成为反应链的一部分，因为它们看似与强化建立起了联系。

6.4.4 对不断接近特定反应的行为进行奖励，行为能够被塑造成目标模式。

6.4.5 如果一个操作性反应不再被强化，它将会消退（消失）。但是在消退之后，它还会短暂地出现（自发性恢复）。

6.4.6 正强化与负强化都能增加一个反应重复出现的可能性。惩罚会降低一个反应重复出现的可能性。

6.5 操作性强化有哪些类型？

6.5.1 操作性学习主要是以一级强化物、二级强化物及反馈为基础的。

6.5.2 一级强化物具有满足有机体基本需要或生理需要的作用。对大脑"快乐中枢"的颅内刺激亦有一级强化的效果。

6.5.3 二级强化物是习得的。它们通过与一级强化物直接建立联系或通过转换为一级强化物而起到强化作用。代币和纸币即通过这种方式产生强化作用。

6.5.4 反馈或结果获知可以促进学习和提高成绩。及时、详尽和经常性的反馈具有最佳的效果。

6.5.5 程序教学的基本思想是把学习过程分解成一系列较小的步骤，为学习者提供及时的反馈。计算机辅助教学（CAI）也是遵循同样的步骤，但是它还能根据需要及时提供额外练习和信息。

6.6 我们是如何受不同奖赏模式影响的？

6.6.1 奖赏或强化可以是连续的（每个反应都给予）或是采取部分强化程序。部分强化程序对消退有较强的抵抗作用。

6.6.2 强化的5种基本类型是连续强化、固定比率强化、不定比率强化、固定时间间隔强化和不定时间间隔强化。每一类强化所得到的反应模式各不相同。

6.6.3 如果一个刺激在一个被强化的反应之前出现，这个刺激将对反应形成刺激控制作用。泛化和辨别是刺激控制中的两个方面。

6.6.4 由于泛化作用，一个与操作性强化之前出现的刺激相似的刺激将易于引起操作性反应。

6.6.5 由于辨别作用，当被强化的辨别刺激出现时，反应出现；当不被强化的辨别刺激出现时，反应不出现。

6.7 惩罚对行为有何影响？

6.7.1 惩罚降低一个反应发生的频率。

6.7.2 一个反应之后伴有令人厌恶的事件，或一个激励事件被消除（反应代价），就会产生惩罚。

6.7.3 及时的、具有一致性和足够强度的惩罚是最有效的。

6.7.4 虽然重度惩罚能够消除某种行为，轻度惩罚通常只能暂时地抑制行为，但是只有强化能被用来去改变一个人或一个动物的行为。

6.7.5 惩罚具有副作用，包括对实施惩罚的主体、与惩罚相关的情景形成条件性恐惧，学会逃避和回避反应，引发攻击行为。

6.8 什么是认知学习？

6.8.1 认知学习是指一类高级心理过程，包括记忆、思考、问题解决、理解、了解和预测。

6.8.2 即使在一些相对简单的学习环境中，动物和人类也会建立对于事物之间空间关系的心理表征，即形成认知地图。

6.8.3 在潜在学习中，学习效果是隐藏的或看不见的，直到给予奖励或刺激强化，其效果才会外显出来。

6.8.4 与机械式学习不同的是，发现式学习强化顿悟和理解。

6.9 学习是从模仿开始的吗？

6.9.1 通过观察和模仿他人的行为，或关注一个人行为所产生的结果，可以产生学习。

6.9.2 观察学习会受到榜样行为成功或失败的影响。通过模仿可以习得并做出攻击行为。

6.9.3 媒体名人会成为重要的观察学习榜样。媒体暴力会增加观看者施暴的可能性。

6.10 如何应用条件反射原理去解决实际问题？

6.10.1 通过应用操作性条件反射的原理，你可以改变或管理自己的行为。

6.10.2 以新代旧、远离诱惑、打破反应链和控制隐患是有助于我们改正不良习惯的 4 种策略。

6.10.3 自我强化、自我记录、反馈和行为契约等是进行自我管理的有效方法。

第 7 章

记 忆

主题

记忆不是录音机或摄像机：记忆材料在储存和提取的过程中会发生变化。

关键问题

7.1　记忆如何工作？

7.2　短时记忆的特点是什么？

7.3　长时记忆的特点是什么？

7.4　记忆如何测量？

7.5　我们为何会遗忘？

7.6　大脑如何形成和储存记忆？

7.7　什么是"图像"记忆？

7.8　我们如何改善自己的记忆力？

7.9　有没有一些窍门可以帮助我们提高记忆力？

引子

束手无策

参加考试时，《纽约城市报》上提供的建议似乎不太管用。不过，毕竟遗忘的东西越少越好，不是吗？

事实并不总是这样。来看看吉尔·普瑞斯是如何看待自己"完美"的记忆力的："我的记忆统治了我的生活……任何时候，只要看到一个日期在电视屏幕上闪过（或者看到任何其他类似的东西），我都会自动回忆那一天我在哪儿，在做什么，是星期几……就这样一直回忆下去。我停不下来，控制不了，这耗尽了我的精力……大多数人认为完美的记忆是一份礼物，但我觉得这是负担。我每天都在大脑中回忆自己的一生，这要让我发疯了！"（Parker, Cahill, & McGaugh, 2006；Price & Davis, 2009）

另一个具备惊人记忆力的人，人称S先生，却以做职业记忆者或者所谓的"记忆学家"谋生（Luria, 1968）。他可以轻松地记住一长串的数字、无意义的音符、数学公式，还有外文的诗歌，常常令观众惊叹。但也先别急着嫉妒S先生的能力。他记住了这么多东西，却不能区分重要的和琐碎的事情，分不清事实和幻想。他的记忆力太强了，以至于他必须寻找忘记的方法——例如把信息写在纸上然后烧掉。

一方面，许多人发现假如他们想不起自己的妈妈了，就会变得非常不安。另一方面，想想前面照片中的那位女士。虽然她的妈妈已经因为癌症去世5年了，但她仍然不能忘记这件事，难以继续生活下去。从现实的角度上看，我们记住什么、忘记什么决定了我们是谁。学习了本章关于记忆和遗忘的内容，你一定会找到提高记忆力的方法。

记忆的三个阶段——你的记忆像一块铁板，还是像一张网？

关键问题 7.1：记忆如何工作？

你是否记得自己今天早上吃了什么？你是否记得上个月发生的任何事情，或者刚和你发短信的朋友？你当然能够记起。但是，我们是怎样回忆起这些过去的事件的？首先让我们从最基本的记忆系统开始。在我们说"我记得"之前，必然发生过一系列的事件。

很多人把记忆比喻为储存信息的仓库。其实不然。**记忆是一个活跃的系统**，从事着接收、储存、组织、改变和恢复信息的工作（Baddeley, Eysenck, & Anderson, 2009）。为了将信息储存较长一段时间（比如说，学习了某个知识，并在参加考试时能够记起来），信息需要经过感觉记忆、短时记忆和长时记忆。Atkinson-Schiffrin 将这些步骤概括为图7.1中的记忆模型（Atkinson & Schiffrin, 1968；Atkinson & Schiffrin, 1968）。

在某种意义上，记忆系统像一台计算机。首先，信息需要得到**编码**，即把输入的信息转换成可被操作的形式，这一阶段像是用键盘将数据敲入计算机。之后，信息需要被**储存**，即把信息保存在系统中，人类的记忆通过三个不同的储存系统来完成这项工作。最后，在需要使用信息时，记忆库中的信息必须能够被**提取**出来。例如，如果你需要记住近万条心理学术语，并在考试中回忆出来，那么你必须在感觉记忆中成功编码，并输入到短时记忆中，最终从长时记忆中提取出来。下面让我们一起探寻这些保证你能通过考试的一系列有趣的记忆事件。

感觉记忆

假设你坐下来准备下个月的考试，想要记住这本书中的几个术语。你打算如何记住它们？外界传入的信息首先会进入**感觉记忆**，在几秒钟（或更短时间）之内，你见到和听到的所有内容都可以精确地保持在感觉记忆中。通常情况下，我们意识不到感觉记忆的存在，它的功能是把信息保存足够长的时间，从而使一些信息能够被传送到短时记忆中（Radvansky, 2011）。

比如，你在这本书中看到了一个定义，然后迅速闭上眼睛。如果你走运，一张含有这些文字的图片会出现在眼前。**图像记忆**（视觉图像）一般会持续半秒钟（Keysers et al., 2005）。同样，当你听到

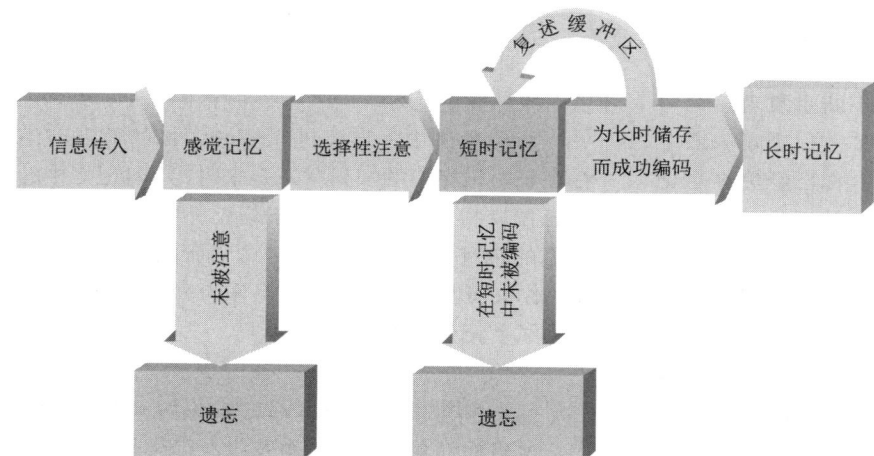

图 7.1 Atkinson–Schiffrin 的记忆模型。记忆至少包括三个阶段。外部传入的信息在感觉记忆中会保持 1～2 秒钟，然后注意从中筛选信息送入短时记忆系统。如果这些临时储存的新信息没有马上被编码或复述，将被遗忘。在短时记忆中被编码的信息进入长时记忆系统后，将相对长久地被保存下来，但有些信息在被提取时可能会遇到困难。虽然以上的描述与大脑中实际发生的情况并不完全一致，但这是一个非常简明有用的记忆模型。（Atkinson & Schiffrin, 1968；Goldstein, 2011）

一条信息时，感觉记忆会将其作为一种回声记忆储存最多 2 秒钟（Haenschel et al., 2005）。**回声记忆**是听觉系统中的一种短暂却活跃的反应。

如果你对自己想要学习的专业术语进行选择性的注意（把注意集中于感觉输入中被选择出的某些信息），你就更可能把它们从感觉记忆中自动提取出来，进入短时记忆中进行编码。而背景信息，比如收音机里说着"使用细雨牌尿不湿"的声音，就不会进入记忆系统。然而，在图 7.1 中我们也可以看到，如果你只是浏览书上的文字，却并没有将注意力集中在这些文字上（也许你正忙着听收音机），那么你的考试就可能会失败。（就像你的小学老师曾经告诫过的，阅读不仅仅是一页一页地浏览。）

短时记忆

虽然在一般情况下你意识不到感觉记忆，但你一定不会错过发现短时记忆存在的机会。仔细阅读下面这两句所描述的定义。**短时记忆**可以储存一小部分信息。我们能够意识到短时记忆那十几秒的时间（Jonides et al., 2008）。是的，你现在所意识到的一切就正处于你的短时记忆中。因此当你在短时记忆中编码信息时，你能够意识到它。

短时记忆如何编码？ 短时记忆的内容能够以图像形式储存，但更多时候是以声音形式储存的，特别是在储存单词和字母时（Page et al., 2007）。例如，在聚会上，朋友把一个名叫蒂姆的人介绍给你，但后来你把他的名字忘了，那么你在回忆时很可能说出另一个在发音上相似的名字，比如吉姆、金姆或斯利姆，而不大可能说成鲍勃或者麦克。如果一个朋友打断你，问你在学什么，你可能会把"轴突电位"说成"走图电视"，或者把"抑郁"说成"利欲"。

短时记忆有一个好处，就是防止我们的头脑永久地储存那些没有用的名字、日期、电话号码或者其他琐事。假设你在使用短时记忆拨一个电话号码或记忆一张购物单。除非你一直重复这些信息（轻声地一遍又一遍地对自己说），否则它很快就会从短时记忆中永远消失（图 7.1）。不幸

记忆 /Memory 对信息进行接收、编码、储存、组织、更改和提取的心理系统。

编码 /Encoding 将信息转化为能够储存在记忆中并能对其进行思维加工的形式。

储存 /Storage 在记忆中保持信息以备将来使用。

提取 /Retrieval 恢复记忆中的信息。

感觉记忆 /Sensory memory 记忆的第一阶段，持续几秒钟或更短时间，对输入信息有清晰明确的记忆。

图像记忆 /Iconic memory 心理表象或视觉表征。

回声记忆 /Echoic memory 人在听到一个声音后，听觉系统中产生的短暂持续的感觉活动。

短时记忆 /Short-term memory（STM） 在短时间内保持少量信息的记忆系统。

的是，打电话时人的短时记忆很容易被打断或被干扰。你可能有这样的经历：有人在你的电话应答机上留了一个电话号码。你不断重复着这个号码，当你正要拨号时，门铃响了，你跑过去看了看是谁。当你返回电话机旁时，你已经完全忘记了电话号码。你又听了一遍留言并记住号码。这次你正要拨号时，有人问起你一件事，你回答后，再次试图打电话时，发现你又把号码忘了。短时记忆只能操作很少量的信息。在短时记忆中同时完成两件以上的任务是非常困难的（Mercer & McKeown, 2010；Oberauer & Göthe, 2006）。

工作记忆

短时记忆不仅仅用于储存信息。当短时记忆和其他心理过程结合起来时，它会提供一片工作区域——工作记忆，在这里我们可以进行大部分的思维工作（Chein & Fiez, 2010）。**工作记忆**的功能可以看作"心理缓存器"。它只是保持我们在思维和问题解决过程中所需要的信息（Holmes & Adams, 2006）。不论在心算、猜谜、计划一顿晚餐还是读书时，你都在使用工作记忆（Baddeley, 2003；Prime & Jolicoeur；2010）。

长时记忆

短时记忆如此短暂，我们如何保持长时间的记忆？经短时记忆加工的重要或者有意义的信息会被传送到**长时记忆**中。在这里，有意义的信息将得到永久地储存。长时记忆中保持着你所知道的一切，从蚊子到熊猫，从数学到热播电视剧《欢乐合唱团》，从事实到幻想，等等。但是你并不会遇到"超载"的危险，长时记忆的储量几乎是无限的。事实上，你知道得越多，新的信息就越容易进入记忆。因此，长时记忆库中的信息越多越有利于记住新东西，我们并不需要担心长时记忆会被填满（Goldstein, 2011）。而这也正是进行学校教育的原因之一。

长时记忆是否也靠语音编码？ 长时记忆可以以语音编码，但是，长时记忆更主要是依靠意义来储存。长时记忆出现的错误也都与意义有关。例如，在心理学考试中，当你试图回忆"考试焦虑"这个词时，你可能会错误地把它写成"考试紧张"或"考试担忧"，而不会写成"老师焦虑"或"课堂焦虑"。

回到考试中。当将进入短时记忆的信息与储存在长时记忆中的知识联系起来时，短时记忆中的信息便获得了意义并更便于记忆。如果能将考试焦虑的定义与自己或朋友考试紧张的经历联系起来，你更可能记住这个定义。作为另一个例子，让我们试着记住下面的故事：

> 用珠宝作抵押之后，我们的英雄得到了所需的资金。面对种种蔑视和讥讽之词，他针锋相对地予以驳斥。他说："你们的眼睛能看到的并不是真实的。我们对这个星球还知之甚少。确切地说，它像是一个鸡蛋，而不是一张桌面。"于是，三姐妹坚忍不拔地出发去寻找证据。时间一天天过去，与此同时，关于地球尽头的谣言也越来越多，据说那里有长着翅膀的怪物。终于有一天，一切得到了证实，那些怪物并不存在。这一成功的意义极为重大（改编自 Dooling & Lachman, 1971）。

这个东一句西一句的故事恰恰说明了意义对记忆的影响。有标题的段落要比没有标题的段落容易记忆。如果在测验之前先告诉你，这一段文字的标题是《哥伦布发现美洲大陆》，一定会对你的记忆有所帮助。

短时记忆与长时记忆的关系

虽然感觉记忆参与信息的每一次储存，但是我们更容易注意到短时记忆与长时记忆的存在。我们可以这样理解短时记忆与长时记忆的联系：短时记忆像是一张小桌子，它放在一个装满了文件盒的大档案库（长时记忆）之前。当信息进入仓库时，它首先被放在桌子上处理。因为这张桌子很小，因此，必须不断地把桌面清除干净，把不重要的内容扔掉，腾出地方来放置新的信息。有意义的、重要的信息被作为永久性文件，在长时记忆中存档（请看"马、记忆和文化"）。当我们要利用长时记忆中的信息来解决问题时，需要把长时记忆中的信息调

人类多样性

马、记忆和文化

如果你在一片牧场上看到 20 匹马漫步而过，你能够记得他们的年龄、毛色、性别和它们的身体状况吗？除非你是一个牛仔，否则记忆这些信息对我们来说是很困难的。但是，对于一个来自南美洲牛仔民族的加乌乔人来说，这就简单了许多。之前提到过，我们最可能记住对自己重要或者有意义的信息。马匹在加乌乔人的文化中非常重要；他们用马术的高低衡量一个人自我尊重的程度。因此，虽然编码和储存马匹信息对其他大部分人来说都很困难，加乌乔人却习以为常。

除此之外，文化还对记忆的其他方面有着有趣的影响（Ross & Wang, 2010）。比如说，美国文化强调个体，然而中国文化看重团体中的成员关系。在一项研究中，来自欧美和中国的成年人被要求回想生活中任何时刻的 20 个记忆片段。结果和预期一致，美国人的回忆更加自我中心：大部分人回忆起有趣的事件，以及自己在事件中的作为。而中国人更多地回忆起那些重要的社会和历史事件，以及自己与家庭成员、朋友或其他人的互动（Wang & Conway, 2004）。也就是说，在美国，人们的记忆倾向与"我"有关；而在中国，人们的记忆倾向于和"我们"有关。

回到短时记忆中。形象地说，就好比从档案库中拿出一份文件（长时记忆），放在短时记忆这个桌面上，在这张小桌子上使用这些信息。

现在我们对记忆的认识已经有了一定的轮廓，在开始对短时记忆和长时记忆进行更加细致的讨论之前，让我们先对学过的知识做一番回顾。

知识巩固

记忆系统

测一测

搭配：A. 感觉记忆　B. 短时记忆　C. 长时记忆

1. _____ 信息采用声音的形式储存
2. _____ 将信息保持几秒或更短时间
3. _____ 储存图像记忆或回声记忆
4. _____ 有永久的、无限的容量
5. _____ 暂时保持少量的信息
6. _____ 由注意选择决定其保持的内容
7. 可以通过打断和干扰促进短时记忆，因为这使注意力更加集中。对不对？

想一想

批判性思考

8. 为什么感觉记忆对电影制作者特别重要？

自我反思

在眼睛前面左右摇晃一支铅笔，把目光集中在远处的一个点上。此时铅笔看起来是透明的，为什么？（因为感觉记忆保持了一幅铅笔的图像，在铅笔经过后图像仍然保持在原来的位置。）

回忆一个今天你使用了短时记忆的时刻（比如暂时地记住一个电话号码，一个网址或者一个人的名字）。你将这些信息保持了多久？是如何编码的？现在还记得吗？

长时记忆是怎样帮助你读懂这句话的？如果长时记忆中没有储存这些词，你还能读懂这句话吗？除了这个，今天你还在什么地方使用了长时记忆？

答案：1.B　2.A　3.A　4.C　5.B　6.B　7.不对　8.动画就是有感记忆，电影就是仅为一系列静止画面的快闪回放，在感觉记忆中保持的视觉图像使电影成为了连续的画面。

工作记忆/Working memory　即短时记忆，经常在进行思维和问题解决时活动。

长时记忆/Long-term memory（LTM）　相对持久地储存有意义信息的记忆系统。

短时记忆——你知道"神奇的数字"吗？

关键问题 7.2：短时记忆的特点是什么？

为了更好地使用我们的记忆，了解更多的关于短时记忆和长时记忆的特征是非常值得的。现在就让我们来更深入地了解基本记忆系统的工作原理。

短时记忆中能保持多少信息？ 为了回答短时记忆容量的问题，让我们再做一个测验。现在，请你读下面的数字，只能读一遍，然后合上书，尽可能按顺序把这些数字都写出来。

$$8\ 5\ 1\ 7\ 4\ 9\ 3$$

这就是数字记忆广度测验，是一种注意力或短时记忆容量测验。如果你能正确地重复出7个数字，即说明你有正常的短时记忆能力。现在再做一次测试。你还是读下面的数字，只能读一遍。

$$7\ 1\ 8\ 3\ 5\ 4\ 2\ 9\ 1\ 6\ 3\ 4$$

这个数字系列可能会超出一般人的短时记忆容量。心理学家 George Miller 发现，短时记忆容量是有限的，**信息单位**是"比特"（bit），而人的短时记忆总是与"7"（±2）这个神奇的数字有关（Miller，1956）。1 比特是一个独立的、有意义的信息单位，例如，一个数字可以是 1 比特。因此，我们的短时记忆中好像有 7 个"槽"或"盒子"，每个里面可存放 1 比特信息。实际上，有的人的短时记忆容量是 9 比特，有些类型的短时记忆容量是 5 比特。因此，人们的平均短时记忆容量是 7 比特（Radvansky，2011）。

当你的短时记忆中所有的"盒子"都被填满后，便没有地方存放新的信息了。想象一下：一天，你出席一个晚会。女主人开始介绍到场的每个人的名字，她一口气说道："今天光临的有春、黛西雅、桑德拉、罗思娜、查利克、肖恩、凯瑞妮……""停。"你不自觉地想让她停一停。但是她仍然继续介绍，"奈丽亚、杰、弗兰克、佩蒂、埃米特、瑞奇。"然后女主人心满意足地离开了，认为这样你们互相之间就都认识了。但实际上，你整个晚上都在和春、黛西雅和瑞奇聊天，因为你只记得这几个人的名字！

组块

在我们开始讨论新的内容之前，再来测试一下你的短时记忆，这次是用字母测查。请你把下面的字母读一遍，然后马上按顺序写下来。

$$T\ V\ I\ B\ M\ U\ S\ N\ Y\ M\ C\ A$$

我们看到，这里有 12 个字母，假如每个字母都占一个信息单位——1 比特，那么，则超过了短时记忆所能存储的 7 个项目。但许多人都能够记住全部字母。这是因为，字母被分为四组，即形成 4 个信息组块。**信息组块**是由若干个比特组成的较大的信息单元。

组块在记忆中起什么作用？ 组块化的过程是对信息进行**再编码**的过程，即通过对新的信息进行调整或重新组织，使其纳入长时记忆中已有的单元。在使用这些字母的一些经典实验中，当字母串能够被人们读成熟悉且有意义的单元时记忆效果最好，例如：TV（电视）、IBM（IBM 公司）和 USN（美国海军）（Bower & Springston，1970）。如果你将这些字母按照这种方式编码，就将信息组成了 4 个组块，也更有可能记住所有字母。如果不这样做，就回去再尝试一遍；你会发现情况变得大不相同了。

当信息形成组块之后，我们就能够在短时记忆中保存 5～7 个组块单位的信息。一个独立的组块可以由若干数字、字母、单词、短语或连在一起的句子构成。还是将短时记忆视为一个小桌子。通过组块化，我们将几个分离的信息合并为一"堆"信息。之前，小桌子上只能摆放 7 "个"单独的内容，现在则可以摆放 7 "堆"组合的内容。当你学习时，试着将几个独立的单元合并成为一个大的组块，你的记忆能力就会提高。实际上有一些心理学家认为，短时记忆如果不进行组块化，实际上只能容纳 4 个项目（Cowan，2005；Jonides et al.，2008）。这清楚地告诉了我们将信息进行组块化是有效利用工作记忆的关键（Gilchrist，Cowan，& Naveh-Benjamin，2009；Gobet，2005）。要记住，要拥有好的记忆力你就需要寻找或创造对学习内容进行意义组块的方法。即使是令人难以理解、甚至人为编造（助记符——参见本章的"应用篇"）的意义组块也比完全没有要好得多。

复述信息

短时记忆内容能保持多久？ 短时记忆中的内容很快会变弱并消失。但我们可以通过无声的复述延长短时记忆，这一过程称为**保持性复述**。这样，信息就可以被多次"听到"，而不是仅仅出现一次（Nairne，2002）。在寻找电话号码和拨号时，你可通过保持性复述的方式记住电话号码。

一遍又一遍复述也是一种学习方式吗？ 的确是，复述的次数越多，信息进入长时记忆中存储的概率也越大（Goldstein，2011）。这便是**机械复述**或叫作**机械学习**法（通过简单重复进行学习）。但是死记硬背的学习方法并不是一个非常有效率的学习方式。

精细加工是使信息更有意义并建立永久性记忆的更好方法。第一次对信息进行编码时，最好将新的信息与长时记忆中已有的记忆和知识整合起来。例如，学习时对内容不断进行分析、消化和扩展性思考，这样记忆效果会更好。在阅读过程中，你可以不断地询问自己"为什么"的问题，比如，"为什么这样是正确的？"（Toyota & Kikuchi，2005；Willoughby et al.，1997）同样，你也可以将新信息和自己的经验、知识联系起来（Hartlep & Forsyth，2000）。

> **知识桥**
>
> 如果你认得出这一建议在本书的导言"心理学的学习方法——反思式学习"中也提到过，那么你非常的棒！如果没认出来也没关系，在对"精细加工"这一概念进行精细加工时，可以考虑再读一遍反思式学习的内容。

如果复述被阻断，记忆内容能否再次进入短时记忆或长时记忆？ 在没有保持性复述的情况下，短时记忆非常短暂。下面是一项实验：被试首先听到一些无意义音节，如 XAR；接着，听到一个数字，如 67。实验要求被试一旦听到数字后就开始用这个数减 3，不断减下去，以阻止对音节的复述。结果证明，仅在 18 秒之后，对无意义音节的记忆得分便降为零（Peterson & Peterson，1959）。

如果没有复述，在 12～18 秒钟过后，短时记忆内容就会永远消失！这种快速的丢失可以通过测试程序来表现（Goldstein，2011）。在日常生活中，短时记忆的持续时间一般更长一些。但是忘记的过程是一样的，你被介绍和另一个人相识，如果他的名字从你的短时记忆中溜掉了，那就永远消失了。为了避免这种糟糕的事情发生，你不妨问一下："我很想知道，您的名字怎样拼写？"不幸的是，回答通常都是一些冷冰冰的字母"M—A—R—Y J—O—N—E—S，拼起来很简单"。为了避免尴尬，你需要集中注意力听这个名字，并对自己重复几次。此外，你还可以在你遗忘之前，尽快在接下来的交谈中使用一下这个名字（Radvansky，2011）。

长时记忆——逝去的岁月是否留下了踪迹？

关键问题 7.3：长时记忆的特点是什么？

当一根电极插到病人大脑中的某个区域时，病人马上说："先生，我觉得我听到了一位母亲在某个地方喊她小儿子的声音。这似乎是几年前发生的事

信息单位/Information bits 构成有意义的信息的单位，如数字、字母、词或短语。

信息组块/Information chunks 信息单位组合成的更大单元。

再编码/Recoding 通过信息重组或转变信息形式进行记忆储存。

保持性复述/Maintenance rehearsal 无声地重复或在心里回想，以便将信息保持在短时记忆中。

机械复述（机械学习）/Rote rehearsal（rote learning） 通过简单地重复来学习。

精细加工/Elaborative processing 在原始编码或随后的提取过程中，通过将新的信息和已有的记忆或知识结合起来，使记忆变得更有意义的过程。

情。这些人都是我当时的邻居。"过了一小段时间后，电极又插到同一个地方，病人再一次说道："是的，我又听到了那个声音，好像是一位母亲在喊，和刚才是同一个人。"（Penfield, 1958）这是在一位女士接受脑外科手术时发生的事情。人的大脑中没有痛觉感受器，因此，在大脑接受电刺激时她仍然很清醒。看起来，大脑中的某些区域被激活时，一些已经忘记很久的记忆可以鲜活地浮现出来。

表现

人一生的经验是否都能保持在记忆中？以上结果使神经外科医生 Wilder Penfield 认为，大脑对过去事件的记忆就像一卷"连续的、载有声音信息的电影胶片"（Penfield, 1957）。当然，我们现在已经知道，并不是所有经验都能保存在记忆中，许多信息在感觉记忆和短时记忆中就被遗忘了。还有一个更为重要的事实，即仅有3%的病人在脑区被刺激后产生了类似记忆的经验。大多数报告更像是梦而不是记忆，有些明显是想象。现在的记忆专家认为，除了极少部分人，比如这一章开头提到的吉尔·普瑞斯和S先生（还记得吗？），大部分人都只有相对来说较为长久的记忆，但没有绝对的永久记忆（Goldstein, 2011; Parker, Cahill, & McGaugh, 2006; Price & Davis, 2009）。

现场实验：你的记忆能力如何？

为了更好地理解下一主题的内容，现在让我们先暂停正文内容，阅读下面这些词语。注意，只读一遍，之后继续阅读后面的章节。

床	梦	毯子	瞌睡	枕头	午觉	打鼾
床垫	警报	钟表	休息	睡眠	点头	
被褥	铺位	轻便小床	摇篮	摇晃		

精细加工的虚假记忆

我们还有另一个理由可用于质疑"我们的经历会被永久记录"的观点。通过精细加工的方式，当新的长时记忆内容形成时，原有记忆经常发生变化，出现记忆修订或记忆改变，还有一些则丢失了（Baddeley, Eysenck, & Anderson, 2009）。为了证明这一论点，Elizabeth Loftus 和 John Palmer（1974）等研究者让被试观看了一段交通事故的录像。然后要求其中一些被试估计两辆汽车"猛然相撞"时的速度；而在其他几组中，则要求被试分别估计两辆汽车"碰撞""撞上""擦上"时的速度。一个星期以后，研究者又问每位被试："地上有破碎的玻璃吗？"那些曾估计汽车"猛然相撞"时的速度的被试更有可能回答看到了碎的玻璃。实际上，录像中并没有出现过碎玻璃镜头。新信息"猛然相撞"的加入改变了已有的记忆，**虚假记忆**产生了。

现场实验：判断是否出现过

现在，请你不要回过头看刚刚读过的词语，判断以下哪些是刚才出现过的旧词，哪些是刚才没有出现过的新词。在词语旁边做上新旧的标记。

| 沙发 | 睡觉 | 灯 | 厨房 |

记忆中的缺失非常常见，而人们往往通过逻辑推理、猜想或新的信息去构建这些缺失的部分（Schacter, Norman, & Koutstaal, 1998）。虽然在新旧信息之间建立意义联系时，精细加工非常有帮助，但是，它也会带来伪造的记忆。因此，对某些事情的"记忆"也许是从未发生过的事。在刚才的例子中，有人记得交通事故现场满地是碎玻璃，而实际上当时并没有碎玻璃（Loftus, 2003; Weinstein & Shanks, 2010）。有一项研究设计让人们游览迪士尼乐园，在乐园里呈现一些伪造的兔八哥广告。游玩结束后，有16%的人都说曾经在乐园里看见过兔八哥的人偶。但是，这是不可能的，因为兔八哥是华纳兄弟公司的动画角色，一定不会出现在迪士尼乐园里（Braun, Ellis, & Loftus, 2002）。在另外一个研究中发现，即使是反复向人们发出针对某个产品的警告，也没有让人们对这一产品的好印象消失（Skurnik, et al., 2005）。

所以说，精细加工可能用于人为地捏造记忆吗？你说对了。根据这一理论，广告商们一直在使用这种技巧（更多的信息请参考"你喜欢记忆被干

批判性思考

你喜欢记忆被干扰吗？

你是否曾经疑惑过，那些售卖大众非常熟悉的产品（比如软饮料或啤酒）的知名公司，已经有了巨大的销量，为什么还要继续大范围地做广告？如果你认为广告的目的是向人们介绍一种产品，让人们对产品产生熟悉感，那么你真的是无法理解这些公司的行为。但是，如果你从我们精密的记忆系统出发去考虑这个问题，谜团就解开了。根据经济学家 Jesse Shapiro（2006）的观点，大部分广告的目的是用积极的产品形象"干扰"你的记忆。

"记忆干扰"如何起作用？你喝过多少次最喜欢的啤酒或者软饮料？你又看过多少次为这些饮料打的广告？每一则广告都会渗透进你的长期记忆，让你对这种饮料有了更多的积极记忆。这里有一则非常典型的商业广告：一个男生参加了一个非常酷的派对，遇到了一个美丽的女孩，这时你最爱的啤酒闪现出来，然后男孩追到了这个女孩。（的确，啤酒的消费群体大多是年轻的男性。）大多数时候，我们都不能轻易地区分出哪段回忆是真实的，哪段是虚构的。我们的记忆中又储存了那么多的广告，最终创造出一段从没在现实中发生过的"记忆"真是在所难免。举个例子，也许你其实并不是那么喜欢喝某种饮料，但你却记得自己还蛮喜欢喝的。

Shapiro（2006）的研究发现，我们看的虚构的积极广告越多，记忆中关于产品消极但却真实的成分就越少。实际上，在决定是否购买一件产品时，积极的虚假记忆"干扰"或者说限制了我们回忆起真实的消极记忆的能力。Kathryn Braun-LaTour 和 Michael LaTour（2004）做出补充，他们发现长期广告这种模式会使"品牌"记忆更加持久。如果是在童年早期就看过广告，这种效果会更加强烈。所以说，也许在你还是个婴儿的时候，记忆就已经被广告占据了。

扰吗？"）。

现场实验：现在来看看结果

现在，让我们来看看你在刚才那四个词旁边做的记号。这四个词都是第一次出现的新词。如果你记得"睡觉"曾出现在旧表上，就说明你有虚假记忆。"睡觉"与第一个词表中的不少单词都有意义上的联系，因此会给你留下深刻的印象。大多数人都会记得曾经见过这个词语。这个测验也许能帮助你理解虚假记忆是如何产生的（Roediger & McDermott，1995）。

正如这一例子向我们呈现的，思维、推理和心理联系都可能歪曲真实的记忆（Loftus，2003）。在伊丽莎白·洛夫特斯（Elizabeth Loftus）的实验中，那些有虚假记忆的人，在获知自己可能提供了伪造的"证词"后，通常感到非常不安（Loftus & Ketcham，1994；Loftus & Bernstein，2005）。

在刑侦工作中，"虚假记忆"也是一个经常出现的问题。例如，一个证人曾经在警察提供的卷宗中选择了一张嫌疑人的照片，或者在新闻节目中见

目击者的记忆往往并不准确可靠。在法庭上要求目击者出庭作证的时候，他们为案件提供的信息可能会和自己以往的记忆内容混在一起。

过某人的照片；后来，要求这位证人从一排人中或者法庭上鉴别出哪一个是罪犯。问题是，证人是凭借对犯罪现场的记忆指认罪犯，还是凭借对最近看过的照片的记忆指认罪犯的？

虚假记忆 / False memory 实际上是虚假的，却被看作真实的记忆。

批判性思考　　　　　　　检验法庭上记忆的真假

假设你是一个法庭心理学家，正在调查一个案件。不幸的是你的目击证人不能回忆出太多案发当时的信息。作为一个"记忆侦探"，你能帮上忙吗？

催眠能否改善目击证人的记忆？ 也许可以。加利福尼亚州曾发生过一起案件，有26个孩子被绑架。绑匪把他们从校车中劫走，作为人质索要赎金。经过催眠，校车司机回忆出了绑匪所驾驶的汽车牌照号码，因此帮助警方侦破了案件。这一事件之后，催眠对记忆的作用被说得神乎其神。但事实又是怎样的呢？

研究表明，因催眠增加的虚假记忆比真实记忆要多。在一项实验中，在被催眠的被试回忆出的信息中，错误率竟高达80%（Dywan & Bowers, 1983）。部分原因是被催眠的人比正常状态下的人更容易运用想象弥补缺失的记忆。如果催眠者询问一些误导性或者建议性的问题，被催眠者倾向于将这些误导性或建议性的信息也编织到自己的记忆中（Scoboria et al., 2002）。更加严重的是，即使记忆是完全错误的，被催眠者也会坚信不疑（Burgess & Kirsch, 1999）。就像校车司机那样，催眠有时能揭示一些信息。但是问题在于，我们并没有可靠的办法来分辨被催眠者的报告中哪些是真实的信息，哪些是错误的信息（Newman & Thompson, 2001）。

有没有更好的办法改善目击证人的记忆？ 为了帮助警察侦破案件，R. Edward Geiselman 和 Ron Fisher 发明了一种记录目击证人记忆的方法——**认知访谈法**（Fisher & Geiselman, 1987）。这种方法的关键是再现犯罪场景。犯罪场景的许多方面，如声音、气味和物体都可以成为有用的记忆提取线索。返回到案发现场的情境中，鼓励目击证人以不同的顺序、从不同的角度回忆发生的事件。不论多么微小的记忆都可以作为触发更多记忆的线索。

正确地使用认知访谈技术，证人所提供的正确信息比普通询问时多35%（Davis, McMahon, & Greenwood, 2005；Geiselman et al., 1986）。和催眠技术相反，这种改善是不以增加错误的信息为代价的（Centofanti & Reece, 2006）。而且这种技术在实际的破案工作中和不同文化中都更加有效（Memon, Meissner, & Fraser, 2010；Stein & Memon, 2006）。

新的信息是否覆盖了已经存在的记忆？ 并非如此，真正的问题是，在原始记忆互相混淆时，精细加工使我们常常分不清信息的来源，造成**来源混乱**（Simons et al., 2004；Woroch & Gonsalves, 2010）。这样就使目击证人将自己在其他场合真实见过但却不是在犯罪场景中见过的脸孔指认为罪犯（Ruva, McEvoy & Bryant, 2007）。许多悲剧性的冤案正是因此而产生的。有一个经典案例就发生在记忆专家唐纳德·托马森身上。在他参加澳大利亚电视台的直播后，被指控犯强奸罪。而真实的情况是，在真正的强奸犯破门而入实施犯罪时，被害者正在观看托马森的直播节目（Schacter, 1996）。被害者正确地记住了托马森的容貌，却弄错了它的来源。

有什么方法可以避免类似问题的发生吗？法庭心理学家尝试了很多方法来改善目击证人的记忆。"检验法庭上记忆的真假"就是对这个有趣的问题的研究。

概括地说，记忆的形成和运用过程是一个积极的、创造性的和高度个体化的加工过程。每个人的记忆都会因为个人情感、偏好和人格因素而独具特色。即使有一个朋友与你形影不离、一起经历生活中的每件事，你们的记忆仍然会不尽相同。我们会记住什么，要看我们会注意什么、什么是我们认为有意义或重要的、我们怎样进行记忆加工，以及我们对什么有强烈感受。

记忆组织

长时记忆中储存的信息浩如烟海。那么，人又是如何从中快速找到他们所需要的记忆的呢？人类之所以能够快速提取信息，是因为我们的记忆中有一个高度组织化的索引系统。

记忆系统中的索引是否是和字典一样按照字

母顺序排序的？不是的！例如，我现在要求你说出这样一个动物的名字，这种动物身上有黑白两色，它们生活在冰上，与鸡有关，不能飞行。由于是找身上有黑白两种颜色的鸟类，因此，你用不着去想斑马等身上有黑白两种颜色的非鸟类动物。你很可能一下子就想到，这种样子又不能飞行的鸟只能是生活在南极洲的企鹅。

长时记忆里的信息储存可能基于多种线索，包括规则、表象、类型、符号、相似性、规范的定义或个性化的定义（Baddeley, Eysenck, & Anderson, 2009）。最近几年，心理学家们一直在试图绘制一幅关于记忆结构的图，也可以称为记忆组织图。记忆结构指储存在记忆中的信息之间相互联系的模式。例如，下面有两个句子，你必须马上做出"对"或"不对"的判断。①金丝雀是一种动物。②金丝雀是一种鸟。你对哪一句的回答会更快？大多数人会说对"金丝雀是一种鸟"的判断比对"金丝雀是一种动物"的判断速度快（Collins & Quillian, 1969）。

为什么呢？许多心理学家认为，这种现象可以用记忆的**网络模型**理论解释。根据这一理论，长时记忆组织结构是由一个相互连接的点形成的网络。当点与点之间相隔较"远"时，就需要通过一条较长的链进行连接。因此，在网络中的两个条目相距越远，建立连接所需的时间就越长。从这种信息连接的角度看，在我们的记忆结构中，金丝雀离"鸟"较近，而离"动物"较远。我们可以看到，记忆中的检索与字母音节顺序无关，因为记忆中的信息是根据意义组织在一起的。

记忆恢复

相互关联的记忆构成记忆网络，可以解释我们常有的一种经历：假如你找到一张老照片，你一边看，一边浮想联翩。那是你6岁过生日或者高中毕业时拍的。许多似乎已经遗忘了的往事一件接一件像止不住的洪流一样涌入你的脑海。这个过程就叫作记忆恢复。我们可以通过记忆网络中信息的连接关系来解释这一常见现象。

记忆恢复是通过在记忆网络的分支上不断扩散而实现的。人们发现，许多记忆都可以通过从前经历过的一些小事而被激活，例如，我们在童年时参观过的一个农场、祖母的厨房、海滩、一个小诊所，等等，都可能使你想起许多往事（Willander & Larsson, 2006）。

长时记忆中从编码到提取的过程

现在让我们回到心理学测验的情境中。在最近的一次测验中，杰瑞使用死记硬背的机械学习法，而艾瑞卡使用了精细加工的技巧。图7.2向我们展示了在学习"强化"（详见第6章）这一概念的过程中，他们的记忆网络分别是什么样的。

由于杰瑞在反复死记硬背上花费了大量时间，对于强化的学习，他的记忆网络内容很稀少。他也能够弄懂强化的概念。当然，死记硬背地学习时，他会认为多派遣士兵参加战争也是一种强化。而艾瑞卡与杰瑞相反，在学习时，艾瑞卡会思考强化与惩罚的区别是什么，强化（或惩罚）分为哪几类，同时尝试举出一些例子。除此之外，她还会找出"操作"和"反应"这两个术语间的区别。

这是不是也就意味着，艾瑞卡在考试中取得好成绩的可能性更高？是的，你说对了。从一开始，杰瑞死记硬背地学习，由于不知道他是否真的理解了强化的概念，因此，他的记忆就不太牢固。同时，假设考试时，杰瑞不能直接提取出强化的定义，那么他能够想起来的唯一线索就是记起士兵的例子，并期待士兵能够引导他突然想起考试需要的定义。

艾瑞卡理解了强化的概念，并成功地对其进行精细编码，与杰瑞形成强烈的对比。因此，在需要时，她比杰瑞更有可能直接提取这一信息。就算艾瑞卡没能想起这个定义，她还有许多提取线索。想起惩罚的概念，或者强化的一个例子，甚至是想起她理解

（记忆的）来源混乱 /Source confusion（in memory）
混淆记忆的来源。

认知访谈法 /Cognitive interview 使用多种线索和策略改善证人记忆的刑侦技术。

（记忆的）网络模型 /Network model（of memory）
一种记忆中信息连接的理论，把长时记忆组织结构解释为由一个个相互连接的点组成的网络。

记忆恢复 /Redintegration 凭借自己看到过或记得的某一事件的部分情况，对整个复杂事件进行记忆重建的过程。

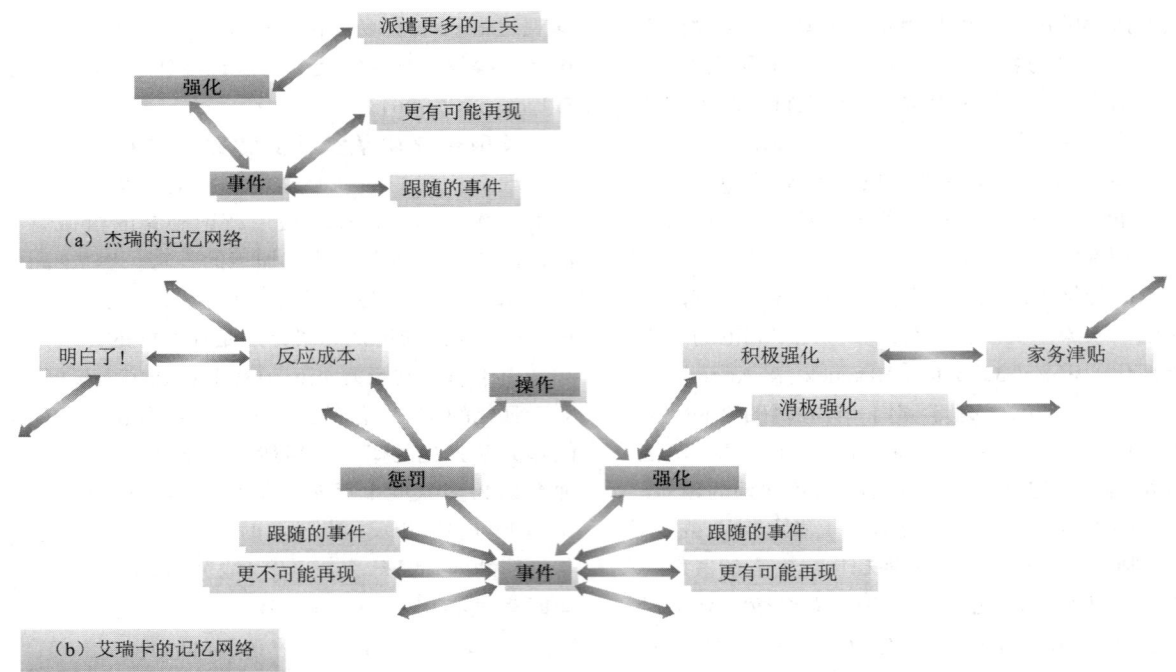

图 7.2 两个学生对"强化"这一概念不同的编码和假设网络。这里只呈现了艾瑞卡的精细记忆网络中的一部分(详见文中的解释)。

概念的那一刻,都可能使她对"强化"的记忆恢复。

总而言之,精细加工越多,记忆网络的意义也越丰富,进而记忆恢复时有益的提取线索也更多。只要你想在考试中取得好成绩,在精细加工上花费时间是值得的。

长时记忆的种类

长时记忆有多少种?现在可以明确的是存在不止一类的长时记忆。举一个健忘症患者的有趣的例子。许多健忘症患者记不住电话号码、地址或者别人的名字。但是他们和正常人一样,能在相同的时间里学会如何解决复杂的操作性难题(Cavaco et al.,2004;图7.3)。心理学家们根据这类事实和其他一些观察结果做出推论,认为长时记忆至少可以分为两大类:一类是程序性记忆或技能性记忆,另一类是陈述性记忆或事实性记忆。

程序性记忆

程序性记忆包括基本条件反射和各种习得的动作,如打字、拼图、打球时的动作,等等,这些记忆通过动作来表达(或知道怎么做)。这类记忆可能被登记在大脑的较低级的区域,尤其是小脑。程序性记忆是条件反射、学习和记忆中可以被"自动提取"的基本成分(Freberg,2010;Hermann et al.,2004)。

陈述性记忆

陈述性记忆是对事实信息的记忆,例如姓名、

图 7.3 汉诺塔难题。这个难题要求被试把所有的圆盘移到另一个圆柱体上,规则包括:在移动中,大盘永远不得放在小盘之上;一次只能移动一个盘;凡移动的圆盘必须被插在一个柱子上,不得拿在手里或放在柱子之外。要解决这个难题,最少需要移动 31 次。一个遗忘症病人学会了这种操作方法,虽然他在每次开始做时总是说自己不记得以前解决过此难题,也不知道怎样开始,但他总是能够通过 31 步完成操作。这个证据表明,程序性记忆和陈述性记忆明显不同。

人脸、单词、日期和观点，等等。陈述性记忆通过单词和符号来表达，例如，你所能记起的 Peter Jackson 导演的电影《魔戒》三部曲和《金刚》就是陈述性记忆。陈述性记忆是一般人都具备的，却是遗忘症病人所缺失的。陈述性记忆又可分为语义记忆和情景记忆（Tulving, 2000）。

语义记忆

大多数人是不会忘记关于世界的基本的事实性知识的。这些非个体性的事实构成了长时记忆的一部分，其中包括各种物体的名称、年月日的说法、加减乘除、春夏秋冬、单词和语言，等等。对这些事实的记忆被称为**语义记忆**。语义记忆就像一本心理学字典或一本基础知识百科全书。

情景记忆

语义记忆和时间、地点没有联系。很少有人会记得自己是在何时何地第一次学习季节的名称的。相反，**情景记忆**却是每个人经历的"自传性记录"，储存着日复一日、年复一年的事件（或情景）。你能记得你的7岁生日是如何过的吗？你还记得自己第一次约会的情景吗？你目击的一次事故？昨天你做了什么？这些回忆都属于情景记忆。注意，情景记忆是关于生活的"什么""哪里"和"什么时候"的信息。情景记忆不仅仅是用来储存信息的，它还使我们以时间为线索来回忆我们的心路历程成为可能（Kirchhoff, 2009；Tulving, 2002）。

情景记忆的保存时间是否比语义记忆更长久？各类长时记忆能够保持的时长都不确定。但是，除非情景记忆很重要，否则，与语义记忆相比，情景记忆更容易被遗忘。但实际上，容易被遗忘的情景记忆都是以语义的方式储存的信息。第一步，你先记住了学习季节名称时的情境（妈妈，妈妈，猜猜今天我在幼儿园里学到了什么）。然后，随着时间的推移，你会忘记情境中的细节信息，但是永远记住了这些季节的名字。

长时记忆到底有多少种

目前我们也许可以这样回答本章开头提出的问题：长时记忆包括三类，即程序性记忆和两种陈述性记忆——语义记忆和情景记忆（图7.4）。

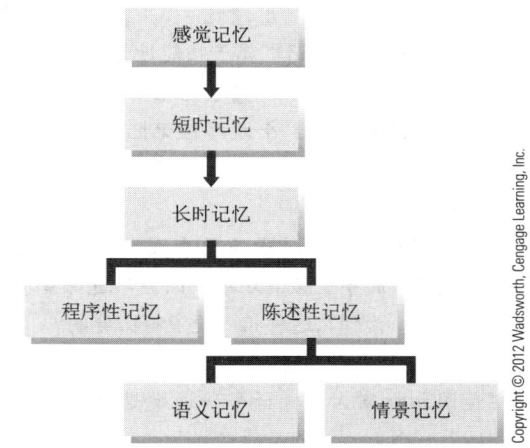

图 7.4 在这个模型中，长时记忆分为程序性记忆（所学到的行为和技能）和陈述性记忆（储存在记忆中的事实）。陈述性记忆又分为语义记忆（非个人知识）和情景记忆（和特定时间、地点相关的个人经历）。

知识巩固

短时记忆和长时记忆

测一测

1. 以下哪种加工方式最有利于将短时记忆中的信息储存到长时记忆中？
   a. 组块化　　　b. 再编码
   c. 网络化整合　d. 精细复述
2. 精细加工常常会产生虚假记忆。对不对？
3. 对大脑的电生理研究表明，所有的记忆都能够永久性储存，但并非所有的记忆内容均可以被提取出来。对不对？
4. 催眠状态下的记忆比正常状态下的更形象、完整、稳定。对不对？
5. 记忆恢复通过哪种记忆模型来解释最合适？
   a. 网络　　　　b. 舌尖现象

程序性记忆 /Procedural memory　长时记忆的一部分，指由条件反应和习得技能组成的记忆。

陈述性记忆 /Declarative memory　包含事实信息的长时记忆。

语义记忆 /Semantic memory　对客观事物的陈述性记忆。

情景记忆 /Episodic memory　对特定时间及特定地点的经验的记忆，是陈述性记忆的一种。

c. 内隐　　　　d. 遗觉

6. 以下哪种类型的记忆属于技能性记忆？
   a. 语义记忆　　　　b. 情景记忆
   c. 陈述记忆　　　　d. 程序性记忆

想一想

批判性思考

7. 有时父母会警告孩子不要看漫画书，他们担心孩子"脑子里装满垃圾"而装不进课堂学习的内容。为什么这种担心是没有必要的？

自我反思

在美国和加拿大，电话号码通常是一个三位数的区号加上一个七位数的号码组成的。这个七位数号码可以分为三位数加四位数。你能将这个事实与短时记忆联系起来吗？组块和再编码是如何实现的？

想象在过去的一个小时里你是如何使用自己的记忆的。你能否为以下每种记忆类型举一个例子：程序性记忆、陈述性记忆、语义记忆、情景记忆。

答案：1.d 2.d 3.d 4.d 5.a 6.d 7.因为长时记忆中的信息越多，你接触信息和提取信息的机会就越多，一般来讲，你的词汇越多，你学习新知识就越容易。——即使那是源自漫画书的知识

记忆测量——答案就在你的舌尖上!

关键问题 7.4：记忆如何测量？

一件事情你要么记得，要么就不记得，对吗？错！部分记忆才是最普遍的现象。举个例子，你有没有这样的经历，曾经努力地想要记起一件事，却发现自己被卡住了，出现了**舌尖现象**(TOT)。这是一种"似乎知道"但又无法把信息提取出来的感觉（Schwartz, 2002）。在一个经典的 TOT 研究中，研究者让大学生阅读"六分仪""舢板""龙涎香"等词的定义或描述，之后要求他们根据定义把那些词写出来。如果被试写不出某个词，则要尽量写出有关那个单词的任何信息。研究结果发现，大学生们在写不出一个词时，往往能够准确地写出那个单词的开头字母和结尾字母，有的被试甚至能标出那个英文词有几个音，或写出同音或同义的单词（Brown & McNeill, 1966）。在另一项研究中发现，当人们听其喜欢的电视剧主题曲时，如果让他们说出电视剧的片名，在每 5 次回忆中就会出现一次 TOT 现象（Riefer, Keveri, & Kramer, 1995）。

下面列出的项目可能导致 TOT 状态。你能说出符合下面描述的名称吗？（答案在本页下方。*）

你舌尖上的是什么?

1. 君王和自己的宝座断绝关系叫什么？
2. 表面附有小钩的尼龙带，用来和另外一个附在更大物体上的带子扣牢的东西叫什么？
3. 形容人为制造的而不是自然产生的词语是什么？
4. 古代埃及人书写的那种字叫什么字？
5. 那种能吸附在鲨鱼身上的小鱼叫什么鱼？

与 TOT 状态紧密相关的一种记忆现象是**知道感**，即人们经常能够在回忆之前说出他们是否记得某件事情（Widner, Otani, & Winkelman, 2005）。在电视的竞赛节目中，我们经常见到参赛者快速抢答，即这种"知道感"反应。在考试的时候，你自己可能也有类似的经历。读完一道题目就感觉自己会做这道题，但是真正的答案并没有立刻在脑中浮现。接下来发生的事情就是：当你一离开考场，真正的答案就"砰"的一下蹦出来了。（真可恶！）

当你第一次经历一件事情时却觉得自己曾经历过，这种感觉被称为**似曾相识**，这也是部分记忆的一种（Brown, 2004）。如果一个新的经历在不涉及任何细节的情况下，触发了你对过去经历的模糊记忆，你可能就有这样的感觉，"我好像在哪里见过这个场景"。即使过去的记忆非常微弱，以至你都意识不到它的存在了，新的经历也会引起这种似曾相识的感觉。

由于记忆不是一种"全或无"的事情，我们就

* 答案：1. 退位；2. 尼龙搭扣；3. 人造的；4. 象形文字；5. 䲟鱼。

要用一些方法来测量记忆的保持量。下面我们就来谈记忆测验中常使用的三种记忆任务——回忆、再认和再学习，比较它们的不同。

回忆信息

你最喜爱的那张 CD 上的第一首歌名叫什么？去年棒球联赛的冠军是哪个队？《哈姆雷特》的作者是谁？你在回答这些问题时就是在利用**回忆**。回忆是指对事实和信息的直接提取。回忆测验常常需要逐字逐句的记忆。当你学习一首诗直到不用看就能够完全背下来时，你就使用了回忆这种记忆任务。当你完成填空题时也是在回忆。当你回答论述题时，尽管你不是逐字逐句地回答问题，而是摆出事实和你自己的观点，但你仍是在进行回忆。

在记忆信息的过程中，刺激的顺序对回忆效果的影响很大。为了验证这一点，我们做一个小实验。

现在，你来记忆下面的词表。你只能读一遍。之后，请你的朋友看着词表，记一下你回忆出来了哪些词。

面包	苹果	苏打	火腿	小甜饼	米饭
莴苣	甜菜	芥末	奶酪	橘子	冰激凌
		脆饼	面粉	鸡蛋	

大多数人更能回忆出词表头、尾部分的词，而较难回忆出词表中间部分的词。你是这样吗？图 7.5 中显示了一个类似测验的结果。我们看到，被试正确报告出的词表中间部分的词最少。这一现象被称为**系列位置效应**（Bonk & Healy, 2010）。对词表中最后一些条目的记忆效果是最好的，这是因为这些信息还存在于短时记忆里。对词表前一部分的回忆也较多，这是因为，当最前面的词进入短时记忆时，里面还比较"空"，词可以不断被复述，并转入长时记忆（Addis & Kahana, 2004）。位于词表中间部分的词既不可能保留在短时记忆里，又没有机会转入长时记忆，因此很容易被遗忘。

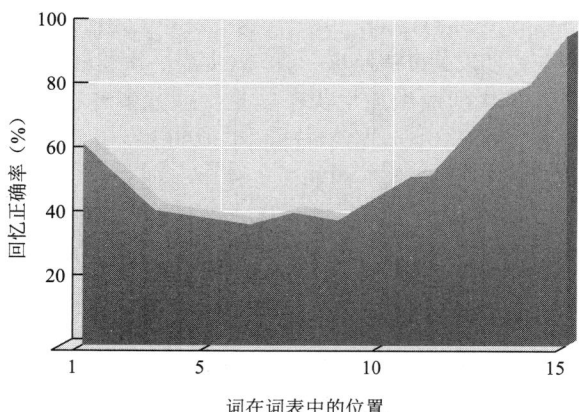

图 7.5 系列位置效应。图中表示的是对 15 个项目中每个项目的回忆正确率。对于开始和最后的项目，回忆效果最好（Craik, 1970）。

再认信息

请试着凭记忆写出你去年一年在课堂上学到的东西。如果你真这样做了，你会觉得你学到的东西可真少。事实上，在这种情况下，使用再认测验更为恰当。**再认记忆**可以把我们以前曾学过的东西辨认出来。例如，我们可以做一个多项选择测验，要求你正确再认哪些是去年曾学过的内容，哪些不是。这样，你会发现自己竟学习了那么多东西。

对图片和照片的再认可以相当精确（Whitehouse, Maybery, & Durkin, 2006）。在一项调查中，研究者将 2560 张照片以每张 10 秒的速度呈现给被试，然后让他们看 280 对照片，每一对中都有一张是被试曾看过的照片，另一张则是看着相似的新照片。被试能够正确指出以前见过的照片的比率高达

舌尖现象 /Tip-of-the-tongue（TOT）state   感到"似乎知道"但又无法把信息提取出来的现象。

知道感 /Feeling of knowing   预测自己能记起某事的能力。

似曾相识 /Déjà vu   在第一次经历某件事时觉得曾经历过这件事的感觉。

回忆 /Recall   在少量外部线索提示下重现记忆信息。

系列位置效应 /Serial position effect   对一个记忆系列进行回忆时，对其中段内容的回忆出现错误最多的现象。

再认记忆 /Recognition   能够认出先前学习过的材料。

85%～95%（Haber，1970）。这也解释了为什么人们对于好朋友的度假照片一般只需要看一次就够了。

再认的成绩通常优于回忆。这就解释了人们经常说的一句话："我可能忘了他的名字，但我不会忘记他那张脸。"在刑侦工作中，证人们在回忆时可能在嫌疑人的身高、体重、年龄或眼睛颜色等方面各执一词，如果请他们对嫌疑人进行再认，他们的选择经常是完全一致的。正因为如此，刑侦部门常常使用辨认相片的方法，或者让一些人排成一排，请证人来识别其中的犯罪嫌疑人。

再认总是对的吗？ 再认有时会受到干扰刺激的影响（Flowe & Ebbese，2007）。干扰刺激指那些与再认目标同时呈现的刺激。当干扰刺激与再认目标十分相像时，再认就会出现困难。有时还会发生相反的情况，就是在若干个干扰刺激中只有一个看上去与再认目标有相像之处，这种情况会导致错误肯定，即一种错误的似曾见过的感觉，就像在本章前面的记忆测验中，你认为你曾经学习过"睡觉"这个词而发生的错误记忆一样。

警察利用再认记忆来让目击证人指认犯罪嫌疑人。但是，稍有不慎，错误指认便有可能发生（Wells，2001）。向证人呈现这组人的照片是否合理？这张照片会引发什么问题？

有很多人曾因证人记忆出错而入狱（Wade，Green，& Nash，2010；Wells，Memon，& Penrod，2006）。在一个案件中，证人所描述的罪犯是一个年轻的高个子黑人，而在排成一排等候他去辨认的干扰者中只有一个黑人、只有一个高个子或者只有一个年轻人，在这种情况下，非常可能出现错误指认，这位长相相似的黑人无辜者被错误指认为罪犯的危险性非常大。因此，正确的做法是在选择"干扰者"时多找些看上去具有"美国黑人、高个子、年轻"等特点的人，这样可以减少错误指认的发生，增加正确识别的可能性。为了减少错误指认的发生，应该告诉目击证人真正的犯人可能不在其中。同时，某一时刻只给目击证人呈现一张照片，并且要在被试判断了这张照片是不是犯人之后再呈现下一张照片（Wells，2001；Wells & Olsen，2003）。

再学习信息

一位心理学家做了这样一个记忆实验：在他的儿子1岁零3个月大的时候，他开始每天给儿子读同一篇希腊语短文，一直坚持到儿子3岁。当儿子长到8岁时，他想知道孩子是否仍记得这篇短文。此时，孩子一点也回忆不出希腊语短文中的内容。心理学家又尝试了再认测验的方法，他把那篇希腊语文章中的内容与其他希腊语文章的内容混在一起，说给儿子听，问他是否有从前听到过的内容。孩子说："这些都是希腊语，我都听不懂！"丝毫没有能够再认的迹象（这也使测试现场的每一个人都皱起了眉头）。

如果实验就此停止，研究者也许会下结论说：孩子对那篇希腊语短文的记忆并不存在。然而，这位心理学家决心继续实验下去。他要求孩子再去学习过去曾听到过的那篇短文，同时也学习另外一篇难度相同的希腊语短文。这时，早年学习的效应就表现出来了！孩子记忆他从前听过的那篇短文的速度比记忆其他短文的速度快25%（Burtt，1941）。这是一个经典的记忆实验，结果表明，**再学习是测量记忆的一种有效方法**。

当我们使用再学习法测量记忆时，如何说明记忆的保存量呢？就像前面那个孩子对希腊语短文的记忆一样，我们可以通过再学习时节省的时间来说明记忆的存在，指标为"节省分"。举例说，第一年，你花了60分钟来记住一个电话簿中所有人的名字，两年后你又试着记住那个电话簿中的人名，而仅用45分钟就完成了再学习。由于你"节省"了15分钟，那么，根据15÷60×100%的公式计算，你的再学习节省量是25%。根据这种"节省"效应，我们更有理由在学习中广泛涉猎尽可能多的学科和知识。一些人认为，学生们把许多时间花在学习代数、历史或外语上是一种浪费，因为许多人在毕业后一两年内就会把那些知识忘个"一干二净"。然而，再学习测验的结果说明，当你一旦再需要这些知识时，你将能够在较短时间内完成再学习。

内隐记忆和外显记忆

在2010年冬季奥运会上，是谁获得了单板U形场地滑雪赛的金牌？今天早餐你吃了什么？泰勒·斯威夫特（美国当红民谣女歌手）最新的一张专辑叫什么？要回答这些问题使用的就是外显记忆。**外显记忆**是可以有意识地回忆出来的过去的经验。这些回忆、再认以及你在参加考试时的回忆都依赖外显记忆。

而**内隐记忆**是无意识的记忆（Roediger & Amir, 2005），即我们没有意识到的，但确实存在的过去的记忆。例如，人们只要能够熟练地打字，就一直知道键盘上每个字母的位置，但是如果要在这张空白的键盘图上填上字母，又有多少打字员可以填写正确？虽然许多人都"知道"这类信息，但是大多都不能直接地回忆出来。然而，内隐记忆——就像我们下意识地知道键盘上各个字母的位置——对我们的行为有着巨大的影响（Radvansky, 2011）。

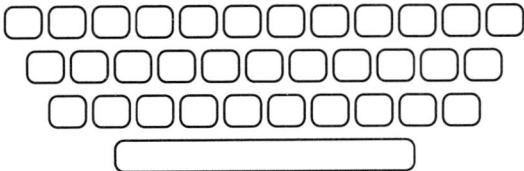

你能在这个空白键盘上写下每个键对应的字母是什么吗？如果你能，你很可能是利用内隐记忆做到的。

启动

如何证明无意识记忆的存在？心理学家在研究脑损伤引起的记忆损害时第一次注意到了内隐记忆。比如，研究者给病人呈现一个词表，词表由诸如椅子、树、台灯、桌子等常见单词组成。但当研究者在几分钟以后要求病人回忆单词时，病人却一个词也回忆不出来。

后来，研究者换了一种方法，不再让病人自己回忆单词，而是对他说："我们想让你说出一个以这两个字母开头的单词，你只要说出任何一个浮现在你头脑中的词就行。CH——你想到什么词？"病人很快说出："chair（椅子）。"我们知道，以C和H字母开头的英文单词很多，如child（孩子）、chalk（粉笔）、chain（链条）和check（检查）等，也包括测验词表中的"chair"，因此，病人可能说出其中任何一个或几个单词。病人自己对记忆词表是没有意识的，研究者通过给出词表中每个单词的开头两个字母，来启动或激活其无意识的记忆。在研究者给出的两个字母的**启动效应**影响下，这个病人说出的单词几乎全部来自词表。显然，这两个字母启动了内隐记忆。

类似的结果在正常人身上也已被发现。正如上面的例子所指出的那样，内隐记忆一般可通过给被试提供有限线索来揭示。比如，呈现某个单词开始部分的字母，或某个物体的部分形状。一般而言，人们相信自己所说出的东西都是正好浮现在脑子里的东西，实际上，以前看到的或听到的信息对其有很大影响（Rueckl & Galantucci, 2005）。

知识巩固

记忆测量

测一测

1. 记忆的测量方式主要有哪四种？
   _____ _____
   _____ _____

2. 论述题考试要求_____事实和观点。

3. 节省分是以下哪种记忆测量法的指标？
   a. 再认　　　　b. 遗觉象

再学习/Relearning　学习先前曾学过的东西。常用于测量个体对先前学习的记忆。

外显记忆/Explicit memory　个体能意识其存在，且能有意识地提取的记忆。

内隐记忆/Implicit memory　个体不能意识其存在，但能无意识地提取的记忆。

启动效应/Priming　利用线索激活隐藏的记忆，从而促进特定内隐记忆的恢复。

c. 再学习　　　　d. 再构建
4. 最敏感的两项记忆测验是
　　a. 回忆和恢复　　b. 回忆和再学习
　　c. 再认和再学习　d. 再认和数字广度测验
5. 启动用于提取下面哪种类型的记忆？
　　a. 外显　　　　　b. 感觉
　　c. 技能　　　　　d. 内隐

想一想

批判性思考

6. 如果有些人没能回忆起所需的信息，他们会说这些信息已经不在他们的记忆中了。为什么内隐记忆的存在否定了这种解释？

自我反思

最近你是否经历过舌尖现象？你能回想起你想要说的那个词吗？如果最终还是没想出来，你还记得其他相关的信息吗？

考试时你更喜欢需要回忆的题目还是需要再认的题目？在你过去的学习中（比如在高中时），是否观察过重新学习知识时发生的节省效应？

在你所做过的事情中，有没有是基于内隐记忆完成的？比如，你是怎么知道家里和宿舍里的那些门把手都需要往哪边拧？在你开门前，你需要先外显地思考"往右拧"吗？

你擅长记忆什么类型的信息？你为什么认为在记忆这些主题的信息时，自己的记忆力更好？

答案：1. 回忆；再认；再学习；启动　2. 回忆　3. c　4. c　5. d　6. 有可能存在这些不能被记忆提取出来，而是精密存在于记忆中的信息。只是，被存储的信息相关的中发挥了作用（Laudau & Leynes, 2006）。

遗忘——
为什么我们，哦，让我想想；
为什么我们，哦……忘了！

关键问题 7.5：我们为何会遗忘？

我们不期望感觉记忆和短时记忆能够永久保存。但是，当你将信息精心编码并储存在长时记忆中时，你却希望它能一直待在那里（毕竟它可是所谓的"长时记忆"啊）。举个例子，当你准备考试时，你就要依靠长时记忆来保存信息，至少到参加完考试。

为什么长时记忆也会被遗忘？ 你对记忆是如何"丢失"的理解得越多，你就越能避免遗忘。你试图记住某些信息，但其中大多数在记忆之后便立刻被遗忘了。艾宾浩斯（Herman Ebbinghaus, 1885）曾进行过一系列著名的实验。他在学习后的不同时间对自己的记忆进行测查。为了使记忆不受已有知识的影响，艾宾浩斯的记忆材料是无意义音节，即由3个字母构成的、无意义的"单词"，如GEX、CEF、WOL。而像VEL、FAB、DUZ等音节则不能用于这一测验，因为这些字母正好是目前一些商品名称的缩写。在对单词的记忆测验中，如果被试知道某些单词的意义，便可能非常容易地记住它们。这也是一种将新信息与你已经具备的知识联系起来的方式。

根据记忆测查的不同间隔时间，艾宾浩斯绘制出了**遗忘曲线**。这条曲线显示了在不同时间条件下的记忆保持量（图7.6）。我们看到，在学习完无意义音节之后，遗忘曲线便开始迅速下降，然后逐渐缓慢下来（Hintzman, 2005）。对有意义材料的遗忘也是开始较快，然后速度减缓，但总的来看，遗忘要慢得多。就像我们预期的那样，对近期发生的事件的回忆比远的事件更准确。因此，你更有可能记得电影《国王的演讲》获得过2010年"最佳画面"学院奖，而不记得《百万宝贝》在2004年冬天也荣获该奖。

探索·发现 魔术卡片

图 7.7

从图 7.7 的 6 张扑克牌中选择一张，仔细地看着它并确保你已经记住你挑选了哪张扑克牌。现在，快速地看图 7.8 上的扑克牌。

嘘！现在只剩下了五张扑克牌，你挑选的那张已经消失了！显然，你所选择的是图 7.7 中的任何一张扑克牌。我们是如何知道你挑选了哪张扑克牌的呢？

这个魔术完全是记忆的幻觉。要求你仅仅注意图 7.7 上 6 张扑克牌中的一张。这样就使你不去注意其他的扑克牌，其他的扑克牌就不会储存在你的记忆中（Mangels, Picton, & Craik, 2001；Naveh-Benjamin, Guez, & Sorek, 2007）。图 7.8 上的 5 张扑克牌全是新的。因为你不能从"剩下的"5 张扑克牌中找到你选择的那一张，看起来就像是你选择的那张扑克牌消失了。"魔术卡片"实际上是魔术记忆。现在请回到正文中"信息编码失败"一节，继续学习有关遗忘的知识。

图 7.8

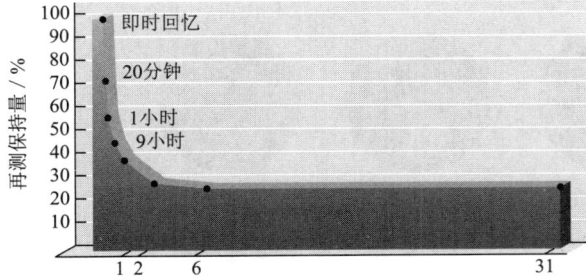

图 7.6 遗忘曲线。本图呈现了根据再学习方法测查到的学习后不同间隔时间的记忆保持量。注意快速遗忘是如何发生的。学习材料为无意义音节。对有意义材料的遗忘也是开始较快，然后速度减缓，但总的来看，遗忘要慢得多。（After Ebbinghaus, 1885）

作为一名学生，你也许能发现，如果复习和考试之间没有间隔时间，遗忘会减少。然而，这并不能成为你只是在考试前突击背书的理由。靠"临时抱佛脚"死记硬背的东西是不可能长时间保存的，因为靠这种方法无法达到充分学习的效果。所以，正确的学习方法不仅是在考试前加强复习，而且要每天都抽出一小段时间来学习，这样才能够有效防止因时间间隔较长而导致的遗忘，并充分受益于考前的复习准备。

艾宾浩斯曲线表明，我们识记的任何东西在

遗忘曲线/Curve of forgetting　显示不同时间间隔后的记忆保持量的曲线。

两天以后都将被遗忘70%。遗忘真的这么快吗？不，并不是这样的。有意义的信息不像无意义的音节那样容易被忘记。例如，对于选修心理学的大学生们来说，他们在3年之后大约会忘掉所学心理学知识的30%，但以后就基本不会再遗忘多少了（Conway et al., 1992）。事实上，如果你能够牢固地掌握一些知识，之后几乎是不会遗忘的（Berntsen & Thomsen, 2005）。

艾宾浩斯曲线为我们描述了遗忘的大致图景，但是艾宾浩斯曲线并不能解释为什么会发生遗忘。为了得到这个答案我们必须进一步探索。（在进一步探索之前，让我们先来看一看"魔术卡片"吧，从中你可以得到许多有趣的信息。）在本章前面的部分，我们已经知道了想要成功地记住信息需要三个步骤：编码、储存和提取。然而，只要其中一个环节失败，遗忘便产生了。

信息编码失败

美元硬币上画的是谁的头像？他面向哪一面？在硬币上方写着什么？你能准确地画出或标记出每个硬币吗？这是一个有趣的实验。Ray Nickerson 和 Marilyn Adams（1979）让一组大学生来画硬币。结果没有人能够完成。实际上，也同样没有人能够从一组假硬币中挑选出真的硬币（见图7.9）。你可以吗？

遗忘最主要的原因也正是最容易被忽视的原因。显然，我们当中很少有人曾经对硬币的细节进行编码。其实，在许多情况下，遗忘发生的原因正是**信息编码失败**。也就是从一开始信息就没有被储存在记忆库里（你刚才看到的魔术扑克牌就是另外一个例子）。如果你经常被遗忘困扰，你可以问一下自己："我是不是从一开始就没有储存信息？"（Kirchhoff, 2009）顺便提醒一下，如果你喜欢边看电视或者边发短信边学习，你就需要注意了。在学习和其他活动间分配注意力也会引起信息编码失败（Naveh-Benjamin, Guez, & Sorek, 2007）。

积极地对所学的信息进行思考（精细加工）是一种防止信息编码失败的有效方式（Hall et al., 2007）。

> **知识桥**
> 在本书开头的导言"心理学的学习方法"中，你会发现许多记忆技巧。如果你还没有读这部分，不妨读一下。

大学生，长得都是一个模样！

信息编码失败也会影响对人的记忆。假设你处在下面的情景中：当你走在大学校园里，一个看起来像大学生的年轻人走过来向你问路。这时，两个工人抬着一扇门从你们中间走过，你的视线刚好被门挡住，刚才那个向你问路的人已经离去，另外一个人走到了门的另外一面。之后，你见到的是和几秒钟之前完全不同的另外一个人。当这样的事

图 7.9 在再认和编码失败的研究中使用的一些干扰项目。硬币（a）是正确的，其他都是错误的。但是很少有人能够认出正确的硬币。而硬币（g）和（j）是人们选择最多的（Nickerson & Adams, 1979）。

件发生在你身上时，你能注意到这种改变吗？在实际的测试中，只有半数人意识到换人了（Simons & Levin，1998）。

当一个陌生人被另外一个人代替时，当事人怎么会觉察不到呢？不能再认第一个问路人的是年龄较大的人。大学生是能够觉察到这种改变的。显然，年龄较大的人将第一个问路人编码为一般的概念：一个"大学生。"这就是年龄较大的人对第一个问路人的全部记忆。因为代替第一个问路人的也像是大学生，所以他们就被当成同一个人了（Simons & Levin，1998）。

事实上，我们常常按照一般类型来对陌生人进行分类：男的还是女的，老的还是少的，同族的还是异族的？这种倾向是目击证人对于同族人的辨认比对异族人更准确的原因（Burgess & Weaver，2003；Michel，Caldara，& Rossion，2006）。在短暂的社会接触中，人们确实会将和自己不是一类的人看成"都很相像"的人。当然，这种倾向会随着人们之间彼此了解的增加而消失（McKone et al.，2007）。

记忆消退

一种观点认为，遗忘的原因是**记忆消退**。记忆活动使脑神经细胞或大脑活动发生变化，形成**记忆痕迹**，但这些痕迹会随着时间的流逝而减弱或消退。记忆消退是感觉记忆中信息被遗忘的原因，也是短时记忆中信息被遗忘的原因。进入短时记忆的信息像是在大脑中掀起的一阵风暴，来得快，消退得也快。短时记忆就像一只漏水的水桶，信息不断进入桶里，很快又被漏掉，同时，新的信息仍在不断涌入。

失用

长时记忆是否也会发生记忆痕迹消退？有证据表明记忆会因为不被提取、使用和复述而逐渐减弱。也就是说，一些长时记忆的痕迹可能会因为**失用**（即不频繁提取）而消退，并最终因为太弱而提取不出来。但是，失用并不能解释遗忘的全部。（Della Sala，2010）。

失用不能解释我们为什么能够通过再构建、再学习和启动而恢复一些似乎已经被遗忘的记忆。

失用也无法解释为什么一些从未使用的记忆消退了，而另一些也未被用过的记忆却能够终生保存。

和老人相处过一段时间的人还能辨别出"失用说"的第三条"软肋"。人衰老之后会变得好忘事，一位老人可能根本不记得一周前发生的事情。不幸的是，这一现象通常是阿尔茨海默病或者其他的痴呆症导致的，这些疾病慢慢地侵害着患者大脑加工和储存信息的能力（Hanyu et al.，2010）。

> **知识桥**
> 记忆很容易被器官因素，包括大脑损伤或者像阿尔茨海默病这类的生理因素所破坏。更多信息请参见第十四章。

奥斯卡叔叔最新的记忆在衰退，同时，他却能把昔日的琐事和多年来很少提及的往事回忆得清清楚楚。"为什么，这些事情我都清楚地记得，就像发生在昨天一样"，奥斯卡叔叔这样说道，而忘记了他正要讲的这个故事当天已经讲过一次了。简而言之，"失用"导致记忆消退的说法并不能充分解释长时记忆的遗忘问题。

提取线索失败

如果编码失败和储存失败都不能完全解释长时记忆的遗忘，那什么可以呢？如果你已经将信息进行编码和储存，那么提取失败将是最可能引起遗忘的原因（Della Sala，2010）。即使记忆是**可用**的（已经储存在你的记忆中），你仍然需要找到**获得**它们的通道（定位或者提取信息）才能够记起这些信

> **信息编码失败 /Encoding failure** 未能充分储存信息并形成记忆。
> **记忆消退 /Memory decay** 假设当记忆痕迹变淡时，记忆消失或变弱。
> **记忆痕迹 /Memory traces** 脑在储存信息时发生的生理变化。
> **失用 /Disuse** 认为记忆若不被提取或使用，记忆痕迹就会减弱的理论。
> **（记忆的）可用性 /Availability (in memory)** 储存在记忆中的记忆都具有可用性。
> **（记忆的）可获得性 /Accessibility (in memory)** 储存在记忆中，同时在需要时可以提取的信息兼具可用性与可获得性。

息。举个例子，我们之前提到过，你可能有过这样的经历：你知道自己知道考试问题的答案（你知道它是可用的），但是考试期间却怎么也想不起来（它不可获取）（Landau & Leynes，2006）。

线索依赖的遗忘

提取失败的一个可能的原因是**提取线索**（与记忆相联系的刺激）的丢失。例如，如果朋友问你："前年9月的第3个星期一你在做什么？"你可能回答说："那我怎么可能记得呢？"然而，如果朋友接着提醒你说："那天，法院失火了。"一提到那次火灾，你可能很快就把那一天发生的许多事情都回忆出来了。

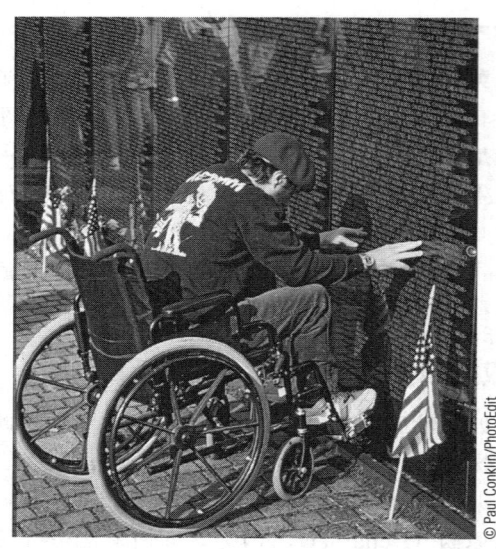

诸如相册、剪贴簿或者到一位老邻居家拜访等外部线索常常有助于回忆看似已经忘却的记忆。对许多老兵来讲，在越战纪念碑上找到熟悉的名字常常会打开记忆的闸门。

线索的出现总能够起到加强记忆的作用。之前我们也提到，精细编码的记忆之所以更易记起，是因为与之相连的提取线索更加丰富。在理论上，如果你听课的教室就是你此科考试的教室，那么你将表现出最佳的记忆效果。但是，这种安排一般是不可能的。因此，你可以尝试把听课的教室看作将来考试的教室，这样做也能够起到加强记忆的作用（Jerabek & Standing，1992）。相似的，如果人们学习和测试时闻到了相同的气味，人们的记忆效果也会很好（Parker，Ngu，& Cassaday，2001）。如果你在备考期间涂了特定味道的香水或香膏，你在考试时最好也涂上它。

状态依存学习

许多人都听说过醉鬼找钱包的笑话：有一个人喝醉了酒，清醒之后发现自己不记得把钱包放在什么地方了，于是不得不重新把自己灌醉，这才又找到了钱包。这个故事并非没有真实的成分。我们的许多学习都是一定程度上的"**状态依存学习**"，因为我们在学习时的内部状态会成为将来回忆时可利用的重要线索（Radvansky，2011）。例如，你在某时某地曾经历过一件事，当时你感到干渴难熬。后来，当你需要回忆这件事时，也是在感到非常干渴时回忆得最清楚。再如，你在药物影响下学到的东西往往也是在同样的药物作用下回忆得最好（Slot & Colpaert，1999）。但是，目前这还停留在实验室阶段。在学校里，最好还是带着清醒的头脑状态学习知识。

除了上述身体状态效应外，还有情绪状态效应（Wessel & Wright，2004）。Gordon Bower（1981）发现，对于在愉快情绪状态下识记的词表，人们在心境好时回忆的成绩最好；对于在不愉快情绪状态下识记的词表，人们在心境差时回忆的成绩最好（图7.10）。同样地，人们在愉快时最容易记起最近发生的愉快的事情，而在不愉快的情绪下则更可能想起不愉快的记忆。正是因为情绪线索和记忆之间的这种联系，夫妻吵架时往往会不断

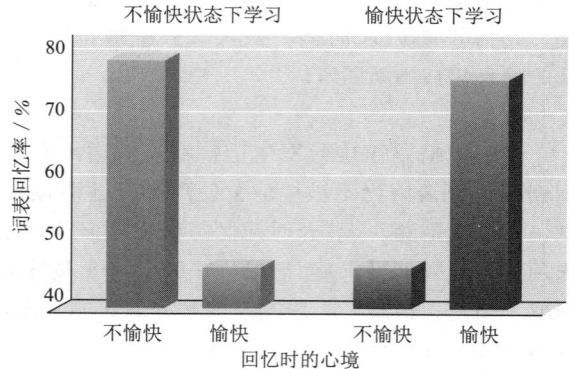

图7.10 情绪对记忆的影响效应。被试在同样的心境状态下进行学习和测验时成绩最好（Bower，1981）。

重翻旧账，越吵越生气。

干扰

了解干扰的作用可以使我们对记忆有进一步的了解。在一个经典实验中，研究者要求大学生们学习由无意义音节构成的词表，之后让一组学生睡 8 个小时，另一组学生则保持清醒，像往常一样活动。然后，研究者测查了被试对词表的记忆，结果发现，清醒组学生记住的词比睡觉组学生少（图7.11）。造成差别的原因在于，新的学习可能干扰了以前的学习。**干扰**指新记忆对旧记忆的提取和恢复造成损害性影响（或者相反）。在短时记忆和长时记忆中都存在着干扰问题（Jonides et al., 2008；Nairne, 2002）。

为什么有人会丢失大如汽车的物体？如果你每天将你的车停放在不同的地方，你可能会体验到由于干扰导致的遗忘。对今天汽车停放位置的记忆很容易和昨天、前天、大前天汽车停放位置的记忆发生混淆。

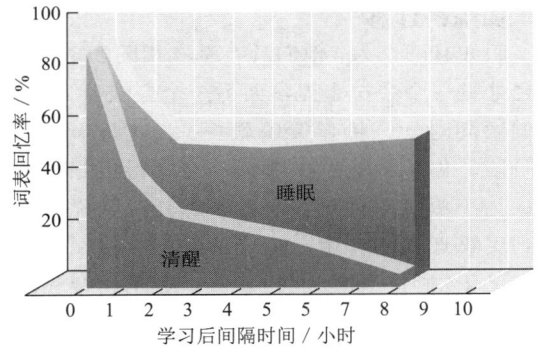

图 7.11 学习后睡一段时间或清醒着进行某些活动，之后的记忆保持量会有所不同。注意，与保持清醒相比，睡一觉之后遗忘得更少。(After Jenkins & Dallenbach, 1924）

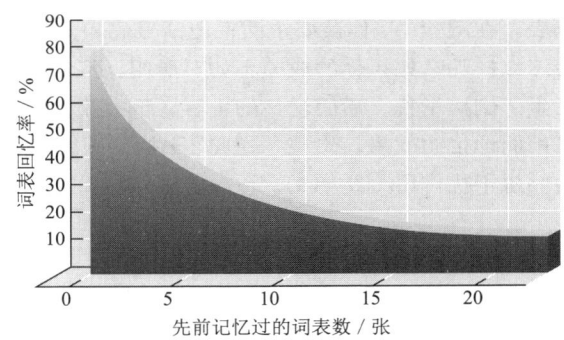

图 7.12 记忆的干扰效应。图中表示回忆百分率与已经记忆的不同词表的数量之间的关系。

目前，我们还不清楚究竟为什么新记忆会对已有记忆造成影响。新记忆是不是改变了已有的记忆痕迹呢？或者，新记忆是不是使得提取已有的记忆更加困难呢？毫无疑问，干扰在许多情况下是遗忘的一个重要原因（Radvansky, 2011）。图 7.12 中是一个实验结果：研究者要求大学生记忆 20 张词表，每天记一张。被试在第一天识记第一张词表后能够回忆出 80%，而到第 20 天识记最后一张词表后只能回忆出 15%（Underwood, 1957）。

> **知识桥**
>
> 睡眠也是一种改善记忆的方式：REM 睡眠和做梦似乎帮助我们形成了某种形式的记忆。参见第五章。

提取线索 /Retrieval cue 与记忆相连的刺激，可以强化记忆。

状态依存学习 /State-dependent learning 记忆在提取时受到储存时的机体状态的影响，当两个时刻的机体状态匹配时，记忆效果最好。

干扰 /Interference 在记忆中，指新填记忆与原有记忆之间相互破坏对方提取的现象。

学习后去睡觉的大学生记得更多,是因为倒摄干扰被控制在最低程度。**倒摄干扰**,即新的学习抑制了对先前学习内容的记忆。不学习新的东西能够防止倒摄干扰,但是这并不意味着你应该在考试前最后一次复习后躲到壁橱里。你所应当做的是尽量避免其他事情的干扰。复习之后,如果你阅读其他内容的东西、写字或看电视,都可能会导致抑制;而睡觉则能帮助你最好地保持记忆。

下面的这个实验设计可使我们观察到倒摄干扰的作用:

| 实验组: | 学习 A | 学习 B | 测试 A |
| 对照组: | 学习 A | 休息 | 测试 A |

假设你是实验组的被试,在任务 A 中背了一张电话号码表,在任务 B 中背了一张社会保险号码表。在测验中,你被要求回忆电话号码表。结果会怎么样呢?如果你的成绩不如对照组,那么就是发生了倒摄干扰。后面记忆的内容"倒过来"干扰了前面记忆的效果,出现"逆向"干扰,因此也称为倒摄干扰作用(图7.13)。

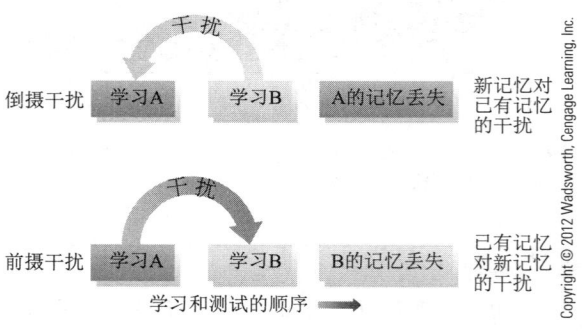

图7.13 倒摄干扰和前摄干扰作用。学习和测试的顺序显示了干扰是倒摄的(逆向),还是前摄的(正向)。

另一种顺序效应是**前摄干扰**,即先前的学习干扰了对后面学习内容的记忆。下面的这个实验设计可使我们观察到前摄干扰的作用:

| 实验组: | 学习 A | 学习 B | 测试 B |
| 对照组: | 休息 | 学习 B | 测试 B |

如果实验组在测试中对任务 B 的回忆量比对照组的少,那么即反映了被试对任务 A 的学习干扰了他们对任务 B 的记忆。

前摄干扰是前向的干扰? 是的,举一个例子:你为了参加考试而通宵准备,先复习心理学的内容,然后复习历史课的内容。由于前摄干扰的作用,你先复习的心理学记得较好,但影响了复习历史的效果。(当然,你也可能记历史知识较好,但对心理学的复习效果较差。这就是倒摄干扰的作用。)学习的两门功课之间的相似性越大,产生相互干扰的可能性就越大。越能避免冲突信息,你越有可能回忆出你想要回忆的内容(Wixted,2004)。

这里描述的干扰效应主要产生于对语言内容的记忆中。当进行技能学习时,相似性往往会产生促进作用,而不是干扰(Osman,2008)。下一节将会解释这是如何发生的。

训练的迁移

假如有两个人,他们具有基本相同的条件,不同之处是一个会拉小提琴而另一个会吹号。现在,他们要同时学一种弹拨乐器——曼陀林琴。在开始阶段,你认为他们中哪一个会学得更好?如果你认为小提琴手会更好一些,那就说明你凭直觉想到了正迁移的作用。**正迁移**是指掌握一种技能会有助于对另一种技能的掌握。曼陀林琴和小提琴都有琴弦,而这种相似性可能有利于技能的迁移。我们知道,掌握了骑自行车的平衡技术将有助于学习骑摩托车,会玩冲浪板的人更容易学会用滑雪板滑雪。

存在负迁移吗?负迁移是指在一种特定情况下掌握的技能与完成一项新任务所要求的技能之间出现冲突。例如,你驾驶一般的汽车倒车时打方向盘与目标方向是一致的,就像你驾车向前走时拐弯一样。但是,如果你驾驶一辆带拖车的车,倒车时方向盘必须打向与目标方向相反的方向。对于没有挂拖车经验的司机而言,在这种情况下往往会出现负迁移效应,方向盘仍打向车要去的方向。在野外宿营和划船时,负迁移常常会造成许多滑稽的场面。

需要着重指出的是,许多飞机坠毁的悲剧都是由于负迁移造成的。因此,飞机驾驶舱中的设计和飞行操作必须更加标准化。幸运的是,与正迁移相

临床案例　关于记忆恢复与错误记忆的争论

受性虐待的儿童有一些心理问题，有些问题甚至持续到成年。比如，他们会把受虐待的记忆都"压抑"在潜意识中。根据一些心理学家的建议，重现这些被隐藏起来的记忆是重塑情绪健康的重要一步（Colangelo, 2007; Haaken & Reavey, 2010）。

虽然上面的说法可能是正确的，但是寻找被压抑的性虐待记忆本身就存在问题。曾发生过这样一些案例，由于父亲被控告进行性虐待而导致家庭破裂，而后来发现这些案件完全是误判。比如，Meridith Maran 认为自己恢复了儿童期父亲骚扰自己的记忆，因此，她不再与父亲见面，也不让自己的孩子见他。但是 9 年以后，她却发现这段记忆是虚假的，并最终向父亲道歉（Maran, 2010）。这是一个幸运的故事，有些人就没有这么好运，有一些人上了法庭，一些无辜的人被关进监狱，真相大白之后，还有一些将虚假记忆当成真实记忆的性虐待受害者受到指控。

为什么人们对这类事件有错误记忆？有些畅销书籍和蛊惑人们的治疗师会鼓动人们寻找被压抑的受虐待的记忆。催眠、引导视觉化、暗示、年龄退行、服用所谓"吐真药"异戊巴比妥，和其他类似的技术会导致人们篡改正确的记忆。本章前面所述，错误记忆很容易产生，特别是在被催眠时（Loftus & Bernstein, 2005; Weinstein & Shanks, 2010）。

为了表现灌输错误记忆是多么容易和让人们了解错误记忆，记忆专家 Elizabeth Loftus 甚至为演员 Alan Alda 灌输错误记忆。Alan Alda 作为系列电视节目《美国科学前沿》的主持人，他和 Loftus 进行了面谈。面谈之前，Alda 填了一个关于自己食物喜好的问卷。之后，Loftus 告诉 Alda，吃了煮老的鸡蛋后会生病（这是非常荒谬的说法）。就在当天的一次野餐中，Alda 便不再吃煮老的鸡蛋了（Loftus, 2003）。

当然，一些进入意识的受虐待记忆是真实的，应被正确对待。但无可置疑的是，也有一些"被恢复"的记忆纯粹就是幻想。不论被恢复的记忆看起来多么真实，在被其他人、法庭或者医疗鉴定机构证实之前，仍有可能是错误的（Bernstein & Loftus, 2009; Otgaar & Smeets, 2010）。最需要警惕的是，别让这样的论断扼杀了公众对于真正虐待的敏感性。儿童受性虐待的现象普遍存在，一定不能压抑这种现象依旧存在的意识！

比，负迁移效应一般较少出现，而且大多是短暂的。当需要对一种旧的刺激形成新的反应时，负迁移最容易发生（Besnard & Cacitti, 2005; Osman, 2008）。如果你已经习惯于用手拉开门，但遇到必须推才能打开的门时，你就能深刻地理解什么是负迁移了。

记忆的压抑与压制

如果现在让你去回想过去几年生活中发生的事情，你最容易记起的是哪一类？许多人发现，他们回忆较多的是快乐的和积极的事情，而较少记起那些令人失望和恼怒的事情（Moore & Zoellner, 2007）。临床心理学家将这种倾向叫作动机性遗忘或对记忆的**压抑**。通过压抑，那些痛苦的、具有危害性的和令人尴尬的记忆被排除在意识之外（Anderson et al., 2004）。举个简单的例子，有位士兵就将战争中经历的恐怖事件通过压抑忘掉了（Anderson et al., 2004）。

压抑可以将一些痛苦或令人尴尬的记忆排除到意识之外，使自己忘掉过去的失败、童年的痛苦、自己所厌恶的人或各种不堪回首的往事（Goodman, Quas, & Ogle, 2010）。那些具有"压抑"倾向的人往往对情绪性事件特别敏感，因此他们会采用"压抑"的方法来保护自己，不使自己处于痛苦记忆的煎熬中（McNally, Clancy, & Barrett, 2004）。详细信息请参见"关于记忆恢复与

倒摄干扰 /Retroactive interference　新的学习抑制了对先前学习内容的记忆。

前摄干扰 /Proactive interference　先前的学习抑制了对后面学习内容的记忆。

正迁移 /Positive transfer　一种已掌握的技能有助于对另一种新技能的掌握。

负迁移 /Negative transfer　一种已掌握的技能与掌握一种新技能的要求之间出现冲突。

压抑 /Repression　无意识地排除不想保存的记忆。

错误记忆的争论"部分。

我们是否可能通过"压抑"来忘记一次失败的考试呢？不能！压制不同于压抑。压制是一种有意识地不让某件事发生的活动。因此，如果你有意不让自己去想一次失败的考试，你是在试图压制一种记忆，不想让它恢复。但由于意识的参与，你越是想忘记这件事，反而记得越清楚。临床医生认为，真正的压抑是一种无意识的活动。当一件事情被压抑时，我们根本意识不到遗忘已经发生。

> **知识桥**
> 临床心理学家将压抑定义为一种用于对抗情绪威胁的主要心理防御机制之一。详细信息请参见第十三章。

最近，有些心理学家怀疑是否真的有压抑存在（Court & Court, 2001）。然而事实表明，我们可以自动地遗忘不愉快的经历（Neufeind et al., 2009）。如果你经历过一件令人非常痛苦的事情，那么你会回避所有与此有关的事情。这样慢慢地，你就会将所有可能引起痛苦回忆的线索排除在意识之外。因此，通过有意地压制，这些记忆就真的被压抑在潜意识中了（Anderson & Green, 2001）。

记忆和大脑——一些惊人的发现

关键问题 7.6：大脑如何形成和储存记忆？

遗忘的原因还有一种，即记忆可能在其形成过程中便被遗忘了（Papanicolaou, 2006）。例如，一个头部受伤的人发现自己对事故发生之前的记忆有一段"空白"。**逆向性遗忘症**是对发生在一个事故或灾难之前的事件的遗忘（MacKay & Hadley, 2009）。与此相反的是**顺向性遗忘症**，即对发生在一个事故或灾难之后的事件的遗忘（Behrend, Beike, & Lampinen, 2004）。（我们马上会讨论有关这种遗忘症的一个例子。）

记忆的巩固

我们可以理解逆向性遗忘，假设信息从短时记忆转移到长时记忆需要一段时间，这一过程被称为**巩固**，而逆向性遗忘可能正是在这段时间内发生的（Vogel, Woodman, & Luck, 2006）。记忆巩固的过程好比你在混凝土上写自己的名字，如果混凝土凝固了，你的名字就会持久地留在上面。但是，如果你不等混凝土凝固就把它抹掉，或在名字上再加上其他笔画，你原来写的名字就会消失（遗忘）或被改变（被干扰）。

有一个经典的关于记忆巩固的实验。一只大鼠被放置在一个小平台上，如果大鼠跳下，就会受到电击，令它感到痛苦。被电击后，大鼠会重新跳上平台，并且再也不会跳下来了。显然，大鼠记住了电击。但问题是：如果这种记忆在得到巩固之前被干扰或被破坏了，大鼠还能记得电击之苦吗？

有趣的是，阻止巩固的方法之一是给予另一次不同强度的电击，这种技术叫作**电休克**（ECS）。电休克是一种低强度的刺激大脑的电击，能够在不伤害动物的情况下破坏其正在形成的记忆。实验中，如果大鼠在受到一个痛苦电击（需要大鼠记住的电击）后紧接着受到一个电休克刺激（在巩固过程中干扰记忆形成的电击），它对痛苦电击的记忆在得到巩固之前即被抹掉。如果每一次电击后你都使用电休克技术抹掉大鼠对痛苦电击的记忆，大鼠将一次又一次地跳下平台，而不是躲在上面不下来。

> **知识桥**
> 电休克是一种用于治疗重度抑郁症的精神病学治疗方法。采用上述方法，电击治疗也会引起记忆丧失。参见第十五章。

学习之后多长时间给予电休克将不再影响记忆的巩固？记忆的信息越新越容易受到干扰。如果在学习和电休克之间有足够的时间间隔，巩固得到完成，记忆就不会再受到影响。因此，一些头部受伤者通常只是忘记事故发生之前一小段时间内的事情，而其他记忆则完好无损（Baddeley, Eysenck, & Anderson, 2009）。同样，如果你学习之后接着活动8个小时，然后再睡8个小时，你将会遗忘较多学习材料；如果你学习之后先睡8个小时，再活动8个小时，你将会遗忘较少的学习材料。在这两种情况中，虽然学习和测验之间的时间间隔都是16小时，但你的记忆在第二种情况下能够在干扰开始之前得到更好的巩固，因此会减少遗忘（Wixted，2005）。

记忆巩固是大脑的哪个部分完成的？事实上，大脑的许多区域都与记忆有关，其中，**海马**的作用特别重要（Sutherland et al., 2006）。这个结构深深地埋在大脑里面，似乎在充当短时记忆和长时记忆的"中转站"（Hardt, Einarsson, & Nader, 2010）。海马的这个作用有一部分是通过形成新的神经元来实现的。新的神经元可能是通过在大脑内形成新联结来储存信息的（Leuner & Gould, 2010）。

海马损伤的病人常常不能形成或储存新的记忆（Bigler et al., 1996）。在一个典型病例中，病人接受了海马损伤手术。两年后，这位29岁的患者依然认为自己只有27岁，而且，他回忆中的内容都是那次手术之前的事情（Milner, 1965）。这是顺向性遗忘症的症状，即他对手术之前的记忆保持完好，但几乎不可能形成新的记忆。患者的父母搬了一次家，新的住处与原来的住处在同一条街上，只是相隔了几栋房子，但他永远记不住新的地址。他总是在阅读一本杂志，日复一日，似乎没发现那是同一本杂志。如果你去探望他，你会发现他看上去非常正常，因为他有短时记忆。但是，如果你离开他的房间15分钟之后再返回来，他就像从未见过你一样。他就这样带着形成新的持久记忆的缺陷一直活在"现在"，直到2008年他82岁时去世（Bohbot & Corkin, 2007；Corkin, 2002）。

记忆、压力和情绪

你还记得2001年第一次听到纽约世贸中心被恐怖袭击的消息时周围的场景吗？你能否回忆起当时的细节，比如你是如何反应的？如果你还可以回忆出来，那么你就有了对于"9·11"事件的**闪光灯记忆**。闪光灯记忆是一种似乎冻结在记忆中的特别生动的图像，常因可引起个人或公众强烈情绪的事件而产生。根据不同年龄者所经历的不同时代，人们可能会留下肯尼迪总统和马丁·路德·金遇刺、"挑战者号"或"哥伦比亚号"航天飞机爆炸，或者戴安娜王妃遇难等事件的"闪光灯"记忆（Curci & Luminet, 2006；Sharot et al., 2007）。

大脑加工闪光灯记忆的方式有何不同？令人非常兴奋或充满压力的经历激活了边缘系统，即大脑中用于加工情绪的部分。而边缘系统的高度活跃状态会反过来加强记忆的巩固过程（LaBar, 2007；Kensinger, 2007）。最终结果是，闪光灯记忆在情绪强烈时最易形成。

虽然闪光灯记忆常常与灾难性事件联系在一起。但实际上，无论是积极的还是消极的事件，都能留下仿佛打了"闪光灯"的清晰记忆（Paradis et al., 2004）。你还记得下面这些场景吗？你的初吻、一次特别的约会，或者毕业舞会；或者在许多人面前发表演讲的经历；再或者亲眼看见的一起交通事故？

闪光灯记忆一词最初用于描述那种非同寻常的、生动而持久的回忆（Brown & Kulik, 1977）。但是，现在我们知道，所谓的闪光灯记忆并不总是真实的（Greenberg, 2004；Kensinger, 2007）。大多数时候，由于我们对闪光灯记忆有着很高的自信度，所以我们将它区别对待，不会怀疑它的真实性——但是，有时我们也许真的记错了（Niedzwienska, 2004）。其中的原因有二：一是因为我们认为那些带有情感性的事件是自己人生中的重要经历，因此会经常回忆或向他人诉说；二是

压制 /Suppression 有意识地要求自己不去想某事，尽力将其排除于意识之外。

逆向性遗忘症 /Retrograde amnesia 失去了在脑损伤或其他导致遗忘的事件发生前的记忆。

顺向性遗忘症 /Anterograde amnesia 外伤或者心理创伤发生后，不能形成或提取对当下发生之事的记忆。

巩固 /Consolidation 在脑中形成相对持久的记忆的过程。

电休克 /Electroconvulsive shock（ECS） 对患者的脑直接进行电击，使其产生痉挛。

海马 /Hippocampus 脑中管理情绪和将短时记忆的信息传入长时记忆的一个组织结构。

闪光灯记忆 /Flashbulb memory 在情绪高度激动时产生的印象特别清晰的记忆。

批判性思考

改善长时记忆的药

科学家们最终可能会在蛇、老鼠乃至人类身上找到用来储存记忆的化学"递质"。如果两个或两个以上相互连接的脑细胞同时激活，它们之间的关系就会增强（Xu & Yao, 2010）这个过程叫作**长时程增强**。长时程增强发生后，受影响的大脑细胞对来自和这个细胞相连接的另一个细胞的信号的反应就会更强烈。大脑可能是利用这种机制形成长时记忆的（Blundon & Zakharenko, 2008）。

长时程增强是如何发现的? 对大脑中涉及记忆的某些大脑区域（如海马）进行电刺激，会降低长时程增强（Ivanco & Racine, 2000）。例如，使用电刺激对老鼠掌管记忆的大脑区域进行过度刺激，会干扰长时程增强（Trepel & Racine, 1999）。这也会造成记忆丧失——就像对抑郁症病人给予电休克刺激一样。

研究者是否能为拥有正常记忆的人们造出"记忆药片"? 不是没有这种可能性。研究发现，能够增强长时程增强的药物也可能改善记忆（Shakesby, Anwyl, & Rowan, 2002）。比如，吃了这种药的老鼠与未吃药的老鼠相比，走迷宫的成绩更好，即对路线的记忆更好（Service, 1994）。这样的发现说明，记忆是可以人为提高的，这在未来是可实现的（McGaugh & Roozendaal, 2009）。但是，要造出能帮我们改善物理成绩或数学成绩的药片似乎还有很长的路要走。

媒体中总是反复出现那些有关战争、地震、谋杀的重大历史事件，从而不断加深我们的记忆。随着时间的不断推移，闪光灯记忆越来越明晰，尽管有时它们实际上是错误的（Schmolck, Buffalo & Squire, 2000）。

一些记忆的清晰程度可能会超过闪光灯记忆，甚至强烈到给人带来长期伤害的程度。带有强烈创伤的经历，比如说战争或者童年期遭受的虐待，都会激活边缘系统，导致回忆与"闪回"体验的出现，进而引起人们的情绪障碍（Goodman, Quas, Ogle, 2010; Nemeroff et al., 2006）。

> **知识桥**
> 更多关于创伤后应激障碍的内容，参见第十四章。

长时记忆和大脑

人脑的平均重量不足1500克，但在其中的某个地方却存放着我们所知道的一切，包括亲人的面容、人类的历史、音乐的旋律、苹果的味道，以及许许多多的"压缩"信息。然而，这些信息到底在哪里？根据神经科学家 Richard Thompson（2005）的研究，在长时记忆形成和提取的过程中，大脑的许多部分都参与了活动，然而对于不同的记忆类型和记忆过程来说，大脑的某些区域确实比另一些区域更加重要。

例如，通过大脑皮层（大脑表面的那层褶皱）的血流模式，可以推断大脑的活动情况。研究表明，大脑皮层中与情景记忆有关的区域更多地分布在前额叶，而与语义记忆有关的区域则比较靠后（Tulving, 1989, 2002）。此外，在提取记

对于2008年11月奥巴马获得竞选胜利的那一刻，你有闪光灯记忆吗？如果当时是某个人告诉你这一消息的，那你还能回忆起和他通电话的场景吗？如果你是在电视上看到这一新闻的，那你还清楚地记得自己当时的反应么？如果答案是肯定的，那么你就有了关于这一事件的闪光灯记忆。

忆和压制记忆时，大脑皮层的活跃区域也不相同（Mecklinger，2010）。

简单总结一下，我们之前已经解释过海马负责记忆的巩固（Wang & Morris，2010）。一旦长时记忆形成了，记忆就会储存在大脑皮层（情景记忆在前额叶，语义记忆在后额叶）（Mecklinger，2010；Squire，2004）。长时的程序性（技巧）记忆储存在基底神经节和小脑中，这一部分脑区也同时负责肌肉的协调功能（Freberg，2010；Hermann et al.，2004）。

记忆在大脑皮层中是如何储存的？科学家正在探索神经细胞记录信息的方式。例如，Eric Kandel 和他的同事在研究一种海洋软体动物海兔时发现，当学习发生时，一条神经通路上的某些神经细胞改变了其释放化学递质的数量（Bailey & Kandel，2004）。学习也可以改变脑电的活动、大脑的结构和化学成分。这种变化决定了哪些神经通道变得更强，而哪些则变得较弱。它重新安排了大脑的活动，并使信息得以记录（Abraham，2006）。

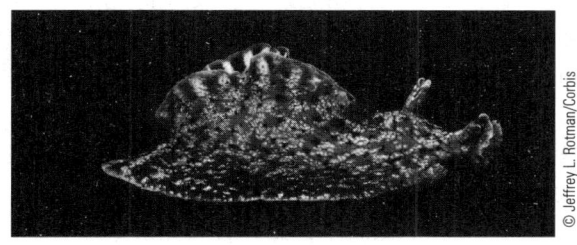

海兔，一种神经系统相对简单的海洋动物，科学家通过它可以研究单一神经的记忆过程。

在以上突破性发现的基础上，科学家们目前正在研究许多种不同化学物质的作用及大脑加工过程对记忆的影响（Xu & Yao，2010）。如果这些研究取得成功，我们将有可能去帮助数以百万计的记忆系统损伤患者（Elli & Nathan，2001；参见"改善长时记忆的药"）。

知识巩固

遗忘

测一测

1. 根据艾宾浩斯的遗忘曲线，学习之后，开始时的遗忘较慢，后来迅速加快。对不对？
2. 短时记忆的丢失主要是哪些原因造成的？
   a. 消退　b. 失用　c. 压抑　d. 干扰
3. 有时，记忆确实存在，但是无法回忆出来，这可能是线索丢失造成的。对不对？
4. 学习某内容时导致回忆其他的内容很困难，造成这种遗忘的可能原因是_____。
5. 假设要求你记忆一个电话号码簿，分10天学习，每天记一部分；学完后，对你在第三天所记的电话号码进行测验。同时，对一个只学习过3天电话号码的人进行测验。他的回忆成绩比你好。那么，以下哪一种原因可能造成你的大量遗忘？
   a. 记后失用　　　b. 倒摄干扰
   c. 退化　　　　　d. 前摄干扰
6. 如果你成功地将一段痛苦的记忆排除在意识之外，那么你采用了以下哪种方法？
   a. 记忆恢复　　　b. 压制
   c. 消极复述　　　d. 情景记忆
7. 如果加快记忆的巩固速度，就会出现逆向性遗忘症。对不对？

想一想

批判性思考

8. 根据状态依存学习的观点，想想为什么音乐更容易激发记忆？
9. 你必须在一个晚上复习法语、西班牙语、心理学和生物学四门功课。你认为应该如何安排复习顺序，以尽可能减少它们之间的互相干扰？

自我反思

在心理学考试时有些题目你没有答出来，下面哪种概念最好地解释了这种现象：编码失败、消退、

长时程增强 /Long–term potentiation　一种大脑工作的机制，通过加强同时处于激活状态的神经元之间的联系，以形成较为持久的记忆。

失用、提取线索，还是干扰？

你是否能够想起一个你怎么也记不住名字的人？你喜欢这个人吗？你觉得你之所以记不住他的名字是因为你在压抑还是压制？再或者是因为有干扰存在或编码失败吗？

你是否有闪光灯记忆？现在这段闪光灯记忆还清晰吗？你觉得它有多少是准确的？

答案：1. гнжd 2. a和d 3. жн 4. 干扰 5. 6. 6. 7. 压抑 8. 是的, 关于此现象的解释包括, 当事物发生时有意义（Miranda & Kihlstrom, 2005), 9. 将引发相似的部分, 闪动, 模糊涂掉, 重建, 两批材料

超常记忆——回忆魔法

关键问题 7.7：什么是"图像"记忆？

在这一部分，我们将探讨超常的记忆。超强的记忆力，比如过目不忘的能力（照片式记忆），是一种天赋吗？还是说记忆超常的人只是比普通人能更好地利用普通的记忆容量？

你记得你住的公寓或办公的楼层里一共有多少房门吗？对于大多数人来说，他们在回答此类问题之前，需要先对公寓或办公楼形成一个**心理表象**（心理图像），然后，再数一数其中有多少扇门。我们的许多记忆都是以这种心理表象的形式储存的

（Shorrock & Isaac，2010）。

Stephen Kosslyn、Thomas Ball 和 Brian Reiser（1978）发现，可以通过一个有趣的现象显示以图像方式储存的记忆。实验的参与者首先要记忆一幅"藏宝图"（图7.14a），然后，研究者要求被试想象自己看到一个小黑点正在从藏宝图上的一处移向另一处，比如，想象一个黑点从有树的地方一点点地移到草屋的前面。那么，如何证明人们在完成这个任务时使用了表象记忆呢？实验结果显示，人们想象中的小黑点从一处向另一处移动的时间与地图上两地距离的远近有直接联系，移动的距离越远，想象的时间越长（图7.14b）。

"藏宝图"任务利用了照片式记忆吗？在某种程度上，内部表象确实有照片或图像的特点。但是，心理学家们经常使用"照片式记忆"来描述一种被称为"遗觉象"的记忆现象。

遗觉象

当**遗觉象**产生的时候，人好像可以看到自己记忆中的图像，它能够非常清晰地保持约30秒，你可以"扫描"它。这种遗觉象与一般内部表象的不同之处在于，记忆中的心理表象是你在闭上眼睛后看到的，而遗觉象则好像被投射在你前方的一个平面上，就像是映在一张白纸上。因此，遗觉象更像是我们在看一个灯泡或霓虹灯后出现的视觉后象（Haber & Haber，2000）。

在一系列的测验中，研究者向儿童呈现了《爱丽丝漫游仙境》中的一幅插图（图7.15），测试遗觉象。请看看这幅图并阅读指导语，测一测你能不能产生遗觉象。

现在，请不要再看插图，并请你回答有关插图细节的若干问题：爱丽丝的哪一条围裙带下垂得较长？猫的两只前爪是上下搭在一起的吗？猫的尾巴上有多少条纹？有一个10岁的男孩根据自己的遗觉象回答对了所有

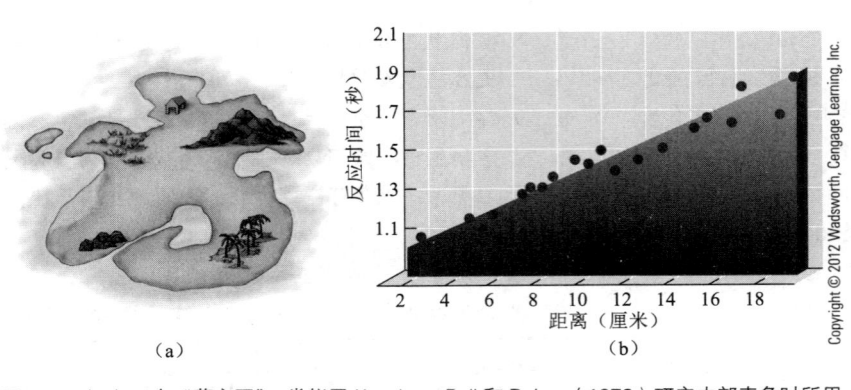

图7.14 （a）一个"藏宝图"，类似于 Kosslyn、Ball 和 Reiser（1978）研究内部表象时所用的材料。（b）此图显示了被试在藏宝图的心理表象上，将小黑点移动不同距离所需要的时间。

图 7.15 这幅《爱丽丝漫游仙境》中的插图被用作鉴别那些能够产生遗觉象的儿童。测查自己能不能产生遗觉象的方法是注视该图 30 秒钟，然后看一个空白的墙面，并尝试把刚才看到的插图"投射"到上面。如果遗觉象能够出现，你会看见插图中的各个细节。现在请你回到文中回答提出的问题。

的问题。接着，他继续描述了自己头脑中保存的令人惊奇的大量细节（Haber，1969）。

如果你没有遗觉象的技能，也不要因此灰心。遗觉象记忆在儿童身上更为常见，成年人中仍能够产生遗觉象的人极为少见（Harber & Harber，2000）。

照片式记忆

让我们回到对心理表象的讨论中。有时，心理表象是那样的栩栩如生，以至说这个人有过目不忘的本领是合情合理的。比如，在这一章的开头，我们知道了吉尔·普瑞斯和 S 先生都有着超凡的记忆力。但是除此之外，他们还都强调了遗忘的重要性。如果没有选择性的记忆，你会回忆起自己大脑皮层里装的所有信息，走过的每一条街道的名字，还有其他数不尽的零零碎碎的信息。然而无论如何，在人类历史上只有极少数的人能够有如此惊人的记忆能力。大多数记忆力好的人需要通过学习有效的记忆策略进行记忆。让我们进一步探讨这些问题。

记忆策略

有一位名叫史蒂夫的大学生，他的数字记忆广度测验成绩是 7 个数字，这也是大学生中的平均得分。后来史蒂夫自愿参加了一个记忆力训练项目，通过使用某些记忆策略记住更多的数字。在 20 个月中，他每天练习记忆越来越长的数字表。最后，他能够记住大约 80 个数字。例如：他可以一次记住下面这一串数字：

> 9284204805084226895399019025291280799970
> 6606574717310601080585269726026357332135

那么，史蒂夫是怎样记忆的呢？简单来讲，他把每 3 个或 4 个数字分为一组，并让它成为有意义的组块。史蒂夫喜欢长跑运动，而 9 分 28 秒是他的 3000 米跑最好成绩。这样，他就记住了头 3 个数字。接着，史蒂夫利用了诸如年龄、日期等各种联想来建立组块（Ericsson & Chase，1982）。显然，史蒂夫的记忆成绩是通过学习获得的。事实上，我们每一个人都能够通过练习达到史蒂夫的记忆水平（Bellezza, Six, & Phillips，1992）。实际上，将信息组块是成为许多领域内专业人员的基础。

心理学家 Anders Ericsson 认为，史蒂夫的成绩能够说明一点，即超常记忆能力是在一般记忆力的基础上通过学习而提高的。他指出，经过练习，史蒂夫的短时记忆成绩在几个月后并没有提高。例如，史蒂夫能够回忆出的无意义音节仍是 7 个。可是史蒂夫找到了一些新的数字编码策略，这些策略是其非凡的记忆数字能力的基础。每当他掌握一种新的策略之后，便能够更好地往长时记忆里储存数字。史蒂夫最初只拥有普通水平的数字记忆能力，可他通过勤奋的练习，扩展了自己的记忆能力。显然，超凡的记忆能力是可以通过学习获得的（Ericsson et al.，2004）。然而，我们仍然会好奇，是否有人天生就具备超凡的记忆力？

心理表象 /Mental images 在记忆和思维中使用的心理图像和视觉描述。

遗觉象 /Eidetic imagery 指一种能够将被投射的心理表象保存足够长的时间并将其作为回忆信息源的能力。

记忆冠军赛

每年，英国都会举行记忆冠军赛。参赛者需要快速记忆相当数量的信息，包括一长串毫无联系的单词和数字。心理学家John Wilding 和 Elizabeth Valentine 发现，这是研究超常记忆的一次极好的机会。因此，他们说服参赛者来参加一系列附加测验，其中包括一般性测验（如即时回忆一个故事）、中等难度的测验（如即时回忆6个人的电话号码）和高难度测验（按照行列顺序记忆48个数字；或从70幅雪花照片中再认14幅曾见过的照片）（Maguire et al., 2003；Wilding & Valentine, 1994）。

John Wilding 和 Elizabeth Valentine 发现，那些具有超凡记忆力者具有以下特点：

- 他们使用了记忆策略和技巧
- 他们具有一些特殊的兴趣和知识，这使他们能够更容易地对某一类信息进行编码和回忆。
- 他们都有着天生的超常记忆能力，包括保存生动表象记忆的能力。
- 他们没有超凡的智力水平或者与众不同的大脑结构。

前两点印证了我们从史蒂夫获得记忆能力的实例中得到的判断——记忆的本领是可以习得的。在记忆冠军赛中，许多参赛者都使用了各种记忆术，即各种记忆策略。有一些特殊的知识和技能有助于完成一些任务。例如，一位参赛的数学家表现出了出类拔萃的数字记忆才能（Wilding & Valentine, 1994）。

在比赛中，有几项任务是不能使用习得的策略和技巧去完成的，但有几位参赛者依然表现出了卓越的记忆力。这一点说明，在超常的记忆能力中，既有习得的成分，也有"天赋"的成分（Yi & Qian, 2009）。Wilding 和 Valentine 的结论是，一个人可以天生具有超出常人的记忆力，也可以通过学习和掌握记忆策略而获得超出常人的记忆力。通常情况下，先天和后天两方面的因素是相辅相成的。

```
8 7 3 7 9 2 6 8
2 0 1 1 7 4 9 5
0 1 7 5 8 7 8 3
1 9 4 7 6 0 6 9
3 6 1 6 8 1 5 4
4 5 2 4 0 2 9 7
```

这个数字矩阵和记忆冠军赛上参赛者要完成的题目非常相似，只有回忆出在某个特定位置上的具体数字，才能记为正确（Wilding & Valentine, 1994）。

改善记忆—— 开启记忆之门的钥匙

关键问题 7.8：我们如何改善自己的记忆力？

接下来，我们来探讨如何改善记忆力。首先要明确，改善大脑保持长时记忆的能力的空间很小。有一些人依靠西药、中药材（例如银杏叶）和维生素（例如维生素 E）改善记忆（McDanial, Maier, & Einstein, 2002；McGaugh & Roozendaal, 2009）。但是，在记忆药片出现之前，你都可以通过基于意义的策略来改善记忆编码和提取，立刻收到提高记忆力的效果。大多数具有非凡记忆力的人都会通过运用记忆策略而使自己的天赋得到更好的发挥。本章余下的部分将介绍他们使用的一些策略。在本章"应用篇"中，我们将对记忆术做更具体的介绍。记得到时候学习几招哦！

编码策略

改善记忆力的一种方式是确保信息得到充分编码。通过这种方式可以避免因编码失败而产生的遗忘。学习下面这些策略可以使你成为一个优秀的编码者：

精细加工

阅读时，你进行复述（心理回顾）的次数越多，记忆效果越好。但是，仅用机械复述并不一定有效，最好是进行精细复述，即寻找意义和建立新知识与已有知识间的联系。奇异的是，即使新信息是与迷信相联系，最终也可以提高对新信息的记忆力（Damisch, Stoberock, & Mussweiler, 2010；Wargo, 2008）。比如，一个对13带有迷信信念的人，对"亨廷顿巷1313号"这一地址可能记得特别清楚。记忆时，对事实的反复思考有助于在记忆中将这些事情联系在一起。在大学的学习中，仅仅会"复述"是不够的，你必须学会主动地运用各种复述策略（Santrock & Halonen, 2010）。

选择

荷兰学者Erasmus说：好的记忆应该像渔网，留住大鱼放走小鱼。如果你能够把一篇文章中的每一个段落都凝练为一两句话或一两个术语，记忆的效率将会非常高。你可以在文中标出你选择的要点，也可以运用批注的方法把你概括出的要点注在旁边。大多数学生的问题是在书中画的标记太多。如果你把每句话都选择了，也就等于没有了选择。读书时，要时时想到自己正在读的是什么（Peterson, 1992）。

组织

假设要求你必须记住一个词表，有16个词：北方、男人、红色、春天、女人、东方、秋天、黄色、夏天、男孩、蓝色、西方、冬天、女孩、绿色、南方。一种记忆方法是，把这个内容复杂的词表重组为4个组块：东南西北、春夏秋冬、红黄蓝绿、男人女人与男孩女孩。记课堂笔记和对学习内容做出概括性小结将有助于学习（Hettich, 2005）。此外，如果你能够在概括的基础上再次进行概括，这样可以使整个知识的结构更加简洁。概括总结可以通过使信息更好地得到编码进而改善记忆能力（Anderson, 2010）。

整体学习与部分学习相结合

如果你需要把一篇演讲稿背下来，是从头到尾整个背效果好，还是一部分一部分地背效果好呢？一般来说，如果材料比较短，组织得较好，整体学习比部分学习的效果要好。但对于篇幅浩大且内容复杂的材料，则需要进行部分学习。在部分学习中，需要把一个庞大的信息体分为若干部分。例如，一本书的内容通过章和节被分成较小的部分，使读者能够一部分一部分地学习。在具体学习时，要根据学习材料的内容决定使用哪一种学习方法，最大限度地将意义完整的信息内容作为每一次学习的单位。

对于很长或很复杂的材料，还可以使用渐进式部分学习法，即把整个学习任务分解为一系列小任务。开始，你先学习任务开头的A部分，直到掌握为止；然后，你把A部分和B部分合并学习；最后，你再把A、B和C部分都连起来学习。如果你想背诵戏剧的台词、练习唱一首歌或背一首诗，或学习诸如此类有顺序的材料，这是一种很有效的方法（Ash & Holding, 1990）。当你按三部分的顺序把整个材料背下来之后，还应该练习从中间任何一部分（比如从C、D或者B部分）开始往下背，这样才不会在表演中因为忘了一句词而头脑一片空白。

系列位置效应

在学习中，我们要时刻意识到系列位置效应的存在。当你回忆的时候，被遗忘的内容大多数是学习材料中间部分的内容。当你想记住许多人的名字时，最可能忘记的也是名单中间部分的那些名字。在记忆单词表、诗歌和演讲稿时，也是中间部分最不好记。因此，学习中对材料的中间部分要增加练习。此外，你可以把一个长的词表分成几个较短的词表，缩短中间部分的学习内容。

记忆线索

在编码过程中出现的刺激往往是最好的记忆线索（Anderson, 2010）。例如，在一项研究中，被试的任务是记住一个由600个单词组成的词表。当他们读词表中的每一个单词时，都给他们呈现另外三个单词，而这些单词与那个需要识记的单词在意义上有紧密的联系。在后来的测验中，在有那些联系词作记忆线索的条件下，被试的回忆量可高达90%（Mantyla, 1986）。

"鱼咬了游泳者"是一个记忆测验中的句子。如果现在让你学习一些这样的句子，一个星期后进行测验，你能回忆起来吗？

实验证明，给被试提供一个词作为记忆线索比没有线索更容易使这个句子被回忆出来。但让研究人员惊讶的是，提示效果最好的词并不是"鱼"，而是"鲨鱼"。也许人们读这个句子时能想到一条咬人的鲨鱼，因此，"鲨鱼"成了更好的记忆线索。

这个例子再一次说明，对新学的信息进行整合加工更有利于记忆。当你学习新的名称、概念或术语时，最好把它们多放在几个句子里去记。此外，还可以在记忆这些新知识时形成一些视觉表象，并把它与自己已有的知识联系起来。在记忆编码时，要有目的地记住一些有意义的线索，这些线索将帮助你在需要时提取信息（见图7.16）。

图7.16 演员可以记忆大量的复杂信息，这些记忆可以维持几个月，即使在这段时间内他们还表演了其他角色。在对演员进行的测试中，若允许其像表演一样不断活动并使用肢体动作时，他们的记忆成绩最高。显然，活动是他们回忆的最好线索（Noice & Noice，1999）。

过度学习

很多研究表明，**过度学习**对记忆很有好处。过度学习指你在已经掌握了学习材料并能够准确无误地进行回忆之后仍然继续学习。如果你能够坚持进行一些过度学习，一定能够克服考试中因紧张导致遗忘的情况。

分散学习

为了将学习中的厌烦和疲劳降至最小，可以尝试用很短的休息时间将学习过程分成小的部分。**分散学习**指学习一段时间后休息一下，再接着学习。**集中学习**指学习期间基本没有休息的学习方式（Anderson，2010）。相比之下，分散学习时人的注意力更集中，精力更充沛，更不容易感到枯燥和疲劳。因此，三个20分钟的分散学习一般要比一个小时的集中学习效果好。有这样一个说法："如何拿到学分？"答案是"练习，练习，再练习。"现在看来更好的答案应该是"练习，休息，练习，休息"（Radvansky，2011）。

安排分散学习最好的方法是制订一个学习时间表。为自己制订有效的时间表，有针对性地对自己一个星期中的所有时间做出安排。更重要的一点是，要严格遵守自己制订的时间表，要像按时去上课那样执行计划。

提取策略

除了成功地将信息编码，你还需要成功地提取信息。下面是一些避免提取失败的记忆策略。

提取练习

有反馈的学习是最好的学习方式。反馈使你能检查自己的学习状况，使你知道哪些方面需要增加练习。此外，当你知道自己记住了或能够正确回答问题时，也能得到一种强化。学习时自我反馈的一个基本方法是背诵。你想要记住一些东西的最终目的是为了将来能够随时提取这些信息。背诵即出声地把学习过的内容说出来。当你读一篇文章时，应该不时地合上书，并试着用自己的话把刚才阅读的内容复述出来。实验结果证明，使用20%的时间读书，使用80%的时间背诵可获得最佳记忆效果（Gates，1917）。也许，那些会自言自语的学生并不是什么疯子。

复习

在分散学习和过度学习的基础上，考试之前的复习将使记忆效果更好。考试前复习一些细节内容可以缩短回忆时的提取时间。不过，一定要将学习新知识的量度降到最小。人们在复习已经知道的信息时，确实可能填鸭式地增加一些新的内容。但是请注意，如果复习时记忆新的信息，可能会造成新学内容与已知内容之间的相互干扰。

利用策略进行回忆

在一般情况下，如果你在回忆时有计划地进行信息搜索，就能够成功提取信息（Herrmann et al.,

2006）。例如，一项研究表明，被试可以通过运用"部分信息"回忆出自己想不起来的人名（Reed & Bruce, 1982）。在这个研究中，学生们要回答类似这样的问题："电影《洛奇》中的拳击手叫什么？"（答案是 Sylvester Stallone）。可以帮助学习回忆的部分信息包括：对这个名字的长度的印象、名字中的某一个字的发音、类似的名字或某种相关的信息（如电影中其他人物的名字）。在回忆英文名字的时候，另一个有效的回忆策略是按字母表进行搜索，尝试把每一个字母当作名字的第一个音试一遍。各种线索都可以作为"部分信息"用于对信息的策略性提取。

本章前面提到的认知访谈法（详见"检验法庭上记忆的真假"）也为重获记忆情景和提取记忆提供了一些启示：

1. 说出或写下每一件与正在查找的信息有关的事情。不要认为你所记住的事情中有一些是微不足道的，每一点信息都可能是帮你回忆出其他信息的线索。
2. 尝试用不同的顺序回忆事情或信息。按时间顺序，不但要从前向后进行回忆，也要从后向前回忆，还可以从记得最清楚的地方开始回忆。
3. 从不同的角度进行回忆。要想象自己如果站在其他人的立场上会怎么看待这一事件。回忆信息时，要试着把自己想象成另外一个人。例如，考试时问问自己，其他同学或你的老师会记得些什么。
4. 要在心理上使自己完全置身于当时的环境中。例如，你可以回想当时是什么天气，有什么人在场，有什么声音和气味，周围都有什么东西，你当时说过什么话，你有什么想法或感觉。要在脑子里再现当时的环境或情景（Fisher & Geiselman, 1987；Milne & Bull, 2002）。

延长记住的时间

在你学习新知识时，要周期性地对自己的记忆成绩进行测验。此时，要逐渐延长距下次记忆的时间间隔。举例来说，假设你在通过卡片学习德语，首先看第一张卡片上的单词，然后把它放在几张卡片后面。对其他单词也采用这种方法。当你看到刚才学过的第一张卡片时，考一下自己，想想它是什么意思。然后把它放在这列卡片中更靠后的位置。当遇到其他学过的单词时也是这样处理。当第三次看见这些学过的单词后，再把它们放在这堆卡片的最后（Cull, Shaughnessy, & Zechmeister, 1996）。

睡眠与记忆

在学习之后睡一会儿可以减少记忆干扰。但是，除非你是一个"夜猫子"，否则夜晚可能不是一个适合高效学习的时间。但是，我们不可能在每一段学习结束之后都去睡一觉，或者赶在睡觉前学习所有东西。这就是为何你应该在学习中间安排休息时间（参见"分散学习"）。在我们的作息时间表中，对休息或自由活动时间的安排与对学习时间的安排有着同样重要的意义。

饥饿与记忆

人们在饥饿时记忆效果最差。所以很多母亲在孩子考试前都特别关心孩子的早餐、午餐是否吃好了（Smith, Clark & Gallagher, 1999）。再加一杯咖啡，也不会对你在考试中的表现有任何损害（Smith, 2005）。

展望

记忆的本质是什么？如何改善记忆？心理学家们也许还要通过很多研究工作才能回答这些问题。目前有一点已很清楚：那些记忆好的人的共同特点是擅于组织信息和能使要记忆的材料变得有意义。在本章的"应用篇"中，我们将介绍一些如何组织信息、如何使材料变得有意义的记忆术。然而有些时候，你确实需要记住一些并无内在含义的信息。例如，购物清单就是一些互不相关的东西的列表。胡萝卜和卫生纸、速冻食品、夹馅面包，除了都是你需要买的东西之外，它们之间的联系很

过度学习 /Overlearn 在已经掌握材料之后继续学习。

分散学习 /Spaced practice 把学习一种知识的时间分为一些相对较短的时间段，中间穿插一些休息和其他活动。

集中学习 /Massed practice 在相当长的时间内集中学习一种内容的知识，中间基本不安排休息。

微弱。带着这些信念，本章的"应用篇"介绍了当前面提到的基于意义的记忆策略没有帮助时，如何使用记忆术提高记忆力。

知识巩固

改善记忆力

测一测

1. 拥有遗觉象的儿童的长时记忆并不比平均水平好，对不对？
2. 对大多数人来说，记忆力好的基础是：
   a. 保持性复述　　b. 精细加工
   c. 语音图像　　　d. 可学习的策略
3. 在对新的信息进行编码或复述时，通过理解其意义并与已有信息建立联系，将有助于记忆。对不对？
4. 长时记忆本身是高度结构化的信息，因此，在学习时没有必要对信息进行重新组织。对不对？
5. 在学习篇幅长、内容复杂的材料时，最好采用渐进式部分学习的方法。对不对？
6. 为了促进记忆，需要花尽可能多的时间阅读和背诵。对不对？
7. 认知访谈法通过提供什么来帮助人们更好地记忆？
   a. 记忆线索　　b. 系列位置效应
   c. 语音启动　　d. 集中学习

想一想
批判性思考

8. S 先生在记忆面孔方面有困难，你知道是为什么吗？
9. 在读课文时，我们常常在重点语句下面画线或做笔记。为什么说做笔记是一种更好的方法？

自我反思

你擅长记忆什么类型的信息？你为什么认为自己擅长记忆这些主题的信息？

回到前面列出改善记忆策略的部分。在你最近用过的技巧旁做个记号。注意那些你没有做记号的技巧，想一想在学校、家里或者工作中，你能够如何运用它们。

答案：1.对 2.d 3.对 4.不对 5.对 6.不对 7.a 8.S 先生记忆不存在缺陷，他是由几种来源不一样的。9.做笔记时不仅仅速度，而且让我们对信息有所选择，能够主动的信息做出反应，重新评估信息的重要性和难度，这对于学习非常有用。

记忆术——记忆的魔法

应用篇

关键问题 7.9：有没有一些窍门可以帮助我们提高记忆力？

想象一下可怜的生物学系和心理学系的学生们，他们需要记住 12 对脑神经的名称（当然是按照顺序记忆）。虽然脊神经通过脊髓将身体与大脑相连，但脑神经直接联系大脑与身体。下面列出了 12 对脑神经的名字，以防你想知道：嗅神经、视神经、动眼神经、滑车神经、三叉神经、展神经、面神经、位听神经、舌咽神经、迷走神经、副神经和舌下神经。

可以看出，大部分人想要成功地将这一列表编码是有困难的。这些术语之间没有明显的意义联系，因此，运用前面列出的记忆策略进行记忆会出现困难，因而许多人会尝试死记硬背（通过简单重复进行学习）。幸运的是，我们还有另一种选择：记忆术（Baddeley, Eysenck, & Anderson, 2009; Radvansky, 2011）。**记忆术**是专门用于提高记忆效率的策略和技巧。它避免了不断简单重复地死记硬背，因而具有很多优势（Worthen & Hunt, 2010; Saber & Johnson, 2008）。

实际上，有些记忆术是人人皆知、人人在用的。我们常常通过背诵口诀来回忆许多消息。例如，如果你想记住每个月各有多少天，你可以不断朗读："9月有30天……"在美国，物理课教师会通过教学生记住 Roy G. Biv 这样一个名字来记忆光谱中的色彩，这七个字母分别代表红（Red）、橙（Orange）、黄（Yellow）、绿（Green）、蓝（Blue）、青（Indigo）、紫（Violet）这七个词的第一个字母。年轻的船员记不住左舷（port）和右舷（starboard），但他们发现左（left）和左舷都有四个字母，并可以不断提醒自己说："I left port"。在第一节音乐课上，教师们总是教学生通过记一个英文单词（如 F-A-C-E）或记一个句子（如 Every Good Boy Does Fine）来记住各种音调。

一届又一届的学生用下面这句口诀背诵脑神经的名称：在古老的奥林匹斯山上的塔顶，一位著名的德国歌唱家看到了一些希望（On Old Olympus' Towering Top A Famous Vocal German Viewed Some Hops）。这一记忆术用一个没有实际含义的句子将所有脑神经名称的首字母串联起来。如果可以自己编写这样的字母诗，记忆效果会更好（Bloom & lamkin, 2006）。通过练习记忆术，我们将能够在付出很少努力的条件下，大大提高记忆效果。

以下是记忆术的一些基本原则：

1. **赋予信息以意义**。赋予信息以一定的意义能促使其从短时记忆进入长时记忆。如果你要记住一个专门术语，但还不理解其意义，你不妨为它"编造"一个意思，哪怕是对真正词义有所曲解也没有关系。（这一点可以通过以下列出的例子得到证实。）

2. **增加信息的熟悉度**。将信息与已经知道的信息联系起来是一种巩固长时记忆的有效办法。有些事实或概念较容易存入长时记忆，因此，可以通过在难以掌握的信息与容易掌握的信息之间建立联系进行记忆。

3. **形成图片记忆**。一般来说，视觉的图片或图像比单词好记。因此，将信息转换为心理图片有助于记忆。尽量

在准备考试时，可以采用记忆术提高记忆效果。不过，记忆术在信息储存的早期阶段最有效，在随后的阶段最好能采用其他的记忆手段进行精细复述。

记忆术 /Mnemonic 专门的记忆方法。

把这些图像想得生动一些,效果会更好(Radvansky, 2011)。

4. **建立特殊联系**。在大多数情况下,形成心理图像是建立联系的较好方法,能够使记忆材料变得有意义。所以要学会建立一种不寻常的、夸张的或离奇的心理联系。当你需要将两个概念、术语或特定的信息图像联系起来时,你将发现,这种联系越离奇、越夸张,记忆越牢固(Worthen, & Marshall, 1996)。例如,你刚认识 Rehkop,想记住他的名字,你可以在头脑中想象他身穿警察制服,鼻子上长出了一把灰色的枪。这幅奇异的图像有两个有关 Rehkop 的提示:灰色(ray)和警察(cop)。这种方法也可以用来记忆其他类型的信息。用特殊联系法记忆陌生的动物名字的大学生的成绩显著好于死记硬背的学生(Carney & Levin, 2001)。离奇的心理图像可以使信息具有独特性,易于被提取。在记忆简单信息的任务中,建立一些离奇的心理图像是一种好方法,能够提高即时回忆的成绩(Fritz et al., 2007)。总之,形成图像是学习的第一步。

下面举例说明上述原则在记忆中的综合应用方法:

例1

如果要求你记忆几个西班牙语单词,你可以选择不同的记忆方法。一种是机械记忆的方法,即不断重复这些单词,直到能把它们回忆出来为止;另一种是**关键词法**,即采用一个熟悉的单词或图像把两者联系起来的方法(Fritz et al., 2007; Pressley, 1987)。例如,你要记住 pajaro(鸟)这个单词,它的西班牙语发音是 PAH-hah-ro,你也许可以把它与英语中的关键词联系起来。对于讲英语的人来说,pajaro 的发音就像英语中的 parked car-o(意:"停放着的汽车"加"喔")。那么,用这种记忆方法会不会只记住"停放着的汽车"而记不住 pajaro 呢?为了使信息中保持重要的关于"鸟"的内容,需要构造一个或几个心理图像。因此,你可以想象:一辆汽车停在那里,里面装满了鸟。你可以尽可能使这幅图像清晰和夸张,比如,车中的鸟在拍动着翅膀并吱吱地叫着,到处都是羽毛。同样的,西班牙语 carta 的意思是"信",用英文词 cart(意:超市里的手推车)作为关键词,你可以形成一辆手推车里放着一个大信封的心理图像,这样便能轻松记住"信"是 carta。

总之,形成了心理图像,你就可能达到"过目不忘"。如果你能够利用词表中熟悉的单词(或图像)把其余的单词都联系起来,在记忆时将会事半功倍,而无须一个词一个词地背。当你通过本国语言中的单词去回忆对应的外语单词时,采用关键词法也将有助于记忆(Hogben, & Lawson, 1992)。

夸张的心理图像能够将两个单词或概念联系起来,以增强记忆。这里利用关键词法将英文单词"信"(letter)和西班牙语中的"信"(carta)联系在一起。

采用关键词法来记忆能维持多长时间? 有一年吗?关键词法最适用于短时记忆,时间长了,采用关键词记忆的效果就比较差了。这就是最好在记忆的初期采用记忆术的原因(Carney & Levin, 1998)。为使记忆能保持较长的时间,必须采用本章前面介绍的方法。

例2

在生物学课上,学生们需要记住人体骨骼和肌肉的名称。这些都是不常见的单词,比如 mandible(下颌骨)。但是,想记住这个词也不难,比如,你可以将其想象为 a man nibbling(意:一个男人正在啃东西),或者夸张地想象为 a man dribbling a basketball with his jaw(意:一个男人在用他的下巴拍篮球)。latissimus dorsi(背阔肌)也是个较为难记的术语。你也许可以把它转换为一个较为好记的情景,比如，你可以想象一个人在你的耳边说：记住喽，latissimus dorsi 就是 the ladder misses the door, sigh.（意：梯子太短，搭不到门上，唉。）然后想象你用后背的肌肉撑起梯子。再想象你的肩膀把梯子顶起来。可是梯子却够不到门框。接着梯子像动画片中的人物一样在不断叹气。

一些人会问：使用这种方法并没有减少记忆内容，反而增加了内容，怎么会是省时的方法？也有人会问：那些作为记忆线索的词发音并不完全一样，会不会导致回忆时的发音错误？要知道，记忆术并不能完全代替正常的记忆，而是正常记忆的辅助手段（Willoughby et al., 1997）。只有大量使用心理图像之后，记忆术才会产生作用，因为图像可以使信息更容易被提取。记忆术主要是提供记忆中的线索，而不是记忆内容本身，因此，不必担心关于发音错误的问题。我们在考试中常能体会到，哪怕一点点暗示或提示都有极大的帮助。使用有助于记忆的图像就像是有个人拍拍你的肩说："喂！那块肌肉的名称听起来就像 the ladder misses the door, sigh."（意：梯子太短，搭不到门上，唉。）如果出现因此产生的发音或拼写错误，那么，我们还可以灵活运用记忆术，采用另一个记忆线索来记忆正确的发音。

接下来的两个例子可以帮助你深刻理解记忆术的灵活性。

例 3

在艺术史课上，老师给学生们放映了许多绘画作品的幻灯片，并要求学生记住每个画家的名字，在下次上课时，将进行测验。学生们仅在课堂上见过一次这些幻灯片。学生们如何才能在这次学习过程中记住每幅名画及其作者呢？他们可以通过记忆术把每位艺术家的名字与一个物体（或一个意象）连在一起，然后想象这个物体（或意象）就在这位艺术家的作品中。例如，你可以把凡·高（Van Gogh）想象成一驾马车（van），在见到凡·高的每幅画时，都想象那辆马车从画中穿过，而且那辆马车横冲直撞，弄得周围凌乱不堪。再如，你可以想象凡·高割下自己的耳朵，只要看到凡·高的画，都想象在里面看到了一只巨大的耳朵。用这种方式记忆显得有些"血淋淋"，但可以帮助你记住哪些是凡·高的作品。

例 4

学习历史时，如果你感到记忆一个个历史人物或事件很困难，就不要死记硬背。有一种记忆术，是把每个历史人物想象成你身边的某个人，通过安排一个顺序进行记忆。例如，你可以想象你的朋友、老师或父母做了某位历史人物所做的某些事。此外，你可以发挥你的想象力，想象那些历史事件或战争就发生在你所居住的城镇，想象当时的情景。

有哪些方法可以帮助记忆连续发生的事件？ 下面列出三种技巧：

1. **形成记忆链**。为了按顺序记住一系列概念、物体名称或单词，你可以尝试用心理图像的方式建立一串夸张的联系，使第一个项目与第二个项目联系起来，使第二个项目与第三个项目联系起来，依此类推。例如，有这样一个词表：大象、门把儿、绳子、手表、步枪、橘子。为了按顺序记住这个词表，你可以想象如下情景：大象站在门把儿上，用一根系在它身上的绳子保持平衡，绳子上系着一块手表，一支步枪正瞄向画在手表上的橘子。对于记忆有 20 个以上单词的词表，这种技巧非常有效。近期一项实验结果证明，运用这种建立顺序联系的记忆术，可以提高被试记忆有 15～22 个项目的清单的成绩（Higbee et al., 1990）。下次购物前，你可以尝试着把购物清单放在家里，用简短的故事将你要购买的商品串起来，你可以发现记忆术的确有惊人的效果（McNamara & Scott, 2001）。

2. **建立心理路径**。古希腊的演说家们为了在演讲中一个不落地阐述自己的观点，采取了一种很有意思的方法记忆。他们的方法就是建立心理路径。在使用这种方法时，他们首先会想象一条自己熟悉的道路，然后把自己要讲的观点与沿途的雕像意义联系起来。你也可以试着这样

> **关键词法/Keyword method** 利用熟悉的词或形象联系两个事物的记忆方法。

做，把自己要记的东西或要讲的观点一一对应地放置在心理路径中的每一个标记上（Radvansky，2011）。

3. 利用系统记忆。在许多场合中，词表中几个单词的第一个字母拼起来能够形成另一个单词。作为一个系统，这个新形成的单词可提示词表中那些单词的出现顺序。例如，我们刚才讲到的 Roy G. Biv。又如英语使用者们可以根据英文数字 1～10 的发音来记 10 个常见的东西，形成下面这样一个系列：1（one）= bun（圆面包）、2（two）= shoe（鞋）、3（three）= tree（树）、4（four）= door（门）、5（five）= hive（蜂房）、6（six）= sticks（棍子）、7（seven）= heaven（天空）、8（eight）= gate（城门）、9（nine）= line（线）、10（ten）= hen（母鸡）。首先，他们把这个系列牢记在心，之后，当他们学习一个词表时，就可以把词表上第一个词与"圆面包"联系起来，建立一个心理图像，把第二个词与"鞋"联系起来，再建立一个心理图像，依此类推。例如，如果词表上的第一个词是青蛙，他们也许可以想象一个夹着青蛙的圆面包——"青蛙汉堡包"。

如果你过去从未使用过记忆术，你可能会对这些"技巧"到底灵不灵感到怀疑，但你不妨亲自试一试。大多数人会发现，使用记忆术能够极大地改善记忆。但请记住，同做其他事情一样，记忆需要下功夫。

知识巩固
记忆术

测一测

1. 我们把专门用于提高记忆效率的策略或技巧称作_____。
2. 下面哪一种做法对记忆的促进作用最小？
   a. 使用夸张的意象
   b. 形成记忆链
   c. 将视觉信息转换为言语信息
   d. 将新信息与已知信息联系起来
3. 奇异的图像可以使记忆的内容具有独特性，因而容易提取。对不对？
4. 一般来说，记忆术的主要作用是促进与单词或概念有关的记忆。对不对？
5. 关键词法通常用于：
   a. 认知访谈技术
   b. 集中学习策略
   c. 记忆术
   d. 渐进式部分学习法的第一步

想一想

批判性思考

6. 精细复述和记忆术的相似处是什么？

自我反思

自己创造的记忆术是最好的记忆术。尝试编写一个更好的记忆 12 对脑神经的口诀，作为练习。

浏览一遍本章的术语表，为那些难以记忆的词编写记忆术。以下面这个为例：为了记住图像记忆是储存视觉信息的，可以想象一只眼睛装在罐头瓶子中。

答案：1. 记忆术 2. c 3. 对 4. 不对 5. c 6. 两者都促进图像信息与长时记忆中储存的内容建立有意义的联系。

本章总结

关键问题回顾

7.1 记忆如何工作？

7.1.1 记忆是一个能动的信息加工系统，其功能是对信息进行编码、储存和提取，这一过程与计算机系统相似。

7.1.2 Atkinson-Schiffrin 记忆模型将人类的记忆分为三个记忆系统（感觉记忆、短时记忆或称工作记忆、长时记忆），三个系统保持信息的时间由短到长。

7.1.3 感觉记忆以图像或声音的形式编码信息。

7.1.4 感觉记忆能够精确地保存信息，但保存时间很短暂。通过选择性注意，一些信息被传送到短时记忆。

7.1.5 短时记忆以声音形式编码，很容易被干扰和打断。

7.1.6 长时记忆通过意义进行编码。

7.2 短时记忆的特点是什么？

7.2.1 短时记忆的信息储存容量为5～7个比特，通过信息组块可扩大短时记忆的信息储存量。

7.2.2 短时记忆保持的时间很短；通过保持性复述可以延长短时记忆的保存时间。

7.2.3 在将短时记忆的信息转为长时记忆时，精细加工比简单重复更有效。

7.3 长时记忆的特点是什么？

7.3.1 长时记忆相对持久，储存量似乎是无限的。

7.3.2 精细加工可能会改变记忆内容。记忆是能动的，记忆中的信息有可能在构建加工过程中被改变、丢失、修订或扭曲。

7.3.3 长时记忆高度组织化，对记忆网络的模式或结构的研究是当前的重要研究课题。

7.3.4 恢复性记忆之所以能够实现，是因为记忆网络中一个节点的激活可以作为线索激活另一个节点。

7.3.5 长时记忆包括程序性记忆（技巧）和陈述性记忆（事实）。陈述性记忆又包括语义记忆和情景记忆。

7.4 记忆如何测量？

7.4.1 舌尖现象表明，记忆并不是全或无的事情。记忆的主要测量手段包括回忆测验、再认测验、再学习测验或启动效应。

7.4.2 回忆是一种不提供明显的提取线索的记忆测验。词表回忆测验中经常出现系列位置效应，人对于词表中间部分信息的记忆很容易出错。

7.4.3 多项选择题是常用的再认测试方法。

7.4.4 再学习测验可通过计算节省分数测量记忆效果，因为没有被遗忘的部分不需要经过再次学习，所以可以缩短再学习时间。

7.4.5 回忆、再认和再学习主要用于测量外显记忆。揭示内隐记忆需要使用其他技术，如对启动效应的测查。

7.5 我们为何会遗忘？

7.5.1 艾宾浩斯的遗忘曲线表明，在学习刚刚结束的阶段中，遗忘的速度最快。

7.5.2 在编码、储存或提取过程中失败，都会导致遗忘。

7.5.3 遗忘最主要的原因是信息编码失败。

7.5.4 神经系统中记忆痕迹的衰退可能是造成感觉记忆和短时记忆遗忘的原因。记忆痕迹消退或信息未被使用也可以用来解释一部分长时记忆中一些信息的丢失。

7.5.5 线索缺失是遗忘的常见原因。通过探查状态依存学习效应，可以揭示线索对于记忆的重要作用。

7.5.6 许多短时记忆与长时记忆的遗忘是由干扰引起的。倒摄干扰指新近学习对先前学习的干扰作用。前摄干扰指先前学习对新近学习的干扰作用。

7.5.7 记忆可能会被有意识地压制，也可能被无意识地压抑。

7.5.8 在试图重现被隐藏的记忆时，如果这一恢复的记忆成为过去发生的创伤事件（比如儿童性虐待事件）的唯一证据基础，则需要特别谨慎，被恢复的记忆可能是扭曲的。

7.6 大脑如何形成和储存记忆？

7.6.1 记忆的巩固需要时间。记忆巩固过程在大脑的海马体中进行。在记忆得到巩固之前，长时记忆很容易消失，引起逆向性遗忘症。

7.6.2 带有强烈情绪体验的经历可能会转变为闪光灯记忆。

7.6.3 记忆得到巩固后，将储存在大脑皮层中。

7.6.4 持久的记忆将通过改变神经细胞的活动方式、结构、化学水平以及细胞间的连接方式进行储存。

7.7 什么是"图像"记忆？

7.7.1 "图像"记忆表现为遗觉象，即一个人在看一面白墙时能够投射其上的心理图像。成人的遗觉象较为罕见。但是许多成年人的脑中能够出现非常生动的记忆图片。

7.7.2 超常记忆可能是天生如此，也可能是受益于后天的技巧学习，通常情况下两者兼有。

7.8 我们如何改善自己的记忆力？

7.8.1 出色的记忆能力是以提高学习效率及补偿人类记忆弱点的记忆策略和技巧为基础的。

7.8.2 使用更好的编码策略可以改善记忆力。这些编码策略有精细加工、学习中有选择性和对信息进行组织、使用渐进式的方法、编写记忆线索、过度学习和分散学习。

7.8.3 通过更好地提取策略也可以改善记忆。这些提取策略包括提取练习和利用策略进行回忆。提取练习又包括反馈、自我复述和复习。

7.8.4 在进行学习或记忆时，需要注意系列位置效应、睡眠和饥饿对记忆的影响。

7.9 有没有一些窍门可以帮助我们提高记忆力？

7.9.1 记忆系统（记忆术）能够极大地提高暂时记忆的效果。但是对较为持久的记忆来说，传统的学习方法更为有效。

7.9.2 记忆术是一些有助于记忆的策略或工具，主要利用形成心理表象和在新旧知识之间建立奇特的联系，达到改善记忆的效果。

7.9.3 高效的记忆术通常以心理图像和在新旧知识之间建立夸张奇异的联系为基础。

第 8 章

认 知

主题

智力活动的基础是思维、语言、问题解决以及创造力。

关键问题

8.1 思维的本质是什么？

8.2 表象与思维的关系是怎样的？

8.3 什么是概念？概念又是如何习得的？

8.4 什么是语言？语言在思维中的作用是什么？

8.5 关于问题解决，我们知道些什么？

8.6 创造性思维的本质是什么？

8.7 直觉有多准确？

8.8 如何提高创造力？

引子

颜色是一种键盘

俄国画家瓦西里·康定斯基曾经说过:"色彩是琴键,眼睛就像是和声,灵魂如同带有许多琴弦的钢琴。艺术家就是弹琴的手,触碰着每一个琴键,引起灵魂的共鸣。"从他的作品,比如《对比的声音》中可以看到,他正是以这样的一种方式在作画。

像康定斯基这样的高创造力个体让人们开始思考一些问题。高创造力者是否具有一些特殊的天赋呢?康定斯基本人具有一种"联觉"能力——他的大脑使他能够将声音体验为颜色和形状,因此他能够把他所"看到"的画下来。那么,我们是否可以通过学习变得更有创造力呢?与康定斯基同时期的很多画家更倾向于记录主观的印象,而不是永恒的客体。当然,创造了印象派的画家们是不具有联觉的。

有人通过表象进行思考吗,即便这些表象没有康定斯基的那样形象生动?我们是否有可能用语言描述我们的体验,以达到一种隐喻的效果,就像康定斯基对于绘画的描述那样?像"印象派"这样的概念又是如何形成的呢?

在更高的层面,这就是历史上那些天才们所共享的能力:爱因斯坦、达尔文、莫扎特、牛顿、米开朗琪罗、伽利略、居里夫人、爱迪生、玛莎·葛兰姆……(Michalko, 2001; Robinson, 2010)就像所有的创造性活动一样,康定斯基的艺术作品对于人类认知提出了很多问题。我们如何思维?我们是怎样解决问题的?人们是如何创造艺术、科学或者文学作品的?在接下来的章节中,我们将对思维、问题解决和创造力进行探究,以得出一些初步的答案。

思维是什么——全在大脑中

关键问题 8.1:思维的本质是什么?

人类是极具适应性的生物。我们住在沙漠、丛林、高山、喧嚣的城市、安静的隐居地以及宇宙空间站。与其他的生物不同,我们的成功应归功于智力和思维能力,这对我们来说比身体的力量和速度更重要(Reed, 2010)。让我们看看概念、语言和心理表象是怎样使思维成为可能的。

认知是指心理加工信息的过程(Sternberg, 2011)。我们的思维方式有多种形式,包括问题解决、推理,甚至白日梦(这里仅仅列举了其中的一小部分)。思维能力并不是人类专有。但是,无论你把一只动物训练得多聪明,它都绝不可能达到人的心算水平。心算的世界纪录保持者是 Shakuntala Devi,她曾在28秒内完成两个随机13位数的乘积运算,那道题是 7 686 369 774 870 × 2 465 099 745 779。如果你一时半会儿算不出来,我可以告诉你,得数是一个26位的数:18 947 668 104 042 434 089 403 730。

思维的基本组成单位

就其本质而言,思维是对问题或情景的内部表征或心理表征。想象一位访谈节目主持人,在正式的现场直播前,她会在头脑中尝试提出一些问题。通过演练自己的行为举止,她可以尽量避免在现场犯错。想象着计划一下,考前你需要准备些什么?找工作面试时你需要说些什么?又应该怎么出发去你订的假日旅店?如果你没有机会做详细的计划,那么先想象一下在这些情况下都会发生什么则是个不错的主意。

比如,一位棋手在行棋之前会在心里试着多走几步棋。国际象棋大师 Miguel Najdorf 曾蒙着眼睛同时下45盘棋。这是解释什么叫心理表征能力的一个极好的例子。Najdorf是怎样做到这一切的呢?和常人一样,他也运用表象、概念和语言(或符号)这三种思维的基本单位进行思考。**表象**是指具有图画般特点的心理表征。**概念**是表征事物或事件分类的一些想法。**语言**包含词和符号,以及将两者联合起来的规则。思维通常包含上述三种基本单位。例如,棋手在下盲棋时要依赖视觉表象、概念("二号棋盘的对手用的是英式开局")以及象棋中的标记符号系统或"语言"来助其思考。

下面我们将探讨以上所定义的每一种思维组成单位。需要说明的是,思维包括注意、模式识别、记忆、决策、直觉、知识等诸多内容,本章将重点介绍认知心理学家们所研究的部分内容。

心理表象——青蛙有嘴唇吗?

关键问题 8.2:表象与思维的关系是怎样的?

几乎所有人都产生过视觉表象和听觉表象,半数以上的人们有过包括运动、触觉、味觉、嗅觉、痛觉等方面在内的表象。因而心理表象有时候并不仅仅是脑子里的"图画"。比如说,关于面包店的表象除了有面包房的图像之外,还可能包含香喷喷的味道。就像引子里提到的,像康定斯基那样的人还可能产生一些比较奇特的表象,称为**联觉**。对于这些人来说,表象跨越了一般的感官屏障(Cytowic & Eagleman, 2009; Kadosh & Henik, 2007)。一个能产生联觉的人可能觉得五香鸡块尝起来很"尖锐";又一个人可能觉得痛的感觉是橙色的;而对于另一个来说,人们的声音可能同时带有颜色或味道(Dixon, Smilek, & Merikle, 2004; Robertson & Sagiv, 2005)。尽管人与人之间存在差异,但多数人都会运用表象去思考、记忆和解决问题。下面列出了一些最常见的心理表象的用途:

- 进行某项决策或解决某个问题(挑一件衣服,设想怎样布置室内家具)。
- 改善情绪(想象一些愉快的事情从而摆脱坏心情,为坚持节食而想象自己很苗条的样子)。
- 提高技巧或为一些行动做准备(运用表象来改进击球动作,在心里预演如何向老板提出增加工资的要求)。
- 帮助记忆(想象楚先生戴着一顶"厨"师的高帽子。这样,你以后就能记起他的姓了)。

心理表象的性质

研究者 Stephen Kosslyn 发现,表象与照片不同,不是平面的。为了说明什么是表象,他请人们回答一个问题:"青蛙有嘴唇和一个短尾巴根吗?"除非你经常与青蛙接吻,否则你就需要用心理表象来思考这个问题。为了回答这个问题,大多数人会想象一只青蛙,在想象中"观察"它的嘴,然后再通过想象旋转这只青蛙,"查看"一下它的尾部(Kosslyn, 1983)。心理旋转的基础之一是想象的运动(图8.1),也就是说在心里"拿起"一个物体,然后把它转过来(Wraga et al., 2005, 2010)。

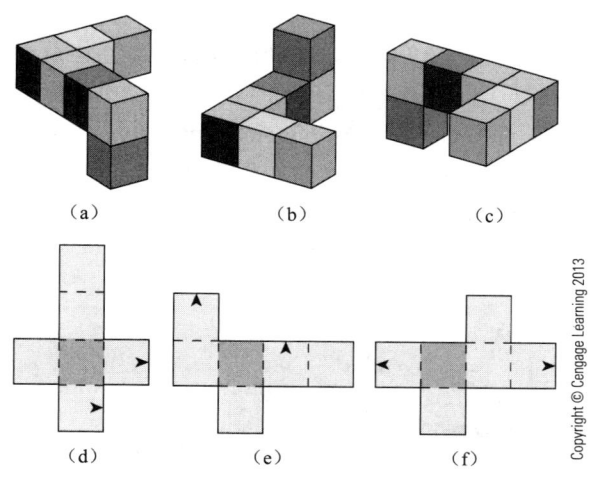

图 8.1 思维中的表象。(上)研究者向被试展示一副呈现了物体(a)的图片,以及(a)从其他角度看起来是什么样子的图片,如(b)和(c)。当(a)从原始位置被"旋转"以后,被试依然能够把它识别出来。但是(a)在空间上被旋转的程度越大,被试就需要越长时间来识别它。研究结果显示,人们事实上是在头脑中建立了一个关于(a)的三维表象,通过旋转这个表象,判断它是否符合眼前的图形(Shepard, 1975)。(下)尝试着操作你的心理表象:图片上的每一个形状都可以被折叠成一个立方体。想象一下,它们被折起来以后,哪个立方体上的两个箭头会相遇呢(Kosslyn, 1985)?

认知/Cognition 思考或在头脑中加工信息(表象、概念、词、规则和符号)的过程。

表象/Image 通常是指如同图像一样的心理表征;一种图像。

概念/Concept 代表一类相关物体或事件的概括的观念。

语言/Language 词或符号和语法规则的总和,用来思考和交流。

联觉/Synesthesia 经历一种感觉时伴随另一种感觉;例如,听到一个声音的同时"看到"颜色。

"反向视觉"

当一个人出现视觉表象时，大脑的活动是怎样的? 看真实的东西与用"脑子里的眼睛"看东西有着密切的关系。来自眼睛的信息通常能激活大脑初级视觉区，从而产生表象（图8.2）。其他脑区则将信息与原来储存的知识相对比，从而帮助识别表象。在产生心理表象时，神经系统的操作是反向的：储存记忆的脑区将信息送回到视觉皮层，而视觉皮层一旦获得信息，就会产生视觉表象（Ganis, Thompson, & Kosslyn, 2004; Kosslyn, 2005）。例如，如果你现在想象一个朋友的脸，大脑知觉面孔的特异性区域就会被激活（O'Craven & Kanwisher, 2000）。

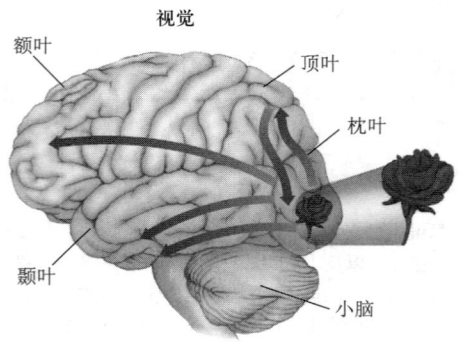

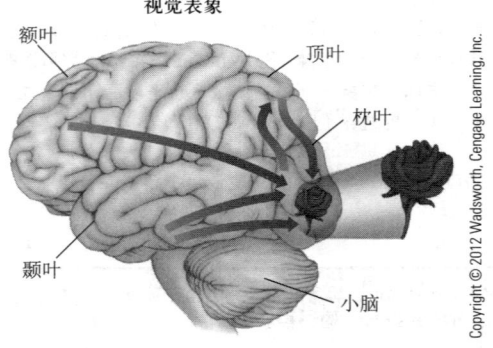

图8.2 当你看到一朵花时，花的样子是通过位于大脑后部的皮层初级视觉区的活动进行表征的。有关花的信息接着也会被传送到其他脑区。而当形成花的心理表象时，信息则沿着与上述通路相反的方向传送，结果仍是激活初级视觉区。

运用心理表象

如何在问题解决中运用表象? 储存的表象可以从记忆中提取，并利用先前的经验来解决问题。如果有人问你："废弃的鸡蛋盒子都有哪些用途?"你可能就会运用表象来列举已知的各种用途，比如用来分类存放纽扣。如果要提出更为新颖的观点，则需要运用创造性表象。创造性表象是从进行新组合或新发明的过程中产生的，而不是简单回忆。因此，艺术家在创作前就已经在头脑中进行构思了。想象力丰富的人在创造力测验中的得分一般会更高（Morrison & Wallace, 2001），即便他们是盲人，结果也是一样（Eardley & Pring, 2007）。事实上，历史上许多最具有创造力的人在思考时都非常依赖表象思维，其中包括阿尔伯特·爱因斯坦、托马斯·爱迪生、刘易斯·卡罗尔等（West, 1991）。

由弗兰克·盖里设计的古根海姆博物馆，位于西班牙的毕尔巴鄂。一个缺乏心理表象的人又怎样能够设计出这样一件伟大的杰作呢? 每100个人中就有3人无法产生心理表象，还有3人则有强大的心理表象。大多数画家、建筑师、设计师、雕刻家和电影制作者都具有惊人的视觉想象力。

心理表象的"大小"会影响思维吗? 为了说明这个问题，请你想象有两张照片。第一张图片是一只苍蝇，旁边有一只猫，你要通过想象尽可能看清楚猫的耳朵；接下来的图片是一头大象，近旁有一只兔子，你要通过想象尽可能看清楚兔子的前脚。现在问你：你在想象中"看清"兔子前脚的时间是不是要比"看清"猫的耳朵的时间长？

当想象大象旁的兔子时，由于大象相对要大得多，兔子就显得很小。通过这样的实验，Stephen Kosslyn（1985）发现，表象物体形状越小，"看清"其细节就越困难。在实际应用中，你可以"放大"思考中的物体的表象。比如，你在对"电"运用表象时，不妨把电线想象成碗口粗的管子，里面有高尔夫球大小的电子在流动；在对人的耳朵进行表象时，可以将它想象成一个大洞。

动觉表象

肌肉反应与思维是如何联系的？ 在某种意义上，我们不仅用大脑思考，而且也用身体思考。动觉表象或者说运动表象来自肌肉感觉（Guillot et al.，2009），它能帮助人们思考运动和动作。

攀岩者使用动觉表象学习攀登路线并计划接下来如何移动（Smyth & Waller,1998）。

当你思考和交谈时，动觉有助于思维的连贯性。举例来说，如果你的朋友打电话来问你借给她的那把锁怎么用，那么你在回答她时可能就会做出拨动转盘开锁的动作，好像那把锁就在你跟前一样。现在，请你回答一个问题：要想关掉你厨房里的热水，要朝哪个方向拧水龙头？对于这样的问题，很多人并不会先去想"顺时针"或"逆时针"这样的词，而会在回答之前先想象一下自己是如何拧水龙头的，甚至用手做一下拧水龙头的动作。

在音乐、体育、舞蹈、溜冰以及武术等以动作为主的技能中，动觉表象尤为重要。提高这些技能的一个有效方法就是在心中进行一场完美无瑕的表演，对此进行动觉表象（Guillot & Collet，2008）。

概念——我是积极的

关键问题 8.3：什么是概念？概念又是如何习得的？

概念是表征一类事物或事件的想法。它帮助我们确定世界的重要特征。这就是为什么在不同领域的专家擅长于将物体分类。鸟类观察者、热带鱼爱好者、恐龙发烧友以及其他专家都会学着去寻找并识别细节，而这却是初学者容易忽视的部分。如果你在某方面很博学，比如马匹、花朵或是足球，你在看这些事物时的方式就会不同于对这方面知之甚少的人（Harel et al.，2010；Ross，2006）。

概念形成

概念是如何习得的？ **概念形成**指将分类信息纳入不同范畴的过程（Ashby & Maddox，2005）。从本质上来说，概念形成要基于**正例**和**反例**的经验。正例和反例是指属于或不属于某一概念范畴的例子。概念形成看起来简单，其实不然。让我们

概念 /Concept 代表一类相关物体或事件的概括的观念。

概念形成 /Concept formation 将信息分为有意义的类别的过程。

正例 /Positive instance 在概念学习中，属于某一概念范畴的客体或事件。

反例 /Negative instance 在概念学习中，不属于某一概念范畴的客体或事件。

来看一个孩子是如何学习"狗"这一概念的例子。

关于狗的迷惑

一个小女孩和父亲一起散步。他们走到邻居家门前，看到一只不大不小的狗。父亲说："看，这是条狗。"接着他们又路过另一个院子，小女孩看到一只小猫，她说："狗！"父亲纠正她说："不，那是只猫。"小女孩想："噢，原来狗大猫小。"他们又路过一个院子，这次她看到一只小可蒙犬。她说："猫！"父亲说："不，那是条狗！"

小女孩感到迷惑是可以理解的。最初，她甚至连可蒙犬和乱蓬蓬的拖把也分不清。随着后来看到的正例和反例越来越多，她开始能区分各种各样的狗，从大丹麦狗到小吉娃娃狗，而且会把它们都看作同一类动物——狗。

成人则主要是通过学习和形成规则来获取概念。**概念规则**是定义事物是否属于某一概念范畴的准则，比如，三角形是指由三条直线构成的封闭图形。虽然规则学习比样例学习效率要高，但是样例学习始终是很重要的。例如，对于一个未经音乐训练的人来说，即使你记住一系列的音乐分类规则，也很难准确地区分出朋克摇滚、重金属摇滚和霹雳舞曲等。

可蒙犬是毛发最多的一种犬类。

概念的类型

概念是否有不同的类型呢？是的。**合取概念**，或者说"和概念"，需要两个及以上的特征进行定义（Reed，2010）。换言之，属于合取概念的事物须具备特征一、特征二、特征三等。比如，"摩托车"必须有两个轮子（特征一）、一个发动机（特征二）和一副手把（特征三）。

关系概念根据某一事物与其他事物的关系或事物特性之间的关系进行分类。这些关系可以是"更大""之上""左边""北边"或者"颠倒"，等等。又比如，"兄弟"这个概念的定义是"有相同父母的男性"。

析取概念指的是若干特性之中至少有一种特性存在，即"或此或彼"概念。属于这一概念的事物要具有这种或那种特性中的一种。比如，棒球比赛中，击球未中、好球未击或击出界外球均为一"击"，这是一种较难掌握的概念。

原型

当想到鸟这个概念时，你会在心里列出鸟的各种特性吗？也许用不着。因为除了使用规则和特性以外，人们也使用**原型**，或者理想模型来识别概念（Burnett et al.，2005；Rosch，1977）。比如，知更鸟可以成为鸟的一个原型，而鸵鸟则不能。换言之，某些事物可以成为一个概念更好的样例（Smith，Redford，& Haas，2008）。图8.3中的哪个杯子最有代表性？从某种意义上说，杯子太高就成了花瓶，而太宽太扁又成了碗。那么，我们如何划分其中的界限呢？我们很有可能会将其与脑子里

图8.3 杯子什么时候会变成碗或花瓶？运用原型有助于判断事物是否属于某一概念。在这个实验中，被试选择5号杯作为最有代表性的杯子（After Labov，1973）。

的杯子原型做对比，而那个原型大概就是5号杯了。这也就是为什么当我们无法提供相关的原型时，界定某一个概念就会变得很困难。比如，图8.4中的东西又都是干什么用的呢？可见，当我们要对一些很复杂的刺激进行分类的时候，原型就特别有用了（Minda & Smith, 2001）。

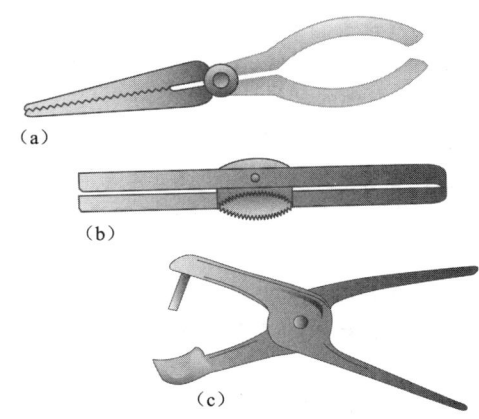

图8.4 概念识别中原型的使用。尽管工具（a）的形状并不规则，但与一般老虎钳的原型相差不多，因此可能属于"钳子"类。那么，(b)和(c)这两样奇妙的工具到底是干什么用的呢？你也许得看过图8.6才能知道。（Adapted from Bransford & McCarrell, 1977）

错误概念

不准确的概念使用往往会导致不正确的思维。举例来说，社会刻板印象就是对于某一社会群体的过于简化了的概念（Le Pelley, et al., 2010,）。关于男人、黑人、女人、自由党、保守党或者警察的刻板印象常常使得人们在审视其群体成员时戴上一副有色眼镜。另一个类似的会产生的问题是全或无思维，或者叫单向度思维。在后一种情况下，我们认为事物要么全对，要么全错，非好即坏，非黑即白，除了正义就是不正义，除了公平就是不公平。以这样一种方式去思考，会使得我们无法去体验这个世界的微妙之处（Bastian & Haslam, 2006）。

> **知识桥**
>
> 刻板印象会对社会行为产生巨大的影响，而且常常会导致偏见和歧视。更多信息参见第17章。

内涵意义

一般来说，概念包含两种意义：一种是词的**本义**，即概念和词本身的确切定义；另一种是词的**内涵意义**，即情绪化的、因人而异的意义。比如，无论对于画家还是对于电影审查员来说，"裸体"一词的本义都是一样的，但不难想象，其内涵意义对于这两种人来说可能是不同的。内涵意义的不同会影响人对重要事物的看法。政治关系和宣传的艺术往往是对于含义的操纵。举例来说，面对不治之症，你是愿意选择"临终咨询"呢，还是参加"死亡小组"呢？同样的，如果你正在抵抗一次领土入侵，那么"文化守护者"这个词就会比"恐怖主义者"有更积极的含义（Payne, 2009）。

如何更清楚地解释内涵意义？ 可以用一种叫作语义判别的方法来评价内涵意义。通过对一个词或概念在系列量表中的评定，可以了解它在好—坏、强—弱、积极—消极等维度上的内涵（图8.5）。由于不同的概念在不同的评价维度上会有差别，因此，即使本义相同的词语也会呈现非常不同的具体内涵。举个例子，我可以说："我很认真，你很仔细，而他很挑剔！"既然我们很认真，就让我们进一步去探究一下语言的秘密吧。

概念规则 /Conceptual rule 使人确定一个物体或事件是否属于某一概念的规则。

合取概念 /Conjunctive concept 由两个或两个以上特征定义的概念。（例如，一个物体必须是红色的，而且是三角形的。）

关系概念 /Relational concept 这个概念由一个物体的特征之间的关系来定义或由一个物体和它所在的周围环境来定义（例如，"好于""倾向一方的"）。

析取概念 /Disjunctive concept 必须带有若干特征中的至少一个特征的概念。（例如，一个物体必须是蓝色的或者圆形的。）

原型 /Prototype 某个特定概念的一个理想的典型范例。

本义 /Denotative meaning 语词或概念本身的标准定义、字典定义或客观意义。

内涵意义 /Connotative meaning 语词或概念主观的、因人而异的、情绪化的意义。

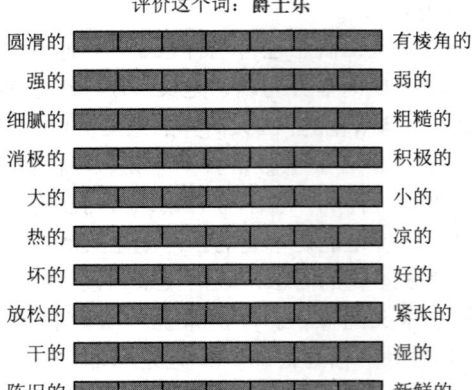

图 8.5 这是 Osgood 所提出的语义判别量表的一个样例。在对"爵士乐"一词的内涵意义的测量中,你可以在量表中先用○或×将自己的评价标出来,再用直线把这些标记一个个连起来。然后,你可以让一位朋友来评价"爵士乐"的内涵,并将其结果与你的评价结果做个比较。对摇滚乐、古典音乐和说唱也做一下同样的评定,一定会很有意思!你也许想用同样的方法测量一下"心理学"这个词。
From C.E. Osgood. Copyright ©1952 American Psychological Association. Raprinted by permission.

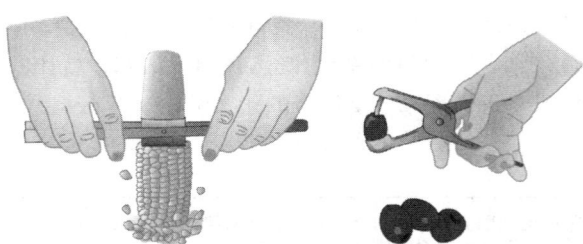

图 8.6 在原型缺乏时,情景有助于确定概念。

知识巩固

表象与概念

测一测

1. 列出思维的三种基本单位:_____、_____、_____。
2. 联觉就是将运动感觉作为工具进行思维活动。对不对?
3. 人类具有形成三维表象的能力,可以在心理空间中进行表象的移动或旋转。对不对?
4. 如果"Mup"指一个小的、蓝色的、有毛的东西,那么"Mup"是一个_____概念。
5. "裸体"一词的内涵意义是"没穿任何衣服"。对不对?
6. 刻板印象是思维过度简化的一个例证。对不对?

想一想

批判性思考

7. 回答"青蛙有嘴唇和短尾巴根吗"比回答"青蛙有嘴唇吗"需要花费更长的时间思考。如何解释这种差异?除了心理旋转因素之外,你还有其他的解释吗?
8. 假如让美国的一个民主党人和一个共和党人通过语义判别量表来评价"民主"一词,在什么情况下两人的评价结果可能最为相似?

自我反思

举出你今天在思考中运用表象的几种方式。你所用的表象是新生成的还是已储存的?有联觉或是动觉表象吗?

写出以下名词的概念规则:单轮脚踏车。你能用一个规则来定义这个概念吗?正面的或者反面的例子能帮助你将这个概念解释得更清楚吗?

一辆真正的跑车有两个座位、一个功能强大的引擎、性能良好的刹车以及出色的操控系统。那么"跑车"属于什么概念?你认为跑车的原型应该是什么样子的呢?

答案:1. 表象、概念、语言或符号(还可列出其他单位) 2. 不对 3. 对 4. 合取 5. 不对 6. 对 7. 第一个问题的答案为肯定,在此心理旦案的搜寻中,需要付出和检测到期刊的难度。8. 如果两个人都认为"民主"是该国家的政治制度,那么他们的评价结果会最为相似。

语言——说些什么呢?

关键问题 8.4:什么是语言?语言在思维中的作用是什么?

众所周知,虽然有时离开语言也可以思维,

批判性思考　　叉子的北边是什么？

我们已经知道思维能够影响我们的语言，那么反过来是否也成立呢？我们所使用的语言是否能够影响我们的思维和行动呢？在澳大利亚东北部一个偏远地区进行的一项研究也许对此给出了答案。认知心理学家 Lera Boroditsky 在报告中指出，约克角半岛的土著儿童在5岁时就能够精确地指出指南针上的任何方向，而相比之下，绝大多数的美国人即便在成年以后也做不到这一点 (Boroditsky, 2011)。

可这是为什么呢？Boroditsky 认为，约克角半岛的澳洲土著语言 Kuuk Thaayorre 语依赖于绝对的方向参照，而英语则不同。和英语一样，Kuuk Thaayorre 语有描述"南""北"等方向的词语，而不同的是，它并没有描述相对方向参照的词语，比如"左"和"右"。

描述长距离时，英语使用者会说："芝加哥在北边。"而描述较短的距离时，同是这一个人，他会改用相对参照，说："我哥哥正坐在我的右边。"相反，Kuuk Thaayorre 语的使用者会一直使用绝对方向参照，并说出这样一些句子："我的朋友正坐在我的东南侧"，"糖勺在咖啡杯的西边"。

如果你是一个年幼的土著儿童，你最好能够牢牢地掌握绝对方向，否则你将跟不上别人大部分的谈话。

关于 Kuuk Thaayorre 语使用者的另一个有趣的研究发现是他们对时间的排序方式。在一个研究中，研究者给被试一系列描述事件发展的卡片（比如一个人慢慢变老，或者做了一顿饭然后吃掉），并要求他们对这些卡片进行排序。英语使用者通常会从左到右进行排序，而希伯来语使用者则会从右到左排放那些卡片，大概是因为这是希伯来语的书写方向。但是 Kuuk Thaayorre 语使用者则会从东往西对卡片进行排序。如果这名被试面向北，卡片就从右往左排；如果他面向南，卡片就从左往右排，依此类推 (Boroditsky & Gaby, 2010)。

诸如此类的研究支持了**语言相对性假说**，即我们所使用的语言不仅反映了我们的思维，还塑造着我们的思维。下一次你想到未来在"前"方而过去在"后"方的时候，试着换一种方式想想。对于南美 Aymara 语的使用者来说，过去是在"前"方的 (Miles et al., 2010)。因此，让我们向后看吧。

但实际上每个人都力图寻找恰当的词语来表达模糊的表象或感觉。正是由于有了语言，我们才能够对世界上的一切进行符号编码，以便用易于操纵的符号来表达事物和思想（图8.7）。就此而言，思维在很大程度上依赖于语言（参见"叉子的北边是什么？"）。

对于词义和语言进行研究的学科称为**语义学**。语义起着连接语言与思维的重要作用。一个国家的军队是在"侵略"另一个国家，还是在"解放"另一个国家？这个鸡尾酒杯是"半满"的，还是"半空"的？你更愿意吃"三分熟的上等牛排"，还是"一片带血的死牛肉"？假设在智力测验中，你被要求在下列词中圈出不属于同一概念范畴的词，你会圈哪一个？

图 8.7　品酒可以说明语言的编码功能。为了与其他人交流经验，美酒鉴赏家必须将味觉感受转化为词句。这里的葡萄酒味道"体现了李子、黑莓和葡萄干之间极精细的差别，在鞣酸与醋间达到完美平衡，并最终带有醇香味"。（千万别用这种方法解释彩虹糖。）

语言相对性假说 /Linguistic relativity hypothesis　这种观点认为，我们所使用的语词不仅反映了我们的思维，还能塑造我们的思维。

语义学 /Semantics　对于语言意义的研究。

人类多样性

双语——对与错？

掌握两种语言是否比只会一门语言更具有优势呢？当然。**双语**是说两种语言的能力。研究表明，学习双语的学生具有更好的心理灵活性、注意力控制能力以及问题解决能力（Bialystok & Depape, 2009；Craik & Bialystok, 2005）。

不幸的是，数千万在家里都不说英语的美国少数民族儿童，正在面临"双语消减"的问题。在学校，这些孩子都"沉浸于"只说英语的学习环境中，他们在学校里的成败全靠他们自己，结果，这些孩子往往会对母语越发生疏。这些儿童在母语和第二语言的能力上都会较弱。此外，他们可能在学习上被落在后面。他们不但在英语学习中挣扎，还有来自数学、社会学、自然科学和其他科目的压力。简言之，只用英语的教育使他们很难在主流文化中成功（Durán, Roseth, Hoffman, 2010；Matthews & Matthews, 2004）。

对于大多数以英语为母语的儿童来说，情况就不太一样了，学习第二语言常常是有益的。第二语言对母语不会产生威胁，并且会促进各种综合认知技能的发展。这被称为"附加的双语"，因为学习第二语言会增强儿童的综合竞争力（Hinkel, 2005）。

双语教学为保留双语的优势同时避免其缺点提供了一种方法（Lessow-Hurley, 2005）。这种方法让母语为英语的儿童和懂一点英语的儿童在一天的学习中有一部分时间用英语上课，还有一部分时间用另一种语言上课。母语为英语的儿童和少数民族儿童在接受这种教学以后，都能流利地使用两种语言。在英语和总体的学习能力上，他们都能够赶上甚至超过只用英语的学生。

那为什么双语教学没有普及呢？首先，双语教学在政治角度上，不受主流语言使用者欢迎（Garcia, 2008）。语言是一个群体成员的重要标志。即使主流文化占主导地位，他们中的一些成员也会认为移民者和"外语"正侵蚀着他们的文化。然而，用第二语言来思考和交流的能力是一种了不起的才能。考虑到双语能够带来的认知优势，培养双语能力可能会成为帮助我们在这个迅速全球化的信息时代提高竞争力的最好方法之一。

摩天大厦　教堂　庙宇　祈祷者

如果你圈出的词是"祈祷者"，那么你的答案与大多数人的选择是一致的。现在，再来做一次，还是要求你圈出不属于同一概念范畴的词：

教堂　祈祷者　庙宇　摩天大厦

这一次，许多人会圈"摩天大厦"。由于重新排列了词序，意义就会发生奇妙的改变（Mayer, 1995）。原因在于词汇的意思有很多来自语境。例如英语中的"shot"这个词分别和射击、酒吧、医药、摄影或者高尔夫联系在一起时，含义各不相同（Carroll, 2008；Miller, 1999）。

还有一些更微妙的例子。比如在彩图 8.8 中，如果被要求尽快说出最下面两行字的颜色时，大多数人会觉得有困难。因为词的意思很强大，很难把它忽视掉。

语言在定义民族或者其他社会群体中起着重要作用。因此，语言可以成为不同文化之间的桥梁或壁垒。不同文化间常会因为语言翻译而产生语义问题。例如，一次，为了表示欢迎读者，美国加州圣何塞公共图书馆悬挂起了一个巨大的条幅，原想用菲律宾语写上："You are welcome！"（意为："欢迎您的到来！"）没想到的是，当用菲律宾语直译出这句话后，意思就变了，成为："你的包皮被割了。"百事可乐公司也闹出过类似的笑话，他们曾把广告词"喝百事可乐长大的一代，振奋起来"直译为泰国语，结果成了"百事可乐使你们的祖先死而复生"！或许这些疏忽尚可原谅，然而在重要的国际

"你恐怕得重新想个词了，他们的世界里没有'扔出去再拿回来'这件事。"

外交场合或者商业场合，语义混淆会引起重大纠纷（参见"双语——对与错？"）。

语言的结构

语言是怎样构成的？第一，语言需要能够提供代表事物和思想的符号（Jay, 2003）。其中，我们称之为词的符号是由**音素**与**词素**构成的，音素是基本的语音，而词素则是由语音组成的有意义的语言单位。不同语言亦有差别，例如在英语中，m、b、w、a 不能组成音节 mbwa，但在斯瓦希里语中却有 mbwa 这个音节（也可参见图 8.9）。

阿尔巴尼亚语	mak, mak
汉语	gua, gua
荷兰语	rap, rap
英语	quack, quack
法语	coin, coin
意大利语	qua, qua
西班牙语	cuá, cuá
瑞典语	kvack, kvack
土耳其语	vak, vak

图 8.9 全世界动物的声音都很相似。然而，请注意不同的语言是如何使用差异很小的音素来表达鸭子的叫声的。

其次，语言必须有**语法**，即要有一套把字组成词和把词组成句子的规则（Reed, 2010）。有关句子中词序的规则称为**句法**，它是语法的一部分。句法很重要，因为一旦词序发生改变，句子的意义就会随之发生变化，比如"狗咬人"和"人咬狗"。

传统的语法关注的是"表面"的语言，也就是我们实际说出的句子。后来，语言学家乔姆斯基（Noam Chomsky）的革命性思想使研究的焦点转向语言中的内在法则。我们在说话时，需要根据一些法则将自己的核心思想转换为各种句型的句子。乔姆斯基（1986）指出，我们并不需要学习今后可能需要说的每一句话，实际上，我们只需要运用语言的**转换法则**，通过一些基本的和通用的模式把句子造出来即可。转换法则使我们能够将一个简单的陈述句转化为各种时态或形式的句子。举一个例子，"狗咬人"是一个核心句，我们可以将这个核心思想带入不同的句子模式，比如：

过去式：狗咬了人。
被动式：人被狗咬了。
否定式：狗没有咬人。
疑问式：狗咬人了吗？

当儿童说诸如"我跑回家"（I runned home）这样的句子时，他们好像在过度使用转换法则。也就是说，儿童把规则动词的过去时变化法则应用于不规则动词。run 为不规则动词，其过去式应为 ran。

语言同样具有创新功能，能够产生新的思想和观念。事实上，词的重新排列组合能够造出无限多的句子。有些句子可能很愚蠢，例如"别把我喂金鱼"；而有些则蕴含着深刻的哲理，比如"我们坚信人人生而平等是一条不言而喻的真理"。正是语言的这种创新功能使其成为思维的强有力工具。

手语

与常识观念相反，语言并不只限于口语。一个名叫伊尔德丰索的青年患有先天性耳聋。直到 24 岁时，他都无法与人交流，只能用一些简单的手势比比画画。后来，经过一位手语教师艰苦而耐心的帮助，伊尔德丰索终于有了重大突破。他明白了一只猫与表示"猫"的手势之间的联系，即只要做出这个手势来，别人就会知道他要说的是"猫"。对于伊尔德丰索来说，这简直太神奇了！

双语 /Bilingualism 说两种语言的能力。

双语教学 /Two-way bilingual education 以英语为母语的儿童和懂一些英语的儿童在每天的教学中有一半的时间用英语上课，有一半的时间用第二语言上课。

音素 /Phonemes 语言的基本语音。

词素 /Morphemes 有意义的最小语言单位，如音节或词。

语法 /Grammar 将语言组织成有意义的言语或书面语的规则。

句法 /Syntax 建构句子时的词序规则。

转换法则 /Transformation rules 将简单陈述句转变成其他时态或句子形式的规则。

伊尔德丰索能够突破失聪者与人交流的障碍，依靠的是美式手语，这是一种手势语言。许多人认为手语不过是表意的动作或一种代码，而事实上，手语是一种和德语、西班牙语、日语一样的真正的语言（Liddell, 2003）。聋哑人手语有许多种，使用法国手语、墨西哥手语或古肯特手语的人是看不明白美式手语的（Quinto-Pozos, 2008）。

尽管美式手语有着一套受限的语法、句法和语义（图8.10），但它和口语一样，遵循通用的语言模式。同样，聋哑儿童学习手语所经历的语言发展阶段，与相应的正常儿童学说话的年龄阶段是一样的。如今许多心理学家相信，在人类历史的早期，口语是从手语演变来的（Corballis, 2002）。说话时的手势有助于把词语串联起来（Morsella & Krauss, 2004）。如果把手绑起来，有的人说话就会很困难。你在打电话的时候会做手势吗？如果做，说明你保留了语言的手势起源。也许这也是为什么不论人们是说话还是打手势，都会激活同一部分的脑区的原因（Emmorey et al., 2003）。

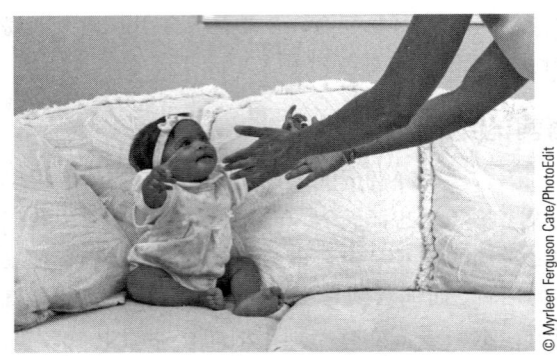

婴儿在学会说话以前，就能够用手势表达"抱抱我"。他们从手势到言语的发展也许正是人类语言能力进化的一种真实写照（Genty et al., 2009）。

动物语言

动物会使用语言吗？ 动物的确能交流。动物发出的叫声、做出的手势或是求偶时的呼喊，它们的同类马上就能明白，因为这些信号有着种系成员共知的意义（Searcy & Nowicki, 2005）。但是，自然界中大多数动物间的交流是相当有限的。即使是猩猩、猴子这样的动物也只能发出有限的几十种叫声，其中所包含的信息主要是"进攻""逃跑""这儿有食物"，等等。更重要的是，动物用以交流和沟通的信号系统中没有人类语言中的创新功能。比如，当一只猴子发出"老鹰求救信号"时，它的意思是说"我看见了一只老鹰"，但猴子们无论如何也不会说"我没见到老鹰"，"天啊，那不是老鹰"，或者"我昨天见到的那只老鹰真他妈的大"（Pinker & Jackendoff, 2005）。接下来，让我们看看心理学家是如何教黑猩猩学习语言的。

会说话的黑猩猩

在教黑猩猩说话方面，一些早期的实验结果令人沮丧。一只名叫维吉的黑猩猩创造了最早的动物学习语言的世界纪录，但即便经过了6年的集中学习，它也只学会了四个词："爸爸""妈妈""杯子"和"上面"（Fleming, 1974; Hayes, 1951）。实际上，维吉发这四个词的音时，简直就像在打嗝。真正的突破发生于20世纪60年代，Beatrix Gardner 和 Allen Gardner 夫妇俩运用操作性条件反射和模仿原理教一只名叫华秀的雌黑猩猩学习美式手语。

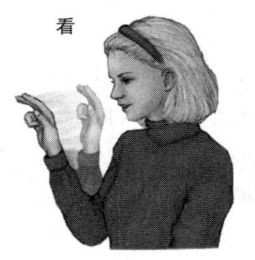 

图 8.10 美国手语只有3000多个基本手势，而英语却包含了大约60万个单词。然而，多样化的手势使得美国手语非常具有表现力。比如"看"这个基本手势可以变化出"看着我""看着她""互相看""凝视""盯""观看""看了很久""看了又看""回忆""观光""期望""预测""预期"以及"浏览"等不同意思。

手语最初产生于视觉交流的需要，而它们同时也体现了一种个人身份，并定义了独立的群体。这些用手势"说话"的人们不仅共享着一种语言，同时还共享着一种丰富的文化（Singleton & Newport, 2004）。

华秀的交流技能与日俱增，很快它开始能组出一些原始性的字符串，如"来－给－糖""外面－请""打开－食物－喝"，等等。在华秀的巅峰时期，它最多掌握了240个手语词汇（Gardner & Gardner, 1989）。

几乎在同一时期，研究者 David Premack 教会了另一只雌黑猩猩莎拉，使用130个"词"，这些"词"是由贴在磁性黑板上的许多塑料片组成的（彩图8.11）。从训练一开始，莎拉就被要求使用正确的词序。不久，莎拉便学会了回答问题，标明事物是否相同，按照颜色、形状、大小对物体进行分类，并能造出复杂的句子（Premack & Premack, 1983）。莎拉的最高成就之一是学会了使用条件句。这里所谓的条件句是指包含一个前提的句子，通常以"如果……就……"的形式出现。例如，"如果莎拉拿来苹果，玛丽就把巧克力给莎拉"，或者"如果莎拉拿来香蕉，玛丽就不给莎拉巧克力"。

由此就可以断言黑猩猩能够与人进行真正的交流吗？ 许多与黑猩猩打交道的研究者认为，他们与黑猩猩之间有真正的交流。尤其令人吃惊的是，黑猩猩能做出自发的反应。有一次，华秀爬上心理学家 Roger Fouts 的肩膀后居然撒了一泡尿。当 Fouts 有些恼怒地用手语问它为什么要这样做时，它马上做了一个手势回答："好玩！"

质疑

尽管黑猩猩与人相互交流的情景确实有趣，但那种交流毕竟不同于真正的语言交流。即使是没有受过训练的黑猩猩也能用简单的手势和人交流。例如，如果黑猩猩够不到香蕉，它会指着香蕉，然后在香蕉和站在旁边的人之间来回地看（Leavens & Hopkins, 1998）。（这些手势的意义是很清楚的，但黑猩猩脸上恼怒的表情的含义还不太能被确定，其意思或许是这样的："嘿，你这个傻瓜，把香蕉给我。"）

有些心理学家对猿类是否真的会使用语言提出了疑问。首先，如果没有奖励，黑猩猩几乎"说"不出话来。其次，黑猩猩做出的反应可能只是对食物、玩耍机会及其他"好处"的操作性条件反射（Hixon, 1998）。黑猩猩的目的是从训练员那里得到它们想要的东西。质疑者认为，这些黑猩猩戏弄了它们的训练者。

从某种意义上说，研究者教会了不少动物使用符号进行交流，其中包括一些黑猩猩、一只名叫可可的大猩猩，还有海豚和海狮。然而，即使能够对某些批评观点做出解释与回答，语言学家们仍对于动物是否真的会使用语言表示怀疑。其中的核心问题是句法问题，这使得绝大多数有关动物语言的实验陷入困境。举一个例子：一只叫吉姆斯基的黑猩猩想得到一个橘子，它所做出的手势是"给－橘子－我－给－吃－橘子－我－吃－橘子－给－我－吃－橘子－给－我－你"这样一串毫无语法规则的词。或许这可以称得上是交流，但并不是语言。

黑猩猩坎齐的词图

20世纪80年代，研究者 Duane Rumbaugh 和 Sue Savage-Rumbaugh 教会了一只黑猩猩（他们管它叫"坎齐"）如何通过手势和按动计算机键盘上的按键与人进行交流。键盘上共有250个按钮，每一个上面都标有几何图形组成的**词图**（图8.12）。有些词图甚至非常抽象，比如"好"和"坏"（Lyn, Franks, & Savage-Rumbaugh, 2008）。通过使用词图，坎齐能够造出由好几个词组成的句子，还能听懂大约650个句子。在测验中，坎齐是从耳机中听到每一句话的，因此不可能从训练者那里得到视觉提示（Savage-Rumbaugh, Shanker, & Taylor, 1998）。

坎齐始终是按照正确的词序造句的，就像一个正在学习语言的孩子，坎齐从训练者那里学到了词序的规则（Segerdahl, Fields, & Savage-Rumbaugh, 2005）。此外，坎齐还能自己创造新的模式，比如，在排列两个动作的符号时，它几乎总是按照自己想好的执行顺序进行排列的，按动作的顺序排列出"追－挠痒痒"或"跑－藏"的词序。在这方面，坎齐运用语法的水平已经相当于一个两岁的幼儿。

坎齐创造简单语法的能力有助于我们更好地理解人类语言的起源。同时，这一事实也强有力地回答了对教黑猩猩学语言持批评观点者的疑问（Benson et al., 2002）。然而，乔姆斯基坚持认为，假如黑猩猩在生物学上具有语言能力，那么它们早

词图/Lexigram 一个几何图形，用来象征某个词。

就应该有自己的语言了。争论尚未结束！但是，诸如此类的研究必将解开动物语言学习之谜。

图 8.12 黑猩猩坎齐学习语言的能力令人震惊。它不仅能理解口头英语单词，而且在听到词时能辨认出对应的词图。当所指的物体不在身边时，它会运用相应的词图；如果你进一步问它物体在哪儿，它还会将你带到物体面前。坎齐是通过观察掌握所有这些语言技能的，与条件反射作用无关（Segerdahl, Fields, & Savage-Rumbaugh, 2005）。

知识巩固

语言

测一测

1. 真正的语言具有_____功能，能够用于产生新的思想和观念。
2. 语音的基本单位是_____，语言的最小意义单位是_____。
3. 双语教学通常对一般的学习能力有副作用，对不对？
4. 乔姆斯基认为产生无数的不同的句子是因为将_____应用到普遍的言语模式中。
5. 美式手语可用来交流，但它不是一种真正的语言，对不对？
6. 黑猩猩莎拉学习语言的一个最突出的成就是能够组织出_____句。
   a. 否定　　　　　b. 条件关系
   c. 标准语法　　　d. 自发疑问
7. 批评者认为黑猩猩构建的"句子"只是简单的_____反应，对动物没有什么意义。

8. 和其他动物语言研究一样，坎齐对于词图的使用也遇到了语法的问题，对不对？

想一想

批判性思考

9. 黑猩猩和其他猿类都是聪明而且很有意思的动物。当你进行有关黑猩猩的语言研究时，你最需要注意的问题是什么？

自我反思

假如你必须学会与来自外星球的人进行交流，而用人类的声音不能产生外星人的语言。若用手势语或词图进行交流，你认为如何？为什么？

答案：1. 创造　2. 音素，词素　3. 不对　4. 转换规则　5. 不对　6. 对　7. 操作性　8. 对　9. 当研究完成时，对黑猩猩的未来该怎么办（将人类特征加于动物）；非准确答。

问题解决——要得到看得见的回答

关键问题 8.5：关于问题解决，我们知道些什么？

我们每天都要解决无数的问题，其中有的是日常生活问题，比如判断剩菜里的肉有没有变质；有的是重大科学问题，比如探索一种治疗癌症的新方法。人们是怎样解决问题的呢？

解决一个问题是开始讨论问题解决的好方法。现在，请你先来试着解决下列问题：

"拉尔芙女王号"是一艘著名的远洋班轮，正以每小时20公里的速度驶向港口。当船距海岸50公里时，一只海鸥从甲板起飞，飞向港口。同时，一艘快艇以每小时30公里的速度驶离港口，迎向班轮。海鸥以每小时40公里的速度在快艇和班轮之间来回地飞着。当快艇和班轮相遇时，海鸥一共飞了多少公里？

如果你没能一眼看出答案，就把原题再读一遍。答案在"顿悟式问题解决"一节中。

机械式问题解决

对于常规问题，**机械式问题解决**也许是个不错的选择。机械式问题解决是一种尝试－错误或反复尝试甚至生搬硬套的办法（Goldstein, 2011）。比如，你用一把密码锁锁上自行车，但后来忘了密码，你当然可以通过一遍遍地尝试对出密码。在拥有高速计算机的时代，许多尝试－错误的问题解决方法都可以留给计算机去做，因为一台计算机能在瞬间试完5位数字的所有可能的组合。如果需要用机械的方法解决问题，应该考虑用一种**算法**来指导思维，即学会正确解决问题的规则。关于算法的一个最简单的例子就是用一个数除以另一个数所需的步骤问题（使用四则运算，而不是使用计算器）。想要成为某一领域的问题解决专家，至少需要熟知该领域的所有算法。你能否想象一个人不愿意学习任何算法，却梦想着成为一位数学家呢？如果你擅长进行数学计算，很可能会用数学方法来解决前面所说的海鸥和船的问题。（但愿你刚才没有去列数学公式，因为有一种解题方法更为简单。）

理解式问题解决

许多问题用机械的方法是解决不了的。在这种情况下，有必要通过深入**理解**问题找到解题方法。尝试解决一下这个问题：

某人胃中长了一个肿瘤，没办法通过手术切除。现在有一台能够发射射线的仪器，它的高强度射线能够破坏肿瘤组织，但也会破坏周围的健康组织。用什么办法可以在最少破坏周围健康组织的同时除掉肿瘤呢？

成功解决这一问题的过程是怎样的呢？德国心理学家 Karl Duncker 在一系列经典实验中给出了这个问题，并让被试大学生在做题时"大声思考"。他发现，成功的问题解决过程可分为两个阶段。在第一阶段，学生们必须能够发现正确解题方法中的一般性要点，这样，就可以找到解决此类问题的**一般性方案**。例如，在制订对肿瘤的放疗方案时，学生们必须首先意识到，要点是如何降低射线照射健康组织的强度。但这一阶段还没有出现具体的操作方法。

在第二阶段，学生们提出许多**可操作方案**（或可行方案）并从中选择最佳方案（Duncker, 1945）。（例如，一种方案是从几个不同角度用弱射线照射肿瘤，另一种是在放疗时让患者的身体不停地旋转，这两种方法都能够使健康组织最少量地接受射线。）

我们再举一个人们更熟悉的例子。在开始玩魔方时，绝大多数人都会使用尝试－错误的方法。如果有人想走捷径，看着说明书一步一步地转动魔方，那也是一种机械的解决方法。有些人坚持玩下去，会发现转动魔方时的一般性要点，在掌握这些要点之后，他们就能每一次都获得成功了。通过足够的练习，他们就可以从新手成为专家，这也是人们在更多领域中成为专家的方式。

启发式问题解决

在问题面前，我们时常会想："如果找不到好办法，这个问题就解决不了！"这说明，解决问题经常需要策略。如果可供选择的问题解决办法不多，我们可以采用尝试－错误的方式，把不同的方法一个个拿来进行尝试，这是一种**随机搜寻策略**。例如，你在旅途中来到一个城市，那里住着你的老朋友查理·哈珀，你想去看看他。你打开电话簿，却发现里面居然有47个"C.哈珀"！当然，你可以拨打每一个号码，直到找到你要找的那位哈珀为止。但是，你也可以再想想："能不能把搜索范围缩小一点儿？噢，我记得哈珀说他住在海边。"接着，你拿出地图，先拨打那些地址在海滨地区的电话号码。

机械式问题解决 /Mechanical solution 通过尝试与错误或者通过建立在学习的基础上的固定程序来解决问题。

算法 /Algorithm 一系列习得的规则，通常可引导问题的正确解决。

理解 /Understanding 在问题解决中，对问题性质的深刻理解。

一般性方案 /General solution 只讲述成功所需的条件但缺乏具体步骤的问题解决方案。

可操作方案 /Functional solution 一种详细、实际并可操作的解决方法。

随机搜寻策略 /Random search strategy 以随机顺序尝试使用可能解决问题的若干种方法。

这种方法就是运用**启发式策略**，即先对不同的问题解决方案进行确定和评价，根据"只保留一个最佳方案"的规则，尽量减少可选择的方法的数量（Benjafield, Smilek, & Kingstone, 2010）。尽管这样做大大提高了成功的概率，不过这并不能保证找到一个解决方法。大可放心的是，问题解决专家们对于使用启发式问题解决还是很有一手的：

- 确定事件的当前状态和目标状态之间的差距，并找到能够缩小差距的步骤。
- 从目标状态到当前状态做反向思考。
- 如果不能直接达到最终目标，试着找出一个中间目标，先寻找到达中间目标的办法。
- 使用图、表或类比等其他方式对问题进行表征。
- 制订出一个最后的解决方案并加以检验。这样既能够减少可供选择的策略的数量，又能够使成功解决问题的途径更为明确。

顿悟式问题解决

在问题解决过程中，如果答案在你眼前突然出现，就是发生了**顿悟**。顿悟的问题解决方案总是一闪而现，简明清晰，我们经常纳闷自己刚才怎么就没想到（Schilling, 2005）。顿悟通常包括对问题元素的重新组织（Hélie & Sun, 2010），从新的角度来看问题是发现问题解决方案的一个重要方法（DeYoung, Flanders, & Peterson, 2008）。

现在让我们回到船和海鸥的问题上。解决这一问题的最好方式是顿悟。因为两船相遇需要一小时，而海鸥一小时飞40公里，所以海鸥在两船相遇时整整飞了40公里。如果你发现了这一点，就不需要再用数学公式来计算了。图8.13中列出了一些类似的顿悟问题，你不妨做一做试试（答案见表8.1）。

顿悟的本质

心理学家 Janet Davidson（2003）认为，顿悟涉及三种能力。第一种是选择性编码，即选择与问题有关的信息、忽略干扰信息的能力。请看以下问题：

> 如果你的抽屉里只有白色短袜和黑色短袜，其比例是 4∶5（双），那么，拿出多少只短袜才能保证其中有一双同色的袜子？

水百合

问题：池塘里的水百合每24小时就多长出一倍。在春天的第1天，池塘中只有一朵水百合。60天后，水百合长满了整个池塘。哪一天有半池塘水百合？

20美元

问题：杰西卡和布莱尔的钱一样多。杰西卡给布莱尔多少钱就能使布莱尔的钱比杰西卡多20美元？

几只宠物？

问题：在我的宠物中，除了两只外其余都是鸟，除了两只外其余都是猫，除了两只外其余都是狗。那么，我一共有多少只宠物？

2和3之间

问题：在2和3之间放一个什么数学符号能使所得的数大于2小于3？

英文的一个词

重排字母NEWDOOR，组成英文的一个词。

图 8.13

表 8.1	顿悟问题的答案
哪一天有一半池塘的水百合？	
答案：第 59 天。	
杰西卡需要给布莱尔多少钱？	
答案：10 美元。	
一共有多少只宠物？	
答案：3 只，一只鸟、一只猫和一只狗。	
2 和 3 之间放一个什么数学符号？	
答案：小数点。	
NEWDOOR 如何组成英文的一个词？	
答案：ONE WORD。	

Copyright © 2013 Cengage Learning, Inc.

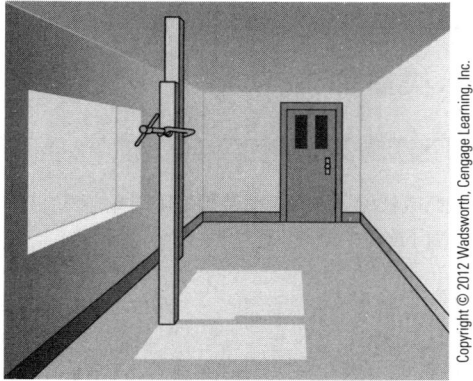

图 8.14 用棍子和夹具解决衣架问题的方法。

固着

固着是问题解决中的一个重要障碍，坚持错误的问题解决方法，或根本不考虑其他可能的问题解决方法（Sternberg，2011）。通常，当人们给自己的思维加上了不必要的限制时，固着便发生了（German & Barrett，2005）。例如，怎样种植四棵树才能使它们彼此之间的距离都相等？（答案见图 8.15。）

如果你没有发现"比例是 4∶5"是不相关信息，就不大可能一下子发现最多拿出三只袜子即可。

第二种能力是选择性组合，即把看上去不相关的有用信息放在一起。请看以下问题：

煮鸡蛋需要 15 分钟。用一个 7 分钟沙漏和一个 11 分钟沙漏为煮鸡蛋计时的最简便的方法是什么？

怎样组合使用两个沙漏呢？首先，让 7 分钟沙漏和 11 分钟的沙漏同时开始工作，当 7 分钟沙漏里的沙子漏净时开始煮鸡蛋，这时，11 分钟沙漏中的沙子还可漏 4 分钟，而在漏净后将这只沙漏翻过来，再漏完 11 分钟，正好 15 分钟。

第三种能力是选择性比较。这是一种能把新问题与过去的信息或过去已解决的问题进行比较的能力。以"衣架问题"为例。实验中要求被试必须在房间里做一个能挂外套的衣架，而材料只有两根长棍和一副夹具。解决问题的方法是把两根棍子夹起来，使它们顶在地板和天花板之间（图8.14）。遇到这个问题时，如果你能首先想到那种顶在地板和天花板之间的灯柱，就更可能产生顿悟。（参见"怎样称一头大象？"）

图 8.15 堆一个小土堆能使四棵树彼此等距。其中三棵等距种在土堆周围，第四棵种在土堆顶部。如果你将自己的思想固着在一个水平面上，就不可能想到这种三维的问题解决方案。

启发式策略 /Heuristic 利用有限的、可尝试的方法来帮助解决问题。

顿悟 /Insight 突然发现解决问题的方法。

固着 /Fixation 重复一种错误解答或错误反应的倾向，看不到其他的选择。

人类多样性

怎样称一头大象？

我们成长的环境会影响我们使用选择性类比来解决问题吗？看下面这个问题：

> 一个寻宝者想去探索一个洞穴，但是他担心会迷路。很显然，他没有洞穴的地图；他只有一些常见的东西，如手电筒和背包。他需要怎么做才能使自己不迷路，然后顺利返回呢？（Chen, Mo, & Honomichl, 2004）

为了解决这个问题，他可以在进入洞穴的过程中，在路过的地方留一些小物体为线索，如石头或沙子，之后寻着这些线索返回。

75% 的美国大学生解决了这个问题，然而只有 25% 的中国学生能够解决这个问题。为什么这两个组有这么大的差异呢？好像是因为美国学生小时候听过格林童话里汉赛尔和格莱特的故事。在故事里，他们之所以能够找到走出森林的办法，是因为汉赛尔将面包屑沿途撒在他们走过的路上，帮助他们找到了回家的路（Chen, Mo & Honomichl, 2004）。

现在尝试解决这个问题：

> 在一个河边的村庄里，部落首领看守神圣的石像。首领每年都要到下游的另一个村庄去收税。在那里，他会将神像放在一个高挂着的天平的一个托盘里，村里的人需要在天平的另一端放上金币直到天平平衡。今年，部落首领忘记带天平，那么，他怎样才能知道收集的金子和他的神像的重量是否一样呢？（Chen, Mo, & Honomichl, 2004）

为了解答这个问题，部落首领可以将神像放在托盘里，然后将托盘放在河里，这样就可以在托盘外标注水位。村民们用金币来付税，将金币放在盆里，直到盆下沉的水位和神像的水位一样才可以。

69% 的中国学生解决了这个问题，而只有 8% 的美国学生解答了这个问题。再一次，似乎经历过相似的情形会对这个问题的解决有帮助。大多数的中国学生都听过曹冲称象的故事：他将大象放在船上，然后标注下沉的水位，再将小石头放在船上，以达到相同的水位，最后，称出的石头的重量就是大象的重量（Chen, Mo, & Honomichl, 2004）。

每一种文化都会帮助人更容易地解决一些问题（Boroditsky, 2011）。所以，学习不同的文化可以使我们的思想更丰富、更灵活——这可是真的，不是童话。

思维受限的一个主要例子是**功能性固着**，即看不出熟悉的物体（或以特定方式使用的物体）有什么新用途或新功能（German & Barrett, 2005）。如果你曾用一枚硬币拧过螺丝钉，说明你能够克服功能性固着。

功能性固着是怎样影响问题解决的？功能性固着这一术语是 Karl Duncker 提出的。他做了一个简明的实验来阐述这个问题，实验任务是让学生们想办法在一块垂直的木板上放置蜡烛，并要使蜡烛能够正常地燃烧。Duncker 给每个学生 3 支蜡烛，以及火柴、纸盒、图钉和其他东西。被试中有一半人分到的是放在纸盒里的材料，另一半人分到的东西都散放在桌面上。

Duncker 发现，把东西放在盒子里提供给被试，会使问题解决变得更困难，因为此时盒子被看作容器，而不是能够参与解决问题的物体。（如果你没有猜到正确的答案，可参见图 8.16。）毫无疑问，如果我们以更灵活的方式来对物体进行归类，就能

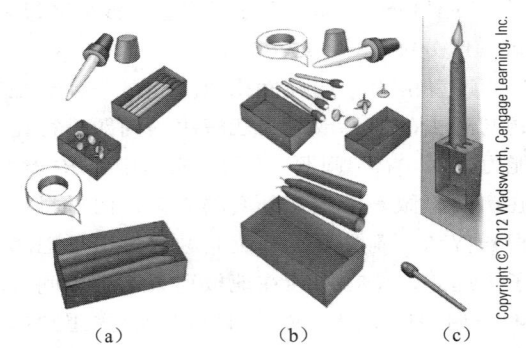

图 8.16 给被试发放材料的两种实验条件：(a) 材料放在盒子里，(b) 全部分开放。条件 (a) 更容易引起功能性固着，阻碍问题解决。(c) 为正确的问题解决方案。

避免许多由固着造成的影响（Kalyuga & Hanham, 2011；Langer, 2000）。例如，当你看到一个盒子时，你不是想"这是一个盒子"，而是想"这东西可以当盒子用"，你的创造力将能得到更好的发挥。五岁的孩子做蜡烛测验时，没有表现出任何功能固着。显然，这是由于他们没有使用很多东西的经验。有这样一种说法：用孩子一样没有成见的眼光去看世界，就会变得更有创造力。就功能性固着现象而言，真是这样（German & Defeyter, 2000）。

问题解决中的一般性障碍

功能性固着是阻碍顿悟的障碍之一（Reed, 2010）。下面我们来看另一个问题。桌子上放着一张5美元的钞票，钞票上面压着高高一摞东西。如何才能在既不触动又不移动整摞物品的条件下把钱取出来呢？一个很好的问题解决办法是在钞票上撕一个口儿，之后轻轻地从两边向外拉，这样就能把纸币撕成两半拉出来。许多人想不到这个办法，因为在他们的观念中钱币是不能破坏的（Adams, 2001）。这个例子又一次显示，对物体归类的固着观念会阻碍问题的解决。要知道，功能性固着仅是阻碍顿悟的一种心理障碍，此外，还有其他一些一般性障碍：

1. **情绪障碍**。一些人不敢提出具有创造性的方案是因为害怕自己出洋相，害怕犯错误，不能容忍模棱两可的认识或过度自我批评，等等。

    例如，建筑师由于害怕受到同行的指责而不敢尝试突破传统的设计。

2. **文化障碍**。根据某些文化中的价值观，幻想是浪费时间，玩耍仅是儿童的权利，在问题解决中强调理念、逻辑和数字的作用而贬低情感、直觉、快乐和幽默的作用。

    例如，在讨论如何解决一个市场开发问题时，公司经理听到市场调查小组成员们开玩笑似的提出一个又一个解决方案，他生起气来，

严厉地加以制止。

3. **习得障碍**。人们对一些物品的用途、意义、可能性和禁忌有着习得的功能性固着观念。

    例如，厨师四处寻找一个干净的碗放作料，而没有意识到手边的煎锅也能用来放一下作料。

4. **知觉障碍**。人们会因为一些知觉习惯而不能识别问题中的要素。

    例如，一个开始学习作画的人往往专注于画一瓶花，而不能意识到花瓶周围的空间也将是作品的一部分。

专家和新手

目前为止，我们发现问题解决专家是以专门的体系化知识和习得性策略作为解决问题的基础的。专家更擅长洞穿问题的本质，从而能够在一般原理上更灵活地对问题进行定义（Anderson, 2010；Kalyuga, & Hanham, 2011）。举例来说，比起新手，象棋大师更多地使用启发式方法来解决问题。然而，大师之所以成为大师，是因为他们能够直觉地识别棋子间有意义的模式，这种模式使他们得以估计对手可能会使出哪些招数，从而无须在那些废棋上浪费时间（Ross, 2006）。

也就是说，象棋大师们并不是单靠才智过人取胜的，他们的记忆力并不比新手们的记忆力强（Gobet & Simon, 1996，Goldstein, 2011；见图8.17）。而且，象棋大师与新手在思考如何行棋时，能够提前考虑的棋步数量也没有什么差别。

专家的信息加工过程中有更多的自动化加工，即基于过去经验的、快速而不费力的思维活动。自动化加工可以使短时记忆中留有更大的空间，因此更容易对问题进行加工（Kalyuga, Renkl, & Paas, 2010）。高水平的专家倾向于运用规则和计划，他们的决策、思维和行动既快速又流畅（Hélie & Sun,

---

功能性固着/Functional fixedness 由于思维受限而不能看出熟悉物品的新用途或新功能。

2010)。因此，当象棋大师识别出棋盘上的模式后，他们的头脑中会立刻闪现出最佳的应对策略。专家级棋手可以自动识别 50 000 到 100 000 种模式，而达到这样的水准大概需要 10 年（Ross，2006）。

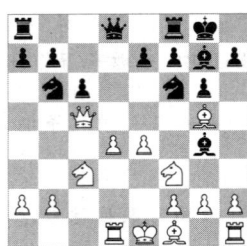 

图 8.17 左边的棋盘上是一个真实的棋局。右边棋盘上的棋子是随机放置的。专业棋手只需看一眼就能记住左边棋局中每一个棋子的位置。然而，在记忆右边棋盘上棋子的位置时，他们并不比新手记得更好（Ross，2006）。在大多数思维问题上，专业的表现都基于所获取的策略和知识。如果你希望在某一职业或某一心智技能上成为专家，那么从现在开始，每天学习一些知识吧（Reed，2010）。

想要成为某一领域的专家，我们既需要学习一切可能的启发式解决策略，又需要对这一领域形成一种深刻而全面的认识。想要成为专家，你就需要学习成千上万的模式，还要练习解决大量的问题，因此你可以看到，这里包含着多年的辛勤努力。想想下次再评价一位专家的时候，你是否还会说"对她而言，一切似乎易如反掌"呢？

知识巩固

问题解决

测一测

1. 顿悟是指用常规性的、尝试—错误的方式解决问题。对不对？
2. 理解所要解决的问题的第一个步骤是要发现正确解决问题的方法的普遍性特性。对不对？
3. 帮助寻找解决问题的方法的问题解决策略是_____。
4. 顿悟的最基本的成分是_____信息编码、整合和比较。
   a. 机械地　　　b. 死记硬背地
   c. 功能性地　　d. 有选择地
5. 功能性固着对于_____而言是一个主要的障碍。
   a. 顿悟式问题解决
   b. 使用随机搜索策略
   c. 机械式问题解决
   d. 通过问题解决实现固着
6. 体系化的知识、习得性策略和模式识别能力都是专家的特征。对不对？

想一想

批判性思维

7. "把问题界定清楚就相当于解决了一半的问题"，你认为这句话对吗？
8. 海獭选择大小合适的石块，用来把贝类的壳砸松，并打开它们的壳吃里面的肉。这是一种思维吗？

理论联系实际

至少举出一个你用机械式方法解决问题的例子。现在再举一个你在理解问题后解决了它的例子。后一种解决问题的方式是否涉及找到一个一般性的问题解决方法或者是可操作的方法？或者两者都有？你会用什么启发式方法来解决问题？

你想到过的最棒的一次顿悟式的问题解决方法是什么？这其中是否包括了编码、整合或对比？

你是否曾经克服了功能性固着的障碍，从而解决了问题？

答案：1. 不对　2. 不对　3. 启发式　4. d　5. a　6. 对　7. 尽管这样表述有点儿夸大其词，但准确地问题界定确实在帮助中减取目标相关信息方面起着一种重要的作用。8. 心理学家 Donald Griffin（1992）认为这是一种思维，因为海獭表现出的行为是有计划的，对于可能的结果是有预期的。

创造性思维——少有人走的路

关键问题 8.6：创造性思维的本质是什么？

创造性的观点改变着人类的历史，现在我们在艺术、医学、音乐和科技领域所看到的很多东西在过去都被认为是不可能的或者激进的。像托马斯·爱迪生和瓦西里·康定斯基这样的创造性思考者是怎样获得这些突破性的思维而使得我们的社会在进步的呢？很快你将学到，心理学家已经对创造力的发生和如何激发创造力做了大量探索（Hennessey & Amabile，2010）。

上文指出，我们可以通过机械式策略、顿悟式策略或理解式策略进行问题解决。在此，我们还需要对思维方式做一些补充：我们有时需要**归纳思维**，从特殊的事例中找到一般规律；有时需要**演绎思维**，用一般规律来认识特殊的事例；有时需要**逻辑思维**，根据逻辑规则从已知信息中得出新结论；还有时需要**非逻辑思维**，根据直觉、联想和个人感觉进行判断。

创造性思维与程式化的问题解决策略区别何在？ 在创造性思维中，需要综合使用上述不同方式进行思维活动，此外，还需要思维具有流畅性、灵活性和独创性。让我们用例子来解释这些术语。假定你提出了对每年废弃的大量塑料容器进行再利用的方法，我们可用以下标准来评价你的建议的创造性：**流畅性**是你能想出的办法的总数；**灵活性**是从一种功用转换至另一种功用的次数；**独创性**是指你的建议的新颖或独到的程度。我们再把你在流畅性、灵活性和新颖性上所得的分数加起来，就得出了对你在这一问题上的创造性的评价。更概括地说，这是对你的发散思维能力的评价（Baer，1993；Runco，2004）。

在常规的问题解决或思维中，只有一个正确答案，我们所要做的只是去找到这个答案。这就需要**辐合思维**，即将各种思路归于寻找一种可能性。**发散思维**是一个相反的过程，对于一个问题有多种可能的解决办法（Cropley，2006；参见表8.2的例子）。发散性思维也是幻想或**白日梦**的特点之一。对于大多数人而言，幻想和白日梦是和更强的心理灵活性和创造性联系在一起的（Langens & Schmalt，2002）。无论创造性思维是怎么产生和在什么时候产生的，它都能带来对问题的新的解决办法、想法或者模式，而不是重复已知的解决方法（Davidovitch & Milgram，2006）。

表8.2　辐合思维和发散思维测验题例

辐合性问题
- 底边长3米、高2米的三角形的面积是多少？
- 埃里卡比左伊矮，但比卡罗高。卡罗比亚雷德高。谁第二高？
- 如果你从高楼顶上让一个棒球和一个保龄球同时自由下落，哪一个首先触到地面？

发散性问题
- 你能想到几个名称以字母BR开头的物体？
- 废弃的铝罐能用来做什么？
- 写一首关于火和冰的诗。

问题发现是创造性思维的另一个特点。一般情况下，我们要解决的问题多是老师、领导、环境或生活抛给我们的，而不是我们自己发现的。**问题发现**则是主动寻求问题解决。当人在创造性地进行思考时，一种寻求发现的激情主导了人的思路，使人主动寻找那些从未被解决过的问题，并选择去解决这些问题。因此，问题发现可能是比辐合思维

归纳思维/Inductive thought　从一系列特殊的事例中找到一般规律的思维。例如：通过观察大量下落物体来推理出重力的公式。

演绎思维/Deductive thought　用一般规律来认识特殊的事例。例如：用重力的公式来预测一个下落物体的运动模式。

逻辑思维/Logical thought　根据逻辑规则从已知信息中得出结论。

非逻辑思维/Illogical thought　根据直觉、联想和个人感觉进行思维。

流畅性/Fluency　在创造性测验中，多以被试能够提出的解决方法的数目为此能力的指标。

灵活性/Flexibility　在创造性测验中，解决问题的方法的类型数代表了灵活性。

独创性/Originality　在创造力测验中，独创性通常指采用的解决问题的方法是多么新颖和不寻常。

辐合思维/Convergent thinking　指向单一的、有确定答案的思维。

发散思维/Divergent thinking　指向多个结果或多种选择的思维，是思维独创性或创造性的主要成分。

白日梦/Daydream　醒着的时候发生的生动逼真的幻想。

问题发现/Problem finding　积极地发现需要解决的问题。

更具创造性的思维过程（Runco，2004）。

流畅性是创造性思维的重要部分。莫扎特创作了600多首乐曲，莎士比亚写了154首十四行诗；萨尔瓦多·达利（见图）创作了1500幅画作以及雕塑、插图、书籍，甚至包括一部动画片。虽然并非所有作品都是杰作，但其中迸发出的思维流畅性激发了这些天才的创造力。

创造力测验

有若干种方法能够测查发散思维能力（Kaufman，2009）。物品的非常规性用途测验要求被试尽可能多地想出使用某一物品的方式，比如之前关于塑料容器的问题。而在推论测验中，被试会被要求说出如果世界上发生了某种变化，可能产生的后果。例如："如果每个人都突然失去平衡感且不能再直立，将会产生什么样的后果？"被试要尽可能多地列出各种可能的后果。在组字测验中，被试需要看一些单词，如"creativity"，要求被试用该单词中的字母尽可能多地组出新的单词。每种测验都能够根据思维的流畅性、灵活性和独创性来评分（关于其他的一些发散思维测验，参见图8.18）。

创造力是否比发散思维包含了更多的内容？如果一个人在解决问题时想出了一大堆无用的答案，又该怎么办？这些都是不错的问题。发散思维是创造力的重要组成部分，但是发散思维又不只是这些。想要让一个问题的解决方案具有创造性，这个方案就需要是新奇的、与众不同的、

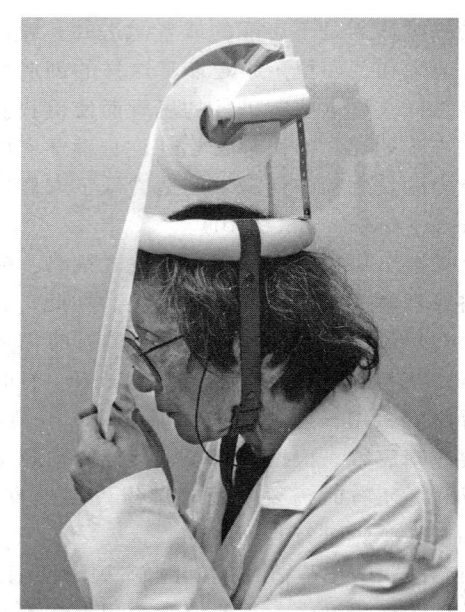

日本非主流发明家川上贤司发明了如图所示的"花粉过敏帽"。有了这顶帽子，患有花粉过敏症的朋友们就再也不用因为纸巾而发愁了。创造性的问题解决不仅仅要原创和新颖，还要满足问题的需要。花粉过敏帽是一个解决纸巾问题的创造方案吗？

原创性的，不仅如此，它还需要是高品质的以及与原始问题高度相关的（Kaufman & Sternberg，2010）。这就是"荒诞之举"和"神来之笔"的区别所在。换言之，具有创造力的人在提出新方案或新思想的时候，一定是融入了推理和批判性思维的（Runco，2003）。

创造性思维的阶段

创造性思维有模式可循吗？创造性思维过程通常可分为5个阶段：

1. **定向阶段**。创造性思维的开始阶段，主要是对问题进行定义和确定问题中的重要维度。
2. **准备阶段**。创造性思维的第二阶段，主要是尽可能多地搜集与问题有关的信息。
3. **酝酿阶段**。在大多数问题的解决过程中，都会出现一段无奈的时期，即所有能想到的方案都无法解决问题。在这一阶段，问题解决被移入潜意识进行，即看似被搁到一边不再去想，实

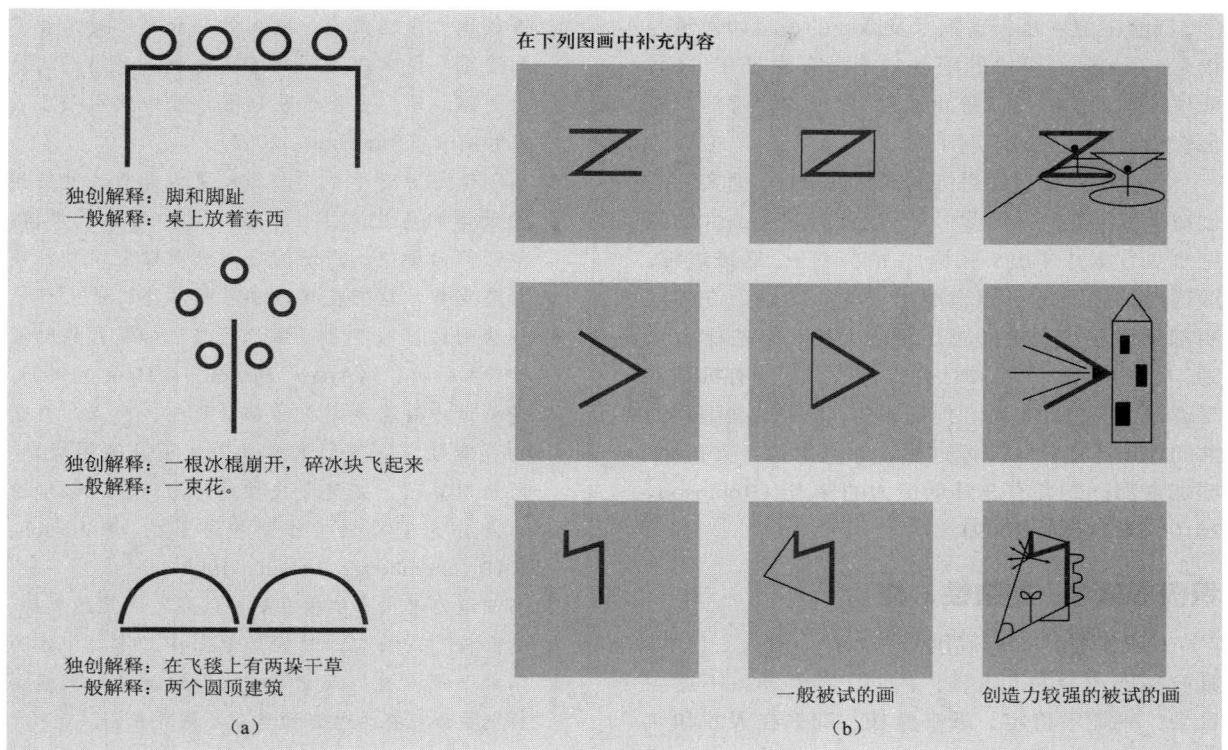

图 8.18 若干发散思维测验题例。创造性的回答更具有原创性和复杂性。(a) Wallach & Kogan, 1965; (b) Barron, 1958。

际上仍在继续思考。

4. **顿悟阶段**。思想火花的闪现阶段，顿悟或一系列顿悟的产生标志着酝酿阶段的结束。一下子发现问题解决办法的顿悟体检，就像在头脑中有一个灯泡一下子亮了起来。

5. **验证阶段**。创造性思维的最后一个阶段，主要是检验并批判性地评价在顿悟阶段获得的问题解决方案。如果证明方案是错的，思考者就返回酝酿阶段。

当然，以上所列的五个阶段只是典型的创造性思维过程，实际的创造性思维并不真是如此简单。

为了便于理解，我们用一个故事来说明上述创造性思维的过程：在古希腊，叙拉古城的国王怀疑金匠在制作王冠时用廉价金属替换了黄金，并把金子窃为己有。国王命著名的数学家和思想家阿基米德想一个办法，来证明金匠是否有欺骗行为。

阿基米德首先开始进行问题定向（定向阶段），思路是"如何在不破坏王冠的情况下得知王冠是用什么金属制成的？"接着，他要为解决问题准备大量的信息资源，了解一切已知的判断各种金属的办法（准备阶段）。但是，所有那些方法都必须切割或熔化王冠，所以，他不得不先把问题搁到一边（酝酿阶段）。后来有一天，阿基米德在进入浴池时突然来了灵感（顿悟阶段）。据说当时他激动得忘了一切，居然光着身子跑到街上大喊："我找到办法了！我找到办法了！"

原来，阿基米德看到自己在水中的身体，一下子联想到，不同金属在重量相同时体积不同，放入水池中溢出的水量就会不同。例如，黄金比铜的密度大，因此1000克的铜比1000克的黄金体积大。接着，需要验证这种方法是否可行（验证阶段）。阿基米德把与王冠重量相等的纯金块放入浴盆，记下了水涨起后的水平线，然后拿出金块，把王冠放入水中。如果王冠是纯金的，那么盆中的水应在前一次水平线的位置。令人遗憾的是，故事到此结束了，而金王冠中是否含铜以及金匠的命运如何至今仍是一个谜。（可怜的阿基米德没有生长在中国，如果阿基米德听过"曹冲称象"的故事，那他就能很轻松地解决皇冠问题了。）

以上是对创造性思维的概括性描述，而实际的创造性思维要复杂得多。事实上，许多创造性的问题解决方案并非出于顿悟，而是有一个**递进过程**，即通过许多小的步骤发展出来的。的确，许多发明都是建立在先前的思想基础上的。有些作者认为，思维技巧、个性和社会支持等因素的有机结合是创造力产生的基础。他们相信，正是这些因素的共同作用才造就了像爱迪生、弗洛伊德、莫扎特、毕加索那样的具有非凡创造力的伟人（Robinson，2010；Simonton，2009）。

积极心理学：创造性人格

什么样的人具有高创造力？ 在一般人心目中，具有高创造力的人古怪、内向、神经质、不适应社会、兴趣不稳定、近乎疯狂。那么在天才和疯子之间究竟有没有一道分界线呢？尽管研究证据表明，高创造力的人和精神病患者具有相似的大脑化学基础（de Manzano，2010），然而精神病患者并不具有高创造力，反之亦然（Robinson，2010）。

然而，特例还是存在的，那就是心境障碍。患心境障碍的人会表现出躁狂（激动、兴奋、活动亢进），或者抑郁，或者两者都有。一项研究发现，得过心境障碍的父母和他们的孩子的创造力高于正常的父母和孩子（Simeonova et al.，2005）。此外，许多历史上有名的画家、作家、诗人和作曲家都经历过明显的情绪波动，这里包括凡·高、爱伦坡、海明威等许多人（Jamison，1999；McDermott，2001）。

然而总的来说，对于高创造力个体的直接研究则展示了一副截然不同的图景（Hennessey & Amabile，2010；Robinson，2010；Winner，2003）：

1. 尽管高智商的人可以拥有较高的创造力（Park，Lubinski，Benbow，2008），然而人们在创造力测验上的得分和智商测验上的得分并不具有高相关（Preckel，Holling，& Wiese，2006）。

2. 高创造力者通常比一般人的兴趣更广泛，知识面更宽，把来源不同的信息资源组合起来的能力更强。他们也擅于在思维过程中使用心理表象和隐喻（Riquelme，2002）。

3. 高创造力者对于不同的经验更为开放。他们接受荒谬的想法，并且不被感觉和幻想所束缚。他们倾向于使用广泛的分类来质疑假设和打破心理定势。他们在混沌中寻找秩序。他们还能体验到更多的非常规意识状态，如逼真的梦境和神秘的体验（Ayers，Beaton，& Hunt，1999）。

4. 高创造力者喜欢用符号解释思想、观点、概念和可能性。让他们更感兴趣的不是获得成功，而是对真理、完美形式和美感的追求，以创造本身作为创造性工作的最终目的（Robinson，2010；Sternberg & Lubart，1995）。

5. 高创造力者更喜欢独立解决问题，问题越复杂，越合他们的胃口。然而，他们在工作之中绝不循规蹈矩或被他人意见左右。这就是他们显得特别古怪或在个性方面与众不同的原因。

过得更有创造力一些

创造力可以习得吗？ 现在看来，似乎某些创造性思维的技能是可以习得的。例如，通过练习发散思维、冒险、分析观点和寻找观点之间非常规的联系等手段，可以提高创造力（Baer，1993；Sternberg，2001）。想在创造性上学到更多，那你不妨读一读本章的应用篇。

> **知识桥**
> 人本主义心理学家亚伯拉罕·马斯洛认为，我们必须诚实并富有创造性地生活，才能充分挖掘我们的潜能。关于自我实现的内容，请参见第10章。

直觉——捷径还是弯路？

关键问题8.7：直觉有多准确？

直觉思维有时对创造性的问题解决是有帮助的，但有时也会导致思维错误。在讨论直觉思维

批判性思考

你曾经"切片"过你的老师吗?

想想过去你最不喜欢的一位老师,你用了多少时间才发现他或她不是你所喜欢的老师呢?

在一个有趣的研究中,心理学家 Nalin Ambady 让被试看一些不认识的老师的录像剪辑。要求被试看完 3 个 10 秒的片段后,对老师进行评分。有趣的是,被试对这些老师的评分与上过这些老师一年课程的学生的评分具有高度的相关(Ambady & Rosenthal, 1993)。Ambady 给被试呈现了更短的"切片"——3 个 2 秒的老师行为剪辑,得到了相同的结果。被试对老师的教学行为构建一个直觉的判断仅仅需要 6 秒钟的时间!

Malcolm Gladwell(2005)在他最近的书《眨眼之间》(Blink)里指出,这不是快速的非理性行为,而是一种"切片"(thin-slicing),或者说是凭经验的快速的感觉。Gladwell 认为,这些快速的直觉的反应有时是理性判断的基础。这些是无意识认知行为的有力证据,是大脑自动化、无意识的加工过程(Wilson, 2002)。直觉并不是非理性的,它可能是我们思维的一个重要组成部分。

当然,决窍是搞清楚"切片"何时值得信任,何时不能。毕竟,第一印象并不总是准确的。例如,你有没有这样的经历,就是直到发现老师的课讲得很好或者直到课程结束时,你才开始欣赏这个老师。在很多情况下,经过进一步地观察确认的快速印象最具有价值。

前,先来看看下面的问题:

问题一:一种传染病的爆发可导致 600 人死亡。医生有两种选择:若使用 A 药,可救活 200 人;若使用 B 药,有 1/3 的机会是 600 人全被救活,2/3 的机会是 600 人全部死亡。医生应选择哪种药?

问题二:有 600 人生命垂危。医生必须做出选择:若使用 A 药,400 人会死亡;若使用 B 药,有 1/3 的机会是无一人死亡,2/3 的机会是 600 人全部死亡。医生应选择哪种药?

大多数人在问题一中选择 A 药,在问题二中选择 B 药。这很奇怪,这两个问题其实是一样的,但为什么会出现不同的选择呢?唯一的不同之处在于对问题表述的角度,问题一是讲有多少人能活,而问题二则是讲有多少人会死。然而,甚至那些意识到前后答案有矛盾的人们也很难做出一致的选择(Kahneman & Tversky, 1972, 1973)。

直觉

如上例所示,我们进行决策时经常依赖于直觉而不是逻辑。**直觉**是一种快速的、冲动性的思维方式。它可以很快得出答案,但也可导致错误,有时甚至是十分严重的错误(见"你曾经'切片'过你的老师吗?")。

著名的心理学家 Daniel Kahneman 和 Amos Tversky(1937—1996)花了 20 年时间研究人在面对不确定问题时如何进行决策。结果发现,人在判断时有着严重的缺陷(Kahneman, 2003;Kahneman, Slovic, & Tversky, 1982)。通过了解以下带有普遍性的错误,将能够帮助我们避免这些错误。

代表性启发错误

人们在进行判断时常会因为直觉而落入陷阱。例如:下面有两种可能发生的情况,请你判断,哪种情况更有可能发生?

A. 滑雪板运动员肖恩·怀特将不会领跑半管道滑雪板比赛的第一圈,但最终会赢得比赛的胜利。

B. 滑雪板运动员肖恩·怀特将不会领跑半管道滑雪板比赛的第一圈。

递进性问题解决 /Incremental problem solving 由许多小步骤发展出来的有创造性的问题解决。

直觉 /Intuition 一种不依赖传统逻辑和清晰推理的、快速的、冲动性的思维方式。

批判性思考　热一些的低咖啡因浓缩咖啡……

"……我要两份无糖超大杯薄荷白巧克力摩卡，加香草豆奶，少放奶油，要脱脂的，多加糖浆，不要奶泡，谢谢。"正在自己最钟爱的咖啡店里排队点餐的老奶奶在听到了这么一长串的要求以后，对她的丈夫说："我真是怀念以前的那些日子啊，你只要说你要一杯咖啡，加奶加糖就可以了。"而正排在他们后面的一个年轻人偷偷地对他的朋友说："瞧这对儿老古董！"我们对于老年人的一种刻板印象就是他们在适应现代生活上总是有些困难。

不过，难道只有这些老人才会被像点咖啡这样简单的任务弄糊涂吗？有更多的自由进行更多的选择难道不是一件好事吗（Leotti, Iyengar, & Ochsner, 2010）？也许答案是否定的。行为经济学家 Dilip Soman (2010) 认为，在这个越来越复杂的世界，我们所有人在做出选择的时候都会遇到麻烦。

在一个研究中，消费者被要求在购买果酱的过程中做出选择。一半的消费者可以从 6 种口味中进行选择，另外一半需要从 24 种中进行选择。虽然有更多选择的消费者对此表达了更大的兴趣，但他们中最终购买了果酱的人只有另一组的 1/10（Iyengar & Lepper, 2000）。同样地，对于那些有着丰富菜单多样选择的餐厅而言，老顾客总是喜欢从一小部分熟悉的选择中进行点餐（Soman, 2010）。显然，提供更多的产品种类并不能保证销量的上涨（Gourville & Soman, 2005）。

如果说在咖啡店、杂货店或者餐厅做出选择时遇到麻烦还有些让人觉得可笑的话，那么当这些情况在更重要的问题上（比如选择最好的药物或者最好的医疗程序的时候）出现时，就一点儿也不好笑了。举个例子，想象一下当你需要决定是否把一个重病婴儿从生命维持设备中移出时将面临的一大堆选择吧（Botti, Orfali, & Iyengar, 2009）。

为什么做出复杂一些的选择会这么难？ Soman 等研究者指出了一些影响因素：增大的压力、认知负荷、在记忆这些选择上存在困难，以及对可能性的困惑（Soman, 2010）。尽管现代生活不断增长的复杂性给了我们更多的自由，然而我们需要做出的选择可能已经超出了我们的适应能力。偶尔也试试只要一杯加奶加糖的咖啡吧。

Tversky 和 Kahneman（1982）发现，大多数人选择第一种可能性。但是，这种凭直觉做出的回答忽视了一个重要的事实：两个事件同时发生的概率会低于其中任意一个事件单独发生的概率。例如，我们抛一枚硬币，图案面朝上的概率是 50%；而抛两枚硬币时，它们都是图案面朝上的概率只有 25%。因此，真正发生第一种情况的可能性比第二种要小。

Tversky 和 Kahneman 相信，这种错误是基于一种叫作**代表性启发**的直觉错误。也就是说，当一种选择看上去更能代表我们已知的东西时，我们就会赋予这种选择更多的权重。因此，人们会把有关一位滑雪板运动员应有行为的心理模型与肖恩·怀特的信息进行比较，而第一种情况中的信息似乎与这种心理模型更为接近。所以，尽管第一种情况与事实更远，但看上去显得更可能发生。在法庭上，如果一个人看起来符合犯罪分子的特征，那么陪审团便倾向于判他有罪（Davis & Follette, 2002）。例如，和一个来自富人区的中年已婚父亲比起来，一个来自贫民区的单身年轻男子更容易被判盗窃罪。

忽略基础比率错误

凭直觉判断容易犯的第二种错误是忽略**基础比率**或事件发生的潜在可能性。在一个实验中，研究者告诉被试，将向他们介绍 100 个人的情况，其中有 70 名律师和 30 名工程师。然后，在那 100 个人中随便抽出一个人，让被试猜这个人是律师还是工程师。所有被试都回答，此人有70%的可能是律师，有30%的可能是工程师。接下来，研究者给了被试一段描述：

> 迪克是一位30岁的男士，已婚但没有孩子。他有很高的成就动机，能力很强，在他工作的那个领域将会十分成功。他的同事们都很喜欢他。

注意，这个描述并未给出任何关于迪克职业的新信息，律师或工程师的比率仍是70%对30%。然而，此时大多数被试的答案却成了50%对50%，直觉上，似乎他是工程师或律师的可能性是相等的。这种猜测中完全忽视了潜在的比率。

有时候，对潜在比率的忽视可能是一件好事。例如，如果对50%的离婚率念念不忘，还有多少人愿意结婚呢？又有多少人会愿意去从事高风险的商业活动呢？但另一方面，那些吸烟、酒后开车或不系安全带的人之所以为所欲为，就是因为他们不去考虑吸烟致病的潜在可能性或相当高的交通事故发生率。对于许多高风险的工作，人们宁愿忽视事故发生的基础比率，认为自己将是规则之外的特例。

问题建构形式引起的直觉错误

关于直觉的最概括的结论是：问题的表述或者**建构形式**影响了判断（Tversky & Kahneman, 1981）。正如我们在选择用药的例子中指出的那样，一个问题的表述方式稍有不同，就可使人们给出不同的答案。为了深入了解问题建构形式的作用，再看看下面这个问题：

> 一对夫妻要离婚，两人都争孩子的监护权。根据以下信息，你会把监护权给谁？
> 家长A：收入、健康、工作时间都中等，对孩子还可以，社交生活相对稳定。
> 家长B：收入高，身体有点小问题，经常出差，和孩子特别亲近，社交活动频繁。

这时，由于人们都倾向于找对孩子有好处的条件，所以绝大多数人都会把监护权判给有缺点但也有好几点优点（比如收入高）的家长B。但如果这样问：应该不给谁监护权？那么绝大多数人就会选择不给B。为什么监护权一会儿给B一会儿又不给B？因为问"不给谁"的时候，人们倾向于去找不符合家长资格的一些条件。由此可见，问题的建构形式会让人的思路变窄，只关注部分信息而不是全面权衡利弊（Shafir, 1993）。

一般来说，看问题越全面，就越有可能做出最合理的决策。但现实的情况是，许多问题并没有一个明显的正确答案，而人们常会片面地看待这些问题。例如，在选择职业时，明智的做法是综合考虑收入、工作条件、工作满意度、所需技能、未来前途等因素。但在现实中，人们在进行决策时往往只是考虑某一个方面，比如，"我喜欢写作，所以我要当记者"；"我想挣钱，当律师挣得多"；"我在摄影方面有所造诣，我要当摄影师"。如此片面而狭隘地建构问题，必然增大出现决策错误的可能性。如果你希望用一种更为分析性和批判性的方式来思考问题，那么你就需要在解决问题前关注如何定义这个问题。请记住，简洁清晰的思维是解决问题的捷径。

情绪化导致的错误

最后一个需要提及的因素——情绪——也会影响判断力。当必须要做判断的时候，情绪反应会影响直觉，使某些答案看起来是正确的。当然，在愤怒、热情、压力等情绪下采取行动并不是明智之举。在酒吧里挑衅打架、和爱侣一起私奔，或者立即拒绝一个令人望而却步的工作机会之前，让自己先冷静下来是绝对有好处的（Johnson, Batey, & Holdsworth, 2009）。一些个人化的仪式，比如从一数到十、冥想一小会儿，甚至于一些迷信

代表性启发/Representativeness heuristic 当某种错误答案看上去更符合人们已知的事物时，会使人们倾向于选择这种答案。

基础比率/Base rate 一个事件发生的基本概率。

建构形式/Framing 在思维框架中问题被陈述的形式或问题构成的方式。

行为，像在行动前交叉十指，都可以使你冷静下来（Damisch, Stoberock, & Mussweiler, 2010）。

即便是温和的情绪，比如不太大的压力，也能够轻微地影响我们的思想和行为（具体事例请见"更热一些的低咖啡因浓缩咖啡……"）。恐惧、希望、焦虑、喜爱或者讨厌等情绪会让人对某些可能性不做考虑或者加以优先考虑（Kahneman, 2003）。对许多人而言，给总统选举中的候选人投票时，不是通过比较他们的政绩和政策然后给称职的人投票，而是喜欢谁就给谁投票。这个例子就能很好地说明情绪是怎样干扰思维的。

展望

以上，我们讨论了在不确定情况下的一些直觉错误。我们将在接下来的"应用篇"中回头来讨论一下增进创造性的方法。

知识巩固
创造性和直觉

测一测

1. 流畅性、灵活性和独创性是_____的特点。
   a. 辐合思维　b. 演绎思维
   c. 创造性思维　d. 尝试－错误法
2. 按顺序正确列出创造性思维的五个阶段。
   _____　　_____
   _____　　_____
   _____
3. 推理和批判性思考是非创造性品质，会阻碍创造性的发挥。对不对？
4. 想要具有创造性，一个原创的想法还必须是高质量的和相关的。对不对？
5. 智力和创造力之间高度相关，一个人的智商越高，创造力就可能越强。对不对？
6. 凯蒂很聪明，为人坦率。她目前是单身。上大学时，她非常关注种族隔离和其他社会问题，并且参加过几次游行活动。以下对她的两种描述哪一个更为准确？
   a. 凯蒂是一位银行出纳员。
   b. 凯蒂是一位银行出纳员，而且是一位女权主义者。

想一想

批判性思维

7. 一枚硬币掷了四次，现在准备掷第五次。假设以下是刚才可能掷出的四种结果：(a) 正反反正；(b) 反反反反；(c) 正正正正；(d) 正正反正。问题是：在哪一种顺序条件下第五次掷硬币最可能出现"正"的结果？

理论联系实际

提一个需要用辐合思维回答的问题，再提一个需要发散思维的问题。

在本章提到的创造性测验中，你觉得自己在哪一个测验中能做得最好？（记不住的话可以翻回去看。）

编一个故事来帮助记忆创造性思维的阶段，把这几个词包含进去：定向、准备、酝酿、顿悟和验证。

用自己的话解释代表性启发错误和忽略基础比率错误是怎样影响思维错误的。

答案：1. c　2. 定向、准备、酝酿、顿悟、验证　3. 不对　4. 对　5. 不对　6. a　7. (b) 选项人们直觉认为答案是"正"，事实上，不论观察到的结果如何，每一次掷硬币出"正"的概率都是50%。

提高创造力——头脑风暴

关键问题 8.8：如何提高创造力？

托马斯·爱迪生曾这样解释创造力："天才是1%的灵感加99%的勤奋。"许多有关创造力的研究表明，许多被誉为"天才"或"杰出者"的人不仅有灵感，而且有着坚韧不拔的毅力和献身精神（Robinson, 2010; Winner, 2003）。认识到创造需要付出艰苦的努力，也就意味着创造力是可以通过努力提高的。以下是一些帮助你提高创造力的建议。

一、打破心理定势，挑战假定

心理定势指的是一种无视可能的解决方案的看待问题的倾向。它是创造性思维的主要障碍。它们总是让人以一种先入为主的、妨碍可能的问题解决的方式看问题。之前所提到的固着和功能性固着是心理定势的特殊形式。

现在，先看你能不能解决图8.19中的两个问题。如果有困难，不妨问一下自己：你对这两个问题做了什么假定？出这样两个问题，是为了表明定势对思维的限制作用。正确答案及对定势作用的解释见图8.20。

我们已经提醒你了，僵化的心理定势会影响人们对问题的理解。现在，看你是否能正确地回答以下问题。如果你被某些问题蒙住了，记得提醒自己，在解决问题之前一定要主动地把问题的假定认识清楚：

1. 一个农夫有19只羊，除了9只以外其他都死了。这个农夫还有几只羊？
2. 将一位正生活在北卡罗来纳州温斯顿塞勒姆市的公民埋葬在密西西比河的西侧是合法的。对不对？
3. 有些月有30天，有些月有31天。有几个月有28天？
4. 我有两枚硬币，加起来一共30美分，其中一个不是5美分。这两枚硬币的面值各是多少？
5. 1分钱一块的糖一打有12块。那么，2分钱一块的糖一打有多少块？

设计这些问题只是为了扰乱你的正常思维，让我们一起看看答案吧。

问题1：一共19只，9只活的和10只死的。问题2：埋葬活人当然不合法！问题3：每个月都有28天。问题4：一个25美分，一个5美分。其中一个不是5美分，但另一个可以是。问题5：12块。

二、扩展问题设定范围

另一种打破心理定势的方法是扩展问题的设定范围。如果你只说要设计一个门，你能想到的也许只是些最普通的大门。如果把问题扩展为设计一条更好的通道，你的方案可能会更具独创性。如果我们能进一步扩展问题：把居住区与工作区分隔开的最好办法是什么？那么，真正富有创造性的方案就会由此而产生（Adams, 2001）。

假设你是一个小组的领导，你们要设计一种新的开罐头盒的工具。一个聪明的办法是让你的小组成员放开去想罐头怎么"开"

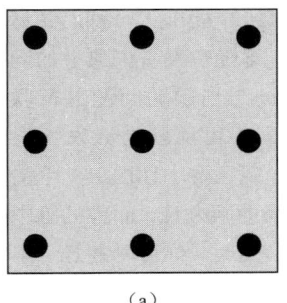
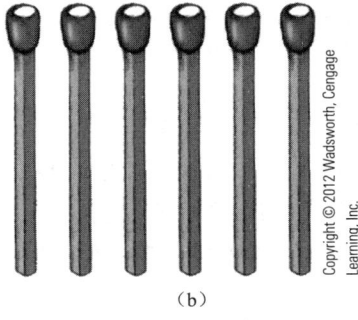

图8.19 图（a）的正方形中有9个圆点，你的任务是一笔画四条直线将它们连在一起。图（b）中是6根火柴棍，你的任务是用它们组成4个三角形，三角形的大小要一样，边长等于一根火柴棍的长度。（答案见图8.20）

心理定势 /Mental set 用一种特定的方式发现和对待问题的倾向。

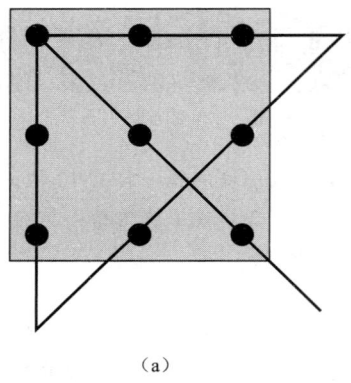 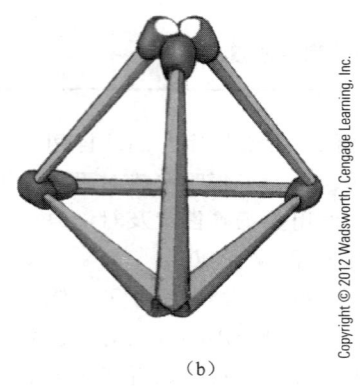

（a）　　　　　　　　　（b）

图 8.20　本图为图 8.19 中问题的解决方法。(a) 圆点问题：直线必须延伸至由圆点组成的正方形之外。许多人由于定势而误认为不可以这样做。(b) 火柴问题：把火柴搭成三维锥体。许多人以为，只能在平面上摆火柴。如果你还记得本章中提到过的"四棵树"问题，那么火柴问题可能比较容易解决。

最方便，而不是只想着用于开罐头的某种东西。当设计小组成员讨论"开"这个概念时，一个成员提出，自然界中的物种各有自己"开"的方式，比如，豌豆从豆荚的软缝处裂开。后来，这个小组发明出易拉罐，这种罐头让人随手就能拉开，用不着使用开罐头工具（Stein, 1974）。

三、用不同的方式表述问题

给问题换一个新颖的表达方式也有助于产生创造性的解决方案。请从下面这串数字中去掉6个字母组成一个词：

CSRIEXLEATTTERES

如果有困难，也许需要把问题重新表述一下。你能试着划去"6个字母"（SIX LETTERS）吗？真正的方法是把"SIX LETTERS"这几个字母去掉，得到的是"CREATE"（创造）。

换种方式表述问题的一个方法是想象从别人的角度来看问题。想想孩子、工程师、教授、机械师、艺术家、心理学家、法官或者牧师会怎样问这个问题。此外，也不要怕提出的问题傻或者滑稽。下面有一些例子：

如果这个问题是活的，它会长什么样子？

如果这个问题可以吃，味道怎样？

如果从飞机上或者从地底下看这个问题，会怎样？

这个问题的某部分是漂亮的、丑陋的、愚蠢的还是友善的？

如果这个问题会说话，它会说什么？

最起码应该经常问问下面这些问题：

我有什么信息？
我不知道什么？
从已知的信息中能提取出什么？
我是否用到了所有信息？
我还需要什么信息？
问题可以分成哪些部分？
这些部分之间的关系是什么？
这个问题和我以前解决过的有什么类似吗？

记住：要想让思维更有创造性，必须突破心理定势和思维的习惯模式（Michalko, 2001；Simonton, 2009）。

四、多纳信息广开思路

创造性需要发散思维，而不是运用逻辑手段一步步深入。因此，我们要转变自己的思维模式，将注重思维深度转变为注重思维广度。为了使用这种思维策略，Edward de Bono（1992）提出了一种简便易行的方法，即随意翻看词典中的词并将每个词与当前的问题进行联系，这些词很可能就会激发出灵感。例如，现在要求你提出一个清理海滩油污的新办法，而你的脑中一片空白。这时，你可以翻开一本词典，随意选出一些词，如：杂草、铁锈、贫瘠、放大、泡沫、金子、骨架、孔洞、对角线、真空、部落、木偶、鼻子、链子、漂移、肖像、奶酪、碳，等等。你可以试着在一个个词与清理油污的问题之间建立联系，看看是否能引发出一些新的思路。或者出门溜达一圈，看看报纸，浏览一下照片，看看这些能够激发出怎样的灵感（Michalko, 2001）。将你自己置于各种信息之中将会有益于发散性思维（Clapham, 2001；Gilhooly et al., 2007）。

五、类比推理温故知新

有许多新问题实际上是老问题的翻版，不过是新瓶装旧酒而已（Siegler, 1989）。解决问题的关键之一，是要以各种不同的方式对问题进行表征，有效的表征能使很多问题一下子变得容易了。下面的问题就是这样的一个例子。

清晨6点，两位女登山者背上行囊出发了，从山脚下沿着陡峭的山路向上爬。在两人中有一位是数学家。除了偶尔休息几次外，她们一直在爬山，下午6点钟时到达了山顶。次日清晨6点钟，她们又开始沿原路下山，路上她们停下来休息过几次，下午6点钟回到山下。在下山的过程中，数学家对她的朋友说，她们下山时走过的一个地点正好是前一天上山时在同一时刻经过的地点。但是，数学家的朋友认为这不可能，因为她们在路上休息过多次，而且行走的速度时快时慢。问题是：如何证明数学家所讲是可能的？

也许你一下子想到了这个问题的答案，也许还没想到。如果你一时无法说明数学家是正确的，不妨用下面的方法来思考这个问题：假如现在有两位登山者，一位上山，另一位下山，并且是在同一天，会发生什么情况呢？显然，这两位登山者会在路上的某一点相遇。所以，数学家是正确的，她们会在往返路上于同一时刻经过同一地点。

六、认准目标敢于冒险

敢于标新立异也是从事创造性工作的重要条件。一些不寻常的、独具匠心的思想最初可能会受到众人排斥。所以，在这种思想没有被广泛接受之前，一个富有创造力的人要表现出坚忍不拔的意志，有时还要有点儿冒险精神。现在，在许多办公室里到处都贴着不干胶便签。开始，那位发明不干胶的工程师在无意中发现，他调和出的一种胶的黏性很差，但他并没有立刻丢掉这个配方，而是极具创造性地应用了这种胶"黏上后又能拉开"的特点。后来，他花了很长时间去说服别人，使厂家相信黏性差的胶同样会成为有用的产品。如今，用不干胶制成的"即时贴"已经成为3M公司最成功的产品之一（Sternberg & Lubart, 1995）。

七、留出时间充分酝酿

如果感觉时间很紧张很有压力，你通常不会做创造性的思考（Amabile, Hadley, & Kramer, 2002）。创造性思想常常需要等待机会，使原有方案被推翻或得到改造，瞬间的顿悟也要在相当长的酝酿之后才可能出现。一旦接触到与问题有关的外部线索，酝酿过程往往就会特别富有成效。阿基米德的顿悟就是在浴盆中产生的。印刷机的发明人 Johannes Gutenberg 是有一次在观摩葡萄制酒时突然意识到，用来碾压葡萄的机械方法同样可以用来把字印在纸上（Dorfman, Shames, & Kihlstrom, 1996）。

八、自由发挥无论对错

研究表明，在给予充分的自由去思考和寻找问题解决的办法，并不用担心受到别人批评的情况下，人们的创造力能够得到最大的发挥。在创造性思维的定向阶段，不要轻易否定自己的努力是很重要的。担心解决方法的正确性会妨碍创造力（Basadur, Runco, & Vega, 2000）。

头脑风暴法

还有一种提高创造力的方法叫头脑风暴法。**头脑风暴法**在实质上，是将提出新的思想与评价这些思想的过程分离。这个过程鼓励发散思维。在团体问题解决过程中，鼓励每个人尽可能多地提出自己的看法，而不必顾忌批评（Buyer, 1988）。只有在头脑风暴的最后，所有提出来的想法才会被评估。在头脑风暴过程中，由于每个人都自由地发表意见，因此会出现一种有趣的**相互激发效应**，即一位参与者的观点

头脑风暴法/Brainstorming 一种创造性思维方式，这种方式将对想法的产生和评估分开进行。

会激发他人积极提出自己的观点（Brown et al., 1998）。

如何通过头脑风暴解决个体问题？ 这种方法中关键的一点，就是要延缓给一个想法对错与否下结论。开始时，不要考虑逻辑性、组织性、准确性、实用性及其他评价标准。例如，你要写一篇文章，开始时你可以随意地将自己的想法写出来，只要是你能想到的，越多越好，接下来你再重新进行组织和修改。

要保证头脑风暴的成功，必须遵守以下原则：

1. 在头脑风暴过程中严禁对任何观点进行批评，评价只能在临近结束时进行。
2. 鼓励提建议者修改自己的观点，或将自己的意见与他人的想法结合起来。提倡博采众长，不拘泥于任何一种框架。
3. 主意多多益善。在头脑风暴活动前期，提出建议的数量比质量更为重要，产生的想法越多越好。
4. 提倡出奇制胜。鼓励那些似乎离奇古怪和不着边际的想法，要使大家充分发挥想象力。
5. 提出观点时做好记录。
6. 改进和完善最有价值的观点。

（Kaufman，2009；Michalko，2001）

更有创造力地去生活

许多思维方式传统的人也活得聪明、成功和充实。创造性思维同样可以让生活更有滋味，并能产生激动人心的顿悟（Kaufman，2009）。心理学家Mihalyi Csiks-zentmihalyi（1997）推荐了下面这些让生活更有创造性的方法：

- 每天寻找能让你惊奇的东西。
- 每天至少让一个人惊奇。
- 如果一件事引起了你的兴趣，那就继续下去。
- 承诺把事情做好。
- 寻求挑战。
- 花些时间来思考和放松。
- 多做喜欢做的，少做不喜欢的。
- 从尽可能多的角度来看问题。

听从这些建议以后，即使你没有变得更有创造力，它们仍然还是好建议。生活不是有一套正确答案的标准化测验。生活更像是一块空白的画布，你可以在上面表现你独特的天赋和兴趣。为了生活得更有创造性，你必须随时准备去寻找做事情的新方法。每天至少努力去让一个人惊讶——如果没有别人，就让自己惊讶吧！

知识巩固

提高创造力

测一测

1. 固着和功能性固着是心理定势的特殊形式。对不对？
2. 创造性问题解决中的酝酿阶段仅持续几分钟。对不对？
3. 接触创造性模型能提高创造力。对不对？
4. 在头脑风暴法中，每个观点一经提出来就要对它进行评价。对不对？
5. 很宽泛地定义问题会产生相互激发效应，从而妨碍创造性思维。对不对？

想一想

批判性思考

6. 你是否认为你的情绪状态和你的创造力是有联系的？

自我反思

复习前几页内容，从中找出那些你最常用的改善思维的方法，并在心里总结一下最想记住的内容。

答案：1. 对 2. 不对 3. 对 4. 不对 5. 不对 6. 一般来说，重要的情感状态与更高的创造力相关（Davis, 2009）。

本章总结

关键问题回顾

8.1 思维的本质是什么?

8.1.1 思维是对外部刺激或情景进行内部表征的操作过程。

8.1.2 表象、概念和语言(或符号)是思维的三个基本组成单位。

8.2 表象与思维的关系是怎样的?

8.2.1 大多数人产生过这样或那样的内部表象。有时,表象可跨越不同的感觉通道,这种类型的表象称为联觉。

8.2.2 表象可以是三维的,能够进行空间旋转,能够改变大小。

8.2.3 视觉和视觉表象共享同一片脑区。

8.2.4 表象既可以储存,也可以创造。

8.2.5 动觉表象用于表征运动和动作。对许多人而言,动觉有助于思维的畅通。

8.3 什么是概念?概念又是如何习得的?

8.3.1 概念是对一类事物和事件的概括观念。

8.3.2 概念的形成可以基于正例或反例,以及规则学习。

8.3.3 概念可分为合取概念、析取概念和关系概念。

8.3.4 在实践中,概念识别经常基于特定的原型,或者是关于概念的一般模型。

8.3.5 过度简单化和刻板印象都会导致思维错误。

8.3.6 一个词或概念的本义指其在词典中的定义,而其内涵意义则是个体化和情绪化的,可用语义判别法进行测查。

8.4 什么是语言?语言在思维中的作用是什么?

8.4.1 语言使我们能够使用符号对各种事物进行编码,以便于心理操作。对语言的意义的研究称为语义学。

8.4.2 双语是一种重要的能力。双语教学让孩子们得以在上学期间发展一门额外的语言。

8.4.3 语言根据一套语法规则将一系列符号联结起来,使得这些符号产生意义。语法中有关词序的规则称为句法。真正的语言具有创新功能,可用以生成新的思想和可能性。

8.4.4 美国手语这样的复杂手语,也是一种真正的语言。

8.4.5 自然条件下,动物间的交流是相当有限的,这是因为动物没有便于重组的符号系统。

8.4.6 有些研究者曾试图教黑猩猩使用美式手语,并认为灵长类动物在一定程度上有学习语言的能力。另一些研究者对此结论表示怀疑。

8.5 关于问题解决,我们知道些什么?

8.5.1 可以通过机械式的方法解决问题,比如,使用尝试-错误的方法,或按规则一个一个地加以尝试的方法。但是,机械式方法通常是低效的。

8.5.2 理解式问题解决方法的第一步,是要

相互激发效应/Cross-stimulation effect 集体讨论的一种效应,即一个人的观点会激发他人积极提出自己的观点。

发现答案的一般性要点，然后提出一系列可操作的问题解决方案。

8.5.3 启发式方法在问题解决中经常使用，其策略是有效缩小对解决方案的搜索范围。

8.5.4 在对问题的理解过程中，顿悟的产生可使得问题迅速得到解决。顿悟包含三个要素，即选择性编码、选择性组合和选择性比较。

8.5.5 固着会阻碍顿悟的产生和问题解决，其中功能性固着最为常见。情绪因素、文化价值观、社会习俗以及知觉习惯也都可能造成人的固着。

8.5.6 问题解决专家同样擅长于自动化加工和模式识别。

8.6 创造性思维的本质是什么？

8.6.1 一个创造性的问题解决方法必须同时具有实用性、合理性及独创性。创造性思维是以发散思维为基础的，发散思维具有流畅性、灵活性和独创性等特性，这些特性可通过创造力测验进行测评。

8.6.2 创造性问题解决过程通常经过五个阶段，即定向阶段、准备阶段、酝酿阶段、顿悟阶段和验证阶段。但这并不是创造性思维的唯一模式。

8.6.3 研究结果显示，具有高创造力的人拥有某些相似的性格特点，其中许多特点与人们刻板印象中的完全不同。智商与创造力之间只有低水平的相关。

8.6.4 一些创造性思维的技能是可以习得的。

8.7 直觉有多准确？

8.7.1 直觉思维可以既快捷又准确，但也常常会导致错误。当问题看起来与我们已有的观念非常相似时，很可能使我们得出错误的结论。

8.7.2 第二种常见的直觉错误是由于忽略事件发生的基础比率或潜在可能性造成的。

8.7.3 在更广的意义上对问题进行表述或建构有助于思维的清晰化。

8.7.4 情绪因素也会引起直觉思维，导致错误的选择。

8.8 如何提高创造力？

8.8.1 许多促进发散性思维的策略都能用来促进创造性问题解决。

8.8.2 头脑风暴法有助于团体的创造性问题解决，其原则也能应用于个体问题解决。

第 9 章

智 力

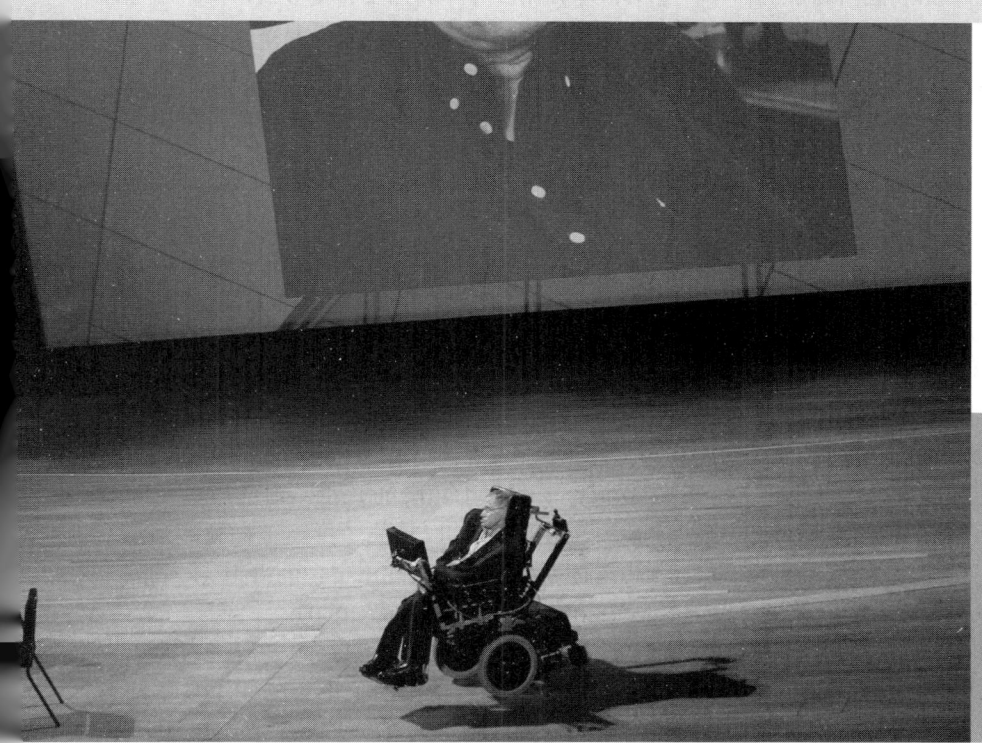

主题

智力测量是有用的，但智力测验对智力行为的解释却是有限制的。

关键问题

9.1 心理学家是如何定义智力的？

9.2 典型的智力测验是什么样的？

9.3 智商分数与性别、年龄和职业有什么关系？

9.4 关于天才，智商能告诉我们些什么？

9.5 造成智力落后的原因有哪些？

9.6 遗传和环境是如何影响智力的？

9.7 关于智力是否有其他的观点？

9.8 智力测验是否存在不公平的一面？

引 子

智人

与其他物种不同，人们更多地将自己的成功归因于思维能力和智力，而不是体力或速度。这就是为什么我们被称为智人（来源于拉丁语，意思是聪明的人类）。智力让我们成为具有高度适应性的生物。我们可以居住在沙漠、森林、山脉，甚至空间站中；我们可以面对城市的纷繁和喧闹，也可以面对退休后的简单与平静。

想一想史蒂芬·霍金（Stephen Hawking）吧。他不能走路，也不能说话。在他13岁的时候，卢·格里克氏症（Lou Gehrig's disease）就开始慢慢地侵蚀他脊髓的神经细胞，破坏大脑和肌肉之间的联系。现在，他只能依靠轮椅行动，通过语音合成器来"发声"。不过，虽然他重度残疾，他的大脑却没有受到疾病的影响，仍然保持着高度的活跃性。他依然可以思考。霍金是一个理论物理学家，也是当今最著名的科学家之一。他充满着勇气和决心，运用自己的智慧让我们加深了对宇宙的了解。

当我们说像史蒂芬·霍金这样的人非常"聪明"或"有智慧"时，这意味着什么呢？智力可以被测量吗？智力测验可以预测生活是否成功吗？拥有非常高或非常低的智力会造成什么结果呢？一百多年来，这些问题以及关于智力的其他问题一直吸引着心理学家的注意。让我们来看看已经有哪些问题得到解决，还有哪些问题仍然处在争论中。

定义智力——
智力是……你知道，它是……

关键问题 9.1：心理学家是如何定义智力的？

像心理学中的许多重要概念一样，智力不能被直接观察，它没有质量，不占空间。然而，我们可以肯定地感觉到它的存在。让我们比较两个孩子：

安妮14个月时就能写自己的名字，2岁时自学阅读。5岁时，她抱着一台平板电脑走进教室，在上面阅读百科全书，这让她的幼儿园老师大吃一惊。10岁时她轻而易举地在12个小时内学完了整个高中的代数课程。

比利10岁时才能写自己的名字和数数，但在做加减法习题时有困难，而且不会做乘法。他在学校两次留级，但仍不能完成那些8岁的同班同学认为容易的作业。

安妮被看成天才，而比利被看成学习困难者。无疑，他们的智力存在差异。

等等，安妮显然很有能力，但我们怎么知道比利不是因为懒惰才学习落后的呢？学习落后是因为孩子懒惰不学还是学习困难？早在1904年，阿尔弗雷德·比内（Alfred Binet）同样面临着这样的难题（Benjafield, 2010; Jarvin & Sternberg, 2003）。法国教育部部长给比内的任务是找出一种方法，以便把真正有学习困难的学生与有能力（或者有能力但懒惰）的学生区分开。灵光一闪之后，比内和他的助手创造了一套由"智力"问题组成的测验。他们用测验了解每个年龄的儿童一般能够答出哪些问题。通过对儿童进行这一测验，他们就能判断一名儿童是否在学校里表现出了他的潜力（Kaplan & Saccuzzo, 2009; Kaufman, 2000）。

比内开创了现代智力测验的先河，同时引发了持续百年的激烈争论，争论中的一个基本问题是如何对智力进行定义（Sternberg, Grigorenko, & Kidd, 2005）。

智力的定义

是否存在一个大家都能接受的智力定义呢？从传统上来说，是有的。总体而言，**智力**是有目的地行动、理性地思维和有效地应对环境的整体能力（Wechsler, 1939）。智力的核心通常包括一小部分一般心理能力（称为 **g 因素**），体现在推理、问题解决、知识、记忆以及对自身环境的成功适应等领域（Barber, 2010; Sternberg, 2004）。

> **知识桥**
> 智力在传统上被认为是一种认知的能力，而不是情绪的能力。是否存在情绪智力呢？要找到答案，可参见第 10 章。

除此以外，还有许多不同意见。事实上，许多心理学家只接受智力的某一个**操作性定义**。操作性定义指我们通过描述测量过程而对一个概念给出的定义（Neukrug & Fawcett, 2010）。例如，一位心理学家会根据他选择的测验项目说："这就是我所定义的'智力'。"而一个测量记忆、推理和语词流畅性的测验对智力的定义，显然不同于测量握力、鞋码、鼻子长度或者在《超级玛丽》游戏中的个人最好的成绩（Goldstein, 2011）。

现代智力测验被广泛用来测量认知能力。如果人们恰当地实施测验，这些测验可以给出它们关于智力的操作性定义。

能力倾向

海达小时候就表现出了艺术方面的能力倾向，现在是一位成功的画家。海达所具备的能力倾向与一般智力有什么不同呢？**能力倾向**是指掌握特定能力的容易程度。具有机械、美术或者音乐方面的能力倾向者分别会在相应的工作中表现出色（图 9.1）。

有能力倾向测验吗？它与一般智力测验有何区别？能力倾向测验所测量的能力范围比一般智力测

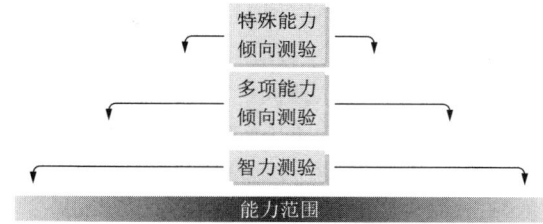

图 9.1 特殊能力测验测量一个人在一个有限的领域（例如手部灵活性）获得成功的潜力。多项能力测验测量更广泛领域的潜能，例如大学学业、法律或医药等领域的潜能。智力测验测量广泛的能力倾向或心智能力。

验窄（Kaplan & Saccuzzo, 2009）。例如，**特殊能力倾向测验**只是预测一个人在某一特定领域（如文书工作或计算机操作）中取得成功的可能性（图 9.2）。**多项能力倾向测验**用于同时测量在两个以上领域里的能力倾向，这种形式的测验更像智力测验。人们比

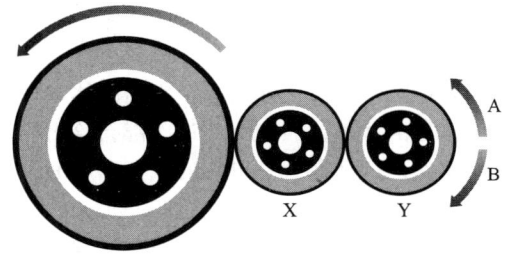

1. 如果主动轮以箭头所示方向转动，那么，Y 轮将向什么方向转动？A 还是 B？
2. 哪个轮子转动的速度最慢？主动轮、X 轮还是 Y 轮？

图 9.2 机械能力倾向测验的样题。（答案是 A 和主动轮。）

智力 /Intelligence 理性思维、有目的地行动和有效应对环境的综合能力。

g 因素 /g-factor 一般心理能力；一般智力能力的核心，包括推理、问题解决、知识和记忆。

操作性定义 /Operational definition 用来测量一个概念的操作（行动或步骤）。

能力倾向 /Aptitude 掌握特定能力的容易程度。

特殊能力倾向测验 /Special aptitude test 预测个体在某一特定领域的工作或技能上取得成功的潜能的测验。

多项能力倾向测验 /Multiple aptitude test 同时测量两项或多项能力的测验。

较熟悉的学业评定测验（Scholastic Assessment Test，SAT）就是一个多相能力倾向测验，它同时测量语言、数学和推理等能力倾向。当你报考法律、医学、商业和牙科医学等学科的研究生时，会经历此种测验。**一般智力测验**包含的能力倾向最为广泛，用以评估综合的心理能力（Cohen & Swerdlik, 2005）。

> **知识桥**
> 心理学家利用各种各样的能力倾向测验为工作岗位选拔人才，也为人们提供择业建议。想要获得更多信息，参见第18章。

信度和效度

无论一个测验究竟是智力测验、能力倾向测验，抑或是其他任何一种**心理测验**——测量人们心理功能的测验，你都应该对此测验提出两个问题：它有信度吗？它有效度吗？

什么是信度？ 如果你使用一个家用的体重秤连续多次称自己的体重，而这个秤每次都会给出相同的重量，那么，这个秤就是可靠的或有信度的。同样，一个测验有**信度**，就应当在对同一个人的不同测查中给出基本相同的分数（Kaplan & Saccuzzo, 2009），即多次的得分应该是稳定的和高相关的。设想一下，如果一个检查怀孕或乳腺癌的工具对同一位妇女的测试结果一会儿呈阳性一会儿又呈阴性，那么这些不可靠的测查又有什么用呢？

为了检验一个测验的信度，我们可以将它施测于一群人。一星期后再对每个人测试一次。这样，就可以计算出测验的重测信度。有时，也可以把测验中的一半题目与另一半题目进行对比（分半信度）。如果测题有两个版本，我们可以比较同一批被试在这两种版本测验中的得分（复本信度）。

不过，一个心理测验有信度，并不保证它就是可靠的。测验的效度也非常重要。为了解释为什么会有这种情况，让我们编制一个含有10道题目的智力测验，而这些题目只有你才能回答出来。你的测验信度非常高，每次施测大家都是零分，只有你一个人拿了满分（因此你宣称自己是唯一有智力的人）。虽然我们都会时不时地认为自己是地球上唯一一个聪明人，但刚才举的例子显然非常可笑。一个测验必须具有**效度**，能够测量其真正要测量的东西（Neukrug & Fawcett, 2010）。如果一个测验只有编制者认为有效，那么，很难想象它是有效度的。

如何建立测验的效度？ 通常我们通过比较测验分数和实际成绩来证明测验的效度，这叫作效标效度。例如，可以分析学生们在法律能力倾向测验中的分数与他们在法学院考试中的得分的相关程度，如果能力倾向的分数与考试得分或其他成功的标准（效标）相关很高，即能力倾向分越高考试分数也越高，那么，该测验可以被认为是有效度的。我们在杂志或网络中能见到许多免费测验，但不幸的是，这些测验几乎没有效度可言。

客观测验

最后，让我们回头看看"我是世界上最聪明的人"的智力测验。你的测验是客观的吗？其实也有可能。如果智力测验经过不同专家的修改后能够达到一定的信度指标，那么，这个智力测验确实可被称为一个**客观性测验**。然而，客观性并不足以保证测验是公正的。一个心理测验必须经过标准化才有用（Neukrug & Fawcett, 2010）。

测验标准化包括两点：第一，测验的施测具有标准化的程序，指导语、答题形式、解题时间等规定对于每一个人都是相同的。第二，具有从大样本获得的**常模**或平均分，可以描述测验所专门针对的群体。如果一个测验没有经过标准化，我们就不能够把人们在不同的时间段所得到的测验分数进行客观公平的比较。如果没有常模，我们就无法说明一个人的分数是高是低还是平均水平。

在本章的后面部分，我们将探讨智力测验是否有效的问题。现在先让我们从实践入手，学习一些常用的标准化智力测验。

智力测量——智商与你

关键问题9.2：典型的智力测验是什么样的？

美国心理学家很早就发现了比内智力测验的

价值。1916年，斯坦福大学的路易斯·推孟（Lewis Terman）和其他人将比内测验修订后用于美国。几经修订，斯坦福－比内智力量表第五版（Stanford-Binet Intelligence Scales, Fifth Edition, SB5）已成为广泛使用的智力测验。原版的斯坦福－比内测验是基于智能随儿童年龄增长而提高的观点而编制的。如今，SB5的问题仍然是按年龄顺序排列的。当然，每个年龄水平的题目难度都有所增加。SB5对从2岁到90岁的人都适用，而且测验分数非常可靠（Raid & Tippin, 2009；Roid, 2003）。

智力的五个方面

SB5测量了构成一般智力的五种认知因素（心理能力）：流畅性推理、知识、数量推理、视空间加工以及工作记忆。每个因素都通过言语问题（包含单词和数字）和非言语问题（图画和物体）来测量。接下来，让我们来看看每个因素都是什么样的。

流畅性推理

这个因素测量的是下述问题中体现出来的推理能力：

苹果、李子和香蕉、甜菜有什么区别？
学徒之于师傅就像新手之于_____。
"我知道我的包会在我最后找到它的地方，因此我要最先去那儿找。"这句话的可笑或不可能之处在哪儿？

其他项目还有要求把一组图形中缺失的图形补出来的，或者是要求根据一系列图片讲故事。

知识

该因素测量个体对各种领域问题的知识。如：

做面包为什么要在面团中加酵母？
神秘是什么意思？
这幅图片有什么可笑或者不可能之处？（例如：一辆方轮子的自行车）

数量推理

该因素测量解决数字问题的能力，例如：

如果我有六个弹子，你又给我一个，我一共有几个？
有一列数3, 6, 9, 12, 接下来是多少？
一件五折销售的T恤标价60美元，原价是多少？

视空间加工

具有视觉空间技能的人善于做拼图和处理几何图形（如三角形、长方形和圆形）。其他的问题还有要求把一个给定的积木重新搭出来；或者选择一张图片，显示纸被折叠或者剪切以后的样子。用言语问题也能测视觉空间能力，如：

假如你朝着东走，向右转，再向右转，然后向左转，这时你面朝什么方向？

工作记忆

这部分测量使用短时记忆的能力。下面是其中一些典型的记忆任务：

正确回忆一串带色珠子的顺序。
听几个句子，然后说出每个句子的最后一个词。
听到一串数字后立即重复（顺序或者倒序）。

一般智力测验/General intelligence test 测量多种心理能力的测验。

心理测验/Psychometric test 测量人们心理功能的科学测验。

信度/Reliability 一个测量工具用来测量同一个人时，每次得到相同或相近分数的能力。

效度/Validity 一个测量工具测量到它试图要测量的东西的能力。

客观性测验/Objective test 不论什么人，只要在测验中回答正确，都给予同样的分数。

测验标准化/Test standardization 为实施测验和解释得分建立一套标准。

常模/Norm 测验中特定群体的平均分数。

看几个物体，然后按照呈现顺序进行指认。

如果你接受 SB5 测验，将会得到一般智力、言语智力、非言语智力和上述五个因素各一个分数（Bain & Allin, 2005）。要从另一个角度了解 SB5 中使用的任务，参见"智力——愚蠢的人会怎么做？"

韦克斯勒智力测验

斯坦福－比内测验是唯一的智力测验吗？其实也有许多其他智力测验。心理学家大卫·韦克斯勒（1939）发明的智力测验同样被广泛使用。原版的斯坦福－比内测验更适合测量儿童和青少年，而韦克斯勒智力测验是专门为测量成人智力而设计的。现在使用的版本是韦克斯勒成人智力量表第 4 版（Wechsler Adult Intelligence Scale, Fourth Edition, WAIS-IV），加上新版的斯坦福－比内测验与韦克斯勒儿童智力量表（目前是第 4 版，Wechsler Intelligence Scale for Children, WISC-IV；见 Baron, 2005），使得这些测验都被广泛地运用在各个年龄阶段。

与斯坦福－比内测验一样，韦氏测验也可以产生一个总体的智力分数。此外，韦氏测验还可以分别提供**操作智力**（非言语）和**言语智力**（语言或符号导向）分数。韦氏测验测量的各种能力以及一些测验项目的例题参见表9.1。

团体测验

SB5 和韦氏测验都属于**个体智力测验**，需要由训练有素的专家给个体单独施测。与此不同的是，**团体智力测验**则是在较少人的监督下给一大群人同时施测。团体测验通常要求人们阅读指导语，并按照要求解决逻辑、推理、数学或空间问题。第一个团体测验是陆军甲种测验（Army Alpha），是在第一次世界大战时为征兵而开发的。从表9.2中你可以看到，智力测验从那时起至今已经走过了很长的路。

表 9.1 与韦克斯勒成人智力量表第 4 版（WAIS-IV）中类似的例题

语言理解	例题或描述
相似性	狼（wolf）与郊狼（coyote）在哪些方面相似？ 螺丝刀与凿子在哪些方面相似？
词汇	测验中提问，"＿＿＿＿是什么？"或者"＿＿＿＿是什么意思？"这些词语有不同的熟悉度和难度。
信息	蝴蝶有几只翅膀？ 谁写的《罗密欧与朱丽叶》？
知觉推理	
方块设计	将方块按照要求拼起来（如右图所示）。
矩阵推理	选择能够使矩阵完整的选项。
视觉拼图	选择可以拼成一个图形的拼图。
工作记忆	
数字广度	听到一系列数字后，将其复述出来，如 8 5 7 0 1 3 6 2。只听一遍数字。
算术	如果需要 2 分钟来寻找和挑选 3 只桃子，那么寻找和挑选 12 个桃子需要多长时间？
加工速度	
符号搜索	匹配不同组出现的符号。
编码	填入符号。

Adapted from Wechsler, D.(2008). Wechsler Adult Intelligence Scale, 4th Edition (WAIS-IV). San Antonio, TX: Pearson.

人类多样性

智力——愚蠢的人会怎么做？

当对一些物体进行归类时，按照衣着、容器、工具和食物来划分是否就是聪明的做法呢？不一定。利比亚的克佩列(Kpelle)部落的人就是根据功能对物体进行归类的。比如他们把马铃薯（食物）和小刀（工具）放在一起。问他们原因，他们通常说这是聪明人的做法。最后，研究者问克佩列人："那愚蠢的人怎么做？"这时，他们才会按照西方人觉得合宜、准确的类别进行分类。

这则由文化心理学家 Patricia Greenfield (1997) 记述的趣闻，提出了智力测验的局限性这一严重问题。例如：加拿大北部的克里人(Cree)最重视在冻土带找到食物的视觉技能 (Darou, 1992)。南太平洋中的普卢瓦特人(Puluwat)奖赏能从一个岛到另一个岛的远洋航行导航技能 (Sternberg, 2004)。就这样，从一种文化到另一种文化，每种文化都把他们所重视的那种"智力"教给他们的孩子：怎样做是聪明而非愚蠢的 (Barber, 2010；Correa-Chávez, Rogoff, & Arauz, 2005)。

你认为，由现代智力测验所测量的心理能力对居住在非洲喀拉哈里沙漠的布须曼人(Bushman)有多重要呢？

表 9.2 陆军甲种测验中一些关于"常识"的例题

陆军甲种测验是美国在第一次世界大战期间用于在入伍新兵中挑选具有军官素质者的工具。测验内容是日常问题、科学知识和道德内容的综合 (kessen & cahan, 1986)。测验中的另一部分与现代智力测验相似。例题如下：

1. 如果植物由于缺少雨水而正在枯死，你应该
   [ ] 给它们浇水
   [ ] 征求花匠的建议
   [ ] 给它们施肥
2. 如果售货员多找了钱，你正确的做法应是
   [ ] 用多找的钱为他买些糖果
   [ ] 把多找的钱送给你碰到的第一个穷人
   [ ] 告诉售货员钱找多了
3. 如果你看见火车正在驶近断裂的铁轨，你应该
   [ ] 打电话叫救护车
   [ ] 给司机发出刹车信号
   [ ] 找一段铁轨补上

续表

4. 有些人在高山上喘不过气来是因为
   [ ] 风吹得他们喘不过气来
   [ ] 空气稀薄
   [ ] 那里气候太冷
5. 在中午我们看不见星星是因为
   [ ] 它们转到了地球的另一边
   [ ] 与太阳相比它们的光太微弱了
   [ ] 它们藏在了天空的背后

学业倾向测验

如果你想知道自己是否参加过智力测验，答案很可能是参加过。前面提到过，美国的学业评定测验（Scholastic Assessment Test, SAT）是一个多项能力倾向测验。同样，美国高校测验（American College Test, ACT）和高校入学资格测验（College Qualification Test, CQT）也是。这些团体测验都是为预测学生大学学业获得成功的可能性而设计的。

操作智力 /Performance intelligence 通过猜谜、组装物件、完成图画以及其他非言语任务进行测量的能力。

言语智力 /Verbal intelligence 通过回答词汇测验、一般知识测验、算术测验以及其他语言或符号导向的问题所测量到的智力。

个体智力测验 /Individual intelligence test 需由一名受过训练的专家对单个个体施测的智力测验。

团体智力测验 /Group intelligence test 能用最少的主试对一组人同时施测的智力测验方法。

由于这些测验可以测量一般知识和多种心理能力倾向，因此，每一个测验都可以用来评估智力。

智商

"智商"是什么？假设有一个叫圆圆的孩子，她可以回答一般7岁孩子能回答的问题。那么，我们可以说7岁是她的**心理年龄**（平均智力表现）。但是，她有多聪明呢？事实上，由于我们不知道圆圆的年龄，所以还不能做出判断。如果她10岁，那她并不是很聪明；如果她才5岁，那就很聪明了。因此，尽管心理年龄是实际能力的一个良好指标，但仅有这一指标并不能知道和同龄人相比一个人总体智力水平是高还是低。

因此，要评价一个孩子的智力，我们还需要知道她的**生理年龄**。然后，我们可以将她的心理年龄与生理年龄联系起来，这样就产生了智商（IQ），即**智力商数**。智力商数就是两个数相除的值。斯坦福—比内测验首次被使用时，将智商定义为心理年龄（MA）除以生理年龄（CA），再乘以100。（乘以100的作用是将智力商数从小数转化为整数。）

$$\frac{MA}{CA} \times 100 = IQ$$

原始IQ分数的一个优势就是可以对不同生理年龄和心理年龄的儿童智力水平进行比较。例如，贾斯汀的生理年龄为10岁，心理年龄为12岁，那么他的智商是120：

$$\frac{(MA)\ 12}{(CA)\ 10} \times 100 = 120\ (IQ)$$

贾斯汀的朋友苏克心理年龄也为12岁，但其生理年龄为12岁，这样他的智商是100：

$$\frac{(MA)\ 12}{(CA)\ 12} \times 100 = 100\ (IQ)$$

智商表明，尽管这两个孩子的心理年龄相同，但贾斯汀比他12岁的朋友苏克更聪明。请注意，当一个人的心理年龄和生理年龄相等时，其IQ为100，因而IQ分数100被定义为平均智力水平。

那么，IQ低于100的人的智力是不是低于平均水平呢？其实不然，除非IQ分数远低于100。智商100只是一个数学上的平均数，而平均智力是指智商在90～109区间的任何一个分数。重要的是，当心理年龄大于实际年龄时，IQ就会高于100。如果实际年龄大于心理年龄，IQ就会低于100。比如，我们可以算出一名实际年龄15岁、心理年龄12岁的儿童的IQ是80：

$$\frac{12}{15} \times 100 = 80\ (IQ)$$

离差智商

通过前面的介绍，你已了解到智商的历史和含义。然而，现代测验已不再需要计算智力商数了，取而代之的是**离差智商**。离差智商表示一个人在其年龄组中智力水平的相对位置，说明一个人的原始分数高于或低于平均数的程度。例如：如果你的得分位于50%，高于同年龄人中的一半且低于另一半，那么你的智商为100；如果得分位于84%，你的智商是115；得分位于97%，你的智商则是130。（想获得更多的信息，你可以阅读本书附录。）

那么，斯蒂芬·霍金的得分是多少呢？曾经有人问过霍金的智商得分，霍金宣称自己不知道并且开玩笑地说："那些吹嘘自己智商的人都是失败者。"

智商的稳定性

儿童的智商是从何时开始变稳定的呢？儿童6岁以前的智商对其未来发展的预测性并不强（Schuerger & Witt，1989）。27岁时的智商与3岁时的智商的相关很弱。换句话说，知道一个孩子3岁时的智商并不能告诉我们该儿童24年以后的智商。（请记住：完全相关是1.00，完全不相关是0.00。）不过，随着儿童年龄的增长，智商的确会变得越来越稳定。知道一个孩子11岁时的智商可以很好地预测其以后的生活（Canivez & Watkins，1998；Gow et al., 2010；Larsen, Hartmann & Nyborg, 2008）。（见图9.3）

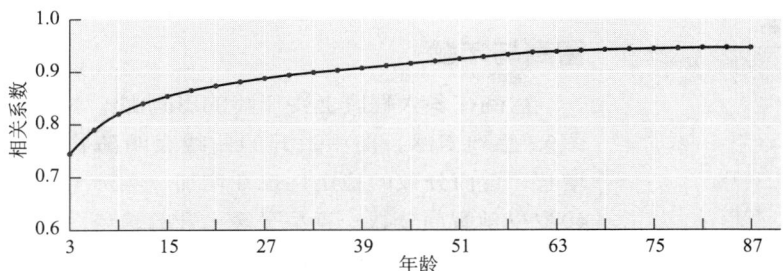

图 9.3 童年早期，智商分数的稳定性或信度迅速增加。从成年早期到中年晚期，智商分数非常稳定。（Adapted from Gow et al., 2010；Larsen, Hartmann, & Nyborg, 2008；Schuerger & Witt, 1989.）

知识巩固

智力测验

测一测

1. 世界上第一个成功的智力测验的编制者是_____。
2. 如果我们通过编制一个测验来定义智力，那么，我们是在使用_____。
   a. 一个循环定义
   b. 一个抽象定义
   c. 一个操作性定义
   d. 一个按年代顺序排列的定义
3. 以下四种方法分别检验的是信度还是效度？（信度填 R，效度填 V）
   a. 将其中一半测验项目上的得分与另一半测验项目上的得分进行比较。（ ）
   b. 将测验分数与学习成绩、工作业绩或其他测量结果进行比较。（ ）
   c. 比较两次测验所得的分数。（ ）
   d. 比较一个测验的两套测题所得的分数。（ ）
4. 建立常模和制定统一的测验程序是进行测验标准化的基础。对不对？
5. WAIS-IV 是一个用于团体施测的智力测验。对不对？
6. IQ 最初被定义为_____乘以100。
7. 现代智力测验的分数不是基于心理年龄与生理年龄之间的比率，而是基于一个人的离差智商，即测验者在所有参加测验的人中的相对位置。对不对？

批判性思考

8. 利比亚的克佩列部落的人在斯坦福—比内测验（SB5）中会有怎样的表现呢？

想一想

如果你要编制一个智力测验，你要提出什么样的问题？这些问题和标准智力测验中的问题相似程度如何？你打算对那些已有测验所没有涵盖的其他心理技能进行测量吗？

答案： 1. 比内 2. c 3. a.（R），b.（V），c.（R），d.（R） 4. 对 5. 不对 6. MA/CA 7. 不对 8. 分数可能低于平均值。"智力"，正如重要的问题是，这个测验要测什么？对于人来说，"正如测验的一部分目可能有问题的文化背景，2008；Henrich, Heine, & Norenzayan, 2010）？本测验可能还会进一步被质疑相关。

智力差异——数字游戏

关键问题 9.3：智商分数与性别、年龄和职业有什么关系？

智商分数的分级见表9.3。看看百分比就能发现一个明显的模式：智商分数的分布接近于一条**正态**（钟形）**分布曲线**，大部分人的智商分数接近平均数，在两极的很少。图9.4展示了智力的这一特征。

心理年龄 /Mental age　特定年龄人群的平均心理能力。

生理年龄 /Chronological age　以年计算的年龄。

智力商数 /Intelligence quotient（IQ）　智力的一个指标，由心理年龄除以生理年龄，再乘以100 得到。

离差智商 /Deviation IQ　一个人在其年龄组中智力水平的相对位置，说明一个人的原始分数高于或低于平均数的程度。

正态分布曲线 /Normal curve　一条钟形曲线，其特征是大量分数位于中间区域，两端的极高或极低分数比例非常小。

表9.3 成人在 WAIS-IV 中的得分分布

智商（IQ）	智力水平定义	比例/%
高于130	超常	2.2
120～129	高智商	6.7
110～119	中等偏上	16.1
90～109	中等	50.0
80～89	中等偏下	16.1
70～79	正常临界线	6.7
低于70	智力落后	2.2

Derived from Wechsler, D. (2008). Wechsler Adult Intelligence Scale, Fourth Edition (WAIS-IV). San Antonio, TX: Pearson.

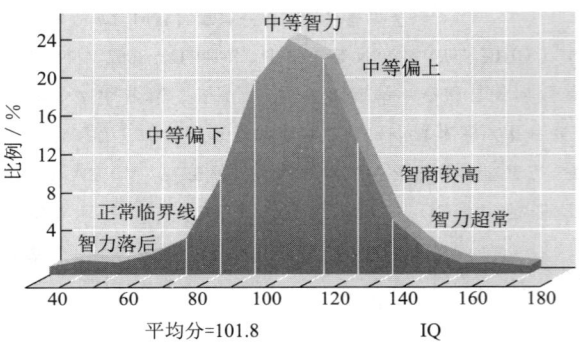

图 9.4 3184名儿童在斯坦福—比内测验中的得分分布。（Adapted from Terman & Merrill, 1937/1960。）

智商与性别

总体来说，男女在智力方面存在差异吗？由于测验项目都是根据对两性难度相等的原则确定的，因此，不能肯定地说明智力方面是否存在性别差异。不过，虽然男女两性在整体智力水平上没有差异，但是整体智力测验可以让我们比较出男性和女性在智力方面的强项和弱项（Hyde，2007）。在过去的几十年中，女性这一群体在语词能力、词汇和需要机械式学习的项目上成绩较好，男性则在空间想象力和数学推理项目上成绩较好（Clements et al.，2006；Calvin et al.，2010）。近年来，这种男女差异在儿童和中青年人中几乎消失了。如果还存在一些微小差异，显然是由于父母和教育者们更多地鼓励男孩子学习数学和空间技能所造成的（Ceci & Williams，2010）。

智商与年龄

智商在多大程度上受年龄的影响呢？不要对图9.3感到困惑。图中上升的曲线表明随着年龄增长，智商分数的稳定性也在增加。实际上，在40岁以前智商分数一直呈平缓上升的趋势，之后会缓慢下降（Larsen，Hartmann，& Nybory，2008；Thompson & Oehlert，2010）。

这个趋势当然只是一个平均趋势。实际的智商分数反映了一个人的受教育程度、成熟度、经验以及先天智力，等等。有些人可能智商上升很多，而另一些人则有很大的下降。为什么会出现这两组的差异呢？一般来说，那些智商提高者在成年早期处于智力刺激较强的环境中，而那些智商有明显下降者往往承受着慢性病、酗酒问题或生活方式单调等方面的痛苦（Honzik，1984；Nisbett，2009a，b）。

中年以后，智力随年龄的变化会变得更加复杂。**流体智力**所包含的智力技能——解决新异问题的能力，包括知觉速度或快速的洞察力——在中年以后迅速下降（Brody，1992；Lawrence，Myerson，& Hale，1998）。作为补偿，**晶体智力**——使用已经获得的知识来解决问题的能力，随着年龄增长会增加，或者说至少降低得很少，直到老年。换句话说，年轻人通常"上手很快"（流体智力），但往往也是"乳臭未干"的（缺乏经验或晶体智力）。老年人可能"学习得有点儿慢"，但是却常常"懂得秘诀"。既然诸如 SB5 和 WAIS 这样的智力测验同时测量了流体智力和晶体智力的成分，对于大多数健康的、受过良好教育的个体来说，整体上与年龄相关的智力损失就很小了。

智商与成就

智商与学业、职业及其他事业方面的成功有什么关系？智商上几分的差异并不能说明什么。但如果差异很大，那就不一样了。例如，一个智商为100的人在大学里可能会很吃力，而智商为120的人则正好适应。

智商与学校成绩之间的相关系数至少是0.5，这是一个相当高的相关（Calvin et al.，2010；Mayes

et al., 2009)。如果成绩仅仅依赖于智商,那么两者之间的相关应该更高。当然,动机、特殊才能、校外学习机会和许多其他因素也会影响学业成绩。在校园外的"真实世界"中的成功也是如此(Strenze, 2007)。令人奇怪的是,智商无法用于预测艺术、音乐、创作、戏剧、科学和领导才能等方面的成就,而创造力测验结果与这些方面的成就的相关更高(Kaufman, 2009; Preckel, Holling, & Wiese, 2006)。

正如人们所料,智商与职业类别之间也有关系。具有管理或专业技术职位者的平均智商高于蓝领工人。例如,会计、律师和工程师的平均智商大约在125;相反,矿工和农民的平均智商大约为90(Brody, 1992)。然而,我们必须注意到,在所有职业中都有智商高、中、低者存在。由于选择或者境遇不同,有许多智力水平较高的人选择做"低等"的工作。

智商与职业之间的这种相关是否说明专业技术工作需要更高的智力呢?事实并非如此。通常人们要获得较高的专业职位就必须要有一定的学位,结果导致这样一种假象:专业技术工作需要某种特殊的智力(也即智力测验所测的东西)(McClelland, 1994; Neisser et al., 1996),这种假象夸大了专业技术工作与智力之间的关联。随着越来越多像智力测验一样的测验被用来选拔员工,智商和工作层次之间的这种关系变得更强了。事实上可以说,高层次群体使用这些测验的目的在于保护他们的"势力范围"(Tittle & Rotolo, 2000)。

当一个人智商低于70或高于140时,智力因素对人生的影响将会很大。虽然处于两端的人只占人口的约3%,但全世界加起来也数目惊人!下面我们就来讨论智力超常和智力落后的问题。

智力超常——聪明、更聪明、最聪明

关键问题9.4:关于天才,智商能告诉我们些什么?

天才的智商有多高? 在100人中,只有2人能在智力测验中得分超过130,这些人通常被称为"超常者";得分超过140分者不到总人口的0.5%,这些人不但"超常",而且堪称"天才"。但也有些心理学家认为,"天才"的智商应更高,或者"天才"一词应特指那些具有非凡创造力的人(Hallahan & Kauffman, & Pullen, 2011)。

超常儿童

儿童时期的高智商能预测其今后的能力发展吗?为了直接证明这个问题,路易斯·推孟选择了1500名智商在140分以上的超常儿童进行追踪研究,直至他们长大成年。推孟的研究结果证明,人们对高智商儿童有许多错误的成见(Dai, 2010; Reis & Renzulli, 2010; Shurkin, 1992)。误解和事实如下:

误解之一:超常者往往是奇特的、社会退缩的人。

事实:正好相反,推孟发现超常者社会适应良好,而且都具有中等以上的领导才能(Feldhusen & Westby, 2003)。

误解之二:"早熟早衰",超常儿童在成人期往往会失败。

事实:推孟观察的超常儿童到成人期后智商仍然在高分的范围。

误解之三:头脑聪明者通常体质差,身体虚弱,书呆子气。

事实:这同样是一种误解,因为超常者的平均身高、体重和体质都高于中等水平。

误解之四:越聪明的人越容易得精神病,"天才"都近乎疯狂。

事实:推孟证明,超常者的心理健康记录好于平均水平,具有更强的抵抗心理疾病的能力。总的来说,超常者的心理调节能力都很好(Dai, 2010; Garland & Zigler, 1999)。

流体智力/Fluid intelligence 解决新异性问题的能力,包括知觉速度或快速的洞察力。

晶体智力/Crystallized intelligence 使用已经获得的知识来解决问题的能力。

误解之五：智力与成功没有关系，在实际工作中取得成就不需要高的智力。

事实：推孟的研究中最惊人的发现就是那些超常儿童在以后所取得的成功。他们念完大学，获得高学位，在工作中得到了高职位。这组超常者后来著书数十部，发表科学论文数千篇，还发表了数百篇短篇小说和其他作品（Shurkin, 1992；Terman & Oden, 1959）。我们在前面曾说过，一般情况下智商不能很好地预测后来取得的成功。然而，超常的智商与后来取得杰出成就的相关确实较高。

超常与成就

所有的超常儿童在成人期都很出众吗？不是！请记住，智商揭示的只是智力发展的潜能。高智商并不是获得成功的保证。推孟的有些超常被试长大以后，成了罪犯、失业者和适应不良者；而较低的智商分数也不能预测失败。常常被认为是天才的诺贝尔物理学奖得主理查德·费曼（Richard Feynman）智商不过122（Michalko, 2001）。

成功者与不成功者的差别在哪儿呢？推孟的被试中绝大多数成功者的家长一般都受过良好教育而且注重学习，他们鼓励孩子也成为同样的人。超常者中取得成功的人有着高度的掌握知识的决心，他们追求知识，力求做到最好，能够坚持到底（Winner, 2003）。无论是否超常，绝大多数成功者都有学习的恒心和动机（Reis & Renzulli, 2010）。没有人会因为你具有能够取得成就的潜力就付你工资，而允许你什么事都不做。你所做出的永远比你有能力做出的更重要。所以，一个孩子的天赋只有在支持、鼓励、教育和自身努力下才可能开花结果（Callahan, 2006）。

超常儿童的鉴别

家长怎样判断自己的孩子是否超常呢？超常儿童的早期表现并不是纯"脑力"方面的才能。**资赋优异**可能表现为高智商，也可能表现为具有某种特殊的天赋或能力倾向。天资聪慧的儿童具有以下特征：

- 具有寻求大孩子或成人认同的倾向。
- 早期表现出对解释和问题解决的强烈爱好。
- 早在 2～3 岁时就能用完整的句子说话。
- 具有非凡的记忆力。
- 在艺术、音乐或数字技能方面有早慧天赋。
- 通常在 3 岁之前就对书籍有极大兴趣并能够阅读。
- 表现出对他人的善意、谅解与合作态度（Dai, 2010；Distin, 2006）。

请注意这个列表超出了 g 因素的范畴，或者说单纯的"学业"智力。有天赋的孩子可能不仅仅拥有高智商。事实上，如果考虑到艺术、技术、音乐、运动或其他方面的才能，许多儿童都具有某种特殊的"天赋"。如果仅把超常限定为高智商，将会忽视

请记住，一个孩子可能在很多不同的方面具有天赋。许多学校为具有特殊才能的学生提供超长和天才儿童教育计划，而这不仅仅针对智商测验得分高的孩子。

对那些具有特殊才能的儿童的充分开发。这一认识对于少数民族儿童尤为重要，他们的天赋有可能因为那些标准化智力测验中的偏差而被埋没。这些孩子和身体残障的孩子都很少被认为是有天赋的（Castellano & Frazier, 2001；Ford & Moore, 2006）。

超常和天才儿童教育计划

孩子太聪明也会产生一些特殊问题。父母和老师通常必须做出一些调整来帮助超常儿童最大限度地发挥他们的天赋（Jolly et al., 2011）。学校的课堂教学是为普通儿童设计的，而那些"超常"的孩子可能会觉得无聊。这会导致儿童的不当行为，他们可能还会与老师发生冲突，因为老师会认为超常儿童好卖弄或自作聪明。特别聪明的儿童会感到，和同班同学一起玩儿不如和大孩子或成年人一起玩儿刺激。为了帮助这些超常儿童，目前许多学校已开始实施专为超常儿童设计的超常和天才儿童教育计划（Gifted and Talented Education, GATE），将更充实的课堂内容和更快节奏的教学进度结合起来，以满足超常儿童对更多智力刺激的需求（Dai, 2010）。从1988年开始，美国联邦基金支持的《雅各布·贾维茨超常儿童与青年教育法案》就为天才和超常教育项目提供资助（Reis & Renzulli, 2010）。

> **知识桥**
> 所有的儿童都会从丰富的环境中受益。要讨论环境的丰富性和对父母的一些指导意见，参见第3章。

智力落后——导致本质差别的不同

关键问题 9.5：造成智力落后的原因有哪些？

开始之前，你可以花一点时间读一下"遇见'雨人'"这个故事，从中你会发现才华卓越与智力障碍的奇妙组合。请在接下来的阅读过程中一直将故事的主人公金·皮克（Kim Peek）记在心中。通常，智力测验的结果远远不能反映智力落后人群的全部（Treffert, 2010）。我们应记住，智力落后者有着智力发展方面的障碍，但他们的感情是正常的。如果人们拒绝接受他们、戏弄或嘲笑他们，他们会很敏感并受到伤害。同样，如果我们爱他们、接受他们，他们也会热情回应。每个人都有权利拥有自尊，并在社会中拥有一席之地（Montreal Declaration on Intellectual Disabilities, 2004）。有智力障碍者尤其需要人们在其儿童期给予支持，这将极大地增加他们成为适应良好的社会成员的机会。

这些孩子在参加特殊奥林匹克运动会——为智力落后人群开办的运动会。特奥会的宗旨是："每个人都是冠军——包括运动员、教练和观众"。

智力落后的水平

心理能力在平均水平以下的人被称为**智力落后**（之前的称呼是**精神发育迟滞**，如今被很多人认为具有攻击性）。根据当前美国精神病学会的《精神疾病诊断与统计手册》（*Diagnostic and Statistical Manual of Mental Disorders*, DSM-IV）中所列的定

资赋优异 /Giftedness 拥有高智商，或者某种特殊的才能或能力倾向。

智力落后 /Intellectual disability （以前称为**精神发育迟滞**/mental retardation）一种发展性缺陷，智商分数在70以下，或在适应行为方面有严重障碍。

临床案例　　　　　　　　　　　　　遇见"雨人"

金·皮克是达斯汀·霍夫曼（Dustin Hoffman）在奥斯卡获奖影片《雨人》中扮演的角色的原型。他从18个月大时就开始记书。直到他2009年去世，他已完全记住9000本书。他知道美国所有的邮政编码和电话区号。他能给出在任意两个美国大城市之间旅行的方向。数百首古典音乐的任意一段他都能一听到就立即说出音乐的细节、作曲者、创作和首演时间。金甚至学会了演奏其中大部分曲子。然而令人惊讶的是，拥有这些技能的金在抽象思维和整体智力测验中的表现却很差。他的协调能力也很差，都不能自己扣纽扣（Treffert, 2010；Treffert & Christensen, 2005）。

金·皮克患有**弱智天才综合征**，这类人智力非常有限，却在一个或更多狭窄的领域表现出了特异才能，例如心算、日历计算、艺术或音乐等（Crane et al., 2010；Young, 2005）。

弱智天才是否具备大多数人没有的特殊心理能力呢？一种理论认为，许多弱智天才的左脑半球有些损伤，使得他们可以摆脱语言、概念和高级思维的"诱惑"，从而纯粹地专注于音乐、绘画、素数、车牌、电视广告以及其他某种特定信息（Young, 2005）。还有一种观点认为，许多自闭症天才的特殊表现来源于大量的练习（Miller, 1999）。也许我们每个人身上都有心智卓越的火种，大量的练习则能让它熊熊燃烧起来。

虽然目前还不能完全解释弱智天才综合征，但它说明在一般智力之外还存在特殊能力。

义，智商接近70或以下的为智力落后人群，具体分类见表9.4（American Psychiatric Association, 2000）。一个人的智商分数有时会有上下几分的波动，因此，表中所列出的智商范围只是近似值。通过表9.4，你可以对不同程度智力落后的智商范围和生活能力情况有个大概印象。目前，一个人执行适应性行为（基本技能，如穿衣、饮食、交流、购物、工作）的能力也被纳入评估智力落后的标准中（American Psychiatric Association, 2000；Hallahan, Kauffman, & Pullen, 2011）。

新版的DSM，即DSM-5，预计在2013年出版。其中对智力落后水平的新定义很有可能会弱化智商的问题，而更关注适应性行为的损伤（American Psychiatric Association, 2010）。毕竟，如果一个人拥有相当好的适应技能，却仅仅因为其智商落入了预定的范围就被贴上"严重智力落后"的标签，这实在是不妥。这种标签最终非常容易形成一种不必要的限制，阻碍智力落后者达成教育目标（Harris, 2010；Kirk et al., 2011）。

智力落后者需要照顾吗？一般不要。只有极重度智力落后者（智商低于25分）完全需要他人照顾，他们中的许多人生活在社区办的集体宿舍中，或在家里由亲人照顾。重度（智商25～40分）和中度智力落后者（智商40～55分）能够掌握基本语言，有一定自理能力，他们中的许多人可以在特殊的残疾人工厂从事简单工作，成为自食其力的人。智力落后者中85%的人属轻度智力落后（智商55～70分），通过参加精心设计的特殊教育，这组人以及智力正常偏弱者（智商70～85分）到了成年期都能够独立生活，也可能结婚，但他们要达到社会对正常成年人的要求还有许多困难（Zetlin & Murtaugh, 1990）。

表9.4　智力落后的水平

智商范围	智力落后的程度	可教育性分类	需要他人照顾的程度
50~55 到 70	轻度落后	可接受教育正常生活	偶尔帮助
35~40 到 50~55	中度落后	可通过训练独立生活	有限帮助
20~25 到 35~40	重度落后	训练后部分依赖他人	大量帮助
低于 20~25	极重度落后	终身依赖他人的照顾	全面帮助

造成智力落后的原因

是什么原因造成了智力落后呢？智障者中有30%~40%的人找不到生物学方面的原因，这些人一般为轻度智力落后，智商范围在50~70分，家庭中通常还有其他轻度智障者。这种所谓**家庭环境性智力落后**与贫困有关，这些家庭中的儿童缺乏营养、智力刺激、医疗条件和情感方面的照顾。因此，这类智力落后在很大程度上可以通过改善营养、教育和儿童早期养育条件等加以预防（Beirne-Smith, Patton, & Shannon, 2006）。

大约50%的智力落后者有器质性病因或生理问题（Das, 2000），其中包括分娩时缺氧等情况造成的产伤，由于疾病、感染或母亲滥用药物造成的胎儿损伤，以及代谢障碍等。代谢障碍指身体中能量产生和消耗比例失调，这也会导致智力落后。还有些智力落后与基因变异有关，如基因缺失、多余基因或基因缺陷。儿童期营养不良或者受到铅、多氯联苯等其他毒素影响，也会导致器质性智力落后（Beirne-Smith, Patton, & Shannon, 2006）。以下是智力落后的一些特别的器质性病因。

唐氏综合征

唐氏综合征在婴儿中的发生率为1/800，患者有中度到重度的智力落后，寿命通常只有49岁左右。现已得知，唐氏综合征儿童的第21对染色体多出一条，即有三条第21号染色体，这是父亲的精子或母亲的卵子有缺陷造成的结果。因此，唐氏综合征是由基因问题造成的，但一般不会遗传（不会"在家族中蔓延"）。

唐氏综合征可能与父母要孩子时的年龄有很大关系。年龄较大的男子和女子的生殖细胞在分裂过程中更可能出差错，更可能出现多余的染色体。如下所示，母亲的年龄越大，风险也越大（National Institute of Child Health and Human Development, 2010）：

母亲年龄	唐氏综合征发生率
30岁之前	1/11000
40岁之前	1/105
40岁之后	1/12

父亲，尤其是年龄较大的父亲，同样也会增加风险，因为在一小部分情况下，父亲也可能带来多余的染色体（National Institute of child Health and Human Development, 2010）。年龄较大的父母在计划要孩子时更要慎重考虑自己将面对的风险程度。

到目前为止，唐氏综合征是无法治愈的。然而，这些儿童通常很可爱，对人友好，并可以在特殊关照下学会做一些事。在基本生活方面，唐氏综合征儿童可以做一般儿童能做的绝大多数事情，只是慢一些。因此，我们最需要做的，就是精心设计一套教育计划，以使得这些儿童的未来生活更充实完满。

图中的年轻女性表现出典型的唐氏综合征的特征。这一疾病突出的特征有眼睛呈杏仁形、舌头前突、体格矮壮、手短粗、掌纹深。

脆性X染色体综合征

由基因问题造成的智力落后，除了唐氏综合征以外，第二大常见的基因问题是**脆性X染色体综合征**（Hallahan, Kauffman, & Pullen, 2011）。与

弱智天才综合征 /Savant syndrome　整体智力有限，却在一个或更多狭窄的领域表现出特异的才能，例如心算、日历计算、美术或音乐等。

家庭环境性智力落后 /Familial intellectual disability　在一些贫困家庭中，儿童由于缺乏智力刺激、营养和情感方面的照顾而出现的轻度智力落后。

唐氏综合征 /Down syndrome　由多出的一条染色体引起的基因异常所致，导致智力落后。

脆性X染色体综合征 /Fragile-X syndrome　一种由X染色体缺陷导致的遗传性智力落后。

唐氏综合征不同之处在于，脆性X染色体综合征是遗传性的，病因与X（女性）染色体上一片细薄的区域损伤有关。脆性X染色体综合征像色盲一样与性别有关，主要对男婴有影响，发生率大约为1/3800（National Fragile X Foundation，2011）。

脆性X染色体综合征者一般脸型瘦长、耳朵很大。在儿童期，他们的身高体重通常大于同龄人的平均值，但在青少年后期又小于平均值。患者中有3/4的人患多动症和注意障碍，其中许多人还有回避与别人视线接触的奇怪倾向。

他们在儿童早期只表现为轻度智力落后，但在成人期常常变为重度或极重度落后。在适应性行为学习方面，他们对日常生活技能往往掌握得较好，而在语言和社会技能方面差一些（Hallahan, Kauffman, & Pullen, 2011）。

苯丙酮尿症

苯丙酮尿症 PKU 是因人体内缺乏一种重要的酶而引起的遗传性疾病。这一缺陷造成一种叫作苯丙酮酸的破坏性化学物质在人体内积聚。苯丙酮尿症也与多巴胺的水平很低有关，而多巴胺是脑内的一种重要的化学信息传递物质。该症如果不能及时治疗，儿童通常会在3岁前出现重度智力落后。

对新生儿的常规医学测试能够发现苯丙酮尿症。这是一种儿童自身无法代谢的物质，通常要给患儿吃低苯丙氨酸食物，坚持仔细地进行饮食调理，可以预防此类智力落后（Grosse，2010）。（你可能想知道哪些食物中含有苯丙氨酸——许多食物中都有。例如，无糖型可口可乐饮料中有一种叫作阿斯巴甜的人工甜味剂，其中就含有苯丙氨酸。）

小头畸形

患有**小头畸形**的人较罕见，他们的头骨非常小或不能发育，狭窄的空间限制了大脑的发展，从而导致严重的智力落后（Szabó et al., 2010）。小头畸形者通常被安置在福利机构中生活，他们大多为人善良、举止良好、易与人一起工作。

脑积水

脑积水是由脑脊液在脑腔中的积聚引起的，液体的压力可以损坏大脑并将头部撑大。脑积水并不罕见，在美国和加拿大，每年大约有10000个患有脑积水的婴儿出生。庆幸的是现在有一种新的医疗方法能治愈绝大多数患儿，使他们过上几乎正常的生活。这种医疗方法是将一根管子植入胎儿大脑，把液体排入腹部。尽管患病的孩子通常在智力测验中得分会低于平均水平，但通常都能避免重度智力落后（Rourke et al., 2002）。

呆小症

呆小症是另外一种在婴儿期就表现出来的智力落后，它是由甲状腺素补充不足造成的。在世界上的一些地方，食物中缺碘会造成呆小症（甲状腺需要碘才能正常工作）。工业化国家中人们都食用含碘盐，因此这种智力落后已很罕见。呆小症引起的身体和智力发育不良是不可逆转的。值得庆幸的是，呆小症在婴儿期很容易被察觉，一经发现就通过补充甲状腺素来治疗，可避免造成永久性损伤。

知识巩固
智力的变异性
测一测

1. 智商的分布近似一条_____（钟形）曲线。
2. 近年来男女之间的智力差异越来越大。对不对？
3. 高智商与高收入职务之间的联系证明：那些职务需要更高的智力。对不对？
4. 在智商测验中得分超过140分者大约占总人口的6%。对不对？
5. 智商低于90分者为智力落后。对不对？
6. 一些智力落后情况找不到器质性原因，其中许多看来是_____造成的。

配对：

7. 苯丙酮尿症　　　　　A. 甲状腺素缺乏
8. 小头畸形　　　　　　B. 大脑太小
9. 脑积水　　　　　　　C. 共有47条染色体
10. 呆小症　　　　　　 D. 缺少一种重要的酶
11. 唐氏综合征　　　　 E. 脑脊液过多
12. 脆性X染色体综合征　F. 女性染色体异常
　　　　　　　　　　　　G. 出生时缺氧

批判性思考

13. 路易斯·推孟对超常儿童非常感兴趣，他不但对他们的生活进行观察，而且建议他们应该选择何种职业。推孟在观察中犯了什么错误？

想一想

如果你对班级里的人的身高进行测量，会发现大多数人集中在一个平均高度附近。特别高和特别矮的人极少。这意味着什么？你认为这是正态分布吗？（当然是。人的很多特征的测量结果都像智商一样呈正态分布曲线。）

你认为超常应该定义为高智商还是有特殊天赋（或者两者都要）？为了增加在当今社会中的成功概率，你是更愿意变聪明还是有特长（还是两者都要）？如果一个人聪明、有特长、动机强烈且幸运，他会怎样？

如果你是一位心理学家，有人请你对一个孩子的智力落后程度进行评估，你会更多依靠智商还是孩子的适应行为？如果两方面都考虑，你会更有把握吗？

答案：图案题目上的答案是不准确的。
1.正态分布 2.乙状 3.尔状 4.术状 5.尔状 6.家图笔 7.D 8.B 9.E 10.A 11.C 12.F 13.推孟可能忽略了天才

遗传与环境——超级老鼠、家族树与电子游戏

关键问题 9.6：遗传和环境是如何影响智力的？

智力会遗传吗？这个看似简单的问题其实充满了争议。一些心理学家认为遗传因素对智力的影响很大，而另一些心理学家则认为环境因素起主导作用。那么，这两种观点各自有哪些证据呢？

在一个证明遗传因素作用的经典研究中，Tryon（1929）把两组实验大鼠分开饲养和繁殖，一组是在迷津测验中学习特别快的"聪明鼠"，另一组是学习慢的"愚笨鼠"。经过几代繁殖后再进行迷津测验，结果表明"聪明鼠"后代中学习最慢的大鼠也能胜过"愚笨鼠"后代中成绩最好的大鼠。这一结果和其他**优生学**（对期望的特性进行选择性育种）研究说明，遗传对一些特性的影响是很大的。

这可能是对的，但是迷津学习的成绩是否真实地反映了智力的差异呢？不一定。Tryon的研究似乎能证明智力是可遗传的，但后来的研究者发现，"聪明鼠"主要是因为寻求食物的动机更强，在测试期间不大分心，所以学得更快。如果随后不再喂食，"聪明鼠"也就不再比"愚笨鼠"学得快了。Tryon的研究确实证明了一些行为特点受遗传的影响，但对于智力尚不能下此结论。因此，动物研究还不能确切地告诉我们遗传和环境是如何影响人的智力的。下面让我们看一些对人的研究结果。

遗传作用

在我们的一般印象中，父母与他们的孩子之间或兄弟姐妹之间在智力发展上有着一定的相似性。正如图9.5所示，亲属之间在血缘关系上越亲近，他们的智商分数也越相似。

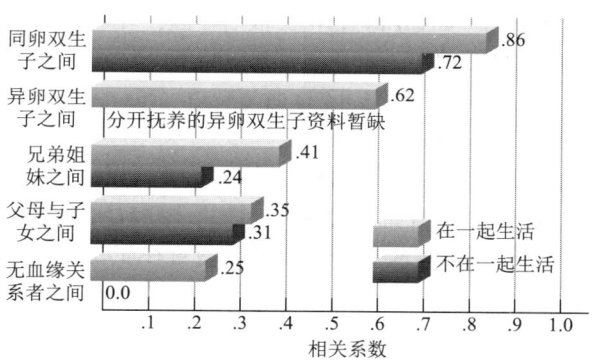

图9.5 血缘亲近程度和成长环境的相同程度对智商相关的影响。请注意两点：随着血缘亲近程度的下降，相关系数逐渐降低；在所有情况下，智商相关系数都随环境相同程度的增加而提高（Adapted from Bouchard, 1983; Henderson, 1982）。

苯丙酮尿症 /Phenylketonuria	一种会导致苯丙酮酸在体内积累的遗传性疾病。
小头畸形 /Microcephaly	头和大脑异常小的一种畸形。
脑积水 /Hydrocephaly	脑腔中的脑脊液聚积。
呆小症 /Cretinism	由于甲状腺素缺乏而导致的矮小和智力落后。
优生学 /Eugenics	对期望的特性进行选择性育种。

这是否就说明智力是遗传的呢？未必。不论是兄弟姐妹还是父母和子女，他们的遗传条件相似，环境条件也往往相同（Grigorenko，2005）。只有做一些有选择的比较，我们才可能把遗传和环境区分开。

双生子研究

请注意，在图 9.5 中，与一般兄弟姐妹相比，异卵双生子之间的智商分数更为相似。**异卵双生子**分别来自两个同时受精的卵子，在遗传学上他们并不比普通的兄弟姐妹更相近。那么，为什么双生子之间的智商更相似呢？原因在于环境：家长处处都同样地对待双生子，但不会那样对待非双胞胎儿女，结果使双生子的智力发展更为相似。

在同卵双生子之间所观察到的相似性更明显。**同卵双生子**由单个卵子发育而成，具有完全相同的基因。在图 9.5 的上端可以看到，同一家庭中长大的同卵双生子智商有很高的相关，这一点符合我们对同卵双生子在非常相似的环境中成长情况的预测。但是，如果将同卵双生子分开抚养，会发生什么情况呢？如你所见，相关依旧很高，只从 0.86 下降到 0.72。遗传论者认为，这些结果可以说明成人期智力差异中大约 50% 是遗传所致（Jacobs et al.，2008；Neisser et al.，1996）。

环境论者是如何解释这些结果的呢？环境论者指出，在分开抚养的双生子中，一些双生子的智商差异高达 20 分，这种情况说明教育和环境是造成双生子间巨大差异的原因。同样，分开抚养的双生子一般总是被送到与他们的出生家庭具有相似社会和教育背景的家庭中抚养。在这种情况下，不在一起生活的双生子智商相似可能被解释为遗传效应，而实际上更可能是环境效应。还有一个经常被忽视的事实：双生子在出生以前在子宫中的环境是一样的。如果把这一点考虑进去，智力的遗传因素似乎不到 50%（Devlin，Daniels，& Roeder，1997；Turkheimer et al.，2003）。

> **知识桥**
> 同卵双生子倾向于拥有相似的人格特质。这说明基因不仅对智力有影响，对人格也有影响。想获得更多的信息，参见第 12 章。

环境作用

环境对于智力发展作用的有力证据，来自对同一家庭中亲生子和养子的比较研究。如图 9.6 所示，父母为亲生子女提供了基因和环境，而对领养子女只提供了环境。如果智力主要是遗传决定的，那么亲生子的智商应该更接近父母的智商。然而，研究结果表明，由同一个母亲抚养的亲生子和养子的智商与她的智商接近程度相当，这一结果说明是否有共同的基因与智商是否相同关系不大（Kamin，1981；Weinberg，1989）。

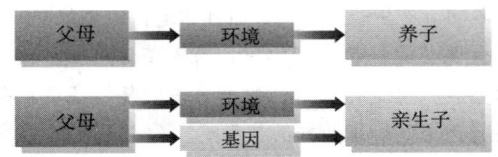

图 9.6 在同一家庭中成长的养子和亲生子的对比。（Adapted from Kamin，1981）

智商与社会经济地位

环境在多大程度上可以改变智力呢？这取决于环境的质量（Turkheimer et al.，2003）。研究环境作用的一种方法是比较社会经济地位不同的家庭所收养的儿童。不难想象，在经济条件好的家庭中成长的儿童智商会高于那些在经济条件较差的家庭中成长的儿童。其中主要原因是社会经济地位高的父母可以为儿童提供更丰富的环境、更好的营养、更多的教育机会和其他优越条件（Capron & Duyme，1992）。

更重要的是，不再在社会经济地位低的环境中成长的孩子在智力上会有更多的提高。也就是说，相比于在经济条件好的家庭中成长的儿童，经济条件差的家庭中成长的儿童的智力在更大程度上受环境因素的影响（Henrich，Heine，& Norenzayan，2010）。在一项研究中，25 个儿童从孤儿院转到更好的环境中生活，后来他们的智商都有了显著提高。情况是这样的：某孤儿院中有一些孩子被认为是无人会领养的智力落后的儿童，因此他们被送到了另一个福利机构。这些孩子因祸得福，在那里获

批判性思考：电子游戏对我有好处吗？

虽然弗林效应指出环境因素能影响智力（Flynn, 2007；Schooler, 1998），但究竟是什么环境因素影响智力并不清楚。心理学家 Steven Johnson（2005）相信是当代文化在起作用。虽然他也同意许多流行媒体包含太多的暴力和性内容，但他也指出电子游戏、网络甚至电视都正在变得越来越复杂，需要人付出更多的认知努力去理解。换句话说，理解我们是如何体验环境的与理解我们所体验的内容一样重要。

例如，《乒乓》（Pong）和《哈豆豆》（PacMan）等早期的电子游戏的视觉体验简单而重复。相反，当今最热销的《使命召唤》（Call of Duty）或《模拟人生》（The Sims）等游戏提供丰富而复杂的体验，能让玩家花费 40 小时甚至更长时间来完成大量的问题解决任务。而且，玩家通常需要自己去总结出规则。由爱好者们写的流行游戏攻略通常比本书的任何一章都要长。唯有复杂而迷人的游戏才能吸引玩家去使用这些攻略，甚至写出来给别人用（Johnson, 2005）。

Johnson 还指出，包括网络和电脑软件等其他流行文化也变得更复杂了。连流行的电视内容也变得需要更多的认知加工了。比如，和过去的电视剧不同的是，当代的电视剧的情景编制和人物塑造贯串长达三四个月的节目。总之，流行文化比过去更能让人去阅读、反思和解决问题了（在你不加批判地接受电子游戏之前，请阅读第 6 章"你是说电子游戏对我有害？"。）

得了无微不至的关怀。后来，他们被人领养，得到了爱、家庭和刺激丰富的生活环境，他们的智商平均提高了 29 分；而其他被认为是智力正常的孤儿，则继续留在孤儿院中，一段时间后，他们的智商平均降低了 26 分（Skeels, 1966）！

还有一个环境起到很大作用的例子。一项包括 14 个国家样本的研究显示，在过去 30 年中，人的平均智商提高了 5～25 分（Dickens & Flynn, 2001, Flynn, 2007）。这一现象被称为弗林效应（Flynn effect），以新西兰的心理学家 James Flynn 命名。在如此之短的时间内出现平均 15 分的提高，仅用遗传学是无法解释的。显然，这种提高反映了环境的力量，如教育水平提高、营养改善和科技发展对人们生活的影响（Barber, 2010；Johnson, 2005）。如果你曾经玩过电脑游戏或者在家安装过无线网络，你就会理解为什么人们对智商测验的回答会更好了（Neisser, 1997）。"电子游戏对我有好处吗？"深入探讨了这一观点。

如果环境能够影响智力，那么智力可以被教出来吗？传统的回答是"不可以"。例如，简单的训练无法让能力倾向测验和智力测验得分得到提高（Brody, 1992）。而在**儿童早期教育计划**中可以找到一些令人鼓舞的结论。这些计划主要是给那些穷困的儿童提供长期的富有刺激性的智力经验（Kirk et al., 2011）。在一项研究中，从婴儿期到整个学前期给来自低收入家庭的孩子提供丰富的环境条件，刚 2 岁时他们的智商就已经比控制组高了。更重要的是，7 年之后他们仍然高出 5 分（Campbell & Ramey, 1994）。像领先运动（Head Start）这样高质量的强化项目能够防止孩子在学校里跟不上（Barnet & Barnet, 1998；Ramey, Ramey, & Lanzi, 2001）。

后期学校教育也对智商有影响。Stephen Ceci 发现，人们离开学校之后智商每年下降可达 6 分。如果一个人在初中二年级时辍学，在成人期智商下降最多可达 24 分。相反，人们在学校学习的时间越长，智商提高得越多（Ceci, 1991）。以色列心理学家 Reuven Feuerstein 和同事开发了一种叫作"工具性强化训练"（Instrumental Enrichment）的教程，学生们在教师的指导下进行几百小时的问题解决

异卵双生子 /Fraternal twins　产生于两个独立卵子的双生子。

同卵双生子 /Identical twins　从同一个卵细胞发育而来、具有同样基因的双生子。

儿童早期教育计划 /Early childhood education program　主要给穷困儿童提供富有刺激性的智力经验的计划。

训练，学习如何避免思维中出现纰漏，从而使自己不会在智商测验中丢分（Feuerstein et al.，1986）。Feuerstein和其他一些研究者发现这种训练能够提高思维能力，甚至能提高智商（Feuerstein et al.，2004；Skuy et al.，2002；Tzuriel & Shamir，2002）。

随着我们对人类思维的理解不断加深，加上计算机所提供的不知疲倦的支持，"教出智力"在学校中可能变得很普遍。孩子的智商分数高低并非是最重要的，最重要的是不断完善的教育和思维技能训练可以提高所有孩子的智力能力（Hallahan，Kauffman, & Pullen，2011；Hunt，1995）。即使"教出智力"不能提高智商分数，它也能给予孩子更好地思考和在生活中取得成功所需的能力（Perkins & Grotzer，1997）。

小结

综上所述，没有一个心理学家会否认遗传是智力发展的一个主要影响因素，同时，所有的人都认为环境对智力有影响。虽然不同研究者在遗传和环境作用问题上的争论将继续下去，但大家在这一点上的认识是一致的，即改善社会条件和教育将能够提高智力水平。

我们不知道由于环境极度恶劣而造成的低智商最低有多低。但我们知道，即使是在最理想的环境条件下，人的智力也由于遗传因素的限制而不可能无限增高。不过，那些超常儿童的父母和孩子在一起的时间都比较长，他们会耐心回答孩子的问题，并鼓励孩子进行智力探索。这些家长的做法显然是有益于儿童智力发展的（Dai，2010）。

> **知识桥**
> 贫困的、缺乏刺激的环境在儿童早期阶段会极大地限制其心智发展。想获得更多的信息，参见第3章。

因为基因是一出生就固定了的，所以"遗传在一定程度上决定了智力"这一事实没有多少真正的价值。保证孩子充分发挥潜能的主要途径还是改善他们的学习和成长环境（Ormrod，2011；Turkheimer，1998）。

总的来看，我们或许可以把人类遗传的智力潜能比喻为一根橡皮筋，把环境作用比喻为外部的拉力。如果一根橡皮筋本身较长，不费劲就能拉到一定长度；如果一根橡皮筋较短，用的力大一些也能拉到同样长度。当然，极高的先天禀赋可能可以达到更高的智商水平。总而言之，智力发展中反映着人的潜能、教养和先天因素的共同作用（Grigorenko，2005；Kalat，2009）。

不仅仅是测量智力——除了"g"以外的其他智力

关键问题9.7：关于智力是否有其他的观点？

在前面的讨论中，我们一直假设智力可以与身高和体重一样进行测量。还有其他一些方法也试图更深入仔细地理解智力。具体而言，近来对智力的研究中出现了四个新的方向：

- 一些心理学家正在研究智力的神经基础。他们提出的问题是，神经系统在智商差异中起到怎样的作用。
- 第二个新方向是把智力行为看成思维技能的反映。认知心理学家认为，人的神经系统好比一台高速计算机，如果你不知道如何使用它，它就没多大用处。
- 说到计算机，是否有可能通过编制计算机程序来了解人类智力呢？这是人工智能领域的一个研究目标。
- 第四个新方向试图对智力重新地、更广泛地进行定义。许多心理学家质疑传统的智商测验，认为其内容狭隘地集中于测量分析思维能力。

智力的神经系统

聪明的人神经传导的速度更快吗？ 人们会很自然地假设，智力像人类其他能力一样，可以在神经系统中定位。但是，霍金的神经系统是如何让他那么聪明的呢？神经系统的哪些部位在发挥作用呢？目前这是一个非常活跃的研究领域（Banich & Compton, 2011）。在这里，我们只能简要地探讨几个问题。

一种假设是，聪明的人具有更快的神经系统。可能霍金的大脑比我们都运行得更快。为了检验这一假设，研究者测量了人们加工各种信息的速度有多快（Bates, 2005）。例如，研究者测量了当人进行某种选择时需要多长时间才能做出反应，即**反应时**（见图9.7）。研究者们还可以记录刺激呈现后大脑活动的波形。这类研究试图测量人的**认知加工速度**，而这种速度可以反映大脑的运行速度和效率（Reed, Vernon, & Johnson, 2004; Waiter et al., 2009）。整体来说，智商得分更高的人在如图9.7所示的反应时任务中也反应更快（McCrory & Cooper, 2005）。此外，大脑中控制高级认知能力的部位在反应时测验中通常也更为活跃（Deary et al., 2001; Waiter et al., 2009）。这些发现表明，当我们说某人脑子快、敏捷、灵活或聪明时，部分含义是指此人的神经系统加工速度较快。

那么大脑的哪些部位控制了高级心理能力呢？你可能回忆起第二章中所讲的内容：额叶，尤其是前额叶皮层，与更为复杂的行为密切相关。也许，霍金的这部分大脑比我们其他人都更大。

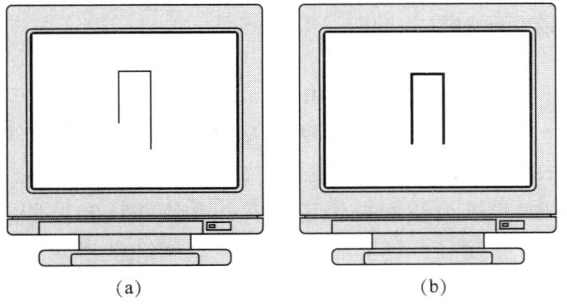

图 9.7 反应时任务中所用的刺激材料。被试首先看到（a）所示的刺激，呈现时间非常短暂，紧接着是（b）所示的第二个刺激以覆盖（a）。被试的任务是判断（a）的"左腿"较长还是较短，并按相应的键反应。拥有高智商的被试在完成这样的任务时，通常反应更快，正确率更高（Bates, 2005; Petrill et al., 2001）。

智力信息加工

许多智力行为是良好思维技能的体现。认知心理学家 David Perkins 认为，一个人的聪明程度取决于三种智力：

- **神经智力** 指神经系统的速度和效率方面相对固定的能力；
- **经验智力** 指在过去生活中获得的特殊知识和技能；
- **反思智力** 指能够意识到自己的思维习惯的能力。

改变神经智力的可能性不大。然而，人们可以通过增加知识和学习更好的思考方式而变得更聪明（Perkins, 1995; Ritchhart & Perkins, 2005）。前面讲过的 Feuerstein 的"工具性强化训练"的效果是改进反思智力的一个很好的例证。

现在，许多心理学家认为，为了充分使用先天的智力，一个人必须有好的**元认知技能**。在这里，"元"是"超越"的意思。因此，元认知技能指超越和高于普通思维的技能，其中包括对自己的思维和问题解决过程进行管理的能力。一般而言，使用这种技能意味着把问题分解成几个部分、建立目标和子目标、监控和调整。学习元认知技能将是使人变得更聪明的最可靠的途径（Hunt, 1995; Ku & Ho, 2010）。

反应时 / Reaction time 人看见一个刺激并对此做出正确判断所需的时间量。

认知加工速度 / Speed of processing 心理上加工信息的速度。

神经智力 / Neural intelligence 个体大脑和神经系统先天的速度和效率。

经验智力 / Experiential intelligence 通过学习和经验获得的特殊知识和技能。

反思智力 / Reflective intelligence 能够意识到自己思维习惯的能力。

元认知技能 / Metacognitive skills 管理自身的思维和问题解决过程的能力。

> **知识桥**
>
> 元认知技能是反思者的一个重要能力。请阅读"导言：心理学的学习方法"。它将提示你，提高元认知技能将如何帮助你成为一个更好的学生。

人工智能

尽管大部分研究关注测量人类的智力，但是有一小群心理学家和计算机科学家采取了一种完全不同的方法。他们基本的想法是建立拥有**人工智能**（Artificial Intelligence，AI）的机器。这通常指建立一种计算机程序，该程序可以完成人类需要用智力完成的任务（Russel & Norvig，2003）。正如计算机科学家 Aaron Sloman 解释的那样，"人类的大脑不是通过魔法而运转的，因此，大脑所能做到的事机器也能做到"（Brooks，2009）。编制出来的程序则可以帮助我们了解人们是如何完成相同任务的。

举个例子来说，IBM 的超级计算机"沃森"在电视竞赛节目《挑战自我》（*Jeopardy*）的比赛中甚至战胜了人类（Markoff，2011）。同样的，Aaron Sloman 的机器人"Cubinator"可以漂亮地解决魔方难题。Aaron Sloman 希望通过 Cubinator 的专业知识更好地了解人类是如何做数学题的（Solman，2008）。

计算机和机器人究竟有多聪明呢？别担心，到目前为止它们还不是非常聪明。让我们假设，你在与一个不认识的人即时地交流信息。你可以随意地评价、提问，多长时间都可以。事实上，你正在交流的"人"是一台计算机。你认为一台计算机可以骗过你，让你认为它是人类吗？如果可以的话，就真的可以夸它"聪明"了。不过结果可能会令你吃惊，到目前为止，没有一台机器可以通过这一测验（Moor，2003）。

计算机面临的一个问题是，人们可以从一个话题迅速地"换挡"到另一个话题，转换非常灵活；相反，机器"智能"在内设规则以外的世界中还是个"瞎子"（D'Mello，Graesser，& King，2010）。举个小例子，你可以理解写错的单词（u cann understand wrds thet ar mizpeld），但是计算机只能分析表面的文字，在这种错误面前很容易束手无策。

无论如何，人工智能在许多特定的任务中都表现得很好（例如下棋或玩魔方）。目前大部分的人工智能是基于这样一个事实，即许多任务（从协调音乐到诊断疾病）可以简化为一系列规则，而这些规则可以帮助机器人获取信息。在那些需要速度、大量记忆和耐力的情境下，人工智能非常重要。事实上，人工智能程序在一些任务中的表现比人类好。一个例子就是1997年世界国际象棋大赛中，著名的 Garry Kasparov 输给了计算机"深蓝"。

2007 年世界魔方锦标赛上，"Cubinator"正在解决魔方难题。赢家是一个人，他只用 10 秒就可以完成；而"Cubinator"花费了 26 秒。"Cubinator"将在多大程度上帮助我们了解人类如何解决魔方问题呢？

人工智能与认知

尽管人工智能要复制人类的整体智力还有很长的一段路要走，但是像"Cubinator"这样的人工智能系统给我们提供了探索一些特殊认知技能或智力的途径。计算机模拟和专家系统就是两个很好的例子，证明了人工智能系统可以成为我们的研究工具。

计算机模拟是指试图复制人类特定行为的程序，特别是思考、决策和问题解决。这里，计算机就像一个"实验室"，用来检验认知模型。如果计算机程序表现得和人类一样（包括会犯同样的错误），那么这一程序就是我们如何思考的一个好模型。

专家系统这种程序与人类专家做出的反应相似（Giarratano & Riley，2005；Mahmoodabadi et al.，2010）。它们将复杂的技能转化为计算机可以识别的清晰易懂的规则，从而揭示了人类的心理能力。专家系统可以预测天气、分析地理信息、诊断疾病、下棋、阅读、告诉我们什么时候该买进或抛掉股票，等等。

最终，人工智能几乎一定可以产生这样的机器人：可以识别声音、说话，还可以在特定的能力领域中表现得"具有智慧"。为了达到这一目标，智力是否应该直接编入计算机程序呢？或者计算机是否应该被设计得可以从经验中学习，就像人脑那样呢（Sporns，2010）？只有时间才知道答案。

多元智力

将智力定义为 g 因素（整体能力）一直充满争议。例如，小学生威廉在阅读能力上比同龄的孩子落后两年，但是他却能够给老师讲解如何解决一个计算机编程的难题。或者让我们来看看他的同学马莉卡，这个女孩数学成绩很差，却可以弹奏非常复杂的钢琴曲。这两个孩子都明显地表现出了一种能力倾向（我们在之前谈论过）。此外，我们也了解了自闭症天才金·皮克拥有更为极端的智力优势和劣势。这些观察的结果让许多心理学家相信，已经到了必须提出新的、涵盖面更广的智力定义的时候了。他们的基本目标是更好地预测个体在"真实世界"中获得成功的可能性，而不仅仅是在学校获得成功的可能性（Sternberg & Grigorenko，2006）。

智能的结构

哈佛大学的心理学家霍华德·加德纳（Howard Gardner）提出一个理论指出：实际存在八种不同的智力（2003，2004，2008）。这些智力是不同的心智"语言"，可供人们用来思考。以下所列的是这八种智力及其适宜的职业：

1. 语言优势：作家、律师、滑稽演员
2. 逻辑和数学优势：科学家、会计、计算机程序员
3. 视觉和空间思维优势：工程师、发明家、艺术家
4. 音乐方面的智力优势：作曲家、音乐家、音乐评论家
5. 身体-运动技能优势：舞蹈家、运动员、外科医生
6. 个体内部管理及关于自我的知识等方面的智力优势：诗人、演员、牧师
7. 处理人际关系的技能及在社会能力方面的智力优势：心理学家、教师、政治家
8. 理解自然环境的技能优势：生物学家、医药人员、农民

简而言之，人可能有"词语智力""数字智力""图画智力""音乐智力""身体智力""自我智力""人际智力"以及"自然智力"。

普通人一般只可能在其中少数几方面发展较强。但像爱因斯坦这样的天才似乎能够在必要时应用所有这些智力去解决问题。

如果加德纳提出的**多元智力**理论正确，那么，传统的智商测验所测量的只是实际智力的一部分，即语言、逻辑-数学和空间能力等方面。我们可以这样进一步理解这一观点的含义：我们的学校正在浪费人类的大量潜能（Campbell, Campbell, & Dickinson, 2003）。举个例子：如果把数学学习或阅读训练与艺术、音乐、舞蹈、戏剧等联系起来，一些孩子一定会感到学起来更容易。目前，许多学校已经开始利用加德纳的理论来开发学生更广泛的技能和才艺了（Campbell, Campbell, & Dickinson, 2003；Kornhaber & Gardner, 2006）。

展望

如前所述，在接下来的"应用篇"中，我们将讨论有关智力测验效度和测验对不同群体的公平性问题。这些主题关系到问题的核心："什么是智力？"这些话题饶有趣味并与文化相关，将进一步丰富你对智力的理解。

人工智能 /Artificial intelligence(AI)　既指一种可以完成人类需要用智力完成任务的计算机程序，也指程序本身的结果。

多元智力 /Multiple intelligences　霍华德·加德纳的理论，认为智力有多种特殊的类型。

知识巩固

遗传、环境和新智力观

测一测

1. 为保持最佳适应特点进行选择性繁殖的研究叫作_____。
2. 下列四种情况中,智商最接近的人是_____。
   a. 父母和子女
   b. 分开抚养的同卵双生子
   c. 在一起生活的异卵双生子
   d. 在一起生活的兄弟姐妹
3. 绝大多数心理学家认为智力有90%是遗传的。对不对?
4. 除了测验过程中发生的一些微小变化外,一个人的智商是基本不改变的。对不对?
5. 反应时是用来测量_____的。
   a. 经验智力 b. 神经智力
   c. 反思智力 d. 分析性智力
6. 根据加德纳的理论,传统智商测验不能测量的是哪一种智力?
   a. 个体内部管理能力
   b. 空间能力
   c. 逻辑思维
   d. 语言能力

批判性思考

7. 辍学会降低智商,而上学可以提高智商。这样的研究结果说明了有关智力测验的哪些问题?
8. 将一个机器描述为"聪明的"是否准确?

想一想

你认为有关遗传和智力关系的研究为什么会引发那么激烈的争论?你认为老师、家长、学校管理者、政治家、医生、自由派、保守派和顽固派各自支持什么观点?

你更愿意用哪种方法来测量自己的智力:加工速度还是传统智商测验?为什么?

你能用自己的话给神经智力、经验智力和反思智力下定义吗?

列一个自己的特殊能力表,看看加德纳所确定的8种智力中你具备多少?

答案:
1. 优生学 2. b 3. 不对 4. 不对 5. b 6. a 7. 这些研究结果告诉我们,智力测验在测量先天智力的同时,也测量了受教育的影响,说明学习经验会影响智商。8. 再精制的机器也只是在一种特定的领域解决问题,他们并不是我们所说的人类活动的"聪明"。

聪明地实施智力测验

应 用 篇

关键问题 9.8：智力测验是否存在不公平的一面？

绝大多数人一生中都接受过智力测验或者是相近的学业能力倾向测验。如果你曾接受过个体智力测验，那你可能确切知道自己的智商是多少。如果没做过，那么下面这个自我测验可以让你对自己的智力做一个粗略的估计。许多人都对智力测验的评分感到好奇，那就做一下达夫测验（Dove test）吧。

如果你能得14分，那么，你的智商大约是100，属于正常智力。如果你的分数是10分或更低，那么你属于智力落后。如果你运气好并参加了我们的特殊教育培训班，恭喜你，你能学到一些提高分数的简单技巧！

达夫平衡智力测验

时限：5分钟内完成。

选择并圈出正确答案。

1. T-bone Walker 因演奏何种乐器而出名？
    a. 长号；   b. 钢琴；
    c. T 笛；   d. 吉他；
    e. 响板
2. gas head 指一个什么样的人？
    a. 有一辆好车者；
    b. 被判处绞刑者；
    c. 收到法院传票者；
    d. 偷车成瘾者；
    e. 被长期监禁的纵火犯
3. 你掷出两个骰子，如果朝上的一面加起来是7点，那么朝下的一面是几点？
    a. 7 点；   b. 2 点；
    c. 12 点； d. 4 点；
    e. 11 点
4. 穷人去的那种商店里有一种需要煮很长时间才能咬得动的便宜猪肉肠。这种肠需要煮多长时间才能嚼得动？
    a. 45 分钟；
    b. 2 小时；
    c. 24 小时；
    d. 小火煮 1 星期；
    e. 1 小时
5. 被人称为 Bird 或 Yardbird 的追星族们所崇拜的现代爵士乐演奏家是谁？
    a. Lester Young；
    b. Peggy Lee；
    c. Benny Goodman；
    d. Charlie Parker；
    e. Birdman of Alcatraz
6. "handkerchief head" 指什么人？
    a. 头脑冷静的人；
    b. 搬运工；
    c. "汤姆叔叔"式的逆来顺受的黑人；
    d. 泥瓦匠；
    e. 传教者
7. Jet 是什么意思？
    a. 东奥克兰的一家摩托车俱乐部；
    b. 电影《西部故事》中的一个匪帮；
    c. 一本专登时讯和花边新闻的杂志；
    d. 一种奢华的生活方式
8. Bo Diddly 是什么？
    a. 一个儿童游戏；
    b. 美国南部的一种便宜的葡萄酒；
    c. 美国南部的一位歌手；
    d. 新式舞蹈；
    e. 桥牌叫牌法
9. 如果将下面的英文词归为两类，其中4个可为一类，剩下的是哪一个？
    a. splib；
    b. blood；
    c. gray；
    d. spook；
    e. black
10. 有些男人专傍领取政府救济金的妇女。这些男人所说的"母亲日"指哪天？
    a. 5 月的第二个星期日；
    b. 6 月的第三个星期日；
    c. 每月的第一天；
    d. 以上都不是；
    e. 每月的 1 号和 15 号
11. 许多人认为 6 月 10 日应成为美国的法定假日，因为在这一天
    a. 全美国的黑人奴隶获得自由；
    b. 得克萨斯州的黑人奴隶获得自由；
    c. 牙买加的奴隶获得自由；
    d. 加利福尼亚州的黑人奴隶获得自由；
    e. 马丁·路德·金的诞辰；
    f. 著名教育家 B. T. 华盛顿逝世
12. 哪种人被称为 blood？

a. 拳击手；
b. 墨西哥裔美国人；
c. 黑人；
d. 性欲强烈的同性恋者；
e. 红种人或印第安人

13. "南方蜂鸟"指什么？
a. 三K党的一个分支；
b. 一种沼地疾病；
c. 一个现代黑人福音乐团；
d. 密西西比黑人秘密突击队；
e. 小牛皮制品的一种商标

14. square 的反义词是：
a. 聪明；
b. 有钱；
c. 穷；
d. 时髦；
e. 跛脚

答案：1.d 2.c 3.a 4.c 5.d 6.c 7.c 8.e 9.c 10.c 11.b 12.c 13.c 14.d.

达夫测验是不是有点不公平呢？对，它是很不公平的。Adrian Dove 是一位黑人社会学家，他认为，经典智力测验的内容偏向出身中产阶级家庭的白人，因此，他在1971年半开玩笑地编了一套尽可能有利于非洲裔美国人的测验，试图表明有时人们测验成绩不佳仅仅是因为"大家说着不同的语言"（Jones, 2003）。此外，由于时代的发展，目前恐怕连35岁以下的非洲裔美国人都回答不出这个测验中的题目了。

在标准化智商测验中，美国非洲裔儿童的平均分比欧洲裔儿童的平均分低15分以上。达夫测验让我们对此有了新的思考，其实智力测验并不是对所有群体都同样有效。心理学家 Jerome Kagan 曾说过："如果韦氏测验和比内量表被翻译成西班牙文、斯瓦希里文和中文，并施测于拉丁美洲、东非或中国的10岁儿童，那么，也许大部分儿童的智商都处在智力落后水平。"

文化公平测验

显然，没人会相信其他文化中的儿童都有智力障碍（White, 2006）。差错肯定出在测验本身。当使用专门为西方文化所设计的智力测验时，必须考虑到其他文化中的价值观、传统和经验可能对测验结果有很大影响（Sternberg & Grigorenko, 2005；Neisser et al., 1996）。例如，美国文化很重视逻辑和形式推理，而其他文化则把直觉看成是聪明的主要成分（Norenzayan et al., 2002）。试想一下，如果我们把斯坦福－比内测验给布须曼人做会怎么样呢？如果捕获猎物是他们看重并擅长的，那么即使他们的智商分数很低又能说明什么呢？（你可以重新再读一下本章开头的"智力——愚蠢的人会怎么做？"）

为避免此类问题，一些心理学家试图编制出对不同群体没有偏向的文化公平测验，即在测验中尽量减少可能在技能和知识等方面有文化差异的内容。（图9.8中是文化公平测验项目的一些例子。）

文化公平测验试图使智力测量尽可能排除人的语言技能、文化背景和教育水平的影响。它们不仅能用来测量来自其他文化的人，还能测量来自贫困社区、农村地区和少数民族家庭的孩子（Stephens et al., 1999）。然而，任何智力测验都不可能完全不受文化影响。比如，美国孩子一直接触电视、电影、电子游戏等，所以他们的文化偏重"视觉"。因而和发展中国家的孩子比起来，美国的孩子很可能在非言语测验和传统智力测验中都有优势。

由于智力的概念包含了这么多的文化多样性，许多心理学家已经开始强调有必要重新思考智力的概念本身（Greenfield, 1997；Sternberg & Grigorenko, 2005）。在编制出真正的文化公平测验之前，首先得找出全世界人类智力的核心认知技能（Gardner, 2008；Henrich, Heine, & Norenzayan, 2010）。

智力与种族

历史上，美国非洲裔儿童在智力标准化测验中的平均得分比欧洲裔儿童的平均分低15分以上；而另一群体，日本裔儿童的智力得分则在平均水平之上。这些差异可能是遗传吗？一个固有的观点认为，非洲裔美国人的智商低于平均值是由于遗传造成的，他们之所以无法走出贫困，是因为他们在遗传上不具备这种能力（Hernstein & Muray, 1994；Rushton & Jensen, 2005）。心理学家们提出了许多相反的论据来驳斥这种观点。

首先，心理学家重申了 Dove

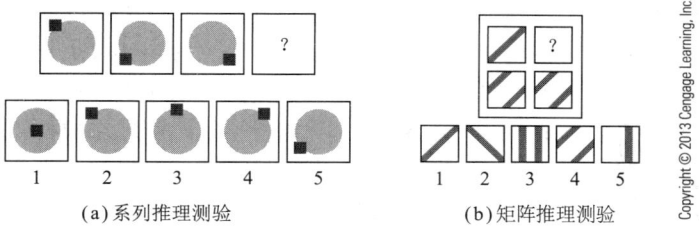

图 9.8 本图例题选自一个文化公平测验。(a) 系列推理测验：左上方 3 个图后应该填入哪个图形，才能使得填入图形的模式与这一系列图形的模式相匹配（正确答案为 4）。(b) 矩阵推理测验：右上方的矩阵中应填入哪个图形，才能使矩阵的模式最完整（正确答案为 1）。文化公平测验的观点是，拥有阅读的能力以及掌握与文化相关的知识并不一定能更好地完成这一测验。然而，你认为巴西圣保罗市流浪街头的文盲孤儿，或者是居住在澳大利亚内陆沙漠的土著人会和你一样觉得这些题目很容易吗？如果不会，你可以想出另一个真正的文化公平测验，适合于测量各个文化人群的智力吗？

得到的一个重要事实，标准化智商测验在其假设、偏差和测验内容方面都存在问题，因此测验结果不适用于不同宗教、文化或种族群体之间的比较（White，2006）。正如 Leon Kamin（1981）所说，"重要的事实是，我们无法说哪个性别（或种族）更聪明，因为我们根本无法测量'智力'。我们拥有的只是'智商'测验。"

Kamin 的观点是，智力测验的编制者已经提前决定了测验应当使得男性和女性获得同样的智力分数。同样，我们也可以很容易地编制一份智力测验，让非洲裔美国人和欧洲裔美国人的智力得分相同。这样，智力分数的差异并不能反映事实本质的差异，而是由测验编制者决定的。这就是为什么，欧洲裔美国人做欧洲裔美国人编制的智力测验得分更高，而非洲裔美国人对非洲裔美国人编制的智力测验做得更好。还有一个例子，有一个智力测验由从美国黑人俚语词典中选取的 100 个词语组成。Williams（1975）让圣路易斯市的 100 个非洲裔美国高中生和 100 个欧洲裔美国高中生完成这一测验。结果发现，非洲裔美国人群体比欧洲裔美国人群体平均得分高出 36 分。

其次，非洲裔美国人比欧洲裔美国人更可能生活在物质、教育、智力资源匮乏的环境中，这是人人皆知的事实。当不平等的教育条件成为智商的一个决定因素时，智力分数并不能告诉我们遗传是如何影响智力发展的（Sterberg，Grigorenko，& Kidd，2005；Suzuki & Aronson，2005）。事实上，有一个研究发现，如果穷困的非洲裔美国儿童在欧洲裔美国家庭抚养，他们的平均智力分数会提高 13 分，与欧洲裔美国儿童持平（Nisbett，2005）。因此，给非洲裔美国儿童提供与欧洲裔美国儿童相同的环境会减小两个群体的智力差异。

有一个有意思的结果提示我们，非洲裔美国人智商分数低并不是基因的问题。范德堡大学的 Ray Friedman 和他的同事对非洲裔和欧洲裔美国人进行了 20 道题的智商测验。他们发现，在巴拉克·奥巴马参加美国总统大选之前，非洲裔美国儿童的成绩比欧洲裔美国儿童的成绩差。而在大选期间，非洲裔美国儿童和欧洲裔美国儿童的成绩就一样好了。很明显，奥巴马总统为非洲裔美国学生树立了一个行为榜样，鼓励他们更好地学习（Tite，2009）。

此外，尽管智力分数可以预测学校期间的表现，但却不能预测之后的职业是否成功（McClelland，1994）。在这一点上，"街头智慧"，或者是心理学家罗伯特·斯滕伯格所称的操作性智力（Stemler & Sternberg）通常被少数民族文化视为更重要的品质，比"书本知识"或是斯滕伯格所称的分析性智力更为重要（Sankofa et al.，2005）。

大多数心理学家认为，并没有科学的证据可以证明群体在平均智力分数上的差异源于基因的差异。实际上，针对血统的研究表明，种族血统与智力分数并没有显著的相关关系。这是因为，谈论"种族"其实毫无意义——明显的外在特征（如肤色）与潜在的基因差异几乎没什么关系（Bonham et al.，2005；Sternberg，2007）。群体在智力分数上的差异不仅来源于遗传，还受文化和环境的多样性的影响（Neisser et al.，1996；Nisbett，2005）。宣称遗传决定论其实反映的是政治信仰和偏见，而非科学事实。

"是的,我们可以!"奥巴马总统的例子正在激励数百万美国人以及全世界的其他人努力获取更大的学业上的成就。他的例子对非洲裔美国人尤其重要。

对智力测验的批评——超越数字游戏

智力测验中的问题并非只涉及非洲裔美国人,对其效度和智力发展中的遗传作用等问题的澄清也有助于解决这些测验给其他人带来的问题。

智力测验中有这样一个问题:"下列各项中与其他三项不同类的是哪一个? 旱冰鞋、飞机、火车、自行车。"试想,如果一个9岁的儿童不能回答"飞机",就不能得分。这能说明孩子缺乏智慧吗? 我们可以争论说任何一个选择都可以表现孩子的分类能力,比如,选"旱冰鞋"是因为它通常不用于交通,选"飞机"是因为它是唯一的非陆路交通工具,选"火车"是因为你不能驾驶它随意转弯,而"自行车"的特点是只有两个轮子。教育系统总是倾向于根据测验得分对儿童进行分类并贴上标签。如果将不能"正确"回答这类问题的孩子归为落后,家长肯定会很气愤。

法院的一项裁决使得一些州宣布在公立学校使用智力测验是非法的。学术界内部对智力测验也颇有微词。哈佛大学的心理学家David McClelland 认为,智商在预测现实生活中人们处理实际问题的能力方面没什么价值。虽然智商可以预测学校成绩,但他通过对大学成绩全优的一组学生和成绩较差的一组学生进行比较发现,两组学生在毕业后职业生涯的成功中并没有差异(McClelland, 1994)。

标准化测验

在美国,每年在学校和工作机构中要进行4亿~5亿人次的标准化多项选择测验,此外还有许多智商测验。人们为了就业或获得各种执照及证书接受的各种测验无一不直接影响到他们的命运,因为测验的结果决定一个人合格还是不合格。例如,你在学业评定测验中的得分将决定你能否被大学录取。

社会对于标准化智力测验和能力倾向测验结果的依赖较为普遍,而对这种做法的利弊也存在争论。从积极的一面看,测验结果能够较客观地决定向谁提供机会,比如,一个处境不利的年轻人只要在测验中得高分数就可以上大学;测验能发现一个非常聪明的孩子在情绪方面有严重障碍。根据测验结果招聘雇员比考官凭其任意的判断做决定更为公平。测验能预测学业成绩,而学业成绩不能预测未来成功,这一事实只能说明大学教育本身需要改革,已经超出测验所要解决的问题了。

从消极的一面看,团体测验有时会排斥一些明显有能力的人。例如,哥伦比亚大学的一个学生在班里排名第七,并且是美国大学优秀学生和毕业生联合会的成员,但他却因在法学院入学测验中得分太低而未被法学院录取。对标准化测验还有许多批评,如测验中一些题目出得不好或不明确,智力测验的内容有文化偏向,等等。此外,学校也往往花过多的时间教授学生应付此类测验的技巧,而不是进行一般性的技能训练。大多数的标准化测验只要求被试对事实进行被动地再认,在多项选择中确定一个答案就可以了,这样的做法并不能测查一个人的分析能力、创造性思维或在问题解决中运用知识的能力。对于这种能够帮助或者破坏个人职业生涯的"高风险测验"可以通过下述三种办法加以改进:① 去除所有把一个群体置于另一群体之上的问题;② 有可能的话使用视频测验,降低言语技能的重要性;③ 给所有参与者一个测验前指导,消除受过指导的人的优势导致的不公平(Sackett et al., 2001)。

高风险测验

智力测验像一把双刃剑,既能使我们了解到很多东西,也有很大的潜在危害。最后请记住，正如加德纳指出的那样：创造力、动机、健康体质、机械技术能力、艺术能力和许多其他能力是测验所不能测量的，而这些品质对于人生目标的实现都起着重要作用。要记住：智商不是智力。智商只是由特定测验所定义的某种狭义智力的指标。一旦修改了测验内容，分数就会改变。一次智商测验的分数绝不是贴在孩子额头上的、能够说明其发展潜能的永久性标记。真正决定一个人智慧的是对多种技能的掌握，而不是智商有多高（Hunt，1995）。

完整的人——智慧

归根结底，智力同时反映了发展与潜能，后天教育和先天遗传（Grigorenko，2005）。此外，智力的一部分由遗传决定这一事实对我们并没有什么价值。基因从人出生起就不会变化了。改善孩子学习和成长的环境才是最大限度地开发他们潜能的主要方法（Grigorenko & Sternberg，2003；White，2006）。

可能最重要的是，一个聪明（intelligent）的人不一定有智慧（wise）。举个例子来说，一个人在学校表现很好，智力测验分数很高，而生活却可能一团糟。同样，一个聪明的人不一定有创造力。清晰、理性的思维可以产生正确的答案，却可能缺乏创见（Solomon，Marshall，& Gardner，2005）。在人们生活的很多领域，智慧代表了思维、智力、推理加上创造力和原创性的融合（Meeks & Jeste，2009）。一个拥有生活智慧的人还应当是开放和宽容的（Helson & Srivastava，2002）。

知识巩固

对智力测验的看法

测一测

1. WAIS-Ⅳ、SB5 和达夫测验都是文化公平量表。对不对？
2. 认为遗传因素可以解释种族群体间的平均智商差异的观点，忽略了环境中的差异和标准化智商测验中的文化偏差。对不对？
3. 智商分数可预测学业成绩。对不对？
4. 智商只是智力的一个指标，并不是智力。对不对？

批判性思考

5. 如果我们将一个语词记忆测验从英语翻译成西班牙语，西班牙语版与英语版的测验在难度上是否相等？

想一想

你认为有没有可能编制一个完全公平的智力测验？它由什么样的问题构成呢？你能想出有什么问题能测量不受任何文化影响的心理技能吗？

在美国的一些州，贫困社区和富裕社区的学校之间资金差距非常大。如果一个政治家反对在贫困学生身上花钱，因为她相信这是"浪费"。你能否反驳这位政治家的观点？

如果在大学本科招生和研究生招生过程中使用标准化的测验，你认为有哪些优点和缺点？

答案：

1. 不对 2. 对 3. 对 4. 对 5. 有许多因素可能使之不相等。例如，因一个西班牙班子中不能代表英文中长短语中长度与频率及其他因素有相同性，当有一个专业测验被翻译成另一种文字时，测验项目中的难度和难度多少都会改变。

本章总结 关键问题回顾

9.1 心理学家是如何定义智力的？

9.1.1 智力是一个人进行目的性活动、理性思维和有效应对环境的一般能力（g因素）。

9.1.2 在实践中，智力测验可以给出智力的操作性定义。这个定义很有用，却只能让我们了解真实世界中智力的一部分。

9.1.3 一般智力有别于特殊能力倾向。能力倾向测验和多项能力倾向测验用于评估一个人学习各种能力的潜能。能力倾向测验比一般智力测验所测量的范围要窄。

9.1.4 有价值的心理测验必须有信度（得出一致性的结果）。此外，心理测验还必须有效度，也就是可以测量它想要测量的内容。广泛使用的智力测验还是客观的（不同的人评分都能给出相同的结果）和标准化的（每次施测都采用相同的流程，测验还要有常模以便更好地解释结果）。

9.2 典型的智力测验是什么样的？

9.2.1 第一套实用的智力测验是由比内编制的。比内测验的现代版本是斯坦福-比内智力量表第五版（SB5）。

9.2.2 另一个目前使用最多的智力测验是韦氏成人智力量表第四版（WAIS-IV）。韦氏儿童测验的版本是韦克斯勒儿童智力量表第四版（WISC-IV）。

9.2.3 SB5、WAIS-IV 和 WISC-IV 都可以同时测量言语和操作智力。

9.2.4 除了个体测验，还有一些智力测验适用于团体施测。这类团体测验起源于美国陆军甲种测验。在美国目前用于学业能力倾向团体测验的有 SAT、ACT 和 CQT 等。尽管这些测验所测量的范围较窄，但与智商测验有许多相同之处。

9.2.5 智商用于表示人的相对智力发展水平。智商的计算方法是心理年龄除以生理年龄，然后乘以 100。当心理年龄等于生理年龄时，"平均"智商等于 100。

9.2.6 现代的智力测验不再需要计算智商，而是测验后直接给出一个离差智商。

9.2.7 人到大约 6 岁时智商会变得较为稳定，之后会越来越稳定。

9.3 智商分数与性别、年龄和职业有什么关系？

9.3.1 智商的分布近乎正态曲线。

9.3.2 男性和女性之间没有总体上的智商差异，但是性别之间在一些方面存在小的差异，可能是我们的文化鼓励男性和女性发展不同智力技能的结果。

9.3.3 一般来说，人在智力测验中的得分直到中年都会缓慢上升。对于大多数人来说，直到 70 多岁，智力的下降都很平缓。随着年纪增大，智力从流体智力转化为晶体智力。

9.3.4 智商与学业成绩和职业状况之间相关显著。其中智商与职业状况的联系可能更多地出于人为的原因，比如在许多职业中，从业者必须具有所要求的学位文凭才能得到机会。

9.4 关于天才，智商能告诉我们些什么？

9.4.1 "天才"或超常儿童指智商在 140 分以上者，这些人在许多方面出类拔萃。

9.4.2 许多有天赋的儿童不一定智商很高，只是在某一方面超常。编在普通班级中学习的智力超常儿童常会表现出一些不适应，而特殊的加速教程会更适合他们的发展。

9.5 造成智力落后的原因有哪些？

9.5.1 弱智天才虽然有一些心理迟滞，但是他们在某些特定的技能上具有非凡的能力。

9.5.2 智力落后者和有发展障碍者，指那些智商低于 70 分或多方面适应性行为发展不良者。

9.5.3 智力落后包括以下不同程度：智商 50～55 分至 70 分为轻度智力落后，智商 35～40 分至 50～55 分为中度智力落后，智商 20～25 分至 35～40 分为重度智力落后，智商低于 20～25 分为极重度智力落后。成功的特殊教育可以为改善智力落后提供机会。

9.5.4 许多儿童的智力发展问题被归为家庭环境性智力落后，即由于家庭贫困造成儿童营养不良、得不到应有的教育条件，使其智力发展水平低下。

9.5.5 大约 50% 的智力落后是器质性的，包括胎伤、产伤、代谢紊乱或基因异常引起的问题。其余一半是由不明原因引起的。

9.5.6 较易辨认的 6 种器质性智力落后包括唐氏综合征、脆性 X 染色体综合征、苯丙酮尿症、小头畸形、脑积水和呆小症。

9.6 遗传和环境是如何影响智力的？

9.6.1 动物优生学和人类家谱研究表明，智力一部分取决于遗传。然而环境也很重要，学校教育和刺激丰富的环境可以提高个体在智力测验中的得分。

9.6.2 有证据表明，智力的一些元素是可以教出来的。因此，智力反映了智力能力发展中遗传与环境的综合效应。

9.7 关于智力是否有其他的观点？

9.7.1 一些心理学家正在研究智力的神经基础，特别是神经系统加工各种信息的速度以及与智力有关的大脑区域的大小。

9.7.2 认知心理学家们认为，成功的智力活动取决于思维和问题解决的技能，特别是元认知技能。

9.7.3 人工智能指某种人工系统，它可以完成人类需要用智力完成的任务。人工智能研究人类的特定技能，其中两个主要领域是计算机模拟和专家系统。

9.7.4 许多心理学家开始建构新的、涵盖内容更广泛的智力定义，加德纳提出的多元智力理论就是这样的一个新观点。

9.8 智力测验是否存在不公平的一面？

9.8.1 传统智商测验中通常都存在着不同程度的文化偏差。

9.8.2 非洲裔美国人因为历史上在标准化智力测验中表现得很差，而被不公平地歧视。

9.8.3 我们需要记住，智商仅是智力的一个指数，而且大多数测验中所定义的智力都是狭义的，不是完整意义上的智力。

9.8.4 在美国的一些州，法律禁止使用标准化智商测验的分数作为学校分班的依据，尤其不准以此作为将儿童安置进落后儿童教育班的依据。目前对这一禁令的利弊尚有争论。

第 10 章

动机与情绪

主题

动机和情绪对行为起着引发、推动和导向作用。

关键问题

- 10.1 什么是动机？动机有哪些不同的类型？
- 10.2 是什么导致饥饿、过度进食和进食障碍？
- 10.3 口渴、回避疼痛和性驱力的生理动机是什么？
- 10.4 神经唤起水平与动机有何联系？
- 10.5 什么是习得性动机和社会动机？其重要性何在？
- 10.6 某些动机是否比其他动机更基本？
- 10.7 情绪过程是怎样的？
- 10.8 情绪背后的生理变化是什么样的？"测谎仪"真能测谎吗？
- 10.9 "身体语言"和面部表情能准确地反映情绪吗？
- 10.10 心理学家如何解释情绪？
- 10.11 "情绪智力"意味着什么？

引 子

不用你告诉 Lady Gaga

俄罗斯小说家托尔斯泰曾说过："音乐是情绪的速记法。"不错，某些在美国土生土长的格莱美奖得主、造型怪诞的摇滚明星也会这样告诉你。但是让你对即将到来的 Lady Gaga 演唱会全身心狂热却需要更强的动机和情绪。动机和情绪这两个词均来源于拉丁语 movere（移动）。如果你动机不足，即使早晨起床都会成为一件很困难的事情；如果你不了解自己的情绪，你的健康将很容易出问题，例如患上抑郁或是成瘾。

在这一章，你将会学到动机怎样敲响人类行为的鼓点，而情绪如何谱写人类行为的韵律。就如我们将要看到的，这两者在我们日常生活中扮演着很复杂的角色。即使是最"简单"的动机行为，比如吃饭，也不是仅受躯体所控制的。在很多情境中，外部的引导、期待、学习、文化价值观以及各种其他因素都影响着我们的动机与情绪。

下面让我们从最基本的动机开始学习，例如饥饿和口渴，然后再探讨情绪是怎样影响着我们的。尽管情绪可以说是生命的乐章，但有时它也可以成为死亡之曲。让我们继续看下去，找找具体原因。

动机——推拉的动力

关键问题 10.1：什么是动机？动机有哪些不同的类型？

你的目标是什么？你为什么追求这个目标？你什么时候会感到满意？什么时候你会放弃？所有这些问题都是关于动机的，即我们为什么要做我们正在做的事情。让我们从动机的基本模型和动机类型的一般观点开始。**动机**是指行为的动力——我们的行动开始、维持、导向和终止的动力（Deckers, 2010; Franken, 2007）。

你可以清楚地阐述动机吗？想象一下，乔安妮正在图书馆学习。她的肚子饿得咕咕叫，致使她无法专心。她变得没精打采，决定去自动贩卖机买点零食，可是机器是空的，于是她又去了餐厅，餐厅也关门了。没办法乔安妮只好去了附近的一家快餐店，终于吃上了东西。她吃饱之后又回到图书馆继续学习。请注意乔安妮的食物寻求行为是由身体需要引起的，她到处找吃的是因为她的需要没有立即得到满足，她的行动方向由可能的食物来源所引导，最终因得到满足而终止行动。

动机模型

许多活动的引发都是从**需要**，或是内部的缺乏开始的。引起乔安妮寻找食物行为的是她体内重要物质的缺乏。需要导致**内驱力**（一种被激发的动机状态）增强。在上面找食物的例子中，这种内驱力就是饥饿。内驱力激发了**反应**（即一个或一组行动），推动我们实现特定的**目标**（即动机行为导向的目标）。当特定的需要得到满足后，这个动机过程随即终结。因此，一个简单的动机模型如下图所示：

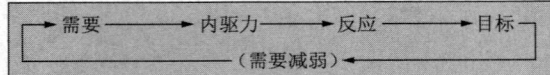

需要和内驱力不是一回事吗？不是，因为需要和内驱力的强度可能是不同的（Deckers, 2010）。比如说，老年人很容易处于身体缺水的状态，即身体有对水的需要，然而他们却并不一定感受到了口渴，并没有喝水的内驱力（Farrell et al., 2008）。

现在，让我们再次来观察乔安妮。这是一个假期的周末，她从学校回到家中，享用了一顿丰盛的晚餐——有汤、沙拉、一大块牛排、一个烤得香喷喷的大土豆、两块芝士蛋糕和三杯咖啡。吃完晚餐后她说自己"撑得走不动了"。没多久乔安妮的阿姨到访，带来一个草莓馅饼，那是她最爱吃的甜点，于是她又吃了三大块！这是因为饿吗？很显然不是，晚餐早已经完全满足她对食物的生理需要了。

那么动机模型是如何改变的呢？乔安妮的"馅饼欲"表明人的动机行为不仅会受到内部需要的"推动"，而且也会受到外部刺激的"拉动"。

诱因

一个目标物除了满足特定需要的作用外还有着某种诱惑力，这种力量被称为**诱因作用**。有些目标的诱惑力很大，即使没有内部需要，它们也能激发行为。例如，草莓馅饼非常好吃，你即使不饿也想吃。而另一些目标的诱惑力很低，尽管它能满足你的内在需要，但还是难以激发行为。例如，新鲜的蚕营养丰富。可是，即使再饿，你也不一定能把它们放入嘴里。然而，因为这些蚕容易生长，而且产生的废料很少，它们成了长期太空旅行的最佳食物（Yang et al., 2009）。（胸怀宇宙的同学们，食用蚕虫和运动眩晕，你准备好了吗？）

大多数情况下，人的行为是由内在需要和外在诱因共同驱动的。这也是为什么强烈的内在需要能够使得一些原本缺乏吸引力的刺激物变成诱人的目标。也许你绝不会食用一只蚕，但我敢打赌你肯定扫荡过冰箱里最后一点残羹剩饭。此外，诱因也能解释那些似乎与内在需要无关的动机，如人们对于成功、地位或赞美的追求（图10.1）。

动机的类型

为了进一步研究，我们可把动机分为三大类：

1. **生理动机** 生理动机是基于为了维持生命所必须满足的各种需要而产生的动机。最重要的生理动机包括解决饥饿和口渴、回避疼痛、对空气的需要、睡眠、排泄和维持正常体温等。生理动机是内在的。

2. **刺激动机** 寻求刺激的动机源自对刺激和信息的需要，包括活动、好奇、探索、操纵和身体接触等。尽管这些也属于内在需要，但在严格意义上并不是生存所必需的。

3. **习得性动机** 习得性动机建立于各种后天习得的需要、内驱力和目标之上。习得性动机其本质上是社会性的，它能够解释人类活动的丰富性和多样性，例如参加美国达人秀。许多习得性动机与特定的需求有关，如权力、亲密认可、地位、安全和成就的需求等。

生理动机和体内平衡

空气对我们有多重要？水、睡眠、食物、体温，或是公共厕所呢？这些生理需求是如此惯常，

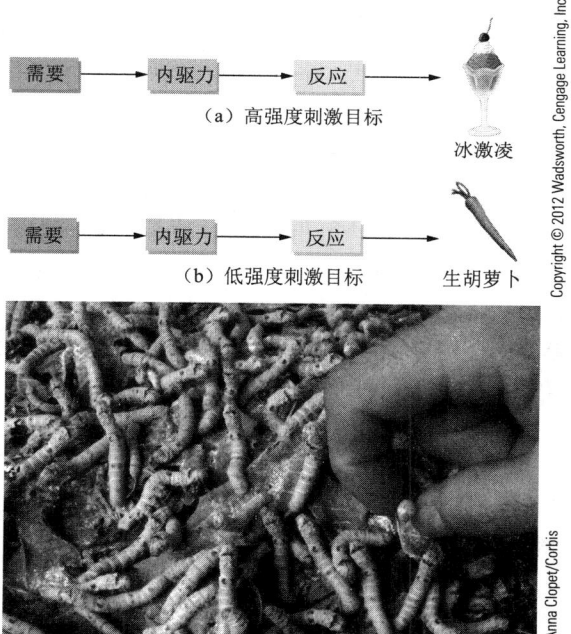

图 10.1 需要和刺激共同决定着内驱力的强度。例如，(a) 中等强度的需求与高强度刺激（如美味冰激凌）的结合会产生较强的内驱力。(b) 即使当很强的需求存在时，低强度的刺激（如生胡萝卜）也只能产生中等强度的内驱力。很重要的是，特定刺激的价值会因人而异。不过，不管有多饿，恐怕也没有几个人愿意食用图中的蚕。

动机 /Motivation	启动、维持、导向和终止行动的内部过程。
需要 /Need	可激发行为的内部缺乏状态。
内驱力 /Drive	内部需求和目标的心理表现，如饥渴驱力、成就驱力等。
反应 /Response	行动或腺体的活动以及其他任何可识别的行为。
目标 /Goal	动机行为的目的。
诱因作用 /Incentive value	目标在除了满足特定需要的作用之外的诱惑力。
生理动机 /Biological motives	基于维持生命并且必须得到满足的各种需求而产生的动机。
刺激动机 /Stimulus motives	基于对刺激和信息需求而产生的动机。
习得性动机 /learned motives	基于各种习得的需求、驱力和目标之上的动机。

使得我们大部分人从不去关注自己的行为受上述生理需要引导的程度。但是，当人们面临饥荒、遭遇横祸、生活贫困、落水遇险、忍受刺骨寒冷，或是连喝了10杯咖啡时，某种基本需要就会显露出来。这时，它们对人的行为的强大控制力就变得格外明显。

生理的内驱力对于维持体内平衡起着重要作用（Cooper, 2008）。**体内平衡**即保持身体内部的稳定状态。人的体温、血液中各种化学成分的比例、血压等各种身体指标都需要保持在一定水平（Franken & Dijk, 2009），当身体状态出现偏离时，人体会自动启动调节机制来使各种活动恢复到"理想"的水平（Deckers, 2010）。从这个意义上讲，人体的体内平衡机制与室内空调的运行原理有某些相同之处。

空调对室温的调节是自动的，人体对不平衡状态的第一反应也是自动的。例如，当你感觉到热时，皮下的血流量就会自动增加，这时你开始出汗，从而导致体温降低。通常我们意识不到这种变化，只有在体内的不平衡状态持续时，我们才会意识到体内的平衡需要，去找阴凉的地方休息或去取暖、寻求食物或水源。

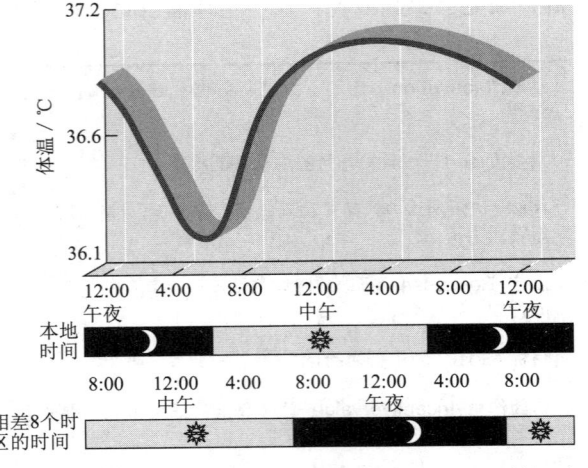

图10.2 体温是人的昼夜节律的一个很好的标志。频繁倒时差、轮班工作、抑郁和疾病会导致人睡眠和清醒的时间和生物钟节律不一致，这种不一致会使人体十分紊乱（Reinberg & Ashkenazi, 2008）。大多数人在他们正常醒来前两到三个小时的时候体温达到最低点，这也就不奇怪为什么切尔诺贝利和三哩岛核电站事故都发生在大约凌晨4点。

昼夜节律

我们的需求和内驱力是会随着时间而变化的。我们对食物的需求会在饭后变低，大热天里在太阳下站上几分钟就会使我们口渴难耐。但是我们的动机也可以在一个更长的周期内变化。科学家们很早就发现人们的身体由"生物钟"指引，每24小时，你的身体会经历一个周期，称为**昼夜节律**（Beersma & Gordijn, 2007；Franken & Dijk, 2009）。一天当中，人们的肝脏、肾脏以及内分泌腺的活动都会经历很大的变化。体温、血压、氨基酸水平也会随时间而不同。这些活动，包括其他的生理活动，都会在一天当中的某个时刻达到峰值（图10.2），通常来说，人们在昼夜节律的峰值时动机更强并更加清醒（Bass & Takahashi, 2010；Chipman & Jin, 2009）。

昼夜节律峰值出现比较早的人属于"白天型"的人，他们一般早晨醒得比较早并且精力充沛，晚上也很早就入睡了。有的人峰值出现比较晚，这些人属于"黑夜型"的人，他们一般会赖床，到了下午或是傍晚更有精神，并且会熬夜（Martynhak et al., 2010）。这些难以调和的基本矛盾使得一个"白天型"的人和一个"黑夜型"的人住在一块时，双方都会对他们的关系做出很消极的评价（Carey, Stanly, & Biggers, 1988）。这很容易理解：有什么能比当你昏昏欲睡时有个人在你周围活蹦乱跳更糟糕呢？反过来也一样。

时差和轮班工作

昼夜节律在一次大的时间调整后会尤其明显。商务人士、运动员或其他往返于不同时区的人，当他们的生物节律被打乱后，他们的表现也会受到影响。如果你从东半球远距离旅行到了西半球，你昼夜节律的高峰和低谷也会随着日出日落和时钟的变化而变化，比方说你有可能到了深夜仍然十分清醒，白天却感觉像在梦游（图10.2）。轮班工作也有相同的后果，会导致疲惫、易怒、恶心和抑郁（Shen et al., 2006；Smith et al., 2011）。

人们需要多久才能适应节律变化呢？对于大的时差（五个小时以上），人们往往需要两周以上的时间才能顺利适应新时间。旅行的方向对适应的快慢也会有影响（Herxheimer & Waterhouse, 2003），如果你是朝西边飞，适应会相对容易，而如果是向东飞，则需要更长的时间来适应。因为当你朝东边飞的时候，太阳出来的时间比你原来的时间要早，比方说，你居住在圣地亚哥（美国西海岸城市）要飞往费城（美国东部城市），如果你早晨7点在费城起床，这个时间在圣地亚哥还是凌晨4点，你的生物钟记得这个时间，不容易改变。而如果你是去西部，太阳升起得比较晚，相比而言，这样人们更容易适应新的时间，只需要熬到晚一点入睡就可以了。

但如果你一直待在室内，想吃就吃，想睡就睡，倒时差会变得困难一些，到户外去可以使适应期变短。早晨醒来后间断地让自己接触几次五分钟的阳光对调整昼夜节律也是很有帮助的（Dodson & Zee, 2010; Duffy & Wright, 2005）。明亮的阳光可以减少松果体所分泌的褪黑素而影响生物钟，当褪黑素水平在晚间上升时，你的大脑就会开始考虑休眠了。

> **知识桥**
> 在高纬度地区，冬季的黑夜一般很长，褪黑素水平的变化可以在一定程度上解释人们经历持续几个月的漫漫长夜后出现的冬季抑郁现象。参见第14章。

昼夜节律对我们这些不常旅行的人有什么影响呢？ 估计很少有大学生没有过"秉烛待旦"的经历，尤其是在准备期末考试时。在这样的情况下，大家要记住，其实打乱正常的生活规律往往得不偿失。你在早上花一个小时就能完成的工作在深夜可能需要三个小时才能完成，而其实你本可以早两个小时就睡觉了。通常来说，如果你能够预期到即将到来的生物钟的改变，最好的方法是提前去适应新的作息时间。提前适应是指按照新的作息时间逐步调整你睡眠和清醒的周期。比方说在旅行前，你可以每天推迟（或提前）一个小时睡觉，直到你的睡眠周期与你目的地的时间一致。

知识巩固
动机概览

测一测

1. 动机可以_____、维持、_____和终止行动。
2. 需求提供动机的_____，而诱因刺激提供_____。

将下列需求或动机按正确分类方式，填在空白处。
A. 生理动机　B. 寻求刺激的动机　C. 习得性动机

3. _____ 好奇　　6. _____ 口渴
4. _____ 地位　　7. _____ 成就
5. _____ 睡眠　　8. _____ 身体接触

9. 维持身体平衡的过程被称为"体温调节"。对不对？
10. 有吸引力的目标是有动力作用的，因为有很高的
    a. 二级作用　　b. 刺激作用
    c. 体内平衡作用　d. 诱因作用
11. "时差"往往与_____的紊乱有关
    a. 倒U功能　　b. 昼夜节律
    c. 周期性驱力　d. 身体的设定点

想一想

批判性思考

12. 很多人误以为自己的疲劳、无法集中注意力、暴躁或其他症状是由于患了低血糖造成的，为什么说不太可能有那么多人患低血糖？

自我反思

动机可以帮助我们解释自己的行为。试着想一下，你是否可以用需要、驱力、反应和目标这些概念来阐述自己的一些行为。各个目标的诱因作用对称有没有不同？高强度刺激目标和低强度刺激目标对你的行为有什么样的影响？

心里默念几个今天你已经满足了的生理动机，然后再默想几个寻求刺激的动机和习得性动机。它们分别怎样影响了你的行为呢？

体内平衡/Homeostasis　身体平衡的稳定状态。

昼夜节律/Circadian rhythms　身体机能和唤醒水平随着24小时周期变化的节律。

答案：
1. 内驱 2. 精力作用、指引作用 3. B 4. C 5. A 6. A 7. C 8. B 9. 才开 10. d 11. b 12. 因为体内的少量葡萄糖水平会没有改变以被感知降低，但沐浴细胞中的糖转换并未一定的变化范围内，因此其正常的血糖并未停止。

饥饿感——
不好意思，我的下丘脑在嘟囔

关键问题 10.2：是什么导致饥饿、过度进食和进食障碍？

你饿了，然后寻找食物，吃东西：饥饿看起来像是一个简单的动机，但直到最近我们才开始真正理解它。饥饿提供了一个很好的例子来说明内外因素如何引导着我们的行为。接下去我们还会看到，许多解释饥饿的原理也同样能应用在口渴上。和很多其他的人类动机一样，我们的饥饿感是由内部的身体因素和外部的环境和社会因素共同影响的，为了了解其作用原理，让我们先来看一看那些控制饥饿感的内部因素。

饥饿的内部因素

饥饿感源自胃部吗？ 为了解答这个问题，Cannon 和 Washburn（1912）决定研究胃部收缩是否会使人感到饥饿。在一项早期研究中，Washburn 训练自己吞下了一个气球，通过往连接的管子里充气，气球可以在他的胃里膨胀。（立志献身科学的同学们，你准备好了吗？）这个装置可以帮助 Cannon 把 Washburn 的胃蠕动情况记录下来（图10.3）。两位研究者发现，当 Washburn 的胃收缩时他会感到"饥饿的折磨"。因此他们得出结论，认为饥饿感完全是由胃部收缩引起的。（然而，后来的研究证明这个结论有点草率。）

很多人饥饿时会有一种虚弱无力、头重脚轻的感觉，而肚子不一定会"咕咕叫"。当然，当胃被填满时，进食确实会减缓。（还记得今年春节吗？）然而现在我们已经知道，胃部收缩并不是产生饥饿感的必要条件。因为即使是由于患病而通过外科手术把胃切除了的人仍然能感到饿，并会照常吃东西（Woods et al., 2000）。

是什么使人产生饥饿感呢？ 有很多不同的因素共同促进或抑制饥饿感（Ribeiro et al., 2009），大脑接受来自身体消化系统各个器官的信号，包括舌头、胃、肠和肝脏。

饥饿的脑机制

大脑中控制饥饿的中枢在哪儿呢？尽管大脑中并不存在一个单独的"饥饿中心"。然而，**下丘脑是一个与此有关的重要区域**（图10.4）。它负责调节许多动机，包括饥饿、口渴和性冲动。

> **知识桥**
> 更多有关下丘脑控制行为的知识请参见第 2 章。

下丘脑对人体内的血糖水平（还有一些接下来

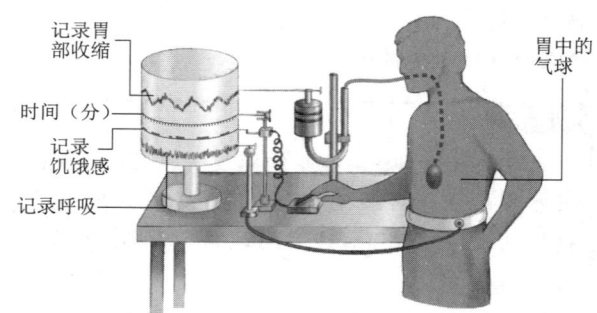

图 10.3 在 Cannon 早期的饥饿感研究中，用一套简单的装置来同步记录饥饿感和胃部收缩（Adapted from Cannon, 1934）

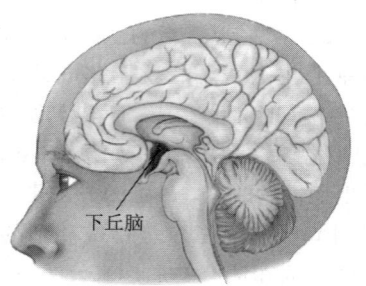

图 10.4 下丘脑在人类大脑中的位置。

Copyright © 2012 Wadsworth, Cengage Learning, Inc.

聚焦研究　　　　大脑里的"脂肪设定点"

同空调的原理一样，你的大脑维持着一个设定点，它可以通过监测你体内脂肪细胞中的脂肪含量，在较长的时间内调整和保持体重（Ahima & Osei, 2004；Gloria-Bottini, Magrini, & Bottini, 2009）。

如果你不是有意要增重或减肥，一般会保持在一定水平上，这就是你的**脂肪设定点**。当你的体重低于这个设定点时，你就会经常觉得饿；当你腰上出现了"游泳圈"时，脂肪细胞会释放出一种叫作瘦蛋白的物质，通过血液循环到达下丘脑，提醒你要少吃（Mercer et al., 1998；Williams et al., 2004）。

你可以改变自己的脂肪设定点吗？问得好！人的瘦蛋白水平在一定程度上是由基因决定的，在极少的情况下，小白鼠（以及我们人类）会遗传一种基因缺陷，这种缺陷会降低身体内的瘦蛋白水平而导致肥胖。在这种情况下，服用瘦蛋白有助于治疗肥胖症（Williamson et al., 2005）。

但对于其他人，这个消息并没有那么激动人心，因为现在还没有方法可以降低我们的脂肪设定点，因为脂肪细胞的数目在成年后是不变的（Spalding et al., 2008）。更糟糕的是，激进的节食没有用（你早已知道这点了，不是吗？），它甚至有可能提高脂肪设定点，从而导致过分节食引发的肥胖（Ahima & Osei, 2004）。虽然你不能通过重新设定你的下丘脑来减肥，但心理学家们研究了一些其他有效的方法来控制体重，稍后我们将对此展开讨论。

左边的老鼠有基因缺陷，其脂肪细胞无法产生正常量的瘦蛋白。因为缺少这种化学物质，它体内的脂肪设定点变高了许多。

会提到的其他物质）很敏感，另外它还接受来自肝脏和胃的信息，这些信息汇总在一起决定是否引发饿的感觉（Woods et al., 2000）。

下丘脑中有一个区域是摄食系统，能够引发进食行为。如果用电刺激动物的外侧下丘脑，那些已经吃饱了的动物又会马上开始吃东西。（外侧下丘脑是下丘脑的两侧，见图10.5）。如果这些部位受到损伤，动物则会绝食。

外侧下丘脑的激活有几种方式。当你感到饥饿时，胃壁正在分泌生长素，而生长素是一种能激活外侧下丘脑的激素（Castañeda et al., 2010；Olszewski et al., 2003）。（如果你的肚子咕咕叫，说不定正在分泌生长素。）生长素不仅能刺激下丘脑，还会激活你大脑掌管学习的部分，这意味着你最好饭前学习，而不要等到饭后（Diano et al., 2006）。

我们如何知道何时该停止进食呢？下丘脑中的另一个区域是餍足系统，或称为"罢吃"机制。

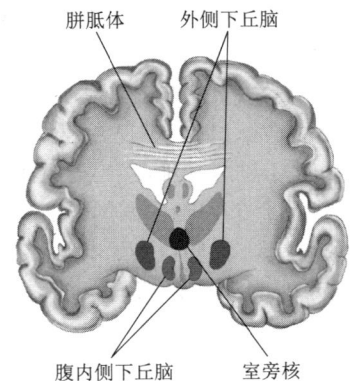

图10.5　人类大脑中部纵剖面（从大脑正前方观察），图示下丘脑区域与饥饿和调节体重有关。
Copyright © 2012 Wadsworth, Cengage Learning, Inc.

下丘脑/Hypothalamus　脑底部的一小块区域，调节诸多动机和情绪，包括饥饿、口渴和性行为。

脂肪设定点/Set point　可以通过控制饥饿或进食来自动调节并维持稳定的身体脂肪比例。

> **探索·发现**
>
> **你的 BMI 是多少？**
>
> 你可能知道自己按时尚标准来看是否超重，但按医学标准来看，你的体重情况如何呢？肥胖与心脏病、高血压、中风、II 型糖尿病以及过早死亡等有直接关系，但体重达到多重你就需要注意自己的健康了呢？"体重指数"（body mass index, BMI）可以显示你的体重情况，你可以用以下公式来计算你的 BMI 值：
>
> $$BMI = 体重（千克）/ 身高^2（米）$$
>
> 用这个公式时，代入你的身高（单位用米），并计算身高的平方值，然后除你的体重（单位用千克），得出的数字就是你的 BMI 值，比如一个体重是 100 千克，身高是 1.9 米的人，得到的 BMI 值是 27.7。
>
> $$BMI = 100（千克）/ 1.9（米）\times 1.9（米）= 27.7$$
>
> 现在比较一下你的 BMI 值与下列范围：
> 体重不足：< 18.5
> 正常体重：18.5 ~ 24.9
> 体重过重：25 ~ 29.9
> 肥胖：≥ 30
>
> 如果你的 BMI 值大于 25 就需要注意了，如果大于 30 则说明你的体重已成为影响健康的危险因素。但有两种例外情况：如果你肌肉发达则 BMI 值会高估身体脂肪含量；而对没有过多肌肉的老年人来说则会低估身体脂肪含量。减肥是非常具有挑战性的，但是如果你体重过重，降低你的 BMI 值还是很值得的，因为从长远考虑，它会有利于你的健康。

如果腹内侧下丘脑受损，将会发生异常的过度进食（腹内侧下丘脑是指下丘脑的底部中央）。一只正常大鼠的体重大约为 180 克，而腹内侧下丘脑被损坏的大鼠会不断进食，其体重可以猛增至 1000 克甚至更重。如果用人来比喻，相当于一个体重 80 千克的人体变成了 450 千克重的超级大胖子。

一种被称为胰高血糖素样肽 -1（glucagon-like peptide 1，缩写 GLP-1）的化学物质也有使人停止进食的作用。人吃过饭后，肠中会分泌出 GLP-1 并随着血液循环进入大脑。当足量的 GLP-1 进入大脑后，人就会失去吃东西的欲望（Hayes, De Jonghe, & Kanoski, 2010）。可以想象，GLP-1 将来或许可以成为治疗肥胖病的良药（Raun et al., 2007）。另外，下丘脑在你开始吃东西后至少需要 10 分钟才能做出反应，这就是为什么如果你进食很慢就不会吃太多，因为大脑需要一定的时间来获取你已经吃饱的信息（Liu et al., 2000）。

下丘脑中还有一个与饥饿有关的重要区域叫作室旁核（图 10.5），它参与保持体内血糖水平的稳定。室旁核既有激发进食行为的功能，又有停止进食行为的功能。室旁核对一种叫作神经肽 Y（缩写 NPY）的生物化学物质特别敏感，如果室旁核内有了大量的 NPY，那么动物就会不停地吃东西，直到把自己塞得吃不下去为止（Williams et al., 2004）。此外，下丘脑对大麻毒品中的某些成分也能产生反应，带来强烈饥饿感（Di Marzo et al., 2001）。

除了能知道何时进食，何时停食以外，你的大脑还能在较长的时期内调整体重（参见"大脑里的'脂肪设定点'"）。

上面所介绍的能够引起或停止进食行为的化学物质仅仅只是一小部分（Geary, 2004; Turenius et al., 2009），还有很多有待于发现。假以时日，如果我们能通过这些化学物质人工控制饥饿感，就有可能找到更有效的办法去治疗饮食紊乱（如肥胖症、厌食症等）（Batterham et al., 2003）。

导致饥饿和肥胖的外部因素

如上所述，"饥饿"不仅仅是由我们对食物的内在生理需求"推动"产生的，事实上，如果饮食仅由内部需要控制，就没多少人会过量进食了（Stroebe, Papies, & Aarts, 2008），然而，2006 年的数据表明，大约有 65% 的美国成年人属于体重超重，超过 1/3 的人属于肥胖（严重超重）（图 10.6）（参见"你的 BMI 是多少？"），儿童肥胖症的比例也有显著上升。肥胖已经取代吸烟成为不必要死亡的最主要原因（Freedman, 2011）。让我们来看一看外部因素对饥饿以及肥胖的影响。因为，肥胖不仅严重威胁到健康，对许多人来说甚至成了耻辱的标记。

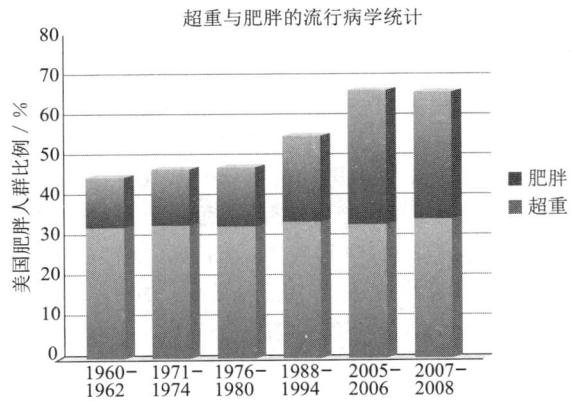

图 10.6 最近 20 年美国肥胖人群百分比的增长趋势图，现在有超过 65% 的美国人属于体重超重或肥胖（Centers for Disease Control, 2008；Flegal et al., 2010）

进食的外部线索

与食物有关的信号和符号即进食的外部线索，我们大多数人对这类线索的"拉动"很敏感。比如，当食物近在眼前唾手可得时，你多半会吃起来。在美国文化背景下，因为食物丰富而充足，外部诱因大大提高了过度进食的可能性（Casey et al., 2008）。比如，许多大一新生在入学的头三个月内会迅速发胖，宿舍楼里的小餐厅和吃夜宵的习惯就是罪魁祸首（Kapinos & Yakusheva, 2011）。和大家一起就餐时，其他人吃了多少以及是否想给他人留下好印象，也可以导致进食过量或不足。

味道

身边环绕着各种美食会导致进食过量和肥胖，尤其是当这些食物供应很充足的时候。一般情况下，对不同食物的味觉差异很大，如果你已经吃得很饱了，瘦蛋白会使你的舌头对甜味的敏感性降低（Kawai et al., 2000），这就是为什么你吃饱后就不想吃甜食的原因。事实上，你吃任何单一食物过多后，它都会失去吸引力，这也许有助于我们保持饮食上的多样性。但是在美味繁多的环境下，也会促成肥胖，如果你吃够了炸鸡或薯条，开始爱上曲奇饼或巧克力芝士蛋糕，这肯定不会对你的身体有好

儿童肥胖症的发病率如今已是 1980 年时的三倍（Ogden et al., 2010），为解决这个问题，第一夫人米歇尔·奥巴马发起了全国性的"运动吧"的活动。

处（Pinel, Assanand, & Lehman, 2000）。

某些食物的特殊味道让人一尝就会产生**味觉厌恶**或不自主的反感。如果某种食物容易导致恶心或腹泻，自然会引起厌恶（Chance, 2009）。比如笔者的一个朋友，有一次吃了几块蓝纹奶酪（一种带有特殊臭味的奶酪），紧接着就生了病，从那以后，他看都不愿意多看一眼这种奶酪了。

如果你喜欢动物，你应该会对一个难题的解决办法感兴趣：在许多农村地区，人们为了保护家畜，用毒药、陷阱和枪来对付野兽。这种做法使一些动物濒临灭绝。例如，一些地区现在已经看不到狼了。怎样才能在不损失家畜的情况下保护狼呢？

在一个经典实验中，实验者把一只涂了氯化锂的小羊羔给狼作食物。吃下食物后，狼开始恶心呕吐。有过一两次这样的经验后，狼产生了**诱饵退避**，即把特定的猎物与恶心联系起来，从而对小羊羔形成一种持久性的味觉反感（Gustavson & Garcia, 1974；Nakajima & Nagaishi, 2005）。如果坚持采用这种方法，也许可以达到既保护家畜又保护野生动物的目的。

> **知识桥**
> 诱饵退避类似于人类的厌恶条件反射。厌恶条件反射可用来帮助人们戒断一些坏习惯，例如吸烟、喝酒或咬指甲。请参见第 15 章。

味觉厌恶/Taste aversion　对某种食物极度反感。

诱饵退避/Bait shyness　某些动物不愿食用特定食物。

如果吃过东西后很久才生病，又怎样建立起疾病和特定食物的联系呢？问得好！味觉厌恶是一种经典条件反射，如第六章所说的，如果条件刺激（CS）和非条件刺激（US）之间间隔过长，会妨碍联结的建立。然而，心理学家认为，我们具有一种**生物准备性**，可以将胃的不适与早先吃过的食物联系起来，这种学习能力可以避免我们吃到不健康的食物。

味觉厌恶还具有帮助人们防止营养严重失衡的功能。例如，有人为了节食而只吃葡萄，不久便造成体内营养严重失衡，人变得病恹恹的。这时，在"不舒服"和葡萄之间建立的联系会使他们对葡萄产生反感，随后他们会逐渐恢复相对正常的饮食。

情绪性进食

人们心情不好的时候也会过度进食吗？是的，有体重问题的人通常会在焦虑、生气或难过时多吃东西（Macht & Simons, 2011）。而且，在当今这个对肥胖问题很敏感的文化中，肥胖者经常感到不开心，结果进入了过度进食导致心情不好，心情不好导致过度进食的恶性循环中（Davis & Carter, 2009）。

文化因素

出于习得的观念，我们会认为某些食物好吃，而另一些食物令人作呕，这就是饮食习惯的巨大作用。在北美洲，人们从来不会吃猴脑，但在有些国家这被认为是一道极品菜。同样，素食主义者认为食用任何肉类都是残忍的。简而言之，文化价值观极大地影响着特定食品对人的诱因作用。

饮食结构

你的饮食结构即你常吃的食物种类和数量，有些饮食结构实际上会刺激过度进食。如果把动物放在食品超市里，它们也会变得非常肥胖。在一项经典研究中，给实验组大鼠提供的食物有巧克力饼干、腊肠、奶酪、香蕉、棉花糖、花生酱和肥肉。控制组大鼠只吃鼠粮。那些实验组大鼠食量大增，体重几乎达到控制组大鼠的3倍（Sclafani & Springer, 1976）。（鼠粮是多种谷物混合的干粮。如果你是一只老鼠，你可能也会多吃曲奇饼而不是鼠粮。）

人类对食物中的各种营养成分反应也不同。一般来说，人们更爱吃甜的、高脂肪的、多样化的食物（Lucas & Sclafani, 1990）。在北美，现代社会给人们提供了种类繁多的食品，但遗憾的是，这些食品对那些肥胖者的健康是非常有害的东西。比如说，餐馆的菜和快餐通常比家里的食物脂肪含量要多、热量要高（Kessler, 2009）。"巨无霸"餐也是个问题，美国餐馆里的食物量一般比法国的要多25%以上。法国的肥胖症情况远好于美国，这很可能正是因为他们吃得较少。而且，他们吃得慢，因此也不容易过度进食（Rozin et al., 2003）。

想减肥的人们还面临着一个问题，即"悠悠球"式的反复节食。

反复节食的悖论

如果节食真的有用，为什么每年还有成百上千的"新"的减肥食谱出版？虽然节食在短期内确实有效，但多数人在停止节食后反而会迅速增加体重，甚至比节食前更重，为什么会这样？因为节食（挨饿）减缓了身体的新陈代谢率（即体内消耗能量的速率），结果身体储存能量并将它们转化为脂肪囤积起来的效率变高了（Pinel, Assanand, & Lehman, 2000）。

很明显，进化让我们学会在食物短缺时节省能量，而在食物充足时储存脂肪。因此，短期节食对体重并没有长期的影响。而反复的减肥又发胖，是特别危险的，体重的频繁变化会显著降低身体的新陈代谢率。就如之前所说的，这样可能还会提高身体的脂肪设定点，使得每次节食都很难减重，但当停止节食时体重却会很快反弹。频繁的体重改变还会增加心脏疾病及过早死亡的危险（Wang & Brownell, 2005）。为了避免在过度进食与节食之间反复，我们需要对饮食和运动习惯做出长期改变。

总的来说，进食和饮食过量是一系列复杂因素共同作用的结果，其中包括各种内部和外部因素，如饮食结构、情绪、遗传因素、锻炼等等，人们可能由各种原因各种方式变得肥胖。我们生活的环境里到处都有好吃不贵的食物，而且我们头脑里有个进化的声音："任何时候有食物就要吃。"当给我们的食物多时我们就吃得多，大份的食物及快速进食让我们感觉不到其实自己已经吃饱了。幸好，许多人已经学会用心理学原理来控制饮食（参见"行为节食"）。

歌手詹妮弗·哈德逊试过各种不同的节食法，体重持续摇摆。作为一项减肥疗程的新代言人，最近她瘦了36千克。这次她能保持住吗？

进食障碍

克里斯塔尔躺在医院的床上，皮包骨头。她是一名神经性厌食症患者。**神经性厌食症**多发于少女，是由于患者主动过度节食造成体重明显下降的心理生理障碍（Cooper, 2005）。如果克里斯塔尔的神经性厌食症没有好转，她就会因为营养不足而死去。

神经性厌食症比许多人想象的还要危险。这张有点恐怖的意大利反厌食症海报里是体重只有30千克的模特伊莎贝尔·卡罗，她患上了神经性厌食症，2010年去世时只有28岁。许多名人都曾与各种进食障碍做过斗争。

厌食者没有食欲吗？ 许多厌食者为了追求身材苗条，拼命节食，可谓不顾一切，但仍可以时常感到饿。厌食者通常是从正常的节食开始的，但是慢慢地，减肥变成了生活的全部。在这一过程中，厌食者们身体虚弱、经常生病，甚至停经。每20个厌食者中至少有1人（5%～8%）最后死于营养不良或因此而引发的疾病（Polivy & Herman, 2002）。表10.1中列出了神经性厌食症的一些症状。

第二种主要的进食障碍是**神经性暴食症**，患者狼吞虎咽地吃东西，然后又通过呕吐或服用泻药等方法来避免体重增加（表10.1）。暴食症患者多是女性。在美国的女大学生中，5%有暴食症，多达60%的人有一定程度的饮食问题。暴食和催吐会严重影响身体健康，可能会导致喉咙肿痛、脱发、肌肉痉挛、肾脏受损、身体脱水、龋齿、唾液腺肿大、月经不调、性欲低下以及心脏病。

男性和进食障碍

男性进食障碍患者正逐步增多，越来越多的男性患有肌肉上瘾症(muscle dysmorphia)，过度担心自己的肌肉不够发达（Mosley, 2009）。当前，1/3的男性希望自己身体脂肪变少，另有1/3则希望自己肌肉更加发达（McCabe & Ricciardelli, 2004）。因此，很多男性也开始改变他们的饮食习惯，加大锻炼量，其中有些人已经过度：现在大约10%的厌食症患者和25%的暴食症患者是男性。

成因

是什么导致厌食症和暴食症呢？ 产生厌食症和暴食症的原因之一是患者对自己的身材极度不满意（Crisp et al., 2006）。通常，患者对自己的看法很不客观，对发胖过度恐惧且自尊较低。有进食障碍的人会把自己的体重高估25%以上。因此，

生物准备性 /Biological preparedness　生物体更容易学会某些联结（如，食物与疾病），而不是其他联结（如，闪光与疾病）。哪些是我们人类或动物更容易学会的东西，这是由进化决定的。

神经性厌食症 /Anorexia nervosa　一种严重的心理障碍，患者主动饿自己并持续丧失食欲。

神经性暴食症 /Bulimia nervosa　暴饮暴食后用呕吐或服用泻药来排出食物的生理心理障碍。

探索·发现　　　　行为节食

如前所述,节食通常会带来体重的迅速反弹,如果你真的想减肥,那么你需要检查一下你的饮食和运动习惯,改用"行为节食"的方法。以下是一些有用的行为技巧:

1. 下定减肥的决心。尽量让其他人也加入你的减肥行动中,可以组织一些这种活动,如"匿名减肥小组"或是"明智减肥小组",这些都是不错的社会支持来源。
2. 运动。如果没有增加运动量,节食是不会取得长期效果的。要减轻体重,必须得消耗多余的热量,每天只需要多消耗200卡路里热量,即可以防止体重反弹。你可以在你日常运动水平上再加入一些你可以想到的运动,比如多爬楼梯而不要总是坐电梯,还可以买一个计步器来记录每天走的路程,一般来说如果每天走10000步,则每周可以消耗2000～3500卡路里(取决于你的体重)。运动越频繁,越激烈,体重减掉得越多(Jeffery & Wing, 2001)。
3. 通过观察自己并坚持写"饮食日记"来了解自己的饮食习惯。做个全面的两周记录,关于你何时何地吃东西、吃了什么、吃东西前后发生的事件及感受等。是舍友、亲戚或配偶鼓励你过度进食吗?你最容易在何时何地过度进食?
4. 学会弱化你的饮食线索。当你知道自己何时何地会吃得太多后,你可以回避这些场合。试着只在一个房间吃东西,不要边吃东西边看书、看电视、学习或打电话。让自己在吃东西时避免干扰。
5. 计算卡路里,但不要饿着自己。为了减肥你需要少吃,并计算摄入的热量。如果你很难做到每天都少吃,试着一周内节食4天,隔天严格节食的人和每天少吃一点儿的人能够减掉相同的体重(Viegener et al., 1990)。
6. 培养控制饮食的技巧。尽量在购买食物前查看营养成分,挑选低热低脂的食物。开始吃小份的食物,按计划吃,在你离开厨房时将所有其他食物收好。慢点吃,中间可以喝水,盘子里可以剩一点食物,在你完全吃饱前停止进食。如同前面所提到的,你应该特别注意快餐店里的大份食物,经常说"给我大份的"也的确能让你自己变成大胖子(Murray, 2001b)。
7. 少吃零食。一般来说一天中少食多餐比三顿大餐要好(Roizen & Oz, 2006),因为这样可以消耗更多的热量。(但这不包括正餐外的高热量零食。)如果你想吃零食,那么等20分钟,到时看自己是否还饿。尽可能地延迟吃零食的时间,或用生胡萝卜、牛肉汤、水、咖啡或茶来满足你的食欲。
8. 每天记录你的减肥进程。记录下你的体重、所摄入的热量,以及你是否达到你当天的目标。逐步减低摄入的热量,设定合理的目标,每周减掉500克比较现实,但记住,你正在改变习惯而不是节食,节食并没有效果!
9. 设定体重的"范围"。保持好减轻后的体重比减肥更具有挑战性,如果你设定的体重保持范围在1.5千克以内,你会更容易维持减肥的成果。换言之,如果反弹的体重超过1.5千克,你应该立刻修正你的饮食习惯,加大活动量(Kessler, 2009)。

对上述这个方案应该有耐心,饮食习惯需要几年的时间才能稳定下来,你可以在几个月的时间里改变它,如果你用这些技巧后不能成功地减肥,熟悉行为减肥技巧的心理学家可以为你提供更多帮助。

她们会认为自己"胖得恶心",而实际上她们可能正在消瘦(图10.7;Polivy & Herman, 2002)。

许多这些问题都与媒体宣传的理想身材有关(Levine & Harrison, 2004),有些网站甚至鼓励厌食(Anorexia)和暴食(Bulimia),二者分别被"粉丝"昵称为"Ana"和"Mia"(Borzekowski et al., 2010;Tierney, 2008)。花大量时间阅读时尚杂志或者浏览类似网站的少女对自己体形的认知更有可能发生歪曲,并将自己与他人作不切实际的比较(Martinez-Gonzalez et al., 2003)。

苗条、锻炼、动感,这些流行的因素也会造成进食障碍。当今社会,人们往往为了追求紧致、结实的身材来改变他们的饮食。对那些崇尚运动的人群来说(特别是从事摔跤、体操、撑竿跳、跳高和自行车的爱好者,由于某些运动要求身体脂肪较少,体重轻,他们尤其有可能患上进食障碍(Weltzin et al., 2005)。

患有这些进食障碍的人都比较有控制欲。厌食症少女常常给人"完美女孩"的印象,助人为乐、温顺体贴、细心周到,她们似乎想通过保持完美体

第 10 章 动机与情绪　　**395**

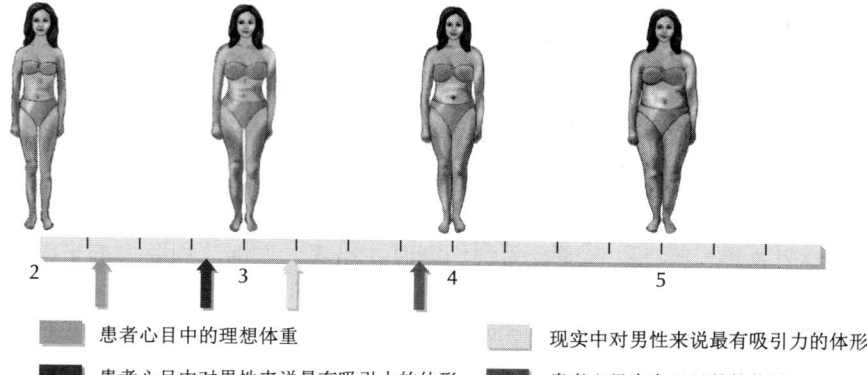

图 10.7　有进食障碍的女性患者被要求在上述你看到的量表中选择她们的体形，结果她们选择的理想体形都远远瘦于她们心目中自己目前的体形（虽然许多女性都说她们想比现在苗条些，但程度上没有患有进食问题的人那么深）。注意，有进食障碍的女性所选的理想体形甚至比她们心目中男人喜欢的体形还要瘦，这对于大部分女性来说是不正常的。在这个研究中，只有患有进食问题的女性所选的理想体形比她们心目中男人喜欢的体形更瘦（Zeller, Hamer, & Adler, 1989）。

形来实现对生活的完美控制（Castro et al., 2004；Keating, 2010）。一些暴食者的行为也可能与这种追求完美自控的特点有关（Bardone-Cone et al., 2008）。患者总是被关于体重和吃东西的矛盾想法困扰，想摆脱食物。结果，很多人在吃了东西后感到内疚、惭愧和焦虑。当她们呕吐之后，思想负担减轻了，她们清除体内食物的行为因此得到了强化（Powell & Thelen, 1996）。

表 10.1　进食障碍诊断

神经性厌食症
- 不愿意维持正常的体重，体重低于正常体重（即身高和年龄相同者的平均体重）85%。
- 即使体重已经偏低，本人仍然对发胖和体重增加有过度的恐惧。
- 本人对自身体形和体重有认识障碍。自我评价受体重的影响过大。否认体重过低具有危险性的事实。
- 停经。（或会从 DSM-5 中删除。）
- 通过呕吐或滥用泻药和利尿剂排出食物，控制体重。

神经性暴食症
- 常常暴饮暴食。能在一两个小时内吃下大量食物，食量远远超过大多数人。知道自己饮食过量，但缺乏自我控制力。
- 通过呕吐或滥用泻药和利尿剂排出食物，控制体重。为防止体重增加进行过量运动，甚至禁食。
- 自我评价受体重的影响过大。

治疗

大部分进食障碍的患者都不愿意主动寻求帮助。尤其是男性，因为他们认为进食障碍是女性独有的问题（Weltzin et al., 2005）。通常，只有在家人和朋友强大的压力下，患者才愿意接受治疗。

在厌食症的治疗中，首先需要给患者一定的药物，以缓解他们对体重增加难以克服的恐惧感，接着要用科学的饮食来帮助他们恢复体重和健康，之后，通过心理咨询，解除那些导致体重下降的情绪冲突。对于暴食症患者，需要用行为治疗的方法，帮助患者对进食过程进行严格的自我监控。同时结合认知行为疗法，改变患者对体重和体型的认知模式和信念，因为进食障碍正是由此引起的（Byrne & McLean, 2002；Cooper, 2005；Goldstein et al., 2011）。

文化、种族与节食

患有进食障碍的女性不仅存在对自身体形的认识问题，还受到文化价值观的影响。在西方文化里，许多女性认为自己是被评价的"对象"，因而她们会通过节食，试图按照社会所期望的苗条形象来塑造自己的体形（Fredrickson et al., 1998）。

仅看流行杂志就能让女性不满意自己的体重并急于瘦身（Simpson, 2002），但是处于某些文化背景中的女性对苗条身材并不盲目追捧，比如亚裔美国女大学生相比于其他大学生，仅有一半可能会节食（Tsai, Hoerr, & Song, 1998）。在非裔美国人和太平洋岛国的一些群体中，普遍偏好丰满而有曲线的体形。在这些群体中身材丰满意味着社会地位高、健康和美丽（Flynn & Fitzgibbon, 1998；Ofosu,

行为节食/Behavioral dieting　通过改变锻炼和饮食习惯，而不是短期内少吃挨饿来减轻体重。

Lafreniere, & Senn, 1998)。很显然,什么样的体形最吸引人只是观念问题。

再论生理动机——渴、性与疼痛

关键问题 10.3:口渴、回避疼痛和性驱力的生理动机是什么?

许多生理动机的产生原理与饥饿类似。例如,渴与嘴的干燥有一定关系,但如果只是用药物让嘴始终保持湿润或者干燥,人还是照样感到渴。渴和饥饿都是由下丘脑调节的,我们可以在下丘脑中发现"渴"和"渴满足"两个分离的系统。同样重要的是,渴在很大程度上也受到个体经验和文化价值观的影响。

口渴

人们一般不会注意到,实际上存在着两种不同的口渴。人体细胞外液体中水分的减少会引起**细胞外渴**。流血、呕吐、腹泻、出汗或喝酒后都会引起这种类型的渴(Petri, 2003)。当身体由于出汗或上述其他原因丧失水分和矿物质时,淡盐水可能比白水更能解渴。

为什么人口渴时更愿意喝盐水? 因为人体需要补充出汗损失的矿物质(主要是盐),才能够保持水分。实验证明,动物在体内盐分水平下降后更喜欢喝盐水(Strickler & Verbalis, 1998)。同样的道理,一些生活在撒哈拉沙漠的游牧民族认为动物血是一种好饮品,可能原因就在于血是咸的(他们或许应该尝试一下"佳得乐")。

然而当你吃了过咸的食物后,会发生第二种类型的口渴。在这种情况下,你的身体并没有脱水,但过量的盐会把液体从细胞中"吸"出来,使细胞"干瘪",引发**细胞内渴**。这时,纯水最能解渴(Thornton, 2010)。

对食物、水、空气、睡眠和排泄的内驱力在许多方面是相同的,都是大脑和身体共同活动的结果,同时也受到各种外在因素的影响。但有两种特殊的内驱力,即回避疼痛和性欲。

疼痛

回避疼痛的内驱力有何特殊性? 每天,人们按照相对稳定的周期产生由于饿、渴、需要睡眠而出现的内驱力,并使自己得到满足。不同的是,回避疼痛属于一种**情景性驱力**,只有当人受到伤害或即将受到伤害时才出现。大部分内驱力都是激发人积极追求某种期望目标,如得到食物、水和温暖等,但回避疼痛的目标不是要得到某种东西,而是要摆脱和消除不适。

有些人认为自己必须很坚强,即使真疼也不能表现出来;另一些人只要有点儿疼就叫苦连天。前一种态度会提高对疼痛的忍耐力,而后一种态度则会降低忍耐力。从这一点来说,疼痛的回避一部分是后天习得的。这种态度上的差别可以解释为什么有些社会中的成员能够坦然接受刀割、火烧、鞭打、文身和穿刺等我们一般认为极端痛苦的事(Chang, 2009)。通常,我们通过观察家人、朋友和其他示范,学会如何应对疼痛(McMahon & Koltzenburg, 2005)。

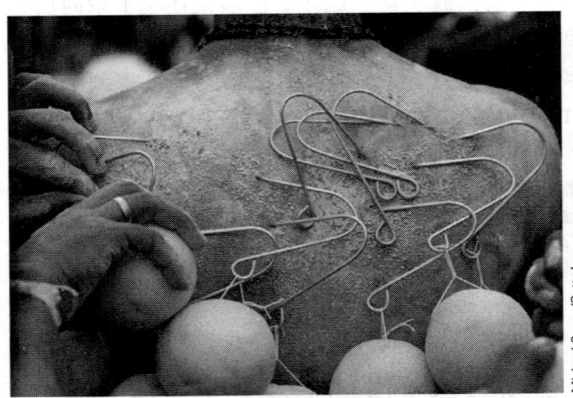

对疼痛的忍受度及避免不适的动机强弱很大程度上受到文化和信仰的影响。比如这个某教派仪式中的忏悔者。

性驱力

性同其他的生理动机不同,它对人类和动物的个体存活并不是必需的,但它对种群的存续却是必需的。

性驱力是指个体从事性行为的动机的强弱。

低等动物的性驱力跟性激素的作用有直接关系。雌性哺乳动物（除了人）只在它们生殖周期的**发情期**才对雄性感兴趣。发情期是由**雌激素**分泌后进入血液循环而引起的。激素对雄性动物也同样重要。对于大部分低等动物来说，阉割会使性驱力消失。但与雌性动物不同的是，雄性动物随时可以交配，但雄性动物的性驱力一般是由雌性动物的性接纳行为激发的。因此，大多数动物的交配行为与雌性动物的生殖周期有密切关系。

性激素如何影响人类性驱力？ 激素会影响到人类的性驱力，但不会像影响动物性驱力那样直接（Crooks & Baur, 2011）。男性的性驱力与**雄激素**（由睾丸产生，如睾酮）的量有关，青春期时雄激素的量突增，男性性驱力也是如此。类似的，女性的性驱力与雌激素水平有关（Hyde & DeLamater, 2011），但是"男性"激素也会影响女性的性驱力，除了雌激素外，女性体内还会产生少量的雄激素，当雄激素水平增加，许多女性会经历一个相应的性驱力增加的过程（Van Goozen et al., 1995）。睾酮水平会随着年龄增长而下降，各种健康问题也会降低性驱力，在某些情况下，男性和女性的性驱力都可以通过服用睾酮替代品来恢复（Crooks & Baur, 2011）。

我们将在第11章详细讨论人类的性行为和性态度。在这里需要说明的是，性驱力不同于那些维护体内平衡的基本需要，它是一种"**非体内平衡驱力**"。人类的性驱力随时可能被任何刺激引发，因此上次性满足与下次性冲动产生的时间间隔似乎也没有明确关系。当然，随着时间的延长，欲望强度一般会增加。但是刚发生过性行为不会抑制性唤起的再次发生。有趣的是，人类有时会试图使用一些方法激发性驱力和使这种冲动得到释放，性驱力这种与众不同的特性可以激发各种不同的行为，所以无论宣传什么产品的商业广告都喜欢利用"性"来做文章。

性驱力并没有保持体内平衡的作用：当一只雄性动物与一只雌性动物交配一段时间之后，会表现得对性行为没有任何兴趣。但此时，如果给这只雄性动物提供一个新的配偶，它的性行为马上即可恢复。这种行为模式继美国前总统柯立芝之后被称为柯立芝效应。你也许会问，总统与性驱力有什么关系？下面讲一个有趣的故事。

一次，柯立芝总统和夫人到一个实验农场参观。总统夫人问道："一只公鸡一天只交配一次吗？"工作人员回答说："不，夫人，公鸡一天可以交配几十次。"总统夫人说："等总统过来时，请把这件事告诉他。"当柯立芝总统参观到同一个地方时，工作人员把这个信息转达给了他。总统反问道："这几十次都是和同一只母鸡吗？"工作人员说："不，是和许多只母鸡。"总统说："请把这一点告诉我太太。"

知识巩固
饥饿、口渴、疼痛和性

测一测

1. 下丘脑的饥饱调节系统通过检测来自肝脏或血糖水平的信号，告诉我们的身体应开始吃东西。对不对？
2. 维持身体内的脂肪设定点与血液中_____的量有密切关系。
   a. 下丘脑因素 1
   b. 腹内侧缩氨酸 -1
   c. NPY
   d. 瘦蛋白

细胞外渴 /Extracellular thirst 由人体细胞外液水分减少引起的渴。

细胞内渴 /Intracellular thirst 由过量的盐分和矿物质把细胞中的水分吸出而引起的渴。

情景性驱力 /Episodic drive 在特定情境中或特定条件下产生的驱力。

性驱力 /Sex drive 个体从事性行为的动机强度。

发情期 /Estrus 动物的性驱力发生变化并产生交配欲望的时间段。通常指雌性动物的发情期。

雌激素 /Estrogen 任一种雌性的性激素。

雄激素 /Androgen 任一种雄性的性激素，特别是睾酮。

非体内平衡驱力 /Non-homeostatic drive 与保持身体内部的平衡需要无关的内驱力。

3. 一个癌症患者在化疗结束后的几周内都因恶心而食欲不振，最有可能的原因是
   a. 大脑内 NPY 的增多
   b. 条件性的味觉厌恶
   c. 反复节食的后遗症
   d. 细胞外饿的丧失
4. 经常节食的人能从中受益：每次他们节食都会瘦得很快。对不对？
5. 除了改变饮食习惯，行为节食的一个重要因素是_____。
   a. 锻炼
   b. 时机适宜的零食
   c. 更强的食物诱因
   d. 每天坚持挨饿
6. 一边暴食一边呕吐是_____的常见症状。
   a. 味觉厌恶   b. 厌食症
   c. 暴食症   d. 对外部食物诱因易感者
7. 渴可以是细胞内渴，或是_____。
8. 回避疼痛是_____驱力。
9. 动物的性行为在雌性而论，很大程度由雌激素控制，而雄性由发情期的出现来控制。对不对？

想一想
批判性思考
10. 金米体重过重，对外部食物诱因很敏感，她的手表对她过度进食可能有什么影响？

自我反思
想想你最近吃的一顿饭，是什么让你感到饥饿？什么内部信号告诉你不要再吃了？你对外部食物诱因很敏感吗？食物的分量对你有什么影响？你是否有过味觉厌恶？

答案：
1. 下丘脑 2. 不对 3. b 4. 不对 5. a 6. c 7. 细胞外渴 8. 懂得的；他们同伴吃饭时，金米也会和他们一起吃东西。

刺激动机——
跳伞运动、恐怖电影和娱乐中心

关键问题 10.4：神经唤起水平与动机有何联系？

你现在是否充满能量？或你是否感到累？很明显，你的唤起水平与你的动机有着密切联系，对于不同的人、不同的行为来说，其理想的唤起水平是否也存在不同？我们来探讨一下这个问题。

许多人都喜欢新的电影、小说、歌曲、流行款式、游戏、新闻、网站和冒险运动，但是，刺激动机反映的是我们对信息、探索、操作和感受的需要，而不仅仅是为了娱乐，它对人类的生存有着重要意义。在了解周围的过程中，食物源、危险源以及其他重要的环境因素被一一定位，而这些信息关系到种系的生死存亡。刺激动机从我们出生开始就存在了，到婴儿能下地走路时止，家里的东西基本都被舔过、摸过、看过、玩过，甚至弄坏过了。

刺激驱力在其他的动物中也很常见。比如，在一个实验中，墙上有各种金属插销、环和搭扣，让猴子们自己去解开（Butler, 1954）。猴子们很快能学会如何操作。在这种情况下，没有任何其他外部强化鼓励猴子们的探索或操作行为，猴子们的不断尝试和操作似乎只是为了活动本身的乐趣。

唤起理论

刺激动机对维持体内平衡有作用吗？答案是肯定的。**唤起理论**认为，人们努力把唤起水平保持在理想水平（Franken, 2007；Hancock & Ganey, 2003）。换句话说，当你的唤起水平过低或过高时，你就会想办法提高或降低它。

什么是唤起？ 唤起指身体和神经系统被激活。人在兴奋、情绪激动或慌乱状态下唤起水平较高，日常活动时保持在中等水平，睡眠时很低，死时为零。唤起理论认为，人在唤起水平太低或太高时都会感到不舒服，唤起水平太低会感到乏味，唤起水平太高时往往正处于害怕、焦虑或慌乱中。大多数成年人为了保持适当的唤起水平而经常变换活动，使自己感到舒适，比如把听音乐、聚会、运动、

上网、谈话和睡眠等活动结合在一起，从而使自己保持一种中度的唤起水平，以避免过度单调或过度刺激（Csikszentmihalyi, Abuhamdeh, & Nakamura, 2005）。

刺激寻求者

人与人之间对刺激的需要存在差异吗？唤起理论认为，人们对特定水平刺激的需要是习得的（Lynne-Landsman et al., 2011）。下个暑假你想去哪？在家待着？和最好的朋友去附近湖边的农场待上一周如何？还是去纽约购物、参观博物馆？还有更好的，比如去南非在笼中潜水看大白鲨？如果鲨鱼探险游对你有吸引力，你可能有着较高的刺激寻求水平，喜欢诸如蹦极、潜水、滑雪、冲浪、跳伞等活动（Pizam et al., 2004）。

刺激寻求是那些偏好高强度刺激的人的特质（Gray & Wilson, 2007）。你的刺激寻求水平的高低取决于你的身体对新颖的、特殊的、意外的或者强烈的刺激做何反应（Zuckerman, 2002）。高强度刺激寻求者通常比较大胆、独立和重视变革。他们通常有更多性伴侣，更可能抽烟，更偏好刺激性的食物。刺激寻求强度低的人一般更尊重传统，循规蹈矩，为人和蔼，有奉献精神，喜欢与大家在一起。

刺激寻求是那些偏好高强度刺激的人的特质。

刺激寻求也有不好的一方面（Dunlap & Romer, 2010）。高刺激寻求者更倾向于参加危险活动，比如吸毒，或是随意的、无保护的性行为（Gullette & Lyons, 2005; Horvath et al., 2004）。

唤起水平

人在何种唤起水平时发挥最为出色？在不考虑个体差异的情况下，大多数人在中等唤起水平状态下表现得最好。举个例子，在考试时，如果你的唤起水平太低，感到困倦或提不起精神，你很难考好；如果你过于焦虑，唤起水平太高，也很难正常发挥。如图10.8所示，唤起水平和作业效率的关系可以用一条倒U形曲线来描述（Hancock & Ganey, 2003）。

这个倒U形曲线告诉我们，在唤起水平很低时，人体还没有充分发动起来，无法好好表现。随着唤起水平的增高，能力发挥水平不断提高，曲线保持上升，直至曲线中部。然后，随着人变得过于情绪化，效率开始下降。试想一下：你的汽车正好在铁道上熄了火，正当你试着把车再次发动起来的时候，一列火车向你呼啸而来，这正是这条曲线所示的最高唤起水平时的状态。

中等唤起水平是否总是完成任务的最佳状态？其实不然，任务复杂程度不同，相应的最佳唤起水平也不同。对于比较简单的任务，最佳唤起水平相对较高；但对于复杂的任务，最佳唤起水平相对较低。这种关系被称为**耶基斯－多德森定律**（Yerkes-Dodson law，见图10.8）。这一定律广泛适用于各种任务情景，并可用于动机的测量。

例如，在短跑比赛中，运动员只需明确完成一个简单任务，那就是尽快跑到终点，此时需要让运动员达到高度唤起水平，使其发挥得好。相对而言，一个高尔夫球手则面临着更为复杂的情景，此时，选手的唤起水平如果过高，往往会出现失误。在学校里，许多学生都经历过考试焦虑，这也是一个高度唤起会影响成绩的常见例子。

应对考试焦虑

学着使自己平静下来能否提高考试成绩呢？通常是这样，但也有例外。首先，适当的唤起是健

唤起理论/Arousal theory　一种情绪理论，假定人喜欢保持理想的或舒适的唤起水平。

耶基斯－多德森定律/Yerkes–Dodson law　唤起水平、任务难度与成绩之间关系的一般规律。

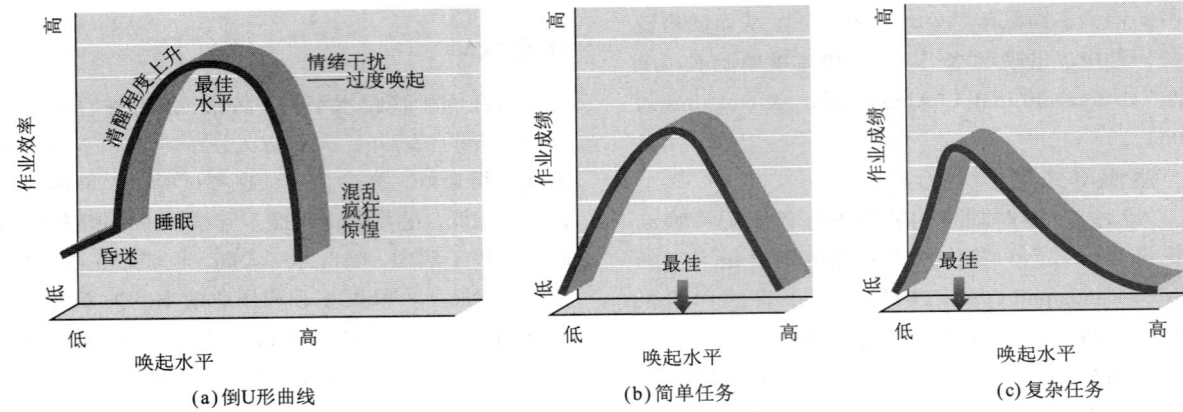

图10.8 （a）唤起水平和作业效率的关系可描述为一条倒U形曲线。对于简单任务（b），最佳唤起水平比复杂任务（c）要高。

康的，它可以帮助我们更专注于眼前的任务，只有当唤起干扰到了正常发挥我们才称之为焦虑。**考试焦虑**是一种"高度唤起"（紧张、出汗、心怦怦跳）和"过度担心"的心理状态。这种担心和唤起的混合作用容易让人心烦意乱，思绪纷杂，因而分散了考试时的注意力（Eysenck et al., 2007；Stipek, 2002）。

另外有研究表明，当学生对材料不熟悉时，他们会表现得更焦虑（Cassady, 2004）。不好好准备考试，还保持平静只能使你"平静"地"挂掉"考试而已。以下是应对考试焦虑的一些建议，可供我们参考。

充分准备

很多学生是因为平时学得太少，或太晚着手准备才导致考试焦虑。因此，应对考试焦虑最直接的方法，就是改善学习方法（Cassady, 2004）。最好的方法是在考期到来之前进行适当的过度学习，把知识掌握牢固。准备充分的学生一般考分高、焦虑少，不会过度紧张（Kaplan, 2008；Santrock & Halohen, 2010）。

> **知识桥**
> 最好的避免考试焦虑的方法之一就是改善你的学习方法。如果考试焦虑对你来说是个问题，不妨回到本书的前言部分，回顾一下学习和考试的技巧。

学会放松

放松是降低考试焦虑的另一个方法（Bradley et al., 2010；Powell, 2004）。在第13章中，我们将介绍一些放松训练方法。如果你能从别人那里得到情感上的支持，那么，参加考试时的焦虑程度也会降低（Stöber, 2004）。因此，你不妨在考试之前和你的老师谈一谈有关问题，或与同学一起准备考试，这些都会对你有所帮助。

考前演练

如果你在考前认真演练一下，也可以降低考试焦虑。在演练时，先想象你自己一头雾水、考试时间不够，或者感到恐慌，然后冷静下来，计划自己如何应付每一种情形，如何把注意力集中在任务上，如何一次只集中解决一个问题，等等（Watson & Tharp, 2007）。

改变认识

另一个有用的方法是把导致考试焦虑的想法列一个清单，然后针对清单中的每一个问题，学习运用冷静和理智的回答来战胜它（Jones & Petruzzi, 1995；Olpin & Hesson, 2010）[这叫作"减压认识"（coping statements），参见第13章]。例如，一个焦虑的学生可能会想："如果我在这次考试中考砸了，所有人都会认为我是个笨蛋。"通过对认识的重新建构，这位学生可以这样想："如果我准备充分，控制好我的情绪，我一定会通过这次考试。即使我不能通过考试，这也不是世界的末日。我的朋友仍然会喜欢我，而且我在下次考试中还有机会。"

善于应对考试的学生即使在困难的情况下也能发挥最佳水平。自信可以使你平静，因而获得更好的考试成绩。通过运用以上方法，大部分学生都能够有效地降低考试中的焦虑水平（Smith，2002；Zeidner，1995）。

习得性动机——追求卓越

关键问题 10.5：什么是习得性动机和社会动机？其重要性何在？

人的很多动机都是习得的。我们的目标和需要很容易受到赞扬、金钱、成功和快感的强化。但对于一些起初令人痛苦的或者可怕的活动，人们是如何把它们变成爱好的呢？人们为什么攀岩、跳伞、跑马拉松、洗桑拿浴和冬泳呢？让我们看一看下面这个例子。

在第一次尝试服用海洛因之类的毒品时，人会感觉达到了快感的"巅峰"，然而当药力消失时，人就会感到"难受"，渴望再"舒服"一次，而最简单的办法就是再服用一次，很多吸毒者都是这样开始的。一段时间后，人体会对海洛因产生习惯化，这时，服用海洛因可以停止"难受"，却不能再使人产生"舒服"的感觉，同时，服用药物的后效却越来越痛苦。这时人就获得了一种新的、强烈的吸毒动机。在这一恶性循环中，使用海洛因可以暂时缓解"难受"，但使人在几小时后感到更加痛苦。

对抗作用理论

心理学家 Richard L.Solomon（1980）就毒瘾和其他习得动机的过程提出了他的一套见解。根据他提出的**对抗作用理论**，如果一种刺激引起了一种强烈的情绪（如害怕或愉快），那么，在这种刺激结束时，会出现一种相反的"情绪后效应"。例如，如果你感到疼痛，那么，疼痛结束时人就会体验到一种得到解脱的快感；如果一个人感到愉快，就像前面所说的服用毒品的例子，愉快过后人就会感到不舒服或渴望再次体验愉快。当你在热恋中，你和恋人在一起时会感觉非常好，但在分开时就会感到特别难过。

如果刺激反复出现会怎样？ 根据这一理论，当同一刺激反复出现时，人的反应会减弱并出现习惯化。例如，和其他所有人一样，我们勇敢无畏的跳伞员亨利（我们在第1章里提到）第一次跳向空中时，难免感觉心惊肉跳。但是，随着练习次数的增加，恐惧感就会降低，最后他不再感到害怕，反而感到"兴奋"。相反，情绪后效会随着练习次数的增加而增强（Roth et al.，1996）。初学者在第一次跳伞后会体验到一种短暂而非常强烈的放松感，令人异常欣快，这种感觉在跳伞后还会持续几个小时。随着练习次数的增加，这种令人愉快的后效越来越强，而最初的痛苦或害怕都没有了。根据对抗作用理论的解释，跳伞、攀岩、蹦极、滑雪或赛车等危险运动实际都具有强化作用。此外，在这些例子里，情绪与动机之间也有着紧密的联系。我们将在稍后讨论这一问题。

社会动机

相对于一般人而言，你的某些朋友可能对成功、金钱、财富、地位、爱情、奖励、考试分数、权力或归属感有着更浓的兴趣。这些都属于**社会动机**或目标。社会动机的形成过程，是一种复杂的社会化过程和文化习得过程（Deckers，2010）。一些艺术家、科学家、运动员、教育家和国家领袖之所以能取得卓越的成就，与他们习得的某些需要有着直接关系，其中，成就动机起着尤其重要的作用。

成就需要

对许多人来说，比如 Lady Gaga，"有动机"意味着对成就感兴趣（Wigfield & Eccles，2002）。在后面的章节中，我们将进一步探讨攻击性、助人行为、亲密关系、寻求赞扬和另外一些社会

考试焦虑 /Test anxiety　考试引起的高度紧张和担忧，对成绩有严重影响。

对抗作用理论 /Opponent-process theory　当一种刺激引起一种强烈情绪后会出现一种相反情绪，同时，两种情绪状态的强度也会随时间而改变。

社会动机 /Social motives　在特定社会或文化背景下习得的动机。

探索·发现　真正的勇气

你一定渴望成功。为了获得成功，是天赋过人好还是后天努力好？当然，你一定会说两者都要，我们也希望如此，但是哪个更重要呢？通常来说，坚定不移的追求比先天的才智更能帮助一个人获得非凡的成就（Bloom, 1985；Duckworth et al., 2007）。

这是为什么呢？因为那些成就动机较高的人在解决问题时，往往会表现得更坚韧、热情和自信（Duckworth et al., 2007；Munroe-Chandler, Hall, & Fishburne, 2008）。他们倾向于完成难度较高的任务，获得更好的成绩，在工作上更胜一筹。具有高成就动机的大学生往往将成功归因为自己的能力，而将失败归因为努力不足，因此当面对失败时，他们会继续努力，而当事情变得困难的时候，他们也会更加努力地解决问题。

你自信吗？获得非凡成就或许只有少数精英才能做到，但是你能够通过增加自信来增强动机水平（Hanton, Mellalieu, & Hall, 2004）。有自信的人更有耐力和激情，因而也更容易做好某件事或达到目标。

当你在处理一个棘手的问题时，以下哪些是你能做到的？为了增加你的自信，建议你做到以下几点（Druckman & Bjork, 1994；Munroe-Chandler, Hall, & Fishburne, 2008）：

1. 设立具体的、具有挑战性、可以达到的目标。
2. 制订达到这一目标的分步骤计划。
3. 一步一个脚印地走。
4. 当你刚刚掌握某种技能时，你的目标应该是练好基本功。较为熟练之后，你再把精力集中在提高水平上。
5. 在专家指导下掌握技能。
6. 选择在此项技能上出色的人作为自己的榜样，加以效仿。
7. 从观察者那里获得支持和鼓励。
8. 失败时要认识到，原因是自己付出的努力不够，而不是因为自己缺乏能力。

自信能影响到你接受什么样的挑战，你付出努力的程度，或是当事情进展不顺利时你能否坚持下去，由此影响你的动机。你可以相信，自信真的值得培养。

威廉姆斯姐妹拥有很高的成就动机。她们的坚韧、热情和自信帮助她们成为世界一流的职业网球选手。

动机。现在，我们首先讨论**成就需要**（need for achievement，缩写 nAch）。成就需要指一种内化的、渴望优秀的愿望（McClelland, 1961）。因此，在任何存在评价的情境中，成就需要较高的人都会尽力做好。

追求成功的人都像野心勃勃的商人那样吗？并非如此。成就动机可能引领人们拥有财富和特权，但是，一些在艺术、音乐、科学或者运动领域取得卓越成就的人并不一定追求物质上的利益。这些人更享受从挑战中获得的乐趣，从而更珍惜每一个检验自己能力的机会（Puca & Schmalt, 1999）。（关于高成就动机者的行为特点，请阅读"真正的勇气"。）

权力

成就需要与权力需要并不是一回事。**权力需要**是指能够控制或影响他人的愿望（McClelland, 1975；Wirth, Welsh, & Schultheiss, 2006）。那些具有强烈权力需要的人渴望得到重视：他们挥金如土、衣着奢华，并且善于利用人际关系网。从某种角度来说，这种对权力和财富的追求正是美国梦的黑暗面。那些把"挣大钱"作为自己的生活目标的人会很容易出现适应不良，并难以感到真正的幸福（Kasser & Ryan, 1993）。

获得成功的关键因素

取得非凡的成就需要哪些条件？心理学家 Benjamin Bloom 发现，成功者们的第一步，都是从父母们"纯粹为了好玩"，让孩子接触音乐、游泳或科学思想开始。最初很多孩子在技能方面表现平平。例如，一位奥运会游泳选手记得，自己10岁时参加比赛从来没有赢过。但到了一定年龄后，孩子们开始主动地发展自己的某些能力。不久，父母们发现孩子在某一方面进步得非常快，就开始为孩子聘请专家级的指导者或教练。在获得了几次成功后，孩子便每天进行长时间练习，拼命挖掘自己的潜力，这样坚持很多年之后才真正获得非凡的成就。

Bloom 的结论是，才能是由献身精神和刻苦努力培养起来的（R.C.Beck，2004）。如果家长能够全心全意地支持孩子发展其特长兴趣，并要求孩子无论何时都要尽自己最大努力去做好，那么，就更有可能发挥孩子的才能。对少年天才和卓越人士的其他研究也表明，大量的练习和专家指导都是决定成功与否的关键因素。要在音乐、体育、棋类、艺术和其他许多领域取得卓越成就，无不需要至少10年的潜心练习（Ericsson & Charness，1994）。一种老说法认为，才能总会自然而然地浮出水面，但这种观念在很大程度上是个误会。

"需要层次"金字塔

关键问题 10.6：某些动机是否比其他动机更基本？

所有的动机都是同等重要的吗？在本书的第1章中，我们谈到人本主义心理学家马斯洛提出的**"需要层次理论"**，该理论认为有些需求更基本、更强，而有些需求则更加高级（其中"自我实现"被定义为人的潜能充分发挥的最高阶段）。想一想那些可以影响你行为的需求，哪些需求最为强烈？哪些需求最需要花时间和精力去满足？然后来看看马斯洛所说的需要层次（图10.9）。

生理需求处在金字塔的最底部，因为这些需求是我们生存所必需的，所以它们的影响力最强，比其他需求具有优先性。这也是为什么当你饥饿难耐时，除了食物你什么都没法思考。马斯洛认为只有在基本需要被满足后，才能够出现更高层次的、较脆弱的需要。以安全和安全感需要为例，如果社会没有基本秩序、不稳定、连生命安全都得不到保障，那么，人是不可能奢望更高的追求的。当一个人受到威胁时，他不可能有兴趣去吟诗作画，或与人谈天说地。因此，马斯洛把"生理需求""安全和安全感""爱和归属感"（包括对家庭、友谊和关怀的需要）及"尊重和自尊"四个水平的需求都划为**基本需要**。

所有的基本需要都是缺失性动机。如果人们对食物、水、安全、爱、尊重等的需要不能得到满足，这些基本需要就会被激发出来。需要层次的最上层属于**发展需要**，即自我实现的需要。这些需要不是因为"缺乏"而产生的，而是一种积极的、使人的生命更有价值的发展动力（Reiss & Havercamp，2005）。同其他人本主义学家一样，马斯洛认为人性本善，如果我们的基本需求能得到满足，我们就会进一步努力去发挥潜能，实现自己的价值。

自我实现的需求是如何表现出来的呢？马斯洛把那些力度不强，但对人的发展影响深远的动机称为**元需要**（Maslow，1970）。元需要是指人充分发展自身潜能的倾向。马斯洛总结提出了14种元需要。这些元需要包括：

1. 完整（统一）

成就需要 /Need for achievement（nAch） 一种内化的、达到某种卓越标准的欲望。

权力需要 /Need for power 一种控制或影响他人的欲望。

需要层次理论 /Hierarchy of human needs 马斯洛关于人类需要的理论，根据需要的强度排列次序。

基本需要 /Basic needs 马斯洛需要层次理论中的前四层，越底层的需要越强烈。

发展需要 /Growth needs 马斯洛需要层次理论中的最高层，即自我实现的需要。

元需要 /Meta-needs 马斯洛需要层次理论中与自我实现相联系的具体追求。

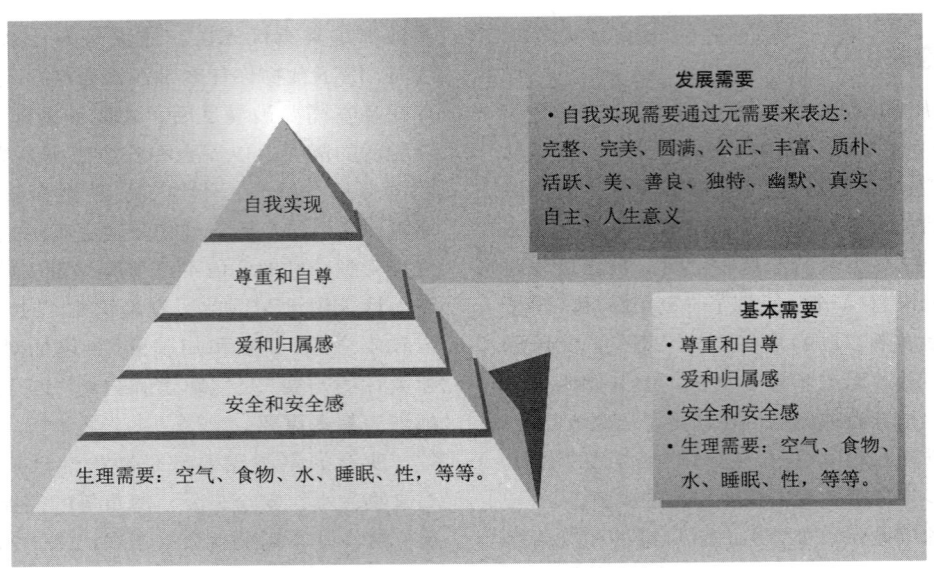

图 10.9 马斯洛认为需要层次中的下层需要占有主导性，只有基本需要得到满足，发展需要才会体现出来。对自我实现的追求体现在对各种元需要的追求上。
Copyright © 2012 Wadsworth Cengage Learning, Inc.

2. 完美（平衡与和谐）
3. 圆满（有始有终）
4. 公正（公平）
5. 丰富（复杂性）
6. 质朴（本质）
7. 活跃（自发性）
8. 美（恰当的形式）
9. 善良（与人为善）
10. 独特（有独立见解）
11. 幽默（平易近人）
12. 真实（现实性）
13. 自主（自给自足的生活）
14. 人生意义（有价值）

根据马斯洛的观点，人有一种沿着需要层次的上升向元需要发展的倾向。如果元需要无法满足，就会出现"衰变综合征"，最后陷入麻木、绝望和精神错乱。

> **知识桥**
>
> 关于如何促进自我实现，马斯洛并没有太多指导，不过从他的著作中可以收获一些建议。更多关于自我实现的知识请参见第 12 章。

马斯洛认为，仅仅达到温饱或小康生活，还不是一种充实的、能够令人心满意足的生活。研究者发现，那些只关心金钱、个人的外表及别人对自己的评价的大学生，自我实现的水平以及生活幸福感都比一般人更低（Kasser & Ryan, 1996）。

坐轮椅的运动员参与激烈的比赛。马斯洛认为这样的行为属于自我实现需要的一种表现。

马斯洛的层次理论并没有得到实验研究的充分证实，人们对他的观点提出了很多疑问。例如，如何解释用绝食作为手段进行社会性抗议的行为？"追求公正"的元需要是如何战胜更基本的对食物的生理需要的？（可能是由于绝食是暂时的，而且是自我强加的）。尽管存在反对的观点，这一理论对于人们理解人类动机之间的各种相互作用仍然起着很大的作用（Kenrick et al., 2010; Peterson & Park, 2010）。

受到元需要驱动的人多吗？马斯洛估计，很少有人能达到自我实现的层次，大部分人更注重安全、爱或尊重的需要，这可能是因为我们的社会要求人们首先要考虑自己在学校、工作单位或人际关系中的安全性、确定性和一致性。你最后一次有某种元需求是在什么时候呢？

内源性动机和外源性动机

一些厨师把做饭视为一项艰苦的工作，而另一些人却把做饭视为一种乐趣，甚至梦想自己将来开一家餐馆。不论做什么工作，如木工、园艺、写作、摄影或制作首饰，其中都有一些人感到像在"玩"一样快乐，而另一些人则感到是一种折磨，只是干活挣钱而已。为什么同样的活动对一个人是"苦"，对另一个人则是"乐"呢？

根据自我决定理论，如果你为了获得某种乐趣或是提高自己的能力自己决定要做某事，你的动机通常来自内部（Hagger & Chatzisarantis, 2010; Niemiec, Ryan, & Deci, 2009）。**内源性动机**产生时，我们的行为并不是为了得到外部的奖赏，而仅仅是享受活动本身的乐趣或将其看作提高能力的机会。相对而言，**外源性动机**有着明显的外部驱动因素，如酬劳、分数、奖赏、尽义务和得到赞扬，而大部分的"工作"都是可以从外部得到报酬的（Baard, Deci, & Ryan, 2004）。

"玩耍"变成"工作"

增强外部诱因是否能达到增强动机的效果呢？是的，但并不一定总是这样。实际上，过分奖励会降低内部动机和自发兴趣。在一项儿童研究中，起初孩子们只是随意画画儿，后来却又比赛又发奖，孩子们就失去了对绘画的兴趣（Greene & Lepper, 1974）。很明显，如果你"要求"一个人做他本来自愿做的事，原来的"玩"就变成了一件"苦差事"。总的来说，在"威逼利诱"之下，人们会感到自己不是心甘情愿的，缺乏工作积极性的员工和厌学的青少年就是这些反应的例子（Ryan & Deci, 2000）。

创造性

当人们受内源性动机驱使时，更能发挥创造性。比如在工作中，工资和奖金的增加可能会提高工作产量，但工作质量却更多受到内在因素，如个人兴趣和选择的自由度的影响（Nakamura & Csikszentmihalyi, 2003）。受内源性动机驱使而工作的人通常会全身心投入，并发挥更大的创造性（Ruscio, Whitney, & Amabile, 1998）。心理学家 Teresa Amabile 指出，在以下情况下，员工的创造性很容易被扼杀：

- 在监督下工作
- 行动受到条条框框的限制，没有选择余地
- 工作的目的是为了得到好评（或避免负面评价）
- 工作的主要目的是为了挣钱

时间压力也会扼杀创造性。员工被迫争分夺秒工作时不太能解决难题或灵机一动。只有当一个人的工作动机来自内部时，他才可能把具有一定复杂性、未知性和挑战性的任务当成一种具有强化性的刺激。当过分强调外源性动机时，人们不太可能会解决难题并提出创新的想法（Amabile, Hadley, & Kramer, 2002; Hennessey & Amabile, 2010）

那么是否应该避免外源性动机呢？不是，尽管外源性动机不能滥用，特别是对儿童，但适当地运用外源性动机是有效的。总的来说，(1) 在开始时，

内源性动机 / Intrinsic motivation　没有功利性目的的内部行为动机，基于个人对任务或活动本身的喜爱。

外源性动机 / Extrinsic motivation　由明显外部因素（如酬劳、奖赏、义务等）驱动的行为动机。

如果没有任何内部需求进行某一活动，那么采用外部刺激使其产生活动的动机是无害的；（2）当人缺乏必要的活动技能时，最初的外部奖赏往往是必需的；（3）外部奖赏可以把人的注意力吸引到特定的活动上，从而使其内部兴趣得以发展；（4）如果一定要用到外部奖赏，那么它的使用应该越少越好，并且一旦有可能，就应立即停止（Buckworth et al., 2007; Cameron & Pierce, 2002）。

在工作中，经理们了解每位员工的兴趣及职业目标是很有价值的。人们不仅仅是为钱工作，有机会去做有挑战性的、感兴趣的和有内在奖励的工作也很重要。很多情况下鼓励内在动机十分重要，特别是在儿童学习新技能的时候。

受到内在动机驱动的人可以自由地并有创造性地探索问题的解决办法。（右图，Dean Kaman, Segway 个人交通工具的发明者；下图，"抓不到的鱼"，是一个活动雕塑世界锦标赛的参赛作品）

知识巩固
刺激动机、习得动机，马斯洛和内源性动机

测一测
1. 探索、操纵和好奇证明了_____动机的存在。
2. 刺激寻求者多是外向的、独立的、喜欢变化的，对还是错？
3. 复杂任务，比如课堂测试，会被高水平的唤起影响，_____预测到了这种效应。
   a. 刺激寻求
   b. Yerkes-Dodson 定律
   c. 昼夜节律的研究
   d. 成就需要的研究
4. 考试焦虑的两个主要因素是_____和过度的_____。
5. 根据对抗作用理论，当一个刺激反复呈现时，我们对它的反应会越来越强，对还是错？
6. 高成就需要的人更加坚韧、热情和_____。
   a. 控制力   b. 智慧
   c. 自信   d. 刺激寻求
7. 马斯洛层次需要理论的最高层涉及了_____。
   a. 元需要
   b. 安全的需要
   c. 爱与归属的需要
   d. 外源性需要
8. 当外在奖励运用在一个本来很喜欢的活动中，则内在动机会受到损害，对还是错？

想一想
批判性思考
9. 很多美国大学新生说"经济宽裕"是核心的生活目标，"赚更多的钱"是他们决定来读大学的重要因素。"赚更多的钱"可以满足哪种元需要？

自我反思
唤起理论能解释你自己的行为吗？想想你是否曾经因为唤起水平过高或过低影响到自己的表现，再想一些能体现 Yerkes-Dodson 定律的个人例子。
你是否对刺激寻求有很高的需求？
你认为你的成就动机是高是低？在充满挑战的

任务中，你是否有耐力、热情、自信心？

马斯洛的需要层次理论中，哪些需要占用了你大量的时间和精力？

举 2 个你自身的例子说明由内在动机和外在动机驱使的行为有什么不同。

答案：1. 刺激 2. 对 3. B 4. 睡眠，食物 5. 尊重 6. C 7. a 8. 对 9. 没有。

情绪——你的感受是什么？

关键问题 10.7：情绪过程是怎样的？

看看 2010 年海地大地震中满脸恐慌、四散奔逃的人们，不难看出动机与情绪之间紧密的关系。情绪塑造了我们的人际关系，并给我们的日常活动添加了色彩，情绪的基本部分是什么？处于情绪状态之中，我们的身体是如何反应的？**情绪**是以生理唤起水平、面部表情、姿势和主观感觉的变化为特征的某种状态。如前面提到过的，情绪一词的词源是拉丁语 movere，意思是"移动"。

情绪的"动"体现在哪些方面呢？首先，人的身体在情绪状态下被唤起，这种生理上的唤起使得我们在戏剧、葬礼或一项友善的举动中体验到"感动"。其次，愤怒、害怕或喜悦的情绪常常"推动"我们采取某些行动。我们追逐的目标让我们感觉良好，我们回避的事物使我们不开心；成功会带给我们喜悦，而失败则会令我们伤心（Kalat & Shiota, 2012）。

情绪与人的一些基本的**适应性行为**有关，包括攻击行为、躲避行为、寻求舒适、帮助别人和生殖行为等等。这些行为能帮助我们生存及成功地适应周围变化的环境（Freberg, 2010）。当然，情绪也会有一些负面作用，一些球迷会因为闹情绪而在赛场滋事。憎恨、愤怒、漠视、厌恶、恐惧，影响人们的行为和关系。但是更为常见的是情绪有助于生存。作为社会性的动物，人们的群体生活，抚养孩子，彼此依靠都离不开爱、关怀和友谊这些积极的情感纽带（Buss, 2000）。

我们都知道，手掌出汗、心怦怦跳和反胃等身体反应与情绪有密切关系。**情绪伴随性生理变化**是情绪的一个主要成分，包括心率、血压、呼吸和其他很多身体状态的改变，这些反应大部分是由交感神经系统、**肾上腺素**或去甲肾上腺素引起的（由肾上腺分泌的激素）。

情绪的另外一个主要成分是**表情**，即人情绪感觉的外显特征。例如，当你感到极端恐惧时，你的手会发抖，面部扭曲，动作紧张，并保持防御的姿势，声音也会有所变化。总之，这些表情在告诉别人我们当时的感受（Hortman, 2003）。

情绪还有一个主要的成分，即感受或一个人的个体**情绪体验**。这也是我们每个人最熟悉的情绪成分。

基本情绪

某些情绪相对于其他一些情绪是否更基本呢？是的。Robert Plutchik（2003）根据自己的研究提出恐惧（fear）、惊讶（surprise）、悲伤（sadness）、厌恶（disgust）、愤怒（anger）、期待（anticipation）、愉快（joy）和信任（trust/acceptance）共八种**基本情绪**；每一种基本情绪都可以根据强度上的变化而细分，例如，高强度的愤怒是狂怒，而低强度的愤怒可能是烦躁（图 10.10）。

情绪 /Emotion 以生理唤起、主观感觉、面部表情和姿势的变化为特征的状态。

适应性行为 /Adaptive behaviors 使人类和动物能够顺应环境的变化而生存下来的行为。

情绪伴随性生理变化 /Physiological changes（in emotion） 伴随特定情绪状态出现的肌体活动，包括心率、血压、呼吸等其他非自主反应的变化。

肾上腺素 /Adrenaline 由肾上腺产生的一种激素，功能是唤起躯体。

表情 /Emotional expressions 人的情绪感觉的外显特征。

情绪体验 /Emotional feelings 个体对某种情绪的主观体验。

基本情绪 /Primary emotions 根据 Robert Plutchik 的观点，最基本的情绪是恐惧、惊讶、悲伤、厌恶、愤怒、期待、愉快和信任。

正如图10.10所示，每一对相邻的情绪都会混合产生第三种较复杂的情绪，更复杂混合也是可能的。例如，一个5岁的孩子在偷吃饼干，此时他同时体验到了快乐和恐惧，之后还可能产生内疚感。再如，嫉妒可能是一种爱、愤怒和恐惧混合而成的情绪。

着我们。例如，当你的邻居心烦意乱的时候，别人说什么她都会感到不耐烦；而在轻松愉快的心境状态下，别人即使出言不逊，她也可能只是一笑了之。高兴、积极的心境使我们在很多方面更具有适应性。如当你心境好的时候，你可能会做出更好的抉择，同时会更乐于助人、高效率、平和并富于创造性（Compton，2005；Fredrickson & Branigan，2005）。

与动机一样，我们的情绪也是和生物节律紧密相连的。当你的体温处在一天的最低点时，也往往是你情绪最低落的时候，当你的体温上升至最高点时，即使你熬了一宿没睡，你的情绪也很可能是积极的。

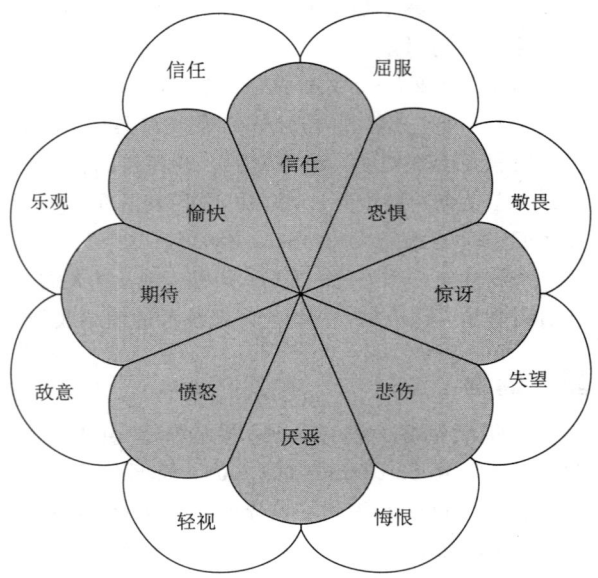

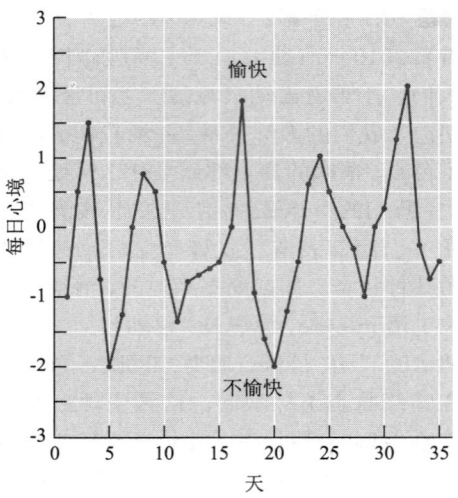

图10.10 基本情绪和复合情绪。内圈是Robert Plutchik情绪模型中的八种基本情绪和部分混合情绪。一种基本情绪可能与相邻情绪混合产生某种复合情绪，也可能与相距较远的情绪混合产生某种复合情绪。例如，恐惧和期待混合在一起就会产生焦虑情绪（Plutchik，2003）。

图10.11 心境随时间变化的过程　有一种说法，叫作"黑色星期一"：对于那些上班或上学的人来说，星期一是他们心境的最低点。与周末相比，人们在工作日的心境的确要差一些。如图所示，人的心境表现出7天一个周期的起伏。对于大多数学生来说，最低点在星期一或星期二，而最高点在星期五或星期六。换言之，心境变化与一周的作息表有关（Larsen & Kasimatis，1990）。

大脑与情绪

心境是持续的、低强度的情绪状态（图10.11），也是各种基本情绪最温和的表现形式。在日常行为中，心境以一种微妙的情绪流的方式影响

情绪可以分为两类，一类是积极情绪，另一类是消极情绪。一般认为，积极情绪和消极情绪是不相容的，其实不然。正如我们前面提到过的例子所示，小孩偷吃饼干时可能既高兴又害怕，同时体验

到积极情绪和消极情绪。这是如何发生的呢？大脑活动的记录表明，积极情绪的加工主要在大脑左半球进行，而消极情绪的加工在大脑右半球进行（Hofman，2008；Simon-Thomas, Role, & Knight, 2005）。在一项研究中，人们观看他们喜爱的足球队比赛，当他们支持的球队表现很好时，观众大脑的两个半球都很活跃，当他们支持的球队要输球时，只有右半球被激活（Park et al., 2009）。这一事实说明，由于积极情绪和消极情绪是基于大脑不同区域的活动，所以我们会同时感到愉悦和悲伤。同样这还可以解释为什么你的右脚比左脚更怕痒！大脑左半球控制身体的右半部分，同时它加工积极情绪（Smith & Cahusac, 2001），因此很多人都觉得身体右半部分更怕痒。如果你想挠别人的话，就挠他的右侧身体吧。

科学家们一度认为，所有的情绪都是在大脑皮层水平加工的。然而，新的证据表明，事实并非完全如此。让我们来想象一个"意志测验"的情景：在动物园里，你把脸贴近玻璃隔板，观看里面的响尾蛇。突然，响尾蛇的头向你的面部猛扑过来。你会躲避吗？尽管你明知自己隔着玻璃是安全的，但还是会后退（LeDoux, 2000）。

Joseph LeDoux（2000）等研究者发现，大脑中有一个叫**杏仁核**的区域负责产生害怕情绪（图 10.12）。杏仁核能够不经过大脑皮层直接而迅速地得到感知信息（Walker & Davis, 2008）。因此，杏仁核能使人在还没有真正意识到发生了什么事时，就对潜在的危险刺激做出反应。这种本能的恐惧反应不受大脑高级中枢的控制。恐怖症患者或焦虑症患者经常感到不明原因的恐惧，这些现象也可以通过杏仁核对情绪的作用给予解释（Fellous & Ledoux, 2005）。

杏仁核受到创伤的人无法辨识情绪，如果一名抢劫犯举着枪顶住这个人的头部，他也不会感到害怕。这样的人也无法"读懂"或理解他人的表情，特别是眼神（Adolphs, 2008）。他们会丧失与朋友、家人和同事正常相处的能力（Goleman, 1995）。

稍后我们会将所有情绪元素放在一起看，但是首先我们需要再多地了解一下身体唤起和表情。

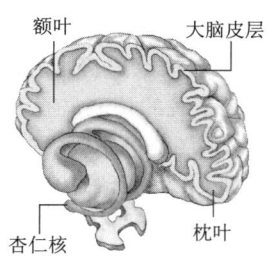

图 10.12 杏仁核位于两侧颞叶的皮质下（参见第 2 章）。杏仁核提供了一条简捷的情绪刺激加工通道，从而保证我们能够对危险做出快速反应（Copyright © Wadsworth, Cengage Learning Inc.）。

生理与情绪——唤起、猝死和撒谎

关键问题 10.8：情绪背后的生理变化是什么样的？"测谎仪"真能测谎吗？

一个非洲人在丛林里遇到野兽时的恐惧，和你在城市里遇到强盗时的恐惧，在生理反应上是非常相似的，都会导致如肌肉紧张、心跳增强、烦躁、喉咙和口中干渴、出汗、反胃、尿频、颤抖、躁动不安和对大的声音极为敏感等许多身体变化。这些反应是先天的，因此它们具有普遍性。具体来说，它们是由**自主神经系统**（autonomic nervous system，缩写 ANS）发起的。自主神经系统联结着大脑和各内脏及腺体，从第 2 章中我们知道，自主神经系统的活动是自动的，而非有意的。

战斗还是逃跑

自主神经系统由两个子系统构成，一个叫交感神经系统，另一个叫副交感神经系统。这两个系统一直处于活动状态中。你是处于放松还是清醒状

心境 /Mood 一种持续的、低强度的情绪状态。

杏仁核 /Amygdala 边缘系统（大脑中）负责产生恐惧反应的一部分。

自主神经系统 /Autonomic nervous system（ANS） 联结大脑与内脏器官及腺体的神经系统。

态完全取决于这两个系统的联合活动。

自主神经系统在情绪过程中的作用是什么？一般来说，**交感神经系统**的功能是激发身体采取紧急行动——决定"战斗还是逃跑"。它可以激活某些机体系统，同时抑制其他系统（图10.13）。在此过程中，糖被释放到血液中可以使肌体快速得到能量，心跳加快可以保证为肌肉供血，消化功能被暂时抑制，皮肤的血流量受到限制可以减少受伤后的出血量，等等。这些反应都为人在危机中生存增加了机会。

副交感神经系统的功能一般是平息情绪的唤起，让身体平静和放松，在激烈的情绪阶段过去之后使心跳变慢，使张大的瞳孔和升高的血压复原。除了恢复平衡外，副交感神经系统还能够帮助身体储备能量。

副交感神经系统的反应比交感神经系统要慢得多。因此，人在体验强烈情绪（如恐惧）之后，心率依旧很快，肌肉的紧张度和其他一些唤起特征在20～30分钟后才能消退。在经过强烈情绪过程之后，副交感神经系统有时会反应过度，如把血压降得太低。这就是为什么人们在看到可怕的事故现场后感到眩晕的原因。

猝死

强烈的情绪有两种方式可以导致猝死。第一种是当交感神经系统过于活跃而导致的过度压力。对于老人或心脏病患者而言，这些导致压力的交感神经反应极有可能引发心脏病突发及心力衰竭。比如，1994年洛杉矶遭遇大地震的当天，死于心脏病的人数是平日的5倍（Leor, Poole, & Kloner, 1996）。再如，在亚洲，4被认为是很不吉利的数字，每月4号心脏病患者的死亡率比其他时间都高，这是因为他们害怕将在"倒霉日"死去，这种额外的压力使他们死亡的概率真的增加了（Phillips, 2001）。

第二种方式就是前面所说的，副交感神经系统在经过极端恐怖或其他各种强烈的情绪阶段之后可能做出过度反应，这种反应被称为**副交感回弹**。当回弹严重时，可能引发突然死亡，即猝死。在战争中，战斗非常之残酷，严格意义上，许多士兵是死于恐惧（Moritz & Zamchech, 1946）。很明显，这类死亡是由于副交感神经系统的过度反应造成的，如使心脏跳动过缓甚至停止了跳动。即使在城市生活中，这类事情也是可能的。在一个案例中，有一个严重惊恐的女子，因为觉得自己就要死了而被送到了医院。因她家的接生婆曾预言说，她的两个姐姐分别会在

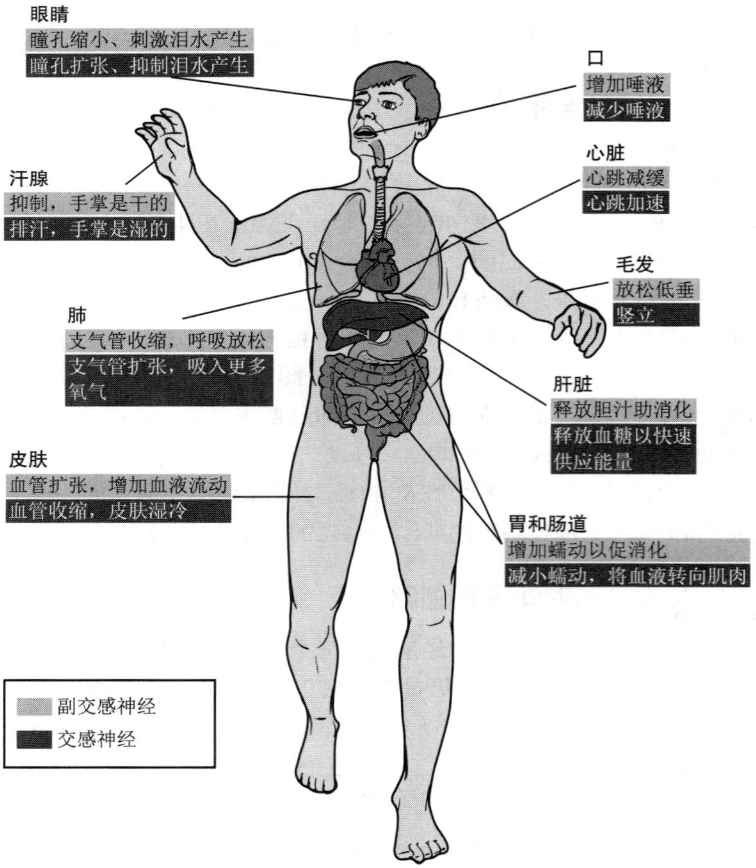

图 10.13 自主神经系统中的副交感神经系统使身体镇静，交感神经系统使身体唤起并为紧急行动做准备

Copyright © 2012 Wadsworth, Cengage Learning, Inc.

她们16岁和21岁生日之前死去,结果都应验了。接生婆也预言说她将在23岁生日之前死去。在她住院之后的一天,23岁生日前两天,她真的死在了病床上。显然,这位女子是她自己恐惧情绪的牺牲品。

测谎仪

你一定知道有些罪案情节并不一定真实,但你或许不知道,将近25%的冤案都是因为伪证(Kassin,2005)。如果证词不可信,那什么是你能相信的呢?目前最流行的方法是通过测量伴随情绪的身体变化来判断真伪。但是"测谎仪"的准确性遭到质疑,而且它们的使用过程往往会侵犯个人隐私(Lykken,2001;National Academy of Sciences,2003)。

什么是测谎仪? 测谎仪是否真的能够辨别谎言?测谎仪的准确名称叫作**多种波动描记器**,是一种同时记录心率、血压、呼吸和皮肤电反应变化的多导仪(图10.14)。多导仪由心理学家Williams Marston于1915年发明。他还创造了一个连环画人物"女超人",其超能力就是能使人说出真话(Grubin & Madsen, 2005)。其实,虽然警察常用它来测谎,公众也称之为测谎仪,但多导仪并不是真的测谎工具。当嫌犯被装上了多导仪装置,它就会记录嫌犯的一些生理变化,包括心跳、血压、呼吸和皮肤电变化。**皮肤电反应**(galvanic skin response,缩写GSR)是由置于手掌上的电极记录,用来测量皮肤的导电性能,简单地说,就是测量手掌出汗的情况。因为它的功能局限于记录一般的情绪唤起水平,所以从记录中无法分辨说谎和害怕、焦虑、兴奋等其他情绪(Iacono, 2008)。

一个无辜但很紧张的人会被测谎仪判断为撒谎吗?是的,一个名叫唐娜的妇女,因为违反了对玛丽的禁制令而被拘捕。唐娜表示她只是在午餐,并非骚扰玛丽,但她未能通过测谎测试(Geddes, 2008)。如果你站在她的立场上,你可能很容易就知道原因。假如检察官问你:"你是否将车开到她面前,诅咒了她,然后开走?"因为你认识被害者,又成了嫌疑犯,这个问题对你来说无疑是一个关键问题,在这种情况下你的心率、血压、呼吸、皮肤电反应会出现什么变化?无辜的人因为测谎仪证据而被起诉,心理学家David Lykken(1998,2001)就记载了很多这样的例子。

为了解决这个问题,训练有素的询问者会使用一些**犯罪知识测试**(Hakun et al., 2009),包括一系列的多项选择,其中只有一个正确答案。比如,检察官会道:"杀死亨斯利的是哪种枪? a) Colt; b) Smith & Wesson; c) Walther PPK; d) Luger。"如果是真的罪犯,当听到正确答案时反应会加强,而无辜者因为并不知道正确答案,他们对四个选项的反应应该是差不多的(Iacono, 2008)。

尽管支持者声称测谎结果的准确率高达95%,但即使是在精心设问的情况下,错误还是会发生(Grubin & Madsen, 2005)。一项实验室研究发现,当人们在被问及一些涉及自己过往情绪体验的无关问题时,测谎结果的准确性还会大大降低(Ben-Shakhar & Dolev, 1996)。此外,多导仪的记录还会受到自残造成的疼痛和镇静药物的影响,碰到一些"撒谎不脸红"的人,测谎仪有时也会被骗过(Waid & Orne, 1982)。而最糟糕的并不是测谎仪放过了某些有罪者,而是将无辜者定为有罪。罪案调查及实验证明,根据测谎仪的测验结果,平均1/5的无辜者会被判断为罪犯(Lykken, 2001)。基于这些原因,美国国家科学院最近提出不能使用多导仪来测查员工。

尽管测谎仪存在种种问题,但目前还在使用,你可能在应聘时或因为其他原因接受测谎。面对

交感神经系统/Sympathetic branch 自主神经系统的一个子系统,功能是激发身体采取紧急行动。

副交感神经系统/Parasympathetic branch 自主神经系统的另一个子系统,其功能是平息情绪的唤起,让身体平静和放松,恢复平衡并帮助身体储备能量。

副交感回弹/Parasympathetic rebound 副交感神经系统在剧烈的情绪阶段之后做出的过度反应。

多种波动描记器/Polygraph 一种同时记录心率、血压、呼吸和皮肤电反应变化的多导仪,常被称为"测谎仪"。

皮肤电反应/Galvanic skin response(GSR) 由于汗腺活动引起的皮肤电阻的变化。

犯罪知识测试/Guilty knowledge test 测谎程序中使用到的只有犯罪者才知道答案的问题。

这种测验，最好的应对方法就是保持镇静。如果机器冤枉了你，你要以积极的态度质疑结果。

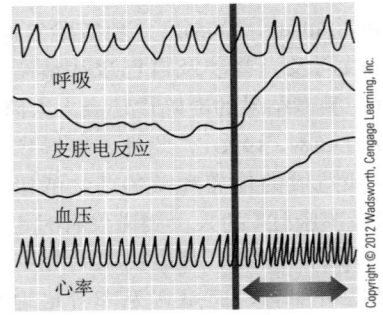

图 10.14 （上图）一般测谎仪是测量包括心率、血压、呼吸以及皮肤电反应的多导仪，固定在机器上的笔可以记录各种躯体反应。（下图）箭头标志区的变化显示情绪唤起。如果一个人在回答问题时出现了此类反应，就可能是在说谎。但是，这种唤起也可能是由其他原因造成的。

是否有更好的方法可以测谎呢？可能有。前面的案例中，关于唐娜骚扰玛丽的指控就是因为 fMRI 扫描证据才得以撤销的。像 fMRI 这样的脑成像记录可以直接测查大脑活动，因此优于传统的通过测量情绪唤起的间接方法（Hakun et al., 2009；Lefebvre et al., 2007）。研究发现撒谎时有几个不同的脑区会被激活（Abe et al., 2007），例如，心理学家 Daniel Langleben (2008) 认为说谎者撒谎时需要抑制说真话的冲动，因此会有额外的脑区活动，如此一来，当人们说谎的时候就可以从脑成像看出来了（参见第 2 章）。

即使有新方法，测谎的关键问题依然存在：怎样才能避免错放罪犯、冤枉无辜呢？如果新方法的准确率不能令人满意，那么相比于多导仪也就没有什么进步。

知识巩固

情绪和生理唤起

测一测

1. 许多与情绪有关的生理变化与_____有关。
   a. 阿托品 　　　　　b. 肾上腺素
   c. 胃液 　　　　　　d. 胰岛素
2. _____通常能起到将一个人的情绪状态传达给他人的作用。
3. 在 Robert Plutchik 的基本情绪列表里有敬畏、自责和失望。对不对？
4. 情绪唤起与_____神经系统的活动有关。
5. 身体对"战斗还是逃跑"的准备多数归功于_____。
   a. 室旁核 　　　　　b. 交感神经系统
   c. 皮肤电反应　　　d. 大脑左半球
6. 副交感神经抑制消化、提升血压和心率。对不对？
7. 多种波动描记器能测量哪些身体变化？

想一想

批判性思考

8. 你能解释为什么被萨满巫师"诅咒"的人有时真的会死吗？

自我反思

在过去一周里你情绪最强烈的时刻，你的行为、表情、感受和身体状态如何？你能同时观察到交感神经和副交感神经的作用吗？

列举一些你认为最基本的情绪，它们与 Plutchik 的列表相同吗？

在阅读本章前你对测谎仪有什么看法？你现在的想法呢？

答案：1.b 2.表情 3.不对 4.自主 5.b 6.不对 7.心率、血压、呼吸和皮肤电反应。8.在持续强烈信念和某些文化中，认为自己被诅咒的人会激活交感神经的情绪反应，长时期的紧张反应会提高心脏病发作的一万万，即关关系使害者回溯者也有可能死亡。

情绪的表达——面部表情和身体语言

关键问题 10.9："身体语言"和面部表情能准确地反映情绪吗？

除了我们自身感受外，他人的情绪表达是我们对情绪最为熟悉的部分。表情是人类进化的一个遗传特性吗？达尔文认为，人类的表情是在进化中保留下来的。他发现，人类在愤怒中暴露牙齿的方式与老虎、猴子和狗都是一样的（Darwin, 1872）。心理学家认为表情之所以在人类进化过程中保留下来，是因为向其他人表达情绪有助于个体生存。表情能够帮我们预测他人的行为（Kalat & Shiota, 2012）。比如说，最近一项研究发现，人们觉察生气和诡计多端的脸比高兴、悲伤或中性表情的脸的速度要快（图10.15），可见，因为那些有威胁性的脸可能预示着危险，所以我们对它们也特别敏感（Tipples, Atkinson, & Young, 2002）。

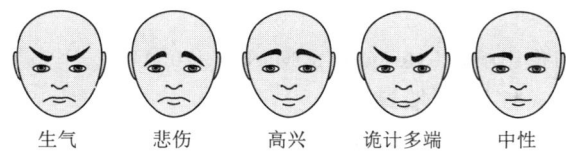

图 10.15 当展示一组简单的面部表情（没有标签说明）时，人们识别生气和诡计多端的脸的速度明显快于悲伤、高兴或中性表情的脸，迅速识别有威胁性表情的脸的能力有助于我们的祖先生存（摘自 Tipples, Atkinson, & Young, 2002）。

面部表情

全世界的人表情都是一样的吗？似乎是的（图10.16），像害怕、生气、厌恶、伤心、吃惊和开心（愉悦）这些基本的情绪表情在世界各地都是一样的（Smith et al., 2005），鄙视和感兴趣的表情也可能是全世界共通的，只是研究者不那么确定（Ekman, 1993）。这些包括了前面所述的大部分基本情绪。先天盲童不大可能从别人那里学习表情，即便如此，他们也能和我们一样表现出同样的面部表情（Galati, Scherer, & Ricci-Bitti, 1997）。特别是微笑，是全世界最通用、最容易识别的面部表情。

图 10.16 在不同文化中，生气的表达方式一样吗？那些让人害怕的面具在全世界都是极其相似的，其共同的特征是有棱角的、斜的或三角形的眼睛、眉毛、鼻子、颊部和下巴，还有一张向下张开的嘴。很明显，图中这幅表情并不代表着温暖和令人喜爱的脸。你能"读懂"情绪信息的能力表明基本的情绪表达有着全人类一致的生物基础（Adolphs, 2008）

表情不止这几种，是吗？是的，你的面部可以做出20 000种不同的表情，也是你身上最富有表现力的部分。大多数表情都是混合表情，即包含了两种或两种以上的基本表情。想象一下，你在一个并不公平的考试中得了不及格成绩，很可能你的眼睛、眉毛和额头会显示出愤怒的表情，而你的嘴会向下撇，表现出难过。

我们大多数人都相信自己可以相当准确地判断他人的表情和情绪，但如果几千种表情混合在一起，我们该如何判断呢？其实面部表情可以大致分解为三个基本维度：高兴—不高兴；注意—拒绝；激活（或唤起）（Schlosberg, 1954）。当你说的话会让你的朋友感到不舒服时，要记得微笑，因为你的微笑可以在负面的言语之外增加一些接受的情绪，因此而改变它的意义。

有些面部表情是习得的且只在相应的文化背景下才能看到，比如在某些地方，伸出舌头表示惊讶，而不是不尊重或戏弄。当面对一个来自其他文化背景的人时，你很容易误解他或她的表达方式，了解某个表达方式的社会背景有助于澄清其真正意思（Carroll & Russell, 1996; Kalat & Shiota,

批判性思考

鱼尾纹和甜蜜的微笑

下次你看电视上的运动比赛和选美比赛时，仔细观察冠军和亚军的笑容，虽然两个人都会笑，但冠军的笑是可信的，而亚军的笑很可能是装出来的（Thibault et al., 2009）。

我们会因为很多原因而笑：出于礼貌、由于尴尬，或有时候是为了伪装（Frank, 2002；Frank & Ekman, 2004），这些"社交性"的笑容通常是故意的或被迫的，它们只是包含有嘴角的上扬而已。真正的笑是什么样的？真正的笑容并不仅仅是动嘴，还有眼部周围的小肌肉，这些肌肉使颊部上移，进而使得眼部周围出现皱纹或称为鱼尾纹。

真实的笑容被称为"**杜彻尼笑容**"（由Guiluame Duchenne而得名，他是一位研究面部肌肉的法国科学家），眼部周围的肌肉很难受到人为控制而收缩，因此若要辨认一个笑容是真诚还是客套的，就看一个人的眼角，而不是嘴（Williams et al., 2001），换句话说，出现鱼尾纹意味着笑容是甜美的。

杜彻尼笑容表示真实的快乐和愉悦（Soussignan, 2002）。最近的研究发现，在大学毕业纪念照上有真实笑容的女性，在之后的6、22和31年后再观察其生活，结果发现真实的笑容与更多积极情绪和更大成就感有关。其中的原因我们只能推测，但是很可能一个人的笑容表明他（她）是一个乐于助人的人，这将会带来更多的支持性社会关系，从自我实现的角度来看，这能带来更大的快乐（Gladstone & Parker, 2002）。

左边的脸显示的是一个社交性质的笑容，右边的脸显示的是一个真正的杜彻尼笑容。

2012）。（参见"鱼尾纹和甜蜜的微笑"）

情绪的文化差异

你这周生了几次气？如果超过一次，你并非不正常。生气在西方文化里属于一个非常常见的情绪，很可能是因为西方文化强调个人的独立性和个人权利及需要的自由表达。在北美，生气被普遍认为是受到不公平对待时的一种"自然"反应。

与此相反，许多亚洲文化强调群体的和谐。在亚洲，在公开场合生气是很少见的，并被认为是"不得体的"，因为生气会导致与他人的疏远，因此生气在一个崇尚合作的文化中是不被鼓励的。

文化也会影响积极情绪。在美国，人们喜欢诸如骄傲、高兴和优越感这样的积极情绪，充分突出一个人作为个体的角色。在日本，积极情绪往往与群体联系起来（友善、与他人的亲密感和尊重）（Kitayama, Markus &, Kurokawa, 2000；Markus et al., 2006）。人们一般认为情绪是个人的事情，但正如你所看到的，情绪还会被文化观念、价值观和习俗影响。（Mesquita & Markus, 2004）

性别与情绪

女人通常比男人"更情绪化"，是这样吗？在西方文化中，男人的确比女人更难表达自己的情绪，事实上，西方男人更多的有**述情障碍**，这个词起源于拉丁词汇，本意是"难以为情绪命名"。

根据心理学家Ronald Levant及其同事的研究（2006, 2009），尽管男性婴儿在刚出生时表情比女婴更丰富，但随着年龄的增长，到了童年期，这些男孩都开始学着强硬起来，因此，男人就学会了掩饰自己的大部分情绪。一般来说，女孩可以公开地表达伤心、害怕、羞愧和内疚等情绪，而男孩能表达的只有愤怒和敌意（Fischer et al., 2004）。

那么男人在情绪体验方面是否也比较迟钝呢？Levant认为，由于男人长期克制自己的情绪表达，因此他们对情绪的感受也越来越弱，甚至难以对情绪命名（Reker et al., 2010）。对许多男人来说，缺乏表达和感受情绪的能力是他们与他人建立

第 10 章 动机与情绪   415

情绪表达受到学习的巨大影响，正如你所看到的，女人比男人更经常哭，哭的时间更长且强度更大，在很小的时候男性就学会要压抑哭泣——这可能会损害他们的情绪健康（William Morris，1996）。图中的人正沉浸于 2010 年海地大地震的沉重悲哀中，但相比于这位女性，许多男人非常不愿意在公开场合表达情绪。

手势和体态往往在无意中揭示了人们的情绪。

亲密关系的主要障碍，甚至会导致一些健康问题，例如抑郁或成瘾行为（Lumley，2004；Vanheule et al.，2010）。迟钝的情绪感受甚至会导致例如哥伦拜恩高中枪击案那样的悲剧。对于许多男性来说，生气是他们唯一可以自由表达的情绪。

肢体语言

如果你的一个朋友走到你身边，对你说："嘿，小样儿，你在干什么呢？"你会生气吗？很可能不会，因为他说这些的时候面带笑容。表情和身体通过一种特殊"语言"表达了情绪，从而给语言表达的内容提供了更多的信息。

体态学是一个通过观察肢体动作、体态、手势和表情研究人际沟通的学科（Goman，2008；Harrigan，2006），因此也被我们非正式地称为肢体语言。关掉电视机的声音，观察那些笑星或政客们的表演，你可以看到丰富的肢体语言的运用。

肢体语言发出的信息有哪些？我们必须认识到，同一个姿势在不同的文化中会有不同的意义。例如，你把拇指和食指捏在一起，形成一个圆圈。这个姿势在北美洲的意思是"一切顺利"或"很好"，在法国和比利时的意思是"你一钱不值"，而在意大利南部的意思是"你像头蠢驴"。当脱离特定文化场景的意义时，肢体语言所表达的只是一种情绪基调（在情绪状态下）。

一些情绪可以通过身体姿势表现出来，其中最为常见的是放松、紧张、喜欢和厌恶。"放松"时，如果人坐着，身体一般会向后靠，胳膊和腿随意地伸开。"喜欢"时，人体会倾向自己所喜欢的对象，如某人或某样东西。即使一些被"隐藏"的情感也会在身体的姿势中暴露出来。你通常会靠着谁呢？

心理学家 Tanya Chartrand 发现了肢体语言的一个特征，称之为"变色龙效应"，指的是人们与他人互动时会下意识地模仿别人的姿势、癖性和面部表情（Dalton，Chartrand，& Finkel，2010）。（就如变色龙会依据周围环境的变化来改变自己的颜色一样，我们也会依据他人的行为而改变自己的

杜彻尼笑容 /Duchenne Smile　真实的笑容（相对于虚假的、做作的笑容），包括嘴和眼周围肌肉的活动。

述情障碍 /Alexithymia　是一种习得的表达感情的障碍，多见于男性。

体态学 /Kinesics　对肢体动作、体态、手势和表情在人际交流中的含义的研究，又称肢体语言。

行为。) Chartrand 进一步发现，如果对方模仿了你的手势或肢体语言，你会更喜欢对方 (Chartrand & Bargh, 1999)，这个发现告诉我们，如果你想和别人建立更好的关系，你可以稍稍模仿一下对方的手势 (Lakin et al., 2003)。

当人在撒谎或欺骗时，其姿态和动作是否会出卖他呢？就像不那么真实的笑容可能会揭露出一个谎言，身体语言也可以 (Porter & ten Brinke, 2010)。但是这些线索都不太明显，即使一些看上去很明显的线索，如飘忽不定的眼神、坐立不安以及一些紧张的动作（如搓手、摸头发、抓挠、咬唇、打寒战等）并不一定真的和说谎有关 (Ekman, 2001)。

另一方面，人们说话时往往会用手势来表达自己，而撒谎也往往会在手势上露出马脚。因此，手势可能是真实想法的一种**非言语标识**。人在说话时，打手势不会像平时那么多。换句话说，一些人说起话来经常喜欢比比画画，一旦他们说谎，手势就会减少 (DePaulo et al., 2003)。

另外，撒谎也会从习惯动作中暴露出来。**习惯动作**指特定文化中人们约定俗成的手势或姿势。例如，向上伸大拇指代表赞扬，伸中指代表侮辱，点头代表肯定，摇头代表否定，等等。人在撒谎时，习惯动作容易增加。更重要的是，习惯动作，而不是语言，往往能够反映出一个人的真实想法。例如，一个人微笑着说他很愿意尝尝你自制的"红烧猪脚"，但同时又在慢慢地摇头，那么他所说的很可能并不是真心话。

情绪理论——害怕熊的几种情形

关键问题 10.10：心理学家如何解释情绪？

情绪发生的过程是什么样的呢？不同的情绪理论有着不同的解释。每一种理论中都包含着合理的部分，因此，人们总是试着把不同观点中的合理部分整合在一起。下面我们将介绍几种主要观点。

詹姆斯-兰格理论

你在林中漫步，这时突然遇到了一头熊，你会做何反应？我们先会感到恐惧，生理被唤起，之后，出一身冷汗，大喊着逃跑，这是人们的常识。但是，反应的顺序果真如此吗？在 19 世纪 80 年代，美国心理学家 William James 和丹麦心理学家 Carl Lange 提出，这种常识性的认识其实颠倒了顺序 (Hergenhahn, 2009)。根据**詹姆斯-兰格理论**，生理唤起（如心跳增加）并不是发生在害怕的情绪产生之后，恰恰相反，生理唤起应该是出现在情绪反应之前，因此，顺序应该是，我们看到了熊，开始逃跑，生理唤起，然后我们意识到了自己的身体反应，才感到了害怕（图 10.17）。

为了证明这种观点，詹姆斯提出一个事实，即人在做出反应之前通常并没有体验到情绪。举一个例子。想象一下：你正在开车，前方路口突然出来一辆车，挡在路上。此时你可能顾不得想什么，只是迅速转动方向盘并在路边紧急刹车。停车后，你感觉到自己的心在怦怦跳着，呼吸急促，四肢紧张。此时你才感到后怕：太悬了！

坎农-巴德理论

美国心理学家 Walter Cannon (1932) 和他的学生 Phillip Bard 并不赞同詹姆斯-兰格理论，根据**坎农-巴德理论**，情绪反应和生理唤起应该是同时发生的。Cannon 和 Bard 认为，当人看见熊后，丘脑被激活，然后丘脑提示大脑皮质和下丘脑，人便开始行动。大脑皮质激活产生情绪感受和情绪行为，下丘脑激活引发生理唤起。因此，如果人遇到了危险的熊，大脑的活动就会同时引发生理的唤起、逃跑的动作和害怕的感觉（见图 10.17）。

沙赫特情绪认知理论

前述理论主要关注生理反应。美国心理学家 Stanley Schachter 认识到，认知因素也参与了情绪过程。根据**沙赫特情绪认知理论**，情绪是在对一种生理唤起进行特定的认知解释后产生的。人们喜欢根据导致生理唤起的来源对其进行**归因**。

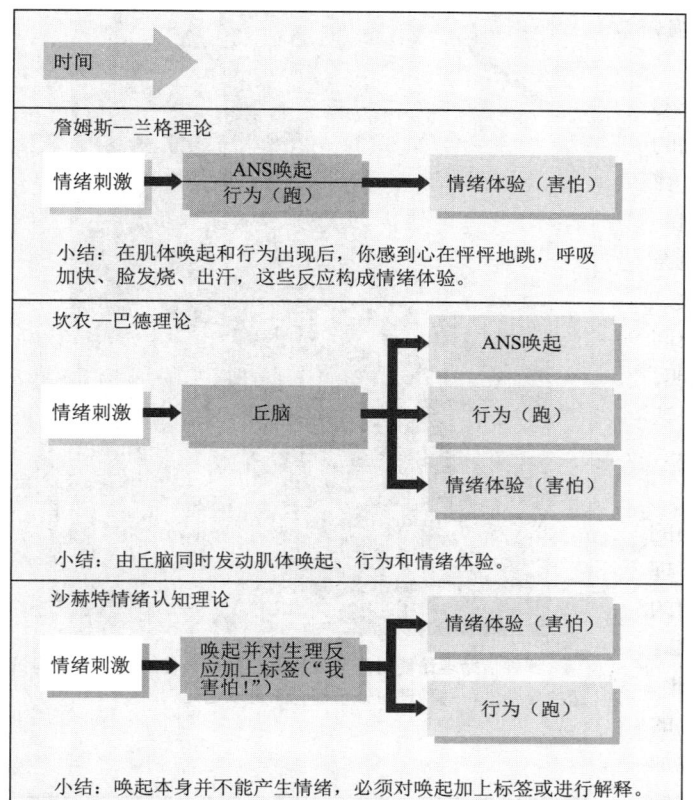

图 10.17 不同情绪理论模型的比较图示

比如你一个人在黑暗的街道上走着，此时有人悄悄来到你背后，大叫一声："嘿！"不管此人是谁，你的身体都会被唤起，如心怦怦跳，手掌出汗等。如果你看到此人是个陌生人，你就会把这种唤起解释为害怕；如果此人是你的一个好朋友，这种唤起就会被解释为惊讶和兴奋。特定情绪的唤起受到过去的经验、情境和他人的反应的影响，可能被贴上"愤怒""害怕"或"愉快"等不同标签（图10.17）。

下述实验的结果为支持情绪认知理论提供了证据。实验中，研究者安排全部被试看一部闹剧内容的电影（Schachter & Wheeler, 1962）。在看电影前，每个人都被注射了某种试剂，但他们并不知道自己被注射的究竟是什么。其中1/3的被试被注射了肾上腺素，1/3的被试被注射了安慰剂，而剩下的1/3被试被注射了镇静剂。注射过肾上腺素的被试认为电影非常有趣，在看电影时也表现得很愉快；相反，那些注射过镇静剂的被试并不感到愉快，而安慰剂组被试的情绪反应介于前两组之间。

根据情绪的认知理论，注射肾上腺素后人的身体被唤起，但是，他们无法解释自己的这种感觉。随后，电影开始了，给了他们一个暗示，即电影中的笑料唤起了他们，使自己变得愉快起来。有关实验结果都清楚地表明，情绪不仅受到身体唤起状态的影响，同时还受到认识、经验、态度、判断和许多其他心理因素的影响。因此，根据Schachter的理论，当人看见熊后，身体会被唤起，此时，如果熊对人的安全有威胁，这种唤起将被解释为害怕，假如发现这只熊对人非常友好，不会伤人，这种唤起将被解释为"高兴""惊喜"或"松了一口气"。

错误归因

现在我们抛开闹剧电影和对熊的恐惧，单独来探讨一下生理的作用。我们对情绪的归因并不一定总是正确的，例如研究者Valins（1966）实验发现，让一组男性大学生看一系列裸体女性的幻灯片。在放幻灯的过程中，每一个被试都会听到一种被放大了的心跳声，被试会认为这是自己心跳的声音，事实上，被试听到的只是录音。根据实验设计，这种录音

非言语标识 /Illustrators 人们在阐述问题时所用到的手势。

习惯动作 /Emblems 指特定文化中人们约定俗成的手势或姿势。

詹姆斯－兰格理论 /James–Lange theory 认为情绪的产生在身体唤起之后，来自身体对唤起的意识。

坎农－巴德理论 /Cannon–Bard theory 一种情绪理论，认为由于丘脑的激活，情绪体验和躯体唤起同时发生。

沙赫特情绪认知理论 /Schachter's cognitive theory 情绪是在对一种生理唤起进行特定的认知解释后产生的，这种解释可基于过去的经验或是环境线索。

归因 /Attribution 给自己和他人行为找原因的过程，在情绪过程中特指为生理唤起寻找原因。

的声音会在一些幻灯片出现时变得更大、更强，而在另一些幻灯片出现时变得较弱。

在看完幻灯片后，每一个被试要回答哪一张幻灯片对其最有吸引力。大学生们都会根据自己的"心跳"反应，把引起"剧烈心跳"的那张幻灯片评价为最有吸引力者。换句话说，当一个被试看到一张幻灯片并同时听到自己的心跳变得更强时，他会把生理唤起归因于这张幻灯片的作用，此时，被试会对自己说："这位是我最喜欢的！"接着他又会问自己："但为什么是这个人？"后续研究结果表明，人们最终会根据那些虚假的生理反应说服自己，认为那个"最让自己心动"的女人最有吸引力（Truax，1983）。

这听起来有点不太可信。在生活中，人为的归因倾向真的会有作用吗？是的，根据归因理论，你最容易爱上的人是那种能让你情绪激动的人（Foster et al., 1998），即使让你怕、让你恼、让你感到挫折或被拒绝，你也会去追求。因此，如果你想成功地求婚，你应该把她带到深渊上的吊桥中间，深情地看着她的眼睛，当她的心跳加速时（其实是因为吊桥，不是你魅力难挡），对她说"我爱你"，根据归因理论，她一定会觉得"天啊，我也很爱你！"

按照这种预测，研究者进行了一个有趣的实验，方法是让一位女调查员在国家森林公园对男性被试进行采访。实验分为两种条件，一种是在河面上70米高的吊桥上进行采访，另一种是在离地面3米的坚固的木桥上进行采访。在采访之后，这位女调查员把自己的电话号码留给每一个被试，并告诉他，如果他愿意，可以打电话向她"询问实验结果"。实验结果证明，在吊桥上接受采访的男子中有更多的人拨打了"公园里的那位女士"的电话（Dutton & Aron, 1974）。很明显，在高高的、摇摇晃晃的吊桥上，那些男子体验到的是害怕，因此生理唤起水平更高，而后来，他们则可能将唤起错误地归因为"被那位可爱的女调查员所吸引"——这是一个典型的一"惊"钟情的案例。

哪种情绪理论能对这些人的反应做出最佳解释？考虑到情绪的复杂性，每种理论似乎都有其可取之处。

> **知识桥**
> 爱是人际吸引的一个要素，但还有其他要素，如相似性和亲密感。更多关于人际吸引的内容，请参见第17章。

情绪性认知

根据 Richard Lazarus（1991a，1991b）的观点，认知在情绪体验中的作用不仅是对生理唤起进行归因，你体验到的情绪很大程度上都是由**情绪性认知**决定的，你对刺激作何评价：它是好的还是坏的？危险的还是有利的？相关的还是不相关的，等等（León & Hernández, 1998）。表10.2中是一些情绪性认知和它所引发的情绪的例子。

> **知识桥**
> 情绪性认知对威胁和压力的应对有很重要的影响,最终会影响到你的健康。可参见第 13 章。

这意味着情绪是由你对事物的看法决定的。比如,在高速公路上,有辆车挡住了你的去路,你可能会因此生气,但如果真是这样,你只不过是平白地自添了烦恼而已。而如果你改变了对这件事的归因,比如想"他并不是故意的。",或是改变对这件事的评价,比如想"好吧,没什么大不了的。",这样你就可以忘掉刚才那个司机的行为,避免钻进消极情绪的牛角尖里(Deutschendorf, 2009; Gross, 2001)。

表 10.2 情绪性认知及其相应的情绪

情绪性认知	情绪
你受到轻视或侮辱	生气
你感到威胁	焦虑
你失去亲人	悲伤
你违背了道德规范	内疚
你未能达到期望的目标	惭愧
你希望拥有别人的东西	嫉妒
你接近了某种你排斥的东西	厌恶
你害怕面对最糟的局面并盼望事情好转	希望
你正接近渴望的目标	愉快
你获得了有价值的东西或取得了成就	骄傲
你受到别人的款待	感激
你渴望得到别人的感情	爱
你被他人的遭遇所触动	同情

面部表情反馈假说

Schachter 和 Lazarus 将人们对事物的看法和解释(即认知)纳入对情绪过程的解释中,但这种解释似乎仍不完整。那么表情是什么呢?它是如何影响情绪的?达尔文曾观察到,面部表情似乎是情绪的一个核心部分,因此它不应该仅仅是情绪的表达。

心理学家 Carrol Izard(1977,1990)等研究者提出一个假设,认为人的面部表情确实影响着情绪。根据 Izard 等人的观点,情绪活动会引起面部表情内在的程序化改变,而后,面部的感觉会给大脑提供一些线索,帮助人们确定自己所体验到的情绪。这种观点被称为**面部表情反馈假说**(Hennenlotter et al., 2009)。换言之,产生面部表情并意识到这种表情才能够影响情绪体验。比如,体育运动也会引起生理唤起,但是这种唤起并不一定引起情绪体验,原因是没有引起表情的变化。

心理学家 Paul Ekman 提出进一步的假设,认为"保持一种面部表情将引起真正的情绪"(Ekman, 1993)。在一项实验中,Ekman 和他的同事指导被试细致认真地调动面部肌肉,做出特定的表情,表现出惊讶、厌恶、悲伤、愤怒、害怕或高兴,同时监控被试的身体反应(图 10.18)。

实验的结果表明,保持一种面部表情确实能够引起自主神经系统的反应,表现为心率和皮肤温度的变化。另外,不同的面部表情可以引发不同的活动模式。例如,愤怒的表情可提高心率和皮肤温度,而厌恶的表情可降低心率和皮肤温度(Ekman, Levenson, & Friesen, 1983)。其他的研究也表明做出的表情可以影响情绪和身体活动(Duclos & Laird, 2001; Soussignen, 2002)。

在另一项精妙的实验中,研究者让被试评价一些卡通画的有趣程度,同时把一支铅笔横叼在嘴里。结果发现,用牙咬着铅笔的被试比用嘴唇含着铅笔的被试更觉得卡通画有趣。为什么呢?原来,如果你用牙咬着铅笔,你的面部就不得不形成微笑的样子,而用嘴唇含着铅笔则形成皱眉头的样子。因此,这一结果证明了面部表情反馈学说的预测,被试的情绪体验受到自己面部表情的影响(Strack, Martin, & Stepper, 1988)。下次你要觉得伤心的话,就咬笔吧!

情绪性认知/Emotional appraisal 对某一情境或刺激做出的个体意义的评价。

面部表情反馈假说/Facial feedback hypothesis 认为面部表情提供的线索可以帮助当事人判断自己所体验到的情绪。

临床案例　压制情绪——别关了音乐

按大众媒体所说的，我们理应随时保持快乐（Hecht，2007），但现实生活中我们的情绪却是有起有伏。大多时候我们都习惯于掩饰自己的情绪，特别是情绪不好的时候。你是否在公共场合生过朋友的气？在聚会上因某人的行为感到难堪？厌恶餐桌上某人的举止？在这些情况下，人们通常能很好地压制自己的情绪表露。

但是，克制情绪实际上会增加交感神经系统的活动，换句话说，隐藏情绪需要付出更大的代价。压制情绪会对思维和记忆造成一定损伤，因为你得花费精力去控制住自己。因此，尽管压制情绪使我们看起来更加冷静镇定，但这种表现却付出了很大的代价（Richards & Gross，2000）。持续压制情绪的人不能很好地应对生活，而且更容易抑郁（Haga，Kraft，Corby，2010；Lynch et al.，2001）。

相反，将自己的情绪表达出来的人一般在心理和生理上都会更健康（Lymley，2004；Pennebaker，2004）。关注消极情绪可以帮助我们看清事物的正反两面，有利于决策，最终提高我们的幸福感（Deutschendorf，2009；Norem，2002）。通常来说，对情绪进行管理比对其进行压制要好。你会在随后的应用篇中找到一些管理情绪的好办法。

脸部被注射了肉毒杆菌的人是否体验到的情绪也比较少呢？那些注射了肉毒杆菌的明星大多看上去很不自然，他们也确实有可能会因此体验到较少的情绪。在一项研究中，与正常人相比，注射了肉毒杆菌的人在模仿愤怒表情时大脑活动较少，由此可见，不仅情绪可以决定表情，表情也可以决定情绪（Duclos & Laird，2001）。

收缩的脸部肌肉	感觉到的情绪
前额	惊讶
眉毛	愤怒
嘴（向下）	悲伤
嘴（向上）	快乐

根据这一事实，你也许可以想到，当你觉得情绪低落时，不妨强迫自己微笑一会儿，这样做可能使你的心情真的好起来（Kleinke，Peterson，& Rutledge，1998）。

如果微笑能改善一个人的情绪，那么抑制消极情绪是否是一个好办法呢？看看"压制情绪——别关了音乐"，你会找到答案。

当代情绪理论模型

总结一下，詹姆斯-兰格理论正确地指出了唤起和行为反馈对情绪体验的作用，坎农-巴德理论的合理部分在于提出丘脑和大脑皮层等在生理唤起中的先后顺序，沙赫特情绪认知理论指出了认知的重要性，Richard Lazarus 强调了情绪性认知的作用。事实上，当今的心理学家们越来越认识到，对一个事件的归因以及对某个情景的评价方式极大地影响了你的情绪（Leon & Hernandez，1998；Strongman，2003）。另外 Carrol Izard 还强调了表情对情绪的影响。我们把几种理论的要点整合在一起，合成一个当代情绪理论模型（图 10.19）。

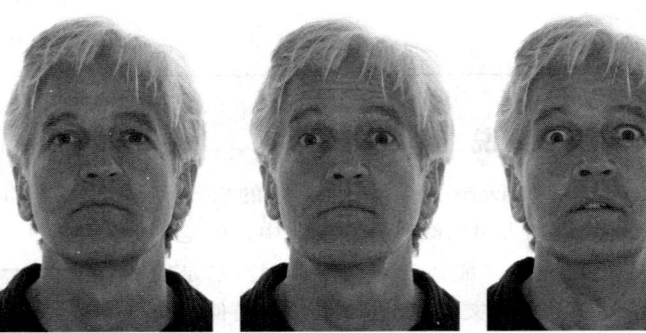

图10.18　面部表情反馈和情绪。Ekman 研究的参与者"摆出"的面部表情，这些表情要尽量做到与自然的情绪表情相似。在保持某种面部表情的过程中，身体活动会发生相应的变化。

让我们通过一个例子对图10.19中的当代情绪理论模型做进一步说明。当一条恶狗咆哮着扑向你时，"狗"作为一个情绪刺激，被评价为威胁或者其他情绪反应的根源，你会想："糟糕，有麻烦！"你的"情绪性认知"会引发①自主神经系统唤起，如心跳加快，身体进入反应准备状态；②认知加工；③适应性行为，如躲开狗；④先天固有的情绪表达模式，如面部形成恐惧的表情，摆出紧张的身体姿势；⑤意识上的变化，自己觉察到害怕的主观体验。此时，你所体验到的恐惧感的强度与自主神经系统唤起的程度有着直接关系。

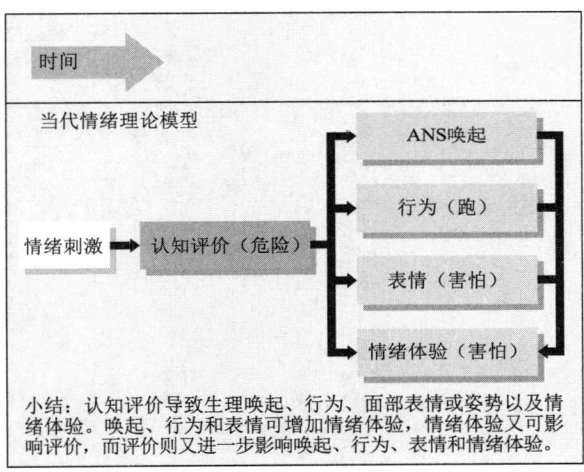

图 10.19 当代情绪理论模型。认知评价导致生理唤起、认知加工、行为、面部表情或姿势以及情绪体验。唤起、归因、行为和表情可影响情绪体验，情绪体验又可影响认知，而认知则又进一步影响唤起、行为、表情和情绪体验。

自主神经系统的唤起、认知、适应性行为、主观体验和情绪表达等每一部分的信息随之又会进一步改变你对环境的"情绪性认知"，以及归因、看法、判断和感知。因此，根据面部表情反馈假说，面部表情确实会影响情绪。这些反应会相互影响，进而改变你的认知和解释，因此情绪会沿着这一过程而发展、改变或消失。还需要记住一点，情绪的初始诱因可以来自外部，如一条扑过来的狗，也可以来自内部，如过去被狗咬、被恋人甩掉或被朋友夸奖的记忆。因此，当我们想到或记起某些过去的事情时，也会感到害怕、悲伤或愉快（Strongman, 2003）。

展望

在本章的应用篇中我们将进一步通过研究情绪智力来探讨情绪性认知的影响。在此之前你可能需要根据以下练习题先来评价一下自己的学习情况。

知识巩固
情绪表达和情绪理论

测一测

1. 达尔文认为情绪表达有助于动物的生存。对不对？
2. 情绪的哪三个维度可以通过面部表情来表现？
   a. 高兴－不高兴
   b. 复杂
   c. 注意－拒绝
   d. 生气
   e. 好奇－不感兴趣
   f. 唤起
3. 肢体语言的正式术语是_____。
4. 根据詹姆斯－兰格理论，情绪体验早于身体反应和情绪行为。（我们看见熊，害怕然后逃跑）。对不对？
5. 坎农－巴德理论中认为身体唤起和情绪体验_____发生。
6. 认为对唤起的认知有助于我们判断情绪体验的理论是_____。
   a. 詹姆斯－兰格理论
   b. 沙赫特情绪认知理论
   c. 坎农－巴德理论
   d. 达尔文天生情绪表达理论
7. 在Valin的虚假心率试验中的被试将心率增加归因为安慰剂。对不对？
8. 每当你试图动动耳朵、向上提提嘴角，你会发现自己在傻笑，下列哪个理论恰当地解释了这个现象？
   a. 归因　　　　　b. 坎农－巴德理论
   c. 情绪性认知　　d. 面部表情反馈假说

想一想

批判性思考

9. 高位截瘫患者几乎感受不到身体唤起反应，但是他们依然能感受到不同情绪，有时候还很强烈，什么情绪理论可以解释这个看似矛盾的现象呢？

自我反思

写出你认为你能从面部表情准确识别的情绪列表，你列的内容和 Paul Ekman 的相似吗？你对分辨出快乐－不快乐、注意－拒绝、唤起这三个维度是否更有把握，为什么？

哪些理论能够最恰当地解释你自己的情绪表达？试着皱眉和微笑 5 分钟，面部表情反馈对你的心情有什么影响？盖住表 10.2 的左侧，读右侧每条情绪表述，你认为哪些情绪性认知会产生列出的情绪？表左侧的内容和你的预测一致吗？

答案：

1.对 2.a、c、f 3.体表等 4.正反馈 5.图时 6.b 9.7.对 8.d 9.情绪理论－三格理论，沙赫特情绪认知和重论和面部表情反馈假说能够解释该情况为小题率。

情绪智力——自我控制的艺术

应 用 篇

关键问题 10.11："情绪智力"意味着什么？

古希腊哲学家亚里士多德有一个保持良好人际关系的秘诀，他说，你如果要发怒，应"选择恰当的对象，把握恰当的程度，确定恰当的时机，为了恰当的目的，并通过恰当的方式"。心理学家 Peter Salovey 和 John Mayer 把这种自我控制的能力称为**情绪智力**。情绪智力是一种综合能力，包括感知、运用、理解和管理情绪（Salovey & Mayer，1997）。这些能力能让我们更灵活、适应性更强，且在情感上更为成熟（Bonanno et al., 2004；Johnson, Batey, & Holdsworth, 2009）。

优秀的成功人士一般都有较高的情绪智力（Mehrabian，2000）。如果情绪是我们生活中的音乐，那么情绪智力高的人则是优秀的音乐家。他们不会压制自己的情绪，也不会过度沉浸在情绪之中。相反，他们能将情绪融入生活的节奏中，与他人和谐相处，因此，相比于情绪智力较低的人，他们往往显得更有亲和力（Haas et al., 2007）。

另一方面，情绪控制力差可能要付出很大代价，比如婚姻、子女教养和身体健康等都有可能因此产生问题，情绪智力低下还可能影响人的职业生涯，甚至使人在事业上一事无成（Zampetakis & Moustakis, 2011）。情绪智力低下的最大损害，还是对儿童和青少年期发展的影响（Alegre, 2011；Parker, 2005），对于未成年人来说，情绪控制能力差会导致抑郁、进食障碍、意外怀孕、成绩差、攻击行为和暴力犯罪等。因此，在很多时候情绪智力与IQ 同样重要（Dulewicz & Higgs, 2000）。

有哪些具体的技能组成了情绪智力？ 其中有许多元素（Deutschendorf, 2009；Larsen & Prizmic, 2004；Mayer et al., 2001），下面是一些最重要的技能：

感知情绪 情绪智力的基础首先是能感知自己和他人的情绪。与述情障碍患者不同，情绪智力高的人能够很了解自己的感受（Taylor & Taylor-Allan, 2007），比如他们能很快意识到自己是否生气、嫉妒或感到内疚、抑郁等。这是很有价值的，因为很多人心情糟糕却无法理解自己不舒服的原因。同时，情绪智力高的人还很会共情，能够准确地感知他人的情绪或感受，他们善于察言观色，能够"读懂"面部表情、声音语调和其他情绪特征。

运用情绪 情绪智力高的人会运用他们的感受来促进思考和决策，如果你记得过去你是如何做出情绪上的反应，则有助于你在新的环境中做出更好的反应。情绪智力还包括运用情绪促进个人成长和与他人的关系，比如你会知道帮助别人能给你带来快乐。同样的，当好运来临，情绪智力高的人会懂得与他人分享。总之，善用情绪能改善人际关系并增进情绪健康（Gable et al., 2004）。

理解情绪 情绪包含了许多有用的信息，比如，生气说明什么地方出了问题，焦虑表明不确定性，尴尬与羞愧有联系，抑郁意味着我们感到无助，热情意味着我们很兴奋。情绪智力高的人知道引起不同情绪的来源，它们的含义，及它们对行为的影响。

管理情绪 情绪智力还包括管理自己和他人情绪的能力，比如当你生气时你会知道如何冷静下来，并知道如何让他人冷静下来。正如亚里士多德很久以前所说的，情绪智力高的人能够根据环境控制情绪（Bonanno et al., 2004）。

积极心理学与积极情绪

众所周知，快乐、兴趣、满意、爱和类似的情感是令人愉快的，很自然地，人们会倾向于喜欢积极情绪，而不喜欢消极情绪。这当然没有错，但是消极情绪也是有价值，有建设性意义的。例如，持续的忧伤能促使一个人去寻求帮助，修复人际关系或寻求人生的新方向（Plutchik, 2003）。消极情绪与能帮助我们祖先逃生的行为也有关系，如逃跑、攻击、

情绪智力 /Emotional intelligence
感知、运用、理解和管理情绪的能力。

远离毒物等。这些反应有利也有弊,消极情绪会使我们的注意力受到限制,导致我们解决问题的思路变得狭隘。

相比之下积极情绪能够拓宽我们的注意力(Fredrickson & Branigan, 2005),带来了创新的可能性并积累我们的个人资源。比如,快乐、兴趣和满意等情绪能让我们产生前进的动力,变得更有创造力,更愿意去探索人生,寻求新的体验,去整合,去成长。

总之,积极情绪不仅仅是快乐环境的产物,它们还能鼓励个人成长和社会交往。我们可以通过各种优点来获得快乐,比如善良、好奇、幽默、乐观和慷慨等。这些优点是与不幸对抗的保护伞,它们能帮助人们活得更积极、更快乐(Ong, Zautra, & Reid, 2010; Seligman, 2002)。产生积极情绪是人类的一种基本能力,而培养积极情绪则是情绪智力的一部分(Fredrickson, 2003)。

提升情绪智力

一个人怎样才能提升情绪智力呢?通常,我们在生活中的选择应考虑个人价值观、需求和情绪。极端理性的决策是理智的,但是没有感情。好的决策应该能结合理智和感情的需求。简单来说,情绪智力就是能够有意识地让情绪助你一臂之力。

心理学家虽尚不了解如何教授情绪智力,但是很确定,情绪智力是可以习得的。很重要的第一步就是认同情绪有价值。通过关心自己和他人的情绪,你可以学到很多有价值的东西。可以肯定,你所崇拜的许多人不仅聪明,情绪智力也很高,他们懂得如何在婚礼上敬酒,在野餐时讲笑话,在葬礼上安慰悲伤的人,给酒会增加乐趣,或者是安抚一个受到惊吓的孩子,这些技能都是值得培养的(Deutschendorf, 2009)。

知识巩固

情绪智力

测一测

1. 情绪智力高的人对自己的感受很敏感,但意识不到别人的感受。对不对?
2. 由情绪反应带来的信息有助于思考和做决策。对不对?
3. 积极情绪是愉快的,但它们会局限我们的注意力,限制我们可能考虑的行为方案。对不对?
4. 下面哪项不是情绪智力的元素?
    a. 共情 b. 自我控制
    c. 自我中心 d. 自我觉知

想一想

批判性思考

5. 你因为你的朋友跟你借钱却没还的事很生气,情绪智力高的人会如何处理呢?

自我反思

想一个你认识的人中很聪明,但情绪智力低的人,再想另一个你认识的智力和情绪智力都很高的人。这两人有哪些不同?你认为哪个人会是更好的父母、朋友、导师、室友和老师?

答案:
1. 不对 2. 对 3. 不对 4. c 5. 这道题没有唯一的正确答案,但是与其生气,把心中的情绪理智起来或许会很重要。如果你崇拜的人介入,那么他可以为朋友认识到这样做的严重性,就来说这样算是一份礼物,你给信他在一段经济的艰难,同时他会感谢你的慷慨,如果你对他说明情况且坚持借款的事情,那么未来几年,他应该会考虑一下你们的友谊是否值得维持。

本章总结 关键问题回顾

10.1 什么是动机？动机有哪些不同的类型？

10.1.1 动机的作用是引发、推动和引导行动。"需要－内驱力－目标－目标实现（即需要消退）"的过程是典型的动机过程。

10.1.2 需要的推力和目标的拉力都会引发行动。

10.1.3 目标的吸引力和它引发行动的能力与目标的诱因作用有关。

10.1.4 动机的三种基本类型是生理动机、刺激动机和习得性动机。

10.1.5 大多数生理动机起着维持体内平衡的作用。

10.1.6 身体活动的昼夜节律与睡眠、活动和能量周期息息相关，倒时差和倒班工作都会严重破坏睡眠和身体节律。

10.2 是什么导致饥饿、过度进食和进食障碍？

10.2.1 饥饿受到胃的饱满程度、血糖水平、肝脏的新陈代谢和身体脂肪储量等因素间相互作用的复杂影响。

10.2.2 下丘脑通过摄食系统和餍足系统，对进食行为起最直接的控制作用。下丘脑对与进食有关的神经信号和化学信号都敏感。

10.2.3 其他影响饥饿的因素包括体内的脂肪设定点、外在的诱因、食物的吸引力和多样性、情绪、习得的味觉好恶反应，以及特定文化中的价值观念，等等。

10.2.4 肥胖症是内在因素、外在因素、食物和饮食习惯、情绪、遗传因素和缺乏运动等一系列复杂因素相互作用的结果。

10.2.5 最有效的减肥方法是通过行为节食，即改变饮食和运动习惯。

10.2.6 神经性厌食症和神经性贪食症是两种较为常见的进食障碍。这两种问题都与自我形象、自我控制和焦虑等心理冲突有关。

10.3 口渴，回避疼痛和性驱力的生理动机是什么？

10.3.1 渴和其他一些基本动机受身体内多种因素的影响。渴的控制中枢主要位于下丘脑。

10.3.2 渴的感觉可能来自细胞内渴，也可能来自细胞外渴。

10.3.3 回避疼痛驱力的特点在其情景性，而不是周期性。在一定程度上，避免疼痛和忍耐疼痛都是习得的。

10.3.4 性驱力的特点在于，性行为并不是一种以保持体内平衡为目的的行为。

10.4 神经唤起水平与动机有何联系？

10.4.1 唤起理论可以在一定程度上解释人对刺激的需要。唤起理论认为，肌体会尽可能维持一种理想的唤起水平。

10.4.2 对人的刺激寻求倾向的测量结果显示，人与人之间在唤起或者刺激寻求的需求程度方面存在个体差异。

10.4.3 在中等唤起水平上，人的能力通常可以得到最好的发挥。唤起水平与能力发挥的关系可以用倒 U 形曲线描述。耶基斯-多德森定律进一步指出，在简单任务中的最佳唤起水平相对较高，在复杂任务中的最佳唤起水平相对较低。

10.5 什么是习得性动机和社会动机？其重要性何在？

10.5.1 包括社会性动机在内的习得性动机体现了人类动机的多样性。

10.5.2 对抗作用理论可以解释一些社会动机的习得原理。

10.5.3 社会性动机是通过社会化和文化环境的条件化而习得的。

10.5.4 成就需要高的人能够在各种情况下获得成功，与他们的坚韧、热情和自信有着密切的关系。

10.5.5 日常生活中，自信心对动机有着极大的影响。

10.6 某些动机是否比其他动机更基本？

10.6.1 马斯洛的需要层次理论把需要分为两类，即基本需要和发展需要。

10.6.2 低层次需要比高层次需要有更强的支配作用。

10.6.3 最高层次的需要，也是最不稳定的需要，是自我实现，这种需要反映在各种具体的"元需要"中。

10.6.4 马斯洛需求层次中的高层次需要（元需要）与内源性动机有密切关系。在很多情况下，外源性动机及不必要的奖励会减弱内源性动机的强度、任务本身带来的乐趣和创造性。

10.7 情绪过程是怎样的？

10.7.1 情绪中的重要成分包括肌体的生理变化、适应性行为、情绪表达和情绪体验。

10.7.2 人类的基本情绪有八种，包括：恐惧、惊讶、悲痛、厌恶、愤怒、期待、快乐和信任（接受）。这些情绪可以混合产生更复杂的情绪体验。

10.7.3 大脑左半球主要加工积极情绪，右半球主要加工消极情绪。

10.7.4 杏仁核为恐惧的唤起提供了一条快捷的、无须通过大脑皮层的信息通道。

10.8 情绪背后的生理变化是什么样的？"测谎仪"真能测谎吗？

10.8.1 与情绪有关的生理变化是由自主神经系统的活动引起的。

10.8.2 自主神经系统中的交感神经系统主要负责使身体唤起，副交感神经系统使身体平静。

10.8.3 多导仪，或称"测谎仪"，可以通过监测心率、血压、呼吸频率和皮肤电反应来测量情绪的唤起。但是许多研究结果表明，测谎器的准确性值得怀疑。

10.8.4 新的脑成像技术，如 fMRI，在测谎领域有着不错的应用前景。

10.9 "身体语言"和面部表情能准确地反映情绪吗？

10.9.1 基本的面部表情，如恐惧、愤怒、厌恶、伤心、吃惊和快乐是全世界共通的，有些表情，如轻蔑和感兴趣也有可能具有普遍性。

10.9.2 面部表情有三个维度，包括愉快-不愉快、关注-拒绝和情绪激活（唤起）水平。

10.9.3 社会环境可以决定表情的含义，比如社会性微笑。有些面部表情的意义具有文化差异。男人一般比女人更少表达感情。

10.9.4 对肢体语言的研究称为体态学。肢体语言，如身体运动和手势，也能够表达人的情感，但主要表达一种情绪基调，而不是特定的信息。
- 10.9.5　身体的姿势可以表达放松或紧张，喜欢还是讨厌的信息。
- 10.9.6　谎言有时可以通过非言语性标识和习惯动作的变化来识别。

10.10　心理学家如何解释情绪？

- 10.10.1　与一般常识相反，詹姆斯-兰格的情绪理论认为，情绪体验是在身体的情绪反应之后产生的。与此相反，坎农-巴德的理论认为，身体反应和情绪体验同时发生。
- 10.10.2　沙赫特的情绪认知理论强调认知对于肌体唤起感觉的解释作用，同时，对生理唤起的归因过程也非常重要，对特定的人、事物或情景的不同归因可产生不同情绪。
- 10.10.3　当代情绪理论高度重视对情景的认知评价作用。同时，当情绪包含的各个因素之间互相作用时，我们的情感和行为也会发生变化。最好的情绪管理的方法就是改变你对环境的情绪性认知。
- 10.10.4　面部表情反馈假说认为，从面部表情中感觉到的信息会帮助人们识别自己所体验到的情绪。
- 10.10.5　根据当代情绪理论，情绪过程中包含着各种因素之间的相互联系和相互作用。

10.11　"情绪智力"意味着什么？

- 10.11.1　情绪智力是在不同情境中有意识地运用你的情绪的能力。
- 10.11.2　情绪智力高的人可以感知、运用、理解并管理情绪。他们具有自我觉知和共情的能力，知道如何运用情绪来促进思考、决策和经营人际关系，并能够理解和管理情绪。
- 10.11.3　积极情绪很宝贵，因为它能够拓宽我们的注意范围并促进个人成长及社会交往。

第 11 章

性别与性

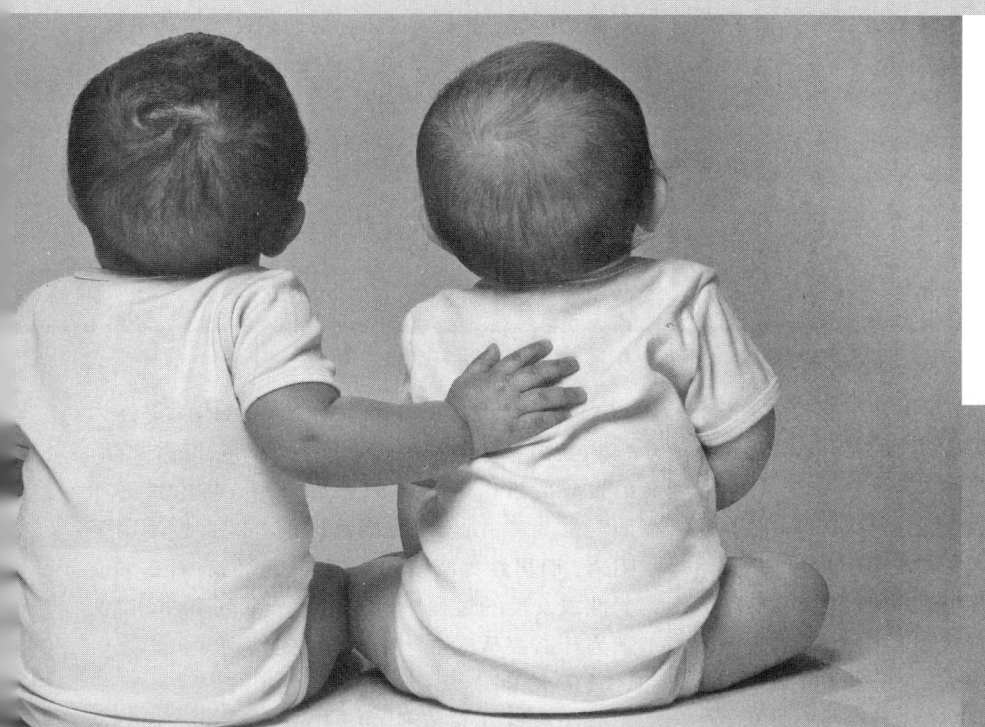

主题

两性之间的相似性大于差异性。性是人类行为中正常且健康的一部分。

关键问题

- 11.1 性别的基本维度有哪些?
- 11.2 什么是性取向?
- 11.3 自我的男性感或女性感是如何形成的?
- 11.4 什么是心理上的双性人?这传染吗?
- 11.5 什么是性别失统?
- 11.6 人类最典型的性行为模式有哪些?
- 11.7 在性反应方面,男性和女性有多大程度的不同?
- 11.8 最常见的性心理障碍有哪些?
- 11.9 近年来社会态度的改变是否影响了性行为?
- 11.10 性病对性行为有何影响?
- 11.11 伴侣们该如何维持满意的性体验?最常见的性功能障碍有哪些?

引子

巾帼还是须眉?

男性就是男性,女性就是女性,不是吗?不是的。就连"性"这么基本的东西也有其多面性,并非非黑即白那么一目了然。谈到性别认同的复杂性,Elena从早年的男性身份变为现在的女性身份的历程会给我们一些启发。

出于强烈的改变自己性别(包括生理、心理、社会三个层面)的意愿,Elena成了一名变性人。谈到自己的童年生活,Elena说:"我从小就确信自己是个女孩……上一年级的时候,我像躲瘟疫一样避免接触别的男生。他们总是叫我'胆小鬼'、'爱哭鬼',还经常欺负我。"

成年后,Elena决定顺从自己的心,成为一名女性。她说:"我决定变性。当然最开始的时候我也会担心变性会让我穷困潦倒,没有人愿意跟我做朋友,最后被发现死在一个破屋子里,原因是殴打致死……庆幸的是,工作方面没有让我很担心。我去见了我们公司的总裁,经我的许可,他给公司所有员工发了一封邮件,里面陈述了我决定变性这件事,并声明我将得到跟其他女同事同等的尊重和待遇。我的650名同事都接纳了我,我的大多数家人也是。"(Kelly,2010)

从遗传上来讲她仍旧是男性,但从心理上来讲她是女性——她有着女性的外生殖器,在社会活动中也以女性的身份出现。那么,Elena到底是男性还是女性呢?你也许认为Elena的案例没有普遍意义,因为变性人寻求改变其天生的性别,而大多数人对自己的性别则处之泰然。然而,一个人在"性"的各个维度出现模棱两可的情况并非罕见。无论如何,我们永远都不会忘记一个人的性别。考虑到人的各种活动、关系、冲突和选择都受性的影响,毫无疑问我们应该对它多加关注。

性别的发展——
分类标准一:XX 或 XY ?

关键问题 11.1:性别的基本维度有哪些?

"性"(sex)指的是生物学上的男性或女性。而"性别"(gender)这个词则代表了作为男性或女性的所有心理学特质和社会特质(Crooks & Baur,2011)。换句话说,当我们确定你是男性或女性后,你的性别会告诉我们你有男人味还是女人味(这由你所处的文化决定)。Elena的故事很好地说明了一个人心理上、社会性上的性别并不一定与生理上的性相一致。对于**变性人**而言,他或她在生理层面、生物学层面的性与其在心理层面、社会层面上所偏好的性别是冲突的(Veale, Clarke, & Lomax, 2010)。这里我们先得讨论一个基本的问题:在生物学上,男性或女性意味着什么?

性别的维度

性别分化是如何发生和发展的呢?把一个人划分为男性还是女性至少应该考虑以下生物学因素:(1)**基因性别**,即女性为 XX 染色体而男性为 XY 染色体;(2)**激素性别**,即女性雌激素占主导,而男性雄激素占主导;(3)**性腺性别**,即女性为卵巢而男性为睾丸;(4)**性器官性别**,即女性为阴蒂和阴道,而男性为阴茎和阴囊。让我们看看在人成为男性或女性的过程中所发生的一系列事件,以便了解为什么要从这4个维度来确定性别。

基因性别

成为男性还是女性在开始时很简单。基因性别在受孕的瞬间就确定了:两个 X **染色体**则为女性,一个 X 染色体加一个 Y **染色体**则为男性。女性的卵子总是提供一个 X 染色体,因为她的基因构成中有两个 X 染色体。而男性的精子一半携带 X 染色体,另一半携带 Y 染色体。

在受孕时,胎儿的性别可能会由于性染色体数目异常(携带多于或少于两条性染色体)而出现问题(Crooks & Baur,2011)。例如克莱因菲尔特综合征(Kleinfelter's syndrome)患者的基因型为 XXY,有一个多余的 X 染色体,这会导致他成年后显得女性化、生殖器尺寸较小、没有生育能力。而特纳氏综合征(Turner's syndrome)患者生来只

第 11 章 性别与性

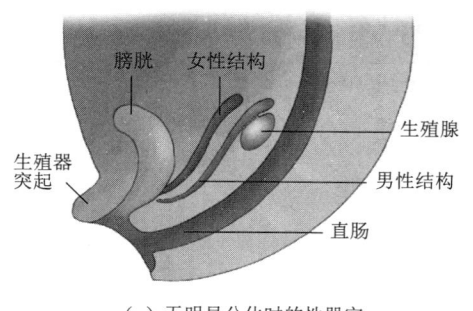

（a）无明显分化时的性器官

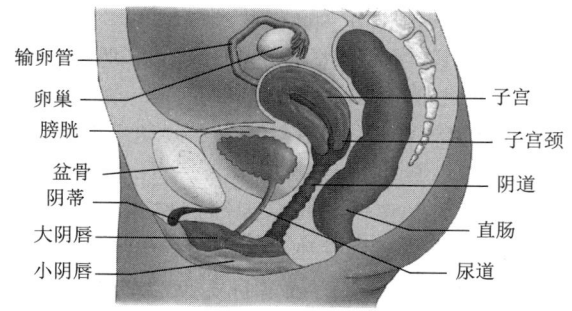

（b）女性XX染色体形成的性器官

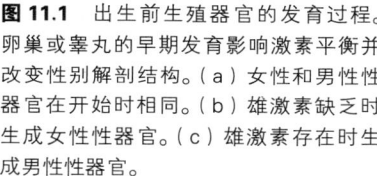

图 11.1 出生前生殖器官的发育过程。卵巢或睾丸的早期发育影响激素平衡并改变性别解剖结构。（a）女性和男性性器官在开始时相同。（b）雄激素缺乏时生成女性性器官。（c）雄激素存在时生成男性性器官。
Copyright © 2012 Wadsworth Cengage Learning, Inc.

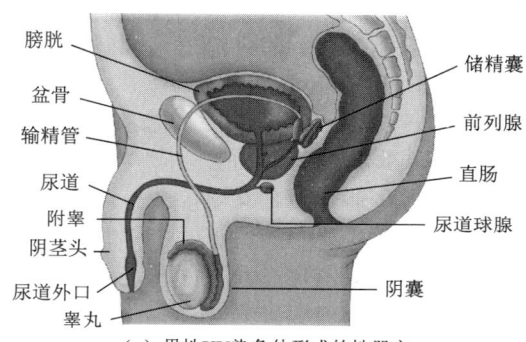

（c）男性XY染色体形成的性器官

有一个 X 染色体（没有 Y 染色体），这会导致她进入青春期后表现得男性化，也没有生育能力。

激素和性腺性别

基因性别在人的一生中保持不变，但仅靠基因并不能决定生出的孩子是男是女。一般来说，性征与性激素的活动有关。激素是内分泌腺分泌的化学物质。**性腺**分泌女性激素或男性激素，即**雌激素**或**雄激素**，激素影响性别的发展和性行为。男性的性腺是睾丸，女性的性腺是卵巢。位于肾脏上方的肾上腺也分泌性激素。

有趣的是，男性或女性都同时正常地产生雌激素和雄激素，性别差异与两种激素在人体内的不同比例有关。实际上，出生前男性或女性解剖学结构的形成在很大程度上取决于**睾酮**是否存在，那是一种主要由睾丸分泌的性激素（LeVay & Baldwin, 2008）。在胚胎发育的最初 6 周内，基因男性胚胎和基因女性胚胎没有什么差别。然而，如果有一个 Y 染色体存在，胚胎就可以长出睾丸并由此产生睾酮（Knickmeyer & Baron-Cohen, 2006），从而刺激

性 /Sex 把个体划分为男性或女性的生物学分类。

性别 /Gender 与男性或女性有关的心理学特质和社会特质，由个体的性别认同和习得的性别角色来界定。

变性人 /Transsexual 生物学上的性别与其心理、社会角色方面所认同的性别相冲突的人。

基因性别 /Genetic sex 根据染色体来划分，女性为 XX 染色体，男性为 XY 染色体。

激素性别 /Hormonal sex 根据体内性激素来划分，女性中雌激素占主导，男性中雄激素占主导。

性腺性别 /Gonadal sex 根据性腺来划分，女性为卵巢，男性为睾丸。

性器官性别 /Genital sex 根据性器官来划分，女性为阴蒂和阴道，男性为阴茎和阴囊。

X 染色体 /X chromosome 母亲提供的女性染色体，与另一个 X 染色体结合产生女性后代，与 Y 染色体结合产生男性后代。

Y 染色体 /Y chromosome 父亲提供的男性染色体，与 X 染色体结合产生男性后代。父亲可能向后代提供 X 染色体或 Y 染色体。

性腺 /Gonads 最重要的性腺体，也就是男性的睾丸和女性的卵巢。

雌激素 /Estrogen 女性性激素。

雄激素 /Androgen 男性性激素，尤其是睾酮。

睾酮 /Testosterone 主要由睾丸分泌的一种男性性激素，影响着男性许多性特征的发展。

阴茎和其他男性结构的发育（图11.1）。在没有睾酮的条件下，不管基因性别是什么，胚胎都将发育成女性的生殖器官和外生殖器（LeVay & Baldwin, 2008）。也许可以说，自然的第一冲动是创造女性。如果没有睾酮，我们都会是女人。

胚胎的发育一般与基因性别相匹配，但不总是如此。不管基因性别是男是女，出生前的激素问题都会导致没有明确性征的**两性畸形人**产生。如果在出生前的发育中睾酮量太少，则基因男性就不能发育出男性生殖器。而且，如果其在遗传上对雄激素不敏感，在睾酮出现后无反应，此时即使有睾酮，结果也会形成女性生殖器（Freberg, 2010）。

同样道理，XX胚胎只有在雄激素水平很低或为零的条件下才能发育成女性。例如，一个发育中的女性胎儿可能由于母亲服用防止流产的药物黄体酮，或受男性生殖器综合征影响而男性化。有男性生殖器综合征的胎儿，一方面体内产生雌激素，另一方面由于基因异常导致肾上腺大量释放雄激素，因而女性婴儿出生时外生殖器更像男性（Freberg, 2010）。

性器官性别

男性和女性之间的差别可分为第一性征的差别和第二性征的差别。**第一性征**指性器官和生殖器官本身，如女性的阴道、卵巢和子宫，男性的阴茎、睾丸和阴囊（表11.1）。**第二性征**是一些更外显的身体特征，在青春期开始出现，其发育是由来自垂体的激素信号引发的，如女性的乳房发育、臀部变宽和其他的体形变化，男性面部和身体一些部位生出胡须、毛发，声音变得低沉等。这些变化标志着身体为生殖做好了准备。月经初潮是女性生殖成熟的明显标志，不久之后即开始了每月的排卵，卵巢释放出卵细胞，直到绝经（指50岁前后月经周期结束）。这一段时间里女性均可生育。

表 11.1　男性和女性的解剖结构

女性生殖结构	
子宫颈	子宫下端，伸入阴道中。
阴蒂	小而敏感的器官，由能勃起的组织构成，位于阴道口上方。
输卵管	输卵管有两条，将卵细胞从卵巢输送到子宫。
大阴唇	较大的阴门外唇。
小阴唇	阴门内唇，围绕在阴道口。
卵巢	女性生殖腺体，有两个，分泌激素并释放卵细胞。
子宫	梨状，主要为肌肉的器官，怀孕时胎儿在其中发育。
阴道	连接女性外生殖器和子宫的管状结构。
男性生殖结构	
尿道球腺	两个小腺体，性兴奋时分泌清液到尿道。
附睾	位于睾丸顶部的盘绕的组织，精子储存于其中。
尿道外口	阴茎顶端的开口，尿液和精液从此排出。
阴茎头	阴茎顶部。
前列腺	位于膀胱底部的腺体，构成精液的大部分液体由此提供。
阴囊	囊状组织，内有睾丸。
储精囊	两个小器官（分别位于前列腺两侧），构成精液的液体一部分由此提供。
睾丸	男性生殖腺体，有两个，是激素和精子的来源。
输精管	将精子从睾丸输送到尿道的管道。

性取向——你爱谁？

关键问题 11.2：什么是性取向？

性取向是性的一个很重要的方面，它指一个人的情感和性欲指向同性、异性或两种性别的程度。严格地说，正如生理上的性别不能仅仅分为男性和女性两类，性取向也不能简单地只分为异性恋和同性恋两种类型（Carroll, 2010）。**异性恋者**不论在爱情还是性欲上都受到异性的吸引，**同性恋者**受同性的吸引，**双性恋者**既受同性吸引，也受异性吸引。

据统计美国有3.4%的成年人认为自己是同性恋或双性恋（Conron, Mimiaga, & Landers, 2010）。

聚焦研究　　基因、激素和性取向

为什么有些人被异性吸引，而有些人却偏爱同性呢？一种解释是性取向在一定程度上受遗传的影响（LeVay，2011）。一项最近的研究发现，同卵双生子中的一个如果是同性恋者或双性恋者，则另一个有相同性取向的机会是50%。这个结果以及相关的发现让一些研究者认为，性取向有30%～70%是遗传的（Mustanski, Chivers, & Bailey, 2002）。

另一些研究表明，性取向受到X染色体上某些基因的影响。因此，同性恋的遗传倾向可能是由母亲遗传给子女的（Hamer et al., 1993；Hu et al., 1995；Rahman & Wilson, 2003）。在人类的进化过程中，同性恋可能是为了缓解男性为了争夺配偶而进行的竞争而发展出来的（Schuiling, 2004）。

还有一种解释是出生前的激素水平影响了发育中的胎儿（LeVay, 2011）。根据这种理论，同性恋是这样产生的：有些男性胚胎发育环境中的睾酮激素水平太低，而有些女性胚胎发育环境中的睾酮激素水平太高，这种异常的激素水平影响了性取向（Mustanski, Chivers, &Bailey, 2002）。但研究发现成人期激素不平衡不会影响性取向，大多数同性恋者的激素水平在正常范围内（Banks & Gartrell, 1995）。

胎儿期的异常激素水平可能使大脑控制性行为的区域发生改变。支持这一观点的证据之一是研究发现同性恋和异性恋的下丘脑大小存在差异，而下丘脑与性行为有关（Kinnunen et al., 2004；LeVay, 2011）。而且，同性恋和异性恋的下丘脑神经递质也存在差异（Kinnunen et al., 2004）。

与性取向的生物学观点相一致的是，父母的抚养方式是不太可能造成孩子同性恋的。和同性恋者一起生活的孩子与异性恋者的孩子在发育上没有差别（Patterson, 2002；Wainright, Russell, & Patterson, 2004）。大多数同性恋者是由异性恋父母养大的，而由同性恋抚养的儿童大多数成长为异性恋者（Garnets, 2002）。

这些发现澄清了父母会造成子女同性恋以及同性恋仅仅是一种个人偏好的误会。虽然学习在性取向发展中起作用，但一个人会成为同性恋者或者异性恋者则主要是由其自然基础决定的。从这个观点出发，歧视同性恋者与歧视蓝眼睛的人或左撇子一样，是没有道理的（Rathus, Nevid, & Ficherner-Rathus, 2010）

这意味着仅是美国人口中，就有1050万人是同性恋或双性恋。看下表的具体统计数据前，请注意这些数据很有可能被低估了，因为很多非异性恋者不愿意向别人承认他们的性取向（Bogaert, 2006）。

	男	女
异性恋	95.8%	97.1%
同性恋	3.5%	1.8%
双性恋	0.7%	1.1%

性欲缺乏者

越来越多的心理学家发现，大约有1%的成年人的性取向是第四种类型——**性欲缺乏者**，他们既不被异性吸引，也不被同性所吸引（Bogaert, 2004, 2006）。跟独身主义者不同的是，性欲缺乏者根本就不会体验到性方面的吸引，而独身主义者能够体验，只是不付诸行动。而且，性欲缺乏者对自己的性取向能够坦然接纳，不会因为缺乏性欲而感觉沮丧（Brotto et al., 2010）。

两性畸形人 /Intersexual person　外生殖器官既有男性特征又有女性特征的个体。

第一性征 /Primary sexual characteristics　外生殖器官以及内部生殖器官，是确定生理性别的依据。

第二性征 /Secondary sexual characteristics　指更外显的、非生殖器官的性特征，如乳房、体形、胡须等。

性取向 /Sexual orientation　个体对于异性、同性或两种性别在情感和性欲上受到吸引的程度。

异性恋者 /Heterosexual　在情感和性欲上受异性吸引者。

同性恋者 /Homosexual　在情感和性欲上受同性吸引者。

双性恋者 /Bisexual　在情感和性欲上既受异性吸引，也受同性吸引者。

性欲缺乏者 /Asexual　在情感和性欲上既不受异性吸引，也不受同性吸引者。

性取向的稳定性

性取向是个人认同的深层部分，通常是很稳定的。大多数人最初产生性欲不是受异性吸引，就是受同性吸引。完全的异性恋者或完全的同性恋者不大可能从一种取向转向另一种取向（Glassgold et al., 2009）。如果你是异性恋者，你可能很确定，没有什么能使你产生同性恋的感情。如果是这样，你就能体会到，如果要求同性恋者改变性取向，他们将是怎样的感受。

为什么有些人既有异性恋关系又有同性恋关系呢？虽然性取向通常来讲是非常稳定的，但这不能排除一些人在一生中性取向发生改变的可能。但在这样的例子中，很多同性恋者或性欲缺乏者是迫于压力暂时与异性交往或结婚，以适应异性恋者占统治地位的社会。一旦这些人意识到他们对自己不诚实，他们的个人认同和关系就可能会随之转变。另一些转变性取向的人基本上是双性恋者。

人类的性取向是由哪些因素决定的？研究表明，性取向主要由基因和激素决定，但社会、文化和心理因素也有一定影响（LeVay, 2011; LeVay & Baldwin, 2008）。"基因、激素和性取向"中将介绍最近关于性取向的一些有趣的发现。

同性恋

正如"基因、激素和性取向"里讨论的那样，同性恋是多种正常性取向中的一种（Garnets, 2002; Silverstein, 2009）。从历史的角度来看，从人类历史开始的那天，同性恋作为一种性取向就已经无可置疑地存在了。

与异性恋者相比，同性恋者往往很晚才确认自己的性取向，一般到青春期早期才发现，这很可能是因为他们受到与其自然感觉相反的强大文化氛围的包围。不过大多数同性恋者在儿童期就感觉他们是不一样的。到了青春期早期，同性恋者感到来自同性的强烈吸引。这种感觉逐渐导致同性恋者质疑自己的性别认同，并接受他们的同性性取向（Diamond, 1998）。

男同性恋者和女同性恋者都面临一些问题，如被家庭拒绝，在工作和居住地受歧视。要知道男同性恋者、女同性恋者和双性恋者遭到歧视是因为他们属于少数群体，而不是因为他们天生有什么错（American Psychological Association, 2011）。这些不平等待遇都是基于社会中存在着的同性恋恐怖症和异性恋主义（Balsam & Mohr, 2007; Stefurak, Taylor & Mehta, 2010）。同性恋恐怖症指对同性恋者怀有偏见、恐惧和厌恶，而异性恋主义则认为异性恋比同性恋更好、更自然。

社会的拒绝导致同性恋者更容易焦虑、抑郁和想到自杀（Cochran, 2001; Lester, 2006）。不过，任何遭遇歧视的人都会有这种反应（Jorm et al., 2002）。当这些压力消失时，同性恋者并不一定比异性恋者有着更多的情绪问题（Goldfried, 2001）。

事实上，与人们通常认为的相反，很多同性伴侣拥有长期的、忠诚的关系。如演员 Portia de Rossi 和电视节目主持人 Ellen Degeneres 于 2004 年开始恋爱，并于 2008 年成婚。

多数同性恋者曾因为他们的性取向而受到言语侮辱或更严重的侵犯（Balsam & Mohr, 2007; Cochran, 2001）。对同性恋者的排斥基本上是出于错误的刻板印象。同性恋者的以下行为就是对那些错误印象的驳斥，同性恋者：

- 不试图将其他人转变为同性恋。
- 不比异性恋更爱骚扰儿童。
- 不比异性恋更容易患心理疾病。
- 不憎恨异性。
- 作为家长，不迫使自己的孩子成为同性恋者。
- 有长期的、相互关怀的、"一夫一妻"的伴侣关系。
- 对社会做贡献的能力不低于异性恋者。

在生活中，各行各业里、各个社会和经济水平上、各种文化中都有同性恋者。不论种族、民族、年龄、是否为人父母、关系如何，不论职业、健康、教育、政治和性行为等任何方面，世上只要有异性恋者，就有同性恋者（Garnets, 2002）。如果越来越多的人改变对同性恋者的偏见，从人性而不仅仅是从性行为的角度评价他们，同性恋者也许将不再受到歧视（Silverstein, 2009）。

知识巩固
性别的发展和性取向

测一测

1. 写出生物学性别的4个基本维度：_____，_____，_____，_____。
2. 所有正常个体都能产生雄激素和雌激素，只是男性和女性产生雄激素和雌激素的比例不同。对不对？
3. 女性生殖器畸形可能是由于：
   a. 对雄激素不敏感   b. 男性生殖器综合征
   c. 雌激素分泌过量   d. 以上所有原因
4. _____性征指性器官和生殖器官；_____性征指青春期出现的其他身体变化。
5. 研究表明，约4%的成人激素分泌失调，同性恋与此有很大关系。对不对？
6. 一个人的性幻想对象是男人还是女人充分反映其性取向。对不对？

想一想

批判性思考

7. 为何进入青春期、第二性征发展对一些青少年而言是件喜忧参半的事？

自我反思

关于生物学上的性别，你之前的哪些看法是正确的？哪些是不对的？关于性取向呢？

答案：1. 遗因性别，染色体性别，内脏性别，性器官性别，2. 对。3. d。4. 第一，第二。5. 不对。6. 对。7. 为今后生殖做好准备，但青春期（初潮）、粗可能因为生理变化而感到不知所措，与无法止住的月经（初潮）。性晚熟入的青春期变更发生（Deardorff et al., 2007）。

性别的发展——男性化还是女性化？

关键问题11.3：自我的男性感或女性感是如何形成的？

我们已经知道，"性"指的是生物学上的男性或女性，而"性别"这个词则代表了你有男人味还是女人味（这是由你所处的文化决定的）。在这里我们需要了解一下**性别认同**这个概念，它是指一个人对自己是男性还是女性的主观感觉，并通过外貌打扮、行为、态度等表现出来。通常情况下，男性比较男性化，女性比较女性化，但也有例外。有些男性会比较女性化，有些女性则比较男性化，还有一些人则雌雄莫辨。接下来我们会继续探索性别发展与双性化的问题。

性别认同是先天决定的还是后天习得的呢？这是个很有意义的问题。对动物来说，出生前的激素水平与出生后的性别行为之间有明确的联系。对人类而言，出生前的雄激素或雌激素也会对个体的身体、神经系统和以后行为模式的发展产生微妙影响。在出生前激素已经把大脑划分为不同的

性别认同 /Gender identity 一个人对自己是男性或女性的主观感觉。

性别，进而改变胎儿发展出男性特质或女性特质的概率（Veale，Clarke，& Lomax，2010）。这一观点的直接证据就是，当女性胎儿暴露于雄激素环境中，出生后，其雌激素开始正常作用，并且她被当作女孩来养育，但其出生前的激素环境还是会带来男性化的影响。在儿童期，这样的女孩都是典型的"假小子"，更愿意和男孩在一起玩。

与动物相比，大多数与性有关的人类行为更多地受学习的影响，尽管这种观点可能忽视了**生物偏向效应**（Helgeson，2009）。例如，青春期过后，假小子习气的女孩通常都会发展出女性化的兴趣和女性特质（Van Volkom，2009）。这样的例子说明出生前的激素和后来的社会因素对成年后的性别认同都有影响（Breedlove，Cooke，& Jordan，1999）。

冒着陷入"性别战争"的风险，我们来讨论一个问题。一些研究者认为，生物偏向效应赋予了男性和女性不同的思维能力，女子属"左脑型"，男子属"右脑型"。你可能记得，左脑主要负责语言和机械式学习，右脑在空间推理上占优势。因此，有些心理学家认为生物学上的差异可以解释为什么男子在空间任务和数学方面总体上略优于女子，而女子在语言技能方面较好（Clements et al.，2006；Hiscock，Perachio，& Inch，2001）。

> **知识桥**
> 大脑的性别差异可能会影响中风或脑外伤后语言能力的恢复程度。参见第 2 章。

但另一些人坚决反对，他们认为前述理论完全是建立在不可靠的证据和性别主义思想基础上的（Fine，2010）。支持后者的最有力的证据是，男女在美国学业评估测验（SAT）上的分数差异正在迅速缩小。在数学能力测验上，情况也是如此（Ceci & Williams，2010）。学业测验分数差异的缩小可能是由于男性和女性在兴趣、经历和教育目标方面的差别越来越小。

请注意，男女之间存在的差异都是指平均水平上的差异（图 11.2）。很多女人在数学上比大多数男人强，也有很多男人在语言技能上比大多数女人强。由于男人和女人的分数分布存在大范围的重合，我们不大可能仅根据一个人是男是女来预测其数学或语言能力。女性在学校、职场和其他地方受到的不公正待遇毫无生物学依据。男女之间的表现差异主要是由社会给予男女的权力、机会存在差异造成的。不平等的权力会放大男女间的差异，并使这种人为造成的差异看来像天生的一样（Woodwin & Fiske，2001）。

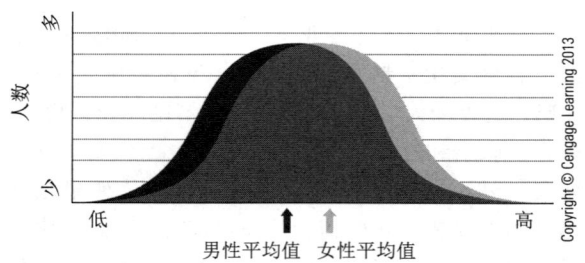

图 11.2 男女之间存在的差异都是指平均水平上的差异。例如，如果我们记录一些在语言能力上得分低、中、高的男子和女子，我们可以得到这样一张图。在某些能力上男子的平均分可能高些，但在分布上，男女能力的平均差异一般很小，重叠部分很大（Eliot，2009；Fine，2010）。

性别认同的习得

前面已经提到，性别认同（一个人对自己是男性或女性的主观感觉）至少有一部分是习得的。

性别认同从何而来？ 显然，性别认同始于"贴标签"，如"你是个男孩"，"你是个女孩"（Eagly，2001）。此后，**性别角色社会化**塑造着人们的性别认同。性别角色社会化是指在特定的文化中，男孩或女孩要学会属于这个性别的适当行为。性别角色社会化反映了来自父母、同伴和文化的微妙压力，这些压力敦促男孩子要"像个男孩儿"，女孩子要"像个女孩儿"（Orenstein，2011）。当孩子们两岁多（30 个月）的时候，他们已经意识到性别角色的不同（Martin & Ruble，2009）。到三四岁的时候，性别认同通常已经形成了。

性别角色

在对性行为的影响力上，性别角色可能与基

人类多样性

睾酮有问题？

有个很普遍的性别刻板印象是，男人们常免不了用下半身思考。这种说法的确有那么一点事实依据。研究发现，当男性处于性唤起状态时，会做出糟糕的性决策（Ariely & Loewenstein, 2006）。与非唤起状态下的男性相比，性兴奋的男性会更倾向于强迫女性发生性行为，而且更容易发生高风险的性行为。但在非唤起状态下询问他们，性唤起状态是否会影响他们的性选择，他们却认为不会有任何影响（这显然是错的）。

当然了，女性大脑活动也不可避免会受到性唤起状态的影响。然而，不少人会认为男性在性方面的不负责任和攻击性一样，都是男性固有的特征。更有些人甚至说男性深受睾酮的"毒害"，因为世上绝大部分的暴力行为都是男性做出的。这种说法也有一定的事实依据。研究发现体内睾酮水平高和处于性唤起状态的男性不仅在性行为方面会做出差劲的决策（Van den Bergh & Dewitte, 2006），而且更具有攻击性（Mehta & Beer, 2010；Millet & Dewitte, 2007）。

那么睾酮水平高的确是个问题吗？不一定。例如如果一个男性的睾酮水平低，他可能会思考困难、难以集中注意力。事实证明，对于这部分男性，补充睾酮可以帮助他们更清晰地思考（Fukai et al., 2010）。而且，对于上了年纪的男性和女性，睾酮水平太低会导致记忆问题，患阿尔兹海默症的风险也会增大（Janowsky, 2006）。

在结束这一话题之前，需要牢记我们讨论的是一个性别刻板印象，哪怕它的确有一点事实依据，终归是刻板印象。绝大多数男性（包括那些睾酮水平高的男性）是能够将自己的性冲动和攻击性控制在可接受的范围内的。

在喜剧《两个半男人》里，Charlie Harper 拿"男人用下半身思考"这一说法开玩笑。

因、性器官或激素等因素同等重要。**性别角色**是指社会期待中每种性别适宜的行为模式。在我们的文化传统中，通常鼓励男孩要强壮、敏捷、有攻击性、有支配性和雄心，女性则应该敏感、直观、被动、易动感情，并"天生"对生儿育女感兴趣。尽管近40年来社会已有很大进步，但性别角色刻板印象仍然极大程度地影响着男性和女性。**性别角色刻板印象**即认为男性应该做什么，女性应该做什么，是一种过于简单化但被广泛接受的观念（参见"睾酮有问题？"）。

性别角色影响着我们的行为举止。然而，性别角色刻板印象却将习得的性别角色视为固有的生物学差异，并发展成对于男性和女性能做什么、不能做什么的错误信念。女性能当战斗机飞行员、公司总裁、司令官或赛车手吗？带有强烈性别角色刻板印象的人会说："不，女性缺乏足够的攻击性、支配性和机械操作能力，干不了那些事！"但实际上在每一个领域中，今天的女性都干得很成功。

然而，性别角色刻板印象十分顽固，并影响着女性的职业生涯发展。比如美国至今还未出现过女总统。对于大多数工作来说，无论你的性别是男是女，都有可能会降低你被录用的可能性。对女性来说，同工不同酬或同等资历不同酬仍然是个主要

生物偏向效应 /Biological biasing effect 一种理论假设，认为婴儿出生前所处的性激素环境对其身体、神经系统和以后的行为模式发展产生的影响。

性别角色社会化 /Gender role socialization 在特定的文化中，男孩或女孩学会属于这个性别的适当行为的过程。

性别角色 /Gender role 是指在特定文化中，社会期待每种性别适宜的行为模式。

性别角色刻板印象 /Gender role stereotypes 关于男性和女性基本特质的一种过于简单化但被广泛接受的观念。

性别角色习得的开始

这个纸尿裤让我的小屁屁看上去有点大……

问题。总体上看,在美国,女性拿到的报酬是男性的77%(2010年)。对于有色人种的女性来说,情况更糟。黑人女性拿到的报酬是男性的64%,而拉丁女性拿到的报酬仅仅是男性的52%。这样的差别可以使得一位毕业于职业学校的女性在她一生中平白损失多达200万美元的报酬。甚至在男女平等意识占主流思潮的大学里,也存在两性待遇差别问题(Kite et al., 2001)。

像所有刻板印象一样,这些建立在性别角色上的刻板印象忽略了人性奇妙的多样性。幸运的是,近20年里极端的性别刻板印象已经在某种程度上逐渐淡化(Eagly & Carli, 2007; Kite et al., 2001)。不过在商业、学术、医药、法律、体育和政治领域,女性还是在拿着比男性低的报酬,并且地位也低于男性。换句话说,女性还是原地踏步,一直在性别角色刻板印象中踽踽前行(Brescoll, Dawson, &Uhlmann, 2010; DeArmond et al., 2006)。

文化的影响

了解一下其他的文化,我们就知道我们的性别角色绝不是"天生的"或世界通用的。例如,在很多文化中女性从事重体力工作,因为男人被认为太弱了干不了(Best, 2002)。在俄罗斯,约75%的医生是女性,女性在劳动力中占很大比例。我们还可以举出很多的例子,其中最有趣的一个可能是人类学家 Margaret Mead(1935)对新几内亚柴姆布利人(Tchambuli)所做的观察。

柴姆布利人的性别角色与美国人的性别角色刻板印象几乎相反。女性捕鱼、制造,控制社区的权力和经济生活,在追求异性和性关系上也是女性主动。而柴姆布利的男性则惯于依赖他人,他们轻佻、注重外表,特别喜欢用鲜花和首饰装饰自己,艺术、游戏和戏剧演出占据了他们的大部分时间。

图中的这个男性会因为他在做缝纫而显得不够男人吗?不同的文化对男女的典型和适宜行为的界定有很大不同。毫无疑问,有些文化夸大了男女间的性别差异。

可见,什么是男性和女性"适宜"的行为举止,在不同的文化中存在很大差别。显然,有时性别角色并不客观。其实,一个男性做饭、缝纫、照顾孩子,他仍是男性;一个女性在竞技场中显露锋芒,在商场上获得成功,或成为机械技师,她仍是女性。然而,文化对"男子气"和"女子气"的定义还是极大程度地影响着成人的个性和性别认同。

性别角色社会化

性别差异是如何产生的呢? 性别角色学习从一出生就开始了。人们抱女婴时比抱男婴更轻柔,对待女婴也更体贴。父母与儿子玩时比与女儿玩时要粗鲁一点儿,因为女儿被认为更娇嫩。长大一些后,家长允许儿子在更大的范围里玩,不需要特别的许可。家长派男孩子外出办事要早于女孩子。女儿被告知她们长得好看,"好女孩不打架"。男孩被告知要坚强,"男儿有泪不轻弹"。家长更多地要求男孩控制自己的情绪,但对于孩子的愤怒和攻击性的表达,父母反而对儿子比对女儿更为宽容。

玩具也被强烈地性别化了（Hardin & Greer, 2009）。父母给女儿买娃娃，给儿子买玩具卡车、工具和运动装备。尤其是父亲，往往鼓励他们的孩子玩适合自己性别的玩具（Raag & Rackliff, 1988）（图11.3）。到了上幼儿园的时候，他们已经有了习得的观念，即医生、消防队员和飞行员是男性，而护士、秘书和美发师是女性（Eagly, 2000）。为什么不呢？因为劳动领域仍然以性别划分，儿童从他们的观察中学到了这些。刻板的性别角色甚至作为规条出现在电视广告、儿童图书和电子游戏中（Browne, 1998；Oppliger, 2007）。

"男性"行为和"女性"行为

总的来说，父母倾向于鼓励儿子的**工具性行为**或称目标指向行为、控制情绪、为其工作做准备；同时鼓励女儿的**表达性行为**或称情绪指向行为，并在一定程度上为其将来当母亲做社会化准备（Eagly, 2009）。

如果你问家长为什么区别对待儿子与女儿，很多父母会解释说，这是因为性别间"自然"存在差异。但是，到底是先有"自然差异"还是先有家长的期望差异？在我们的文化中，对很多人来说"男性"似乎就等于"非女性"，因此，父母常常对男孩子的表达性的或情绪性的行为有一种模模糊糊的恐惧感，因为他们认为这暗示着儿子的懦弱。如果是女儿玩男孩的游戏，很多父母不会担心，如果儿子玩娃娃或模仿"女人的举止"，他们就会焦虑不安。

男孩和女孩间的差异被高度性别化的游戏扩大了。大概从3岁开始，男孩开始只和男孩玩，而女孩只和女孩玩。他们都玩些什么呢？女孩倾向于在室内或在大人附近玩耍，她们喜欢合作玩过家家和其他需要言语交流的游戏。男孩更喜欢超级英雄的游戏，喜欢在室外摸爬滚打。他们更关心权力或者说"谁说了算"。因此，从很小的时候开始，男性和女性就是在不同的、有性别差异的文化中长大的（Oppliger, 2007；Shaffer & Kipp, 2010）。

总之，我们的社会通过性别角色社会化把儿童培养成人，为他们今后进入成人的世界做准备。在成人世界里，男人被期望要具有工具性能力、征服力、控制力，不动感情；而女性被期望要善于表达、感情丰富、被动，依赖男人。因此，性别角色社会化总是把人塑造得在某些方面有能力，而在另一些方面有欠缺（Levant, 2003；Levant et al., 2009）。

当然，很多人仍然觉得传统的性别角色是可接受的、合适的。但消除性别角色中的刻板印象及其弊端，显然会使每个人都受益。下一节将解释其原因。

图 11.3 一项研究发现母亲跟不同性别的宝宝玩中性玩具时的互动是很不一样的。母亲通常会更多地给女儿进行解说、跟她对话，而对于儿子，母亲则更多地给予指导和评价（Clearfield & Nelson, 2006）。

> **知识桥**
> 至少对于美国男性而言，控制情绪的表达是成为"男子汉"的代价之一。参见第10章。

工具性行为/Instrumental behaviors 为达到特定目标而进行的行为，行为具有产生某种效果的工具性。

表达性行为/Expressive behaviors 表达或交流情绪和个人感受的行为。

双性化——你是大丈夫，小女人，还是二者兼有？

关键问题11.4：什么是心理上的双性人？这传染吗？

你有攻击性、有雄心、善分析、自信、活跃、有竞争性、果断、支配欲强、坚强、独立、个人主义、依靠自己、敢于冒险？如果是这样，你比较男性化。你亲切、愉快、孩子气、慈悲、爱听奉承话、文雅、轻信、忠诚、敏感、害羞、说话轻柔、富有同情心、温柔、善解人意、顺从？如果是这样，你比较女性化。如果两性的特点你都有，那么你属于双性化类型。

你刚读到的这两类不同特质引自心理学家Sandra Bem (1974)的研究，她所设计的"Bem性别角色调查表"中包括20个"男子气"特质（如依靠自己、果断等），20个"女子气"特质（如亲切、文雅等），和20个中性特质（如诚实、友好等）。她和她的同事用这一调查表测量了几千人，看他们在这些特质上的符合情况。调查发现，50%的人具有传统的男子气或女子气特质，15%在异性特质上得高分，35%是两性化的，在男子气和女子气项目上都得高分。

心理上的双性人

双性人这个词字面上的意思是"男人-女人"，是指那些同时具有男子气和女子气特质的人（Helgeson, 2009）。Bem相信，我们复杂的社会需要性别角色上的灵活性。她认为现在的社会比以往更需要男性文雅、慈悲、敏感和顺从，同时也更需要女性坚强、依靠自己、独立和有雄心，这都是环境要求的。简言之，Bem认为应该有更多的人成为心理上的双性人。

适应性

Bem证明具有双性特质的个体更容易适应，在观念上较少受"男子"或"女子"行为规范的限制。例如，在实验中，Bem让被试选择完成一种"男子"的活动（如给铰链上油，把木板钉在一起等），或一种"女子"的活动（如准备一个婴儿奶瓶，缠毛线球等）。男子气的男性和女子气的女性总是选择适合自己角色的活动，甚至当相反的选择能得到更高的报酬时也不改变。

Bem总结说，男子气的男人难于表现出温情、调皮和关切，即使在适宜的时候他们也不去表达，他们认为感情外露太"娘儿们"，不是男子汉所为。此外，男子气的男人也不接受别人的情绪支持，尤其不接受女人的情绪支持（Levant, 2001, 2003）。他们对运动感兴趣，绝大部分朋友是男性，讨厌女权主义者，坐着的时候两膝分得很开。

高度女子气的女人面临的问题则相反，她们不愿表现得独立和自信，即使在需要这些品质的时候她们也不去那样做。通常来说，具有双性化特点的个体情商更高（Guastello & Guastello, 2003）。

完整的人

多年来，关于双性人问题的辩论持续不断，有人支持，有人反对。现在基本尘埃落定，大概情况是这样的：

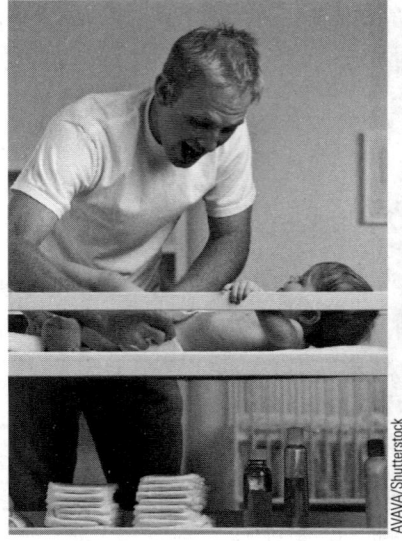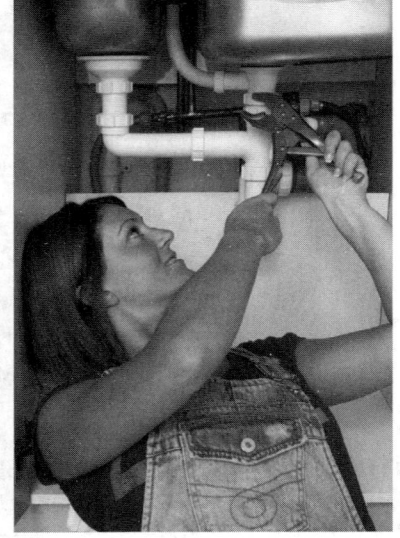

双性化的人对"男子气"情境和"女子气"情境均适应良好。

- "男子气"特质的优点是独立和自信,因此,在"男子气"上得分高往往意味着高自尊和在各种情境中获得成功(Long,1989)。
- "女子气"特质的长处表现在富有支持性和重视人际关系,因此,在"女子气"上得分高往往意味着更容易寻求并获得社会支持,具有更密切的社会关系,婚姻更幸福(Reevy & Maslach,2001)。

总的来说,不论你是男人还是女人,同时具有"男子气"和"女子气"特质是有益的(Guastello & Guastello,2003;Lefkowitz & Zeldow,2006)。一般来说,双性化个体在应对困境时更为灵活(Crooks & Baur,2011;Woodhill & Samuels,2004)(图11.4)。双性化个体也往往对自己的生活更满意。显然,这是因为他们可以同时利用工具性能力和情绪表达能力改善他们的生活质量和人际关系(Lefkowitz & Zeldow,2006)。

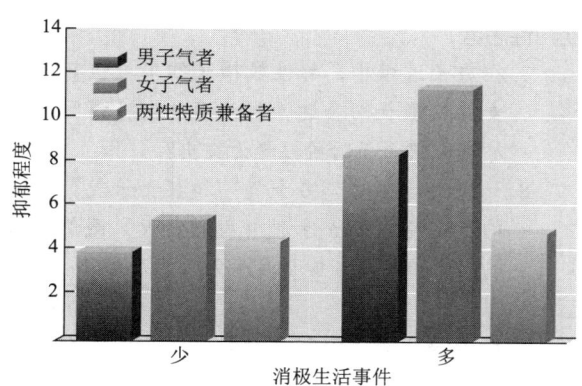

图11.4 在一项对应激反应的研究中发现,两性特质兼备有利于应付突发的消极生活事件,相比之下,极端男子气或女子气的人产生的抑郁程度较高。(Roos & Cohen,1987)

有趣的是,一些男性正在向更加平衡的方向发展。例如,老年男性会更容易接受自己表现出双性化特质。与欧裔美国人相比,更多的墨西哥裔美国人同时具有两性特质(Sugihara & Warner,1999)。同样,亚裔美国人,尤其是在美国出生的亚裔美国人,表现出更灵活的男性特质。这些男性把他们的男性特质和关心的能力结合起来,并且不怕做诸如做饭、打扫房间等"女人的活"(Chua & Fujino,1999)。

需要重申的是,虽然很多人习惯于维护"男女有别"的传统观点,但众多研究已证明"男子气"特质和"女子气"特质可以同时存在于一个人身上,而两性特质兼备可使人达到更高水平的适应平衡。

当生理性别和心理性别不匹配时——两者间的大麻烦

关键问题11.5:什么是性别失统?

生理上的性别并不是一个非此即彼的问题,男性、女性两个类别并不能将所有人包括在内。同样的,心理上的性别划分也不能一分为二地分为男性和女性,绝对男性化和绝对女性化中间有很大一片过渡地带。对于心理上的双性化、男孩子气的小女孩、两性畸形人、变性人,大家已经不陌生了(Carroll,2010)。一般来说,大多数男性在成年后会表现得更男性化,大多数女性会表现得更女性化。但也有相当数量的人发现自己身心性别不一致(**性别失统**),即生理上的性别明显与心理上的性别不匹配。

该如何对待性别失统的人呢? 对于这个问题目前还存在很大的争议。在一些卫生保健专家和性别失统人群的眼里,性别失统也许的确是与众不同的,但绝不是病态的。他们应该得到我们的理解和支持,而不是侮辱(Diamond,2009;Kaufmann,2007)。在教育孩子的问题上,很多家长鼓励孩子做出更多与其性别相符合的行为;还有一些家长则不着急将性别角色强加给孩子,他们会先等待,支持孩子自己去体验和探索,由孩子自己选择是否接受并发展与其生理性别相符合的性别角色。如果这可以看作一种趋势,那么性

双性人/Androgyny 指一些个体同时具有"男子气"和"女子气"(男子气和女子气是由个体所处的特定文化界定的)。

性别失统/Gender variance 指一个人生理上的性别与其心理上偏好的性别不一致的状况。

别失统这一现象也许会得到越来越多的接纳和支持（Zeiler & Wickström, 2009）。

然而在一些人眼里，性别失统是一种需要治疗的心理疾病。根据美国精神病学协会最新版本的《精神疾病诊断与统计手册》（DSM）的诊断标准，像 Elena 那样的变性人患有性别认同障碍（American Psychiatric Association, 2000; Bockting & Ehrbar, 2005）。这一争论在短时间内可能很难有结果。即将在2013年面世的新版《精神疾病诊断与统计手册》仍然会保留这一诊断，但其名称可能会由"性别认同障碍"（gender identity disorder）改为"身心性别不一致"（gender incongruence）（美国精神病学协会，2010）。

由于其他一些原因，包括变性人和两性畸形人的情况，有些人也会接受性别重置手术（Imbimbo et al., 2009）。外科手术可以改变生殖器的外观，激素治疗可以改变体内的化学平衡，甚至可能通过努力改变一个人的性别认同。那些慎重考虑后寻求性别重置的人普遍对治疗结果表示满意（Imbimbo et al., 2009）。

针对儿童的性别重置手术也比从前更普遍了。这一做法的支持者们认为，虽然一般情况下性别重置后需要长期的心理调整，但还是利大于弊（Zeiler & Wickström, 2009）。而反对者们则坚信，对个体来说更好的方式是让他们接受自己，并且认识到这个事实，即有一些人是不能明确被归类为男性或者女性的（Holmes, 2002）。与其把父母的选择强加给孩子，还不如等他们长大成人后，让他们自己选择是否接受外科手术以及要变成男人还是女人（Thyen et al., 2005）。

只有时间才能告诉我们哪种方法更成功。因为性和性别非常复杂，就算是最好的治疗方法其效果也可能会因人而异（Rathus, Nevid, & Fichner-Rathus, 2010）。

知识巩固

性别的发展，双性化，性别失统

测一测

1. 对于人类而言，出生前激素水平的生物偏向效应对个体性别发展的作用是决定性的。对不对？
2. 我们通常用_____来描述一个人对自己的男性感或女性感。
3. 传统的性别角色社会化鼓励男性的_____行为。
   a. 工具性
   b. 情绪性
   c. 表达性
   d. 依赖性
4. 心理上的双性人通常在异性具有的特质上得分高。对不对？
5. 不管是男人还是女人，具有"男子气"特质的人婚姻生活通常更为幸福。对不对？
6. 性别重置手术能让_____与_____相一致。
   a. 生理上的性别，两性畸形
   b. 心理上的性别，刻板印象
   c. 心理上的双性化，生理上的性别
   d. 生理上的性别，心理上的性别

想一想
批判性思考

7. 在成长过程中，男性较擅长的工具性行为和女性较擅长的表达性行为有冲突。请问这种冲突在哪个年龄阶段最为突出？
8. 一个生活在对"男子气"和"女子气"特质的界定与"Bem 性别角色调查表"截然不同的文化中的人，能否具有两性特质呢？

自我反思

你能否举个例子说明你小时候经历的性别角色社会化？你是否认为自己被鼓励表现出更多的工具性行为或表达性行为？

想一想你认识的三个人，一个具有两性特质，一个具有传统的"男子气"，一个具有传统的"女子气"。每个人所具有的特质各有哪些优势和劣势？你认为你属于"Bem 性别角色调查表"中的哪类人？

2007年，美国医药协会修订了对变性人的反歧视政策。这意味着医生们将不能拒绝为变性病人进行药物治疗。你同意这一政策变化吗？

第 11 章 性别与性 443

肤也都有一定程度的敏感性。当然，不是只要有身体接触就能引发性唤起，比如泌尿科或妇产科检查时的直接刺激就很少引起性唤起；同样，勉强的性接触可能只会引起反感。人的性唤起显然包括很大的心理成分。

性剧本

在餐厅里吃饭，我们可以期望特定的事情一件件发生，也可以说我们有"餐厅剧本"，其中有规定的情节（在家以外的地点吃饭）、对话（点菜）和活动（离开前埋单）。我们也有各种不同的**性剧本**，即一些用于指导性行为的心理计划。根据这样的剧本，人们知道自己可以在何时何地向何人表达自己的性感觉（Lenton & Bryan，2005；McCormick，2010），做爱时的活动顺序等"情节"将是怎样的，以及哪些动作、动机和结果能被"认可"。

当两个人按照明显不同的剧本"演出"时，几乎一定会发生误会。例如，一名女子演出的剧本是"第一次浪漫约会"，而男子演出的剧本却是"免费炮友"，结果必然引起愤怒、感情伤害，甚至更糟（Schleicher & Gilbert，2005）。新婚夫妇也可能发现他们的"性剧本"不一致。在这样的情况下需要考虑"改编"剧本。对人类来说，大脑是最高级的性敏感区。（要了解更多当前性剧本的趋势，请阅读"这跟爱有什么关系吗？"）

男人是否比女人更容易产生性唤起？ 答案既是肯定的又是否定的。否定是因为女性在生理上的反应不比男性差。肯定是因为，和男性相比，女性更重视与恋人间的情感亲密程度（Basson et al.，2005；Peplau，2003）。

在一项研究中，参与实验的女性被要求观看两部色情影片的片段。第一部是男性导演执导，拍给男性观众看的；第二部是女性导演执导，从女性的视角出发拍给女性观众看的。尽管从医学记录仪器所测得的数据来看，两部片子引起的生理唤起差

性行为——描绘性敏感区

关键问题 11.6：人类最典型的性行为模式有哪些？

性是人类的一部分。性唤起的能力在出生时或出生后不久就出现了。研究者 Alfred Kinsey 曾证实，一些 5 个月大的男孩和 4 个月大的女孩出现了性高潮（Kinsey，Pomeroy，& Martin，1948，1953）。他还发现儿童在 2—5 岁时便会自发地触摸并展示他们的生殖器。

各种形式的性行为在童年期相继出现。随着儿童的成熟，社会规范对其性活动进行了严格的限制，但仍有不少男性和女性曾在前青春期时进行过性游戏。而成人要遵循社会规范，性活动要依照社会认可的方式进行。在我们的文化中，儿童性行为、亲属间的乱伦、卖淫和婚外性行为都是社会规范所不允许的。

然而，与社会对性别角色的规范相似，对性行为的限制有时也并不起作用（Rathus，Nevid，& Fichner-Rathus，2010）。对不同的社会文化进行比较可以看到，特定文化对性行为的限制越少，该文化下的性活动种类越多。许多人认为，在不考虑社会规范的前提下，成人之间在不伤害他人的条件下自愿进行任何形式的性活动都是"正常的"。（非典型的性行为将稍后讨论。）

性唤起

人类的性唤起是复杂的。对躯体的**性敏感区**的直接刺激可激起快感或性欲。人的主要性敏感区包括生殖器、嘴、乳房、耳朵、肛门，全身的皮

性敏感区 /Erogenous zones 指使人产生愉快感觉或唤起性欲的身体区域。

性剧本 /Sexual script 用于指导个体性行为的心理计划，包括对性活动情景中的对话、行为的预期。

人类多样性

这跟爱有什么关系吗?

如今美国的年轻人比从前更偏好随意的性行为(Hughes, Morrison, & Asada, 2005)。比如跟一个并非恋人的朋友发生性行为。一项调查显示,超过一半的大学生承认自己有"炮友"(相互之间有性无爱的朋友)(Puentes, Knox, & Zusman, 2008)。还有更随意的"勾搭",它是指跟陌生人或差不多算陌生人的人发生性关系(Bradshaw, Kahn, & Saville, 2010)。(什么都别问,先快活一下?)与之相对,传统性剧本更强调谈情说爱、步入婚姻。传统亲密关系里的性行为也可以发生在婚前,但至少是充满爱意的(Roese et al., 2006)。

随着随意性交的性剧本越来越普遍,口交这一方式也被越来越多的人所接受和偏爱,大家认为它风险性更小、更容易接受,"不是什么大事"。随意性交在青少年中也很普遍。一项研究发现美国九年级的中学生中,有20%曾参与过口交,另有30%打算在近期尝试口交(Halpern-Felsher et al., 2005)。

比起经营一段亲密关系或找到一个终身伴侣的挑战,随意性交要容易很多。然而它也存在很多风险。随意性交通常与滥用酒精、不安全的性行为(如无任何保护措施的性交)联系在一起(Fortunato et al., 2010;Grello, Welsh, & Harper, 2006)。尽管口交的安全性高于阴道性交,但感染性病的概率仍然很大(Boskey, 2008)。随意性交的另一问题是如果一个心怀"恋爱剧本"的人遇到了一个心怀"滥交剧本"的人,很可能会很失望("他(她)其实没那么喜欢你")。而且,参与随意性交的年轻女性更容易感到抑郁(Grello, Welsh, & Harper, 2006)。

青少年和年轻人总是走在探索与试验的前沿。他们中的大部分人能够在意识到随意性行为的风险、尝试安全的性行为后主动撤退,回归更为传统的追寻爱情的道路。

不多,但被试的主观体验有很大差别。许多女性报告说,她们非常反感、厌恶,并绝对不会因为这种男性导向的电影而产生生理唤起。当她们观看为女性拍摄的电影时,被试报告出更强烈的性唤起感觉,更积极的情绪反应和对影片更大的兴趣(Laan et al., 1994)。

为什么女性对两部电影的反应如此不同?基本上,以男性为中心的色情电影都是源自男性的性幻想,在这种幻想中,女性只不过是性道具,女性的快感等因素根本不重要。而在女性制作的色情电影中,女性角色在做爱时常常采取主动,并在享受性爱。很明显,女性和男性在性唤起方面有着均等的潜力。不管怎样,女性性唤起的主观感觉总是与她对色情线索的情感反应紧密联系在一起。许多女性希望自己在性爱过程中是个活跃的伴侣,并希望她们的需要和偏好能被重视(Benjamin & Tlusten, 2010)。

如果用手淫或性交引起的性高潮的频率来测量性唤起的能力,那么男性性活动的高峰是在18岁,女性则稍晚(Janus & Janus, 1993),但是男性和女性的性行为模式很快会变得极为相似(Oliver & Hyde, 1993)。图11.5给出了针对美国25~44岁年龄段的成人性行为的调查结果,你可以看到,男人和女人的异性性伴侣的平均数量以及整个性行为模式是差不多的(Mosher, Chandra, & Jones, 2005)。夸大两性之间的性差异不仅是错误的,而且会给人们获得性满足的过程制造人为的障碍(Wiederman, 2001)。比如,男性应该在性方面采取主动的假设否定了女性同样具有自己的性需要和性偏好的事实。

性驱力

性驱力差异是哪些因素造成的? 性驱力指一个人进行性行为的动机强度。对性的态度、性经验和近期的性活动都对性驱力有显著的影响,但生理因素也起着很大的作用。就如我们在第10章讨论的那样,男性性驱力强度与睾丸分泌的雄激素(尤其是睾酮)的量有联系(Crooks & Baur, 2011)。这种联系是非常直接的:当一个男人遇到一个具有吸引力的女人时,他的睾丸激素水平会立即上升(Roney, 2003)。同样地,女性性驱力强度与雌激素也有联系(Craziottin, 1998)。也许你还记得,睾丸激素在女性的性行为中也发挥作用。女性的

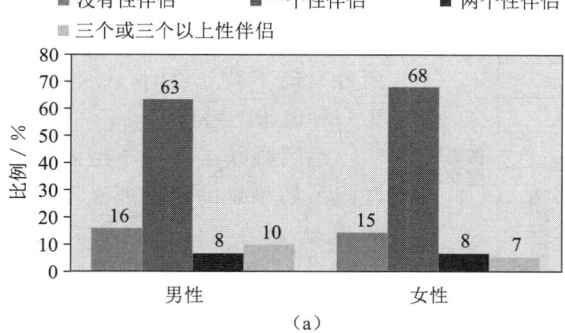

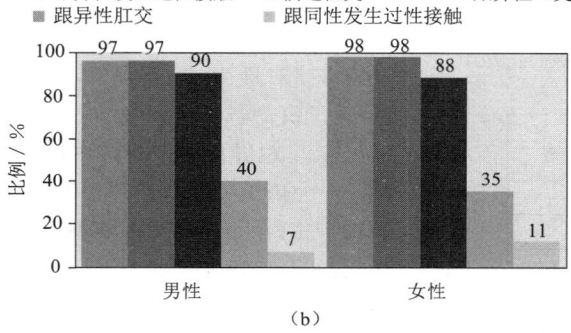

图 11.5 以上两个图直观描述了美国成年人的性行为模式：(a) 男性和女性所拥有的性伴侣数量没有显著差异；(b) 男性和女性在他们的主要性行为模式上也没有显著差异（Mosher, Chandra, & Jones, 2005）。

性驱力与其血液中的睾丸激素水平也有紧密联系。当然，女性体内所产生的睾丸激素的量要比男性少得多。但是，那并不意味着女性的性驱力要弱于男性。由于女性的机体对睾丸激素更加敏感，因此她们的性驱力水平与男性差不多。

酒精是否会提升性驱力？ 一般不会。酒精是一种镇静剂，但少量的酒精会降低自我抑制，从而释放性的欲望，因此故事中常有利用酒的这种作用勾引女人的情节。（幽默的诗人 Ogden Nash 说，对付女人"用糖最好，用酒最快"。）然而，大剂量的酒精会抑制女性性高潮和男性勃起，醉意越深，性欲、性唤起、性快感和性表现水平越低（McKay, 2005）。

许多药物被认为是春药（能够提升性欲或性快感的物质）。然而，和酒精一样，许多这类药物实际上是在削弱性反应能力而不是提升它（McKay, 2005），如苯丙胺、亚硝酸戊酯、巴比妥酸盐、可卡因、迷幻药和大麻等。（值得注意的是，在全世界范围内有很多被认为有催情作用的食物，如牡蛎、巧克力、犀牛角粉末等。实际上这些食物多半是因为安慰剂效应而起作用。）归根结底，爱才是最好的催情剂（Crooks & Baur, 2011）。

切除睾丸或卵巢后，性驱力是否会消失？ 对低等动物而言，通过**阉割**手术切除睾丸或摘除卵巢往往完全消除了无性经验的动物的性活动。而对于人类，阉割对不同的人起到不一样的效果。在最初一段时间，有些人会表现出性驱力下降，而有些人没有变化。这就是为什么对性罪犯采取阉割措施不一定能抑制他们的行为。但是几年之后，除非补充了性激素，几乎所有手术后的个体都表现出了性驱力减退。

以上观察结果不包括被实施**绝育手术**的男人或女人。大多数选择用手术方法实现计划生育的人，不论是通过输卵管结扎还是输精管切除，都没有感到性驱力减退。由于不需要再担心怀孕，有些人可能对性活动表现得更为积极。

老年时期的性驱力会发生什么变化呢？ 性驱力一般随着年龄的增长而自然减退。前面提到过，这与性激素尤其是睾酮的分泌量下降有关（Carroll, 2010）（图 11.6）。但是，性活动并不一定就此结束。有些男人和女人在 80 多岁甚至 90 多岁时仍保持活跃的性生活。延长性生活的关键因素是要有规律的性生活（"用进废退"）。拥有规律性生活的人即使到了晚年在这方面也没有什么困难。在一些病例中，可以通过补充睾酮恢复男性和女性的性驱力（Crooks & Baur, 2011）。

性驱力 /Sex drive 个体性行为的动机强度。

阉割 /Castration 通过手术切除睾丸或摘除卵巢。

绝育手术 /Sterilization 一种使人不再生育的医学手术，如输精管或输卵管结扎。

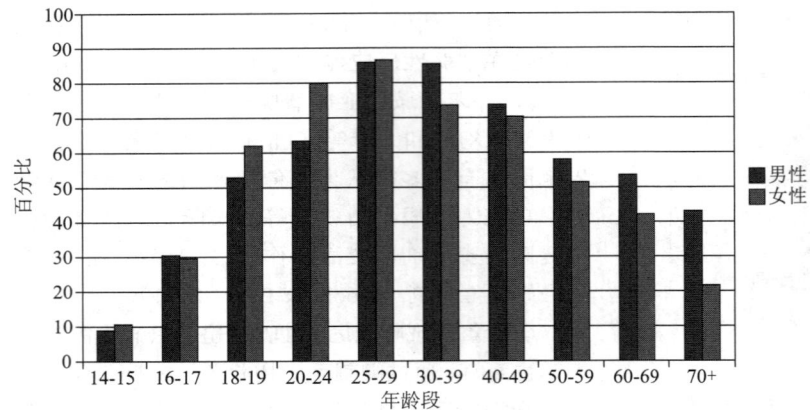

图 11.6 不同年龄段人群在最近一个月内发生过阴道性交的男女比例。尽管从 40 多岁开始比例出现下降，相当一部分老年人仍然在性方面保持活跃（Herbenick et al., 2010）。

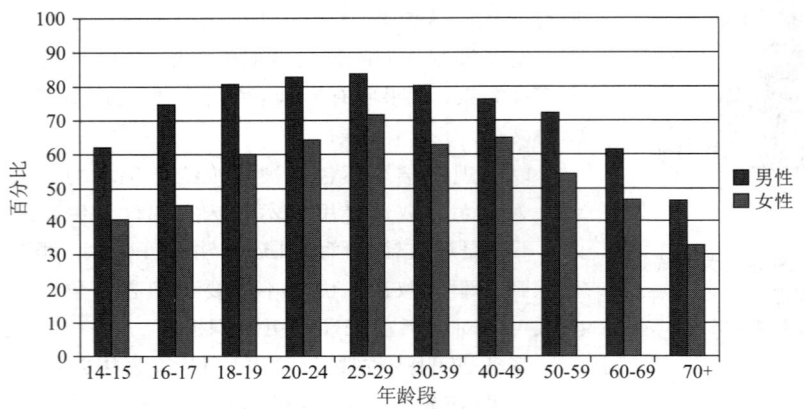

图 11.7 不同年龄段人群在过去一年内有过手淫行为的男女比例（Herbenick et al., 2010）

手淫

手淫是人类最基本的性行为之一。手淫可以定义为引起性快感和性高潮的自我刺激。在不满 1 岁的婴儿身上已经能观察到这样的自我刺激。成年女性手淫常常集中于刺激阴蒂或其周围区域，而男性手淫常常是抚摸或把弄阴茎。

手淫的男人比女人多吗？ 是的。最近一次全美调查中，89% 的女性受访者报告曾有手淫，95% 的男性报告有手淫（一些玩世不恭者甚至表示："其余 5% 的男人在说谎！"）。如图 11.7 所示，手淫是很多人日常性活动的一部分（Herbenick et al., 2010）。

手淫的目的是什么？ 通过手淫，人们可以发现怎样能使自己得到性快感。对大多数成年人来说，手淫是性心理发展的重要部分。当年轻人在情绪上已经成熟起来而性交尚不被允许时，手淫可成为一种健康的替代活动。

婚后继续手淫是不成熟的表现吗？ 如果是的话，那么不成熟的人就太多了！大约有 70% 的已婚男女偶尔手淫。一般来说，手淫不受年龄限制，对婚姻关系也不会有任何威胁。与普遍的观念相反，人们并不总是因为没有性伴侣才不得不手淫的（Das, 2007）。对性生活活跃的人来说，手淫仅仅是若干选择中的一种。

手淫对健康有害吗？ 50 年以前，一个孩子可能被告知手淫会导致精神错乱、长粉刺、不孕不育等，然而这些均属无稽之谈。手淫曾经被称为"自渎"，并且长期被宗教界和医学界谴责（Carroll, 2010）。当代观点则认为手淫是一种正常的和可接受的性行为（Bockting & Coleman, 2003）。一些开明的父母已经认识到这个事实。尽管如此，很多儿童仍然因触摸生殖器而受到惩罚，或被迫产生罪恶感。这是很不幸的，因为手淫本身无害。手淫唯一的消极作用就是当人们习得对待手淫的否定态度后而产生的恐惧、内疚或焦虑。在我们这个时代，人们迫切需要"安全性行为"，而手淫实际上是最安全的。

人类的性反应——性的相互作用

关键问题 11.7：在性反应方面，男性和女性有多大程度的不同？

妇产科专家 William Masters 和心理学家 Virginia Johnson 的开拓性工作极大地扩展了我们对人类性反应的了解（Masters & Johnson, 1966,

1970)。通过一系列的实验、访谈和控制观察，Masters 和 Johnson 直接研究了近700名男性和女性的性交和手淫。他们得到的信息极大地推进了我们对人类性行为的理解（Carroll, 2010）。

Masters 和 Johnson 提出，性反应可分为四个阶段：①兴奋期；②高原期；③高潮期；④消退期（图 11.8 和图 11.9）。这四个阶段对于不同性取向者而言都是相同的（Garnets & Kimmel, 1991）。下列文字描述了性反应的这四个阶段：

- **兴奋期**：性反应过程的最初阶段，出现性唤起的最初征兆。
- **高原期**：性反应过程的第二个阶段，生理唤起越来越强烈。
- **高潮期**：性兴奋达到最高点并释放。
- **消退期**：性反应过程的第四个阶段，性紧张和性唤起恢复至低水平。

女性性反应

女性兴奋期的特点是阴道发生一系列变化，为性交做准备，同时乳头挺起，心跳加快，皮肤可能变得潮红。这时如果性刺激停止，兴奋就会逐渐消

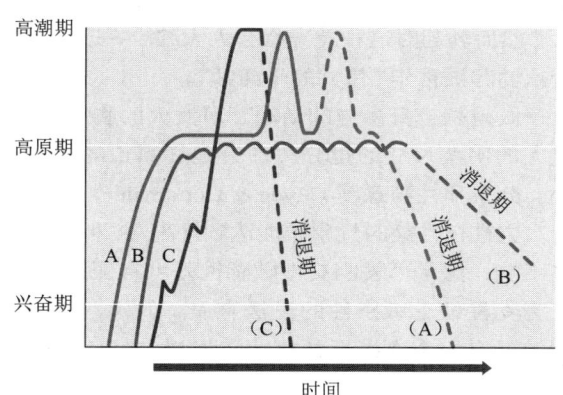

图 11.8 女性性反应周期。在模式 A 中，性唤起在兴奋期增高，经过高原期，到高潮期达到高峰，可能很快消退，也可能先回到高原期，再有第二次性高潮（虚线）。在模式 B 中，性唤起在高原期持续，然后缓慢消退，没有性高潮。在模式 C 中，快速从性唤起达到性高潮，高原期时间很短，消退也很快（Carroll, J.L. 2010）。

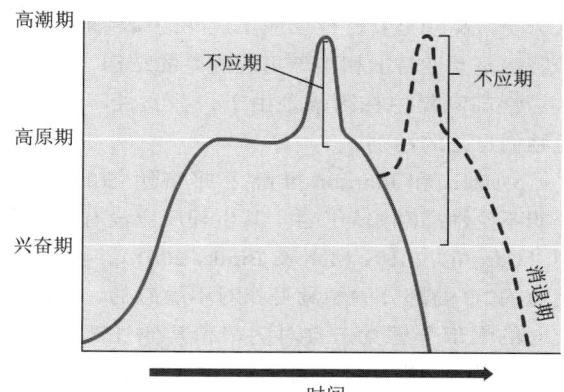

图 11.9 男性性反应周期。实线表明性唤起在兴奋期升高，在高原期停止上升，高潮期达到高峰，然后回到兴奋前的水平。紧跟在性高潮之后是不应期，第二次性高潮是不可能的。但是当不应期过去后，有可能回到高原期，再达到第二次性高潮（虚线）（摘自 Carroll, J.L, 2010）。

退。如果刺激持续就会进入高原期，性唤起的生理变化和主观感觉就变得更强烈，如果此刻结束刺激，性唤起不能较快消退，并可能产生挫折感。在某些情况下，女性会不经高原期而达到性高潮（图 11.8），有些女性从不经历高原期。

达到高潮时，阴道、子宫和相关生理结构出现 3～10 次肌肉紧缩，子宫有时会释放少量液体（Whipple, 2000）。性高潮后常常是消退期，性紧张和性唤起恢复至低水平。性高潮后，约 15% 的妇女再次返回到高原期，可能有第二次或多次性高潮（Mah & Binik, 2001）。

在 Masters 和 Johnson 的研究之前，对于女性由于刺激阴道引起的性高潮与刺激阴蒂引起的性高潮是否相同这一问题一直存有争议。弗洛伊德

手淫 /Masturbation　通过对自己生殖器的刺激产生性快感和性高潮。

兴奋期 /Excitement phase　性反应过程的最初阶段，出现性唤起的最初征兆。

高原期 /Plateau phase　性反应过程的第二个阶段，生理唤起越来越强烈。

高潮期 /Orgasm　性兴奋达到最高点并释放。

消退期 /Resolution　性反应过程的第四个阶段，性紧张和性唤起恢复至低水平。

认为阴蒂高潮是女性性反应不成熟的一种形式，由于阴蒂是女性身上相当于男性阴茎的结构，所以他认为性高潮集中在阴蒂是由于一些女性不完全接受她们自己的性别。

Masters 和 Johnson 推翻了弗洛伊德的观点，证明不论性高潮如何产生，其生理反应没有什么不同（Carroll，2010；Mah & Binik，2001）。事实上，阴道内2/3的部分的触觉是相对不敏感的，因此性交时的大部分感觉来自对阴蒂和其他外部区域的刺激。对大多数女性来说，一个重要的性快感源是阴蒂。现在基本已经清楚，形成性高潮时的总体经验来自多源的感觉融合。因此，贬低"阴蒂高潮"是在无视基本生理学意义上的女性性反应。

男性性反应

男性的性唤起特征是在兴奋期阴茎勃起，心率加快，流至生殖器的血流量增加，睾丸增大，乳头挺起以及产生其他很多躯体变化。与女性性反应一样，持续的刺激使男性进入高原期，性唤起的生理变化和主观体验更加强烈，高原期的进一步刺激导致性紧张的反射性释放，达到性高潮。

成熟男性的性高潮通常伴有**射精**（释放出精子和精液），紧接着是**不应期**，在此期间不可能有第二次性高潮。不应期结束前很多男人甚至不能勃起。男性中只有少数人会在不应期之后紧跟着出现第二次性高潮。男性的性高潮和消退一般比女性持续时间短。

男女性反应比较

男性和女性性反应的相似性远远大于差异性，但实际存在的差异可能对性适应有影响。例如，女性到达每个性反应阶段一般都要比男性慢。做爱时，女性从兴奋到性高潮一般需要10～20分钟，而男性仅用3分钟便可完成所有四个阶段。但女性在性交中所需时间的个体差异很大。一项对已婚妇女所做的研究发现，50%的女性在性交持续1～11分钟时达到性高潮，如果算上性交持续15分钟以上的个体时，比例将增至66%；只有25%的女性报告说她们在性交开始1分钟内达到性高潮（Brewer，1981）。（需要注意这些时间都是从正式开始性交算起，不包括整个唤起过程。）如果双方要寻求做爱中的步调一致，就必须记住这种差异的存在（Carroll，2010）。

双方是否应该协调做爱过程，以便同时达到性高潮？ 曾有一段时间，双方同时达到性高潮被认为是做爱的"理想目标"。而在最近这个观点已被摈弃，因为这种人为的顾虑可能降低乐趣。更明智的做法是通过性交和相关刺激（前戏）的结合寻求双方共同的满足，而不是对冲动、交流和快感进行压抑（Janus & Janus，1993）。

女性的性反应慢是否意味着女性的"性趣"不如男性？ 肯定不是。70%的女性手淫时在4分钟内便达到性高潮。这个发现对女性性反应慢的看法提出了疑问。性交时女性的性反应慢可能是因为没有直接刺激阴蒂，即因为男性提供的刺激太少，而不是因为女性的性反应慢。

阴茎大小是否影响女性的性反应？ 与普通的看法相反，阴茎大小与男性的性能力并不相关。试想，如果女性的性满意度与其伴侣对阴蒂刺激和前戏的关注有关，那么阴茎的大小又有什么关系呢？此外，Masters 和 Johnson 发现，阴道能够适应不同大小的阴茎，主观快感和性高潮强度与阴茎大小无关。他们还发现，尽管阴茎疲软时大小差异较大，然而勃起时这种差异将会大大缩小，这也是为什么勃起被称作"伟大的平衡师"。

做爱是全身参与的活动。对女人的胸部大小、男人的阴茎尺寸的过分关注会破坏真正的相互关心、分享和性满意度（Hyde & DeLamater，2011）。

男性在性交时几乎总能达到性高潮，但很多女性不能，这是否表明女性敏感性差？ 有证据表明，认为女性缺乏敏感性的说法有误。的确，三个女性中就有一个在婚后的第一年里没有经历过性高潮，且仅靠性交就能经常达到性高潮的女性只有约30%。但这并不是说她们缺乏生理敏感性，因为约90%的女性可通过手淫达到性高潮。

从另外的角度来看，女性显然更为敏感。只有5%的男性拥有多次达到性高潮的能力，而且一定要经过不可避免的不应期。大多数男性最多也只能有两次性高潮。而 Masters 和 Johnson 发现，经常经历性高潮的女性大多数能够达到多次性高潮。根据调查，48% 的妇女曾经历过多次性高潮（Darling, Davidson, & Passarello, 1992）。但请记住，只有 15% 的女性经常经历多次性高潮。如果一个女人不能达到性高潮或多次性高潮，她不应该被怀疑有什么问题（Komisaruk, Beyer-Flores, & Whipple, 2006）。很多女性即使没有性高潮也对性生活很满意。

非典型性行为——胶布雨衣、鞭子、皮衣和绳子

关键问题 11.8：最常见的性心理障碍有哪些？

按照严格的社会规范和某些地区法律标准，只有异性夫妻之间面对面式的性交才是正常的性行为，除此之外的性行为均属非典型的或"不正常的"。但是，这种社会规范并不是每个人都能接受的行为标准。就像饥饿驱力可以通过很多方式表达和满足一样，性驱力也会导致各种各样的行为。

性行为中的变异在反常到什么程度时将成为一个问题？从心理学观点看，真正属于性变态的行为必须具有强迫性和破坏性。

性欲倒错

性变态是人们在情绪上难以接受的行为。性欲倒错包括的行为范围很广，表 11.2 展示了各种不同种类的**性欲倒错**（Lackamp, Osborne, & Wise, 2009）。根据美国心理学协会最新修订的《精神疾病诊断与统计手册》，性欲倒错应该被命名为性欲倒错障碍，因为并不是每个参与不正常性行为的人都存在心理障碍（American Psychiatric Association, 2010）。性欲倒错障碍的典型特征是其后果是使性行为中的一方或双方产生焦虑、不适或负疚感。例如，许多施虐狂、受虐狂、恋物癖和异装癖通常会自发地和那些能够分享他们性乐趣的人们在一起。因此，除非他们的行为特别极端，否则他们一般不会伤害到任何人。相反，恋童癖、露阴癖、窥阴癖和摩擦癖却使不情愿的参与者成为他们的牺牲品（Crooks & Bauer, 2011）。

表 11.2　性欲倒错

性欲倒错（障碍）	主要症状
露阴癖	向不愿意看的人（飞快地）展示自己的生殖器。
恋物癖	通过一些无生命物体达到性唤起。
摩擦癖	在未经许可的条件下，对他人进行性触摸或性摩擦，经常发生在地铁等公共场合。
恋童癖	与儿童性交或对儿童进行性骚扰。
性受虐狂	自己渴求疼痛并把疼痛作为性活动的一部分。
性施虐狂	通过给他人造成疼痛而使自己获得性快感。
窥阴癖	未经许可偷看他人的生殖器。
异装癖	通过穿异性的服装达到性唤起。

> **知识桥**
> 想要了解更多关于新版《精神疾病诊断与统计手册》（DSM-5）的内容，请参考第 14 章。

有不少人对性欲倒错存在错误观念，其中对露阴癖和恋童癖的误解最多。请把你所了解的信息和下面的信息对比一下。

儿童性骚扰

对儿童进行性骚扰的人一般以男性居多，他们常常被描绘成卑鄙下流的、躲在阴暗胡同里的性变态者。实际上，他们中的大多数人是已婚者，其中 2/3 已为人父。大多数恋童癖案件中，罪犯是受害儿童的熟人、亲戚或朋友（Abel, Wiegel, & Osborn, 2007）。对儿童进行性骚扰的人经常被认为是强奸儿童的恶棍，但实际上其中多数人只是止步于抚弄（Seto, 2008, 2009）。

性骚扰者中的许多人平时行为古板、被动、

射精 /Ejaculation　男性在性高潮时释放精子和精液。

不应期 /Refractory period　男性性高潮后的短暂时期，此时不能再次达到性高潮。

性欲倒错（性欲倒错障碍）/Paraphilias（Paraphilic disorders）　在性偏好或性行为上表现出强迫性或破坏性的异常行为。

拘谨，或者信奉宗教。他们通常是儿童色情产业的消费者（Seto，Cantor，& Blanchard，2006）。而且他们中的很多人在其孩童时期曾是性虐待的目击者或受害者（Burton，2008）。

性骚扰的后果有多严重？ 不同程度的性骚扰行为对儿童造成的危害差别很大，危害程度取决于性骚扰的持续时间和是否有生殖器参与（Freize，1987）。许多专家认为，仅仅一次抚弄一般不会给儿童带来严重的情绪伤害。尽管对多数儿童来说那是一件可怕的事，但不会造成长期的心理创伤（Rind，Tromovitch，& Bauserman，1998）。因此，我们建议父母对这类事件不宜过度反应或大肆宣扬，因为那样做只能使孩子更加害怕。但这绝不是说父母可以掉以轻心。当孩子遭到性骚扰后，在行为中往往会出现一些信号，父母应该随时留意：

识别儿童性骚扰的信号
1. 孩子反常地回避跟性有关的事物，或反常地对跟性有关的事物表现出兴趣。
2. 孩子突然沉默寡言，像是在保守什么秘密。
3. 孩子出现情绪问题，如抑郁、易激惹、疏远家人和朋友、不愿去上学。
4. 孩子反常地做噩梦，或出现其他睡眠问题。
5. 孩子出现一些反常的行为，比如特别具有攻击性，想要自杀，或者反常地做出一些非常危险的事，比如在机动车道上骑自行车。
6. 孩子丧失自尊或自我价值感。

（American Academy of Child and Adolescent Psychiatry，2008）

儿童应该怎样进行自我保护呢？ 应教会孩子们，如果有成年人企图与他们进行与性有关的活动时，一定要说"不"。如果那个成年人要求孩子们"保守秘密"，那么他们应该回答："我不会保守秘密的！"家长和孩子应该清楚现在一些恋童者试图通过网络来接触儿童。如果一个成年人在网上建议一个孩子与他见面，那么这个孩子应该立即把这件事告诉自己的父母。

也可以让孩子们了解那些儿童性骚扰者的惯用伎俩。研究者通过对性罪犯的访谈，了解到以下一些作案模式（Elliott，Browne & Kilcoyne，1995）：

儿童性骚扰的惯用伎俩
1. 多数性骚扰者单独行动。
2. 多数性骚扰发生在性骚扰者的家中。
3. 许多性骚扰者以照看孩子为由来接近孩子。
4. 性骚扰者通过满足孩子的要求、送礼物和一起做游戏来接近儿童。
5. 通常，性骚扰者试图通过抚摸孩子、谈论性和劝说（劝说可以通过电子邮件或网上聊天室来进行）来逐步引诱孩子参与性活动。
6. 如果软的不行，性骚扰者会通过强迫、恐吓、威胁和贿赂来使孩子顺从。

反复的性骚扰和强迫猥亵可能会给儿童造成长期的心理创伤。许多受到过性骚扰的儿童在成年后仍对性生活产生恐惧，对他们来说，做爱会使他们儿童时期的那些恐怖记忆浮现在眼前。如果性骚扰者曾是儿童非常信任的人，那么这种伤害会很严重。如果是父亲、母亲、亲戚、老师、牧师、辅导员一类的人对孩子进行性骚扰，则危害更大。出现这种情况后，通常需要通过专门的心理咨询来帮助儿童解决心理问题（Saywitz et al.，2000）。

露阴癖

露阴癖是个较为常见的问题（Firestone et al.，2006），在所有与性有关的被拘留或逮捕的人中，有30%～60%是由于展示了自己的生殖器。在性罪犯中，露阴癖的重复作案率是最高的。尽管长期以来人们普遍认为露阴癖不会带来直接伤害，然而最近的一项研究发现，有40%的露阴癖患者的行为会升级，会进一步做出更严重的冒犯行为，甚至是性犯罪（Firestone et al.，2006）。

露阴癖患者通常是已婚男性，他们大多数成长于被严格控制和压抑的环境下。他们大多数有强烈的受压抑感，这使他们产生一种冲动，想通过惊吓妇女来证明自己的"男子气概"。一般来说，遇到露阴癖的女性应牢记，对方的目的就是要惊吓自己，如果表现得惊慌失措，实际上会强化露阴癖患者的行为（Hyde & DeLamater, 2011）。

如前面讨论的那样，性变态行为通常是性欲被压抑或不成熟的一种表现。通常来说，这些个体选择了一些相对幼稚的性表达（如恋童癖或露阴癖），是因为这些方式比一般的性行为有更低的威胁性。

所有的性欲倒错患者，除非他们特别温和，一般都会有强迫式的性行为。因此，他们在情感上会伤害到别人。现代社会对许多性行为采取宽容态度，但任何行为发展为带有强迫性质（无论是进食、赌博、药物滥用或性），在心理上都是不健康的。

当代的社会态度和性行为——无论好与坏

关键问题 11.9：近年来社会态度的改变是否影响了性行为？

假如一对生活在100年前的男女穿越时空来到现代的北美，他们对于今天的性价值观和性行为会有什么想法呢？毫无疑问，如此巨大的变化一定会让他们感到震惊（Smith, 2006）。电视上的男女没有结婚就上了床；广告中不是胸罩和紧小的男士内裤，就是卫生巾和治疗股癣的药物广告；沙滩上几乎裸体的人们；性暴露的电影和互联网上的信息——这一切和其他很多当代文化现象都会使维多利亚时代的人们目瞪口呆。

性革命？

是否存在过一次"性革命"？革命一词意味着快速改变。一方面，发生在20世纪六七十年代的社会变化可以让我们清楚地看到，某种根本性的变化已经发生了。对性表达态度的自由化加上可靠的避孕措施极大程度地改变了人们的性行为。而另一方面，在更长的一段时期内发生了许多的改变。例如，传统道德要求女性在婚前保持处女之身，但即便在20世纪四五十年代，有75%的已婚女性曾有过婚前性行为（Smith, 2006；Regnerus & Uecker, 2011）。

态度

态度的改变可以从对婚前性行为问题的美国民意调查中看到。在1959年的民意调查中，88%的人认为婚前性行为是错误的；而到了20世纪90年代，超过70%的青年男女表示可以接受婚前性行为（Well & Twenge, 2005）。类似的变化在对婚外性行为、同性恋、性教育和其他各种相关问题的态度上也可观察到。

行为

态度的改变是否均表现为行为的改变？态度的改变仍然大于实际性行为的改变。态度上的改变主要表现为人们对性活动更加宽容，特别是对别人的性活动更加宽容。例如，一份杂志调查发现，80%的读者认为婚外性行为在某些情况下是可接受的（Athenasiou, Shaver, & Tavris, 1970）。但另外两个调查发现，已婚者中实际上只有30%有婚外性经验（Rubenstein, 1983；Rubenstein & Tavris, 1987）。这些是比较早的研究，不过这个百分比在近50年中变化不大。更重要的是，对婚姻忠诚仍然是一个被广泛接受的规范。结婚一年的已婚者中只有4%有婚外性伴侣。实际上，美国人一般都遵守着忠诚这一婚姻规范（Mosher, Chandra, & Jones, 2005）。

即便只在30年前，电视肥皂剧还都是些乏味的、饶舌的情节剧，而今天的肥皂剧充满了热气腾腾的性和色情场景。

批判性思考　　我们过度性感化小女孩了吗？

随着性方面的男女双重标准逐渐淡化，女性可以更加自由地展示自身的性感。但这样做有一个消极影响：现在有专为小女孩举办的选美比赛，有大众茶余饭后谈论的Paris Hilton、Britney Spears这样的女性性别榜样，甚至有为6岁小女孩设计的定型内衣，这些都可能影响到小女孩们，很多学者担心小女孩们会被过度性感化（Durham, 2009；Lerum & Dworkin, 2009）。只有足够成熟的人才能从更大的性自由中受益（American Psychological Association, 2007）。

根据美国心理学协会工作小组的研究结果，以下标准可以帮助人们区分不健康的性感化与健康的性感。满足其中一项或多项，基本上就可以判断为不健康的性感化：

- 一个人仅仅因为其性感的外貌或行为被认可和重视。
- 一个人狭隘地将性方面有吸引力与有魅力画等号。
- 一个人在性方面被物化为取悦他人的工具。
- 一个人在性方面被他人不恰当地利用。

从大众传媒到流行时尚，小女孩们比小男孩们更容易被过度性感化（American Psychological Association, 2007）。过度性感化让女孩们认为自己只是因为性而有价值，进而导致低自尊、进食障碍、抑郁、羞耻感等问题（Ward, 2004）。研究发现过度性感化的女孩在智力活动中的表现比其他女孩差（Hebl, King, & Lin, 2004）。最令人担忧的是，现在有越来越多的小女孩正在参与有风险的性行为，例如没有任何保护措施的口交（Atwood, 2006；Prinstein, Meade, & Cohen, 2003）。

根据美国心理学协会工作小组的建议，父母和教育者应鼓励女孩在跟别人发展人际关系时，更多地基于自己内在的品质、人格、兴趣，而不是外表（American Psychological Association, 2007）。

为儿童举办的选美比赛向小女孩们传达了什么信息？

青少年婚前性行为比例是评估总体性活动的良好指标。发生在20世纪60年代的社会巨变导致青少年性活动急剧上升，快速上升趋势持续到80年代，而近些年一直在下降（Guttmacher Institute, 2011）。在1988年，有60%的男性和51%的女性在19岁前发生过婚前性行为。到了2002年，不管是男性还是女性，这一比例都降至45%（Abma et al., 2004）。婚前性行为比例明显下降的趋势在年龄较小的青少年中更为明显。

令人欣慰的是，与婚前性行为比例相伴随的是避孕措施普及率的上升以及少女意外怀孕和堕胎率的下降（Guttmacher Institute, 2010；Santelli et al., 2004）。然而在工业化国家中，美国依然是少女怀孕率最高的国家之一（Abma et al., 2004）。

帮助年轻人更多地了解"性"，也许能够部分地解决这一问题。研究证实，性教育可延迟青少年初次性行为的年龄（Kohler, Manhart, & Lafferty, 2008；Sawyer & Smith, 1996）。父母可以通过更严密的监督和强调避免过早性行为的理念来激发孩子的性方面的责任感（Rosenthal et al., 2001）。

革命结束了吗？

性革命的喧嚣近年已经沉寂，而一个保守主义的反性自由化运动正初露端倪，尤其是在青少年中间。其中可能有对性传染病的担心。无论如何，这并不意味着美国社会将会经历一次大规模的退步，从而回到一个更不自由的时代（Janus & Janus, 1993；Smith, 2006）。一个有趣的趋势是，当今的人们在成年以后不论结婚还是独身，自己一个人待着的时间都差不多，所以，许多人有着非婚姻性关系（Mahay & Laumann, 2004）。这就导致了人们性伴侣数目的增加。一项调查结果表明，如今男性报告一生中有过的性伴侣数平均为

7个,女性为4个。并且,有17%的男性和10%的女性报告在过去一年内有两个或两个以上的性伴侣(Fryar et al., 2007)。

总之,有足够的证据表明,近40年来性行为增加了,虽然这种趋势带来一些问题,但社会总体上并没有向乱交发展。婚前性交绝不意味着拒绝传统价值观,拒绝负责任的行为。大多数人仍保持着性和爱之间的一致性。婚前性行为和同居仍被广泛认为是结婚的序曲或婚姻的另一种形式。同样,在态度和行为上的其他改变也只是反映了对性的接受,而不是对以往价值观的全面否定(Crooks & Baur, 2011)。

双重标准的逐步消亡

"双重标准的逐步消亡"是对性行为方面发生的一个重要变化的很好总结。**双重标准**指使用不同的标准判断男女性的性行为是否适宜。

例如,社会在过去的几十年里对男性婚前性行为很宽容,年轻男子"拈花惹草"不仅可以原谅,而且在某些情况下是被默许或鼓励的,并且被视为走向成年的一步。另一方面,女性在婚前有性行为却要冒着被视为"不检点"的风险。类似的双重标准比比皆是,在性行为方面置女性于不平等地位(Sprecher & Hatfield, 1996;Kreager & Staff, 2009)。然而,随着男女性模式之间的鸿沟逐步被填平,双重标准将逐渐消亡(Schleicher & Gilbert, 2005)。

跨文化视角

我们关于性革命的讨论主要针对美国和加拿大。那么世界上的其他地区情况又如何呢?一项在59个国家进行的调查显示,性革命并没有在大多数国家发生(Wellings et al., 2006)。在美国及其他工业化国家,人们更有可能同时有两个或两个以上的性伴侣;而在发展中国家,大多数人通常只有一个性伴侣。全世界青少年发生第一次性行为的平均年龄与美国青少年不相上下。在这里需要特别提到的是艾滋病肆虐的非洲。人们通常认为在非洲乱交现象可能很严重,其实这是完全不符合事实的。与发达国家的人相比,非洲人的性伴侣数目更少。非洲性病流行的原因很有可能是缺乏相关知识,而且没有获取安全套的途径。

选择

改变性态度和性价值观有其积极的一面,即对人类正常的性欲采取更为接纳的态度;其消极的一面是,这样让那些对性自由没有做好准备或对其不感兴趣的人陷入困境(参见"我们过度性感化小女孩了吗?")。显然,一些人是因为压力而性交的,因为性行为是被"期待"的。事实上,6%的人的第一次性经验是违背个人意愿的(Bajracharya, Sarvela, & Isberner, 1995)。

来自本人和来自他人的性交压力可能一样多。人类应对性采取更宽容的态度,从而使那些"不自愿"者不再感到有压力,社会应能让当事人感到自己有权利说"不",也有权利选择时间、地点、方式和对象。无论何时,自由必须与责任、承诺和爱护相伴相随。

强奸

许多女性认为她们被强奸的可能性很小,但事实恰恰相反(Centers for Disease Control, 2007, 2011;Tjaden & Thoennes, 2006):

- 至少有1/6的女性在一生中遭受过强奸。由于许多人被强奸后不去报案(只有1/5的被强奸者会选择报案),因此实际数字应该高很多。
- 每年有32000名受害者因被强奸而怀孕。
- 3%的受害者因被强奸而染上性病。

人们普遍认为对受害者而言,强奸犯通常是陌生人,而这与实际情况相去甚远(Centers for Disease Control, 2009a;Martin, Taft, & Resick, 2007)。美国曾遭受过性暴力或身体暴力的女性中,有75%的加害者是丈夫、男友或熟人。有10%~14%的已婚妇女遭遇过婚内强奸,婚内强奸多伴随着身体上的殴打。而美国大学中20%~25%的女生报告在大学期间被强奸过或差

双重标准/Double standard 使用不同标准评定男性和女性的性行为是否适宜。

批判性思考

性别角色刻板印象与强奸

强奸与传统的性别角色社会化有关。传统的女性刻板印象认为女孩不能直接对性表现出兴趣。与之相对的是,传统的男性刻板印象认为男人应该采取主动,即使女孩不愿意,你也要坚持不懈,直到把她弄到手(Locke & Mahalik,2005)。

心理学家 James Check 和 Neil Malamuth (1983) 认为,这样的性别角色社会化最终导致"纵容强奸文化"。他们认为,强奸只是这种强迫(暴力)性行为系统中的一种极端表达方式。他们指出,强奸犯在施暴时对受害者最常说的话是:"你就是想要!"完事之后,他们最常说的话是:"现在你满足了!对不对?"

总体来讲,研究已经证实对强奸谬论的接受与对女性性暴力之间的联系(Chapleau & Oswald,2010;Forbes,Adams-Curtis,& White,2004)。在一个检验"性别角色刻板印象对强奸行为有影响"这一假设的经典实验中,研究者对一批男性大学生的性别角色刻板印象进行了测查,根据测验结果,把被试分成"高定势者"和"低定势者"两组,然后让每位学生读一个故事。共有三个故事,第一个故事讲的是男女双方自愿进行性交,第二个故事讲的是一位女性被陌生人强奸,第三个故事讲的是一个男生在约会时强行与女友性交。

实验结果发现,高性别角色定势组的男生更容易被后两个故事诱发性兴奋,他们的性唤起模式与那些强奸犯的性唤起模式很接近。在这一组中,有44%的被试说,如果能确保自己不被抓住,他们可能尝试强奸(Check & Malamuth,1983)。

从研究结果来看,认为女性说"不"时她的意思实际是"行"的观念还在继续流传。所以,美国每6分钟就会发生一起强奸案这一点都不奇怪。现在是时候让我们明白,当女性说"不"时,她的意思就是"不行"!纠正男性脑子里的强奸谬论可能是预防性侵犯的最有效方法(King,2005;Reppucci,Woolard,& Fried,1999)。

点被强奸。其中约有一半是**熟人强奸(约会强奸)**,即发生在第一次约会或与熟人、男友约会期间的强迫性交(Fisher,Cullen,& Daigle,2005;Koss,2000)。

犯有约会强奸罪的男性认为他们没做错什么,典型的解释是:"她嘴上说不,但身体说行。"(见"性别角色刻板印象与强奸"。)然而,即使强奸者没有拿着刀,不使用暴力,强迫性交也是强奸。熟人强奸的后果与陌生人强奸一样具有危害性。

强奸谬论

一项针对大学男生的研究发现,许多人把约会强奸归咎于女性。他们认为那些被熟人强奸的女性实际是想要性交的。这是一种**强奸谬论**(Forbes,Adams-Curtis,& White,2004;Suarez & Gadalla,2010)的普遍信念之一,以下这些陈述都是强奸谬论:

- 那些独自出现在公共场合并且穿着性感的女人是在"招人"。
- 女人说"不"的时候,实际上是说"行"。
- 许多被强奸的女人实际上在享受强奸的过程。
- 如果一个女人跟一个第一次约会的男人回家,那么她就是期待性行为的发生。
- 如果一个女人在性方面很主动,那么她说她被强奸,可能是在说谎。

那些相信强奸谬论的男人更可能错误地理解女性对不受欢迎的性行为的反抗,他们认为她说"不"的时候,实际意思是在说"行"(Forbes,Adams-Curtis,& White,2004)。如果男人喝酒了,那么出现性侵犯的可能性就更大了。因为那些相信强奸谬论的男人,喝了酒之后尤其可能忽视女性为了阻止性行为而发出的一些信号(Chapleau & Oswald,2010;Marx,Gross,& Adams,1999)。

暴力强奸

约会强奸具有强迫性,但一般不需要使用暴力。而更普遍的**暴力强奸**是在身体伤害的威胁下进行的。强奸者向受害者施加的暴力往往超过为达到强奸的目的所需要的程度。

大多数心理学家认为，强奸在本质上首先是一种基于侮辱他人的需要而产生的野蛮的攻击行为，而不属于单纯的性活动。许多强奸犯冲动地去满足自己的需要，毫不顾及受害者的感受，同时他们并不认为自己的所作所为是犯罪。还有一些强奸者对女性抱有根深蒂固的仇恨，出于敌视女性而犯罪。在许多情况下，强奸犯的目的并不仅仅是性交，而是对受害者使用暴力、侮辱和贬低，迫使对方服从。

受害者事后一般会出现愤怒、内疚、抑郁、自尊丧失、羞耻等情绪和性适应方面的问题，许多人会长期保持对两性关系的不信任态度。这种影响的危害非常大。多数女性在遭强奸一年或更长时间后仍存在恐惧、焦虑和性功能失调的问题。即使在多年以后，曾遭受强奸者也比其他人更容易产生抑郁、酗酒、药物滥用或其他情绪问题。

我们还应该意识到男人也可能被强奸，尤其是同性强奸（Center for Disease Control, 2011; Davies & McCartney, 2003）。任何对强奸的严重危害抱有怀疑的男人应该想象一下自己蒙冤入狱并在监狱里被同室囚犯暴力强奸（鸡奸）。每一个被强迫者，无论是男是女，都毫无快感可言。强奸是一种卑鄙的犯罪行为。

性病和安全性行为——选择、风险和责任

关键问题 11.10：性病对性行为有何影响？

一般来讲，大多数成年人都期待有更大的自由度为自己的生活做出选择，其中也包括对性行为的选择。然而人们对获得更大性自由的态度是矛盾的。就像接下来关于艾滋病的讨论中提到的那样，现在有许多原因使人们不得不对性行为持谨慎的态度，尤其是那些在这个随意性交越发普遍的时代寻求自我认同的年轻人（Puentes, Knox, & Zusman, 2008）。

性传播疾病（sexually transmitted disease, STD）是通过亲密的身体接触，由一个人传染给另一个人的疾病。性伴侣多的个体受传染的风险较高。性传播疾病包括衣原体感染、淋病、乙型肝炎、疱疹、梅毒和其他一些疾病（表11.3）。很多患有性传播疾病的人处于潜伏期，没有表现出明显症状，因此人们很可能在不知情的条件下被传染。想从外表判断一个性伴侣是否已经受感染往往是不可能的。因此，冒险的性行为可能带来严重的危害。最近的一个针对十几岁女孩危险性行为的研究就是个很好的例子。90%的女孩认为自己不会得性病。但事实上，在接下来的18个月里，有1/4的人患了衣原体感染或淋病（Ethier et al., 2003）。

主要问题是一些性行为很活跃的人可能间接地与许多人发生性接触。最近一项关于美国中西部一所高中中学生性关系的研究发现，学生之间的性接触是一个链状结构。因此，在链条末端的学生尽管只和一个人发生了性行为，但实际上他或她已经间接地和几十甚至几百人有了性接触（Bearman, Moody, & Stovel, 2004）。

对于性行为很活跃的人来说，艾滋病病毒（HIV）的出现增加了新的威胁。艾滋病病毒是一种能够破坏免疫系统的病毒。大多数性传播感染是可治愈的，但艾滋病是致命的。下面将向你介绍有关艾滋病的知识。

艾滋病

获得性免疫缺陷综合征（Acquired immune deficiency syndrome, AIDS），即艾滋病，是因为身体感染了HIV病毒引起的，这种病毒破坏免疫系统，致使其他的疾病"趁机"畅通无阻地侵入身体。尽管新药的疗效提高了艾滋病患者存活的机会，但绝大多数病人最终还是会死于多种感染。艾滋病

熟人强奸（约会强奸）/Acquaintance (date) rape 被朋友或其他相识者强迫进行的性交。

强奸谬论/Rape myth 关于强奸的一种错误信念，这种信念把强奸的发生归咎于受害者，并可能使得一些男人认为强奸是合理的。

暴力强奸/Forcible rape 在暴力或身体伤害的威胁下，违背受害者意愿强迫进行的性交。

性传播疾病/Sexually transmitted disease (STD) 是通过亲密的身体接触，由一个人传染给另一个人的疾病；性病。

表 11.3 常见的性传播疾病

性病	男性症状	女性症状	预防方法	治疗方法
淋病	尿道有黏白流出物,尿疼,尿频	阴道有流出物和炎症,尿疼	安全套或安全的性行为	使用抗生素
衣原体感染	尿疼,尿道有流出物	尿疼,阴道有流出物,腹痛	安全套或安全的性行为	使用抗生素
梅毒	生殖器、直肠、舌或唇部出现无痛性溃疡,皮疹,发烧、头疼、骨和关节酸痛	同男性症状	安全套或安全的性行为	使用抗生素
生殖器疱疹	阴茎痛或痒,水疱或溃疡	生殖器区域痛或痒,水疱或溃疡	安全套或安全的性行为	症状经治疗可减轻,但难以痊愈
生殖器疣	生殖器长出疣状物	同男性症状	安全套或安全的性行为	用手术或激光切除
艾滋病	持续感到疲劳,淋巴结肿大,连续发烧10天以上,夜间盗汗,不明原因的体重减轻,皮肤略呈紫色病变,持续咳嗽或嗓子疼,持续感冒,持续腹泻,皮肤容易青肿或不明原因地出血	同男性症状	安全套或安全的性行为	可用各种药物缓解症状,但无法治愈
乙型肝炎	轻者可能无症状,但感染可引起慢性肝病、肝硬化或肝癌	同男性症状	接种乙肝疫苗	尚无彻底的治愈方法
盆腔炎	不适用	腰下部和(或)腹部剧痛,发烧	安全套或安全的性行为	使用抗生素

的最初症状可能在感染后两个月有轻微迹象，但这些症状通常在10年以后才会真正出现。由于潜伏期长，被感染的人常常在不知情的状况下又把病毒传给其他人。医学检验可发现这种病毒感染的存在，但至少在感染后的6个月内病毒携带者的化验结果都可能是阴性的，因此，阴性的化验结果并不能保证一个人是"安全"的性伴侣。

从1985年开始，人们用"艾滋病纪念拼布"纪念死于艾滋病的人。上图是1996年拼布最近一次向公众展示时的景象。最初，这个拼布仅用于纪念死于艾滋病的同性恋者，而现在死者中包括异性恋的男性、女性和儿童，这表明艾滋病感染是没有界限的。今天，这个拼布已经巨大无比，由超过90000个两米长，一米宽的方块组成（每个方块正好是一个坟墓的大小）。如果把象征全世界2500万艾滋病患者的方块都添加上去的话，这块拼布可以覆盖1/4个华盛顿特区。

HIV病毒传播主要通过体液的直接接触，特别是血液、精液和阴道分泌物。偶然的身体接触不会染上艾滋病。与艾滋病患者握手、触摸或使用他们用过的东西、共用一个杯子或毛巾、吃被感染的人做的饭、社交式亲吻、接触到他们的汗水或泪水等都不会感染艾滋病。

艾滋病可通过所有方式的性行为传播，影响各种性取向的人。最近，艾滋病以更快的速度在异性恋者、妇女、非裔美国人、拉美裔美国人和儿童中传播（Tayor-Seehafer & Rew，2000）。全世界的艾滋病患者差不多男女各占一半。（United Nations Programme on HIV/AIDS，2009）目前在25—44岁人群的死亡原因中，艾滋病列于首位（Gayle，2000）。从全球范围来看，每年有200万人死于艾滋病，有270万人被感染（United Nations Programme on HIV/AIDS，2009）。

高危人群

在北美洲，艾滋病感染的高危人群包括与男人发生性关系的男人（如同性恋者和双性恋者）、共用针头（如文身或静脉注射药物）的人、接受输血的人、经常需要输血的血友病患者、以上各类人的性伴侣以及曾有多个性伴侣的异性恋者。因此，大多数人感染艾滋病的可能性不大。但是美国目前仍有110万人感染了艾滋病病毒，其中26%为女性，且每年有至少5.6万的人被感染（Gayle，2000）。因此，冒险进行不安全性行为的人是在拿自己的生命做赌注，而且胜率极小。

风险因素

性行为活跃的人可以用许多方式来保护自己的健康。而以下行为是危险的：

危险行为

- 与性病感染者进行没有保护的阴道性交、口交或肛交（不使用安全套）。
- 有两个或两个以上的性伴侣（性伴侣越多，风险越大）
- 与你不太熟悉的人或有多个性伴侣的人进行性交。
- 与注射毒品者进行性交（HIV/AIDS）。
- 共用针头和注射器（HIV/AIDS）。

在美国，每100个成年人中就有2～4人因为上述行为而把自己置于危险的境地（Gayle，2000）。要记住，你从表面看不出一个人是否有性病。很多人在知道他们的性伴侣曾有过危险的性行为时感到很吃惊。

与以上高风险行为相对的是下列这些更安全的性行为。请注意，有些性交方式可能比较安全，但只要有性交行为，就不会完全无风险。

安全性行为
- 无性交。
- 只与一个和你相互信任、身体健康的性伴侣发生性关系。
- 不吸毒（HIV/AIDS）。
- 与性伴侣讨论避孕措施。
- 慎重选择性伴侣。
- 减少性伴侣的数量。
- 做爱前询问对方的性健康情况。
- 酒醉时避免性行为。
- 使用安全套。

性生活活跃者在确定性伴侣的性交史和健康问题之前应采用更安全的性交方式。请记住，如果不能正确使用安全套，那么它就没有什么预防作用。可悲的是，1/3 性生活活跃的青少年不知道怎样正确使用安全套，尤其在男女双方都是第一次的情况下（Crosby & Yarber，2001）。

艾滋病的危险对某些群体的性行为曾产生过巨大影响。男同性恋者中的危险性行为曾一度迅速减少，更多的人选择了"一夫一妻"的关系。而不幸的是，情况又有所反复。性病发病率在男同性恋群体中再一次增高。部分原因是因为新的医疗方法能够帮助感染艾滋病的人活得更长，许多受害者看起来并没有那么严重。这可能给人们一种错觉，仿佛艾滋病并不那么可怕，因而危险的行为又滋生了（Handsfield，2001）。而对预防艾滋病的强调也可能让人们低估其他性传播疾病的严重性。

其他群体对艾滋病的危险性仍缺乏了解。例如，艾滋病的流行并没能使高中生和大学生自觉减少危险性行为（比如随意性交）或记得使用安全套（Bauman，Karasz，& Hamilton，2007）。一项对异性恋者的研究发现，62%的人在与最近一位伴侣的性活动中没有采取安全措施，且其中大多数人对自己的性伴侣了解甚少，不能肯定他们是否健康。对许多人来说，喝酒会大大增加危险性行为的可能性（Corbin & Fromme，2002）。

很显然，异性恋者并没感觉到他们处于危险之中。然而在美国，有30%的新增艾滋病病毒携带者是通过与异性的性行为受到感染的。在未来20～30年以后，异性间的性行为会成为HIV病毒的最主要传播途径。15年以后，全世界范围内又将有6500万人死于艾滋病，除非防范措施被广泛采用（Altman，2002）。

更安全的性行为

艾滋病的威胁迫使很多人面对关于性传播疾病的风险和责任等新问题。那些不愿确保自己安全的人是在拿自己的健康当赌注。一项调查研究发现，在那些知道自己已感染艾滋病的病毒携带者中，有41%的人在做爱时仍不使用安全套（Sobal et al.，1996）！因此，每个人都有责任使自己"更安全"，一心指望性伴侣没有问题是不明智的。

一些承诺相爱的情侣会遇到一个特殊问题，即他们常常认为采用更安全的性行为方式是对对方的不信任。其实，谨慎负责才能体现你真正关心你的性伴侣（Hammer et al.，1996）。同样，在情感、社会性、认知等各个方面都很亲密的伴侣就更应该使用避孕工具（Davis & Bibace，1999）。

避孕药和其他避孕方法的出现刺激了性解放。艾滋病的威胁能扭转几十年来的这种变化趋势吗？性病的危险是否能让人们突然性趣全无？答案可能取决于人们多长时间才能学会重视性传播疾病以及是否能找到相关的预防和治疗方法。

> **知识巩固**
> *性反应、性态度、性行为及其后果*
>
> **测一测**
> 1. 产生性快感的身体区域被称为_____区。
> 2. 在色情刺激面前，男人和女人在情绪反应上不同，但在生理唤起水平上没有差异。对不对？
> 3. 有证据表明男性的性活动和性驱力达到高峰的年龄晚于女性。对不对？
> 4. 报告手淫的男性多于女性。对不对？
> 5. 写出 Masters 和 Johnson 划分的性反应的四个阶段：_____，_____，_____，_____。

6. 男性一般在射精后经历_____。
   a. 性高潮的潜在可能增高
   b. 短暂的不应期
   c. 兴奋期
   d. 子宫肌肉收缩
7. 性交时，女性从兴奋期到性高潮一般需要 10～20 分钟，而男性经历所有性反应只需要 3 分钟。对不对？
8. 近期研究表明，性自由派已不再接受将性爱关系和承诺关系结合在一起的传统价值观。对不对？
9. _____ 是指对男性性行为和女性性行为使用不同判断标准的倾向。
10. 70 名女性中就有一名曾遭到强奸，而强奸者是其朋友或熟人的比例超过 50%。对不对？
11. 进行安全的性行为是对伴侣的羞辱。对不对？

想一想
批判性思考
12. 为什么法律和习俗强烈鼓励忠诚的婚姻关系？
13. 为了减少青少年患性病和意外怀孕的概率，你认为以下哪种做法效果会更好：只提倡禁欲的性教育，还是更全面的性教育？

自我反思
结合你自己的经验和信念，你在多大程度上同意本书关于性唤起和性驱力的讨论？哪些是你以前不知道的？

根据你对人们性态度和性行为模式的观察，你认为曾发生过性革命吗？

电影、音乐电视、游戏等媒体在多大程度上直接导致了强奸谬论的经久不衰？那些间接的宣扬（如对性别角色刻板印象的宣扬）又有多大程度的影响呢？

(Kirby, 2008)。

答案：1. 性敏感区 2. 对 3. 不对 4. 对 5. 兴奋期，稳固期，消退期 6. b 7. 对 8. 对 9. 双重标准 10. 不对 11. 不对 12. 规定关系和诺言，人类是朝向于稳固维持伴侣之间的长期关系，以确保生下孩子之后能够得到更好的抚养。13. 更全面的性教育被认为对于降低青少年染上性病和意外怀孕的概率更为有效。

应用篇

性问题——当快感不再

关键问题 11.1：伴侣们该如何维持满意的性体验？最常见的性功能障碍有哪些？

保持热度

大多数伴侣（情侣或夫妻）会发现他们在性方面的兴趣和激情随着时间推移而下降（Impett et al., 2008, 2010）。

是不是在一段长期的亲密关系里，性方面的兴趣必然会下降？不是的。激情的维持需要双方付出努力，而且有意愿面对和解决关系中的各种问题（Strong, DeVault, & Cohen, 2011）。例如，伴侣间因为其他事情产生的冲突和怨气会对性生活造成损害。相反地，那些积极互动、有很多积极体验、拥有满意关系的伴侣通常也会有满意的性生活（Algoe, Gable, & Maisel, 2010）。过好性生活不是打网球，靠掌握技能技巧就行，性是亲密关系中的一种沟通方式。感情深厚、相互关爱的伴侣们通常不会被大多数性障碍所困扰（Impett et al., 2008, 2010）。如果一对伴侣的性生活很满意，但关系很差，他们不太可能会长久。婚姻专家 John Gottman 指出，一对夫妻积极互动的次数至少要达到消极互动次数的五倍，婚姻才可能维持下去（Gottman, 1994）。

关于性的分歧

伴侣间有时想法会不一致，比如对做爱的频率、做爱时谁应该主动、哪些行为是适当的等性问题存有不同的想法。Maters 和 Johnson 认为，这时双方都应遵循一个准则，即"必须绝对尊重对方的感受"。双方可按照治疗师提出的"触摸和提问"法将自己的感觉反馈给对方。"触摸和提问"即在触摸和抚摸之后要问对方："这样好吗？""你喜欢这样吗？"等等。满意的性关系强调增进双方的性快感，而不是自私地只顾个人满足（Carroll, 2010; Strong, DeVault, & Cohen, 2011）。

发生问题时，双方应敏感地了解对方的情绪需要，要知道所有的性问题都是双方的，应分担"失败"，而不要指责对方。Maters 和 Johnson 认为，避免"数字陷阱"是特别重要的，也就是说双方应避免受别人平均做爱的频率、性能力的刻板印象、电影和杂志上描述的超人的性能力的影响。

性满足的桥梁

性治疗师 Barry McCarthy 认为，为保持健康的性关系，有4个要素是必需的：

1. **预留做爱时间**。做爱的愿望也许会因为日常公事和两人之间缺乏沟通而受到损害。明智的做法是双方在繁忙中留出时间共度良宵。当然，没有预期的、自然而然开始的做爱也应受到鼓励。

2. **肯定对方的性魅力**。随着你与性伴侣之间相互尊敬、信任和亲密关系的发展，你会重视对方的性魅力。积极的关系有助于解决消极性经验带来的问题。

3. **享受性快感**。这是你应得的。满足感的核心是给予并享受到快感。

4. **重视亲昵感**。在与性伴侣的关系中，特别是在长期关系中，亲密和亲昵感有助于保持性欲（McCarthy, 1995; McCarthy & Fucito, 2005）。

亲昵行为和沟通

是否还有其他维持健康伴侣关系的准则？一项对幸福夫妻和不幸福夫妻的比较研究发现，幸福的夫妻几乎在所有方面都有更好的沟通技巧。长期存在严重问题的夫妻关系则有三个模式，即互相防备（包括牢骚不断）、互不相让和互不理睬（"僵持"）（Gottman & Krokoff, 1989）。很多伴侣发现，遵循以下准则可以增进沟通。

不要"算总账"

不管是积极的还是消极的感情，都应该随时表达出来。"算总账"指把平时不愉快的事和抱怨都记在心里，发生争吵时再倾倒出来，作为攻击对方的武器。那样做对双方的关系极具破坏性。

表达你的情感

幸福的夫妻不仅交谈较多，而且更多地向对方表达自己的感受，对配偶的感受也更敏感。如一位专家所说："在健康的关系中，每一方都能自由地表达他们喜欢什么、不喜欢什么，表达自己的愿望、希望、感情和冲动，而另一方诚实地对此做出反应。在这样的关系中，有眼泪、欢笑和情欲，也有烦恼、气愤、恐惧和孩子气的行为"（Jourard, 1963）。

不可"恶语伤人"

任何时候当你表达消极的感情时，都应是对自己感受的陈述，而不是谴责对方。比如，你应该说："你把东西扔得满屋都是，我很生气！"而不是说："你这人真恶心！"还请记住，吵架时不应使用"总是""从不"这样绝对化的词来伤人心。

不要试图"打赢"

建设性的争执旨在解决问题，而不是要决出谁是谁非、孰优孰劣。

生气是可以的

生气并不说明争执是建设性的还是破坏性的，争执就是争执，生气是可以的。像相处中的任何其他情绪一样，生气也是应该表达出来的。但是，生气要针对真正的问题，就像拳击中规定，不能打要害部位一样，动不动就威胁说"我们离婚"是特别有害的。

从对方的立场看问题

婚姻是否和谐与你是否具有站在对方立场看问题的能力紧密相关。每当发生冲突时，你要冷静一下，站在对方的角度想一想，那样可提醒你，在争论中没有一方是完全正确或完全错误的。

不要自以为是地揣测对方的想法

这并不是建议你不去管对方的想法。揣测对方的想法再进行谴责是很有害的，比如说："你只是在找借口批评我，对不对？""你并不真想让我母亲来，否则你就不会这样说！"等等。假设并评价别人的想法和感觉会干扰或阻碍沟通。你不应该告诉对方你认为他（她）是怎么想的，而应该直接问。

作为以上准则的必要补充，如果你真的想把关系搞糟，以下做法能使你们的沟通和亲密关系遭到彻底破坏（Algoe, Gable, & Maisel, 2010；Impett et al., 2010；Strong, DeVault, Cohen, 2011）。

损害亲密关系的10种做法：

1. 不谈任何有意义的事，特别是不谈自己的感受。
2. 不泄露你的感情，尽量不表达感情。绝不表达感激。
3. 永远装出愉快的样子，即使在你不高兴或不满意时也假装一切正常。
4. 争执到底，绝不妥协。
5. 永远保持忙碌。这样可以避免亲昵行为，使你的伴侣感到他（她）在你的生活中并不重要。
6. 自己永远是正确的。不要指望你能认错。
7. 不要争辩。否则，你可能会在争辩中发现自己的错并改变自己。
8. 让你的伴侣去猜你想要什么。那样他（她）就会猜错，你就可以说他（她）并不真正了解你或不爱你。
9. 永远优先满足自己的需要。绝不设定共同目标。
10. 永远不关电视。反正你不是宁愿看电视也不愿和你的伴侣聊天吗？

请记住，明智的伴侣们为保持亲密关系是不会做以上蠢事的。

最后我们要重申的是，伴侣之间的性适应和爱情关系是相互依存的。正如一位研究者所说，性方面正常时，它在爱情关系中的作用占15%；如果性出了问题，它的影响占85%。积极的性关系可以促进伴侣之间的相互理解和关心。同样的，真诚、平等和相互深爱的伴侣关系能使人得到最大的性满足（Rathus, Nevid, &

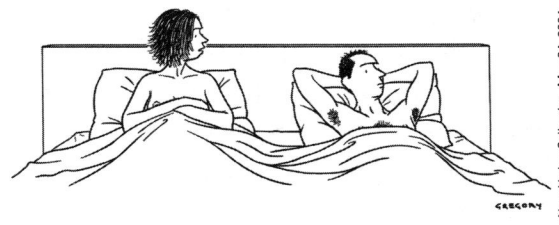

"真可惜，怎么就没有一种能够激发对话的药丸呢。"

Fichner-Rathus，2010）。

性功能障碍

性功能问题实际比人们知道的要普遍得多。大多数寻求性咨询的人有以下一种或多种问题（Crooks & Baur，2011；American Psychiatric Association，2000，2010；Heiman，2002）：

1. **性欲障碍**：很少有或没有性交动机或欲望。
2. **唤起障碍**：希望有性行为，但不能产生性唤起。
3. **性高潮障碍**：没有性高潮或高潮来得太快或太慢。
4. **性交疼痛障碍**：性交时疼痛，致使性交不舒服或难以继续。

过去人们只能默默地忍受这些痛苦，但现在对其中很多主要问题都已找到有效的治疗方法。药物治疗（如男性使用的"伟哥"）对有生理基础的性障碍问题会有所帮助。心理咨询和治疗也许是其他性障碍问题的最佳解决办法。下面我们简要了解一下性功能障碍的性质、原因和治疗方法。

性欲障碍

像大多数性问题一样，性欲障碍必须与人的年龄、性别、性伴侣、期望和性经历联系起来才能确定。一个人暂时失去性欲并非罕见。一般来说，当不再对性伴侣抱有怨气，或疲劳、生病和其他暂时性的问题结束后，性需求就会恢复。那么，在什么情况下性欲缺乏才属于功能障碍呢？首先，缺乏性欲必须是长期的；其次，个人对此也感到担忧。当满足这两个条件时，才能判断为**性欲减退**。男性和女性都可能发生性欲减退，但女性中更普遍一些（Heiman，2002；Segraves & Woodard，2006）。

有些人不仅缺乏性欲，他们甚至厌恶性、逃避性。患有**性交恐惧**的人对性交感到害怕、焦虑或厌恶。有此苦恼的人常常还有些性欲，例如，他们可能仍然手淫或有性幻想，但是，与他人发生性行为的可能性则会使他们感到恐慌和震惊（American Psychiatric Association，2000）。根据美国精神病学会将要对《精神疾病诊断与统计手册》所做的修订，性交恐惧也许会被重命名为非特异性性功能障碍（American Psychiatric Association，2010）。

性欲障碍很普遍，一些身体原因如疾病、疲劳、体内激素问题和药物副作用等都可能引起性欲障碍。性欲障碍也经常与心理因素有关，如抑郁、害怕失去对强烈性欲的控制、严格的宗教信仰、害怕怀孕、婚姻冲突、害怕亲密关系和对性伴侣失去兴趣等（King，2005）。此外，发生性欲障碍的人在孩提时代很可能曾遭受过性虐待（Bakich，1995）。

那么，有没有人因为性欲过强而苦恼呢？有。新版DSM的另一个变化是会增添另一种新的性欲障碍——**性欲亢奋**，即性欲过强（American Psychiatric Association，2010）。同样地，性欲过强也需满足长期持续、当事人为之忧心两个条件才能被称为障碍。性欲亢奋有时也被称为性瘾，患者经常被强烈的、反复发生的、不可抑制的性幻想、性冲动和性行为所困扰（Kafka，2010）。

性欲障碍是一个复杂的问题，除非找到直接的生理原因，否则较难医治。性欲障碍往往深深地植根于童年期、性经历、个性和人际关系之中。这样的情况下，应进行心理咨询或治疗（King，2005）。

唤起障碍

有唤起障碍的人希望做爱，但很少能达到或根本达不到生理的唤起。女性唤起障碍一般表现为阴道干涩，男性则表现为不能保持勃起。唤起障碍就是有做爱的欲望而身体不能配合。

男性勃起障碍 做爱时不能保持勃起的情况被称为男性勃起障碍，或者**勃起功能障碍**，也曾被叫作阳痿。但现在心理学家建议不要使用"阳痿"这个词，因为这个词是贬义的。

勃起障碍有原发性和继发性两种。患原发性勃起功能障碍的人从未有过勃起；起先很正常，后来发生问题则属于继发性勃起功能障碍。不论哪种情况，长期勃起困难严重困扰着男性和其性伴侣（Baldo & Eardley，2005；Riley & Riley，2009）。

勃起失败达到什么程度才可视为有障碍？根据DSM的诊断标准，至少要持续6个月不能勃起才能被视作障碍，而这只有本人和他的性伴侣才可做出判断（American Psychiatric

Association, 2000)。应当对反复勃起功能障碍与偶尔勃起困难加以区别。疲劳、生气、焦虑、饮酒过量都可暂时引起健康男性的勃起功能障碍，而真正的障碍一般会持续几个月或几年（Rowland, 2007）。

应该认识到，偶然不能勃起是正常的。实际上，"勉强行事"或对偶然不能勃起的过度反应可能产生恐惧和怀疑，进一步加剧性唤起的阻力（Abrahamson, Barlow, & Abrahamson, 1989）。这时，伴侣千万不能表示生气、失望或尴尬，而应耐心帮助他，防止恶性循环。

勃起障碍的原因是什么？ 多年来，专家一直认为勃起障碍很少是由于生理疾病或损伤引起的。而现在他们认识到，40% 的勃起障碍是器质性的，即生理原因引起的，其余是**心因性**的，即情绪因素的结果。但是，即使勃起障碍是器质性的，也会因焦虑、生气和沮丧而加剧恶化。如果一个男人有时在不做爱时（如睡眠期间）可以勃起，问题就可能不是器质性的（Badlo & Eardley, 2005）。

器质性勃起障碍原因很多，典型的原因包括酒精过量、滥用药物、糖尿病、血管病、前列腺和泌尿系障碍、神经问题、对治疗高血压及心脏病或胃溃疡的药物的反应等。勃起障碍也是正常老年人会遇到的问题，随着男性步入老年，他们一般都会经历性欲和唤起的减退，性功能障碍也会随之增加（Segraves & Segraves, 1995）。

根据 Masters 和 Johnson 的研究（1970），原发性勃起障碍常常与生活经历有关，如严酷的宗教训练，早期受母亲引诱与其发生性关系，儿童期受到性骚扰或有其他导致犯罪感、恐惧感和性抑制的经验。

继发性勃起障碍可能与对性的焦虑、对婚外情的内疚感、对性伴侣的怨恨和敌意、担心性无能、担心患上性病以及类似的情绪和冲突密切相关（Shires & Miller, 1988）。问题常常是从饮酒过量或早泄导致的性交失败开始的，使人由怀疑自己很快演变成强烈的对失败的恐惧，而心理负担进一步抑制了性反应。

药物或手术可用于治疗器质性勃起功能障碍。"伟哥"这种药对 70% ~ 80% 的勃起障碍患者都有效。有效的治疗还应包括用于消除恐惧和心理障碍的心理咨询（Heiman, 2002；Riley & Riley, 2009）。不过这些还不能够彻底解决问题，要想帮助患者重拾自信，改善他与伴侣的关系，学习更好的性爱技巧也是很重要的。为进一步帮助他从矛盾冲突中解放出来，患者和他的性伴侣要进行一系列训练。这种技术叫作**感觉聚焦**，即将注意引导到愉快的自然感觉上，并建立两人的沟通技巧（McCabe, 1992）。

进行感觉聚焦时，双方要轮流抚摸对方身体的各个部位。此时，治疗师要告知他们小心地避免任何生殖器接触，要将注意集中于带给对方快感和发出信号让对方知道自己何时感觉良好。这样做能消除患者的紧张感，使他知道给对方快感是自己得到快感的一种途径。对许多男人来说，感觉聚焦是一种比昂贵的药物更好的解决问题的方式。

几天或几星期后，患者和他的性伴侣将进入更强烈的身体接触阶段，包括抚摸乳房和生殖器。随着抑制的减少，自然唤起开始代替恐惧，使伴侣进入彼此满意的做爱阶段。

女性性唤起障碍 女性性唤起障碍是指女性对性刺激的生理唤起反应很小，或没有生理唤起。这个问题对应于男性的勃起障碍。像男性一样，女性性唤起障碍可分为原发性和继发性两种。所有的女性都可能偶然经历无法产生性唤起的情况，在某些情况下，这个问题可能仅仅是由于做爱前缺乏有效的性刺激所致（King, 2005）。

性欲减退 /Hypoactive sexual desire 长期缺乏性欲并因此而困扰。

性交恐惧 /Sexual aversion 对性行为产生的恐惧、焦虑或厌恶。

性欲亢奋 /Hypersexual disorder 长期性欲过盛并因此而困扰。

勃起功能障碍 /Erectile disorder 在性交时，不能保持勃起状态。

心因性 /Psychogenic 心理原因引起的，而非生理原因。

感觉聚焦 /Sensate focus 一种把伴侣的注意力引向对性快感的自然感觉上的治疗技术。

女性性唤起障碍 /Female sexual arousal disorder 性刺激不能引起身体的性唤起。

女性性唤起障碍的原因与男子相似，有时是由于药物原因，与避孕药等药物的副作用有关（Brotto, Basson, & Woo, 2009）；有关的心理原因包括焦虑、对性伴侣感到生气或敌意、抑郁、紧张或忧虑所致的分心（Basson, & Brotto, 2009）。一些女性的性唤起障碍可追溯到童年期可怕的经历，如幼年所受的性骚扰（往往是长辈所为），导致负疚感的乱伦关系，由于接受宗教思想而认为性是罪恶的，以及儿时没有温暖和爱的人际关系经验。同样常见的原因包括女性"不可放荡"的观念、身为女性的深层冲突以及对他人（尤其对男人）的极端不信任等（Read, 1995）。

如何治疗女性性唤起障碍？ 有效的方法包括感觉聚焦、由性伴侣进行生殖器刺激和由女方控制的"水到渠成"的性交（Segraves & Althof, 2002）。初期治疗成功后，可逐步进入全部的性交阶段。随着训练的进行，通常会出现心理冲突和心理动力两方面的问题，可针对这两方面的问题分别进行心理治疗。

性高潮障碍

患有性高潮障碍的人在性活动中达不到性高潮，或者高潮来得太快或太慢（Regev, Zeiss, & Zeiss, 2006）。请注意，这种障碍的产生很大程度上是基于对做爱的预期。例如，某一对性伴侣可能认为男性性高潮延迟是一个问题，而另一对则认为这没有问题。还请注意，有些女性很少或从未达到性高潮，但她们仍然对性生活感到愉悦（King, 2005）。

女性性高潮障碍 女性中最普遍的抱怨是做爱时不能达到性高潮（Clayton & Hamilton, 2009）。患有女性性高潮障碍的人并不是完全没有性反应，她们在与性伴侣做爱时缺乏性反应，但可能很容易通过手淫达到性高潮。

女性性高潮障碍中是否存在对方的问题呢？ 性治疗师希望伴侣双方都不要指责对方，不评价过失，重要的是患者的伴侣要有决心使她得到满足。大约2/3的女性需要直接刺激阴蒂才能达到性高潮。因此，有些明显的女性性高潮障碍问题可通过矫正伴侣的不适当刺激或技术错误加以解决。性适应困难应被看作双方的问题，而不仅仅是"女人的问题""男人的问题"或"对方的问题"。

就女性而言，性高潮障碍最常见的原因是对性反应的过度控制。达到性高潮需要对性欲有一定程度的放纵，但患者常常不能顺其自然地享受快感，而是受到对性的反感或矛盾心理、犯罪感、对表达性需要的惧怕等因素的抑制，产生理智束缚性欲的倾向。女性总是不能够完全放开自己来享受快感（Segraves & Althof, 2002）。

在治疗程序中先训练从未达到过性高潮的女性通过手淫或性伴侣的强效刺激将注意力集中于自己的性敏感处，当患者在这样的条件下能够经常达到性高潮后，再将其反应逐步转移到与性伴侣的做爱过程上。通过指导双方学习做爱的不同姿势和技巧增加阴蒂刺激。同时强调双方的沟通，特别是关注女方的性价值观，如她们的期望、动机和偏好等（Kelly, Strassberg, & Turner, 2006；Regev, Zeiss, & Zeiss, 2006）。

男性性高潮障碍 传统观念认为男性不能达到性高潮是很罕见的。但是，眼下寻求治疗轻度男性性高潮障碍的患者越来越多（Rowland, 2007）。问题产生的原因包括严格的宗教训练、害怕对方怀孕、对性伴侣无兴趣、认为自己不行的暗示、未认识到的同性恋倾向以及近期发生的创伤性生活事件等，其他的重要影响可能来自婚姻关系中双方在权力和承诺问题上出现的矛盾。

对男性性高潮障碍（延迟射精）的治疗包括感觉聚焦，并由性伴侣通过手淫使其达到性高潮点，使其将性伴侣作为性快感源，随即进行性交并射精，同时还要重视解决性障碍问题背后的个人心理冲突和婚姻关系中的困难（Waldinger, 2009）。

早泄 由于女性达到性高潮所要求的时间差异很大，定义何为早泄是很困难的。当射精反射性地提前发生或男子在性唤起的高原期不能忍受高水平的兴奋，即出现早泄（Waldinger, 2009）。或者说，早泄就是射精总早于男性及其性伴侣期望的时间发生（Rowland, 2007）。

是否很多男人都有早泄问题？ 青年男性中大约50%有早泄问题。解释早泄的理论很多，有的认为早泄可能代表对性伴侣的敌意，因为它剥夺了性伴侣的满足感；有的认为大多数男性的早期性经验促使他们快速达到高潮，如在汽车里偷情或手淫。性交中往往存在过度的唤起和焦虑，有些男性又使用了让感觉更强烈的技巧，不可避免地加速了性高潮的到来。

射精是一种反射。为了控制射精，男性必须学会察觉性高潮即将发生的生理信号。有些人对这些信号从不知晓。不论是什么原因，早泄都可能是一个严重的问题，尤其是会影响与长期性伴侣的关系（King，2005）。

对早泄的治疗相对简单，也很有效。最常用的治疗是一种"停止－开始"程序，称为**挤压技术**（Grenier & Byers，1995）。由患者的性伴侣用手刺激他，直到他表示就要射精了，这时性伴侣紧紧挤压患者阴茎的顶端阻止性高潮，等患者感到自己可以控制后，重复该刺激。之后，在做爱时使用挤压技术，使患者逐渐获得在做爱时有效延迟性高潮的能力，达到与性伴侣的共同满足。这样的治疗使双方在对男性性反应线索有了更好的了解的同时，相互沟通的技巧也得到了增进（McCarthy & Fucito，2005）。

性交疼痛障碍

性交前、性交中和性交后的生殖器疼痛称为**性交疼痛**（Binik，2005）。男性和女性都可能经历性交疼痛，但这个问题实际上在男性中很少见。而在女性中，性交疼痛常常与**阴道痉挛**有关，阴道肌肉痉挛会阻碍性交（American Psychiatric Association，2000）。根据最新版 DSM 的修订内容，性交疼痛和阴道痉挛将被合并命名为生殖器－骨盆疼痛或插入障碍（American Psychiatric Association，2010）。

阴道痉挛常常伴随着明显的对性交的惧怕或高焦虑（Reissing et al.，2004）。因此，阴道痉挛是对性交的恐惧反应，原因包括痛苦的性交经验，曾被强奸或在粗暴的恐吓下性交，对男人和阴茎插入的恐惧，错误地认为性是有害的，害怕怀孕以及害怕特定的男性性伴侣等（Read，1995；Reissing et al.，2003）。

对阴道痉挛的治疗与治疗一般恐怖症的方法类似，包括通过阴道逐步放松以消除条件反射性的肌肉痉挛、性交恐惧脱敏、手淫或男性性伴侣以手刺激以获得快感等（Bergeron & Lord，2003）。催眠有时也能够成功地治疗阴道痉挛。

小结

解决性问题有点困难。如果没有专家的帮助，上述问题并不容易得到解决（早泄问题相对例外）。如果在一段时间后自己尚不能解决严重的性问题，应考虑寻求受过专门训练的心理学家、医生或咨询师的帮助。问题拖得越久越不好解决，而专家的帮助会有所助益。

女性性高潮障碍 /Female orgasmic disorder　持续发生的女性在性交时不能达到性高潮。

男性性高潮障碍 /Male orgasmic disorder　持续发生的男性在性交时不能达到性高潮。

早泄 /Premature ejaculation　持续发生的早于男性本人及其性伴侣期望时间的射精。

挤压技术 /Squeeze technique　一种通过挤压阴茎顶端而抑制射精的方法。

性交疼痛（生殖器－骨盆疼痛或插入障碍的一种） /Dyspareunia (One type of genito-pelvic pain/penetration disorder)　性交前、性交中或性交后的生殖器疼痛。

阴道痉挛（生殖器－骨盆疼痛或插入障碍的一种） /Vaginismus (One type of genito-pelvic pain/penetration disorder)　阴道肌肉痉挛。

知识巩固

性适应和性问题

测一测

1. 最好把伴侣们遇到的性问题看作双方的问题，而非只是某一方的问题。对不对？
2. "算总账"指将气愤隐藏起来，直到适当的时候再表达，这是一种建设性的做法。对不对？
3. 患原发性勃起功能障碍的男性从未有过或从未保持过勃起。对不对？
4. 根据最近的研究，大多数勃起功能障碍是阉割焦虑引起的。对不对？
5. 感觉聚焦是治疗早泄最常用的疗法。对不对？
6. 早泄被认为是最罕见的男性性适应问题。对不对？
7. 感觉聚焦技术是既用于治疗女性也用于治疗男性性唤起障碍的主要方法。对不对？
8. 阴道痉挛是对性交的恐惧反应，可能引起性交困难。对不对？

想一想

批判性思考

9. 你认为哪种人拥有更频繁和更满意的性生活，已婚者还是未婚者？

自我反思

在亲密关系中，我们都会犯错误。把应用篇的讨论作为一个参考，想一想，你曾避免过哪些错误？哪些错误又是你今后愿意改正的？

通俗点讲，我们可以这样概括性障碍：有人不想有性行为；有人想有性行为却不能性唤起；有人想有性行为，又能性唤起却存在高潮问题；有人想有性行为，又能够性唤起，却在做爱的时候感到不适。请问代表每种情况的专业术语是什么？

答案：1.对 2.不对 3.对 4.不对 5.不对 6.不对 7.对 8.对 9.与大众媒体所描述的相反，已婚者有更多的性伴侣和更持久的愉悦，可能是因为已经有太多有意义的依恋和价值的整合与重要。（Laumann et al., 1994）。

本章总结　关键问题回顾

11.1 性的基本维度有哪些？

11.1.1 是男是女并不是一个非此即彼的问题。性别是个很复杂的问题，受到生物、社会及学习等因素的影响。

11.1.2 生物性别包括以下方面：基因性别、性腺性别、激素性别、性器官性别。男性和女性的生理差异可分为第一性征和第二性征。

11.1.3 性别发展始于基因性别（XX染色体或XY染色体），然后受到出生前激素的影响。

11.1.4 对雄激素不敏感、黄体酮作用、男性生殖器综合征及其他类似问题会导致出生时性别特征不明确，成为两性畸形人。

11.1.5 第一性征和第二性征的发展都受雌激素（女性激素）和雄激素（男性激素）的共同影响。

11.2 什么是性取向？

11.2.1 性取向指个体情绪上和性欲上对同性、异性或同时对两种性别感兴趣的程度。一个人可能是异性恋者、同性恋者、双性恋者和性欲缺乏者，这四种类型都属于人类正常的性取向。

11.2.2 人的一生中，性取向很难发生改变（即使外在性行为发生了改变）。

11.2.3 遗传、生物、社会和心理等因素的结合产生个体的性取向。

11.2.4 作为一个群体，同性恋者在心理上与异性恋者没有区别。他们是同性恋恐怖症和异性恋主义的受害者。

11.3 自我的男性感或女性感是如何形成的？

11.3.1 男性和女性的行为模式与性别角色社会化、习得的性别认同有关。

11.3.2 很多研究者认为，出生前的激素作用对性别发展有生物偏向效应，出生后这种生物性因素与社会因素共同影响性心理发展。

11.3.3 在大部分心理学维度上，男性和女性的相似性大于差异性。

11.3.4 性别认同一般在儿童3—4岁时变得稳定。

11.3.5 性别角色社会化可解释观察到的大多数男女差异。父母往往特别鼓励男孩子的工具性行为，而鼓励女孩子的表达性行为。

11.3.6 性别角色刻板印象往往会在观念上歪曲男性和女性适合从事何种活动的事实。

11.4 什么是心理上的双性人？这传染吗？

11.4.1 心理上的双性人是指那些同时具有"男子气"和"女子气"特质的人。

11.4.2 约1/3的人属于心理上的双性人，而50%的人属于传统的"男子气"或"女子气"的人。

11.4.3 心理上的双性人有更强的行为适应性和灵活性。

11.5 什么是性别失统？

11.5.1 性别失统的人会长期地感觉到自己生理上的性别与心理上的性别是不匹配的。

11.5.2 性别重置手术也许能够帮助解决这一问题。

11.6 人类最典型的性行为模式有哪些？

11.6.1 不同文化对"正常的"性行为有不同的定义，全世界成年人的性行为多种多样。但是，请记住强迫式的性行为是不健康的。

11.6.2 性唤起和身体的性敏感区有关，但心理和情绪上的反应是性反应的最终源泉。

11.6.3 有证据表明，女性的性驱力高峰期在年龄上晚于男性，但目前这种差别正在缩小。

11.6.4 阉割可能影响人类的性驱力，有时也可能没有影响。绝育不会对性驱力产生影响。

11.6.5 性交频率随年龄增长逐渐减少，但很多老年人仍保持性活跃。所有年龄阶段在性交频率上都存在显著的个体差异。

11.6.6 手淫是正常的、完全可接受的行为。

11.7 在性反应方面，男性和女性有多大程度的不同？

11.7.1 人类性反应可以分为4个阶段：兴奋期、高原期、高潮期、消退期。男女之间在性反应上差别不大。

11.7.2 女性阴道性高潮和阴蒂性高潮没有区别。15%的女性经常会有多次性高潮，至少50%的女性可以有多次性高潮。

11.7.3 男性在性高潮后经历不应期，只有5%的男性可有多次性高潮。

11.7.4 大多数性咨询师已不再认为做爱的理想状态是双方同时达到性高潮。

11.8 最常见的性心理障碍有哪些？

11.8.1 强迫式的性行为（性欲倒错）会从情感上对人们造成困扰。

11.8.2 性欲倒错包括恋童癖、恋物癖、露阴癖、窥阴癖、异装癖、性施虐狂、性受虐狂和摩擦癖。其中以恋童癖和露阴癖最为常见。

11.8.3 儿童性骚扰对受害儿童的影响可大可小，主要由性骚扰的严重程度和骚扰者与儿童的关系这两个因素决定。

11.8.4 露阴癖一般情况下没有危险，他们通常性压抑并且不成熟。

11.9 近年来社会态度的改变是否影响了性行为？

11.9.1 在美国，近50年来，人们对性行为的态度已经明显自由化了，但性行为的实际改变较小。

11.9.2 与50年前相比，青少年和成人的性活动频率都更高了。

11.9.3 近年来，人们对女性性欲表达更为包容，男女性行为模式的差别变得更小。

11.9.4 暴力强奸、熟人强奸以及对强奸有支持作用的态度和信念是北美洲的一大社会问题。

11.10 性病对性行为有何影响？

11.10.1 如今每个人都应该为自己负起责任来，选择更安全的性行为，自主决定性行为发生的时间、地点和对象。

11.10.2 20年来，性传播疾病的发生率不断增加。

11.10.3 性传播疾病的增加和艾滋病的出现对人类性行为模式造成了很大影响，危险的性行为有所减少。

11.10.4 很多性生活活跃的人仍在继续拿自己的健康进行不必要的冒险。

11.11 伴侣们该如何维持满意的性体验？最常见的性功能障碍有哪些？

11.11.1 尽管性适应问题都有其解决方案，但要获得性满足，最重要的是良好的沟通和健康积极的亲密关系。

11.11.2 掌握沟通技巧，培养和保持亲密的关系是成功婚姻的关键。

11.11.3 大多数性适应问题与性伴侣之间的关系状况有关。

11.11.4 性功能障碍主要包括性欲障碍、唤起障碍、性高潮障碍和性交疼痛障碍。行为疗法和咨询技术可以缓解这些问题。

第12章

人 格

主题

人格是我们所看到的在个体行为模式中的一致性。对人格的测量可以揭示人与人之间的差异,并预测人们的行为。

关键问题

12.1 心理学家是如何使用人格这个概念的?

12.2 某些人格特质比其他特质更基础或更重要吗?

12.3 心理动力学理论是如何解释人格的?

12.4 人本主义理论是如何解释人格的?

12.5 行为主义学家和社会学习理论家在他们的理论中强调了人格的哪些部分?

12.6 遗传和环境是如何影响人格的?

12.7 哪一种人格理论是正确的?

12.8 心理学家如何测量人格?

12.9 人们为什么会害羞?怎样克服害羞?

引子

核心所在

在科罗拉多州的乡下，我们的车与前面一辆车追尾，车头被撞出了深深的凹痕，车歪歪斜斜地开了一段后停在一栋几近荒废的农屋前。安妮特在农屋的回廊上欢呼雀跃，欢迎我们这些老朋友。

如果说有谁适合搬去"野性"的科罗拉多州，那一定是安妮特，这个健美而充满能量的女人。你很难想象她会有什么根本性的改变。在与丈夫分居之后，她放弃了城市里舒适的生活来到乡村过苦日子。安妮特在农场辛勤劳作，干牧民和伐木工的活，为的是能度过寒冬。她甚至还在酒馆里把一个骚扰她的小伙子揍趴下，这个小伙子的体格是她的两倍大。安妮特的生活发生了翻天覆地的变化，我们担心她也许完全变了，但是正相反，她比以前更像她自己了。

也许你有过相似的经历，经过几年的分离，再见老朋友的感觉总是令人忍不住地兴奋。起初，你可能不停地想这个人变成什么样子了（见面的第一句也许是"你在哪儿剪的头发"）。不过，很快你就会高兴地发现，站在你面前的这个陌生而又熟悉的人还是你认识的那个老朋友。没变的那部分最本质的核心正是心理学家口中的人格。

毋庸置疑，人格和我们的生活息息相关。坠入爱河、选择朋友、和同事相处、参加选举投票，或者和最神经质的亲戚相处，生活中处处都有人格的痕迹。

那么，到底什么是人格？它与性格、气质、态度有什么差异？人格可以测量吗？我们可以改变人格吗？在这一章里，我们将讨论这些问题。

人格心理学——你有人格吗？

关键问题 12.1：心理学家是如何使用人格这个概念的？

"安妮特有非常乐观的人格特点。""拉米诺并不英俊，但是人格高尚！""那些和我父亲做生意的朋友都说他是个好脾气的人，但是他们应该看看他在家里的那副凶样。只有在家里，他真实的个性才表现出来。""谭雅和妮可具有完全相反的个性，很难相信她们是一对亲姐妹！"

很明显，我们常常使用"人格"这个词。但是，如果你认为人格意味着"吸引力""魅力"或"风格"，你就混淆了这些概念。许多人也混淆了人格与**性格**这两个概念。在平时，使用人格时，我们不仅对一个人进行了描述，而且还指明这个人具有某些优良品质（Bryan & Babelay, 2009）。当一般人说某人"有人格"的时候，实际上是在做出一种肯定的评价，指的是在我们的文化中此人具有某些良好的品质，如友好、外向以及有吸引力。但是，在某些文化里，人们也许会认为凶猛、好战、毫不留情更值得提倡。

但在心理学家看来，**人格**是一个人独特的、持久的思维、情感和行为模式（Burger, 2011；Ewen, 2009）。换句话说，一个人过去是什么样的人，现在和将来还是什么样的人，这种一贯性就是由其人格所决定的。它是每个人独特的才智、价值观、期望、爱、恨以及习惯等构成的总和，使我们每一个人都与众不同。因此，在每一种文化中，每个人都有人格，但并不是每一个人都有好的性格。

这个人有人格吗？你有吗？

心理学家使用大量的概念和理论来解释人格。因此，从几个关键词入手来学习人格理论不失为明智之举，这将帮助你学好本章内容。

心理学家和雇主对某些个体的人格特质尤为感兴趣，这些人从事与公共安全相关的高危高压职业，比如警察、消防员、空中交通管制员和核电站工作者等。

人格特质

谈论他人的人格时，我们经常用到"特质"这个概念。例如，达尔利善于交际、办事有条理、聪明，而他的姐姐哈莉则是腼腆、敏感但极有创造性的人。就像我们久别重逢的安妮特一样，这些人格特质是非常稳定的（Rantanen et al., 2007；Engler, 2009）。想想吧，你最好的朋友在这5年里几乎没怎么变。如果每当你碰见一个朋友或熟人，你都觉得自己正在和一个陌生人谈话，这将是多么的奇怪。总之，这些**人格特质**是人们在大多数情境下表现出来的稳定的特点（Matthews, Deary & Whiteman, 2009）。在本章后续内容中，对于"为什么特质是稳定的"，你会看到大量的探讨。

通常，人格是从行为推论而来的。你看到达尔利总是"见人自来熟"，不论在超市里还是在宴席上，与陌生人一谈就说得热热闹闹，由此你可能推断他具有"善于交际"的特点。人格特质一旦被确认，就可以用来预测未来行为。例如，你认识到达尔利是外向的，你可能会以此为根据，预测他将来在学校或工作中也是个爱交际的人。事实上，人格能稳定地保持很多年（Caspi, Roberts & Shiner, 2005；Harker & Keltner, 2001）。特质不仅会影响我们的婚姻和职业成功，甚至会影响我们的健康（Roberts et al., 2007）。例如，珍妮是负责、尽职的，而莎莉则不是，你认为她们之中谁将获得职业上的成功呢（Brown et al., 2011；Chamorro-Premuzic & Furnham, 2003）？

人格类型

你是否问过这样的问题："他是什么类型的人？"，属于同一种**人格类型**的人都具有若干共同的个人特质（Larsen & Buss, 2010）。在你脑海里，人或许可以分成不同的类型，比如实干型、运动员型、慈母型、嬉皮士型、技术怪杰型等。如果你要对这些类型下定义，你需要就每一个类型罗列出一系列不同的特质。

那么，用"类型"界定人格到底有多大用处呢？多年来，心理学家提出了很多种方法，试图将人格划分为不同的类型。例如，瑞士精神病学家荣格提出人们要么是内向型的，要么是外向型的。**内向型**的人害羞、以自我为中心、注意力指向内部；**外向型**的人胆大、好交际、注意力指向外部。这种分类方法使用得非常广泛，我们往往把自己或身边的朋友归于其中一种类型。我们知道某人是外向的或内向的，但由此并不能知道这个人有多尽责、对待新观点的开放性如何。简而言之，两种类型（甚至几种类型）并不足以全面描述人格差异。由于这一原因，相对于将人划分为两类或三类，使用一

性格/Character 鉴定或评价一个人时使用的特征，包括好的或不好的特性。

人格/Personality 是一个人独特的、相对稳定的行为模式。

人格特质/Personality trait 在大多数情境中表现出的稳定的行为特征。

人格类型/Personality type 由一组相关特质定义的个性风格。

内向型/Introvert 将注意力集中在内部、害羞、保守、以自我为中心的人。

外向型/Extrovert 将注意力集中在外部世界、大胆、外向的人。

系列特质来评价人将能获得更多的信息（Engler, 2009）。

尽管人格类型将人格过分简化了，但它还是具有一定的价值。最明显的就是，人格类型能够快速地将具有某些共同人格特质的人归为一类。例如，在下一章里，我们将讨论 A 型人格和 B 型人格。A 型人格的人所具有的人格特质会提高其心脏病的发病率，而 B 型人格的人通常会以轻松的方式对待生活（图 12.1）。同样，在第 14 章里你会读到一些不健康的人格类型，如偏执型人格、依赖型人格以及反社会型人格。每种人格障碍都是一系列适应不良的人格特质的集合。

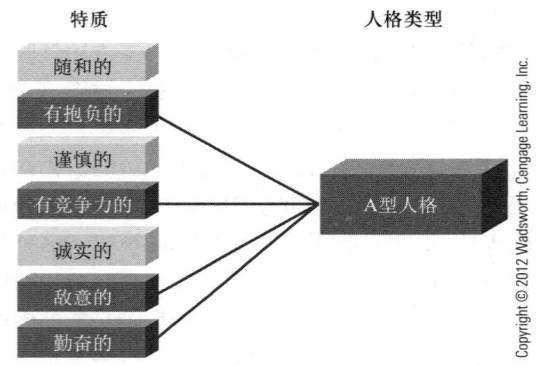

图 12.1 人格类型是由个体表现出来的人格特质来定义的，如图中左侧列出的那些人格特质。A 型人格的人表现出上述所有或大部分突出特质（深色块），是心脏病易患者（见第 13 章）。

自我概念

自我概念为我们提供了另外一条了解人格的途径。通过下面的问题，就能大致了解你的自我概念——"请说说你是个怎样的人。"换句话说，**自我概念**包括所有有关"你是谁"的观念、知觉、体验和感觉。它是你脑中对自身人格的描画（Swann, Chang-Schneider & Larsen McClarty, 2007）。

我们从日常生活经验里创造性地建立起一个自我概念，然后，随着新经验的增加，我们会慢慢修正自我概念。一旦自我概念稳定下来，它将会引导我们的注意力、记忆方式及思考方式。因此，自我概念会显著影响我们的行为和自我调适——特别是那些有偏差的自我概念（Ryckman, 2008）。例如，艾丽莎是个学生，她认为自己是一个愚蠢、没有价值、失败的人，除了成绩好之外一无是处。有了这样一个不准确的自我概念，艾丽莎对自己的成绩视而不见，一味地抑郁下去。

自尊

艾丽莎不仅有着错误的自我概念，而且其**自尊**水平过低（消极的自我评价）。高自尊的人总是很自信、自豪和自重，而低自尊的人则总是感到不安全、缺乏自信以及不停地自我批评，因此总是显得很焦虑和不愉快。低自尊的人通常自我认识能力比较弱。他们的自我概念是不一致、不正确和混乱的。本章后续内容将会深入讨论低自尊存在的问题。

当我们体验成功或受到表扬时，自尊水平会上升。它能缓冲消极体验对我们造成的影响（Brown,

自我概念是相当稳定的。在一项有趣的研究中，老人们被问到这些年来他们有什么变化，几乎所有人都认为自己在本质上与年轻时没有什么区别（Troll & Skaff, 1997）。例如，93 岁的纳尔逊·曼德拉在其整个成年生涯中是一名高尚的、有影响力的人权活动家。

人类多样性 — 自尊和文化——个人英雄或团队成员？

你和几个朋友在玩足球，你的球队赢了，某种程度上是因为你踢进了几个好球。赛后，你因为自己出色的表现十分高兴，你并不想吹嘘自己是个英雄，但是自尊却因此而大大提高。

在日本，志乃武和几个朋友也在玩足球，他的球队赢了，某种程度上是因为他踢进了几个好球。赛后，志乃武因为自己的球队表现出色而自豪。尽管如此，志乃武也仔细思考了自己的不足之处以及改进方法，争取做得更好。

这些故事告诉我们东方人与西方人在心理上的基本差异。在个人主义的文化氛围中，如美国，自尊是建立在个人成功和出色表现基础上的（Lay & Verkuyten, 1999）。对美国人来说，自我鼓励是获得高自尊的有效途径，并倾向于夸大成功、忽略失败和错误（Ross et al., 2005）。

而在亚洲文化中，如日本等，人们强调的是集体和人际互动。对他们来说，自尊来源于自己属于某个社会集体，这种归属感是自尊的基础。因此，亚洲文化中的人更倾向于自我批评（Ross et al., 2005），通过改正个人错误来提高集体表现（Kitayama, Markus, & Kurokawa, 2000）。当集体胜利了，个体便自我感觉良好，增强了自尊。

无论在东方文化还是西方文化中，自尊或许都是建立在成功的基础上的（Brown et al., 2009）。但是，不同的文化却奇妙地将成功进行了不同的定位（Schmitt & Allik, 2005）。北美文化所强调的胜利并不是提高自我评价的唯一途径。

2010）。一个有能力、有效率、受人爱戴、推崇和敬仰的人往往有高自尊（Baumeister 等人，2003）。拥有高自尊的原因在不同的文化背景下大相径庭，详见"自尊和文化——个人英雄或团队成员？"。

如果你自认为很迷人，但实际上你不是，那又会怎么样呢？真实的自尊基于对自己优缺点的正确评估。轻率地做出积极的自我评价未必是件好事（Kernis & Lakey, 2010；Twenge & Campbell, 2001）。自视甚高的人（这种人往往也乐于让别人了解他们的"自信"）乍看之下显得很自信，但他们的自高自大很快就会使人厌烦（Paulhus, 1998）。

人格理论

人格问题是一个非常复杂的问题，如果没有一个理论性的指导框架，我们很容易在理解时迷失方向。我们的思维、行为和情感是如何相互联系的呢？人格是怎样发展的？为什么有些人会产生心理问题？如何帮助那些有心理问题的人呢？为了回答这些问题，心理学家提出了许多有关人格的理论，每一种**人格理论**都是一个用来解释人格的概念、假设、观点和原理的系统（图12.2）。在本章，我们探讨的仅为众多人格理论中的几种，它们大致有四类：

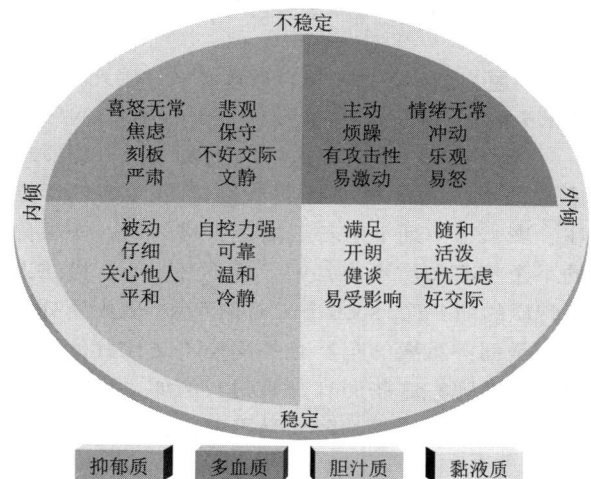

图12.2 英国心理学家艾森克（1916—1997）提出的人格理论。艾森克认为，许多特质都与两个维度有关：一个是"内倾-外倾"，另一个是情绪的"稳定-不稳定"。不同类型的人格特点与古希腊时期提出的四种基本气质类型是相对应的。

自我概念 /Self-concept 对自己的人格特质的知觉。

自尊 /Self-esteem 对自己有积极评价，认为自己是一个有价值的人。

人格理论 /Personality theory 用于理解和解释人格的概念、假设、观点和原理的系统学说。

1. **特质理论** 这类理论试图说明组成人格的特质以及与实际行为之间的关系；
2. **心理动力学理论** 这类理论强调人格的内部作用过程，尤其是内部冲突和矛盾；
3. **人本主义理论** 这类理论更注重个体感受、主观体验以及个人成长机制的作用。
4. **行为主义理论与社会学习理论** 这类理论强调外部环境，以及条件和学习的作用。社会学习理论认为人格的差异源于社会化、期望以及心理加工过程。

有了这些基本概念后，我们再来深入了解人格吧。

特质论——用18000个词来描述你自己

关键问题12.2：某些人格特质比其他特质更基础或更重要吗？

特质论是一种研究人格的主要方法。特质理论试图用少量的核心特质或因素对人格进行描述。表12.1中列举了若干描述人格的词，如果你的某个核心特质不在其中，请不必担心，描述人格特质的词多达18000个。对你而言，表中所列的词都是同等重要的吗？有些词是不是比其他词更具代表性呢？这些词有交叉吗？例如，你在核查"支配他人"这个词的时候是不是也会核查"自信"和"大胆"呢？

上述这些问题都是特质理论关注的焦点。为了更好地理解人格，**特质理论家**尝试对特质进行分析、归类，并探讨特质之间的关系。此外，特质理论家通常认为特质具有生物学层面倾向性，是对人们特定行为方式做的遗传准备（Ashton，2007）。本书第3章曾提及这一观点，认为人类学习语言是有生物学倾向性的。正如前面所提到的，人们在绝大多数情景中表现出来的特质具有稳定性（Matthews，Deary & Whiteman，2009）。例如，如果你总是乐观、谨慎、对人友善，那么，这些品质

表 12.1 人格特质检核表

请标出你认为符合自己特点的词。完成后，从已标出的词中再找出那些最符合你的词。

有攻击性	有条理	有抱负	聪明
自信	忠诚	慷慨	冷静
热情	大胆	谨慎	可靠
敏感	成熟	有天赋	好忌妒
好交际	诚实	风趣	信仰宗教
支配他人	迟钝	精确	神经质
谦虚	无拘无束	好幻想	快乐
体贴他人	严肃	乐于助人	情绪化
守纪律	焦虑	顺从	好脾气
开朗	好奇心强	乐观	厚道
逆来顺受	友好	易动感情	易冲动

Copyright © Cengage Learning 2013

就是你稳定的人格特质。

如果我有时也害羞、悲观和随心所欲，又当如何解释呢？刚才提到的乐观、谨慎和对人友善三种品质只要是你平常的典型行为，就仍然是你的人格特质。比如我们的朋友安妮特，她在大多数情景下都是很乐观的，但一到找工作时就发怵。如果她的悲观情绪只是局限于应对求职或其他特殊情景，那么，她在人格上仍基本是一个乐观主义者。

预测行为

前文提到，将人归为几大类，如内向型/外向型，可能会将人格过分简单化。尽管如此，内向型/外向型仍然可以被视作人格特质。知道了你在这个维度上的表现如何，我们就能预测你在不同环境下的行为。例如，你喜欢面对面地与人交流还是在互联网上交流？研究者发现，内向型特质较强的学生偏爱互联网，因为他们发现在线交流要更轻松一些（Koch & Pratarelli，2004；Rice & Markey，2009）。有关人格特质和行为的其他有趣关联详见"你的音乐人格是什么？"。

特质分类

特质可以分为不同类别吗？可以。心理学家

探索·发现

你的音乐人格是什么?

即使你喜欢所有的音乐,你也会有所偏好。在下面这些不同类型的音乐中,你最喜欢的是哪三种呢?

蓝调　爵士乐　古典音乐　民族音乐　摇滚乐
另类说唱　重金属音乐　乡村音乐　电影配乐　宗教音乐
流行音乐　街头音乐　黑人歌曲　电子舞曲

在一项研究中,Peter Rentfrow 和 Samuel Gosling 发现,人们喜欢的音乐类型和他们的人格特征是相关的(Rentfrow & Gosling, 2003)。看看你的选择是否和他们的研究结果匹配(Rentfrow & Gosling, 2007)。

- 珍惜艺术体验、有良好的言语能力、性格开朗、善于容忍的个体一般喜欢引人反思的、复杂的音乐,如蓝调、爵士乐、古典音乐和民族音乐。
- 对新事物充满好奇、喜欢冒险而且体力充沛的个体喜欢强烈的、反叛性的音乐,如摇滚、另类说唱和重金属音乐。
- 性格阳光、传统型的、外向的、可靠的、乐于助人的个体倾向于喜欢积极向上的传统音乐,如乡村音乐、电影配乐、宗教音乐和流行音乐。
- 善于交谈、充满激情、外表很有吸引力并且拒绝老套思想的个体一般喜欢有活力的、节奏感强的音乐,如街头音乐、黑人歌曲和电子舞曲。

毋庸置疑,人格特征会影响我们日常生活中的行为(Rentfrow、Goldberg、Levitin, 2011)。

Gordon Allport(1961)提出,特质可分为多类。一类是**共同特质**,即一种文化背景中的大多数人都有的特质。共同特质表现出一个特殊民族或文化中的人的相似性,同时也反映了这种文化中所注重的某些特质。在美国整体文化中,"竞争"是一个典型的共同特质,但是在美国亚利桑那州北部的印第安人赫必族中,"竞争"则不是当地文化提倡的共同特质。

当然,共同特质并不能反映一个独特的人的人格。在美国文化中,尽管很多人极具竞争性,但在这个特质上,有人得高分,有人得中等分,也有人得低分。研究者对**个人特质**也具有极大的兴趣,它描述了一个人独特的人格特质。

为了更清楚地说明共同特质和个人特质之间的差别,让我们举一个例子:如果你要买一只宠物狗,首先你需要了解特定品种的狗的一般性特点(即共同特质),之后,你要在这个品种的几只狗中进行选择,根据每条狗的"个性"(即个人特质)选择其中某只狗。

Allport 还对首要特质、核心特质和次要特质做了区分。**首要特质**是最基本的品质,决定人在一切活动中的本色。例如,富有同情心是特蕾莎修女最重要的人格特征,而美国前总统亚伯拉罕·林肯的首要特质是诚实。然而,根据 Allport 的观点,具有明显的首要特质的人极少。

核心特质

核心特质、次要特质与首要特质有什么区别呢? **核心特质**是人格的基础。很少的几个核心特质就能描述一个人的本质。例如,六个特质就能将安妮特的人格特点展现在我们眼前:支配欲强、爱交际、诚实、快乐、聪明和乐观。有研究者请大学生描述几个他们熟悉的人,这些大学生平均使用七个核心特质来描述他们的朋友(Allport, 1961)。

相对而言,**次要特质**指的是人表面的一些品

特质理论家 /Trait theorist　喜欢将人格特质归类、分析并找出相互关联以理解人格的心理学家。

共同特质 /Common traits　一种文化背景中的大多数人都具有的人格特质。

个人特质 /Individual traits　构成一个人的独特个性特征的人格特质。

首要特质 /Cardinal trait　最基本的人格品质,决定个体在一切活动中的本色。

核心特质 /Central traits　一个人的核心人格品质。

次要特质 /Secondary traits　一些表面的特点或不稳定的人格特质。

质，如食物偏好、政治观点、态度和音乐品位等。我们可以使用 Allport 理论中的术语，通过以下表述对一个人进行人格描述。

姓名：简·多尔
年龄：22 岁
首要特质：无
核心特质：占有欲强，自主性强，爱好艺术，引人注目，以自我为中心，可信赖
次要特质：喜欢色彩鲜艳的衣服，喜欢独自工作，政治上持自由主义观点，爱迟到

根源特质

你如何分辨某种人格特质是核心特质还是次要特质呢？Raymond B. Cattell（1906—1998）通过对大量个体的特质进行研究来回答这个问题。Cattell 把人格的"可见部分"称为**表面特质**，并由此进行研究。他注意到，许多表面特质都是以"组"的形式出现的，事实上，一些经常同时出现的特质词似乎是同源的，反映着某种更为基本的特质。Cattell（1965）把这类更为基本的人格特质称为**根源特质**。

根源特质和 Allport 的核心特质有什么区别呢？Allport 主观地将人格特质分类，有时，这样的分类可能是错的。Cattell 使用因素分析来探索特质之间的关联，**因素分析**是一种多变量统计法，用来找出这些变量之下最为基础的因素。例如，他发现有想象力的人往往富有原创性，且好奇心强，创新性高，敢于改革，具有创造才能。因此，"想象力丰富"是一个根源特质（也称为因素），如果你是一个想象力丰富的人，我们自然可以推断你还具有其他特质。

Cattell（1973）提出了 16 个根源特质。根据他的观点，这 16 个根源特质对于充分描述某种人格都是必需的。这 16 个根源特质可通过 16 人格因素问卷（Sixteen Personality Factor Questionnaire，即 16PF）来测量。与许多同类人格测验一样，16PF 可以通过**特质剖析图**表现出总的测量结果，同时，在每一个特质上的得分也可以从图中看到。特质剖析图不但有助于我们了解一个人的人格"风貌"，也便于对这个人所具有的人格特质进行比较分析。

大五人格

诺尔是一个开朗、友善、有责任感且情绪稳定、充满好奇心的人，而他的兄弟乔尔则沉默寡言、对人不友好、缺乏责任感、情绪反复无常、对什么都提不起兴趣。假设要你和他俩中的一人在航天密封舱里待一个星期，你会选择谁当自己的同伴呢？答案一目了然，这是因为我们运用**五因素模型**对两个人进行描述，该模型界定了人格最基本的 5 个维度。

五个关键维度

图 12.3 列出的"大五"因素将 Cattel 的 16 因素进一步精简为 5 个典型维度或根源特质（Costa & McCrae, 2006; Noftle & Fleeson, 2010）。大五模型很好地回答了一个问题：人格的本质是什么？

如果你需要对两个人做人格方面的比较，不妨试着按照图 12.3 中的 5 个维度对他们进行大致的评估，比较一下两个人在这 5 个维度上的得分。因素 1 是外倾性（extroversion），用于评估一个人是内向还是外向；因素 2 是宜人性（agreeableness），得高分者对人友好、有教养和关心他人，得低分者则冷漠、以自我为中心或对人抱有敌意；因素 3 是责任心（conscientious），责任心强者一般自律性也很强，工作努力、认真，而缺乏责任心者往往办事马虎、

了解一个人在大五人格因素上的得分，有助于预测他的行为。例如，在责任心维度上得分高的人通常也是安全性高的司机，一般不会发生交通事故。

第 12 章 人格

外倾性									
孤独、不合群 安静 被动 缄默	低分	1	2	3	4	5	6	7	高分	喜欢参加集体活动 健谈 主动 热情

宜人性									
多疑 刻薄 无情 易怒	低分	1	2	3	4	5	6	7	高分	信任 宽容 心软 好脾气

责任心									
马虎 懒惰 杂乱无章 不守时	低分	1	2	3	4	5	6	7	高分	认真 勤奋 井井有条 守时

情绪稳定性									
冷静 不愠不火 自在 感情淡漠	低分	1	2	3	4	5	6	7	高分	自寻烦恼 神经质 害羞 感情用事

开放性									
刻板 创造性差 墨守成规 缺乏好奇心	低分	1	2	3	4	5	6	7	高分	富于想象 创造性强 见解独到 有好奇心

图 12.3 大五人格。根据五因素模型，人们在人格上的基本差异可以归结为五个维度。请评价你在每一个维度上的分数。五因素模型主要回答了如下这些重要的问题：你是外向的还是内向的？是宜人的还是难以相处的？是有责任心的还是不负责任的？是情绪稳定的还是不稳定的？是聪慧的还是蠢笨的？这些问题基本覆盖了一个人的人格特征。

不可靠；因素 4 是情绪稳定性（neuroticism），得高分者容易焦虑，有神经过敏倾向，多是"坏脾气"；因素 5 是开放性（openness to experience），得高分者聪明，对新思想持开放态度（Ashcraft, 2012）。

大五模型的妙处在于，你所能想到的任何特质都与这 5 个因素中的一种有关。如果你正在选择大学室友、雇用员工或相亲，你会非常想知道他们在大五模型所涵盖的这些人格维度上的表现如何。在你阅读"你是哪种人格？"时试着给自己打打分。

大五人格特质与不同的大脑系统及其化学物质紧密相关（Ashton, 2007；Nettle, 2008）。它

表面特质 /Surface traits 人格特质的可见部分，表现在可被观察到的行为中。

根源特质 /Source traits（factors） 一些常用于反映人格特质的词似乎是同源的，可能来源于某种更为基本的特质。根源特质指这种更为基本的特质。

因素分析 /Factor analysis 一种用于解释多个观测变量之间的关系，发掘它们背后本质因素的统计方法。

特质剖析图 /Trait profile 表示个人或群体的若干人格特质测量得分的图形。

五因素模型（大五模型）/Five-factor model（Big Five） 一种确定人格的五个基本维度的理论模型。

探索·发现

你是哪种人格？

根据五因素模型，通过在人格的五个基本维度或因素上对你进行评价，可以了解到你的人格全貌。尝试一下（如图12.3），这些评价是否恰当地描述了你的人格？

当你在做自我评价时，你是否注意到在图12.3所示的特质中，有些看上去不太好？毕竟，大部分人不希望自己在外倾性上得分低，没人愿意成为一个平庸、消极、缄默、孤僻的人。换句话说，是不是某些人格模式要优于其他人格模式？

那么，最佳的人格模式是怎样的呢？你可能吃惊地发现，没有一种人格模式是"最佳的"。例如，相比内向者来说，外向者一般都赚钱多，有多名性伴侣，但是也要承担更大的风险（经常因为受伤住院），其离异的可能性也比较高。正因为这样，外向者一般不和孩子生活在一起。换句话说，外向能够让你体验到某种生活经历，也会让你失去体验其他生活经历的机会（Nettle，2005）。

同样的道理，宜人性也是这样的。宜人性高的人会吸引更多的朋友与其交往，能够从他人那里获得社会支持。但是，宜人性高的人通常优先考虑朋友和家人的兴趣爱好，而后才考虑到自己。这使得他们被动地处于不利的位置。从事创造性的、艺术性的工作或想要在生意场上获得成功，通常要把自己的兴趣放在首位（Nettle，2008）。

责任心又是怎样的呢？有一种观点认为，责任心与成就高相关。但是，如果对自己要求太高，有完美主义倾向，又是一个问题。具有完美主义倾向的大学生，有些可能在学习上能取得较好的成绩，但也有一些因为过于追求完美而陷入适应不良，反而不能取得好成绩（Accordino，Accordino & Slaney，2000）。正宗的纳瓦霍地毯会在其复杂精美的设计中留有一些瑕疵，纳瓦霍织工特意在每张地毯上留下一点错误，以此来告诉大家人无完人。没必要刻意追求完美。你只有不怕犯错，才能从经验中学习和成长（Castro & Rice，2003）。长远来看，成功更多的是基于追求"卓越"而非"完美"（Enns，Cox，& Clara，2005）。

除了一些极端的、会造成适应不良的人格模式之外，大部分人格都有两面性。我们都在不断地追求与我们独特的人格模式相一致的生活经历（Nettle，2008）。

们还能用来预测人们在不同环境下将会如何反应（Sutin & Costa，2010）。例如，在责任心维度上得分高的人，通常都会工作表现好，学习表现好，并且很少发生交通事故（Arthur & Doverspike，2001；Brown et al，2011；Chamorro-Premuzic & Furnham，2003），他们甚至更为长寿（Martin，Friedman & Schwartz，2007）。

知识巩固

人格和特质理论

测一测

1. 当一个人的人格受到评价时，我们说正在评价他的_____。
   a. 气质　　　　b. 性格
   c. 外倾性　　　d. 自尊
2. 定义一种人格类型通常要看它是否呈现出_____。
   a. 人格五因素
   b. 一种稳定的自我概念
   c. 几种特定的人格特质
   d. 一种根源特质
3. 个体对自身人格的知觉称为这个人的_____。
4. 核心特质是同一种文化中大多数个体都具有的。对不对？
5. Cattell相信，一些经常同时出现的_____可能反映出某种潜在的、更为基本的_____特质。
6. 下面哪一个不是大五人格因素？
   a. 顺从性　　　b. 宜人性
   c. 外倾性　　　d. 情绪稳定性

想一想

批判性思考

7. 记忆是如何对人的"自我形象"的准确性产生影响的？
8. 除了责任心，你认为还有哪个大五人格特质可能与学业成绩相关？

自我反思

看看你是否能用自己的话来描述或定义下面这些词：

人格 性格 特质 类型 自我概念 自尊

列举6~7个最能描述你人格特质的词，看看他们和哪种人格理论最匹配？

答案：1.b　2.c　3.目有恒毅　4.才大　5.素要特点、根据情境主稳定性、特质具有程度上的差异等。6.a　7.我们在第7章中讨论到，记忆具有随意性，为了将事件记住，我们需要将其正在发生的事件正在发生的事情联系起来。记忆的准确性要具有机会且相关。8.在一般情况下，我们的学习与学习习惯具有正相关，而我们提起考试成绩有关系的天气等，但他错误地认为这些事情中导致了良好的考试成绩。(Kappe & van der Flier, 2010)。

精神分析理论——本我在梦中体现

关键问题12.3：心理动力学理论是如何解释人格的？

心理动力学家不满足于研究特质，他们认为，研究人格必须探索人格表面之下的东西，了解那些使人产生活力的东西，如内驱力、冲突和能量。心理动力学家认为，我们的许多行为基于隐藏着的、无意识的想法、需要和情绪。心理动力学家与特质理论家有一个同样的观点，那就是人格是以一系列生物性气质为基础的。

正如我们在第1章中探讨过的，**精神分析理论**最著名的代表人物是维也纳医生弗洛伊德。弗洛伊德在他的临床工作中发现，许多病人的问题似乎更多的是受情绪的问题引起的，而不是由于生理原因。从1890年开始，他在这一领域的研究工作一直持续到1939年他去世为止。弗洛伊德提出的精神分析理论深深地影响了现代的人格理论思想（Jacobs, 2003；Schultz & Schultz, 2009）。他的理论非常复杂，难以尽述，这里仅介绍其主要内容。

人格结构

弗洛伊德是如何看待人格的？ 弗洛伊德将人格视为一个动力系统，由本我、自我和超我三个心理结构组成。他认为，人类的大多数行为中都包括本我、自我和超我的共同活动。弗洛伊德的理论使用了一些独特的术语及概念，表12.2描述了这些概念的含义，便于读者参阅。

本我

根据弗洛伊德的理论，本我是由先天的生物本能和欲望组成的，遵循的是快乐原则，即要求自由表达各种寻求快乐的欲望。它是非理性的、冲动性的和无意识的，以自我满足为目标进行活动。如果每个人的人格都只受本我控制，都为所欲为，那么，这个世界肯定会处于无法想象的混乱之中。

本我为人的整个精神和人格的活动提供能量，这种能量叫作力比多（libido），来源于人的生本能（或厄洛斯）。根据弗洛伊德的理论，力比多决定着人的生存的愿望，即一种潜在的满足性欲的愿望，性欲和人追求快乐的各种形式都是这种愿望的表达。与生本能同时存在的，还有死本能，弗洛伊德称之为萨纳托斯，这种本能表现为对他人的攻击行为和破坏欲望。弗洛伊德列举了人类漫长历史中的种种暴力和战争，作为这种本能存在的佐证。在大多数情况下，个体会通过非破坏性的形式释放本我的能量，缓解由于性冲动或攻击冲动造成的内部压力。

自我

有时，人们把自我比喻为一个"执行官"。虽然本我产生能量，但如何使用能量则由自我控制。打个比方，本我就像一个双目失明的国王，虽然他拥有可怕的力量，但是其命令的实施必须依赖"执行官"。本我只能够形成它期望的行为的意象，而真正有权将本我的愿望落实为外部行为的系统是自我。

本我和自我还有其他差异吗？ 有，本我按照快乐原则行事，而自我则按照现实原则行事。自我是思考、计划、问题解决和决策系统，是在人格的意

精神分析理论/Psychoanalytic theory　弗洛伊德人格理论，强调无意识的力量和冲突。

表 12.2　弗洛伊德精神分析理论中的主要概念

肛门期（Anal stage）　心理－性欲发展阶段之一，在1—3岁。此阶段是父母训练幼儿自己大小便的时期。

肛门期－排泄型人格（Anal-expulsive personality）　具有破坏性的人格特质，人亦不安分、残忍、龌龊。

肛门期－滞留型人格（Anal-retentive personality）　具有固执和吝啬的人格特质，有强迫性行为倾向，遇事"拿得起，放不下"。

良心（Conscience）　超我的一部分。当人的行为不能达到特定标准时，将产生内疚感。

意识（Conscious）　人的精神世界的一部分，包括人所能够觉察到的全部心理内容。

自我（Ego）　人格中的行为执行部分，决定着个体的理性行为。

自我理想（Ego ideal）　超我中代表理想行为的部分。当人的行为达到其标准时，人便产生自豪感。

恋父冲突（Electra conflict）　厄勒克特拉冲突。女孩产生对父亲的性爱，并产生与自己母亲的对抗。

快感区（Erogenous zone）　身体上每一处能使人产生快感的区域。

厄洛斯（Eros）　爱神之名。在弗洛伊德用语中意为"性的本能"或"生的本能"。

固着（Fixation）　由挫折或过度放纵所致的某种持久的心理冲突。

生殖期（Genital stage）　完成心理－性欲发展后所达到的阶段，标志是成熟成人性欲的出现。

本我（Id）　本能冲动。人格中的原始部分，存在于无意识中，追求快感的满足，是心理动力的源泉。

潜伏期（Latency）　儿童期心理－性欲发展过程中出现的暂时停滞或受阻的时期。

力比多（Libido）　驱动人格的能量，主要为追求愉快的力量。

道德性焦虑（Moral anxiety）　当人的思想、冲动或行为与超我中的标准发生冲突时所产生的焦虑感。

神经性焦虑（Neurotic anxiety）　当自我难以控制本我的冲动时所产生的焦虑感。

恋母冲突（Oedipus conflict）　俄狄浦斯冲突。男孩产生对母亲的性爱，并产生与自己父亲的对抗。

口唇期（Oral stage）　在此阶段，婴儿通过口唇获得愉快和表达满足。

口唇期－攻击型人格（Oral-aggressive personality）　一种具有攻击他人倾向的人格。此类人总是以叫喊、咒骂或撕咬嘴部活动方式表达对他人的敌意。

口唇期－依赖型人格（Oral-dependent personality）　一种具有被动倾向的人格。此类人习惯于被动地接受他人的注意、礼物、爱情。

生殖器型人格（Phallic personality）　以爱虚荣、好表现、敏感和自恋为特点的人格。

生殖器期（Phallic stage）　心理－性欲发展阶段之一，大约在3—6岁，儿童开始留意生殖器。

快乐原则（Pleasure principle）　一旦产生希望、愿望或需要，即要立刻得到满足的原则。

前意识（Preconscious）　当信息被传入意识之前，首先进入前意识区。

续表

精神（Psyche）　思想、心理活动和人格的总和。

心理－性欲发展阶段（Psychosexual stages）　包括口唇期、肛门期、生殖器期和生殖期。在不同的阶段形成各种不同的人格特质。

现实原则（Reality principle）　把行为延迟至情况相宜时。

超我（Superego）　人格中负责对思想和行动进行判断、审查的部分。

萨纳托斯（Thanatos）　死神之名。在弗洛伊德用语中意为"死的本能"。

无意识（Unconscious）　精神世界中意识之外的部分。人们意识不到的冲动和愿望都存在于无意识之中。

识部分控制之下发生作用的。因此，在本我的要求不符合实际或不合时宜的情况下，自我会有意识地对这种冲动进行控制，将行动拖延，直到认为它适宜时再行动。

超我

超我扮演着什么角色？超我对于自我的思想和行动起着判断和监察的作用。超我的一部分称为良心，反映着一个人的道德标准。当你的行为有违这种标准的时候，你的良心就会受到内疚感的惩罚。

超我的另一部分称为自我理想，反映着一个人在幼年时受到父母赞扬或奖赏的那些行为。自我理想是一个人的目标和抱负的源泉，当你达到这种标准时，你会为自己感到自豪。

超我以一种"内化的道德标准"的形式控制着人的行为。根据弗洛伊德的理论，一个缺乏控制力的超我可能使一个人成为不良少年、罪犯或形成反社会型人格，而一个过分严格的超我则可能使人僵化，产生压抑感或难以承受的内疚感。

人格动力学

本我、自我和超我是如何相互作用的？弗洛伊德并没有把本我、自我和超我描述成大脑中的三个小人，一起操纵着人们的心理。相反，它们是互相冲突的心理过程。在理论上，弗洛伊德把本我、自我和超我这三种力量描述为既互相独立又互相矛盾的心理过程，通过冲突达到一种微妙的平衡。例如，本我要求愉快的愿望立即得到满足，而这经常会与超我的道德标准发生冲突。下面通过一个例子来阐述本我、自我和超我各自所扮演的角色：

假设你对一位异性一见钟情，本我渴望马上得到满足，但是却受到超我的压制。此时你的本我叫喊着："我想马上得到她！"你的超我却严厉地回答道："不许有这种邪念！"而你的自我则说道："不要胡来，但我可以有一个追求计划。"

也许这是一个过于简单化的解释，但却表现了弗洛伊德学说的核心思想。为了降低内部冲动的压力，自我可以采取各种可行的途径达到目的，比如，与这位漂亮姑娘建立友谊、谈恋爱或结婚。当然，如果本我的力量占绝对优势，自我也可能采取引诱等行动；而如果超我占绝对优势，自我则可能不得不通过其他活动方式对性冲动进行掩饰或使其升华，如进行体育运动、演奏音乐、跳舞、做俯卧撑或洗冷水浴，使那些被压抑的冲动得到释放。根据弗洛伊德的理论，人格系统的主要功能就是解决这些内部冲突，并打开渠道疏导能量。

自我总是被夹在中间吗？ 基本上是的。自我不但要尽力满足来自本我和超我两方面的矛盾要求，而且必须使行为符合外部现实的要求。因此，自我常常是工作繁重、压力巨大。

根据弗洛伊德的理论，当自我无法承受来自两方面的威胁时，人就会感到焦虑。一方面的威胁来自难以控制的本我的冲动，这会导致神经性焦虑的产生；另一方面的威胁来自超我的惩罚，这会导致道德性焦虑的产生。当然，产生焦虑并不可怕，因为我们每个人都在生活中总结出了某些能够缓解焦虑心情的方法，很多人还能够通过自我防御机制来减少内部冲突。防御机制是一种心理过程，它能拒绝、扭曲或隔离产生威胁和焦虑的外部根源。

> **知识桥**
> 弗洛伊德所提出的自我防御机制是一种个体用以保护自己免遭外部压力、焦虑和威胁事件伤害的方法。参见第13章。

不同水平的意识

和其他心理动力学理论家一样，弗洛伊德认为人的行为所表达的往往是无意识中的内驱力。无意识中隐含着一些被压抑的记忆、情感以及来自本我的本能性驱力。有意思的是，根据现代科学研究的结果，大脑的边缘系统看起来的确能引发某些无意识的情绪和记忆（LeDoux，2000）。

尽管都处于意识层面以下，有时，无意识中的思想、感情或欲望可能会以伪装或象征的方式"溜出来"（Reason，2000；没错，它们就是所谓的"弗洛伊德口误"）。例如，你遇到一个人，很希望与其加深了解，于是你可能无意识地把一本书或一件衣服落在这个人的家里，为你们的下一次会面做铺垫。

如果本我的行动完全是无意识的，那么，自我和超我的行动也是无意识的吗？ 有时候是的。如图12.4所示，在自我和超我的行动中，既包括无意识水平的行动，也包括前意识水平和意识水平的行动。意识水平的内容包括人在一定的时间内所意识到的全部，如思想、知觉、情感和记忆。而前意识中的内容是那些容易进入意识的东西，例如，当你心里有一种不痛快的感觉时，如果你决定回想一下那到底是为了什么事，你就会把这个记忆从前意识水平移入意识水平。

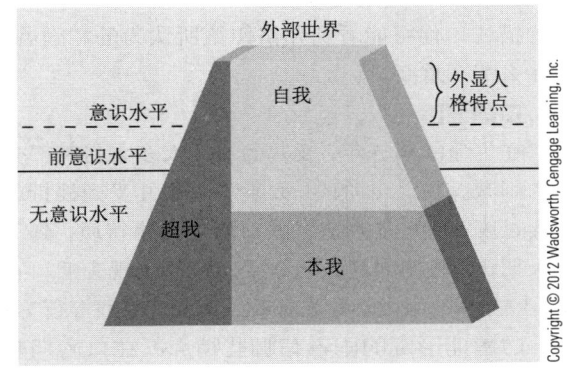

图12.4 本我、自我和超我与不同意识水平的关系

超我的行动也可以表现在不同的意识水平中。例如，我们在生活中总是试图达到某种道德标准，这些属于意识行动；有时我们可能会体验到某种原因不明的内疚感，这种内疚即属于超我的无意识行

动。弗洛伊德认为，许多存在于无意识中的情感很难浮上意识水平，因此很难被人直接了解到。

人格发展

精神分析理论是如何解释人格发展的呢？根据弗洛伊德的理论，人格的核心是在6岁以前形成的，经过了一系列心理－性欲发展阶段。他认为，儿童期性欲对发展具有持续的影响（Ashcraft, 2012）。对于弗洛伊德的这种强调性欲的提法，历来有着许多反对意见。实际上，弗洛伊德是在广义地使用术语性和性欲，表示几种不同的生理性愉快的来源。

弗洛伊德的神话

弗洛伊德划分出四个心理－性欲发展阶段，即口唇期、肛门期、生殖器期和生殖期，此外他认为在生殖器期与生殖期之间还有一个潜伏期。在不同发展阶段中，能够使儿童产生快感的区域在身体的不同部位，儿童的快乐、挫折感和自我表现都来自这些快感区。弗洛伊德相信，许多成人的人格特质都与他们在某一个（或几个）发展阶段中形成的固着有关。

什么是"固着"？固着指那些童年时期没有得到解决的心理冲突，是一种由于挫折或过度放纵而形成的心理疙瘩。通过我们对心理－性欲发展阶段的描述，你将能看到弗洛伊德所认为的"固着"为什么那么重要。

口唇期

在生命的第一年，婴儿的快乐大多来自嘴部受到的刺激。在这一阶段，如果一个婴儿受到挫折或进食过度，就可能形成某些口唇期人格特质，到了成人期，这些嘴部刺激的需要即可能表现为嚼口香糖、咬指甲、吸烟、喜欢狂吻、暴食、嗜酒等行为。

口唇期形成的固着有哪些特点？在口唇期较早阶段形成的固着会产生口唇期－依赖型人格，这类人非常容易轻信、被动，总是要求得到他人的关注（需要母爱，连洗澡都得有人哄着）。在口唇期较后阶段，挫折所致的固着会产生口唇期－攻击型人格，这种攻击性经常是以撕咬的形式表现出来。具有这种人格倾向的成人喜欢争论并且尖酸刻薄，

弗洛伊德手指间经常夹着的那支雪茄表现了什么呢？是一种口唇期固着的象征，还是生殖器期人格的象征？当人们问及此事时，弗洛伊德巧妙地回答："有些时候，雪茄就是雪茄。"不能提供确切的解释是精神分析理论的缺陷之一。

甚至喜欢盘剥别人。

肛门期

儿童在1—3岁时，其注意力转移到排泄过程中。当父母尝试对孩子进行大小便训练时，儿童可以利用"排泄"或"不排泄"的方式，来获得赞许或表示反抗。因此，过于放纵或过于严厉的大小便训练都可能导致肛门期的固着，并表现为相应的人格特质：一种是肛门期－排泄型人格，即弗洛伊德所描述的随意排泄型人格。这类人不讲规则，具有破坏性，残忍并龌龊；另一种是肛门期－滞留型人格，这类人固执、吝啬、守规则，有强迫性洁癖。

生殖器期

具有生殖器型人格特质的成人爱虚荣、爱出风头、敏感、自傲、有自恋倾向。弗洛伊德认为，生殖器期的固着是在3—6岁形成的。在生殖器期，儿童对性器官的兴趣越来越大，并开始在生理上受到异性家长的吸引。对于男孩，这种吸引会导致恋母冲突，即俄狄浦斯冲突，男孩为了获得母亲的感情而与父亲发生对抗。弗洛伊德相信，此时男孩感受到来自父亲的威胁，特别是害怕被父亲阉割，为了缓解这种焦虑，男孩需要对父亲进行认同。当男孩努力使自己变为父亲的样子时，父子之间的对抗就会结束。之后，男孩会开始接受父亲的价值观，并形成自己的良心。

女孩会有什么变化呢？父亲对女孩的吸引会

导致恋父冲突，即厄勒克特拉冲突，女孩因为暗恋着自己的父亲而与母亲进行竞争。根据弗洛伊德的观点，女孩对母亲的认同需要一个更长的过程。

弗洛伊德认为，女性感到自己已经受到阉割，因此不像男孩那样具有尽快缓解焦虑的足够动力。弗洛伊德的这部分理论受到了现代女性心理学专业人士的坚决（且正当的）抵制，也许，把它看作对弗洛伊德所生活的男权时代的反映会更容易理解一些。

潜伏期

根据弗洛伊德的理论，从6岁到青春期之间有一段潜伏期。潜伏期与其说是一个发展阶段，不如说是一段安静的时间，因为此时的心理－性欲发展暂停了。弗洛伊德认为，与人生前6年中的迅速发展相比，潜伏期是一个相对平静的时期。

生殖期

在青春期，迅速增加的性能量会激活此前各阶段中未能得到解决的心理冲突。根据弗洛伊德的解释，这就是为什么青少年期充满情绪混乱和各种困难的原因。生殖期始于人的青春期，青年人在这一阶段逐渐形成一种建立具有社会性的负责任的两性关系的能力。生殖期结束时，个人完全具备了成熟的爱的能力，也拥有了成人的性生活。

批判性评价

在弗洛伊德提出的理论中，许多概念的表达用词显得古怪，但是他的人格发展理论在许多方面有着很大影响。第一，这一理论第一次指出了人的早期经历对人格形成的影响。第二，弗洛伊德明确地提出了婴幼儿期的喂养、大小便训练和性经验是人格形成过程中具有重要意义的事件。第三，弗洛伊德开创性地提出了人格发展过程可按阶段划分的观点（Shaffer，2009）。

> **知识桥**
> 艾里克森的从出生到老年的心理社会阶段学说，就是在弗洛伊德理论的基础上发展而来的。参见第3章。

弗洛伊德的发展理论被广泛接受了吗？今天完全信奉这套理论的心理学家几乎已经没有了。很明显，弗洛伊德的一些说法是错误的。弗洛伊德把潜伏期说成心理－性欲发展中的一段静止时期，认为小学阶段的儿童不再对性器官感兴趣，这个阶段对人格发展不重要，这种观点是很难让人理解和接受的。按照弗洛伊德的说法，一位严厉而可怕的父亲对促进男孩良心的发展具有重要作用，但这一论点已经受到了挑战。研究表明，有一个慈祥和蔼的父亲更有利于男孩良心的健康发展。弗洛伊德理论中过分强调性欲在人格发展中的作用，实际上，认知因素和其他动机因素也有着相同的重要性。

此外，根据弗洛伊德的解释，那些在幼年受到过性虐待的报告都是出于患者自己的幻想（Marcel，2005）。正是弗洛伊德错误观点的影响，使人们在很长一段时间里不相信受害者们曾被强奸或遭受性骚扰的事实（Brannon，2011）。

弗洛伊德理论中的最大问题是他的许多观点无法得到科学证实，他采用各种方式解释了观念、行为及情感，但是极少提及如何预测，这使得其观点不能被检验。尽管批评弗洛伊德理论的人很多，但它还是包含一些正确的成分（Jacob，2003；Moran，2010）。因此，现在许多临床心理学家仍然用弗洛伊德理论来理解和思考问题。

弗洛伊德的后继者

弗洛伊德的思想吸引了一大批极富才华的追随者，但由于弗洛伊德学说中过于强调本能驱力和性欲的作用，很多人并不完全同意他的观点。一些人在接受弗洛伊德理论中大部分核心思想的同时，对其中某些部分进行了修正，因此，他们被称为**新弗洛伊德主义者**，其中包括霍妮（Karen Horney）、弗洛伊德的女儿安娜·弗洛伊德（Anna Freud）、Otto Rank 和 Erich Fromm。另一些人后来创建了他们自己的理论，与弗洛伊德主义分道扬镳，如阿德勒（Alfred Adler）、沙利文（Harry Sullivan）和荣格（Carl Jung）。

> **新弗洛伊德主义者/Neo-Freudian** 接受弗洛伊德理论中的一些基本理念，并对其进行了修正的理论家。

其他心理动力学理论你们以后将会学到。现在，我们来认识一下三个流派：第一个流派反映了早期对弗洛伊德思想的摈弃（阿德勒）；第二个流派接受了弗洛伊德理论的大部分（霍妮）；第三个流派将弗洛伊德的理论过渡到一种相关但又独特的理论体系中去（荣格）。

阿德勒（1870—1937）

阿德勒不同意弗洛伊德只注重无意识、本能驱力和性欲，因此和老师分道扬镳。阿德勒认为，人类是社会性生物，受到社会欲望的支配，而不是生物本能（Shulman, 2004）。在阿德勒看来，人格的主要驱力是**追求卓越**。他认为，正是这种驱力帮助人们奋力克服自身的缺陷，这是一种向上的驱力，使人们拥有能力、成功并甩掉缺点。

那么，"追求卓越"的动机是什么呢？阿德勒认为，每个人都曾有过自卑的感觉，因为我们生来就是弱小无力的婴儿，而周围环绕着身材高大又充满力量的成人。我们自身的局限也可能导致自卑感，而自卑感正是追求卓越的起源。

虽然每个人都在努力地追求卓越，但每个人要**补偿**的缺陷不同，通向成功的方式也不同（Overholser, 2010）。阿德勒认为，这种情境为每个个体创造了一种独一无二的**生活方式**（或称人格模式）。根据阿德勒的理论，每个人生活方式的核心在5岁时就形成了（他还认为，要探究一个人的生活方式，可以看看他能回忆起来的最早的事情。你也可以搜寻自己最初的记忆，并反复思索其含义，这很有趣）。尽管如此，在阿德勒晚年，他开始强调每个人身上都存在一个**创造性自我**，也就是说，人们能通过经验和选择来塑造自己的人格。

霍妮（1885—1952）

霍妮忠于弗洛伊德理论中的大部分思想，但是她不同意弗洛伊德的那些机械的、强调生理性本能的观点。例如，作为一个女人，她尤其不能接受弗洛伊德的"解剖学决定论"观点，即男性居于支配地位，优越于女性。弗洛伊德的学说中充斥着这种观点。霍妮是首批反对弗洛伊德思想中男权主义偏见的人之一（Eckardt, 2005）。

霍妮也不同意弗洛伊德对于神经症病因的解释。弗洛伊德坚持认为，焦虑来自人与被压抑的本我冲动进行的抗争，那些有着隐性焦虑的神经症患者经常害怕自己无法控制这种冲动。霍妮则认为，人的**基本焦虑**产生于他们在一个充满敌意的世界中的孤独感和无助感。她相信，这些感觉是在儿童期形成的。当一个人在人际交往中不切实际地试图使用某种单一的互动方式控制基本焦虑时，就会出现问题。

"互动方式"是什么呢？霍妮提出三种互动方式：第一是接近他人，如我们每个人都可以通过相互支持、关爱或友谊等方式接近其他人；第二是远离他人，如通过退缩、孤僻或独立等方式不与他人接触；第三是对抗他人，如通过攻击、竞争或争权夺利的方式与他人相对抗。霍妮相信，情绪健康者能够在人际关系中合理地使用这三种方式，而有情绪问题的个体则总是拘泥于其中的一种方式。她的这一观点至今仍极具启发性（Smith, 2007）。

荣格（1875—1961）

荣格曾是弗洛伊德的学生，但后来他创立了自己的理论。像弗洛伊德一样，荣格把人格的意识部分称为自我。不同的是，他进一步指出，自我直接展示给外部世界的还不是其本来面目，而是一个人格面具。**人格面具**是表现给其他人看的"公开的自我"，表现着人所选择的特定角色，而较深层的情感则隐藏其后。荣格相信，自我的行动可能反映两种不同的态度，即能量指向内部的**内向态度**或能量指向外部的**外向态度**。

荣格和弗洛伊德所使用的"无意识"概念是否相同？在荣格的术语中，**个体无意识**与弗洛伊德所说的无意识是相同的（Mayer, 2002），它就好像是一间储存个体经验、情感和记忆的心理储藏室。同时，荣格又提出了一个**集体无意识**的概念，用于描述一个所有人都具有的、更深层的心理储藏室，里面储存着人类的无意识思想和想象。荣格认为，所有的人从一出生就有某些体验，如生、死、力量、神的形象、母亲和父亲的形象、动物、地球、能量、邪恶、再生等。这些普遍性体验构成了人们的**原始意象**（原始的观念、形象或模式）。

正是这些集体无意识中的原始意象引起了我

们对生、死、能量、动物、邪恶等象征物的情绪反应（Maloney，1999）。荣格相信，他能从每种文化和每个时代的艺术、宗教、神话和梦想中找到这种原始意象的象征。如果一个男人梦见自己和妹妹一起跳舞，那么，荣格和弗洛伊德的解释会有何不同呢？在弗洛伊德看来，这可能是一种隐含的乱伦情感的象征；而在荣格看来，妹妹的出现也许反映了男性人格中隐含的女性品质，而这种梦境所代表的可能是宇宙之舞中完整的象征，因为所有的生命体中都包含着"男性"和"女性"交织在一起的部分。

哪些原始意象最重要？ 有没有什么特别重要的原始意象呢？两个特别重要的原始意象是**阿尼玛**和**阿尼姆斯**。阿尼玛是男性人格中的女性成分，是一种无意识的、理想化女性的形象。对于一个男人来说，这种形象也许部分地来源于他和女性（如母亲、姐妹、女朋友）交往的真实经验，但其真实核心是在人类进化历史中男人和女人交往的普遍性经验中形成的。同样，阿尼姆斯是女性人格中的男性成分，是一种理想化男性的形象。正是由于男性具有阿尼玛，而女性具有阿尼姆斯，异性之间才能够建立联系，男人和女人才能够学会表达他们人格中"男性化"的一面和"女性化"的一面。

荣格认为，**自我原始意象**是最重要的，代表着人格的完整性、内部平衡和统一。荣格说，只有当人的心灵达到平衡的境界时，包括意识与无意识之间的平衡、阿尼玛与阿尼姆斯之间的平衡、思维与情感之间的平衡、感觉与直觉之间的平衡、人格面具与真实自我之间的平衡、内向态度与外向态度之间的平衡，人才会变得更为充实，并更具有人性。

荣格是如何阐述自我实现的呢？ 荣格是第一个使用"自我实现"一词的人，用以描述追求人格的完美和统一的驱力。他还相信，无论在什么文化中，自我原始意象都是通过某种**曼荼罗**的象征形式表现出来的。

荣格的许多解释显得缺乏科学性，但荣格的远见卓识是人们所公认的（Lawson，2008）。如果你想更多地了解荣格，建议你读一读他的自传《回忆、梦

荣格认为圆形是自我原始意象的标志，体现了人格的统一、平衡和圆满。

追求卓越 /striving for superiority 根据阿德勒的学说，人的基本驱力是促使我们趋向完美。

补偿 /Compensation 通过看到自己好的品质或在某方面的杰出表现来抵消自身的缺陷。

生活方式 /Style of life 在生活中，由每个人的人格和行为方式所组成的独特的模式。

创造性自我 /Creative self 我们体内的"艺术家"，它为我们创造了独一无二的自我和生活方式。

基本焦虑 /Basic anxiety 因为生活在一个充满敌意的世界里而所拥有的焦虑的主要形式。

人格面具 /Persona 表现给公众看的人格。

内向态度 /Introversion 在自我态度中，能量指向内部的部分。

外向态度 /Extroversion 在自我态度中，能量指向外部的部分。

个体无意识 /Personal unconscious 荣格理论中的概念，指个体无意识思维的心理储藏室。

集体无意识 /Collective unconscious 一个群体中每个人都有的某种无意识的观念和形象。

原始意象 /Archetype 荣格理论中的概念，指集体无意识中的一种普遍的观念、形象或模式。

阿尼玛 /Anima 男性人格中的女性成分，是一种理想化女性的形象。

阿尼姆斯 /Animus 女性人格中的男性成分，是一种理想化男性的形象。

自我原始意象 /Self archetype 荣格理论中的概念，指一种表征统一、完整、圆满、平衡的无意识形象。

曼荼罗 /Mandala 一种表示平衡、统一和圆满的圆形图案。

和反思》(*Memories Dreams, Reflections*, Jung, 1961)。

知识巩固
心理动力学理论

测一测

1. 在弗洛伊德的学说中，人格被划分为_____、_____和_____三个部分。
2. 弗洛伊德认为，_____的行动完全是在无意识中进行的。
3. 道德性焦虑与人格中的哪一部分有关？_____。
4. 在弗洛伊德的术语中，萨纳托斯指的是"生的本能"。对不对？
5. 弗洛伊德是在_____发展阶段的概念基础上提出人格发展理论的。
6. 请按正确顺序列出四个心理-性欲阶段。
7. 根据弗洛伊德的理论，具有肛门期-滞留型人格者有着固执和吝啬的特点。对不对？
8. 霍妮认为，人以接近他人、远离他人和_____的方式控制基本焦虑。
9. 根据荣格的理论，原始意象存在于个体无意识之中，决定着人的行为。对不对？

想一想

批判性思考

10. 如果你让成年人用婴儿奶瓶喝水，很多人会感到难堪或不好意思。为什么？

自我反思

试举一例，说明你的思想、感受或行为如何受到自我、本我和超我的影响。

在你认识的人中，有谁具有口唇期、肛门期或生殖器期的人格特质吗？你认为"固着"可以解释他们的个性特点吗？

如果用一句话来概括你的"生活方式"，你会怎么说？

霍妮提出的三种人际互动方式中，你最常用的是哪一种？你认为自己用得恰当吗？

想一想你在绘画、神话、电影和流行文化中见过的各种图案，哪个能成为荣格所说的"原始意象"或"自我原始意象"？

答案：1.本我、自我、超我 2.本我 3.超我 4.不对 5.心理-性欲 6.口唇期、肛门期、性蕾期、生殖期 7.对 8.对抗他人 9.不对 10.将婴儿奶瓶与成年人联系在一起之所以让人感到难堪，是因为该行为不符合他们的年龄。

人本主义理论——高峰体验与个人成长

关键问题 12.4：人本主义理论是如何解释人格的？

正如在本章的开头你所看到的，安妮特有着独特的人格。几年前，安妮特和丈夫花了一年的时间骑骡子横穿整个美国来了解各地的风土人情。一个人如此强烈的愿望是如何产生的呢？人本主义理论特别关注人类如何发挥自己的潜能，而人本主义的人格观也是人格理论无法忽视的一部分。

人本主义关注的是人类的经验、遇到的问题、潜能和理想。正如我们在第1章所看到的，人本主义的核心是对人类的乐观诠释，认为人类是具有自由意志和创造能力的，并且这种能力不是由遗传、学习或无意识驱力决定的。简言之，人本主义学家寻求的是激发个体潜能的途径。

人本主义有时也被称为"第三种学派"，这里有部分原因是因为它同时反对人格的精神分析理论和行为主义理论。相对于心理动力学刻板的特质理论和消极的人性观，人本主义抛弃了弗洛伊德在人格解释中强调生物性本能和无意识驱力的观点。人本主义者认为，人天生具有善良的**本性**（包括特质、品质、潜能和体现人类特点的行为模式）。同时，人本主义者也反对机械的行为主义观点，因为人不仅仅只形成模式化的机械反应。

按照人本主义者的观点，你之所以成为今天的你，很大程度上取决于你过去曾经做出的各种选择。人本主义观点强调个体的即时**主观体验**或现实知觉的作用，而不是过去学习的作用。人本主义者相信，每个人的头脑中都有一个"真实世界"，为了理解一个人的行为，我们必须了解这个人的主观世界是怎样的，因为，只有本人的主观世界才是他头脑中对客观世界"真实的"反映。

哪些学者是人本主义心理学的代表性人物？许多心理学家提出的学说都可归入人本主义心理学理论，其中，最著名的是马斯洛的"自我实现"学说和罗杰斯的"自我"理论。

马斯洛的"自我实现"学说

在马斯洛的早期研究中，他对取得特殊成就者的生活经历具有浓厚的兴趣（Hoffman, 2008），他想知道这些人与普通人究竟有什么差别。为了找到答案，马斯洛开始研究一些名人，如爱因斯坦、威廉·詹姆士和约翰·缪尔，美国总统亚当斯、林肯和罗斯福，诗人惠特曼等。此后，他又研究了一批艺术家、作家和富有创造性的人。

在马斯洛对这些名人、伟人的研究过程中，他的思想发生了彻底的变化。刚开始，马斯洛只对具有显著创造能力或者取得重大成就的人进行了研究。但是，马斯洛发现，成功并不是名人的专利，不论你是职员、学生或家庭妇女，都能够使自己的生活美满、充实并有创造性（Davidson & Bromfield, Beck, 2007）。马斯洛把这种充分发挥个人潜能的过程称为**自我实现**（Maslow, 1954）。自我实现的核心是持续不断地追求个人满足（Ewen, 2009; Reiss & Havercamp, 2005）。

自我实现者的特点

自我实现者是能够充分发挥自己潜能的人，也是在生活中极有创造性的人。马斯洛选择了一批他所认为的自我实现者进行调查。结果发现，不论是政要名流还是平民百姓，不论是富人还是穷人，不论是才华出众的学者还是读书不多的劳动者，在他们中，都能够找到自我实现者，而这类人身上的很多品质是一致的：

1. **正确认识现实的能力**。自我实现者能够正确判断现实情境，对虚假的和欺骗性的东西非常敏感，能够诚实地提出自己的观点。
2. **愉快地接受自我、他人和自然**。自我实现者勇于承认自己的缺点，接受现实的自我。同时，他们也用幽默和容忍的态度接受他人的缺点和人类生存的现实条件。
3. **自发性创造欲**。马斯洛的研究对象把创造性融入日常活动中，他们身上体现出了非常人所有的活力、积极性及自发性。
4. **任务中心**。马斯洛的大部分研究对象把全部注意力集中于自己正在进行的事业，而把个人情感或个人需要置于其后。例如，献身于印度穷苦人民的特蕾莎修女就是这类人中的典范。
5. **自主性**。自我实现者富有智慧和独立精神，既不屈从于强权，也不盲从于他人。
6. **好奇心和不断深化的体会**。自我实现者对生活中一切基本的东西都好奇，并且，每一次经历都能够使他们产生新的体会，不论是日落时的彩霞还是盛开的鲜花，都会使他们产生强烈的体验。当再次看到那些美景时，他们仍会产生新的美的感受。他们的目光就像艺术家或儿童，总是那么单纯。
7. **与人为善的待人方式**。马斯洛的研究对象对身边的伙伴和其他人都有一种普遍的认同感。
8. **感情深厚的人际关系**。自我实现者的人际关系中充满着深厚的感情和爱（Hanley & Abell, 2002）。
9. **享受孤独**。在与他人保持良好人际关系的同时，自我实现者也能够愉快地享受一个人独处的时光。对于他们，这种"孤独"有着重要的意义（Sumerlin & Bundrick, 1996）。
10. **幽默感**。这里指的是一种拿自己开玩笑的特殊能力，一种像林肯总统那样的幽默感。林肯爱拿自己开玩笑，用这种和风细雨的方式指出人的各种弱点，但从不出口伤人。
11. **高峰体验**。所有的自我实现者都曾经报告过，

人本主义 /Humanism 强调人的经验、问题、潜能和理想的研究方法。

本性 /Human nature 那些体现人类特点的特质、品质、潜能及行为模式。

主观体验 /Subjective experience 被知觉和解释的现实，而不是客观存在的现实。

自我实现 /Self-actualization 充分发展个人潜能的过程。

自己在达到自我实现的境界时会产生一种**高峰体验**，即在短时间内感到无比的欣喜，感到了自己生命的价值，感到一种从未有过的开阔、力量、和谐、平静、光明和美好。

简言之，自我实现者有安全感而没有焦虑，他们感到爱和被爱，感到自己生活在一个能够充分接受自己的世界上。

马斯洛对于自我实现者的选择看起来十分主观，那么，他对于自我实现的诠释是否客观准确呢？虽然，马斯洛也尝试进行实验性研究，但他对参加实验者的选择仍是主观的。尽管如此，他提出了一个毋庸置疑的观点，即有许多途径可以充分开发个人潜能。马斯洛的主要贡献是，他提出了个人终生成长的观点（Peterson & Park，2010）。

如何促进自我实现的发展进程？马斯洛几乎没有专门论述过如何加快这一发展进程。这也不可能靠吃了什么仙丹之后一蹴而就。自我实现是一个不断发展的过程，而不是发展的终点。每个人的自我实现进程都取决于自己的艰苦努力、自我要求和耐心。尽管如此，我们还是可以从马斯洛的著作中总结出一些很有启发性的要点（Maslow，1954，1967，1971）。以下建议可供你参考：

1. **形成改变自己的愿望**。你可以问自己："我对自己的生活真的非常满意吗？我的潜能都发挥出来了吗？"如果你发现自己仍需要提高，就要准备对自己的生活进行某些改变。如果你经常问自己这个问题，就会发现有一种不断改变自己的需要。
2. **对自己负责**。只有对自己生活中的每个方面都负责，一个人才可能设计和改造自我。只有那些能够对自己负责的人，才不会因为自己的错误去责备他人。
3. **学会检查自己的动机**。检查自己的动机可能使人发现自己"丑陋"的一面。如果你发现自己的大多数行为都是以"平安无事"为准则，那到了应该好好反省自己的时候了。人生的目标应该是不断进取，而不是一味躲避恐惧或焦虑。
4. **诚实接受现实**。人们思维中的一个障碍就是往往用主观意志代替现实。一个自我实现者要能够诚实地接受各种各样的信息，而不是根据自己的担心或愿望来曲解这些信息。要学会直接面对现实。如果你犯了错误，就要坦然承认说："我错了！"
5. **运用成功经验**。如果你曾经历过高峰体验的短暂瞬间，那么，你可以有意识地重复那些可以导致欣喜、兴奋、满足或高兴的行为，再次找到那种自我实现的成功感觉。
6. **做好"与众不同"的心理准备**。根据马斯洛的学说，尽管每个人都具有成为伟人的潜能，但大多数人对当出头鸟心有余悸，因为，与众不同者最容易成为众矢之的。然而，一个人要实现自我，就不能随大流，不能被动地用别人的标准来评价自己，而是要跟着自己的信念和感觉向前走。
7. **融入事业**。根据马斯洛的发现，凡是自我实现者都具有一种使命感，即感到事业在召唤自己。对于这些人来说，工作不仅是为了挣钱或满足生活需要，更是一种对真理、美、友爱和人生意义的追求。当你将自己融入一项伟大的事业并为之奋斗时，你所关注的将不再是个人利益。
8. **对自己的发展进行评价**。自我实现的道路没有终点，我们所能做到的是不断估计自己的进度，不断努力达到新的目标。如果你在学习或工作中感到不顺心，或在人际关系中遇到麻烦，不妨把它看成一个挑战，接受这个现实，并为了达到个人成长的目的而勇于承担责任。只要你发挥出自己的创造性潜能，任何活动都可以成为你在自我实现的道路上提高自己的机会。

完人：积极的人格特质

有人说，自我实现的人在努力生活，而不仅仅是活着。近几年来，信奉积极心理学的学者努力研究所谓的积极人格特质，想找出它们和快乐以及主观幸福感之间的关联（Keyes & Haidt，2003；Seligman，2003）。虽然他们的工作并不属于传统的人本主义流派，但其发现与我们的讨论是有关的。

Martin Seligman、Christopher Peterson 以及其他学者将六种力量视为引领人类走向幸福快乐的力量，每种力量都是一种积极的人格特质（Peterson & Seligman, 2004）：

- **智慧和知识**：创造性，好奇心，开放的心态，喜欢学习，有洞察力
- **勇气**：勇敢，坚持，毅力，生命活力
- **人道主义精神**：有爱心，仁慈，有社交能力
- **公正**：承担公民的义务，公平，有领导能力
- **节制**：宽容，谦卑，谨慎，自我控制
- **卓越**：欣赏美和优秀的人与事物，感恩，希望，幽默，有灵性。

哪些积极的人格特质与幸福快乐联系最紧密呢？ 研究发现，希望、生命活力、感恩、爱心和好奇心与生活满意度的关联最大（Park, Peterson, & Seligman, 2004）。这些特点结合马斯洛对自我实现者的描述告诉我们，到底什么样的人格特点能帮助人们生活得更开心、更有意义。

罗杰斯的自我理论

卡尔·罗杰斯，一位著名的人本主义学家，同样强调人类追求内在平和与幸福的能力。按照罗杰斯的观点，一个**功能完善的人**能够与自己的内心情感和冲动保持和谐，这样的人形成了一种对外部的开放态度，并相信自己的内心感受和直觉（Rogers, 1961）。罗杰斯相信，一个人从外部得到关爱和肯定的机会越多，形成这种积极的开放态度的可能性就越大。

人格结构和动力

罗杰斯人格理论的核心概念是**自我**。自我指人对"我是个什么样的人"的知觉，这种知觉本身是不断变化的。人类许多行为的目的都是保持一个人的自我形象与其行动之间的一致性。**自我形象**指一个人对本人体貌和人格的总体主观知觉。举例说，如果你的自我形象是一个和蔼可亲的人，那么，你在大多数场合都会表现得和蔼可亲。

有的人认为自己是"和蔼可亲"的人，但实际并非如此。罗杰斯的理论对此如何解释呢？根据罗杰斯的解释，与自我形象相匹配的行为经验被允许进入意识，这种相符状态的增加会促进自我的逐步发展。那些与自我形象不匹配的信息和情感被视为是不相符的。因此，如果一个人觉得自己是和蔼可亲的人，但实际并非如此，那么她就处于一种**不相符状态**。换句话说，在她的行为经验与自我形象之间存在差别。再举个例子，如果你每天内心深处都容易激动，而你却觉得自己是一个从不动怒的人，这就是不相符状态。

行为经验与自我形象之间严重不相符的情况是很危险的，因为意识往往会拒绝理解（或曲解）与自我形象不一致的经验，最终会阻碍自我的发展变化。当自我形象与现实之间出现断裂之后，人的自我形象便可能越来越脱离现实，人也会变得越来越脆弱、不满、混乱，出现严重的心理障碍

人本主义学家认为自我形象是行为和个人适应的核心决定因素。

高峰体验 /Peak experiences 伴随自我实现的一种短暂感受。

功能完善的人 /Fully functioning person 能够与自己的内心情感、冲动及直觉保持和谐的人。

自我 /Self 一个人的个人认同感，它是不断改变的。

自我形象 /Self-image 对自己身体和人格的总体主观知觉（"自我概念"的另一种表达方式）。

不相符状态 /Incongruence 个体的自我形象与其理想自我之间存在差别的状态。

（图12.5）。为了验证罗杰斯的观点，有研究者在大学生身上进行研究，发现"真实"是维持功能健康所必不可少的，也就是说，我们需要体验到，我们的行为准确地表达了我们是怎样的人（Sheldon et al, 1997）。在这里需要注意的是，"真实"不是说你能随心所欲地做自己想做的事情，真实地表达自己也不应该成为忽视他人感受的借口（Kernis & Goldman, 2005）。

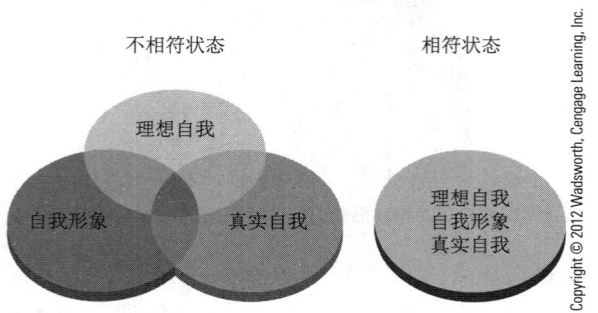

图12.5 当自我的三种实体（理想自我、自我形象、真实自我）之间不一致时，就会出现不相符状态。当一个人的自我形象与理想自我不相符时，自尊就会下降；而当真实自我与自我形象不相符时，人就会产生焦虑和自我防御。

当一个人的现实思维、感觉、行为与自我形象一致时，将最有可能发挥出自己的潜能。罗杰斯认为，自我形象与理想自我之间的一致性也非常重要，**理想自我**与弗洛伊德学说中的自我概念基本相同，是一个人最期望的自我形象（Zentner & Renaud, 2007）。

> **知识桥**
>
> 罗杰斯及其他人本主义学家认为，某些心理功能紊乱是由有缺陷或不一致的自我形象引起的。参见第16章。

如果一个人不能达到"理想自我"，是否会出现心理问题？罗杰斯认为，没有人能够达到自我形象与理想自我的完全一致。然而，"你对自己的看法"与"你想成为的人"之间的差距越大，你的紧张和焦虑会越多。

罗杰斯强调，为了最大限度地发挥我们的潜能，我们应当尽可能诚实地接受现实中的自己。许多实验研究证明了罗杰斯的这一假设。研究者们发现，人的自我形象与理想自我相符程度高，社会适应性就更好，更自信，朋友也较多；而人的自我形象与理想自我相距较大，则会缺乏安全感，感到压抑和焦虑（Boldero et al., 2005）。

根据心理学家Hazel Markus和Paula Nurius的观点（1986），我们每个人的头脑中都有许多**可能自我**的形象（我们想要成为或害怕成为的人）。对本章开头提到的安妮特来说，她的人格特点很有趣。安妮特的一生多姿多彩，而我们当中的大多数人只过一种生活。如果你像安妮特一样，那么你有可能拥有许多不同的自我认同（参考阅读"讲述我们自己的故事"）。

可能自我将我们的希望、恐惧、梦想及目标转化到"我能够成为什么"的具体形象中。因而，一个开始学习法律的大学生想象的可能是自己将来成为著名律师时的样子，一个有事业心的大学生想象的可能是成为互联网企业家的样子，一个体重过重者想象的可能是节食成功后身材苗条的自己，也可能是心宽体胖、潇洒自在的自己。这些想象可以指引我们今后的行为（Oyserman et al., 2004）。

当然，大部分年过30岁的人都得痛苦地接受一个事实，那就是某些他们珍视的可能自我将永远无法实现。尽管如此，在生活中不仅要问自己："我是谁？"还要常常问问："我想成为什么样的人？"这是很重要的。请记住马斯洛的忠告，每个人都有成为伟人的潜质，但大多数人害怕走向巅峰。

人本主义的发展观

当人们从相片、录像、镜子中看到自己或听到别人对自己的评价后，有时会感到欣喜，有时会感到恐惧，这是为什么呢？罗杰斯的解释是，因为它们提供了关于一个人的"自我"信息。自我形象的建立和发展，在很大程度上依赖于环境信息，首先是在知觉和情感方面，比如：我的身体、我的脚和我的鼻子是什么样子？我的愿望和喜好是什么？等等；之后，还要进行自我评价，问自己：我是不是一个好人？我刚才那样做对不对？

临床案例 讲述我们自己的故事

有两种类型的学生：无忧无虑的社交达人与勤奋刻苦的书虫。也许你曾希望自己成为这两种类型中的一种。这两种（刻板）类型的本质是什么呢？你能改变你的类型吗？

大学生活普遍存在着这样一种冲突：和朋友玩乐与刻苦学习。通常，我们的人格特质是稳定的（McAdams & Pals, 2006）。因而，一个在外倾性和宜人性这两个大五人格维度上得分高的人喜欢无忧无虑的大学生活。与此形成对照的是，一个在责任心上得分高的人喜欢埋头苦读（McGregor, McAdams & Little, 2006）。

那么，一个社交达人能变成书虫（或书虫能变成社交达人）吗？ 这取决于，是转变一周，还是终生转变。人格特质在人的成长过程中变化缓慢。在现实中，随着年龄的增长，我们会变得更具宜人性和责任心，并且情绪稳定性更好（Roberts & Mroczek, 2008）。

你需要在本学期末做出改变吗？这可不大好办。在这种情况下，你可以根据可能自我，讲述自己的故事。人格叙事法认为人格是由我们讲述的关于自己的故事所塑造出来的（Lodi-Smith et al., 2009；Pals, 2006）。换句话说，不同的故事不仅仅是一个梦想或幻想，它们的确会改变我们。

鉴于此，如果你觉得自己在学校太松懈、太无忧无虑了，想要做出改变，那么就开始想一想自己努力学习、按时上课、考出好成绩的样子。你可以多向成绩好的同学请教他们的故事，以此来修正自己的故事。你也可以去学校咨询中心寻求帮助。换句话说，把你自己想象成一个努力学习的书虫。而且，你不必担心你无忧无虑的个性会消失。

如果你觉得自己太勤奋、学习太用功，那么你就想象自己经常和朋友出去玩。你可以多听一听性格外向的同学的经历，多想一想学习与娱乐相平衡给自己带来的益处。如果你是一个容易害羞的人或完美主义者，你也可以去学校咨询中心寻求帮助，让自己变得活泼、放松。同样，你也不必担心娱乐会让你失去责任心。

无论你选择哪种可能自我，只要你精心构思自己的故事，详细得就像真的一样，并慢慢地接受那种新人格模式，你就有可能变成你想成为的那种人。你可以为自己创造一个崭新的身份（Bauer, McAdams, & Pals, 2008）。

自我的发展是如何影响人格发展的？ 罗杰斯认为，儿童对自己行为的内部评价标准是在成人的肯定评价或否定评价的基础上形成的，他把这种内部评价标准称为**价值标准**。换句话说，儿童逐渐知道，有些行为能够得到父母的赞同和关爱，而另一些行为则是父母所不赞同的。更为重要的是，儿童还从父母的评价中知道表达情绪的哪些方式是"对"的，哪些则是"不对"的。例如，父母会教导一个小孩，虽然哥哥或姐姐欺负他是不对的，但他无论如何不可以恨哥哥姐姐。再如，父母还会告诉他，男子汉不能流泪，要无所畏惧。

当儿童了解了哪些情绪体验或情感被认为是"好"的，哪些被认为是"坏"的之后，这些标准将影响到他们的自尊和积极自我评价的形成。在罗杰斯的术语中，积极的自我评价被称为**积极自我肯定**。如果一个人认为自己是个善良、受人欢迎和有价值的人，那么就必须使自己的行为、体验与特定的价值标准相匹配。当一个人的真实情感和体验与其价值标准不相符时，就可能成为自我发展的不利条件。

基于上述原理，罗杰斯认为，许多成年人之所以出现情绪问题，原因就在于他们总是试图用别人的标准来评价自己（Ashcraft, 2012）。他相信，用机体评价取代价值标准有助于达成相符状态和自我实现。**机体评价**是个体对自我体验的一种自然、

理想自我 /Ideal self 自我的理想形象，即希望自己成为什么样的人。

可能自我 /Possible self 有关一个人"可能成为什么样的人"的思想、信念、情感和形象的集合。

价值标准 /Conditions of worth 用于判断一个人的思维、行动、情感或经验价值的内部标准。

积极自我肯定 /Positive self-regard 认为自己是好的、可爱的、有价值的人。

机体评价 /Organismic valuing 罗杰斯理论中的概念，指机体作为整体对某事件做出反应时，会以当时的知觉和情感为标准，赋予该经验一定的价值。

不加歪曲、全身心的反应，它是有机体的一种真实、直接的生理性反应，有助于避免不相符状态的扭曲，它包含着每个人对自己的情感和知觉的自信。罗杰斯提出，只有在儿童（及成人）能够获得他人**无条件积极肯定**的情况下，他们的机体评价才可能得到最充分的发展。对儿童的无条件积极肯定就是始终如一地给他们以关爱和赞许，不附条件、不加强制地对待他们，使他们自然地成长为有价值的人。尽管能够得到无条件积极肯定的人很少，但如果亲密的伴侣坚定地支持我们，我们成为理想自我的可能性就会大大增加（Drigotas et al., 1999）。

知识巩固
人本主义理论

测一测

1. 人本主义理论强调人的善良本质、主观学习和无意识选择的作用。对不对？
2. 马斯洛用术语_____来描述个体充分发挥其才智和潜能的过程。
3. 根据马斯洛的观点，专注于自己的思想、情感和需求是自我实现者所具备的特征。对不对？
4. 马斯洛认为高峰体验是一个人在_____时出现的短暂时刻。
   a. 相符状态   b. 积极自我肯定
   c. 自我实现   d. 自我强化
5. 下面哪个不属于积极心理学所提出的六种力量？
   a. 相符状态   b. 勇气
   c. 公正   d. 卓越
6. 根据罗杰斯的观点，如果自我形象与理想自我太接近，就会出现不相符状态。对不对？
7. Markus 和 Nurius 所说的"可能自我"是指一个人可选择的全部自我概念。对不对？
8. 罗杰斯认为，用_____取代价值标准有助于个体成长。
   a. 自我效能感   b. 工具性价值
   c. 潜能   d. 机体评价

想一想

批判性思考

9. 当一个学生选择大学专业时，自我形象和可能自我是如何起作用的？

自我反思

与人本主义学家相比，你对于人类的本性和自由意志持的看法有什么不同吗？

你是否认识这样一些人，他们能够很充分地发挥自己的潜能？这些人能够被称为自我实现者吗？

你觉得你的自我形象、理想自我和真实自我之间有多大的差异？你认为罗杰斯关于价值标准对知觉和情感影响的观点是否正确？

答案：1. 不对 2. 自我实现 3. 不对 4. c 5. a 6. 不对 7. 不对 8. d 9. 非加强读者应综合分析自我形象所起的作用以及理想自我和可能自我的影响。这样我们就可以明确各种信息并作出选择（Masters & Holley, 2006）。

人格的学习理论——早就形成的习惯？

关键问题 12.5：行为主义学家和社会学习理论家在他们的理论中强调了人格的哪些部分？

探讨了心理动力学理论之后，你可以来了解行为主义学家了，他们通过一系列清晰的概念来解释人格，比如学习、强化和模仿。行为主义和社会学习理论都是建立在科学研究的基础上的，因此，它们对人格问题的阐述相当有力。

行为主义学家如何解释人格呢？ 根据一些批评家的说法，行为主义学家似乎把人都视为受程序驱动的机器人。事实并非如此。行为主义学家的理论并不是如此简单机械的，他们的学习理论有着非常完善的体系。行为主义学家反复强调，儿童既能够通过学习形成善良和慷慨的品质，也可以通过学习形成敌意或破坏的品质。根据行为主义的观点，一切行为习惯都是习得的，人格也不例外。

行为主义人格理论认为，人格不外是各种习得行为模式的集合。像其他习得行为一样，人格也是通过经典条件反射和操作性条件反射的过程形成的，包括对他人行为的观察、强化、消退、泛化和辨别等各种过程。妈妈教育女儿说："泥巴会把搅拌器弄坏的。你是一个懂事的大姑娘了，以后别再用妈妈的搅拌器玩泥巴了，好吗？"女儿的人格就是在模仿母亲的行为和接受母亲的教育中逐渐形成的。

弗洛伊德认为，攻击性是人的本能之一。但是，行为主义学家则假设，诸如攻击性等性格特点是习得的。这个男孩的攻击行为是观察学习、惩罚或强化的结果吗？

一些严谨的**学习理论家**也认为，人格不是由特质组成的，根本就没有诸如"诚实"特质这回事儿（Mischel，2004）。

如果我们可以肯定有些人诚实而另一些人不诚实，怎么能说诚实不是一个特质呢？前面曾提到，特质理论家认为特质具有生物学倾向性。然而，按照学习理论家的观点，这些特质都是学习的结果。如果小亚历山大的父母不断地奖励其诚实的行为表现，那么在其成年后，亚历山大极可能是一个诚实的人。而如果父母对他的行为放任自流，那么亚历山大可能会走上另一条成长道路。

学习理论家同样强调行为反应的**情境性决定因素**（外部因素）。我们了解到一个人是诚实的，但是并不能预测这个人在具体的情境下也会保持诚实。例如，当一个"诚实"的人发现一个丢失的钱包时会交还给失主，但是，他在一个小测验中则可能作弊，或花钱雇人代写论文，或者在开车时偶尔超速行驶。如果你问学习理论家："你是一个诚实

75%的美国大学生承认他们在学术上或多或少地有过不诚实行为。面对如此多的不诚实行为，该怎么去应对呢？行为主义学家认为，诚实是由个人所处环境与其人格来共同决定的。因此，教师可以采用一些方法来有效地降低作弊，如在班里提倡诚实的作风等，综合使用考试和网络剽窃检测软件、告诫学生剽窃的危害也能抑制学生的不诚实行为（Altschuler，2001；McKeever，2006）。

的人吗？"他们可能会反问你："在哪种情境下？"

有一个经典实验揭示了情境对行为的影响：研究者在被试完成任务后故意多支付了一些钱。在一般情况下，80%的人都会暗暗地留下这多余的钱。但是，当情境发生改变时，只有17%的人还会留着这"不义之财"，例如，如果被试发现，这项研究的经费全由研究者自己掏腰包，那么不诚实被试的比例就会大大降低（Bersoff，1999）。因此，一项特定行为是由具体情境与其过去经验的相互作用激发的。

情境对行为的影响

不同情境对行为影响的强度不同，有些影响力极大，而有些则较小。情境因素的影响力强度越大，我们就越容易观察到它对行为产生的决定性作

无条件积极肯定/Unconditional positive regard 坚定不移、毫无保留地给予关爱和赞许。

行为主义人格理论/Behavioral personality theory 强调外显行为、刺激、反应和学习作用的人格理论。

学习理论家/Learning theorist 研究学习过程对行为的塑造并且解释人格的心理学家。

情境性决定因素/Situational determinants 能够强烈影响人类行为的外部环境条件。

用。举个例子，以下这些情境毫无疑问会对你的行为产生极大的影响：你看到一个全副武装的恐怖分子走进你所在的教室；你不慎坐在一支点燃的香烟上；你发现你的恋人与你最好的朋友同床共枕。当然，不同人格的人对待这些事情的行为反应是不一样的。因此，行为是在人们过去的习得经验与当前所处情境的综合作用下产生的。（Mischel，Shoda & Smith，2008）。

最终，人格中可被预测的部分是我们在特定情境下一贯的行为方式。例如有两个很容易发怒的人：一个人在时间被耽误的时候（如交通堵塞或排队）可能发火，但却认为在家里放错了东西的位置没什么大不了的；另一个人完全相反，一旦发现东西摆放的位置不对就火冒三丈，而对耽误些时间则无所谓。总的来说，这两个人发怒的可能性相同，但是他们的愤怒倾向于在不同的模式和不同的情境下表现出来（Mischel，2004）。

人格 = 行为

学习理论家如何看待人格的结构？行为主义观点认为，人格就是行为。这一观点可以用 John Dollard 和 Neal Miller 早期提出的理论来解释（1950）。他们认为，**习惯**是各种习得的行为模式，它组成了人格的结构。作为人格的动力，习惯受学习中的驱力、线索、反应和奖赏四种成分控制。具体来讲，**驱力**指能够促使一个人去行动的、具有足够强度的刺激，如饥饿、疼痛、欲望、挫折或恐惧所产生的驱力；**线索**指来自环境的信号；**反应**指信号所引发的行动；**奖赏**指在这些行动后所得到的正强化。

习惯与人格是怎样联系在一起的？ 让我们通过一个例子解释上述观点：一个小女孩的哥哥把她的一件玩具拿走了，小女孩受到挫折，因此可能产生几种反应，如冲着她的哥哥发脾气，或者找妈妈告状，等等。她将选择哪一种反应方式，取决于过去反应的效果以及当时的情境线索。如果她在过去曾经成功地通过告状的方式报复了哥哥，那么当妈妈出现时，她会再次找妈妈告状；如果当时妈妈不在家，或者哥哥的样子很可怕，这个女孩将酌情选择其他的反应方式。对一位旁观者来说，小女孩的行为反映了她的人格；而对一位学习理论家来说，这个小女孩的行为是由驱力—线索—反应—奖赏的综合效应决定的。

> **知识桥**
>
> 行为主义理论家提出了多种针对心理问题和心理障碍的疗法，他们做出了突出的贡献。参见第 15 章有关行为疗法的内容。

这个理论是不是遗漏了些什么？ 学习理论家所提出的人格模型虽然简单明了，但是忽略了一个极为重要的因素。近年来他们发现，最初的学习理论中遗漏了对人类思维作用的考虑。因此，新一代行为主义心理学家（即社会学习理论家）提出了**社会学习理论**，对人的知觉、思维、期望和其他心理过程的作用进行了更为系统的整合，在对人格的解释中，也更全面地涉及学习原则、榜样作用、思维模式、知觉、期望、信念、目标、情感以及社会关系效应等（Mischel，Shoda，& Smith，2008；Santrock，2010）。

社会学习理论

Julian Rotter 提出三个概念来诠释社会学习理论的"认知行为主义"：心理情境、预期、强化值（Rotter & Hochreich，1975）。下面将逐一进行解释。

有人把你绊倒了，你会做何反应？这要看你是怎么想的了，他是有意为之呢，还是无心之过？因此，仅仅了解外部情境不足以预测一个人的反应。我们还需要了解这个人的**心理情境**（他是如何定义并解释所处环境的）。再举个例子：你在一次考试中成绩不理想，你认为这是一次激发你努力学习的挑战呢，还是一个提醒你可能留级的信号，抑或是一个买醉的借口？总之，你的解释非常重要。

我们的行为受到**期望**的影响，期望指你对自己的反应是否能得到强化的预期。例如，如果你过去曾有过通过努力学习最终获得成功的经验，那么，考试分数偶然较低将更有可能激发你的努力。但是，为了预测你的反应，我们必须要知道你是否期望你的努力马上就得到回报。事实上，对未来强化的期待将比过去实际得到的强化更为重要。此外，我们还需要了解你如何看待分数、学业成绩或个人能力对你的意义或价值。第三个概念是**强化值**，即我们给不同活动和奖励赋予的不同的主观价值。如果对你而言，通过课程考核并拿到学位具有较高的价值，那么你就会选择刻苦努力地学习。这种主观价值因素对于我们解释一个人的人格也是十分重要的。

自我效能感

作为一个人，掌控自己生活的能力至关重要（Corey & Corey,2010）。因此，班杜拉（Albert Bandura）认为，人类发展出的最重要的自我期望之一就是**自我效能感**（有能力创造出期望的结果）。假如你喜欢班里的某个同学，你会约他出去吗？假如你想以心理学为职业，你会为考上心理学研究生而学习吗？假如你想在周末多做些锻炼，你会参加徒步俱乐部吗？这样的假设不胜枚举，而在这样的情境中，自我效能感塑造了我们的生活（Judge 等人，2007）。我们的行为将会产生想要的结果，这一观念反过来又影响到我们的行为以及我们对环境的选择（Bandura, 2001；Schultz & Schultz, 2009）。

自我强化

在这里，我们还需要提及一个概念。有时，我们会评价自己的行为，对于良好的行为表现，我们可能用一些具体的特权或好处来奖励自己。鉴于此，社会学习理论在其行为观中增加了自我强化这个概念。**自我强化**指人们对自己的某种行为（如完成学校作业）所给予的表扬和奖赏。因此，自我赞扬或自我惩罚的行为习惯是人格中的一个重要组成部分（Schultz & Schultz, 2009）。实际上，社会学习理论中的"自我强化"正是起着弗洛伊德理论中"超我"的作用。

自我强化与高自尊紧密相关，反之亦然：很多研究表明，大学生中较低的自我强化程度与轻度抑郁之间有一定相关。目前，我们还不知道低自我强化是否会导致抑郁，或者抑郁是否会使自我强化程度变低。但是有研究表明，较高的自我强化频率与较少的抑郁情绪和较高的生活满足感相关（Seybolt & Wagner, 1997）。从行为主义观点看，学会"善待自己"是有利于健康的！

通过自我强化，我们对自己的个人成就和良好行为进行奖赏。

行为主义的人格发展观

学习理论家如何解释人格的发展？弗洛伊德的许多概念在学习理论中都被重新阐述。Dollard 和 Miller（1950）同意弗洛伊德的一个观点，即人出生后的前6年是人格发展的关键期，但他们对人格发展的原因另有一套不同的解释。行为主义学

习惯 /Habit　根深蒂固的习得行为模式。

驱力 /Drive　任何强烈到足以驱使人们采取行动的刺激（特别是内部刺激，如饥饿）。

线索 /Cue　表示某种强化物是否存在并引导反应的外部刺激。

反应 /Response　体内活动以及任何可观察到的行为。

奖赏 /Reward　任何产生愉快或满意感的事物，是一种正强化物。

社会学习理论 /Social learning theory　通过整合学习原理、认知加工、社会化和榜样作用等来解释人格的学说。

心理情境 /Psychological situation　个体对环境的知觉和解释，而非客观存在的外部刺激。

期望 /Expectancy　期待某个反应会带来某种效果，特别是强化的效果。

强化值 /Reinforcement value　个人赋予特定活动或强化物的主观价值。

自我效能感 /Self-efficacy　对自己有能力达成期望目的的信念。

自我强化 /Self-reinforcement　完成特定任务（如完成学校布置的某项作业）后对自己的表扬或奖励。

家不考虑诸如心理－性欲冲动或固着等含义复杂的术语，他们的问题直截了当："是什么因素使早期学习经验的效果得以保持？"而他们的回答也很简明：儿童期是一个本能冲动急迫表现的时期，是一个奖励和惩罚发挥巨大作用的时期，也是产生刻骨铭心的挫折感的时期。儿童的行为在他人的表扬、注意或赞同中得到强化，这种**社会性强化**对人格发展起着非常重要的作用。人格的核心就是在上述因素和过程的综合作用下形成的（Shaffer, 2009）。

关键情境

Dollard 和 Miller 认为，儿童期有四个**关键情境**会对人格产生持续性的印记效应。这四个情境包括：①喂养方式；②排便训练；③性的学习；④愤怒及攻击的表达。

为什么这些情境特别重要？拿喂养方式来说，如果婴儿一哭父母就马上喂奶，婴儿即会获得强化，并学会主动地操纵他们的父母。如果父母由着婴儿哭，一直不给奶吃，婴儿即学会被动地等待。因此，喂养方式使一个婴儿形成了对外部世界的基本反应取向，一些婴儿较为主动，而另一些较为被动。早期的喂养方式也可能影响儿童后来的社会关系，因为，在一些儿童的经验中，主动与人交往会带来满足和愉快，而在另一些儿童的经验中，避免主动与人交往则可能免受挫折和痛苦。

对父母和孩子来说，排便训练对于情感关系的建立有着特别重要的意义。拉萨德的父母在看到他随地乱拉大便时，都会禁不住大吼大叫，并且对拉萨德进行严厉的惩罚。对于无知的拉萨德来说，他对父母的反应迷惑不解，感到害怕。儿童对许多事情的态度倾向都是在此阶段形成的，其中不但包括对清洁和各种身体功能的态度，也包括对顺从的态度。研究表明，过于严厉和惩罚性的排便训练可能对人格发展产生不良影响（Christophersen & Mortweet, 2003）。因此，父母在对儿童进行排便训练时，最好多一点耐心和幽默感。

关于性和愤怒，情况又是怎样的呢？一个孩子何时何地如何学会表达愤怒和与性有关的感觉，这在他的人格中将留下重重的一笔。具体来说，成年后对权力的渴求与童年时期对性相关行为以及攻击行为得到许可有关（McClelland & Pilon, 1983）。这种相关的产生可能是由于放纵孩子的这些行为，会使孩子在坚持自己权利的过程中得到快乐。正如我们在第11章所了解到的，性的学习还包括学习社会文化中的性别角色，这也对人格有所影响（Cervone & Pervin, 2010）。

人格与社会性别

从一出生，每个婴儿就被贴上男孩或女孩的标签，接着被鼓励学习与自己的生物性别相适应的行为（Denmark, Rabinowitz & Sechzer, 2005; Oppliger, 2007）。

我们说一个人具有男人味或女人味，这表示什么意思？根据社会学习理论，认同和模仿对人格的发展以及性的学习起到很大的作用。**认同**指的是孩子对自己尊敬的成人的情感依恋，特别是那些给予他们爱与关怀的人。认同通常会鼓励**模仿**，孩子通常都想要去模仿他们尊敬的人。许多男性或女性特质都来源于儿童对他们所认同的同性监护人的模仿（Helgeson, 2009）。

未成年人的人格受到他们对父母的认同和对父母行为模仿的影响。

如果儿童和双亲生活在一起，为什么他们不模仿异性亲人的行为呢？回想一下第6章所提及的：学习过程有可能是间接的，也有可能是直接的。这就意味着我们有可能通过观察并记住其他人的行为来学习，不一定需要直接的奖励。但我们并不是无选择地模仿所有行为，而是依赖这些行为的结果如何。例如，男孩和女孩有同等的机会看到成人或其他孩子的攻击行为。但是，女孩就不太容易模仿那些直接攻击行为，例如打骂他人。相反，女孩比较容易模仿间接性攻击行为，例如排斥他人、散播谣言等。因为，对于女孩而言，表现出直接攻击行为会被认为"不像个女孩子"。

由于这样的原因，女孩很少看到女性表现出攻击性后还得到奖励或赞扬（Field et al., 2009）。换句话说，女孩之间钩心斗角才是文化上得到强化的模式（Brown, 2005）。有趣的是，近几年来，在大众文化中出现了越来越多的女性直接攻击场景，而越来越多的女孩也表现出了直接攻击行为（Artz, 2005）。

我们能想到的证明社会学习和人格之间关联的例子不多。但是，这种关联确实存在。如果父母接纳自己的孩子并给予他们爱，孩子就变得合群、积极、情绪稳定并且高自尊；如果父母拒绝自己的孩子，倾向于惩罚、讽刺、羞辱或忽略他们，孩子就会变得敌意、迟滞、依赖、情绪不稳定，并且自尊水平较低（Triandis & Suh, 2002）。

遗传与环境——人格大辩论

关键问题 12.6：遗传和环境是如何影响人格的？

人格理论学家一直以来都想弄清楚遗传与环境在塑造人格时所起的作用。特质理论、精神分析理论等强调生物遗传的作用，而行为主义、人本主义等理论则强调学习和生活经验的作用。下面我们来看一看生物学倾向性（遗传）和环境因素在人格形成中所起的作用。

人格是遗传的吗？

即使是刚出生的婴儿也有独特的气质，这表明气质是遗传的。**气质**指的是人格中来自遗传的部分，如敏感、易怒、容易分心、某种典型情绪等生物学倾向（Rothbart, 2007），它是形成人格的"原料"。气质极大地影响着婴儿与父母的互动。从安妮特成年后的人格特点推断，她小时候一定是一个活泼、快乐的孩子。

> **知识桥**
> 即使是刚出生的婴儿也有独特的气质，这表明气质是遗传的。气质极大地影响着婴儿与父母的互动。参见第 3 章。

我们的人格特质是在哪个年龄段稳固建立起来的呢？人格从3岁左右开始形成，然后日趋稳定，到50岁左右基本稳固下来（Caspi, Roberts, & Shiner, 2005）。但是，正如前文提到的，人格随着年龄的增长会逐渐成熟，大部分人会变得更具宜人性和责任心，并且情绪稳定性更好（Roberts & Mroczek, 2008），所以人们很少看到"斗气老顽童"和"火爆老妇人"这两种类型的老年人。

人格具有稳定性，这是不是表明了人格受到遗传的影响？不同品种的狗分别具有友善、好斗、聪明、安静、情绪化等不同的特点，这些都属于**行为遗传学**研究的内容，其致力于研究由遗传所获得的行为特质。众所周知，面部特征、眼球颜色、体形等许多身体特征都是遗传的，我们的行为气质有很多也是遗传的（Bouchard, 2004；Kalat, 2009）。遗传学研究表明，智力、语言能力、心理障碍、气质及其他复杂的特质都受到遗传的影响。从这些研究结果，我们可以看出基因对人格有影响（Nettle, 2006）。

> **知识桥**
> 行为遗传学研究有助于人们更好地理解智力和心理障碍的遗传原因。参见第 9 章和第 14 章。

社会性强化 /Social reinforcement 来自他人的表扬、注意、赞同和喜爱等。

关键情境 /Critical situations 在儿童期，对人格产生持续性印刻效应的情境。

认同 /Identification 对一个人的情感依恋，并把自己想象成这个人的样子。

模仿 /Imitation 照着他人的行为学着做。

气质 /Temperament 人格中来自遗传的部分，包括敏感、激活水平、主导情绪、易怒、适应性等。

行为遗传学 /Behavioral genetics 研究由遗传所获得的行为特质和倾向的学科。

批判性思维

神奇的双胞胎

在明尼苏达大学开展的双胞胎研究中,许多重新团聚在一起的同卵双胞胎显露出出人意料的相似性,这远远超出了遗传所能预测的范围,比如小有名气的詹姆士兄弟:詹姆士·刘易斯和詹姆士·斯普林格是同卵双胞胎兄弟,他们都曾结婚,两人的妻子都叫琳达,后来他们又都离了婚。两人都接受过警察培训,都给他们的第一个儿子起名叫詹姆士·阿兰。两人都驾驶雪弗莱牌轿车。虽然从未见过面,但他们两人每年春天都去同一个海滩度假。两人都把木工和机械制图作为自己的业余爱好。在他们两家的院子里,都在树旁摆放了自制的长凳。他们身上有太多相似的地方(Holden,1980)。

是不是所有同卵双胞胎都如此相似呢?不是的。卡洛琳·斯皮若和帕梅拉·斯皮若·瓦格纳这对同卵双胞胎的情况就与詹姆士兄弟不一样。她们童年时生活在一起,在六年级的时候听到肯尼迪总统被暗杀的消息,两人表现出不一样的反应,卡洛琳不理解人们为什么如此悲伤,而帕梅拉却听到体内有声音说自己要为总统的死负责。在两人就读于布朗大学期间,帕梅拉曾试图自杀,她被诊断出患有精神分裂症,这个病一直未治愈,但她创作了多首获奖诗歌,而卡洛琳最终成为哈佛大学医学院的精神病学家(Spiro Wagner & Spiro,2005)。一些双胞胎被分开抚养仍表现出了惊人的相似性,而一些在一起长大的却表现出了差异性。

那么,为什么有些同卵双胞胎即使分开抚养也表现出这么多相似之处呢?虽然遗传很重要,但如果认为基因能使双胞胎具有相同的思想和行为,那就太荒谬了。既然如此,我们该如何解释那些分开长大,却有着惊人相似性的双胞胎呢?你可以设想,假如你是双胞胎中的一个,出生之后你们被分开抚养,今天终于团聚了,你们会做什么?你们会讲述各自生活中的每一件大事小事,并相互比较。在这种情况下,你和他肯定能罗列出一长串相似之处,比如,你们可能都用同一牌子的牙膏。然后,如果你愿意与任何一个同龄、同性别、同种族的人做比较,也一定能够罗列出一长串相似之处。

曾有一项研究,将双胞胎之间的相似性与仅仅性别和年龄相同的学生之间的相似性进行比较,结果发现,一般同学组与双胞胎组在政治信仰、音乐爱好、宗教、职业选择、业余爱好和食物偏好等方面高度相似(Wyatt等人,1984)。为什么这些没有血缘关系的学生也会如此相似呢?这是因为相同年龄、相同性别者的社会性选择在很大程度上受所处时代的影响,因此,人们之间的相似性是不难理解的。这就好比当你第一次踏进小学校园时,你会发现班里有的同学的小名和你一样。

双胞胎之间"惊人的"相似似乎只是一种确认偏向。离散多年后重聚的同卵双胞胎关注彼此的相似之处,而忽略众多差异是很自然的。

> **知识桥**
> 确认偏向在第 1 章中有详细描述。

通过比较同卵双胞胎的人格,是不是可以帮助我们解答这个问题?这是可行的,特别是那些刚出生或者出生不久就被分开的双胞胎。

双胞胎研究

在过去的几十年里,明尼苏达大学的心理学家致力于研究那些在不同家庭长大的同卵双胞胎。医学检查和心理测验的结果表明,即使同卵双胞胎不在一起长大,他们也表现出较多的相似性(Bouchard,2004;Bouchard et al.,1990)。他们在声音、面部表情、手部动作、神经性动作(如咬指甲)等方面都有相似性。这些双胞胎还有相似的才能。如果同卵双胞胎中的一个擅长艺术、音乐、舞蹈、戏剧或某项运动,另一个尽管在不同的环境中成长,也可能会有这些兴趣、爱好。但是,正如"神奇的双胞胎"里所描述的,人们要理性地看待同卵双胞胎之间那些所谓超乎寻常的相似之处。

小结

双胞胎研究表明,遗传对我们有着不容忽视的影响。在总结了多个双胞胎研究结果后发现,遗传可以解释25%~50%左右的人格特质的变异(Caspi,Roberts,& Shiner,2005;Loehlin et al.,1998)。在此需要注意的是,与生物性倾向相比,人格也受到环境的影响,甚至可以说环境的作用更大一些。

每种人格都是遗传与环境、先天与后天、生物与文化共同作用的结果。我们不是机器人，机器人的行为和人格特质都是事先编好的程序，而我们一生的发展则是每个人自己选择的结果。我们的选择可能受到遗传倾向的影响，但它并不能决定我们的命运（Funder，2006）。

环境影响人格吗？

你还记得安妮特吗？当我们听说，她把一个骚扰她的男子打倒在地时，我们都惊讶不已。我们所认识的安妮特是一个安静、平和的人，难道她发生了重大改变？在弄清这个问题之前，先花一点时间来回答下列问题。这样做会使你理解人格心理学中由来已久的某些争议。

评一评：你是如何看待人格的？

1. 我朋友的行为模式在不同场合、不同时间都是一样的。对不对？
2. 一个人诚实与否、善良与否、勇敢与否都是由当时的环境决定的。对不对？
3. 我所了解的大多数人从我认识他们的那一天起，人格特点就没怎么改变。对不对？
4. 某些行业的从业人员（如教师、律师或医生）似乎很相似，因为他们的工作要求他们以某种特定方式行事。对不对？
5. 我对未来室友最好奇的就是他的人格特点。对不对？
6. 我相信当下所处的环境能决定一个人的行为。对不对？
7. 为了在工作中感到自如，一个人的人格特点应当和工作性质相匹配。对不对？
8. 几乎所有人在婚礼上都会表现得很有礼貌，无论他的人格如何。对不对？

现在数一数你在奇数题上回答了几个"对"，偶数题上回答了几个"对"。

如果你同意大部分的奇数题，那么你倾向于认为行为在很大程度上受到人格特质的影响。

如果你同意大多数偶数题的说法，你倾向于认为环境在很大程度上影响着人类的行为。

如果奇数题、偶数题回答"对"的数量相当呢？那么你认为环境和人格特质对行为的影响相同，这也是如今大多数人格心理学家所持的观念（Funder，2006；Mischel，Shoda，& Smith，2008）。

人格特质、一贯风格以及情境

为了预测人们的行为，我们是否应该同时关注内在的人格特质与外在的情境呢？事实上确实是这样，两者都应该考虑。人格特质是相对稳定的，我们已经知道，它能预测工作表现、危险驾车行为或幸福的婚姻等（Burger，2011）。但是，本章前面已经讲到，情境也会显著地影响我们的行为。安妮特由一贯平静的行为风格变得具有攻击性，是因为她所处的异常、极端的环境：在酒吧里，那个男人不断地骚扰她，使她变得极其气愤和不安。

是不是所有的异常行为都可归咎于异常情境呢？这是一个值得深思的问题。弗瑞德·科恩在学校里曾是一个模范学生，认识他的人都觉得他是一个安静、文质彬彬、喜爱孩子的人。他身高1.83米，体重110多千克，尽管魁梧，但同事们大都认为谁都可以摆布他。在被停职2周后的某一天，弗瑞德返回工作场所，决定对他的上司实施报复，在找不到上司的情况下，他杀死了4名同事和1名警察，然后自杀了（Lee，Zimbardo，& Bertholf，1977）。

像弗瑞德·科恩这种冲动型谋杀者通常都是安静的、过度自我控制的人。这样的人一旦失去控制，就可能变得极具攻击性。他们的攻击行为可能是由于很小的刺激或挫折引起的，但实际发泄出来的则可能是他们心中被压抑多年的愤怒。一旦他们放弃了对他们行为的严格控制，一股狂怒就会爆发出来（Cartwright，2002）。这些人的杀人行为与自己平时受到的冒犯完全不成比例，而且，他们在案发后往往会遗忘了自己的所作所为。与安妮特在异常情境中的异常反应不同的是，弗瑞德·科恩的这种过度反应是他这种人格类型的典型表现。

人格特质与情境的交互作用

看电影时跳舞或踢球时读书，这些行为都很反常，同样，也没什么人会在溜冰的时候睡觉，或在葬礼上讲不合适的笑话。尽管如此，你的人格特质会预测你到底是读书，还是去看电影，或参加足球赛。简而言之，人格特质和情境的交互作用决定了我们到底如何行动（Mischel, 2004）。

在**人格特质与情境交互作用**下，外部环境影响着人格特质的表现方式。为了说明这一点，让我们举一个例子。请你想象：你先到教堂，又去了学校，之后去参加派对，最后去了足球赛场。你的行为会发生什么样的变化呢？随着场景的改变，你说话的声音可能会越来越大，情绪也越来越亢奋。这种变化说明环境影响着人的行为。但与此同时，你的人格特质仍旧显而易见：如果你是个喜欢安静的人，那么，你在喧哗的环境里仍会比那些喜欢热闹的人安静些。

知识巩固
行为主义和社会学习理论

测一测
1. 学习理论家相信，所谓人格"特质"就是通过先前学习所获得的_____。此外，他们还强调了行为的_____决定因素。
2. Dollard 和 Miller 认为，人格基本结构的核心是线索。对不对？
3. 社会学习理论家在对行为的解释中包括了心理因素，例如_____（对某个反应是否将引起强化的想法）。
4. 行为主义理论中的"自我强化"与精神分析理论中的"超我"具有相同的意义。对不对？
5. 下列哪一项不属于行为主义人格发展理论中的"关键情境"？
   a. 喂养方式
   b. 性的学习
   c. 语言训练
   d. 愤怒表达方式训练
6. 除了基本的奖励和惩罚之外，还可以通过_____强化来改变儿童的人格。
7. 社会学习理论的发展观强调认同和_____的作用。

想一想
批判性思考
8. 在罗特的认知行为主义理论中，有一个概念叫作"强化值"。在本书第10章，我们在讨论动机作用时曾提到一个与此有关的概念。你能说出这个概念吗？

自我反思
你喜欢什么口味的食物？你能用 Dollard 和 Miller 所提出的习惯、驱力、线索、反应及奖赏这些概念来解释你的偏好吗？

"如果……那么……"规则是一种描述人格的方式，这种方式揭示了情境与人格特质的关系（Kammrath, Mendoza-Denton, & Mischel, 2005）。例如，安妮特具有独立性这种特质，但她不是在每种情境下都表现出这种特质。下面用"如果……那么……"举一些实例：如果安妮特在家工作，那么她是独立的；如果安妮特在酒吧被异性骚扰，那么她是非常独立的；如果安妮特去医院体检，那么她就算不上非常独立了。你能否用"如果……那么……"规则来描述你的人格？

答案：1. 习惯，情境性 2. 不对 3. 期望 4. 对 5. c 6. 替代性 7. 模仿 8. 诱因价值

人格理论——回顾和比较

关键问题 12.7：哪一种人格理论是正确的？

至今，每一种主流的人格理论都使我们增加了对人格的理解和对人类各种行为的认识。但是，目前还没有哪一种理论被完全证实或被彻底否定，我们只能问："这个证据是支持还是否定这个理论的？"虽然这些理论本身很难被证实或证伪，但它们却可以推论和预测。应用是检验一种理论的最好方法：该理论是否充分地解释了行为？它是否引发了新的研究？它是否告诉人们该如何对待心理障碍？应当说，每一种理论都有其独到之处（Cervone & Pervin, 2010）。

表 12.3　四种人格理论比较

	特质理论	精神分析理论	人本主义理论	行为主义和社会学习理论
遗传的作用	最大	强调	最小	最小
环境的作用	认同	认同	最大	最大
对人的本质的认识	中性	向恶	向善	中性
行为是自由选择的还是被决定的?	被决定的	被决定的	自由选择的	被决定的
动力来源	每个人的特质结构	性欲和攻击驱力	自我实现	各种驱力
人格结构	特质	本我、自我、超我	自我	习惯、期望
无意识作用	极小	极大	极小	不存在
良心的概念	诚实等特质	超我	理想自我、评估过程	自我强化经验、受惩罚的历史
发展理论中的核心概念	遗传和环境的共同作用	心理—性欲阶段	自我形象的发展	关键情境、认同、模仿
个体成长障碍	不健康特质	无意识冲突、固着	不相符状态、价值标准	不良习惯、不健康环境

Copyright © Cengage Learning 2013

特质理论

在描述和比较不同人格时,使用"特质"是非常有用的。临床心理学中使用的许多人格测试都是在特质理论基础上编制而成的。但是,这类理论有一个严重问题,就是循环论证。举例说,年轻的嘉莉具有"害羞"的特质,这么说的根据是什么呢?你可以说是因为多次观察到嘉莉避免与别人交谈;那么,为什么她不与别人交谈呢?你说是因为她有"害羞"的人格特质;那么,你怎样知道她有"害羞"的特质呢?你说你观察到她避免与别人交谈……

精神分析理论

根据现代科学的标准,精神分析理论过于强调性驱力和生物本能的作用,新弗洛伊德学派虽然对经典理论进行了一定程度的修正,但这一问题依然存在。此外,弗洛伊德理论虽然能够解释许多已发生的心理问题,但我们难以根据这种理论进行行为预测,这也是人们对精神分析理论经常提出的批评。由于这个原因,我们也难以对精神分析的许多概念进行科学验证(Schick & Vaughn, 1995)。

人本主义理论

人本主义理论最大的优点是,突出了人格中那些积极的方面。马斯洛(1968)说:"人在本质上绝不像有人认为的那样坏。弗洛伊德所告诉我们的只是心理学的一半,即病态的一面,而我们现在必须补充说明心理学的另一半,即健康的一面。"人本主义理论的贡献是伟大的,但其问题也是明显的,比如,这类理论中使用的概念大多比较模糊,难以进行客观研究和测量。即使如此,人本主义思想仍激励了我们去追求更高的意识境界和人生目标。同时,人本主义的理论概念被广泛应用于心理咨询和治疗。

行为主义和社会学习理论

学习理论为人格研究提供了良好的理论框架。行为主义者在研究中一贯强调严格的实验控制和对假设的验证,然而,他们在气质、情绪、思维和主观体验的理解上因缺乏深度而受到批评。社会学习理论被认为是行为主义思想的一个进步,它解答了行为主义饱受质疑的一些问题,但是仍然低估了个体体验的重要作用。

目前,我们往往需要综合运用这四种理论来解释人格,因为每一种理论都为我们提供了一条观察人格的途径。在许多情况下,我们可以通过这种博采众长的方法,达到对人格的一种较完整的认识。从某种意义上说,人格理论目前面临的挑战是,如何整合四种主流理论观点,对人格进行整体的、系统的解释(Mayer, 2005;McAdams & Pals, 2006)。表12.3列出了四种理论之间的一些主要差别。

人格特质与情境交互作用 /Trait-situation interaction 外部环境和情境对人格特质表达方式的影响。

人格评估——心理学的准绳

关键问题 12.8：心理学家如何测量人格？

测量人格能帮助我们预测一个人在单位、学校和治疗时的行为表现。但是，对人格进行详尽描述是一项富有挑战性的工作。在很多情况下，需要综合以下所介绍的多种方法，就拿评估安妮特独特的人格来说，就需要运用所有的方法。

如何对人格进行评估呢？ 心理学工作者用于进行人格评估的主要方法有访谈法、观察法、问卷调查法和投射测验（Burger, 2011）。每一种方法都有优势，同时，每一种方法在对人格的判断上都存在着局限性。因此，这些方法常常是联合使用的。

正式的人格测量建立在非正式判别方法的基础上。有时，你也许通过几句交谈（访谈法）就能对约会对象、朋友或室友下个评语。也许，你会问朋友："如果别人耽误了我的工作进度我会很生气，你呢？"（问卷调查法）。也许，你会观察某位教授生气或尴尬时的表现来判断私底下他到底是什么样的人（观察法）。或者，你可能已经注意到了，当你说"我认为人们会觉得……"时，你所表达的正是自己的想法（投射法）。现在，让我们具体看一看心理学家们如何使用这些方法进行人格评估。

访谈

在**访谈**过程中，咨询师通过提问的方式获得来访者的个人信息，包括过去的经历、人格特质或当前的心理状态等（Murphy & Dillon, 2011; Sommers-Flanagan & Sommers-Flanagan, 2008）。在**非结构化访谈**中，谈话的主题是随意的。而在**结构化访谈**中，咨询师必须按照事前计划好的问题提问，以获得相应的信息。

如何使用访谈信息？ 访谈法常被用来测试应试者是否有人格缺陷，为职场、大学或特定机构选拔人才，或研究人格的动力性。访谈法还能为心理咨询师提供来访者的信息。例如，咨询师问一位抑郁的来访者："你有过自杀的打算吗？在什么情境下有过相关念头？"咨询师还会接着问："你当时有什么

你对这个穿着浅色套装的人的第一印象是什么呢？如果你认为她看起来很友善、迷人、端庄，你接下来的认知就可能受到第一印象的影响。咨询师也常常受到光环效应的影响（详见正文）。

感觉？""你现在的感觉和那时候比有什么变化吗？"

另外，在面对面的访谈中，咨询师可以观察到来访者的面部表情、手势、姿势和语调。例如，一个人嘴上说自己"非常镇静"，但你却看到他在无法控制地颤抖。这些由身体语言所提供的线索能够更完整地传递来访者信息，因此是非常重要的信息源。

计算机化访谈

当你感到自己内心痛苦，去找一位心理专家寻求帮助时，他做的第一件事情是什么？是诊断性访谈，这种访谈的目的是了解来访者的现时感受以及可能存在的心理问题。一般情况下，第一次的诊断性访谈都是结构性的，以一套特定的问题为基础。既然问题都是相同和固定的，有些研究者便尝试使用计算机来提出这些问题。

计算机能与人做得一样好吗？ 是的。在一项研究中，研究者已经同时采用计算机化访谈和人工访谈来诊断狂躁症（Reilly-Harrington 等人，2010）。人们认为计算机化访谈是一种可接受的访谈方式，它也有较高的准确性。

缺陷

访谈法的优点是可以快速了解一个人的人格，但这种方法本身也有着一些局限性。首先，咨询师可能会受到先入之见的影响。例如，一旦咨询师把一位来访者标定为"家庭主妇""大学生""运动员""颓废派"或"流浪汉"，他就有可能根据自己对该类人的先入之见而对来访者做出错误判断。

其次，咨询师本人的人格特点、性别等也可能会影响来访者的行为，并因此而改变来访者行为所反映的表面特质（Pollner，1998）。再次，来访者有时会试图欺骗咨询师，如一个被控有罪的人可能为逃避惩罚而假装自己有精神问题。

第四个问题就是**光环效应**，我们会由于对一个人的总体印象好（或不好）而把这种印象泛化到与人格无关的方面（Hartung et al.，2010）。由于光环效应，一个人如果长得招人喜欢或很有吸引力，那么他就有可能被认为更成熟、聪明、健康，所得到的评价就可能比实际情况更好。光环效应是面试当中需要注意的事项，第一印象确实会使面试产生不同的结果（U.S.Department of Labor，2009）。

尽管有这样那样的缺陷，访谈法仍是一种重要的评估方法。它往往是人格测量、心理咨询或治疗的第一步。不过，仅有访谈是不够的，还常常需要辅以其他的测量手段和测试方法（Murphy & Dillon，2011；Meyer et al.，2001）。

直接观察和等级量表

在公共汽车站、火车站或飞机场，你喜欢用观察其他人的行为来打发时光吗？许多人喜欢观察别人的行为。在人格研究中，对行为的**直接观察**比那些"兴趣观察"有着更强的目的性。例如，心理学家可能会安排一个问题儿童与其他正常儿童一起做游戏，以观察这个儿童在自然情况下是否退缩，是否表现出敌意或攻击性。通过仔细观察，心理学家将确定这个儿童的人格特质，并说明其心理问题的性质。

观察者的主观看法或误判会影响观察结果吗？ 会的，在观察中，出现判断错误是难以避免的，因此，人们常常使用等级评定量表来解决这一问题（图12.6）。在**等级量表**中，首先列出需要观察的人格特质或各种行为，并对此进行评定（Siefert，2010）。使用等级量表可以减少夸大或忽略某种特质的情况出现（Synhorst et al.，2005）。这种评定量表也是观察记录的一种标准化程序，甚至可以用来选择室友和配偶。

另一种标准化的观察方法**行为评估**是根据各种行为发生的频率记录进行分析的方法。观察者记录特定行为发生的次数，而不是他们所认为的某人所拥有的特质（Ramsay，Reynolds，& Kamphaus，2002）。例如，研究者可在精神病医院长住一段时间，这样便有利于观察和记录患者的攻击行为、自我照顾行为、言语行为或其他异常行为的频率。行为评估的方法不限于对外显行为的研究，还可用于探查一个人的思考过程。例如，在一项研究中，夫妻双方讨论他们之间的性行为，研究者进行评估。与没有性生活问题的夫妻相比，有性生活问题的夫妻很少讨论他们的性行为，而是彼此埋怨（Kelly，Strassberg & Turner，2006）。

情境测验

情境测验是直接观察法的一种类型，通过模拟现实生活中的情境，从而观察一个人真实的反应。这种测验认为，如果想要了解一个人在特定情境中的行为，最好的方法就是使其置身于这一情境之中，然后观察会发生什么。情境测验在一种对真实生活环境的模拟情境中进行，我们将观察到一个人在挫折情境、诱惑情境、压力情境或其他情境中所暴露出来的人格特点（Olson-Buchanan & Drasgow，2006；Weekley & Jones，1997）。一些流行的真人秀电视节目采用了类似情境测验的手法，吸引了无数观众。

访谈 /Interview 面对面的谈话，目的在于收集个人历史、人格特质、当前心理状态等信息。

非结构化访谈 /Unstructured interview 在此访谈中，谈话是非正式的，主题是随意的。

结构化访谈 /Structured interview 遵循事前安排好的计划，以一系列计划好的问题展开的访谈。

光环效应 /Halo effect 由于对一个人的总体印象好或不好而把这种印象泛化到与人格无关的方面。

直接观察 /Direct observation 通过直接的观察来评估行为。

等级量表（等级评定量表）/Rating scale 对人格特质或其他行为项目的评定记录工具。

行为评估 /Behavioral assessment 对各种行为频率的记录。

情境测验 /Situational test 在模仿真实生活条件的环境中对被试反应进行直接观察。

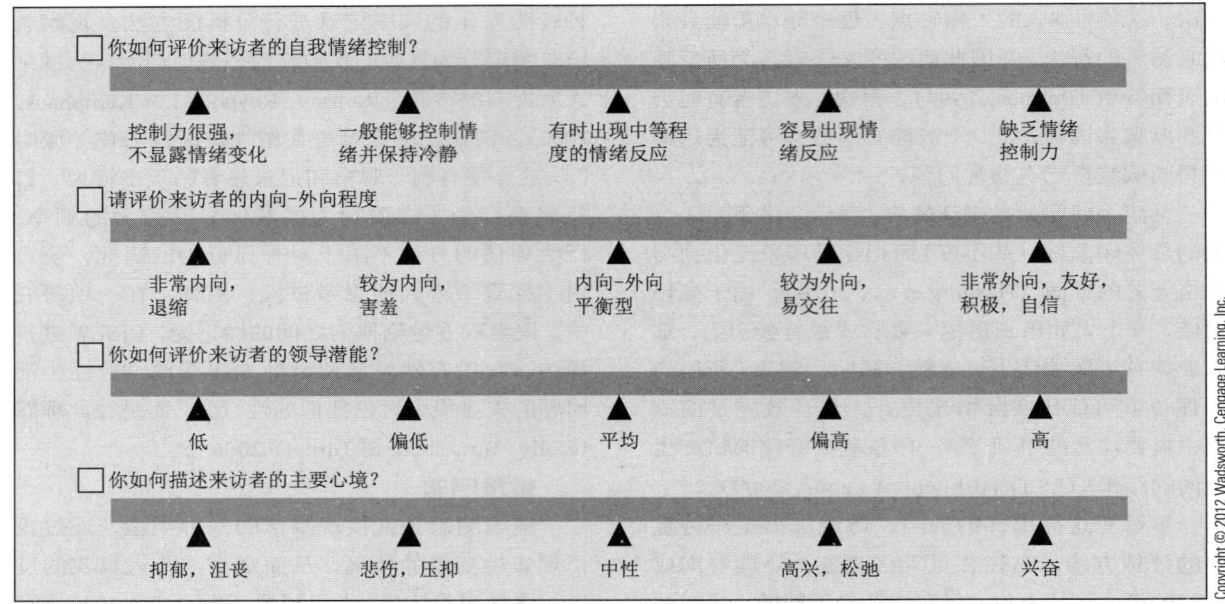

图 12.6 等级评定量表示例。你可以试着使用这些量表评价一位熟人,以便对这类人格测量工具有更好的理解。

情境测验如何进行呢? 许多警察学校的训练和考试中都有一个有趣的科目,叫作"射击判断",这也是一个情境测验。在紧急情况下,警察必须在刹那间做出是否开枪的决定,此时,判断失误将是致命的。在测验中,由一些特别的演员扮演持枪歹徒,模拟各种各样的高度危险的场景,某些现场也可以通过影像或计算机模拟技术加以呈现。一名亲身体验过这种情境测验的记者曾写下以下的感受(Gersh, 1982):

我总是判断失误。我被"打死"了好几次,一次是被一个躲在壁橱里的家伙,一次是被一个挟持人质的人,还有一次是被一个女的,她正和情人接吻,另一次是被一个正在擦猎枪的男人……我还误伤过几个无辜者,一次是一个醉汉,我以为他要掏枪,其实他是从衣服里拿一把梳子;还有一个男孩,他拔出一把黑色的玩具水枪,我看着像是一把真枪。

一个特警小队正在接受"射击判断"训练。如今,警察局越来越多地使用各式各样的情境训练来培训警员,所有的警官都必须通过考试。

人格问卷

人格问卷是用于揭示人格特征的工具,其中多数为纸笔测验。在人格测量方法中,问卷法是一种比访谈法和观察法更为客观的方法。(**客观性测验**是指无论何人打分,给出的测验分数都是一致的,而不像主观性记录那样,可能因人而异)。在问卷中,所有的问题、考试方法和记分方法都经过了标准化,这样就避免了主考官的个人观点和偏见对被试成绩的影响。但是,这样还不足以保证测验的准确性,一个测验必须保证其信度和效度。如果一个问卷的**信度**很高,那么,同一被试每次参加该测量的结果应该是一致的；如果一个问卷具有**效度**，那么，使用这个问卷所得到的结果与研究者真正要测量的东西应该是一致的。按照这样的标准，那些在流行杂志或互联网上刊登的人格问卷或个性调查都毫无信度或效度可言。

> **知识桥**
> 信度和效度是所有心理测验的两个重要特征，特别是智力测验和倾向测验。参见第9章。

现在可用的人格问卷很多，在目前开发的人格问卷中，人们使用较多的包括吉尔福德—齐默尔曼气质量表（Guilford-Zimmerman Temperament Survey）、加州心理调查表（California Psychological Inventory）、奥尔波特—弗农价值观问卷（Allport-Vernon Study of Values）、16人格因素问卷（16PF），以及**明尼苏达多相人格调查表第二版（明尼苏达多相人格调查表-2；Minnesota Multiphasic Personality Inventory-2，缩写MMPI-2）**（Butcher, 2011），等等。其中，明尼苏达多相人格调查表-2是应用最广泛的问卷之一，调查内容由567个项目组成，被测者对其做出"正确"或"错误"的判断。其表述内容如下：

> 每种食物的味道都一样。
> 我身体发育健全、性欲正常。
> 我喜欢鸟类。
> 我下午经常做白日梦。
> 只要有可能，我总是避免去人多的地方。
> 有人想要伤害我。
> 有时我脑子里会有奇怪的想法。

对这些项目的反应真的能反映"人格"吗？如果一个人患了感冒，也会觉得"每种食物的味道都一样"，这与人格无关吧？作为给你的答案（一个小玩笑），请阅读以下问题，回答"是""不是"或"无法回答，别来烦我！"

> 我已经收集了1243个比萨饼包装盒。
> 我喜欢想象品尝猪肝味冰激凌的感觉。
> 我喜欢早晨闻到汽油的味道。
> 我讨厌看电影《现代启示录》。
> 我不能正确地进行加法运算。
> 我讨厌洗澡。
> 我喜欢老鼠和干手帕。
> 我绝对喜欢这本教科书。

这些句子是由本书作者为了讽刺人格问卷而写的。这些问题看似莫名其妙，但它们并未严重脱离现实。不过，诸如MMPI-2测验中的这些问题是否真能反映出人格的某些特征呢？单独一个问题并不能反映人格特点，例如，每个人患感冒后都会觉得"每种食物的味道都一样"，这与人格无关。但是，如果我们从整体反应模式来看，被试在人格维度上的特点就能显现出来。

MMPI-2人格测验中的问题对于鉴别有特殊心理障碍的人是有效的（Butcher, 2011）。举例来说，如果患有抑郁症的人能稳定地以某种特定反应模式来回答一系列题目，而另一些人在回答这些题目时也使用了相同的模式，那么就可以证明这些人也患有抑郁症。这些题目看似搞怪，但是它们确实被用于正式的测验之中。人格问卷中的每一个题目都是经过筛选的，而不是随意添加的，在将一个句子正式纳入问卷之前，必须有充分证据能够证明这一题目与某一人格特质或人格维度

人格问卷/Personality questionnaire 由用于揭示人格特征的问题构成的纸笔测验。

客观性测验/Objective test 在该类测验中，不论何人打分，都会给出一致的分数。

信度/Reliability 即测量工具的可靠性和可信度。当使用一个具有信度的测量工具时，同一被试多次的测量结果应该是稳定的。

效度/Validity 一个测量工具准确测量其真正要测量的东西的能力。

明尼苏达多相人格调查表第二版（明尼苏达多相人格调查表-2）/Minnesota Multiphasic Personality Inventory-2（MMPI-2） 最著名并且被最广泛使用的客观性人格问卷之一。

呈现高度相关。

MMPI-2通过10个分量表对人格中的10个方面进行测量（表12.4），在计分完成后可将测量结果制成曲线，即 **MMPI-2测图**。心理学家将一个人的 MMPI-2 测图与正常人的典型测图进行比较，就能发现这个人具有的各种人格障碍。另外，通过使用这些量表，我们还可以发现药物滥用、饮食失调、（易导致心脏病的）A 型行为、压抑、愤怒、玩世不恭、低自尊、家庭问题、就业能力不足等诸多问题（Butcher，2011）。

表12.4　MMPI-2 的10 个临床分量表

1. 疑病症量表。患者对自己的身体健康过度担忧。
2. 抑郁症量表。患者极度悲观，感觉自己没有价值、没有希望。
3. 癔症量表。患者出现身体不适，但找不出任何生理原因。
4. 心理病态偏离量表。严重者情感淡漠，无视社会规范和道德准则。
5. 男性化/女性化量表。传统意义上的高"男性化"为攻击性强，高"女性化"为敏感性强。
6. 妄想症量表。患者疑心极重，有被害妄想。
7. 精神衰弱量表。患者有无法摆脱的忧虑、恐怖症和强迫性行为。
8. 精神分裂症量表。患者性情孤僻，想法及行为古怪、不正常。
9. 躁狂症量表。患者情绪亢奋，处于躁狂心境中，行为异常，活动过量。
10. 社会性内向量表。患者有严重的社会性退缩倾向。

MMPI-2 的测量结果有多准确？ 人格问卷所获结果的准确性首先取决于一个条件，那就是被试愿意把自己的真实想法说出来。鉴于这一条件的重要性，MMPI-2 中附加了一些 **效度量表**，用以判断被试的测验分数是否有效。从被试对效度量表的反应中，可以判断被试是否有"美化"自己或"丑化"自己的企图。还有一些量表可用来消除由于自我防御或过褒过贬等因素造成的偏差。在回答 MMPI-2 问卷时，最好如实回答，不要多想。

如果一位临床心理学家想要判断某位来访者是否有情绪问题，他最好不要仅凭 MMPI-2 的结果就下结论。测验分数能提供判断依据，但是它们也会错误地给一些人贴上标签，将其划入有心理问题者之列（Kaplan & Saccuzzo，2009）。幸运的是，临床诊断一般要通过面谈、测量等综合途径获得信息。尽管心理评价有诸多局限性，但是需要指出的是，它的结果与普遍使用的医学检测的结果一样，都是具有准确性的（Neukrug & Fawcett，2010）。

人格投射测验

投射测验是一种极为特殊的人格评估方法。访谈法、观察法以及等级量表和问卷技术可以直接评价外显的、可观察的特质（Leichtman，2004）。与其相反，投射测验则以间接的方式揭示人们无意识的或内隐的愿望、想法及需要（Burger，2011）。

小时候，我们都有过这样的经历：望着天上的云，试图从中找出人脸或其他什么东西；根据朋友对电影或油画的反应来推测其人格。如果这些你都经历过，那么你对投射测验的基本原理就会有更深入的了解。在**投射测验**中，被试需要对一个模糊刺激进行描述，或根据模糊刺激编一个故事。显然，假如被试描述的是一个清晰的刺激，比如对一辆汽车的照片进行描述，你从中很难发现与他们的人格有关的东西。但是，如果被试针对的是一个模糊刺激或无结构情境，那么，他们就必须运用自己的生活经验来描述眼前所看到的东西。面对同一个投射刺激，不同人所看到的东西是不同的，而每个人所能知觉到的东西恰好可以反映其人格的内部情况。

投射测验的答案没有对错之分，因此被试难以通过伪装来掩饰自己（Leichtman，2004）。而且，由于其答案的广泛性，被试的报告能够提供非常丰富的信息。

罗夏墨迹测验

墨迹测验也属于投射技术吗？ **罗夏墨迹测验** 也称为罗夏技术或墨迹测验，是历史最悠久和应用最广泛的投射测验之一，由瑞士心理学家赫尔曼·罗夏（Hermann Rorschach）于20世纪20年代发明。整套测验由10幅标准的墨迹图组成，不同的图在颜色、阴影、形状及复杂程度等方面均有所不同。

如何进行墨迹测验呢？ 首先，心理学家向被试呈现每张墨迹图（彩图12.7），并要求他们描述从中看到了什么。然后，心理学家可能回到其中任何一张图，请被试确切地辨别图中的一个特定部分，详细说明刚才的描述，或根据新的印象做出解释。不同的人对同一张图片的回答有着明显的差别。比如，有些人从一张图上看到的是"鲜血正从匕首上滴下来"，而有的人则认为这张图画的是"花篮里的鲜花"。这些报告对于判断人的心理冲突和幻觉有着重要意义。实际上，被试从图中所看到的具体东西是什么并不是最重要的，更为重要的线索是令被试发生想象的内容在墨迹图中的位置。通过观察一个人对外部世界的感知，心理学家可以鉴别这个人是否有心理障碍（Hilsenroth，2000）。

> **知识桥**
> 精神分裂症及其他精神障碍与思维和知觉混乱紧密相关。这种混乱通常可以从投射测验中测查出来。参见第14章。

主题统觉测验

另一种被广泛使用的投射测验是**主题统觉测验**（Thematic Apperception Test，缩写TAT），发明者是哈佛大学的心理学家、人格理论学家亨利·默里（Henry Murray，1893—1988）。

主题统觉测验与罗夏墨迹测验有什么区别呢？主题统觉测验由20张素描画片组成，每张都有一个不同的场景或生活情境（图12.8）。首先，心理学家向被试呈现画片，并要求被试根据画片编一个故事。稍后，心理学家会再次呈现画片，并要求被试详细解释他刚才讲的故事，或重新编一个故事。

心理学家通过记分的方法来分析故事。重点分析的内容包括：故事中人物的感受，人物之间如何交往，事件的起因是什么，故事的结局如何，等等。例如，在失去亲人的大学生所讲述的故事中经常包含死亡、悲痛、遭受失败等主题（Balk等人，1998）。

心理学家同时还要记录故事里的核心人物所表现出的愤怒、歧视、冷漠、嫉妒或恐惧的次数。下面是一位被试为图12.8所编的故事：

> 这个女孩一直在与自己的男朋友交往，但她的妈妈不喜欢他。妈妈正在告诫她，最好不

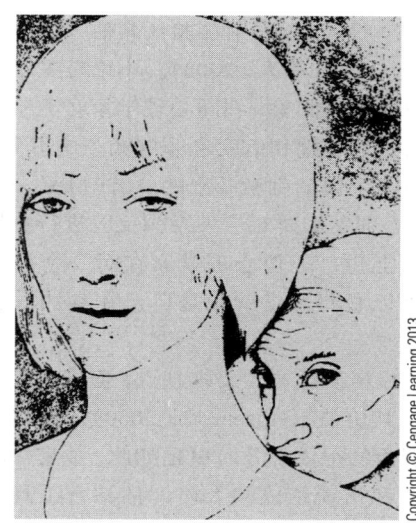

图12.8 这是主题统觉测验中用到的一幅图。如果你想做这个测试，请编一个故事来解释图中的情景，说明现在发生了什么、最后会怎么样。

> 要再与他见面。妈妈说："他跟你爸一个德行。"这个女孩的父母已经离婚。此时妈妈面露微笑，因为她认为自己是对的，但她并不知道女儿的真正想法。女孩在想，无论如何都要再去见见那个男孩。

我们从这个例子中可以看到，主题统觉测验特别善于揭示人际关系中的情感问题（Aronow等人，2001；Teglasi，2010）。

投射测验的局限性

尽管投射测验在临床上很流行，但也有明显的

MMPI-2 测图 /MMPI-2 profile　反映个体在 MMPI-2 各主要量表上得分的图。

效度量表 /Validity scales　用于探查被试是否说谎、对同样问题的回答是否一致或是否自我美化的测验量表。

投射测验 /Projective tests　利用意义不明确的或无结构的刺激进行的心理测验。

罗夏墨迹测验 /Rorschach Inkblot Test　由10幅标准化的墨迹图组成的投射测验。

主题统觉测验 /Thematic Apperception Test（TAT）　一种投射测验，由20张不同场景和生活情境的画片组成，要求被试用这些画片编故事。

局限性。一般认为，投射测验比其他人格测验的效度低很多（Wood 等人，2003）。不论是主题统觉测验还是罗夏墨迹测验，不同心理学家对测验结果进行记分时的客观性和信度也非常低。这不奇怪，因为被试对一个模糊刺激做出的（有时）是一个模糊反应，而心理学家要对这种模糊反应进行分析。从某种意义上讲，一位心理学家在对一个投射测验的结果加以解释时，就像是自己在参加一次投射测验。

尽管投射测验有着诸多缺点，但许多心理学家依然认可其价值（Hilsenroth，2000），尤其当它们是成套测验的组成部分时更是如此，成套测验是由多种测验和访谈组成的人格评估综合工具。一个有经验的临床心理学家可以通过投射测验诊断出病人内心的主要冲突，让来访者讲出那些使他们感到不安的事情，从而制定出治疗方案（O'Roark，2001；Teglasi，2010）。

阅读预习

接下来的应用篇将帮助你更好地理解人格。不要感到害羞，读下去！

知识巩固

人格评估

测一测

1. 光环效应在基于 ＿＿＿＿＿ 的人格评估方法中会对测评结果造成严重影响。
   a. 投射测验　　　b. 行为记录
   c. 访谈法　　　　d. 主题统觉测验

2. 下列哪一种方法被认为是最具客观性的人格评估方法？
   a. 等级评定量表　　b. 人格问卷
   c. 投射测验　　　　d. 主题统觉测验

3. 情景测验可以使研究者直接 ＿＿＿＿＿ 到被试的人格特征。

4. 在使用 MMPI-2 的测量中，一个精神病患者会在哪个分量表上得高分？
   a. 抑郁　　　　　b. 癔症
   c. 精神分裂症　　d. 躁狂症

5. 使用模糊刺激是哪一种方法的最主要特点？
   a. 访谈法　　　　b. 投射测验
   c. 人格问卷　　　d. 直接观察

6. 一个人对 MMPI-2 题目的反应中包含其无意识的愿望、想法和需要。对不对？

7. 进行行为评估时，心理学家会直接对被试的行为进行观察，或让被试说出当时的想法。对不对？

8. 以下哪项与其他三项不属于一类？
   a. 罗夏墨迹测验　　b 主题统觉测验
   c. MMPI-2　　　　　d. 投射测验

9. 如果一个人在不同的时间完成同一个测验的得分相同，即可证明这一测验的效度。对不对？

想一想

批判性思考

10. 你能否想出一些理由，说明为什么访谈法不能准确地测查人格特质？

11. 哪一流派的人格理论家对投射测验最感兴趣？

自我反思

你如何评估人格？你是否曾应用过本章所介绍的这些方法？

你是一名应聘者，一会儿将有心理学家为你进行人格评估。你希望这名心理学家采用哪种或哪些方法，为什么？

答案：1. c　2. b　3. 观察　4. c　5. b　6. 不对　7. 对　8. c　9. 不对　10. 由于人格特质与情境发生相互作用，一个人在访谈中表现出来的也许只是他在用调整的方式来行动。11. 心理分析学派的理论家为了捕述人们的无意识动机，使用不少投射性测验。

障碍和桥梁——理解害羞

关键问题 12.9：人们为什么会害羞？怎样克服害羞？

请你回答：

- 与陌生人讲话对你是一件很困难的事吗？
- 你在与人交往时是否感到缺乏自信？
- 你在社交场合是否觉得不自在？
- 在与不熟悉的人在一起时，你是否觉得紧张？

害羞是一种人格特质，表现为在社交场合感到不自在、紧张、避免与他人接触以及情感上的社会性抑制（Bruch，2001）。害羞的人不敢与他人对视；当别人对他讲话时，他总是退缩；自己讲话的声音非常小，显得不愿与人交谈（Brunet, Mondloch & Schmidt，2010）。轻度害羞无关紧要，但是重度害羞（即社会性焦虑障碍）则可能使人感到压抑、孤独、恐惧、焦虑、抑制和缺乏自尊（Ashcraft，2012；Stein & Stein，2008）。

影响害羞的因素

害羞是哪些因素造成的呢？从心理因素看，主要有三方面的问题。首先，害羞的人通常缺少**社交技能**，因此缺乏与他人交往的能力。许多人之所以见人就害羞，只是因为他们没有学会遇到人时应该如何打招呼，或不知道如何主动与他人交谈，如何才能将谈话继续下去。害羞的另一个原因是**社交焦虑**，即在他人面前有一种不安的感觉。我们每个人都会在某些特定的社交场合产生这种紧张情绪。比如，当你遇到一位对你很有吸引力的陌生人时，你也许不知说什么才好。这些都是**评价恐惧**的典型反应，即害怕自己因为表现不得体而遭到别人的嘲笑或反对，使自己处于尴尬境地。虽然这种恐惧是很常见的，但是，害羞者比一般人的恐惧更为强烈（Bradshaw，2006；Jackson, Towson & Narduzzi，1997）。第三个问题是，害羞者头脑中的**自挫偏见**，特别是在社交活动不顺利时，他们总是过分地责备自己，毫无必要地自我批评（Lundh 等人，2002）。

害羞的情境因素

从情境因素看，害羞心理通常是由新的、不熟悉的社会情境引起的。一个人在与亲朋好友相处时可能显得无拘无束，但一遇到陌生人就变得害羞。此外，人的害羞强度往往还与礼节、交往对象的社会地位、自己与他人的差异程度以及自己成为注意的焦点等因素有关，比如，当一个人发表演讲时，一般都会感到害羞（Larsen & Buss，2010）。

在上述情境中，大多数人都会变得谨慎和抑制，不是吗？是的，不过，害羞者与一般人在人格方面是有差异的。

应 用 篇

害羞者的人格动力学

在人格动力学方面，一般人都认为，害羞者之所以害羞，是因为他们太专注于自己的感受和想法。但是，Jonathan Cheek 与 Arnold Buss（1979）的研究结果与此恰恰相反，事实上，害羞与**个体性自我意识**无关，而与**公众性自我意识**有关。个体性自我意识指对自己的感受、想法及幻想的关注，公众性自我意识则指对自己作为一名社会成员的关注。

那些公众性自我意识强的人更关心别人对自己的评价（Cowden，2005），因此，他们总是害怕自己说错话或做错事。在公共场合，他们觉得别人一眼就能看穿自己，这种感受会引起焦虑或恐惧，并使他们在社交过程中

害羞 /Shyness　与人交往时感到不自在或紧张、回避他人的倾向。

社交技能 /Socail skills　与他人交往的能力。

社交焦虑 /Social anxiety　在他人面前感到恐惧。

评价恐惧 /Evaluation fears　害怕自己因为表现不得体而遭到别人的嘲笑或反对，使自己处于尴尬境地。

自挫偏见 /Self-defeating bias　思维的扭曲与失真，影响到行为。

个体性自我意识 /Private self-consciousness　专注于内在感受、想法和幻想。

公众性自我意识 /Public self-consciousness　强烈地意识到自己是社会的一分子。

感到尴尬或无所适从（Cowden, 2005）。同时，由于焦虑的作用，害羞者更容易产生对他人反应的错误知觉，感到自己在公众面前表现得愚蠢（Schroeder, 1995）。

虽然我们每个人都会在某些社交场合感到焦虑，但是，害羞者与一般人在解释这种焦虑时有着本质的区别。那些害羞的人倾向于把这种社交焦虑解释为一种持久的人格特质，而一般人则认为自己害羞是外部的情境因素引起的。换句话说，害羞者的"害羞"已经成为自我概念的一部分，而一般人会认为别人在同样的环境中也将和自己差不多，都会感到焦虑或怯场（Zimbardo, Pilkonis & Norwood, 1978）。

两种不同的解释会直接影响到一个人的自尊，因此是很重要的。一般来讲，不害羞的人比害羞的人有更强的自尊，因此在社交中有着成功的信心，一旦出现失败，他们会从外部环境中找原因。但害羞的人截然相反，他们会将社交中的失败归咎于自己，没有信心获得成功，而且总觉得会遭到别人的反对（Jackson et al., 2002）。

害羞的信念

如何克服害羞心理？要克服害羞心理，首先需要改变错误的想法。心理咨询师发现，害羞的人通常会有一些不现实的或自我挫败的信念（Antony & Swinson, 2008；Butler, 2001）。以下是一些害羞者的主观想法：

1. 在社交聚会中，如果我多等一会儿，应该有人来主动找我说话。
   评论：这显然是替自己不敢主动与人交谈找借口。如果两个人要交谈，总要有一个人表现得更主动一些。为什么你不能当这个主动者呢？
2. 有些人之所以能够更多地被邀请参加社交活动，只是因为他们的运气好。
   评论：这是一个错误的观念。有时，一个人能否被正式介绍给一些重要人物，确实要看机遇，但是大部分人是通过自己的努力，才在社交活动中得到更多的机会的。他们总是更为积极地结识新朋友，花更多的时间与人相处，积极参加各种活动、邀请别人或主动与人交谈，因此，他们拥有更多的机会并不是单靠运气。
3. 不管到什么地方，我该认识的人就会和我交往，不该认识的人还是不认识。
   评论：这是对自己不去主动与人接触的另一个借口。事实上，如果你多参与一些社交活动，比如参加各种俱乐部或团体的活动，你会得到更多与人交往的机会。
4. 一些人看上去对我没有好感，他们肯定是不喜欢我，即便我努力接触他们，他们还是不会喜欢我。
   评论：这种想法一定会使你感到害羞，但这是完全没有道理的。如果一个人没有立即表示出对你的好感，并不代表一定不喜欢你。对一个人是否产生好感有时需要一段时间，并需要一些机会去发展这种感情。

不合理想法不止这四种，还有很多类似的可能导致害羞的错误信念。现在，我们需要用下面的这些积极信念来取代它们：

1. 通过社交活动，我会渐渐变得积极主动。
2. 不能等到自己完全放松和有把握时才主动与人交往，有时需要冒一点险。
3. 我是什么样就是什么样，假装绅士或淑女只能让我感到更焦虑。
4. 只要自己别太在乎他人的评价，就不怕人们对自己评头论足。
5. 我可以给自己设定合理的目标，逐步掌握社交经验，提高社交技巧。
6. 即使极富社交经验的人也不会每次都成功。因此，如果我在社交中遇到不顺利的情况，也不必过于自责。（摘自 Antony & Swinson, 2008；Butler, 2001）

社交技能

学习社交技能需要不断练习（Carducci & Fields, 2007）。没有人天生就知道应该如何与人打交道，或如何主动与人谈话。练习的方式可以有多种，比如，准备一个录音机，录下你与他人的谈话，事后反复听谈话录音。这是一种有效的方法，因为听录音可以使你了解到自己打断了别人的话、停顿、忽略了谈话中的线索以及表现出不感兴趣等问题，便于今后改进。还有一种方法，就是看着镜子练习与人交谈，通过"夸大"自己的表情，了解自己在表现惊讶、愉快、感兴趣或不喜欢时的样子。通过这些练习，许多人都学会了如何在交往中变得更积极主动，并掌握了表达自己的有效方式。

知识桥
相关技巧请参见第16章。

交谈

学会提问是促进交流最简单有效的方法之一。一系列巧妙的提问可以将焦点转移到别人身上，并且表现出你的关注。不需要绞尽脑汁想问题，你可以提出以下这些简单的问题："你在哪里工作（学习、生活）？你喜欢跳舞（旅游、音乐）吗？你在这儿学习（工作、生活）多久了？"当你用这些问题破冰之后，接下来你最好问一些开放式问题（不能以"是"或"不是"来回答），如：

"你都到过什么地方？"（而不是"你去过佛罗里达吗？"）

"西部的生活是什么样子的？"（而不是"你喜欢住在西部吗？"）

"你喜欢吃什么？"（而不是"你喜欢中餐吗？"）

你会很快发现，对这种开放式的问题，人们通常会给出关于自己的更多的信息，在丰富的信息中，你很容易找到下一个话题，这样，交谈就很自然地继续下去了。

当然，以上关于交往技巧的简单例子并不能代替亲身实践。要想克服自己的害羞心理，不但需要在实践中学会更多的技巧，还要不断检查自己的观念和态度是否正确。在必要时，你可以请一位咨询专家或心理医生对你进行指导。害羞的人要想战胜自己的害羞特质，必须要做好冒一点风险的准备，因为，任何人在与他人的交往中都免不了遇到尴尬或失败的情况。但要记住，只要你有决心去做，就一定能得到回报：在交往中赢得友谊，并战胜自己的害羞心理。

知识巩固

理解害羞

测一测

1. 社交焦虑和评价恐惧几乎是害羞的人所特有的，不害羞的人极少会有这些体验。对不对？
2. 不熟悉的人或情境因素通常会引发害羞。对不对？
3. 和一般人想的正相反，害羞与_____无关。
   a. 个体性自我意识　　b. 社交焦虑
   c. 自尊　　　　　　　d. 因社交失败责怪自己
4. 害羞的人认为自己的社交焦虑_____。
   a. 属于情境反应　　　b. 是人格特质
   c. 具有公众效应　　　d. 是一种习惯
5. 改变个人观念并在实践中练习社交技巧有助于克服害羞心理。对不对？

想一想

批判性思考

6. 芳达有害羞人格特质，而且她一遇到不熟悉的社交情境就表现得极度害羞。这种害羞行为是在什么因素的作用下产生的？

自我反思

如果你是一个害羞的人，请你总结一下，社交技能、社交焦虑、评价恐惧、自挫偏见、公众性自我意识对你的社会抑制分别产生什么样的作用。如果你不是一个害羞的人，那么你该如何向一位害羞的朋友解释这些概念。

答案：1. 不对　2. 对　3.a　4.b　5. 对　6. 人格特质与情境相互作用。

本章总结

关键问题回顾

12.1 心理学家是如何使用人格这个概念的？

12.1.1 人格指的是一个人独特的、一贯的思维、情感和行为模式。

12.1.2 性格是指被评估的人格或是期望拥有的品质。

12.1.3 人格特质是指在大多数情境中表现出的稳定的行为特征。

12.1.4 人格类型是指由一组相关特质定义的个性风格。

12.1.5 积极的自我评价可以提高人的自尊水平。自尊水平过低易导致紧张、不快和抑郁。

12.1.6 特质、心理动力学、行为主义和社会学习、人本主义这四种人格理论，都是通过提出一套假设、概念和原则，对人格进行系统的解释。

12.2 某些人格特质比其他特质更基础或更重要吗？

12.2.1 特质理论家试图找出那些决定人们的一贯性和独特性行为的人格品质。

12.2.2 奥尔波特的理论中，提出了对共同特质、个人特质的区分以及对首要特质、核心特质和次要特质的区分。

12.2.3 卡特尔提出了对表面特质和根源特质的区分，表面特质取决于深层的 16 种根源特质。

12.2.4 根源特质可以通过 16 人格因素问卷（16PF）进行测量，结果可以通过特质剖析图呈现。

12.2.5 五因素模型将人格特质减少到 5 个最基本的人格维度：外倾性、宜人性、责任心、情绪稳定性、开放性。

12.3 心理动力学理论是如何解释人格的？

12.3.1 弗洛伊德的精神分析理论与其他心理动力学理论一样，强调人格中无意识驱力和心理冲突的作用。

12.3.2 按照弗洛伊德的学说，人格由本我、自我和超我组成。

12.3.3 力比多来自生本能，是驱动人格的能量。人格中的冲突可能导致神经性焦虑和道德性焦虑，而自我防御机制可以应对这些焦虑。

12.3.4 人格的活动可分为在无意识、前意识和意识三个水平上的活动。

12.3.5 弗洛伊德的人格发展理论是以心理－性欲发展阶段学说为基础的，这些发展阶段包括口唇期、肛门期、生殖器期和生殖期。任何一个阶段中心理冲突形成的固着都会在人格中留下持久的印记。

12.3.6 新弗洛伊德主义者在接受弗洛伊德理论中大部分核心思想的同时，对其中某些观点进行了修正，他们中的三个代表人物是阿德勒、霍妮和荣格。

12.4 人本主义理论是如何解释人格的？

12.4.1 人本主义理论强调主观体验、自由选择、自我实现及人性的积极因素。

12.4.2 马斯洛对自我实现者进行了研究，发现自我实现者具备一些共同特点，如正确认识现实的能力、经常有高峰体

12.4.3 积极心理学家发现了引领人类走向幸福快乐的六种力量：智慧和知识、勇气、人道主义精神、公正、节制、卓越。

12.4.4 在罗杰斯的理论中，自我被视为从个人经验中产生的实体。与自我形象相符的行为经验将被意识所接受，而不相符的行为经验将被拒绝，不能进入意识。

12.4.5 如果一个人有着不现实的自我形象，或自我形象与理想自我不匹配，就会出现自我的不相符状态。当一个人达到内心和谐并成为功能完善的人之后，将能够灵活地、开放地对待自己的一切经验和感觉。

12.4.6 人本主义者认为，自我形象和自我评价标准的形成对人格发展具有重要意义。

12.4.7 当父母用自己的价值标准影响子女的行为、思想和情感时，这些儿童就会开始用相同的标准评价自己。这些内化的价值标准可能会导致儿童处于不相符状态，并破坏其机体评价过程。

12.5 行为主义学家和社会学习理论家在他们的理论中强调了人格的哪些部分？

12.5.1 行为主义理论强调学习、条件反射和环境因素的即时效应（情境性决定因素）对人格的影响。

12.5.2 学习理论家 Dollard 和 Miller 认为，习惯是人格的核心，反映了驱力、线索、反应和奖赏的综合效应。

12.5.3 社会学习理论中考虑到了认知的元素，在行为主义理论对人格的解释中增加了知觉、思维和理解的作用。

12.5.4 Rotter 提出三个概念来诠释社会学习理论：心理情境、预期、强化值。

12.5.5 在行为主义理论对人格发展的阐述中，提出了社会性强化在四种关键情境中的决定性作用。这些情境包括：喂养方式、排便训练、性的学习、愤怒及攻击的表达训练。

12.5.6 认同和模仿在社会性别训练中具有特别重要的意义。

12.6 遗传和环境是如何影响人格的？

12.6.1 气质指的是一个人性情中受遗传和生理影响的部分。

12.6.2 行为遗传学和同卵双胞胎的研究表明，遗传对成人的人格特质有着重要影响。

12.6.3 生物性倾向（特质）与环境（情境）共同决定了我们的行为。

12.7 哪一种人格理论是正确的？

12.7.1 特质、心理动力学、行为主义和社会学习、人本主义这四种主流人格理论都有助于人们理解人格的不同方面。

12.8 心理学家如何测量人格？

12.8.1 人格测量的主要技术包括访谈、观察、问卷和投射测验。

12.8.2 访谈法中包括结构化访谈和非结构化访谈。使用访谈法可以得到大量信息，但由于咨询师的偏见和错误知觉可能出现问题。光环效应也会降低访谈法的准确性。

12.8.3 在使用直接观察法时，为了达到更加客观地评价行为的目的，可结合使用情境测验、行为评估或等级评定量表等方法。

12.8.4 人格问卷具有公认的客观性和信度，但是其效度均难以证明，如 MMPI-2。

12.8.5 在投射测验中，心理学家让被试将其感受或想法投射到一个模糊刺激或无结构情境中。

12.8.6 最知名的投射测验有两种：首先是罗夏墨迹测验，其次是主题统觉测验。

12.8.7 投射测验的效度和客观性程度都不高。尽管如此，投射测验技术作为成套测验的组成部分仍被临床心理学家认为是很有价值的。

12.9 人们为什么会害羞？怎样克服害羞？

12.9.1 害羞通常包括社交焦虑、评价恐惧、自挫偏见、公众性自我意识、缺乏社交技能等特征。

12.9.2 害羞的人具有较高的公众性自我意识，而害羞特质也具有持久性。

12.9.3 通过消除自挫偏见、以积极信念支持自己和学习社交技能可以有效地克服害羞心理。

第 13 章

健康心理学

主题

人的健康与生活方式、行为方式及应对压力的有效方式有着密切的关系。

关键问题

13.1 什么是健康心理学?行为方式如何影响健康?

13.2 压力指的是什么?压力的强度是由什么因素决定的?

13.3 挫折是怎样产生的?人们应对挫折的一般反应是怎样的?

13.4 心理冲突包括哪些不同类型?人们如何应对心理冲突?

13.5 什么是心理防御机制?

13.6 人为什么会出现无助感和抑郁?

13.7 压力与健康和疾病的关系是怎样的?

13.8 应对压力有哪些最为有效的策略?

引子

郑美的期末冲刺

这是多么糟糕的一年啊！郑美刚刚应付完一大堆令她焦头烂额的学期论文、研究项目和课堂报告，紧接着又迎来了最后一场"战役"——期末考试。祸不单行，最难的两门考试竟然排在了同一天！很好！真走运！

期末考试的最后一天，郑美在开车去学校的路上遇上了大堵车。两个司机堵住了她的去路，甚至还有一个家伙伸出中指向她"致意"。当郑美终于到达学校的时候，停车场里挤满了慌乱的学生。他们中大多数和她一样，必须在考试开始前的最后几分钟之内赶到考场。最后，郑美发现了一块可停车的空地。正当她朝那儿开过去的时候，一辆迷你库柏从拐角"飞"了出来，抢入了"她的"停车位。她后面的司机开始不耐烦地按起喇叭。一瞬间，郑美简直希望眼前的一切统统消失。

最终，在经历了一周半的压力与挫折后，郑美终于跑过了期末考试的"终点线"。这些日子以来，她一直睡眠不足，消费了大量的咖啡和垃圾食品，还不得不死记硬背那么多知识点，整日抱怨连连。终于，现在她可以去休息和娱乐了。但是，她可以吗？放假后才第4天，郑美就患上了重感冒，继而引发了支气管炎，病了快一个月才康复。

郑美的经历恰恰说明了当压力、情感、个人习惯与健康相冲突的时候会发生什么。尽管她也可能只是碰巧在这时候患上了感冒，但我们认为，这并不是纯粹的巧合。疾病经常会在压力期之后不期而至。

在本章的第一部分我们将了解多种有害于健康的行为。接下来，将细致地讨论什么是压力，以及它是如何影响我们的。之后，我们会重点介绍应对压力的有效策略。这样，与郑美相比，你就能够更好地把握住自己的健康了。

健康心理学——关乎你的健康

关键问题 13.1：什么是健康心理学？行为方式如何影响健康？

保持健康是一件头等重要的事，大部分人都同意这一观点。然而，在北美有许多疾病及半数的死亡是由不健康的行为导致的（Mokdad et al., 2004）。针对这一问题，**健康心理学**希望运用心理学的方法预防疾病和促进健康。**行为医学**是健康心理学的相邻学科，研究者也在探索运用心理学方法解决医学问题，包括控制疼痛、治疗慢性疾病、治疗与压力有关的疾病、疾病的自检（如乳腺癌）和其他类似的问题（Brannon & Feist, 2010）。

有害健康的行为因素

一个世纪以前，人类的主要死亡原因是传染病和意外事故。而今天，人们常因**不良生活方式引发的疾病**而死亡，如心脏病、中风、艾滋病和肺癌（图 13.1），这些都与对健康有害的各种生活习惯相关（Dombrowski et al., 2007）。显然，一些行为和生活方式会促进健康，而另一些则会导致疾病和死亡（Hales, 2012）。正如一句流行的话所说："如果你不照顾自己，那么殡仪馆的人就会代替你来照顾你。"

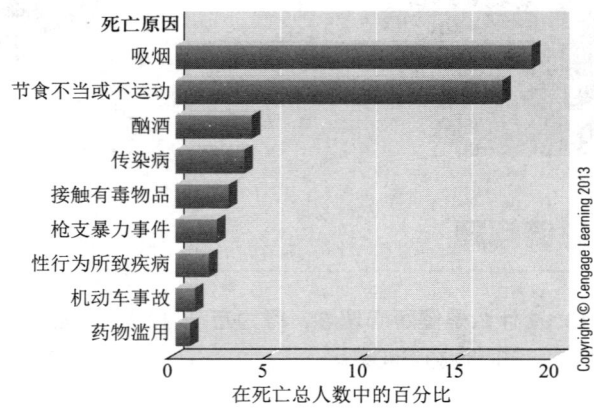

图 13.1 美国排名前 9 项的死亡原因。如图所示，其中 8 项与有害健康的行为因素直接相关，仅"传染病"一项例外。至少一半的死亡可以追溯到不健康行为。由不健康行为引起的一般健康问题所占比例则更高（数据引自 Mokdad et al., 2004）。

表 13.1 美国高中生中出现危险行为的人数百分比	
在过去 30 天中出现的危险行为	百分比
曾与人一起酒后开车兜风	28%
曾与人打架	32%
曾携带武器	18%
曾饮酒	42%
吸过大麻	20%
有过性行为	34%
在上次性行为中未采取避孕措施	39%
曾吸烟	20%
未进食足够的水果和蔬菜	78%
未进行足够的身体锻炼	81%

引自 Eaton et al., 2010。

哪些行为属于不健康行为？ 虽然有些疾病发生的起因我们无法控制，但是很多有害健康的行为是可以减少的。**行为危险因素**是指会增加患病、受伤及过早死亡概率的行为。例如，每年大约有443 000人死于与吸烟有关的疾病（美国疾病控制中心，2011）。与此相似，在美国大约有65%的成年人体重超重，而其中半数为极度超重，即肥胖（Flegal et al., 2010）。肥胖不仅仅是个关乎时尚审美的话题，它的长期发展可能会令你丧命。一个在20岁就体重超重的人，可能会丧失5~20年的预期寿命（Fontaine et al., 2003）。肥胖将很快取代吸烟，成为在本可预防的死亡中的首要致死因素（Danaei et al., 2009）。

以下都是非常有害健康的行为（Brannon & Feist, 2010）：在过大的压力下生活；患高血压而不进行治疗；吸烟、酗酒或滥用药物；饮食过量；运动量不足；不安全的性行为；接触有毒物质；暴力；过量暴露于日光；开飞车；不注意个人安全（不预防本可避免的事故）。70%的医疗花费都与以下六项因素有关——吸烟、酗酒、药物滥用、饮食不良、运动不足和危险的性行为（Brannon & Feist, 2010；Orleans, Gruman, & Holiendonner, 1999）。（关于不安全性行为的讨论在第11章中有详细介绍。）

人们在18或19岁时养成的个人习惯会对今后的健康、幸福和预期寿命产生巨大影响（Gurung,

2010；Hales, 2012）。表13.1 显示了在美国，有多少比例的高中学生会出现表中所列出的危险行为。

有害健康的行为并不是我们所唯一关注的。例如，我们还发现，一些人具有**疾病易感人格**，从而长期处于抑郁、焦虑和敌意状态，他们会经常生病。相反，一些足智多谋、富有同情心、乐观和友好的人则会更为健康（Li et al., 2009；Taylor, 2009）。抑郁尤其损害健康（Luppa et al, 2007）。抑郁的人吃不好，睡不好，很少锻炼，开车时不系安全带，还更常吸烟，等等。

生活方式

现在，你可以闭上眼睛，把自己从出生到死亡的生活想象两遍。第一遍想象自己的一生中有着许多有害健康的行为。虽然每个行为单看起来微不足道，但当许多这样的不健康生活方式效应叠加起来时，会使疾病发生的概率大幅上升。比如，如果你经常处在压力状态下，那么想象自己的身体每天都怒火中烧的样子；如果你吸烟，那么想象一辈子所有吸的烟在一个星期的时间之内吹透你的肺；如果你喝酒，那么将一生所喝的酒对大脑、肠胃和肝脏的伤害集中压缩到一个月之中——你的身体会遭到毒害、毁灭，你将很快死去。如果你总是吃高脂肪、高胆醇的食物，想象在你的动脉中出现的致命堵塞。第二遍你可以想象在自己一生中从未沾染那些不健康的生活方式或习惯，你会给自己少惹多少麻烦！

不是想说教，我们只是想提示人们，危险行为会带来多么大的影响。而更糟糕的是，各种不健康生活方式通常会带来新的危险行为。吸烟的人

健康心理学 /Health psychology 运用行为原理预防疾病和促进健康的研究。

行为医学 /Behavioral medicine 关于与疾病及治疗有关的行为因素的研究。

不良生活方式引发的疾病 /Lifestyle disease 对健康有害的各种生活方式、习惯和行为导致的疾病。

行为危险因素 /Behavioral risk factors 可能导致疾病、受伤害和过早死亡的行为。

疾病易感人格 /Disease-prone personality 一种与不健康相联系的人格类型，以持续性消极情绪、焦虑、抑郁和敌意为特征。

长远来看，有害健康的行为因素和健康的生活方式确实会对人的健康及预期寿命带来巨大影响。

往往也嗜酒，饮食过量的人往往运动不足，等等（Straub，2012）。甚至传染性疾病也经常和有害健康的行为有关。例如，肺炎和其他种类的传染病在患有癌症、心脏病、肺部疾病或肝病的人群中具有更高的发病率。因此，很多归因于传染病的死亡实际上可以追溯到吸烟、饮食不良或酒精滥用等危险行为（Mokdad et al.，2004）。

健康促进行为

为预防疾病，健康心理学家首先要做的就是试图减少危险行为。行为不改变，世界上所有药物可能都不足以重塑你的健康。我们都见过，有些人就是因为没能改变导致疾病的行为习惯，才患有心脏病或肺病。

在许多情况下，一些生活方式类疾病可以通过行为上特定、微小的改变而得到预防或治愈。例如，慢性高血压是一种致命的疾病，但我们可以通过改变生活方式来预防这一"无声的杀手"，如严格控制体重、吃低盐食物、控制饮酒量和多做运动等（Edenfield & Blumenthal，2011；Hales，2012）。

除了减少危险行为，心理学家也致力于增加人们有益于健康的行为。健康促进行为包括以下常见的行为：规律的锻炼、控制吸烟和饮酒、维持饮食平衡、获得良好的医疗服务以及管理压力（Zarcadoolas，Pleasant，& Greer，2006）。实际上，一项医学研究显示，做到这些因素中的四条就可以显著增加预期寿命。十年间注意了饮食、锻炼，控制了饮酒、吸烟的成人，其死亡的危险率下降了65%（Knoops et al.，2004）。

促进健康的行为并不一定是严格限制或使其成为不易承受的负担。例如，维持健康饮食并不意味着只靠豆腐和麦芽过活。研究中，最健康的人们将吃饭描述为美味的"地中海饮食"，大量的水果、蔬菜和鱼，少量的红肉和奶制品。类似的，你也不需要像奥林匹克运动员那样锻炼身体。你需要的仅仅是每周三到四次，每次30分钟的锻炼（相当于快步走的运动量）。几乎所有人都能够将这个"成为生活方式的运动"纳入自己的生活时间表（Pescatello，2001）。

那么酒精呢？限制饮酒并不意味着你必须成为禁酒主义者。每天喝一两杯酒精饮品对大多数

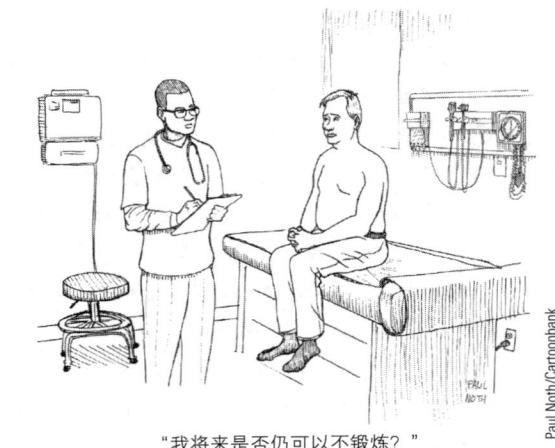

"我将来是否仍可以不锻炼？"

探索·发现

人以群分

你是否想吃得更健康、锻炼更多或戒除吸烟？研究者 Nicholas Christakis 和 James Fowler 发现人们难以改变不健康行为的原因。通常，社交因素是做出改变的一大障碍。如果你吸烟，你的朋友是否也吸烟？你的家人是否也和你一样喜欢吃垃圾食品？你周围的朋友是否也都喝酒？过度饮食及吸烟等不健康行为似乎像"心理病毒"一样在传播（Christakis & Fowler, 2009）。

关于社交影响的一项研究发现，如果一个朋友先变胖，人们变胖的概率则会上升 57%（Christakis & Fowler, 2007）。类似的，吸烟者也更倾向与其他吸烟者一起"活动"（Christakis & Fowler, 2008）。另一项研究发现与饮酒者在一起会使饮酒量上升（Ali & Dwyer, 2010）。显而易见，我们喜欢与同自己相似的人在一起，并学会他们的许多习惯。

这是否意味着如果我的家人或朋友有不健康行为，那么我就注定不能健康了？并不一定如此。社交网络同样可以传递健康行为（Fowler & Christakis, 2010）。如果吸烟者中的一个人戒烟，其他人也更易戒烟。如果你的伴侣戒烟，你戒烟的概率会上升 67%。如果一个好友戒烟，你戒除烟草的概率会上升 36%（Christakis & Fowler, 2008）。社会上日益增长的反烟趋势也许最能解释为什么越来越少的美国人（现在仅为 19%）仍然吸烟（Schroeder, 2008）。

那么这告诉我们什么？不要等着你的朋友或家人先培养更健康的习惯。你需要先改变，并让他们也加入你。如果做不到先改变，那么可以先和有更健康生活习惯的群体待在一起，你可能也被培养出一些健康的习惯。

人是安全的，特别是每周仍留有 2～3 天不饮酒的人。而每天一杯红酒甚至有助于健康（Anekonda, 2006）。但是，每天喝三杯或更多的酒则会显著增加患中风、肝硬化、癌症、高血压、心脏病和其他疾病的风险（Knoops et al., 2004）。

综上所述，少量的行为方式可以解决很多常见的健康问题（Eaton et al., 2010；Straub, 2012）。表 13.2 列出了能够促进健康的几种主要方式（了解更

表 13.2　主要的健康促进行为

来源	恰当的行为
烟草	不要吸烟；也不要使用无烟香烟。
营养	平衡、低脂饮食；摄取适量的卡路里，保持健康的体重。
锻炼	每周五天，进行至少 30 分钟的有氧运动。
血压	通过调整饮食、锻炼、必要时用药物降低血压。
酒精和毒品	每天不超过两杯酒；远离毒品。
睡眠和休息	避免睡眠剥夺；每天留有时间休息。
性	进行安全的性生活；避免意外怀孕。
伤害	控制危险的驾驶习惯，使用安全带；减少日光暴露；放弃危险的活动。
压力	学习压力管理；降低敌对性。

多社交因素对常见健康问题的影响,参见探索·发现"人以群分")。

早期预防

在我们讨论过的危险行为中,吸烟是最大的可预防致死因素及最大的单一致死因素(National Center for Chronic Disease Prevention and Health Promotion,2010)。同样的,它也展现了预防疾病的前景。

健康心理学家为减少吸烟的风险做过哪些努力?让年轻人对由外界压力引起的初次吸烟产生"抗体"而做的尝试是一个很好的例子。幽默的马克·吐温曾说过:"戒烟是世界上最容易的事,我已经戒过上千次了。"他道出了一个基本的事实——十个吸烟者中只有一个能够成功做到长期不复吸。因此,对抗吸烟最好的方法就是在它成为一个长期的生活习惯之前阻止它。例如,学校中的预防项目通过多种方式来劝阻吸烟行为,包括吸烟知识问答,举办有关吸烟危害的报告、辩论赛,张贴海报,派发戒烟T恤,并组织学生向他们的父母进行反戒烟的宣传和教育,向父母提问戒烟问题((Prokhorov et al., 2010; Zarcadoolas, Pleasant, & Greer, 2006)。这些努力旨在说服孩子们,吸烟是危险的,并且"一点儿也不酷"。显然,很多孩子接受了这些信息。与20年前相比,他们对吸烟的态度更为负性(Chassin et al., 2003)。

有些反吸烟项目包括"拒绝劝诱技能训练"。在这项训练中,让孩子们学习拒绝吸烟(或使用其他药物)的方法。例如,初中生可通过角色扮演的形式,练习如何拒绝同伴、成人和香烟广告的诱惑。类似的方法也可应用到对其他的健康危险因素的预防上,如性传播疾病和少女怀孕(Wandersman & Florin, 2003)。

许多健康计划也向学生教授一般的生活技能。目的是让孩子掌握一些应对日常生活压力的方法。通过这样的方式,增强他们抵御毒品或不良行为诱惑的能力。**生活技能训练**涉及减轻压力、自我保护、制订决策计划、目标制订、自我控制和社交技能等各种练习(Corey & Corey, 2010; Tobler et al., 2000)。

社区健康

除了早期预防,健康心理学家在**社区健康宣传运动**中也获得了一些成功。这些社区范围的教育计划是为减少主要的行为危险因素而设计的(Lounsbury & Mitchell, 2009; Orleans, 2000)。健康宣传运动向人们介绍各种危险因素的知识,例如压力、酗酒、高血压、高血脂、吸烟、性传播疾病及过量阳光暴露等。紧接着鼓励人们改变他们的不良行为。活动中有时会提供榜样(优秀范例)来为人们展示如何促进自己的健康。他们也提供健康体检、建议和治疗来直接指导人们。健康宣传运动可通过多种方式为人们所了解,包括大众传媒、公共学校、健康机构、工作单位或自助项目等渠道。

积极心理学:全人健康

健康并不仅仅意味着不生病(Allen, Carlson, & Ham, 2007; Diener & Chan, 2011)。一个真正健康的人需要达到一种积极的**全人健康状态**。保持全人健康状态是一项终生事业,也希望是一项充满爱的追求。那些真正达到全人健康状态的人们不但身体健康,而且心理健康,他们愉快、乐观,是

名人能帮助说服年轻人从一开始就不要吸烟。

充满自信的个体，面对逆境能够在情绪上很快复原（Tugade, Fredrickson, & Barrett, 2004）。

处在全人健康状态中的人们，也拥有与他人相互支持的人际关系，从事有意义的工作，并且生活在洁净的环境中。本书其他章节也会提到健康状态的这些方面，本章则重点讨论压力对健康和疾病的影响。了解什么是压力，并学会控制压力不仅可以改善健康状况，而且可以提高生活质量（Hales, 2012; Suinn, 2001）。因此，让我们先看看接下来要讨论的压力及压力管理。

知识巩固
健康心理学

测一测

1. 慢性疾病治疗中的调整和对疼痛的控制等问题，更会吸引_____领域的专家，而不是健康心理学家。
2. 对于健康，下列哪些因素不是主要的有害健康的行为因素？
   a. 运动过量　　b. 吸烟
   c. 压力　　　　d. 高血压
3. 与六种行为相关的生活方式疾病占了总医疗花费的70%。这些行为是吸烟、酗酒和物质滥用、饮食不良、运动不足和_____。
   a. 开飞车　　　b. 过度的阳光暴露
   c. 不安全的性行为　d. 接触有毒物品
4. 对抗高血压的健康促进行为包括：降低体重、低盐饮食、少饮酒以及更多_____。
   a. 睡觉　　　　b. 运动
   c. 碳水化合物　d. 胆固醇
5. 对于吸烟等一旦养成就很难终止的行为，健康心理学家更倾向于采取_____的措施。
6. 有疾病易感人格倾向者长期处于_____、焦虑和敌意状态。

想一想
批判性思考

7. 目前，公众越来越清楚地了解到哪些行为对健康有害，哪些行为对健康有益，但许多人不能坚持按有益于健康的行为方式去做。如何用强化的概念来解释这一现象？

自我反思

如果你是一名健康心理学家，你会对预防疾病还是控制疾病更感兴趣？

列出你的主要行为危险因素清单，看看是否已为生活方式疾病留下了发展空间？

你想增加表13.2中的哪些健康促进行为？

如果由你计划一项社区健康促进活动，你会选择谁作为健康行为的榜样？

答案：
1. 行为医学　2. a　3. c　4. b　5. 预防　6. 抑郁　7. 有益于健康的行为的效果往往在几个月以后才可显现出来，由于有些行为健康的代价不能得到即时的强化，许多人难以坚持好的行为习惯（Watson & Tharp, 2007）。

心理压力——兴奋还是威胁？

关键问题13.2：压力指的是什么？压力的强度是由什么因素决定的？

压力如果持续时间过长、强度过大，则会成为重要的行为危险因素，但是压力也不总是坏事。压力先驱研究者Hans Selye（SEL-yay）（1976）发现"人只有在死亡状态下才完全没有压力。"应激（压力）是人的一种心理及生理状态，当我们需要调整

拒绝劝诱技能训练 /Refusal skills training　使青少年学会如何拒绝吸烟压力的训练（也可应用于拒绝其他毒品或健康危险行为）。

生活技能训练 /Life skills training　教授减轻压力、自我保护、制定决策、自我控制和社交技能等技巧的项目。

社区健康宣传运动 /Community health campaign　在社区内组织的健康宣传活动，目的是让人们了解如何减少危险因素并促进健康。

全人健康状态 /Wellness　指健康身体和积极心态，而不仅是没有疾病。

应激（压力） /Stress　当个体必须应对或适应环境时出现的身心状态。

自己或适应环境时就会出现这种状态。工作负担、婚姻问题和经济困难等不愉快的事情会很自然地使人感到压力。但同样的，外出旅游、体育运动、新的工作、登山和约会等愉快的事情也会使人感到压力。即使你不是一个寻求刺激的人，在健康状态下很平静地生活也会有许多压力（良性压力）。产生"良性压力"的事件通常富有挑战性、回报性并能调动积极性。

不论压力是由愉快事件还是不愉快事件引起，人的机体都会产生同样的自主神经系统（autonomic nervous system, ANS）唤醒，即开始**应激反应**。在特定的情绪状态下，人经常产生这种神经反应。想象你第一次使用站在滑翔翼台从高高的山峰向下滑翔时，你会感到压力与紧张，此时你的心跳、血压和呼吸加速，肌肉紧张，并出现其他自主神经系统（ANS）反应。虽然短期的压力会使人感到很不舒服，但一般不会对人体产生危害（而如果你跳下去，则可能会有危害）。而长期的应激反应则完全是另一回事了。

一般适应综合征

我们可以通过人体对压力的防御来了解长期压力的影响，这种防御模式被称为**一般适应综合征**（GAS）。一般适应综合征是应对长期压力而引发的一系列身体反应。Selye（1976）发现，不论何种疾病与创伤，包括中毒、感染、受伤或心理压力问题，初始症状都是一样的。压力可能来源于感染、失败、窘困、对新的工作不适应、学校里的麻烦或恋爱中的波折，而人的机体对所有压力的反应方式都是相同的。

对于压力的机体反应模式是怎样的？一般适应综合征包括三个阶段：警戒反应期、抗应期和耗竭期（Selye, 1976）。

在**警戒反应期**中，身体中的资源被动员起来，用以应付新增加的压力。此时，脑垂体会分泌一种激素去刺激肾上腺，使其释放肾上腺素、去甲肾上腺素和皮质醇。当这些激素进入血液循环时，某些身体过程会被加快，而某些身体过程则会被减缓，从而使得生理能源投放到更为需要的地方。

这种机制非常重要，能使我们的身体在遇到危机时快速做出自动反应。但是，这种自动应激系统也是"有一利必有一弊"。在第一阶段警戒反应期中，个体会表现出一些症状，如头疼、发烧、虚弱、肌肉酸疼、呼吸急促、腹泻、胃部难受、没有胃口和四肢无力等。请注意，当我们患病、过于疲劳、出现高原反应、为准备考试而熬夜或因失恋而痛苦的时候，都会出现这些症状。

在**抗应期**中，身体对压力的适应趋于稳定。身体的防御进入平衡状态，警戒反应期的症状也随之消失。看起来似乎一切正常，但是这种正常却付出了很高的生理代价。身体虽然能够很好地应付最早出现的应激源，却降低了对其他应激源的防御能力。例如，被放在极端寒冷环境中的动物会变得对冷具有抵抗力，但它们却变得更容易感染传染病。心身疾病（由心理因素引起的生理障碍）的症候也正是在抗应期中开始出现的。

如果压力持续出现，**耗竭期**就会到来。在这个阶段，体内的能量已耗光，紧张激素也消耗殆尽。下面所列出的是一些典型的长期应激反应症状（Friedman, 2002；Gurung, 2010）：

情绪信号：焦虑，淡漠，易怒，精神疲惫。

行为信号：回避责任、回避与人交往，出现极端行为或自我伤害行为，忽视自己，判断力差。

生理信号：对疾病过度担心，经常生病，疲惫，过量用药，病痛及抱怨。

对于一个年轻和健康的人或者一个从来没有遇到过大的压力的人来说，心理压力会造成如此严重的后果也许不大可信。然而，压力的作用是不可轻视的。Selye检查了处于GAS后期的实验动物，他发现，那些动物的肾上腺肿大并已变色，胸腺、脾和淋巴结均严重萎缩，并伴有深度的出血性胃溃疡。除了这些直接后果之外，压力还会扰乱机体的免疫系统，下面将进行介绍。

压力、疾病和免疫系统

长期压力怎样影响健康？其中一个答案可以在你身体的免疫系统中找到，免疫系统可以启动身体防御机制（如白细胞）来抵抗病菌和其他

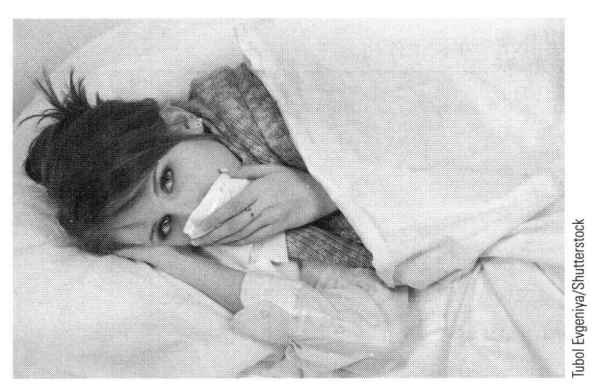

压力和负性情绪会降低人体免疫系统的活力,并加剧炎症。而这又会反过来降低人体对感染的免疫力,进一步加剧病情,并且延迟康复的时间。

病原体的入侵。免疫系统部分受大脑调节。因为这一点,压力和烦恼的情绪都可以通过这样的方式增加疾病的易感性(Miller, Cohen, & Ritchey, 2002;Zachariae, 2009)。研究行为、压力、疾病和免疫系统之间的联系的学科就是**心理神经免疫学**(Daruna, 2004;Kendall-Tackett, 2010)。

研究显示,学生在重要考试期间免疫系统会变差,如同郑美在她学期末疯狂的冲刺阶段一样。免疫力也会在出现以下事件时降低,如离婚、亲人丧亡、婚姻危机、失业、抑郁和类似的压力等(Motivala & Irwin, 2007;Segerstrom & Miller, 2004)。降低的免疫系统解释了为什么当你试图应对长期的严重压力时常常很容易生病(Pedersen, Bovbjerg, &Zachariae, 2011)。压力可以导致机体释放增加炎症反应的物质。这是机体对威胁的自动保护反应的一部分,但是它也会延长感染期并延缓痊愈(Wargo, 2007)。再次值得一提的是,良性情绪也是有价值的。愉快、大笑和喜悦可以增强免疫系统的反应。做那些令你高兴的事可以保护你的健康(Diener & Chan, 2011;Rosenkranz et al., 2003)。

减少压力可以帮助预防疾病吗? 是的。多种心理学方法,如支持小组、放松训练、引导想象和压力控制训练确实能够促进免疫系统的功能(Dougall & Baum, 2003)。通过这种做法,能够促进和恢复健康。例如,在一组大学生中,压力控制降低了感冒和流感症状的严重程度(Reid, Mackinnon, & Drummond, 2001)。

甚至有证据表明,压力控制能够增加一些威胁生命的疾病(如癌症、心脏病和艾滋病)的存活概率(Schneiderman et al., 2001)。有了这些成功案例的鼓励,心理学家正在探索最好的治疗组合,以帮助人们对抗疾病(Miller & Cohen, 2001)。

在什么情况下应激反应会产生危害?

事实上,不同事件引起应激反应的程度是不同的。引起应激反应的事件或环境称为**应激源**。我们知道,职业警察比其他职业者更容易出现与应激反应有关的疾病,这是因为他们经常要面临死亡和伤害,经常要与酗酒和好斗的人打交道,各种危险事件的发生不可预测。例如,一个警察拦住一辆违章汽车,但他无法事先知道等在汽车里的人是愿意合作的公民还是持枪的歹徒。

在一项实验中,研究者证明了"不可预期性"是如何增加应激反应的。在一系列时长一分钟的实验中,参与实验的大学生要通过一个面具进行呼吸。其中的一些实验中,空气中含有高于正常值20% 的 CO_2。如果吸入这样的空气,就会感觉焦虑、有压迫感并有一点窒息的感觉。测试后学生们很厌恶这个"意外"剂量的 CO_2。研究者发现,如果在实验前告诉被试,实验会包括令人窒息的

应激反应 /Stress reaction 面对压力时人的机体产生的一种自发性神经反应。

一般适应综合征 /General adaptation syndrome(GAS) 由于长期紧张引发的一系列身体反应。包括三个阶段:警戒反应期、抗应期和耗竭期。

警戒反应期 /Alarm reaction 一般适应综合征的初期阶段,身体中的资源被动员起来,应对新出现的压力。

抗应期 /Stage of resistance 一般适应综合征的中期阶段,身体付出巨大的体内能量,对压力进行适应。

耗竭期 /Stage of exhaustion 一般适应综合征的后期阶段,体内能量已耗光,出现严重的健康受损后果。

心理神经免疫学 /Psychoneuroimmunology 研究行为、疾病和免疫系统之间联系的学科。

应激源 /Stressor 环境中挑战或威胁到一个人的特定事件或场景。

空港调度员是一个极具压力的职业。从业者需要长时间保持高度紧张的注意力，他们对工作的步调没有掌控权，并且如果出错，结局非常可怕。

表 13.3	十大工作压力源
工作压力	排名
工作量	1
感到未被重视	2
截止日期	3
必须完成的工作类型	4
必须完成他人的工作	5
对工作缺乏满意感	6
工作时缺少掌控感	7
必须长时间工作	8
令人沮丧的工作环境	9
业绩目标	10

CO_2，那么他们的应激反应就会大大减轻（Lejuez, et al. 2000）。

应激反应的另一原因是**压力**，特别是工作压力。压力经常在一个人必须面对紧急的外部需求或满足外部期望时发生（Szollos, 2009）。当人必须抢时间赶任务时，当"最后限期"即将来临时，当增加了一些额外的工作时，特别是当人们不得不长时间满负荷工作时，就会感到压力。期终考试时，学生们多会感到类似的压力。

那么如果我为自己设定了"最后期限"呢？外源压力与内源压力是否会有不同？是的。如果没有能力对自己所处的情景进行控制，人就会感到更多压力（Leiter, Gascón, & Martínez-Jarreta, 2010; Taris et al., 2005）。在一项研究中，有高控制感的护士（例如可以控制工作节奏、布置工作环境）比有低控制感的护士更不易生病，包括生理和心理疾病（Ganster, Fox, & Dwyer, 2001）。

总而言之，当情绪的震荡比较剧烈、不断出现、不可预期、不可控制并且伴随着压力时，应激反应就比较明显，通常会产生危害（表13.3列出了工作中最常见的应激源）。事实上，长期的工作压力有时会使人产生职业倦怠。

职业倦怠

工作中，当人们在生理、心理或情绪上过于紧张时，就会出现**职业倦怠**（Leiter, Gascón, & Martínez-Jarreta, 2010）。职业倦怠有三方面的特征，情绪衰竭、玩世不恭或有脱离感，个人成就下降（Maslach, Schaufeli, & Leiter, 2001）。

任何职业都可能使人产生职业倦怠。相比之下，在那些需要更多情感投入的、与直接帮助他人有关的职业中往往更容易发生这种情况，如护理、教育、社会工作、保姆、心理咨询或警察工作，等等。通常，更具理想主义和同情心的人更容易产生倦怠（Garrosa et al., 2008; Vallerand, 2010）。如果我们希望将富有同情心的人留在提供帮助的职业中，那么调节工作量、报酬以及工作中的可控感是十分必要的（Leiter & Maslach, 2005）。

大学生也会经历职业倦怠吗？是的，也会（Parker & Salmela-Aro, 2011）。如果你对自己的学业看法不乐观，并认为自己的学习任务太重，则很有可能出现职业倦怠（Jacobs & Dodd, 2003）。而另一方面，如果你看好自己的学业、参加课外活动并可从朋友那里得到良好的支持，那就尽情投入吧。

应激源评价

似乎压力事件总会"找到"我们。有时这是真的，但是正如之前提到的，人的情绪在很大程度上取决于我们对情景的评价。这就是为什么有些人面对某些事件倍感压力，而其另一些人则只是把它当作一次挑战。最终，压力取决于你对情景的感知。我有一个朋友Akihito，他一听到儿子Takashi的嘻哈音乐光盘的声音就非常烦躁，而他的儿子听到父亲的歌剧光盘的声音也觉得受不了。我们只有了解到一个人所面临的事件对他的意义，才能够判断他是否处于应激状态。下文我们即可看到，当一个应激源被评价为一种危害或潜在威胁时，强烈的应激反应就会紧随其后（Lazarus，1991a；Smith & Kirby，2011）。

> **知识桥**
> 参见第10章，介绍了评价如何影响情绪。

"情况还好，还是已陷入麻烦？"

情景：你将在300人面前进行讲演，或是医生告诉你你必须要接受一个危险而痛苦的手术，又或是你的真爱离你而去。对于上述事件你将有何情绪反应？你将如何应对？

根据Richard Lazarus（1991a）的理论，当人面临一种威胁情景时，会采取两个重要步骤。首先是进行**基本评价**，要回答的核心问题是："此事与我有什么关系？"你需要判断此事与自己有无关系，对自己是有利还是有害，这一步即是要回答："情况还好，还是已陷入麻烦？"接着，你还要进行**二次评价**，要回答的核心问题是："在这种情景下我能做什么？"此时你要考虑到自己的能力，并选择解决问题的方法（图13.2）。情景评估的方式极大地影响着我们应对的能力。例如，你可能把"在众人面前进行讲演"评价为一件可怕的事，也可将其看成一次挑战自我或显示自己能力的机会。在评价中过于强调危险、失败或困难，往往容易导致沉重的心理压力，很明显这会带来不好的结果（Strongman，2003）。（你的评价将对生活产生多么大的影响，请看例子"是你认为自己贫困"。）

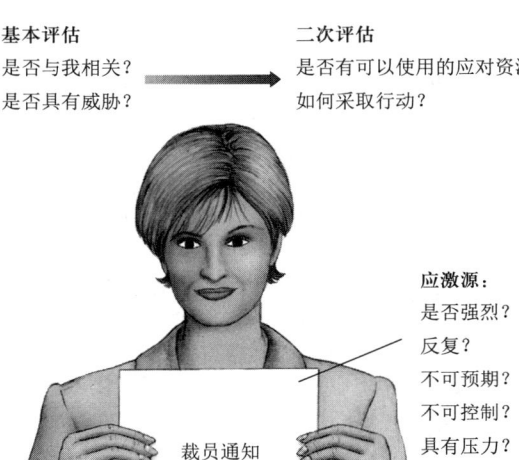

图13.2 压力是人与环境间交换作用的产物。

威胁的本质

在应激源出现时，你会感到一种威胁。可是，这种"威胁"的实质是什么？在日常生活中，"感到威胁"并不意味着你真的会有生命危险（当然，除非你欠绿巨人的钱）。威胁感与控制感有密切的

> **压力/Pressure**　人在不得不做出反应或长期疲劳工作状况下出现的应激条件。
>
> **职业倦怠/Burnout**　与工作有关的心理、身体和情绪的过度疲劳状态。
>
> **基本评价/Primary appraisal**　当人面临一种情景时，首先进行基本评价，目的是判断此事与自己有无利害关系。
>
> **二次评价/Secondary appraisal**　当人面临一种情景并做出基本评价之后，二次评价的目的是选择解决问题的可行途径。

人类的多样性

是你认为自己贫困

身无分文一点也不好玩。贫穷对你的健康也有害，这可能也在你的意料之中（Sapolsky，2005）。一般来说，人们越贫穷，健康所受的负性影响越大，预期寿命也越短。根据世界卫生组织的数据，全世界有12亿人生活在每天1美元标准的绝对贫困线以下。令人难过的是，绝对贫困对人的健康产生极大的破坏。然而，健康状况也并非与生活水平完全相符，Stephen Bezruchka医生已研究得出，希腊人平均收入低于美国人的一半水平，但是却拥有更长的预期寿命（Bezruchka，2005）。

这怎么可能？又该如何解释？另一个研究可以解答，该研究发现在加利福尼亚较为贫穷的妇女如果生活在富人周围，其死亡的概率要高于住在穷人周围（Winkleby, Ahn, & Cubbin，2006）。显而易见，总是被人提醒自己比周围的人穷无疑给生活的重压再次雪上加霜（Wilkinson & Pickett, 2006, 2007）。此外，美国目前的贫富差距在发达国家中排名第一。生活中总是感到比别人穷，可能有助于解释为什么人均收入更高的美国人却只拥有比希腊人更短的预期寿命。

没人能否认，美国的相对贫困已与世界上其他地方的绝对贫困一样成为一个严重的问题。然而，美国的贫富差距仍在扩大（Emerson，2009）。

如果我总是感到自己很穷，那该怎么办？这也许也是你阅读本书的原因之一。首先，努力通过教育和辛勤付出改变自己的环境，即问题应对策略（你将很快在下文中阅读到这部分内容）。同时，记住Lazarus（1991a, b）对于评价的理论：只有当你认为它是应激源时，它才成为一个应激源。对于所处情境更现实的评估可能会让你发现，你比想象中的要"更加富有"。也许生活中美好的事情都不是免费的，但何苦要把自己总和远远富于自己的人比较，进而得病呢（Wilkinson & Pickett, 2009）？

在美国，尽管贫穷的人也会生活在绝对贫困线以上，但也意味着要一直生活于巨大的贫富不均之间（Wilkinson & Pickett, 2009）。

联系。人们不能控制周身的环境时，或者认为自己不能控制这种环境时，便极可能出现应激反应。换言之，"认为自己不能控制"和真的不能控制同样能使人感到威胁。例如，感到不堪学业重负的大学生会出现应激反应，而他的学业任务可能并不比其他同学的重。（Jacobs & Dodd, 2003）。

同时，你对一种情景的控制感也来源于你相信自己能达到既定的目标。换言之，如果一个人觉得他缺乏完成某一任务的能力，他就会感到紧张和压力（Bandura, 2001；Leiter, Gascón, & Martínez-Jarreta, 2010）。我们对一个应激源的评价决定着机体会感受到的紧张程度。因此，如果你经常训练自己冷静思考问题，就能够有效地控制应激反应。(本章应用篇描述了控制不愉快思维的一些策略。)

应对威胁的策略

当你把一种情境视为"威胁性情境"之后，下一步应该做些什么？你有两种应对策略可供选择。两者都包括了帮助我们应对应激源的思考和行动方式。**情绪应对策略**，即设法控制自己的情绪反应，以适应这种情境。例如，一个哀伤的人可以听音乐分散注意力，散步放松或向别人寻求情感支持。相反，**问题应对策略**，即设法控制或改变造成心理压力的情境，以减轻压力。例如制订行动计划或关注于下一步行动（Herman & Tetrick, 2009；Smith & Kirby, 2011）。

可否同时选择两种策略？在某些情境中，这两种应对策略有互补作用，因此，同时采用这两种策略是可能的。当情绪平静下来后，你会更容易找到

临床案例　"应对创伤性应激"

创伤性的经历会造成心理损害或强烈的情感痛苦。战争、拷问、强奸、暗杀、飞机失事、自然灾害或街头暴力等**创伤性应激事件**的受害人会发生噩梦、闪回、失眠、易怒、神经衰弱、悲痛、麻木和抑郁的反应。毋庸置疑，2011 年的日本大地震、海啸、随后的日本核危机，及其后的社会混乱都是创伤性的压力事件。

灾难的目击者或在灾难中侥幸生还的人受创伤性应激影响最大。在纽约，居住在世贸中心附近的人在"9·11"恐怖袭击后有 20% 得了严重的应激障碍（Galea et al., 2002）。甚至于离恐怖事件有一定距离的人们也可能受创伤（Galea & Resnick, 2005）。在美国成人中，仅仅通过电视看到"9·11"恐怖袭击事件的人中，有 44% 产生了某些应激症状（Schuster et al., 2001）。例如，在"9·11"恐怖袭击事件发生后的 3 年，美国人高血压及心脏病的发生率不断上升（Holman et al., 2008）。间接暴露于这些恐怖袭击，同时又可能遭受进一步的袭击，可以确定这让许多人在可预见的几年内持续承受应激压力（Marshall et al., 2007）。

创伤性应激会产生无助感和脆弱感（Fields & Margolin, 2001）。受害人认为灾难会在没有预警的情况下再次发生。更具威胁性的是，受害人感到他们对自己的生命失去了控制（Scurfield, 2002）。

出现上述反应，人们应该怎么做呢？心理学家提出了如下建议：
- 明确你的想法并和他人交流你恐惧和关注的事情。
- 思考那些帮助你战胜了以前不幸的技能，并将这些技能用在目前的情境。
- 继续做你喜欢的事情，让生活丰富多彩（LeDoux & Gorman, 2001）。
- 向他人寻求支持。这是从所有的创伤性事件中恢复过来的重要元素。
- 给自己痊愈的时间。幸运的是，绝大多数人的恢复能力比他们自己想象的好。

当创伤性应激很严重并反复发生的时候，一些人会出现更多、更严重的症状。他们忍受着焦虑的极限或情感上已经麻木。典型的症状表现为，不停止地思考创伤事件，或焦虑地逃避和事件有关的任何事情，并且感到持续的恐惧和不安。在一场灾难后，这些反应会让受害人出现几个月甚至几年的情感缺陷。当创伤事件的受害者是儿童时，这些后果甚至可能延续一生（Gillespie & Nemeroff, 2007）。如果你觉得难于处理严重的情感打击，可以考虑向心理学家或其他专家寻求帮助（Bisson et al., 2007）。

毫无疑问登山家 Aron Ralston 经历过一次创伤。一次他从山上掉落，一只手臂被压入两块大石中。危急中没有其他方法，他用一把钝刀锯断了自己的手臂。值得一提的是，他走出了自己的创伤及随后的残疾，并能够再次登山。2003 年 Ralston 在自己的书《岩石与困境之间》中记录了这一事件，而这也启发了 2010 年的电影《127 小时》的创作。

> **知识桥**
> 应激障碍的症状，详见第 14 章。

一种方法来解决问题。例如，在你走上讲台发表讲演之前，深呼吸几下以减轻焦虑（情绪应对策略），使自己感觉好一些，就能更好地查看补充材料，这些内容将使你的讲演更为充实，也使你更为自信（问题应对策略）。

在另一些情境中，同时使用这两种应对策略则可能使问题更加难以解决。例如，当你必须做出抉择而又面临困难时，体验到一种难以承受的情绪压力。此时，有一些快速方法也许能帮助你暂时缓解一下情绪的压力。但是，如果你不计后果地采用了某些不恰当的问题应对策略，反而可能会使最后解决问题的难度增大。

一般情况下，如果我们遇到的应激源是"可控"的，那么采用问题应对策略将更为有效；如果我们遇到的应激源是"不可控"的，那么采用情绪应对策略将更为合适（Folkman & Moskowitz, 2004；Smith & Kirby, 2011）。为了能够提高我们在实际生活中应对压力和挫折的能力，本章介绍的应对策略大都是综合性的应对策略。

到目前为止，我们讨论的都是日常生活中的压力。那么人们对战争、暴力或灾难等极端压力会如何反应呢？"应对创伤性应激"就讨论了这一重要问题。

挫折——死胡同和失败

关键问题 13.3：挫折是怎样产生的？人们应对挫折的一般反应是怎样的？

还记得郑美找不到停车位时感受到的挫折吗？**挫折**是一种负性的情绪体验，在人们无法达到预期目标的时候就会出现。在郑美的案例中，找到停车位的目标被另一辆车的出现破坏了。

许多因素都会引起挫折感。一种实用的分析方法是将其分为内部原因和外部原因。外因性挫折是由于外部条件使个体到达目标的进程受阻而引起的，例如：你的车胎被扎漏了，你不得不停下来；你的求婚被拒绝；你饿坏了，回到家却发现一点吃的东西都没有；被自己家的饿狗追出房门。换言之，外部挫折是由失败、拒绝、损失、延误或其他外在原因造成的。

造成外因性挫折的某些因素是非社会性的，例如，门坏了打不开，电池没电了，球赛当天下雨等等。另一些因素是社会性的，例如，司机开车太慢而误了事；剧院里前排观众个子太高，挡了你的视线；开车时有人抢道，等等。如果向你的朋友打听他们最近遇到的挫折是什么，大部分人可能会提到别人的行为，例如，"我妹妹把我想穿的衣服穿走了""我们的老师不公平"或"我们的老师要求不合理"等。人是社会动物，因此，人对于由社会性原因造成的挫折非常敏感（Taylor, 2009）。这就是为什么种族或民族偏见会成为很多非裔美国人和其他少数团体成员挫折及压力的主要来源（Clark, et al. 1999；Gurung, 2010）。

随着动机的强度、紧迫性或重要性的提高，受到阻碍后产生的挫折感也会增大。郑美对找不到停车位感到特别的受挫是因为她考试已经迟到了（类似的，身绑90公斤铁链的逃脱大师沉入水箱中后，会因为小小一个锁卡住而感到非常受挫）。我们知道，人离目标越近，动机就越强，因此，如果你在非常接近目标时受到了阻碍，那么，你所体验到的挫折感会更强烈。例如，因为成绩差了几分而没得到"优等"，你也许会感到有些遗憾；如果你只差一分就能达到"优等"，那么，你将会感到非常遗憾。是不是这样？

影响挫折的最后一个因素就是古老谚语中所说的"压断了骆驼脊背的最后一根稻草"。当许多挫折接踵而来时，其效应会不断积累，最终会使人因为最后一个小小的挫折而感到无法承受而更易爆发出来。这样的例子如每日上下班路程很长的人，更易表现出"路怒症"（如生气、疯狂开车）（Sansone & Sansone, 2010）。

基于个体自身原因造成的种种挫折统称为内因性挫折。例如，如果一个人个子不高，但一心想当职业篮球运动员，他很可能会遇到挫折。再如，一个人考试成绩平平，却非要报考重点大学不可，也很可能要遇到挫折。在这两个例子中，挫折都是由于个人自身条件不足而造成的。但是，内因性挫折也可以被感知为是由外部原因引起的。我们将在压力管理的讨论中再次回到这一观点。现在，让我们先来看一些典型的挫折反应。

挫折反应

攻击行为是意图伤害某人或某物的一种反应，也是出现时长和频率最多的挫折反应之一（Anderson & Bushman, 2002; Shaver & Mikulincer, 2011）。

挫折总是会引起攻击行为吗？难道没有其他的反应吗？尽管两者常常联系在一起，但是挫折并不总是引起攻击。当人遇到挫折后，第一反应通常是坚持行为，而不是攻击行为（图13.3）。坚持行为有两个特点，一是顽强努力，二是多种反应。例如，你把自己的最后一枚硬币投进了自动售货机，按下按钮，但你要买的东西没有掉出来。此时，你可能会更用劲或更快地继续按动按钮（即顽强努力），然后，你会试探着按其他按钮（即多种反应）。坚持行为往往可以帮助人们越过障碍，取得成功。然而，如果那台自动售货机始终吐不出你所买的东西，也不退还你投进去的钱，那么，你离开之前可能会踢它一脚（或至少骂它几句），通过攻击行为来出一口气。

坚持行为是一种适应性行为，可能克服障碍和挫折，使自己的需要得到满足。如果攻击行为能够除掉障碍，那么，它同样是一种合理的反应。例如，当一群原始人渴得就要死去时，他们发现了一个水塘，但有一只猛兽挡在他们与水塘之间。此时，显而易见原始人只有攻击野兽才可能获得生存。然而，直接的攻击行为常常具有破坏性，在现代社会中是不允许的。例如，当许多人都需要喝水而饮水龙头只有一个的时候，不论你有多么渴，也没有理由去攻击别人。此时，往往需要转移攻击的目标。

攻击目标是如何被转移的？ 如果你的挫折来源是你的老板或者是你的老师，那么，直接攻击他们必将付出极大的代价，比如，你会被公司解雇或被学校开除。可见，对挫折来源的直接攻击常常是不可能的，或是非常危险的。因此，攻击的目标可能会被转移到其他的人或物上。**转移的攻击**目标与最初的挫折来源相比，更趋于安全，报复性也更小。你可能曾经迁怒于并不是引起你烦恼真正原因的家人或朋友。这表示，对琐碎小事过分的生气是转移的攻击最普遍的表现形式（Miller et al., 2003）。

心理学家把我们社会中的许多敌对行为和破坏行为解释为转移的攻击行为。一个令人不安的例子是，当失业率和离婚率上升时，虐待儿童的事件也随之增加（Weissman, Jogerst, & Dawson, 2003）。我们常说的"**替罪羊**"就是指有些人被迫

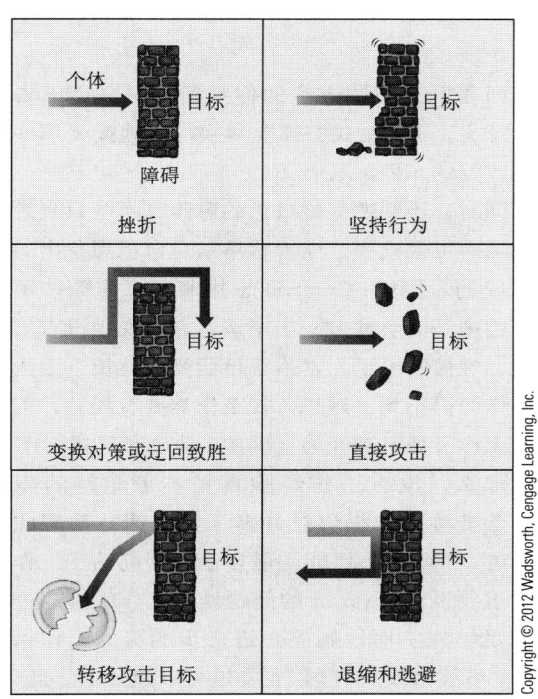

图13.3 挫折及常见应对方式

情绪应对策略 /Emotion-focused coping　设法控制自己的情绪反应，以减轻压力感。

问题应对策略 /Problem-focused coping　设法控制或改变造成心理压力的情境，以减轻压力。

创伤性应激事件 /Traumatic stresses　能够引起心理损害或严重情感痛苦的极端事件。

挫折 /Frustration　由于动机不能满足或目标不能达成引起的一种内部情绪状态。

攻击行为 /Aggression　有意伤害某人或毁坏某物的行为。

转移的攻击 /Displaced aggression　将目标转向非挫折源的攻击行为。

替罪羊 /Scapegoating　让一个人或一组人被迫承担并非其造成的恶果。

为并非自己造成的结果承担责任。"替罪羊"也是总被作为转移的攻击对象的人。现在，尽管社会进步了，但许多少数民族仍然在当替罪羊，受到社会上一些人的敌视。例如，一旦经济不景气或遇到困难，总是有人将责任归咎于外国移民。在许多社区，解雇和失业则与暴力行为的上升紧密相连（Catalano，Novaco，& McConnell，1997；Glick，2008）。或者想想，在"9·11"恐怖袭击事件后，美国人在看到那些看起来像外国人的人时所表现出来的敌对反应。

我有一个朋友退学了，他去搭便车周游全国。在退学之前他看起来十分受挫。这是怎样一种应对挫折的反应？面对挫折的另一种典型反应是逃避或退缩。人们在受到挫折时，感觉到的是压抑和痛苦，如果其他反应不能缓解人的挫折感，那么，人就会设法逃避。**逃避**的方式有两种：一是离开挫折源，常见的做法包括退学、辞职或离婚等；还有一种方式是心理逃避，常见的做法包括使自己变得情感淡漠（装作漠不关心），或使用药物如可卡因、酒精、大麻或镇静剂。（图13.3总结了应对挫折的一般反应。）

彩弹球似乎把许多参与者内心的攻击冲动表达了出来。野外射击是乐趣的一部分，可以宣泄攻击性，但一些参与者是否在生活其他方面也不适地表达了与挫折相关的攻击冲动？

应对挫折感

在一个研究挫折的经典实验中，研究者把大鼠放在一张高台上，然后，强迫大鼠跳下高台，下面有两扇门，其中一扇门是可以开的活门，另一扇是不可以开的死门。如果大鼠选择正确，门会被撞开，大鼠会安全地落在另一个平台上；如果它们选择错误，就会在撞到死门后再弹开掉进一张远在下方的网里。

如果哪扇门能开、哪扇门不能开总是随机变化的，大鼠不能找到规律，就会产生挫折感。过了一段时间后，大鼠会形成一种刻板反应，即每次都跳向同一扇门，这时，即使你让这扇门永远关闭，它们还是一次又一次地跳向那里而跌落下去，不会再选择另一扇门（Maier，1949）。

这是不是一种"**顽强努力**"呢？大鼠这种缺乏灵活性的"坚忍"已经变成了愚蠢的刻板行为。面对挫折时，重要的是"识时务者为俊杰"，要知进退，要善于建立新的目标。下面的一些思考方式也许可以帮助你避免不必要的挫折：

1. 首先确定挫折来源。它是来自内部还是来自外部？
2. 这个挫折源是我能够改变的吗？如果要改变它，我需要付出多大的努力？我真的可能控制它吗？
3. 即便我能够改变或移开它，我值得为此付出这般努力吗？

回答以上问题会帮助你判断自己坚持下去是否有意义。有时，我们需要学会体面地接受那些不可能改变的东西。

同时，辨别哪些是真正的障碍，哪些只是想象中的障碍也很重要。挫折感常常是自己想象出的障碍造成的。例如：Corazon想找兼职工作赚些零花钱。她来到一个地方提出申请，人家说她没有工作经验，她被回绝了。她抱怨自己受到挫折，因为想找工作而得不到。她想，找工作需要有经验，但是没有工作又得不到经验。因此，她放弃了找工作。

那么，没有工作经验真是不可逾越的障碍吗？除非你真的提出过许多工作申请并都因此而被回绝，否则你不可能知道自己是否高估了工作经验的重要性。Corazon的问题是，工作经验这一障碍已足够真实而让她停止进一步的努力。如果她坚持，可能会发现有的"门"是可以撞开的。此外，天无绝人之路，即使她经过多次尝试后发现经验的确是必须的，也还有其他获得经验的途径，比如，可以先做一段时间的志愿者。

心理冲突——是，不是，是，不是，哦，到底是不是？

关键问题 13.4：心理冲突包括哪些不同类型？人们如何应对心理冲突？

当不同的需求、愿望、动机或外部要求使人难以定夺时，就会出现**心理冲突**。比如，是去上学还是去工作？是结婚还是单身？是继续努力还是决定放弃？冲突可分为四种基本类型，正如我们随后将看到的，每一种冲突都有其特点和效果（图13.4和图13.5）。

图 13.4 冲突的三种基本形态。左下图：在冰激凌店看到水果蛋糕和橘子冰激凌蛋卷都是自己爱吃的食品，为此而感到选择困难，称为双趋冲突。上图：房租提高后，如果不搬家就需支付更高的房租，二者均为不利选择，为此而感到选择困难，称为双避冲突。右下图：有一招工广告，工作挺合适，但不利条件之一是需要周末上班，为此而感到选择困难，称为趋－避冲突。）

双趋冲突

双趋冲突源于需要在两个都很好、都想要又都可互相替代的事物间做出选择。例如，来到冰激凌店，发现水果蛋糕和橘子冰激凌蛋卷都是自己爱吃的，但一时拿不定主意到底选哪一种，这就会产生双趋冲突。然而，如果两个选择你真的都很喜欢，你还是能很快做出决定。双趋冲突是最容易解决的冲突，即使在面临重大选择时，人们也不难做出"二利择一"的决定。有一个古老的寓言，说有一头骡子，站在一桶水和一桶燕麦之间，不知自己该先吃还是先喝，犹豫不决，直至最后死于饥渴。当然，现实中不可能发生骡子的故事，当人面临"鱼和熊掌不可兼得"的情境时，选择的天平可以很容易地倾向于其中一方或另一方。

双避冲突

双避冲突源于需要在两个都不好、都不想要又都可互相替代的事物间做出选择。比如在"要么下油锅，要么跳火坑"的情境时，就会产生双避冲突。此时，你虽然不情愿，但不得不在两个不利的选择中挑一个。在现实生活中，有许多双避冲突的情况，例如，意外怀孕后，既不想要孩子又不愿做人工流产；牙疼得非常厉害，但又实在害怕去看牙医；工作实在单调无趣，但不工作又身无分文；食物实在难吃，但不吃就得饿着，等等。

假如我不认为怀孕很神圣也不会因此而受损，或如果我不反对流产，那么又会怎样呢？在许多情况下，人的心理压力或冲突取决于个体的价值观和需要。一个妇女意外怀孕后不想要孩子，如果她选择做人工流产，她就不会体验到双避冲突。同样，如果她发现怀孕后即准备把孩子生下来，也不会有双避冲突。

双避冲突具有"下油锅是死，跳火坑也是死"的性质。换句话说，两种选择都是不利的，但不做出选择也几乎是不可能的或也同样不利。试想：一个人住在宾馆的20层却被火灾困住的两难困境。她也许首先想到从窗口逃生，但跑过去向下看看又跑回来，因为从窗口跳下去肯定会摔死；然后，她

逃避 /Escape 离开挫折情境或从心理上脱离，以减少不舒服感。

心理冲突 /Conflict 一个人必须在不相容的或矛盾的事物中做出选择时的压力状态。

双趋冲突 /Approach-approach conflict 人或动物必须在两个有利选择中挑选一个的情境。

双避冲突 /Avoidance-avoidance conflict 个体必须在两个不利选择中挑选其一。

534　　心理学导论

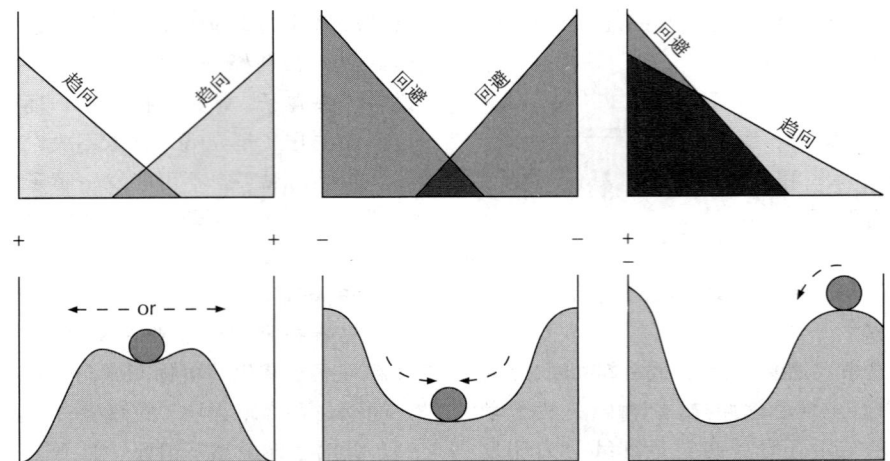

图 13.5　心理冲突模式。正像图中的着色区域所示，在接近目标时趋向或回避的愿望会增强。上图描绘了三种变化的效果，下图通过球的运动轨迹也描绘了这三种趋势，每一图例中小球的"行为"演示了与它对应的冲突性质。双趋冲突（左上图）是很容易解决的，朝着一个方向运动会增强这个目标的吸引力，并导致冲突的快速化解（如果球朝某一方向运动，它就会一直朝这个目标走下去）。在双避冲突（中上图）中，逃避的倾向被锁死了，结果常常是不做行动。在趋－避冲突（右上图）中，向目标点接近的倾向和逃避的倾向互相抵消（图引自 Miller，1944）。

也许试着开门，热浪和烟雾又会将她逼回去，如果想冲进烈火，肯定会被烧死或被烟呛死。当人面临这样的绝境时，身体往往会"僵"在那里，不能再做任何决定，也不能采取任何行动。现实情况中出现这类灾害后，常常发现有人死在房间里，即是没有能力做出选择采取行动的受害者。

在双避冲突情景下，人们往往出现"不能决定""不能行动""身体僵硬"等反应。此类冲突给人的压力很大，使人找不到正面解决问题的办法。因此，人们有时会完全抛开产生冲突的情境，做出"脱离现场"的反应，这是得到解脱的另一种形式。例如，有一个学生经济上出现困难，如果他不去打工，就无法交学费继续上学；而如果他去工作，就没有时间听课。经过了一番痛苦的心理冲突和选择，他最后做出了去参军的决定。

趋－避冲突

趋－避冲突也是一种难以解决的心理冲突。并且，由于人们几乎不能逃避趋－避冲突，在某种程度上这种冲突比双避冲突更为棘手。在趋－避冲突情景中，个体同时受到一个目标（或一种活动）的吸引和排斥，其吸引力使人企图接近目标，但排斥力同时又使人受到困扰和折磨。例如，一个年轻小伙子去和女友首次约会，他在女孩家的门外遇到了她的父亲。这位父亲是一名职业摔跤手，身高2米多，体重150多公斤，相貌吓人。握手时，小伙子的手几乎被捏碎了。这位父亲对小伙子说："如果你不把我女儿准时送回家，我就把你撕成两半。"这个小伙子虽然觉得他的女朋友很有魅力，他们的约会也很愉快，但是她的父亲太可怕了。于是，小伙子对于是否再约她出来具有一种矛盾心理，他知道，下次再想和她约会，还要经过她父亲这一关。因此，他是否再来找她将取决于他所感受到的"吸引"与"害怕"间的相对强度。

矛盾心理是一种对积极情感和消极情感的混合体验，也是趋－避冲突的核心特征。矛盾心理的另外一种说法是"举棋不定"（Miller，1944）。由于这位年轻小伙子仍被女孩所吸引，他可能会在学校或其他地方多和她在一起，但可能不会再去她家约她了。趋－避冲突在现实生活中例子很多，常见的有：你想和某人结婚但你父母强烈反对，你想加入演出但怯场，你想买汽车但又不想背着月供，你喜欢美味佳肴但又怕体重超重，等等。在生活中，我们的许多重要决定都需要在权衡利弊之后才能做出。

多重冲突

生活中是否还会出现其他类型的冲突？是的，现实生活中，人们遇到的困难情境往往更为复杂，上述三类冲突常常相互交织在一起，即更接近现实的第四种冲突——双重趋-避冲突。在生活中，我们会经常遇到这样的情景。在**双重趋-避冲突**中每个选择都既有好的方面，也有不好的方面。例如现在有两份工作可供你选择，其中一个工资很高，但内容单调，上班时间也很死；另一个工作很有趣，时间灵活，但工资很低。你会选择哪一个？这种情景就是通常我们必须面对的典型的双重趋-避冲突，没有完全好或完全不好的选择，其中每一个选项中都包含着好的方面与不好的方面。

趋-避冲突或双重趋-避冲突会让人产生心理矛盾、举棋不定和在不同的选择间摇摆。当你要选定其中之一时，这一备选项不好的一面则会被放大显现。那么，该如何选择？你又会选择另一个备选项。

几种选择都各自有利有弊的冲突情境在现实生活中是很常见的。在一般情况下，**多重趋-避冲突**不会使人感到很大压力。例如，很难在不同品牌的汽车中间选择要买哪一个；很难在两个各有利弊的大学专业中选定一个。只有在面临择校、择业或选择配偶等事关重大的人生选择时，多重趋-避冲突才可能使人感受到较大的心理压力。

应对冲突

如何更有效地解决心理冲突？我们在前面对克服挫折感提出的大部分建议也适用于应对心理冲突。然而，在你面临冲突时，或必须做出一个艰难的决定时，还要切记以下几点：

1. 不要仓促做出重要决定。匆忙的决定常常使人后悔。即使三思后做出的决定仍旧带来了损失，只要你知道自己已经尽了一切可能来避免错误，你所承受的压力就会小一些。
2. 在可能的情况下，执行某种决定之前要先做一下尝试。比如，如果你决定把家搬到另一个城镇，不妨先到那里试住几天；如果你想选择某一大学，不妨先旁听几节课再做决定；如果你想学习潜水，不妨先租用设备练习一段时间，之后再决定自己是否要购买设备。
3. 寻求可行的折中方案。但在此之前，最重要的是要尽可能获得所有的信息。如果你只有一两个选择，并且都不是你所愿意接受的，应向你的老师、心理咨询专家或有关社会服务机构寻求帮助。可能还有一些更好的选择，你自己没有看到，但别人却知道。
4. 如果你还是找不到理想的解决方案，那么一旦做出决定，就不要再后悔。在心理冲突中总是犹豫不决，只会让你付出更高的代价。有时，你只能不得已而求其次，但做出选择后就应坚持下去，在没有发现明显的错误以前不要再改变。

冲突是生活的正常组成部分。通过练习，你能够学会应付很多生活中遇到的冲突。

知识巩固

压力，挫折和冲突

测一测

1. 心身疾病的表现首次出现在_____阶段。
   a. 警戒反应期　　b. 耗竭期
   c. 抗应期　　　　d. 评估阶段
2. 正在准备压力较大期末考试的学生更易患感冒，这一模式可以_____模型最好地得到解释。
   a. 疾病易感人格　b. 心理神经免疫学
   c. 情绪应对策略　d. 反应形成
3. 鉴于压力事件压抑了免疫系统，则压力管理

趋-避冲突 /Approach–avoidance conflict　面对的同一个目标或行动对其既有利又有害。

矛盾心理 /Ambivalence　一种积极与消极情感或喜好与厌恶混合在一起的情感。

双重趋-避冲突 /Double approach–avoidance conflict　个体面临两个选择，而每一个选择中都包含有利因素和不利因素的情境。

多重趋-避冲突 /Multiple approach–avoidance conflict　个体所面对的多个对其既有利又有害的目标。

技术对免疫系统的功能几乎不会有影响效果。对不对?

4. 情绪衰竭、玩世不恭和个人成就下降是工作_____的特点。

5. 当情境被评估为_____,且本人感觉自己不能_____应对情境时,压力会变得更大。

6. 感觉 Richard Lazarus,在_____阶段,人们选择应对挑战或威胁的方法。
   a. 初级压力反应   b. 二级压力反应
   c. 基本评价   d. 二次评价

7. 以下哪一项不是应对挫折的典型反应?
   a. 犹豫不决   b. 攻击行为
   c. 转移的攻击   d. 坚持行为

8. 转移的攻击与_____行为模式紧密相关。
   a. 替罪羊   b. 典型反应
   c. 转移的攻击   d. 职业倦怠

9. 当你陷入以下哪种情况最容易犹豫不决?
   a. 双趋冲突   b. 双避冲突
   c. 双重趋-避冲突 d. 情绪应对策略情境

想一想

批判性思考

10. 有两个情境。在情境 A 中,有人在评估后认为问题具有一定程度的威胁性,同时认为自己根本没有能力应付。在情境 B 中,有人在评估后认为问题的威胁性非常大,但同时认为自己有能力和办法来对付它。你认为上述哪一种情况下人感到的压力更大?

11. 受到挫折是令人不愉快的。如果一些动作终止了挫折,包含攻击性,为什么我们会希望这些动作在其他环境再次发生呢?

自我反思

你是否可以说出"心理神经免疫学"这个词?是否已向其他人介绍过这个词?

事件的压力、控制感、预测性、反复性及强度对于你最近一次的压力反应有什么影响?

当面对如公众演讲或完成一门重要考试的事件时,你会使用哪一种应对策略?

想一想你遭受挫折的情况。你的目标是什么?什么阻碍了你实现目标?挫折是外在的还是内在的?

你是否有过转移的攻击?为什么那次选择了另一个出气的目标?

回顾心理冲突的主要类型,并回想能代表每种类型的事件。你的反应与文中描述的一样吗?

答案:1.c 2.b 3. 开弃 4. 职业倦怠 5. 威胁, 难于 6.d 7.a 8.a 9.c 10. 情境B的威胁更高一些,情境人感到的压力才更重,情境 A 的威胁较小,但人感到的压力较强。 11. 如果一个反应以某种方式结束,该行为反应被强化了(见第 6 章)。这就意味着这个反应很有可能再次发生。

心理防御——精神空手道?

关键问题 13.5:什么是心理防御机制?

焦虑是人在威胁性情景中产生的一种不愉快情绪。焦虑使人感到紧张、不自在、忧虑、担心和脆弱。在本质上,焦虑是一种起着心理防御作用的情绪应对策略(Lazarus, 1991b)。心理动力学家已发现人们使用的多种心理防御机制,这些防御机制可以帮助减少由压力情境或我们自身问题而引起的焦虑。你也许并不总能意识到这些防御机制,但你很可能用到过这些防御机制中的几种。

> **知识桥**
> 严重的焦虑可能给人带来很大的破坏性,也是许多常见心理障碍的发病基础。参见 14 章。

什么是心理防御机制?它如何降低焦虑?所谓**防御机制**,指的是任何一种用以回避、否认或歪曲那些引起焦虑或威胁感的因素的技术。当这些因素威胁到一个人的自我形象时,更易出现防御机制。人的许多种心理防御机制都是由弗洛伊德最先提出的。他认为,心理防御是一种无意识的过程。同时，防御机制又会在意识领域中造成大量"盲区"，例如，一个极端吝啬的人可能意识不到自己被人视为吝啬鬼。在需要时，我们每个人都会运用防御机制。让我们先看看最常见的一些防御机制（更详尽的清单请见表13.4）。

表 13.4　心理防御机制

补偿	通过强调表现出某些有价值的特质来弥补自己客观存在的或主观的缺陷，或通过在其他方面取得卓越成就来弥补自己在某一方面的不足。
否认	通过拒绝承认某一不愉快的事实来保护自己。
幻想	通过假想自己在某种活动中获得成就来满足自己没有实现的愿望。
认同	发展出与自己尊敬的人类似的特点，通常用以弥补自己想象出的个人不足或失误。
理智化	通过"理智"的思考或对话，对引起焦虑的威胁性情境进行解释，避免情绪反应。
分离	通过严密的逻辑归纳，在认识上把那些矛盾的思想或感觉相互分开，从而避免心理冲突。
投射	把自己的感觉、缺点或不能接受的冲动强加到别人身上。
合理化	通过寻找"合理的"、但不真实的理由，使自己的行为可以被接受。
反向形成	通过夸张的、与自己实际意愿相反的行为来防止某些危险冲动在自己的行为中出现。
退行	行为退行到早期发展水平，或表现出发展早期的不必要的行为习惯。
压抑	潜意识地阻止痛苦的或者危险的想法进入意识。
升华	通过对社会有益的行为来摆脱无法实现的本能愿望或危险冲动。

否认

否认是防御机制的最基本表现方式之一，即通过"拒绝接受"或"拒绝相信"那些引起焦虑的信息而把自己从不愉快的现实中解救出来。在有关死亡、疾病和类似的痛苦或威胁性经验中，人们常会运用否认的防御机制。例如，如果你被告知你只能再活3个月，你会做何反应？你最初的想法可能是："不会吧！一定是有人把X光片搞混了！""医生肯定搞错了！"或仅仅为"这不会是真的！"；如果你被告知有个朋友或亲戚突然死亡，也会出现类似的否认与不相信，你会说："这不会是真的。我不信。我就是不信！"

压抑

弗洛伊德发现，他的病人们在回忆自己儿童期的痛苦经验或创伤时会遇到非常大的困难，似乎有一种巨大的力量不让那些痛苦经验的记忆进入人的意识。弗洛伊德把这种现象称为"压抑"。很明显，把那些痛苦的或危险的想法和冲动压抑下来是一种自我保护的措施。例如，人们常把对家人的不满、那些自己不喜欢的人的名字及过去的失败压抑在心底，使自己记不起那些不愉快的事情。最近有研究表明，人们最有可能压抑那些有损自我形象的信息（Axmacher et al., 2010；Mendolia, 2002）。

反向形成

反向形成是把一种冲动以夸张的、相反的方式表达出来的一种防御措施。例如，有一位母亲在潜意识中非常憎恨自己的儿子，但她却表现得对儿子极端溺爱，过度保护。她的真实想法也许是："我恨他！我希望他离开我！"但在这种防御机制作用下，她对自己说："我爱他！我离不开他！"母亲敌意的冲动变成了令人窒息的爱。这样，她就不需要承认自己对孩子的厌恶。反向形成即个体通过表现出相反的行为来抑制或掩饰自己带有危险性的冲动和情绪。

退行

退行一般称为"装小"，指一个人表现出与自己年龄不符的、像小孩子一样的幼稚行为。在许多家庭中，当父母准备有第二个孩子时，他们的第一个孩子常会有"装小"行为，因为他感到了一种潜在的威胁，怕父母只爱新生儿而不再注意自己。当新生儿降生后，大孩子也会表现出这类行为，比如像小孩子一样讲话、尿床或像婴儿一样做游戏，等等。如果你在夏令营中看到过想家的孩子，就会观察到退行。孩子想要回家，实际是希望回到自己熟悉的安全环境中去。成年人发脾气，或已婚的成年人因为某事而"回家找妈妈避难"，也属于此类心理防御行为。

投射

如果一个人看到了自己的失败或缺点，就可能会感到焦虑。但是，如果他通过无意识的活动把自

焦虑/Anxiety　由于不明确的威胁而产生担忧、惧怕等不舒适感。

防御机制/Defense mechanism　避免或减少焦虑的习惯性心理策略。

己的邪念、缺点或罪恶的冲动投射到别人身上，就可使自己从焦虑中解脱出来。"投射"即通过夸大别人的问题而转移个体对自己的问题的注意，从而减轻焦虑。

例如，有一个贪婪的店主，经常欺骗顾客，但是这位店主又自命为虔诚的教徒，是社会的栋梁。那么，他对于自己的贪婪和欺骗行为能感到心安理得吗？能，因为他认为，每一个来商店的人都在欺骗他。虽然事实上很少有顾客欺骗他，但他把自己的贪婪和不诚实投射到了顾客身上。

合理化

对于每位老师，都很熟悉这一奇怪的现象：在考试当天，会有各种令人震惊的状况出现席卷整座城市。妈妈们、爸爸们、姐妹们、兄弟们、阿姨们、叔叔、爷爷奶奶、朋友、各种远房亲戚还有宠物和同学都会"生病"或"去世"；汽车在半路坏了，书被人偷走了，闹钟也不响了等。

编造借口是人们为了解释自己的行为而自然采用的一种方法。合理化是指为了给自己的行为提供解释而编造某些合理的但不真实的理由的做法。当学生为自己不交作业的行为提供那些合理的、可信的但不真实的理由时，他就是在使自己的行为合理化。例如，学期末，郑美未能按时上交老师在学期初布置的论文，她解释说：

"两天前我的车坏了，直到昨天我才能到图书馆去，可我要的书已经被别人借走了。我无法拿到我需要的参考书，但我还是尽力把能写的部分写了出来。昨天晚上，我想把论文打印出来，可就在这个节骨眼上，打印机的墨粉用完了，当时所有的商店都关门了。所以，我现在还是不能把我写的文章交给您。"

如果我们问她：为什么直到学期末才想到论文的事？郑美可能又会提出另一套合理化解释。像许多人一样，郑美还不能接受没有合理化解释保护时的自己。

防御机制中是否包括积极的方面？ 上述的防御机制似乎都带有消极的性质，为了控制焦虑，人需要花费大量的精力来维持一个虚假的自我形象。如果过度使用防御机制，人就会变得缺乏适应能力。但是，防御机制的确具有积极的作用，可以帮助人们摆脱自身受到的威胁感的困扰，从而使人有机会学习和寻找更为有效的问题应对策略。正如前文所述，我们大多数人也只是偶尔在使用防御机制。

防御机制中有两种方式很明显具有积极的性质，即补偿和升华。

补偿

补偿是对劣势感的一种心理防御方式。一个人如果有某些缺陷或劣势（或认为自己有某些缺陷或劣势），则可能会付出不同寻常的努力来克服自己的缺点，或者在其他领域做出非常杰出的成绩来弥补自己的缺陷。Jack LaLanne 是一位出色的健美运动员，但他在年幼时瘦弱多病。准确地说，正是他的瘦弱才使他更加刻苦地训练，最后在健美领域取得了成功。通过**补偿**获得成功的例子不胜枚举。有的人在儿童时期患有口吃，但在上大学时则成为口若悬河的辩论家。Helen Keller 从小又聋又哑，后来则成为一位著名作家和思想家。或许 Ray Charles、Stevie Wonder、Andrea Bocelli 以及其他盲人音乐家正是因为身体的残障才从事音乐的。

对于一些橄榄球运动员及球迷，橄榄球运动让攻击冲动可以得到升华。《使命召唤》《光晕》等暴力电脑游戏也可以达到同样的目的。

升华

升华指通过社会可以接受的方式把受阻的欲望（尤其是性欲）表达出来。弗洛伊德认为，艺术、音乐、舞蹈、诗歌、科学及其他一些创造性活动都是把性欲的能量转变成生产性活动的渠道。他还认为，几乎所有的强烈欲望都可能被升华，例如，一个攻击性非常强的人可以去做一名职业军人、拳击手或者橄榄球运动员，那样，其攻击性即可以被社会接受；贪婪的人可以成为商人，在商海中获得成功；爱撒谎的人可以通过编故事、写小说或从政，使自己的欲望得到升华。

性冲动是最容易也是最经常被升华的欲望（Jacobs, 2003）。根据弗洛伊德的观点，许多现代的娱乐活动（如冲浪、骑摩托车、赛车、跳舞和摇滚乐，等等）都可归于使性的欲望得到升华的活动。人们出于多种原因喜欢这些娱乐活动，但不能否认这些活动中具有明显的性欲象征。

习得性无助——还有希望吗？

关键问题 13.6：人为什么会出现无助感和抑郁？

如果心理防御失败，人在丧失一切希望的状态下会是怎样的？Martin Seligman 曾研究过这样一个真实的案例：一名士兵被俘了，在开始阶段他的健康状况很好，对当战俘所遇到的各种压力也都能够适应，原因是对方曾向他承诺，只要他肯合作就会在一个约定的日子释放他。随着这一约定日期的不断临近，他的精神也越来越好。然而一个致命打击却随之而来，他发现自己被骗了，对方根本不打算释放他。经历这一打击之后，他的精神立即崩溃，人也随即陷入深深的压抑之中。他从此拒绝饮水和吃饭，很快就死了。

这似乎是一个很极端的例子，那么在日常生活中是否也会发生类似的事情？很明显也会如此。例如，在圣安东尼奥市、田纳西州的研究中，人们询问老年人是否对未来感到有希望，他们发现那些回答"没有希望"的老年人死亡率更高（Stern, Dhanda, & Hazuda, 2001）。

习得性无助

为什么这种紧张情绪会对人造成如此大的影响？心理学家的研究主要集中在对习得性无助的探讨上。**习得性无助**是一种习得的，在面对困难、惩罚或消极刺激时认为自己无能为力的表现（Seligman, 1989）。为了观察习得性无助的反应过程，研究者进行了动物实验。实验中，研究者把一个实验箱用隔板分为两部分，狗被放在其中的一边（图13.6）。如果狗在此处受到电击，它会很快地学会跳到隔板的另一边来逃避电击，如果在电击前发出一个灯光警告，大多数狗也能学会在电击之前跳到另一边（Overmier & LoLordo, 1998）。

一只狗是如何产生无助感的？对于另一组狗，研究者在把它们放入实验箱之前拴住它们，使其不能逃脱，然后对它们进行痛苦的电击，而狗无法救助自己。在此之后，再把这些狗放到实验箱里。当这些狗受到第一次电击时，它们大多会伏下身子狂吠或哀鸣，但没有一只狗试图逃跑。这些狗向命运屈服了，因为它们认为自己对电击无能为力。

简言之，无助感是在我们认为不可控制的情境中经常出现的一种心理状态（Seligman, 1989）。当人们面对反复的失败和遇到不可预测或无法躲避

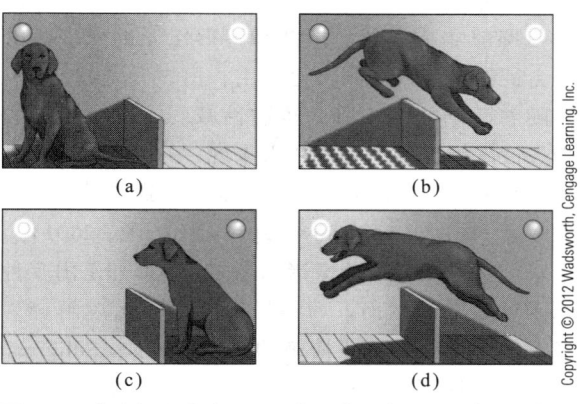

图 13.6 在常规的逃避电击的实验范示中，灯光会在地板通电前的很短一段时间内变得暗淡。在图 a 中，灯光的变化对于狗暂时没有任何意义，所以狗受电击（非致伤电击）后跳过隔板（图 b）。在图 c 中，狗学会了观察灯光的变化，从而能够在受到电击之前跳过隔板（图 d）。但是，那些已形成"习得性无助"的狗很少能够学会主动逃避电击。

习得性无助 /Learned helplessness 习得的不去克服困难或不会逃避惩罚的行为。对负性刺激习得的被动感及不作为反应。

的惩罚时，也会产生同样的反应。例如，那些认为自己的学习成绩提高无望的大学生们倾向于不思进取，破罐破摔，最后甚至辍学（Perry，2003）。

> **知识桥**
> 对于人类来说，归因方式对无助感的产生有很大影响（参阅第 10 章）。

当一个人把自己的失败归因于某种一般的、持续不变的因素时，就容易产生无助感，并且很容易在其他场合因为这种习得性无助而产生绝望的情绪。例如，在某次生物课测验中你做得不太好，如果你认为是因为自己"笨"，就可能产生习得性无助；如果你的归因是某种特殊的、具体的因素，如你认为自己只是不擅长生物老师使用的测验形式或对生物课本来就不感兴趣，那么，就可能防止无助感的产生（Peterson & Vaidya，2001；Prochaska & Norcross，2010）。

抑郁

Seligman 等人的研究使人们注意到，习得性无助与**抑郁**非常相似。抑郁和习得性无助所引起的综合征都会使人感到自己没用、沮丧和绝望，也常伴随着活动能力下降、攻击性减弱、没有胃口和丧失性欲等反应。对一个人来说，在这种情绪状态下，无论他实际上多么成功，都会感到自己是一个失败者（Brown & Barlow，2011；Lolordo，2001）。

抑郁是最常见的情绪问题之一，抑郁是由多种原因造成的。然而，习得性无助似乎可以解释许多案例中抑郁和绝望情绪的产生。例如，Seligman（1972）描述了一个 15 岁男孩的例子，对他来说，学校是永无尽头的打击与失败。他的名字叫 Archie，但在学校里其他同学都叫他"笨蛋"；他在课堂上很少回答问题，因为有些字他不认识；他试图在其他方面做出努力，但每次仍会遭到打击；最后，他感到绝望和无助，只是逆来顺受，消极地忍受一切。这些可能不是"电击"，但毫无疑问是"情感电击"，而 Archie 也以习得性无助应对这些打击。当毕业离校后，他在生活中成功的概率会很小。他已学会了被动承受生活为他准备的各种打击。Archie 的情况并不特殊，绝望情绪几乎总是抑郁的一个主要组成部分（Ciarrochi，Dean，& Anderson，2002；Reivich et al.，2005）

> **知识桥**
> 抑郁是一个复杂的问题，可能表现出多种形式，并由多种原因而诱发，参见第 14 章。

学习应对挑战可以自然而然地提升人们的控制感。例如，年龄在 18—21 岁的一组环大西洋的航海受训者显示出了压力应对能力的显著提高（Nnorris & Weinnman，1996）。

希望

Seligman 的研究是否介绍了如何学会不感到"无助"？有"希望"才能够不感到无助。对于已形成习得性无助的狗来说，一个有效的方法就是硬把它拉到实验箱"安全的"另一边，使它避免电击。这么做上几次后，狗就会重新获得"希望"，感到对环境有了控制能力。对于人来说，有效解决这一问题的方法目前还是心理学家们正在研究的课题。显而易见的是，对于像 Archie 那样的孩子，一种有益的办法就是让他们参加特殊的教育课程，让他们从中不断感到自己能够获得成功。

控制感训练的方法，就是使那些能够控制和把握危险环境的行动得到强化。经过这样的训练，能够提高动物抵抗习得性无助的能力（Volpicelli et al.，1983）。例如，那些事先学会了躲避电击的动物会更持久地寻找躲避电击的方法，即使事实上那些电击真的无法躲避，努力毫无希望，它们也不会放弃尝试。

这些发现告诉我们，人可以通过训练获得"免疫力"，战胜无助感和抑郁。训练方法之一，就是使人们获得战胜那些似乎无法战胜的挑战的经验（Miltenberger，2011）。例如，在野外生存训练营中，人们冒着各种危险去登山、漂流和进行各种野外生存训练，挑战自我，这些活动即是很好的"免疫力"训练。

"希望"的作用是不可忽视的。有时，希望可能看似渺茫，但对于抑郁和无助感则是非常有效的解药（Weingarten，2010）。希望可以来自信仰、自然界、工作和他人，每一个人都可能通过不同的渠道获得希望。请记住，希望是人类所有情绪中最重要的一个。积极的信念（如乐观主义、希望、价值感和控制感）与人的整体健康有着密切的关联（Diener & Chan，2011；Taylor et al.，2003）。

造成大学生抑郁的若干原因

在美国的大学中，每学年有许多大学生亲身经历抑郁的症状，这些症状会对他们的学业带来很大的负面影响（Lindsey，Fabiano，& Strak，2009）。一项研究的调查结果发现，诊断为抑郁症的学生，其学分绩点要比不抑郁的学生低整整1分（Hysenbegasi，Hass，& Rowland，2005）。为什么会有这么多学生感到抑郁？造成学生抑郁的因素有哪些？很多原因可能会让大学生感到抑郁，下面是报告最多的一些原因：

1. 大学课业难度的加大和选择职业的压力常常让学生感到他们失去了生活的乐趣，或者让他们感到自己的辛勤努力是没有价值的。
2. 当大学新生离开了家庭、高中时的朋友圈子或其他亲密的朋友后，他们不再能够得到像过去一样的支持和鼓励，感到孤独和与人有隔阂。
3. 学习的问题和分数的问题常常引发抑郁。很多学生在进入大学之前有很高的抱负，但缺乏失败的体验和锻炼。同时，许多学生缺乏在大学学业中取得成功所必需的基本技能，并且担心失败（Martin & Marsh，2003）。
4. 大学生抑郁的另外一个常见原因是恋爱出了问题，例如，上大学后与以前的男友或女友关系破裂，或上大学后在新的恋爱中遭到失败。
5. 一些人上大学后发现自己很难继续保持理想的自我形象，这类人特别容易感到抑郁（Enns，Cox，& Clara，2005；Scott & O'Hara，1993）。
6. 因解决心理压力的方法不当而引起抑郁。例如，抑郁的学生常常借酒浇愁，而酗酒又成为抑郁的另一个根源（Weitzman，2004）。

认识抑郁

有时你感到自己情绪低落。此时，你要清醒地意识到自己是否出现了抑郁。当出现下面五种情况时，切不可仅将其看成小的情绪波动，而可能是出现了抑郁情绪（美国国家心理健康研究所，2010）。这五种情况包括：

1. 持续的忧伤、焦虑或"空虚感"。
2. 自责，感到自己无价值，或者感到无助。
3. 难以集中注意力、记住事物的细节并且难以做出决定。
4. 感到绝望或者悲观。
5. 对过去喜欢的事或爱好都没有兴趣，包括性活动。

应对校园抑郁

校园抑郁与压力性事件密切相关。学习管理学业，并尝试减少自我批判式思考能够帮助减轻与校园相关的中度抑郁（Santrock & Halonen，2010）。例如，如果你考试没考好，分数不理想，你可能会出现什么反应？如果你仅将其视为孤立的小挫折，你可能就不会感觉太坏。然而，如果你感到

抑郁/Depression　深度消沉状态，特征是兴趣丧失、情绪消极、行为阻滞。

控制感训练/Mastery training　是使那些能够控制和把握危险环境的行动得到强化。

自己"一败涂地",那么就很可能出现抑郁情绪。心理学家发现,一些大学生把日常琐事与长期目标(如成功的职业或高收入)联系得过紧,就容易对一些不如意的日常小事做出过度反应(McIntosh, Harlow, & Martin, 1995;Santrock & Halonen, 2010)。

这些关于校园抑郁的研究结果能够给我们什么启发呢?重要的一点是,对日常任务一次只开展一小步,并逐步完成(Watson & Tharp, 2007)。这样,人就不会一遇到挫折就感到毫无还手之力、无助或绝望。在你觉得抑郁的时候,可以给自己做一个日程表(Burka & Yuen, 2008),尽量安排各种活动,把一天中的每一小时都占满,在每个活动完成的时候做一个记号。在为自己选择要做的事情时,最好是从易到难。这样,就可以打破无望感,并更加落后(抑郁的大学生们躺在床上的时间太多)的恶性循环。此时,人所需要的正是通过获得一个个小的成功而得到鼓励,从而可以再次开始应对生活中的任务。然而,如果一个大学生不知道自己如何才能在大学学习中获得成功,那么正确的方法是去向别人请教,不要总让自己感到"无助"。

当人认为自己没有价值或没有希望时,常常会自卑、过度地自我批评并出现负性思维。当消极的想法出现时,特别是那些给你带来悲伤的念头出现时,你应该马上把它们写下来(Pennebaker, 2004)。在你记录下这些想法后,要给每种想法做出另一种合理的解释。例如,你出现一种"没人爱我"的想法,那么,你要试着列出那些真正关心你的人的名单,你会发现有不少人在关心你、爱你。要学会一点:当事情有所进展时,你要将其视为光明即将来临的信号。如果你能够把这种积极的信号看作稳定的和持续的(而不是临时的和脆弱的)事物,抑郁便会随之结束(Needles & Abramson, 1990)。

校园抑郁的发作较为常见,我们需要将其与更严重的抑郁病例区分开来。重度抑郁是很严重的问题,会导致自杀或情绪功能的严重受损。这样的病例需要寻求专业人员的帮助(Hollon, Stewart, & Strunk, 2006)。

知识巩固
防御机制、习得性无助和抑郁

测一测

1. 作为一种基本的心理防御机制,"否认"指人的一种判断或解释自己行为的自然倾向。对不对?
2. 当人的愿望受到挫折后,通过想象自己达到了目的或获得了成就的方式属于心理防御机制的哪一种表现?
   a. 补偿　　　　b. 分离
   c. 幻想　　　　d. 升华
3. "补偿"的心理防御机制指人把自己的不被社会接受的需要或动机投射到他人身上。对不对?
4. 在下列心理防御机制中,有两种在性质上是积极的,即_____和_____。
   a. 补偿　　　　b. 否认
   c. 分离　　　　d. 投射
   e. 退行　　　　f. 合理化
   g. 升华
5. 人类的抑郁与动物实验中动物的_____行为相似。
6. 习得性无助经常发生在事情看起来_____的时候?
   a. 有挫折　　　b. 有冲突
   c. 不可控　　　d. 问题集中
7. 一般情况下,遭受抑郁侵扰的大学生比其他大学生的成绩要低。对不对?
8. 经常进行自我批评或自责是大学生活的一种自然结果。对不对?

想一想
批判性思考
9. 压力的程度取决于多种因素,其中哪种是与习得性无助有关的因素?

自我反思
我们对自己所使用的防御机制不十分的清楚。参看表13.4并想一想对于每一种防御机制,你看到的其他人曾经使用过的例子有哪些。

在某些情景中你是否曾感到过无助?是什么原

因让你产生了那样的感觉？Seligman 关于习得性无助的某些描述是否与你的个人经历相符？

想象你的一个朋友患了校园抑郁症，你可以为他提供什么样的建议？

答案：1. 大于 2. c 3. 无关 4. a 和 g 5. 习得性无助 6. c 7. d 8. 寻求 9. 小心衡量自己能力的承担能力。

压力与健康——揭露隐藏的杀手

关键问题 13.7：压力与健康和疾病的关系是怎样的？

在本章的开头，你曾经读到，坚强的学生郑美在经历了一个充满压力的期末考试期后病倒了。郑美的生病是不是偶然呢？心理学家目前已经证实压力确实会影响我们的健康。让我们来看看这是怎样发生的。同时我们也将探索妨碍健康的一些危险因素。由于我们生活在一个快节奏并且充满了压力的社会中，这些都是值得关注的重点话题。

生活事件和压力

灾难、抑郁和悲伤常常是疾病的前奏（Brannon & Feist, 2010）。如同郑美在期末考试后意识到的，压力事件会减弱人对疾病的自然抵抗力。还有一个更令人吃惊的发现：凡生活中出现了大的变化，不论好与坏，都会增加生病或遭遇意外事故的可能性。我们周遭的环境或日常事物发生的大改变需要我们时刻保持警惕并做好反应的准备。长期如此，就会造成非常大的压力（Sternberg, 2009）。

如何及时察觉自己正在承受过大的压力？精神病学家 Thomas Holmes 及他的研究生 Richard Rahe 编制了一个量表，用以评估压力强度和身体健康所面临的危险程度（Holmes & Rahe, 1967）。最近，Mark Miller 和 Richard Rahe 更新为目前使用的**社会再适应等级量表**（SRRS）版本，参看表 13.5（Miller & Rahe, 1997；Woods, Racine, & Klump, 2010）。请注意，表中不同生活事件的影响以生活变化单位 LCUs（life change units）为生活变化指数，LCUs 越高，表示该生活事件可能给人造成的心理压力越大。

为什么度假这样的好事也会出现在这份清单上呢？我们可以注意到，积极生活事件可能会和灾难性事件一样给人造成压力。例如，结婚通常是一件令人愉快的事，但 LCUs 是 50，而同样是非常开心的圣诞节，LCUs 也会为 30。我们还注意到，许多项目中写的是某某方面"发生变化"，其所指既包括朝坏的方向变化，又包括向好的方向变化，都具有产生压力的效果。

现在，你可以试着使用表 13.5 的这个量表，把你在过去一年中所有遇到的生活事件选出来，再把 LCUs 加起来。你可以把自己累计的总分与下面的标准进行比较：

结婚通常是积极的生活事件。然而，结婚带来的许多变化可能也是具有压力的。

社会再适应等级量表/Social Readjustment Rating Scale（SRRS） 评价各种生活事件对产生疾病的可能影响的量表。

表 13.5　社会再适应等级量表

编号	生活事件	LCUs	编号	生活事件	LCUs
1	配偶或孩子死亡	119	23	贷款或抵押超过一万美元	44
2	离婚	98	24	工作职权发生变化	43
3	家庭亲密成员死亡	92	25	生活条件发生变化	42
4	夫妻分居	79	26	搬家	41
5	失业	79	27	学期开始或结束	38
6	受重伤或生病	77	28	与亲家关系出现问题	38
7	监禁	75	29	取得卓越的个人成就	37
8	亲密朋友死亡	70	30	工作时间或条件发生变化	36
9	怀孕	66	31	转学	35
10	重大工作调整	62	32	圣诞节	30
11	贷款权或抵押品的赎回权被取消	61	33	与上司发生矛盾	29
12	新成员加入家庭	57	34	娱乐生活发生变化	29
13	再婚	57	35	抵押或贷款一万美元以下	28
14	家人的健康状况或行为发生变化	56	36	个人习惯的改变	27
15	经济收入发生变化	56	37	饮食习惯的改变	27
16	退休	54	38	社会活动发生变化	27
17	适应新的工作	51	39	家庭聚会次数发生改变	26
18	与配偶争吵次数发生变化	51	40	睡眠习惯的改变	26
19	结婚	50	41	假期	25
20	配偶开始或停止工作	46	42	教堂活动发生变化	22
21	性生活障碍	45	43	轻微的违法行为	22
22	儿女长大后离家	44			

来源：《心身疾病研究杂志》(Journal of Psychosomatic Research) 第 43 卷第 3 期。

　　0～149：没有明显问题

　　150～199：轻度生活危机（疾病发生概率为 33%）

　　200～299：中度生活危机（疾病发生概率为 50%）

　　300 以上：重度生活危机（疾病发生概率为 80%）

　　根据 Holmes 的观点，当一个人的生活变化指数总分超过 300 后，这个人在近期内患病或遭遇事故的风险会很大。一种较为保守的评估方法是计算最近半年的生活变化指数。

　　大学生的健康也同样受到压力事件的影响，例如，上大学、改专业、长期的友情关系破裂等事件都会影响身体健康。（学生压力量表，参见应用篇中的表 13.7。）

评价

　　由于人们对同一件事情的反应十分的不同。因此，SRRS 的测量结果只是对压力的粗略评估。当然，SRRS 的作用也是不可忽视的。在一项研究中，研究者有意让人接触到一种能引起普通感冒的病毒，研究结果不可轻视，它表明 LCUs 分数越高的人越容易被感染（Cohen, Tyrrell, & Smith, 1993）。基于这些研究发现，压力水平越高，越要得到我们的重视（Hales, 2012）。总而言之，当人的 LCUs 升高时，切不可大意，要做到防患未然。

人类多样性　　　文化适应压力——陌生国土上的陌生人

在异国他乡做一个人们眼中的"陌生人"，需要承受何种压力呢？在这个世界上，越来越多的移民和难民必须适应来到外国后的巨大变化，他们在语言、服饰、价值观和社会风俗等方面都需要适应。对于其中许多人来说，必须在一段时间内面对异国文化的冲击或承受文化适应的压力。在**文化适应压力**下，出现焦虑、敌意、压抑、生理疾病或认同混乱是一些典型的反应（Rummens, Beiser, & Noh, 2003）。对许多年轻的移民者而言，文化适应压力是产生精神健康问题的主要因素。

在一定程度上，文化适应压力与个体对新文化的适应方式有关，主要包括四种类型：(Berry et al., 2005; Sam & Berry, 2010)

整合型：保持对原有文化的认同，但同时也融入新文化之中。

分离型：保持对原有文化的认同，避免与新文化接触。

同化型：把新文化当作自己的文化来吸收，并与新文化中的人保持接触。

边缘型：拒绝认同自己的原有文化，但同时自己又被新文化排斥在外。

让我们举一个例子来说明这些模式。试想，有一家人从某国移民来到美国。

父亲属于整合型。他正在学英语，并希望像美国人一样生活。同时，他又是一个同乡会的负责人，很多休闲时间都与那些来到美国的家乡同胞们在一起。现在，他很少感到有文化适应压力。

母亲属于分离型。她只讲本国语言，只跟本国的同胞交流，与美国人始终是"鸡犬之声相闻，老死不相往来"。她的文化适应压力很大。

女儿属于同化型。她正处在青少年时期。在家里，她只能听到本国语言，只能吃妈妈做的本国饭菜，闲暇时间也只能跟本国同胞一起，总是以大家庭的方式聚会。她感到这样很没意思，她更愿意说英语，与自己的美国朋友在一起。她的愿望使其产生中等程度的压力。

儿子属于边缘型。他根本不认为本国传统有值得保留的价值。但是，同班的美国同学并不接受他，因为他说话带外国口音。他感觉自己孤独地在两种文化之间徘徊，压力很大。

总的来说，那些属于边缘型和分离型的人会感到文化适应压力较大，整合型者压力较小，同化型者会感到中等程度的压力。

如你所见，整合型和同化型是最好的选择。同化型最大的好处就是同化了新文化的人很少经历社交困难。这也调节了采用新习俗和新文化价值带来的压力（Gurung, 2010; Sam & Berry, 2010）。

烦心事的危害

除了重大生活事件之外，日常生活中还有哪些可能影响健康的压力源？一些生活中的重大事件不仅直接造成不良后果，还会引出数不清的小挫折和麻烦（Henderson, Roberto, & Kamo, 2010）。除此之外，我们中的许多人都面临着来自工作或家庭生活的各种压力，而这些压力并不涉及重大生活改变（Pett & Johnson, 2005）。这些微小但又时常出现的压力被称为"**烦心事**"或"小应激源"。（表13.6列出了大学生常见的烦心事。）

在一项为期整整一年的研究中，研究者调查了100人，请他们详细记录下自己在平日遇到的各种"烦心事"及其发生的频率和严重性，同时，这些被调查者还填写了关于他们的心理健康和身体健康状况的问卷。研究结果显示，根据那些经常发生的、较为严重的"烦心事"来预测人的健康状况，要比根据重大生活事件所做预测更为准确。然而，重大生活事件能够较有效地预测人在1～2年内的健康状况。似乎"烦心事"造成的压力与人的近期身体健康状况和心理健康有密切联系（Crowther et al., 2001），而重大的生活改变则具有长期效应，同时也会扩大日常"烦心事"的影响（Woods, Racine, & Klump, 2010）。

烦心事/Hassle（microstressor） 一些时常的烦恼或小的应激源。

有一种情况绝对会让你经历大量的生活改变和烦心事，那就是生活在外国的文化环境中。"文化适应压力"提供了文化冲击结果的一些介绍。

表 13.6　大学生经常遇到的烦心事

太多事情要做
没有足够的钱买房
感觉受到歧视
被人开关于性别的玩笑
与朋友的交流问题
开车到学校
人们拿我的宗教信仰开玩笑
担心失去价值
工作日程表
让身体变得有型
父母的期望

引自 Pett & Johnson, 2005。

如果发现自己正在经受重大改变，LCUs 分数过高；或感到生活中出现大量的烦心事该怎么办？一个有效方法就是采用压力管理技术进行应对。如果问题已经很严重，你可以直接找治疗师，或去心理诊所学习压力控制技术。如果你只是遇到了一般性的压力，首先不要把压力看得过于严重，其次可以采用许多应对方法。我们将在本章随后的讨论中做进一步介绍。与此同时，放松一点！

心身疾病

事实证明，长期不断地处于应激状态会损害人的身体健康，同时也会影响人的情绪健康。许多心身疾病都与长期的压力有密切关系。**心身疾病**是由心理因素引起的机体损伤或身体功能损伤（Asmundson & Taylor, 2005; Bourgeois et al, 2009）。心身疾病和疑病症不同。各种**疑病症**都是人想象自己得了病，而哮喘病、偏头疼和高血压等心身疾病并不是幻想，其中有些甚至是致命的疾病。有些人并不把"心身疾病"视为严重的疾病。实际上，他们是对那些与压力有关的疾病缺乏真正的了解（参见下面文章"所有的一切都在你脑中"）。

心身问题最常出现在消化系统和呼吸系统，如胃痛和哮喘，但也会出现在其他方面。典型的心身疾病包括皮疹、荨麻疹、偏头疼、风湿性关节炎、高血压、肠道溃疡和心脏病等。除了这些严重的病症外，心理压力还经常导致在日常生活中出现一些健康问题，其中典型的问题包括肌肉酸疼、头疼、脖子疼、背疼、消化不良、便秘、慢性腹泻、神经衰弱、失眠、月经不调和性功能障碍等（Taylor, 2009）。生物反馈技术对解决这些问题将有所帮助。下面的部分将具体解释生物反馈技术起作用的方式。

据调查，至少有一半的病人看医生，都是因为心身疾病或混杂有心身疾病症状的疾病。

生物反馈

心理学家发现，人能够学会控制那些过去认为不受意识支配的身体活动，这种控制是通过**生物反馈**技术实现的。如果现在让你把右手的温度升高，你可能不知道该怎么办，即使你右手的温度真的升高了，你也不知道。为了学会这种控制，可以在你的手上连接一个灵敏的温度计，同时把温度计连在一个电子装置上。这样，只要你手的温度升高，信号灯就会亮。这时你的任务就是尽可能让灯亮着。通过练习和生物反馈技术的帮助，你便能够学会用意识支配升高自己手的温度。

批判性思考　　所有的一切都在你的脑中

你曾经见过某些人凭着"所有的一切都在你的脑中"这句话解决健康问题，就好像你的问题都是想象出来的吗？几个世纪以来，医疗模式占据了西方的医疗思想。那就是，健康就是没疾病。你的身体是一部复杂的生物机器，它可能出故障，也就是生病。有时，你选择了错误的生活方式如吸烟或饮食过量而造成了疾病。而有时，则是外部原因，如病毒，成为罪魁祸首。在这两种事件中，产生的问题都是生理性的，你的思想基本上没有作用。进而，生理问题需要生理治疗（如吃药），因此，你的思想对康复的影响也仅仅被认为是安慰剂效应。

> **知识桥**
> 安慰剂效应的介绍可查看第 1 章。

在最近五十多年中，医学模式逐渐转变为生物-心理-社会医学模式。这表示疾病是由生物、心理和社会三因素结合起来而产生的。最重要的是，生物-心理-社会医学模式将健康定义为我们可以主动获得和保持的一种良好的状态（Oakley, 2004）。不用被动地找医生寻求治疗，这个模式指出个体在培养自身健康中具有重要作用。因此，如果你认为"所有的一切都在你的脑中"是指一个人的信念能够影响行为进而对健康产生重大影响，这种说法就不那么准确了。所以，要为保持自身的良好状态负责，记住在某种程度上，健康就在你的脑中！

生物反馈给治疗某些心身问题带来了希望（图 13.7）。例如，一些偏头疼患者通过生物反馈训练成功地摆脱了痛苦。训练时，将病人的前额和手等部位连上传感器，病人的任务是试着把流向脑部的血导向四肢。偏头疼的原因之一是过量的血流向头部，因此，这种反馈可以减少病人头疼的频率（Larsson et al., 2005; Stokes & Lappin, 2010）。

生物反馈的成功让很多人相信，可以通过这种技术来治愈身心疾病、焦虑症、恐怖症、药物成瘾和许多其他疾病。事实上，生物反馈并不能立即治愈疾病，但能够起到有效的辅助治疗作用（Schwartz & Andrasik, 2003）。生物反馈技术的应用范围不断扩大，目前包括减轻肌肉紧张性头疼、偏头疼和慢性疼痛（Middaugh & Pawlick, 2002; Sousa et al., 2009），降低血压和控制心率（Olsson et al., 2010; Wheat & Larkin, 2010），控制癫痫发作和儿童多动症（Demos, 2005），以及治疗失眠症（Gathchel & Oordt, 2003; McLay & Spira, 2009）。

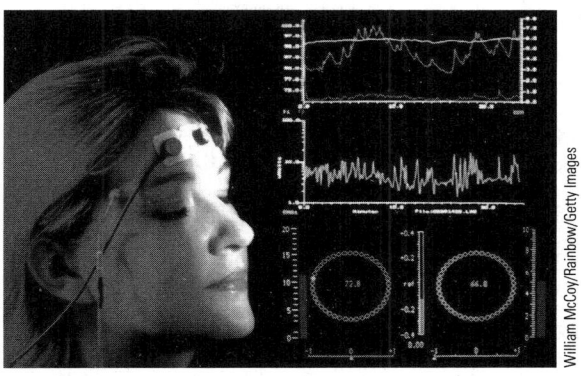

图 13.7 在生物反馈训练中，身体反应的过程被记录并转化为电信号，然后通过耳机、信号灯、电脑屏幕或其他方法，把信号反馈给病人。这些信息会帮助病人改变那些通常不受意识控制的身体活动。这位女士在学习通过控制自己的脑波达到放松。

> **文化适应压力 /Acculturative stress**　一个人进入他国文化后由于许多改变及不适应而产生的心理压力。
>
> **心身疾病 /Psychosomatic disorders**　由心理因素引起的机体损伤或身体功能损伤。
>
> **疑病症 /Hypochondriac**　患者坚持把自己一些想象的感觉和正常的身体信号解释为严重疾病的征兆。
>
> **生物反馈 /Biofeedback**　有关身体活动的信息，能帮助人有意识地调节身体状况。

生物反馈对人是如何产生作用的？一些研究者认为，生物反馈在许多方面的作用无异于广义的放松。另一些人强调，生物反馈本身并没有任何魔术般的效果，这种方法就像是给人们提供了一面"镜子"，帮助他们进行自我调整。但也正像镜子不会为人梳头一样，生物反馈本身没有任何治疗作用，其作用在于帮助人们通过自己的行动来实现自己所希望的变化。

心脏病人格

心身疾病通常都是几种因素混合在一起产生的，因此心理压力绝非唯一的原因。这些致病因素包括遗传素质、器官缺陷和对压力的习得性反应方式等。人格因素也起着一定作用，具有某些人格特点的人对特定的疾病具有特殊的易感性。在某种程度上来说，也存在着"头痛人格""哮喘人格"等。但被描述最多的为"心脏病人格"，是指这类人患心脏病的风险很高。

著名心脏病专家 Meyer Friedman 和 Ray Rosenman 对心脏病与人格因素之间关系的研究具有里程碑的意义。在一项研究中，Meyer Friedman 和 Ray Rosenman 把人分为两种类型：具有很高的患心脏病风险的 A 型人格和不容易得心脏病的 B 型人格。Meyer Friedman 和 Ray Rosenman 随后又进行了 8 年的追踪研究，结果发现，**A 型人格**者患心脏病的比例是 **B 型人格**者两倍以上（Rosenman et al., 1975）。

A 型人格

A 型人格者有哪些特点？A 型人格者的特点是内驱力强，雄心勃勃，勇于竞争，追求成就并富有奋斗精神。他们相信，只要自己付出足够的努力，就能够克服任何困难。因此，他们总是要求自己不断努力。

具有 A 型人格的人与他人的不同之处是他们对时间的紧迫感和长期的愤怒或敌意的情绪。他们似乎对生活的正常节奏很恼火，因为他们自己总是把生命的发条上得紧紧的，一个活动接着一个活动。在这样做的时候，他们经常会有一种挫折感和怒气，而这种怒气和敌意正是与心脏病密切相关的因素（Boyle et al., 2004; Bunde & Suls, 2006）。一项研究表明，在一群 25 岁时"敌意"测量分数较高的医生和律师中，50 岁之前英年早逝者为 15%。最危险的一种情况是，具有敌意情绪的人将他们的怒气放在了心中。这些人看得到自己的怒气但是不表达出来。这会导致心率加快和血压升高，具有极大的损伤心脏的危险（Bongard, al'Absi, & Lovallo, 1998）。

总之，有越来越多的研究证据表明，愤怒或敌意是 A 型人格的行为中致病的关键因素（(Lemogne et al., 2010; Niaura et al., 2002）。数以百计的研究结果都已证明了"A 型人格"存在的真实性。因此，那些具有 A 型人格特点的人需要采用明智的方法，认真对待自己性格中不利于健康的危险因素。

具有 A 型人格的人会持续不断地感到生气、愤怒和敌意。

如何辨别 A 型人格者？表 13.7 中列出了 A 型人格者的一些行为特点，这也是一个简单的自测式测验。如果表中的大部分项目都符合你，那么，你可能是个 A 型人格者。当然，要确定一个人的性格类型，还需要更严谨的测试方法。同时，也要记住，与心脏病发病有联系的关键性心理因素主要是易怒、敌视他人和对人不信任（Myrtek, 2007; Smith et al., 2004），而理论中对 A 型人格者行为特点的最初定义可能过于宽泛。尽管看起来 A 型人格易促心脏病发作，但抑郁或忧伤才是最终引发心脏病发作的元凶（Denollet & Van Heck, 2001; Dinan, 2001）。

表 13.7　A 型人格者的特征

请在符合你日常行为习惯的句子前面打钩。

_____　在日常谈话中，不论是否有必要，你都有加重语气强调关键词的习惯。

_____　你经常抢先替别人说完他们要说的话。

_____　吃饭、走路总是飞快。

_____　你习惯于快速浏览材料，并且偏爱看简写本或摘要。

_____　交通堵塞或车辆移动缓慢时，你很容易生气。

_____　对于大多数按正常节奏发展的事件，你感到等得不耐烦。

_____　你对周围环境中的美景或细节不敏感。

_____　你经常尽力同时做（或考虑去做）两件以上的事情。

_____　你会因为度假、休闲或几天不工作而产生一种说不清的内疚。

_____　你经常用量化指标来评价自己，如：考试得到几个 A，挣了多少钱，赢了几次。

_____　你有一些神经质或紧张的动作习惯，如磨牙、攥拳头或用手指敲桌子。

_____　你试图在很少的时间内做很多的事情，并在此过程中对意外发生的事情不能容忍。

_____　你经常在跟别人谈一件事时考虑另一件事。

_____　比起只承担让你舒服轻松的工作量，你会选择承担更多责任。

来源：摘自 Friedman 与 Rosenman 所著《A 型人格行为及你的心》，简化版。

我们的社会是一个宣扬竞争、成就和财富占有的社会，因此，许多人形成 A 型人格并不奇怪。然而，如果你不想给自己增加压力，最好的方法就是采用与表 13.7 中所列的行为相反的方式去生活（Williams, Barefoot, & Schneiderman, 2003）。

常常感到愤怒并对他人有敌意的人可能会从 Redford Williams（1989）的建议中获益不少。Williams 告诉我们，要想克服对他人的敌视情绪，需要为自己设立三个子目标：第一步，要停止对别人动机的怀疑；第二步，要找出办法来降低自己生气、愤懑、烦恼和暴怒的频率；第三步，要学会对他人更和蔼、更体贴。要获得事业的成功，又要使自己生活得健康和幸福，这是完全有可能的。

坚毅人格

那些具有 A 型人格特点但没有患心脏病的人有哪些特点？心理学家 Salvatore Maddi 研究过这一类具有**坚毅人格**的人，这些人似乎对压力有着不同寻常的忍耐力（Maddi et al., 2009；Stix, 2011）。研究者曾对一家大型实体公司的经理们进行研究。所有这些经理都处在需要承受高压力的职位上，通过对比，发现他们可以被分为两类：一类人很容易在压力事件过后生病，但另一类人似乎从来不生病。两类人似乎都有典型的 A 型人格，但为什么后一类人不会因为压力而倒下呢？这两类人在许多方面都很相似，他们之间的主要差别在于有着不同的人生观，也许就是这种人生观帮助后一类人顶住了压力。不生病的经理们的人生观特点包括（Maddi, 2006；Maddi et al., 2009）：

1. 他们对自己、工作、家庭有着自觉的责任感，在其他方面有着稳定的价值观。
2. 他们相信自己具有驾驭生活和工作的能力。
3. 他们倾向于把生活中发生的事件视为一系列挑战，而不是一连串麻烦和威胁。

为什么这种特质的人能够不受压力的影响？有自觉责任感的人总能找到方法将所做的事情看作有趣的和重要的。他们总是置身其中而不会感到被疏远。

掌控感强的人相信他们可以在大多数时间影响自己身边事情的发生与发展。这防止他们被动地将自己看作环境的受害者。

A 型人格 /Type A personality　典型的 A 型人格者总觉得时间紧迫，容易生气和产生敌意，患心脏病的风险较高。

B 型人格 /Type B personality　B 型人格有着与 A 型人格相反的人格特征，平和随意，无意竞争，患心脏病的风险较低。

坚毅人格 /Hardy personality　一种能够承受高压力的个性风格。

最后，那些乐于接受挑战的人在不断的成长中找到了成就感。他们从经验中学习，而不仅仅满足于简单的舒适、安全和日常事务。确实，许多"负性的"经历能够真正地促进个人成长——如果你获得了他人的支持和需要面对挑战的技能（Garrosa et al.，2008；Stix，2011）。

积极心理学：顽强、乐观和愉快

所有人的生活中都会发生好事和坏事。快乐和不快乐很大程度上取决于人们的态度。快乐的人倾向于看到更多生活的积极方面，甚至于当他们遇到困难的时候也是如此。例如，快乐的人倾向于在失望的时候发现其中的幽默；他们把挫折看作挑战；他们在失去中变得强大（Lyubomirsky & Tucker，1998）。简而言之，快乐与顽强相关（Cohn et al.，2009; Maddi et al，2009）。为什么它们之间会有联系呢？心理学家 Barbara Fredrickson 指出，良性的情感会拓宽我们的精神关注点。像喜悦、有兴趣和满足这样的情感会创造出游戏的迫切要求，会变得有创造性，使生活有滋味，去寻求新的体验、整合及成长。当你承受压力的时候，体验良性的情绪可使你在解决问题的时候发现更多的创造性。良性情绪还能够降低发生在压力时刻的机体反应，并很可能限制与压力相关的损害（Diener & Chan，2011；Fredrickson，2003）。

在本章的其他部分，我们已注意到了乐观的价值，它与顽强和快乐联系密切。乐观的人期望事情能够产生好的结果。这激励了他们主动去应对逆境。他们很少因为暂时的挫折而停顿下来，更喜欢正面地应对困难。而悲观者更愿意忽视或否认困难。这种差别的结果就是乐观者的压力和焦虑都比悲观者小得多。他们也经常比悲观者更加健康。总之，乐观者会照顾好自己，因为他们相信自己对保持健康的努力必将成功（Peterson & Chang，2003）。

展望未来

在本章回顾的研究表明，对于保持和促进健康，我们每一个人都应该负起自己的责任。在随后的"应用篇"中，会介绍怎样能更好地应对压力及其中的健康风险。然而，让我们还是先来看看下面的问题。

知识巩固
压力与健康

测一测

1. 计算 SRRS 要根据前一年一个人所具有的_____的总数。
   a. 烦心事　　　　b. LCUs
   c. STDs　　　　　d. 心身疾病
2. 使用社会再适应等级量表能够预测未来一段时间内健康状况的变化，而日常生活中"烦心事"的发生频率和强度测评则能够更准确地反映目前的健康状况。对不对？
3. 胃溃疡、偏头疼和疑病症都属于常见心身疾病。对不对？
4. 下面哪一种疾病不属于心身疾病？
   a. 高血压　　　　b. 结肠炎
   c. 湿疹　　　　　d. 胸腺炎
5. 生物反馈训练的两个要点是放松和自我调整。对不对？
6. 愤怒、敌意和猜疑是_____中致命因素的核心。
   a. 抑郁症　　　　b. 习得性无助
   c. GAS　　　　　d. A 型人格的行为
7. 责任感、积极应对挑战和控制力是坚毅人格的主要特征。对不对？

想一想

批判性思考

8. 具有坚毅人格特点的人不仅能够承受住压力，而且能够不受一种习得行为倾向的影响。在本章中我们曾讨论过这种习得行为，你知道是什么吗？

自我反思

选择你生命中具有不寻常压力刺激的一年。应用 SRRS 计算出你那年的 LCUs 得分。你认为那年你的健康水平和 LCUs 得分有关系吗？或者，你是否观察过小应激源与你的健康之间的联系呢？

Mindy 总是在抱怨她的健康，但实际上她很好。

Mindy 的一个熟人在分析她的问题时说道,"她实际上没有病,只是心理作用。"在这里使用心理作用一词有什么不妥?

你认为自己是 A 型或 B 型人格吗?在哪些方面你拥有坚毅人格的特性呢?

你能够解释心理神经免疫学一词的含义吗?你是否记得有人曾经使用过这个词?

答案:1.b 2.对 3.不对 4.d 5.d 6.d 7.d 8.习得性无助。

应用篇

压力管理

关键问题 13.8：应对压力有哪些最为有效的策略？

压力管理是减轻压力和提高应对能力的认知和行为策略。在这里，我们将介绍一些压力控制技术。首先，让我们来测一测你目前的压力水平。表 13.8 是一个专门用于测量在校大学生心理压力的量表。与社会性再适应量表（SRRS）一样，在大学生压力问卷（Undergraduate Stress Questionnaire）的测量结果中，分数越高说明被调查者患病的可能性越大（Crandall, Preisler, Aussprung, 1992）。但是不要忘记，压力是一个内部感知状态。如果擅长应对应激源，得分高可能也不会为你带来问题。

问题是：既然对自己的压力水平有了认识，那么我们应该做些什么呢？应付压力最简单的办法就是避开应激源，比如，马上离开那些给我们造成压力的工作。但这样做往往是不可能的。因此，学会应对压力是非常重要的。

如图 13.9 所示，压力会引起应激反应、心理烦恼和无效行为。事实证明，每一种反应都会加重其他反应，构成恶性循环。这种"压力游戏"的基本规则是，一旦压力开始，你必须采取行动，终止这种恶性循环；否则，你就会输。下面介绍一些终止这种循环的技术。

肌体反应控制技术

许多情况下，因为压力而感到的不适是由于机体应对"战斗－逃跑"的情绪反应而引起的。这时，人的肌肉已紧张起来，心脏开始剧烈跳动，身体做好了一切行动准备，即使行动被阻止，我们的身体仍然处于紧张状态。为了控制这种反应，我们需要学会一些有效的、不使用药物的放松技术。

运动

由于机体的紧张状态已经让人做好了行动的准备，因此，身体的活动能够释放这种紧张。任何一种全身运动都有效，例如，游泳、跳舞、跳绳、瑜伽或其他各种体育运动，自己外出散散步效果也特别好。总而言之，这些活动可以减少焦虑、降低患病的风险（Edenfield & Blumenthal, 2011; Linden, 2005）。

必须要选择那些强度剧烈的活动项目，以便使紧张得到充分释放，同时，还需要保证活动的趣味性，以便自己可以坚持下去。作为控制心理压力的手段，必须每天坚持锻炼才有效。每天至少做30分钟的运动，即使中间停顿了10～20分钟，这样可以改善你的情绪和体力（Hansen, Stevens, & Coast, 2001）。

冥想

很多专家提倡通过冥想使身体恢复平静，提高放松水平。我们将在本章的"探索篇"中讨论冥想的方法和效果。冥想是最有效的放松方法之一（Deckro et al., 2002; Sears & Kraus, 2009），它有不同形式，包括听音乐、自己演奏乐器、散步或静心去做自己爱好的事情。任何一种能够有效打断心理烦恼并使人放松的冥想方法都会对人有所帮助。这里要指出的是，冥想是一种比较容易掌握的方法，没有必要花钱去参加那些昂贵的冥想培训班。

> **知识桥**
> 了解更多关于冥想及其效果的信息，参见第 5 章。

逐步放松

逐步放松是一种系统的、全面的和有选择的放松技术，基本方法是让你身体某一部分（如胳膊）的肌肉先绷紧，然后再有意地使它放松。通过让身体各部分的肌肉紧张和放松，你会变得对肌肉的紧张程度非常敏感。当身体的各个部位都得到放松时，你便能够很容易地觉察和控制身体的变化。人们可以通过练习掌握这种技术，并通过使用这种方法有效地消除紧张情绪。

引导想象

引导想象技术指人们通过想象的方法，使自己产生一些平静的、放松的和有益的视觉形象。例如，你可以为自己选择几个你觉得安全、宁静和惬意的场景。人们常选的场景是海滨、湖泊、树林或躺在漂浮在水面上的气垫，在阳光下静静地躺在一大

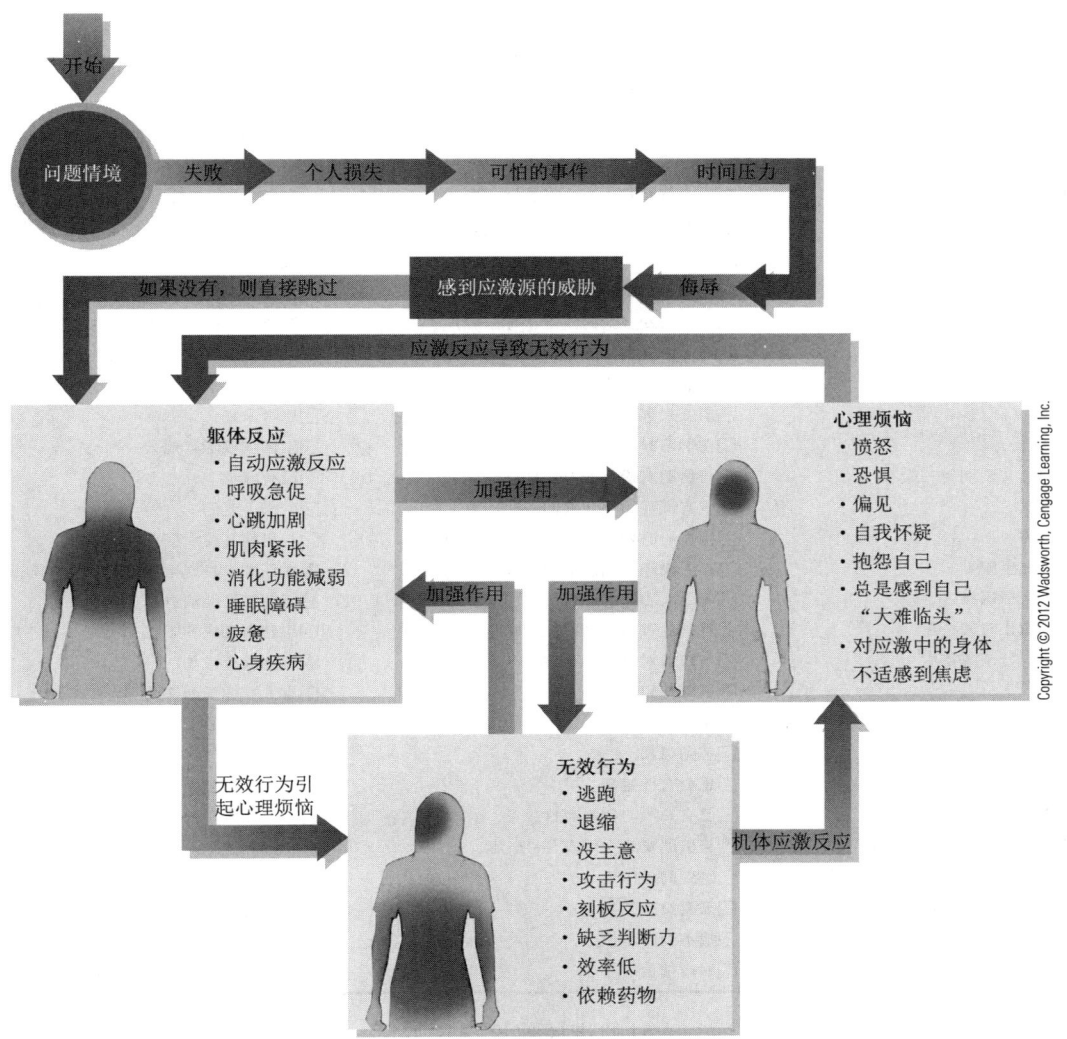

图 13.9 "压力游戏"。各种压力反应的相互作用过程示意图,引自 Rosenthal 和 Rosenthal,1980。

片草地上等。想象自己真的置身于这些环境中可以使你放松。要达到这样的视觉化效果,你需要把自己的身体放在一个舒服的位置上,并且独自一个人。重要的是,你一定要把这种场面想象得尽量真实,试着去感觉、品尝、呼吸或倾听,找到真正处于这个场景中的感觉。你可以每天试着想象几次,每次大约 5 分钟。当这些场景对你来说变得熟悉和具体的时候,就可以帮助你达到减轻焦虑和放松的效果(Rosenthal,1993)。

知识桥
了解逐步放松的详细方式,参见第 15 章。

压力管理 /Stress management 减轻压力和提高应对能力的认知与行为策略。

逐步放松 /Progressive relaxation 一种有选择的使全身各部分深度放松的技术。

引导想象 /Guided imagery 通过想象的方法产生一些平静、放松和有益的视觉形象。

表 13.8 大学生压力问卷

过去两周中你的生活中是否出现过以下压力事件？如果出现过，请在其左侧的方框中打钩。如果没有出现过，请将其留为空白。

☐ 亲人或朋友死亡	☐ 发型失败	☐ 汽车或自行车坏了，爆胎等
☐ 宠物死亡	☐ 犯罪的受害者	☐ 收到一张交通罚单
☐ 一边上学，一边工作	☐ 不能集中注意力	☐ 没时间吃饭
☐ 父母离婚	☐ 应对成瘾	☐ 与室友起冲突
☐ 新学期开始	☐ 发现男朋友或女朋友骗了自己	☐ 不得不要钱
☐ 选报专业	☐ 在考试中完成的比想象的还要差	☐ 缺钱
☐ 与教授交谈	☐ 熬夜写论文	☐ 支票未核对
☐ 考大学	☐ 电脑出问题	☐ 宿醉一场
☐ 在班上做报告	☐ 环境改变（新的医生、牙医等）	☐ 期待某人打电话给你，但对方未打过来
☐ 课题、研究论文到期要完成	☐ 因无社会支持或家人在附近而苦恼	☐ 丢失物品（尤其是钱包）
☐ 参加许多考试	☐ 与朋友在价值观有争论与冲突	☐ 不规律的日程表
☐ 期末最后一周	☐ 亲戚来拜访，并且招待他们	☐ 思考未来
☐ 申请进入研究生院	☐ 在学习时被噪声打扰	☐ 生活依赖于其他人
☐ 未来一周将会很困难	☐ 与男朋友或女朋友两地分开	☐ 没有睡觉
☐ 许多任务的截止时间将至	☐ 所有课程的作业在同一时间要上交	☐ 生病，受伤
☐ 错过了机会，处于等待中	☐ 在注册时处理"没有资格"的问题	☐ 与男朋友或女朋友打架
☐ 有一次面试	☐ 有人没经你同意借走了你的物品	☐ 在任务中表现得很差
☐ 申请一份工作	☐ 看令人心烦的电视节目、书或电影	☐ 听到不好的消息
☐ 听一门厌恶的课程	☐ 醉酒后难以从酒吧回到家	☐ 想到未完成的工作
☐ 听不懂教授讲解的内容	☐ 与权威对峙	☐ 感到没有计划
☐ 某门考试成绩不好	☐ 上课迟到	☐ 有人在你前面插队
☐ 没有准备就参加考试	☐ 父母管理你的钱	☐ 课业要求改变
☐ 为考试恶补	☐ 感到孤独	☐ 有人未遵守诺言
☐ 使用假身份	☐ 想要有性生活	☐ 有人做出了你总会抱怨的事情
☐ 与男朋友或女朋友分手	☐ 已有一段时间没有性生活	☐ 不能完成任何你需要完成的事
☐ 假日	☐ 与男朋友或女朋友住在一起	
	☐ 感到同伴压力	
	☐ 需要交通工具	
	☐ 找不到停车位	
	☐ 财产被偷	

将打钩数目加起来即为得分。得分越高的学生比得分低的学生更有可能需要医疗服务（以去学生医疗中心或医务室为衡量标准）。引自 Crandall，Preisler，& Aussprung，1992。

矫正无效行为

压力常常会因人们的错误反应而变得更为糟糕。下面的建议有助你更有效地处理压力。

放慢节奏

压力可以是个人原因产生的，这是因为人们对压力的仓促反应常常会给自己增加压力。因此，我们需要有意识地放慢反应的节奏。如果你近年来始终在匆匆忙忙中做事，就更需要注意自己的节奏。你可以对自己说："关键是我与目标之间的距离有多远，一时的进展速度是次要的。最重要的是达到目标，而不在于速度，欲速则不达。"

计划

生活没有计划就会产生压力，因此，计划性是克服压力的有效武器。你可以重新审视一下自己面前那些要做的事情，并重新计划一下，排出一个先后顺序。你可以问问自己：哪些事是真正重要的？要把精力集中在那些值得做的事情上，学会把那些杂七杂八的琐事撇在一边。更重要的是，每当你感到有压力时，要记住三个字：简单化，越简单越好！

维持平衡

在正常的生活中，需要顾及方方面面，包括工作、学习、家庭、朋友、兴趣、爱好、娱乐、邻里和信仰等，无一不重要。严重的心理压力常常是由于你让其中某个因素（如工作或学习）占了过大的比重。我们追求的是生活质量，而不是数量。因此，我们需要尽量在"必要的压力"和"放松"

之间保持一种平衡。其实，当你认为自己在"虚度光阴"时，也许正在做着一些非常重要的事情，比如在街上闲逛、在家里休闲、看闲书、玩游戏或打瞌睡，这些都是你自己生活中的事，需要花时间去做。

承认并接纳自己能力有限

许多人都要求自己达到十全十美的目标，但这并不实际。从没有一个人是完美的。不管他们实际表现得如何好，那种过高的追求使一些人总感到自己不够好。因此，我们需要为自己设定渐进的、可能达到的目标；要实事求是地为自己设定一天可能完成的工作量；还要学会拒绝接受自己不可能完成的附加任务。

寻找社会支持

社会支持（与他人的亲密良好的关系）为人们应对压力提供了更重要的帮助。具有亲密、良好的社会关系的人也会健康和有士气（Manne，2003；Winfree & Jiang，2010）。拥有亲密、支持性关系的人会拥有更好的免疫反应及更好的健康状况（Smith, Ruiz, & Uchino，2004；Taylor & Master，2011）。显然，来自家庭和朋友的支持会成为压力性事件的缓冲垫（Allen, Blascovich, & Mendes，2002）。

女人比男人更懂得利用社会支持系统。受到压力的女人会寻求支持，同时也支持其他人。而男人更容易变得富有侵略性或在情绪上退缩（Taylor，2009）。这可能是为什么"有男子气概的男人"不会寻求帮助，而女人遇到困难总是打电话给她们的朋友！当涉及压力的时候，很多男人通过采纳女人的帮助从中获益。

社会支持还有哪些其他的帮助？很多人与他人分享幸福的事，如结婚、生子、毕业和生日等。当事情变好了，他们也愿意告诉其他人。分享这样的事件可以扩大良性情绪并大大增加社会支持。很多时候，分享好消息很重要，积极事件也通过这种方式积极地影响人的健康状态（Gable et al.，2004）。

把自己的感觉写下来

如果你找不到人听你倾诉压力事件，你可以试着把你的想法和感觉写下来。一些研究发现，那些把自己烦恼时的体验、想法和感觉写下来的人能够更好地适应压力，这类人中较少出现心身疾病，他们的学习成绩也更为出色（Pennebaker，2004；Smyth & Pennebaker，2008）。把自己的感觉写下来可以使思路更加清晰，这就更容易面对生活的挑战并可采用更有效的应对策略（Klein & Boals，2001a, b）。写下自己的感觉可以帮助人们制订详细的计划，以应对令人心烦的情境（Pennebaker & Chung，2007）。

另一种方式是写下好的经历。在最近的研究中发现，写下良好经历的大学生在未来三个月中很少生病。连续3天，每天仅

来自家庭和朋友的支持是应对压力事件的主要缓冲器。

仅20分钟的记录就可以改善学生的情绪并可产生意想不到的对健康的长期影响效应（Burton & King，2004）。

避免烦恼的想法

假设你要参加一次考试，但忽然意识到自己没有充分的时间复习准备，此时，你也许会对自己说："麻烦大了！我完了。"但是，你也可以换一个方式想，比如对自己说："早些开始复习就好了，但现在干着急无济于事。我每次看一道题，尽量准备吧，争取最好的结果就是了。"如果采用第一种方式想问题，你的身体反应很可能是马上开始出汗、紧张和胃疼；如果采用第二种方式，你的压力水平就会相对降低。

如前所述，压力在很大程度上受我们对事件看法的影响。后悔或其他消极想法只会加剧生理上的紧张反应，做出错误决策的可能性也会随之增加。此时，你看问题的方式将决定你是走向"解脱"还是走向"崩溃"（Smith

---

社会支持/Social support 指人们之间建立的积极的相互支持关系。

& Kirby，2011）。

应对陈述技术

心理学家 Donald Meichenbaum 把一种被称为**压力接种技术**的方法广泛应用于压力应对训练中。通过这种技术，你可以学会通过自己内心的积极的**应对陈述**来战胜恐惧和焦虑。在训练中，你首先要学会辨别和发现那些**消极的自我陈述**，即那些自责自贬的、使自己焦虑加重的想法。消极的想法容易直接诱发机体的应激唤起水平，从而使人感到焦虑。为了抵抗消极的想法，你需要学会用那些事先写在一张单子上的应对陈述来代替消极陈述。这种训练的最后一步，是让每一位参加训练者写出适合自己的一系列应对陈述（Saunders et al.，1996）。

如何使用这种技术呢？应对陈述的目的是肯定自己和消除疑虑，用以排除和抵消在压力情景中的自我否定和自我怀疑。例如，在你准备登台演讲前，你可能很紧张，对自己说："我心跳得厉害，我害怕。""我讲不了。""我脑子里一片空白！""听众一定觉得我很傻，讲的也没意思。"这时，你需要马上使用下面的应对陈述来代替上面的消极陈述。下面是一些应对陈述的例子。

为压力情境做准备：
- 我将一次一步地完成。
- 如果我感到太紧张，我就停一会儿。
- 明天我就会没事了。
- 我之前也成功处理过这种事。
- 我真正需要做的是什么？

面对压力情境：
- 现在放松一点。这种小事不可能真的伤害我。
- 保持有条有理，把精力集中到任务上。
- 不要慌，一步一步来。
- 没有人是完美的，我尽力就是了。
- 事情很快就会过去，保持镇静。

Meichenbaum 还告诉我们，只是学会对自己"默诵"这些积极的陈述句并不能提高一个人对压力的承受力，你必须在真正的压力情景中实际应用这种方法。同时，你还要总结出一套适合自己的应对陈述句，即每一句陈述都必须是对你有效的。必须指出的是，不论我们学习或应用哪一种压力控制技术，其基础理念都是相同的，大多数的心理压力是自我产生的，明白自己可以应对困难的情境就是应对压力的主要对策。最近的研究显示，学习了压力接种的大学生不仅焦虑和抑郁减少，而且自尊心也得以增强（Schiraldi & Brown，2001）。

幽默

幽默是一种值得培养的降低压力的方式。良好的幽默感可以在面对困难时降低你的压力和应激反应（Lefcourt，2003）。并且，笑对人生起落的能力也关系到对疾病的良好免疫力（McClelland & Cheriff，1997）。不要怕嘲笑自己，也不要怕嘲笑我们给自己制造的种种麻烦。你可能听说过下面这个关于每日压力的建议："不要为小事烦恼。"以及"那些都是小事情"。幽默是焦虑和悲伤情绪的最大敌人之一，因为它使事情变得有希望（Kuiper & McHale，2009；Szabo，2003）。绝大多数事件带来的压力完全取决于你怎样看待它们。开心一些。那是非常健康的。

知识巩固
压力管理

测一测

1. 运动、静思和逐步放松技术是应对消极自我陈述的有效方法。对不对？
2. 一个人使用逐步放松技术来进行压力控制，他最可能尝试控制以下哪部分压力？
   a. 机体反应　　b. 烦恼的想法
   c. 无效行为　　d. 基本评价
3. 研究表明，（来自家人与朋友的）社会支持对压力引起的健康问题没有什么帮助。对不对？
4. 当进行一个很有压力的课堂测验时，你对自己说，"保持有条有理，把精力集中到任务上"。很明显你在使用_____。
   a. 引导想象　　b. 应对陈述
   c. LCUs　　　 d. 引导放松

想一想

批判性思考

5. 每当期末必修课论文交卷日期临近时，Steve 总是感到极度紧张。在这种情况下，你建议他怎么做？

自我思考

如果你要实施压力管理的"工具箱"技术，应该包括哪些条目？

答案：

1. 不对　2. a　3. 不对　4. b　5. 建议 Steve 制订一个本课程学习计划，为自己安排每天要做的项目和每周要达到的目标。那就意味着他什么也不能拖到"临时抱佛脚"的时候再做了，必须像对待其他学习内容那样提前准备，这是非常明智的。

压力接种技术 /Stress inoculation　一种通过默念积极的陈述句来应对恐惧和焦虑的技术。

应对陈述 /Coping statements　一种用自我鼓励的陈述阻断自我批评思维的方法。

消极的自我陈述 /Negative self-statements　一种自责自贬的想法，使焦虑加重，表现不佳。

本章总结

关键问题回顾

13.1 什么是健康心理学？行为方式如何影响健康？

13.1.1 健康心理学家感兴趣的是那些有利于保持和促进健康的行为。

13.1.2 通过对健康和疾病关系的研究，现已发现了很多有害于健康的行为危险因素，这些因素对一般健康和平均寿命都有重要的影响。

13.1.3 人们至少需要在饮食、饮酒、锻炼及吸烟方面注意保持健康促进行为。

13.1.4 健康心理学家提出了具有开创意义的观点，要通过预防工作阻止有害于健康的行为习惯的发展，并通过广泛的全民宣传活动提高人们的健康质量。

13.1.5 每个人对自己的健康都负有责任，这并不是靠运气的事。维持良好健康状态靠的是最大限度地减小行为危险因素，并选择健康促进行为。

13.2 压力指的是什么？压力的强度是由什么因素决定的？

13.2.1 当人们面对外部要求并不得不进行改变或适应时，生活中自然就会出现压力。然而，压力也是生病的重要风险因素。

13.2.2 人在应对压力时的一系列身体反应称为一般适应综合征（GAS）。GAS包括三个阶段，分别是警戒反应期、抗应期和耗竭期。身体在GAS过程中的反应与心身疾病发展中观察到的形式相同。

13.2.3 心理神经免疫学的研究表明，压力会通过影响人体免疫系统的功能来降低人体对疾病的抵抗力。

13.2.4 在应激情景中，如果人不能预测应激源的变化，对压力缺乏控制力并且持续不断地受到强烈情绪刺激的影响，那么压力就更具有破坏力。

13.2.5 当个体认为自己受到威胁并感到无力应对时，压力感即会加剧。

13.2.6 在工作中，长期承受心理压力会引起人的"职业倦怠"。

13.2.7 人的紧张反应与对威胁的评价有关。一个人的情绪反应在很大程度上取决于对情景的"基本评价"。在"二次评价"中，个体会选择自己应对情景时所要采用的策略，可能采用问题应对策略，也可能采用情绪应对策略或综合性策略。

13.3 挫折是怎样产生的？人们应对挫折的一般反应是怎样的？

13.3.1 挫折指人们的目标活动被阻断时所产生的负面情绪状态。

13.3.2 外因性挫折是由于失败、被拒绝、被延误、受损失或其他外部因素直接阻断人的动机行为而产生的，内因性挫折的产生则多与人的意识无法控制的性格特点有关。

13.3.3 随着受阻动机的强度、紧迫性和重要性程度的提高，挫折感会变得越发强烈。

13.3.4 应对挫折的主要行为反应包括坚持、

顽强努力、迂回、直接攻击行为、转移攻击目标（包括找替罪羊）、退缩和逃避。

13.4 心理冲突包括哪些不同类型？人们如何应对心理冲突？

13.4.1 当人们必须在各种矛盾的选择中做出决定时，就会出现心理冲突。

13.4.2 冲突有四种基本类型，包括双趋冲突、双避冲突、趋-避冲突和多重冲突（包括双重趋-避冲突和多重趋-避冲突）。

13.4.3 通常情况下，双趋冲突最容易得到解决。

13.4.4 回避性冲突较难解决，此时人往往表现出不能行动、不能决定、身体僵硬或"脱离现场"的逃避反应。

13.4.5 人们最常经历的是趋-避冲突。彻底解决这些心理冲突往往难以做到，因为此类冲突中带有大量模棱两可性和部分可取性。

13.4.6 犹豫不决通常是双重趋-避冲突的表现。

13.5 什么是心理防御机制？

13.5.1 防御机制是一些用以避免或降低焦虑的心理策略，是由焦虑、威胁感或不适应引起的习惯性反应。

13.5.2 过度使用防御机制会让人的适应能力降低。

13.5.3 目前可以确认的防御策略有许多种，其中包括补偿、否认、幻想、理智化、分离、投射、合理化、反向形成、退行、压抑和升华等。

13.6 人为什么会产生无助感和抑郁？

13.6.1 习得性无助是一个特定概念，用以解释那些无力应对威胁性情景的心理问题，同时也是对抑郁原因的一种解释。抑郁是严重的、十分常见的心境问题。

13.6.2 那些能够帮助人们克服习得性无助感的思维和行为方法对于缓解抑郁同样有效。掌控感训练、乐观和希望都能对抗习得性无助感。

13.6.3 大学抑郁是抑郁的一种相对轻微的类型。学习控制大学生活和向自我批判性思想挑战有助于减轻大学抑郁症。

13.7 压力与健康和疾病的关系是怎样的？

13.7.1 通过使用社会再适应等级量表（SRRS）进行的研究表明，"生活变化"的影响及对其"不适应"的累加会使人更容易感染疾病，发生事故的可能性也会增加。

13.7.2 一个人当前的精神健康和心理状态，与日常的"烦心事"或"小应激源"造成的压力强度及问题的严重性有着极为密切的关系。

13.7.3 强烈和持续的紧张及消极情绪会导致心身疾病，并因此而损害人体的健康。

13.7.4 通过生物反馈训练，可以使人通过某种信号"监控"到机体的活动状态。通过练习，人可以用生物反馈的方法使一些身体活动状况得到改变。因此，人们可以通过生物反馈技术缓解某些心身疾病。

13.7.5 A型人格者具有好竞争、雄心勃勃、缺乏耐心和对人抱有敌意等性格特点，并长期具有时间紧迫感。易怒和敌意等性格特点使这类人心脏病猝发率比其他人群更高。

13.7.6 具有坚毅人格的A型人格者具有更强的抵抗心理压力的能力。

13.7.7 乐观与积极情绪可以对压力起到缓冲作用。

13.8 应对压力有哪些最为有效的策略？

13.8.1 运用压力控制技术能够降低压力的破坏效应。

13.8.2 许多应对技巧都可以用来管理压力。它们中的大部分主要集中应对以下三个领域：身体症状、无效行为及烦乱的思维。

13.8.3 以下皆为管理躯体压力反应的好方法：锻炼、冥想、渐进式放松及引导想象。

13.8.4 面对压力时，矫正无效行为可以采取：放慢节奏、计划、维持工作和放松平衡，承认自己能力有限和写下自己的感觉。

13.8.5 学习使用应对陈述技术是排解心理烦恼的好方法。

第 14 章

变态心理学

主题

正常行为与异常行为是相对的,但是心理障碍的确存在,并且需要对之进行分类、解释和治疗。

关键问题

14.1 如何界定异常行为?

14.2 心理障碍主要有哪些类型?

14.3 "精神病"标签是如何被误用的?

14.4 精神病性障碍有哪些基本特征?

14.5 妄想障碍的本质是什么?

14.6 精神分裂症的类型有哪些,病因有哪些?

14.7 什么是心境障碍,其病因有哪些?

14.8 高度焦虑会引起哪些问题?

14.9 心理学家如何解释与焦虑相关的心理障碍?

14.10 什么是人格障碍?

14.11 人为什么要自杀,能阻止他们吗?

引子

当心直升机!

"直升机。噢,不,不是直升机。它来揪我脑子里的羽毛了。救命啊!护士!救救我!你听不到吗?你必须回到我的身体里才能救它……医生认为我能做出好胶水。"

这是一位曾患精神分裂症的精神病学家 Carol North 在患病期间说的话。当时,除了被直升机的幻觉围扰外,Carol 还听到有声音在说:"乖""做错了""起立""坐下""去撞另一个世界""你要雪茄吗?"(North, 1987)。

Carol North 患精神病的痛苦历程使得她将近 20 年无法正常生活和工作。但幸运的是,她最终成为一位著名的精神病学家。如今,她正在帮助其他人摆脱那些曾困扰她的精神疾病的折磨(参见 North et al, 2008)。她的故事只是反映出众多精神健康问题的冰山一角。美国每年都有 25% 的成年人正患有某种精神疾病。在 2006 年,约 33300 名美国人自杀,其中的 90% 曾患有精神疾病(National Institute of Mental Health, 2011a)。

"疯了"究竟意味着什么?一百多年前,医生和非专业人士曾随意使用"疯子""疯狂""发疯""疯癫"等词语。"疯子"被认为是古怪的,和其他人截然不同。如今,我们对心理障碍的理解比从前更加成熟。而要区别正常与异常,我们就必须研究那些复杂的问题。本章将对此展开探讨,并列举各种心理问题。

正常行为——什么是正常?

关键问题 14.1:如何界定异常行为?

"那个家伙真是古怪,他家门廊的灯非常昏暗。""是啊,蛋糕上的黄油都流下来了,他还想把蛋糕邮寄走。"说这些话的人正草率地评价他人的心理健康。不过,判断一个人的行为是否异常不像看起来那么简单。要想严肃地判断人们的心理健康情况会牵涉很多复杂的老问题。常去教堂祷告的谨慎的主妇也许就是个精神病人,对她的孩子们构成致命威胁;而在公园闲逛的幽居怪人反倒可能是城里心理最健康的人。让我们从影响正常判断的几个基本因素开始讨论吧。

关于精神障碍(心理障碍)、情绪障碍和行为障碍的科学研究被称为**精神病理学(心理病理学)**。精神病理学也指精神障碍本身,如精神分裂症或者抑郁症,以及那些令人不愉快且有碍个人成长的行为模式(Butcher, Mineka, & Hooley, 2010)。尽管这个定义是显而易见的,但是定义异常却是很棘手的(Luyten & Blatt, 2011)。或许我们可以试着从定义统计性异常开始,一些心理学家使用它来更客观地定义正常。

统计性异常是指在某些维度(如智力、焦虑或抑郁)上得分极高或极低。例如,焦虑是某些心理障碍的一个特征。因此,可以设计一个测验来了解有多少人为低度焦虑,有多少人为中度焦虑或高度焦虑。一般来说,这类测验的结果会形成一条正态钟形曲线("正态"在这里只是描述曲线的形状)。值得注意的是,绝大多数人的分数集中在正态曲线的中间部分,只有极少数人的得分极高或者极低(图 14.1)。那些一直处于焦虑状态(高度焦虑)、得分偏离平均值的个体可能是心理异常。同样的,那些从未感觉到焦虑的个体可能也是心理异常。

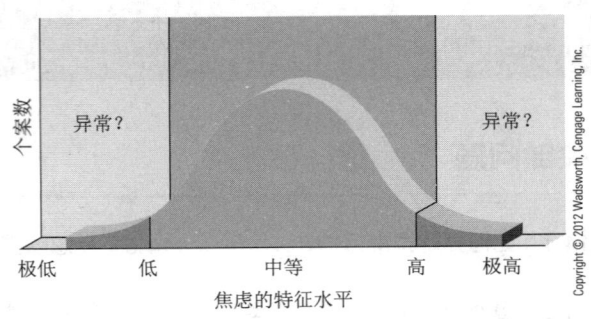

图 14.1 表现出某种人格特征的人数也许有助于定义什么是统计性异常。

统计性异常是不是没有告诉我们任何偏离常模的意义所在?的确如此,一个人的智商分数高于 145 或低于 55,在统计学上都属于异常,但是,只

探索·发现

做一天"疯子"

表现出轻微的异常行为是了解在日常生活中社会规范如何界定"常态"的好方法。以下是你的任务：在公共场合做一些奇怪的事情，观察人们对你做出什么反应。不要做任何危险的、致伤的或攻击性的事情，更不要被逮捕！以下是一些学生已经尝试过的异常行为：

- 坐在快餐店的餐饮区，大声地和一个虚拟的同伴聊天。
- 站在校园里一条热闹的走廊上，摆一个功夫姿势，保持10分钟。
- 在一个晴朗的日子，穿着雨衣打着伞在校园到处走走。在室内的时候也要把伞撑在头顶。
- 把一根手指塞进鼻孔，另一根手指塞进耳孔，走进一家热闹的百货商场。
- 用铝箔盖住你的头一整天。

想到要表演上述这些行为是不是已经让你不舒服了？如果是的话，你无须再做其他任何事就感受到了社会规范是多么强大地约束着我们的行为。正如我们提到的，不顺从社会规范只是异常行为的一个方面。然而，人们认为一个人有问题的第一迹象就是他表现出在某种特定的文化中被认为是"奇怪"的行为。

有低分者才被认为有问题或不受欢迎。同样的，一个人会说四种语言或者在奥运会上获得冠军也很不寻常，但这些却是令人渴望的成就。

统计学定义也不能告诉我们哪里是划分正常与异常的界线。举一个例子，我们可以获得某一特定年龄、性别、性取向和婚姻状况的人群的平均性爱频率。如果某个人一天需要几十次性爱，显然是有问题的。但是，当我们渐渐接近常模的时候，我们就遇到了在哪里画线的问题：正常的行为是多少次，而不正常的行为又是多少次？正如你所知，统计学上的界限划定往往有些随意（Comer, 2011）。

另外一种方法是关注非典型行为或者不顺从社会规范的行为，它们可能也和某些障碍有关。**不顺从社会规范**指的是行为不遵从公众可接受的标准。极端的不顺从社会规范可能导致破坏性的或自我伤害的行为（想想吸毒者或者妓女）。然而，我们必须谨慎地把不健康的不顺从社会规范的行为与创造性的生活方式区分开。许多行为古怪的人其实是很有魅力而且情绪稳定的。还要注意，那些严格服从社会规范的人其心理不一定健康。在某些情况下，精神病理学就涉及死板地服从社会规范的行为（参见"做一天'疯子'"）。

不顺从社会规范并不意味着是精神病人。

精神病理学（心理病理学）/Psychopathology 对于心理、情绪、行为障碍以及异常或适应不良行为的科学研究。

统计性异常/Statistical abnormality 在某些维度（例如IQ或者焦虑）上的得分极端所代表的异常。

不顺从社会规范/Social nonconformity 不遵从社会规范或者没有达到通常的社会行为的最低标准。

一位年轻的女人在她的脚踝上缠上粗橡皮筋，从一座桥上头朝下跳下去，歇斯底里地尖叫着。若在30年前，这个女人的行为也许会被认为是完全疯了。而如今，这是一种常规的娱乐项目，叫作"蹦极"。在确定任何行为是异常的之前，我们必须考虑该行为发生的背景情境（社会背景、行为背景或一般背景）。例如，判断一个人在屋外用水管给草坪浇水是否正常，要看是否正在下雨；在工作场所，一个成年人面对他人脱下裤子是否属于异常，要看后者是银行职员还是医生。

几乎所有能想象到的行为在某种情境中都可能被认为是正常的。例如，在2003年，一个男子锯掉了自己的胳膊。请注意，他是一名登山运动员，不幸掉入大裂缝中，一条胳膊卡在了两块岩石之间。在5天时间里，他用尽所有办法试图把自己的胳膊从岩石之间拔出来，但都无济于事。于是，在即将昏迷之前，他做了必须做的事，使自己活了下来（Ralston，2004）。

在之前对社会规范的讨论中已经说过，文化是评价行为时最有影响力的情境之一（Fabrega，2004）。在某些文化里，在公共场合大小便或者赤身裸体是正常的行为。但在西方文化里，这样的行为被认为是不寻常的或者是异常的。在伊斯兰文化中，妇女根本不出家门被认为是正常的，甚至是贞洁的。而在西方文化中，这样的女性则可能被诊断为患有广场恐怖症（广场恐怖症将在本章后面的部分介绍）。

因此，文化相对性（根据个人所属的文化价值观来做判断）会影响对心理障碍的诊断。尽管如此，如果一个人不能与他人交流，或者行为总是无法预测，那么所有的文化都会将他视为异常。

精神病态的另一个特点是主观痛苦（即个体感觉痛苦、不开心或者苦恼），Carol North 就曾经历过这些。

但是，一个人就不能经历巨大痛苦而不患精神疾病吗？就不能受到严重困扰而不感到苦恼吗？这两种情况都是有可能的。在失去一位挚爱的人或者经历了飓风等自然灾害后，人们一般需要一段时间来平复悲痛的心情。而且精神疾病也并不总是使人们痛苦，比如躁狂症患者就会感觉兴高采烈、欣喜若狂。缺乏痛苦的感知常常反映了问题存在。例如，在你的一位亲密朋友去世之后你却没有表现出任何悲伤，我们会怀疑你有精神疾病。在实际生活中，主观痛苦是人们主动寻求专业帮助的主要原因。

精神障碍行为的核心特征

既然给"异常"下定义如此困难，那么如何做出精神障碍的诊断呢？虽然我们之前讨论过的判断标准都是相对的，但是精神病态的异常行为确实有一个核心特征，那就是适应不良。由潜在的心理或生物功能障碍引起的**适应不良行为**非但不能帮助人们成功应对环境，反而使得人们更加难以满足日常生活的需求（American Psychiatric Association，2000，2010）。适应不良行为通常导致严重的心理痛苦、伤残或思维、行为或情绪的失控。

例如，如果人们只是以打赌来娱乐并能够自我控制，赌博就不成为问题。然而，强迫性赌博则是精神障碍的一个征象。Carol North 患病期间不断听到的声音就是对自己的思维失去控制能力的一个最好的例子。在一些很极端的情况下，人们会对自己或他人构成威胁，这显然是适应不良的（Hansell & Damour，2007）。

表14.1描述了各种不同的功能水平，从功能良好到严重障碍。请注意该表末行所说的"有严重伤害自己或他人的持续性危险"，显然，该水平的行为属于适应不良，且自我控制能力严重缺失。

在生活实践中，通常当某人所做的事情（打人、出现幻觉、发呆、收集太多旧比萨饼盒等）使得在其生活中居支配地位的人物（老板、老师、父母、配偶或其本人）感到烦恼或者注意到其异常行为时，此人会被认为需要接受帮助，于是此时将会采取一些措施（此人可能会自愿寻求帮助，也可能被劝说去看心理医生；或许会叫来警察，或者亲属开始启动入院程序）。

精神失常与精神失常辩护

什么是入院程序？入院程序就是可能导致某

表 14.1 功能等级

测量得分	功能状况	例子
100	在各种活动中适应良好，没有任何症状。	生活难题尽在掌握。由于其积极品质，人缘甚佳。
90	没有症状或症状极少，各项功能正常，只有一些日常生活中的小问题。	考试前有轻度焦虑，偶尔与家人争论。
80	症状只是对压力源的短暂的一般反应，在人际关系、工作和学习方面问题轻微。	与家人发生争论后集中注意力有困难，不能完成学校作业。
70	有轻度症状，或在人际关系、工作和学习方面有困难。	情绪低落，轻度失眠，旷课，偷家里东西。
60	有中度症状，或在人际关系、工作和学习方面存在中度困难。	情感迟钝，语言躲闪，偶有惊恐发作，没有朋友，不能保住工作。
50	有严重症状，或在人际关系、工作和学习方面出现严重损害。	有自杀想法，有强迫行为，在商店中偷窃，没有朋友，不能保住工作。
40	掌控现实的能力或沟通能力受损，工作、学习中的人际关系、判断能力、思维、情绪受到较大损害。	语言表达无逻辑、模糊不清、无相关性。抑郁，回避朋友，忽视家人，不能工作。
30	错觉、幻觉严重影响其行为；沟通或判断能力严重受损，几乎在所有领域都不能正常发挥功能。	有时语无伦次，行为总体不当，自杀想法强烈，卧床不起，无工作、无家庭、无朋友。
20	有伤己伤人的危险，有时不能保持最低限度的个人卫生，沟通能力整体受损。	尝试自杀，时常出现暴力行为和躁狂性兴奋，用自己的粪便胡乱涂抹，语无伦次或沉默不语。
10	有严重伤害自己或他人的持续性危险，总是不能保持最低限度的个人卫生，有严重的自杀行为。	有反复的暴力行为，几乎不能保持个人卫生，已经有过具有潜在致命性的自杀行为。

Adapted from the Global Assessment of Functioning Scale, DSM-IV-TR (American Psychiatric Association, 2000).

人被宣布为**精神失常**患者的法律程序，精神失常在此是一个法律术语，而不是心理学术语，针对的是某人没有能力管理自己的事情或没有能力预见自己行为的后果等情形。那些被宣布为精神失常患者的人不需要为自己的行为负法律责任。如果有必要，他们可以被强制送入精神病院。

在法律上，精神失常的认定需要专家证人（心理学家和精神科医生）提供证言证词，而这些专家证人需要法庭确认其有资格就某一特定问题发表意见。强制性送入精神病院大多发生在病人被送入急救室或者因犯罪被逮捕的情况下。被强制性送入精神病院的人常常被认为对自身和他人安全构成威胁，或者存在严重智力障碍(Luchins et al., 2004)。

什么是精神失常辩护？ 被指控犯罪的人可能声称自己无罪，因为自己精神失常。在实践中，这意味着受指控的人由于患有某种心理障碍而无法意识到自己的所作所为是错的（Knoll & Resnick, 2008）。这种情况可能不同于因为限定责任能力而被判无罪的情况，因为后者更可能出现在其他情况下，如唐氏综合征或大脑损伤等智力障碍案例。

被诊断为心理障碍并不自动意味着精神失常辩护一定成功，这也许会让你有些惊奇（Martin & Weiss, 2010）。例如，某些被诊断为焦虑障碍的人犯了杀人罪，他或许能够清楚地意识到杀人是违法的。事实上，很少有案件会以精神失常判决来结案。

心理障碍的分类

关键问题 14.2：心理障碍主要有哪些类型？

心理问题是根据《精神疾病诊断与统计手册》（DSM）进行分类的。目前使用的版本是 DSM-IV-TR（第4版，文本修订版）。最新的版本 DSM-5 将于2013年出版（American Psychiatric Association, 2000, 2010）。无论哪一版本，DSM 都对心理健

适应不良行为 /Maladaptive behavior 由潜在的心理或者生物功能障碍引起的难以适应环境和难以满足日常生活需求的行为。

精神失常 /Insanity 法律术语，指没有管理自己的事情或预见自己行为后果的心理能力。

康领域的活动产生了深远的影响——从诊断到治疗，再到保险公司的医疗理赔。（First & Pincus，2002）。

心理障碍指心理功能受到显著损害。翻阅DSM时会发现，书中描述了很多类型的心理障碍。我们在此不可能一一介绍。不过，表14.2简单地列出了主要的心理障碍类型。这些心理障碍将在本章后面的内容里详细阐述。

表14.2 心理障碍的某些类型

问题	主要症状	典型表现
精神分裂症及其他精神病性障碍	与现实失去联系	看到或听到别人无法看到或听到的事情；受到思维的欺骗
心境障碍	躁狂或抑郁	感到绝望和伤心；讲话太快或声音太大；思维奔逸，但不合情理
焦虑障碍	高度焦虑，或由焦虑引起的行为扭曲	焦虑发作；濒死感觉；畏惧做他人不怕做的事情；花太多时间洗手、数心率等
躯体形式障碍	无器质性（生理）原因的身体不适	自己认为生病了，但是医生诊断一切正常；无生理原因的疼痛；无法摆脱生病的想法
解离性障碍	遗忘症，感觉不真实，多重人格	记忆有严重缺失；感觉自己像是一个机器人或陌生人；做过的事情不记得
人格障碍	不健康的人格模式	行为模式在工作、学习、人际关系中反复引发问题
性及性别认同障碍	性别认同混乱，性变态行为，性适应问题	认为自己身为女人，但实际应是男人（或相反）；只有通过非典型的性行为才能获得性满足；性欲、性唤起或性反应异常
与药物有关的障碍	滥用或依赖药物引起的障碍	酗酒，吸毒，过量使用处方药

American Psychiatric Association（2000，2010）

心理障碍概述

精神病性障碍患者的特征是"脱离现实"，也就是说，他们会有幻觉和妄想，表现出社会退缩。精神病性障碍使人功能严重丧失，常常需要住院治疗。病人的典型表现是失去了对自己的思维和行动的控制能力。例如，大卫常常听到叔叔比尔的声音："他让我关掉电视，他说：'声音太吵了！关了！关了！'有时候，他又说起来钓鱼：'真是钓鱼的好天气，该去钓鱼了。'"（Durand & Barlow，2010）。精神分裂症、妄想性障碍和某些心境障碍都会出现精神病性症状。此外，精神病可能与生理疾病、药物滥用以及其他一些疾病有关。

器质性心理障碍一般指由于脑部病变而引起的心理障碍，即药物伤害、脑部疾病、脑损伤、中毒等导致的心理障碍（彩图14.2）。器质性心理障碍患者可能有严重的情绪障碍、思维障碍、记忆丧失、人格改变、谵妄或精神病性症状（Nolen-Hoeksema，2011）。

实际上，几乎所有的心理障碍都有一些生物学原因（Hansell & Damour，2007）。这就是在DSM中没有把"器质性心理障碍"列为一个单独类型的原因。不论是谵妄、痴呆、遗忘症和其他认知障碍，还是由于常见疾病导致的心理障碍或与药物有关的心理障碍（药物滥用），都与器质性损伤有密切关系。

心境障碍主要指极端、强烈且持久的情绪。患者可能表现出躁狂症状，即激越、欣快和活动过多等，也可能表现为抑郁。有些患者的躁狂与抑郁状态交替出现，并且还可能有精神病性症状（Ellison-Wright & Bullmore，2010）。

焦虑障碍的特点是恐惧或焦虑以及异常行为。有些患者会表现出惊恐，另一些则表现为恐惧（不合理的害怕），或者仅仅是极度的焦虑和紧张。还有两种焦虑障碍分别是急性应激障碍和创伤后应激障碍。强迫性行为模式也与高度焦虑有关（本章后面的内容中会谈到）。

躯体形式障碍是指一个人出现类似疾病或外伤的躯体症状（例如麻痹、失明、疾病、慢性疼痛），但体格检查查不出病因。在此种情况下，心理因素或许可以解释这些症状。

解离性障碍患者可能有暂时性遗忘症或多重人格。这一类型还包括人格解体，那是一种非常痛苦的经历，人会感到自己游离于身体之外，行为举止像个机器人，或如在梦中。

人格障碍指一些难以改变的、不健康的人格模式。这些模式通常在青少年时期开始显现，在成年期的大部分时间里一直存在。包括偏执（过分多疑）、自恋（迷恋自己）、依赖、边缘和反社会型人格以及其他人格类型。

性及性别认同障碍包括各种各样的性别认同困难、性变态行为和性适应问题。在性别认同障碍的情况下，人的生理性别与自身的性别认同不一致，这样的人可能会去寻求变性手术。性变态行为被称为性欲倒错，包括恋童癖、露阴癖、恋物癖、窥阴癖等。各种性功能障碍（性欲、性唤起或性反应异常）也属于这一类。

> **知识桥**
> 关于性欲倒错和性功能障碍的更多内容参见第11章。

与药物有关的障碍包括滥用或者依赖精神活性药物。酒精、巴比妥酸盐、鸦片制剂、可卡因、苯丙胺类、致幻剂、大麻和尼古丁都是被滥用或依赖的典型药物。患者没有能力戒掉药物，并且还可能有社会退缩症状、谵妄、痴呆、遗忘症、精神病、发作性情绪障碍、性功能障碍和睡眠障碍。

> **知识桥**
> 有关药物滥用或依赖问题的讨论参见第5章。

在下文中，我们将从精神病性障碍开始详细讨论一些障碍。更详细的障碍列表请见表14.3，其中包括了表14.2中的那些障碍。不必把它们全都记下来。

除了以上这些正式的心理障碍类型之外，一些"非正式"的心理"障碍"在不同文化中也有不同的名称，请参见"不同文化背景中的心理障碍问题"。

DSM-5

神经症是不是心理障碍呢？你也许会惊讶，心理障碍的定义在不断变化。当1952年DSM第一次出版的时候，**神经症**是包含在内的。但之后的版本都停止使用这个术语，因为它非常不严密。过去被认为是神经症的行为现在被划分在焦虑障碍、躯体形式障碍或解离性障碍等类别中。尽管神经症是一个过时的术语，然而，你还是会听到一些人用这一术语泛指那些与过度焦虑有关的问题。

之前已经提过，新版DSM-5即将在2013年出版。与之前的版本一样，它将呈现最新的研究成果和不断变化的社会态度（Thomas, 2009；Ronningstam, 2009）。举例来说，之前提到的性别认同障碍或许仍然会包含在DSM-5中（American Psychiatric Association, 2010；Gever, 2009）。反对者认为许多生理性别和性别认同不匹配的人适应得很好，不应该被贴上"障碍"的标签（Zucker & Spitzer, 2005）。

DSM-5中也会加入新的心理障碍类别。一种可能性就是创伤后愤懑障碍（post-traumatic embit-

心理障碍 /Mental disorder　心理功能受到显著损害。

精神病性障碍 /Psychotic disorder　以脱离现实、幻觉、妄想和社会退缩为特征的严重心理障碍。

器质性心理障碍 /organic mental disorder　由于脑部疾病或损伤造成的心理或情绪问题。

心境障碍 /Mood disorder　严重的情绪或心境困扰，例如抑郁或躁狂。

焦虑障碍 /Anxiety disorder　害怕、忧虑或焦虑等毁灭性感觉或与焦虑有关的扭曲行为。

躯体形式障碍 /Somatoform disorder　有类似疾病或外伤的躯体症状，但体格检查未发现病因。

解离性障碍 /Dissociative disorder　暂时性遗忘症、多重人格或人格解体。

人格障碍 /Personality disorder　适应不良的人格类型。

性及性别认同障碍 /Sexual and gender identity disorders　各种各样的性别认同困难、性变态行为和性适应问题。

与药物有关的障碍 /Substance-related disorder　滥用或者依赖可改变情绪或行为的药物。

神经症 /Neurosis　一个过时的术语，曾被用来指焦虑障碍、躯体形式障碍、分裂性障碍和某些抑郁症状等一组心理问题。

人类多样性 — 不同文化背景中的心理障碍问题

任何文化都承认存在心理障碍，大多数文化对那些严重的心理问题都有各自的俗称，你在 DSM 中是找不到这些俗称的。以下就是一些世界各地出现的不同文化背景中的心理障碍案例（Durand & Barlow, 2010；López & Guarnaccia, 2000；Sumathipala, Siribaddana, & Bhugra, 2004；Teo & Gaw, 2010）：

- **杀人狂**。在马来西亚、老挝、菲律宾和波利尼西亚，有些认为自己受到了侮辱的人会失去控制，乱砍乱杀。他们在郁闷了一段时间后，会爆发出随意指向人或物的暴力行为、攻击行为和杀戮行为。
- **着魔惊恐**。出现在拉丁美洲人群中，有失眠、易怒、恐惧，以及出汗增加和心率上升的症状。如果有人被巫术诅咒极度惊吓到，他就会变得像着魔一般恐惧。在一些极端情况下，有人的确会被吓死。
- **鬼缠身**。在美洲的许多印第安部落中，据说那些每天总想着死亡和死者的人是被鬼缠身了。鬼缠身的症状有噩梦、虚弱、食欲不振、昏厥、头晕、害怕、焦虑、幻觉、意识不清、迷惑、徒劳感和窒息感等。
- **缩阴**。在东南亚，有人会因担心自己的阴茎（女性则为外阴或乳头）缩进体内而感受到瞬间强烈的焦虑。除此之外，受害者相信严重的缩阴会导致死亡。西非也报道过害怕生殖器缩小的案例（Dzokoto, & Adams, 2005）。
- **灵魂附体**。在北非和中东国家，据说当一个人被幽灵控制的时候，他就是灵魂附体了。其特征有大喊大叫、大笑、头撞墙、唱歌或哭泣。受害者可能会变得冷漠或回避，不吃不喝，拒绝完成日常任务。
- **失精恐怖**。在印度社会中，失精恐怖就是害怕梦遗时丢失精液。患者感到焦虑，有时会有负罪感。其他症状有疲劳、食欲不振、虚弱、焦虑和性功能障碍等。
- **闭居**。在日本，有些青少年拒绝离开父母的家，他们把自己关在房间达数月之久。这是社交回避的一种极端形式。

显然，世界各地的人们都需要用标签将问题行为分类。一方面，需要以文化敏感性来理解这些不寻常的经历（Flaskerud, 2009）。另一方面，这些名称几乎没有提供有关问题本质的信息或最佳解决方法。这就是为什么 DSM 的基础是实证数据和临床观察的原因，否则做诊断时，心理学家和精神科医生就跟巫师巫婆差不多了（Ancis, Chen, & Schultz, 2004）。

另外，不同文化背景下的心理障碍存在于不同的社会中。例如，美国心理学家 Pamela Keel 和 Kelly Klump 认为贪食症主要是出现在西方社会中的综合征，例如美国（Keel & Klump, 2003）。

表 14.3 主要的 DSM–IV–TR 分类

通常在婴儿期、儿童期或青少年期最先诊断出的障碍	暂时性精神病性障碍
精神发育迟滞（智力残疾）*M	**共有型精神病性障碍（感应性精神病，或称共同妄想，即有血缘关系的多人同时表现出某种心理障碍）*R**
例子：轻度精神发育迟滞（智力残疾）*D	由一般医学状况引起的精神病性障碍
学习障碍	**未加标明的精神病性障碍**
例子：阅读障碍（诵读困难）	**心境障碍**
运动技能障碍	**抑郁障碍**
例子：发展性协调障碍	例子：重度抑郁症
交流障碍	**双相障碍**
例子：儿童期开始的流畅性障碍（口吃、结巴）	例子：双相障碍
广泛性发育障碍	**由一般医学状况引起的心境障碍**

续表

例子：自闭症（自闭症系列障碍）*M	药物诱发型心境障碍
注意缺陷和破坏性行为障碍	**未加标明的抑郁障碍**
例子：注意缺陷/多动症	**焦虑障碍**
婴儿或儿童早期喂食与进食障碍 *M	例子：惊恐障碍
例子：异食癖（吃一些不能吃的东西）*R	**躯体形式障碍**
抽动障碍	例子：转换性障碍
例子：Tourette 综合征 *R	**做作性障碍（虚构残疾或疾病）*R**
排泄障碍	例子：做作性障碍 *R
例子：遗尿（尿床）	**解离性障碍**
婴儿、儿童及青少年的其他障碍	例子：解离性认同障碍
例子：分离焦虑障碍 *R	**性及性别认同障碍**
谵妄、痴呆症、遗忘症及其他认知障碍 *M	**性功能障碍**
谵妄	例子：性欲缺乏障碍
例子：一般医学状况引起的谵妄	**性欲倒错 *M**
痴呆症 *D	例子：窥阴癖 *M
例子：阿尔茨海默型痴呆 *R	**未加标明的性障碍**
遗忘症（记忆丧失）*D	**性别认同障碍**
例子：一般医学状况引起的遗忘 *R	例子：性别认同障碍（性别失调）*M
未加标明的认知障碍 *R	**进食障碍**
未列入其他分类的躯体情况所致的精神障碍	例子：神经性厌食症
由一般医学状况引起的精神紧张障碍	**睡眠障碍**
由一般医学状况引起的人格改变	**原发性睡眠障碍**
由一般医学状况引起的其他未加标明的心理障碍	例子：原发性失眠
与药物有关的障碍	**睡眠异常 *R**
可卡因相关障碍	例子：夜惊 *R
例子：可卡因中毒性谵妄	**与其他心理障碍有关的睡眠障碍 *R**
精神分裂症及其他精神病性障碍	例子：与创伤后应激障碍有关的失眠 *R
精神分裂症	**未列入其他分类的冲动控制障碍**
例子：偏执型精神分裂症 *D	例子：盗窃癖
分裂样精神病	**适应性障碍 *R**
情感分裂性心理障碍	例子：适应性障碍 *R
妄想障碍	**人格障碍**
例子：夸大型妄想障碍	例子：反社会型人格障碍 *M

Source: Adapted from the DSM-IV-TR（American Psychiatric Association，2000）

* 此分类可能在新版的 DSM-5 中有较大修改（M）、重新分类（R）或删除（D）（American Psychiatric Association，2010）。

terment disorder），当一个人感受到不公平后非常痛苦，不能释怀时，就可能是创伤后愤懑障碍（Linden et al., 2008）。例如，杰克的妻子3年前离开了他，他感到非常痛苦、气愤和屈辱，既无法忘记她，也不能原谅她。杰克每晚都独自坐在家中，谁也不见，工作困难，和孩子们也疏远了。

如果加入DSM-5，创伤后愤懑障碍会被纳入不断增加的障碍列表中。其他的可能性包括忧郁症（melancholia）、冷漠综合征（apathy syndrome）和网络成瘾（Internet addiction）等（American Psychiatric Association, 2010）。有人担心这些术语使得越来越多的正常行为被界定为问题行为(Lane, 2009）。然而，这里列出来的问题都会严重困扰一个人的正常生活，也许应该被纳入下一版的DSM中。

一般危险因素

是什么原因导致了在表14.3中所列的那些心理障碍呢？下面是一些导致心理障碍的一般危险因素：

- **生物因素**：遗传缺陷或者遗传易感性，孕期护理条件差，出生时体重过轻，慢性疾病或残疾，接触有毒化学物质或药物，头部损伤。
- **心理因素**：应激，智力低下，学习困难，缺乏掌控感。
- **家庭因素**：父母心理不成熟，有精神障碍，犯罪或吸毒；严重的婚姻冲突；对孩子的教育方式极差；家庭内沟通方式障碍。
- **社会因素**：贫穷，生活压力大，无家可归，社会混乱，人口拥挤。

在我们继续探究特定的精神疾病及其病因之前，先来讨论一下给精神病贴标签的问题。

正确看待心理障碍——精神病标签

关键问题 14.3："精神病"标签是如何被误用的？

在开始关于心理障碍的调查之前，必须提一句警告。本章中我们遇到的术语都是为了促进沟通交流之用，但如果恶意使用或使用不当，人们反而会受其伤害（参见"崇尚自由是精神错乱吗？"）。每个人都会在压力大或情绪亢奋的一段短暂时期内表现得比较"疯狂"。只不过心理障碍患者症状比我们更严重或者持续更久，否则，他们和我们也没有那么大差别。

心理学家David Rosenhan做过的一项经典调查说明了精神病标签的影响。Rosenhan和几个同事假扮精神病人，以被诊断为"精神分裂症"为名入住医院（Rosenhan, 1973）。进入医院后，他们这些伪病人就不再假装精神病症状了。然而，即使他们表现得完全正常，医院人员也没有发现他们是假扮的。而真正的病人却没有被轻易骗过，常有病人对研究者说："你没有疯，你在调查医院！"或者说："你是记者。"

为了保留观察记录，Rosenhan在手心里藏着的小纸片上粗略记下观察情况。然而，他很快发现秘密行动根本不必要。于是他开始带着写字夹四处走动，写下记录。没有人询问他的这种行为。Rosenhan写记录的行为也被当成了他"患病"的一个症状。这说明了为什么员工没有辨别出伪病人的原因，因为后者身在精神病房，被贴上了精神分裂症的标签，这些假病人做的任何事都被认为是精神疾病的症状。

就像Rosenhan的研究表明的，给问题贴标签要好于给人贴标签。想想下面不同说法间的影响："你正经历一种严重的心理障碍"和"你是个精神分裂症患者"。你更愿意别人用哪一种说法来形容你？

社会偏见

还有一个有关精神病标签的问题是，精神病标签常常会引起偏见和歧视。也就是说，在我们的文化中，精神病患者常常被污名化（被拒绝、被侮辱）。被贴上了精神病标签（无论在一生中的任何时候）的人不大可能被雇用，他们也常常被拒绝提供住房，而且更可能被错误地指控有罪。因此，精神病患者所受的社会偏见之苦与因暂时的心理问题而受的苦一样多（Corrigan & Penn, 1999）。

批判性思考

崇尚自由是精神错乱吗?

假设现在是1840年,你是奴隶,而你的主人是一个毫无人性的奴隶主。你想获得自由,于是一次次逃跑。这时,来了一位专家对你的"异常行为"进行咨询。他将如何解释你不顾生死的"逃跑行为"呢?结论是,奴隶们逃跑是因为罹患了一种心理障碍——漫游狂(Wakefield, 1992)。治疗方法呢?你将会被剁掉脚趾。

如上述例子所讲,精神病学术语很容易被滥用。在历史上,一些精神病术语被用于指代不为当时的社会文化所接受的行为,而这些行为并不属于真正的心理障碍。其中一个名为"无政府主义",指一种追求更民主社会的"精神错乱"(Brown, 1990)。

以下的这些也一度被认为是心理障碍:儿童期手淫,阴道快感缺乏,自我挫败人格(主要指女性),同性恋,慕男狂(指有健康性欲的女人)(Wakefield, 1992)。即使在今天,种族、性别以及社会阶层等因素还在影响着对心理障碍的诊断(Kearney & Trull, 2012; Poland & Caplan, 2004)。

在判断一种行为是否正常时,性别歧视可能是产生偏见的最常见原因,因为判断标准通常是男性制定的(Fine, 2010; Nolen-Hoeksema, 2011)。根据心理学家Paula Caplan (1995)及其他一些学者的观点,女性无论是遵守还是无视刻板的女性形象都会被惩罚。如果一位女士个性独立、敢作敢为且不易动感情,可能会被认为是心理不健康;但是,一位爱慕虚荣、情绪化、缺乏理性、依赖他人的女士(具备我们文化中所认同的全部"女性"特质)可能又会被分类为人格障碍(Bornstein, 1996)。实际上,大多数被诊断为依赖型人格障碍的人是女性。鉴于此,Paula Caplan质疑,为何没有给那些令人讨厌的男性冠以"妄想型统治性人格障碍"的名称(Caplan, 1995)?

在对何为"心理障碍"、何为"正常行为"的理解中,社会偏见会产生影响,因此当你要对他人的心理健康做出结论时,一定要谨慎行事(American Psychiatric Association, 2000; 2010)。(他们也许是在完成心理学课中分配的任务!)

重要说明——你是正常的,真的!

当你阅读下面的内容时,我们希望你不会犯医学院学生的毛病。医学院学生似乎有一种倾向,在学习可怕的疾病时,常常在自己身上发觉那些疾病的症状。作为一名心理学学生,你也许会发现自己的行为有异常倾向。如果是这样,不必惊慌。在大多数情况下,这只是对心理学知识的正常的夸张反应,并非你真有异常行为。

知识巩固

正常行为与心理障碍

测一测

1. 异常行为的核心特征是_____。
   a. 统计性异常   b. 适应不良
   c. 不顺从社会规范 d. 引起主观痛苦

2. 对判断心理正常与异常最有影响力的情境是_____。
   a. 家庭   b. 职业环境
   c. 宗教系统   d. 文化

3. 下列哪一个是法律概念?
   a. 神经症   b. 精神病
   c. 漫游狂   d. 精神失常

4. 当说一个人"脱离现实"的时候,表明这个人患有_____。
   a. 精神病性障碍
   b. 心境障碍
   c. 躯体形式障碍
   d. 人格障碍

5. 遗忘、多重人格和人格解体可能属于哪一类型的精神障碍?
   a. 心境障碍   b. 躯体形式障碍
   c. 精神病   d. 解离性障碍

6. 有某种性欲倒错行为的人患有下列哪种精神障碍?
   a. 解离性障碍
   b. 躯体形式障碍
   c. 与药物有关的障碍
   d. 性障碍

7. 缩阴和失精恐怖属于_____。
   a. 躯体形式障碍
   b. 精神病性障碍
   c. 民间术语
   d. 器质性心理障碍

想一想
批判性思考
8. 布莱恩是格朗基摇滚乐的乐迷，偶尔他会在公共场合穿裙子。布莱恩的这种穿异性服装的行为是不是表明他是一个有心理障碍的人？
9. 自欣克利（他开枪刺杀时任美国总统里根，后因所谓"精神失常"被宣判无罪）事件之后，美国有很多州开始限制使用"精神失常"来进行辩护。这一社会趋势揭示了关于精神失常的什么问题？

自我反思
回想一个你曾经见到的异常行为的例子。参考哪一标准，该行为被认为是异常的？在任何社会中都属于异常行为吗？该行为是不是适应不良？

答案：1.b 2.d 3.d 4.a 5.d 6.d 7.c 8.可能不是。尽管其穿着方式不同于其他大多数人，但并未因此而引起其他方面的困扰。这种行为看上去并不是不可理解的。此外，这种行为未必就是适应不良的。9."精神失常"是一个法律术语，可为其辩护提供法律依据，但并不是一个精神病学术语。这表明了精神失常的法律定义和医学定义是不同的人。

精神病性障碍——月亮的阴暗面

关键问题 14.4：精神病性障碍有哪些基本特征？

精神病性障碍是所有心理问题中最富有戏剧性、最严重的障碍之一。想象一下，你的一个家庭成员说自己不断地听到一些声音，且谈吐古怪，把铝箔盖在自己头上，并且坚信家蝇在用暗语与自己讲话。如果看到这样的情景，你会在意吗？当然会，而且马上就很在意。

患有精神病性障碍的人在思维、行为和情绪方面都会发生巨大变化。引起这些变化的基本原因是一旦罹患**精神病**即失去了与现实之间的联系。下面是一位精神病患者的表述，体现了与现实"割裂"的含义（Durand & Barlow，2010）：

当你在25点整干活的时候，就意味着你在1：25离开房间去寄信，他们因此可以搜查你……而且他们知道你在哪里。这就是天鹰座。

精神病的性质

精神病性障碍的主要特征是什么呢？**妄想**和**幻觉**是精神病性障碍的核心特征，除此之外还有其他一些特征。

被**妄想**纠缠的人抱有错误的信念，且无论有多少事实与其不符，他们都坚信那是正确的。例如，一个43岁的男性精神分裂症患者坚信自己怀孕了（Mansouri & Adityanjee，1995）。

妄想分不同的类型吗？是的，一些常见的妄想有：①抑郁妄想，患者认为自己犯下了可怕的罪行或做了有罪的事；②躯体妄想，例如认为自己的身体"正在腐烂"或散发着臭气；③夸大妄想，患者认为自己是非常重要的人物；④影响妄想，患者认为自己在被他人或无形的力量所控制或影响；⑤被害妄想，患者认为有人要来抓自己；⑥关系妄想，患者给无关事件赋予与其个人有关的重要意义（Kearney & Trull，2012）。例如，患者有时会认为电视节目是发给其个人的特别信息。不论内容如何，很多妄想都和迷信或"巫术"思想相似（García-Montes et al.，2008）。

幻觉指虚幻的感觉，如看到不存在的东西、听到不存在的声音或闻到不存在的气味。精神病性障碍患者最常出现的幻觉是幻听，就像Carol North听到有声音告诉她"去撞另一个世界"一样。有时，幻听中的声音命令患者去伤害自己。不幸的是，许多患者都会听从这样的命令（Barrowcliff &

Haddock，2006）。还有一些比较少见的幻觉，如有的精神病性障碍患者感到"有虫子在皮肤下面爬动"、在食物中尝到"毒药"或闻到"敌人"用来"抓"他们的"气味"。精神病性障碍还可以引起感觉变化，如麻木（感觉迟钝或者知觉丧失）或者对热、冷、疼痛或触摸等感觉极度敏感。

精神病发作期间可能表现出情绪的急剧波动。例如，患者可能时而高兴，时而抑郁，时而兴高采烈，时而冷若冰霜。有时，精神病患者表现出情感淡漠，即面部僵硬，毫无表情。这些面若冰霜的患者的脑成像显示，他们的大脑处理情绪的方式是不正常的（Fahim et al.，2005）。

表 14.4	精神病性障碍和重度心境障碍的一些发病征兆

- 表达出与现实相悖的怪异思维或信念。
- 回避家庭成员和其他与自己有关系的人。
- 听到不真实的声音或看到别人看不到的东西。
- 极度悲伤，总是非常沮丧或有自杀的念头。
- 精力过度旺盛，几乎不需要睡觉。
- 没有胃口，嗜睡，没精打采。
- 情绪波动极大。
- 总认为有人要来抓自己。
- 出现反社会行为、破坏性行为或自伤行为。

Sources：American Psychiatric Association，2000，2010；Durand & Barlow，2010

痴呆症

从某种意义上说，所有的精神病都有部分器质性的原因，可能与大脑组织的病变有关。然而，器质性精神病这个通用术语通常仅用来指与明确的脑组织损伤或疾病有关的精神病。

例如，铅和汞会损害大脑，引起幻觉、妄想和情绪失控（图14.3）。吸入了含铅的壁画粉末或者含铅空气的孩子可能会患上精神病或智力障碍（Mielke，1999）。血液中铅含量较高的儿童长大后更可能因刑事犯罪而被逮捕（Wright et al.，2008）。更广泛地说，另外一种类型的中毒——药物滥用也可以导致偏差行为和精神病性症状（American Psychiatric Association，2000，2010）。

最常见的器质性精神病是**痴呆**。痴呆是由于脑功能退化而引发的一种严重的老年期心智损害（Gatz，2007）。痴呆主要表现为记忆、推理、判断、冲动控制和人格方面的障碍。这些障碍通常导致患

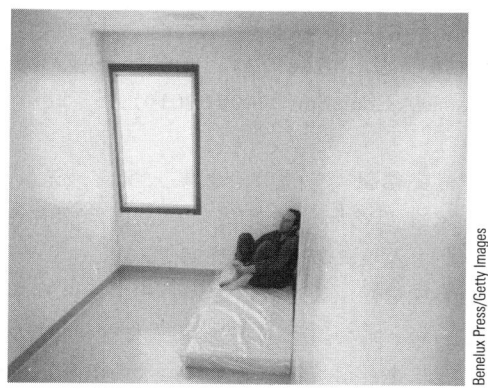

在州立精神病院的精神病患者。

有些精神病性症状可以被认为是一种原始的交流方式。也就是说，许多患者只能通过动作表达自己的意思，比如"帮帮我""我做不好这件事"。言语交流障碍几乎是精神病性障碍患者的一个普遍症状。事实上，精神病性障碍患者的话可以混乱到毫无连贯性，以至有时听起来就像是"词语大杂烩"。

在上述重度心理障碍情况下——再加上思维、记忆和注意方面的问题——导致了人格解体和脱离现实。人格解体是指思维、行为和情感之间的不协调。如果一个人的精神病性症状和人格解体表现非常明显，并且持续数周或数月，那么这个人就患了精神病（American Psychiatric Association，2000，2010；见表14.4）。

精神病 /Psychosis 脱离现实，特点是幻觉、妄想、思维混乱、情绪障碍和人格解体。

妄想 /Delusion 不相信任何相反证据的错误信念。

幻觉 /Hallucination 想象中的感觉，如看到、听到或闻到真实世界中不存在的东西、声音和气味。

痴呆 /Dementia 由于脑功能退化而导致的老年人严重智力损害。

图 14.3 疯帽匠是路易斯·卡罗尔所著《爱丽丝漫游仙境》中的人物。历史上有很多有毒化学品导致精神病的例子。卡罗尔塑造的疯帽匠的人物原型与 18～19 世纪的一种职业病有关。当时，制造帽子的工人在制备毛毡的过程中长期大量接触水银，结果造成许多人脑组织损伤，并且发展成精神病性障碍，或者说 "疯了"（Kety，1979）。

者思维混乱、多疑、冷漠或退缩。导致痴呆的一些常见原因有循环系统疾病、反复中风或大脑广泛性萎缩。

最常见的痴呆形式是**阿尔茨海默病**。阿尔茨海默病患者渐渐失去工作、做饭、开车、读写或计算的能力。最后，他们不再说话，卧床不起。罹患阿尔茨海默病可能是由于脑组织内神经网络和神经纤维结构异常，导致了与学习和记忆相关的重要脑区受损（Hanyu et al., 2010；Stix, 2010）。遗传因素会增加发生这一灾难性疾病的风险（Gatz, 2007）。

美国前总统里根在 1995 年被诊断出患有阿尔茨海默病。像其他阿尔茨海默病患者一样，里根的智力逐渐下降。他于 2004 年去世。

精神病性障碍有没有具体的种类呢？两种主要的精神病就是妄想障碍和精神分裂症。你也许还记得，心境障碍主要包括极端的情绪。然而，精神病性症状也会出现在一些心境障碍中。你会在接下来的部分了解到它们。

妄想障碍——每棵树后面都有一个敌人

关键问题 14.5：妄想障碍的本质是什么？

有妄想障碍的病人通常没有幻觉、极端情绪或人格解体等症状，但是，他们的思维与现实是割裂的。**妄想障碍**的主要特征是，患者头脑中存在着根深蒂固的错误信念，详解如下（American Psychiatric Association，2000，2010）：

- **钟情妄想型**　认为自己被某人所爱，尤其是被一位有名或地位较高的人所爱。就像你想的，一些名人追踪狂会患钟情妄想。
- **夸大妄想型**　认为自己能力非凡、知识渊博或洞察一切。认为自己与某个重要人物有特殊关系，或者认为自己是某个名人（如果那个真正的名人还健在，患者会认为那是冒名顶替者）。
- **嫉妒妄想型**　这类妄想的一个例子就是非常强烈且毫无根据地认为自己的配偶或情人对自己不忠。
- **被害妄想型**　认为有人对自己进行暗算、欺骗、监视、跟踪、下毒、诽谤或骚扰。
- **躯体妄想型**　有躯体妄想的患者通常会认为自己的身体有病或正在腐烂，或被毒虫伤害、被寄生虫感染，或身体某些部分有缺陷。

尽管这些妄想都是虚假的，而且有时相当离谱，但所有这些内容都是真实生活中可能发生的经历。而在其他类型的精神病中，妄想则更加古怪（Manschreck，1996；Brown & Barlow，2011），例如，一名精神分裂症患者坚信外星人用电子监控设备置换了他所有的内脏器官。相反，一般的妄想障碍患者仅仅是认为有人想偷他们的钱，或者认为自己被恋人欺骗，或者认为美国联邦调查局在监视他们，诸如此类。

偏执型精神病

妄想障碍中最常见的类型被称为**偏执型精神病**，其核心表现为患者的被害妄想。许多自封的改革家、骄傲的作家、阴谋论理论家或自称"曾被UFO绑架的人"等都是有偏执型妄想的人。偏执型患者认为自己被欺骗、监视和跟踪，或认为有人要下毒、骚扰、谋害自己。通常这样的人非常多疑，认为自己必须时刻保持高度警惕。

偏执型精神病患者所找到的支持自己想法的证据根本不能令他人信服。日常生活的每一个细节都被他们编织进自己的想象之中，证明"确实有情况发生"。例如，他们把电话中的嗡嗡声解释为"有人在窃听"，把问路的陌生人看作"窃取情报者"，等等。

偏执型妄想障碍患者极少接受治疗。对这类患者而言，承认自己需要帮助几乎是不可能的。一旦谁说他们有"问题"，谁就被认为是参与了要对他们进行"迫害"的"阴谋"。有偏执妄想的人常常是过着孤独、与世隔绝且毫无乐趣的生活，生活中充满了对他人的不断怀疑和敌意。

尽管偏执型妄想的人对他人并非一定有危险，但有时候有这样的可能。例如，患者看到对面有一个人慢慢向他走来，当他断定此人是黑手党、政府特工、恐怖分子或者是街头黑帮时，很可能出于恐惧而采取暴力行动。再如，当一个陌生人手揣在兜里上前问路时，就可能成为患者试图"自卫"的目标。

妄想障碍比较少见。目前为止，最常见的精神病是精神分裂症。下面我们就来比较详细地探讨有关精神分裂症的内容，看看它与妄想障碍有何不同。

精神分裂症——支离破碎的现实

关键问题 14.6：精神分裂症的类型有哪些，病因有哪些？

精神分裂症的特征包括妄想、幻觉、情感淡漠、思维异常、思想与情感"分裂"。

精神分裂症患者有双重人格吗？ 没有。你一定不止一次地听到过这样的话："大卫昨天还那么热情友好，但是今天他却变得冷冰冰的。他一定有精神分裂症！我实在不知道怎么对付他！"可见精神分裂症这个术语是常常被滥用的。我们马上会讲到，双重或多重人格是分裂性障碍，不属于精神分裂症。大卫这样的人也不属于精神分裂，他仅仅是行为反复无常而已。

精神分裂症患者情感反应迟钝，或表达方式极为不当。例如，一个精神分裂症患者被告知他母亲去世了，他可能会微笑或者咯咯地痴笑，或者根本不表现出任何情绪。精神分裂症的妄想可能有：认为自己的思想和行动被别人控制了，认为自己的思想被广播了（因此其他人能听到自己在想什么），认为有些思想被强行插入自己的意识，或者认为自己的思想被别人拿走了。此外，精神分裂症患者的其他特征还包括不与人交往、对外部活动失去兴趣、不再保持个人习惯、无法处理日常事务等（Neufeld et al., 2003；Ziv, Leiser, & Levine, 2011）。每100个人中，就有1人会患上精神分裂症（National Institute of Mental Health, 2011a）。

许多精神分裂症症状可能都与选择性注意障碍有关。换句话说，患者在一段时间内很难把注意力集中在一项信息上。脑内的"感觉通道过滤装置"受损可能是他们的思想、直觉、意象和感觉陷入混乱的原因（Cellard et al., 2010；Heinrichs, 2001）。

精神分裂症是否可以分为各种类型呢？ 精神分裂症似乎是一组相关的心理障碍，目前可分为四种主要类型，虽然这些类型可能会从DSM-5中被

阿尔茨海默病/Alzheimer's disease 一种衰老性疾病，特征为记忆丧失和心智混乱，晚期几乎完全丧失心理能力。

妄想障碍/Delusional disorder 一种精神病，特点为有严重的夸大、嫉妒、被害等类似的妄想。

偏执型精神病/Paranoid psychosis 一种妄想障碍，尤其是被害妄想。

精神分裂症/Schizophrenia 一种精神病，特征是妄想、幻觉、情感淡漠、思想与情感"分裂"。

删除（American Psychiatric Association，2010）：

- **解体型** 行为缺乏一致性且非常混乱，思维怪异，情感漠然或者非常不适当。
- **紧张型** 麻木，姿态僵硬，无反应，保持某种奇怪姿势，缄默，有时会出现激动和无目的行为。
- **偏执型** 专注于一些妄想，或不断地有单一主题的幻听，尤其是夸大妄想或被害妄想。
- **未分化型** 有明显的精神病性症状，但没有前三种类型中任何一种的典型特征。

解体型精神分裂症

解体型精神分裂症（有时又称为青春型精神分裂症）与电影中看到的那些"疯子"的刻板形象相近。**解体型精神分裂症**患者人格几乎完全分裂：情绪、言语和行为高度混乱、怪异和荒唐，结果表现为愚蠢、大笑、怪异或者猥亵的行为，就像下文中对名叫埃德娜的患者的一次入院访谈记录所描述的一样：

医生：我是医生。再跟我说说你的情况吧。
患者：你有肮脏的想法。天啊！天啊！猫在摇篮里。
医生：告诉我，你感觉怎么样？
患者：伦敦的钟是个很长很长的码头。嘿嘿……（不可控制地傻笑）
医生：你知道你现在在哪里吗？
患者：滚吧你，你们这帮伤害我内脏的家伙，通通吃屎去吧！怨恨仪会找你们算账的！（喊）我是王后！看我的魔法！我要让你们永远变成小零碎！
医生：你的丈夫很关心你，你知道他的名字吗？
患者：（站起来，走到墙边，脸对着墙）我是谁？我们是谁？你们是谁？他们是谁？（转过身来）我……我……我……我……（做鬼脸）

埃德娜被安排在女病房中，在那里她会进行手淫。偶尔她还会尖叫或者猥亵地喊叫，还有些时候

解体型精神分裂症的特征是愚蠢、大笑、怪异或者猥亵的行为。

她对着自己傻笑。她还攻击其他患者。她抱怨自己的子宫被连接在了"通往克里姆林宫的管道"上，还说她受到了"恶魔般的入侵"（Suinn，1975）。

解体型精神分裂症多在青少年期或成年早期发病，症状改善的概率很低，常常有极为严重的社交功能损害（American Psychiatric Association，2000）。

紧张型精神分裂症

紧张型患者好像完全处于惊恐状态之中（Fink，Shorter，& Taylor，2010；Fink & Taylor，2003）。**紧张型精神分裂症**能够产生麻木状态，使人几小时甚至几天保持一种奇怪的僵硬姿势。这些僵硬的姿势可能与人们在遇到非常紧急的状况或在恐慌的时候那种"吓呆了"的样子相似。紧张型精神分裂症患者好像也一直在极力地抗争，想要控制住他们自己内心的混乱状态。支持这一点的一个迹象就是木僵状态偶尔也会转为爆发性的激动状态或暴力行为。下面摘录了一段紧张型精神分裂症的发作过程：

根据体检结果，曼纽尔身体健康。但是，他认不出周围的环境，长时间保持不动、不说，像是失去了意识。一天晚上，护理员帮他侧过

身去正准备把床单铺平，突然被叫走去照看另一个病人，之后就忘了回来再看看曼纽尔。第二天早上人们发现，曼纽尔仍面朝那个方向，一只胳膊压在身体的下面，和昨天晚上护理员走的时候一样。由于血液循环不畅，曼纽尔的胳膊已经变青，但他看上去没有丝毫的痛苦（Suinn，1975）。

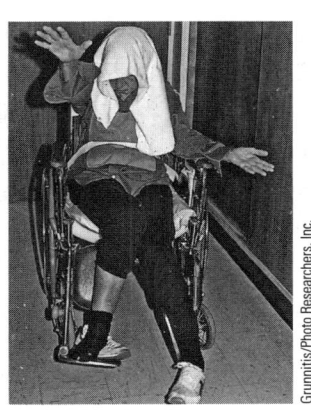

紧张型患者的僵硬姿势和麻木是否可以用异常的身体化学反应或环境因素或遗传因素加以解释呢？和其他精神分裂症类型一样，上述三种因素似乎都是答案的一部分。

图14.4 几年来，西奥多·卡幸斯基一直把炸弹邮寄给一些毫无防备的受害者，其中许多人因此致残或丧生。年轻时的卡幸斯基曾是一位杰出的数学家。当他被捕时，他已经变成了一个邮寄炸弹的恐怖分子——离群索居，对他人和现代科技极端不信任。被捕后，他被诊断为患有偏执型精神分裂症。

需要注意的是，在整个过程中曼纽尔始终没有说话。紧张型精神分裂症患者不仅沉默，而且对周围环境的反应性明显下降，这就使这类患者难以"接近"。幸运的是，这种怪病在欧洲和北美已经比较少见了（American Psychiatric Association，2000）。

偏执型精神分裂症

偏执型精神分裂症是最常见的精神分裂症（图14.4）。**偏执型精神分裂症**与偏执型妄想障碍一样，核心症状都是夸大妄想和被害妄想，所不同的是，分裂症患者会出现幻觉，其妄想也更为怪异，更不可理解（Corcoran，2010；Freeman & Garety，2004）。

有的偏执型精神分裂症患者认为，他们的思想被神、政府或"来自太空的宇宙射线"所控制，或者有人要毒害他们，所以，他们被迫采取暴力来"保护"自己。例如，有一个名叫詹姆斯·休伯特的人，在美国加州圣伊斯德罗的一家麦当劳餐厅残忍地杀死了21个人。休伯特是一个偏执型精神分裂症患者，他感到自己被生活所迫害和欺骗。就在他向妻子宣告说，他"要去猎杀人类"前不久，他曾听到过虚幻的声音。

精神病患者究竟有多危险？ 圣伊斯德罗谋杀案等可怕罪行，使得许多人认为他们是危险的。尽管耸人听闻的新闻报道倾向于夸大精神疾病和暴力犯罪之间的联系，但现实情况其实截然相反（Corrigan et al.，2005；Markowitz，2011）。根据最新的研究，没有药物滥用问题的精神病患者并不比正常人的暴力倾向更强（Monahan et al.，2001）。一般来说，只有那些明显表现出精神病症状以及正在经历精神病发作的人，他们的暴力倾向才会增加。事实上，精神病患者的暴力倾向要远远低于有以下特征的人：年轻、男性、贫穷、酗酒（Corrigan & Watson，2005）。

解体型精神分裂症 /Disorganized schizophrenia 一种精神分裂症，特征为行为缺乏一致性且非常混乱，思维怪异，情感漠然或者非常不适宜。

紧张型精神分裂症 /Catatonic schizophrenia 一种精神分裂症，特征为姿态僵硬，无反应，保持某种奇怪姿势，缄默，有时会出现激动和无目的行为。

偏执型精神分裂症 /Paranoid schizophrenia 一种精神分裂症，特征为专注于妄想或者常常有关于某个主题的幻听，尤其是夸大或者被害主题。

未分化型精神分裂症

教科书中谈得最多的往往是以上三种类型的精神分裂症。实际上，病人的情况往往更为复杂，在不同的时间里可能从一种类型转变为另一种类型。因此，许多病人只能被归为**未分化型精神分裂症**，也就是患者没有紧张型、解体型或者偏执型的特征表现。对精神分裂症的诊断带有相当大的主观性，这就是为什么DSM-5可能不再做这些区分的原因（American Psychiatric Association, 2010）。然而，即使考虑了所有的因素，也可以毫无疑问地说，精神分裂症是现实存在的一种病症，对于这一病症的治疗是一个严峻挑战。

精神分裂症的病因

造成精神分裂症的原因是什么呢？英国前首相丘吉尔曾碰到一个难题，百思不得其解，他将其称为"裹着神秘外衣的谜中之谜"。对于研究者来说，精神分裂症的病因就是这样一个"谜中之谜"，许多因素可能与此有关。

环境因素

在一个人出生时甚至更早的时候，患精神分裂症的风险可能已经开始增加了。孕期中的妇女如果受到流感病毒或者风疹的侵袭，生下的孩子就有患精神分裂症的危险（Brown et al., 2001; Vuillermot et al., 2010）。孕期的营养不良和分娩时的并发症也有同样的危害。这些意外事件可能会对大脑的早期发育造成不良影响，使人更易脱离现实而患上精神病（Walker et al., 2004）。

早期**心理创伤**（心理伤害或打击）也可能增加精神分裂症的发病风险。许多精神分裂症患者在儿童期曾经历过暴力、性虐待、死亡、父母离婚、分离或其他应激事件（Walker et al., 2004）。生活在有问题的家庭中是一个危险因素。在那里，家庭关系紧张，人际交流困难，以负面情感为主。不良沟通模式可能引起焦虑、混乱、愤怒和冲突。在问题家庭中，人与人之间常常相互敌视、窥探、批评、否定和情感攻击，形成不正常的交流模式（Bressi, Albonetti, & Razzoli, 1998; Davison & Neale, 2006）。

尽管听起来很有道理，但是，仅从环境因素上着眼尚不足以解释精神分裂症的病因。例如，即使父母患有精神分裂症的孩子离开原先那个混乱的家庭环境而被转移到其他地方养育后，他们患上精神病的可能性仍然比其他人更大（Walker et al., 2004）。

遗传因素

那么，这是不是意味着遗传因素影响精神分裂症的患病风险呢？几乎不用怀疑，遗传是精神分裂症发病的一个重要因素。现在看来，一些人是通过遗传获得了精神分裂症潜在的发病风险（Levy et al., 2010）。也就是说，他们比其他人有着更高的易感性（Harrison & Weinberger, 2005; Walker et al., 2004）。

如何证明遗传因素是精神分裂症的一个病因呢？如果同卵双生子中的一个人成为精神分裂症患者（同卵双生子有相同的基因），那么另一个人出现精神分裂症的可能性高达48%（Lenzenweger & Gottesman, 1994）。与上述双胞胎的数据相比，普通人群中精神分裂症的患病风险仅为1%（见图14.5，与其他人群的比较）。通常，患者的近亲患精神分裂症的情况更为常见，而且有遗传倾向，甚至在四胞胎中都发生了精神分裂症的记录（Mirsky et al., 2000）。在此现象的基础上，研究者们开始探寻与精神分裂症有关的特定基因（Curtis et al., 2011; Hyman, 2011; Roffman et al., 2011）。

现有的关于精神分裂症的遗传学研究还存在一个问题：精神分裂症患者几乎都没有后代（Bundy, Stahl, & MacCabe, 2011）。如果精神分裂症患者没有生育，那么相关的基因缺陷是如何遗传的呢？下述事实提供了一个可能的解释：一个人做父亲的年龄越晚（即使他没有患精神分裂症），就越可能生育出易患精神分裂症的孩子。显然，遗传突变发生在衰老的男性生殖细胞中，并增加了患上精神分裂症（及其他疾病）的风险（Malaspina et al., 2005; Sipos et al., 2004）。

脑生化机制

苯丙胺、麦角酰二乙胺（LSD）、苯环利定（PCP，即致幻剂"天使粉"）以及其他类似药物都能引起与精神分裂症有些相似的症状，而那些针对LSD

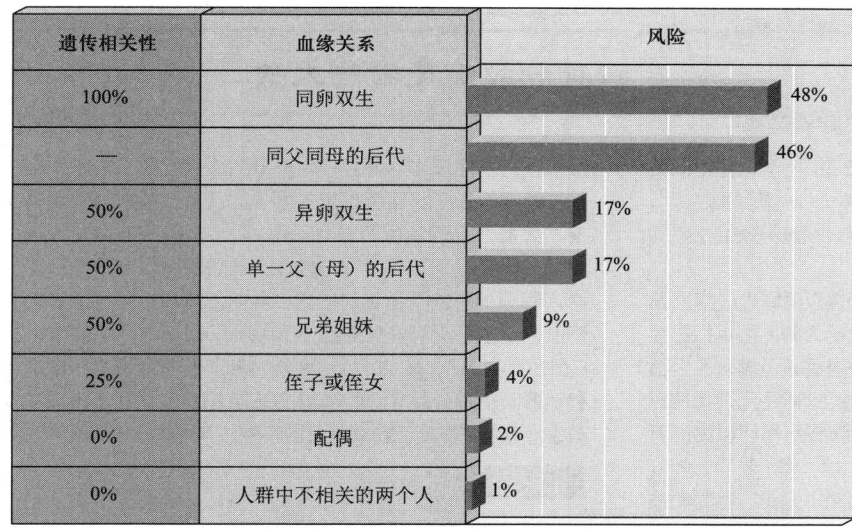

图 14.5 人在一生中患精神分裂症的风险与其同精神分裂症患者的血缘关系远近相关。同时，环境因素会增加患病的风险（Lenzenweger & Gottesman, 1994）。

过量的治疗药物（如吩噻嗪）有缓解精神分裂症的作用。这些证据都表明精神分裂症病人脑中出现了生化方面的异常（即脑内化学物质或者神经递质的异常），也可能在精神分裂症患者的脑内产生了一些类似致幻剂（改变心智的药物）的物质。目前认为，这些化学物质之一很可能是多巴胺，它是大脑中重要的化学信使。

许多研究者认为，精神分裂症与脑内多巴胺系统活性过高有直接关系（Sue, Sue, & Sue, 2010；Kapur & Lecrubier, 2003）另一种解释是，多巴胺受体对正常数量的多巴胺的反应性过强。多巴胺可能激活了大量互不相关的思维、感觉和知觉活动，这或许可以解释精神分裂症患者出现的幻听、幻觉、妄想等。所以，精神分裂症患者可能是被他们自己的身体带入了一种化学物质的活动过程之中（图 14.6）。

科学家们关注的脑部化学物质不仅仅是多巴胺一种，神经递质谷氨酸也可能与精神分裂症有关（van Elst et al., 2005）。服用致幻剂 PCP 的人会表现出与精神分裂症极其相似的症状，而 PCP 对谷氨酸有影响（Murray, 2002）。这些症状的出现是因为谷氨酸影响了大脑中控制情绪和感觉信息的脑区（Tsai & Coyle, 2002）。另一个已知的关联是应激可以改变谷氨酸水平，继而使得多巴胺系统发生改变（Moghaddam, 2002）。有关的机理远远没有探讨清楚，但是目前看来，多巴胺、谷氨酸和其他一些脑部化学物质都与精神分裂症的形成具有某些联系（Walker et al., 2004；参见"精神分裂症患者的大脑"）。

说明

总之，精神病性障碍如精神分裂症的产生原因已越来越清晰：在心理压力足够大的情况下，任何人都可能出现精神病性发作（战场上的精神疾病就是一个例子）。而由于遗传原因，有些人的脑部化学物质或

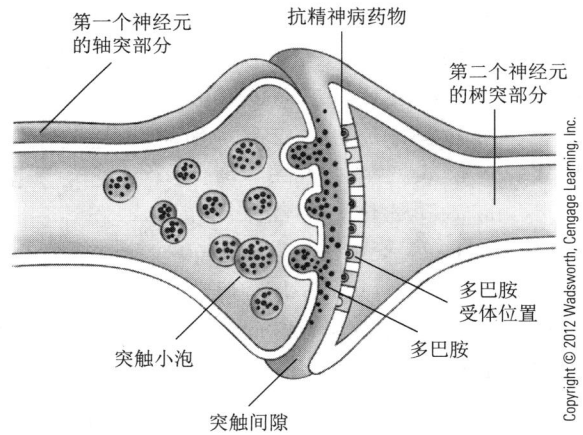

图 14.6 正常情况下多巴胺通过两个神经元之间的突触激活第二个细胞，但如果与多巴胺受体结合的是抗精神病药物而非多巴胺，则多巴胺的活动即可被阻断。对于精神分裂症患者而言，多巴胺活性降低可以缓解其兴奋行为和精神病症状。

未分化型精神分裂症 /Undifferentiated schizophrenia 指没有紧张型、解体型或偏执型精神分裂症的特定特征的精神分裂症。

心理创伤 /Psychological trauma 由于暴力、虐待、忽视和分离等原因造成的心理伤害或打击。

聚焦研究：精神分裂症患者的大脑

通过几种脑成像技术（还记得第2章吗？）已经可以直接观察精神分裂症患者的大脑了。能够显示大脑结构的CT扫描和MRI（即磁共振成像）扫描发现，精神分裂症患者的大脑萎缩了（Bora et al., 2011）。

MRI扫描发现，精神分裂症患者的脑室增大（脑室是脑内一些充满液体的空间），这再次说明大脑周围组织已经萎缩（Barkataki et al., 2006）。一种可能的解释是，精神分裂症患者的大脑不能再继续产生新的神经元来代替已经死亡的旧神经元了。而正常的大脑终身都可以生成新的神经元（即所谓的神经发生过程）（Toro & Deakin, 2007）。这说明受损脑区对于动机、情绪、知觉、行为和注意的调节是很关键的（Kawada et al., 2009）。

第三种技术叫作PET扫描，即正电子发射断层扫描，它也能提供大脑活动情况的图像。PET扫描的方法是把放射性的糖溶液注入静脉，当糖分到达大脑时，由一个电子装置测量每个脑区耗糖量的多少，并将这些数据转换成描述大脑活动的彩色图像（彩图14.7）。研究人员通过这样的扫描，发现了与精神分裂症、情感障碍以及其他一些心理问题相关的脑部活动模式。例如，精神分裂症患者的额叶活动水平常常异常降低（Durand & Barlow, 2010；Roffman et al., 2011）。将来，PET扫描可能会用来精确地诊断精神分裂症。而目前，PET扫描已经显示出精神分裂症患者的脑部活动有明显的异常。

> **知识桥**
> 脑部扫描为观察大脑结构和活动提供了宝贵的新方法，参见第2章。

脑组织结构异常，使得他们比较易感，甚至难以承受日常生活中的压力。

这样，在遗传因素和环境应激二者的共同作用下，脑化学物质和脑组织结构发生了变化，进而引起心理变化。这种解释被称为**应激—易感模式**。该模式把精神病性障碍归因于环境应激和遗传易感性共同作用的结果（Jones & Fernyhough, 2007；Walker et al., 2004）。它也适用于解释抑郁、焦虑等其他心理障碍产生的原因（图14.8）。

尽管我们对于精神病的理解已经有了进步，但它仍然是一个"谜中之谜"。但愿对于精神分裂症治愈方法的研究进展能够继续下去。

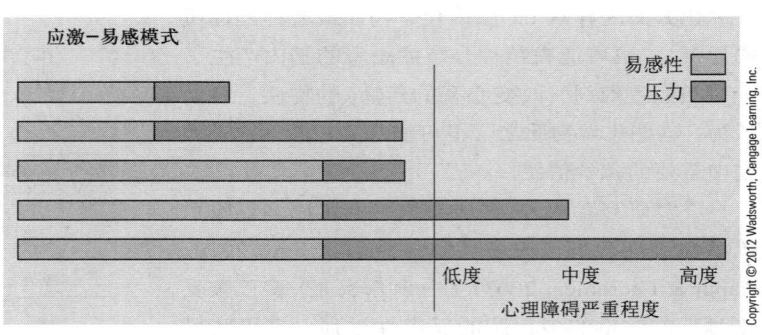

图14.8 易感性和应激以不同方式结合，其作用可能就会导致心理问题。最上端的横条显示的是易感性最低和应激最小，结果呢？就是没有心理问题。其下方的横条也没有产生心理问题，它表示低易感性与中度应激。即使高易感性（第三条），在应激水平保持较低时也可能不会导致心理问题。然而，当高易感性加上中度或高度的应激水平（最下方的两条）时，则会使人越过正常界限而导致心理障碍。

知识巩固

精神病、妄想障碍与精神分裂症

测一测

1. 安吉拉误以为她的身体正在慢慢地腐烂。她患的是_____。
   a. 抑郁性幻觉 b. 一种妄想
   c. 情感淡漠   d. 阿尔茨海默病

2. 科林患有精神病性障碍，总是听到有声音在耳边，这种症状被称为_____。
   a. 情感淡漠   b. 幻觉
   c. 词语大杂烩 d. 器质性妄想

3. 由铅中毒导致的精神病是器质性障碍。对不对?
4. 幻觉和人格解体是偏执型精神病的主要特征。对不对?
5. 下列哪个类型不属于精神分裂症?
   a. 色情狂型 b. 紧张型
   c. 偏执型   d. 解体型
6. 导致精神分裂症的环境因素主要包括情感创伤和_____。
   a. 父母患精神病
   b. 情感分裂性障碍的相互作用
   c. 致幻剂的相互作用
   d. 不良家庭关系
7. 导致精神分裂症的生化原因主要是在患者的脑组织内有过多的_____。
   a. 放射性糖类
   b. 神经网络和神经纤维结构异常
   c. PCP
   d. 多巴胺和谷氨酸
8. 应激-易感模式解释了心理障碍是环境应激和_____共同作用的结果。
   a. 心理创伤
   b. 异常交流模式
   c. 母亲在孕期接触了流感病毒
   d. 遗传因素

想一想

批判性思考

9. 研究人员发现,在精神分裂症患者的大脑中多巴胺受体位点的数量几乎为常人的两倍。这个发现可能很重要。为什么?
10. 在慢性精神分裂症患者的大脑中,经常可以发现大脑表面有较宽的沟回和较大的脑室,但不能说这些组织特征是导致精神分裂症的原因。为什么?

自我反思

如果请你来给精神病写个简介,将会主要包括哪些内容呢?

如果要求你在一部剧作中扮演一个偏执型精神病患者,你会重点表现哪些症状?

有人请你向一位青少年精神分裂症患者的家长解释一下精神分裂症的病因,你将如何给他们讲解呢?

答案:1.b 2.ب 3.对 4.不对 5.a 6.d 7.d 8.d 9.由于精神分裂症病患者的多巴胺受体数目过多,所以大脑原有的多巴胺水平正常时可能会出现多巴胺幻觉行为。10. 因为相关并不等于因果关系,脑组织异常只是与精神分裂症相关,我也可能是该病的结果。

心境障碍——情绪忽涨忽落

关键问题 14.7:什么是心境障碍,其病因有哪些?

对于一些人来说,轻度的抑郁情绪就像感冒一样平常。但是情绪涨落达到极端程度,就可以像严重的躯体疾病一样,使人丧失正常的生活能力。实际上,抑郁是可以致死的,因为抑郁症患者可能会自杀。很难想象一个处于严重抑郁状态的人感觉生活多么凄凉和无望,或者当一个人处于躁狂状态时是多么的疯狂。我们这就来探讨一下心境障碍及其病因。

在你情绪极度低落时没有人喜欢你,或者说看起来好像没有人喜欢你。心理学家逐渐认识到,**心境障碍**(严重的情感障碍)属于最严重的心理疾病之一。美国每年都有大约9.5%的人遭受某种心境障碍的折磨(National Institute of Mental Health,2011a)。

心境障碍有两种常见的类型,即抑郁障碍和双相障碍(表14.5)。在**抑郁障碍**发病时,人会夸张地、长时间地、无缘无故地感到悲伤和沮丧。抑郁障碍的征象有沮丧、绝望、感觉不到快乐、对任何事情都不感兴趣。其他常见的症状

应激-易感模式 /Stress-vulnerability model 该模式把精神病归因为环境应激和遗传易感性共同作用的结果。

心境障碍 /Mood disorder 心境或情感的严重障碍,例如抑郁症或躁狂症。

抑郁障碍 /Depressive disorder 情感障碍,主要表现为悲伤、沮丧和抑郁。

还有疲倦、睡眠障碍、饮食习惯紊乱、无价值感、极度消极的自我形象和自杀的念头。而**双相障碍**的特点是情绪时而高涨时而低落（American Psychiatric Association，2000，2010）。

表 14.5	DSM-IV-TR 中对心境障碍的分类	
问题	主要症状	典型表现
抑郁障碍		
重度抑郁障碍	情绪极度抑郁，至少持续两周	极度悲伤，无价值感，疲惫，空虚，无法感受到快乐；有自杀的念头
*心境恶劣障碍（慢性抑郁障碍）	过去的两年中多数时间处于中度抑郁状态	多数时候感觉情绪低落、抑郁；自尊心下降和精力不足持续数月
双相障碍		
双相 I 型障碍	极度的躁狂和抑郁	有时几乎不需要睡眠，滔滔不绝地讲话，神思驰骋，认为自己做的每件事都非常重要；有时候则感觉极度悲伤、无价值感且空虚。
双相 II 型障碍	抑郁，至少有一次轻度躁狂发作	大多数时候感觉极为沮丧，无价值感，疲惫，空虚，然而有时感觉良好，欣快，精力充沛，或情绪高昂
环性心境障碍	至少在两年中时而中度抑郁，时而中度躁狂	情绪高涨与低落交替出现，持续数月

Source: American Psychiatric Association，2000；Durand & Barlow，2010
* 在即将出版的 DSM-5 中，心境恶劣障碍将被重命名为慢性抑郁障碍（American Psychiatric Association，2010）。

一些心境障碍持续时间长但程度不很严重。如果一个人出现中度抑郁并持续两年以上时间，可称之为**心境恶劣障碍**。如果在抑郁过程中不时地出现一段时间的兴奋、情绪高涨或急躁，则称为**环性心境障碍**。即使是这种程度的心境障碍，也已经足以让人感到衰弱。然而，重度心境障碍更加具有破坏性。

重度心境障碍

重度心境障碍的特征是极端情绪。如果患者只有情绪的低落，则被称为**重度抑郁障碍**。当出现重度抑郁障碍后，一切都变得黯淡无望。患者会有失败感、无价值感和彻底绝望。强烈的痛苦使患者变得极度顺从和退缩，或者有严重的自杀倾向。重度抑郁期间的自杀很少是用来"恳求他人帮助"的，这样的自杀者通常很希望能自杀成功，而且预先可能没有任何征兆。

双相 I 障碍的患者既表现有极端躁狂也有极度抑郁。躁狂期患者声音洪亮、兴奋、活动亢进、浮夸、精力充沛，但他们可能在数天之内就会垮掉，或者被捕，或者沉溺于淫乱活动。而到了抑郁期，患者又极度沮丧，可能选择自杀。

双相 II 障碍的患者大多数时候感到沮丧、内疚，但是曾有过一次或一次以上轻度的躁狂发作（称为轻躁狂）。也就是说，双相 II 障碍也是既表现兴奋又表现抑郁，只是患者的躁狂不像双相 I 障碍那样极端。处于轻躁狂状态的双相 II 障碍患者只是想要激怒身边人的情绪。他们表现出过分的兴高采烈，具有攻击性，或者躁动不安，还可能喋喋不休，说话语速很快，打断别人的交谈，或者疯狂消费（Nolen-Hoeksema，2011）。

严重抑郁患者无法上班或上学，有时甚至不能自己吃饭和穿衣服。当抑郁及躁狂的症状加重时，患者可能会脱离现实，表现出精神病性症状。

重度心境障碍与心境恶劣障碍、环性心境障碍有哪些区别？ 上文提到，重度心境障碍通常表现

重度抑郁障碍患者自杀倾向严重，彻底绝望。

出更严重的情绪变化;另一个区别在于,重度心境障碍更多的时候是产生于内部,**属内源性抑郁**,而不是对外部事件的反应。

是什么原因导致了心境障碍

目前还不能对抑郁障碍和其他心境障碍的病因加以充分解释,也没有非常有效的治疗方法。有些科学家致力于研究心境变化的生物学因素。他们对脑化学物质和神经递质进行了研究,特别是5-羟色胺、去甲肾上腺素和多巴胺的水平。研究结果尚不完整,但已经取得了一些进展。例如,研究结果证明碳酸锂这种化学物质对于治疗某些双相抑郁障碍有较好的疗效。

另外一些研究者则是从心理学角度寻找病因。例如,精神分析理论认为,抑郁是由于愤怒情绪受到压抑导致的,这些压抑的愤怒被导向内部,转而成为自责和自我怨恨。第13章中曾谈到,关于抑郁的行为主义理论强调了习得性无助的作用(LoLordo, 2001; Reivich et al., 2005)。认知心理学家则将自我批判和负面的、扭曲的或自我挫败的观念视为许多抑郁障碍的基本原因(第15章将对相关问题做更详尽的讨论)。很显然,心境障碍往往是生活中的应激事件引发的(Calabrese et al., 2009),尤其对于那些有着抑郁易感性人格特质或思维模式的人更是如此(Dozois & Dobson, 2002)。

性别与抑郁

整体来讲,女性有抑郁体验的概率要比男性高50%(National Institute of Mental Health, 2011a)。专家们认为,社会状况和环境条件是造成这种差异的主要原因(Cambron, Acitelli, & Pettit, 2009; Winstead & Sanchez, 2005)。使得女性抑郁风险增加的因素包括生育控制和怀孕、工作与养育孩子之间的冲突、为他人提供情感支持的特质等。婚姻冲突、性虐待、身体虐待以及贫穷也都是增加抑郁易感性的因素。在全美各地,最容易陷入生活贫困状态的是妇女和儿童。结果,贫困的女性常常要承受单独抚养子女、无法把握自己的生活、居住条件差、危险邻居等带来的压力(Stoppard & McMullen, 2003)。一项研究发现,在美国的女性中,如果具有以下特征,则很可能出现抑郁:受教育程度低,未婚,拉丁族裔,应激水平高,无助感(Myers et al., 2002)。

产后抑郁障碍

有一种女性抑郁障碍是相当容易鉴别出来的,即许多女性在怀孕分娩后会面临患抑郁障碍的高风险性(Phillips et al., 2010)。

梅肯巴在孩子出生两周后,发觉自己有些不舒服的感觉。她不得不承认自己非常易怒、疲乏、爱哭,而且沮丧。"我不是该高兴的吗?"她产生了疑虑,"我这是怎么了?"

许多女性在得知自己分娩后会面临患抑郁障碍的风险时感到吃惊。其中两种最常见的是产妇忧郁和产后抑郁障碍。("产后"指的是孩子出生后的那段时间。)

据估计,女性中有25%~50%有过产妇忧郁情绪,这是一种通常从分娩后一两天开始出现的轻度抑郁。这些"第三天忧郁"(因其忧郁症状往往在第三天最为明显而得名)的特征是哭泣、睡眠差、紧张、愤怒、易激惹。对于多数女性来讲,这些反应是在孩子出生后的适应过程中的正常现象。抑

双相障碍/Bipolar disorder 既有抑郁发作又有躁狂或轻躁狂发作的情感障碍。

心境恶劣障碍/Dysthymic disorder 慢性抑郁障碍,是持续两年或更长时间的中度抑郁。

环性心境障碍/Cyclothymic disorder 持续两年或更长时间的中度躁狂和抑郁行为。

重度心境障碍/Major mood disorder 持续的心境或情感上的极端不适状态,有时伴有精神病性症状。

重度抑郁障碍/Major depressive disorder 一种心境障碍,患者经历过一次或多次强烈的抑郁发作。

双相 I 障碍/Bipolar I disorder 心境障碍之一,患者既有躁狂发作(兴奋,多动,精力充沛,自我夸大行为),又会出现严重抑郁。

双相 II 障碍/Bipolar II disorder 心境障碍之一,患者以抑郁(悲伤、沮丧、内疚感)为主,但也会出现一次或者一次以上轻度躁狂(轻躁狂)。

内源性抑郁/Endogenous depression 其抑郁看上去是由于内在的原因(可能是因为脑组织中的化学物质不平衡)引起的,而不是对外部事件的反应。

郁症状常常持续时间短而且不严重。

而对于某些女性来讲，产妇忧郁可能是严重抑郁障碍的开始。在生育过的女性中大约13%患过**产后抑郁障碍**，这是一种在分娩后3个月内出现的轻度到中度抑郁。产后抑郁的典型表现是情绪波动、沮丧、无能感、感觉无法照顾好孩子。不同于其他类型的抑郁，产后抑郁的特征还包括高度的焦躁不安和难以集中注意力（Bernstein et al., 2008）。这种抑郁的持续时间从2个月到一年不等。产后抑郁障碍影响的不仅仅是产妇个人，通过她们还会严重影响宝宝的发育速度（Cooper & Murray, 2001）。

分娩前的应激和焦虑以及对养育孩子的消极态度都会增加产后抑郁障碍的患病风险（Phillips et al., 2010）。婚姻关系差、缺少孩子父亲的支持也是增加患病风险的因素。这种抑郁障碍的病因还与激素水平有关：女性在分娩以后，身体内的雌激素水平下降，会使她的情绪发生变化（Bloch, Daly, & Rubinow, 2003）。

患上抑郁障碍的女性常常认为丈夫对自己的支持不够。因此，通过使新生儿父母了解相互支持的重要性，或许可以降低患抑郁障碍的风险。新妈妈们如果能在一个团体中分享产后的感受，也有助于降低患病风险。如果产后抑郁症状严重或持续时间长，则应该寻求专业人士的帮助。

抑郁的生物学基础

遗传因素与重度心境障碍有关系吗？ 是的，在双相障碍中尤其如此（Curtis et al., 2011; Scharinger et al., 2010）。与此有关的事实是，如果同卵双生子中的一人患抑郁障碍，则另一人患抑郁障碍的可能性为67%，而异卵双胞胎发病的可能性为19%。这种差异也许和基因图谱特殊的人在压力大的时候更容易抑郁有关（Caspi et al., 2003）。我们已经知道，心理因素在许多抑郁障碍病例中都有很重要的作用。而重度心境障碍的病因在更大程度上是生物性的。令人惊讶的是，抑郁的另一个病因与季节有关。

季节性情感障碍

如果你没有在遥远的北方体验过冬季，不了解所谓的"幽居病"（即由于长期独处斗室引起的幽闭烦躁症）的话，你可能会对季节性抑郁障碍感到新奇：有些人患上一种**季节性情感障碍**（SAD），即只在秋冬季节出现抑郁。当天气变短、变黑和变冷时，几乎所有人都会感到有点郁闷。但是，如果某人的症状持续存在且非常严重，他可能就是患上了SAD。下面是瑞典精神病学家Äsa Westrin和加拿大神经科学家Raymond Lam总结的季节性情感障碍的一些主要特征（Westrin & Lam, 2007a）：

- **感到疲劳**：非常疲惫，以至不能保持日常活动。
- **感到睡不醒，难以保持清醒状态**：睡眠习惯被打乱，早上经常很早就醒来。
- **感到饥饿**：非常渴望吃碳水化合物和甜食，因此吃得过多，体重增加。
- **应对能力下降**：一点小事即感到烦躁和紧张。
- **社会退缩**：一到冬天就变得不愿与人交往，但在其他季节喜欢与人交往。

秋天一到，患有季节性情感障碍的人睡眠时间延长，但睡眠质量变得更差。他们白天感到疲倦和打瞌睡，常常饮食过量，每过一天就会变得更为难受、焦虑、易激惹和社会退缩。

尽管他们的抑郁一般不严重，但让他们头疼的是，每当冬季即将来临时，他们就惴惴不安。季节性情感障碍在北纬地区尤其多见（如瑞典、格陵兰岛、加拿大这样的国家和地区），那里冬天的日照时间很短（Michalak & Lam, 2002; Kegel et al., 2009）。例如，一项研究发现，在新英格兰北部生活的大学生中有13%表现出患有SAD的症状（Low & Feissner, 1998）。最容易患上SAD的是那些从南方来北方上学的学生！

季节性抑郁与冬天人体内释放出更多的褪黑激素有关，这是一种由脑部的松果体腺分泌的激素，作用是调节人体对光线变化的反应（Wehr et al., 2001）。正因如此，80%的季节性情感障碍病例可以通过额外的明亮光线照射得到缓解，这种疗法叫作光照疗法（图14.9）。**光照疗法**就是让季节性情感障碍患者每天在非常明亮的荧光灯下待1小时或数小时（Neumeister, 2004; Westrin & Lam,

第 14 章 变态心理学 585

图 14.9 每天 1 小时或更长时间的明亮光照能够显著改善季节性情感障碍的症状。光照治疗通常从秋季持续到次年春季，而在清晨进行疗效最好（Avery et al., 2001）。

2007b）。光照疗法最好在早晨进行，以模拟夏日黎明（Avery et al., 2001）。对于许多季节性情感障碍患者来说，能在清晨享受强烈"阳光"实在是仅次于去热带地区度假的美事了。

> **知识桥**
> 除了导致 SAD 外，褪黑激素还负责调节人体正常的昼夜节律。参见第 10 章。

知识巩固
心境障碍

测一测

1. 心境恶劣障碍属于抑郁障碍，而环性心境障碍则属于躁狂-抑郁障碍。对不对？
2. 重度心境障碍，特别是双相障碍，常常是内源性的。对不对？
3. 在 _____ 关于抑郁的理论中很强调习得性无助。
   a. 人本主义　　　b. 生物学观点
   c. 行为主义　　　d. 精神分析
4. 女性比男性更容易患上抑郁症的主要原因是 _____。
   a. 社会和环境因素　b. 存在主义因素
   c. 生物因素　　　　d. 产后因素
5. 大约 13% 的新妈妈出现产妇忧郁，这是产后抑郁障碍的第一阶段。对不对？
6. 仅仅发生在冬季的抑郁障碍可能属于 _____。
   a. SAD　　　　　b. PTSD
   c. 双相障碍　　　d. 内源性抑郁

想一想

批判性思考

7. 人际关系对于增加女性抑郁障碍患病率的可能原因是什么？

自我反思

在一张纸上写上"双相障碍"和"抑郁障碍"，参照表 14.5 的格式，你能填写多少内容？不断复习，直到你能创作一张新的表格（用你自己的话）。

答案: 1. 对　2. 对　3. c　4. a　5. 不对　6. a　7. 女性比男性更重视人际关系。当别人生活中的压力事件增多、与他人关系紧张时，如亲戚、朋友、同事、邻居、恋人等，女性抑郁的可能性更高。此外，失业也能成为工作间题（Cambron, Acitelli, & Petit, 2009 ; Kendler, Thornton, & Prescott, 2001）。

> **产后抑郁障碍 /Postpartum depression** 妇女生孩子之后 3 个月里出现的轻度到中度抑郁。
>
> **季节性情感障碍 /Seasonal affective disorder（SAD）** 只在秋冬季节发作的抑郁症，可能是由于日照时间缩短造成的。
>
> **光照疗法 /Phototherapy** 接受全光谱强光照射的一种针对季节性情感障碍的治疗方法。

焦虑障碍——焦虑控制了生活

关键问题 14.8：高度焦虑会引起哪些问题？

想象你自己正在等待一场极重要的考试开始，等待向很多观众做一个演讲，等待一个医疗检查结果以确定你或你的爱人是否得了重病。你在类似的情况下一定感受到了焦虑——一种忧虑、恐惧、不安的感觉。

如果说焦虑市是一种正常的情感，那么什么情况下意味着这成为心理问题了呢？当强烈的焦虑妨碍了一个人去做自己想做或必须做的事情，这时就成了心理障碍。而且，有焦虑障碍的人总是感到他们的焦虑无法控制，也无法终止。例如，有一位大学生名叫健，每到考试来临就会极度焦虑，使自己不堪忍受。当他来到咨询中心求助时，他已经数次旷考，面临被学校开除的危险了。一般来说，像健这样的焦虑性问题具有以下表现：

- 高度焦虑或限制行为、自我挫败行为。
- 倾向于通过周密的防御机制或回避反应度日。
- 充满紧张感、不安全感、自卑感，对生活不满意。

> **知识桥**
> 过度使用心理防御机制是很多焦虑障碍的共同特征。参见第 13 章。

有焦虑障碍的人感到有威胁，却不采取任何建设性行动（Cisler & Koster, 2010）。他们总是设法保持对自己的控制力，但没有效果，终日闷闷不乐（Cisler et al., 2010）。在成年人中，每年大约有 18% 的人遭受焦虑障碍的折磨（National Institute of Mental Health, 2011a）。

适应性障碍

适应性障碍会导致"神经崩溃"吗？焦虑性心理问题总是使人很痛苦，但极少引起全方位的"崩溃"。事实上，"神经崩溃"这一说法并没有规范的定义，然而被称为适应性障碍的心理问题确实有些接近"崩溃"的含义。

当日常生活压力超过一个人有效应对的能力时，**适应性障碍**就发生了。这些压力包括长期失业、严重的婚姻冲突和慢性生理疾病等。处于适应性障碍中的人可能表现得极度易怒、焦虑、冷漠或抑郁。他们还有睡眠障碍、食欲丧失和各种躯体不适等。他们的这些问题常常可以通过休息、服用镇静剂、找专家进行咨询以及彻底倾诉自己的害怕和焦虑等方法来解决（American Psychiatric Association, 2000；2010）。

焦虑障碍与适应性障碍有何区别呢？两者的外显症状很相似。然而当生活状况改善后，适应性障碍就会消失（Jones, Yates, & Zhou, 2002；Kramer et al., 2010）。而焦虑障碍患者的痛苦好像是他们自己制造出来的，与周围发生的事情无关。他们觉得必须保卫自己在未来不受那些可能在任何时候出现的威胁的影响（Sue, Sue, & Sue, 2010）。

焦虑障碍

在多数焦虑障碍中，患者的苦恼与所处情境极不相称。下面是艾德里安女士的体验：

> 如果孩子们玩耍时离家稍远一点，几个小时没听到他们的声音，她就会变得非常焦虑，担心孩子们受伤了或者被杀害了。她也始终担心自己的工作表现和与男人的关系。艾德里安相信男人在一两次约会后没再打来电话是因为"他们能感觉到我不是一个有趣的人"。她从来没有真正放松过，在工作中很难集中注意力，常常头痛，而且失眠。（摘自 Brown & Barlow, 2011）

艾德里安女士的苦恼是焦虑障碍的关键成分，而且也可能是解离性障碍和躯体形式障碍的基础，这两种情况下的适应不良行为是为了减轻焦虑和不适。为了加深理解，我们先来看看焦虑障碍的分类（表 14.6），然后再看焦虑如何导致了其他障碍。

表 14.6 DSM-IV-TR 对焦虑障碍的分类

障碍类型	症状的典型表现
广泛性焦虑障碍	极度焦虑和担忧已有 6 个月
*惊恐障碍（不伴有广场恐惧症）	长期处于焦虑状态，且有瞬间惊恐发作
*惊恐障碍（伴有广场恐惧症）	有惊恐发作，担心在公共场合出现惊恐发作，因此几乎不出门
*广场恐惧症（无惊恐障碍史）	担心出门会发生很尴尬的事情（无惊恐发作）
特定恐惧症	对特定物品、活动、地点的强烈恐惧
社交恐惧症	恐惧社交场合，害怕人们盯着你看、批评你、使你尴尬或羞辱你
*强迫障碍	你的想法使自己极度不安，并迫使你刻板地重复某种行为
急性应激障碍	在经历了恐怖事件后，引发的情绪困扰不足一个月
创伤后应激障碍	在经历了恐怖事件后，引发的情绪困扰超过一个月

Sources: American Psychiatric Association，2000；Durand & Barlow，2010.

*DSM-5 可能会对此做出一些修改。伴有和不伴有广场恐怖症的惊恐障碍可能会被合并，而广场恐怖症将成为一个单独的诊断分类。此外将有一个关于焦虑障碍、焦虑和强迫谱系障碍的新分类，其中包括强迫障碍（American Psychiatric Association，2010）。

广泛性焦虑障碍

广泛性焦虑障碍至少持续 6 个月，基本特征是极度焦虑和担忧。患者常报告有出汗、心跳过速、手心湿冷、眩晕、恶心、呼吸急促、易激惹、不能集中注意力。整体来说，女性出现这类症状的人数比男性更多（Brown & Barlow，2011）。

艾德里安女士的情况属于广泛性焦虑障碍吗？是的，不过如果她也经历了焦虑发作，那么她可能会被诊断为惊恐障碍（Batelaan et al.，2010）。

惊恐障碍

惊恐障碍（不伴有广场恐怖症） 患者处于高度焦虑状态，伴有突然性、强烈和无法预期的惊恐发作。在惊恐发作时，病人感到胸痛、心悸、眩晕、窒息，出现不真实感和颤抖，或者害怕自己失去控制。许多人认为自己是心脏病发作，认为自己要发疯了或快要死了。不用说，这种发作让患者在许多时候感到难受，极不舒服。而大多数惊恐障碍的患者是女性（Foot & Koszycki，2004）。

要了解惊恐发作时的感觉，就想象一下自己被困在一个正在下沉的远洋客轮（泰坦尼克号？）的客舱里，四周充满了海水。当你只能在靠近天花板的一个狭小空间里呼吸到空气时，你就知道惊恐发作的感觉了。

惊恐障碍（伴有广场恐怖症） 患者处于长期的焦虑状态中，并会出现突然性的惊恐发作。另外，这种人还表现出广场恐怖症，即当患者处于公共场所或不熟悉的环境时发生的一种强烈的恐惧，害怕将要出现惊恐发作。也就是说，广场恐怖症患者极度恐惧离开自己的家和熟悉的环境。患有广场恐怖症的人总是想方设法避开使他们恐惧的地方，如人群、宽阔的马路、超市、汽车等。结果，一些广场恐怖症患者成了被幽禁在自己家里的人（American Psychiatric Association，2000）。

广场恐怖症

广场恐怖症也可以在没有惊恐障碍的时候发生。在这种情况下，患者害怕如果自己离开房间和进入陌生的环境，会发生一些非常令人尴尬的事情。例如，一个广场恐怖症患者拒绝外出可能是由

适应性障碍 /Adjustment disorder 由日常生活中的应激源导致的情绪障碍。

广泛性焦虑障碍 /Generalized anxiety disorder 一种针对工作、关系、能力或迫近灾难的持续性紧张和担忧的状态。

惊恐障碍（不伴有广场恐怖症）/Panic disorder (without agoraphobia) 一种持续的焦虑状态，伴有短暂时刻的急性、强烈、意外的恐慌感。

惊恐障碍（伴有广场恐怖症）/Panic disorder (with agoraphobia) 一种持续的焦虑状态和短暂的突发恐慌。患者担心会在公众场所或陌生情境中惊恐发作。

广场恐怖症（不伴有惊恐障碍）/Agoraphobia (without panic) 对于如果离开家或进入陌生场景将会发生极其尴尬的事情的恐惧。

于他害怕自己会突然眩晕、腹泻或呼吸不畅。对患有广场恐怖症的人来说，独自一个人离开家、在人群中拥挤、排队、过桥、乘车都是不可能做到的（American Psychiatric Association，2000）。大约4.2%的成年人在一生中会有患广场恐怖症（伴有或不伴有惊恐障碍）的经历（Grant et al.，2006）。

特定恐怖症

如前所述，恐怖症就是即便真正的危险并不存在，患者却产生出强烈的、不合常理的恐惧感，而自己又无法摆脱。**特定恐怖症**表现为针对某一种特定的物品、活动或情境而产生的恐惧、焦虑和回避行为。恐怖症患者知道自己的恐惧是没有道理的，但他们无法控制。例如，一个有蜘蛛恐惧症的人会发现自己无法对一张蜘蛛照片毫无反应，尽管照片不会咬人（Miltner et al.，2004）。特定恐怖症几乎可以针对任何东西或情境（Stinson et al.，2007）。美国较常见的特定恐怖症按照患病率降序排列如下：

  对昆虫、鸟、蛇或其他动物的恐惧（包括蜘蛛恐惧症和动物恐惧症）
  恐高症——害怕登上高处
  雷电恐怖症——害怕暴风雨、雷鸣、闪电
  恐水症——害怕身处水面或水中
  飞行恐怖症——害怕乘飞机
  幽闭恐怖症——害怕被关在封闭的空间内
  广场恐惧症——害怕人多

把适当的词和"恐怖症"相结合，可以命名任何恐怖症。有恐外症，害怕陌生人；有恐血症，害怕血液；有小丑恐惧症，害怕小丑；还有花生酱恐惧症，害怕花生酱粘在口腔的上颚上。本书的作者之一最喜欢的是恐数字13症，即害怕数字13。毕竟，这是该书的第13版。（你是不是害怕拿起本书呢？）

几乎每个人都经历过轻度的恐惧焦虑，如害怕登高，怕被关在封闭的空间里，或怕小虫和令人毛骨悚然的东西。而恐怖症与这些稀松平常的恐惧不同，因为那种心理障碍可能引起压倒性的恐惧。真正的恐怖症会使人呕吐，或吓得连滚带爬，甚至出现昏厥。只有当恐怖情绪对个人的日常生活具有破坏性时才构成恐怖症。患有恐怖症的人是如此恐惧，以至为了躲开自己所害怕的物品或情境，走多少冤枉路都在所不惜，例如为了避开过桥，他们宁肯多绕路80公里。每年大约有8.7%的成年人受到某种特定恐怖症的影响（National Institute of Mental Health，2011a）。

越战英雄麦凯恩参议员正在观看篮球比赛。他很迷信，例如，他不喜欢数字13，总是随身携带31（13的逆序）美分。有一次，他的竞选办公室设置在大楼13层，很快那一层就被重新命名为"M层"（Wargo，2008）。

社交恐怖症

患有**社交恐怖症**的人害怕会受到他人观察、评价、为难或羞辱的情境，这就使得他们回避某些社交场合，避免在公共场所吃东西、写字、上厕所或当众讲话。当他们实在无法回避这些情境的时候，就不得不忍受强烈的焦虑或紧张。患者常有身体不舒服的症状，如心跳加速、手抖、出汗、腹泻、思维混乱、脸红。社交恐怖症对一个人的工作、学习及人际关系有极大的不良影响（American Psychiatric Association，2000）。每年大约有6.8%的成年人受到社交恐怖症的影响（National Institute of Mental Health，2011a）。

强迫障碍

强迫障碍指患者陷入某种痛苦的想法而被迫做出某种行为。你可能曾有过一些轻度的强迫性思维，例如，自己脑子里反复出现某一歌曲或某段愚蠢的广告词，这虽然让人感到不舒服，但通常不会带来糟糕的影响。真正的强迫观念则是违抗人的意志而强行闯入意识中的某种表象和想法，对人干扰很大，以至引起强烈的焦虑。最常见的强迫观念往往有关暴力或伤害（如配偶被毒害或者被汽车撞击）、有关"肮脏"或"不洁"、有关不能确定自己是否完成了某个动作（如是否锁好了家门）的疑问、有关自己是否做了不道德事情的想法（Grabill et al., 2008）。

强迫观念经常导致强迫行为，即患者感到被某种力量驱使而不合常理地反复做一些事情。强迫行为常常有助于控制或阻断由强迫观念引起的焦虑，例如，一个牧师发现自己脑子里冒出了世俗的想法，她可能就会强迫自己数心率，用这种方法来阻止自己的"非分之想"。

有些强迫症患者变成了囤积狂，过度收集各种各样不同的东西（Hayward & Coles, 2009）。其他强迫症患者则可能有检查癖或洁癖。例如，一位年轻母亲的脑海中反复出现刀子刺伤孩子的画面，她可能就会每小时检查一次家里的所有刀具是否都被锁好了。这样做也许可以缓解她的内心焦虑，但是也可能让这一行为成了她生活的全部。同样地，有人由于"到处都是细菌"，所以摸了普通物品就觉得被"污染"了，这样的人一天要洗成百上千次手。

当然，并不是所有的强迫障碍患者都表现得那么夸张。许多有强迫行为倾向的人只是非常注意整洁，行为较为刻板。这种注意细节和严格遵循规则的强迫行为可以使日常活动完全在掌控之中，令高度焦虑者感到安全。（注意：如果这种行为模式维持时间很长并且不是非常严重，则被归为人格障碍。我们将在下文中进行详细讨论。）

囤积者总是强迫自己收集东西，而很少丢弃东西（Hayward & Coles, 2009）。

亿万富翁霍华德·休斯患有严重的强迫症，他因此隐居了20多年。休斯对污染极为恐惧，为了避免被污染，他盖了无菌、独立的房子，通过复杂的程序只接触有限的人或物。以餐勺为例，休斯要求仆人将勺柄缠上纱布并用胶带密封，而在他使用餐勺之前还需要再缠上第二层纱布（Hodgson & Miller, 1982）。符合休斯要求的餐勺最终就像右图展示的那样。

特定恐怖症 /Specific phobia 一种对特定物体、活动或情境的强烈的、不合理的恐惧。

社交恐怖症 /Social phobia 一种对在社交情境中被他人观察、评价或羞辱、令自己难堪的强烈的、不合理的恐惧。

强迫障碍 /Obsessive-compulsive disorder 患者深深陷入某种想法而不能自拔，被迫做出某种特定行为。

应激障碍

应激障碍出现在人们经历了超出人类正常经验的应激事件（如洪水、龙卷风、地震或者恐怖的意外事故）之后。许多政治犯，参加过战争的老兵、战俘，许多恐怖事件、虐待事件、暴力犯罪、儿童性骚扰、强奸、家庭暴力的受害者，或者死亡、严重伤害等事件的目击者，都可能出现应激障碍（Brown & Barlow, 2011）。

应激障碍的症状表现为脑子里反复重现创伤事件中的情景，患者回避与应激事件有关的事物，情感麻木。常见的症状还包括失眠、做噩梦、防卫心理、注意力不能集中、易激惹、暴怒或有攻击性行为。在创伤性事件发生之后，如果上述反应的持续时间不超过一个月，即称为**急性应激障碍**；如果持续时间超过一个月，则称为**创伤后应激障碍**（PTSD, Nemeroff et al., 2006）。

自然灾害夺去了许多人的生命，也破坏了更多人的生活，就像2011年日本发生的灾难性地震和海啸那样。在这样的灾难过后，很多幸存者饱受急性应激障碍之苦。有些人的焦虑和悲痛情绪会在事后持续数月甚至数年之久，这就是创伤后应激反应的例子。

如果一种情景导致我们产生了悲痛、焦虑或者恐惧的情绪，我们会在以后尽量回避它。这是一种正常的生存本能。然而，PTSD患者却无法从中恢复正常状态。美国男性中25%的PTSD患者都是由于军事战斗造成的（Prigerson, Maciejewski, & Rosenheck, 2002）。战场上随时随地的死亡威胁以及战争的可怕景象和声音会对人们产生极坏的影响。心理学家已经发现，在曾参加伊拉克战争和阿富汗战争的美国军人中 PTSD 的发病率较高（Hoge et al., 2004; Marx, 2009）。不幸的是，有8%的退伍军人在战争结束后几十年依然被PTSD所困扰（Dirkzwager, Bramsen, & Van Der Ploeg, 2001）。每年都有3.5%的成年人表现出创伤后应激障碍（National Institute of Mental Health, 2011a）。

解离性障碍

遗忘症、神游症和多重人格都是分裂性障碍的明显表现。**解离性遗忘症**表现为不能回忆起自己的姓名、住址或过去的经历。**解离性神游症**表现有突然离家开始无计划的旅行，并有个人身份认同的混淆（该诊断在 DSM-5 中可能被归为解离性遗忘症的亚型；American Psychiatric Association, 2010）。解离性障碍往往是由严重的创伤性事件触发的（McLewin & Muller, 2006）。在这样的情况下，遗忘个人身份和逃离不愉快的情境似乎是对无法忍受的焦虑的防御机制。

解离性认同障碍指的是一个人有两种或多种不同的身份或人格状态（注意，认同障碍不同于精神分裂症。精神分裂症是精神病性障碍的一种，在本章中前面的章节已经讨论过了）。《西比尔》一书所描述的就是一个多重人格的生动案例（Schreiber, 1973）。书中的西比尔有16种不同的人格状态，每个人格都有独特的声音、词汇和姿态。其中一个人格会弹钢琴，但西比尔不会弹，而其他的人格也不会弹。

当西比尔被另一种人格控制时，她可以体验到一种"时间中断"或记忆缺失。西比尔的遗忘症和个人身份认同变化首次出现是在童年期。在她还是个小女孩的时候，她经常挨打，被锁在壁橱里，受到非人的折磨，遭受性虐待并差点被杀死。西比尔的第一次人格分裂所制造出来的另外一个人可以代替她来承受折磨，而使她自己得以逃脱。正如西比尔所经受的一样，分裂性身份障碍一般都始于无法忍受的童年经历。在人格分裂导致多重身份认同的患者中，有很高比例的人曾遭受童年创伤，尤其是性虐待（McLewin & Muller, 2006; Simeon et al., 2002）。

类似西比尔那样令人瞠目的病例，让一些专家对多重人格是否真正存在产生怀疑（Casey, 2001；Piper, 2008）。然而，多数心理学家还是相信，多重人格是真实存在的一种少见的心理问题（Cormier & Thelen, 1998；Dell, 2009）。

解离性身份障碍可以通过催眠法进行治疗，在治疗过程中可以接触到患者不同的人格状态。治疗目标是要整合不同的人格，使之融合为单一和平衡的人格状态。所幸，现实生活中多重身份认同障碍患者的数量要比影视作品中少得多。

躯体形式障碍

你认识的人中有没有人看上去很健康，却总是担心自己生病？这种人过分关注自己的身体机能，如心跳、呼吸或消化是否正常，一点儿小毛病——甚至是小伤小痛或偶尔咳嗽一声——就能让他们相信自己得了癌症等绝症。即使医生查不出任何问题，也无法打消他们的恐惧（Korol, Craig, & Firestone, 2003）。

你说的是疑病症吧？是的。**疑病症**是一种心理障碍，患者把自己正常的身体感觉视为自身患有严重疾病的证据（参见"厌倦了生病"，文中介绍了一种类似的心理障碍，既古怪，又反常）。有一种称为**躯体性障碍**的心理问题，患者通过诉说自己身体上的各种不适来表达他们的焦虑，如呕吐、恶心、气短、吞咽困难或者痛经。他们总是觉得自己有病，不断地去看医生。多数人要求吃药或接受各种治疗，但实际上他们的身体不适并没有任何器质性原因。与此相似的还有一种**疼痛障碍**，患者因感觉疼痛而致残，但也找不到任何器质性原因［该名称在DSM-5中可能被修改为综合性躯体症状障碍（complex somatic symptom disorder；American Psychiatric Association, 2010）］。

另一种更为罕见的躯体形式障碍称为转换性障碍。在**转换性障碍**中，严重的情绪冲突可被转变为躯体症状，这些症状确实扰乱了身体机能，或者出来类似身体残疾的状况。例如，一个士兵在战斗前可能突然变得听不见声音、走不了路，或出现"手套麻痹"［该名称在DSM-5中可能被修改为功能性神经症状（functional neurological symptoms；

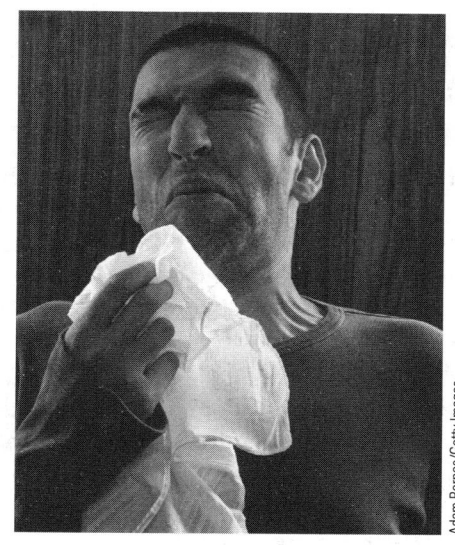

连续数天或数周控制不住地总打喷嚏，常常是转换性障碍症状。在这种情况下，打喷嚏的速率和节奏都不正常。此外，这样的人在打喷嚏时睁着眼睛并且在睡觉时不打喷嚏。（正常人打喷嚏如图所示。）所有这些迹象都表明，导致这样打喷嚏的原因是心理性的，而不是生理性的（Fochtmann, 1995）。

应激障碍 /Stress disorder 由超出人类正常经验的应激事件所导致的严重情绪障碍。

急性应激障碍 /Acute stress disorder 在经历了引发焦虑的应激事件之后出现的不超过一个月的心理障碍。

创伤后应激障碍 /Post-traumatic stress disorder（PTSD） 在经历了引发焦虑的应激事件之后出现的超过一个月的心理障碍。

解离性遗忘症 /Dissociative amnesia 失去有关个人身份重要信息的部分或全部记忆。

解离性神游症 /Dissociative fugue 突然离家出走，并有对自己的个人身份认同的混淆。

解离性认同障碍 /Dissociative identity disorder 存在两个或多个不同的人格（多重人格）。

疑病症 /Hypochondriasis 非常害怕自己得了重病。把普通的身体不适当作患病的证据，但又查不出任何疾病。

躯体性障碍 /Somatization disorder 患者总是抱怨有非常多的身体不适症状，也看过很多医生，可是找不到任何器质性原因。

疼痛障碍 /Pain disorder 无明确的生理原因、似乎由心理原因引起的疼痛。

转换性障碍 /Conversion disorder 看似是身体机能发生障碍，实际上却是由焦虑或情绪痛苦引起的身体症状。

临床案例 厌倦了生病

14岁时，班因为鼻窦炎问题再次入院，从8岁开始他已经接受了40次手术。此外，他在不同时期还被诊断为双相障碍、对立违抗性障碍、注意缺陷障碍。班服用过19种不同的药物。他的母亲极度渴望他能"被治愈"。她搜寻了数不清的方法，从不放弃任何机会。然而最终发现班没有任何异常。当他和医生独处的时候，他说自己已经"厌倦了生病"。

事实上，是班的母亲生病了，她被诊断出**代理孟乔森综合征**（Awadallah et al.，2005）。此病患者会为被自己监护的人虚构疾病。[而**孟乔森综合征（做作障碍）**的患者则是为自己虚构疾病。]像班的案例一样，大多数患者是母亲，她们伪造子女的疾病（Day & Moseley，2010）。有时，患者还会有意伤害自己的孩子，例如，一位母亲曾给自己的儿子注射七喜饮料（Reisner，2006）。

但他们为什么这样做呢？原因在于，孟乔森综合征患者和代理型孟乔森综合征患者似乎都有一种从专业医生那里寻求注意和同情的病理性需要，而且，人们还会称赞他们关注健康或表扬他们是称职的好家长（Day & Moseley，2010）。

该案例也说明了心理障碍的另一个要点：班的母亲被诊断出好几项心理障碍，包括代理孟乔森综合征、情感分裂性心理障碍和边缘型人格障碍。很多患者的心理障碍是并存性的，就是说他们会同时患有不止一种障碍。这种情况不仅会增加患者的痛苦，也会使医疗人员的诊断和治疗更加困难。

American Psychiatric Association，2010）]。

什么是"手套麻痹"？"手套麻痹"指通常被手套所覆盖的皮肤部位丧失了敏感性。手套麻痹表明，转换性障碍的症状常常与现有的医学知识相矛盾。手部的神经系统并不是呈手套状分布的，因此，生理原因不可能引起这种症状（图14.10）。

如果患者的躯体症状在睡眠、催眠或麻醉状态中消失，则一定要考虑到转换性障碍（Russo et al.，1998）。还有一个现象在观察转换性障碍患者时应加以注意，即他们对于自己突然致残一事并不在意，这种反应非常奇怪。

知识桥
千万别混淆了躯体形式障碍和心身疾病，后者是由压力引起的真正的生理损伤。参见第13章。

焦虑与心理障碍——导致问题的四个原因

关键问题14.9：心理学家如何解释与焦虑相关的心理障碍？

导致焦虑障碍的原因是什么？焦虑障碍或许可以从应激－易感模式中得到最好的解释。与焦虑相关的心理障碍可能部分是遗传造成的（Rachman，2004）。研究表明，在家族中，高度的紧张、不安或情绪化是可以遗传的。例如，有惊恐障碍的父母所生的孩子中60%具有胆怯、拘谨的气质。这些孩子在婴儿期就表现出易激惹和小心翼翼等特点；在学步时期，害羞且胆小；上小学时，文静、谨慎且内向；到成年以后，他们出现焦虑等心理障碍的风险很高，如惊恐发作等（Barlow，2000；Durand & Barlow，2010）。

关于解离性障碍、与焦虑相关的心理障碍和躯体形式障碍的病因，至少有四种主要的心理学观点加以解释，即①心理动力学观点，②人本主义－存在主义观点，③行为主义观点，④认知观点。

心理动力学观点

心理动力这个术语指的是内部动机、冲突、无意识力量以及心理活动的其他动力。弗洛伊德最早提出用心理动力学来解释他所谓的"神经官能症"。根据弗洛伊德的观点，我们前面描述的那些心理障碍展现了人格的各组成部分——本我、自我和超我之间的激烈冲突。

弗洛伊德强调，禁止本我的性冲动和攻击冲动演变为行为是导致强烈焦虑的原因。人总是害怕自己会做出疯狂的或者被禁止的事情，而且人也会

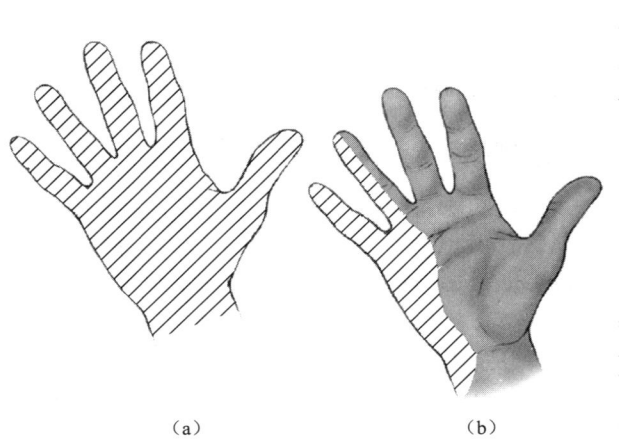
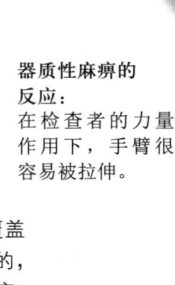

转换性障碍的反应：
拉伸手臂之后，随之而来的是被牵拉肌肉不由自主地回缩，表明其尚保留有肌力。

器质性麻痹的反应：
在检查者的力量作用下，手臂很容易被拉伸。

图14.10（左）"手套麻痹"是一种转换性障碍，表现为手套覆盖的手部皮肤的感觉丧失，如图（a）。如果麻痹是生理原因导致的，则其分布方式应该如图（b）所示。（右）要检验手臂的器质性麻痹，检查者可以突然拉伸对方的手臂，使肌肉伸展。如果手臂不由自主地回缩，则表明是转换性障碍（Adapted from Weintraub, 1983）。

受到有内疚感的折磨，因为超我通过这种内疚感来压抑被禁止的冲动。如果处在本我和超我中间的自我最终被压垮，这将迫使人们采用僵化的防御机制和被误导的、缺乏灵活性的行为方式，来防止由于失去控制而可能造成的灾难性后果。

> **知识桥**
> 关于防御机制的更多信息，请参见第13章。

人本主义–存在主义观点

人本主义理论强调主观经验、人性问题、个人潜能。人本主义心理学家卡尔·罗杰斯认为，有缺陷的自我形象或自我概念是导致情感障碍的根源（Rogers, 1959）。罗杰斯提出，焦虑者所建立的自我心理形象往往是不切实际的，这就使得他们面对矛盾信息时非常脆弱。例如夏恩的自我形象的核心是自己非常聪明。如果她在学校里成绩不佳，她就可能否定或歪曲自己对自身及所处环境的看法。如果夏恩的焦虑变得很严重，她就可能会求助于防御机制。她的自我形象受到威胁还可能导致转换性障碍、焦虑发作或者类似的症状，而这些症状接着又会成为新的威胁，进一步加深对自我形象的扭曲。很快，她就陷入了适应不良和焦虑的恶性循环中，而且这个恶性循环一旦开始就难以制止。

存在主义观点强调存在的"基本问题"，如死亡、人生意义、选择、责任等。比较支持存在主义观点的心理学家认为，不健康的焦虑反映出一个人的生活失去了意义。根据他们的观点，如果生活是有意义的，那么我们在进行选择时就一定要表现出勇气和责任感。他们说，太多时候我们会向"存在焦虑"妥协，不敢做出令生活更有意义的选择。同时，由于我们知道要对自己的生活负责，所以存在焦虑对我们是一种无法避免的痛苦。因此，当我们面对空虚和缺乏意义的生活时，最迫切的事情就是做出明智且勇敢的选择。青少年在发展自我同一性的时候可能会经历很强烈的存在焦虑（Berman, Weems, & Stickle, 2006）。

> **代理孟乔森综合征/Munchausen by proxy syndrome** 患者虚构由其照顾的人的症状，以此获得关注。
>
> **孟乔森综合征（做作障碍）/Munchausen syndrome (factitious disorder)** 患者虚构自己有各类疾病，以此获得关注。

根据存在主义的观点，焦虑者在生活中缺乏美好的信仰，也就是说，他们不敢承担崇高的责任，不敢选择有意义的生存方式。简言之，他们在生活中迷失了方向。从这一观点看，如果你所做的选择没有真实地反映你的价值观、你的情感和信仰，你就有可能因此而出现心理问题。

行为主义观点

行为主义观点强调外显的、可观察的行为以及学习和条件反射的作用。行为主义者认为，我们所讨论的这些"心理症状"与其他行为一样，都是习得的。关于这一点你可以回顾一下第6章的内容，例如，恐怖症可以通过经典条件反射获得，与此相似，焦虑发作也可能反映了条件性情感反应在新情境中的泛化。再如，疑病症患者所得到的同情和注意会使他们的"病态行为"得到强化。

有一个观点是得到理论家们普遍赞同的，即异常行为最终都将导致自我挫败，尽管暂时能减轻焦虑，但从长远的观点来看，其结果终将使人变得更加痛苦。

但是，如果从长远的观点来看，自我挫败行为会使人变得越来越痛苦，那么，这种行为是如何开始的呢？行为主义的解释是，自我挫败行为始于回避学习（见第6章）。回避学习即通过做出某种反应，以回避或延迟那些痛苦或不愉快的刺激的发生。下面复习一段实验内容：

> 一只动物被放进一个特殊的笼子里。几分钟之后出现一束光，又过一会儿出现一次令人痛苦的电击，动物迅速逃到第二个隔室中去。几分钟后，又有一束光照进第二个隔室里，接着又是一次电击。很快，这只动物就学会了在电击到来之前逃离，以避免疼痛。一旦动物学会了躲避电击，实验中即可一直都不再使用电击。一只受过训练的动物会无限期地在见到光束之后就躲避那些并不会出现的电击。

对人类的行为可以做相同的分析。行为主义学家会说，即时的焦虑缓解使个体得到了强有力的奖赏，从而使其自我挫败的回避行为持续存在。这种**焦虑降低假说**似乎可以用来解释为什么我们前面所讨论的那些行为模式在旁观者看起来很愚蠢。

认知观点

认知观点认为，扭曲的思维方式使得人们把普通的威胁和失败"放大"，从而导致了苦恼（Provencher, Dugas, & Ladouceur, 2004）。例如，邦妮患有社交恐怖症，经常担心别人在学校怎么评价自己。原因在于，社交恐怖症患者多为完美主义者。与其他社交恐怖症患者一样，邦妮过于担心自己犯错误，总是认为别人在批评她，而实际上并没有人批评她。如果邦妮认为在某个社交场合中别人会过分关注她，她就会回避这个场合（Brown & Barlow, 2011）。社交恐怖症患者即使获得了成功，扭曲的思维方式也会使他们认为自己是失败的（Barlow, 2002）。简言之，通过改变思维方式，可以有效地使这类处于焦虑状态的人大大减轻自己的恐惧（Hall, 2006）。

说明

这四种心理学解释的核心或许都是正确的。因此，对各种观点加以整合可能对理解焦虑障碍有所助益。每种观点也都提出了各自不同的治疗方法。由于有关治疗方法的内容较多，所以将在第15章中加以讨论。

人格障碍——对适应不良的研究

关键问题 14.10：什么是人格障碍？

"滚开！别管我！让我安静地死！"在精神病院的隔离间里，朱迪对护士吼叫着。她的一只胳膊上，长长的暗红色伤疤和以前自杀留下的疤痕交织在一起。朱迪曾经吹嘘说她最多的一次缝了67针。今天，护士不得不把她绑起来送进隔离间，以免她抠出自己的眼睛。朱迪服用镇静剂后睡了12个小时，醒来后，她要求见她的医生。一切又恢复了平静——尽管她上一次发作是因为医生取消了早晨的预约时间，改在了下午。

朱迪患的是一种被称为边缘型人格障碍的心理问题。尽管朱迪有能力工作，但由于她无法与同事搞好人际关系，所以总是被辞退。她有时对人很友好，也很有魅力，但是她喜怒无常，非常情绪化，甚至会自杀。与朱迪做朋友是一个可怕的挑战。取消约会、忘记了一个特别的日子或者用词不当，如此等等，一点鸡毛蒜皮的小事就可能引得朱迪大发雷霆，或者试图自杀。像其他边缘型人格障碍患者一样，朱迪对普通的批评异常敏感，她感觉遭到了拒绝和抛弃。在这种情况下，她经常以发怒、自我仇视和冲动行为来回应。这些"情绪风暴"破坏了她的人际关系，并且使她对于自己是谁这个问题更加困惑（Siever & Koenigsberg，2000）。

适应不良人格类型

如前所述，人格障碍的个体具有适应不良的人格特征。例如，偏执型人格障碍者多疑、过分敏感、防范心强。自恋型人格障碍者总是要求别人不断赞美自己，迷失在权力、财富、成就、美貌和爱情的幻想之中。名人比普通人更有可能成为自恋型人格障碍患者，这可能是因为他们得到了太多关注（Young & Pinsky，2006）。依赖型人格障碍者的自信心极低，允许别人操纵他们的生活，把所有其他人的需要都放在自己的需要之前。表演型人格障碍者总是通过夸张地表达情感，或做出某些戏剧性的动作，来吸引别人的注意。

一般来说，诸如刚才所描述的模式源于青少年时期甚至儿童时期。因此，人格障碍根深蒂固，而且通常会持续很多年。

> **知识桥**
> 人格模式在很小的时候就比较稳定了，这使得人格障碍很难治疗。参见第 12 章。

人格障碍的类型很多（表14.7），因此我们主要介绍一个经常发生理解错误的问题，即反社会型人格。

表 14.7　DSM–IV–TR 中的人格障碍类型和损害的典型程度 *

中度损害	
依赖型	没有自信，过分顺从和依附他人
表演型	具有戏剧性和浮夸的特点。夸张地表达情感以寻求他人的注意
自恋型	妄自尊大，总认为自己应该不断地受到赞扬
反社会型	不负责任，缺乏内疚感或同情心，有反社会行为，如攻击他人、骗人、行事鲁莽
重度损害	
强迫型	任何时候都追求秩序井然、绝对完美、控制感，行事刻板
分裂型	缺乏情感，无法与他人建立亲密的人际关系
回避型	害羞，在公共场合感到不舒服，害怕被人评价
严重损害	
边缘型	自我形象、情绪及冲动行为等都很古怪，对他人的任何批评、拒绝或者抛弃的信号都异常敏感
偏执型	极度不信任他人，怀疑他人的动机，认为他人所做的一切都是侮辱性或威胁性的
分裂型	不合群，行为极度怪异，思维模式古怪，但并非精神病性障碍

Sources: American Psychiatric Association，2000，2010；Durand & Barlow，2010.
* 所有这些人格障碍都将在即将出版的 DSM-5 中得到重新论述（American Psychiatric Association，2010）

反社会型人格

反社会型人格有哪些特征？有**反社会型人格**的人一般都缺乏良知，他们冲动、自私、不诚实、情感淡漠、总想控制别人（Visser et al.，2010）。这类人有时又被称为反社会的人或人格变态的人，一般都有社会适应不良的情况，似乎感受不到什么是内疚、羞耻、恐惧、忠诚或者关爱（American Psychiatric Association，2000）。

反社会者是不是很危险？反社会者与社会之间

焦虑降低假说 /Anxiety reduction hypothesis 认为自我挫败的回避反应是焦虑缓解的强化作用所产生的结果。

反社会型人格 /Antisocial personality（antisocial / psychopathic personality） 指一个人无道德观念、情感淡漠、行为冲动、自私，并企图控制他人。

存在长期的冲突，许多人沦为少年犯或罪犯，给社会带来危害（Ogloff, 2006）。然而，反社会者很少成为影视作品中所描述的那种疯狂的杀人犯。实际上，在第一次见面时，许多反社会者都显得很有魅力，他们的"朋友"是逐渐发现他们的谎言以及自私、操纵欲的。一项研究发现，反社会者对于平常人认为令人作呕的现象无动于衷。这个特点可能增加了他们的残忍和利用他人的能力（Kosson et al., 2002）很多成功的商人、娱乐明星、政客和某些看上去正常的人也具有反社会型人格倾向。反社会者的一生基本上都是在冷酷利用和不断欺骗别人中度过的（Ogloff, 2006）。

病因

造成反社会型人格的因素有哪些？具有反社会型人格者大多有过相似的童年经历（Burt et al., 2007），曾遭受情感剥夺和虐待（Pollock et al., 1990）。具有反社会型人格的成年人会出现某种细微的神经系统变化。例如，他们的脑电波模式与常人不同，显示他们的大脑处于低唤醒状态。这也许可以解释为什么许多反社会型人格患者喜欢寻求刺激。极有可能的原因就是，他们需要通过高强度的刺激来克服大脑的持续低唤醒水平或自己的"无聊"感觉（Hare, 2006）。

超过2/3的有反社会型人格者因犯下抢劫罪、故意破坏公共财物罪、强奸罪等而被逮捕。

有一项研究的结果非常具有说服力，研究者给那些反社会型人格患者观看一些残缺的肢体照片，画面极为恐怖，使人很不愉快。凡是正常人，观看照片时无不感到震惊，而有反社会型人格者则没有任何吃惊的反应（他们"连眼睛都不眨一下"）（Levenston et al., 2000）。这一类型的患者因此被描述为情感冷漠，他们感觉不到正常的良心谴责、耻辱或焦虑等（Blair et al., 2006）。也许正是这种冷酷使他们在说谎、欺骗、盗窃或利用别人时还能保持平静。

反社会型人格者可以治愈吗？对反社会型人格障碍的治疗极少获得成功（Hare, 2006）。经常发生的情况是，反社会者像其控制其他情境一样试图控制治疗过程，当他们发现表现出"治疗有效"对他们有好处的时候，他们就会装出"治疗有效"的样子，但很快将原形毕露。不过一个积极的情况是，即使不进行治疗，他们的反社会行为在40岁后也多多少少会有减轻的趋势，因为人们随着年龄的增长总会变得更"老成"一些（Laub & Sampson, 2003）。

展望未来

心理问题的治疗包括心理咨询、心理治疗、住院治疗和药物治疗等。由于治疗方法繁多且差别很大，我们将在下一章进行全面讨论。目前值得注意的是，许多轻度的心理障碍是可以被成功治疗的，即使是重度心理障碍，也可以通过药物治疗和其他方法加以控制，效果良好。恐惧精神病康复者或把他们排除在工作、友情和其他社会情境之外是不对的。重度抑郁症或精神病发作并不意味着功能终生障碍，但是，患者往往因人们毫无根据的恐惧而受到排斥（Sarason & Sarason, 2005）。

就让我们以一个被普遍误解的问题来结束这一章吧：当你阅读完这一页的时候，美国就有一个人自杀了。对于自杀，我们能做些什么呢？接下来的应用篇会给出一些答案。

知识巩固
与焦虑相关的障碍及人格障碍

测一测

1. 一个人如果长期失业、婚姻失败或者所患的躯体疾病超出了自己的承受能力，那么最容易出现下列哪一种心理问题？

a. 解离性障碍　　b. 广场恐怖症

c. 适应性障碍　　d. 转换性障碍

2. 惊恐障碍的发生可以伴有广场恐怖症，也可以不伴有广场恐怖症。但是，广场恐怖症不可能不伴有惊恐障碍而单独发生。对不对？

3. 艾莉斯对密闭空间非常恐惧。下列选项中哪一个是她的这种恐怖症的正式名称？

a. 黑夜恐怖症　　b. 幽闭恐怖症

c. 疾病恐怖症　　d. 火焰恐怖症

4. 一个人非常害怕在公共场合吃东西、写字或讲话，这属于_____。

5. 不断地囤积物品、总是反复检查是否锁了门或没完没了洗手的人属于下面哪一种心理障碍？

a. 螨虫恐怖症

b. 伴有广场恐怖症的惊恐障碍

c. 广泛性焦虑障碍

d. 强迫障碍

6. 急性应激障碍的症状持续时间少于一个月，而创伤后应激障碍的持续时间多于一个月。对不对？

7. 下面哪一种情况不属于解离性障碍？

a. 神游症　　　　b. 遗忘症

c. 转换性反应　　d. 多重人格

8. 根据_____观点，焦虑障碍是有缺陷的自我形象导致的最终结果。

a. 心理动力学　　b. 人本主义

c. 行为主义　　　d. 认知

9. 妄自尊大并总是需要得到别人的关注和赞美，下列哪一种人格障碍类型与这些表现有关？

a. 自恋型人格　　b. 反社会型人格

c. 偏执型人格　　d. 控制型人格

10. 反社会型人格障碍很难治愈。但是，反社会的人在青少年期以后的1~2年，其反社会行为常会有所减少。对不对？

想一想

批判性思考

11. 身体上的许多不适与焦虑障碍有关，这些不适与神经系统中的哪一部分有密切联系？

12. 患有代理型孟乔森综合征的人是怎样骗过医生的？在班为子虚乌有的鼻窦炎接受40次手术之前，医生们难道不觉得班的病情很可疑吗？（参见"厌倦了生病"。）

自我反思

你最不愿意患上哪一种焦虑障碍？为什么？

你经历过哪一种轻微的强迫观念或强迫行为？

应激障碍与适应性障碍关键的不同点是什么？（如果不能立即说出答案，请复习一下这两部分内容。）

对于与焦虑相关的心理障碍的四种心理学解释，你认为哪一种最令人信服？

用于定义人格障碍的许多特质在正常人格中也有程度较轻的表现。想一想在你认识的人中，有哪些人具有各类型人格障碍中所描述的某些特质。

答案：1.c　2.不对　3.b　4.社交恐怖症　5.d　6.对　7.c　8.b　9.a　10.不对　11.自主神经系统（ANS），尤其是中的交感神经系统。12.没有任何一个医生能长期跟踪治疗这个孩子，一旦一个医生开始怀疑治疗，母亲就会换另一个医生，如此循环就会同时看好几个医生。

应用篇
自杀——生活在崩溃的边缘

关键问题 14.11：人为什么要自杀，能阻止他们吗？

脱口秀节目主持人菲尔·多纳休曾说过："自杀是对暂时性问题的永久性解决方法。"如果这是显而易见的，那么令人痛心的是，为什么自杀如此普遍呢？在北美地区，每3个人被谋杀的同时，就有5个人自杀，而且可能还有11个人试图"成功地"自杀（National Institute of Mental Health, 2010）。有一天你很可能会遇到你认识的人试图自杀的事情。

影响自杀率的因素有哪些? 因素很多，但还是有一些一般规律。

性别 男性自杀比女性多。男性自杀并达到目的的人数是女性的4倍，但女性自杀未遂的人数比男性多（Denney et al., 2009; National Institute of Mental Health, 2011a）。男性自杀者的死亡人数之所以高于女性，是因为男性通常用枪或其他致命方法来自杀（National Institute of Mental Health, 2010）。女性最常采用的方法是过量服药，而救援人员往往可以在人还未死之前赶到。可悲的是，近年来女性在自杀时也开始使用致命方法。不久，女性自杀导致死亡的案例也许将达到男性的水平。

种族 每个国家的自杀率都非常不同。美国的自杀率几乎是阿塞拜疆的10倍，反过来，匈牙利的自杀率又是美国的3倍多（Lester & Yang, 2005）。在美国境内，白种人比其他人种的自杀率要高（图14.11），虽然非洲裔美国人的自杀率也在逐年上升（Griffin-Fennell & Williams, 2006; National Institute of Mental Health, 2010）。不幸的是，美洲原住民的自杀率是美国目前最高的（澳大利亚和新西兰原住民的自杀率也一样高）（Goldston et al., 2008; McKenzie, Serfaty, & Crawford, 2003）。

年龄 自杀率随年龄增长逐步上升。45岁以上的自杀者占自杀总人数的一半以上（图14.11）。65岁及以上的白人男性的自杀风险尤其高。年轻人的自杀率也值得特别关注。在1950—1990年，青少年和年轻的成年人的自杀率翻了一番（Durand & Barlow, 2010）。事实上，自杀是15—24岁年轻人死亡的第三大原因（National Institute of Mental Health, 2010）。学习在一些自杀事件中是一个影响因素，原因不过是自杀的学生没有达到自己心目中的极高标准，他们之中很多人都是优秀学生。学生自杀的其他重要原因包括吸食可卡因和酗酒（Garlow, Purselle, & Heninger, 2007）、慢性疾病（真实存在的或者想象的）、人际交往困难（有些自杀者是被抛弃的失恋者，但是另外一些仅仅是社会退缩和没有朋友的人）等。

婚姻状况 成功的婚姻可能是防止自杀冲动的最佳自然保护措施。已婚者的自杀率比离婚者、丧偶者和单身者要低（Yip &

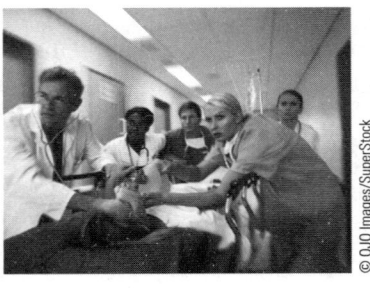

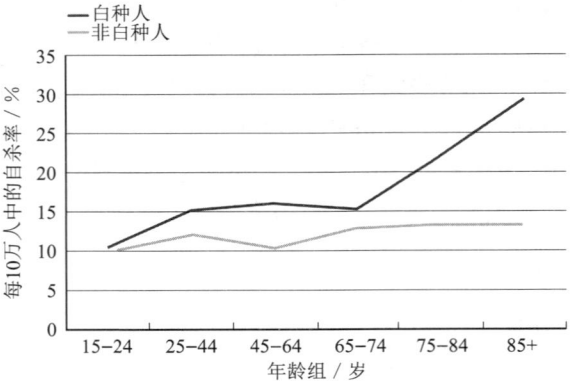

图14.11 在美国，白种人的自杀率普遍要比其他人种更高，而老年人比年轻人的自杀率更高（Centers for Disease Control, 2003; National Institute of Mental Health, 2008）。

Thorburn，2004）。

自杀的直接原因

人为什么要自杀？通过分析自杀者自杀之前的生活状况，即可得到关于自杀的最好解释。90%的自杀者都有心理障碍（通常为抑郁或与药物有关的障碍）（National Institute of Mental Health，2011a）。自杀者常与家人、情人或配偶有矛盾，有酗酒或药物滥用问题、性适应问题或工作不顺利等问题。

下面是造成自杀的主要危险因素（National Institute of Mental Health，2010；Rudd, Joiner, & Rajab，2001）：吸毒或酗酒；以往曾有过自杀企图；患抑郁障碍或其他心境障碍；绝望，无价值感；有反社会行为、冲动或攻击性行为；重度焦虑、惊恐发作；有自杀的家族史；感到羞耻、屈辱、失败或被拒绝；拥有武器。少数族裔的青少年还面临更多的危险因素，如丢脸、文化适应压力、种族主义和歧视等（Goldston et al.，2008）。

一般而言，自杀的人往往不与他人交往，感到自己没有价值、无助、遭到误解、想死。极端消极的自我形象和强烈的绝望感往往提示有高度的自杀可能（Heisel, Flett, & Hewitt，2003）。不过，要产生自杀的念头并不需要长期生活在上述状况之中，任何人都可能暂时处于极度抑郁状态，并想要自杀。对于普通人来说，最危险的时候是在离婚、分离、被拒绝、失败或痛失亲人的时刻，上述每一种情况都可能使人感到无法忍受，因此迫切地想要逃避、想要获得解脱或者想死（Boergers, Spirito, & Donaldson，1998）。对于年轻人来说，愤怒和敌意会使自杀的风险增加。当要伤害他人的冲动转向内部时，自杀的风险也将大大增加（Jamison，2001）。

预防自杀

那些把自杀挂在嘴边或者威胁要自杀的人很少真的去自杀。这种认识对不对？不对，这是一种谬论。在每10个试图自杀的人中，有8个人会在事先发出警告信号。对于威胁要自杀的人应该认真对待（图14.12），比如，自杀者可能只是说："我有时觉得还是死了的好。"自杀信号也可能是间接发出的，例如，一个朋友送你一枚他心爱的戒指，对你说："留着吧，我再也不需要它了。"或者说："我想我不用去修手表了，反正也无所谓了。"这些先兆或许就是他们向我们求助的信号。

下文列出了自杀的警告信号，特别是如果几条信号同时具备，就说明自杀已迫在眉睫（Leenaars, Lester, & Wenckstern，2005；National Institute of Mental Health，2011b）：

- 直接威胁要自杀
- 专注于死亡问题
- 抑郁/绝望
- 愤怒或寻求报复
- 攻击行为和/或冒险行为
- 滥用酒精或药物
- 回避与他人交往
- 没有生活目标
- 心境忽然改变
- 人格改变
- 把自己珍藏的东西作为礼品送人
- 近期生活中出现危机或受到情感创伤。

自杀是无法预防的，自杀的人总能找到办法去自杀。这种说法是正确的吗？不正确。当一个人感到孤独、抑郁，无法客观地看待事物的时候，就常常会出现自杀行为。对于看上去有自杀危险的人应该进行干预。

据估计，大约2/3的自杀尝试是由那些并非真的想死的人做出的，约1/3以上的人举棋不定，没有明确的选择，也没有做出必死的决定。只有3%~5%的人是真的想死。所以，如果有人帮助他们，多数自杀者会得到解救。请记住，自杀行为其实是在乞求帮助，而你可以帮助他们。

怎样帮助

当某人暗示自己想自杀时，我们最应该做些什么？了解一些关于自杀想法和感觉的共同

图14.12 自杀行为通常先由自杀想法逐渐变为自杀威胁，再变为自杀尝试。一个人不会没有发出自杀威胁就尝试自杀。因此，我们应该高度关注自杀威胁（Leenaars, Lester, & Wenckstern，2005）。

特征有助于我们回答这个问题（Leenaars, Lester, & Wenckstern, 2005; Shneidman, 1987b）：

1. **逃离**。每个人都想要逃离令人不安的境遇。离家出走、退学、放弃婚姻等都是逃离的方式，当然，自杀是终极逃离。当自杀者明白，这种逃离的自然愿望不一定要以结束生命的方式来表达时，将有助于防止自杀。
2. **无法忍受的心理痛苦**。人试图自杀是因为无法忍受某种情感上的痛苦而寻求解脱。任何人想要防止别人自杀，目标之一应该是尽可能地帮助他们减轻痛苦，比如问问当事人："你有什么伤心事？"当痛苦的程度超出了当事人可以应对的能力范围时，就会发生自杀。
3. **心理需求遭遇挫折**。如果我们能够了解到一位试图自杀者遭受的挫折和心理需求，并减轻其痛苦，常常就能防止自杀，比如了解一下此人在追求恋爱、成就、信任、安全或友谊等方面是否受到了严重的挫折。
4. **选择的局限性**。自杀者往往感到无助，认为只有死才是唯一的解决之道，把自己的选择局限于自杀这一种方法上。因此，作为救援者，我们的目标就是要帮助他们扩大视野，看到自己还有其他的选择。当他们认识到更多的选择之后，通常能够发现，即使所有的选择都不会令人愉快，但最不愉快的选择也比轻生好。

了解了这些，可以作为我们在帮助试图自杀者和与他们交谈时的指导思想。此外，你最重要的任务是与他们建立融洽、和谐的关系，支持他们，接纳他们，真心地关爱他们。

记住，试图自杀者觉得自己被人误解，所以，我们应该努力接受和理解他所表达的情感。我们甚至还应该表达出对他的自杀念头的接受，完全可以问他："你是不是想自杀？"

与自杀者建立好沟通关系可能就足以帮助他们渡过难关。你也许发现，每天和他约个时间一起吃顿午餐、搭车同行、散散步都会对他很有帮助。这让他感到有人在期待着他。这样的交往看似平常，但当一个人感到孤独并想到自杀时，就可以起到扭转危局的作用。

不要过早地结束你的努力。一个人在严重抑郁之后心情似乎突然好转，此时将是发生自杀的危险时刻，因为这常常意味着此人已做出决定，要结束生命。心情变好是带有欺骗性的，由于感到痛苦即将结束，这种期望使人的情绪好转。

危机干预 为了预防自杀，许多城市中设立了心理健康危机干预团队或自杀预防中心，这两个机构的工作人员都受过专业训练，知道如何通过电话与自杀者交谈。假如发现有人出现轻生的念头，请告诉他这些机构的电话号码，一定要请他在感到害怕或冲动时给你或上述机构打电话。或者，你最好帮助他预约一次心理治疗（Weishaar, 2006）。

上述方法主要适用于帮助有轻度自杀念头的人。如果一个人的自杀威胁是当真的，或者自杀尝试已迫在眉睫，千万别担心反应过度，马上给警察、危机干预中心或救助站打电话寻求专业帮助。如果上述措施不可行，那么询问自杀者计划采取何种行动自杀。如果他有具体可行的计划，而且想要实施这一计划，那么应该要求他跟你一道前往医院急诊室。

如果一个人已经开始自杀行动或者已经吞下药物，你应该立即打电话。大多数自杀者是在他们短暂的生活低谷做出自杀选择的，不会再有第二次自杀尝试。因此，只要你伸出援手，就可能拯救一条生命！

知识巩固
自杀与阻止措施

测一测

1. 试图用枪自杀的女性人数要比男性多。对不对?
2. 尽管总的自杀率没有改变,但青少年的自杀率下降了。对不对?
3. 自杀在各个国家的情况相同。对不对?
4. 离婚人群的自杀率最高。对不对?
5. 大多数(2/3)自杀尝试是那些并非真心想死的人做的。对不对?
6. 下列哪种情况下自杀的风险最高?
   a. 有一个具体可行的计划
   b. 近期有生命危险
   c. 社会退缩
   d. 心理需要受挫

想一想

批判性思考

7. 如果你熟悉流行音乐的发展,看看自己能否回答这个问题:是哪两种主要的危险因素造成了涅槃乐队的主唱科特·柯本在1994年自杀?

自我反思

你在一个自杀热线工作,接到一个很沮丧的年轻人的电话。当听他倾诉自己的痛苦时,你应该注意哪些危险因素?

自杀想法和感觉的共同特征是什么?如果你的一个朋友表达了这样的想法或感觉,你应该如何应对?

答案:1.不对 2.不对 3.不对 4.不对 5.对 6.a 7.抑郁,滥用药物。

本章总结

关键问题回顾

14.1 如何界定异常行为？

14.1.1 精神病理学（心理病理学）指的是对精神障碍（心理障碍）和适应不良行为的科学研究。

14.1.2 界定正常行为与异常行为，需要考虑到以下因素：是否属于统计性异常，不顺从社会规范的程度，文化，背景，是否感到主观痛苦。

14.1.3 判定心理障碍的关键因素是个人的适应不良行为，结果通常导致严重的心理痛苦、伤残或失去自我控制能力。

14.1.4 "精神失常"是一个法律概念，用于确定一个人是否可以对自己的行为负责任，而在法庭上，需要通过专家证人的证言证词来确定其是否为精神失常患者。

14.2 心理障碍主要有哪些类型？

14.2.1 心理问题的分类依据是《精神疾病诊断与统计手册》(DSM)。

14.2.2 心理障碍主要包括精神病性障碍、器质性心理障碍、心境障碍、焦虑障碍、躯体形式障碍、解离性障碍、人格障碍、性和性别认同障碍、与药物有关的障碍。

14.2.3 不同文化背景下的心理障碍未收录在 DSM 中。每种文化中的心理障碍都具有独特性。

14.2.4 心理障碍的一般危险因素包括生理因素、心理因素、家庭因素和社会因素。

14.3 "精神病"标签是如何被误用的？

14.3.1 "精神病"标签的误用会伤害他人、污名他人。

14.4 精神病性障碍有哪些基本特征？

14.4.1 精神病患者的思维与现实是割裂的，特征是妄想、幻觉、感觉变化、情绪障碍、人际交流困难和人格解体。

14.4.2 由已知的大脑损伤或大脑疾病引起的精神病称为器质性精神病。中毒、药物滥用、痴呆（尤其是阿尔茨海默病）是器质性精神病的三个常见病因。

14.5 妄想障碍的本质是什么？

14.5.1 妄想障碍的确定几乎完全基于夸大妄想、被害妄想、嫉妒妄想、钟情妄想或躯体妄想等是否存在。

14.5.2 最常见的妄想障碍是偏执型精神病。当患者认为自己受到威胁时，可能出现暴力行为。

14.6 精神分裂症的类型有哪些，病因有哪些？

14.6.1 精神分裂症的主要特征是患者出现妄想和幻觉，人际交流困难，思想与情感"分裂"。

14.6.2 解体型精神分裂症的特点是：极度的人格分裂，行为愚蠢、怪异、猥亵。

14.6.3 紧张型精神分裂症患者表现为麻木、缄默、怪异姿势，有时也表现出暴力和激动的行为。

14.6.4 偏执型精神分裂症（最常见的类型）表现为患者有古怪的夸大妄想和被害妄想，往往还伴有其他精神病症状和人格分裂。

14.6.5 能够增加精神分裂症发病风险的环境因素包括母亲在孕期受病毒感染或营养不良、分娩并发症、儿童早期心理创伤、不良家庭环境等。

14.6.6 遗传是精神分裂症的主要病因之一。近期的生化研究主要集中于脑部神经递质谷氨酸、多巴胺及其受体位点方面。

14.6.7 在对精神分裂症和其他心理障碍发病原因的解释中，占主导地位的是应激－易感模式，强调遗传易感性和环境应激的共同作用。

14.7 什么是心境障碍，其病因有哪些？

14.7.1 心境障碍主要包括心境或情绪方面的障碍，使人处于躁狂或者抑郁的状态。重度心境障碍可能会表现出精神病的特征。

14.7.2 心境恶劣障碍时，抑郁为中度，但持续时间长。环性心境障碍时，患者表现出中度但持续时间很长的情绪波动，时而抑郁，时而兴奋。

14.7.3 双相障碍兼有躁狂和抑郁的表现。患双相Ⅰ型障碍者的症状以严重的躁狂与严重的抑郁交替发作为特点。患双相Ⅱ型障碍者的症状以抑郁表现为主，但偶尔会出现轻度躁狂发作。

14.7.4 重度抑郁障碍表现为极度的悲伤和沮丧，但没有躁狂的表现。

14.7.5 造成重度心境障碍的原因还包括一些重要的心理因素，如失落、愤怒、习得性无助、应激和自我挫败的思维模式。

14.7.6 许多女性在分娩之后都经历过一个短暂的抑郁阶段，称为产妇忧郁。一些女性的抑郁则比较严重而且持续时间长，称为产后抑郁障碍。

14.7.7 重度心境障碍部分是由于遗传易感性和脑组织生化异常所致。

14.7.8 季节性情感障碍（SAD）是抑郁障碍的又一种常见形式，在冬季发病。SAD可通过光照疗法治愈。

14.8 高度焦虑会引起哪些问题？

14.8.1 焦虑障碍、解离性障碍和躯体形式障碍的特征表现为高度焦虑、僵化的防御机制和自我挫败的行为模式。

14.8.2 在适应性障碍中，日常生活压力超过了人们能够有效应对的能力范围。

14.8.3 焦虑障碍包括广泛性焦虑障碍、伴有或不伴有广场恐怖症的惊恐障碍、广场恐怖症（无惊恐障碍史）、特定恐怖症、社交恐怖症、强迫障碍、急性应激障碍和创伤后应激障碍。

14.8.4 解离性障碍中包括三种类型，即解离性遗忘症、解离性神游症和解离性身份障碍。

14.8.5 躯体形式障碍主要表现为类似疾病或者残疾的躯体不适。以下四种都属于这一类：疑病症、躯体化障碍、躯体形式疼痛障碍、转换性障碍。

14.9 心理学家如何解释与焦虑相关的心理障碍？

14.9.1 与焦虑相关的心理障碍可能部分是遗传造成的。

14.9.2 心理动力学观点强调无意识冲突是导致焦虑障碍的原因。

14.9.3 人本主义观点则强调有缺陷的自我形象的作用。

14.9.4 行为主义观点强调了先前的学习的影响，特别是回避学习。

14.9.5 认知观点聚焦于扭曲的思维方式及害怕他人的关注和评价上。

14.10 **什么是人格障碍？**

14.10.1 人格障碍指的是根深蒂固的适应不良的人格模式。

14.10.2 反社会型人格是一种常见的人格障碍。这类人缺乏良知，情感淡漠，控制欲强，浅薄，且不诚实。

14.11 **人为什么要自杀，能阻止他们吗？**

14.11.1 自杀是一种比较常见的死亡原因。自杀常常是可以被阻止的。

14.11.2 根据统计，性别、种族、年龄和婚姻状况等因素均与自杀相关。

14.11.3 在个别情况下，判断自杀的可能性的最佳依据是：想要逃避的渴望、难以承受的心理痛苦以及受挫的心理需求。企图自杀的人缩小了自己的选择范围，似乎除了死别无选择。

14.11.4 自杀冲动通常都是暂时性的，阻止自杀的努力是值得的。

第 15 章

心理治疗

主题

心理治疗形式多样，但有着共同的核心原则。药物治疗是针对心理障碍的生理原因进行治疗。在很多情况下，它们只是一种补充方法。

关键问题

- 15.1 心理治疗如何起源？
- 15.2 弗洛伊德精神分析法是否仍在被使用？
- 15.3 不同的心理治疗方法都有什么区别？
- 15.4 人本主义疗法主要有哪些？
- 15.5 认知疗法是如何改变人们的想法和情感的？
- 15.6 什么是行为疗法？
- 15.7 操作性原则在行为疗法中扮演什么角色？
- 15.8 精神病学家如何治疗心理障碍？
- 15.9 不同的心理疗法都有效吗？它们有何共同之处？
- 15.10 未来的心理治疗会是什么样的？
- 15.11 如何在日常问题解决中应用行为原则？如何寻求专业心理帮助？

引子

像鸭子一样划桨

透过心理老师办公室的百叶窗,乔正盯着外面的一群鸭子。它们嘎嘎地叫着,好像是在探索着学校的池塘。作为一位心理学家,常常会有学生带着个人问题来找你。就算是这样,乔的老师在办公室门口看到他时还是吃了一惊。乔平时学习成绩出众,看上去总是很健康、很轻松,没想到,他的第一句话便是:"我感觉自己快要疯了!我能和您谈谈吗?"

在之后的一小时里,乔讲述了心中巨大的痛苦。像窗外的鸭子一样,在他平静的外表之后,隐藏着一个充满恐惧、焦虑和抑郁的内心世界。打工时,一和同事或顾客说话,乔就害怕得要命。他常因社交恐惧而旷工,或者做出其他令他自己也很尴尬的行为。在学校里,乔觉得自己与同学"格格不入",确信自己在别人眼中是个"怪人"。过去的几次恋爱带给了他灾难性的伤害,致使他害怕女人。近来,他感到非常抑郁,甚至想到自杀。

乔的情绪冲突使其生活变成一场噩梦,使自己成了自己最可怕的敌人。值得庆幸的是,此时的乔明白自己需要寻求别人的帮助和支持。他的老师为乔介绍了一位非常有才干的心理医生。这位医生通过心理治疗和一些抗抑郁药物,帮助乔控制住自己的情绪,恢复了心理平衡。

本章将讨论用于缓解类似乔的问题的心理学方法。首先,我们先来看看现代心理治疗的起源,之后会介绍几种心理疗法,这些疗法强调洞悉个人问题和改变思维模式的重要性;接下来将重点讲解直接用于改变问题行为的行为疗法;然后,还会总结一些基于精神药物治疗和其他物理治疗的医学疗法;最后将总结现代心理治疗中所面临的一些问题。

心理治疗的起源——"开洞"的头骨

关键问题 15.1:心理治疗如何起源?

幸运的是,你患上和乔一样严重的心理问题的概率并不是很大。但是如果你真的不幸遇到了类似的问题,那么有什么可以帮助你呢?多数情况下,**心理治疗**可以成为一种选择,这是一种可以带来人格、行为和自我调整能力的积极转变的心理学技术。或许在有些情况下,就像乔这样,还需要进行药物治疗。现在我们就来看看精神健康领域的发展历史,并讨论第一个被完整地发展的心理治疗理论——精神分析理论。

如果不了解早期人类对待精神病的方式之落后,就认识不到现代心理治疗之先进(Sharf,2012)。考古发现,早在石器时代,人们由于恐惧和对魔鬼、巫术和神力的迷信而对精神病人采用原始的处理方法。如果乔非常不幸地出生在几千年前,那么对他的"治疗"可能会是在他的头颅上"开洞"。你看,更加令人不可思议的"治疗"过程被称为"颅骨环钻"(Terry,2006)。在现代医学中,颅骨环钻是一项脑外科手术;而在原始的所谓的治疗中,则是在人头上连钻带砸地凿出几个窟窿,以缓解压力,或驱除魔鬼(图15.1)。

即使乔是生活在中世纪,他的境遇也好不到哪儿去。到了中世纪,欧洲人对付精神疾病的主要方法是驱鬼。驱鬼的理论基础是**鬼魔学**。鬼魔学研究魔鬼以及受到鬼魂折磨的人。中世纪的"治疗师"们认为,异常行为是超自然的力量所致,比如恶魔附体,或者被巫师所诅咒。为了赶走邪恶

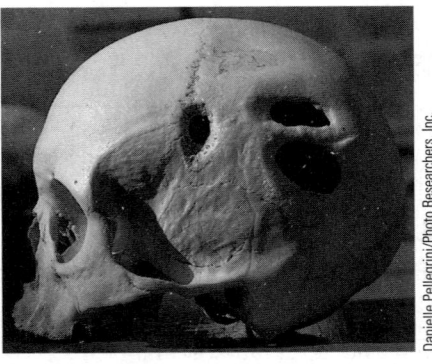

图 15.1 在对待精神病的原始治疗中,有时采用头上凿洞的方法。图中出土的颅骨上有愈合的痕迹,说明此人在"治疗"后活了下来。而几乎很少有人能幸免于难。

的魂灵，他们会使用驱魔术作为治疗方法。如果幸运的话，驱魔术仅是一种宗教仪式，但更多情况下，患者会被打得遍体鳞伤，以使魔鬼不再有安身之处。

有人认为，中世纪鬼魔学的兴起与麦角中毒的流行有关。当时，黑麦地经常被麦角菌感染。麦角菌是麦角二乙胺（LSD）的来源。人在食用了被麦角菌感染的麦子做成的面包后，出现的中毒症状与精神病相似，看上去像是中了邪，好像恶魔附体后就突然发了疯。身体的夹痛感、肌肉抽搐、面部痉挛、谵妄及幻觉都是麦角中毒的反应（Matossiam，1982）。对于"恶魔附体"的现代分析表明，许多受害者实际都患有癫痫、精神分裂症（Mirsky & Duncan，2005）、解离症（van der Hart，Lierens，& Goodwin，1996）以及抑郁症（Thase，2006）。可见，"驱鬼"中，许多患者除在经受病痛之苦外，还要经受皮肉之苦。

直到1793年，法国医生 Philippe Pinel 在巴黎改造了庇塞特精神病院，解开了捆绑患者的锁链，把肮脏的疯人院改建为精神病医院（Harris，2003）。最终，情绪错乱才被认为是一种精神疾病，并得到同情和治疗。Pinel 开创的对精神病患者的人性化治疗已有200多年的历史，时至今日，我们仍在努力提高精神病治疗的水平。

心理治疗是何时出现的？ 真正意义上的心理治疗是在100多年前由弗洛伊德开创的（Jacobs，2003）。弗洛伊德在维也纳做内科医生时，癔症病例引起了他的兴趣，因为其中一些症状（诸如瘫痪或麻痹等）实在找不到生理方面的原因。

> **知识桥**
> 这些问题在现代被称为躯体形式障碍，在第14章有详细的讨论。

随着研究的深入，弗洛伊德发现癔症与深藏在潜意识中的冲突有关，并发展了精神分析疗法，以帮助病人洞悉这些冲突（Knafo，2009）。精神分析是许多现代疗法的开山鼻祖，因此，我们需要对它做些详细介绍。

左图：早期的疯人院与监狱相差无几，患者被锁链捆绑着。右图：19世纪末的一种"疗法"是将精神病人吊在套绳上摇晃，据说那样可使病人的神经安静下来。

精神分析——探索无意识

问题15.2：弗洛伊德精神分析法是否仍在被使用？

精神分析就是和躺在沙发上的病人谈话吗？ 弗洛伊德通常是让病人躺在长沙发上，自己坐在他们的视线之外，一边做记录，一边给出一些解释。这样做只是为了帮助病人放松，使潜意识中的思想和意象能够自然地流露出来。不过，精神分析中有没有沙发并不是最重要的，许多现代心理治疗中已经很少采用这种方式了。

弗洛伊德是怎样治疗情绪障碍的呢？ 弗洛伊德的理论强调神经症的病因在于对记忆、动机和心理冲突的压抑，尤其是对与性和攻击等本能冲动有关的记忆、动机和冲突的压抑。这些东西虽然很隐匿，却活跃在人格结构中，这就迫使个体发展起严格的自我防御机制和自我挫败行为。因此，

心理治疗 /Psychotherapy 任何用于促使个体的人格、行为或适应朝积极方向改变的心理技术。

鬼魔学 /Demonology 中世纪欧洲将精神病作为鬼魔附体的研究和对鬼魔附体者的治疗。

癔症 /Hysteria（现在称作躯体形式障碍）这是一个已经过时的术语，曾经用于描述那些不能找到生理原因但有躯体病症的人（比如全身麻痹）。

精神分析的主要目的就是解决那些引发情绪痛苦的内部冲突（Fayek，2010）。

弗洛伊德主要通过四种技术去发现神经症的潜意识病因（Freud，1949），包括自由联想、梦的分析、阻抗分析和移情分析。

精神分析鼻祖弗洛伊德的著名的治疗椅。

自由联想

自由联想的基础是脑海中浮现出什么就说什么，不要顾及其内容是否让人痛苦、难堪或是否合乎逻辑。允许思想自由地从一个念头跳到另一个念头，而无须自我审查。自由联想的目的是使患者降低自我防御意识，从而使潜意识中的想法或感受能够释放出来（Hoffer & Youngeren，2004）。

梦的分析

弗洛伊德认为，梦会将人的意识不能接受的感受以及被禁止的欲望伪装起来并在梦中表达出来（Rock，2004）。精神分析师可以通过梦这条"通往潜意识的康庄大道"帮助病人越过梦的表象（那些显而易见的内容），揭开那些隐藏的、象征性的意义（那些潜在的内容）。这就需要分析梦的符号，即带有个人和情感意义的梦的图像。

假设有一个青年男子梦见自己从腰间拔出手枪，瞄准一个目标，他的妻子在一旁观看，但是子弹总是卡壳射不出，妻子在嘲笑他。弗洛伊德可能会认为，这个梦暗示着阳痿导致的压抑感，而手枪是男性生殖器的象征物。

> **知识桥**
> 更多关于弗洛伊德的梦的理论，参见第 5 章。

阻抗分析

在自由联想或梦境描述的过程中，病人可能在谈论或思考某些主题时有抗拒心理。**阻抗**使病人思想的自由流动受阻，但同时也暴露出潜意识中特别重要的冲突。如果精神分析师意识到了病人的阻抗，就可以帮助病人也意识到自己的阻抗，这样病人就能在现实中处理它们。因此，病人的阻抗不但不会妨碍精神分析，反而是治疗的线索和挑战（Engle & Arkowitz，2006）。

移情分析

移情指病人将他对过去生活中一些重要人物的情感"转移"到精神分析师身上的倾向。例如，患者常会出现一些行为，似乎像是把精神分析师当成抛弃了自己的父亲、不爱自己或过度保护自己的母亲或昔日的情人等。当病人重新体验到了受压抑的情绪时，精神分析师即可帮助患者去认识和理解这些情绪。有心理问题者的言行时常会引发他人的消极反应，如愤怒、拒绝、厌恶、指责等。但职业的精神分析师会避免像常人那样跟病人玩他们已经习惯的阻抗和移情的"游戏"。这样做也会带来治疗性改变（Fayek，2010）。

今天的精神分析

精神分析的现状如何？传统的精神分析每周进行 3～5 次，没有预设的结束时间，常常会持续多年。现今的精神分析治疗仍然会持续多年，但大多每周只进行一次或两次（Friedman et al.，1998）。由于这种治疗需要花费大量的时间和金钱，因此精神分析师已经相当稀少了。然而，精神分析强调了无意识冲突的重要性，这对现代心理治疗做出了重要贡献（Friedman，2006）。

今天，多数心理治疗师转而采用**简明心理动力**

疗法。在治疗时，心理治疗师通过直接询问的方式去揭示病人的潜意识冲突（Binder, 2004），或者通过主动激发情绪反应的方法降低病人的防御心理，使其有所洞悉。有意思的是，这种简化疗法加速了患者的康复，病人似乎认识到他们需要迅速找到自己问题的核心（Messer & Kaplan, 2004）。

人际关系心理治疗

简明心理动力疗法的一个例子就是**人际关系心理治疗（IPT）**，这种疗法最早用于改善抑郁症患者与他人的人际关系（Teyber & McClure, 2011）。研究已经证明，IPT对抑郁症、饮食障碍、药物滥用、社交恐惧症以及人格障碍等的治疗都有显著效果（Fiore et at., 2008；Hoffart, 2005；Prochaska & Norcross, 2010；Talbot & Gamble, 2008）。

IPT的一个很好的案例是对里拉的治疗（Brown & Barlow, 2011）。在备受抑郁的煎熬时，治疗师帮助里拉揭开了她有关父母的冲突。当她的父亲不在家时，里拉充当了母亲的保护者和朋友的角色。然而，当父亲回来后，她又被期待重新扮演一个女儿的角色。她对父亲频繁地抛弃母亲感到气愤，也对自己在两种角色中穿梭而懊悔。在对里拉的治疗过程中，IPT集中澄清了她的家庭角色（有时她的母亲也会参与治疗），当母亲劝导她"坚持做自己"就好后，她的情绪有了明显的好转。

传统的精神分析是否有效

传统精神分析的效果问题一向受到质疑，这也是我们需要发明更新、更合理的动力疗法的原因之一。Hans Eysenck（1994）曾对精神分析提出了一个典型的疑问，即认为精神分析治疗延续时间太长，而时间可能使患者的症状得到**自然缓解**。

病情自然缓解的可能性到底有多大？ 某些症状经过一段时间后确实可以自然缓解，如多动症和焦虑等。然而研究者已经确认，经过精神分析治疗后，的确有大部分患者得到了明显的改善（Doidge, 1997）。

然而，Eysenck的批评的真正价值在于激励心理学家提出新的观点和技术。研究者开始探索："精神分析的效果到底是如何产生的？其中哪些过程是真正有用的？哪些是不必要的？"当代的心理治疗师已经对上述问题给出了相当丰富的答案。下一节将介绍目前常用的几种心理治疗方法。

治疗的范畴——数不尽万方百计

关键问题 15.3：不同的心理治疗方法都有什么区别？

与依赖自然的物理特征进行的医学治疗不同，心理治疗是指促进人格、行为或个人适应性向积极方向转化的心理学技术。心理治疗通常以治疗师同寻求心理咨询的来访者之间的谈话为基础。许多心理治疗师也会直接采用学习原理来矫正问题行为。（Corsini & Wedding, 2011）。

心理治疗师有多种具体方法可选择，如前文讨论过的精神分析，或者是来访者中心疗法、格式塔疗法、认知疗法和行为疗法等，这些只是简单列举出的几种。就像我们在本章中将要看到的那样，不同的疗法强调不同的理念和方法，因此针对不同的来访者或问题，最适合的方法可能差别很大（Prochaska & Norcross, 2010）。

心理治疗的范畴

下列心理治疗方法及其基本特性反映出了不同疗法的特点（Prochaska & Norcross, 2010；

精神分析 /Psychoanalysis 弗洛伊德的治疗方法，强调用自由联想、梦的分析、阻抗和移情揭开潜意识的冲突。

自由联想 /Free association 在精神分析中，一种让病人说出任何进入头脑中的事情的技术，不管这些事情看上去有多么尴尬或是微不足道。

阻抗 /Resistance 自由联想过程中的障碍；病人拒绝思考或提及的话题。

移情 /Transference 心理分析中的一种现象，即患者将他们对自己过去生活中某个人的感情转移到治疗师身上。

简明心理动力疗法 /Brief psychodynamic therapy 一种基于心理动力学理论但又更快速地产生领悟的现代心理疗法。

人际关系心理治疗 /Interpersonal psychotherapy (IPT) 帮助人们促进和谐的人际关系的一种简明心理动力疗法。

自然缓解 /Spontaneous remission 症状仅仅随着时间推移就有所改善。

Sharf，2012）。请注意，某种类型的治疗可以同时包含几种特性，比如，一个具有指导性的、行动导向的开放性的团体治疗，或是一个非指导性的、个体的、领悟性的限时治疗：

- **领悟治疗 vs. 行动治疗**：治疗师的目的是要促进来访者更加深入地理解其思想、情绪和行为吗？还是通过各种有效措施使来访者改变令其烦恼的思想、习惯、情感或行为的治疗，不求深入探索问题产生和存在的原因？
- **指导性治疗 vs. 非指导性治疗**：治疗师会为来访者提供强有力的指导和建议吗？还是治疗师仅仅是辅助来访者，而让来访者承担起解决自身问题的责任？
- **个体治疗 vs. 团体治疗**：治疗时由一名治疗师接待一位来访者？还是多位来访者同时参加治疗？
- **开放性治疗 vs. 限时治疗**：是不设定治疗结束的日期？还是预先计划好咨询的次数？

迷恋

人们往往认为，经过心理治疗之后，个体的心理就会彻底好转，将心理治疗描绘成对心灵的洗礼。事实上，心理治疗对解决不同问题的效果不同，对于各种恐怖症、低自尊、性障碍或夫妻冲突等问题一般有较好的疗效。但是，解决更为复杂的问题就不那么容易了，就像乔这个个案，就需要同时有药物治疗作为辅助。而对于那些最极端的个案，可能根本就不适合采用心理治疗，而应该选择药物治疗来解决问题。

总之，期望心理治疗能够抹去一个人心灵上所有的痛苦经历是不现实的。实际上，许多人主要是得益于这种治疗提供的心理支持、宽慰并能从中获得建设性的改变（Bloch，2006；Burns，2010）。然而，即使一个人心理问题很严重，他也可能在心理治疗中学会用新的观点看待事物，用更好的行为方式应对生活。心理治疗对来访者和治疗师双方都可能是一项很艰难的工作，但是当它获得成功的时候，其价值是其他任何一项活动都难以比拟的。

认为心理治疗只是用来解决问题或者结束危机的想法也是不对的。即使一个人过得不错，治疗也可以是一种增进自我成长的方式（Bloch，2006）。在积极心理学的运动中，治疗师们就在开发帮助人们合理利用个人优势的各种途径。他们不再试图去寻找个体哪里"错"了，而是尝试去培养个体的积极特质并积极地解决问题（Compton，2005）。表15.1列出了治疗师们想要让来访者重建和改善的积极心理要素。在更加深入地了解不同类型的心理治疗之前，我们先来简短地复习一下知识点，以促使你获得积极的"学业健康"。

表 15.1　积极心理要素

- 有良好的自主性和独立性
- 有良好的自我同一性
- 自我价值感
- 熟练掌握人际交往技巧
- 对事物敏感，关心和信任他人
- 对人对己真诚
- 有自我控制力和责任感
- 在与他人的关系中信守承诺，富有爱心
- 能够宽容地对待他人和自己
- 有明确的价值观和生活目标
- 有自我成长的意识和动机
- 掌握处理压力和危机的适应性应对策略
- 能在工作中获得成就感和满足感
- 有保持身体健康的良好习惯

（Adapted from Bergin，1991；Bloch，2006）

知识巩固

应对心理困境

想一想

1. 现代科学认为，中世纪时被恶魔"附体"的现象是与什么的作用有关？
   a. 麦角中毒　　b. 颅骨环钻
   c. 驱魔　　　　d. 潜意识移情
2. Pinel 因采用驱魔法而著名。对不对？
3. 在精神分析中，来访者对咨询师的情感依恋被称为：
   a. 自由联想　　b. 引导联想
   c. 阻抗　　　　d. 移情

配对：

4. 指导性治疗　　　A. 改变来访者行为
5. 行动治疗　　　　B. 由来访者提出问题解决的方法
6. 领悟性治疗　　　C. 有力地指导来访者
7. 非指导性治疗　　D. 使来访者理解和领悟
8. 与领悟性治疗不相容的治疗方法是
   a. 个体治疗　　　b. 行为疗法
   c. 非指导性治疗　d. 限时心理治疗

测一测

批判性思考

9. 根据弗洛伊德的移情理论，病人将他们的感受转移到精神分析师身上。根据这个概念，"反移情"这个词是指什么？

自我反思

颅骨环钻、鬼魔学和驱魔的使用都暗示心理疾病是"被诅咒的"。那么在今天，心理疾病是不是也会在某种程度上受到排斥和歧视？

试着自由联想（出声）10分钟。你觉得困难吗？有没有一些有趣的事情浮现出来？

请你试着用自己的语言解释梦境分析、阻抗和移情在精神分析中的角色。

列出你认为的心理健康的要素，看看有多少能与表15.1吻合？

答案：1a. 2. 个体 3.d 4.C 5.A 6.D 7.B 8.b 9. 精神分析师也会对来访者有感觉，他们也可能对自己未解决的问题将感受转移到来访者身上 (Kim & Gray, 2009)。

人本主义疗法——重塑人类潜能

关键问题 15.4：人本主义疗法主要有哪些？

当大多数人描绘临床心理学家时，他们想到的是心理治疗师和来访者说话的情景。让我们来看看几种不同的谈话取向治疗方法。人本主义治疗师倾向于做领悟治疗，也就是帮助来访者对自己的思想、情感、行为有更深层次的理解。相反的，认知治疗师并不那么重视内在领悟，而是更倾向于直接帮助来访者改变有害的行为模式。让我们先从领悟开始谈起。

传统精神分析的目的是达到更好的自我认识。然而弗洛伊德对治疗的看法其实很保守，他说，他的病人能够期待的仅仅是"将歇斯底里的痛苦调节为一般性的痛苦"！而人本主义的治疗就要比精神分析乐观得多，它相信人类有自然的倾向去寻求健康和自我成长，并且通过治疗，能够使人感到生活丰富多彩而有意义，并充分发挥他们的潜能。在这一节中，我们将讨论三种最流行的人本主义治疗方法：来访者中心疗法、存在主义疗法和格式塔疗法。

来访者中心疗法

什么是来访者中心疗法？它与精神分析有何不同？精神分析家有方向地探索无意识，而**来访者中心疗法**（也称为**以人为中心的疗法**）是非指导性的，以洞察有意识的思想和情感为基础（Brodley, 2006; Wampold, 2007）。精神分析学家倾向于以一种权威的姿态出现，陈述病人的梦、思想或记忆内容的"实际意义"。相反，罗杰斯（1902—1987）——来访者中心疗法的创始人认为，治疗师认为正确的和有价值的事情，对来访者来说可能恰恰相反。（罗杰斯更喜欢使用"来访者"这个术语，因为来访者不都是有"病"并需要接受治疗的"病人"。）所以，在来访者中心疗法中，治疗的每一阶段讨论什么主题应由来访者决定。

如果由来访者自己处理问题，那么治疗师做什么？治疗师是不能"修复"来访者的，而来访者则必须积极主动地抓住机会，去解决自己的问题（Whitton, 2003）。治疗师的任务是营造一种安全的"成长气氛"，并给来访者提供改变的机会。

治疗师如何创设促进健康的环境？罗杰斯认为，有效的治疗师需要有四个基本条件：

来访者中心（以人为中心的）疗法 /Client–centered (or person–centered) therapy　一种非指导性的治疗方法，使来访者从有意识的思维和情感中产生顿悟，接受真实的自我。

心理学家卡尔·罗杰斯，来访者中心疗法的创始人。

第一，治疗师要给予来访者**无条件的积极关注**，要毫无保留地接受来访者，对来访者所说或所感受的任何事绝不做出惊讶、失望或不同意的反应。治疗师的完全接受是使来访者达到自我接受的第一步。

第二，治疗师要设法达到对来访者真正的同情，即**共情**，要能够通过来访者的眼神看到其内心世界，体验到来访者的部分感受。

第三，治疗师要努力做到**真诚**，即坦率和诚实。治疗师要放下专家架子。罗杰斯认为，那种专家架子将破坏来访者中心疗法所需要的"气氛"。

第四，治疗师不要解释，也不要提出问题的解决办法或建议。治疗师要做的事是对来访者的思想和情感进行**回应**，如复述、总结或重复。这时，治疗师的作用是扮演一面"心理镜子"，使来访者能够从"镜子"中更清楚地看到自己。罗杰斯相信，一个人只要具有现实的自我形象并达到更高的自我接受水平，就有能力逐渐解决生活中的问题。

存在主义疗法

存在主义者认为，人的深层冲突正是因为"存在于世界"造成的。每个人都必须面对死亡的现实，必须承认是我们通过一个个选择创造了自己的世界，必须克服自己在这个巨大而冷漠的星球上的孤独感。最难的是，我们必须面对生活的无意义感（Schneider, Galvin, & Serlin, 2009）。

这些关注点与心理治疗有什么关系？**存在主义疗法**强调存在的问题，如目的、选择和责任感。存在主义疗法与来访者中心疗法的相同之处是，促进来访者的自我认识和自我实现；而重要的不同之处是，来访者中心疗法致力于挖掘隐藏在人为的防御机制后面的"真实自我"，而存在主义疗法强调自由意志，即人的选择能力，所以存在主义疗法相信，你可以选择成为你想要成为的人。

存在主义疗法试图通过鼓励促使来访者做出值得的和有社会意义的建设性选择。存在主义疗法的特点在于注重人对存在的"终极忧虑"，如对死亡、自由、孤立和无意义的忧虑（van Deurzen & Kenward, 2005）。人类有一些普遍性的问题，其中包括对死亡的意识、随自由选择而来的责任、在自我世界里的孤独感、获得生命意义的需要。

Victor Frankl 的意义疗法就是存在主义疗法的一种，该方法强调对发现和保持生命意义的需要。Frankl（1904－1997）的思想来自他身在纳粹集中营时的经历。在集中营里，Frankl 看到无数的犯人垮了下去，因为他们所有的希望和做人的尊严都被剥夺了（Frankl, 1955）；而那些心智健全的人之所以活了下来，是因为他们有可以依赖的生命意义。即便不是在那种极端恶劣的情形中，感受到生命的意义对心理健康状态也起着很大的作用（Prochaska & Norcross, 2010）。

存在主义治疗师们做些什么？ 治疗师帮助来访者发现其在个体认同中存在的一些自我设置的限制。为了获得成功，来访者必须完全地接受那些改变自己人生的挑战（Bretherton & Orner, 2004）。有趣的是，佛教徒也有类似的追求，被称为"全然接受"的境界。

存在主义疗法的一个关键是对抗，即让来访者面临挑战，在对抗中检验自己的价值观和选择，希望通过治疗促使来访者对自己存在的价值负起责任（Claessens, 2009）。对抗的一个重要方面，就是此时此地两个人之间独特而激烈的面对面争辩。当治疗获得成功的时候，会使来访者产生一种新的人生目标感，以及对生命中什么最重要有一个重新的评价。一些来访者甚至有死里逃生的感觉，在情绪上就像获得了一次重生。正如法国作家马赛尔·普鲁斯特所说："发现的真正历程并不在于找到一些新的景致，而在于练就一双新的眼睛。"

格式塔疗法

格式塔疗法其基本思想认为，适应不良的个体其知觉或意识是不连贯而且不完整的。德语中格式塔的意思是"整体"或"完形"。**格式塔疗法**又称完形疗法，目标是帮助个体重新将思想、情感和行动构建成有联系的整体。这些目标通过扩展个人的意识，接受对自己思想、情感和行动的责任感，以及填补经历中的"裂缝"来得以实现（Masquelier, 2006）。

什么是经历中的"裂缝"？ 格式塔治疗师认为，人们常出于害羞而不表达或不承认自己难过的情绪，这就会在自我意识中造成一道裂缝，而这道裂缝有可能成为个体成长的障碍。举个例子，一个人由于亲人的去世而感到愤怒，但可能很多年都不表达出来，而这类暗存的裂缝可能威胁其情绪健康。

格式塔治疗师比来访者中心和存在主义治疗师更直接，他们较少使用领悟的方法而更关注当下的感觉。不论是采用个体治疗还是团体治疗的形式，格式塔治疗师都鼓励来访者更多地关注当前的经验，鼓励他们感受此时此地的情感，如内疚、愤怒、害怕或厌倦等，并鼓励他们充分地意识到这些情感，而不去讨论那些情感产生的原因（Staemmler, 2004）。治疗师通过从来访者的姿势、语气、眼睛或手的动作中得到的信息帮助来访者认识自己的情感，也可要求来访者放大模糊的情感，直到它变得清晰。格式塔治疗师相信，这种情感的表达方式可以使人们对那些半隐半露的情感产生清晰的意识，从情感的死胡同里走出来（O'Leary, 2006）。

提到格式塔疗法就不得不提 Fritz Perls，Perls（1969）在他的所有著作中清楚地表达了这样一个思想：情绪健康来自你知道自己想做什么，而不是反复琢磨自己该做什么、必须做什么（Brownell, 2010）。换句话说，情绪的健康来自一个人能够对自己的情感和行动完全负责。这就意味着我们需要把"我不能"改变为"我不愿意"，把"我必须"改变为"我选择"。

格式塔疗法如何帮助人们发现自己的真正需求？ 格式塔疗法首先强调"当前的"经验（Yontef, 2007）。要求来访者不要再去思考和谈论情感问题，而是学会这样去想：我生活在现在；我生活在这里；我要停止想象；我要体验现实；停止不必要的思考；去感受、去看；要表达，而不要解释、证明或判断；接受愉快的感受，也同样去接受不愉快和痛苦的感受；自己是什么样的人就是什么样，不强求自己。格式塔治疗师相信，最好的变化不是别的，而是变回那个真实的你（Brownell, 2010）。

认知疗法——积极思考

关键问题 15.5：认知疗法是如何改变人们的想法和情感的？

当人本主义心理治疗师努力培养来访者的领悟力时，认知治疗师则通常尝试直接改变来访者的想法、信念和感受，也进一步改变行为。总的来说，**认知疗法**是帮助来访者改变导致不良情绪和行为

无条件的积极关注 / Unconditional positive regard 无条件地、不动摇地接纳另一个人。

共情 / Empathy 在心理治疗中，能从来访者的观点看问题和体验来访者感受的能力。

真诚 / Authenticity 罗杰斯的用语，指咨询师诚实地对待自己的感受的态度。

回应 / Reflection 在来访者中心治疗中，特指咨询师对来访者的思想和情感进行复述或重新措辞的过程，以帮助来访者对自己有更多的觉察。

存在主义疗法 / Existential therapy 在心理治疗中关注存在中的基本问题，包括人生意义、选择、责任和死亡等，强调做出勇敢的生活选择。

格式塔疗法 / Gestalt therapy 治疗目标是帮助个体重新将思想、情感和行动建构成有联系的整体。

认知疗法 / Cognitive therapy 直接改变情绪和行为问题背后隐藏的适应不良的想法、信念和感觉的心理治疗方法。

的思维方式（Davey，2008；Power，2010）。

在实践中，认知疗法和人市主义疗法有哪些不同呢？詹妮斯是个狂热的囤积者，她的家中堆满了她20年前储存的东西。如果她向领悟取向的治疗师寻求帮助，那么她将尝试深入地觉察自己为什么开始不停地收集物品。相对应的，如果她从认知疗法师那里寻求帮助，则不会花多少时间检视过去，而是在改变自己囤积欲的信念上做工作。无论是哪种方法，目标都是让詹妮斯放弃囤货。另外，在实践过程中，人本主义治疗也会产生行动改变，而认知治疗师也常常会涉足深度的领悟。

从广泛性焦虑障碍、创伤后应激障碍到婚姻问题，认知疗法已经被成功地应用于诸多治疗（Butler et al.，2006）。例如，通过改变来访者对尘土和污染的想法和信念，可以十分有效地减少强迫性洗手的行为（Jones & Menzies，1998）。认知疗法在治疗抑郁上也尤其有效（Hollon, Stewart, & Strunk，2006）。乔的临床心理师主要依靠认知疗法来帮助乔走出抑郁（还记得前面提到的乔吗？）。

抑郁症的认知治疗

你可能可以回忆起第13章中谈到的，认知治疗师们认为消极的自我挫败思想是抑郁症形成的基础。按照Aaron Beck（1991）的观点，抑郁症患者总是用消极的眼光看待自己、世界和未来，而这是由于几大认知扭曲造成的：首先是**选择性知觉**，即一个人从大量外来的刺激中只选择接受某些刺激。如果一天中发生了五件好事和三件坏事，抑郁症患者只会注意到那三件坏事。其次是**过度泛化**，即将一件不愉快的事与许多无关的事联系起来。例如，失去一份工作或一次考试失败，乔就认为自己彻底失败或毫无价值了。总的来说，抑郁症患者之所以倾向于夸大不愉快事件的重要性，是因为陷入了一种**全或无的思维方式**，他们认为事物如果不是完全好的、正确的或成功的，就是完全坏的、错误的或失败的（Lam & Mok，2008）。

认知治疗师如何改变这些认知模式呢？认知治疗师要一步一步地纠正那些导致抑郁症或类似问题的消极思想。首先，要教来访者如何认识和追踪自己的思想，然后共同寻找那些引起抑郁、愤怒、逃避的想法和信念。下面的例子展示了治疗师如何挑战乔的全或无的思维方式：

乔： 我今天感到非常抑郁。没有一个人想雇用我，甚至连个约会都得不到！。我觉得我简直一无是处！

治疗师：我知道了。暂时没有人雇用你和没有一个女朋友约会让你觉得自己将永远一无是处，是这样吗？

乔： 唔……我知道不完全是那么回事。

下一步，治疗师要求来访者收集一些信息来检验他们的信念。例如，抑郁者就可能会把自己一周的活动列在一张单子上。这张单子中的内容可以向来访者的全或无思想提出挑战，因为来访者的活动中有些是积极和成功的，并不像他们所说的"我这一周糟透了"或"我完全是个失败者"。通过进一步指导，使来访者学会通过改变思想来改善心境、行动和与外界的关系。

在治疗很多抑郁症案例时，认知治疗可以达到跟抗抑郁药同样好的治疗效果（Butler et al.，2006；Eisendrath, Chartier, & McLane，2011）。更重要的是，人在学会采用新的思维方式后一般不会再次陷入抑郁，这种效果是抗抑郁药无法达到的（Dozois & Dobson，2004；Hollon, Stewart, & Strunk，2006）。

另一种认知疗法是治疗师努力寻找来访者所缺乏的有效的应对技巧和思维方式，而不是寻找来访者所拥有的自我挫败思想（Dobson, Backs-Dermott, & Dozois，2000）。采用这种方法的目的在于教会来访者如何应对愤怒、抑郁、胆怯、紧张及类似问题，第13章中描述的"压力接种"技术即是一例。乔就采用了这种方法来降低其社交恐惧。

认知疗法是一个发展很快且大有前途的领域。在离开这个主题之前，让我们看一看另一种广泛使用的认知疗法。

探索·发现　十种不合理的信念——哪几种符合你？

合理情绪行为治疗师们已经定义出很多常见的能引起悲伤和敌对情绪的信念。看看你是否能够识别出下面这些不合理信念：

1. "我必须被我生活中的每一个重要他人所喜欢和赞许，不然的话，我就一文不值。"
   比如，"有个同学好像不太喜欢我，我一定是个失败者。"
2. "我必须在各个方面都表现出色才能成为有价值的人。"
   比如，"我听不懂物理课，我猜是因为自己就是个笨蛋。"
3. "当事情不能如我所愿时我就会心烦意乱。"
   比如，"这门考试明明应该得 B，那个老师不公平！"
4. "我不高兴又不是我的错，情绪反应是控制不了的。"
   比如，"都是你，让我这么倒霉！要不是为了你，我能这样吗？"
5. "我应该永远都不要忘记那些不愉快的事。"
   比如，"我一辈子不会忘记老板那次侮辱我，每天我工作的时候都会想到那件事。"
6. "逃避困难和责任比面对它们要容易一些。"
   比如，"我不知道女友为什么会生气，我假装没看见，也许就会过去。"
7. "我不得不和那些坏人打交道，我真应该狠狠地教训他们。"
   比如，"隔壁的学生很讨厌，下次他们再抱怨我录音机声音大时，我就把音量放得再大些！"
8. "我应该依靠那些比我强的人。"
   比如，"如果她离开我，我就活不下去了。"
9. "某件事曾经对我的生活产生过强烈的影响，它将永远影响我的生活。"
   比如，"大二时，我的女友把我甩了，我再也不会相信女人了！"
10. "每个问题都有一个完美的解决办法，如果不去实践这个方法，就是不道德的。"
    比如，"这个国家的政治真让我感到压抑，看来没希望了！"

如果你觉得以上所列出的信念听起来熟悉，那么，你或许正在因为对虚幻期望的坚持而让自己产生不必要的情感抑郁。

合理情绪行为疗法

合理情绪行为疗法（REBT）的目标是改变引起情绪问题的不合理信念。在 Albert Ellis（1913—2007）看来，合理情绪行为疗法的基本观点可简单地用 ABC 来表示（Ellis, 1995; Ellis & Ellis, 2011）。Ellis 假设，人之所以变得不愉快和形成自我挫败的思维习惯是由于他们有不切实际的或错误的信念。

信念为何如此重要？ Ellis 是这样分析的：字母 A 代表一种诱发性经历，字母 C 代表这种诱发事件引起的情绪或行为结果。例如，遭人拒绝是一种诱发事件，感到抑郁、恐惧或受伤害是情绪性结果。合理情绪行为治疗中要告诉来访者的是，他们的真正问题在字母 B 上，即来访者有着一些不合理和不切实际的信念。如果一个人有"我必须在任何时候都被每个人喜欢和赞扬"的不合理信念，他就会产生不必要的痛苦。合理情绪行为疗法的观点认为，事件本身不能引发情绪或行为反应，是信念激发了情感。

> **知识桥**
> 合理情绪行为疗法对情绪困扰的解释与情绪性认知有关，参见第 10 章。

Ellis（1979；Ellis & Ellis, 2011）认为，大多数不合理的信念均来自三种不切实际的核心观念：

> **选择性知觉** /Selective perception　在更大的可能性面前，只能知觉到某些刺激。
>
> **过度泛化** /Overgeneralization　将一件单一的事情延伸到更多根本不相关的情境中。
>
> **全或无的思维方式** /All-or-nothing thinking　将事物或事件划分为正确或错误、好或坏等绝对的思维方式。
>
> **合理情绪行为疗法** /Rational-emotive behavior therapy (REBT)　以改变或去除引起情绪问题的不合理信念为目标的心理治疗方法。

1. 我必须表现出色并得到重要他人的赞赏，否则就是相当糟糕，那是我所不能忍受的，我会变得一无是处。
2. 你必须公平地对待我，如果你没有做到，那太可怕了，我无法忍受。
3. 所有外部条件都要如我所期望的一样，否则我无法在如此恶劣的世界里生活。

在这个还不够完美的世界上，上述信念显然会导致很多痛苦和不必要的伤害。合理情绪行为治疗师在改变来访者的那些不合理信念和"自我对话"时是非常直接和有指导性的，治疗的做法包括指出来访者的逻辑错误、批判他们的思想、用反面事例证明他们的信念不合理，甚至要求来访者完成"家庭作业"。下面的例子是治疗师在指出不合理信念时常使用的问题（adapted from Dryden, 2011; Ellis & Ellis, 2011; Kottler & Shepard, 2011）：

- "有什么证据可以说明你是个失败者，仅仅因为这一次没有做好就是失败者吗？"
- "谁说世界必须是公平的？那只是你个人的规则。"
- "你对自己说了什么而使自己感到如此烦恼？"
- "事情的结果没有像你期望的那样，就真的很恐怖吗？只是让你感到不方便了，对吧？"

放弃了不合理的信念后，大多数人也许能工作、生活得更好，因为那将使他们提高自我接纳的程度和对日常烦心事的耐受力（见"克服赌徒谬论"）。

在本章的"应用篇"中将介绍认知疗法的另外三种有效技术，其中包括内隐增敏技术、思维停止技术和内隐强化。稍后你可以感受一下它们。

知识巩固

人本主义和认知疗法

测一测

配对：

1. ＿＿＿＿ 以人为中心的疗法   A. 改变思维模式
2. ＿＿＿＿ 格式塔疗法   B. 无条件积极关注
3. ＿＿＿＿ 存在主义疗法   C. 意识中的"裂缝"
4. ＿＿＿＿ REBT   D. 选择与成为
5. 格式塔治疗师在治疗中尝试反映来访者的想法和感受。对不对？
6. 对抗和争辩是存在主义疗法中的概念。对不对？
7. 依照 Beck 的观点，选择性知觉、过分概括化和＿＿＿＿的思想是导致抑郁症的认知习惯。
8. 在 REBT 中，ABC 理论中的 B 代表的是＿＿＿。
   a. 行为   b. 信念   c. 存在   d. 贝克

想一想

批判性思考

9. 用"病人"一词会如何影响寻求帮助者与治疗师之间的关系？
10. 根据 Beck 的说法，在"我要么是个完美的人，要么是个废人"一类的信念中包括两种思维错误，是哪两种？

自我反思

你将在课堂演练中扮演治疗师的角色，如果你是以人为中心的治疗师你会如何做？存在主义治疗师呢？格式塔治疗师呢？

对于你有生以来的众多人生选择，存在主义治疗师会说什么？你是否应该做一些更有挑战性的选择呢？

任何人都会偶尔陷入消极思维。你能记起你最近的一次选择性知觉吗？过度泛化呢？全或无思想呢？

答案：

1.B 2.C 3.D 4.A 5.不对 6.对 7.全或无思想 8.b 9.使用"病人"一词意味着求助者与治疗师之间的关系是不平等的，求助者只是一个被动接受帮助的人，而且，"病人"一词暗示着求助者自己是有问题的，等待被治疗或改变。 10. 过分概括化和全或无的思维方式。

临床案例　克服赌徒谬论

17岁的乔纳森刚刚又输了个精光。这次是因为玩线上二十一点。乔纳森是从5美元开始下注的，然后一轮一轮地翻番下注。当然，他坚信自己一定会时来运转。然而，八手之后他就把钱输光了，有1000多美金。上周，他在玩线上德州扑克时也输了很多钱。现在乔纳森以泪洗面——他已经输光了整个暑假打工的所得，他不得不辍学并告诉父母他把钱都输光了。乔纳森不得不承认自己已经站在了未成年赌博成瘾者的行列中，而这个人群的数量正在不断增长（LaBrie & Shaffer, 2007；Wilber & Potenza, 2006）。

和很多问题赌徒一样，乔纳森受困于许多与赌博相关的歪曲认知。下面是他的一些不合理信念（Toneatto, 2002; Wickwire, Whelan, & Meyers, 2010）：

夸大的赌技：尽管你一直在输，但你仍然有很夸张的自信。

归因错误：赢的时候你认定是自己技术好，而输掉时则抱怨是运气不好。

赌徒谬论：你相信一连串的输之后会很快赢。

过度诠释线索：你过度相信一些根本不相关的线索，比如根据身体的感觉或仅凭直觉相信下一轮你肯定是赢家。

幸运特质：你相信自己是个"幸运儿"。

概率偏见：你对机会事件和随机事件有错误的信念。

你有以上这些错误的信念吗？乔纳森歪曲的认知包含了所有这些信念，并为他制造出一切尽在掌控的假象。他相信只要他足够努力，就一定能搞清楚如何赢得赌博。幸运的是，乔纳森的认知治疗师帮助他重建了信念。现在乔纳森偶尔还会小赌一下，但他不再觉得自己能控制机会事件了，只是为了娱乐，并且把输钱的数量控制在他能承受的范围内，并且享受这个娱乐的过程。

赌博成瘾问题在青少年中呈增长趋势（LaBrie & Shaffer, 2007）。

以经典条件反射为基础的治疗——通过学习治愈

关键问题15.6：什么是行为疗法？

杰生动、反复地想象这样的场景：他径直走进一家商店偷东西。然后他想象自己被抓住移交给了警察，警察用手铐铐住他的双手并把他押送到监狱。然后，他继续想象给妻子打电话告诉她自己因在商店偷东西而被捕。想到这里，他面对妻子的愤怒和儿子的失望而感到十分沮丧（Kohn & Antonuccio, 2002）。

为什么一个人要想象这样的事呢？杰的行为并没有看上去这么怪异。他的目的是自我控制：杰是一个盗窃癖患者（强迫性偷窃）。他选择的方法叫内隐增敏，是行为疗法中的一种（Prochaska & Norcross, 2010）。

一般来说，行为疗法是如何产生效果的？心理学家们发现可以通过学习原则帮助人们解决问题，这是一个新的突破。**行为疗法**是一种行动导向的治疗方法，它运用学习理论帮助人们获得问题行为的有效改变。行为治疗师相信对一个人的问题的深入领悟对于行为改进常常是不必要的。相反，行为治疗师试图直接改变有问题的思想和行为。对于杰，不需要探究他的过去或他的情绪和冲突，他只是需要打破偷东西的习惯。下面的小节中会讲述一些有创新性的同时也很有效的行为治疗方法。

行为疗法/Behavior therapy　运用学习原则使行为结构发生改变的各种心理治疗方法。

行为治疗师假设，人们的行为方式是通过学习获得的，心理问题是不适应的条件反射造成的，因此，他们也可以通过再学习更适当的行为来代替以前的行为。一般来说，**行为矫正**是通过运用经典条件反射或操作性条件反射作用直接改变人的行为（Miltenberger, 2011; Spiegler & Guevremont, 2010）（有的治疗师称之为应用行为分析。）行为疗法主要包括厌恶疗法和脱敏疗法（Forsyth & Savsevitz, 2002）。

经典条件作用是如何起效的？ 我不确定自己是否还记得它？我们先来复习一下。一个无条件刺激（US）伴随一个中性刺激出现，产生的非习得性反应称为无条件反应（UR）。最后，前面的中性刺激开始直接引起这种反应，这种无条件反应就成为条件反应（CR），中性刺激就变成条件刺激（CS）。因此，一个孩子接受注射（US）的同时看到注射用的针（CS），因为注射会引起焦虑和害怕（UR），最后，孩子在接受注射以前看到注射器（CS）也会产生焦虑和害怕（CR）。

> **知识桥**
> 复习有关经典条件反射的知识，请参见第 6 章。

经典条件作用与行为矫正有什么联系？ 经典条件反射作用可用于在不良习惯与不舒服的感觉之间建立联系，就像杰用这种方法解决自己的盗窃癖问题。有一种与此类似但更有效的方法叫作厌恶疗法。

厌恶疗法

想象你正在吃苹果，吃到一半的时候，突然发现你正好把一条大绿虫咬到一半，你非常恶心，开始呕吐。此后一段时间，每当你想要吃苹果的时候就感到不舒服。你对苹果已经产生了条件厌恶，即对苹果这一刺激物产生的习得性厌恶或负面情绪反应。

在治疗中如何应用条件厌恶？ 在**厌恶疗法**中，你要学习将一个你非常厌恶的事物与一种想戒除的不良习惯联系在一起，如吸烟、喝酒或赌博。厌恶疗法广泛应用于治疗打嗝、打喷嚏、口吃、呕吐、咬指甲、尿床、强迫性拔头发、酗酒、吸烟以及吸食大麻或可卡因，也被用于治疗恋物癖、异装癖、恋童癖以及其他不适当的性行为。事实上，厌恶条件反射就发生在日常生活中。例如，治疗肺癌的医生多数是不吸烟的，急救室的医生也没有几个开车时不系安全带的，这些无疑都是厌恶条件反射的作用（Eifert & Lejuez, 2000）。

厌恶疗法治疗尼古丁成瘾

尼古丁有毒的事实很容易让吸烟者产生厌恶，从而帮助他们放弃继续吸烟。行为治疗师发现，并不需要用电击、服用催吐剂和类似的厌恶刺激来引起吸烟者的不适感，只要让吸烟者长时间快速不停地吸烟即可达到目的。快速吸烟，要求来访者不停地吸烟，每 6~8 秒钟就要吸一口，直到吸烟者感到很痛苦，已经无法忍受以后才停止。到那个时候，大多数吸烟者都会想，"在我的余生里，我一根香烟都不想再看到了。"

快速吸烟法长期被认为是对戒烟很有效的一种行为疗法（McRobbie & Hajek, 2007）。然而，任何一个试图采用快速吸烟法戒烟的人都应该意识到，这种方法是非常痛苦的。如果没有治疗师的帮助，大多数人都会很快放弃从而无法取得成功。另外，快速吸烟法可能也是有危险的。它必须在有专业督导的情况下进行（在本章的"应用篇"中将介绍一种更为实用的变通方法）。

酗酒的厌恶疗法

Roger Vogler（1977）和他的同事在治疗酗酒中非常成功地运用了厌恶疗法。他们治疗的对象是一些无法自己停止饮酒的酗酒者。对于他们来说，厌恶疗法是最后一种选择。典型的厌恶疗法的步骤是：来访者在喝带有酒精的饮料时会受到非常痛苦的电击。大多数时候，电击出现在来访者刚要喝酒的时候，但这不可预测。

这种反应伴随性电击明显地消除了饮酒带来的快乐，也使酒精依赖者对饮酒产生了厌恶条件反射。通常情况下，酒后引起的痛苦来得太慢，因此酗酒者不会感到饮酒带来的不舒服。但是，如果饮酒行为与随即发生的痛苦联系起来，饮酒者就会开

探索·发现

感到一点紧张？放松！

脱敏的关键是放松。为了抑制恐惧，就必须学会放松。其中一种自动放松的方法就是**紧张－释放方法**，为了达到肌肉的深度放松，请尝试以下练习：

使你的右臂紧张直到它颤抖。紧紧地坚持住，直到慢慢地数到10然后再松开。让你的手臂和手都变柔软而且完全放松。重复以上程序。紧张－释放2～3次，你就可以感觉到自己的肌肉是否已经放松了。再将以上程序重复用到你的左臂。将左臂放松的结果跟右臂比较一下。重复以上步骤，直到左臂跟右臂放松程度差不多，再将紧张－释放方法运用到右腿、左腿、腹部以及胸和肩膀。收紧和放松下巴、脖子和喉咙。皱紧并放松你的前额和头皮。紧闭然后放松你的嘴巴和面部肌肉。最后，卷曲你的舌头，紧张你的双脚，然后放松。

如果你按照以上指导语执行，你就会感到比一开始放松很多。练习紧张－释放方法直到你能够快速（5～10分钟）达到完全放松。当你能够持续1～2周每天练习一次时，就开始可以分辨自己什么时候肌肉会紧张了。同时，能够进行相应的放松。这是一种非常有用的方式，你可以应用于任何一个紧张或焦虑的场景。

始体会到非常不舒服的感觉。

用电击的方法对待来访者合适吗？ 电击的方法常常使人听起来感到不舒服或震惊。然而，来访者通常是自愿接受这种厌恶治疗的，因为这种方法能够帮助他们戒掉不良习惯。事实上，许多人自愿花钱来接受针对过度饮食、吸烟和酗酒的厌恶治疗。更重要的是，厌恶治疗的效果是长期而且比较稳定的。正如行为治疗师 Donald Baer 所说："用短暂的痛苦抵消延续一生的失调和痛苦是绝对划算的。"

脱敏疗法

行为疗法是如何应用于对恐怖症、恐惧和焦虑的治疗的？ 假设你是一个游泳教练，要求你帮助一个叫柯蒂斯的儿童克服对高台跳水的恐惧，你将如何做呢？直接强迫柯蒂斯跳下高台对他来说是一种心理灾难。很明显，更好的方法应该从教柯蒂斯在游泳池的池畔跳下水开始，然后教他从低台跳水，接着是距水面2米的跳台，再接着是3米的跳台，一步一步升高，直至最后她能够登上高台跳板。

谁害怕阶梯法

这种系列等级的步骤称为**阶梯法**，即允许柯蒂斯一步步地适应。柯蒂斯逐渐适应了高台跳水，最终克服了恐惧。心理学家认为，当柯蒂斯克服恐惧时就已经脱敏了（Spiegler & Guevremont, 2010）。

脱敏疗法是建立在**交互抑制原则**基础上的——用一种情绪状态去阻断另一种（Heriot & Pritchard, 2004）。例如，焦虑和放松是不可能同时存在的，如果我们能够使柯蒂斯站在高台跳板上并感到放松，那么焦虑和恐惧反应将被抑制。反复上高台跳板将使一个人在此情境中产生的恐惧消失，我们就认为她已经脱敏了。一般情况下，**系统脱敏疗法**是让来访者在保持放松的状态下逐渐接近使其恐惧的刺激，逐步减轻恐惧、焦虑或厌恶。

脱敏疗法可以用于哪些地方呢？ 脱敏疗法最初被用于帮助消除恐怖症（指强烈的、不现实的恐惧）或严重的焦虑。生活中的一些情境都可用脱敏疗法：教师害怕上讲台、学生考试焦虑、推销员害

行为矫正 /Behavior modification 运用学习原则矫正问题行为的方法。

厌恶疗法 /Aversion therapy 将一个非常厌恶的事物与一种想戒除的坏习惯联系在一起的行为治疗方法。

紧张－释放方法 /Tension-release method 系统地达到身体彻底放松的程序。

阶梯法 /Hierarchy 按数量、水平、程度或高低顺序排列出的系列。

交互抑制原则 /Reciprocal inhibition 一种情绪状态可阻断另一种情绪状态，如快乐可以阻止恐惧的蔓延，焦虑则会抑制愉悦心情。

系统脱敏疗法 /Systematic desensitization 一种心理治疗方法，让患者保持放松的状态，逐渐接近令其感到恐惧或厌恶的刺激。

怕见人以及新婚夫妇的性交恐惧等。

脱敏步骤

如何进行脱敏？系统脱敏法一般包括三个步骤：第一步，来访者与治疗师一起做一个等级层次表。这个表中列举了一系列能够诱发恐惧的情境，包括从引起最低度恐惧的情境到引起极度恐惧的情境。第二步，治疗师教来访者练习并达到完全放松，这在本章的"应用篇"中将有更为详细的描述。第三步，当来访者学会放松后，即让他开始尝试做等级表中所列的引起最低度恐惧的一件事。以恐高症为例，治疗过程可以这样：①"站在椅子上"。反复重复这个过程，直到不再感到焦虑为止。放松过程中的任何变化都是没有达到完全放松的信号，说明来访者必须重复放松过程，才能继续后面的步骤。当来访者渐渐能够放松时，再进入更高的等级。②"爬到一个小梯子的顶端"。③"从楼梯上向下看"。这样继续下去，直到最后来访者对引起最高度恐惧的情境"乘飞机上天"也不感到恐惧为止。

对于许多恐怖症，当人们直接面对他们感到恐惧的刺激和情境时，脱敏疗法是最有效的（Bourne, 2010；Miltenberger, 2011）。对于像害怕蜘蛛一类的恐怖症也可以通过团体治疗来脱敏。但对某些恐惧（如害怕乘电梯）的脱敏只需要一次治疗就够了（Müller et al., 2011；Sturges & Sturges, 1998）。

替代脱敏

如果实施这种逐步脱敏的方法不现实，那么应当怎么办呢？是的，这个方法可能并不适用于所有实际问题，例如对于飞翔的恐惧。因此，在某些情况下，可以让来访者观看一个榜样表演其恐惧的行为，进行观察学习（Eifert & Lejuez, 2000；Bourne, 2010）。这个榜样就是一个人（现实或影片）示范行为，如果能够在观看每一个步骤时不感到焦虑，在实际情境中的恐惧就能降低。如果这种间接学习的**替代脱敏疗法**仍不能奏效，还可采用其他变式。事实上，一个人即使只按照阶梯法生动地想象脱敏的每一个步骤，治疗也同样有效（Yahnke, Sheikh, & Beckman, 2003）。如果脱敏的步骤能够在没有焦虑的情况下被影像化，也可以减轻人们在实际情境中的害怕情绪。因为想象脱敏可以在治疗师的办公室中实施，所以这是最为常用的一种脱敏方法。

虚拟现实暴露疗法

脱敏是一种暴露疗法。跟其他治疗一样，这需要将人们暴露在恐惧刺激中，直到他们的恐惧感消失。有一个重大的新发展是，心理学家开始使用虚拟现实来治疗恐怖症。虚拟现实是一种观察者只要带上特殊的视觉呈现仪器就可以进入的计算机化的三维"世界"。**虚拟现实暴露疗法**将计算机化的恐惧刺激以真实而且经过精心控制的方式呈现给病人（Wiederhold & Weiderhold, 2005；Riva, 2009）。这种方法已经被用于治疗恐高症、飞行和驾驶恐惧、公开演讲恐惧、蜘蛛恐惧以及幽闭恐怖症（Arbona et al., 2004；Giuseppe, 2005；Lee et al., 2002；Meyerbröker & Emmelkamp, 2010; Müller et al., 2011）。虚拟现实暴露法现在也应用于帮助病人减轻痛苦，例如让病人沉浸在虚拟的环境中，从病痛中分心出来（Malloy & Milling, 2010）。

脱敏疗法是最成功的行为疗法之一。不过还有一种新技术可以用另一种方式减轻恐惧、焦虑以及心因性疼痛。

眼动脱敏

创伤性事件往往会产生痛苦的回忆。突发事件、灾难、骚扰、受骗、强奸或情感虐待的受害者常常因为回忆和述说这些事件而被痛苦缠绕。为了减轻这些创伤回忆和创伤后应激障碍，Francine Shapiro博士发明了一种技术，称为**眼动脱敏和再加工（EMDR）**，可用于帮助缓解创伤性记忆的痛苦和创伤后的应激。

在EMDR疗法中，要求来访者形象化地想象他最感困扰的情境，同时拿一支铅笔（或其他物体）在来访者眼前快速地来回移动。注视移动的物体可以引起人的眼球快速左右运动。大约30秒后，来访者开始描述浮现出的任何记忆、情感和思想，并与治疗师讨论。以上步骤不断重复，直到创伤性的思想和情绪不再浮现（Shapiro, 2001；Shapiro & Forrest, 2004）。

初期研究的结果表明，EMDR疗法能够降低焦虑和创伤性记忆带来的痛苦（Seidler & Wagner,

2006)。然而，关于 EMDR 的效果问题仍有争议（Albright & Thyer, 2010）。比如，一些研究发现，眼球运动并没有增加治疗作用，EMDR 的显著效果可能只是出于痛苦刺激的逐渐暴露，与其他形式的脱敏疗法没什么两样（Davidson & Parker, 2001）。而另一方面，一些研究者不断发现 EMDR 比传统的治疗方法更有效（Greenwald, 2006；Solomon, & Heide, 2009）。

EMDR 是一个突破吗？在现代社会中，心理创伤发生的频率如此之高，我们很快会知道答案。

操作性治疗——整个世界就是一个斯金纳箱吗？

关键问题 15.7：操作性原则在行为疗法中扮演什么角色？

厌恶疗法和脱敏都基于经典条件作用。那么操作性条件反射的原理有何用武之地呢？你可以回忆起来，操作性条件反射是基于反应结果的选择性学习。因此，行为主义治疗师进行人类行为治疗时运用的主要操作原理有：

1. **正强化**。行为的发生概率由于获得奖赏而增多。如果孩子哭闹时得到注意，他们将哭得更多；如果你在心理学课程中成绩优秀，你可能主修心理学。
2. **无强化和消退**。行为发生的次数由于未获得奖赏而减少。如果一种反应不再得到奖赏，那么这种反应在重复多次后将消失。赢了三局之后，你按动游戏币出口的按钮，按了 30 多次，但是一次也没有掉出硬币。你会怎样？你会离开不再玩这个游戏机。这台机器按钮产生的效果就是无强化和消退。
3. **惩罚**。如果伴随反应的是一种不舒服或一个不好的结果，那么这种反应虽不一定会被消除，但将被抑制。
4. **塑造**。行为的操作性塑造指通过对一些行为进行奖励使之越来越接近期望的反应。如果一种反应很复杂，就可能不会自动出现，因此也不

可能得到奖赏。例如，如果要鼓励一个智力落后的孩子说"球"，就要从孩子说出以"q"的发音开头的任何词开始进行奖励。
5. **刺激控制**。反应往往受其发生时的情景控制。如果你把钟拨快 10 分钟，你早上可以上班不迟到。尽管你知道钟快了，但你出门的时间还是在钟的刺激控制之下。
6. **隔离**。隔离的作用是将个体与强化发生的情景分开。隔离是无强化的一种变式，运用隔离的方法，可以避免让不期望出现的反应得到奖励。比如，把打架的孩子分送到各自的房间里，直到他们能够平静地控制自己的行为时再放他们出来。

> **知识桥**
> 请复习第 6 章中关于操作性学习的内容。

这些原理看似很简单，但用于解决工作、家庭、学校和生产场所中的问题时非常有效。让我们来看看这些原理是如何发挥作用的。

无强化和消退

一个非常肥胖的女精神病患者有一个顽固而且烦人的习惯：偷吃其他患者的食物。没有人能够说服她停止偷或停止吃。为了她的健康，行为主义治疗师在病房餐厅给她专门准备了一张桌子，她只能坐在这张桌子边，如果接近其他桌子就会立即被带出餐厅。任何企图偷食物的行为都会让她不得不想念自己的食物（会被带离餐厅）。由于她偷食物的行为不再得到强化，因此很快就消失了（Ayllon, 1963）。

> **替代脱敏疗法 / Vicarious desensitization** 一种脱敏治疗技术，让患者观看别人表演其惧怕的行为，从而减轻自己的惧怕和焦虑之情。
>
> **虚拟现实暴露疗法 / Virtual reality exposure** 使用计算机生成的图片来呈现恐怖刺激。所呈现的视觉环境会根据使用者的头部动作及其他输入信息做出响应。
>
> **眼动脱敏和再加工 / Eye movement desensitization and reprocessing（EMDR）** 一种心理治疗方法，让患者在感到自己被痛苦的思绪困扰时，快速地连续将眼睛从一侧转向另一侧，可缓解恐惧或焦虑。

治疗师在这个案例中运用了哪些操作性原理? 治疗师运用"无奖赏"方法使不良习惯消退。高频率发生的行为往往导致某种形式的奖赏。要消除一种不适当的反应,首先要找出维持这种反应的奖赏并加以清除。然而人们做事并不总是为了获得食物、钱或其他显而易见的奖赏,维持人类行为的大多数奖赏是很微妙的,注意、赞成和关心也对人类行为起着重要的强化或奖赏作用(图15.2)。

无强化和消退可以消除很多问题行为,尤其是在学校、医院和其他一些教育机构。通常,隔离方法在这种情况下很管用,也就是拒绝关注行为异常的个体。比如,一个14岁的男孩特雷尔周期性地裸露着身体站在问题青少年培训中心的活动室里,这一行为常常会引起其他患者和工作人员的注意。作为一种试验,当他下一次再裸露着身体出现在大家面前时,咨询员和其他成员都很正常地欢迎他,接着就忽视他的存在了。从他人那里获得的关注很快消失了。他只好羞愧地回到房间穿好衣服。

强化和代币奖惩法

有严重心理障碍的患者往往不能或不愿意与人交流,这是让治疗师很头疼的一件事情。传统的心理治疗几乎没有任何效果。

我们能为他们做些什么呢? 有一种广泛运用的基于代币物(象征性的奖赏,如可用于换取真正奖赏物的塑料片等)的方法。代币物可以是打印的纸片、筹码、分数或金星等。不论代币物的形式如何,均代表着奖赏,因为可以拿它们换取糖果、食物、烟、娱乐或其他特权(比如单独与治疗师见面、外出或看电视)。代币物被广泛用于精神病院、出院后的过渡站、特殊学校、少管所和常规学校的行为训练中,常常能够带来显著的行为改变(Dickerson, Tenhula, & Green-Paden, 2005; Matson & Boisjoli, 2009)。

> **知识桥**
>
> 代币物可以有效地改变行为,因为它们是二次强化物,参见第6章。

治疗师可以通过发放代币物及时奖励患者的一个积极反应。为了达到最佳效果,治疗师可选择特定的目标行为,即确定需要矫正的动作或某种行为,之后通过代币物强化达到目标。例如,对一个缄默的精神病患者,开始只要他说出一个字即可得到代币物,之后说出一个完整的句子可得到代币物,再后逐渐要求患者多说一些,然后是回答问题,最后能够进行一段短的对话。通过一步步矫正,一些几个月或几年来不说几个字的病人都可以正常地与人交流了。

一些精神病院按照代币物奖惩法设立了完整的治疗和生活管理制度,称为**代币物奖惩制度**(Spiegler & Guevremont, 2010)。只要病人表现出社会期望的或者有用的行为都能获得代币物奖励,他们可以用代币物换取一些特权,同时,当他们表现出问题行为时也必须支付代币物(图15.3)。比如,病人下床活动、自己穿衣、按要求服药、按时进餐等都可以得到代币物,从事种花、做饭或当保管员等建设性的工作也可以得到代币物。在医院,病人必须用代币物买饭。病人通过支付代币物还能享受到一些特权,如住进单人病房、得到电影票、通行证以及

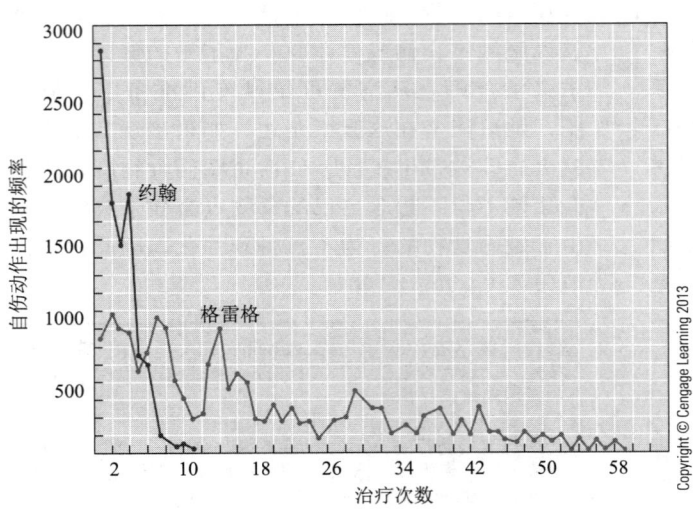

图15.2 这个图表显示了两个孤独症男孩自我伤害行为的消退过程。在治疗孤独症时,对男孩的自我伤害行为均"不予注意"。他们的这种行为随治疗次数增加而逐渐减少。(Adapted from Lovaas & Simmons, 1969)

外出活动等。如果病人赖在床上不起、在公共场合脱光衣服、自言自语、打架、叫喊以及表现出类似的需要矫正的行为，就要为此支付代币物作为罚金（Morisse et al.，1996；Spiegler & Guevremont，2010）。

代币物奖惩法可以从根本上改变一个人的适应能力和精神面貌。它给予病人改变的动机，使他们懂得要对自己适应不良的习惯和行为负责任。尽管这种方法看起来有点操纵性，但的确让很多病人变得更有力量了。通过这种治疗，已经使许多原来被认为"没救了"的智力落后者、精神病人以及罪犯重新成为对社会有用的人（Field et al.，2004）。

在一个治疗计划结束前，通过代币物奖惩法对病人进行训练的次数可减少到每周1次，以保持他们健康的、负责任的和建设性的行为（Miltenberger，2011）。同时，要逐渐使病人将注意从代币物奖赏转向"社会奖赏"，即从人们对其行为的认可和赞赏中得到鼓励，这种鼓励将是出院后能够从家人、朋友和邻居那里得到的东西。

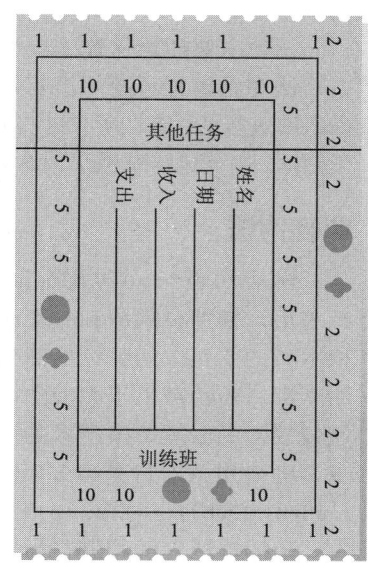

图 15.3 （左）一所治疗中心使用的代币信用卡。这张卡记录了一个病人的代币所得。（右）治疗中心公布的得分和消费记分方法。

知识巩固

行为疗法

测一测

1. 行为矫正中运用了哪两种条件反射作用？_____和_____。
2. 电击、疼痛和不舒服在条件厌恶中起什么作用？
   a. 条件刺激　　　b. 无条件反应
   c. 无条件刺激　　d. 条件反应
3. 如果运用电击控制饮酒，它必须是_____伴随性电击。
4. 通过观看现场的或影片中的榜样进行脱敏治疗的方法被称为____。
   a. 认知疗法　　　b. 暴露疗法
   c. 内隐脱敏法　　d. 替代脱敏法
5. 系统脱敏疗法的三个基本步骤包括制作等级表、使人充满焦虑和想象放松。对不对？
6. 在 EMDR 治疗中，通过计算机模拟的虚拟现实影像向患者呈现恐惧刺激。对不对？
7. 行为矫正的目的是消除不被期望的问题行为，这种方法的典型操作原则是什么？
   a. 惩罚和刺激控制　b. 惩罚和塑造

代币物奖惩制度/Token economy 这是一种治疗设置，当病人表现出被期待的行为时，可以得到代币，这些代币可以用来换其想要的东西、服务、活动或特权。

c. 无强化和隔离　　d. 刺激控制和隔离

8. 对于人类来说，注意是一种强有力的_____。

9. 在塑造"期待的反应"或"目标行为"时，可以使用代币法。对不对？

想一想

批判性思考

10. 服用戒酒药物的酗酒者在喝酒后会感到不舒服。但为什么他们对酒仍然不感到厌恶呢？

11. 脱敏治疗往往都是在医院中进行的，你能想象一下那是什么样的吗？

自我反思

说说下面三种情况如何用行为疗法解决？

你有一个朋友，他的狗每次听到打雷就会狂吠。你有一张录有风雨声音的CD，你如何使用这张CD对这只狗进行脱敏治疗？（提示：CD播放机可以调节音量大小。）

你是否有过这样的经历，在你第一次接触某种情境时产生了强烈的焦虑（比如，高空、公众演讲、在高速公路驾车），但后来你对这种情景自然地脱敏了，请解释是什么原因使你的恐惧逐渐消失了。

请举出你个人的一次亲身经历，解释以下原则是如何影响你的行为的：积极强化、消除、惩罚、塑造、刺激控制和隔离。

答案：1. 经典条件反射，操作性条件作用　2. c　3. b　4. d　5. b　6. b　7. c　8. 强化物　9. 对　10. 这种药能抑制饮酒，但是没有把酒与恶心联系在一起，因此，他们可能仍然喜欢酒的味道。11. 因为大多数脱敏治疗可以在任何安静的房间中进行。

药物治疗——精神科护理

关键问题 15.8：精神病学家如何治疗心理障碍？

心理治疗可以应用于从短暂的危机到全面的精神问题的各个领域。然而，大多数心理治疗都不接待有重度抑郁症、精神分裂症或者其他严重病情的人。精神分析和药物共同作用对有严重的心理障碍的患者也有治疗效果，但大多数情况他们还是以药物治疗为主（Beck, et al., 2009）。

三种主要的**躯体疗法**类型包括药物疗法、电击疗法和精神外科手术。躯体治疗通常是在精神病医院进行的，而且所有这些方法都带有强烈的医学倾向，由受过传统医学训练的精神科医生执行。

药物疗法

自从20世纪50年代中期**药物疗法**开始被广泛采用，精神科病房和心理医院的氛围就发生了根本性的变化。药物疗法需要使用药物来治疗情绪紊乱。药物可用于减轻焦虑发作，以及其他一些较轻微的心理障碍所致的不适感。然而，药物更多的是用来对付精神分裂症和重度情绪障碍的（Julien, 2008）。

药物疗法会使用哪些类型的药物呢？有三种主要类型的药物。这些药物都是通过影响不同的脑神经递质的活动而起效（Freberg, 2010）。**抗焦虑药**（如安定）可以产生放松效果或者减轻焦虑；**抗抑郁药**，是用于对付抑郁的振奋情绪的药物；**抗精神病药**（又叫**强镇静剂**），具有镇定作用，而且可以减轻幻觉和错觉症状（见表15.2对每类药物的举例）。

药物是一种有效的治疗方法吗？是的，药物可以缩短住院时间，而且可以在很大程度上增加病人从重度心理障碍中康复的可能性。药物治疗还使很多病人最后回归社区和接受门诊治疗成为可能。

药物治疗的局限

不论药物有多少好处，所有药物都有一定风险。比如，15%长期服用大剂量镇静剂的病人可能会出现神经性疾病，从而引起面部和嘴部节律性的运动（Chakos et al., 1996）。相似的是，氯氮平可以减轻精神分裂症状，但是，在每100个服用此药的病人中，就有2个深受潜在的致命血液疾病之苦（Ginsberg, 2006）。

这样的冒险值得吗？很多专家认为是值得的，因为慢性的精神分裂症几乎剥夺了患者所有的让生活变得有意义的东西。当然，新的药物有可能会提高治疗精神分裂症这样的严重问题的收益－风

表 15.2 常见精神科药品

分类	药品名称	药效	主要药理
抗焦虑药（弱镇静剂）	Ativan，Halcion，Librium，Restoril，Valium，Xanax	缓解焦虑、压力和恐惧	增强 GABA 的作用
抗抑郁药	Anafranil，Elavil，Nardil，Horpramin，Parnate，Paxil，Prozac，Tofranil，Zoloft	抗抑郁	增强 5-羟色胺和多巴胺的作用
抗精神病药（强镇静剂）	Clozaril，Haldol，Mellaril，Navane，Risperdal，Thorazine	降低兴奋、错觉、幻觉、思维障碍	降低多巴胺的作用

险比。例如，利培酮似乎跟氯氮平的疗效差不多，但没有致命的危险。

不过，即使最好的新药也不是万能的。它们可以帮助一些人解决一些问题，却不是所有。值得注意的是，针对某些严重的心理障碍，把药物和心理治疗结合起来将比单独使用药物效果更好（Manber et al., 2008）。然而，精神分裂症和重度情绪障碍的主要治疗模式无疑还是药物（Vasa, Carlino, & Pine, 2006；Walker et al., 2004）。

电刺激疗法

与药物治疗相对应的，电刺激疗法是通过激活大脑内电生理活动来起到治疗作用的。电休克治疗是其中最早也最具戏剧性的方法，它从 19 世纪 40 年代起被广泛使用，但至今它仍然饱受争议（Hirshbein & Sarvananda, 2008）。

电击疗法

在**电休克疗法**（ECT）中，在不到 1 秒的时间内对大脑施以 150 伏的电击。这一相当戏剧化的治疗抑郁的医学方法会引起休克并导致病人短暂的意识丧失。在 ECT 之前，会给病人注射肌肉放松和镇静药物以弱化其影响。治疗一般会进行多次，持续数周或数月。

电击怎么起作用呢？事实上，是抓握动作起了作用。ECT 的支持者声称，电击引发的"重置"改变了大脑和身体里的生化和激素平衡，从而结束重度抑郁和自杀行为（Medda, et al., 2009），同时可以促进患者长期生活质量的提高（McCall, et al., 2006）。另外一些人则质疑，ECT 只是使病人变糊涂，最终让他们记不起自己为什么抑郁。

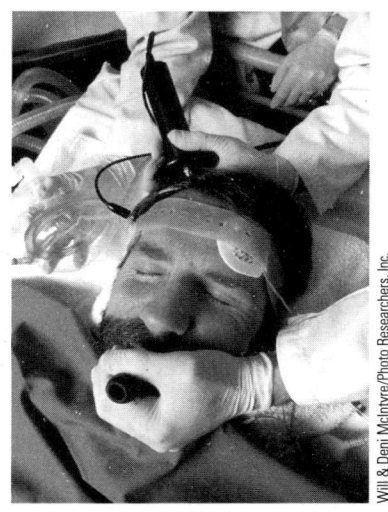

在电休克治疗中，电极被放在患者头上，然后一个短电流通过大脑。ECT 被用于重度抑郁症的治疗。

并不是所有的专家都支持使用 ECT。然而，大多数专家对以下问题达成了一致：（1）ECT 最

躯体疗法 /Somatic therapy　使用药物、电休克和精神外科手术，治疗重度的精神病或心境障碍。

药物疗法 /Pharmacotherapy　使用药物来减轻情绪障碍的症状。

抗焦虑药 /Anxiolytics　用于放松或减轻焦虑的药物（如安定）。

抗抑郁药 /Antidepressants　一种振奋情绪的药物。

抗精神病药（强镇静剂）/Antipsychotics（major tranquilizers）　一种有镇静效果的药物，同时可以减少幻觉和错觉症状。

电休克疗法 /Electroconvulsive therapy（ECT）　对重度精神病的一种医疗手段，对患者的脑直接进行电击，使其产生痉挛。

多只能带来暂时性的改善——它使病人从恶劣的环境中挣脱出来，但必须配合其他治疗；(2) ECT 可能导致某些病人丧失记忆（Sienaert et al., 2010）；(3) 只有在所有其他治疗都失效之后才能使用 ECT；(4) 为了降低复发的概率，ECT 之后需要配合服用抗抑郁药（Sackeim et al., 2001）。总的来说，ECT 对于某些抑郁个案的确是有效的——特别是当它快速地结束了疯狂的自残或自杀行为的时候（Medda, et al., 2009；Pagnin et al., 2004）。有趣的是，大多数 ECT 病人都感觉治疗帮助了他们。事实上，大多数病人还想再次进行这样的治疗（Bernstein et al., 1998；Smith et al., 2009）。

植入电极

与 ECT 不同，植入电极需要进行外科手术，但是它可以对大脑的特定区域进行精确的电刺激。有研究显示，采用药物和 ECT 治疗都没有效果的抑郁症患者，经过对其大脑某特定区域进行电刺激后，其症状有明显改善（Mayberg et al., 2005；Sartorius et al., 2010）。对另一组抑郁症患者大脑的快乐区域进行电刺激，也有明显效果（Schlaepfer et al., 2008）。并且，不同于 ECT 的是，植入电极不仅可以应用于抑郁症患者的治疗，还可以用于治疗强迫症（Haq et al., 2010）。

> **知识桥**
> 电刺激疗法也被用于研究脑的工作机制，了解更多知识，参见第 2 章。

精神外科手术

精神外科手术是一种最极端的医学治疗方法，其中最著名、最古老的手术是额叶切断术。在前额叶切断术中，手术切断了额叶与其他脑区之间的联系。之所以进行这一手术，是因为其他各种疗法都不能使病人安静下来。

最初使用这种方法是在 20 世纪 40 年代，手术成功后名噪一时。不过，对手术后病人的研究发现，尽管一些病人变得安静了，但另一些则没有明显的变化，甚至有些病人还变成了植物人。额叶切断术也带来了很大的副作用，如病人抽搐、木讷、发生了重大的人格改变，甚至木僵。这时，第一批抗精神病药物出现了，额叶切断术等随之被放弃（Mashour, Walker, & Martuza, 2005）。

目前还在使用哪些精神外科手术？ 精神外科手术仍被许多神经外科医生看作是一种有效的治疗方法。目前最常使用的手术叫作深层病灶损毁术，即损毁大脑内部的一些很小的病区，这种方法常作为某些特定疾病的补救治疗（Mashour, Walker, & Martuza, 2005）。这种方法确实有效，比如可能使严重的强迫症状减轻（Dougherty et al., 2002）。

> **知识桥**
> 深层病灶损毁术是用于脑研究的另一种方法，参见第 2 章。

需要记住的是，药物可以服进去，也可以排出来，但实施外科手术是不可逆的，因此，尽管不断有报告说精神外科手术取得了如何大的成功，还是有许多批评者呼吁禁止一切精神外科手术。综观精神外科手术几十年的发展历史，确切地说，它也许可以被称作一种实验技术，而不是治疗方法，尽管它的确可能对于治疗某些特殊的障碍很有效（Mashour, Walker, & Martuza, 2005；Sachdev & Chen, 2009）。

住院治疗

2008 年，有 300 万美国人因精神健康问题接受了住院治疗（National Institute of Mental Health, 2011a）。精神问题**住院治疗**指把心理疾病患者置于一个保护性的环境中，在那里对其情绪问题或行为问题进行治疗。具体来讲，就是把精神病人送进专门的精神病医院或公立医院。住院本身就是一种治疗方式，可以使病人摆脱导致其发病或使病情恶化的环境。比如，药物成瘾者就很难拒绝日常生活中药物或毒品的诱惑。住院治疗就可以帮助他们打破自残的行为模式（André et al., 2003）。

在最乐观的情况下，住院可以使对病人的诊断和心理治疗得到保证，还可为病人提供保护和支持。当然，大多数综合性医院的精神科和专门的精神病医院都会这样。在最糟糕的情况下，住院可能成为病人的一段可怕经历，并使其失去原有的对外部世界的适应能力，这种情况更多地发生在州立的心理诊所里。当病人无法在家正常生活，而其他在生活社区内能找到的治疗方法都没有效果时，最后一条路就是把他送入医院。

半住院治疗是目前的一种新趋势，病人只需部分时间在医院接受治疗。例如，白天来医院，晚上回家住。有些人也可以晚上参加治疗。这种方法有一个最大的好处，即病人可以回到家里，实践他们在心理治疗中学到的内容。这样，多数病人住院的时间可以逐渐减少，最后回到正常生活中去。总的来说，这种半住院的效果并不比传统的全日住院差（Drymalski & Washburn, 2011; Kiser, Heston, & Paavola, 2006）。

脱治疗依赖

脱治疗依赖是住院治疗后期的一个重要步骤，即消除病人对治疗机构的心理依赖。在过去50年中，美国各大精神病医院的住院人数减少了2/3，这在很大程度上是脱治疗依赖的工作成果。长期住院可能导致病人依赖医院，与社会隔绝，或持续的情绪紊乱，其结果是他们很难再回到正常的社会环境中独立生活（Novella, 2010）。所谓消除依赖，就是要减少病人处处依赖医院和医生的习惯，以避免以上问题的发生。

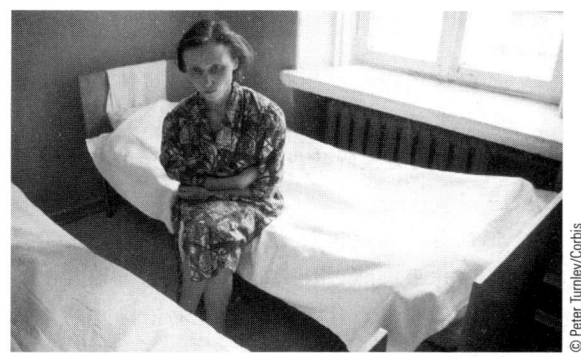

由于机构的质量参差不齐，住院治疗可能会使病人有避难和受虐待的体验。很多"收容所"或精神病医院都需要很大的改进。

脱治疗依赖究竟效果如何？ 事实上，由于许多现实问题的存在，推行上述治疗措施非常困难（Talbott, 2004）。美国许多州减少了精神病人住院的人数和时间，但他们这样做的目的只是为了省钱！可悲的是，许多康复过程中的病人被迫出院，得不到应有的照看，而周围的人又对他们充满敌意。许多病人最后只能沦为无家可归者，还有一些人因非法入侵私人领地、流浪或扰乱治安等小过失而被拘留关押。最后，那些饱受失业、无家可归和社会隔离之苦的精神病人不是被送进监狱，就是被重新送回精神病医院（Markowitz, 2011）。

如今在美国，大的精神病院可能不再收留那些被社会遗弃的精神病患者，而之前的那些住院病人的境况也好不了多少，他们不得不在简陋的收容所、便宜的小旅馆、监狱或城市角落里栖身。在美国，精神病患者得到住院治疗和被困于监狱的比例是1:3（National Institute of Mental Health, 2010a）。这些数据表明，美国的监狱正在成为精神病院替代品，成为心理疾病的社会"解决"途径。然而，具有讽刺意味的是，虽然在美国的社区中都有高质量的医疗机构，但地方政府自身无力给予足够的资助，大量精神病人得不到他们应得到的帮助（Torrey, 1996）。

过渡站，可能可以作为一个缓冲，帮助刚刚出院的患者更好地回归社区生活（Soyez & Broekaert, 2003）。具体讲，**过渡站**就是一个可供一组人短期生活的居住地，当人们从精神病医院出院后，先在这里暂住几日，再去过独立生活。这里充满人情

精神外科手术 /Psychosurgery 以改变行为或情绪为目的施行的脑外科矫正。

住院治疗 /Mental hospitalization 把精神病患者隔离在一个保护环境中，提供各种形式的心理、情绪和行为治疗。

半住院治疗 /Partial hospitalization 应住院治疗的患者只需部分时间在医院里接受治疗。

脱治疗依赖 /Deinstitutionalization 消除病人对治疗机构的心理依赖的方法。

过渡站 /Halfway house 为帮助那些刚刚出院或出狱的人重新适应独立生活而设立的社会机构。

经营得很好的过渡站对于曾经的精神病患者回归社区来说是比较人性化的方式,而且花费合理(Soyez & Broekaert, 2003)。

味,不像医院那样有严格的医学取向,大家相互帮助和支持,而且离出院者的家都不远。研究证明,出院者在过渡站中接受适应训练,能够降低其心理疾病的复发率(Courtesy, Ward-Alexander, & Katz, 1990; Soyez & Broekaert, 2003)。

社区心理健康规划

社区心理卫生中心是心理健康领域中一个引人注目的亮点。社区心理卫生中心提供广泛的心理健康服务和精神科护理。成立这样的中心不仅是为了减少住院治疗的人数,而且也是为了寻找解决心理健康问题的新途径(Burns, 2004; Teed et al., 2007)。社区心理卫生中心日常提供的服务,包括短期治疗、看护门诊病人、处理特殊的危机或紧急事件,并进行自杀干预。

社区心理卫生中心也要注重预防工作。要防患未然,就要采取心理咨询、教育和**危机干预**等方法来解决或预防心理疾病的发生。为了提高本社区的总体心理健康水平,一些社区心理卫生中心还致力于解决失业、青少年犯罪和吸毒等问题(Tausig, Michello, & Subedi, 2004)。

社区心理健康中心是否实现了它们的目标呢?在实践中,人们总是把重点放在临床服务上,其次才是预防,这种状况是由政府的财政支持摇摆不定所致(直接点说就是钱的问题)。不过,总体来看,社区心理卫生中心的工作近年来

取得了一定的成功。许多心理健康计划能够得以开展,与一批**准专业人员**的参与是分不开的。这些人的能力接近专业工作者,同时在受过高水平专业培训的工作者指导和监督下工作。其中有些人曾是瘾君子、酒鬼或是曾在这里得到过帮助的心理疾病患者。他们业余参加心理卫生中心的工作,其中一些人有报酬,另一些人则是无报酬的志愿者。他们或有一技之长,能够为别人提供咨询或辅导;或只是热心助人者,善解人意,善于交谈。对于有志投身于心理健康事业的年轻人来说,先在社区心理卫生中心做一名准专业人员将是一个很好的准备阶段。通常来说,"准专业人员"比"医生"更有亲和力。因此,这就在很大程度上鼓舞了那些抗拒心理咨询的人愿意去寻求心理健康服务(Everly, 2002)。

知识巩固

药物治疗

测一测

1. 强镇静剂也被当作一种_____。
   a. 抗焦虑药   b. 抗精神病药
   c. 抗抑郁药   d. 前额镇静剂
2. ECT是现代药物治疗的一种形式。对不对?
3. 当前,额叶切断术是精神外科中最常用的一种方法。对不对?
4. 脱治疗依赖是半住院治疗的一种先进模式。对不对?

想一想

批判性思维

5. 美国加利福尼亚州伯克利市的居民通过投票上书来禁止ECT在该市范围内的使用。你认为法律应当控制某些心理治疗方法的使用吗?

自我反思

要记住各种心理治疗的方法,尤其是药物治疗都有一些副作用,那么什么时候适合对心理疾病患者采用药物治疗?为什么不用其他的治疗方法取代药物治疗?

为什么你会综合应用心理咨询和药物治疗?你是否可以针对第14章提到的压力脆弱性模型进行陈述?

第 15 章 心理治疗

答案：1.对 2.对 3.不对 4.不对 5.这个什么人有资格教什么人有资格决定什么人需要接受 ECT 的问题，并非以医疗伦理、而且、精神病学专家需要经常反省自身的医质，也为治疗患者选择机会并尊重这一医学问题。

心理治疗——治愈人类之路

关键问题 15.9：不同的心理疗法都有效吗？它们有何共同之处？

在本节中，我们提出这样的疑问：心理治疗是否起作用，如果起作用，又是哪些共同的因素在起作用？在这一版，我们把这一节内容放在了"药物治疗"之后，目的是为了强调治疗关系在治愈过程中的核心价值。即使一个心理疾病患者是在接受针对躯体的药物治疗，在这个过程中他仍然是以一个"人"的身份在接受其他"人"提供的治疗的。在这种视角下，无论治疗师是心理咨询师、精神病医生、社会工作者还是医院服务者或其他什么人，无论在你的职业背景中有什么特长的治疗技术，本节所要讨论的内容都将是非常重要和有价值的。

心理治疗的效果如何？ 对心理治疗效果的评价褒贬不一。最近一次全美调查结果显示，在每10个曾寻求精神卫生保健机构帮助的人中，就有9人报告他们的生活由于心理治疗而得到改善（Consumer Reports，2010；Kotkin, Daviet, & Gurin, 1996）。不幸的是，我们并不能完全相信个人的一面之词（见"我们知道治疗如何在实际中起作用吗"）。

对于区分治疗的有效性的实验证据在稳定增长（Westen & Bradley, 2005）。临床工作者们也不再依赖直觉，而是更多地探索实验研究的证据以及临床实践的发展轨迹（Carroll & Rounsaville, 2007；Miller & Binder, 2002）。这样的结果使我们能够更好地了解哪些疗法对哪些特定的问题类型效果更显著。这种趋势也有助于淘汰那些没有效果或效果甚微的疗法。

幸运的是，还有更直接的证据证明心理治疗带来的好处。数以百计的实验研究结果显示，心理治疗和咨询具有强大的积极效果（Barlow, 2004；Lambert & Cattani-Thompson, 1996；Moras, 2002）。当然，治疗在不同个案中的效果相差很大，治疗可能对某些人非常成功，对另一些人却不成功，不过总的来说是成功多于不成功。更主观一点说，能使一个人的人生从此好转，获得一次真正的成功，就能够抵消好几个治疗不太成功的案例！

一般认为，心理治疗的过程是漫长而缓慢的，其实并不总是那样（Shapiro et al., 2003）。研究表明，大约50%的患者经过13～18周，每周一小时的治疗后，就会感到有所好转（Howard et al., 1986）。这就是说，大多数病人在治疗6个月后得到了改善。要记住，这些人在寻求帮助之前常常已经患病若干年，因此这样快速的疗效是令人鼓舞的。然而不幸的是，由于费用较高以及保险支付的限制，患者平均只能接受5次治疗，这些患者当中只有20%的人感到有所好转（Hansen, Lambert, & Forman, 2002）。

心理治疗的核心原则

不同的心理治疗方法有何共同之处？ 前面我们已经介绍了几种治疗方法，不过如今仍在使用的心理治疗方法还有很多。表15.3中列出了各种治疗方法之间的一些主要区别。为了加深理解，让我们简单总结一下各种常用治疗方法之间的共同之处。

各种心理治疗方法具有共同的目标：重建希望、勇气和乐观的心态；提高领悟能力；解决冲突；提高自我认识；改变不良行为模式；寻找人生目

社区心理卫生中心 /Community mental health center 社区中提供各种心理健康服务（如咨询和危机干预）的机构。

危机干预 /Crisis intervention 心理急救的熟练应对技术。

准专业人员 /Paraprofessional 接受过一定的专业培训、协助心理医生进行心理健康服务工作的专职人员或业余工作者。

批判性思考 — 我们知道治疗如何在实际中起作用吗？

一味地相信自己的治疗有效的治疗师是有风险的，为什么呢？曾经在医生中流传着一个古老的笑话：感冒在没有治疗的情况下康复只需要一周（指除去周末的5天），可治疗的话没准要7天才好。这种情况在心理治疗中也可能会发生。经过6个月治疗的人可能体验到自动的症状消失——他们感觉到好转可能只是因为已经过去这么长时间了。或者促使他来参加治疗的那个危机事件，现在他已经完全忘记了。或者可能只是发生了治疗安慰剂效应。而且，这个人还有可能接受了来自其他人，比如家庭成员、朋友或者牧师的帮助。

为了排除类似的解释，我们需要将来访者随机分到一个接受治疗的实验组和一个不接受治疗的控制组。随机分组以后，发现控制组即使没有接受治疗也表现出进步就不再大惊小怪了（Lambert & Ogles, 2002；Schuck, Keijsers, & Rinck, 2011）。只有实验组比控制组表现出更多进步，我们才可以下结论，说治疗本身是有效的。

但是，拒绝给真正需要治疗的人提供治疗会不会违反职业道德？ 是的。解决这一困惑的一种方法就是设立等待名单控制组，他们暂时需要等待，不过最终都能接受到治疗师的帮助。

当将很多实验结果结合（采用第1章学习的元分析技术）起来时，治疗的有效性就变得很清晰了（Lipsey & Wilson, 1993）。近来，研究已经发现有些治疗方法对特定的障碍尤其有效（Bradley et al., 2005；Eddy et al., 2004）。例如，行为疗法、认知行为疗法以及药物治疗对于治疗强迫症就特别有帮助。

表 15.3　不同心理治疗方法的特点比较

	领悟 / 行为改变	指导 / 非指导	个体 / 团体	治疗效果的来源
精神分析	领悟	指导性	个体	追根寻源
短期动力疗法	领悟	指导性	个体	对心理冲突的创造性利用
来访者中心疗法	领悟	非指导性	两者均可	接纳和共情
存在主义疗法	领悟	两者兼有	个体	激发个体存在的力量
格式塔疗法	领悟	指导性	两者均可	使注意集中于对当下的意识
行为主义疗法	行为改变	指导性	两者均可	矫正行为立竿见影
认知疗法	行为改变	指导性	个体	建设性的指导
合理情绪行为疗法	行为改变	指导性	个体	澄清思想和目标
心理剧	领悟	指导性	团体	重新表演问题的建设性方法
家庭疗法	两者兼有	指导性	团体	分担责任共同解决问题

Adapted from Corsini & Wedding, 2011；Prochaska & Norcross, 2010

标；改善人际关系；学会更理性地处理问题（Frank & Frank, 2004；Seligman, 1998）。心理治疗通过以下这些途径来达到预期目标：

1. 治疗师与来访者建立起积极的关系，即构成**治疗联盟**，治疗联盟使来访者和治疗师联合起来，共同努力解决来访者的问题。这个联盟的强弱是关系到治疗能否成功的主要因素（Kozart, 2002；Meier et al., 2006）。这种关系中最根本的是治疗师对来访者的情感支持：热忱、友好、理解、接纳和共情。

2. 治疗为来访者提供了一个保护性设置，使其情绪可以得到宣泄或释放。在这个庇护所里，来访者可以自由地表达恐惧、焦虑和个人秘密，而不用担心遭到拒绝或泄露隐私。

3. 各种形式的治疗都能够在一定程度上对来访

痛苦的原因提供解释,并提出逐步摆脱痛苦的具体建议。
4. 治疗使来访者从一个全新的角度看待自己和自己所处的情境,并为他提供一个实践全新行为方式的机会(Crencavage & Norcross, 1990; Prochaska & Norcross, 2010)。来访者在治疗中获得的领悟可以给其生活带来持续的改善(Grande et al., 2003)。

优秀的治疗师

因为心理治疗方法有很多共同之处,所以,治疗师们都越来越趋于折中主义(Kopta et al., 1999)。折中的治疗师会选择最适合于问题解决的方法(Norcross, 2005)。另外,有的还会将各种治疗方法中最核心的东西联合成更大的系统,来增强治疗效果。

最优秀的治疗师有什么共同特点呢?有研究发现,高明的治疗师都具备以下特点(Jennings & Skovholt, 1999):

- 是狂热的学习者
- 从自己的类似问题中吸取经验
- 重视复杂性和模糊性
- 情感开放
- 心理健康且成熟
- 培养自己的健康情绪
- 认识到自己的情绪健康会影响工作
- 具备很强的社交技能
- 培养工作联盟
- 恰到好处地在咨询中运用社交技能

注意:以上特点也描述了当我们大多数人遇到生命危机时想与之交谈的那一类人。不过,如果有人来向你倾诉,你会如何表现呢?

基本咨询技术

各种心理治疗方法中都有许多一般性的助人技巧。当你安慰一个悲伤的或处于严重压力状态下的朋友或亲戚时,应将以下要点记在心里(Kottler & Shepard, 2011; Sharf, 2012;表15.4)。

积极倾听

人们在交谈时常常是对别人"说",而没有认真听别人讲话,但有问题的人需要别人认真地倾听。咨询师要尽力真诚地倾听,理解来访者,不加评判地接收信息,不可急于下结论。你要通过目光接触、姿势、语调和反馈让来访者知道你正在倾听((Kottler & Shepard, 2011)。

反映对方的想法和感受

当你向一个人提供心理支持的时候,你可以做的最好的事情之一就是简单地复述他所说的话。这也是鼓励一个人开口说话的好方法。当你的朋友好像没有话说的时候,你可以简单地复述或解释他说的最后一句话。以下是一个例子:

朋友:我在学校真是没劲透了。我对所有的课程都不感兴趣。我的西班牙语考试不及格,一个同学还偷了我的心理学笔记。
你: 在学校你感到心烦意乱,是吗?
朋友:是的,我父母为我的成绩又训了我一顿。
你: 你感受到了来自父母的压力?
朋友:是的。该死!
你: 他们的压力一定让你感到愤怒吧。

这听起来很简单,实际上对于区分各种感受是非常有帮助的。你可以照此实践一下。如果你能做到这些,你将成为谈话高手。

沉默

研究显示,专业咨询师在答话之前等待的时间比一般人要长,停顿5秒钟或更长的时间并不罕见。他们很少打断来访者的话。耐心地倾听可以使来访者感到不用着急,并可以鼓励他们自由地说下去。

提开放式的问题

你的目的是鼓励来访者自由表达,因此,提开放式问题最有帮助。封闭式问题只能回答"是"或"不是",而对开放式问题没有可预期的答案。例如,有个朋友告诉你:"上班时我总觉得老板想害

治疗联盟/Therapeutic alliance 在治疗中,心理医生与来访者之间建立的一种相互信任的帮助关系。

探索·发现 治疗和文化——"Ifufunyane"的负面案例

病人在 23 岁的时候，深受"ifufunyane"（即一种在南非的科萨文化中非常普遍的妖术）之苦。然而，他在一个当地医院接受了精神分析师的治疗，医生说他有精神分裂症并给他服用抗精神病药。这些药物的确帮助了他，但他的家庭中止了他的药物治疗，而是带他去一个传统医师那里用中草药治疗他的"ifufunyane"。不幸的是，他的病情变得越来越糟，重新被送入医院治疗。这次，精神科医生将他的家庭成员也纳入了治疗当中。他们一致同意将抗精神病药和传统中草药结合起来对他进行治疗。这一次，病人的病情好转了，而且"ifufunyane"也减轻了（Niehaus et al., 2005）。

就像该案例所阐明的，娴熟的**跨文化心理治疗师**要接受专门的训练，以便能与各种文化背景的来访者工作。他们必须具备以下能力（American Psychological Association, 2003, 2008；Brammer, 2012；Fowers & Davidov, 2006）：

- 可以调整传统的治疗理论和技术，以满足非白人种族来访者的需求；
- 能够觉察和了解自身的文化价值观和偏见；
- 和有不同文化背景的人建立密切的人际关系；
- 对文化差异持有开放的态度，而不是墨守成规；
- 将某一种族和群体里的成员视为一个独立的个体；
- 能够觉察和了解来访者的种族身份认同和对主流社会的文化渗透程度；
- 在来访者现有的文化群体成员中寻找支持来访者解决问题的资源。

文化意识拓展了我们对精神健康和最佳发展模式的认识（Brammer, 2012）。我们更应该记住，文化障碍不只出现在治疗中，在生活的方方面面都会遇到，尽管这种文化差异具有挑战性，但同时它们也在不断地丰富着我们的生活（Uwe et al., 2006）。

我。"封闭式问题的提法是："是吗？既然如此，你准备离职吗？"开放式问题的提法是："你想跟我说说这件事吗？""对这件事你怎么想？"开放式问题会对来访者更有帮助。

> **知识桥**
> 开放性的问题可以有效地发起谈话和保持交流，参见第 12 章。

澄清问题

只有弄清楚生活中的问题在哪里，才可能较快发现解决问题的办法。要努力从对方的角度理解问题，并经常检查自己的理解是否准确。比如，你可以问："你是说你在学校时感到抑郁，还是在一般情况下感到抑郁？"记住，澄清常常就等于问题解决了一半。

聚焦于感受

感受没有好坏之分。聚焦于感受可以避免来访者的防御。情绪宣泄靠自由的语言流露，而评判则会阻碍这种流露。比如，一个朋友述说他考试失败了。你也许知道他没有用功，但不要说："如果你学习再努力点儿可能就会比现在好。"那样，他可能会出现心理防御或敌意。如果你说"你肯定感到很受挫折"，或简单问"你对这件事感觉如何"，效果会更好。

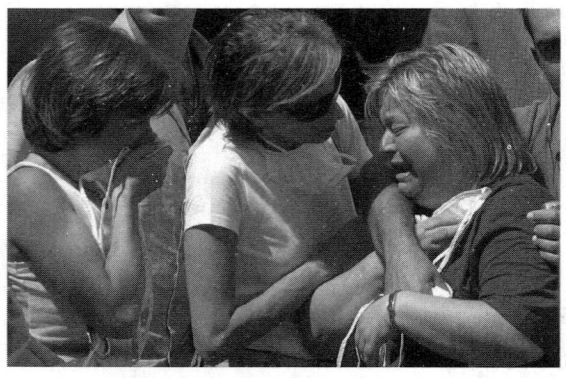

心理学家和心理咨询师团队常为重大事故或自然灾害的受害者提供支持。救援工作者不仅工作压力大，也常常暴露于令人心痛的灾害现场，因此他们也可以从定点咨询站获得心理帮助。表达情感和谈论感受是灾难咨询的主要内容。

避免提建议

许多人错误地认为他们应该替别人解决问题。

记住，你的目的是提供理解和支持，而不是解决问题！当然，如果人家问你该怎么办，你有理由提出建议，但是要警惕落入"你解释来他解释去"的游戏圈套。如果某人说："我有这样一个问题。"你说："你为什么不那样做？"他回答说："是的，但是……"然后他解释为什么你的建议不起作用。如果你给他一个新的建议，他又一次回答："是的，但是……"这个"游戏"会没完没了，因为来访者对自己的情况知道得比你多，或者他总能找到理由回避你的建议。心理学家 Eric Berne（1964）指出，一个不学习的学生早就知道自己需要去学习，问题是他想知道为什么自己不想学习。

接受来访者的基本观点

W. I. Thomas 说过："只有被认为是真实的东西，其作用才是真实的。"我们生活在不同的心理世界里，对某种生活情境不可能只有一种"正确"观点。只有当来访者感到自己的观点被理解时，他才更有可能客观地检验这种观点是否真的正确。当来访者和咨询师之间存在文化差异时，接纳和理解来访者的观点则更加重要（Draguns, Gielen, & Fish, 2004）（见"治疗和文化——'Ifufunyane'的负面案例"）。

为来访者保密

如果来访者信任你，你却不尊重其个人隐私，那么你的一切努力将对来访者毫无帮助。你要将心比心，不要把来访者的秘密作为茶余饭后的话题。

以上要点说明，治疗的质量取决于治疗中双方的关系。当然，介绍这些技巧并不是鼓励读者都去当治疗师。在对待严重的心理问题时，受过专业训练的职业治疗师所运用的技巧远比这里所描述的要复杂得多。这些治疗关系中还强调了两点，即没有友谊和真诚的交流，人们就不可能有心理健康，这两点需要我们每个人去全力维护。

心理治疗的将来——电子信息技术、团体治疗和智能手机

关键问题 15.10：未来的心理治疗会是什么样的？

从颅骨环钻和鬼魔学开始，心理治疗已经走过了很长一段历史。然而，探寻提高治疗效果的方法仍然是助人从业者永远的挑战。未来的心理治疗大概既保留了一些旧内容，也呈现了一些新内容（Norcross, Hedges, & Prochaska, 2002）：

- 会有更多费用更低的硕士水平的从业者（咨询师、社工，还有精神科护士）来提供治疗。
- 会有越来越多的人使用短期治疗、焦点解决治疗以及问题解决治疗。
- 会有更精准的药物治疗方法，并且副作用越来越小。
- 参加由准专业工作者指导的更可靠的团体治疗以及自我帮助团体的人会越来越多。
- 增加网络服务、电话咨询等方式，分散心理健康服务的压力。

你可能会猜到，多数对变化的预测都是基于减少心理卫生服务成本的压力。培养精神病学家和临床心理学家太昂贵了。他们的人数太少，以至没法对每个个案负起责任。相似的，长程的领悟取向的治疗方法，像精神分析，就更加可以算得上是高消费的奢侈品了。

新药物治疗

神经科学研究继续探索脑的功能，并且对它的各个部分的细节有了前所未有的细致了解（Freberg, 2010）。结果是，随着研究的进展，药物治疗的靶目标越来越精确而副作用越来越少（Morgan & Ricke, 2008）。例如，一项称为**经颅磁刺激**（TMS）的新技术通过用微小磁刺激暂时抑制大脑某个特定位置的活动，与外科手术不同，TMS 是非侵害性的和可逆的操作方法（见图15.4）。

Paulo Boggio 和他的同事（2010）将 TMS 应用于赌徒大脑的前额叶特定位置，成功地改变了被试

跨文化心理治疗师/Culturally skilled therapist　能够为不同文化背景的来访者进行咨询与治疗的咨询师，他需要具备相应的跨文化咨询的意识、知识和技术。

经颅磁刺激/Transcranial magnetic stimulation（TMS）用微小磁刺激暂时抑制大脑某个特定位置的活动。

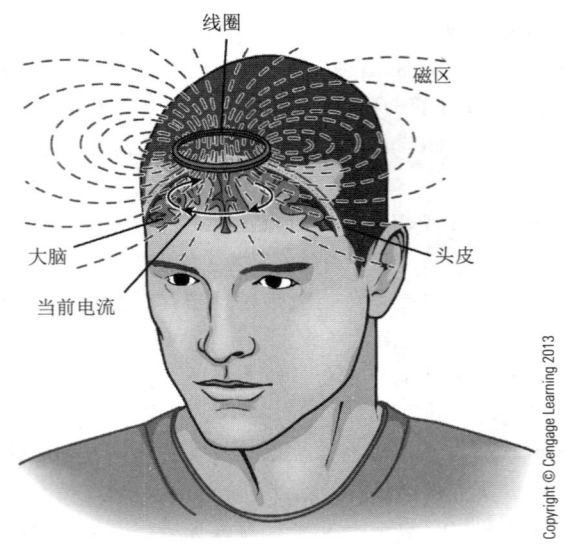

图 15.4 经颅磁刺激（TMS）将一个小线圈安置在头皮表面，它产生的磁脉冲会降低它所覆盖的脑组织的电活动。其结果就是暂停了常规的脑活动。这项技术作为研究脑功能的医学疗法已经得到了广泛的应用（Mantovani et al., 2010）。

在赌博过程中的错误决策模式。不难想象，这个方法可能会成为认知疗法的辅助手段来综合治疗强迫性赌博行为（Ladouceur, Lachance, & Fournier, 2009）。同样，研究显示，对强迫性神经症患者的特定脑区应用 TMS，患者的强迫性行为有明显的改善（Mantovani et al., 2010）。

团体治疗

因为性价比较高，团体治疗会在未来越来越流行。**团体治疗**是同时对两位以上来访者进行的心理治疗。50年前，心理学家最初以团体的形式进行治疗是由于当时治疗师人手不够，无法为来访者提供一对一的治疗。我们前面讨论过的大部分心理治疗方法都适用于团体治疗（Corey, 2012）。随后，他们惊奇地发现，团体治疗不仅跟个体治疗同样有效，而且还能取得一些独特的疗效（Burlingame, Fuhriman, & Mosier, 2003）。

团体治疗有哪些好处？ 在团体治疗中，来访者可以把心理问题表演出来，或直接去体验问题，这样常常可以产生仅仅通过谈论某一主题所不可能产生的领悟。此外，团体中有相似问题的其他成员可以为来访者出主意并提供支持。团体治疗尤其有利于帮助人们理解个人的关系问题（McCluskey, 2002）。正是由于以上这些原因，许多针对特殊问题的团体治疗技术，如"匿名戒酒者互助会""婚姻问题团体"等，如雨后春笋般涌现出来。我们将对几种有代表性的方法加以介绍。

心理剧

这种团体治疗方法是由 Jacob L. Moreno（1953）创立的，他将其称为心理剧疗法。在**心理剧**中，来访者把个人的冲突和情感表演出来，同时小组中的其他人扮演支持性角色。通常由来访者在角色扮演中将现实生活中产生问题的事件重现于戏剧情节中。比如，一个少年唐的心理问题源自与家庭的冲突，他在一个典型的家庭冲突剧中仍扮演自己，治疗师扮演他的父亲，其他病人扮演他的母亲、兄弟和姐妹。Moreno 相信，来访者从这些扮演中领悟到的东西可以迁移到现实生活的情境中去。

运用心理剧的治疗师发现，角色换位技术也常常特别有用。**角色换位**指通过扮演其他人的角色去了解那个人是如何感受的。例如，要求那位少年扮演他父亲或母亲，目的是更好地理解父母的感受。一种相关的方法是**照镜子技术**，就是让来访者看别人扮演自己。比如，让这位少年作为一名观众观看别人扮演他，这样就使他可以从旁观者的角度客观地看到自己的行为。过后，团体成员之间可以总结刚才发生的事情，并对它的意义做出回应

在一次团体治疗中，团体成员在分享问题和领悟时彼此支持。

(Turner，1997)。

家庭和伴侣治疗

家庭关系是最大的欢乐源泉，但时常也会成为许多人最大的痛苦根源。在**家庭治疗**中，不论要解决家庭中哪一个成员的问题，均要求丈夫、妻子和孩子们组成一个团体。当孩子不被牵扯进来时，则称为伴侣治疗（Scheinkman，2008）。家庭和伴侣治疗一般是持续时间短而且目标集中的，如针对"经常打架"的问题，或帮助一个十几岁的孩子摆脱抑郁。对于某些类型的问题，采用家庭治疗可能比其他任何方法都更有效（Capuzzi，2003；Eisler et al.，2007）。

家庭治疗师认为，某个家庭成员出现了问题，往往与整个家庭都有关（Teyber & McClure，2011）。如果整个家庭的行为模式没有改变，家庭中任何一个成员的进步都不会持久。因此，家庭成员共同努力来促进沟通，改变破坏性的模式，并以一种新的眼光看待自己和别人，有助于直接改变对跟自己关系不合的家庭成员的认知扭曲和互动（Goldenberg & Goldenbery，2004；Griffin，2002）。

家庭治疗师会和整个家庭一起处理问题吗? 家庭治疗师将家庭当作一个整体看待，但并不是每一个治疗环节都需要整个家庭参与（Eisler et al.，2007）。如果一个家庭中发生了危机，治疗师首先要确定在这个家庭中找谁最有可能使紧急问题得到解决，然后，治疗师再和家庭成员一起解决基本的冲突并改善家庭关系（Griffin，2002）。

团体意识训练

在20世纪六七十年代，人类潜能开发运动使许多人对探索个人成长产生了浓厚的兴趣。于是，许多人就会参加敏感意识训练团体或会心团体，以完善自我成长的历程。

敏感意识训练团体和会心团体有何区别? 与会心团体相比，敏感意识训练团体的人际对抗更少。参加者在**敏感意识训练团体**中主要进行扩展自我意识和对他人敏感性的练习。比如，在"信任之旅"的活动中，参加者被蒙住双眼，由不熟悉的人领着四处走动，以增强对他人的信任感。

会心团体则是基于诚实地表达个人情感及对待其他人，强调放下防御心理和摘下表面伪装，训练中会有强烈的情感表露和团体成员之间的交流。因为在团体中敌对的冲突是难以避免的，所以在团体训练之前对参加者进行筛选以及对领导者的训练都是非常重要和必要的。会心团体中的"偶然事件"尽管发生概率极小，但也是不能完全避免的。一些商业机构也会用到敏感意识训练或会心团体中的一些基本原则来改善员工之间的关系，如信任、自我意识和自我决定。专门针对改善伴侣关系而设计的会心团体现在也应用得很广泛（Harway，2004）。

各种形式的**大型团体意识训练**，现在也逐渐吸引了成千上万公众的兴趣。一些以"增强自我意识"或"拓展训练"为名的收费训练班现在已是众人皆知了。与团体治疗一样，大型团体训练也是通过综合运用心理练习、对抗训练、新的观点和团体动力等方式，达到促进个体改变的目的。

敏感意识训练、会心团体和团体意识训练是真正意义上的心理治疗吗? 这些训练的态度都很积极，但参加者的真正改善程度并不是很大（Faith，Wong，& Carpenter，1995）。而且，许多参

团体治疗 /Group therapy 治疗师带领团体成员运用团体动力，在一定的设置中进行心理治疗。

心理剧 /Psychodrama 一种心理治疗的方法，来访者表演个人冲突和内心情感，其他人扮演支持者的角色。

角色换位 /Role reversal 在心理治疗中，通过让来访者换演其他人的角色去了解他人感受的方法。

照镜子技术 /Mirror technique 通过让来访者看到别人扮演自己，使来访者从旁观者的角度客观地看到自己的行为的方法。

家庭治疗 /Family therapy 所有家庭成员既作为独立个体又作为一个团体参加心理治疗，目的是改变家庭成员之间不良的交流模式和关系。

敏感意识训练团体 /Sensitivity group 一种心理能力的训练方式，目的是使参加者扩大自我意识范围和增强对他人的敏感性。

会心团体 /Encounter group 一种心理能力的训练方式，目的是训练参加者诚实地表达个人情感与他人交流的能力。

大型团体意识训练 /Large group awareness training 一种常见的宣称能够提高个人自我意识和促进个人行为改变的集体训练（多数是商业运作的模式）。

加者自认为有效，可能也只是**安慰剂效应**，因为改善建立在来访者认为"训练会有帮助"的信念上。积极的期望、打破常规或找个理由给生活换个样儿，都可以起到很好的作用。而且，野心越小，越容易如愿。比如，在大型团体中，教授参与者压力管理的技巧就是一个成功的方案（Timmerman, Emmelkamp, & Sanderman, 1998）。由于团体治疗的低成本和多样性，它将毫无疑问地继续充当解决问题和改善生活质量的主要方法（Corey, 2012）。

远程心理咨询

不论是好是坏，心理治疗和心理咨询已经迅速地进入了电子时代（Ormay, 2006）。今天，心理工作者可以利用收音机、电话和电子邮件、视频会议、网络聊天室等来进行心理服务（Maheu et al., 2004）。这种远程在线服务有什么利弊？与面对面的咨询相比，有何优势和劣势呢？

媒体心理学家

大家可能都在广播中听到过心理学家的声音。一种典型的模式是，来电者描述由于童年虐待、孤独、风流韵事、恐怖症、性适应或抑郁等导致的问题。接下来，媒体心理学家会给予一些安慰，建议或提议他们去寻求帮助。谈话性广播或电视节目可能看起来是无害的，但是，它们会引申出很多重要的问题。例如，可以在不了解个体背景信息的情况下就提供建议吗？这些建议会给来电者带来伤害吗？心理学家在 3 分钟或者 1 小时的时间里能为他们提供多少帮助？

出于对自己的保护，媒体心理学家指出，聆听者和观察者可能会通过听他人的谈话来学会解决自身问题的办法。他们还强调他们的工作是教育性的，不是治疗性的。著名的媒体心理学家 Phil McGraw 博士还因为公开宣传心理健康事业而被美国心理学协会嘉奖。

然而，问题又出现了：什么时候建议会变成治疗？美国心理学协会力劝媒体心理学家，只需从一般性质上去讨论问题，而不要实际地去对某人进行咨询。例如，如果一个来电者抱怨自己失眠，广播心理学家就应该泛泛地谈论失眠问题，而不是去探

现在鼓励媒体心理学家不在广播和电视节目中做咨询，但可以对听众进行教育。不过有些人已经越界了。你认为著名的电视心理学家 Phil 博士是否有做得出格的地方？

索来电者的私人生活。通过提供信息、建议和社会支持，媒体心理学家很可能会帮到一些人。即使这样，对于那些很想从广播心理学家或电视心理学家那里获得建议的人们来说，"消费者们请小心"是很好的忠告。

电话和网络治疗

同样的警告也适用于电话和网络治疗师。成功的面对面咨询是基于两个人之间持续的关系。考虑到这个因素，远程治疗或多或少会受限于视觉线索的缺乏，比如面部表情和身体语言。例如，简明的电子邮件，根本无法创造一个完整的对话，就算我们忽略表情和身体语言不谈，连基本的语音语调都无法通过邮件传达给治疗师。即使能打出表情符号，比如笑脸（☺）或苦脸（☹），但它们仍然不能代替真实的人际互动。

特别要提出的是，你见不到在网上为你咨询的人，那位陌生者可能是训练有素的专家，也可能不是（Bloom, 1998）。即使是专家仍会有问题：一位心理治疗师在美国的一个州注册开业没有问题，而

通过互联网在另一个州做治疗则可能是违法的。

不管怎样，远程治疗也有很多优势。首先，来访者可以保持匿名（但值得小心的是电子邮件并没有那么安全，很容易被拦截和盗取）。另外，有些一直犹豫是否要去找心理医生的人，可以先私下通过电话或网络寻求帮助。又如，一些生活在偏远地区的人找住在大城市中的咨询师做咨询更方便了，而且比起传统的咨询室面谈，远程治疗的花费要便宜得多。

在合适的环境下，电话治疗也可以达到与面对面治疗一样好的效果（Day & Schneider, 2002）。例如，在某一研究项目中，电话咨询就帮助想要戒烟的人提高了戒烟成功率（Rabius et al., 2004）。另外一些研究也显示抑郁症患者也可以从电话治疗中获益（Mohr et al., 2005；Simon et al., 2004）。另外，心理学家们也证明了，网络治疗至少对于某几类问题有一定效果（Carlbring et al., 2007；Chester & Glass, 2006；Klein, Richards, & Austin, 2006）。

时刻演化的互联网

互联网不断地推出新型的交流工具，比如合成语音、电子文档、电子照片和视频。现在很容易找到价格低廉的技术，如 Skype，可以让来访者和治疗师通过摄像头和麦克风很方便地进行面对面的视频咨询。不过，这样做治疗仍然缺乏面对面的近距离的人际互动。然而，新技术的发展不断地弥补远程治疗的缺陷，在不久的将来，远程服务会持续地完善，并成为心理健康服务的主要资源（Schopp, Demiris, & Glueckauf, 2006）。

另外一种有趣的减少开销的方法是设计计算机程序来处理相似的小问题（Craske et al., 2009）。有一项研究是请来访者进行十次由计算机程序"咨询师"指导的咨询，程序帮助来访者进行问题澄清、制订行动计划，并按部就班地实施计划。大多数来访者对这项服务很满意（Jacobs et al., 2001）。

启示

如上所述，通过电子平台提供心理咨询有时可以达到目标，但无论是电话咨询还是网上咨询，就其效果而言都还不成熟。所以，那些媒体心理学家、电话咨询师或网络治疗师能对你提供的最好的建议就是："你应该在你自己的社区里找一个心理学家或咨询师谈谈你的问题。"

展望

在后面的"应用篇"中，我们会简单回顾一下行为治疗方法，你会发现许多可以运用到自己身上的技术。此外，我们还将讨论：一个人应在何时寻求专业心理治疗师的帮助？应当如何去寻求帮助？作为本书的作者和一名专业人员，我建议你千万不要错过这部分内容。

知识巩固

心理治疗的当代议题

测一测

1. 情感性支持、温暖、理解、接纳和共情是_____的核心。
   a. 治疗联盟　　b. 大型团体意识训练
   c. 角色换位　　d. 行动治疗
2. 专业的跨文化治疗师需要具备以下能力，哪一种是例外？
   a. 认识到来访者的文化适应程度
   b. 利用来访者所属文化群中的有益资源
   c. 调整常规的治疗技术以适应来访者所属的文化传统
   d. 认识到自身的文化价值
3. 在心理剧中，人们试图把破碎的想法、感受和行动整合成有意义的整体。对不对？
4. 大多数大型团体意识训练使用的都是格式塔治疗方法。对不对？
5. 照镜子技术经常被用于_____。
   a. 暴露疗法　　b. 心理剧
   c. 家庭治疗　　d. ECT
6. 迄今为止，认可度最高的远程治疗模式是_____。
   a. 媒体心理学

安慰剂效应 /Therapy placebo effect　因为患者期待治疗会有所帮助而产生的治疗效果，而不是治疗过程产生的实际效果。

b. 商业运营的电话咨询
   c. 互联网技术支持的网络治疗
   d. 视频电话模式的治疗

想一想

批判性思考

7. 你认为心理治疗师是否有责任保护那些可能受到来访者伤害的其他人？例如，如果一个病人有杀害前妻的幻想，应该通知他的前妻吗？

自我反思

心理治疗的"核心"在哪里？你会如何向你的朋友描述心理治疗？

你用过哪些基本的咨询技术？哪些技术提升了你帮助处于困境中的朋友的能力，或者哪种技术提高了你与人交流的能力？

你更愿意参加团体治疗还是个体治疗？你认为它们各有什么利弊？

你的邻居想要寻求网络心理治疗的帮助，你会告诉他（她）哪些关于远程治疗的利与弊？

答案：

1.a 2.c 3.尹过 4.尹过 5.b 6.d 7.依据法律，治疗师有责任告诉那些应受到严重伤害的人，但是，这种责任与来访者的隐私权以及咨访关系的保密性相冲突，需对这种情况，治疗师应分情况以权衡。

心理问题的自我调整与寻求专业帮助

应用篇

关键问题 15.11：如何在日常问题解决中应用行为原则？如何寻求专业心理帮助？

正如本书中曾提到的，当存在严重的心理问题时，应该寻求专业帮助，而对于不太严重的问题，你也许可以通过使用行为疗法的原则，成功地进行自我心理调整（Martin & Pear, 2011；Watson & Tharp, 2007）。（可参见第6章。）

通过内隐的奖赏和惩罚增强你的"意志力"

行为疗法不是万能的。行为疗法的运用常常是相当复杂的，而且需要丰富的经验和专业技能。当然，行为治疗可以直接地解决许多问题。

让我们看一看如何去做。

治疗师：你有没有打算过戒除吸烟、看太多电视、贪食、过量饮酒或超速驾驶等毛病呢？

来访者：是的，我曾经好几次决定戒烟。

治疗师：什么时候决定的？

来访者：通常是在我想起吸烟是多么危险的时候，比如当我听到我的叔叔死于肺癌时。他一直吸烟。

治疗师：如果就像你说的已经戒烟"几次"，那么你肯定没有成功。

来访者：是的，通常是当我想到吸烟有危险时，就戒上一两天。

治疗师：之后你又忘了你叔叔去世时的悲惨情景，于是又开始吸烟。

来访者：是啊，假如我每天死一个叔叔的话，我也许能把烟戒掉。

在对日常问题的矫正中，运用电击等强烈的刺激作为厌恶条件是不现实的，甚至连自然的厌恶反应都很难运用于个体行为的矫正。比如前面提到的戒烟，快速吸烟法对大多数吸烟者来说就难以自己实施。那么，像贪食一类的问题该怎么办呢？吃到足以对食物产生厌恶的时候？这很难做到，尽管有时人们也很想去尝试一下。

怎么办呢？心理学家已经发明了一种运用于戒除吸烟、贪食和其他不良习惯的变通程序（Kearney, 2006；Watson & Tharp, 2007）。

内隐增敏技术

内隐增敏技术运用厌恶性想象以减少不期望反应的出现。具体方法如下：制作6张扑克牌似的卡片，每张卡片上都简单描述了与你想要控制的不良习惯有关的情境，一些非常令人烦恼或恶心的情境，只要你一想起来就会立刻对那些不良习惯感到非常不舒服。比如，在控制吸烟卡片上

可以这样写：

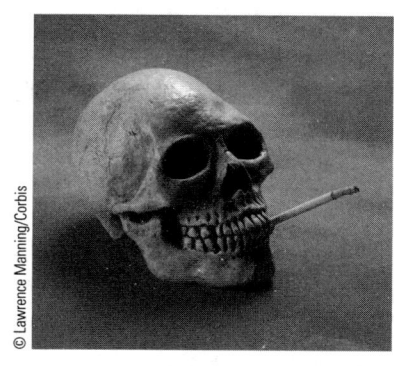

- 我在医生的办公室，医生看着检验报告说我患了肺癌，我的部分肺叶必须切除，并确定了手术日期。
- 我在床上吸氧，我感到胸部下陷。有一个管子插在我的喉咙里，我几乎不能呼吸。
- 我早上醒来吸了一支烟，随后开始咳血。
- 我的爱人不再亲吻我，因为我口腔的味道太难闻。

其他卡片为类似的内容。
在控制贪食的卡片上可以这样写：

- 我在海滩，起身去游泳，无意中听到人们在低声耳语："那么胖，多让人恶心！"
- 我在商店里买衣服，试穿了几件，对我来说都太小。唯

内隐增敏技术 /Covert sensitization
运用厌恶性想象减少不期望反应的出现。

— 适合我的一件衣服看起来像一个皱皱巴巴的大布袋。售货员都盯着我看。
- 我在电影院看电影，因为太胖，我坐不进椅子。

内隐增敏技术的具体做法是让你一边看卡片一边自己想象那些令人厌恶的情境，让它们每天生动地在你眼前出现几次。可以通过设置刺激控制来安排想象这些情境的时间。比如，随便选择一些你每天必做的事情：就拿喝咖啡或从椅子上站起来说吧，在喝咖啡或从椅子上站起来之前，或者在你选择的其他线索出现之前，你必须拿出卡片，生动地想象你正在从事你想要戒除的行为（如贪食或吸烟），紧接着生动地想象第一张卡片上面描述的恶心情境。每次想象30秒。

在看了第一张卡片后，把它移到卡片的底部，然后依次看下一张卡片。每周都要制作新的卡片。可以想象一些比文中举的例子更加令人恶心的情境。把旧的卡片换下来，卡片的总数不要太多。

内隐增敏技术也可以直接用于检验你自我控制的情境。比如，如果你正试图减肥，你可以在看到甜点时形象化地想象那些点心上爬满了蛆，用这种方式减轻甜食的诱惑力。如果你的想象很生动并真的让你恶心想吐，你的食欲肯定会消失。想象呕吐特别有效，这种技术也可用于矫正其他行为。内隐增敏技术听起来似乎在"和自己玩游戏"，但是，如果你要戒除一种不良习惯，这种方法是非常有帮助的（Kearney, 2006）。试一下！

思维停止技术

如前所述，行为治疗师已经开始意识到，思想跟可见的行为一样可以引起问题。当你在脑子里反复地"拒绝自己"，或被不必要的担心、恐惧或其他负面的、令人烦恼的思想困扰时，就可能产生心理问题。思维停止技术可帮助你控制思想。

思维停止技术是运用厌恶刺激阻断或预防令人烦恼的思想的产生（Bakker, 2009）。最简单的思维停止技术是运用中等强度的惩罚，抑制你头脑中那些烦人的想象或思想和内心"谈话"。一种简单的方法是，把一条橡皮筋套在你的手腕上，每当出现烦心的想象和思想时就拉开橡皮筋，然后放开，使它弹击在手腕上。不必弹得很痛，太强的惩罚是不必要的，它的价值在于打断你的思想，使你能够转移注意力，去分析自己多久会产生一次这种负面思想。

如果拉橡皮筋的方法也不灵了，怎么办呢？

第二种思维停止技术是在每当烦恼的思绪出现时就阻断它们。开始时，可在每天安排一段时间，故意去想那些烦心事，当那些思想开始浮现时，你就非常坚定地大喊一声："停！"当然，你应该选个合适的地点，喊声不要影响别人。

在开始的2~3天内，你每天可这样做10~20次。之后，你可以改为小声地对自己喊"停"，那样也就不再需要特殊的时间和地点了。不论烦恼的事情何时出现，你都可使用思维停止技术。实践几天之后，你将能够在那些烦恼的思绪一出现时就阻断它们。

内隐强化

前面我们讨论了如何将惩罚性的想象跟你所不期望的反应联系在一起，比如用厌恶想象来纠正吸烟或贪食的不良习惯。许多人还发现，想象的方法也可以强化期望的行为。**内隐强化**指运用积极的想象来强化你所期望的行为。比如，你的目标行为是再一次不吃甜点，如果以此为例子，你可以按下面的步骤去做（Kearney, 2006; Watson & Tharp, 2007）：

想象你和朋友们站在甜点桌子的旁边，当他们把甜点递过来的时候，你很有礼貌地谢绝，并因自己能坚持节食而感觉良好。

这样想象之后，接着想象一种更为愉快的情景：

你实现了理想的体重，衣着得体，款式漂亮，你看起来很苗条，你喜欢的人对你说："啊，你瘦了，我从来没有见过你这么漂亮！"

当然，现实和直接的强化对许多人改变行为是最有效的方式。不过内隐的或"视觉化的"强化也具有相似的效果。内隐强化的方法就是选择一个或多个目标行为，在脑子里再现这些行为，然后紧跟着生动的、奖励性的想象。

> **知识桥**
> 有关直接强化的内容见第 6 章"应用篇"。

自我指导的脱敏——克服日常恐惧心理

你要去一个大教室演讲，为此你已经准备了两周。当日子逐渐临近，你的手开始发抖和出汗，心跳得厉害，甚至感到呼吸困难。你对你的身体说："放松！"怎么样？一切正常，没什么！这就是为什么脱敏的第一步就是学会放松。在前面已经讲过运用紧张－释放法来达到放松的目的。另外，你也可以通过想象一个非常安全、愉快和放松的场景来达到放松的目的。有人发现这种想象跟紧张－释放法一样可以放松（Rosenthal，1993）。另一种有利于放松的技术是进行深呼吸。浅呼吸能够使横膈膜移动的幅度很小。不妨尝试一下，你把手放在腹部，如果你深呼吸，手就会随着上下起伏。

当你学会了放松以后，下一步就是要搞清你希望控制的恐惧，并建立一个恐惧等级表。

制作恐惧等级表的方法

首先，列出一系列引起你焦虑或恐惧的场景，至少 10 种，其中一些是非常恐惧的情况；另一些仅仅是轻微恐惧。把这些场景写在扑克牌样的卡片上，并对每一种场景做一个简短的描述。之后，把这些卡片按恐惧等级由小到大排列。下面的例子是一个学生对在公众场合讲话感到恐惧的等级表：

1. 老师要求我在班里做一次报告。
2. 思考报告题目并确定报告日期。
3. 撰写讲演稿，考虑自己做报告的事。
4. 在做报告的前一周，观看其他学生在班上的报告。
5. 独自一人预演，假设是在班里做报告。
6. 在宿舍里对室友预演，假设室友就是老师。
7. 在报告的当天预演。
8. 进入教室，等待并思考自己发言的过程。
9. 轮到我了，我站起来，面向听众。
10. 做报告。

恐惧等级表的使用方法

当你掌握了放松的技术并建立了恐惧等级表后，就要每天安排一定的时间做降低恐惧感的练习，从练习放松开始。当你完全放松的时候，开始想象恐惧程度最低的那个场景（第一张卡片）。如果你能生动地想象自己处在该情境中，并两次都没有引起明显的肌肉紧张，则继续进行下一张卡片。在练习过程中，看过每张卡片后都要让自己休息放松一下。

每天练习时，如果你连续三次对一张卡片所描述的场景进行想象都没有出现紧张，就可以停止练习那张卡片中的情境。每天的练习都可以从前一天停止的那张卡片之前的一张或两张卡片开始。要坚持练习，一直到你可以形象地想象恐惧程度最高的那张卡片上的场景，而且不再感到紧张（基于 Wolpe 的技术，1974）。

通过运用这种方法，你将能够降低在各种情况下的焦虑或恐惧，如面对公众讲话、进入黑暗的房屋、在大课上提问、登高、与异性谈话和参加考试等。即使你不能在所有场景中都使恐惧得到减轻，你也已经学会了如何主动运用放松技术。仅这一点就非常有价值，因为学会控制不必要的紧张可以增加你的能量和效率。

何时、何地以及如何寻求专业人员的心理帮助

你或你的家人如果能够从某种心理健康服务中受益将是很好的机会。最近的一次调查发现，13.4% 的美国人，在调查的前一年就心理健康问题接受过治疗（National Institute of Mental Health，2011a）。

我怎么知道需要寻求对心理问题的专业性帮助? 尽管很难简单地回答这些问题，但下列指导方针也许有用：

1. 根据自己身体上的不适程度，你知道何时该去看病或治牙。当你心理上的不适程度（如

思维停止技术 /Thought stopping 运用厌恶刺激阻断或预防令人烦恼的想法。

内隐强化 /Covert reinforcement 运用积极的想象来强化所期望的行为。

不高兴、感到焦虑或抑郁)与身体上的不适感觉相当的时候,你就应该考虑找心理学或精神病学专家。
2. 当你的行为表现有明显的异常改变时,如出现无法控制的工作质量或学业成绩下滑、经常旷工或旷课、滥用药物或酗酒、无法保持正常的人际关系时,你应该去寻求专家帮助。
3. 你也许曾建议朋友或亲属去寻求心理帮助,但那人拒绝承认自己有心理问题,没有采纳你的建议。如果你的朋友或亲属建议你去寻求帮助,你应考虑采纳,因为他们看你的问题时要比你自己更客观。
4. 如果你有持续的、烦扰的自杀想法或冲动,应该立即寻求专业人员的帮助。

怎样才能找到治疗师?

如果我想和治疗师谈一谈,我怎样才能找到他们?以下是一些建议:

1. **学院和大学中的心理咨询服务**。如果你是一个学生,可到学生心理卫生中心或特殊的学生咨询机构寻求帮助。
2. **工作的地方**。如果你有工作,那么问问你的老板。有的企业会设立员工帮助计划,为员工提供免费或低价的心理健康服务。
3. **社区或城市心理卫生中心**。许多国家和城市都提供公共心理卫生服务,可在电话簿中查到。公立心理卫生中心通常直接提供咨询和治疗,同时也会推荐私人治疗专家。
4. **心理卫生协会**。许多城市都有心理卫生协会,这些协会一般是由关注此类问题的市民自己组织的。这类组织通常与高水平的治疗师保持联系,同时也在社区中提供其他服务项目。
5. **电话黄页**。在美国,心理学家均列在电话簿的"心理学家"页中,有时也会列在"咨询服务"栏下,"精神病医生"一般列在"医生"专页的二级目录下,"咨询师"列在"婚姻和家庭咨询"页中。通常情况下,你可以自己与他们联系。
6. **危机热线**。一般的危机热线是由社区志愿者提供的电话服务。这些人是经过专门训练的,他们向人们提供有关心理卫生方面的科普性信息,他们也有各种组织、服务机构以及社区中其他资源的名单,以便为你推荐专家和提供帮助。

表15.5中所列是能够提供心理治疗和心理咨询的专业人员和机构。

如何选择治疗师?

我怎样才能知道应该选择哪一类治疗师?精神科医生和心理学家之间的界线并不很明确,两者都是经过专业训练来做心理治疗的。在需要时,心理学家可以与精神科医生联合治疗,由精神科医生处理身体方面的问题和

表 15.5　心理卫生专家及服务资源一览表

- 家庭医生(推荐心理健康专家)
- 心理健康专家,如精神科医生、心理学家、社会工作者、心理保健咨询员
- 宗教领袖或咨询师
- 健康维护组织
- 社区心理卫生中心
- 医院精神科和心理咨询门诊
- 大学或医学院附属的心理卫生机构
- 州立医院门诊
- 专业的家庭服务和社会代理机构
- 私人心理诊所
- 工作单位中的员工帮助计划
- 地方的医学、精神病学或心理学社团

开处方。作为心理治疗专家,心理学家和精神病医生是等效的(Seligman,1995)。

在美国,精神科医生的收费通常要高一些,平均每小时160~200美元;心理学家平均每小时100美元;咨询师和社会工作者一般每小时80美元;团体治疗平均每小时仅需40美元,因为治疗费用可在几个人之间分摊。

多数健康保险都包含心理保健这些费用。如果费用是一个问题,请记住,许多私人诊所在收费上是可以商量的,或可根据你的支付能力安排治疗。社区心理卫生中心的服务在收费时一般也会考虑你的经济能力。总之,不管用什么方法,有需要的人最终都会得到帮助。

一些社区和学院有咨询服务,人员由富有同情心的准专业人员或同伴咨询员组成。准专业人员或辅助治疗人员指具有接近专业水平的能力、在一位训练有素的专业人员指导下从事咨询的人员。**同伴咨询员**指接受过基本

咨询技术训练的非专业人员。他们的服务收费很低甚至免费，因此人们很自然地怀疑这些人的能力。然而，许多研究已经显示，这些准专业人员或同伴咨询员的咨询效果与专业人员的咨询效果常常并无差别（Christensen & Jacobson, 1994）。

同样，不要小看自助团体对专业治疗的支持作用。自助团体一般由有着同类问题的成员组成，如进食障碍者互助团体，或由于父母酗酒而产生问题者的互助团体。**互助团体**为成员提供相互支持以及讨论问题的机会。互助团体对于解决某些心理问题可能是最好的方式（Burlingame & Davies, 2002）。在许多情况下，帮助他人对提供帮助的人本身也有治疗作用（Fobair, 1997; Galanter et al., 2005）。

专家资格的查询方法

通常你只需直接询问就可以了解到治疗师所受的培训和资格方面的信息，因为每一位有声誉的治疗师都非常愿意展示自己的背景。如果你有任何怀疑，可以检查他们的执照，或者向当地下列组织的分支机构索取相关信息。你还可以直接写信给下列组织去取证：

美国婚姻与家庭治疗协会
美国家庭治理学会
美国精神病学会
美国心理学协会
美国人本主义心理学会
加拿大精神病学会
加拿大心理学会
美国心理健康

但是，如何选择一位合适的治疗专家仍然是个问题。最好的办法是先跟一位有名望的精神科医生或心理学家进行简短的磋商。这样，他们就可以对你的问题性质进行分析，从而为你找到一种恰当的治疗方法，或推荐一位能够帮助你的治疗师。另外，你还可以请上这门课的老师帮忙推荐。

如何评价你的治疗师？

我怎么才能知道是否应该退出一段治疗？ 首先，要用平等的眼光来看待各种心理治疗方法，它们都是同样成功的技术（Wampold et al., 1997）。然而，并不是每一位治疗师都同样成功。比方法更重要的是治疗师的个人素质（Okiishi et al., 2003; Prochaska & Norcross, 2010）。大多数成功的治疗师并不拘泥于特定的方法，而是注重如何使来访者得到最大的帮助。同时，成功的治疗师有着共同的个性特征，他们热情、正直、真挚和善解人意。之前的来访者对某位治疗师的一致性评价比治疗师所使用的治疗方法更重要（Elliott & williams, 2003）

准确地说，高水平的心理治疗不仅是科学，更是一门艺术。来访者和治疗师之间的关系是治疗师最基本的工具（Hubble, Duncan, & Miller, 1999; Prochaska & Norcross, 2010），因此，来访者要信任治疗师并与之顺利地建立起良好关系才能使治疗有效。此外，如果发现治疗师有出格的行为，保持警惕是必要的。心理治疗中的警惕信号包括：

- 治疗师过多地谈论性的问题或开始动手动脚；
- 治疗师反复使用威胁性语言或对你有攻击行为；
- 治疗师对你过分地责备、轻视、敌对或控制；
- 治疗师东拉西扯不谈主要问题，或反复谈自己的事情；
- 治疗师鼓励你长期依赖他；
- 治疗师要求你对他绝对信任，而且不准你与其他人讨论治疗的事。

喜欢治疗师的来访者一般治疗效果更好（Talley, Strupp, & Morey, 1990）。对治疗目标达成一致是咨访双方的治疗联盟中特别重要的部分。因此，要首先考虑好通过治疗你想要达到什么目的，在第一次会谈时就写下你的目标，并与治疗师一起讨论。当你与治疗师的第一次会谈结束后，应为以下的问题找到答案（Somberg, Stone, & Claiborn, 1993）：

- 这位治疗师能为我所说的一切保密吗？
- 在治疗中我会遇到危险吗？
- 治疗师预计治疗要持续多长时间？

同伴咨询员 /Peer counselor 接受过基本咨询技术训练的非专业人员。

互助团体 /Self-help group 有相似问题的小组成员为彼此提供支持，获得成长。

- 治疗师打算使用什么样的治疗方式？
- 如果不做心理治疗，还有什么其他或更好的办法同样能够解决我的问题？

人类总会有一种避免正视个人问题的本能倾向。但是，作为来访者应该理解和配合治疗师，自己不要轻易放弃。不过，如果你对某位治疗师失去了信心或当你不能与治疗师建立很好的关系时，也应毫不犹豫地更换治疗师或结束治疗。

知识巩固
心理问题的自我调整与寻求专业帮助

测一测

1. 内隐增敏技术和思维停止技术都是将厌恶疗法和认知疗法相结合的治疗方法。对不对？
2. 跟内隐厌恶条件反射一样，用内隐强化来促进期望反应的出现也是可能实现的。对不对？
3. 肌肉紧张－释放法是练习内隐增敏技术的一个基本步骤，对不对？
4. 脱敏等级表中的项目顺序应该按照其烦扰程度由低向高排列。对不对？
5. 脱敏的第一步是在刺激控制下生动地想象引起烦恼的情境。对不对？
6. 持续性的情绪紊乱是需要寻求专业心理咨询的一个明显信号。对不对？
7. 社区心理卫生中心本身很少提供咨询或治疗，他们仅是向你推荐专家。对不对？
8. 在许多情况下，治疗师本人素质的高低对治疗效果的影响比他所运用的治疗方法要大。对不对？

想一想
批判性思考

9. 如果治疗师促使来访者与问题家庭成员断绝所有往来，这种意见可取吗？

自我反思

你会怎么使用内隐增敏技术、思维停止技术和内隐强化技术来改变行为？试着就每种方法举一个具体的例子。

作为练习，针对你害怕的某个情景制作一个恐惧等级表。生动地想象等级表里的每个项目都让你感到焦虑或紧张吗？如果是这样，你可以使用紧张－释放方法进行放松吗？

假设你想要向心理学家或其他心理健康专家寻找帮助。你会怎么做？请花一些时间弄清楚哪些心理健康服务对你来说是可获取的。

答案：
1.对 2.对 3.不对 4.对 5.不对 6.对 7.不对 8.对 9.该来访者应重新考虑自己的做法，治疗师可以帮助来访者摆脱其生活中的重要关系人物的影响，然而，建议来访者断绝与家庭成员的所有来往过重。

本章总结

关键问题回顾

15.1 心理治疗如何起源？

15.1.1 对精神疾病的原始治疗方法常常是建立在对超自然力量的迷信基础上的。

15.1.2 鬼魔学认为，心理障碍是鬼上身，因此用在病人头骨上钻孔等方法为精神障碍者驱鬼。

15.1.3 在某些情况下，引起异常行为的真正原因可能是麦角中毒。

15.1.4 对精神病患者的人本化治疗是 Philippe Pinel 于 1793 年在巴黎开创的。

15.2 弗洛伊德精神分析法是否仍在被使用？

15.2.1 弗洛伊德的精神分析法是首例正规的心理治疗。精神分析寻求从潜意识中释放被压抑的思想和情感。

15.2.2 精神分析师运用自由联想、梦的解析、对阻抗和移情的分析等技术来使患者产生领悟，从而恢复健康。

15.2.3 一些人批评传统的精神分析法，而相信症状是自然缓解的，但事实证明，精神分析法的确成功地治愈了许多病人。

15.2.4 精神分析价格高昂、耗时长，因此现在已经不常用到。而简明心理动力疗法（基于精神分析的理论，但更简短集中）与其他主流的治疗方法同样有效。例如人际关系心理治疗。

15.3 不同的心理治疗方法都有什么区别？

15.3.1 心理治疗的共同目的是让性格、行为、适应性获得更多积极的改变。

15.3.2 心理治疗方法可以分为领悟治疗、行动治疗、指导性治疗、非指导性治疗或支持性治疗以及这些治疗方法的综合运用。

15.3.3 治疗可以以个人或团体的方式进行，并且都是有时间限制的。

15.4 人本主义疗法主要有哪些？

15.4.1 来访者中心疗法，亦称"以人为中心"的疗法，是一种非指导性的治疗方法，致力于营造一种自我成长的氛围。

15.4.2 将无条件的积极关注、共情、真诚和回应等结合在一起，为来访者提供一个自己解决问题的机会。

15.4.3 存在主义疗法的目标是使来访者将注意力集中于个人在生活中做出的选择的最终结果上，鼓励来访者通过对抗或坦诚的面对面争辩锻炼自由意志，并对自己的选择负责任。

15.4.4 格式塔疗法强调对思想和情感的即时意识，目的是重建思想、情感以及行动，并整合成一个整体，帮助来访者突破情感障碍。

15.5 认知疗法是如何改变人们的想法和情感的？

15.5.1 认知疗法强调，改变造成情绪或行为问题的思维模式。其目标是矫正扭曲的思想或者使来访者掌握更好的应对

　　　　　　技巧。
15.5.2　Aaron Beck 的认知疗法强调改变几种主要的不合理信念：选择性知觉、过度泛化、全或无的思维方式。
15.5.3　认知疗法的一种变式称为合理情绪行为疗法（REBT），目的是让来访者学会识别和改变自己的不合理信念。

15.6　什么是行为疗法？

15.6.1　行为治疗师应用各种学习原则，通过行为矫正技术改变人的行为。
15.6.2　在厌恶疗法中，应用经典条件反射作用，将需要矫正的行为（如吸烟或饮酒）与疼痛或其他厌恶性事件建立联系，抑制不期望行为的出现。
15.6.3　系统脱敏是一种用于克服恐惧和焦虑的技术，这一方法建立在条件反射的基础上。在脱敏过程中，通过逐步适应和交互抑制，可以打破恐惧和特殊情境之间的联系。
15.6.4　脱敏的典型步骤是：制订一个恐惧等级表；学习和达到完全放松；逐个完成对恐惧等级表中项目的脱敏（按照从最轻到最重的顺序）。
15.6.5　脱敏可以在实际情境中进行，也可以通过对恐惧等级表中事件的生动想象来完成。
15.6.6　替代脱敏疗法是让来访者观看别人或榜样做那些引起恐惧的事，这对脱敏也是有效的。
15.6.7　一项称为"眼动脱敏和再加工"（EMDR）的技术被认为是治疗创伤后记忆障碍和应激障碍的新方法，但目前对此方法的效果评价争议较大。

15.7　操作性原则在行为疗法中扮演什么角色？

15.7.1　正强化、无强化、消退、惩罚、塑造、刺激控制和隔离等操作性条件反射的原理均被应用于行为矫正，来消除不期望出现的行为，促进建设性行为的发展。
15.7.2　"无奖赏"方法可以消除某些不良行为。这种行为矫正通过简单的"确认"，然后"撤销"强化物，尤其是注意和社会赞许。
15.7.3　代币物奖惩法中应用了强化和塑造的原则，即通过代币物对选定的目标行为立即给予强化。
15.7.4　医院情境中对代币的系统使用产生了代币物奖惩制度。在代币物奖惩治疗结束前，要把强化物从代币物逐步转换为社会奖赏（如人们的认可和赞许）。

15.8　精神病学家如何治疗心理障碍？

15.8.1　精神科对待精神、心理异常问题也使用药物、外科手术和住院治疗等和治疗躯体疾病相似的模式。医学疗法在其有效性和副作用方面都存在争议。不过，总的来说，医疗效果在不断地进步。
15.8.2　三种医疗或者说躯体治疗方法是：药物治疗、电刺激疗法（包括 ECT）和精神外科手术。
15.8.3　社区心理卫生中心希望减少或避免住院治疗，还试图通过教育、咨询和危机干预来预防心理健康问题。

15.9　不同的心理疗法都有效吗？它们有何共同之处？

15.9.1　在治疗中，强调真诚的关系、情感支持、受保护的环境、鼓励情感宣泄、对来访者的问题提供解释和新的角度、观点，并且为来访者提供实践全新行为的机会。
15.9.2　心理咨询一般都是有效的，但是并没有哪一种疗法明显地优于其他疗法。
15.9.3　在所有的治疗方法中都可以看到以下

这些基本的助人技能：倾听、接纳、反映、开放式提问、支持、尊重、真诚和释义。

15.9.4 跨文化治疗师必须能够与不同文化背景的来访者建立深入的咨访关系，并且能够调整治疗理论与技术以适应非白人种族的来访者们。

15.10 未来的心理治疗会是什么样的？

15.10.1 团体治疗有不同性质，有的只是将个体治疗方法应用到团体情境中，有的则采用专门为团体治疗设计的特殊方法。

15.10.2 在心理剧治疗中，来访者表演出跟他们真实生活中出现的问题类似的角色或场景。在家庭治疗中，家庭作为一个整体参加治疗。

15.10.3 敏感意识训练团体和会心团体虽然不是严格意义上的心理治疗，但这些活动能够促进积极的人格改变。近年来，商业性的大型团体意识训练已经很普遍，但这种训练的治疗效果依然存在争议。

15.10.4 媒体心理学家、电话咨询员以及网络治疗师可能偶尔会带来帮助。不过每一种都有缺陷，而且电话咨询和网络治疗的有效性至今还没有被认可。

15.10.5 通过视频会议技术进行治疗，给远程心理健康服务开拓了更好的前景。

15.11 如何在日常问题解决中应用行为原则？如何寻求专业心理帮助？

15.11.1 某些个人问题可以通过自我调整的技术得到妥善的解决，例如内隐强化、内隐增敏技术、思维停止技术、自我指导的脱敏法等。

15.11.2 采用内隐增敏技术，用厌恶想象来减少不期望行为的出现。采用思维停止技术，用轻微的惩罚来阻断不愉快的思想。内隐强化则通过心理复述来鼓励期望反应的出现。

15.11.3 结合使用脱敏和放松的方法可以逐步消除恐惧感。

15.11.4 在美国的大多数社区中都设有为需要者提供专家信息的机构，亦可通过大众媒体或中介机构找到能力强、声誉好的治疗专家。

15.11.5 治疗费用和专家的资格是选择治疗师时需考虑的实际问题，而且治疗师的人格素质也同等重要，不可忽视。

第 16 章

社会心理学：思考和影响

主题

人是社会性动物。我们生活在一个社会性世界中。在这个世界里，我们的思想、情感、行为都因为他人的存在而深受影响。

关键问题

16.1 群体成员身份如何影响个体行为？

16.2 社交如何影响我们看待自己和他人的方式？

16.3 什么是态度？态度是如何获得的？

16.4 在什么情况下进行劝说最有效？什么是认知失调？

16.5 什么是社会影响和社会权力？

16.6 他人的在场如何影响个体行为？

16.7 社会心理学家对于从众行为知道些什么？

16.8 哪些因素会导致依从行为增加？

16.9 人们会过度服从吗？

16.10 人们真的可能被"洗脑"吗？人们如何变成邪教信徒？

16.11 果敢行为和攻击行为有什么不同？

引 子

六度分离

社会网络所涵盖的内容远比那部获奖的同名电影要多得多。家庭、团队、人群、部落、公司、政党、军队、乐队、教派、团伙、帮派、宗族、社区和国家：我们每个人都深陷在众多的社会网络之中。但是这些事情我们早已经耳熟能详了。大约400年前，诗人约翰·邓恩就说过："没有人是孤岛，能够与世隔绝。"

最"新"的说法是，17世纪以来，世界变得越来越小了。让我们举个例子，想象一下让你给一位陌生人寄一封信。已知收信人的姓名、地址和职业，他住在地球上的某一个地方。你可以使用任何方式将这封信寄出去，但只能寄给你的一个熟人。然后，这个人也必须把信寄给他的一个熟人，如此传递下去，直到那位收信人收到这封信。

听起来不太可能吧？在约翰·邓恩的时代可能确实是这样。但是最近，社会心理学家Stanley Milgram（1967）让被试通过邮局按照这种方法寄信，结果发现，中间平均只需要通过6个人。设想一下：你与世界上几乎任何人之间都只隔着6个人。几十年之后，社会学家Duncan Watts使用电子邮件重复了这个研究，发现了同样的结果（Dodds, Muhamad, & Watts, 2003）。

这是怎么实现的？每个人差不多至少知道一打人的名字，那些人又会认识一打甚至更多的人，以此类推。通过这些社会联结，你就可以和6"层"之外无数的人联系。最近，随着手机、短信以及脸谱网这类社交网站的迅猛发展，我们的社会网络也在迅速扩张。至少已经有报告推断我们将会降低到三度分离（Reisinger, 2008）。

我们的社交网络强有力地影响着我们的行为。在这一章中，我们将会讨论我们思考社会情境的方式，以及我们影响他人的不同方式。我们希望你会发现这些话题非常有趣，并能得到一些更深刻的思考。

人在江湖——人，人，到处都是人

关键问题16.1：群体成员身份如何影响个体行为？

从属于不同的群体是社会生活的一个基本方面。群体如何影响我们的行为呢？因为你是"心理学习班"中的一员，所以找出答案是个明智的选择。

社会心理学是研究个体在社会环境中的行为、思想和情感（包括表现出来的、真实的或暗藏的）的科学（Baron & Byrne, 2009）。每天，我们自身的行为与周围人的行为之间都在相互影响。文化也是这样。**文化**是一种代代相传和不断演变的生活模式。要想知道社会和文化给我们带来了什么影响，不妨回想一下你是如何受到语言、婚俗、所有制观念和性别角色的影响的。

角色

我们每个人都同时属于许多重叠在一起的社会群体，在每一个群体结构中我们都占有一定的位置。**社会角色**代表了人们对不同社会位置的行为模式的期望（Baumeister & Bushman, 2011）。比如，人们对母亲、雇主和学生角色的期望各不相同。角色可分为两类：一类是规定角色，即指定的或个人无法控制的角色，如男性或女性、儿子、青少年、居民等；另一类是自认角色，是自发获得的，或通过特别努力得到的，如已婚者、教师、科学家、乐队指挥、罪犯等。

角色扮演对行为有何影响？ 角色使我们可以预期他人会做些什么。当一个人以医生、母亲、店员或警务人员的身份行动时，我们能预测他们会表现出某些特定的行为。然而，角色扮演得多了也有消极的一面，同时担当多个角色的人经常体验到**角色冲突**，即两个或多个角色要求个体做出相互冲突的行为（Valentine, Godkin, & Varca, 2010）。陷入角色冲突的人会不知所措。试想，一名教师不得不让好朋友的儿子挂科；或者一位母亲有着全职工作；再或者一名足球教练，他的儿子正好在这个球队中却不出色。同样地，对很多学生来说，他们都面临着来自工作、家庭和学校等多方需求所造成的角色冲突（Hammer, Grigsby, & Woods, 1998；

Senécal, Julien, & Guay, 2003)。工作中的角色冲突（例如作为团队中表现优异的成员或者作为强势的管理者）会引起工作倦怠（Jawahar, Stone, & Kisamore, 2007），并会影响身体健康（Pomaki, Supeli, & Verhoeven, 2007）。

角色对社会行为的影响很大。你期望你的老师表现出什么样的行为？他们又期望你有什么样的行为？如果你或者老师的表现不符合他人的期望，那将会怎样？

电视节目《幸存者》和其他一些"真实"节目提供了一些有趣的视角去看待人们社会行为中最好和最差的方面。但和那些具有启示性的社会心理学实验相比起来，这些节目什么都说明不了。例如，Phil Zimbardo和他的学生在美国斯坦福大学做的一项经典研究生动地展示了社会情境如何影响我们的行为。

在该实验中，两组身体健康的男大学生在一个模拟监狱中分别扮演"犯人"和"看守"的角色（Zimbardo, Haney, & Banks, 1973）。在"入狱"后的第二天，"犯人"们发动了一次"暴动"，而"看守"们很快把它"平息"了。以后的几天里，"看守"们的行为变得越来越残暴。每过一天，"看守"们就会用更频繁的命令、更多的侮辱和更卑贱的任务来折磨"犯人"。在极短的时间里，"犯人"们的精神受到创伤，变得被动和丧失人性。其中有4名"犯人"出现严重抑郁、精神恍惚或歇斯底里的哭喊，不得不被提前"释放"。6天后，实验被迫中止。

到底发生了什么？显然，这种指定的社会角色（"犯人"和"看守"）的影响很大，以至在短短的几天内，对于参与者来说实验情境变成了现实。原本正常、健康的大学生为什么在短短几天之内变化如此之大？Zimbardo认为，指派给他们的"犯人"和"看守"角色具有极大的影响力。后来，许多"看守"发现他们简直不能相信自己做出的事，其中一个人回忆道："我对自己感到吃惊。我居然叫他们互相谩骂，用手去清洗厕所。我确实把'犯人'当牲口一样对待。"（Zimbardo, Haney, & Banks, 1973）我们曾认为，人们的好和坏是本性决定的。但是斯坦福监狱实验中的学生是被随机指派扮演"犯人"和"看守"的。可见，人类中许多危害性的关系都可能在危害性的角色中找到根源。

团体结构、凝聚力和规范

团体关系还有没有其他的维度？对于任何一个团体来说都有两个重要的维度——结构和凝聚力（Forsyth, 2010）。**团体结构**包括角色网络、交流渠道和个人在团体中的影响力。军队和球队等团体是有组织的和高度结构化的。在非正式的朋友群体中，有些可能有组织结构，有些则没有。

团体凝聚力指团体成员之间相互吸引和成员留在团体中的意愿的强度。在有凝聚力的团体中，成员愿意聚在一起，相互关照，在站或坐时愿意彼此离得较近，他们也表现出更多的相互影响，行为的协调化程度较高（Chansler, Swamidass, & Cammann, 2003；Lin & Peng, 2010）。凝聚力是团

社会心理学 /Social psychology　研究个体在社会环境中的行为、思想和情感的科学。

文化 /Culture　每一个有着特殊历史并处于特定发展阶段的社会中的现实生活模式。

社会角色 /Social role　对特定社会身份者（如女儿、工人、学生）期望的行为模式。

角色冲突 /Role conflict　个体试图扮演两个或多个角色时，对不同角色的行为要求之间的冲突。

团体结构 /Group structure　一个团体中角色、交流渠道和权力的网络。

团体凝聚力 /Group cohesiveness　团体成员之间相互吸引和成员留在团体中的意愿的强度。

批判性思考

独处

深陷在不断扩大的社会网络之中，我们从未独处过。人们总是在我们身边，就在下一个拐角或者彼此之间只有一个电话、一条短信的距离。在我们这个稠密的社会世界中，让人不禁设想一个孤独的人会是一个失败者，一个不合群的人，一个社会遗弃者或者至少是反社会的、害羞的。

但这种设想总是那么合理吗? 在通读了这本书之后（你已经在看这本书了是吗？），你可能就不会惊讶地得知这个问题的答案是："这得看情况。"

一方面，一些人这么做真的是因为他们有社交恐惧，自觉害羞，不然就是不喜欢社交场合（Coplan & Weeks, 2010）。这种人很多都是孤独的或者害羞的（Antony & Swinson, 2008; Cacioppo & William, 2008）。在一些更极端的案例中，那些避开社会互动以及深受孤立困扰的人甚至可能会被诊断为患有精神障碍，例如广场恐惧症。

> **知识桥**
> 在前面的章节中我们已经讨论了独处的一些不健康的形式。在第 12 章中讨论了害羞；在第 14 章中讨论了广场恐怖症。

另一方面，一些人独自待着只是因为他们喜欢独处（Coplan & Weeks, 2010; Long et al., 2003）。事实上，历史上很多最具创造力和智慧的人物都是在他们独处的时候产生顿悟的（Storr, 1988）。

难道我就不能在一些时候和人们待在一起，而其他的时候自己待着吗？为什么不能呢？我们在独处的时候也可能会受益颇多。用安静的时刻来沉思似乎与创造力、心灵成长、问题解决和自我发现息息相关（Long et al., 2003）。在现代繁华的世界中，社会交往是特定的。但独处的时光——就另当别论了。

这个人独自一人在看风景。但她孤独吗？你认为独自待着是健康的还是不健康的？你知道立法者在通过 1964 年《荒野保护法案》的时候就想到了"健康的独处"吗？根据这个法案，国家公园应该"保护自然条件，给人们提供独处的机会，提供原始自由的娱乐方式"（Shafer & Hammitt, 1995）。

体向其成员施加众多影响的基础，因此，治疗团体、公司、运动队等团体时常通过各种方式努力增强内部的凝聚力，从而使成员一起更好地工作（Casey-Campbell & Martens, 2009; Marmarosh, Holtz, & Schottenbauer, 2005）。可是单独工作不会更好些吗？请参见"独处"。

内团体

在**内团体**（个体所归属的团体）中，凝聚力很强。你从属于哪个团体是由你的综合社会属性决定的，例如国籍、人种、年龄、教育水平、宗教信仰、收入水平、政治价值观、性别、性取向等。内团体的成员身份有助于定义我们的社会性。可预见的是，我们常常把一些积极的特质归入到内团体，把那些不好的特质推给**外团体**（个体所不归属的团体）。我们也经常会夸大本团体和外团体的差异。这种"我们和他们"的思维方式似乎是社会生活中的一个基本方面。这有可能造成团体间的冲突和种族歧视——我们将在下一章中讨论这一主题。

社会身份

除了社会角色，人在团体中的社会地位也决定了他的**社会身份**，或者影响力和重要性。在大部分群体中，社会身份越重要，得到的特权和尊敬就越多（Albrecht & Albrecht，2011）。例如，在一个实验里，被试走进多家面包店向店主要点心，但是囊中羞涩没钱支付。被试在一半的情况下衣着光鲜，在另一半的情况下则穿戴糟糕。如果被试谈吐有礼，那么无论他穿着如何，都有可能得到一块免费的点心（95% 和 90%）；但是如果被试言辞无礼，那么穿戴很糟糕的时候就更不可能得到点心了（20% 和 75%）（Guéguen & Pascual，2003）。

在大多数情境下，"有身份"（穿着不错）的人会受到较好的待遇（Guéguen，2002）。也许这种对"有身份"者的较好的待遇（即使他们很不懂礼貌）可以解释社会中以貌取人（昂贵的服装、车和其他的地位象征）的一些偏见。

规范

我们在很大程度上受到团体规范的影响。**规范**是其成员所接受的或通常是默认的行为准则。如果你不相信团体规范的巨大影响力，可以做一个小实验：你现在去一家拥挤的超市，挤上一排等待结账的队伍，然后用你最大的声音唱歌。你愿意去试试，成为那 1% 真会这样做的人吗？

一个有趣的扔废弃物的实验显示了社会规范的影响。这项研究的问题是：一个地方现有废弃物的多少是否会影响人们在此扔废弃物的行为？当被试走进一个公共车库时，有人递上一张传单。如图 16.1 所示，车库地上已有的传单越多，人们越可能把手中的传单扔在地上。显然，别人在此扔废弃物意味着这里不严格禁止扔废弃物。因此，一个公共场所保持得越清洁，就越不需要经常打扫（Cialdini，Reno，& Kallgren，1990；Göckeritz et al.，2010）。

社会规范是如何形成的？ 在一个有关团体规范形成的早期实验中使用了一种错觉，即在一个完全黑暗的房间里，一个静止的小光点看起来飘忽不定或自己在移动位置，这被称为**游动效应**。Muzafer Sherif（1906—1988）发现，在对光点移动距离的估计上有着很大的个体差异。然而，如果两个人或几个人一起估计，他们的判断很快就会趋同。这是一个社会影响的例子，可以看到人们的行为受到他人行为的影响（Brehm，Kassin，& Fein，2005）。我们在后面将会讨论社会影响。而现在，

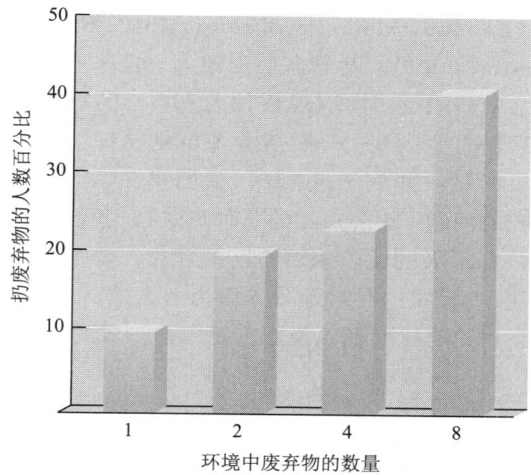

图 16.1 一项关于社会规范对行为影响的实验结果。在公共场所有废弃物的存在，暗示着在此处可以扔废弃物，这会鼓励其他人在此处扔废弃物。（Cialdini，Reno，& Kallgren，1990）。

你只需要知道在许多社会团体中，态度、信念和行为都会发生趋同就够了（Cialdini，2008）。

社会规范通常基于我们对其他人的想法和行为的了解。例如，一些学生非常反对校园内的酗酒行为，但他们不知道其他学生也深受其害，大家都错误地以为这里的校园规范是允许饮酒的，因此都忍着不说话，而大家的默许又助长了酗酒行为。实际上，每个人都应该大声说出自己的观点。如果大家知道反对在校园内饮酒的学生人数大大超过"酒鬼"，那么，"此处不得饮酒"就可能成为今后被默认的校园规范（Prentice & Miller，1993）。

在建立社会规范上起作用的知觉被称为**社会认知**，就是在社会情境中看待自己和他人的过

内团体 /In-group 个体所归属的团体。

外团体 /Out-group 个体所不归属的团体。

社会身份 /Social status 社会结构中一个人的位置，尤其是涉及权力、特权或重要性等。

规范 /Norm 团体中成员所接受的或通常是默认的行为准则。

游动效应 /Autokinetic effect 暗室中显示一个固定的光点，但看起来却是运动的。

社会认知 /Social cognition 在社会情境中看待自己和他人的过程。

程（Landau, Meier, & Keefer, 2010; Strack & Förster, 2009）。尽管我们与他人一起深陷社会关系之中并能够自由地观察他人和自己的行为，但是理解行为则是另一件完全不同的事情。我们将在后面举一些例子。首先，我们要探索一下社会比较的问题（社会知觉的一种形式），我们经常会通过和他人的比较来看自己。其次，要考虑归因问题，归因是一种理解他人行为的方式。最后，我们会讨论态度问题以及态度是怎样形成的。

社会知觉——面具后面

关键问题 16.2：社交如何影响我们看待自己和他人的方式？

周围的人不仅会影响我们的行为，也会影响我们如何看待自己和他人。例如，一种常见的方法就是我们通过和他人作比较来理解自己，这就是社会比较。

社会比较理论

如果想知道自己有多重，可以用秤称一下。但是，怎样知道自己是不是一个好运动员、好工人、好家长或者好朋友呢？如何知道自己的一些政治观点、对宗教或者嘻哈音乐的看法是多数人的观点还是少数人的观点呢？当没有客观标准时，把自己与别人相比是唯一可用的方法（Baumeister & Bushman, 2011; Dvash et al., 2010）。

著名社会心理学家 Leon Festinger（1919—1989）指出，成为团体成员能满足人们进行**社会比较**的需要，即：将自己的行为、情感、观点或能力与其他人相比。你是否有过在考试之后和他人比较答案的经历？（"你怎么做的？""最后一题难吗？"）如果你有过这种经历，你就是为了满足社会比较的需要（Festinger, 1957）。

Festinger 强调说，社会比较不是随机的。只有与背景、能力和环境相似的人做比较，对个体的评价才有意义（Stapel & Marx, 2007）。例如，问一个叫温蒂的女学生是不是网球高手。如果她把自己与职业选手相比，肯定回答说不是。但还不能由此了解到她的相对能力，因为她的球友们认为她打得非常棒。只有在公平的尺度上与人比较，温蒂才能知道自己做得怎样，是否值得为自己感到骄傲。同样，你是否认为自己很成功、天资好、负责任或得到了公平的报酬，完全取决于你把自己与谁相比。因此，渴望社会比较提供了与他人交流的动机，并且会影响我们选择加入哪些团体（Franzoi & Klaiber, 2007; Johnson & Stapel, 2010）。

除了提供信息以外，进行社会比较有时可能反映出一种自我保护或自我提高的愿望（Dvash et al., 2010）。如果你感到自己受威胁，你会**向下比较**，即与一个在某些方面不如你的人相比（Gibbons et al., 2002）。例如，如果你有一份兼职，而你的老板缩减了你的工作时间，你就会去想一个刚下岗的朋友，使自己得到安慰。

也有"向上比较"吗？俗话说：人比人，气死人。意思是与强过自己许多的人做比较只会使自己难受（Tyler & Feldman, 2006）。例如，当女人与电视中的那些美女比较身材的时候，往往是因为她们对自己的身材非常不满意（Tiggemann & Polivy, 2010）。然而，**向上比较**，即把自己与那些"在某些方面比我强"的人做比较，有时也被用来激励自己提高。比如，你要想提高自己的网球技术，就要与

在高中同学聚会上，很难避免的就是相互比较。显然，人们很难不通过社会比较去了解自己的生活状况。

第 16 章 社会心理学：思考和影响　655

像麦当娜和安吉丽娜·朱莉这样的名人，已经领养了几个第三世界国家的孩子。就你看来，这些名人的行为是无私，还是从自利的角度出发追求别人的关注？这些归因会严重影响我们如何看待他人的社会行为。

那些比你打得好的人比赛（Huguet et al., 2001）。

总之，社会比较理论认为，与其他人交往的动机产生于自我评价、自我保护和自我提高的愿望，并影响人们对要加入的团体的选择。

现在让我们来认识一下社会知觉的另一种形式。为什么芳达要侮辱萨特赛？为什么尼克要在大学里转专业？为什么克里在她周围都是男人的时候语速那么快？在回答这些问题的时候，我们会把人们的行为和各种各样的原因联系在一起。有时我们对行为原因的推测是正确的，有时是错误的。无论对错，这都会影响我们在社会情境中的行为。要了解我们是如何认识"面具后的他人"，就需要探索个体的归因过程。

归因理论

每天我们都会根据丁点儿零星的证据推测人们的行为。我们这样做就是在归因。**归因**是社会知觉的另一种形式。随着对他人的观察，我们也在对他们的行为进行推理。举一个例子，妮尔和伯特两个人来到餐厅，点了不同的饭菜。伯特随手往菜中加了些盐，吃了起来；妮尔先尝了尝菜，然后加了盐。现在，你如何解释他们两人的行为？妮尔的行为可归于**外在原因**，即人以外的原因，比如菜本身需要加盐；而对于伯特，他可能更喜欢偏咸的菜，因此，他的行为是**内在原因**决定的。生理需要、偏好和人格特质等都属于内在原因。

> **知识桥**
> 把生理唤醒归因于各种各样的来源也会对情感产生巨大的影响。参见第 10 章。

归因解释对行为有何影响？不考虑归因问题将很难完全理解社会行为。例如，汤姆是你的同学，他好像是在回避你。如果你在一个市场上看见了他，是否会主动打招呼？你的行为可能取决于你对他的行为的解释，即当时他为什么要回避你，是由于羞涩、不喜欢你或当时心情不好？许多因素会影响你的判断，我们将在后面进行讨论。

归因

归因理论的创始人之一 Harold Kelley（1921-2003）认为我们在进行归因的时候，对个体行为的一致性和独特性很敏感（Kelley, 1967）。当我们在不同的场合观察到个体的行为变化不大，那么他的行为具有一致性。汤姆第一次回避你，可能是因为他的心情不好。然而，如果他每次见到你都躲着你，这就不是巧合，他不可能每天心情都不好。此外，他回避你也许是因为害羞，而不是因为他讨厌你。这也说明了独特性因素的重要性，也许有其他原因。独特性行为指只在特定场合出现的行为。如果你注意到汤姆不但回避你，也回避其他人，你可

社会比较 /Social comparison　通过与他人比较来判断自己。

向下比较 /Downward comparison　与那些在某方面不如自己的人相比。

向上比较 /Upward comparison　与那些在某方面比自己强的人相比。

归因 /Attribution　为自己和他人行为找原因的过程。

外在原因 /External cause　行为的外部原因。

内在原因 /Internal cause　个体内部的行为原因，如需要、偏爱或人格特质等。

能认为他是害羞的或不太友好。但如果他只是不理你一个人，你就可以假设他不喜欢你。当然，你的归因判断可能是错的，但你对他的行为会随着你的归因方式而改变。

为了推测行为的动因，我们通常会从三方面的因素进行考虑：行为者、行为对象和行为场合（社会或物理环境）（Kelley, 1967）。例如，有个人夸奖你，说你穿着那件衣服显得很帅。如果你们正在郊游，你会把这种夸奖归因于你所穿的衣服（行为对象）。如果你实际上穿得很不像样，你会把这种"夸奖"归因于夸你的人（行为者），可能是一位好朋友在开你的玩笑，或有人在讽刺你。如果你在一家商场里，售货员说你穿上那件衣服如何之好，你可能会归因于场合，因为衣服不一定真的那么好，售货员也不一定是在真心夸你。在特殊的情境或社会形势下，**情景要求**会在某种程度上对个体的行为施加压力。例如，你在葬礼上看到汤姆，他表现得平静而有礼貌，当我们并不能由此对这个人的动机有多少了解，因为在这样的情境中要求有这样的行为。

当情景要求很强时，我们在进行行为归因时就要给内在原因的作用"打折扣"。打折扣的意思是，如果一个人的行为显然与强烈的外在动因有关，那么对其行为的内归因就要被放到次要的地位。例如，有些职业运动员为剃须膏、护发素、除臭剂等商品做广告，你可以对他们这样做的动机打折扣。他们为那些商品说两句好话就能得到大笔钱财，因而你不必相信他们真的喜欢用那些东西（"自我妨碍——为失败找借口"讨论的就是一个相关的现象）。

另一个影响归因的因素是共识。众多人行为一致，即可能暗示着这种行为有其外在动因。如果成千上万的人都去看某部影片，我们可能会说："这部影片很好看。"如果有人把某部电影看了6遍，而其他人对这部电影并不感兴趣，我们则会说："他就喜欢看这种片子。"

知识巩固
社会行为和认知

测一测

1. 研究表明，要把两个相距遥远的陌生人通过中间的熟人联系起来，中间平均需要通过6个人。对不对？
2. 社会心理学研究人们在_____中的行为。
3. 男性、女性和青少年都是_____角色。
4. 斯坦福大学的监狱实验证实，游动效应对行为有着极大影响。对不对？
5. 社会身份指人们所期望的与社会地位相符的行为。对不对？
6. 社会比较大多是随即进行的。对不对？
7. 当情景的作用很不明显时，我们倾向于把人的行为归因于内在原因。对不对？
8. 基本归因错误是指把别人的行为归因于内在原因。对不对？

批判性思考

9. 斯坦福监狱实验的结果支持人格理论中的一个主要概念。在第12章的社会学习理论部分曾提到这个概念。你能否说出来？
10. 如何用游动效应解释人们看到UFO？

想一想

你现在的主要角色有哪些？哪些是规定的？哪些是自发获得的？它们如何影响你的行为？它们之间会引起什么冲突？

社会比较如何影响你的行为？它会影响你同谁交往吗？

你的归因过程是否曾受到一致性和独特性因素的影响？情景要求是否会影响你的判断？

你是否有过自我妨碍行为？尝试着把概念和具体的例子联系起来。

你经常犯基本归因错误吗？也尝试着用具体的例子来解释这个概念。

答案：1. 对 2. 各种情境或他人在场情境 3. 规定 4. 不对 5. 不对 6. 不对 7. 不对 8. 对 9. 通过模仿习得。对人的行为影响更大的是情境，而不是人的特性 10. 因为游动效应，或是空中任何一个光点都可能被看成是运动的，故而有可能被一个或多个人看成是飞碟。

临床案例 — 自我妨碍——为失败找借口

你是否曾经见到有人在考试或演讲前喝得酩酊大醉。为什么他要这样做呢？难道他不怕失败吗？其实，这样做是在进行自我妨碍，即使自己处于一种会削弱行为表现的情境之下。**自我妨碍**通过为不佳的行为表现提供一个借口，使人们在失败的情境下感觉好一些（McCrea & Hirt, 2011）。

如果一个人在自我妨碍的状态下成功了又会怎么样？那就更好了。在这种情况下人们通常表现不佳，而他居然能够获得成功！因此这个人的自我形象会大大得到提升（Kimble & Hirt, 2005）。

"要么赢，要么输。"你相信这样的说法吗？如果你相信，那么你可能就特别易于进行自我妨碍，在有妨碍的情况下，人们可以避免承认自己没有能力！例如，高校运动员常常在比赛前练习得比较少，就是为了通过这种方式保护自己的自尊（Kuczka & Treasure, 2005；Ntoumanis, Taylor, & Standage, 2010）。这样的话，即使他们没有成功，也可以为自己的不良表现找到理由。

饮酒是最为常见也是最危险的自我妨碍方法之一。一个人可以将失败归因于自己"喝多了"，也可以理直气壮地享受成功。用酒精来进行自我妨碍的例子可见于考试、求职面试、初次约会。那些在这些情况下进行自我妨碍的人应该意识到，用饮酒的方式来缓解焦虑可能发展为严重的酒精滥用（Zuckerman & Tsai, 2005）。

凡是为自己表现不佳设置类似理由的做法都被称为自我妨碍。自我妨碍的方法有许多种，包括让自己生病、有意分心去干另一件事和拖延等（McCrea & Hirt, 2011）。附带说一句，男性和女性相比，会更多地进行自我妨碍（Kimble & Hirt, 2005）。

多数人都曾经多次进行自我妨碍。事实上，这样做有时很重要，可以使自己免于承担失败和成功的全部责任，减轻对自己的压力。但是，如果自我妨碍成为习惯就是另一个问题了。它会导致低自尊、较差的心理调节能力和不良的健康状况（Zuckerman, Kieffer, & Knee, 1998；Zuckerman & Tsai, 2005）。因此，一方面不要对自己过于苛刻，另一方面也不要养成自我妨碍的习惯。

行为者和观察者

假设这样一个情境：在你每次参加聚会时，都会看到一个姑娘，前前后后发生了5次。因此，你设想她一定经常出来参加聚会，并喜欢社交。后来，你在聚会上又看见她了，并和她聊天。她对你说："实际上，我很讨厌这些聚会。我来是因为他们邀请我在聚会上演奏大号。我的音乐老师说，我需要多在听众面前练习，所以我就来了。来，我给你吹一段，想听吗？"

由此可见，我们往往不知道别人行为的真正原因。我们总是习惯于从当时的情境来推测行为的原因，因此，在进行推测时经常犯上述例子中的错误。最常见的错误是，把别人的行为归因于内在原因，而把我们自己的行为归因于外在原因（Jones & Nisbett, 1971；Riggio & Garcia, 2009）。这类错误被称为**基本归因错误**。我们倾向于认为他人的行为都是有内在原因的，尽管这个行为有时确实是由外在原因或环境造成的。举一个非常有趣的例子，人们总是把电视节目中演员的行为归因于这个演员自身的人格特质而不是那些很明显的外部因素，但事实上他们只是在演戏而已（Tal-Or & Papirman, 2007）。

在涉及我们自己行为的时候，我们更愿意认为外部原因在很大程度上可以解释行为。换句话说，我们在解释行为的过程中存在一种"**行为者-观察者偏差**"。作为观察者，我们常常把他人的行为归

情景要求 /Situational demands 要求或迫使人按照与各种情境或社会环境相应的行为方式去行事的社会压力。

自我妨碍 /Self-handicapping 设置一种会削弱行为表现的情境，使自己的不良表现有借口。

基本归因错误 /Fundamental attribution error 将他人的行为归因于内部原因（如人格、爱好等）的倾向。

行为者-观察者偏差 /Actor-observer bias 在归因过程中，倾向于将他人的行为归因为内部原因，而把自己的行为归因为外部原因（如环境因素）。

喜剧《好汉两个半》中乔恩·克莱尔扮演了愚蠢的弟弟——艾伦·哈伯，而安格斯·琼斯扮演的则是他那个更加愚蠢的儿子——杰克。他们是真蠢呢，还是只是在剧中扮演这样一个愚蠢的角色呢？根据Tal-Or and Papirman 在2007年的研究报告，人们总是会把演员在剧中的行为归因于他们自己的人格特质，却不考虑这其实是剧中角色的人格特质。你知道为什么会这样吗？

因为意愿、动机、人格特质（这是基本归因错误）。而作为行为者，我们倾向于为自己的行为找外部解释（Aronson, Wilson, & Akert, 2010; Gordon & Kaplar, 2002）。在学校里，你选择自己的专业是因为你"别无选择"，而别的学生选择那个专业是因为他们就是那种人。在餐馆里，别人不给服务员小费是因为他们"修养太差"，而你不给小费是因为"服务太差"。同样，别人经常迟到是因为他们"不负责任"，而你迟到是受到一些不可控事件的影响。

我们看到，归因理论总结了我们看待自己和他人的方式，并指出了我们平时易犯的归因错误。

态度——信念＋情绪＋行为

关键问题 16.3：什么是态度？态度是如何获得的？

你对反歧视行为、安乐死、环保组织、中东局势、死刑、流产合法化、垃圾食品以及心理学持有什么样的态度？对这些问题的答案通常受到社会情境的影响，也深刻地影响着你的行为。态度深深地渗透在我们的行为和世界观中。一个人的品位、交友、投票、偏好、目标以及在许多其他情境中的行为，都受到态度的影响（Baumeister & Bushman, 2011）。下面，让我们看看态度是如何形成并改变的。

态度的确切定义是什么？ 态度是信念与情绪的结合，决定着个体对他人、对他物或对其他团体的积极或消极的反应方式。简单地说，态度就是你对客观事物的评价（Bohner & Dickel, 2010）。态度可以预测或指导行为。

例如，在下面这个经典的"地址误投信件"实验中，你可以看到态度与行为之间的密切关系。在北爱尔兰发生暴力冲突时期，研究者为了调查英国普通家庭对爱尔兰人的态度，有意将一些写错了地址的信件投送到这些家庭，信封上要么是英国人的名字，要么是爱尔兰人的名字。研究者想知道的问题是：写着爱尔兰人名字的信件是会被退回邮局还是被扔掉？实验结果证明了研究者的预测，即之前测试中的那些对爱尔兰人反感的英国家庭更多地把这些信扔掉了（Howitt et al., 1977）。

有时我们会说："现在，咱们大家都表了态……"实际上，表明态度并不那么简单。态度包括信念、情绪和行为三种成分：**信念成分**是个体对态度对象的信念；**情绪成分**由个体对态度对象的感受所组成；**行为成分**指个体对待不同人、事物或机构的行为。例如，一个人对"枪支控制"的态度包括以下三方面：第一，他对控制个人拥有枪支能否减少犯罪或暴力事件有自己的想法；第二，他对枪有一定的情绪反应，可能觉得枪很有吸引力，自己也想有一把，也可能觉得枪很危险并具有破坏性，碰都不想碰；第三，他会考虑自己要不要买一把枪，而态度的这一行为成分可能反映出他支持或反对提倡实行枪支控制的组织。可见，态度决定着我们在社会生活中选择的方向，从而使我们准备以某种特定方式采取行动（Forgas, Cooper, & Crano, 2010）。（图16.2是另外一个例子。）

态度形成

态度是如何获得的？ 态度的获得有几种基本途径。一种是通过与态度对象的直接接触和个人经验获得的。例如，附近的一家工厂污染了你最喜爱的河流，由此你产生了反对污染的态度（Ajzen, 2005）。有的态度是通过偶然条件作用形成的，

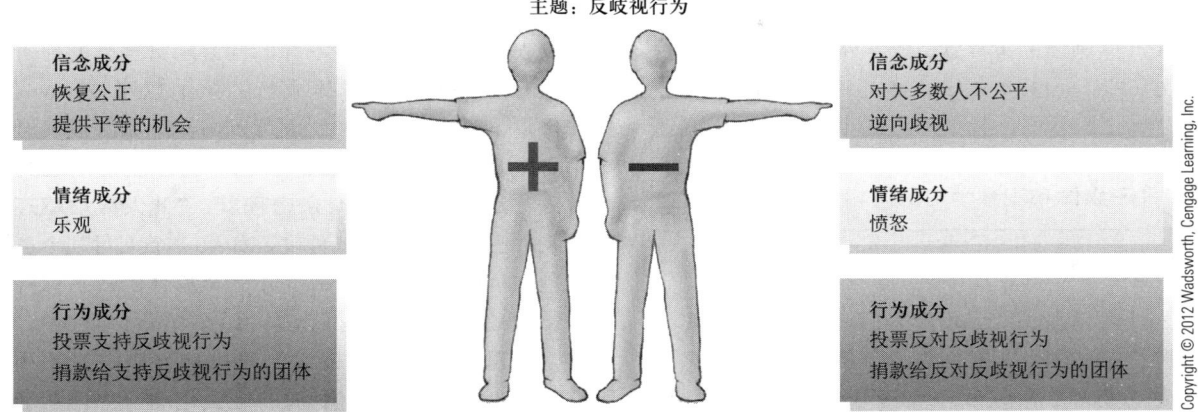

图 16.2 针对反歧视行为的态度中的积极和消极成分

即通过巧合或偶然的经验而习得（Albarracín, Johnson, & Zanna, 2005）。例如，你一生中曾三次与心理学家打交道，如果这三次的经验都是消极的，你也许将用一种否定的观点来对待心理学。同样，人们通常根据一两次好的或坏的经历，就会形成对某个饭店、城市或国家的基本态度。

另一种情况是通过与其他人的互动而获得某种态度。例如，你的朋友中有三人是当地废品回收中心的志愿者，他们和你讨论他们的观点后，你也许也会开始赞成废品回收和再利用了。毫无疑问，人们的很多态度都受到群体成员身份的影响。在大多数群体中，从众的压力不仅会塑造我们的行为，也会影响我们的态度。

态度的形成还可能与童年的教养有关，即父母的价值观、信念和教养方式对孩子起着影响作用（Bartram, 2006）。例如，如果父母双方都属于同一政党，那么他们的孩子更有可能在长大后加入这一政党。

最后，态度还受到报纸、电视和网络等大众媒体的影响（Mahler, Beckerley, & Vogel, 2010）。每天我们都在被媒体诱导着、说服着和操纵着。如今的年轻人每周在媒体上至少花50个小时，例如看电视、打游戏、看电影、上网、听歌以及打印（Rideout, Foehr, & Roberts, 2010）。因此，通过电视频道进入家庭的信息有着巨大的影响力。例如，经常看电视的人不信任他人，会高估自己受到伤害

态度是社会行为的重要维度。它们通常受到父母态度和个体所属的群体的态度的巨大影响。（图中文字："我依然有一个梦想。这是一个美国梦。我梦想人人平等，不再因为肤色而受到评判。我们需要移民自由……"）

态度 /Attitude 对人或物做出积极或消极反应的习得的倾向。

信念成分 /Belief component 指人们对态度对象的看法或信念。

情绪成分 /Emotional component 指人们对态度对象的情感。

行为成分 /Action component 指人们对态度对象的行为倾向。

的可能性。这说明，频繁持续地接受电视暴力会使一些人产生刻薄的世界观，把外界看作危险和可怕的地方（Eschholz, Chiricos, & Gertz, 2003）。

> **知识桥**
> 更多关于媒体和观察学习的内容请参见第6章。

态度与行为

为什么有些态度会表现为行动，而有些态度却不反映在行动中？为了回答这个问题，让我们来看一下这个例子：假设罗琳女士知道购买和维护机动车的费用并不低，并会增加空气污染，而且她很讨厌汽车尾气，可她为什么还继续每天开车上班呢？一个可能的原因是，她的选择是由行为的直接后果决定的，即无论罗琳对环保的态度如何，她不开车就无法便利出行。

此外，我们采取行动前还会考虑别人将对我们的行为做何评价。罗琳可能因为害怕同事评论她的环保立场而拒绝乘公交上班。根据这一点，研究者可以通过公众舆论调查来预测人们的计划生育选择、青少年的饮酒行为、征兵的结果以及新的核电站建设计划能否通过，等等（Cialdini, 2008）。此外，我们必须重视长期养成的习惯对态度的影响（Oskamp & Schultz, 2005）。例如，几年之后，罗琳发誓不再开车转而乘公交上班。但如果两个月之后她再次开车，这一点也不奇怪，毕竟旧习难改。

总之，态度和行为可以是不同的，特别是个人私下的态度和公开的行为之间很可能不同。但是，当一个人态度坚定时，没有什么能阻碍他将之付诸行动。当你对某一问题抱有**坚定信念**时，这种信念能唤起强烈的情感，你会不断地思考、谈论和学习很多有关的知识。充满热情的、坚定的态度通常能引起个体行为的巨大变化（Oskamp & Schultz, 2005）。

态度的测量

怎样测量态度？态度可以用多种方法来测量。在**开放式访谈**中，调查者请人们自由地表达对某一问题的态度。例如，你可以问："您如何看待大学校园中的言论自由问题？"此外，我们也可以用**社会距离量表**来测量个人对社会群体的态度。在这个量表中，人们通过对不同的社会亲密程度的评价来表示他们对特定群体成员的接纳意愿（Brown, 2011）。例如，可以用"此人可以与我的家庭成员结婚"表示最高的社会亲密程度，"可以把房间租给此人"表示中等的社会亲密程度，"此人应被驱逐出我的国家"表示最低程度。如果一个人对某个群体抱有消极态度，就会倾向于和该群体的成员保持一定的社会距离（Boyle, Blood, & Blood, 2009）。

测量态度最常用的工具是**态度量表**。量表中有一系列的陈述句，例如，"社会化的医疗体制会降低我国目前的健康保障水平"，"这个国家需要有一个全民健康保障计划"，等等，不同句子代表对一个问题的不同观点，被调查者要求每一句话进行5点等级评定，用"非常同意""同意""无所谓""不同意"或"非常不同意"来表达自己的意见。通过把一个人在所有项目上的反应综合起来，就可以看出此人对某种观点在总体上是支持还是反对。在民意测验中，可以通过使用态度量表了解大众对特定问题持何种态度。

态度改变——
为什么信徒们要说服公众？

关键问题 16.4：在什么情况下进行劝说最有效？什么是认知失调？

态度是相对稳定的，也是能够发生变化的（Forgas, Cooper, & Crano, 2010）。有的态度转变可以通过参照群体的作用来解释。**参照群体**指被一个人作为其社会比较标准的群体。你把某些人作为参照群体不一定要与他们直接进行接触，关键在于你认同了他们或接受了他们的态度和价值观（Ajzen, 2005）。

20世纪30年代，Theodore Newcomb 在美国本宁顿学院研究了学生在现实生活中的态度转变过程（Alwin, Cohen, & Newcomb, 1991）。当时，大多数学生来自保守的家庭，而本宁顿学院是一所非常开明的学校。Newcomb 发现，经过4年的大学生活，大多数学生的态度逐渐向开明化方向转变。那些发生态度变化的学生以学校环境作为他们的参照群体，而那些没有发生态度转变的学生仍继续将他们的父母和家乡的朋友作为自己的基本参照群体。有个学生的话很有代表性，他说："我决定了，我还是要坚持我父亲的主张。"注意，所有的学生都把他们的家庭和学校同时作为他们所属的群体，但他们往往只选择其中一个作为自己态度的参照群体。

你定期去健身吗？如同本宁顿学院的学生们一样，你打算去健身的想法或许受到参照群体的健身习惯影响（Ajzen，2005；Terry & Hogg，1996）。

说服

广告宣传等手段是怎样改变人们的态度的？广告有效吗？说服有着明确的目的，那就是通过传递信息和进行争论使你的态度或信念发生转变（Brock & Green，2005；Perloff，2010）。显然，商人、政治家和其他试图说服我们的人都相信，态度是可以转变的。仅在美国和加拿大，每年用于广告的费用就超过120亿美元。从每天媒体上铺天盖地的商业广告到朋友间的私下交谈，到处都充满着劝说行为。在大多数情况下，我们可以从传播者、信息和受众三个角度来解释劝说行为的成败原因。

如果你有机会策划一个公众集会，并在会上宣传一个很重要的观点，比如反对在附近新建一家购物商场，你准备选择什么人来做演讲？这个人该怎么进行演讲？研究表明，如果满足下列条件，将有利于你获得成功。这些原则被广泛应用于各种推

说服。你可能会被这一群体信息左右吗？成功的说服与传播者、信息和受众的特点有关。（图中文字："只有动物才穿皮草。"）

销活动，从推销除臭剂到总统竞选：

1. 讲演者看上去应该讨人喜欢、富有表现力，并且值得信任；应该是有关这一问题的专家，并在某些方面与听众有共同之处。

坚定信念 /Conviction 某些对人重要的、能唤起强烈情绪的信念。

开放式访谈 /Open-ended interview 请被访者自由陈述他们观点的谈话式调查。

社会距离量表 /Social distance scale 一种调查表，可以测量人们是否愿意与不同群体成员接触的态度。

态度量表 /Attitude scale 由一组陈述句组成，对量表中项目的反应显示同意或不同意的态度。

参照群体 /Reference group 被个体认同并在社会比较时作为标准的群体。

说服 /Persuasion 通过传达信息和讲道理改变人的态度或信念的目的性活动。

2. 讲演者应表现出自己绝不会因听众接受了这个观点而获得什么个人利益。
3. 所传播的信息要能够唤起听众的情绪反应，特别是引起害怕或焦虑的情绪。
4. 所传播的信息中还要提供一个清楚的行为过程，让听众感到只要遵循该过程就能够减少上述的情绪反应并获得所期望的结果。
5. 所传播的信息中要有清晰的结论。
6. 所传播的信息应有事实和统计结果作为支持。
7. 讲演中应尽可能地把信息多重复几遍。
8. 如果听众对这个问题比较了解，讲演者一定要说明支持和反对两方面的观点。
9. 如果听众对这个问题比较陌生，讲演者只需说明自己的观点。

（Aronson，2008；Oskamp & Schultz，2005；Perloff，2010）

就像前面提到的，有时候我们会因为他人的说服而改变自己的态度（Gass & Seiter，2007）。但是，有时认知失调的内部过程也会影响态度的改变。

认知失调理论

如果人们的行为方式与他们的态度或自我形象不一致时，会发生什么情况呢？认知指的是思想，失调指的是不一致或冲突。**认知失调**这一经典理论认为，彼此矛盾或冲突的思想会引起不适，即我们有一种使各种思想、知觉和自我形象保持一致的需要（Copper，2007；Festinger，1957）。这样的冲突往往让人们不舒服，促使他们设法使观点、态度与行为达成一致（Oskamp & Schultz，2005）。

例如，每个香烟盒上都有提示吸烟有害健康的标志，尽管如此，吸烟者还是点燃了香烟。他们如何解决这个提示和吸烟行为之间的不一致呢？他们或许会戒烟，但更容易做的事是告诉自己吸烟并不真的那么危险。这时，吸烟者会找出一些吸烟的长寿者做例子，或者与其他吸烟者一起消磨时光，拒绝接受吸烟与癌症有关系的信息。根据认知失调理论，我们很容易拒绝与我们已有观点不一致的新信息，并使用一种自己骗自己的策略，对自己说："别跟我讲什么事实，我的决心已定！"

认知失调理论中有一个非常著名的案例：有一位名叫凯奇的太太声称住在一个叫克莱里翁的星球上的人和她说过话，还留下了一条讯息（Festinger，1957）。讯息中预言了北美的灭亡，而凯奇太太和她的末日派信徒则会由飞碟接走。随后，媒体大量涉足并报道了整个过程。但是预言并没有成真，信徒们倍感痛苦、窘迫与失望。

这个群体后来解散了吗？ 奇怪的是，信徒们反而更加坚定了他们的信念。凯奇太太宣称她又收到了一条新的讯息：正是她的信徒们拯救了全世界。之前，信徒们并没有要试图说服他人"地球将要灭亡"。但是现在，他们四处宣扬，试图说服别人相信他们拯救了地球。

为什么在证明地球没有灭亡之后他们反而更加坚信凯奇太太了呢？为什么这个群体的成员们突然要四处说服别人相信他们的信仰是正确的呢？认知失调理论认为，在公开地表明他们的信仰之后，他们需要保持行为和信念之间的一致（Tavris & Aronson，2007）。事实上，他们去劝说别人只是为了证明自己的信仰是正确的（见表16.1）。

表 16.1　缓解认知失调的策略

李肖恩是一名大学生，她一贯认为自己是环保主义者。最近，由于父母买了一辆新车，李肖恩"继承"了父母的旧车。过去李肖恩外出都是骑自行车或乘公交车，但她现在已经习惯了每天开车代步。父母的旧车是一辆耗油量极大的老爷车。李肖恩该如何缓解由于自己的环保思想与使用这部耗费能源的交通工具之间的冲突所带来的认知失调呢？

策　略	例　子
改变态度	"汽车不是影响环境的主要问题。"
增加一致性想法	"这是一辆旧车，使用它是为了充分利用它。"
改变不一致想法的重要性	"比起担心怎么去上学和工作，支持环保运动对我而言更为重要。"
减少选择数量	"我的时间太紧，我确实不能再骑自行车或乘公交车了。"
改变行为	"只有当不能使用自行车或公交车时我才开车。"

After Franzoi，2002.

由于认知失调，我们有时会说服自己，让自己相信自己做得对。生活中常有这种情况：初恋的情人都觉得对方完美无缺，但当彼此熟悉后，他们会注意到对方的缺点。怎样缓解由于发现情人的缺点而带来的认知失调和疑虑呢？最近一项研究发现，人们会给自己一些解释，比如，"他有点儿吝啬，但他很朴素。""她看上去很任性，但她充满自信。""他不是固执，而是非常正直。""她不是不可靠，而是个自由的精灵。"这样一来，情人的缺点就都变成了优点（Murray & Holmes，1993）。

进行选择也可能会引起认知失调。你是否曾经注意过，在你做出选择之后，又会更多地去注意另一个选项的一些优点（比如，我本应该买那件蓝色衬衣的，它上面的扣子很漂亮）？这似乎让人很不愉快。这就是所谓的"购买者的懊悔"（Godoy et al.，2010）。为了消除认知失调对情绪的影响，人们往往强调自己的选择的积极方面，并贬低没有被选择的事物。例如，你在选课之后觉得自己所选的课程如何之好，而其实你刚才在选课注册之前并没有认为那些课有这么多优点。

有时我们会做与自己的态度相反的事，但此后不会改变态度。认知失调理论如何解释这一事实呢？人们感觉到认知失调的程度取决于自己对那些与态度和信念相悖的行为的肯定程度。在一项经典的研究中，研究者要求大学生长时间地进行一项非常乏味的任务，然后要求他们假装这是一个令人愉快和非常有趣的任务，从而诱使其他人参加这个实验。结果发现，获得20美元报酬的学生没有改变对实验任务的否定评价，而只获得1美元报酬的学生却把实验任务评价为"有趣"和"愉快"的事。如何解释这些结果呢？显然，获得20美元报酬的学生没有出现认知失调，他们认为每个人都有可能为得到20美元去说一个无伤大雅的小谎，因而骗了人也能心安理得。而只获得1美元的学生们出现了认知失调，他们想："我撒谎了。可是，我没有理由去撒谎。"为了要证明自己没有撒过谎，他们改变了对实验任务的态度，认为那件事确实很有趣（Festinger & Carlsmith，1959；见图16.3）。

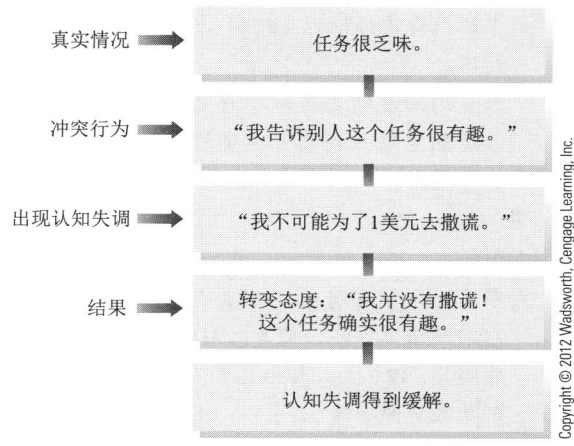

图 16.3 认知失调的产生和缓解过程总结（Festinger & Carlsmith，1959）

知识巩固

态度和态度改变

测一测

1. 态度由三个成分构成：_____ 成分、_____ 成分和 _____ 成分。
2. 以下哪些选项与态度的形成有关？
   a. 群体成员
   b. 大众媒体
   c. 偶然条件作用
   d. 童年教养
   e. 上述全部
   f. 只有 a 和 d
3. 考虑到行为的直接后果，人们常常不得不表现出与态度相反的行为。对不对？
4. 诸如"此人应被驱逐出我的国家"或"此人可以与我的家庭成员结婚"这样的项目出现在以下哪一种态度测量中？
   a. 参照群体量表   b. 社会距离量表
   c. 态度量表   d. 开放式访谈
5. 在传播说服信息时，如果受众对问题已经很

认知失调/Cognitive dissonance　存在于个体的自我形象、思想、信念、态度或知觉与行为之间的一种令人不适的冲突。

了解，你最好说明支持和反对两方面的观点。对不对？

6. 很多的态度转变是为了避免思维中的冲突或矛盾的思维，我们可以通过_____理论说明这一观点。

想一想

批判性思考

7. 学生进入健身房时被要求在一幅支持节约用水的标语上签名，健身之后这些学生去洗澡。问题是：你认为在标语上签名对学生洗澡时间的长短有影响吗？

8. 认知失调理论认为，囚犯经过洗脑后在悔过书上签字，并不能导致态度的长期改变。为什么？

自我反思

描述一个你认为很重要的态度，它的三个成分是什么？

态度的哪种来源最适合解释你的态度是如何形成的？

你认为自己最重要的参照群体中都有哪些成员？

假如你想说服民众投票反对一项保护野生绿地将被开发成公园的提案。以说服研究为指导，你打算怎样做才更加有效？

如果一个人对认知失调理论一无所知，你打算怎样向他解释？

答案：1. 信念、情感、行为 2.c 3.d 4.b 5.d 6.认知失调 7. 根据认知失调理论，在标语上签名学生洗了与以前差不多的澡，因为他们是节约用水的支持者，在洗了与之前差不多的澡时，他们就会感到两种事态，即Elliot Aronson在一项研究中观察到的那样。8. 因为囚犯没有被给予任何有足够说服力的外在理由，他们会归因为自己的个人特征。

社会影响——跟随领导者

关键问题 16.5：什么是社会影响和社会权力？

社会影响是最为接近社会心理学核心的一个课题。社会影响指的是人们的行为发生着相互影响。一个人的行为会导致另一个人行为的变化（Cialdini, 2008; Kassin, Fein, & Markus, 2011）。来看一个经典的人行道实验：一小群人站在繁华的纽约街头。他们都在注视马路对面六层的一个窗户。此时摄像机记录了驻足观看的过路者人数。结果显示，安排站在那里的人群越大，就有越多的过路者受影响，随着他们看那扇窗子（Milgram, Bickman, & Berkowitz, 1969）。

还有哪些不同种类的社会影响？ 社会影响的范围很广。其中最轻微的方式是"他人的在场"，即人们只是因为他人的在场而改变行为。从众是指为保证与他人一致而自发地改变行为。而依从则是社会影响中更直接的方式，是指听从一个几乎没有社会权力或权威的人而做出行为改变。服从则是社会影响中一个更强的方式，是指直接听命于权威的要求而做出行为改变。社会影响中最强的形式是强制，即被迫改变行为。

社会权力

任何一天，我们遇到的那些有不同权力的人都会对我们产生不同的影响（Overbeck, 2010）。力量是个体所拥有的特质，但权力都是社会性的，因为当社会不存在的时候，权力也就消失了。**社会权力**指控制、改变或影响另一个人行为的能力；下面来看五种类型的社会权力，以帮助我们进一步理解人们相互影响的方式（Raven, 1974）。

- **奖赏权**指对人们表现出的期望行为进行奖励的权力。例如，教师有奖赏权，他们手里控制着给学生的分数；而雇主们掌握着给雇员发工资和奖金的奖赏权。
- **强制权**是对不照章办事的人施以惩罚的权力。强制权是制定法律的基础，包括以罚款和监禁的方式来控制人们的行为。
- **法权**是授予现存社会秩序代理者的权力。例如，选举出的领导人和被指定的管理者具有一定的管理法权；教师有控制课堂秩序的权力，而课堂之外的秩序不归教师管。

- **参照权**指向某人或某个团体表示认同和尊重的权力。人们参照那些具有参照权的个体或团体来确定自己行为的方向。参照权导致了我们在群体中看到的许多从众现象。
- **专家权**指那些被认可的专家在其专业知识领域中的权威性。我们听从教师、律师和其他专家的指导意见,是因为相信他们有能力产生我们所期望的结果。医生、心理学家、计算机程序员和技术工人分别具有不同领域中的专家权。

一个人可能在某一个情境下拥有权力,而在另一个情境下没有权力。在某个情境下拥有一定权力的人就被认为是权威。无论你周围是权威、朋友或者陌生人,仅仅就是他们的在场就可能会影响你的行为。

他人在场——只是因为你在那儿

关键问题 16.6:他人的在场如何影响个体行为?

假如你正一个人待在一间屋子里挖鼻孔(我们都不会这样做的,对吧?)。这时有一个陌生人进来了,你还会继续吗?**他人在场**指即便只是因为有其他人在场,人们也会有改变行为的倾向。让我们来了解一下他人在场诱导人们改变行为的几种方式。

社会促进和社会惰化

想象一下你正在骑山地车,这时有一个人骑车赶了上来。你会加速还是减速呢?还是完全无视这个人?1898年,心理学家 Norman Triplett 对这种社会情境进行了调查研究,成为第一个发表的社会心理学实验(Strubbe, 2005)。按照 Triplett 的观点,你更可能会加速前进。这就是**社会促进**,即当有其他人在场时,人们倾向于表现得更好。

他人的在场总是会促进人们的行为表现吗?不是的。如果你对自己的能力非常自信,他人在场往往就会促进你的行为表现。但是如果你并不那么自信,那么这时你的表现会更糟糕(Uziel, 2007)。另一个经典研究是在大学生活动中心的台球比赛中进行的。充满自信的优秀选手在一般情况下的命中率能够达到71%,而当旁边有人观看的时候,他们的准确率会提高到80%。但是并不怎么自信的普通选手的准确率会从36%降到25%(Michaels et al., 1982)。

他人在场的另一种结果就是**社会惰化**。如果某项任务由一群人负责,那么作为其中的一员,你并不会很努力;但如果只让你一个人做,那么你就会很认真地完成任务(Najdowski, 2010)。一项关于拔河比赛的研究中,参赛人员被蒙住眼睛,如果他们以为这是一对一的比赛,那么他们使出的力气会更大;如果他们知道这是团体比赛,那么他们使出的力气会较小(Ingham et al., 1974)。

个人空间

当你下一次与一位熟人交谈时,不妨故意离他更近些,看看他如何反应。许多人会立即表现出不自在的样子,稍向后退,恢复到原来与你之间的距离;那些身体不动的人可能会侧过身,把目光转向

社会影响 /Social influence	因他人在场或他人行为而引起的个体行为变化。
社会权力 /Social power	可以控制、改变或影响一个人行为的社会力量。
奖赏权 /Reward power	一种社会权力,可以对他人被期许的行为做出奖赏。
强制权 /Coercive power	能够惩罚他人的一种社会权力。
法权 /Legitimate power	一种社会权力,行使权力者代表的是社会认同的规范。
参照权 /Referent power	当个体成为他人的参照系的时候获得的一种社会权力。
专家权 /Expert power	个体因为拥有某些知识或专门技术而具有的一种社会权力。
他人在场 /Mere presence	仅仅因为有其他人在场,个体倾向于改变自己的行为。
社会促进 /Social facilitation	他人在场可以促进个体的行为表现。
社会惰化 /Social loafing	群体一起完成一件事时,个人所付出的努力比单独完成时偏少的倾向。

公共场所中空间的使用受到一些默认规范或规则的控制，这些规范会告诉人们怎么做是合适的。

别处，或者把一只手臂放在自己前面，作为与你之间的一个隔断。如果你还不断地靠近他们，就很容易迫使他们从原来的位置往后移。

这种情况下，你这样近距离的靠近其实是侵犯了这个人的**个人空间**。每个人身体周围都有一个看不见的圈子，使外人不能随便进入其个人空间，那个"圈子"之内属于私有空间，可以由个体自己控制（Novelli, Drury, & Reicher, 2010）。可见，个人空间实际上是自己身体向环境的一种外延。个人空间也可以解释以下这种现象：许多列车乘客更喜欢站着，这样他们可以避免与陌生人坐得太近（Evans & Wener, 2007）。**人际距离学**是专门研究有关个人空间规范的系统性工作（Harrigan, 2005）。这些规范也许可以解释为什么当人们感到自己被冒犯时会说："马上从我面前消失！"。

当和关系密切的朋友在一起时，是否就可以挨得很近了呢？或许也不是。人与人之间的关系亲疏不同，在见面

交谈时所保持的距离也不同。Hall（1966）定义了四种基本的距离：亲密关系距离、私人关系距离、社交场合距离和公共场合距离（图16.4）。

空间规范

在不同文化中，人际距离的规范差异很大。例如，在很多中东国家，人们谈话时脸与脸相距很近；在西欧，英国人谈话时坐得很近，而荷兰人相距很远，法国人则介于二者之间（Remland, Jones, & Brinkman, 1991）。世界上不同地区都有自己的人际距离规范（Beaulieu, 2004）。以下列出的是适用于北美地区交际场合的人际距离规范：

1. **亲密距离**。在0.4米之内。对大多数北美成年人来说，其身体在一般情况下与他人保持的最近距离不小于0.4米。只有特殊关系的人在特殊场合才能离得更近些，例如，做爱、安慰某人或者抱着孩子。
2. **私人距离**。在0.4～1.2米。这是与朋友在一起时的舒适距离，也就是一臂之隔。
3. **社交距离**。在1.2～3.7米。在正式或非正式的社交集会中，这一距离排除了身体接触的可能性，因而有了使用较大声音交谈的模式。许多办公室里的"重要人物"用宽大的桌子和一支味道很冲的雪茄来保持与造访者的社交距离。
4. **公共距离**。在3.7米以上。保持这一距离可以使身高不同者能够相互平视，说话时声音也必须提高一些。在正式的业务会谈、做报告和讲课

亲密的　私人的　　　　社交性的　　　　　　　公共的
0～0.4　0.4～1.2　　　1.2～3.7　　　　　　　3.7+

图16.4 北美人在面对面交谈时相互之间保持的距离。在地铁、公共汽车、电梯和其他拥挤的公共场所，人们往往不得不贴得很近。此时，保持个人空间的方式是避免目光接触、肩并肩或背靠背；再有，就是用提包、背包或外套等物品作为彼此间的隔断。（单位：米）

等场合中，人们之间一般都保持着公共距离。

根据行为规范的一致性，你可以通过观察你与另一个人之间保持的适宜距离来判断你们之间的关系。但是一定要注意到文化的差异。来自不同国家的人常会有不同的个人空间规范，如果当两个人谈话时双方遵守的规范不同，一个人就可能试图靠得更近些，而另一个人会一直往后退。这样不但会使双方都感到不舒服，而且可能导致误解。其中一个人感到对方过于热情，而另一个人则认为对方拒人于千里之外（Beaulieu，2004）。

然而，他人在场也可以通过各种方式影响我们的行为。从众就是对他人在场的一种更为特殊的反应方式。

从众——不要引人注目

关键问题 16.7：社会心理学家对于从众行为知道些什么？

在任何直接压力之下，我们的行为都会变得与其他人的行动、规范或者价值观相一致，这就是从众。有这样一个例子：亨利与莎莉相识之后，就深深地爱上了对方，而且毫不在意地在公共场合表现他们的爱恋。亨利的同学曾提醒过他稍微收敛一些，但他并不在意。慢慢地，莎莉注意到在她和亨利表达爱意的时候，其他同学都会盯着他们看。尽管他们从未表示过妥协，但再也不会在公共场合表现得过分亲密了。可能所有的群体规范中最基本的准则，也是亨利和莎莉所发现的，就是"尔当从众"。无论你喜不喜欢，我们就是生活在这样一个从众的世界中。每天的行为都会受到群体压力的影响，从而选择从众（Baron, Byrne, & Branscombe, 2009）。

如前所述，每个团体都有其被默认的行为规范。由整个社会规定的规范是在最大范围内被认可的，它规定着在大多数场合中"正常的"或可被接受的行为应该是怎样的。如果你观察和比较两个或多个文化中人们的发型、说话习惯、衣着、饮食习惯和社会习俗，就可以清楚地看到，人们在这些方面都服从于社会规范。实际上，一定程度的一致性是必要的，因为这样便于人们之间的交往。如果没有某种一致的规范，你就无法预测别人的行为；如果大家在商店、学校和家庭中都各行其是，结果必然是相互干扰；如果在高速公路上也没有规范，就会导致伤亡。

Asch 实验

从众的群体压力有多大？研究者 Solomon Asch 设计了第一个关于从众的实验。为了了解

在日常生活中，从众表现得很微妙。注意看这一群朋友在穿着上的相似性。

个人空间 /Personal space 本人身体周围的空间，一般被认为是属于私人的空间。

人际距离学 /Proxemics 对人际空间距离的系统研究，特别是在社会情境下。

亲密距离 /Intimate distance 关系亲密者身体之间保持的空间（皮肤之间的距离大约在0.4米）。

私人距离 /Personal distance 指两个亲密朋友交往时保持的身体距离（身体距离大约在0.4~1.2米）。

社交距离 /Social distance 人们在不进行直接交流时保持的身体之间的距离（身体距离大约在1.2~3.7米）。

公共距离 /Public distance 人际之间进行正式的或公务性的交往时保持的身体距离（身体距离大约在3.7米，甚至更远）。

从众 /Conformity 使自己的行为与群体规范或群体中他人的行为保持一致。

Asch 实验，请把自己想象为一名参加实验的被试。你正与六位参与者一起围坐在一张桌子旁边。你的任务非常简单：只要每次从三条线中选出一条与标准线段长度一样的线（图16.5）。

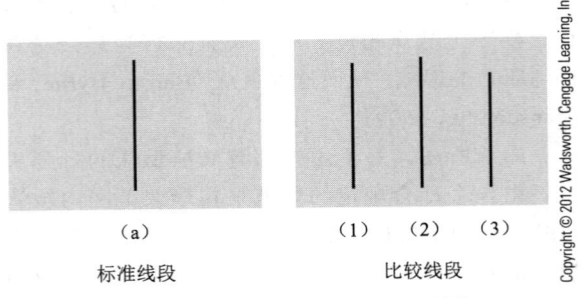

图 16.5 Solomon Asch 的从众实验中所用的刺激。

测验开始了，你们每个人都要说出自己的答案。一圈人都回答完之后，你发现自己与别人完全一致。你对自己说："这一点也不难。"后来几轮测试，你的回答也都与小组里的其他人别无二致。但接下来的一次出现了意外情况：那六个人都宣称第一条线与标准线段一样长，而你觉得第二条线与标准线段一样长。你突然感到孤立，并且有点紧张。你不安地看着那些线条。屋子里安静了下来，每个人都在盯着你看，实验者在等待着你的回答。你会屈从于大家的意见吗？

在这个实验中，那些给出错误答案的六位参与者其实都是实验者的同伙，他们在1/3的测验中给出了错误的答案，以此制造一种压力（Asch, 1956）。真正的被试会在1/3的测验中选择从众，有75%的被试至少屈服过一次。由于被试在单独测试中的错误判断率小于1%，很明显，向群体压力屈服的人否定了自己的正确判断。

是否有些人比别人更容易受群体压力的影响? 实验结果表明，那些对于结构化和确定性需求较高的人，以及那些焦虑的、缺乏自信或注重别人赞许的人更容易从众。生活在强调集体合作的文化（如许多亚洲国家）中的人们可能也更容易从众（Bond & Smith, 1996; Fu et al., 2007）。

除了人格特征以外，一些特定情境也会鼓励人们从众。然而，这样做有时也会带来灾难性的后果。"群体思维——绝对服从"提供了一个例子。

从众中的团体因素

团体如何对其规范进行强化? 在大多数团体中，如果你从众，就会受到团体的接纳和认同，如果你不从众，就会受到团体的冷落。这些为强化从众行为而实施的奖励或惩罚被称为**团体约束力**。负性的团体约束包括嘲笑、怒视、社会排斥等方式。如果你曾经突然被冷落，被团体排斥，你就能体会到团体约束力的力量——就像亨利和莎莉一样。

团体约束的效力是否取决于团体的重要性? 团体成员的身份对一个人越重要，此人受其他团体成员的影响就越大。被拒绝可能会对个体的同一性造成威胁（Cialdini, 2008）。这就是 Asch 实验之所以令人印象深刻的原因。尽管实验中被试们只是临时组成的团体，其约束力也是非正式的，对被试的行为不会有长期的影响，但团体的作用已表现得很明显了。

除了团体重要性以外，还有哪些因素会影响从众的程度? 前面描述过一个实验，证明过路人受到聚集在一起注视建筑物的人群的影响，并特别提到，聚集的人群规模越大，受影响的过路人就越多。在 Asch 实验中，实验者派出的同伙人数也对结果有影响。在2个假被试对1个真被试的情况下，"多数派"意见有一定作用，但影响不大。而在另外的实验中，假被试的人数从2人增至3人，真被试的从众行为便大大增加。但是，如果继续增加多数派的人数，被试的从众就不会再有显著增加。3个假被试对1个真被试的效果与8对1的效果差不多。因此，如果下一次你想要说服某人，不妨带上两个朋友一起去，看看3对1的效果如何（有些时候如果这两个朋友长得又高又壮，还是一脸鄙夷的样子，效果会更好。）。

还有一个比多数派的人数更为重要的因素，那就是团体意见的一致性。只要你能再有一个支持者，从众压力就会大大减少。在 Asch 的一个实验中，有一个假被试当真被试的同盟军，和真被试一同反对多数派的意见，并坚持正确答案。这时，从众现象就会减少。与3个意见一致的人所组成的多

批判性思考

群体思维——绝对服从

已故的耶鲁大学心理学家 Irving Janis（1981—1990）在分析政府官员做出的一系列错误决定时，首次提出了群体思维的概念（Janis, 1989, 2007）。**群体思维**的核心是一种被误导的忠诚——一旦决议形成，每个人都要执行，甚至不允许你对其正确性提出任何疑问（Singer, 2005）。群体成员并不敢破坏原定计划，而选择草率地思考问题或者容忍那些不同的观点。这样的自我检查会让成员相信他们真的同意群体的决定（Henningsen et al., 2006; Whyte, 2000）。

许多灾难性事件的产生都与群体思维脱不了干系，例如侵占伊拉克（Houghton, 2008; Singer, 2005），2003年哥伦比亚航天飞机空难，以及1999年火星气候探测者号所造成的16500万美元的损失。一项对19起国际重大灾难性事件进行的分析研究表明，其中大多数危机的产生都与群体思维有关（Schafer & Crichlow, 1996）。

一个团体领导人如果不希望出现由于群体思维造成的错误，可采取以下步骤：

- 使每一位群体成员把提出意见和批评当成自己的责任和义务。
- 领导者要先听后说，不要下车伊始就大谈领导意见。真实地根据事实陈述问题，不带个人偏见。
- 认真听取来自群体内外人士的反面意见。明确普通成员意见在决策中所占有的重要地位。
- 公开征求建议，鼓励群体成员提出自己独到的问题解决方法（Baron, 2005; Janis, 2007）。

另外，Janis 还提出，对任何重要的决定都应该有"第二次机会"复议，即每一个决议的形成过程都应该进行两次。

公平地讲，如果出现太多的不同意见而使得决议出现僵局那就得不偿失了（Kowert, 2002）。我们现在仍处在一个不断受到战争、全球变暖及恐怖危机威胁的时代。也许我们需要建立一个专门的科学家小组，寻找更有效的方法，以避免由于对群体思维的盲从而造成的灾难！

数派相比，由8个人组成但包含一个意见不完全一致的人的多数派，其影响力将较小。也许，这就是人们能够在态度、信仰、意见和生活方式上保持多样化的原因。不论你的看法多么离奇，只要你能找到一个与你的看法相同的人，你就会在遇到对立观点时信心大增。顺便说一句，网络使人们寻找和自己观点相似的人变得更加容易。

知识巩固

社会影响、他人在场和从众

测一测

1. 一个人的行为对另一个人产生影响的现象称为 _____。
2. 他人的在场总是会改善个体的行为表现。对不对？
3. 如果两个人在对话的过程中间隔1.5米，那么他们间隔的这段距离被称为 _____ 距离。
4. 从众是社会生活中的一种正常行为。对不对？
5. 在 Asch 从众研究中，被试在75%的从众测试中屈服于团体压力。对不对？
6. 不从众的行为会受到团体 _____ 的惩罚。
7. 团体为了保持内部一致性，会通过做出强制性的决定来统一实际上不一致的意见。Janis 称这种决定为 _____。

批判性思考

8. 一个人是否有可能完全不从众，即在生活中不遵从任何团体的规范？

想一想

你愿意参加大学中的那些团体项目吗？你碰到过社会中游手好闲的人吗？（你不是这样的人吧？）你是怎么做的？

想一想你在最近一段时间中表现出的一次从众行为。规范、团体压力、团体约束力和群体一致意

团体约束力 /Group sanctions 一个群体通过各种奖励或惩罚方式（如赞同或不赞同）要求其成员从众的影响力。

群体思维 /Groupthink 一个决策群体的成员为达到一致意见而提出的强制性意愿，即便是错误的也不容置疑。

见如何影响你的从众倾向？

你体验过什么样的团体约束？你又给别人施加过什么样的约束？

你是否有过这样的经历，因为群体思维导致做了一个坏的决定？团体应该怎样避免犯这样的错误？

答案：1.蒸汽熨斗 2.卫衣 3.拖把 4.衣架 5.牙刷 6.勺子 7.鞋拔 8.在人们眼里，什么样的人是睡不起的懒惰的人？正常会认为什么都做不好？也许只有那个真正精神紊乱的人。

依从——登门槛

关键问题 16.8：哪些因素会导致依从行为增加？

在需要与别人保持一致的情境中，人们往往由于间接的压力而从众。相反，**依从**指的是听命于一个不是权威或没有权力的人 (Cialdini, 2008)。这种由于他人的直接压力而选择依从的情况并不罕见。例如，有人在无烟区中吸烟或者有人在图书馆中大声喧哗，当你碰到这种情况的时候只会默默忍受而不会抗议，这就是被动依从。当然也存在主动依从的情况，例如你把手机借给陌生人，或者把钱借给要买咖啡的同事。

决定依从的因素有哪些？ 可以列出很多因素，但其中三个因素特别有趣 (Cialdini & Griskevicius, 2010)。如果出现以下几种情况，我们更有可能会选择依从：

1. 提要求的是我们认识的人而非陌生人。
2. 这个要求与我们先前的行为相一致。
3. 能够互惠互利，比如给我们一个小礼物或者帮我们一个小忙。

这些因素能够帮助我们更好地理解让他人依从的策略。因为陌生人很难让他人做出依从行为，所以销售人员更多地需要采用后两种策略：保持一致以及互惠互利。

"登门槛"效应

那些挨家挨户推销商品的推销员们早就知道，只要他们能进了你家的门，买卖就算作成一半了。这就是**"登门槛"效应**，即一个人如果开始答应了别人一个较小的要求，随后便可能依从于一个较大的要求 (Cialdini, 2008)。比如，有关部门问你能不能在你家门前安放一个又大又难看的交通安全标牌，你可能会拒绝；但如果你同意先在窗台上竖一个小的标志牌，你就可能在之后的某一天允许他们在你家门前放置那个大标志牌。

"留面子"效应

假设一个邻居到你家，请你在他外出的一个月里帮他喂狗、浇花和打扫卫生。这是一个不小的请求，大部分人都会说不。你可能对邻居说，很抱歉不能帮忙，同时也可能为这件事感到心里有点过意不去。第二天他又来了，问你能否在他外出期间帮着取邮件。如果没有昨天那件事，你可能会拒绝他，但由于你昨天曾拒绝了他的一大堆请求，今天则很可能答应他的这个小要求。

心理学家 Robert Cialdini 将此称为**"留面子"效应**，即别人让你吃了"闭门羹"后一般会依从你的一个较小的要求。换句话说，你可以先提出一个大要求，再提真正的要求，人们拒绝了你的那个大的要求之后，会更乐于答应你的这个较小的要求。这种策略之所以有效，是因为别人在拒绝了你的较大的要求的同时感到自己不近人情，他们乐于对你做出一些小的让步，让自己心理平衡 (Cialdini, 2008; Cialdini & Goldstein, 2004)。事实上，想要让他人答应自己的请求，最好的办法就是先给他人施一点小恩惠。

"虚报低价"技术

买过汽车的人可能都遇到过第三种诱导依从的方法。做汽车贸易的人都知道如何通过报虚价诱导买主。他们首先说要削价促销，向要买车的顾客报一个吸引人的低价位；一旦顾客同意购买，他们就会在成交以前以各种各样的手段提高价格。

"虚报低价"技术包括两步，首先使你同意买车，随后使你感到车子的现有条件尚不尽如人意 (Guéguen, Pascual, & Dagot, 2002)。这个时候，因

探索·发现　　买车游戏

如果你想研究"依从"行为,可以去当地的汽车交易市场进行观察。汽车销售员们每天都在玩"依从"游戏,并精于此道。如果你知道了他们下面的把戏,就能学会怎么对付他们 (Cialdini, 2008; Cialdini & Goldstein, 2004)。

登门槛
推销员先会推荐一辆车,让你试开一圈。如果你上了车,就是对这辆车和这位推销员做出了一个小的认可。推销员随后会请你去洽谈室,请你填写一些表格:"先看看价,您不买也没关系。"只要你跟着进屋,他们就会继续下"套"。

虚报低价
为了谈下去,推销员会答应给你一个折扣,或干脆请你开个价:"随便说个价,您看能给多少?"随后他们会问你,如果就按这个价把一辆新车卖给你,你是否真的愿意买。如果你说愿意,实际上就已经认可买他们的车了。一旦讨价还价进入这个阶段,许多人将会觉得很难再改口说不买。

得寸进尺
买家一旦上了钩,推销员就会去负责人那里"核准"卖价。回来时,他们会一脸苦相地说,如果按这个价卖给你,他们就会赔本:"您能不能多少再加一点?"这时,有些人会开始抱怨或犹豫是否还要买,但大多数人会让步,在价格上做出一定的妥协。

扳回一局
要在这个过程中取得优势,你必须用准确的知识信息来武装自己。在过去,只有推销员才知道经销商到底会为每辆车付多少钱,因此他们在洽谈中占有绝对优势。而现在,你从网上就可以查到所有汽车的准确价格信息,因此你可以更轻易地识别推销员的伎俩。

你可以把一个市场的"最惠价格"记下来,之后去别的市场转转,看他们能给什么价,也记下来。然后,再回到第一家经销商那里,告诉他们外面有更优惠的价格,看他们如何反应。货比三家之后,你再决定到什么地方去买车。现在你知道了"买车游戏"的一些规则,以后你就可以尽情地玩了!

为你已经依从了一个较大的要求,所以如果否定了随后的这个较小的额外要求,就显得与前面不一致了。举另外一个例子:一个同学向你借100元钱,说明天就还你。这看起来没什么,你把钱借给了他。但他拿到钱后又说,这钱也许不能如期归还,并说如果两周后再还钱对他会更方便。如果你同意了,就说明他使用的"虚报低价"技术获得了成功。再举一个例子:你请人早上开车载你到学校,在他答应之后,你才会告诉他你在早上6点就要到学校。

了解这些技术的最大好处在于可以防止你被使用这些策略的人所掌控。例如,"买车游戏"一节就解释了推销员如何利用这些策略来对付顾客。

在下一节,我们将讨论**服从**,一种应对权威的特殊的从众形式。你也许曾经见过"质疑权威"这样的话,事实上,如果这指的是"批判性思维",那它并不是一个糟糕的建议。然而,服从权威是社会生活中的一个常见部分。但是服从的限度是什么?什么时候需要挑战权威?这些都是讨论基于权威的社会影响对人们产生的效用时需要关注的问题。

服从——你愿意电击一个陌生人吗?

关键问题 16.9:人们会过度服从吗?

如果你接到命令,要去对一个哀声求饶的人施行电击惩罚,你会去做吗?你当然会以为没几个人

依从 /Compliance　听命于一个不是权威或没有其他形式社会权力的人。

"登门槛"效应 /Foot-in-the-door effect　如果一个人在一开始答应了他人的一个较小的要求,那么他更有可能答应他人的一个较大的要求。

"留面子"效应 /Door-in-the-face effect　如果一个人开始曾拒绝过他人的一个较大的要求,让他人吃了"闭门羹",那么后来他更有可能答应他人的一个较小的要求。

"虚报低价"技术 /Low-ball technique　向顾客报一个吸引人的低价位,一旦顾客同意考虑,便在买卖成交以前以各种各样的手段提高价格。

服从 /Obedience　顺从于权威的要求。

会这样做！但是，德国纳粹士兵们曾服从命令，屠杀了600多万被关入集中营的普通人，而那些士兵曾经也是普通人！这种毫无人性的行为是否反映出人的深层意识中的某种东西？或者，这是否属于变态者或杀人狂的行为？再或者，这只是服从权威的结果？这一系列问题困扰着社会心理学家，因此，Stanley Milgram（1965）开始对服从行为进行了一系列令人瞩目的实验研究。

Milgram 如何对服从进行研究？和学习 Asch 实验时一样，为了更好地理解 Milgram 的研究，现在请你把自己想象成一个被试，使自己处于下面的情境中。

Milgram 的服从研究

你在耶鲁大学的校园里看到一则心理学"学习"实验招被试的广告，于是便报名参加实验。当你到达时，那里有另一名被试，他大约50岁，看上去慈眉善目。各自的角色通过抛硬币的方式决定，你在实验中担任"教师"，那位年长的先生做"学生"。

你的任务是读一个词表，"学生"的任务是记住它们，每当他出现错误时，你都要用电击来惩罚他。你看着"学生"被带到隔壁的房间里，他坐在一个电椅似的设备上，电极接在他的手腕上。然后，你被带进另一间屋子，来到电击发生器前。这个装置上有一排按钮，共30个，标明15～450伏，增幅为15伏，旁边有从"轻微电击"到"强电击"，再到"极危险电击"的说明。实验者给你的指导语是：如果"学生"出现错误，你要从15伏开始实施电击，每当他再次出错，你就要改按下一个电压更高的电钮进行电击。

实验开始了。"学生"很快就出了第一个错，你按了一下第一个电钮。"学生"又出了几次错，电击很快就升到75伏的水平。此后，"学生"每一次被电击后，你都能听到传来的呻吟声。电击超过100伏时，他声称自己心脏不好。到150伏时，他说不想再接着做了，并要求放开他。电击到达300伏时，他尖叫起来，说他什么也记不住了。

实验进行到某个时刻，你开始向实验者抗议，你说："那个人心脏不好，我可不想杀了他。"但是，实验者说："请继续实验！"又一次电击，"学生"那边又传来一声尖叫。于是，你又对实验者说："你是说我还得不断提高电击的水平？不，先生，我不准备给他450伏的电击！"实验者说："实验要求你继续提高电击水平。"此后，"学生"一度拒绝回答任何问题，并且每次受到电击后都会尖声大叫（Milgram, 1965）。最后，他没声了。

到底会有多少人服从电击指导语？ Milgram 也曾怀疑，是否会有许多人真的服从命令，继续进行电击？实验前，他在一组精神科医生中做了一次调查，医生们普遍预测，继续进行电击的被试不会超过1%。而令人震惊的事实是，"教师"中没有人在使用300伏的强电击之前主动停止过电击，65%的人完全服从实验者的命令，将电击强度一直加到450伏（图16.6）。

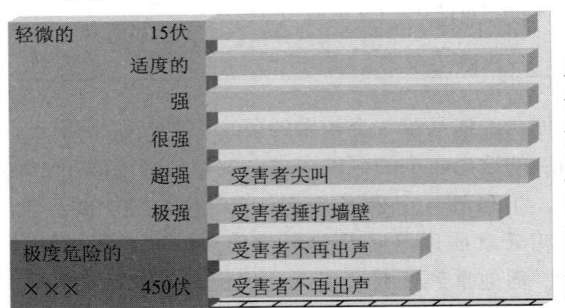

图16.6 Milgram 服从实验的结果。在电击强度达到300伏时，服从者人数第一次出现明显减少。即使在极危险的电击强度下，也只有少数人拒绝执行电击命令（Milgram, 1963）。

那名"学生"真的受到伤害了吗？ 实际上，这位"学生"是实验者的同伙，他操纵着一台录音机的开关，发出各种声音。你根本不会电着他。但是，你作为"教师"的两难处境却是十分真实的。参与者们向实验者抗议，汗流浃背、颤抖、口吃、咬嘴唇、神经质地发笑。显然，他们在为自己的行为感到极度不安。然而，大多数"教师"都服从了实验者的命令。

探索·发现　　　　　　　　像牛一样哞哞叫

请你身临其境地想象。在开学的第一天，你的心理学教授开始给你们讲选修这门课的基本规则，在第一条你觉得你会拒绝服从的标示下方画一条线。

1. 座位是指定的，现在就换到指定的地方去坐。
2. 上课时不许说话。
3. 未经允许不得提前离开。
4. 所有时间都必须带着课本上课。
5. 只许用铅笔做课堂笔记。
6. 把手表摘下来。
7. 整堂课必须把双手放在桌子上。
8. 你的两只脚必须着地。
9. 站起来并鼓掌三次。
10. 用两个手指把鼻子捏起来，像牛一样哞哞叫。

什么时候你会停止服从教授的命令？实际上，许多人发现自己在感到教授的命令变得不合理后仍然会继续服从（Aronson, Wilson, & Akert, 2010）。如果有几个学生较早开始拒绝服从教授的要求又会怎样？他们是否能影响其他人？下面，让我们回到Milgram的实验中，看看能否找到答案。

Milgram 的追踪研究

为什么会有这么多人服从命令？有人提出，被试服从实验者的命令，与耶鲁大学的名望有关。很有可能被试相信，进行这项实验的耶鲁大学教授不会真的使任何人受到伤害，因此他们服从了实验者的指导语。为了验证这种可能性，实验在大学之外某处的一个破旧办公楼里重新进行。这一次，服从命令的人数减少至48%，但下降幅度并不显著。

Milgram 仍然不明白被试甘愿服从权威并麻木不仁地电击别人的原因。在随后的实验中，他尝试了各种办法来减少服从的人数。他发现"教师"与"学生"之间的距离是一个重要因素。当"教师"与"学生"在同一间屋子里时，只有40%的人完全服从电击命令；而当"教师"与"学生"相对而坐，并要求他们把"学生"的手按在一个假的电击板上时，只有30%的被试服从电击命令（图16.7）。被试与权威之间的距离也对服从行为有影响。当实验者通过电话传达命令时，服从电击命令的人只有22%。你可能会怀疑 Milgram 的服从实验结果是否也适用于你，如果这样的话，不妨读一下"像牛一样哞哞叫"。

Milgram 研究引发的思考

如果 Milgram 的实验放在今天，人们肯定不会这么做，对吗？别那么肯定。美国圣塔克拉拉大学的心理学家 Jerry Burger 最近重复了 Milgram 的部分研究并得到了非常类似的结果（Burger, 2009）。Milgram 的研究引发了一个令人争论不休的问题：如果我们得到的命令来自一个"法定权威"，那么我们是否可以心安理得地为执行命令而做出反社会或非人道的事情？"我只是服从命令"是战犯们惯用的借口。而现在，这个借口似乎有了新的解释。Milgram 认为，如果一种行为的方向是由权威规定的，那么人们就会理所当然地认为不用对自己的行为负责。正是由于这种服从，发生了在世界各

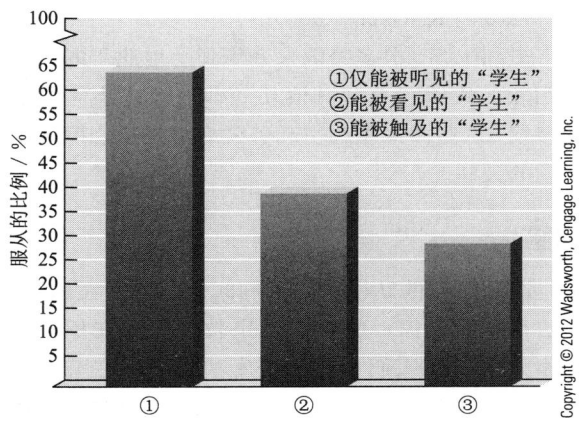

图 16.7 "教师"与"学生"的物理距离对服从命令的人数百分比具有显著影响。

地的一次次令人发指的大屠杀。

即便在我们的日常生活中，"服从罪"每天也都在发生（Zimbardo, 2007）。例如，人们为了保住自己的饭碗而服从命令，去做那些他们视为不诚实、不道德或有害的事情。

我们对于服从的看法是否太过消极了？在许多场合，服从权威显然是必要的。但是，正如 C.P. Snow（1961）所说："如果考察人类漫长而黑暗的历史，你会发现，打着服从的旗号所犯下的丑恶罪行多于以反抗为名犯下的罪行。"要记住这一点！最后，让我们来看一些积极的方面。Milgram 发现，团体的支持能大大减少昧良心的服从。在他的一个实验中，当真的被试看到另外两个"教师"（都是演员）拒绝执行电击命令并退出实验后，只有 10% 的人继续服从。这说明，只要团体中有一两个意志坚强的人敢于坚持真理，就能够使更多的人不被一意孤行的权威带入歧途。

强迫——洗脑和邪教

关键问题 16.10：人们真的可能被"洗脑"吗？人们如何变成邪教信徒？

我们将在此章节中重点考察社会影响中最严重的形式——强迫。**强迫**是指违背个体的意愿使其被迫改变信念或者行为（Baumeister & Bushman, 2011；Reidy & Riker, 2008）。

提到洗脑，很多美国人会想到圣地亚哥的天堂之门教的集体自杀和其他几处邪教教徒集体自杀的惨案，这些惨案重新引起了公众对强迫态度转变问题的关注。

洗脑

洗脑与其他劝说技术有何区别？ 我们注意到，广告商、政治家、教育家和宗教组织都在积极地探索如何转变人们已有的态度和观点。在某种程度上，他们的劝说与洗脑相似，但两者有着重大区别。如果电视广告使你不愉快，你可以把电视机关掉；而进行**洗脑**或强迫性态度转变时，听众会被强迫听下去。比如在战俘营里，俘虏们只能任人摆布，因此可以在一定程度上对他们进行一些在正常情况下不可能完成的心理干预。

为什么囚禁使人更易于接受劝说？ 洗脑首先要使劝说对象产生无助感，比如，通过使用生理和心理上的虐待、剥夺睡眠、侮辱和隔离等方法瓦解俘虏们的价值观和信仰。当感到筋疲力尽时，他们无法再继续承受压力和恐惧，因此会抛弃原有的信念。这时，态度转变就悄然发生了。濒临崩溃的战俘会在悔过书上签名，或者为了获得解脱而与看守合作。当他们这样做时，如果突然得到了表扬、优待、食物或休息等奖励，他们就会继续合作。在强迫顺从的压力下，俘虏们害怕再遭虐待并希望得到奖励，这样就巩固了他们的新态度（Taylor, 2004）。

洗脑导致的转变能持续多久？ 在大多数情况下，洗脑带来的态度改变是暂时的。一旦回到原来的生活、工作环境，多数态度或信仰改变了的人最终还是能够恢复他们原有的信仰。然而，洗脑的威力强大，下面将介绍邪教组织怎样利用洗脑技术成功地吸收新成员。

邪教

1978 年，在教主吉姆·琼斯的敦促下，大约 900 名信徒举起纸杯，喝下了混有剧毒氰化物的紫色镇静剂。有些人甚至强迫自己的孩子也这样做。从心理学角度来看，人民圣殿教成员集体自杀的事件并非不可解释（Dein & Littlewood, 2005）。这批人一直住在圭亚那的丛林中，在看守的管制和镇静剂的麻痹下，过着与世隔绝的生活。他们完全习惯于服从严格的行为规则，而正是这种服从使得他们最后忠诚地追随琼斯走上不归路。心理学家尤为关注的一个问题是：人们到底是怎样达到对邪教如此依赖和信奉的地步呢？

人们为什么会加入邪教？ 人民圣殿教就是一个典型的**邪教**。邪教是一种群体，其特征之一是宣扬对教主的个人崇拜，绝对效忠和服从教主比忠于信仰更为重要。教主是一贯正确的，每个群体成员都要效忠于此人，做每一件事时都要无条件地遵从指示。几乎无一例外，成员最终都以这样或那样的方式成为教主的牺牲品。

比如，在1993年4月，大卫·柯瑞士在美国得克萨斯州韦科市与那里的教众在一把大火中一起上了西天。就像几年前的吉姆·琼斯一样，大卫·柯瑞士几乎控制了追随者们的全部命脉。他告诉信徒们吃什么，传授他的性观念，对摇摆不定者施以惩罚。许多邪教组织都要求信徒们为教主做出这样或那样的牺牲，甚至将自己的财产和妻儿都献给教主。教主享有特权，自己可以拥有许多妻妾和孩子。所有的邪教教主都要求信徒们对他绝对忠诚和服从，直至最后的悲剧（Dein & Littlewood, 2005; Reiterman, 1993）。

洗脑技术研究专家、心理学家Margaret Singer（1921—2003）深入研究并帮助数百人脱离了邪教组织。她的访谈材料揭示，邪教组织在吸收新成员时运用了使人产生负疚感、操纵、隔离、欺骗、恐吓和逐步升级的承诺等综合方法。从这个角度来看，邪教群体采用的是与洗脑大同小异的高压方法（Singer, 2003; Singer & Addis, 1992）。

吸收新成员

Singer在访谈时发现，一些新成员是在遭受严重痛苦的情况下加入邪教组织的。而其他大多数人仅仅是经历了一段时间的轻度抑郁，犹豫不决，或者疏远了亲人和朋友（Hunter, 1998）。邪教正是在你特别需要归属感的时候拉你入教的。当一个人的生活没有方向时，正是邪教吸收新成员的好机会。例如，很多人都是在困难之际（如刚刚失恋、难以承受考试压力、希望从家庭中独立等）接触到某个宗教组织的成员之后皈依了此教（Sirkin, 1990）。这时他们很容易被说服，相信为了重新获得快乐必须参加某个群体（Hunter, 1998）。青少年特别容易成为邪教组织的招募对象，因为他们正处在反抗父母权威的时期，可能会寻找权威的其他替代品（Richmond, 2004）。

> **知识桥**
> 处于青春期的个体很容易出现同一性混乱，而处于这种状态的青少年非常容易成为邪教组织的招募对象。详见第3章。

皈依

人们是如何皈依邪教的？首先，那些宗教组织的成员会向你表示关心和理解（"爱心炸弹"）。接下来，他们把你带到与外人隔离的地方，让你练习宗教仪式，例如，让你整夜沉思或不间断地默诵圣歌。这些宗教仪式从生理上和情感上磨灭了人的防范意识，并产生承诺感（Langone, 2002）。

许多邪教组织都聪明地使用了"登门槛"技术（详见前面的章节）。最初，邪教组织总是要求新成员做出一些小的承诺，例如在集会后多停留一会儿；然后，他们会鼓励新成员做出一些稍大的承诺，例如向工作单位谎称得了病，与他们一起多待一天等；最后一步，他们会要求你做出更大的承诺，把你的银行卡或财产交给邪教组织，并搬来和群体其他成员住在一起等。做出这些公开的承诺会产生剧烈的认知失调效应，不用多久，皈依者已不可能承认自己犯了错误。

1993年4月，大卫·柯瑞士在得克萨斯州的韦科市与75名教众（其中包括21名儿童）在一把大火中一起上了西天。权威人士相信，这把火是一名信徒在大卫·柯瑞士的授意下点燃的。就像几年前的吉姆·琼斯一样，大卫·柯瑞士几乎控制了追随者们的全部意志。

强迫 /Coercion 违背个人意愿被迫改变态度或行为。

洗脑 /Brainwashing 通过设计或强迫的方式使身陷囹圄的人态度发生改变。

邪教 /Cult 狂热声称自己将殉身于某人、某种信念或某种物体的群体。

琼斯镇 900 人集体自杀的场面。类似邪教组织的群体是怎样吸收新成员的呢?

一旦加入这样的群体,你与亲戚朋友(你以前的参照群体)的一切联系会被切断,邪教组织控制了你的信息来源和对这些信息内容的解释。当新成员与他们先前的价值体系和社会结构失去了联系后,他就会把自己视为一个群体成员而不再是一个独立的个体,这时他就完全实现了对邪教组织的皈依。从此以后,他要做的唯一的事就是服从(Wexler, 1995)。

人们为什么要留在邪教群体中? 大多数从前加入过邪教组织的人认为,罪恶感和恐惧感是阻止他们离开邪教的主要原因,因为多数成员已经像孩子似的依赖群体,以满足自己的日常需要(Singer, 2003)。离开群体之后,他们会遭受焦虑、惊恐和类似创伤后应激障碍的情绪困扰(West, 1993)。

启示

在人民圣殿教教主吉姆·琼斯的宝座上方挂着一块牌子,上面写着:"谁忘记了过去的痛苦,谁就将再次受到惩罚。"悲哀的是,2001 年再次发生了与邪教有关的悲剧。在奥萨马·本·拉登的指使下,恐怖分子袭击了美国(Olsson, 2007, 2008)。在他的教唆下,信徒们仇视并谴责每一个基地组织之外的人。真正的宗教组织与这些毁灭性邪教组织的区别在于:真正的宗教领袖教导人们如何去关爱他人,而且鼓励信徒们对宗教理念提出质疑,并以此寻求自己生命的意义。相反,这些毁灭性的邪教组织让我们看到,为了换取一时的安全感而放弃人格独立与批判性思考是多么危险(Cowan & Bromley, 2008; Goldberg, 2001)。

展望

在接下来的应用篇中,我们将会讨论被动行为的问题,以学习如何掌控那些艰难的社会环境。

知识巩固

依从、服从和强迫

测一测

1. 因为他人不服从而惩罚他们的权力是 _____ 的基础。
   a. 参照权　　　　b. 法权
   c. 专家权　　　　d. 强制权
2. "依从"一词指人对权威者命令的服从。对不对?
3. 在 Milgram 的实验中,服从与以下哪种因素有关:
   a. "学生"与"教师"之间的距离
   b. 实验者与"教师"之间的距离
   c. 其他"教师"是否服从
   d. 以上所有各项
4. 服从是对 _____ 命令的遵从。
5. 通过在校外一个办公楼里的重复实验,Milgram 证明,耶鲁大学的声望是被试在校内进行的实验中愿意服从的主要原因。对不对?
6. 洗脑与其他劝说方式不同,因为洗脑需要的条件是 _____。
7. 下面关于洗脑的陈述中哪一句是错的?
   a. 将洗脑对象与其他人隔离。
   b. 洗脑后的态度转变通常是永久性的。
   c. 第一步是瓦解其原有的价值观和信念。

d. 与管教者的合作能得到奖励。

想一想

批判性思考

8. 现代战争中，较少需要亲手杀死敌人，而可以远距离达到目的。如何用 Milgram 的研究结果认识现代战争？

想一想

回顾刚才介绍过的几种社会权力的类型。你能否举出在哪些情境下，你拥有这些或大或小的权力呢？

你希望劝说人们向慈善团体捐赠。那么，你可以使用哪些具体的策略使人们同意捐赠呢？

你是否好奇为什么那么多人在 Milgram 的实验中会选择服从？如果换作你，你会服从吗？你会多主动地质疑权威呢？

政府会在什么程度上强迫个体改变态度或行为？

答案：1.d 2.于非 3.d 4.权威感 5.于非 6. 惩罚等涉及所花费下去。8. 是内部故中参与人与敌意计算机交锋时算算有大别。Milgram 的研究表明，当参与人能感受到并且没有个体接触时，我们更容易听从命令去伤害他们。

应用篇

果敢训练——捍卫你的权利

关键问题 16.11：果敢行为和攻击行为有什么不同？

许多人都曾因依从或服从的"好表现"而受到奖励，当孩子时要"乖"，工作后要"听话"，也许这就是如此多的人觉得难以坚持自己观点的原因。也许不坚持自己的主张与"当众直言"的焦虑或怕惹别人不高兴有关。无论原因如何，有些人一遇到需要沉着、自信和自我肯定的场合，都要遭受极大的痛苦。你是否曾经历过以下情境？

- 饭馆账单上多算了你几元钱，你因为不敢"当众直言"而没有提出异议。
- 不敢提出升迁或变更职位的要求。
- 别人让你做某事，当你想说"不"的时候却说出了一个"行"字。
- 你发现老师给你的分数不公正，但因为害怕没有去查询。

如果你在类似的情境中总是缺乏果敢精神，那么你可以去参加**果敢训练**——教你如何自我肯定（Tavakoli et al., 2009；Wolpe, 1974）。

果敢训练中有哪些活动？果敢训练是一个非常直接的学习过程。指导者通过小组练习、看录像、照镜子和演示冲突来培养人的果敢行为。人们学习如何说实话、提出反对意见或向权威提意见，同时练习使用表示自我肯定的体态和手势。随着受训者自信心的提高，他们还要进行一些实践，比如到商店和饭馆去练习自己学到的东西。

一般人不会由于发现自己缺乏果敢而去找心理医生要求治疗。然而，许多人确实会在必须坚持自己权益的场合变得紧张和心烦意乱。因此，许多人发现果敢训练中的技术和练习很有帮助。如果你今后不想在受到屈辱后再忍气吞声，那么，下面介绍的内容可能会对你有所帮助。

自我肯定

果敢训练的第一步，是要坚信自己有三项基本权利：拒绝的权利、提出要求的权利和纠正错误的权利。**自我肯定**意味着你能够大声地坚持自己的这些权利。

自我肯定是自己想怎样就怎样吗？绝对不是。自我肯定的果敢行为与一意孤行的攻击行为有着根本的区别。果敢行为指直接地和诚实地表达自己的情感和愿望，这亦有利于疏导自己的情绪。缺乏果敢的人总是对别人的过错忍气吞声，但是，一旦他们受压抑的狂怒情绪爆发出来，即会对人际关系造成很大的破坏。**攻击行为**则是指以伤害他人或牺牲他人利益为手段来达到自己目的的行为，根本不考虑别人的情感和权利，是一种一意孤行的做法。果敢行为所强调的是坚决的自我肯定，而绝非伤害他人（表16.2）。

果敢训练

果敢训练的基本思想是：对每一种果敢行为都要进行不断的练习，直到你在压力之下也能作出同样的反应。例如，你去买东西时，售货员不理睬你而去为后到的几位顾客服务，这使你很生气。为了提高你在这种情境中的当众表达能力，首先要练习在售货员和其他顾客面前应使用的语言、体态和手势。在镜子前面练习会对你很有帮助。如果可能，你应该与一个朋友一起，就这段情节进行角色扮演练习，让你的朋友扮演一位蛮横或冷漠的售货员。如果你知道可能要与某个人发生对抗，比如去向领导要求增加工资、找老师查询分数或与房东谈房租，你都可以事先使用预演和角色扮演的练习方法。

果敢训练中还有哪些要点？果敢训练中的一个重要的原则就是**过度学习**，即要在初步掌握某种技能后继续进行练习。如果你想通过预演或角色扮演的方法训练自己的某种反应，一定要坚持练习，直到你的反应几乎变得自动化，这样，你在真实的情境中就不会由于紧张而忘了该怎么做。

另一种坚持自己主张的技术是不断重复你的要求，直到得到认可为止。这又被叫作**"破唱片"技术**，因为翻来覆去地重复一个要求就像是一张走不下去的破唱片，来回总是这一句。重复也是

表 16.2 攻击行为、果敢行为与缺乏果敢行为之间的区别

	行为者	行为接收者
缺乏果敢的行为	自我否定,感到压抑、受伤害和焦虑;让他人进行选择,而不能达到自己的目标。	对行为者感到同情、内疚或轻蔑,但决定牺牲行为者的利益以达到自己的目的。
攻击行为	牺牲他人以达到自己的目的;表达自己的感情而不惜伤害他人;为别人做选择,压制他人。	受到伤害、侵犯、羞辱或欺骗,个人的需要不能被满足。
果敢行为	自我肯定;为自己的最大利益而行动;敢于表达自己的感情;尊重他人的权利,通常能够实现自己的目标;维护自尊。	个人需要得到尊重,感情得到表达,也许可能达到自己的目的;自我价值得以保持。

Copyright © Cengage Learning 2013

防止果敢行为变成攻击行为的一个好方法。

例如,你到商店要求退一双鞋,因为你才穿了两次鞋底就断成两半。但这是你在两个月以前买的鞋,再也找不到收据了。在这种情境中,你可以按下面的方式反复提出你的要求:

你: 我想退这双鞋。
售货员: 您有收据吗?
你: 没有,但我是在这里买的。它有质量问题,我想请你帮忙退掉。
售货员: 没有收据不能退。
你: 我知道,但这鞋是你们卖的,我要退货。
售货员: 您可以在今天下午找经理谈。
你: 鞋坏了,我现在已把它带来了。
售货员: 可是,我没有权力退。
你: 那好,如果你不给我退,我就不走。你退了我才走。

请注意,顾客的果敢行为不应是攻击售货员或引起愤怒中的对抗。成功达到目的的方法,就是简单地坚持自己的合理要求。

如何面对别人的攻击行为并进行果敢反应? 一个真正的难题是在面对别人的攻击或蛮横无理的情况下如何把握好自己,并做出果敢的反应。人们通常的反应倾向是骂对骂、拳对拳,但这样只会使事情变得更糟。应对别人攻击行为的一个好办法是:①如果你错了,就承认错误;②理解别人的情感;③指出别人的攻击行为是不对的;④尽快结束对话。

关于如何应用这四个步骤,心理学家 Robert Alberti 和 Michael Emmons(2008)提供了一个例子:你无意中撞了一个人,这个人开口就骂:"该死的,怎么不看着点路!你这蠢猪,你要撞死我啊!"你应该这样说:"撞着你了,真对不起!我不是故意的。我知道你很生气,可也犯不着骂人,是不是?你不这么说我也能理解你的心情。"

那么,如果有个同事说你:"瞧你这身打扮,真够土的!"你觉得这是在侮辱你,但该如何回应呢?Robert 和 Michael 的建议是,你应该要求他把话说清楚,比如直接问:"你想说什么?"这样,就能够迫使此人对他的无理行为负责,同时也能为改变你与此人的关系提供一个机会。你可以说:"如果你看我穿这衣服真的别扭,我也愿意听听。我也不敢说总是喜欢自己选的衣服。你有什么建议?"

总之,自我肯定不只是为了自己一时的平衡、信心和自信。无论我们处于亲朋好友之中,还是来到一个举目无亲的地方,都会受到焦虑的困扰,而自我肯定是与焦虑抗争的方法。如果你对这方面很感兴趣,不妨读一下 Alberti 和 Emmons 在 2008 年出版的一本书《你完美的权利》(*Your Perfect Right*)。

果敢训练 /Assertiveness training 指导个体提高自信的训练。

自我肯定 /Self-assertion 直接并诚实表达自己的感觉和希望。

攻击行为 /Aggression 有意伤害某人或为达到目的而不惜让他人付出代价。

过度学习 /Overlearning 在已经掌握某种技能之后继续进行学习。

"破唱片"技术 /Brokenrecord 一种自我肯定的技术,即不断地重复自己的要求直至得到他人的认可。

知识巩固
果敢训练

测一测

1. 人们通过果敢训练学习在社会环境中我行我素和以牙还牙的技术。对不对？
2. 缺乏自我肯定会导致行为者受到伤害、产生焦虑和自我否定，并使别人对他产生同情、内疚或轻蔑的反应。对不对？
3. 在预演果敢行为时应避免过度学习。对不对？
4. "翻来覆去地重复要求"是一种缺乏自我肯定的行为。对不对？

想一想

批判性思考

5. 进行果敢行为练习时，是根据自己所设计的反应进行演练更好，还是模仿在这方面水平较高者的反应更好？

自我反思

举一个你本应该表现得更加果敢的例子。如果面对同样的事件，你现在应该如何应对？

再举一个你表现得很生气，行为表现带有攻击性的例子。现在你应该如何通过自我肯定去掌控局面，而不是表现出攻击性？

答案：1. 不对 2. 不对 3. 不对 4. 不对 5. 说明一下研究发现，模仿一个在果敢方面做得好的人比演练自己设计的反应应更为有效。如果你认为非凡的信仰能够自然而然地出现在你身上，那么你很可能首先从有理图画的，并可以从他人身上学到很多东西。

本章总结

关键问题回顾

16.1 群体成员身份如何影响个体行为？

16.1.1 社会心理学将人视作处于复杂社会关系网中的社会动物进行研究。群体成员会影响个体在社会情境中的行为、思想和情感。

16.1.2 社会角色是一个人在团体中的位置以及与社会地位相联系的特定的行为模式。当一个人担当着两个或多个相互冲突的角色时，就会出现角色冲突。斯坦福大学的监狱实验表明，角色作用有时可以压倒个人的行为动机。

16.1.3 团体结构指团体内部角色的组织、交流的渠道和影响力。团体凝聚力在本质上就是团体成员之间相互吸引的程度。

16.1.4 人们在团体中的位置暗示着身份的高低。高贵的身份通常与特权及特别的尊重相联系。

16.1.5 团体中强制施行的（正式的或非正式的）行为规范。游动效应实验曾被用来论证社会规范的形成机制。即便在临时的团体中也能很快形成规范。

16.2 社交如何影响我们看待自己和他人的方式？

16.2.1 社会比较理论认为，人们通过合群来评价自己的行为、情感和能力。为了进行自我保护和自我提高，人们也会进行社会比较。

16.2.2 归因理论是关于我们以何为据推断行为的学说。影响归因的因素包括行为的一致性和独特性、情境要求和共识。

16.2.3 自我妨碍指为自己表现不佳的行为安排借口，以保护自我形象和自尊。

16.2.4 基本归因错误指对别人的行为进行内部归因。由于行动者 – 观察者差异，我们倾向于对自己的行为进行外部归因。

16.3 什么是态度？态度是如何获得的？

16.3.1 态度由信念成分、情绪成分和行为成分组成。

16.3.2 态度的形成受到直接接触、偶然的条件作用、与他人的相互作用、群体成员、童年所受的教育和经历以及大众媒体宣传的影响。

16.3.3 态度的测量可以使用开放式访谈、社会距离量表和态度量表。使用这些方法测量出的态度不一定与真实的行为一致。

16.4 在什么情况下进行劝说最有效？什么是认知失调？

16.4.1 态度的转变取决于参照群体的作用、劝说和重要的个人经历。

16.4.2 当信息传播者、信息和受众三者的特征相匹配时，劝说才能有效。一般情况下，信息的传播者要有良好形象并使人感到可信任，讲话时要不断重复那些能够调动听众情绪的信息并做出明确的结论，这样更容易打动人心。

16.4.3 人们需要保持行动和思想的一致性，

因此，一个人是坚持还是改变某种态度与这种需要密切相关。认知失调理论是对这种需要的原动力进行解释的学说。为了缓解认知失调，通常需要转变现有的某些信念或态度。

16.4.4 人们是否感到认知失调取决于其行为是否能得到强化，或对自己行为的肯定程度。

16.5 什么是社会影响和社会权力？

16.5.1 社会生活中的一个主要事实就是我们的行为会受到他人行为的影响。

16.5.2 社会影响不仅包括最轻微的（他人在场、从众和依从），还包括最严重的（服从和强迫）。群体压力下的从众行为是人们所熟悉的一个社会影响的例子。

16.5.3 一个人有能力控制、改变或影响别人的行为，那么他或她就具有社会权力。社会权力有五种：奖赏权、强制权、法权、参照权和专家权。

16.6 他人的在场如何影响个体行为？

16.6.1 他人在场可以改善个体的表现，也可以抑制个体的表现。

16.6.2 当个体是群体中的一员时，他们的表现会降低，出现社会惰化的现象。

16.6.3 有关个人空间的研究称为人际距离学。有四种基本的空间距离，即亲密距离（0～0.4米）、私人距离（0.4～1.2米）、社交距离（1.2～3.7米）和公共距离（3.7米以上）。

16.6.4 你与另一个人之间保持的舒适距离可以泄露你们之间的关系本质。

16.7 社会心理学家对于从众行为知道些什么？

16.7.1 实际上，每个人的行为都遵从各种各样的社会和文化规范。从众压力在小团体内部也存在。

16.7.2 著名的 Asch 实验证明，许多团体约束力都能鼓励人们从众。

16.7.3 群体思维指团体决策条件下的强制服从。群体思维的盲从者们往往为了维护内部的一致而不惜放弃自己的批判性思考。

16.8 哪些因素会导致依从行为增加？

16.8.1 对非权威者的直接要求的依从行为是人们受社会影响的另一种方式。依从有主动的也有被动的。

16.8.2 诱导"依从"的三种主要策略运用了"登门槛"效应、"留面子"效应和"虚报低价"技术。

16.9 人们会过度服从吗？

16.9.1 研究表明，人们会对权威表现出过度服从的行为。

16.9.2 Milgram 等研究者对服从权威的行为原因进行了各种实验，发现在受害者与被试在同一间屋子里、相对而坐、权威不在场或有人带头拒绝服从命令等情况下，服从行为的人数比例会降低。

16.10 人们真的可能被"洗脑"吗？人们如何变成邪教信徒？

16.10.1 强迫是指迫使个体违背意愿改变其行为或信念。

16.10.2 所谓的"洗脑"是强迫态度转变的一种方式，包括三个步骤：原有态度或信念的瓦解、态度转变和固化。

16.10.3 许多邪教在吸收新成员时运用了类似洗脑的高压改造技术。这些邪教组织选择人们最脆弱的时候拉他们入教，使用隔离、表示关爱、教授规则和仪式、胁迫和逐步要求新成员增加承诺等一套手法使他们皈依邪教。

16.11 果敢行为和攻击行为有什么不同？

16.11.1 每个人都深受从众、顺从和服从压力的影响，但还是需要花时间去分清辨认或者抵挡这些压力。

16.11.2 与攻击行为相对，果敢的自我肯定行为包括向别人清楚地陈述自己的愿望和需要。果敢行为是不同于攻击行为的另一种更有益的行为。

16.11.3 我们可以通过角色扮演和预演进行果敢行为训练，通过过度学习和使用"破唱片"等技术，使自己不惧怕当众表明自己的主张。

第17章

亲社会行为和反社会行为

主题

社会生活是复杂的,但从我们与他人之间积极或消极的交往中可以找到一致的模式。

关键问题

17.1 人为什么需要归属感?

17.2 影响人际吸引的因素有哪些?

17.3 喜欢和爱有什么不同?

17.4 为什么旁观者在紧急事件中常常不愿意站出来帮助别人?

17.5 心理学家怎样解释人类的攻击行为?

17.6 偏见是如何产生的?

17.7 如何对待偏见和群体间冲突?

17.8 我们如何促进多元文化和社会和谐?

引子

爱与恨

杰斯敏和奥萨马被迫离开家乡，逃往欧洲。就像杰斯敏挖苦的那样："我们太天真了，还以为会赢得他们的认同，但事实并不是这样。所以我们只能背井离乡以开始新的生活。"他们输掉的这场斗争其实是爱与恨之间的较量。杰斯敏是犹太裔以色列人，而奥萨马却是一个巴勒斯坦穆斯林，两人相识、相知、相爱，然后结婚了。从那时起，他们就一直饱受侵扰。在巴以冲突中酿成的深仇大恨，使得双方族人都非常反对杰斯敏和奥萨马之间的爱情。他们不停地侮辱、威胁、回避以及辱骂他们。中东地区已经没有他们的立足之地了（Price, 2007）。

杰斯敏和奥萨马并不是孤军奋战。各个群体之间的歧视和仇恨已经使得无数个杰斯敏和奥萨马处于水深火热之中——比如，卢旺达的胡图族和图西族，美国的非裔和欧裔。至少这两个人还得庆幸自己已经逃出来了。

本章当中，我们会探索爱与恨的社会心理学。各种不同形式的爱对人们产生积极的影响，并把人们团结在一起，而恨扮演着反面角色。首先让我们从爱开始谈起吧。

亲社会行为——在一起

关键问题 17.1：人为什么需要归属感？

为什么我们都喜欢和别人待在一起？一般来说，人们聚集在一起是亲社会行为的一种基本形式。**亲社会行为**是指对他人有积极影响的行为。相反，**反社会行为**则是对他人产生消极影响的行为。我们是具有**合群需要**的社会人，即需要与别人建立联系，因为人类的基本需要包括给予和得到认可、支持、友谊以及爱（Baumeister & Bushman, 2011）。在第16章中我们提到，通过和他人比较也可以帮助人们认识自己。为了缓解自身的恐惧和焦虑，人们也会寻求他人的陪伴。下面这个对大学女生进行电击威胁的经典实验可以阐明这一点。

电击实验

Gregor Zilstein 博士走了进来，对等候参加实验的大学生们做了一番令人惊恐的说明："我们要对你们每人进行一组电击……电击会很疼，弄不好也会伤人。"进入实验室后，被试们见到了一台吓人的机器，似乎证实了 Zilstein 博士不是在吓唬人。在等待接受电击的时候，每个被试可以选择独自等候，也可以选择和别的被试一起等候。那些被这种方式吓到的被试更多地选择与别人一起等待。而另一组大学生被告知，电击只会导致轻微刺痒或震颤，他们更愿意独自等候（Schachter, 1959）。

陪伴一位受到惊吓的女性会使她感到宽慰和放心。因此有句话说"悲伤时总想有人陪"。事实上这并不完全准确。在另一个实验中，研究者给即将接受电击的女性被试三种选择：与其他参加电击实验的被试一起等待，与约见教授的女同学们一起等待，或独自等待。大多数被试选择与其他的"受害者"一起等待。简而言之，痛苦中的人似乎更喜欢与难兄难弟待在一起。可见，人们更倾向于找那些和自己处境相似的人做伴（Gump & Kulik, 1997）。

找与自己处境相似的人为伴原因何在？可以使用社会认知来处理我们的情感反应。在受到威胁、不明情况或心存疑虑时，看到别人沉着的反应可以让我们更安心（Kulik, Mahler, & Moore, 2003）。当然如果你被困在电梯中时，有人在你身边抱怨"这就是世界末日了"，那么他也只能是让事情更糟糕了。

那么人们是不是也会因为人际间的吸引而走到一起呢？当然会。我们在下一部分将会讨论为什么。

人际吸引——社会磁力

关键问题 17.2：影响人际吸引的因素有哪些？

人际吸引是许多自发性社会关系的基础（Berscheid, 2010; Berscheid & Regan, 2005）。要

想建立与他人之间的友谊，我们必须先确认那些潜在的朋友，然后才开始认识他们。决定你是否喜欢某个人往往很快，有时候仅仅是几分钟的事情（Sunnafrank, Ramirez, & Metts, 2004）。那可能是因为你通常不会随机地选择你要邂逅的人。

寻找潜在的朋友

是什么在一开始导致了人际之间的吸引？"物以类聚，人以群分"、"近之则不逊"、"异性相吸"，事实如此吗？这些民谚其实至多是真伪参半。就像人们所期望的，我们希望自己的朋友和爱人是善良的、善解人意的、有人格魅力的（Bradbury & Karney, 2010; Park & Lennon, 2008）。让我们来看一下那些影响最初的人际吸引的因素吧。

熟悉

通常，我们会被熟悉的人所吸引（Reis et al., 2011）。这就是为什么在一部电影中联袂主演的演员经常会成为恋人。事实上，我们选择朋友（甚至爱人）的时候更多基于物理上的接近。产生接近效应的主要原因，是因为物理上的接近能够提高人们接触的频率。

人们住得越近就越容易成为朋友。热恋中的情人们往往认为他们是"千里姻缘一线牵"，实际上，绝大部分人真正寻找的范围并没有超出半径8公里的圈子（Reis et al., 2011）。姻缘并不是天注定的，而是在学校、商店、教堂、酒吧、俱乐部和邻里关系中产生的。例如，杰斯敏和奥萨马在耶路撒冷的同一家公司工作。

换句话说，在浪漫爱情中确实会有"青梅竹马"效应，在友谊中也会有"远亲不如近邻"效应。但是，网络使得"虚拟接触"变得越来越容易，也促成了越来越多的远距离友谊和爱情（Lawson & Leck, 2006; Sautter, Tippett, & Morgan, 2010）。

相似性

请你在头脑中列出你最好的朋友们。想一想，你的朋友与你有哪些共同之处？大多数朋友与你年龄相仿、性别相同、种族相同，对吗？虽然会有一些例外情况，但朋友之间在这三个方面的相似性是友谊关系中的普遍原则。

相似性指两个人在生活背景、年龄、兴趣、态度、信仰等方面相像的程度。不管是婚姻还是日常交往，相似的人总是相互吸引（Gonzaga, Carter, & Buckwalter, 2010; Miller, Perlman, & Brehm, 2009）。为什么不呢？那些与我们相似的人有着和我们相同的信仰和态度，这就使我们得到了他人的肯定。既然"英雄所见略同"，咱们就能成为朋友！

相似性是否也会影响配偶的选择？是的，人们倾向于与自己在各方面都相像的人结婚。这种模式在生物学中称为**同配**（Blackwell & Lichter, 2004; Kalmijn, 2010）。研究表明，多数夫妇在年龄、受教育背景、种族、民族及信仰等方面都极为相似。另外，他们的态度、观点、心理能力、社会经济地位、身高、体重和眼睛颜色也较为相似。总之，人一般会选择与自己相似或差异不大的人成为伴侣（Blackwell & Lichter, 2004）。这也许是一件好事。在教育背景和年龄差异很大的婚姻中，离婚率很高（Tzeng, 1992）。

外表吸引力

外表吸引力指一个人容貌上的美的程度，而美的标准是由其所处的文化决定的。漂亮的人总被认为比相貌平常的人更具有吸引力，这是光环效应的结果。光环效应是说，人们会把"美貌"等好印象扩大到不相关的人格特征上，以为那些外表有吸引力的人一定也具有高尚的品格，而且聪明、热情、机智、心理健康和善于交际（Lorenzo, Biesanz, & Human, 2010）。人们往往误认为"美就是好"。甚至在好莱坞电影中，主角如果容貌姣好，他们的性格也会更受人欢迎（Smith, McIntosh, & Bazzini, 1999）。

亲社会行为 /Prosocial behavior　对他人有积极影响的行为。

反社会行为 /Antisocial behavior　对他人有消极影响的行为。

合群需要 /Need to affiliate　个体希望得到他人接纳的需要。

人际吸引 /Interpersonal attraction　一个人对另一个人的社会性吸引。

同配 /Homogamy　人倾向于与自己在各方面相像的人结婚的模式。

但是，不论对于男性或女性，外表具有吸引力总是一种优点（Mehrabian & Blum, 2003）。比起缺乏吸引力的人，那些漂亮的人更受人欢迎，有更好的社交技能和更多的社交经验，较少感到孤独和社交焦虑（Feingold, 1992）。在浪漫的爱情中，容貌上的魅力对女性命运的影响要大于男性（Feingold, 1990; Johnson et al., 2010）。研究证明，女性容貌的美丽程度与其约会的频率有很密切的联系，但男性的容貌与约会频率之间关系不大（Berry & Miller, 2001）。

需要说明的是，外表吸引力只在人们最初相互熟悉的阶段起到较大的作用（Keller & Young, 1996; Reis et al., 2011），而在以后的阶段中，人格特质将起更大的作用（Berscheid, 2010; Miller, Perlman, & Brehm, 2009）。因此，如果我们事先得到了有关某人的信息，对此人的第一印象就会较少受其外表吸引力的影响。当你发现一个人有良好的人格特质，那么他或她对你来说也会更有吸引力（Lewandowski, Aron, & Gee, 2007）。要找到真正的朋友并建立长久的友谊，仅凭对外表的印象是不够的。

因为人们普遍认为"美就是好的"，所以那些外表美丽的人会更具有社交优势。然而，外表的美丽和人格特质或才能并没有联系。

互利

现在你们两个人已经彼此熟悉了，在很多方面都有相似之处。接下来你还想知道点儿什么呢？如果知道他或她对你也有那么一丁点儿的好感就再好不过了（Greitemeyer, 2010）。其实，当人们用相似的方式回应彼此的时候，**互利**可能会成为影响友谊发展下去最重要的因素。大多数人发现回应别人要比自己主动更容易一些（Montoya & Insko, 2008）。这样至少能够避免彻底被拒绝的尴尬。

了解彼此

一旦接触之后，接下来就是相互了解彼此。这主要是通过一个**自我表露**的过程——要成为朋友，你必须与别人分享自己的思想和情感，把自己展示给他人。大家在一起只是谈论天气、体育运动或核物理，彼此是不能成为朋友的。随着朋友间的交谈，相互更加喜欢彼此，自我表露也逐渐加深（Levesque, Steciuk, & Ledley, 2002）。人们经常向我们喜欢的人吐露心扉，而较少向对自己没有吸引力的人表露自我。向别人表露自我要以一定程度的信任为基础，因此，许多人对他们不熟悉的人慎于自我表露，认为在生人面前"少说为佳"。实际上，对于如何适度地进行自我表露有着一定的行为规范（Phillips, Rothbard, & Dumas, 2009）。

根据相互性原则，适度的自我表露可以引起相互表露。但是，超出当前关系和社会情境的过度表露，则会引起对方的怀疑和降低表露者的吸引力。例如，你在排队结账，刚与站在你前面的陌生人闲聊了两句，他便开始对你说："最近我一直在想我对自己是否真的感到满意。我认为我适应得非常好，就是偶尔在性满足上有些问题。"你会觉得这位仁兄正常吗？

适当的自我表露能够提高相互间的信任、亲密、互利和喜爱的程度，如果表露得不适当或进展得太快，则可能让人怀疑你的动机，并因此躲避你。有趣的是，人们在网络中，特别是像脸谱网这样的社交网站中，会更加自由地表达自己的真实感受，这常常会促成真实的、心贴心的友谊（Bargh, McKenna, & Fitzsimons, 2002）。当然，这也会导致一些非常明显的过度表露（George，2006）。

那么男性和女性的自我表露是否相似呢？下面将介绍一个有关男女所表现出来的不同的自我表露方式的有趣发现。

在很多电视脱口秀节目中，我们经常可以看到过度的自我表露。节目中的人物通常会提及自己生活中的隐私，如自己的家庭生活、性和约会、身体或性虐待、尴尬的事情以及一些违法活动等。观众通常将这种表露作为娱乐，而不会觉得有潜在的威胁。这可能是因为他们自己不必自我表露。

哥们儿的友谊和姐们儿的友谊

两个哥们儿在饭馆里吃饭，边吃边侃，从体育聊到车，再到跑车，再到体育画报的泳装版，再到体育，再到车，以及高尔夫。（咦，我们刚才是不是已经聊过体育和车了？）一位独自用餐的女士坐在旁边的桌子上，听到了他们的全部对话。当被问及那两位男士的谈话内容时，她回忆了一阵，最后总结说："没一句有用的话！"

在北美文化中，男性朋友之间的友谊一般都是基于活动的友谊，也就是说，他们在一起的目的大多是为了一起做某件事情，只是结个伴，不需要太亲密。而女性的友谊则更多地基于信任和感情的分享。如果两位女性朋友在一起待了一个下午，她们会一直谈论私人问题，相互表露思想和感情，这样才是真姐们儿。对于女性来说，友谊就是能够在一起谈论她们共同关心的事和各自的私事。

当然，哥们儿和姐们儿之间的差别实际上并没有前边说的那么大。男性朋友之间也会谈论彼此的一些思想和感情问题。但是，当下的大部分男性不会和其他男性建立"亲密"的友谊。也许我们

可以这样理解：男性朋友之间保持的是"肩并肩"的友谊，而女性朋友之间更注重"心贴心"的友谊（Bank & Hansford，2000）。

社会交换理论

自我表露涉及个人信息的交换，其他的交换也时有发生。许多人际关系都可以理解为**社会交换**的关系，如两个人之间相互关注、交换信息、互有好感、相互帮助，等等。在许多社会交换中，人们都会倾向于以较少的"投入"得到较多的"产出"。如果不再想保持某种关系，人们常会说："我从这里再也得不到什么了。"实际上，他们并不是什么也得不到，而是他们觉得成本太高，得不偿失。

按照**社会交换理论**，我们会无意识地权衡付出与回报。一种关系必须使双方都受益才能得以保持，否则就不会延续（Kalmijn，2010）。例如，特洛伊和海伦已经约会两年了，尽管他们有时很快乐，但经常发生口角。如果他们的摩擦越来越大，就无法用在一起所获得的快乐来抵偿，那时他们就可能面临分手（Gottman，1994）。

实际上，仅仅"可以受益"还不是保持一种关系的全部条件。更准确地说，一种关系的保持需要使人"充分受益"。人们如何判断自己的"投入"与"产出"之间是否平衡呢？一般情况下，他们是根据过去经验和从中产生的期望进行判断的。一个人评价自己的投入"值得"或"不值"都有其个人标准，这被称为**比较水平**。一个人曾在人际关系中收获过令人满意和丰厚的报偿，其比较水平就会

互利 /Reciprocity 人们之间感情、想法或者事情的互利互换。

自我表露 /Self-disclosure 向他人说出自己的思想、感情和个人经历的过程。

社会交换 /Social exchange 两个人之间在注意、信息、情感和恩惠等方面的交换。

社会交换理论 /Social exchange theory 一种理论认为一种关系必须使"产出"多于"投入"才能得以保持。

比较水平 /Comparison level 在社会交换中，个体用于衡量投入和回报的标准。

较高；而一个曾有过不满意关系经历的人，其比较水平就会较低。一种关系的维系取决于双方的比较水平。如果你认为做朋友就要能"为兄弟两肋插刀"，而另一位仁兄只求"君子之交淡如水"，那么你和他之间就存在着比较水平上的差异。

爱情——约会和结合

关键问题 17.3：喜欢和爱有什么不同？

爱情和一般的人际吸引有何不同？这就要看你对"爱情"这个词的理解了。例如，**浪漫之爱**基于人际吸引，但爱情同时也包含一些高水平的激情：情绪唤起以及性渴望（Berscheid & Regan, 2005; Miller, Perlman, & Brehm, 2009）。当你坠入情网中的时候，你就能体会到什么叫浪漫之爱（Aron et al., 2008）。

从另一个角度出发，心理学家 Robert Sternberg（1988）提出了非常具有影响力的爱情三角理论。三个基本成分的不同组成方式可以形成不同形式的爱情（见图17.1）。**亲密**是指联结感、紧密感和喜爱。**激情**包括深厚的情感和性欲。**承诺**是决定要与另一个人建立一种长期的关系。

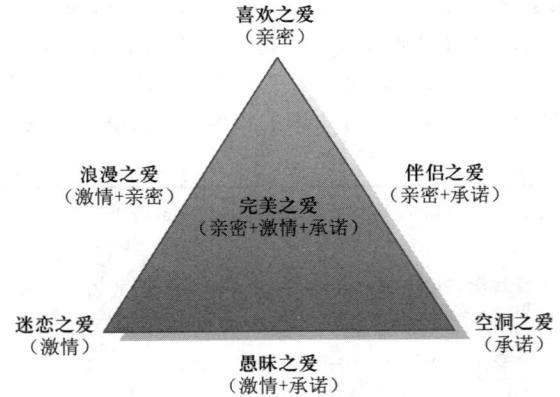

图 17.1 爱情三角理论。爱情的这三个基本组成部分（亲密、激情和承诺）分别位于三个角上，并分别对应一种爱情形式。成分的配对和所形成的爱情形式位于三角形的三条线上。包含这三个成分的完美之爱位于三角形的中间。（adapted from Sternberg, 1988）

这个三角理论在说明什么呢？现在以你自己为例，想一想你所爱的那个人，然后比照表17.1问自己三个问题：我和这个人亲密吗？我和这个人在一起有激情吗？我会对这个人有所承诺吗？在表中找到对应你答案的爱情类型。例如，如果你觉得你们之间足够亲密，但没有激情也不会给予承诺，那么你只是**喜欢**那个人而已，你们还是朋友。换言之，如果你认为你们之间有亲密和承诺但没有激情，那么你们之间是**友谊之爱**。在一起生活了很长时间的夫妇之间往往就是这种爱情。他们通常会用"处于爱情之中"描述自己，而不是"坠入情网"（Riela et al., 2010）。

表 17.1 Sternberg 的爱情三角理论

亲密、激情和承诺的组合

爱情类型	亲密	激情	承诺
无爱	—	—	—
喜欢之爱	是	—	—
迷恋之爱	—	是	—
空洞之爱	—	—	是
浪漫之爱	是	是	—
友谊之爱	是	—	是
愚昧之爱	—	是	是
完美之爱	是	是	是

Sternberg, 1988

那么，形式最完整的爱情就是最完美之爱吗？是的，如果你和某个人在一起时很亲密，充满激情并且想对他或她做出承诺，那么你正在享受的就是**完美之爱**。正是杰斯敏和奥萨马之间的完美之爱让他们克服了种种社会压力，走到了一起。

爱情和友谊的另一个区别是相互迷恋的程度。与一般的喜欢相比，爱情中通常包含情人之间深深的**相互迷恋**。换句话说，热恋中的情侣们心里几乎只有自己的恋人（Riela et al., 2010）。

当恋爱中的情侣们凝视对方眼睛的时候，他们到底看到了什么？情人眼里出西施，浪漫爱情的另一个特征就是把自己的恋人理想化（Barelds & Dijkstra, 2009）。当然，没有人是完美无缺的，但当一对情侣相互将对方理想化后,他们的关系显然更易于维持。理想化实际上不仅仅使情侣们看不见恋人的缺点,还能够使他们建立自己所期望的关系(Murray, Holmes, & Griffin, 2003)。

爱情与依恋

有三个年轻人,希拉、沙琳和爱德华多。希拉与保罗相爱一年多了,虽然他们有时也吵吵嘴,但希拉认为自己的爱情是甜蜜和稳定的,保罗是可以信赖的。沙琳也曾有过几个男朋友,但每次都在痛苦中分手,因此她现在对谁也不信任,基本上是独往独来。爱德华多与现在的女朋友塔尼娅约会也有一年了,他深深地迷恋着她,但两个人之间总是风波不断,时至今日,他还拿不准她是否真的爱自己,因此感到非常焦虑。

心理学家解释说,他们三人今天之所以处于不同的爱情关系中,很可能是由不同的童年经历造成的。希拉、沙琳和爱德华多一定会对此感到很惊奇。越来越多的证据表明,婴儿在早期对母亲或其他养育者形成的依恋对他们在后来发展中与他人的关系有着持久的影响(Brumbaugh & Fraley, 2010; Nosko et al., 2011)。

> **知识桥**
> 对养育者形成安全的依恋关系是早期儿童发展中的一件很重要的事情。请参见第 3 章。

有关情侣的研究定义了安全型、回避型和矛盾型三种对情人的依恋方式,这些方式与儿童早期的依恋类型非常相似(Lavy, Mikulincer & Shaver, 2010)。大概有60%的成人属于安全型依恋,25%属于回避型依恋,10%属于矛盾型依恋(Mickelson, Kessler, & Shaver, 1997)。

安全型依恋是一种稳定和积极的情绪联系。希拉对男朋友的依恋属于安全型依恋,这种方式是以爱情关系中的关怀、亲密感、支持和理解为标志的。这种类型的人认为自己是友好、善良和可爱的人,也认为别人普遍是友好、可靠和值得信赖的人。他们十分容易与其他人接近,总是放心地依赖他人和让别人依赖自己。一般来说,他们既不会过于担心被抛弃,也不怕别人在感情上与自己过于亲近。无论我们自己的依恋方式属于哪一种,大多数人都希望能找到一个安全依恋型的人做自己的伴侣(Latty-Mann & Davis, 1996)。

沙琳的行为方式属于**回避型依恋**,她表现出惧怕亲密关系和拒绝信赖别人的倾向。回避依恋型的人往往在关系未能向好的方向转变之前就开始退缩,他们对爱情多疑且冷淡,认为别人不可靠或过分急于对爱情做出承诺。结果是他们觉得难以完全相信和依赖别人,只要有人试图在感情上亲近他们,他们就开始紧张。从根本上讲,他们在回避亲密的关系(Lavy, Mikulincer, & Shaver, 2010; Tidwell, Reis, & Shaver, 1996)。

爱德华多属于典型的**矛盾型依恋**,其特征是对人际关系怀着混合的情感,这就使人处于爱、恨、怀疑、拿不起、放不下的冲突情感之中,导致一种不稳定和矛盾的心理状态。通常,矛盾依恋型的人总觉得自己被误解和不受赏识,认为自己的情人和

浪漫之爱 /Romantic love 和高水平的人际吸引、增强的唤醒、相互迷恋和性欲相关联的爱情。

亲密 /Intimacy 对另一个人的联结感和喜爱。

激情 /Passion 对另一个人的深厚情感和性欲。

承诺 /Commitment 与另一个人建立长期关系的决定。

喜欢 /Liking 一种亲昵的但缺乏激情和承诺的关系。

友谊之爱 /Companionate love 有亲密、承诺但没有激情的一种爱情类型。

完美之爱 /Consummate love 包含亲密、激情和承诺的一种爱情类型。

相互迷恋 /Mutual absorption 和浪漫之爱有关,情人之间将注意全部投入到对方身上的状态。

安全型依恋 /Secure attachment 一种稳定而积极的情感联结。

回避型依恋 /Avoidant attachment 一种抗拒对他人做出承诺的情感联结。

矛盾型依恋 /Ambivalent attachment 一种复杂的情感联结,混合了相互冲突的喜爱和愤怒。

朋友都不可靠，不愿意与自己建立持久的关系。矛盾依恋型的人担心他们的恋人并不真正爱自己，或者会离开自己。因此，他们一方面希望能与自己的恋人极为亲近，另一方面又对恋人是否可靠和可信满腹猜疑。

生命早期的情感依恋是如何影响成年后的人际关系的？人们总是按照自己在儿童早期的依恋经验来建立后来的人际关系心理模式，再根据这样的模式来建立、维持和结束与他人的爱情和感情关系（Sroufe，2005）。因此，我们可以根据一个人在童年时代与其家长及其他抚养者之间关系的性质来理解其在成年后处理爱情关系的方式（Fraley & Shaver，2000）。

一个人在童年早期经历的事件对他后来的人际关系有着关键性的影响，这是一个极具启发性的思路。我们可以接着想：人类择偶模式的来源是否也能追溯到更早的时期呢？

进化与择偶

进化心理学是对于人类行为模式的起源和演化过程的研究（Confer et al.，2010）。许多心理学家相信，进化在男性和女性身上留下了某种印记，影响着今天人类的每一种行为，包括性吸引、婚外恋、嫉妒、离婚等。David Buss 提出，理解人类择偶模式的关键是了解进化而来的行为模式如何引导人类选择配偶（Buss，2007，2011）。

David Buss 在世界六大洲的 37 个国家进行了研究，发现了以下模式：与女性相比，男性对"一夜情"式的性关系更感兴趣；他们更喜欢年轻美貌的配偶；与情感上的出轨相比，他们更不能容忍妻子在性方面的（真实的或想象的）不忠。而与男性相比，女性偏好年龄稍大的配偶，希望配偶看上去勤奋、地位较高或经济上较

为宽裕；与对性行为的不忠相比，她们更不能容忍自己的丈夫对别的女人产生感情。（Buss，2000；Regan et al.，2000；参见图 17.2）。

在择偶模式上为什么会存在性别差异？ David Buss 和其他一些研究者认为，在择偶中，性别偏好的演化与男女性在繁衍后代任务中的不同角色是对应的（Buss，2007，2011；Confer et al.，2010）。按照常规，女性必须在生育子女方面比男性投入更多的时间和精力，因此，她们对配偶是否能够与自己在一起和是否能为后代提供足够的物质条件更感兴趣。

进化心理学家认为女性更倾向于关注配偶在双方关系上投入的时间和资源。而男性更多地把注意力集中在生理吸引力和配偶的性忠诚上。

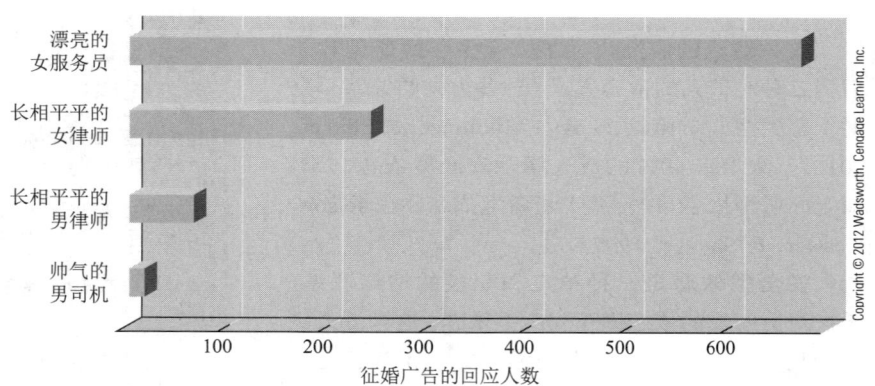

图 17.2 在寻找潜在的约会对象时，人们会关注些什么？研究者对人们在报纸上登载的征婚广告的回应作了统计，发现男性选择配偶时更多受外貌的影响，而女性更多地受到事业因素的影响（Goode，1996）。

反之，男性能否成功繁衍后代取决于他们配偶的生殖能力。因此，男性更关注配偶是否健康、年轻漂亮，而这些特征都与配偶的生育能力密切相关。这种偏好也许能解释为什么一些中年男子抛弃了自己的糟糠之妻，而去找年轻貌美的第三者。进化心理学同样认为，男性强调配偶的性忠诚是基于对后代血统的考虑。从生物性方面看，男性对非亲生子女的资源投入是不能使其受益的。（Buller, 2005）。

虽然有大量证据支持有关择偶偏好的进化论观点，但是我们要记住，伴侣的选择是由许多重要的因素决定的，进化而来的倾向即使存在，其作用也很容易被其他因素掩盖。实际上，有些进化而来的择偶模式也许只在那些男权社会中才起作用（Feingold, 1992; Fine, 2010）。也有可能以往研究存在着偏差，因为女性更倾向于在有关嫉妒的问题上给出"得体"的回答。而在私底下，也许她们和男性一样，对伴侣在性上的不忠充满了怨言。（Harris, 2004）。

无论进化和择偶的争论结果如何，关键是要记住：人们希望选择的配偶往往是善良的、可靠的、聪明的、能够支持自己的（Klohnen & Luo, 2003; Regan et al., 2000）。

尽管每个社会都高度评价友谊和爱情，但大家都认为终极亲社会行为还是帮助另一个人，特别当他是一个急需帮助的陌生人的时候。接下来的部分，我们将讨论亲社会行为。

知识巩固

合群、友谊和爱情

测一测

1. 在 Zilstein 电击实验中，面临威胁的女性更希望单独等待，或者与不参加实验的女性一起等候。对不对？
2. 以下哪一种因素与引起人际吸引的关系不大？
   a. 物理上的接近
   b. 才能
   c. 相似性
   d. 社交成本
3. 在大多数社会交往中，高水平的自我表露是能够得到回应的。对不对？
4. Sternberg 的三角理论中，迷恋之爱包含了承诺，但没有激情和亲密。对不对？
5. 择偶模式研究中最惊人的发现是，大多数人会选择个性与自己不同的人作为伴侣。对不对？
6. 矛盾型依恋者和回避型依恋者都怀疑自己所爱的人是否也真的爱自己。对不对？
7. 相对于失去配偶的爱而言，女性对丈夫在性方面的不忠行为更不能容忍。对不对？

想一想

批判性思考

8. 网络是如何改变人际吸引中的"物理接近"效应的？

自我反思

列出你的三个好友。关于吸引的影响因素中，哪些可以用在你和朋友的关系中？

Sternberg 的爱情三角理论在多大程度上符合你的爱情关系？

你能在你认识的人当中找到那些成人关系和之前提到的三种依恋类型相吻合的人吗？

答案：1. 不对 2. d 3. 不对 4. 不对 5. 不对 6. 对 7. 不对。8. 互联网使得距离不再是问题，"物理接近"对人际吸引中不再像以往那样直直有关关系。因为，即使相隔上千里，依然可以非常频繁，同时，互联网也其他使得建立亲密关系变得更加容易（Lawson & Leck, 2006）。

帮助他人——乐善好施者

关键问题 17.4：为什么旁观者在紧急事件中常常不愿意站出来帮助别人？

人们都愿意对自己的亲朋好友或者自己喜欢的人表达友好，提供帮助。但如果是一个陌生人

进化心理学/Evolutionary Psychology 有关人类行为模式进化性起源的研究。

呢？毫无疑问，当一个陌生人急需帮助的时候，伸出援手将是最温柔的亲社会行为（Mikulincer & Shaver, 2010）。但是人们每次都会提供帮助吗？

2010年4月，在纽约皇后区，一个流浪汉帮助一位少妇挡开了袭击者，而自己被刺伤后倒在了人行道旁的血泊中。救护车一小时以后到达时，雨果·特奥·亚克斯已经死了。令人毛骨悚然的是，监视录像显示，当他躺在血泊中的时候有25个行人经过，却无人给予帮助（Livingston, Doyle, & Mangan, 2010）。

躺在地上的那个人需要帮助吗？哪些因素决定了一个人在紧急事件中是否会得到帮助？令人惊奇的是，潜在的帮助者越多，实际获得帮助的机会就越少。

1964年也发生了类似的一起案件，一位名叫吉蒂·热内瓦斯的年轻女士被残忍地杀害了。当时至少有38人目睹了凶杀过程（Manning, Levine, & Collins, 2007），但却没有一个人伸出援手。也许人们拥有各种理由：不愿意卷入此事，或害怕自己受到伤害——这些都是可以理解的。但是为什么没有一个人报警呢？

这是否说明了都市生活没有人情味？在新闻报道中，这一事件被作为证明都市生活没有人情味和由此造成的社会联系中断的证据。但是，尽管都市生活确实缺少人情味，我们仍不能充分解释这种**旁观者冷漠**现象。旁观者冷漠指在紧急情况发生时旁观者不愿提供帮助，也被称为旁观者效应。根据心理学家John Darley和Bibb Latané（1968）的研究结果，旁观者是否提供帮助与当时在场的人数有关。多年来的很多研究发现，在场的人越多，站出来帮忙的人越少（Latané, Nida, & Wilson, 1981; Miller, 2006）。

为什么当其他人在场时，人们更不愿主动帮助别人？在热内瓦斯的案件中，答案是，每个人都以为别人会去报警或提供帮助。这种效应很容易理解，设想一下：有两个人的车坏了，停在路边等待别人的帮助，一个在很少有人路过的乡间小道边，另一个在车来车往的高速公路边。谁会先得到帮助？

在高速路上，每分钟都有几百辆汽车路过，一个人分担的责任就变得很微小；而在偏僻的路边，最先路过的人就会停车，原因很明显，因为下一辆车不知何时才来，帮忙的责任就是你的。Darley和Latané提出，一般情况下，旁观者并不是冷漠或不关心，而是由于有他人在场，所以不愿采取行动。

旁观者干预

在向别人提供帮助之前，人们的决策过程包括四个步骤：第一，必须注意到所发生的事件；第二，必须把这件事视为紧急事件；第三，决定自己必须负起责任；第四，必须选择行动方案（图17.3）。实验室研究表明，上述每一步都会受到他人在场的影响。

注意

如果你在路边昏倒了，会发生什么事？有没有人停下来帮助你？人们是否认为你喝醉了？他们

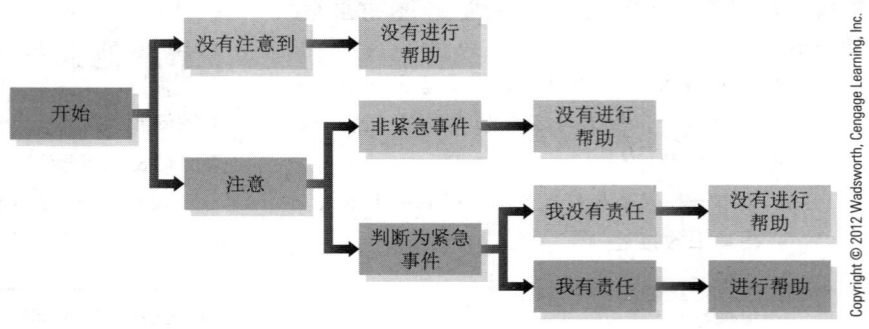

图 17.3 Latané和Darley提出的帮助行为之前的决策过程模型。

注意到你了吗？Latané 和 Darley 提出的假设是，如果人行道很拥挤，那么看到你的人会很少，但这不是因为人们挡住了彼此的视线，而是因为一种公共场合的社会规范，即不能盯着别人看。

如何证明"不能盯着别人看"是造成旁观者冷漠的一个因素？为了验证这个观点，研究者要求大学生被试填写一份调查问卷，一些人被要求独自一人在房间里填写，另一些人则在坐满了人的房间里填写。这时，从通风口冒出一股浓烟。

在坐满人的房间里填写问卷的被试都礼貌地把目光集中在他们的问卷上，避免注视他人。相反，独处的被试不时地抬头环视房间。因此，大多数独处的学生立刻注意到了浓烟，而在满是人的房间里的大部分人直到烟雾阻碍了他们的视线才有所反应。

紧急事件

烟雾房间实验同样说明，一个人是否将某一情境视为紧急事件也受到他人的影响。当群体中的被试最终注意到烟雾时，他们大多会用余光观察其他人的反应，显然，他们在寻找眼下的情境的解释线索。如果并没有出现紧急情况，没人愿意像傻瓜一样过度反应。然而，在被试冷静地观察别人的反应时，他们也在被别人观察。在真实的紧急事件中，人们有时会低估做出紧急反应的需要，就是因为每个人都试图保持自己的镇静。简而言之，别人不动，我也不动。

承担责任

是否承担起责任是决定是否帮助别人的最关键的一步。在许多人在场的情况下，会出现**责任扩散**，这种效应限制了个体的助人行为。

这是不是就像在拥挤的高速路上，司机们根本不愿意提供帮助？没错。人们因为事不关己，根本不愿多管闲事。研究者通过实验证明了这一假设。实验要求学生们参加一个通过网上会议进行的小组讨论，讨论有关大学里的生活。每一位被试都被安置在一个单独的房间里，并被告知这是为了保守个人隐私。事实上，每个小组中只有一个真正的被试，其他参与者都是假的——都是录音带发出的声音。在讨论过程中，一个"假学生"模拟发出癫痫病发作时的声响，并开始呼救。在一种实验条件下，被试认为与发病者在一起讨论的只有自己一个人；在另外两种条件下，被试认为有三个人或六个人在一起讨论。

结果显示：单独与"发病者"在一起的被试都马上报告了这个紧急情况，或试图自己提供帮助；在三人组中，有些被试没有反应，有些虽做出反应但比较迟缓；在六人组中，1/3 以上的被试未采取任何行动。在这个实验中，人们面临着与现实生活中一样的矛盾冲突：我是应该提供帮助并承担责任呢，还是只管自己的事？实验证明，许多人因为受到"他人在场"的影响而没有采取帮助行动。

为什么人们在紧急情况下有时会出手相助，而有时又无动于衷？究竟是什么因素决定了人们帮助或不帮助别人，我们现在并不完全清楚。助人行为是复杂的，受到许多因素的影响（Baumeister & Bushman, 2011）。研究者曾在纽约地铁中进行过一个现场实验，考察与此有关的影响因素。他们请来了一位演员，让他假装在地铁车厢中突然晕倒。结果发现，当他拿的是一根拐杖时，会比他拿着一个酒瓶时获得更多的帮助。但更重要的是，大多数人在这两种情况下都会帮助他（Piliavin, Rodin, & Piliavin, 1969）。

为了更好地回答这个问题，我们还需要考虑 Latané 和 Darley 的模型之外的一些因素。

谁会帮助谁

许多研究者发现，看到一个人处于困境中，通常会导致我们唤起水平的提高（Batson, 2010; Dovidio et al., 2006）。但是，只有当我们认为这样做值得时，这种被唤起的感觉才会刺激我们去帮助他人。如果人们认为这样做得不偿失，比如代价太大、有个人风险或可能惹上麻烦，那么帮助他人的可能性就会降低。除了一般性的唤起之外，潜在的助人者还会感觉到一种**共情唤起**，即与处于困境中

旁观者冷漠 /Bystander apathy 旁观者在紧急事件发生时不愿意提供帮助或不愿意介入他人问题的现象。

责任扩散 /Diffusion of responsibility 几个人分摊责任，从而降低了在他人需要时提供援助的可能性。

共情唤起 /Empathic arousal 感受到他人的痛苦、恐惧和苦闷时所唤起的一种情绪。

的人共情，或者能够体验到这些人的痛苦、害怕或苦闷。那些能够设身处地理解和同情别人困境的人，更容易为他人提供帮助（Batson & Powell, 2003）。

如果他人遇到困难会使一个人感到悲伤或苦恼，那么他帮助别人的目的是不是为了使自己感觉好些呢？有的人帮助别人确实另有所图。然而，研究发现，共情作用能产生利他主义的动机，这时的助人行为完全是基于同情和怜悯。大多数人捐赠、助贫或参加慈善活动都是由其减少他人苦难的愿望所驱动的（Aronson, Wilson, & Akert, 2010; Dovidio, Allen, & Schroeder, 1990）。

如果需要帮助的人与自己在某些方面相似，共情唤起的作用就更能激发出助人行为（Batson, 2010; Batson & Powell, 2003）。事实上，感觉到自己与求助者有联系可能是促成助人行为的最重要因素。当我们感到高兴、成功或幸运时，我们更能感到自己与他人紧密地联系在一起。这就是为什么当我们心情好时会更愿意为他人提供帮助的原因（Dovidio & Penner, 2001）。总之，在这里我们要掌握的一个概念叫作**共情－助人关系**，即当我们能够理解他人的感觉时，就会经历共情、同情和怜悯等情绪过程，而这些情绪的产生使我们更容易决定去帮助那个人（Batson, 2006, 2010）。

如何鼓励亲社会行为？ 当人们看到别人在助人时，自己更容易也去为别人提供帮助。并且，人们一旦开始帮助别人之后，就会把自己视为乐于助人的人，这种自我形象的改变又会进一步鼓励他们在其他场合帮助别人。此外，公平规范也会激励我们去帮助那些过去曾帮助过我们的人（Dovidio & Penner, 2001）。由此可见，帮助他人不仅直接给了一些人帮助，同时也会鼓励被帮助者再次去帮助别人。

学会自救

如果你发现自己处于危险中正需要帮助，而那些冷漠的旁观者又可能拒绝救你，你该怎么办？根据前面提到的研究结果，你应该采取行动使自己受到人们的注意。因为如果人们没有注意到你，就不会意识到发生了紧急情况。在某些情景中，你可以大叫"着火了！"那样会使人们更容易注意到你。有些人碰到抢劫和凶杀之类的事也许会躲开，但大多数人都会看一看到底什么地方着火了。你应该记住，不要只是尖叫，而应该大声呼叫"救命！"或"来人啊，帮帮我！"要尽可能地把你的需要清楚地告诉别人，例如，"我受伤了，快叫警察！""拦住那个人，他偷了我的钱包！"此外，你还可以指定某位旁观者帮助你，比如说，"那位先生，请您快叫警察！""我受伤了，请您快去叫救护车！"这样，旁观的人们就能明确地承担起某种责任（Cummins, 1995）。

整个人类：我们身边的英雄

每一年，我们都会嘉奖那些冒着生命危险救人的英雄。这些英雄因从火灾、洪水、野兽攻击、触电、令人窒息的浓烟等各种险境中救人而获得嘉奖。或许是此类险情太让人惊心动魄的缘故，做出这番英雄壮举的人大部分都是男性。然而，在另一些带有英雄色彩的亲社会行为（如捐肾、维持治安、义诊等）中，女性的数量并不比男性少，甚至更多。我们应该清楚，那些轰轰烈烈的英雄主义行为只是多种无私、利他主义行为中的一种（Becker & Eagly, 2004）。同样，那些社区志愿者、教师、教练、无偿献血者的行为不仅是在帮助别人，同时也使自己获得了个人成长，变得更快乐、更健康。因此，可以这么说："做善事使我们的生活变得美好"。（Piliavin, 2003）

尽管每天都有各种亲社会行为上演，但时不时也会有落井下石的事情发生。坦白地说，就像我们有爱的能力一样，人类也会表达憎恨，做出残忍的行为。接下来的部分，我们将着重介绍社会行为的另一面。重申一下，**反社会行为**是指任何对他人有消极影响的行为。攻击、偏见和群体间冲突等都是反社会行为。

反社会行为——世界上最危险的动物

关键问题 17.5：心理学家怎样解释人类的攻击行为？

美国加利福尼亚州洛杉矶市动物园曾展出

过两只世界上最危险的动物，那是唯一能够灭绝其他动物和毁灭地球的动物！你猜到那是什么了吗？关在笼子里的是两名大学生，他们代表的动物就是"人类"！

攻击行为指任何以伤害他人为目的而实施的行为。人类所具有的攻击行为是令人惊愕的。据估计，截至第二次世界大战结束时的 125 年间，共有 5800 万人被杀害，平均每分钟就有一人被杀。人类的攻击行为在现实中随处可见，战争、屠杀、暴乱、家庭暴力、杀人、强奸、行凶和抢劫等暴行每天都在发生（Shaver & Mikulincer，2011）！

人类攻击行为的表演形式。暴力与攻击行为是如此常见，以至可作为一种娱乐节目被观赏。攻击行为在多大程度上源自本能呢？

欺负

攻击行为有很多种表现形式。其中很常见的一种形式是**欺负行为**，任何故意并重复地让他人经历消极体验的行为都是欺负行为（Powell & Ladd，2010）。欺负者往往诉诸攻击行为解决问题。欺负行为可以是言语上的（骂人、侮辱、嘲弄）或者身体上的（击打、推搡、监禁），也可以是直接的（咄咄逼人）或是间接的（故意排斥、散播谣言）。男性欺负者更愿意选择直接性的攻击，而女性欺负者则更多地进行间接性的攻击（Field et al.，2009）。欺负行为是一种非常普遍的现象。一开始出现在儿童早期，从青春期一直持续到成年期，并扩大到工作场所，甚至在网络上也存在欺负行为，即网络欺凌。

儿童期的欺负行为会长期危害欺负者和被欺负者的心理健康。青少年和成年人的欺负行为会导致严重的暴力行为，例如谋杀和自杀。鉴于欺负行为如此普遍，我们应该特别关注和理解那些导致欺负行为的原因。儿童期的欺负行为需要特别被关注和理解，这样可以降低其长期的潜在危害（Swearer，Espelage & Napolitano，2009；Wiseman，2009）。

攻击行为是如何产生的？攻击行为有很多潜在的原因（DeWall & Anderson，2011）。下面将简要介绍一些主要的理论。

本能论

有些理论者提出，人类天生具有攻击性，我们从动物祖先身上继承了"杀手本能"。**动物行为学家**是研究动物自然行为模式的科学家，他们中有人认为，攻击行为是一种生物性的行为，可以从包括人类在内的所有动物身上观察到（Blanchard & Blanchard，2003）。著名动物行为学家 Konrad Lorenz（1966，1974）曾提出，人类缺少其他动物具有的某种控制攻击行为的遗传机制。例如，为了争夺领地或统治权，两只狼会咆哮、跳跃、龇牙，威胁对方，但在大多数情况下它们并不会真去撕咬或杀死对方，因而两只狼都不会受伤。一旦其中一只狼意识到另一只狼的权威性，它就伸出脖颈，摆出一副屈服的姿态。这时，获胜的狼虽然能够轻而易举地咬死它，但对方屈服的姿态会阻止它的进攻。相反，同等情况下，人类的冲突总是以伤害或杀死对手而告终。

人类具有先天攻击性的理论具有直观的吸引力，但仍有心理学家对此提出了疑问（Rhee &

共情 – 助人关系 /Empathy–helping relationship　个体在感受到诸如共情或同情等情绪时最有可能帮助他人的一种现象。

反社会行为 /Antisocial behavior　任何危害他人的行为。

欺负行为 /Bullying　故意并重复地使用言语上和身体上的直接或间接的攻击行为，以此作为处理日常生活情境的策略。

攻击行为 /Aggresion　任何有意伤害某人或损坏某物的行为。

动物行为学家 /Ethologist　从事关于动物的自然行为模式研究的人。

Waldman，2011）。因为 Lorenz 对攻击行为的许多"解释"仅仅是将人类和动物的行为进行了简单的比较，把行为贴上本能的标签，并没有真正解释这种行为的产生原因。更重要的是，敌对或攻击并不是在所有人类群体中都那么普遍。例如，在一些印第安人或因纽特人的部族中，攻击行为非常罕见。当然，我们中的大多数人都不会去伤人或杀人，这是值得庆幸的。

生物论

尽管本能论的观点受到了质疑，仍有证据显示，攻击行为具有一定的生物基础（Rhee & Waldman，2011）。生理学研究发现，大脑的某些区域能够激发或终止攻击行为。此外，有研究者发现，攻击行为和某些生理因素有关，包括低血糖、过敏症、大脑某些部位的损伤和障碍。无论男性还是女性，雄性激素水平与攻击行为都呈现正相关（McDermott et al.，2007）。或许是因为男性的雄性激素水平更高，男性比女性更容易产生物理攻击行为（Anderson & Bushman，2002）。但是，这些生物因素还不是导致攻击行为的直接原因（Moore，2001；Popma et al.，2007）。一种可能性是，生理变化降低了攻击性的阈限水平，使攻击行为更容易发生（Tackett & Krueger，2011）。

酒精和其他药物作用证实了大脑和生物因素在攻击和暴力行为中起到的作用。大量的研究表明，许多谋杀和暴力犯罪与酒精有关。麻醉剂能降低人们对攻击冲动的抑制力，往往导致悲剧性结果（Anderson & Bushman，2002；Quigley & Leonard，2000）。

综上所述，人类具有产生攻击行为的生物基础，但这并不意味着攻击行为是不可避免的，也不意味着人类必须有攻击行为。著名的塞尔利亚反对暴力声明中，20位杰出科学家这样总结道："人类的战争不是由于生物学原因造成的……暴力既不是由我们的基因决定的，也不是进化的产物。既然人类能够制造出战争，那么，这个物种也能创造和平。"（Scott & Ginsburg，1994；United Nations Educational, Scientific and Cultural Organization，1990）人类完全有能力学会禁止使用暴力。例如美国的贵格会信徒和孟诺教派成员，他们虽然生活在日益加剧的暴力文化环境中，遵循的却是非暴力的生活方式（Bandura，2001）。

受挫论

如果你踩到狗的尾巴，它就可能咬你；如果你惹恼了某人，你就可能挨骂。**受挫－攻击假说**认为，攻击行为是因为受到挫折而引发的。

受挫总会导致攻击行为吗？ 尽管两者的联系很密切，但挫折不一定会导致攻击行为。挫折也可能会使人产生一些刻板反应，或处于一种"习得性无助"的状态（见第13章）。在没有受挫时也可能出现攻击行为，例如，有些球迷在自己所支持的球队取胜后开始打斗、扔瓶子，甚至毁坏东西。

街头暴力和一些高速公路枪击案的发生，可能是因交通阻塞而感觉受挫的反应。但藏匿在汽车内使得个人信息难以被识别，或许也是这类攻击事件在公路上频发的一个原因。

厌恶刺激

受挫所带来的不舒服的感觉可能会激化攻击行为。侮辱、高温、疼痛、令人作呕的场面或气味等使人产生不适或不悦感觉的外界刺激都被称为厌恶刺激，这些刺激能够提高人们的敌意或攻击性（Anderson, Anderson, & Deuser, 1996；Morgan，2005；见图17.4），进而提高整体的唤醒水平，使人对**攻击线索**变得敏感（Carlson, Marcus-Newhall, & Miller，1990）。厌恶刺激也会激活一些与愤怒和攻击相联系的感觉、记忆和情绪（Morgan，2005）。

有的攻击线索来自内部，例如，在思考中产生

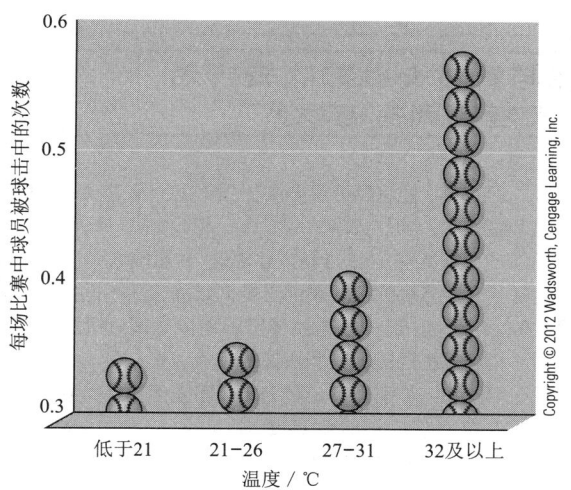

图 17.4 由于厌恶刺激产生的不适感使攻击行为更容易发生。例如，对犯罪率的研究发现，谋杀、强奸和袭击等强攻击行为存在随天气变得闷热而逐渐升高的趋势（Anderson, 1989）。图中为棒球联赛中气温与球员被球击中的次数之间的关系。当温度超过32℃时，投球手有意向对方球员身上投球的情况明显增加（Reifman, Larrick, & Fein, 1991）。

的愤怒的念头。但大多数线索来自外部，他人的某些用词、动作和手势都可能引起攻击反应。例如，在北美洲，对人竖起中指是一种常用的挑衅动作。武器是攻击行为的强烈暗示（Morgan, 2005）。这种**武器效应**表明，攻击符号或标志能激发攻击行为。事实上，较之于没有枪械的家庭，谋杀更容易在存有枪械的家庭中发生（Miller, Hemenway, & Azraela, 2007）。

社会学习

在解释攻击行为的理论中，最简单也最广为接受的理论就是社会学习理论。**社会学习理论**认为，我们通过观察其他人的攻击行为而学会攻击（Bandura, 2001；Lefrançois, 2006）。社会学习理论将学习的原则与认知加工、社会化和榜样作用相结合，以解释各种行为的形成。根据这个观点，人类不会本能地使用暴力或进行攻击，而挥拳打架、搞爆炸、动刀子、上子弹和在棒球比赛时投球打击对方球员等攻击行为无一不是后天习得的（见图17.5）。童年时期遭受暴力伤害的人长大以后更易于使用暴力不正说明了这一点吗（Murrell,

Christoff, & Henning, 2007）？

社会学习理论家预测，在无攻击行为的文化中成长的个体不会有攻击行为，而那些在有攻击性榜样和"英雄"的文化中成长的个体将学会攻击性的反应（Bandura, 2001）。看看以下这组数字你就会明白，美国成为世界上最具暴力的国家之一毫不奇怪：2008年，美国每23秒就会发生一起暴力犯罪（Federal Bureau of Investigation, 2009）；约38%的美国家庭至少有一把枪（Hepburn, 2006）；有70%的美国人同意在男孩子成长过程中，打几次架"很重要"的观点。无论在媒体上还是在现实生活中，儿童和成人到处可以看见攻击行为的榜样。毫无疑问，美国文化是一种攻击性的文化（见"色情作品与针对女性的攻击行为——两者之间有何联系？"）。

媒体暴力

如今的儿童和青少年平均每周会有50个小时的时间接触各种媒体，包括电视、视频游戏、电

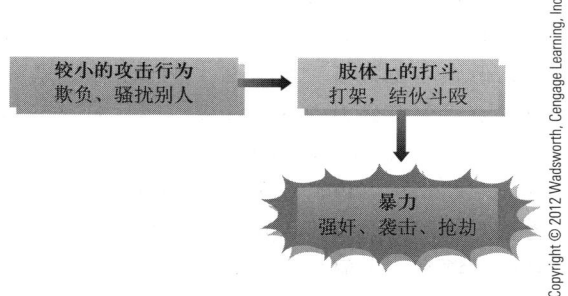

图 17.5 不良儿童出现的暴力行为不是一夜之间形成的。他们的暴力行为往往是逐渐发展起来的，从轻度的攻击行为逐渐变为暴力。在青少年早期，当男孩子的体力增强并容易接触到武器时，他们的攻击行为会突然急剧增加（Loeber & Hay, 1997）。

受挫－攻击假说 / Frustration–aggression hypothesis　认为挫折感会产生攻击行为的理论。

攻击线索 / Aggression cues　与攻击相联系并会导致攻击行为的刺激或信号。

武器效应 / Weapons effect　武器随手可得时，个体更容易发出攻击行为的现象。

社会学习理论 / Social learning theory　认为个体的行为是通过认知加工、社会化和榜样示范等学习过程习得的理论。

批判性思考

色情作品与针对女性的攻击行为——两者之间有何联系？

关于色情作品的影响问题存在许多争论。以往研究表明，如果色情作品内容只限于身体部分暴露的画面或对性爱的描写，就不会有太大的消极作用（Malamuth, Addison, & Koss, 2000）。然而近年来，媒体中出现大量带有攻击性的色情内容。**攻击性色情作品**指对于使用暴力、威胁或不平等权力强迫他人参与性行为的描写，强迫对象通常是女性（Bridge et al., 2010; Davis et al., 2006）。

对攻击性色情作品刺激的研究表明，这类刺激能使男性对女性的非礼行为增加（Hald, Malamuth, & Yuen, 2000; Malamuth, Addison, & Koss, 2000）。研究者Neil Malamuth 和 Ed Donnerstein（1982）指出：" 大众媒体中那些带有暴力和性内容的刺激会增加观众对性攻击行为的幻想，使其相信某些关于强奸的无稽之谈，并更多地产生攻击行为。"Donnerstein 和 Daniel（1986）的结论则是，媒体中的暴力最具危害性，"造成人们对女性和强奸的错误态度的主要原因是暴力场面，而不是性行为镜头"。实际上，这一问题所涉及的对象早就远远超出了色情片和黄书的范围。一些所谓的主流电影、杂志、音乐录像和电视节目中都在宣扬暴力和攻击能使女性感到欢愉的谬论，这些都应该受到谴责（Donnerstein, 2001）！研究表明，无论是性暴力还是与性无关的暴力，都能唤起强奸犯的性冲动。显然，暴力是造成强奸罪的一个主要原因（Forbes & Adams-Curtis, 2001; Hald et al., 2010）。

影、互联网、音乐和平面媒体（Rideout, Foehr, & Roberts, 2010）。一直到成年期，一个儿童总共会看15000小时的电视，包括18000次谋杀以及数不胜数的抢劫、纵火、轰炸、折磨以及殴打等行为。其他媒体也好不到哪儿去。例如，90%的流行视频游戏含有暴力内容，许多流行玩具也与暴力媒体有关（National Youth Violence Prevention Resource Center, 2008）。互联网特别受到关注，因为在互联网上儿童不仅可以接触媒体暴力，也可以通过欺负或者骚扰他人直接参与电子暴力行为（David-Ferdon & Hertz, 2009）。

电视暴力对儿童和青少年的影响有多大？ 毫无疑问，媒体中暴力的泛滥对儿童的攻击行为有重要影响（Anderson et al., 2003; DeGaetano, 2005; Krahé & Möller, 2010）。根据班杜拉的模仿实验结果，儿童可以通过观察暴力或攻击行为而学会新的攻击行为，或者从中得到"暴力行为也不错"的印象。不管怎样，他们的行为都会变得更加具有攻击性。电视上的英雄和坏蛋一样粗暴，而那些英雄常常因为使用了暴力而获得赞扬。有研究结果表明，观看大量暴力电视的孩子们更具攻击性（Huesmann et al., 2003）。暴力视频游戏至少是有问题的（Bartholow, Bushman, & Sestir, 2006），甚至含有暴力内容的歌词都会增加暴力倾向（Anderson, Carnagey, & Eubanks, 2003）。

> **知识桥**
> 模仿和观察学习可以解释电视对我们行为的影响。见第6章。

媒体（比如电视和视频游戏）不但能把新的反社会行为教给观众，而且会对观众已有的危险冲动产生**去抑制作用**，使观众平时受到抑制的行动爆发出来。例如，很多电视节目传递了这样的信息：暴力是可接受的行为，能带来成功和声望。对一些人而言，得到这个信息后，他们就将不再抑制自己想实施敌意行为的冲动（Anderson et al., 2003）。

电视暴力的另一个效应是，它容易降低人们对暴力行为的敏感性（Funk, 2005）。如果一个人看到过街头打架斗殴或行凶抢劫的真实情况，就会知道，电视中的暴力是被净化的和不真实的，因为真实的情形非常粗野、丑恶和令人恶心。尽管有时电视暴力看起来形象生动，但观众是在惬意和熟悉的家庭环境中观看的，对他们而言，这样的环境与内容的联系会降低他们对暴力场面的情绪性反应（Carnagey, Anderson, & Bushman, 2007）。30多年前，研究者发现，当一群男孩在观看一部血淋淋的战争片时，那些不常看或不看电视的孩子表现出很强的情绪反应，而那些经常看电视（平均每周看42小时）的孩子反应要弱一些（Cline，Croft，& Courrier，1972）。可以看出，媒体使人产生了对暴力的**脱敏作用**（Huesmann et al., 2003；Krahé et al., 2011）。

预防攻击行为

如何预防攻击行为？ 社会学习理论告诉我们，"近墨者黑"。比如，那些在家里遭受暴力虐待、遭受严厉体罚，以及目睹社区内暴力行为的儿童，在学校更容易打架、进行攻击性游戏，并表现出反社会行为（Bartholow，Sestir，& Davis，2005；Margolin & Gordis, 2000）。

如果孩子们天天观看综合武术格斗或者其他暴力电视节目，他们就只会增加攻击行为，而不是抑制攻击冲动。心理学家 Leonard Eron 曾花22年时间对600多名儿童的成长过程进行了追踪研究。他提出："对儿童影响最大的榜样，就是他们在电视上所看到的那些人。一个孩子在8岁时所喜欢的电视节目中暴力的出现情况，将能预测他在19岁时的攻击行为。"根据 Eron（1987）的结论，儿童从电视暴力中学会了攻击的策略和动作，因此当他们面对挫折情境或攻击线索时，更容易产生攻击行为。其他研究者发现，观看暴力录像的人会产生很多攻击性念头。正如我们已经注意到的，暴力的念头通常会引发暴力动作（Anderson，Carnagey，& Eubanks，2003；Ferguson，Miguel，& Hartley，2009）。假如电视不是如此频繁地描述、褒奖和赞美暴力，暴力事件也许就不会越来越多。

父母怎样指导孩子看电视？

父母有什么办法来应对电视对儿童的不良影响吗？事实上，除了关掉电视之外，还有很多办法。如果家长们能够按照下列建议去做，就一定会有成效（Adults and Children Together Against Violence，2010；Frydman，1999）：

1. 首先，在家庭和学校中创造一个安全、温暖的环境，使用积极的方式与人相处。很显然，儿童会模仿父母的行为，包括他们收看电视节目的习惯，他们还会受到父母对媒体态度反应的引导。
2. 孩子看电视的时间不能太长。不能让孩子以为世界就是电视和计算机游戏中的那个样子。如果必要的话，可以制订允许孩子看电视或玩视频游戏的时间表。不要把媒体当作保姆。
3. 密切注意孩子观看的电视节目。如果你不赞成孩子看某个节目，就转换频道或关掉电视。要想办法为孩子安排一些能够激发他们的想象力和创造力的游戏或活动，并引导孩子多看表现积极的社会行为和社会态度的节目。
4. 和孩子一起看电视。这样，你就能对孩子所看的节目随时做出反应。要帮助孩子区别现实世界和电视中虚构的世界，当电视中出现刻板印象或被歪曲的事实时，要向孩子说明事实。鼓励孩子针对这些情境提出更加成熟、现实和积极的见解。
5. 明确告诉孩子，你认为暴力电视中的"英雄"不应成为人们学习的榜样。一些容易对电视中的角色产生认同的孩子更倾向于受暴力行为的影响，因此，对这样的孩子更需留意。

遵循上述指导，你就可以帮助孩子享受电视而不会过多地被一些电视节目或广告商影响。最近一项研究结果表明，小学生减少了看电视和玩电子游戏的时间以后，他们的攻击性也随之降低了（Robinson et al.，2001）。

电视的积极作用

如何发挥电视的积极作用呢？ 电视节目具有强大的信息传播能力和娱乐功能，这是不容否认的。许多电视节目都是很有教育意义的，例如《恐龙仔班尼》《芝麻街》和《罗杰斯先生的邻居》等。大量研究报告证明，这些节目的影响是积极的。显

攻击性色情作品 /Aggressive pornography 关于性暴力或强迫参与性活动的媒体描述。

去抑制作用 /Disinhibition 解除抑制，可导致某种被抑制的行为发生。

脱敏 /Desensitization 降低对于刺激的情绪敏感性。

然，电视吸引了孩子们的兴趣和注意力，教会了他们许多东西。

亲社会行为指对他人有帮助的、建设性的和利他主义的行为（Penner et al.，2005）。电视可以成为儿童的亲社会态度和行为的模仿源。既然电视可以使人产生刻板效应并鼓励攻击行为，也就同样能够促进和鼓励助人、合作、慈善和友爱行为。目前已有200多项研究发现，电视中的亲社会行为能增加观众的亲社会行为（Hearold，1987；Mares & Woodard，2007）。

愤怒控制

在个体水平上，心理学家成功地教会了一些人进行愤怒控制和缓解攻击冲动。**愤怒控制**指适用于特定个体的、用于缓解或降低愤怒水平的策略。保持冷静的关键是，把不利的情境状态视为有待解决的问题。因此，为了缓解愤怒情绪，我们要学会按以下方法行事：

1. 尽可能精确地把问题定义清楚。
2. 列出可能的解决方法。
3. 评估每个方法成功的可能性。
4. 选择一个方法并实施。
5. 评价这个方法的成功程度，并在需要时进行调整。

这样可以帮助人们学习如何避免问题情境，如何首先从不同的方面考虑问题，以及如何释放怒气（Tafrate & Kassinove，2009）。很多人通过采取上述步骤而减少了自己的攻击行为，包括在家庭中使用暴力、打孩子或做一些破坏性的事（Hall，2009；Miltenberger，2011）。

那么，我们将如何"驯服"世界上最危险的动物——人类呢？这个问题目前还没有标准答案。但是，这是一个迫切需要解决的问题，应当引起我们足够的关注。毫无疑问，解决这个问题需要思想家和不同学科的研究者们的共同努力。

知识巩固
帮助他人与攻击行为

测一测

1. 当群体中的旁观者个体没有站出来向急需帮助的人伸出援手时，这是出现了责任_____。
2. 旁观者干预的第一步是将某一事件定义为紧急事件。对不对？
3. 如果一个需要帮助的人与我们背景相似，我们的共情唤起水平可能会提高，也就更有可能为他提供帮助。对不对？
4. 动物行为学家的立场是，攻击行为没有生物学基础。对不对？
5. 睾丸激素水平高与攻击行为增多有关。对不对？
6. 当攻击线索出现时，受挫及厌恶刺激更有可能激发攻击行为。对不对？
7. 社会学习理论者将攻击行为看作一种生物本能。对不对？
8. 社会学习理论认为，榜样的攻击行为有助于消除观众自己的攻击能量。对不对？
9. 过多地看电视可导致对暴力的情绪敏感性降低。对不对？

想一想
批判性思考

10. 如果电视暴力能够增强攻击行为，那么，是否也可以利用电视来增加观众的亲社会行为呢？

自我反思

一位年长的妇女站在路边准备换车胎，很显然，她需要帮助。假设你开着车从她身边经过，在什么情况下你会停车去帮忙呢？

大多数人在极其愤怒的情况下会有攻击行为。你认为哪一种概念或理论可以最好地解释你的攻击行为？

答案：1.分散；2.对；3.对；4.不对；5.对；6.对；7.不对；8.不对；9.对；10.可以利用电视教育孩子做出积极的互助合作行为。许多研究结果表明，电视中的亲社会行为有助于观众做出类似行为（Greitemeyer，2009）。

偏见——伤害性的态度

关键问题 17.6：偏见是如何产生的？

爱情和友情将人们联系在一起，而以猜忌、恐惧和仇恨为特征的偏见则相反。**偏见**在我们的日常生活中极为常见，是指人们对某一特定社会群体的成员所持的否定的情绪性态度（Whitley & Kite, 2010）。那么，偏见起源于什么？怎样才能减少偏见或伤害性的态度？心理学家对这些问题提出了有价值的见解（见"我没有偏见，对吗？"）。

偏见可能体现在警察局、学校和政府组织的政策法规中（Dovidio, Glick, & Rudman, 2005）。根据目标群体的不同，偏见可分为**种族主义**、**性别歧视**、**年龄偏见**或**异性恋主义**，等等（Payne et al., 2010）。在前面的章节中已经讨论了性别、年龄以及对同性恋的偏见，现在重点讨论种族偏见问题（Miller & Garran, 2008）。

种族偏见和种族主义都会导致**歧视**，即不平等地对待那些理应拥有与其他人相同权利的人。由于受到歧视，一些人往往不能做他们有权做的事，在买房子、找工作或升入好学校时受到不公平的待遇（Whitley & Kite, 2010）。例如，在美国的许多城市，非洲裔美国人可以被警察毫无缘由地拦截，有时仅仅是遭到询问，可许多时候会由于一些鸡毛蒜皮的小事（如汽车尾灯破碎或违规变道）而被拘留。对于许多遵纪守法的公民来说，因为这种原因被拘留是一种粗野的种族偏见信号（Plous, 2003）。这也是那么多的非洲裔美国人和其他少数民族不信任美国的警察和法律的一个原因（Dovidio et al., 2002）。正如著名的非裔美国心理学家 Kenneth Clark 说的那样："种族歧视……贬低了整个人类……包括那些种族主义的受害者，那些助长种族主义的人，也相当微妙地贬低了那些随声附和的人。"

偏见的产生

偏见是如何产生的？一种主要理论认为，偏见心理是**找寻替罪羊**的一种形式，即由于受挫而迁怒于某些无辜者的行为或环境条件。找寻替罪羊是一种**替代性攻击**，人们把自己因受挫而产生的敌意指向一个相对安全的目标，进行攻击或撒气（Glick, 2008；Nelson, 2006）。有人在青年夏令营进行了一项经典有趣的实验，以此对上述理论进行检验。实验者要求欧裔美国被试完成一项非常困难的并注定要失败的测试，此外，由于参加这项测试，他们还错过了每周的电影，而那是最精彩的娱乐活动。测试之前，实验者调查了这些被试对墨西哥人和日本人的态度，并在被试测试失败并错过电影之后再次进行测试。结果发现，被试在经历了挫折后对墨西哥人和日本人的评价分数都有所降低（Miller & Bugelski, 1948）。这种效应在2001年"9·11"事件以后也很容易见到，由于遭受恐怖袭击，美国人对看上去是"老外"的人充满了敌意和愤怒。（Ahluwlia & Pelleffiere, 2010）

像其他态度一样，偏见的产生有时来自我们与某个群体中的成员们的直接经验。例如，一个儿童不断地受到某一种族或民族群体中的成员的欺负，就可能发展出对该群体的终生憎恶。此外，父母的态度、图书和电视上对其他种族儿童的刻画和披露，都会对偏见的形成产生影响。许多儿童在3岁时就已经表现出种族偏见的迹象（Katz, 2003）。让人感

愤怒控制 /Anger control 适用于特定个体的、用于缓解或降低愤怒水平的策略。

偏见 /Prejudice 对特定群体的成员所持的没有根据的排斥态度。

种族主义 /Racism 在政府政策或学校教育中宣扬的，同时在现存社会权力结构中得到加强的种族歧视思想。

性别歧视 /Sexism 基于自身性别，对于另一性别成员的习俗化的性别偏见。

年龄偏见 /Ageism 由于对方年龄而对人产生的歧视和偏见。

异性恋主义 /Heterosexism 认为异性恋比同性恋更好、更合乎自然的信念。

歧视 /Discrimination 无视不同社会群体成员具有同等权利，有区别地对待他们。

找寻替罪羊 /Scapegoating 让某一个体或群体被迫承担并非其造成的恶果。

替代性攻击 /Displaced aggression 将目标转向非挫折源的攻击行为。

探索·发现　　　我没有偏见，对吗？

你反对女性外出工作吗？把你的答案记在心里，继续往下读。

下面有12个词，你的任务是将这些词归类。举例来说，假如有个词是"工厂"，如果你觉得这个词属于"男性或事业"这一类，那么就在这个词左边的"○"上做标记。反之，就在词右边的"○"上做标记。

现在，请在20秒内尽可能快而准确地将这些词进行归类。明白了吗？好，开始！

男性或事业		女性或家庭
○	丹尼尔	○
○	莎莉	○
○	房子	○
○	厨房	○
○	商人	○
○	公司	○
○	艾米莉	○
○	亲戚	○
○	就业	○
○	婴儿	○
○	史蒂夫	○
○	执行官	○

现在请将另外12个词再次进行归类。唯一的区别是，类别发生了变化。准备好了吗？好，开始！

男性或家庭		女性或事业
○	家	○
○	经理	○
○	佣人	○
○	安德鲁	○
○	亲家	○
○	珍妮	○
○	车间	○
○	莎拉	○
○	办公室	○
○	有限公司	○
○	同胞	○
○	约翰	○

许多人注意到，第二次归类需要的时间更长，而且犯的错误更多。尽管人们都会宣称自己没有性别偏见，但是与第一次归类相比，在将词归为"男性或家庭"与"女性或事业"两个类别的过程中，他们花费的时间更长，而且准确性有所下降。为什么会出现这种现象呢？因为对许多人而言，女性与家庭的联系比女性与事业的联系更符合人们的预期。

你刚刚完成的是一项内隐联想纸笔测试（题目选自Nosek, Greenwald, & Banaji, 2005）。在互联网上，你会搜索到有关种族、年龄、信仰、残疾、性取向、体重以及其他许多刻板印象的测试题目（Blair, 2001；Hofmann et al., 2005；Kite et al., 2005）。显然，我们不会公开承认自己有偏见，但偏见却隐藏在我们的内心深处（Anderson, 2010b）。

到悲哀的是，一旦偏见形成，即使我们又接触到那个群体中的好人或得到他们的帮助，也难以使我们改变这种有害的态度（Wilder, Simon, & Faith, 1996）。

著名心理学家Gordon Allport（1958）指出，偏见有两个重要来源：当个体认为某个社会群体的成员对自己的利益构成威胁时，就会产生**个体偏见**，例如，另一群体的成员可能会被你认为是工作上的竞争者；而当个体顺从于群体规范时，就会产生**群体偏见**，例如，你自己虽没有理由讨厌某一群体的成员，但你的朋友、熟人或同事都对他们很反感，你也就可能产生对那个群体的偏见。

偏见人格

还有研究者认为，偏见有时是一种人格特征。

Theodore Adorno 和他的同事（1950）曾仔细研究了专制人格。最开始，他们的目的是研究反犹太主义，而在研究过程中却发现，对某一群体抱有偏见的人也容易对所有其他群体产生偏见（Perreault & Bourhis, 1999；Kteily, Sidanius, & Levin, 2011）。

偏见人格有哪些特征？ 专制人格往往与种族中心主义思维联系在一起，在个性中表现为刻板、压抑、偏见和过分简单化（非黑即白思维）。专制主义也倾向于高度重视社会从众（Feldman, 2003）。最近，这种倾向被命名为右翼独裁主义（Duckitt & Sibley, 2010）。同时，**种族中心主义**者否定其他种族群体的地位，只把自己所属的种族置于至高无上的地位。事实上，专制人格者认为，他们自己的民族或种族群体比其他群体更优越（Altemeyer, 2004）。最近，这被命名为社会支配倾向（Duckitt & Sibley, 2010）。

心理学家设计了 F 量表（F 代表法西斯主义）用于测量这些个性特质。这个态度量表由一些陈述句组成，包括下面这些专制人格者一般都会同意的句子（Adorno et al., 1950）。

专制人格者的信念

- 对权威的服从和尊敬是儿童应学会的最重要的品德。
- 人们可以分为两个不同等级：弱者和强者。
- 如果人们能够少说多做，所有人都会更好。
- 一个国家需要的不仅是法律和政策，更重要的是要有几个人民信得过的、勇敢的、精力充沛的、具有奉献精神的领导者。
- 只有经历苦难，我们才能学到有用的东西。
- 每个人都应完全效忠于某个超凡的权威，并毫不犹豫地服从其决定。

可见，专制人格者思想封闭（Bulter, 2000）。他们通常在幼年时期受到过严厉的惩罚，多数人在早期学会了害怕权威，并渴望成为权威。通常，当他们感觉到危险时，更容易表现出专制人格者的信念。一个例子就是，当经济不景气或失业率升高时，这些人会强烈要求学校实行更严格的惩罚措施。专制人格者是不快乐的人。

从上面列出的专制人格者的信念中可以看出，F 量表能够发现政治上保守的专制人格者。心理学家 Milton Rokeach（1918-1988）注意到，从政界极端保守和极端激进的领导者身上都可以发现刻板和专制的人格特征。由于这类人对一些信仰或观点的确信和肯定毫无根据，所以，Rokeach 把刻板和不容忍相反意见的思维方式称为**武断主义**。即使眼前就有相反的证据，武断主义者仍难改变已有的信念（Butler, 2000）。

即使我们不考虑专制人格所产生的影响，种族偏见依然根深蒂固地存在于各个国家。下面，我们将深入探讨偏见产生的根源。

群体间冲突——偏见产生的根源

关键问题 17.7：如何对待偏见和群体间冲突？

成为一个群体的成员必然伴随着一个不幸的副产品，那就是与其他群体成员的接触受到限制。此外，群体之间还可能发生冲突。在这两种情况下都会产生对其他群体的反感和偏见。发生在中东、非洲、爱尔兰和美国的敌对力量之间的流血冲突提醒我们，群体间冲突是如此普遍。媒体每天都在报道有关政党、宗教组织和民族间激烈冲突的消息。自杀式爆炸、无休止的安检、导弹、坦克以及永久的冲突状态使得整个大环境都反对杰斯敏和奥萨马的跨种族、跨宗教的爱情。

个体偏见 /Personal prejudice 对那些可能威胁本人利益者的偏见态度。

群体偏见 /Group prejudice 由于顺从群体意见而产生的偏见。

专制人格 /Authoritarian personality 一种人格类型，以死板、偏见和过分注重权力和强调服从为特征。

种族中心主义 /Ethnocentrism 种族中心主义者将自己所属的种族或群体放在中心位置，拒绝平等地对待其他群体。

武断主义 /Dogmatism 对某一信念或思想的不合理的确信或盲从。

群体之间彼此的优越感、不公平感、脆弱感和不信任感等信念是造成相互敌视的常见原因。群体间冲突中几乎随处可见这样一些思维逻辑："我们是优秀的，却被不公平地剥削、诽谤或羞辱（优越感和不公平感）。其他群体对我们构成了威胁（脆弱感）。他们不诚实，反复背叛我们（不信任感）。我们自然会对他们产生敌视。他们不值得我们的尊敬与合作。"（Eidelson & Eidelson, 2003; Whitley & Kite, 2010）

除了这些敌视性的信念，针对群体外成员的刻板印象几乎总能导致群体间冲突升级（Bar-Tal & Labin, 2001）。

什么是刻板印象？社会刻板印象即对某一特定社会群体成员的过于简单的印象。我们对不同类型的人都有着固定的印象，比如黑人、白人、西班牙人、犹太人、女人、基督徒、老人、男人、亚裔美国人、蓝领工人、乡下人、政客、商业执行官、青少年和亿万富翁等，每一类人在我们的头脑里都有其典型的形象。刻板印象极大地影响了我们对待他人的方式（见图17.6）。一般而言，影响力最大的刻板印象包括性别、年龄和种族三类，

图17.6 种族刻板印象在体育比赛中很普遍。比如，一项研究表明，很多人认为白人没有黑人跳得高。这种刻板印象暗含着黑人篮球运动员生来就具有篮球天赋。相反，白人篮球运动员在这方面就不及黑人球员。这种刻板印象会歪曲球迷、教练以及篮球评论员对球员的期待。而这些错觉的结果紧接着又会强化这种刻板印象（Stone, Perry, & Darley, 1997）。

其他刻板印象都建立在这三类刻板印象的基础之上（Fiske, 1993; Fiske et al., 2002）。

刻板印象往往将人们简单地分为"我们"和"他们"，不是肯定就是否定（Fiske et al., 2002）。尽管刻板印象包括一些好的特质，但形成刻板印象大体上对人并没有好处，因为这种印象的主要作用是控制人的行为。当一个人知道别人在心里已经对自己形成刻板印象的时候，他就会按着别人的这种印象去行事，好也罢坏也罢，反正已经被看成这种人了。这就是为什么谁也不愿意被别人僵化和简单地看待的原因。由于刻板印象，人们的个体性被剥夺，被迫接受对自己的曲解，感到自己受到限制和侮辱（Maddox, 2004）。当人们开始产生**自我刻板印象**的时候尤其危险，自我刻板印象就是相信自己身上有某种刻板印象，或者至少担心他们在刻板印象出现的时候应该如何表现（Latrofa et al., 2010; Oswald & Chapleau, 2010; 见"令人窒息的刻板印象"）。如果没有刻板印象，就不会有那么多仇视、偏见、排斥和冲突。

今天的种族主义采用了**符号化偏见**的形式，以一种经过伪装的方式来表达他们的偏见。这些人意识到，明目张胆的种族主义是不得人心的，因此他们便以含糊的形式在诸如司法程序、乘车、移民、犯罪等问题上表达他们的偏见（Anderson, 2010b）。事实上，现代种族主义者找到一条使其偏见合法化的途径，即他们的意见看上去都是基于问题本身，而不是基于种族主义。比如，在美国，一位非裔求职者和一位欧裔求职者同时谋求一份工作，两个人的资质都比较适合这个职位。如果面试官是一位欧裔美国人，那么，你猜谁更有可能得到这份工作呢？很可能就是那个欧裔美国人。也就是说，在将好处给谁都说得过去的情况下，受益的通常是欧裔美国人，而不是非裔美国人。做出类似决策的人通常认为自己没有偏见，但潜意识里却是对少数民族群体的歧视（Dovidio et al., 2002）。

偏见持有者的刻板印象通常是不合理的，他们会赞同很多对其他群体的消极描述，还经常赞同一些自相矛盾的陈述，例如，一个抱有偏见的人会说犹太人既"爱干涉别人"又"对人冷淡"，美国黑

人类多样性

令人窒息的刻板印象

比尔是一名退休的飞机技师,他应邀给高中学生们做一次讲座,介绍飞机作为商业性运输工具的早期发展情况。在讲课前,比尔总是担心一件事:如果我记错了什么事,人们就会更加确信老年人健忘了。因为他对自己可能会忘事而感到焦虑,所以在讲课过程中,真的有一些事怎么都记不起来了(Chasteen et al., 2005)。

比尔的例子说明,消极的刻板印象具有自我证实的性质。在评价个人能力时,出现自我证实效应的可能性更高。在美国,非裔美国学生常常需要与否定他们学术能力的刻板印象做斗争(Steele & Aronson, 1995; Owens & Massey, 2011)。问题是:他们的学业成绩是否受这种刻板印象的影响呢?

心理学家 Claude Steele 收集的证据表明,当人们认为别人正在根据刻板印象来判断他们时,就会感觉自己受到了**刻板印象威胁**,由此带来的焦虑会导致他们的成绩下降,从而又印证了刻板印象。Steele 通过一个实验证明了这一效应。在实验中,非裔美国大学生和欧裔美国大学生一起参加一个非常难的语言能力测验。实验者告诉其中一些人说这是为了测试他们的学业能力,又告诉另一些人说这只是一个对问题解决过程的实验研究,与个人能力无关。非裔美国大学生在"能力测试"条件下的成绩比欧裔美国大学生差,但在"实验研究"条件下与欧裔美国大学生成绩一样(Steele, 1997; Steele & Aronson, 1995)。类似的效应还出现在女生的数学测试中,强调"女生不擅长数学"的刻板印象能使女生的测试成绩下降(Cadinu et al., 2005; Carr & Steele, 2010)。

根据这些发现,Steele 和其他研究者们目前正在研究如何消除刻板印象威胁,从而使所有的学生都能更充分地发挥他们的潜力(Alter et al., 2010; Cohen et al., 2009; Steele, 1997)。

人既"无知"又"狡猾"。在一项研究中,抱有偏见的人甚至对两个根本不存在的群体表示出否定态度(参见"恐怖分子、敌人和异教徒")。除此以外我们还注意到,如果被排斥的群体中出现了一个与自己很投缘的人,偏见持有者倾向于将其视为一个"特例",而不会承认自己的刻板问题。甚至当这种"特例"层出不穷时,偏见持有者还是不大可能改变自己原有的态度(Whitley & Kite, 2010; Wilder, Simon, & Faith, 1996)。因为构成偏见的一些因素存在于潜意识中,所以偏见很难被改变(Dovidio et al., 2002)。

刻板印象和群体间的紧张关系是如何形成的?两个以儿童为被试所进行的实验可以对这个问题提供一些启示。

关于偏见的实验

受歧视是种什么样的感觉呢? 在一个独特的实验中,小学教师简·艾略特使她的学生直接尝到了受歧视的滋味。在实验的第一天,这位老师宣布让褐色眼睛的孩子坐到教室的后面,并且不许他们使用饮水器。她给蓝色眼睛的孩子更多的休息时

民族自豪感正逐步取代刻板印象和种族歧视。比如,不同的本土美国族群——印第安人部落开始骄傲地庆祝他们自己的节日。然而,尽管民族传统得以传承,种族偏见仍远未得到消除。

社会刻板印象/Social stereotypes 对某一特定社会群体的成员的过于简单化的固定印象。

自我刻板印象/Self-stereotyping 将社会刻板印象放在自己身上的倾向。

符号化偏见/Symbolic prejudice 以隐蔽方式表达的偏见。

刻板印象威胁/Stereotype threat 害怕别人用刻板印象评价自己所引起的焦虑。

批判性思考　　　　　　恐怖分子、敌人和异教徒

在战争年代，普通人响应号召参战杀敌。他们在杀人时是如何对待自己的情绪反应和道德标准的呢？事实上在这种情况下，他们坚信自己的行为是正义的（Leidner et al.，2010；Osofsky, Bandura, & Zimbardo, 2005）。为了荣誉、美德、正义与自由，暴力在此时是铲除邪恶的必要手段。

回顾世界各地近期发生的冲突（以色列人和巴勒斯坦人，斯里兰卡的僧伽罗人和泰米尔人，基地组织和西方国家），冲突任何一方都认为自己的袭击与反袭击在道义上是正义的，即无论行为对与错，他们都使用了使自己的暴力行为正义化的心理机制（Wilmot & Hocker, 2007）。"敌人"在群体间的暴力冲突中总是被描述为魔鬼、禽兽和没有人性的动物（Waytz, Epley, & Cacioppo, 2010）。这种非人性化的描述使他们成为被仇视的对象，甚至死有余辜。毫无疑问，这种方式让士兵在残害"敌人"时，可以在一定程度上减轻心理负担。然而，这种方式也可能导致恐怖主义、拷问、谋杀和种族灭绝。

将"敌人"非人性化的危险在于，它可能导致错误地知觉其他民族或国家的行为和动机。历史上爆发的最为血腥的流血冲突，一定程度上就是由于将"敌人"比喻成魔鬼或人渣所造成的。我们必须谨记，真正高度秉持正义的人不该陷入导致暴力肆虐和恐怖主义的盲目憎恨之中。还需注意的是，那些用来取笑某一民族的笑话、种族刻板印象、侮辱性的名字以及对群体外成员蔑视性的称呼，都是某种程度上对"敌人"形象的诋毁。

非洲苏丹达尔富尔地区长期进行的军事冲突简直就是种族灭绝，成千上万民众的父母兄妹惨遭屠杀。希望最近苏丹政治的发展能够阻止这种惨剧的再次发生。

间，让他们先离开教室去吃午餐。午餐时，不允许褐色眼睛的孩子拿第二份食物，并武断地说他们"肯定会浪费食品"。她不让褐色眼睛的孩子和蓝色眼睛的孩子接触，而且还告诉蓝色眼睛的孩子，他们更干净、更聪明（Peters, 1971）。

眼睛的颜色对于偏见的形成是微不足道的依据，但这与人们最初根据皮肤的颜色就为另一种族定性的方式如出一辙（Glenn, 2009）。显然，这种根据眼睛颜色取人的方式是幼稚的，特别是当下的遗传学还没有足够的证据证明眼睛的颜色与种族有关（Bonham, Warshauer-Baker & Collins, 2005）。

开始时，简·艾略特只是自己一个人坚持这些强加的偏见，不断地批评和贬低褐色眼睛的孩子。但使她惊奇的是，蓝色眼睛的孩子很快加入了她的行动，而他们的攻击行为比她更荒谬。蓝色眼睛的孩子开始感到自己很优越，而褐色眼睛的孩子则觉得糟透了。两拨孩子突然开始打架。褐色眼睛孩子的学习成绩也下降了。

这两个孩子来自不同的种族吗？是的，这是一个陷阱。只有肤色才可以区分这对异卵双胞胎。当然，不同种族的夫妇生出一对这种不同肤色的双胞胎的概率是百万分之一。当这两个孩子因为他们的肤色而受到不同对待的时候，那是多么不公平啊！

这种实验效应持续了多久？ 时间不长，因为两天后，孩子们互换了角色，轮到蓝色眼睛的孩子受歧视了。不久，同样的破坏性效应又发生了。这个实验的含义是显而易见的。不到一天的时间，

人类多样性

美国是紫色的吗?

研究发现，偏见很容易就会产生。用任何简单的方法都可以把一群人分为"我们"和"他们"，并把这种分类推广开来。简·艾略特老师就是这样将她班上的学生分为褐色眼睛组和蓝色眼睛组的。没过多久，这两个组的孩子就对对方产生了偏见。

但这只是个实验，现实社会中不会出现这种情况，对吗? 根据心理学家 Conor Seyle 和 Matthew Newman (2006) 所说的，如今我们正在美国看到这样一个现实社会中的例子。为了生动地传达 2000 年总统大选的结果，《今日美国》按照州界画了一幅地图，用红色和蓝色标注了支持共和党候选人和民主党候选人的州。

几年之后，红色和蓝色就成了区分美国敌对阵营的一个国家性的速记法。红色代表共和党：保守的、中产阶级、农村的、宗教的以及住在美国中心地带。蓝色代表民主党：自由的、上层阶级、城市的、无宗教的、住在海边。结果使得原本复杂的美国社会产生了两种过度简单化的刻板印象，导致了不同群体之间偏见的增长 (Binning et al., 2010; Mundy, 2004)。

这种过度简单化忽视了这样一个事实，在很多州中，总统选举的结果非常接近。因此，在一个州中可能有 51% 的红色而有 49% 的蓝色。此外，还存在许多不同的组合。美国前总统比尔·克林顿来自阿肯色州（红色州），认为自己是一个南方浸信会教徒，崇拜卫斯理会。那么他是蓝色的吗? 你会怎样对一个来自加利福尼亚州（蓝色州）的经济保守派的，偶尔参加教会组织，住在旧金山，支持同性恋婚姻以及支持共和党的人进行分类划分呢?

根据 Seyle 和 Newman 在 2006 年的研究，一种更好的途径是意识到美国是由不同政治、社会、宗教和经济观点组成的全局，因此大多数的美国人都是"紫色的"。这样的观点也强调了比起与其他国家民众的差异，美国人之间的政治观点拥有更多的相似之处，而不是区别。"紫色"观点可能会使美国对于当前所面对的重要问题产生一个更富有成效的国家性的讨论。

就能使只是眼睛颜色不同的孩子们由于**不平等地位**而相互仇视。更不用说现实中的种族和民族偏见是长期形成的，其能量和破坏性之大难以想象（见"美国是紫色的吗？"）。种族主义是许多有色人种生活压力的主要来源，长期以来，偏见对人的身心健康都构成了消极影响（Brondolo et al., 2011）。

平等地位接触

如何与偏见做斗争? 通过对公众进行反偏见教育，人们在消除偏见方面已经取得了进步。转变态度中的信念成分是转变整个态度的最直接的方法之一。因此，要使群体间的关系得到改善，就要使人们认识到，不同种族及民族的成员都有着共同的目标、抱负、情感和受挫折时的痛苦（Moskowitz & Li, 2011）。

然而，这还不是解决问题的全部答案。正如我们先前已注意到的，态度和实际行为之间有着巨大的差距。如果缺少公正的行为，态度的转变就可能只停留在表面上。认知失调理论等观点认为，冲突中的群体频繁地进行平等地位接触将有利于减少他们之间的歧视和刻板印象（Olson & Zanna, 1993; Wernet et al., 2003）。

平等地位接触指的是平等基础上的社会相互作用，双方在权力和社会地位上没有明显差别。有不少证据表明，平等地位接触确实能降低歧视。例如，一项早期研究比较了居住在无种族隔离社区和种族隔离社区的白人妇女对黑人邻居的态度转变。居住在无种族隔离社区的白人妇女对黑人的态度有了可喜的变化，而居住在种族隔离社区的白人妇女的态度不变，有的甚至更加歧视黑人（Deutsch & Collins, 1951）。另一些研究让来自不同种族的人

不平等地位 /Status inequalities 不同的人或群体之间在权力或地位上的不平等。

平等地位接触 /Equal-status contact 人们之间平等的社会交流，相互之间在权力和地位上无显著差别。

在一起工作、做实验和学习。这些研究结果都发现，人们与原来不喜欢的群体的成员进行个人接触后，能带来相互间的友好行为、尊敬和喜爱。需要指出的是，只有当这种个人接触是在平等基础上的合作时，才可能产生良好的效果（Grack & Richman，1996）。

为了更直接地检验平等地位接触的重要性，Gerald Clore 和他的同事们组织了一个独特的儿童夏令营。这个夏令营由一位白人男性、一位白人女性、一位黑人男性和一位黑人女性四人共同领导。宿营时，每个帐篷里都有三黑三白六名儿童和一白一黑两名辅导员，因此白人和黑人在数量、领导者、特权和责任等方面都是对等的。这样一次经历就能改变态度吗？是的。实验表明，孩子们在夏令营结束后对另一种族儿童的态度比参加夏令营之前要好得多（Clore，1976；Moskowitz & Li，2011）。

高级目标

现在让我们来思考另一个具有启示性的研究。研究者们组织11岁的男孩参加夏令营，到达营地以后，孩子们被分为两组，分别住在两个小屋里。最初，拆分两组是为了发展群体内部的身份认同和友谊。很快，每组都有了自己的旗帜和名称，一个叫"响尾蛇"大队，另一个叫"雄鹰"大队，并开始标定各自的领地。这时，两组开始了相互间的竞争，发生了一系列冲突，彼此从讨厌对方发展到相互仇视。随后，两组孩子相互欺负、打架，袭击对方营地，出现了公开的敌对行为（Sherif et al.，1961）。

如何才能不使孩子们带着对彼此的仇视回家呢？作为一项旨在减少群体间冲突的实验，研究者们试验了许多策略，试图减少孩子之间的敌视。例如，把双方的队长召集在一起开会，作用不大；让两组孩子在一起活动，效果不佳；邀请孩子们在一起聚餐，最后却变成一场混战。最后，实验者策划了一系列紧急情况，例如，营地的供水系统出了问题，需要所有的成员共同参加修理工作，两组成员必须共同合作。这些紧急情况开启了超越竞争性目标的**高级目标**，因此所有的男孩必须共同合作进行修理。通过这些高级目标，两个群体终于恢复了和平。

合作和共同目标使两个对立群体把自己和对方看作一个更大的群体的共同成员，从而消除了彼此间的对立（Gaertner et al.，2000）。换而言之，高级目标使群体成员知觉到的是一种"同舟共济"的效应（Olson & Zanna，1993）。美国遭受"9·11"恐怖袭击以后连续数月，全民同仇敌忾的情绪体现的就是高级目标的力量。高级目标也能够帮助和平主义者们建设性地与其他国家的人民建立友好合作关系（Boniecki & Britt，2003；Whitley & Kite，2010）。

这些目标能否存在于全球范围内呢？或许处理全球能源问题和粮食危机、保护自然环境、应对恐怖主义和宗教极端分子的威胁都是全球范围内的高级目标，从政治上看，这些目标可能远远没有成为全球的共同目标，但其高级目标的本质是显而易见的。

"拼图"式合作学习

并不尽如人意的是，无种族隔离的公立学校对减少种族偏见所起的作用不大。事实上，这里的偏见可能更严重，少数民族学生的自尊水平通常很低（Aronson，2008；Binder et al.，2009）。

如果无种族隔离学校提供了平等地位接触的机会，偏见不就可以被降低了吗？理论上是这样，但实际上，少数民族学生在刚进入一所无种族隔离的学校时，往往没有做好在同等基础上进行竞争的准备。学校在本质上鼓励学生们竞争，而这与鼓励他们学会相互理解并互相关爱是相悖的。

为解决上述问题，社会心理学家 Elliot Aronson 开创了一个将高级目标的概念应用于普通课堂的方法，即为学生们设置一种相互依赖的环境。换言之，人们必须**相互依赖**才能达到共同的目标。当每个人的需要与小组中其他人的需要一致时，就能极大地鼓励他们之间的合作（Deutsch，1993；Güth，Levati, & von Wangenheim，2010）。

如何在课堂上设置相互依赖的环境呢？Aronson 成功地提出了一个强调合作而非竞争的学习方法，称为**"拼图"式合作学习**。这一概念来自拼图游戏，即必须把分散的每一个小块都拼到一起，才能构成完整的图。在"拼图"式合作学习中，每个孩子都拥有一块"拼图"，即负责完成一个项目，或负责准备考试中所需的一部分信息。

一个典型过程是，孩子们分组学习一些知识，每组5～6人，学习之后要进行测验。实验者分给每个孩子一部分信息，要求他们进行学习。例如，第一个孩子学习有关爱迪生发明灯泡的材料，第二个孩子学习有关爱迪生发明唱片的材料，第三个孩子阅读爱迪生的童年故事，等等。每个人学完自己的材料后要向小组其他成员进行讲述，把自己知道的东西教给别人。这样，即使最具个人竞争倾向的孩子也会很快意识到，如果没有组内其他人的帮助，自己就无法获得好成绩。每个孩子都为小组做出了无可替代的重要贡献，同时，孩子们也学会了相互倾听和尊重。

"拼图"式合作学习的方法对消除种族偏见有用吗？ 与采用传统学习法的孩子相比，采用这种合作学习方法的孩子偏见程度更低，对同学更友好，对学校的态度更积极，自己的学习成绩和自尊水平也得到了提高（Aronson, 2008；Walker & Crogan, 1998）。

总结一下，具备下列条件可以有效地减少偏见：

- 客观形势将来自不同群体的成员联系在一起，并相互保持平等的地位。
- 所有群体成员都有一个共同的目标。
- 群体成员必须合作才能完成这个目标。
- 群体成员有足够的时间相处，这样有利于群体间成员发展友谊。

体育运动队是满足上述条件的一个最佳例证。竞技场上的密切接触和相互依赖往往可以消除偏见的藩篱，并结下一生的友谊。

展望

本章的应用篇将关注多元文化主义，并对如何推进宽容待人进行了长远思考。不要错过接下来我们对社会心理学的精彩总结。

知识巩固

偏见与群体间冲突

测一测

1. 偏见形成的一种解释是，人们通常在受挫后寻找_____，这种现象也可称为替代性_____。
2. 专制型人格的人倾向于对所有群体外成员持有偏见，这是一种_____的特征。
3. 社会刻板印象既包括消极的负面印象，也包括积极的正面印象。对不对？
4. 有种族和民族偏见的社会刻板印象通常来源于不同群体的高级目标。对不对？
5. 符号化偏见指以伪装或隐含的形式出现的种族主义和偏见。对不对？
6. 简·艾略特的教室偏见实验说明，可以通过以下某种方法造成儿童之间相互反感：
   a. 分组竞争
   b. 强化不平等地位
   c. 角色扮演
   d. 使每个小学生都感到受挫
7. 研究表明，群体间的偏见和冲突可以通过_____接触和设立_____目标来减少。

想一想

批判性思考

8. 在法庭审判中，有时辩护律师会设法识别并排除具有专制人格特征的人进入陪审团。你知道这是为什么吗？

自我反思

回忆上一星期发生的事情。如果没有各种偏见，这些事将会是什么结果呢？

高级目标 /Superordinate goal 超越或优先于其他所有目标；此目标的设定使其他目标退居其次。

相互依赖 /Mutual interdependence 人与人之间必须相互依靠才能满足每个人的需要和目标的一种条件。

"拼图"式合作学习 /Jigsaw classroom 一种用于降低偏见的方法。在学习过程中，每个学生都需要完成一部分的任务。

回想一个你所知道的最顽固、最武断的人。他或她的特点与专制人格特征相符吗?

刻板印象可以将社会群体分类,如"大学生"或"未婚青年"等。日常生活中,你面对的刻板印象都有哪些?

青年活动中心的指导员很关注来自不同种族群体的孩子们之间发生的冲突数量。你能为他提供一些减少群体间冲突的建议吗?

答案:1.种族主义,民族,2.并基于此关人,3.对,4.于对 5.对 6.9,7.少等地位,感经,8.具有专制人格倾向者会认为他们总是有效的,为此他们常有可能倾向建名敌意。

多元文化主义——促进多民族社会的平等与和谐

应用篇

关键问题 17.8：我们如何促进多元文化和社会和谐？

今天的社会不是一锅大杂烩，而更像一个沙拉拼盘，可以多味而和谐。心理学家认为，我们必须学会尊重和欣赏与我们不同的人，不应要求人人都必须和我们一样。我们要承认和接受人类的多样性，不同种族、民族和文化群体应享有平等的社会地位。这就是**多元文化主义**的基本观点，即对人类多元化的承认与接受（Alleyne, 2011; Moghaddam, 2007）。

打破传统偏见

虽然大多数人公开支持平等和公平的社会政策，但其中不少人仍然对非裔美国人、拉丁美洲人或美国穆斯林等少数民族怀有种族偏见和坏印象。我们该怎样解释这些相互矛盾的心态呢？摈弃偏见的决心不会使人立刻减少带有偏见的思想和感情，有人即使有意识地不再抱有偏见，但对其他种族和民族的某些情绪反应还会持续一段时间（Anderson, 2010b; Nosek, Greenwald, & Banaji, 2005）。这可能反映了他们在童年时所受到的偏见和刻板印象的影响（Dion, 2003）。

对大多数人而言，真心接受对其他文化开放的价值观、真正欣赏那些与自身完全不同的文化是减少偏见的开始（Fowers & Davidov, 2006）。但要记住，对他人开放并不意味着你必须完全赞同他们或者完全背离自己的文化。反过来，开放也会让人们接受包容与平等的价值观。一个把宽容视为重要品质的人能够抵制自己偏狭的想法和情绪，从而激励他们改变自己带有偏见的行为（Binning et al., 2010; Dovidio & Gaertner, 1999）。当然，这样做并不容易，因为这要求人们努力学会用另一种方式思考、感知和行动。完全克服习惯性的偏见是很有挑战性的，但仍有不少人取得了成功（Fowers & Davidov, 2006）。如果你想使自己变得更开放、更包容，下面的建议也许会对你有所帮助。

不随便把人归类

分门别类能使社会易于管理。但把人进行归类后，你所见到的往往不再是某一个人，而是某一类人。其结果是，你会把某个群体的成员都看成一模一样。但事实上他们和我们的家人朋友一样，都有着独特的个性特征。没有偏见的人总是积极地克服刻板化的想法，注重人与人之间的公平和平等。

寻找个体化信息

克服刻板印象的一个好办法就是了解不同种族、民族和文化群体中的个体（Giliovich, Keltner, & Nisbett, 2005）。一般情况下，当我们对一个人并不了解的时候，最容易根据刻板印象看待对方。你只是根据刻板印象去猜测这是个什么样的人以及他会怎么做。问题是，这样的推论通常都是错误的。

矫正刻板印象的一个最好的方法是寻找**个体化信息**，即首先把一个人看作独特的个体，而不是某一群体的成员（Cameron & Trope, 2004; Lan Yeung & Kashima, 2010）。这种方法能够抑制刻板式的思维。当你遇到来自不同背景的人时，首先要把他视为一个独特的人，而不是归入某一类人。

一个加拿大的研究为信息个体化提供了很好的例子。研究中，母语为英语的学生参与了一个法语项目。那些母语是英语的加拿大大学生通过与法裔加拿大人较长时间的相处后，对法裔加拿大人的印象变得更为积极，认为他们和自己的区别并不大，比以前更喜欢并愿意和他们待在一起（Lambert, 1987）。事实上，这种接触或许是消除群体间冲突的最好方法（Dovidio & Gaertner, 1999）。

不要被"世界公平"论所误导

你相信这个世界在根本上是公平的吗？多数人即使不相信，

多元文化主义 /Multiculturalism 承认和接受人类文化多样性和种族平等的观点。

个体化信息 /Individuating information 能够帮助把一个人看作独特的个体，而不是将其归入某一类人的信息。

也会认为大家都是一分耕耘一分收获，因此世界基本上是合理的。值得警惕的是，这种信念会直接加深偏见（Hafer & Begue, 2005）。

由于歧视、社会条件和环境等原因，一些少数民族和新移民们的社会经济地位很低（Whitley & Kite, 2010）。但是，根据所谓的"世界公平"论，一个人或贫或富自有其道理，而人们由此会误认为，少数民族目前的不利地位可能是他们在某些方面的缺陷造成的。实际上，这样的思想是在责难那些由于不利处境而遭受偏见和歧视的受害者。例如，假定一个穷人很懒惰，可能恰恰忽视了他在找工作过程中所遭到的歧视。

警惕"自我实现的预言"的消极作用

在第1章中曾提到"自我实现的预言"效应：人们倾向于遵循别人对自己的期望去行动。因此，如果人们对不同群体成员持有较强的刻板印象，就会形成一种恶性循环。当你遇到一个与你不同的人时，你会戴上有色眼镜去看他，而那个人因为知道被你看成了某一类人，索性就那么去做，其行为便与你已有的刻板印象相一致了。例如，一个人认为其他宗教群体的成员对他们有敌意，认为他们是不友好的，这样可能激发那个群体中成员做出敌意和不友好的反应。这样，就产生了**自我实现的预言**效应，进一步强化了你所持有的刻板印象。

"与我不同"绝不意味着"比我差"

一些群体间的冲突是难以避免的，但是，不必要的社会竞争是可以避免的。**社会竞争**是指群体之间的竞争，每个群体都认为自身比对方优越。一些人希望通过对特定群体的认同来提高自己的自尊，而这种提升只有在自己所认同的群体比别的群体优越时才能实现。由于社会竞争的存在，一些群体常常会认为自己比竞争对手更优秀（Baron, Byrne, & Branscombe, 2009）。一项调查显示，美国所有主要的民族都认为自己比其他民族更优秀（Njeri, 1991）。

一个真正高自尊的人不需要为了自己感觉良好而贬低别人。同样，我们不需要为了对自己认同的群体感觉良好而贬低其他群体（Fowers & Davidov, 2006）。事实上，每个种族都有我们值得效仿的优点，比如，非裔美国人、亚裔美国人和拉丁美洲人重视家庭关系，从而有效调节了生活压力，就是值得我们学习的地方（Suinn, 1999）。

正确理解种族的社会含义

以现代遗传学的观点来看，其实种族这个概念毫无意义（Bonham, Warshauer-Baker, & Collins, 2005；Sternberg, Grigorenko, & Kidd, 2005）。不同群体成员之间的遗传基因各不相同，加之人类混居了好几个世纪，从而使我们在生物学上已无法判断个体到底属于哪一个种族。因此，种族这个概念只不过是一个建立在表面的体貌差异以及人为赋予的种族身份之上的错误观念。当然，不同种族的人似乎的确行为各异（Glenn, 2009），但这只是社会标签的作用，并没有生物学基础。仅仅根据群体的不同就推测物种的优劣是完全错误的观点。事实上，大约10万年前，人类最早起源于非洲，这是证明全人类拥有共同祖先的最有说服力的证据。早期人类的皮肤颜色都很深，这是对赤道附近日光照射的一种保护性适应（Jablonski & Chaplin, 2000）。所以，从生物学角度而言，我们都是同宗同源的兄弟姐妹（Graves, 2001；Smedley & Smedley, 2005）。

寻找彼此间的共同点

我们生活在一个鼓励竞争和个人奋斗的社会，问题在于竞争培养了我们贬低、击败和征服他人的心理。当人们在一起合作时，我们通常能够同甘共苦，分享快乐，分担忧伤（Aronson, 2008）。但是如果我们找不到与他人一起和谐生活与合作的方式，双方就都会感到痛苦。这种因找到共同点而快乐、因找不到共同点而痛苦的特点，是人类的共同之处。众所周知，当自己被看作异类时，心里会很不是滋味。如果记住了自己的这种感觉，对别人就会更加包容。

为其他人做个好榜样

行事风格包容的人可以为其他人做个好的榜样。在美国得克萨斯州的休斯敦高中，学校通过鼓励学生们为时事通讯写一些以

"合作产生理解"为主题的故事，来提高各民族学生之间的相互了解。比如，一篇描写校运动队里西班牙人与英国人之间友谊的文章标题是："判断的基础是了解，而不是肤色。"还有文章描写了学生们希望结识其他种族学生的愿望，以及对其他种族学生能力方面的新发现。经过仅仅5个月的包容训练，校园内种族群体间的敌视显著下降了（McAlister et al., 2000）。

包容与文化意识

要在一个多元社会里自在地生活，就要逐渐熟悉其他群体。了解一个同你的文化背景完全不同的人，是一种丰富多彩的学习经历。没有一种文化是十全十美的。多种文化的共存丰富了一个社会中的哲学、艺术、音乐和美食。同样，向不同的种族、文化和民族群体学习，对个人也是很有意义的（Fowers & Davidov, 2006）。

文化意识的关键是注意文化间微妙的细节差异。例如，美国的一些大城市中有很多韩裔商人开的小商店。韩国商人不习惯把零钱直接递到顾客手里，因而引发了纽约的一场非裔美国人抵制韩货的运动。韩国商人因"对顾客冷淡"和"怀有敌意"而受到批评。然而，问题的真正原因在于双方都缺少文化意识方面的理解。

在美国，当你走进一家商店时，一定会期待热情的服务。这种礼貌的表达方式之一便是微笑。但是，在以儒家思想为主导的韩国文化中，微笑只能献给家人或亲密朋友。如果没有理由的话，韩国人是不会向你微笑的。有一句韩国俗话说："只有傻瓜才笑个没完。"韩国人即使表达"谢谢"或"请原谅"也很谨慎，陌生人之间很少有身体接触，因此，店员在找零时才会避免碰到顾客的手。

忽视文化差异会导致不必要的冲突和误解。有这样一个例子：一位热心肠的黑人妇女为了缓和种族间的紧张气氛而给她的犹太邻居送去了新鲜的蛋糕。来到邻居的门前，她伸出了友谊之手。但正统的犹太教徒是不与女性握手的，除非对方是亲密的家庭成员。不握手也就罢了，她进了屋后，拿起一把菜刀要切蛋糕，却不知这又违背了犹太戒律——对于不同的食品要使用不同的刀！结果大家不欢而散，好事变成了坏事。我们看到，只要两家邻居稍微了解一点儿彼此的文化，就能防止文化间冲突的发生。

我们以杰斯敏和奥萨马的故事开启了本章的论述。现代社会中，什么才会恒久流传？是将他们联系在一起的爱，还是他们所属不同的文化之间的恨？只有时间会告诉我们答案。

"世界公平"论 /Just-world beliefs 认为人们只要努力就能公平地得到回报的观点。

自我实现的预言 /Self-fulfilling prophecy 人们根据预言改变自己的行为，从而使这一预言逐渐成为事实的效应。

社会竞争 /Social competition 一种群体间的敌对状态，每个群体都认为自己比对方更强。

知识巩固

多元文化主义

测一测

1. 根据多元文化主义的观点，不同的亚文化和民族群体最终将混合成为一种文化。对不对？
2. 许多反对偏见的人仍然对少数民族成员抱有带偏见的看法和情绪。对不对？
3. 刻板印象最有效的矫正方法是哪一个？
   a. 接受"世界公平"论
   b. 信息个体化
   c. 接受自我实现的预言
   d. 诚实的社会竞争
4. 所谓的"世界公平"论是导致社会竞争的主要原因。对不对？

想一想

批判性思考

5. 我们应该学习并使用不同文化群体自己喜好的称呼去称呼他们，比如"墨西哥裔美国人""非裔美国人"，而不是"黑人"。为什么？

自我反思

你使用过哪些策略来消除自己的习惯性偏见？还有哪些策略可以让你变得更加包容？

答案：1. 不对 2. 对 3. b 4. 不对 5. 我们习惯使用本民族文化中的措辞来描绘其他民族群体，但有的词语涉及不同文化中可能令人反感。尊重"文化移情"的人会尊重别人希望中止使用自己的名字的请求。

本 章 总 结

关键问题回顾

17.1 人为什么需要归属感?

17.1.1 归属感能够满足人对支持、友谊和爱的需要。另外,归属感也能够减少焦虑。

17.2 影响人际吸引的因素有哪些?

17.2.1 决定最初人际吸引的主要因素包括物理接近、熟悉度、频繁接触、外表吸引、才能、彼此间的相似性以及互利。

17.2.2 关系的发展需要遵守自我表露的原则:低水平的自我表露会得到低水平的回应,适度的自我表露会引发更具个体性的回应。但是,过度自我表露则会阻止别人的自我表露。

17.2.3 在北美,男性之间的友谊更多地基于双方共同参加的活动,而女性之间的友谊更多地基于彼此之间分享的情感和信任。

17.2.4 按照社会交换理论,人们倾向于与他人保持可使双方获益的关系,也就是说,人们能够得到的需要高于付出的代价。

17.3 喜欢和爱有什么不同?

17.3.1 根据 Sternberg 的爱情三角理论,喜欢是想与他人建立亲密关系;而爱不仅包括与他人建立亲密关系,彼此之间还需要有激情和承诺。

17.3.2 浪漫之爱基于亲密与激情。伴侣之爱则包括亲密和承诺。只有完美之爱才包含了亲密、承诺和激情,这是爱情最完整的形式。

17.3.3 浪漫之爱也与情侣之间强烈的相互迷恋有关。

17.3.4 成人对爱情关系的处理方式可以反映出他们在婴儿时期形成的情绪依恋模式,分为安全型、回避型和矛盾型三种主要模式,可以根据一个人如何看待自己与爱人的情感关系来界定。

17.3.5 进化心理学把人类的择偶模式归因于人类进化的结果,认为男性和女性在择偶时的差别与原始的繁殖分工有关。

17.4 为什么旁观者在紧急事件中常常不愿意站出来帮助别人?

17.4.1 在一个人决定自己是否去帮助他人时,必须经过四个关键的过程:注意到需要帮助者,将事件定义为紧急事件,决定承担责任以及选择行动方案。如果有其他潜在帮助者在场,上述四个过程就都会受到影响,从而减少了帮助行为出现的可能性。

17.4.2 在某些条件下,人们会更愿意帮助别人。这些条件包括唤起水平提高、共情唤起、好心情、代价不太大或风险程度低,以及需要帮助者与自己有很多相似之处。一个人的助人行为能够鼓励和带动别人也采取帮助行为。

17.4.3 理解并消除对亲社会行为的偏见可以使人们提供更多的帮助和利他行为。

17.5 心理学家怎样解释人类的攻击行为?

17.5.1 攻击行为包括从战争到欺负等多种形式。

17.5.2 动物行为学观点把攻击行为归因于遗传本能。生物学观点在解释攻击行为时,强调大脑的机制以及与降低攻击阈限有关的生理因素。

17.5.3 根据受挫-攻击假说,受挫折与攻击密切相关。但挫折不是唯一能唤起个体攻击行为的厌恶刺激。攻击线索易引发攻击行为。

17.5.4 社会学习理论强调榜样在攻击行为发展中的作用。

17.5.5 攻击存在于现实生活中,但人类的攻击性也不是不可避免的。有助于解释攻击行为的那些因素同样也可以作为预防攻击行为的理论基础。

17.6 偏见是如何产生的?

17.6.1 偏见是对其他群体的成员的一种内隐或外显的否定态度。

17.6.2 有的理论把偏见解释为"找寻替罪羊",还有的理论把偏见分为由个人原因而形成的个体偏见和为了顺从群体规范而形成的群体偏见。

17.6.3 抱有偏见的人通常具有专制或武断的个性特征,表现为刻板、抑制、不宽容、过于简单化和种族中心主义。

17.7 如何对待偏见和群体间冲突?

17.7.1 群体间的冲突会增加敌意并形成社会刻板印象。

17.7.2 刻板印象和自我刻板印象会弱化他人的个性甚至是人性。

17.7.3 地位不平等往往会产生偏见。而与其他群体之间进行平等地位接触或者建立彼此之间的互相依赖有利于减少偏见,促进合作。

17.7.4 心理学家强调,设立高级目标是减少不同种族、宗教、民族或国家之间冲突的关键。

17.7.5 具体地说,"拼图"式合作学习能够鼓励学生们相互帮助和合作,是一种帮助他们消除种族偏见的有效办法。

17.8 我们如何促进多元文化和社会和谐?

17.8.1 多元文化主义是对人类多样性的认同和接受。

17.8.2 文化多元的和谐需要通过不懈的努力,有更多的包容才能达到。

17.8.3 我们想要变得更为包容就需要学会使信息个体化,寻找与他人的共同点,以及避免受所谓"世界公平"论的信念、自我实现的预言和不必要社会竞争的影响。

17.8.4 增强"文化意识"是促进社会生活和谐的一个关键因素。

第18章

生活中的心理学

主题

心理学可以解决各种情境中的实际问题。

关键问题

18.1 心理学是如何应用于工商业的?

18.2 心理学家认为自然环境和社会环境对人有哪些影响?

18.3 心理学是如何促进教育发展的?

18.4 心理学研究揭示了有关陪审团和法院裁决中的哪些问题?

18.5 心理学能提高运动员的成绩吗?

18.6 如何设计工具才能更好地满足人类需求?

引子

与知识接轨

如今，以笔记本电脑、智能手机、MP3、游戏机、平板电脑等为代表的数字科技大爆炸势不可挡。不计其数的电子产品已经走进人们的生活。数字游戏、社交网络、音乐、电影产业，甚至是书籍出版业都发生了翻天覆地的变化。尽管人们对此已经习以为常，但这场科技风暴的影响却不容忽视。

工程师和心理学家的灵感闪现让设计越来越人性化，促成了今天科技的巨大成功。例如鼠标和电脑图标大大简化了电脑操作，带动了个人计算的革命。iPod 的早期成功很大程度上取决于棘轮（一种触控式按键转盘）这个非常不起眼的装置，全靠这个对触觉敏感的圆环，使用者才能从千万首歌曲中快速锁定自己想要的曲目。目前最新的触控装置都安装有多点触控界面，通过这一设计，使用者能轻松掌控所有数字信息。不仅如此，任天堂 Wii 和体感游戏借助人机互动技术，使玩家不需要触控，只用身体动作就能尽享游戏快乐。为了方便残障人士使用，科学家甚至开发出了不需要移动肢体，仅凭意念就能操控的计算机系统。

所有这些科技进步，不管是计算机鼠标，还是棘轮、多点触觉感应、动作感应、语音激活、意念控制系统等等，都离不开人类因素心理学家的努力，他们通过分析人的行为，设计出更方便人类使用的电脑工具。

利用心理学原理和研究方法解决实际问题，这就是**应用心理学**。上文中设计人机交互界面仅仅是心理学应用于生活的一个方面。应用心理学主要包括临床心理学和心理咨询两个大方向，但远不局限于此，其广阔的应用空间涵盖社区心理学、教育心理学、军事心理学、消费者心理学、健康心理学（第13章）以及航天心理学等。本章我们将聚焦于应用心理学的六个不同领域：工业与组织、环境、教育、司法、运动和人类因素。

工业与组织心理学——工作中的心理学

关键问题 18.1：心理学是如何应用于工商业的？

工作对于你来说是生活目标还是谋生手段？人们可以有不同的想法，然而事实上，我们绝大多数人都要为了生存而工作。无论你正从事某项工作，或毕业即将工作，了解一些工作和组织心理学知识都是有帮助的。

工业与组织心理学研究人们在工作中和组织中的行为（Aamodt, 2010; Cascio & Aguinis, 2008），他们的研究涉及如何在应聘者之中进行人员选拔，以及在人员晋升和雇用中如何进行考核、培训或评价等。大多数 I/O 心理学家受雇于政府部门和企业。一般来说，他们从事的工作主要包括两方面：(1)确定某个工作岗位所需要的潜在技能，以便于针对该工作进行人员选拔和培训（工业部分）；(2)研究在组织中如何创造组织结构和企业文化来提高工人的工作效率（组织部分）。表 18.1 是对 I/O 心理学家们所从事工作的一个更详细的说明。

表 18.1 工业与组织心理学家研究的部分问题

旷工问题	工资发放时间
决策	人员选拔
组织设计	人员培训
员工应激	生产力
员工离职	晋升
面试	职务分析
工作丰富化	任务分析
工作满意度	任务设计
劳资关系	工作行为
领导力	工作环境
机器设计	工作激励
管理方式	员工评价

对于任何组织来说，领导都是其核心（Hodson & Sullivan, 2010）。作为家庭治疗师和拉比（rabbi, 犹太教对有智慧的大师的称呼——译者注），Edwin

Friedman 曾这样说过:"领导力就是带领他人明确规划和拓展未来视野的一种能力。"那么,出色的企业领导是如何启发员工的呢?

领导力理论

某公司是一家大型电脑游戏开发商。每到午饭时间,员工们就会聚在一起,边吃饭,边玩游戏,聊得热火朝天,公司高层也参与其中,游戏中你争我夺毫不相让。这种工作环境挺特别的,不是吗?要理解这背后的原理,让我们一起来看看两种基本的领导理论吧。

X 理论和 Y 理论

Frederick Taylor 是一位工程师,早在 1923 年他进行了改进工人工作效率的尝试。当时,为了加速生产,Taylor 使工作规程标准化,并强调周密的计划、控制和秩序。Taylor 方法被称为 **X 理论(又称科学管理)**。科学管理的方法就是通过时间-动作研究、任务分析、工作专门化、流水生产线和改进工资发放制度等办法来达到提高生产效率的目的(Bobic & Davis, 2003;Crowley et al., 2010)。

科学管理似乎将人与机器画上等号了,是这样吗? 在某种程度上是。在 Taylor 的时代,很多大型企业拥有庞大的生产线。工人们必须像机器中的齿轮一样高效工作。支持 X 理论的管理者们以任务为中心,以完成工作任务为目标,而不考虑从事这些工作的人。所以在他们眼中,工人必须被催着、赶着才能提高工作效率。为企业工作的心理学家都以提高**工作效率**为目标,研究如何以最少的投入获得最多的产出,因此,他们更注重那些可以控制工人的工作制度,如工作时间表、生产定额和奖金制度等。有人甚至企图使工人能够像上足了油的机器一样,不停地运转。

但多数人都明白,心理效率与工作效率是同等重要的。**心理效率**是指保持高涨的士气、良好的人际关系和员工对自己工作的满意度等。在管理方式上,如果忽视或草率处理人的因素,往往要付出巨大的代价。除此,不断有研究证明快乐的员工生产效率才更高(Lerner & Henke, 2008;Wright & Cropanzano, 2000)。

心理学家 Douglas McGregor(1960)把那种只注重生产效率的"科学管理"理论称之为 X 理论,以区别于一种新提出的更关注人际关系的科学管理理论——Y 理论。

卓别林在影片《摩登时代》(1936)中完美地呈现了工人被机器化的一幕。你曾经做过这样的工作吗?

Y 理论与 X 理论在思路上有什么不同? 推崇 Y 理论的管理者们相信:首先,员工更愿意实行自我管理并愿意承担责任;其次,员工的需要和奋斗目标与企业的目标能够吻合;此外,认为人天生懒惰和缺乏主动性是一种错误的观点。简言之,Y 理论认为人是勤奋和有创造性的,并可以从富有挑战性的工作中获益。

事实证明,人一旦被赋予适当的责任和自由,就会愿意努力工作以提高自身的竞争力和发挥自

应用心理学/Applied psychology 应用心理学原理和方法,解决实际问题。

工业与组织心理学/Industrial/organizational psychology 研究工作中的心理学和组织内人员的行为规律。

X 理论(科学管理)/Theory X leadership(Scientific management) 一种强调生产效率的管理理论。

工作效率/Work efficiency 通过最小的成本投入获得最大的产出。

心理效率/Psychological efficiency 保持高涨的士气、良好的人际关系和员工的工作满意度等。

Y 理论/Theory Y leadership 一种强调人的主观能动性和工作中人际关系作用的管理理论。

批判性思考 — 从玻璃屋顶到性别迷思

女性通常比男性更感性，更关注人的感受，这是不是就意味着女性能胜任Y理论领导者？问得好。如今充满人文关怀的Y理论越来越受到欢迎，女性担当领导角色也逐渐为人们所接受（Ayman & Korabik, 2010；Eagly, 2007）。研究显示美国近1/4的公司CEO是女性（Martin, 2007），而且高层中女性较多的企业财政情况也较好（Carter, Simkins, & Simpson, 2003；Krishnan & Park, 2005）。

然而，心理学家爱丽丝认为，女性在职场上仍要面对特殊的挑战。之前，阻碍女性进入领导层的无形障碍被称为玻璃天花板。现在突破了玻璃天花板，很多女性担任起公司高层，但领导角色与女性角色间的刻板印象使冲突问题凸显出来（Brescoll, Dawson, & Uhlmann, 2010；Eagly & Carli, 2007）。一方面，人们概念中好的管理者要能独当一面：独立、自信、有抱负、客观、果断、态度强硬。另一方面，对好女人的定义是小鸟依人，充满爱心和母性，温柔、敏感而富有同情心。即使事实证明女性也能成为很好的领导者，但在传统性别角色刻板印象的影响下（见11章），人们还是会觉得男性才更具备管理者特质，自然更能胜任领导岗位（Eagly, 2007）。

这对处在管理层的女性意味着什么呢？如果她采用人性化管理，就像Y理论中要求的那样，人们会认为她软弱、"不够强硬"或"不是当领导的料"。如果她表现得很果断、自信，又会被讥讽为"像个男人婆"（Karl & Eagly, 2010）。这种矛盾在惠普公司前首席执行官卡莉身上表现得淋漓尽致，她曾写道"在硅谷，人们聊天时一提到我，不是用'花瓶'，就是用'婊子'——要么嫌我太软弱，要么说我强硬，独断专行"（Fiorina, 2006）。

不过传统性别刻板印象正渐渐淡化，Y理论也被越来越多的人所接受，女性将会摆脱性别刻板印象的束缚，取得更多的成功。

作为惠普公司的首席执行官，Carly Fiorina一直面对着管理者和女性刻板印象的冲突（Fiorina, 2006）。

身潜力。这一点在**知识员工**身上体现得尤为明显（Marks & Baldry, 2009）。这类员工通过创造和管理信息实现其为公司增值的功能，对于他们来说工作是一项事业。银行家、教师、律师、计算机工程师、作家和科学家等都是很好的例子。近50年来，随着北美地区生产业的缩水，知识型企业逐渐成为主角。如今，在北美地区的劳动力市场中，每5个人中就有4个人是知识型员工（Drucker, 1993）。

阿曼多是一名软件工程师，他一直研究气象卫星系统，致力于研发出一种新的方法使其能够更加快速地预测出飓风活动。在这项工作上，阿曼多很难被评定或是证明他到底做了多少贡献。要在这个开发项目上获得成功，他必须依靠他的主动性、创造力和他对工作的承诺。然而，这家公司的老板们让他觉得是在过一种"当一天和尚，敲一天钟"的日子，最终他辞去了这份工作，因为他并不喜欢那样过。阿曼多十分敬佩现在所在公司的女性CEO，事实上，他在想是不是女性比男性更适合做管理者（见"从玻璃屋顶到性别迷思"）。

本田汽车公司坐落在俄亥俄州的马里斯维尔市，其管理中就体现了Y理论的很多特点。众所周知，在汽车制造业中，劳资之间的矛盾由来已久，工人们怨声载道，因此装配线上集体怠工的情况时有发生。为了避免类似问题，本田汽车公司实行了一系列看似简单但很有效的措施：

- 无论职务大小，全体员工一律穿统一的白制服。这使工人们在与主管人员交流时感到彼此地位平等，从而产生一种团体协作感。
- 为了进一步缩小地位差距，员工之间一律以"同事"相称。
- 取消为主管人员特别设置的私人办公室、餐厅和车位。
- 工人的工作地点与主管人员相邻，以便随时沟通。
- 每名员工都有权利和责任提出有关产品质量和生产安全的建议。
- 部门有每日例会，及时讨论上级的指示，解决问题和自由交换意见。

管理策略

Y 理论的管理方法中有两个卓有成效的管理策略，员工参与管理和目标管理。**员工参与管理**是一种让各级雇员都直接参与决策的制度（Pearce, Manz, & Sims, 2009），使雇员通过参与决策感到企业的事务与其个人息息相关，从而把努力生产看成一种共同的需要，而不是自私的老板强加在工人身上的东西。前面讲的本田汽车厂就是采用了这种管理策略。这样做增加了员工们的工作满意度，工作更加努力，工作压力降低，生产效率大大提高（Kim, 2002; Pearce, Conger & Locke, 2007）。

什么是目标管理？**目标管理**是通过规定工人的任务目标使他们能够自己判断工作的完成情况（Antoni, 2005）。典型的任务目标包括达到一定的销售额、制造一定数量的产品或是把废品率降低到某一规定指标。无论是哪种情况，工人都可以在一定范围内自由选择达到目标的方法，因此，他们的独立感更强，对工作也更负责。得到进度反馈的员工更有效率，显然，人们想知道目标是什么，以及他们是否实现了目标（Horn et al., 2005; Lefrancois, 2006）。

许多公司开始给那些编组工作的工人们更大的自由度和责任，典型的做法是成立自我管理小组。**自我管理小组**由协同工作并对达到规定目标共同负责的若干员工组成。自我管理小组可以选择他们自己的方式或方法来工作，一切为了高效地完成任务。自我管理小组的优点是能够充分利用每一名组员的力量和才能，能够集思广益提出新

员工参与管理制度鼓励各级雇员都直接参与决策，这很快就会提高员工的工作满意度。

的想法，并能够提高士气。实施这种管理办法的一个最大好处是能够鼓励合作和集体协作的精神（Woods & West, 2010）。自我管理小组的员工更能获得公平感（Chansler, Swamidass, & Cammann, 2003），小组氛围也更积极（Zárraga & Bonache, 2005）。

如何使一线的工人们更多地投入到对自己工作的管理中呢？一个常用的方法是成立**质量小组**，即由工人们自愿组成小组，通过在一起讨论，寻找解决工作中的问题和提高效率的途径（Aamodt, 2010）。与自我管理小组不同，质量小组的建议受到很多限制，例如，工人们提出的许多好办法通常不可能直接实施，但正确的意见总是不言自明，终会被管理部门采纳。研究表明，让员工更多地参与管理，可以同时带来工作绩效和工作满意度的提高

知识员工 /Knowledge workers 能通过创造和管理信息为公司增值的员工。

员工参与管理 /Participative management 让员工参与企业决策的管理方法。

目标管理 /Management by objectives 规定任务目标、同时允许在一定范围内自由选择达到目标的方法的管理方式。

自我管理小组 /Self-managed team 在决定如何完成任务上有较高自主性的工作小组。

质量小组 /Quality circle 员工自愿组成的小组，通过大家讨论寻求解决工作中问题的途径。

(Beyer et al., 2003)。

工作满意度

如果将 X 理论应用于生产管理，开始时经常很有效。但由于其中缺乏对工人心理需要的考虑，结局可能是在赢得一场战斗的同时输掉整个战争。具体地说，生产效率虽然会很快提高，但员工对工作的满意度则会下降。工作满意度指一个人对自己工作的喜爱程度。工作满意度下降的结果将是缺勤率上升、士气低落、员工跳槽增多。员工的流失导致毫无效率且培训成本增加（Wright & Bonett, 2007）。

因此，支持 Y 理论的管理者们总是千方百计地从根本上提高员工的**工作满意度**，让员工从自己的工作中体会到快乐。正是因为正性的情绪氛围能带来更多的合作、更好的绩效、更多的助人意愿、更有创造性的问题解决策略以及更低的缺勤率，所以应该尽量提高员工工作满意度（Bowling, 2010; Brier & Weiss, 2002）。

在什么条件下工作满意度最高？从根本上讲，工作满意度取决于个人的兴趣、能力、需要和期望与工作的契合程度。主要决定因素如下表所列。想一想你曾经做的一份工作，这项工作能在多大程度上满足表中内容，符合的项目越多，你的工作满意度也就越高（Aamdt, 2010; Landy & Conte, 2007）。

1. 我的工作符合我的预期。是 / 否？
2. 我的工作能满足我的需要和期待，符合我的价值观。是 / 否？
3. 我的工作有乐趣。是 / 否？
4. 我喜欢我的上级和同事。是 / 否？
5. 我的同事看起来都很开心。是 / 否？
6. 如果我工作做得好就会得到应有的奖励。是 / 否？
7. 我的工作能提供挑战和成长的机会。是 / 否？

工作满意感不完全是工作条件的问题。其实任何一个雇员都会至少碰上一个性情暴躁的同事，换句话说，人的个性特点并不只是在家时才会表现出来。那么快乐的人在工作中也会高高兴兴的，总会看到工作上好的一面，而非负面的（Brief & Weiss, 2002）。工作效率最高的是那些上班时心情愉快的员工（Aamodt, 2010; Elovainio et al., 2000），这不难理解。有些员工可以按自己的意愿弹性工作，快乐高效的工作在他们身上体现得非常清楚。

弹性工作

上班族都知道，早 9:00 和晚 5:00 的上下班时间是固定的。这就使很多人每天都要遭受上下班高峰时的交通阻塞之苦（Lucas & Heady, 2002），因此会影响工作时的精神面貌。为此，工业和组织心理学家曾提出一种弹性工作制度，最著名的就是**弹性工作时间制度**（Kossek & Michel, 2011）。只要员工能保证每天的工作时长，并在核心工作时段出勤，什么时候开始和结束工作可以自由安排，这就是弹性工作时间的基本理念。比如，员工可以在早上 7:30 到 10:30 到达公司，下午 3:30 到 6:30 下班。另一种情况下员工可以选择每天多工作几个小时，将一周的工作压缩在几天内完成，这被称为**压缩工作周**。

互联网的沟通功能使电话办公或在家办公成为可能（Golden, Veiga, & Simsek, 2006）。

弹性工作的另一种形式是家庭办公。知识型企业的员工可以选择**远程沟通**，每天工作时通过计算机跟办公室保持联系（Lautsch, Kossek, & Eaton, 2009; Golden, Veiga, & Simsek, 2006）。

弹性工作制度真能改善员工的精神面貌吗？总的来说是的（Yang & Zheng, 2011）。实行弹性

临床案例：办公桌怒族与健康组织

高速公路上有所谓的路怒族，现在普遍流行一种"办公桌怒族"或办公室动怒，有时甚至演变成工作场所的暴力行为（Martinko, Douglas, & Harvey, 2006）。动怒的导火索很普遍：工作相关应激，比如感觉被不公对待；感知自尊受到威胁；工作中与他人起冲突等，这些都会引发强烈的愤怒（Einarsen & Hoel, 2008；Glomb, 2002；Spector, 2005）。

工作中的员工生气或被激怒时该怎么办？现在很多大型公司都为有困扰的员工提供心理健康服务，如果工作场所发生暴力事件，会即时进行心理创伤咨询。另一方面，健康组织在积极推动健康工作中起到了重要作用。他们通过鼓励人们公开直面问题，促进为员工赋权，支持参与和合作，充分发挥人的潜能达到这个目的。除此，健康组织还通过以下方式支持人类健康发展（Fuqua & Newman, 2002；Hodson, & Sullivan, 2010）：

- 与其抱怨与斥责，还不如真诚地感恩。
- 每个人都会犯错，具有人文关怀的企业文化应该包含谅解。
- 每个人都需要鼓励，它不但能激励员工、给予其希望、信心，还能给他们勇气。
- 对他们的情绪多一些敏锐的感觉能有效地改善工作环境。敏感除了表现在对他人产生兴趣以外，还表现在对别人隐私的尊重。
- 同情他人是缓解破坏性竞争或卑劣行径造成的伤害的有效办法。
- 人们的需要、价值观和经验都不一样，容忍他人、尊重他人能有效地维持个体的身心健康。

组织面临的经济压力会形成敌对的和竞争的工作环境，不过，因为生产效率和生活质量是密切联系的，所以，有效的组织应该同时提高两部分的质量（Fuqua & Newman, 2002）。例如，在被迫裁员的情况下，更注重员工工作生活质量的公司生产力损失通常较小（Iverson & Zatzick, 2011）。

工时制之后，员工工作效率提高，对工作的满意度增加，旷工情况减少，对工作安排的满意度提高了（Baltes et al., 1999）。同时，允许重要的异地员工在家中办公，通过远程沟通完成工作的效率也更高了（Atkin & Lau, 2007）。心理学家认为这种制度降低了员工压力、增加了自由感，进而提高生产率和工作满意度。

当然，并不是所有的人都喜欢压缩工作周或是在家工作。尽管绝大多数大型企业现在都实行弹性工作安排，理想状态下，弹性工作安排应该以员工的个人要求为准（Rothbard, Phillips, & Dumas, 2005）。这说明，在可能的条件下，不一定要强迫人去适应固定的工作时间，一种更好的办法是调整工作时间以适应人的需要。

工作丰富化

多年来，工商企业一直在通过建立生产流水线、提高工作效率和将绩效与收入挂钩等办法提高生产力。实践充分证明，通过奖金、奖励假期、企业与员工分享利润等物质奖励方法，可以调动员工的工作积极性。但是，近年来许多工作变得越来越枯燥，只是例行公事和简单重复，无法发挥人的能力，使人产生不满。为此，心理学家们提出一种称为工作丰富化的方法。

工作丰富化是一种使工作更能体现个人价值、更有趣味性、更能够激发内在动机的做法。许多大

工作满意度/Job satisfaction 指一个人对自己工作的喜爱程度。

弹性工作时间制度/Flexitime 一种允许灵活安排上下班时间或工作时间的制度。

压缩工作周/Compressed workweek 一种通过每天多工作几小时，减少每周工作天数的工作安排方法。

远程沟通/Telecommuting 一种弹性工作方法，员工可以在家办公，每天工作时通过电脑与办公室保持联系。

工作丰富化/Job enrichment 使工作内容更加具有个人价值、兴趣或内在动机的改进，典型的做法是通过增加工人的知识来实现这种改进。

公司都采用了这一措施并取得了很大成功,其中包括 IBM、美泰克、西部电气、克莱斯勒和宝丽来等大企业。这一方法能降低生产成本,增加员工满意度,使工作不再枯燥,并减少缺勤情况(Gregory, Albritton, & Osmonbekov, 2010; Niehoff et al., 2001)。

如何使工作丰富化? 仅仅分配给个人更多的工作通常并不是丰富化,超负荷工作只会使员工感觉压力过大,更容易出差错。工作丰富化运用了前面已经谈到过的许多原则,通常的做法包括取消对员工的某些限制,同时在自由、选择和做决定等方面增加他们的权限。有时,还应允许员工在一定的工作范围内轮换岗位。要让他们参与项目的全过程,而不只是参与其中的一小部分。要尽可能将工作结果和进展情况直接反馈给员工,而不要层层传达。

真正的工作丰富化的意义是增加员工的权限和知识。也就是要鼓励员工不断地学习和实践,掌握更广泛的与工作有关的技能和信息(Gregory, Albritton, & Osmonbekov, 2010; Sessa & London, 2006)。大多数人都希望能把自己的本职工作做好,并从中得到快乐。

> **知识桥**
> 工作丰富化可以作为增加内部动机的方法,参见第 10 章。

组织文化

商贸机构以及或大或小的组织都会形成不同的文化。**组织文化**是指习惯、信念、价值观、态度和礼节的综合,它们的不同组合构成了每个组织特有的"氛围"(Chamorro-Premuzic & Furnham, 2010)。例如,员工如何雇用、训练及解雇,员工的着装、沟通方式、冲突解决方式、权利分布、对组织目标和价值的认同、合同协商以及特殊纪念日的庆祝等。

适应组织的员工会超过职务说明上的要求对组织做出更大的贡献,如乐于助人、尽职尽责、礼貌谦逊。同时,他们还会表现出运动队精神,避免要小伎俩、背后议论、抱怨或因小失大等(见办公桌怒族与健康组织)。就像好市民一样,最好的员工会主动参加会议和讨论,了解组织问题。具有这些特点的员工表现出的行为被称为**组织公民行为**。显然,主管和老板都很重视这样的员工(Woods & West, 2010)。

人事心理学

除了上述提高生产率的方法,招聘之初就找到对的人也很重要。**人事心理学**所涉及的就是有关对雇员进行测评、选拔、安置和提升的工作(Woods & West, 2010)。目前有许多人在企事业单位工作,也有许多人将要成为企事业单位中的员工,因此,每个参加工作的人都可能要经历人员选拔、心理测验或调查。显然,了解人员选拔和晋升的操作过程是很有必要的。

工作分析

人事心理学家如何选拔雇员? 人事选拔的第一步是**工作分析**,即对某个特定工作所需要的技能、知识和活动进行详细描述(Dierdorff & Wilson, 2003; Stetz, Button, & Porr, 2009)。工作分析的常用方法包括:对熟练工人或主管人员进行访谈、问卷调查,对工作过程的直接观察,以及对关键事件处理能力的测评等。**关键事件**指工作中出现的一些紧急情况,一名胜任的工作人员必须有能力处理这些情况。例如,对于飞行员来说,突发的机械故障属于关键事件,保持镇静并排除故障是一名合格飞行员必备的能力。心理学家们进行工作分析后,便可确定一项工作对人的要求,并说明具备哪些职业技能、能力倾向和兴趣的人适合做该项工作(图 18.1)。而且,一些心理学家目前正在进行更大范围的"工作分析",确定一般的任职者所需要的基本特征,这些特征适用于多种职务,而不只是针对某个特定的职务(Sackett & Lievens, 2008)。

人员选拔程序

当确定了某种职业所需要的技能和个性特质之后,下一步就是要知道哪些应聘者具有这些技能

探索·发现　　工作面试求生术

服装和化妆品的制造商们每年都要花费巨资做广告，目的是使我们相信，他们的产品能使我们显得更有魅力。强调形象作用也不无道理。例如，前面曾谈到，那些外表很有魅力的人在面谈时经常获得好评，而他们的与相貌无关的个性特点也会因而给人留下好印象。

一般而言，应聘面试时最有效的方法是通过直接展示自己而获取考官的好印象，比如，强调自己好的品质和以往的成功，而不是一味靠穿着打扮等取悦考官（Kristof-Brown, Barrick, & Franke, 2002）。但是，绝不要自我炫耀。过分地自吹自擂反倒容易使面试考官低估你的能力，并怀疑你能否胜任工作（Howard & Ferris, 1996）。要想面试顺利，美国劳动部门（2009）给出以下建议：

面试前做好充分准备。熟悉用人单位和职业岗位的要求。根据你的工作资格和个人简历，想一想面试中可能被问到哪些问题，把答案大致列个提纲。请朋友或家人帮你模拟面试场景。

面试当天要携带社保卡、简历、推荐信等材料准时到达。同时注意穿戴整齐，举止得体。不要吸烟或嚼口香糖。见面时记住面试官的姓名，跟他们握手时要坚定有力。回答问题时要放松，有礼貌且简洁恰当。积极配合面试官，注意肢体语言，避免使用俚语。

不要害怕问岗位和公司相关问题。不过在提问前要确定公司网站上没有现成的答案。并且在工作基本确定之前不要问工资和福利问题。

图 18.1　美国空军一贯重视对复杂技能的分析。一架飞机价值数亿美元，飞行员的生命更是无价的，因此，在地面上的训练和研究投入得再多也是值得的。如图所示，航空心理学家们使用飞行模拟器对驾驶喷气式飞机所需要的各种复杂技能进行分析。这里所显示的是一台电子模拟装置，计算机产生的全彩色图像能够真实地模拟飞行过程，对各种操作做出反应。这样，学员们既能学会飞行技术，又不必在空中冒险。

和特质。最常用的评价方法包括了解个人背景资料、面试和标准化心理测验，此外，专门的评价中心还会使用一些特殊的测验方法。下面逐一介绍。

背景资料

根据应聘者的简历选拔人员是一种简单易行的方法，即通过了解一个人的**背景资料**来预测其能否胜任某项工作（Schultz & Schultz, 2010）。这里的基本思想是：一个人过去的行为是预测其未来行为的有效途径。通过仔细研究某人的生活经历，我们通常可以判断他是否能够胜任某项工作（Sackett & Lievens, 2008）。

最有用的背景资料包括一个人以往的体育爱好、学业成绩、对科学的兴趣、课外活动、宗教信仰、在社会上的名声、与兄弟姐妹是否和睦、对学校的态度、父母的社会经济地位等（Woods & West, 2010）。（这里需要指出的是收集敏感背景资料时要考虑人权和个人隐私问题。）以上信息能在很大程

组织文化 /Organizational culture　组织的社会气氛。

组织公民行为 /Organizational citizenship　贡献超过了工作说明书所要求的有益于组织的尽职行为。

人事心理学 /Personnel psychology　工业与组织心理学的分支，研究员工的考核、筛选、安置和晋升。

工作分析 /Job analysis　对特定工作所需技能、知识、活动的详细描述。

关键事件 /Critical incidents　工作中的突发事件，胜任的员工应能恰当处理。

背景资料 /Biodata　工作申请者的详细个人信息。

度上反映出一个人的性格、兴趣和能力。除早期生活经历外，了解一个人最近的生活经历同样对预测其能否胜任某项工作有所帮助（Schmidt, Ones, & Hunter, 1992）。例如，你可能认为大学成绩不重要，实际上，大学的平均成绩（GPA）能预测在很多类工作中的成就（Sackett & Lievens, 2008）。

面试

面试是人员选拔和升职时的一个传统评估方法，目前仍然是使用得最多的方法。通过对应聘者进行面试，可以对他们的能力和个性品质有一个直接的印象（Chamorro-Premuzic & Furnham, 2010）。

面试中容易出现的一个问题是光环效应造成的错误印象。在第12章中曾讲过光环效应，即应聘者的一些与工作要求不相干的个性特点很容易给考官留下某种印象，而这种印象会使考官对他评价过高或过低。而且，应聘者主动进行印象管理，希望给考官留下比较好的印象（Ellis et al., 2002；见"工作面试求生术"）。

由于这一原因，心理学家们正在不断改进面谈的技术和规则，使结果更为准确。例如，新的研究发现结构化面试能提高面试的质量（Sackett & Lievens, 2008；Tsai, Chen, & Chiu, 2005），如对每位应聘者提出相同的问题（Campion, Palmer, & Campion, 1998）。尽管面谈的方法存在着很多不尽如人意之处，但这算是一种能比较有效、可靠地预测应聘者是否适合某项工作的方法（Landy, Shankster, & Kohler, 1994）。

心理测验

人事心理学家使用哪些心理测验？通过一般心理能力测试（智力测验）可得知有关一个人在不同职务上的成功机会（Aamodt, 2010；Schmidt & Hunter, 1998）。一般人格测验也能反映出很多信息（见第12章；Sackett & Lievens, 2008）。另外，人事心理学家还要使用**职业兴趣测验**来评估一个人的兴趣所在，看他的兴趣与哪个行业中成功人士的兴趣相同（Van Iddekinge, Putka, & Campbell, 2011）。比如库德职业兴趣调查表(Kuder Occupational Interest Survey)和斯特朗－坎贝尔兴趣调查表（Strong-Campbell Interest Inventory）就会用以下项目来测量个体职业兴趣：

例题：我更愿意 _____ 。
a. 参观博物馆
b. 读一本好书
c. 到室外散步

表18.2列出了霍兰德提出的六种典型兴趣类型，兴趣测验测的就是这六项。当完成兴趣测验之后，如果发现你的选择与从事某种工作的人们的选择一致，就说明你可能很适合做这种工作（Holland, 1997）。

表 18.2　职业兴趣分类

兴趣类型	适合专业	适合职业
现实型	农学	机械师
研究型	理学	化学家
艺术型	音乐	作家
社交型	教育学	咨询师
企业型	商业	销售人员
传统型	经济学	公务员

能力倾向测验是人事心理学的又一法宝，其中包括对文秘工作能力、语言能力、掌握机械的能力、艺术能力、法律工作能力和医学能力等不同特定能力倾向的测验（见图18.2），目的都是对一个人是否具有对特定职业所需技能的潜在学习能力进行评估。比如，文秘能力倾向测验所评估的主要是快速、细致和准确地完成办公室工作的能力。下面的例子是文秘能力倾向测验中的一项内容，呈现给被试一大串类似的成对排列的数字和公司名称，要求他们从中辨别出哪些是相同的、哪些是不同的数字和名称。

49837266	49832766
Global Widgets, Inc.	Global Wigets, Inc.
874583725	874583725
Sevanden Corp.	Sevanden Corp.
Cengage Publishing	Cengage Puhlishing

> **知识桥**
> 能力倾向测验与智力测验是相关的。二者的不同之处参见第 9 章。

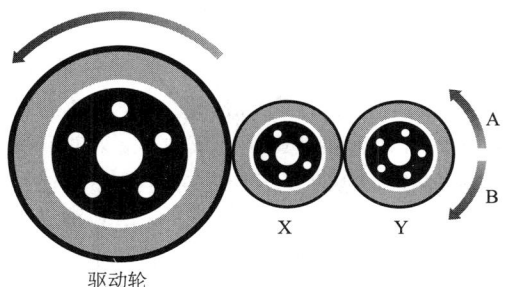

1. 如果驱动轮如图中所示转动，Y 的转向应该是？A B
2. 哪个转轮转得最慢？驱动轮 A B

图 18.2 机械能力测验的例题。（答案是 A 和驱动轮）

一些大企业运用**评价中心技术**对应聘人员进行深入考察，这对那些大学毕业生的就业会提供很大帮助。通过评价中心技术发现人才是目前企业界非常流行的方法，许多大型商业组织都使用评价中心技术，其中包括福特汽车公司、IBM 公司、柯达公司、美国电话电报公司等数以千计的知名企业。

评价中心的人员选拔方法有什么特点？评价中心的主要任务是选拔管理者和主管人员。首先，应聘者需要通过一般的测验和面谈；之后，要根据应聘者在模拟工作情景中的表现对其能力进行评估。例如，**情境评价测验**包括一项**文件筐测验**，因为处理大量的文件是一个管理人员每日都要做的工作（Christian, Edwards, & Bradley, 2010; Lievens & Sackett, 2006）。在这个测验中，交给应聘者一大堆备忘录、请示报告和典型的商务文件，要求用最快的速度阅读并处理所有的材料。另一种对应聘者压力更大的测验是**无领导小组讨论**，它是一项有关领导能力的测验。这种测验模拟的是集体决策解决问题的情形。例如，在"讨论会"上提出一个商业运作中的真实问题，要求应聘者们以公司职员的身份，就价格变动或不能按期到货等问题进行讨论，这样，就可以通过观察应聘者在讨论中的行为，对其领导才能和应付压力的能力进行评价。

> **知识桥**
> 情境测验也可以用来研究人格差异，见第 12 章。

评价中心测验结果的预测力如何？评价中心的测验结果已经表现出对应聘者未来绩效的预测力，在员工选拔、择业指导和高级职务的人才选拔中都取得了一定的成功（Chamorro-Premuzic & Furnham, 2010; Landy, Shankster, & Kohler, 1994）。

尽管我们对工业与组织心理学只有初步的了解，但接下来我们必须介绍其他应用领域的知识了。不过在这之前，我们先来复习一下：

知识巩固

工业／组织心理学

测一测

1. X 理论亦称科学管理理论，主要用于提高_____。
2. 依照 Y 理论进行管理的企业通常都实行员工参与管理的制度。对不对？
3. 对于大多数工人，工作满意度与所获报酬之

面试／Personal interview　对求职者进行正式的或非正式的面试，通过问答了解他们的能力并获得对他们个性特点的印象。

职业兴趣测验／Vocational interest test　一种评估一个人的兴趣爱好与何种职业相匹配的纸笔测验。

能力倾向测验／Aptitude test　评估个体学习各种职业技能潜在能力的测验。

评价中心技术／Assessment center　一个组织内部设立的项目，任务是对工作候选人进行深度评估。

情境评价测验／Situational judgment test　为求职者呈现真实的工作场景以便评估其技能和反应的测验。

文件筐测验／In-basket test　在模拟情景中对个体作为决策者处理问题能力的测验。

无领导小组讨论／Leaderless group discussion　一种通过模拟团队决策和问题解决情境来评估领导力的测验。

间关系不大。对不对？
4. 工作丰富化措施是建立在科学管理法基础之上的。对不对？
5. 要想确定一种工作中有哪些关键事件，有时需要对全部操作过程进行_____。
6. 应聘者的详细资料，即_____。
7. 斯特朗-坎贝尔兴趣调查表是一个典型的能力测验。对不对？
8. 无领导小组讨论与下列哪种员工选拔方法的关系最为密切？
   a. 能力倾向测验
   b. 个人面谈
   c. 工作分析
   d. 人才评价中心的测试

想一想

批判性思考

9. 除了工作领域，精细的任务分析还可以对了解人类行为的哪些方面有帮助？

自我反思

如果你是管理人员，你最可能采用本章中的哪些管理观念？

你认为在商界、政界中女性能胜任领导职位吗？

想一个你最熟悉的工作（你本人做过或者你知道别人做过的），能将工作丰富化应用于这个工作上吗？你会如何增加员工的工作满意度？

你认为哪种评估求职者的方式最有效？你自己最喜欢用哪种？

答案：1. 工作样本 2. 对 3. 对 4. 不对 5. 工作分析 6. 背景关键事件，进行有目的的训练。除此以外还可以通过分析关键事件，进行有目的的训练。

环境心理学——地球号宇宙飞船上的生活

关键问题 18.2：心理学家认为自然环境和社会环境对人有哪些影响？

你认为以下哪个场合更可能发生打架斗殴，教堂还是西部乡村酒吧？答案显然是后者，因为特定环境会对人的行为有显著影响。反过来，人对环境的作用也是显而易见的。不管是对自然环境还是人为环境，人都具有主动性。因此，环境心理学家所要面对的是摆在人类面前最严峻的问题。

环境心理学探讨的是环境与人的行为之间的关系（Bell et al., 2006）。环境心理学研究中涉及两种环境：自然的或人工的**物理环境**以及由特定人群定义的**社会环境**（比如一场舞会、一次商务会议或晚宴）。环境心理学家们也特别关注对**行为场所**的研究，行为场所指环境中的一些有特定用途的场所，比如办公室、衣帽间、教堂、赌场或教室等。大家都知道，不同的环境和行为场所对人的行为有不同的要求，有些场所甚至有严格规定，例如，在学生活动中心的休息室里大家可以谈笑风生，而在图书馆里则要保持肃静。

不同的行为场所对人的行为有不同的要求。试想两种不同的环境：图书馆和学生活动中心的休息室，哪种环境中更方便进行交谈？

环境心理学家感兴趣的研究内容还包括：个体空间、领地行为、应激环境、建筑设计、环境保护，

批判性思考

领地行为

在第 16 章中曾经提到,根据社会规范,人们对其周围的空间拥有使用权,这种"领地"不仅包括一个人的身体和可及的个人空间,还延伸到临近区域。**领地行为**即指个人划出自己的领地或保护自己的领地不受入侵的行为(Brown, 2009)。例如,在图书馆和剧院,你可能用大衣、手提包、书或其他私人用品占一个座位,或在海滨占一块地方,表明此地现归"本人使用"。就连运动队也有领地性,通常主场作战时会表现得更出色(Neave & Wolfson, 2003;Sanchez et al., 2009)。

这种对空间的临时占有权通常是被认可的。我们经常遇到下面的情况:有人占了整张桌子或整间自习教室,当别人希望能分享时,他就用恼怒的目光盯着来者,直到把人赶走。一个人的"个人领地"通常包括宿舍、在某个教室里的固定座位、每次和朋友们一起去食堂或图书馆时都要使用的一张特定的桌子,等等。

领地标识是一种记号,用来标明某个区域的所有权。研究者发现,人们会使用某种显眼的领地标识去装饰那些属于个人使用的地方。在大学生宿舍和公司办公室里,典型的标识是桌子上摆的一个小装饰物、一盆植物、一个镜框或姓名牌。有趣的是,有明显领地标识的房子较少被盗。即使没有看家狗,盗贼们一般也较少光顾那些有围墙(即使很矮的围栏)、门口停着车、四周有草坪、屋外用一圈路灯作领地标识的房子(Brown & Bentley, 1993)。现在很多城市出现的"封闭式社区"就是用标定"防御空间"的方法来阻止不法入侵者的(Low, 2001;Tijerino, 1998)(当然,一只领地意识很强的斗牛犬也能看家护院)。

墙壁涂鸦是一种明显的领地标识的形式,同时也是城市生活中的一种故意破坏行为。

以及许多与此相关的问题(表 18.3)。

表 18.3　环境心理学家所关注的议题

建筑设计	噪声
行为场所	个体空间
认知地图	个性与环境
人工环境	污染
拥挤	隐私
能源保存	人际空间距离学
环境中的应激源	资源管理
热度	领地行为
人类生态学	城市规划
乱丢废弃物行为	故意破坏公物行为
自然环境	

环境对行为的影响

人的多数行为在一定程度上都受着特定环境的

环境心理学 /Environmental psychology　关于不同环境如何影响人类行为的研究。

物理环境 /Physical environment　包括自然环境(如森林和沙滩等)和人造环境(如建筑物、船只和城市等)在内的人类生存环境。

社会环境 /Social environment　根据一个群体的组成、活动、内部关系定义的环境,例如游行、研讨会或体育赛事等。

行为场所 /Behavioral setting　环境中功能用途被设定好的一小块区域,如公交车站、候车室或休息室。

领地行为 /Territorial behavior　动物或人划出自己的领地或保护自己的领地不受入侵的行为。

领地标识 /Territorial marker　用来标明某个区域的所有权记号。

控制。例如，环境因素的变化会影响公共场所中故意破坏公物行为的发生率（Brown & Devlin, 2003）。在心理学研究结果的基础上，很多公共场所现在都选用了新型建筑材料，不可能在上面乱涂乱画，使此类破坏行为不再发生。没有门的厕所隔间和瓷砖墙面也是防范措施之一。还有一些措施是为了使人们降低乱涂乱画的欲望。比如，在一块招牌周围种上一些花，人们不愿意践踏花草，因而也就不会走过去乱画了。

与此类似，购物中心和百货商场大都设计得像是迷宫，顾客们要在里面绕来绕去，这样就能让你在商品前多徘徊或逗留一会儿。再如，每座城市中，总有那么几家餐馆或酒吧很吸引不法分子，他们总在附近转悠，周边袭击和盗窃案发率也就更高（Buchanan, 2008）。甚至是浴室环境都会影响人们的行为，公共浴室中的座位不多，人们只能洗完就走，而不可能舒舒服服地坐在里面开会。

我们需要进一步了解的是，应激环境或对身心有害的环境是如何影响我们的生活的。

应激环境

人人都对城市生活有许多抱怨，如交通阻塞、污染、犯罪、缺乏人情味，等等。除此以外，环境心理学中还包括对拥挤、噪声和过度刺激等问题的研究，这些也都是造成城市人心理紧张的主要应激源。心理学研究逐渐揭示出上述各种因素对人的行为的影响（Malan et al., 2008；Marsella, 1998）。

拥挤

当今世界面临的最严峻的问题就是人口过剩。过去的150年间世界人口爆炸式增长（见图18.3），如今已超过70亿，2050年很可能突破100亿（UN, 2004）。

那么，地球上的森林、海洋、耕地和大气到底还能供养多少人呢？专家估计，地球最多可承受的人口数量在50亿～200亿。也就是说，地球已经达到了它所能承受的人口数量的下限。据最悲观的估计，现在的人口数量似乎已经超过了地球能够承受的范围（Global Footprint Network, 2010；Oskamp, 2000）。

在许多不发达国家的城市，举目皆是人口过剩

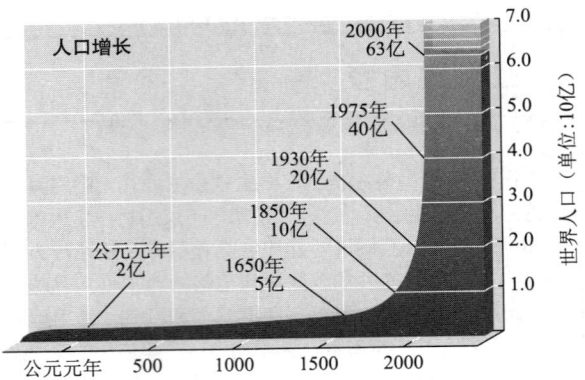

图 18.3 世界人口自1850年开始呈爆炸式增长，目前已经超过了60亿。人口过剩和人口高速增长与环境破坏、国际局势紧张以及不可再生资源的迅速枯竭密切相关。一些人口统计学家预计，如果在世界人口突破100亿大关之前人类还不能自觉地限制增长，那么，世界范围的食品短缺、疾病、高出生死亡率和婴儿夭折将限制人口的增长（Global Footprint Network, 2010）。引自：Population Institute, 2006

的景象：住房狭小、地铁和公交车拥挤不堪。在西方国家的大城市中，同样有大量事实可以说明拥挤对人们生活所造成的压力。

用什么办法来评估**拥挤**对行为的影响？虽然动物研究的结论不能直接用于解释人类的行为，但可以通过动物实验探查过度拥挤对行为的影响。一些实验结论确实令人不安。

例如，研究者John Calhoun在1962年做过一项影响颇大的经典实验，他让一组大鼠在一只大笼子里自由繁殖，为大鼠提供了充足的水、食品和搭建鼠窝所需要的材料。唯一的问题就是空间有限。当大鼠的生殖达到高峰时，这个只适合饲养50只大鼠的笼子里生活着80只大鼠。两只最有权势的雄性大鼠间的争斗更使得这种拥挤的状况雪上加霜。这两个"坏蛋"各霸笼子的一边作为私有领地，各自拥有8～10只雌鼠作为自己的妻妾，而且还不断地试图扩大势力。它们的行为使其他大鼠只得拥挤在笼子的狭小中部。

拥挤对动物的生活有何影响？拥挤使很多雌性和雄性大鼠出现病态，雌鼠不再搭窝和照看幼仔，受孕减少；幼仔的出生死亡率急剧提高；很多大鼠乱蹦乱跳，无缘无故地对同伴挑衅和攻击；在大鼠群中普遍出现性行为异常现象，一些大鼠表现出性亢进，另一些则"性"味索然；很多大鼠明显

死于紧张引起的疾病。无疑，这些都与过度拥挤的生活环境有关。

拥挤是否在人类中造成类似结果？在城市内一些拥挤的少数民族聚居地，同样有类似的病理症状出现，因此，人们很容易把这些地区出现的暴力、社会秩序混乱和低出生率与拥挤问题直接联系起来。当然，这种因果关系还不能确定（Evans et al., 2010），因为居住在拥挤地区的人们往往营养不良、缺乏良好教育、收入较低、医疗卫生条件差，这一切更可能是引起上述问题的直接原因。事实上，许多对人类被试进行的实验室研究结果表明，把人安排在狭小拥挤的空间内生活并没有引起严重疾病。因此，拥挤也许更多的是一种心理感觉，而不完全取决于特定区域内的**人口密度**。高密度不一定自动产生拥挤感，而高密度人口聚居地内的生活状况和人际关系则可能是产生拥挤感的重要因素。

拥挤与高密度有何区别？**拥挤**是一种由于社会接触过多或丧失隐私而引起的主观感觉，即感到刺激过多。高密度不一定使人产生拥挤感，它还要取决于具体的场合及人们之间的关系。在电梯、地铁或监狱里，密度过高使人感到不舒服；但在音乐会、晚会或聚会等场合，人越多则越使人感到热闹。因此，压力感或快乐感的增强取决于空间上的拥挤与特定情景之间的交互作用（Evans, Lercher, & Kofler, 2002）。当拥挤使人失去对身边环境的控制力时，人就会产生紧张感或进入应激状态（Pandey, 1999; Steiner & Wooldredge, 2009）。

由于在拥挤环境下生活，监狱中的服刑者和精神病院中的患者长期处于应激状态，这是导致这些人群高死亡率的原因之一。拥挤到达中等程度就会对人有害。在拥挤的环境中，人们总要时刻保持警惕，避免与人接触（Regoeczi, 2003）。

超负荷

心理学家 Stanley Milgram 指出，人口的高密度和拥挤必然导致一个结果，就是**注意超负荷**。这种超负荷是一种由于外来的感官刺激、信息和社会接触过多而引起的紧张状态。人的感官和认知系统的超负荷工作会给人造成很大压力，在大城市居住的人们对此感受尤深。

2010 年除夕夜纽约时报广场。高密度却没有产生拥挤的感觉，情境本身的特点以及人们之间的关系也是重要的影响因素。

Milgram（1970）认为，城市居民使用各种方式避免注意超负荷，比如进行简单、表面的社会交往，忽视不重要的事件，通过冷漠或不友善的表达方式避开与他人的接触。简而言之，许多城市居民为了生存而选择了不同程度的麻木。

友善还是麻木

有什么证据说明人们真的采用了这些策略吗？一项非常有趣的实验证明了事实确实如此。研究者分别在美国几座大城市和小城镇里进行了实验，他们让一个孩子站在闹市的街角向过往的行人寻求帮助。他逢人便说："我迷路了！您能帮我给家里打个电话吗？"在小城镇约有 72% 的过路人为孩子提供了帮助；而在大城市里只有 46% 的人伸出援助之手，其中在波士顿和费城等城市只有不到 1/3 的人愿意帮助那个儿童（Takooshian, Haber, & Lucido, 1977）。大量研究证明乡下人比城里人更乐于助人（Steblay, 1987; Wilson & Kennedy, 2006）。纽约这个犯罪率高、人口拥挤的城市，也是在研究中提供帮助最少的城市（Levine, 2003）。总之，城市中的拥挤和紧张生活造成的恶劣影响之一，就

人口密度 /Density 在一个特定空间内的人数或每人可拥有的空间。

拥挤 /Crowding 一种由于社会接触过多或丧失隐私而引起的主观感觉，社会接触不可逃避时更加突出。

注意超负荷 /Attentional overload 一种由于外来的感官刺激、信息和社会接触过多而引起的紧张状态。

是使人对他人的需要不敏感或感觉迟钝。城市中的噪声同样会使人感觉钝化，接下来我们一起来看看。

噪声的严重恶果

每日受噪声骚扰会给人带来什么危害？一项经典研究表明，噪声环境会对人体造成相当大的伤害。在洛杉矶国际机场附近上学的儿童每天受飞机噪声干扰，而远离机场的学校听不到这种噪声（Cohen et al., 1981）。对这两类学校中家庭经济和社会条件基本相同的儿童进行比较后发现，受噪声干扰的儿童血压较高，在面对难题时更容易放弃，在完成要求注意力集中的校对任务时成绩较差。其他类似研究中，居住在飞机场附近或喧闹环境中的儿童也表现出相似的压力症状，包括阅读技能较差等一系列不良反应（Evans, 2006；Sörqvist, 2010）。

一些受到噪声干扰的儿童，学习上存在着严重障碍，他们容易放弃，注意力涣散。日复一日、无法控制的声音甚至使人表现出"习得性无助"状态。噪声令人心烦，但人们又无法制止其侵入感官，即使不会对人造成长期伤害，**噪声污染**也是环境压力的主要来源（Staples, 1996）。

> **知识桥**
> 习得性无助参见第 13 章。

人类对环境的影响

人类活动使自然环境发生了剧变（Miller & Spoolman, 2011）。燃煤、毁坏森林、使用化工产品、对土地进行破坏性开发，结果是改变了地球表面和自然界的循环，并使动物总体数量下降。这些活动的长期影响已经显现出来，例如，全球变暖，一些动植物物种灭绝，臭氧层出现空洞，陆地、海洋和大气被污染（Oskamp, 2002；Winter & Koger, 2010）。

严重毁坏环境必将危害子孙后代，而许多人还

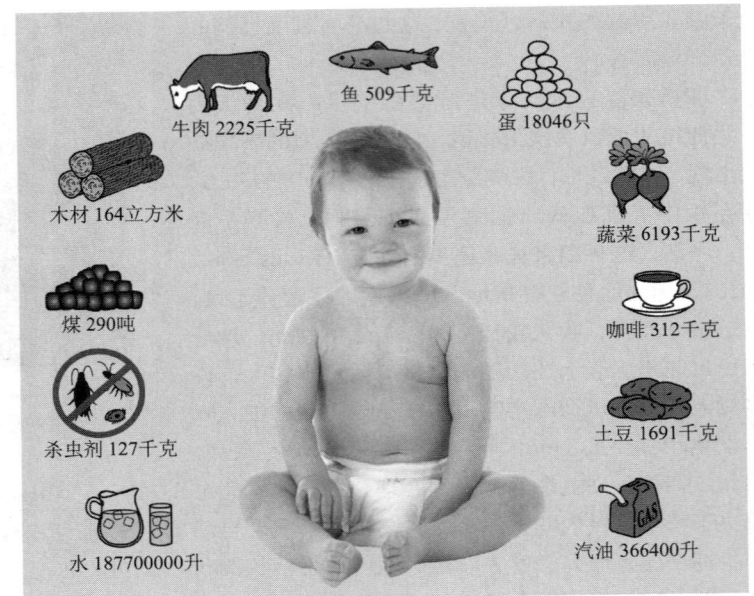

要养活一个 2000 年出生的婴儿需要消耗多少资源？北美洲人一生平均的资源消耗如图（"Bringing Up Baby", 1999）。

没有觉察到。例如，我们每天都在与有害的、有毒的物质接触，其中包括放射性物质、杀虫剂和工业用的化学制剂，而这正是各种生理和心理疾病发生率上升的原因（Evans, 2006）。

可持续的生活方式

世界范围的生态危机正在酝酿，人类必须采取行动，避免无可挽回的大规模人类灾难产生。企业和政府对环境造成了很多破坏，所以政策上需要提出改进方案。最终改变也要落实到个体行为上。很多环境问题都是由于人们对自然资源的过度利用造成的（全球足迹网络，2010；Huang & Ruts, 2011）。

资源浪费问题

社会问题中最严重的问题之一就是全球范围内自然资源的迅速耗竭。资源消耗可以用**生态足迹**来衡量，即把恢复一定人口所消耗的资源量用所需要的土地和水源量换算出来。据全球足迹网络（2010）报告，人类消耗的资源已经超过地球可以补给的量了。特别是工业化国家，正在以危险的速度消耗着世界上有限的资源。以北美洲为例，其生态足迹比亚洲和非洲高出 10 倍之多。我们必须正

第18章 生活中的心理学　735

2010年4月，墨西哥湾一艘油轮爆炸起火，酿成一场重大的环境灾难。2011年3月，地震海啸摧毁了日本核反应堆，环境危机再次爆发。Carl Sagan说："只要你深入思考，你就会发现，人类在环境问题上做了很多错事。这使你不得不反思：人类生活在地球上，到底怎样做才算明智？"

目前有不少组织利用网络为个别用户提供生态足迹计算，追踪个体能源消费量，作为整体资源消耗的有效反馈，这种方式越来越普遍（Global Footprint Network, 2010）。鉴于全球变暖日益受到广泛关注，不少人在计算个人的**碳足迹**，了解由自己消费所产生的温室气体有多少（The Nature Conservancy, 2011）。

如今节约能源变得简单了，比如使用节能灯，个人节能成效也可以从碳足迹降低直观地反映出来。同时人们也越来越多地参与到偿还"碳债"的行动中，如植树造林。对能源使用进行即时、准确反馈使碳平衡的生活方式成为时尚，即一方面降低个人能源消耗，另一方面参加碳偿还行动，使个人温室气体排放总量为零。类似措施也能大大促进废物利用，详细内容见"回收再利用"。

视目前的资源浪费和未来的资源短缺。我们能做些什么来提高人们的环境保护意识呢？

节约资源

当你试着减少能源的使用量（例如家庭用电量）时，你会发现这很难坚持（Stall, Meadows & Hebert, 2011）。环境心理学家很早就指出缺乏控制和即时反馈是阻碍节约能源行为的主要原因（Abrahamse et al., 2005）（详细内容见第6章）。

通过安装智能家庭恒温系统和家用电器节能装置，有节能意识的消费者能更准确地控制能源消耗量。但你因开大了暖气或不关灯就离开所浪费的电，通常要到月底看到电费账单时才知道。意识到这个问题的心理学家指出，只要每天把使用煤气、水、电的情况反馈给家庭或公司，就能有效地降低水电账单上的金额（Carrico & Riemer, 2011）。

更有效的方法是对住户的节能行为进行奖励。一个新潮的例子是"智能电表"，它可以不间断地为住户和电力公司提供能源消耗反馈信息（美国能源部，2010）。这样，电力公司可以在用电需求低的时段降低电价，而精明的用户不仅可以节省用电，还可以省钱，比如说选择在夜晚用电低谷期使用洗碗机。

社会两难问题

为什么让人们多关心一下环境会如此之难？一种被称为社会两难问题的行为模式是造成很多环境问题的原因。有些行为从长期来看会造成不良后果，**社会两难问题**指的就是奖励这些行为的

噪声污染 /Noise pollution　对人造成压力或使人感到受侵犯的噪声，通常指机器噪声，也包括动物或人为的噪声。

生态足迹 /Ecological footprint　恢复一定人口消耗的资源量所需要占用的土地和水源量。

碳足迹 /Carbon footprint　个人消耗所产生的温室气体量。

社会两难问题 /Social dilemma　一种社会情境，在这种社会情境中产生立即收益的行为受到奖励，而不顾该行为可能造成的长期不良后果。

探索·发现　回收再利用

虽然降低消耗可以减轻一次性用品对环境的破坏，但对要扔掉的东西再利用也很重要。同时，对使用过的物品进行回收，将废纸、废钢铁、废玻璃、废塑料和铝等回收后作为原料生产出新产品，也很重要。

如何鼓励人们进行回收和再利用的行为呢？心理学研究证明，把握好与此有关的心理因素，将有助于提高人们回收、利用废旧物品的自觉性。下面列举一些有效的措施（Duffy & Verges, 2009；Schmuck & Vlek, 2003；Winter & Koger, 2010）。

- **教育**　在学习和工作中了解环境问题，发展环保价值观是推广环保行为的最有效方法（Carrico & Riemer, 2011；Schmuck & Vlek, 2003）。
- **物质奖励**　前面提到，奖励可以促进人们节约。例如，人们退旧瓶子后可将押金取回是一种常见的奖励回收旧瓶子的方法。
- **提供方便条件**　可以通过很多办法方便回收，比如，定时让住户把废旧物品放在路边，由专车收运，就是一个好办法。还有专门回收旧电脑、打印机之类的公司也为人们提供了方便。在教室里摆放易拉罐回收箱，这个简单的措施就能鼓励校园回收。（Ludwig, Gray, & Rowell, 1998；Winter & Koger, 2010）。
- **劝导**　常用的方法是通过媒体宣传，说明道理，劝导人们参加资源再利用的活动。
- **环保承诺**　那些对环保事业做出承诺的人会更自觉和有效地支持废品再利用活动。有时，一些组织要求人们签署一张参加资源再利用活动的"保证书"，或是在一张志愿者名单上签名，之后将名单刊登在当地报纸上。这也是一种有效的方式。
- **设立目标**　人们一旦设立了目标，就会朝着目标努力。设立目标的方法在家庭、公寓、街道、办公室和工厂的废品再利用活动中较为成功。
- **效果反馈**　如果每个家庭、每个学生宿舍或工厂中的班组每周都能收到一份报告，上面写着他们上周回收废品的成绩，那么，废品的回收率就会上升（Keller, 2010；Schultz, 1999）。效果的反馈非常重要，即便不是表扬和鼓励，也是有效的。有一项研究中，在校园里的易拉罐回收箱上贴出前一周回收的统计数字，仅这一简单的信息反馈就使回收量增加了65%（Larson, Houlihan, & Goernert, 1995）。
- **改变态度**　尽管人们相信回收是有用的，但大家还是觉得这是件很烦人的事情。因此，如果强调回收对环境保护之贡献所获得的满足感，那么，人们可能会在行为上有所变化（Nigbur, Lyons, & Uzzell, 2010；Werner & Makela, 1998）。

把握好与促进回收有关的心理因素，将有助于提高人们回收、利用废旧物品的自觉性。例如，华盛顿的易拉罐回收箱就设计得非常吸引眼球。

社会情境（Van Vugt, 2002, 2009）。在典型的社会两难情境中，任何个人的行为都没有有意与群体作对，但如果很多人都这样做，群体利益就会受伤害。例如，很多大城市的公共交通系统都处于较闲置的状态。而同时，道路交通常常拥挤不堪。为什么会这样？因为很多人认为开私家车出行会比较方便，比如说外出办事之类的。然而个体行为会影响到他人利益。每个人都为了个人"方便"而选择私家车，开车出行反而不方便了：太多车辆造成交通拥堵、停车不便等让人头疼的问题，而且还增加了温室气体排放量，污染了环境。这样每位私家车主都陷入了两难境地。

公用地悲剧

在稀缺资源的过度使用方面，社会两难问题造成的损失更加突出。这些资源本应由人们共同享有，如果每个人都按个人利益行事，那么最终整体利益受损，每个人都会难逃恶果。生态学家 Garrett Hardin（1968）称这种情况为**公用地悲剧**。前面举过汽油、水资源、电力的例子，人们缺乏节约的自觉性，只要涉及个人利益问题，"让别人担心环保节能去吧"是大多数人惯有的想法。但就长远来看，如果真的是这样，大家都会成为受害者（Van Vugt，2009）。

为什么这种错误的行为会如此普遍？其实又是社会两难问题在作怪：如果一个人污染了河流或随地乱扔垃圾，危害并不明显，但很多人都这样做的话，问题会迅速扩大，进而影响到每一个人。丢弃一个塑料袋看起来没什么大不了，但每年全球塑料袋使用量高达5000亿吨，在自然界中要用数百年才能降解。如今造成世界范围内海洋污染的主要污染物之一就是塑料袋。

再举个例子，农民为了防治病虫害给作物喷洒杀虫剂，短期看他们会因此获益。但如果所有农民都使用杀虫剂，当地水源就会遭到不可挽回的破坏。绝大多数环境污染都是因为只看到了眼前利益，而忽视了长此以往会带来的潜在沉重代价。那么，我们怎么避免这些两难问题呢？

摆脱两难境地

在促进个人以及企业自觉减少环境破坏行为方面，劝导和教育已经取得了一定成功。呼吁人们保护环境可以从个人利益入手，如降低开支，也可以突出集体利益，比如说为了保护我们的孩子和未来的子子孙孙，再或者直接唤起人们对地球家园的关爱（Pelletier, Baxter, & Huta, 2011；Stern, 1992；Winter & Koger, 2010）。把节约看作群体共同的责任十分重要。有研究证明，在大多数社会两难问题情境中，如果人们觉得其他人也会同样做，就更可能会限制自己的行为（Messick et al., 1983；Nigbur, Lyons, & Uzzell, 2010），不管是节约用油、用电、水资源、纸张还是其他环保行为。否则，人们会觉得"凭什么要我节约？也没见其他人节约啊"。

有些情况下，可以通过重新设置奖励和支出来解决两难问题。例如，很多公司在面对环境保护和商业利益时，通常会不顾环境污染，只追求低成本高利润。为了扭转这一局面，政府一方面可以对污染行为征税，这样污染反而会造成公司更大的经济损失。另一方面，对负责任的行为进行奖励。比如以退税形式奖励安装隔热保温系统或者购买节能设备（Schmuck & Vlek, 2003），以低价政策促进非高峰期用电（U.S. Department of Energy, 2010）。

有些问题比较难解决。比如卡车司机把车开到路中间，造成严重的交通堵塞该怎么办；怎样遏制随地乱丢垃圾；怎样让拼车或公共交通成为市民出行的首选；有什么方法可以鼓励人们灵活调整上下班时间等。这些都是有待解决的社会两难问题。

环境问题的解决办法

心理学家怎样解决拥挤、污染、资源浪费等问题呢？**环境测评**是一种简单易行的方法，可以反映出环境是如何影响人类行为，以及人们是如何看待环境对自己的影响的。

凡住过大学生公寓的人都知道，那里的一间间宿舍简直就像疯人院一样。学生宿舍里的走廊又长又窄，住在这种筒子楼宿舍里的学生们总是感到拥挤和紧张（Baum & Valins, 1977）。研究者们发现，与宿舍宽松的学生相比，宿舍拥挤的学生更不愿与人交往，他们中有更多的人需要心理帮助。

建筑心理学是研究建筑对行为的影响的应用心理学。通过对建筑的分析，心理学家经常提出某些改变设计的建议，以解决现存的问题，或防患未然（Zeisel, 2006）。例如，Baum & Valins（1979）研究比较了两种不同的宿舍设计，第一种宿舍有一条长走廊和一个公用的大浴室；第二种设计将整条走廊分成三段，每段有一个公用的小浴室。在这两种设计中，每位学生使用的空间是相等的，但在第一种设计中，学生们出来进去总是无法避免与人接触。与在第二种宿舍里住的学生相比，住在第一种宿舍里的学生有更多的人感到拥挤，不愿结交室友，更不愿与人进行社交活动。

公用地悲剧 /Tragedy of the commons　每个人依照个人眼前利益行事，过度消耗本属于全人类的稀缺资源，最终造成人类惨剧。

环境测评 /Environmental assessment　测量和分析环境对人的行为和感知的影响。

建筑心理学 /Architectural psychology　研究建筑对行为的影响和运用行为原则进行建筑设计的学科。

这项研究结果为我们提供了何种建议？后来的一项研究证明，建筑设计上的细微改动可以大大降低住房拥挤带来的紧张感。改造宿舍的方法是用不带锁的门将长长的走廊从中一分为二，并将中间的三间寝室改建为公共活动室（图18.4）。学生们入住一个学期之后，研究者们通过对住在长走廊宿舍里与住在改建后宿舍里的各40名学生进行比较发现（Baum & Davis, 1980），住在改建宿舍里的学生不觉得拥挤，彼此很友好，乐于参与社交活动；与此相反，住在未经改建宿舍里的学生感觉很拥挤，高度紧张，彼此不友好，而且关门的频率非常高——这也许是因为他们想"一个人待会儿"。

类似的建筑改造通过改变内部结构设计，在学校、商店、公寓楼、精神病院和监狱中也取得了良好的效果。一般情况下，如果人们在建筑中从一处走到另一处时途经的空间越大，他们感到的压力和拥挤程度就越低（Evans, Lepore, & Schroeder, 1996; Zeisel, 2006）。

小结

以上介绍了环境心理学研究和应用中的一些具有独创性的、卓有成效的工作。在当今世界上，虽然依旧存在着许多环境问题，但我们欣喜地看到，至少在某些问题上可以通过人的行为改变找到解决的方法。当然，创造和保持一个有益健康的环境也是我们和子孙后代所面临的主要挑战之一（Winter & Koger, 2010; Oskamp, & Schultz, 2006）。

工作和环境对我们的生活都有很大的影响。在讨论过这两个主题之后，让我们一起来探索应用心理学更广阔的领域。接下来我们将围绕教育心理学、司法心理学、运动心理学和人类因素心理学四个有趣的主题展开讨论。

知识巩固
环境心理学

测一测
1. 在卡尔霍恩的实验中，虽然在拥挤的大笼子里，雄鼠出现病态行为，但相对而言雌鼠始终都比较正常。对不对？
2. 为了对行为有更清楚的了解，有必要区分拥挤和_____（在给定空间的人数）两个不同的概念。
3. Milgram 认为，城市居民避免不必要的社交活动，是为了避免注意超负荷。对不对？
4. 利用智能电表和生态足迹计算器为人们提供及时反馈，这是一种推进节能的有效方法。对不对？
5. 迄今为止，推行节能计划的最佳方法就是对过量消耗能源的人施行罚款。对不对？
6. 为了重新设计教室，使之更有利于学习、更舒适，首先要进行_____，发现问题之所在。

想一想
批判性思考
7. 人类破坏环境所造成的严重后果有很多还没

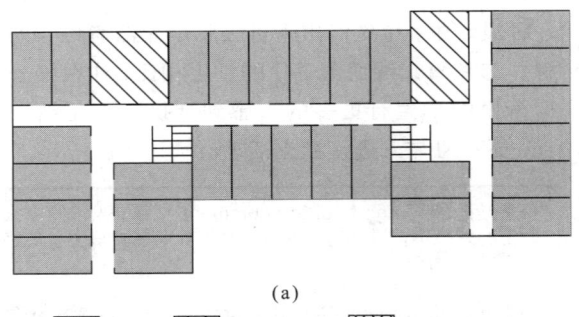
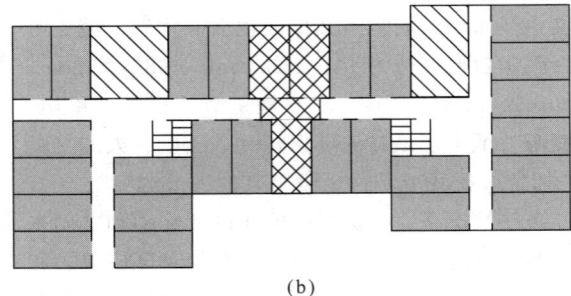

(a)　　　　　　　　　　　　　　　(b)

宿舍　　浴室卫生间　　活动室

图18.4 一种通过改造建筑设计缓解拥挤的方法。心理学家将（a）图宿舍中的长走廊分成（b）图所示的两段，中间用不上锁的门及三间活动室隔开。这一简单的改变可以避免人与人之间许多不必要的接触，同时大大降低了居住者的拥挤感（引自 Baum & Davis, 1980）。

有显露出来，但将来总有一天会出现。为什么说那些目前尚未显露的严重后果使环境保护问题变得更为复杂？

自我反思

你现在所处的自然环境、人造环境、社会环境和行为情境的本质特点是什么？

你的活动中有哪些领地行为？

你曾经在拥挤环境中体验过压力吗？密度或控制是关键因素吗？

你尝试过计算自己的碳足迹吗？为什么不试试呢？会让你感到惊讶的。

答案：1.才能 2.隐密度 3.才 4.才 5.才才 6.评估 7.环境保护是政府的严重义务和挑战问题，使人类的碳足迹尽可能减少及时控制，因而顺得了损失许许多多的副作用。

教育心理学——教育的主题

关键问题 18.3：心理学是如何促进教育发展的？

假设让你给小学四年级的学生当一天老师，你必须正式教一整天课，不许带学生去郊游或看电影，更不得使用贿赂手段让学生们听你的话，你会怎么做？你只要教过一天书，就会惊奇地发现，教学是多么具有挑战性的一件事！如果不了解学习

教育心理学家关注如何改进学和教的过程。

过程、教学方法、课堂动力学，不知道如何使用测验，你就不可能当好教师。

哪一种教学法最好？ 对不同年龄的儿童或个体，以及在不同科目的教学中，能否找到一种最佳的教育方式？如表 18.4 所示，这些都是**教育心理学**中的核心问题。教育心理学的目标，就是要了解人的学习过程，提出教师对学生进行教学的科学方法（Snowman & McCown，2011）。

表 18.4 教育心理学领域关注的若干主要问题

测验编制	残疾学生
道德发展	超常学生
概念学习	特殊学生
教师态度	因材施教
教学策略	学习理论
教学风格	学习适应
课堂管理	学生态度
课堂动机	学生需要
课堂组织	学习迁移
课程开发	语言学习
能力倾向测验	个性化教学
智力测验	

教学策略的要点

事实上，每个人都会有教别人的时候，比如，教一位新来的同事如何开始工作，向朋友传授你的一手绝活儿，或是给孩子辅导功课，等等。如果有人向你求教，你将如何传授自己的知识？一名教师需做到教导有方，即要有一套行之有效的系统**教学策略**。下面介绍的一套策略是为课堂教学设计的，其中的要点同样也适用于其他场合中的教学（Ormrod，2011）。

第一步，引导学习者做好学习准备。 要点是引起学习者的兴趣，使他们将注意力集中于眼前的学

教育心理学 /Educational psychology 研究人们如何学和教师如何教的学科。

教学策略 /Teaching strategy 进行有效教学的计划。

人类多样性

大脑的花生酱：为每个人设计教育

George Washington Carver 说"教育是打开自由之门的钥匙"。这个在 1860 年出生于奴隶家庭的孩子发明了全世界都流行的食物——花生酱。即使今天，Carver 的话仍有价值。不过教育者要面对的学生却更加复杂了："普通"学生、成人学生、残疾学生、以英语为第二语言的学生、在辍学边缘（Bowe, 2000）的学生。为此，教育家开始应用一种被称为"通用教学设计"的方法，其基本思想是开发内容、方式十分丰富的课程设计，来使大多数学生受益，即使不能满足学生的所有需求，但可以尽可能地满足不同类型学生的需求（Holbrook, Moore, & Zoss, 2010；Scott, McGuire, & Shaw, 2003）。

该设计的一个原则是使用不同的教学方法，如讲座、网上音频教程、团体活动、网上论坛、学生网上日志。这样，有听力障碍或视力障碍的学生也能找到适合自己的学习方式。成人学生因为工作、家庭没有时间到学校上课的，也可以通过其他途径获得课程资料。总之，选择适合自己的学习方式，我们通常会学得更好，这就是为什么每个人都能从通用教学课程中获益。同时，通过不同渠道学习同一材料也是个好主意。

另一种原则是简单和具有启发性，减少不必要的复杂环节。制订计划、正确清楚的课程提纲和学习手册也能帮助学生完成有难度的家庭作业。当然，这些材料也应该适用于所有学生。

这些原则是否用于大学学习了呢？简言之，是的（McGuire, & Scott, 2002；Orr & Hammig, 2009）。大学教学广受青睐，就像花生酱一样人见人爱，不过还好它不会让你的脑子像一团花生酱！

习内容。

第二步，选择好呈现给学习者的刺激。凡呈现给学习者的知识内容、示例和插图等，都要具有明确的目的性。

第三步，注意学习者的反应。给学习者一定的时间，使他们能够对你所呈现的知识进行反应，比如，给学习者留出复述正确答案的时间或提问的时间。

第四步，及时对正确反应进行强化。通过鼓励、肯定或赞扬等反馈方法帮助学习者巩固学到的关键知识。

第五步，评价学习结果。通过测验或评估方法检查学习结果，以便在需要时根据教、学双方的问题调整学习或教学策略。

第六步，定期复习。学习一段，就要停下来复习，这是教学中关键的一步，复习有助于巩固所学的关键知识。

> **知识桥**
> 许多有效的教学策略都有用到操作性条件反射这一基本原理，参见第 6 章。

教学风格的作用

除了遵循某种特定的教学策略，教学就没有别的要点了吗？好教师不仅要通过教学策略把知识传授给学生，还要能因材施教，针对不同的学生的学习风格采用不同的教学风格。

学习风格有很多种。加德纳多元智能理论认为（见第 9 章），言语能力强的人，通过听或读的方式来学习效果最好；视空智力发展较好的人适合用图片来学习；人际智能高的人最适合从团体工作中学习（Gardner, 2008；Kornhaber & Gardner, 2006）。

毫无疑问，教师可以在很大程度上影响学生的学习兴趣、动机和创造性。但不同的风格会带来何种影响呢？为了回答这一问题，心理学家比较了一系列教学风格。基本的教学风格可分为两类：直接教学和发现教学。

直接教学注重通过讲授、示范和反复练习的方式使学生掌握知识。**发现教学**则强调教师创造一定情境，鼓励学生自己探索和建构知识体系（Dean & Kuhn, 2007）。目前看来，这两种教学方式各有千秋。用直接教学法训练出的学生在考试中的成绩比较好（Klahr & Nigam, 2004）；而用发现教学法训练出的学生在抽象思维、创造力和问题解决的测验中表现得更好，并且独立性和好奇心更强，也更愿意上学（Scruggs & Mastropieri，2007）。随着教育改革的不断深入，这两种教学方式也在相互融合。

关于风格教学的研究只是教育心理学中的一个例子，但在改进教学和学习中的价值是显而易见的（Snowman & McCown，2011）。在进入下一个主题之前，让我们从"大脑的花生酱：为每个人设计教育"看看未来教育是什么样子的吧。

司法心理学——陪审团

关键问题 18.4：心理学研究揭示了有关陪审团和法院裁决中的哪些问题？

如果你想了解心理学在现实生活中是如何应用的，一个可去的地方就是地方法院。许多精彩的行为研究课题都与陪审团有关。比如，被告人的相貌是否会影响陪审团的裁决？陪审员的人格特征或态度对其判断会有何影响？等等。心理学家们的任务就是要说明这些问题。正如表18.5所示，**司法心理学**是对法律制度中所涉及的各种行为的研究（Greene & Heilbrun，2011）。

表 18.5　与司法有关的心理学课题

仲裁	陪审员态度
对法律的态度	陪审团裁决
保释设置	选择陪审团
死刑	调解
冲突解决	记忆准确性
罪犯人格	假释委员会裁决
犯人待遇分级制度	选拔警察
假释效应	警察应激
技术取证	警察训练
证人取证	测谎准确性
法医学推断	判决过程
精神病免诉问题	白领犯罪

陪审团行为

当法庭审理一个案子的时候，陪审团要经过几天或几周的听证之后对被告做出有罪或无罪的裁决。陪审团到底是如何进行裁决的呢？心理学家们采用**模拟陪审团**方法对裁决的过程进行研究。实验中，以不同的方式向充当陪审员的两组志愿者呈现材料，以了解现实中决定陪审员投票的因素是什么。在一种情景中，被试仅根据书面证据和辩论记录进行裁决；在另一种情景中，被试在观看法庭审理的录像后进行裁决，审理的情景由演员表演录成。两种方式都能帮助我们理解真实情况下陪审团是如何做出裁决的(Pezdek, Avila-Mora, & Sperry, 2010)。

但是，研究结果中存在着一些问题，难以得出明确的结论（Levett et al., 2005）。第一，陪审员在判断过程中很难排除自己的偏好、态度和价值观（Buck & Warren，2010；Devine et al., 2001）。例如，外貌的影响远大于人们的想象（还记得光环效应吗？见第1章）。在证据相同的条件下，陪审团会将一位相貌较好的被告定为无罪，而将相貌较差的被告定为有罪（Perlman & Cozby，1993）。一项有趣的模拟陪审团研究中，不戴眼镜的被告更可能被判有罪。因为戴眼镜会给人聪明的印象，陪审团会倾向于认为戴眼镜的被告不会犯诉讼中那样的低级错误（Brown, Henriquez, & Groscup, 2008）。

第二，陪审员往往不善于区别哪些信息是证据，哪些不是。例如，他们往往根据自己对被告、律师、证人和法官的印象进行判断，而不是根据证据判断。再如，在专家提出的复杂的科学证据面前，陪审员往往更容易受专家意见的左右，而

直接教学 / Direct instruction　注重通过讲授、示范和反复练习使学生掌握知识的教学法。

发现教学 / Discovery learning　以鼓励学生主动发现和建构知识为基础的教学。

司法心理学 / Psychology of law　对法律制度中所涉及的心理与行为的研究。

模拟陪审团 / Mock jury　一种对陪审员的裁决过程进行研究的方法。

> ## 批判性思考
>
> ### 有死刑权的陪审团
>
> 在被告可能被判处死刑的案件中，必须选择**有死刑权的陪审团**。这类陪审团所选择的陪审员必须是支持或至少不反对死刑的人，以此保证陪审团在必要时能够判处被告死刑。为保障死刑存在的意义，对这类审判中的陪审团的特殊要求是很有必要的。然而，心理学家发现，这类陪审团的组成结构往往是不平衡的，因为其中绝大多数人都是高收入、保守和具有专制倾向的男性白人，这样的陪审员更容易裁定被告有罪（Allen,& Mckelton, 1998; Butler, 2007）。
>
> 于是就产生了一连串的问题：这样的人组成的陪审团是不是喜欢判人有罪的陪审团？如果是，那么陪审团的这种倾向是否会导致罪不当死的人被判死刑？有多少人被误判了死刑？我们无法说出确切数字。然而，那些误判也许是保留死刑所不得不付出的代价之一。
>
>

不是根据证据本身进行判断（Cooper, Bennett, & Sukel, 1996; Hans et al., 2011）。与此类似，在《CSI犯罪现场》《法庭档案》之类的电视节目影响下，陪审团常会轻信DNA证据（Myers, 2007）。另外，在正式审议时，参加过审前公示的陪审团成员会受之前接受内容的影响，无意中做出不当判断（Ruva, McEvoy, & Bryant, 2007）。

第三，陪审团的最终裁决总是受到那些不记录在案的证言的影响。例如，对被告前科的陈述会对被告不利。虽然陪审员知道应该忽略那些不被记录在案的信息，但实际上很难做到。再如，陪审员考虑到被告将面临极重的惩罚时，可能会从轻发落，虽然他们不应该受那些因素的影响（Sales & Hafemeister, 1985），但事实上，在很多情况下，裁决是将受影响的。

第四，在理论上，陪审团必须在所有证据出具之后才能做出裁决，但一般情况下，陪审员在审判的初期就已经形成某种意见，因而往往不能公正地对待与自己意见相矛盾的证据。

上述问题始终困扰着一向以公正自居的美国法律制度。当然，这并不是说陪审团一无是处。虽然不尽如人意，但在大多数情况下，陪审团制度发挥着良好的作用。在案情严重、证据确凿的情况下，陪审团裁决受个人因素影响的情况会减少。

陪审员选拔

在许多案例中，陪审团的组成对最终判决结果起重要作用（Lieberman & Sales, 2007）。在审判开始之前，辩护方律师有权取消可能带有偏见的陪审员的资格。例如，若有人知道某陪审员与此案有牵连，那么该陪审员就必须被请出陪审团。此外，律师还可以通过陪审员选拔的方法将一些可能会给自己找麻烦的人清除出陪审团。例如，如果陪审团由妇女组成，在儿童性侵犯案件中被告就更可能被判定有罪（Golding et al., 2007）。

在陪审员候选人中，带有明显偏见的人很少，因此，律师们常请心理学家帮助他们甄选哪些人将会对自己有利，哪些人可能不利。心理学家应用社会科学的原则，通过**科学选拔陪审团**，使用专门技术进行陪审员选拔（Seltzer, 2006）。首先是收集每位陪审员的背景资料，其中大部分信息可从公开的个人资料中获得，如年龄、性别、种族、职业、教育水平、政治倾向、宗教信仰和社会经济地位等，从中可以分析出此人的某些可能的倾向。

通过社区民意调查了解当地居民对一桩案子的看法，是对陪审员候选人进行补充调查的方法之一，因为我们可以假设此人会和与其生活背景相同的人们有着同样的看法。在法庭之外与陪审员候选人交谈是不允许的。心理学家可以通过对其亲属、熟人、邻居和同事的访谈了解有关信息。

具有专制人格特质者不适宜选入陪审团，因为这种人认为惩罚是最有效的手段，所以很容易裁定被告有罪（Devine et al., 2001）。同时，心理学家可以通过对陪审员候选人非言语行为的观察，了解他可能支持哪一方（Sales & Hafemeister, 1985）。

> **知识桥**
> 专制型人格特质还常表现出民族优越感和种族歧视，参见第17章。

在美国，对谋杀罪的陪审团有着特殊的要求，即其中不能有反对死刑者参加。"有死刑权的陪审团"分析了这一要求的合理性。

在众所周知的辛普森（O. J. Simpson）案件中，这位前橄榄球运动员被指控杀害了他的妻子，在审判初期大多数非裔美国人认为辛普森无罪，而大多欧裔美国人认为他有罪，在长达一年的审判中，这两派意见也没多大变化（辛普森最终被宣判无罪，但在随后受害人家属提出的民事诉讼中败诉）。从这一事件中可看出明确的证据并未对人们的信念造成多大影响，这说明陪审团成员的构成往往能决定审判的最终结果（Cohn et al., 2009；Forster Lee et al., 2006）。

一些重要的案件都曾引发棘手的种族问题，如辛普森案件等。陪审员选拔需要一笔不小的开销，大多数人承受不起，因此每次都是更有钱的一方因在陪审员选拔上占有优势而获胜。但是，也不能因此而责备辩护方律师不该尽力增加胜诉的机会。由于控辩双方对陪审团的确定拥有同等的发言权，因此，在大多数情况下陪审团的最终组成还是比较合理的。如果陪审员选拔工作做得好，会有助于发现那些带有极端偏见的人，不使这样的人进入陪审团（Lieberman & Sales, 2007）；如果选拔工作做得不好，则会影响到最后裁决的公正性。

对陪审团的分析最直接地体现了心理学研究与司法工作的结合。除此之外，心理学家在其他方面同样做出了很多成绩，如对陪审员公正性的评价、狱中咨询、向立法者提供政策咨询、警校学员的选拔和训练等（Brewer & Williams, 2005；Wrightsman & Fulero, 2009）。可以预测，心理学在司法和审判工作中的作用将日趋明显。

运动心理学

关键问题 18.5：心理学能提高运动员的成绩吗？

心理学在体育运动中有哪些作用？**运动心理学**是对与运动成绩有关的心理和行为方面的研究（Cox, 2011）。训练有素的运动员都知道，只靠体能训练是不能保证达到巅峰成绩的，因为心理与情绪的"条件反射作用"在比赛中起着同样重要的作用。如今，很多的业余和专业运动队都认识到了这一点，他们将心理学家请来，加入他们的训练，指导运动员学会放松，克服分神，控制好自己的情绪。运动心理学家还为运动员做单独的心理咨询，帮助他们缓解造成运动成绩下降的心理压力和心理冲突（LeUnes, 2008）。另一些心理学家专门从事对影响运动成绩因素的研究，如技能学习、冠军运动员的

心理学家发现站在木垒板外角后面时，裁判对击球的判断更准确。这个位置能对高度和距离有较好的判断，因为裁判能看到棒球从击球手前面传出（Ford et al., 1999）。

有死刑权的陪审团 /Death-qualified jury　由支持或至少不反对死刑的人组成的陪审团。

科学选拔陪审团 /Scientific jury selection　利用社会科学的原则选出陪审团成员。

运动心理学 /Sports psychology　对体育运动的心理和行为的研究。

人格构成和观众影响等各种因素的作用（表18.6）。总之，心理学家的一切努力，就是为了提高运动员的运动成绩与强化参加运动的益处（Cox, 2011）。

表 18.6	运动心理学中的研究课题
成就动机	催眠
运动员个性	心理训练
运动员任务分析	运动学习
教练风格	巅峰成绩
竞赛	积极想象的作用
注意力控制	自我规范
应对策略	技能获得
成绩与情绪的关系	全民健身
心理健康与练习	压力的缓解
目标设定	团队动力学
合理训练步骤	团队合作

体育运动往往可以反映人类行为。例如，一项关于青少年的研究发现，参加体育运动与身体自尊有关，而通过影响身体自尊，整体自尊也会受影响（Bowker, 2006）。另一项研究发现，当互争高低、队员不团结、相互指责和"个人英雄主义"倾向受到遏制时，运动队或运动员个人成绩就会提高。在儿童训练中，尤其需要培养他们的公平竞争精神、内在奖赏、情绪自我控制能力、独立性和自信心。

对于一般人而言，参加体育运动能使人的心理压力减轻，自我感觉良好，身体更健康（Williams, 2010）。研究表明，与坚持长跑者相比，不常运动的人更容易产生紧张、焦虑、疲劳和抑郁。

在运动心理学诞生之前，人们始终说不清运动员成绩的提高与教练们"土法训练"的关系到底有多大，因为在那时的排球和体操教练中，有许多人对项目中最关键、最基本的技能几乎一无所知（Salmela, 1974, 1975）。

心理学如何起作用的？对复杂技能的深入研究是运动心理学的重要贡献之一。研究是通过**任务分析**将运动技能分解成若干部分，确定其中的关键动作，以便进行专门训练。如前所述，这一方法最先用于工作分析。例如，奥运射击赛场上射偏是时有发生的，毕竟要射中50米开外，只要硬币大小的靶心并非易事。然而，在国际赛事中，60发中50枪正中靶心却是很普通的成绩。下面将进一步介绍心理学技术在体育运动中的应用。

除了眼睛好和持枪稳之外，还有什么因素决定着射击成绩呢？运动心理学家发现，顶尖级射手总是在两次心跳之间扣动扳机（图18.5）。显然，心跳引起的细微颤动容易使子弹射偏（Pelton, 1983）。这一发现令人吃惊。如果没有细致的心理学研究，人们难以想到心跳是影响射手成绩的关键因素。自从人们了解到心理学研究的这一重要发现后，便开始使用放松训练和生理反馈等各种方法使射手控制和稳定自己的心跳。在未来的射击比赛中，最好的成绩将出自那些能够把握自己心跳节律的运动员。

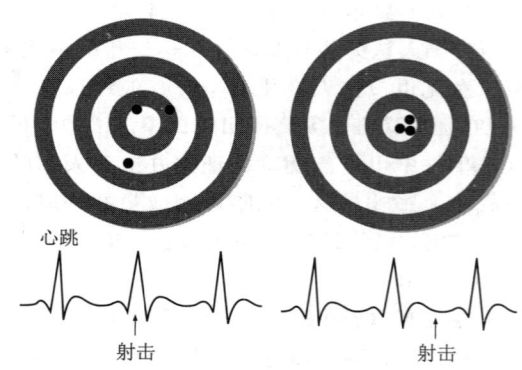

图18.5 左图显示射手在心脏收缩（心跳）时扣动扳机的结果，右图为射手在心脏两次收缩之间扣动扳机的结果。如右图所示，在两次心跳之间扣动扳机，成绩会更好（引自Pelton, 1983）。

运动技能

运动心理学家十分关注人对**运动技能**的掌握过程。打高尔夫球、投篮、撑竿跳、滑雪、开车、散步、写字和打字都需要运动技能，而技能的掌握就是能够流畅并到位地完成一系列连贯起来的动作。

在同一场篮球比赛中，一个运动员也许没机会用一模一样的动作投两次篮。有的投篮动作非常随意，因此，并不是每一个投球姿势都需要事先经过训练。那么，篮球运动员们又是怎样熟练掌握各种投篮动作的呢？运动员是通过学习**运动程序**掌握技能的。运动程序是一种熟练动作的心理模式或心理运动计划，只要掌握了特定的运动程序，运动员就可以做出各种复杂的动作，以适应不断变化的情景。比如，你学会了骑自行车的运动程序之后，就可以轻而易举地在各种路面上骑自行车，并且，各种型号或类型的车你都能骑上就走。

人的一生中需要学习很多运动技能。怎样才能运用心理学原理提高学习的效率呢？根据有关研究结果，牢记以下几条至关重要（Karageorgis & Terry，2011；Williams，2010）：

1. 开始学习时，要对熟练者进行观察和模仿，在脑子里形成熟练动作的心理图像，同时要在心里想象自己如何做那些动作。
2. 在动作练习的同时，要记住每一条要领，这些要领在动作学习的最初阶段至关重要。例如，在开始学越野滑雪时，记住"左臂－右脚－右臂－左脚"这句口诀非常有用，之后，随着动作越来越自动化，口诀也就用不着了。
3. 要尽可能地在真实环境中练习，以免人工环境中的线索和你的习惯反应日后成为熟练动作中的一部分。例如，跳水运动员要多在跳板上练，而不应总在蹦床上练；学滑雪要在雪地上练，而不要只在草地上练。
4. 动作对或不对，在训练时要及时得到反馈，尽可能在错误动作刚一出现时就纠正。办法有对着镜子练习、观看动作录像、在教练的观察和指导下练习。
5. 尽可能在真实的任务中学习，而不是在假设的任务中练习。例如，学打字最好是打真实的词，而不是打无意义的音节。
6. 学会对自己的动作进行评价和分析。切记一点：你是在学习一种运动技能，而不只是锻炼你的肌肉。实际上，运动技能的掌握是十分需要脑力的。

最后还有一点建议。研究结果显示，**心理练习**有助于运动技能的学习，这种练习的方法是在脑子里想象熟练动作的完成过程（Short，Ross-Stewart，& Monsma，2006）。心理练习虽然不能完全代替真正的运动训练，但对于动作的精确化有重要作用。一般来说，在基本上掌握了一项运动技能之后，心理练习的效果会特别好（Tenenbaum，Bar-Eli，& Eyal，1996）。当你在一个运动项目上已经开始入门时，不妨试试心理练习，效果一定会让你感到惊讶（Caliari，2008；Morris，Spittle，& Watt，2005）。

全人训练：巅峰成绩

运动心理学中最有趣的课题之一就是巅峰成绩现象。当生理、心理和情绪状态彼此协调到一种最佳状态时，运动员就会创造出**巅峰成绩**。据许多运动员回忆，在巅峰状态下，他们仿佛进入了一种出神入化的境界，这种体验又被称作"福流"（flow）了。当这种最佳状态出现时，思想和技术便会融为一体，人的思想高度集中，没有任何杂念，感觉不到疲劳和疼痛，时间变得缓慢，身体中仿佛凝聚了一种不同寻常的力量（Csikszentmihalyi，Abuhamdeh，& Nakamura，2005；Dietrich & Stoll，2010）。

有趣的是，这种"福流"不可强求。事实上，只要一个人一想这种境界，它就会消失。心理学家们希望了解的问题是：在哪些条件下，运动员会创造出巅峰成绩，同时伴随的特殊心理状态是怎样的（Csikszentmihalyi，Abuhamdeh，& Nakamura，2005）。

尽管如何进入巅峰状态还有待研究，但运动员可以通过运用许多心理学方法提高成绩（Williams，2010）。一种方法是将运动员的神经激活水平调整到特定比赛所需要的状态。例如，短跑选手上起跑线时必须有很高的激活水平，假如这时让运动员想

任务分析 /Task analysis　将复杂的技能拆分成更小的组成部分。

运动技能 /Motor skill　一系列流畅并有效的操作动作。

运动程序 /Motor program　一种熟练动作的心理模型或心理运动计划。

心理练习 /Mental practice　在脑子里想象熟练动作的完成过程。

巅峰成绩 /Peak performance　运动员在其生理、心理、情绪状态的协调处于最佳状态下创出的成绩。

象对手有欺骗行为，就会激起愤怒，从而提高激活水平。相反，在高尔夫球和体操比赛中，为避免情绪过于激动，运动员需要降低激活水平，这时，可以通过在每次赛前先做一套规定的动作，调整心理状态。此外，还可以通过想象和放松等技术调节运动员的激活水平（LeUnes，2008）。

> **知识桥**
> 许多运动心理学中使用的心理策略来自压力管理技术，参见第13章。

想象技术可以帮助运动员集中注意力和进行动作的心理练习。例如，著名高尔夫球运动员Jack Nicklaus在每打一杆之前，都要在脑子里把动作"放电影"似的过一遍。比赛期间，运动员要学会运用认知行为策略提高自己的临场发挥水平（Johnson et al., 2004）。例如，网球运动员在比分落后的情况下，应利用间歇时间多去想自己打出的好球，而将一切失误置之脑后，此时绝不可自责。一般而言，运动员如果能排除负面和自责想法的干扰，不为此分心或失去自信，就能够正常发挥（Cox，2011）。总之，一流的运动员往往更多地使用自我调节策略，正确评价自身的表现，保持最佳状态（Anshel, 1995; Puente & Anshel, 2010）。

目前，运动心理学还处于起步阶段，可以称其为一门提高运动水平的艺术，但还没有发展成一个独立学科。无论如何，该领域的研究已受到越来越多的重视（Gallucci, 2008）。

展望

以上已经介绍了应用心理学的几个主要领域。但是，应用心理学所涉及的范围甚为广泛，其中还包括社区心理学、军事心理学、健康心理学，等等。在"应用篇"中，我们将对应用心理学的重要领域之一——人类因素心理学进行讨论。

> **知识巩固**
> **运用到教育、司法和运动中的心理学**

测一测

1. 在系统教学策略中，第一个步骤是进行学习效果评价。对不对？
2. 与直接教学相比，开放教学的方式能够使学生在考试中分数更高。对不对？
3. 通用教学设计旨在开发一种对_____学生有用的教学材料。
4. 很多因素会影响陪审团的裁决，但他们没有受到那些不记录在案的证据的影响。对不对？
5. 下列各项中，哪一项不属于与陪审员选拔方法有关的内容？
   a. 伪证   b. 信息网
   c. 社区民意调查   d. 人口学资料
6. 心理模式又称为_____，是熟练掌握动作技能的基础。
7. 在技能学习的早期阶段，背熟完成动作的要领对巩固所学技能会有很大帮助。对不对？
8. 比赛中，_____成绩的出现与"福流"的体验有紧密联系。

想一想
批判性思考
9. 让运动员在赛前先做一套规定的动作可以消除哪一种应激源？

自我反思
你即将教一个孩子数学，你如何使用教学策略提高教学效果？
作为学生，你喜欢直接教学还是发现式教学？
对一个希望成为公正的陪审员的人，你有什么建议给他吗？
你如何将任务分析、心理练习和巅峰成绩的概念运用于自己喜欢的运动上？

答案：1.不对 2.不对 3.多样 4.不对 5.a 6.运动程序 7.对 8.巅峰 9.在第13章中我们介绍了刺激，当人们顾及自己过多的表象并有焦虑时，就会演变困扰，比赛动作直接体现出国家的荣誉，可以使他们产生一种崭新激发，这样，他们上场时的神经激发水平就能够被调到一种其中的程度。

人类因素心理学——谁为谁服务？

应 用 篇

关键问题 18.6：如何设计工具才能更好地满足人类需求？

到底是我们为机器服务还是机器为我们提供方便？机器给人制造的麻烦一点都不少，新买来的手机要费劲琢磨怎么用，家用健身器的"简易组装"难倒了不少人。机器虽然能为我们提供不少便利，但前提是你要知道怎样用。如果数码相机又笨重又难操作，还不如直接拿来压书角；设计得让司机都看不清路的汽车，为安全起见不开也罢。如此，不能发挥作用的机器就是一堆废物。

人性化设计

人类因素心理学，也称为**人类工程学**，研究的是怎样根据人类的感知和运动能力，设计机器和改善工作环境，使机器能更好地为人服务（Buckle, 2011; Gamache, 2004）。例如，机器的操作信息要清楚明了，操作系统要简单易行，同时故障率要尽可能低（见图 18.6）。

心理学家 Donald Norman（1994）认为成功的人类因素工程学应该采用**自然设计**。自然设计以自然的感知信号为基础，人们不需要学就能轻易理解。举个例子，电梯里竖排的楼层按钮实际上是模仿真实楼层布局设计的，简单明了。隐喻是自然设计的主要方法，即用一种东西来形容另一种东西，在不同事物间创造相似之处。很有名的例子就是"桌面隐喻"（Kaptelinin & Czerwinski, 2007）。电脑"桌面"上的图标都是模拟真实物品的，有各式的"档案袋"，"文件夹"等，甚至还有"垃圾桶"。这样，用户就可以联系现实生活中的办公桌，轻松适应电脑"桌面"环境。相比过去需要输入指令的电脑操作系统，桌面系统用起来容易多了。同样，数码相机的设计也跟老式胶片照相机类似，就是为了让人们用起来能更容易上手。

"这部机器做了些让亨德里克森先生十分奇怪的事。"

好的设计还应该有自动反馈功能。现在很多电脑键盘都采用按键发声设计。就像 Norman 说的，很多错误不是人为因素造成的，而是因为设计不合理。我们日常生活中接触到的很多工具都包含人类因素心理学家的智慧，比如人性化电脑、家用电器、照相机、个人数字助理、飞机操作系统、交通信号灯等等。

工作性能测验

人类因素心理学家常用**工作性能测验**来设计工具，即直接测量人们学习使用某种机器的难度（Bruno & Muzzupappa, 2010; Norman & Panizzi, 2006）。健康和安全也是工作性能测验的重要指标。例如，浇筑钢筋的建筑工人大部分工作时间需要弯腰作业。考虑到避免受伤和降低疲劳，设计此类机器时最好能让工人直立工作，这样他们操作机器更快，也不用受弯腰驼背之苦（Vi, 2006）。

出声思考是一种有趣的工作

人类因素心理学（人类工程学）/Human factors psychology (ergonomics) 根据人类的感知和运动能力，设计机器、改善工作环境，使机器能更好地为人服务的一门学科。

自然设计 /Natural design 以天然感知信号为基础的人类因素工程设计，这种设计人类不需要学习就能自然理解。

工作性能测验 /Usability testing 通过实践研究测量人们学习使用某种机器的难易程度。

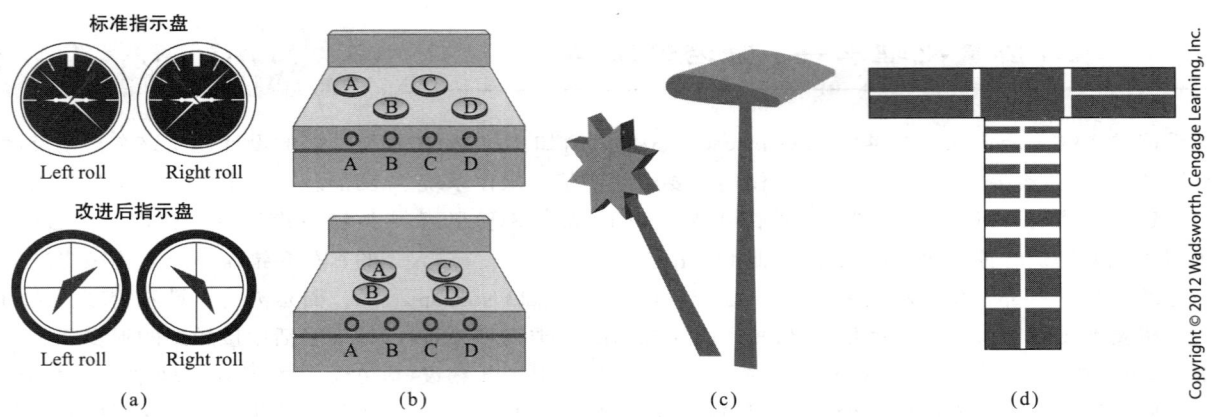

图 18.6 人类因素工程学。(a)以前飞机上的指示器很复杂，不容易读懂（上图），改进后即使是一般人也读得懂。如果你是正驾驶飞机穿过大雾的飞行员，你更喜欢哪种指示器？(b)炉子上的操作按钮设计在什么位置上也是个重要的问题。模拟紧急情况下，使用上图中按钮设计，出错率为零；相反，使用下图中的按钮设计时，出错率高达38%（Chapanis & Lindenbaum, 1959）。(c)根据不同用途将操纵杆设计成不同形状，可以降低操作错误。例如，大型工业机器的传动开关可以设计成左图的样子，而飞机上的着陆阻力板可以参照右图。(d)该图是十字路口设计的俯视图。心理学家发现，在路中间画白线可以让司机感知到的车速比实际车速快，线条越紧凑，司机们就会觉得车速越快。这样在事故高发路段上白线就可以降低车速，进而大大减少事故发生率。

性能测试方法。测试中要求人们一边使用机器一边说出自己正在想什么。对比使用者的想法和实际操作情况，能为进一步细节改进提供思路（Gerjets, Kammerer, & Werner, 2011；Norman & Panizzi, 2006）。

人机互动

运用人类因素学方法设计电脑和软件，这就是**人机互动**（Fuchs & Obrist, 2010；McKay, 2008）。传统意义上，发明机器是为了让人类更强大，比如说汽车可以让我们以更快的速度去更远的地方。电脑也会让我们更聪明，例如用电脑软件算账要比人工迅速、准确得多（Norman, 1994）。人机互动中，控制器被称为输入装置，显示器则是输出装置。人与电脑通过界面或是电脑自带的输入输出装置进行沟通。

现在主流的笔记本电脑输入系统一般包括键盘、触摸板、语音识别系统，输出依靠显示屏和音频扬声器。专家们认为人类的沟通是很丰富的，相比之下，电脑的人机交互界面非常有限，而且不自然（Kaptelinin & Czerwinski, 2007）。因此，越来越多的人开始探索人与计算机沟通的新渠道。正如本章开篇中讲到的，棘轮界面和多点触控技术成就了iPod。任天堂Wii游戏机改进了操作手柄，游戏者通过手和身体动作就能轻松操控游戏。最新的微软体感游戏甚至不需要游戏手柄，玩家直接用肢体动作和语言就能与计算机互动（Barras, 2010）。

除了通过动作与虚拟世界连接，电脑界面可以创造出一种身临其境的感觉（Iastrebov, 2008），称为临场感。2001年，一名纽约的外科医生给远在大洋彼岸的法国病人实施了远程胆囊切除手术。当时，医生远程控制机械手完成了手术。做手术要靠手的触

人机交互设计师正积极寻找新的人机交互平台。微软的体感游戏只要动作和语言就能控制。

感，所以要进一步完善临场系统，增加触感反馈是未来远程操作系统的关键（Jin, 2010；Kitada et al., 2010）。

高效使用工具

设计再完善的工具，也有可能被误用或是发挥不了真正的作用。是你利用工具，还是工具在左右你呢？下面两个小建议可以帮助你清除这个顾虑，使手上的工具物尽其用。

理解任务

学习使用数码相机、手机、社交网络软件不是件容易的事情，特别是当你对它们的性能不太了解的时候。可以从寻找信息开始，看看这种新工具是专门设计来做什么的。比如你为数码相机新添置了照片编辑软件，那就先看看它的修图功能。忙碌的现代社会，人们总认为达到最低要求就好，很少能静下心来真正钻研一件事情（Güth, Levati, & Ploner, 2009）。**满足于最低标准**不是偷懒，这也是一种生存技巧，但这就会让我们手上的工具得不到充分的利用。懂一点摄影的人在拿到新的数码相机时，很可能就迫不及待地按快门，确定能照相就行。如果你满足于这种傻瓜相机操作，可能就只发挥了新相机10%的功能。

认识工具

虽然对新工具充满好奇，但在上手试用之前还是花点时间看看使用手册吧。许多现代工具功能强大，比如电子产品，使用奥秘都藏在说明书里面。不看说明书的话，即使用户界面设计得再人性化，很多功能还是很难找到的。

太空生活环境

人类因素心理学的重要性在太空飞行中体现得淋漓尽致。飞船中所有的机器、工具和整个环境都必须以方便航天员使用为准（Mulavara et al., 2010）。空间站中的面积很小，在这种"微型世界"里生活，不仅需要生理方面的适应，还需要心理方面的适应。空间站中的居民将数月如一日地在有限的狭小空间内生活，在里面不能有任何隐私，到外面又无处可去。这种应激情况下，太空生活环境的设计必须要全面考虑人的心理需求。例如，研究发现，宇航员们更喜欢住在标明"上"和"下"的房间里，甚至在失重状态的太空中也是如此。他们要求把墙面漆成不同颜色，分别代表墙壁、地板、天花板，家具也要摆放在固定位置，这样睡觉时就能够"面朝天花板"了（Suefeld & Steel, 2000）。

理想情况下，空间站里对生活区和工作区的使用是可以灵活改变的。改变行为模式和驾驭环境可以使宇航员降低应激水平。另一方面，人们也需要稳定性，例如，心理学家发现，在单调环境中集体进餐变得至关重要，只要每天在一起吃一顿饭，就有助于保持小组成员间的团结协作。

在太空中，必须严格控制睡眠周期，否则人的生物钟容易紊乱（Kanas & Manzey, 2008；Suefeld & Steel, 2000）。一些有经验的宇航员报告说，当别人聊天或工作的时候自己根本无法入睡。空间站内存在的持续不断的噪声会使睡眠问题更加严重。起先，噪声很烦人，在持续几周甚至几个月以后，噪声会成为严重的应激源。研究人员曾尝试使用耳罩和遮光眼罩，安排专门的睡觉时间等各种方法来克服这一困难。

丰富感官刺激

在太空中，感官刺激单调是一个大问题（Kanas & Manzey, 2008）。尽管宇航员们可以尽情欣赏地球的壮丽景象，但问题是，如果总是看着同一个景致，那种兴奋的感觉很快就会消失。

研究人员正在尝试如何用音乐、录像和其他一些方式来丰富空间站中的刺激。同时要解决的问题还有如何便于宇航员进行选择和控制。人在封闭舱中生活的实验结果表明，如果有人要听音乐又不能干扰他人，就需要戴上耳机，因为一个人所欣赏的交响乐对另一个人可能是刺耳的噪声。

在封闭环境中生活的人们大多喜欢独自消磨时光，比如阅读、听音乐、向窗外眺望、写作、看电影或电视。选择独自消遣也是隐私需要的一种表现，而阅读和听音乐是从心理上与群体隔离

人机互动/Human–computer interaction（HCI） 将人类因素应用于计算机设计和软件开发。

满足于最低标准/Satisficing 人们只满足于对工具最低限度的基本使用，而不追求将工具物尽其用的行为。

的有效方式。另外，在地球上进行的封闭空间实验发现，照顾动植物可以丰富太空生活环境，减少应激源和无聊感（Suedfeld & Steel，2000）。

"地球号"太空船上的生活

高精尖宇航技术的发展不可避免地将人类行为研究提到日程上来。在地球这个"空间站"上也是如此，光靠技术上的发展不可能解决我们所面临的种种问题，如核战争威胁、社会冲突升级、犯罪、种族歧视、传染病、人口过剩、环境破坏、饥荒、屠杀、经济危机等等，这些摆在我们面前的严重问题都是与人类行为有关的。

"地球号"太空船能否经受得住这些考验？这是个心理学问题。

国际空间站中，宇航员不分性别，长时间一起工作生活。解决太空生活环境中人的行为问题，将会成为人类探索太阳系的重要一步。

知识巩固
人类因素心理学

测一测

1. 人类因素心理学家研究怎样让人适应机器。对不对？
2. Donald Norman 认为，成功的人类因素工程学应该利用人们能够自然理解的感知信号。对不对？
3. 工作性能测验可以用来在实际生活中考察机器设计。对不对？
4. 要想更有效地使用工具，应该：
   a. 认识工具　　　b. 满足于最低要求
   c. 理解任务　　　d. 克服卡壳
5. 研究发现，宇航员们并不真正留意空间站的生活区里是否有"上"和"下"的明确标志。对不对？

想一想

批判式思维

6. 右图为阿姆斯特丹斯希普霍尔机场的男士便池，看到上面的苍蝇了吗？它是真的吗？如果不是，为什么要这样设计？

这并不是一只真苍蝇，是画上的。阿姆斯特丹希普霍尔机场为什么要这样做呢？

自我反思

列举一件你很欣赏的机器设计，想一想是什么因素吸引了你。

你是否考虑过自己的写作方式？你的写作风格与本章作者的表达有什么不同吗？你充分利用了文字处理器吗？还有什么可以改进的地方吗？

答案：1. 不对 2. 对 3. 不对 4. a 和 c 5. 不对 6. 这样的设计让人们所做出的膝跳"发麻"，同时让打字间距恰当于适。

本章总结

关键问题回顾

18.1 心理学是如何应用于工商业的？

- **18.1.1** 应用心理学的目标是将心理学的原理和方法用于解决实际问题。
- **18.1.2** 工业与组织心理学家所研究的是怎样提高工作质量，主要包括两方面：（1）确定某个工作岗位所需要的潜在技能，以便于针对该工作进行人员选拔和培训（工业部分）；（2）研究在组织中如何创造组织结构和企业文化来提高工人的工作效率（组织部分）。
- **18.1.3** 工商管理理论中有两种基本观点，即注重管理制度的 X 理论和注重人际关系的 Y 理论。X 理论强调工作效率，而 Y 理论则强调心理效率。
- **18.1.4** Y 理论提倡的管理方法包括员工参与管理、目标管理、自我管理团队和成立质量小组等。
- **18.1.5** 工作满意度与产量、缺勤率、员工士气、员工的流动以及其他影响总体效率的因素紧密相关。工作满意度来自工作与个人兴趣、能力、需求和期待的良好匹配。一些成功的企业采用 Y 理论所倡导的工作丰富化方法来提高员工的工作满意度。
- **18.1.6** 人事心理学家的工作是，通过工作分析方法和各种人员选拔的方法，为人们找到适合自己的工作岗位。人员选拔方法包括收集个人背景资料、面谈、标准化心理测验和人才评价中心所使用的一些特殊的测验方法。

18.2 心理学家认为自然环境和社会环境对人有哪些影响？

- **18.2.1** 人与环境相互影响。理解二者之间的关系有助于解决很多问题。
- **18.2.2** 环境心理学家所关注的问题包括行为场所、自然环境和社会环境、人的领地意识以及其他因素对人行为的影响。
- **18.2.3** 拥挤、污染、资源浪费等环境问题是由人类行为造成的，只有改变行为模式才能解决。人口过剩问题是一个严重的世界性问题，它在个体水平上表现为人的拥挤感。
- **18.2.4** 动物实验表明，过度拥挤会导致疾病。但对人的研究发现，人对拥挤的心理感受并不直接取决于人的密度（在特定空间中人的数量）。
- **18.2.5** 注意超负荷是拥挤给人造成的一个主要危害。
- **18.2.6** 提供资源利用反馈可以有效地促进节能。
- **18.2.7** 研究表明，各种心理学策略可促进人们的废物利用行为。
- **18.2.8** 许多环境灾难来自社会两难问题形成的公用地悲剧。
- **18.2.9** 噪声污染、建筑设计中存在的大量问题已引起环境心理学家们的密切关注。许多事例证明，只要对环境进行认真的评估，就有可能为各种环境问题找到有效的解决方法。

18.3 心理学是如何促进教育发展的？

18.3.1 教育心理学家关注于提高学习和教学质量。

18.3.2 教育心理学家致力于研究人的学习过程和教师对学生的教学指导过程，通过对教学策略、学习风格、教学风格（如直接教学和发现教学）等多方面问题的研究促进教育发展。

18.4 心理学研究揭示了有关陪审团和法院裁决中的哪些问题？

18.4.1 司法心理学包括对法庭行为和其他与司法制度有关问题的研究。同时，心理学家还在立法、执法和审判等方面提供顾问和咨询服务。

18.4.2 模拟陪审团研究发现，陪审员的裁决会受到主观因素的影响。

18.4.3 对有特殊要求的陪审员可以用科学的方法选拔。但是，在某些情况下，这样做也可能导致所挑选的陪审员带有某种偏见或不能代表大多数人的意见。

18.4.4 很多有死刑判决权的陪审员更倾向于判被告有罪。

18.5 心理学能提高运动员的成绩吗？

18.5.1 运动心理学家致力于研究提高运动员的成绩和提高参加体育运动的效果。对体育技能进行认真的任务分析是改进训练和提高成绩的主要途径之一。

18.5.2 一种运动技能指组成一套非言语的、连贯的动作反应。运动技能的掌握有赖于被称为运动程序的内部心理模式的形成。

18.5.3 运动技能不仅可以通过直接练习的方法来提高，也可以通过心理练习的方法来改进。

18.5.4 只有当运动员的生理、心理和情绪都处于最佳状态时，才可能创造巅峰成绩。

18.5.5 一流的运动员往往更多地使用自我调节策略来集中注意力，保持最佳状态。

18.6 如何设计工具才能更好地满足人类需求？

18.6.1 人类因素心理学家，也称为人类工程学家，研究设计符合人类感知和运动能力的工具。

18.6.2 成功的人类因素工程学应该是自然设计。自然设计以自然的感知信号为基础，人们不需要学就能轻易理解。

18.6.3 人类因素心理学家利用工作性能测验来考察机器是否易学易用。

18.6.4 人机交互将人类因素应用于计算机设计和软件开发。

18.6.5 了解工具和任务才能更充分有效地利用工具，要避免满足于最低需求，尽量做到物尽其用。

18.6.6 太空生活环境的设计必须要全面考虑太空飞行中可能出现的人类因素问题。

附录

心理统计概述

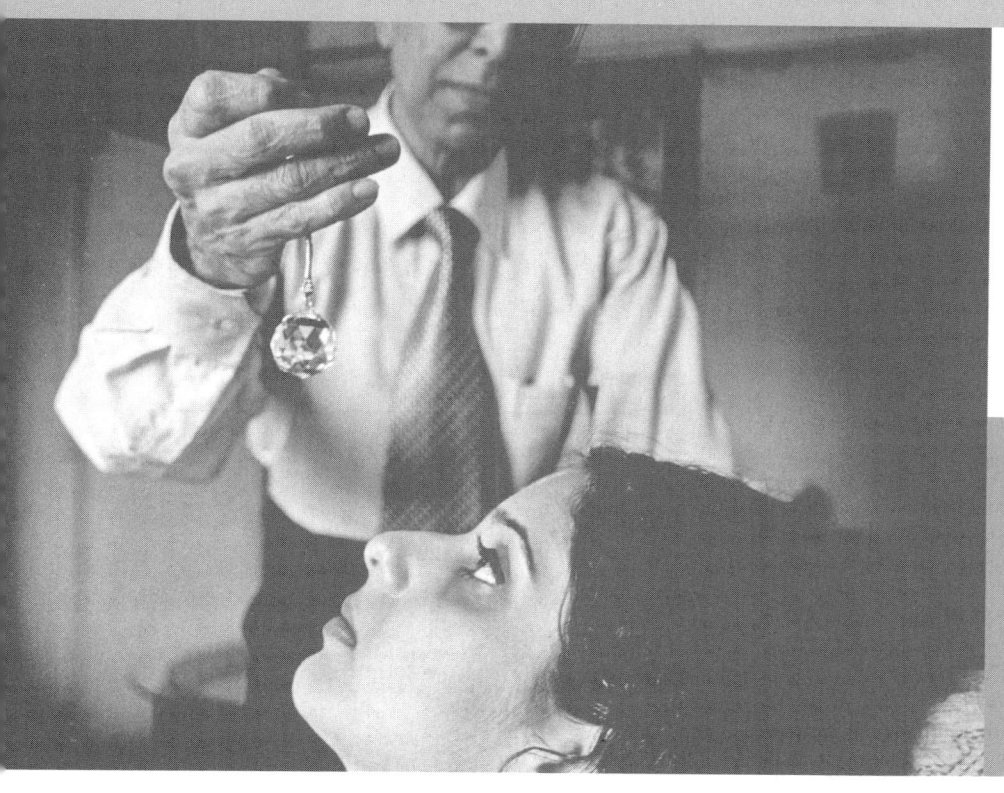

主题

心理统计使我们得以总结心理学研究的发现,并对人类行为得出有效的结论。

关键问题

A.1 什么是描述统计?

A.2 相关分析在心理学中是如何应用的?

A.3 什么是推论统计?

引子

心理学与统计学有什么关系？

安妮塔曾因失眠问题接受过催眠师的治疗，这段经历让她决定选择心理学作为自己的大学主修专业（前一页的图摄于安妮塔刚开始她的催眠疗程的时候）。催眠师很容易就能让她进入催眠状态，而且在几个疗程结束后，她的睡眠状况的确得到了明显改善，这让她惊喜不已。然而，她的心理学梦想几乎夭折，原因是她得知必须修一门心理统计学课程才能毕业。她很纳闷：统计学？为什么要学统计学这种研究数字的东西？心理学不是研究人的吗？

还好，安妮塔对人类行为（尤其是对催眠）的兴趣超过了她对统计学的恐惧。当她上到大三，开始设计研究项目、收集数据时，她才明白心理学研究的结果常常是用数据来呈现的，心理学家需要做很多数据的总结、解释的工作从而揭示其意义。

完成这项工作需要用到两大类统计——描述统计和推论统计。**描述统计**用于对被试的实验数据进行整理、概括和总结，使实验结果更有意义、更容易理解。而**推论统计**则用于决策，从少量样本推断总体的情况，从而得出结论。心理学家需要基于有限的数据得出可靠的结论，多亏有推论统计的帮助，这项工作才变得容易许多。让我们跟随安妮塔简要了解一下统计学在心理学中的应用吧。

描述统计——量化的心理学

关键问题 A.1：什么是描述统计？

假设你刚刚完成了一项有关人类行为的研究。结果似乎还比较有意思，但你能直接根据一堆杂乱的数据得出它们揭示了什么吗？这个时候你也许需要描述统计的帮助。用描述统计的方法对实验数据进行整理和概括，你会对你所观察的人类行为有更清晰的了解。

统计学能够赋予心理学思想和研究以清晰性和精确度（Gravetter & Wallnau, 2010）。事实上，如果没有统计方法，关于人类行为的科学讨论几乎是没法进行的。要了解统计方法是如何起作用的，我们得先来看看最基本的三类描述统计方法：图表统计、集中趋势分析、离中趋势（变异性）分析。

图表统计

图表统计是指用图表的方式呈现数据，使之一目了然、明白易懂。例如安妮塔曾做过一项关于催眠的研究。表 A.1 是在研究中收集到的 100 名大学生催眠易感性测试的分数。如果直接看这些杂乱的数据，我们将很难了解整体上这些被试的催眠易感性是怎样的。这时候，频数分布表可以帮助我们高效地整理和总结大量信息。**频数分布表**是这样做的：在分组（组距相等）的基础上，把样本中的所有数据分到各组中，再统计出各组所含数据的个数。表 A.2 就是把表 A.1 的数据"浓缩"为频数分布表，可以明显看出研究结果变得清晰多了。

表 A.1 催眠感受性的原始分数

55	86	52	17	61	57	84	51	16	64
22	56	25	38	35	24	54	26	37	38
52	42	59	26	21	55	40	59	25	57
91	27	38	53	19	93	25	39	52	56
66	14	18	63	59	68	12	19	62	45
47	98	88	72	50	49	96	89	71	66
50	44	71	57	90	53	41	72	56	93
57	38	55	49	87	59	36	56	48	70
33	69	50	50	60	35	67	51	50	52
11	73	46	16	67	13	71	47	25	77

Copyright © Cengage Learning 2013

表 A.2 催眠易感性分数的频数分布表

分数组段	组内人数
0–19	10
20–39	20
40–59	40
60–79	20
80–99	10

Copyright © Cengage Learning 2013

频数分布常会以图表的形式呈现，这样会更一目了然。**频数分布直方图**制作过程如下：以数据组段为 X 轴，以频率为 Y 轴，每个组用一个矩形（直方）来表示，矩形的高由每组中包含数据的个数来决定（图 A.1）。还有一种大家可能更为熟悉的**频数分布折线图**（图 A.2）。在频数分布折线图中，每个组的中间会用一个点来表示该组中包含数据的个数，然后把相邻的点用直线逐个连起来。

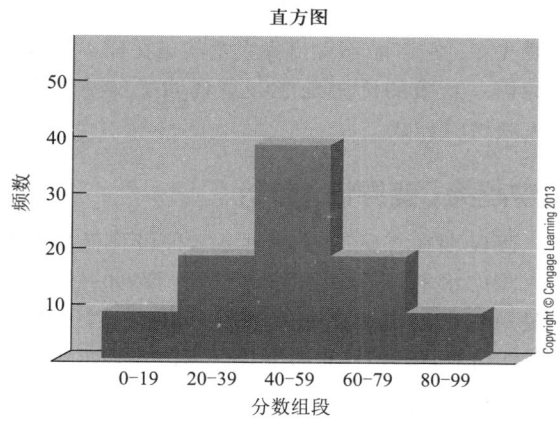

图 A.1 催眠易感性分数的频数分布直方图

集中趋势分析

我们再来看看表 A.2 呈现的结果，会发现 40-59 分数段的人数最多。如何来描述这一事实呢？**集中趋势**是指一组数据向某一中心代表值靠拢的程度。最常见的用来描述集中趋势的是平均数，或算术平均值。除此之外我们也会用到别的"平均值"。为了更好地理解它们，我们来看一个例子：表 A.3 是一个记忆力测试的原始数据。实验分为两个被试组，组 1 是服用记忆力药物组，组 2 是服用安慰剂组。两组被试的记忆力测试分数有差异吗？在计算出平均值之前，我们很难回答这一问题。

平均数

平均数是这样计算的：把每组内的分数相加得到总和，然后除以该组分数的个数。表 A.3 的计算结果显示，两个组的测试分数存在差异。

平均数对一组数据中的极端值（极高或极低）

表 A.3 记忆力测试（服用记忆力药物或安慰剂）实验的原始分数

被试编号	组 1 记忆力药物组	组 2 安慰剂组
1	65	54
2	67	60
3	73	63
4	65	33
5	58	56
6	55	60
7	70	60
8	69	31
9	60	62
10	68	61
总和	650	540
平均数	65	54
中数	66	60

平均数 $= \dfrac{\Sigma X}{n}$

组 1 的平均数 $= \dfrac{65+67+73+65+58+55+70+69+60+68}{10}$

$= \dfrac{650}{10} = 65$

描述统计 /Descriptive statistics 用于描述和概括数据资料的数学工具。

推论统计 /Inferential statistics 用于决策，从少量样本推断总体的情况，从而得出结论的数学工具。

图表统计 /Graphical statistics 一系列用图形的方式呈现数据的方法，以绘制图表最为常见。

频数分布表 /Frequency distribution 一种把所有数据分到组距相同的各个组中，再统计出各组所含数据数目的统计表。

频数分布直方图 /Histogram 一种描述频数分布的图表，用直方来表示各组内包含的数据个数。

频数分布折线图 /Frequency polygon 一种描述频数分布的图表，用折线上的点来表示各组内包含的数据个数。

集中趋势 /Central tendency 一组数据向某一中心代表值靠拢的程度。

平均数 /Mean 描述数据集中趋势的指标之一，用一组数据的总和除以数据的个数所得到的值。

续表

$$\text{组 2 的平均数} = \frac{54+60+63+33+56+60+60+31+62+61}{10}$$

$$= \frac{540}{10} = 54$$

中数 = 位于中间位置的那个数，或中间位置的两个数的平均数 *

组 1 的中数 = 55 58 60 65 ⎡65 67⎤ 68 69 70 73

$$= \frac{65+67}{2} = 66$$

组 2 的中数 = 31 33 54 56 60 ⎡60 60⎤ 61 62 63

$$= \frac{60+60}{2} = 60$$

* □表示中间的数字。
Copyright © Cengage Learning 2013

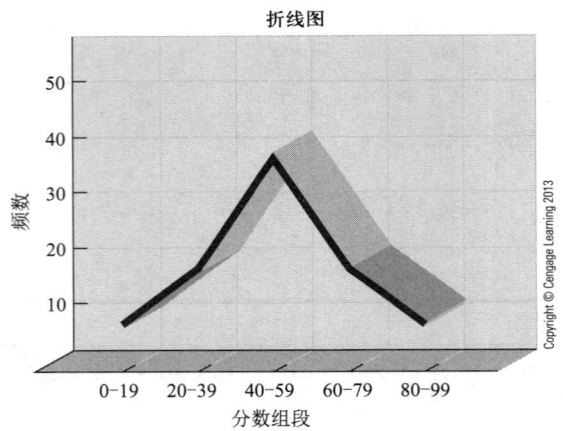

图 A.2　催眠易感性分数的频数分布折线图

很敏感。因此在某些时候，它并不是对集中趋势最好的描述。例如，我们现在要计算一个小样本人群（如 10 多人）的年平均收入，而这个样本里不巧包含了一位像演员约翰尼·德普那样的亿万富翁，可想而知计算出来的平均值肯定不能够代表这些人的收入水平。在这种情况下，我们可能会选择用中数来描述数据的集中趋势。

中数

把一组数据由低到高依次排列，位于中间位置的那个数就是**中数**。换句话说，这组数据中有一半的数比中数大，另一半的数比中数小。例如有这样一组大学生的体重值：105，111，123，126，148，151，154，162，182。这组数据的中数为 148。当然，如果现在有偶数个数据，那么中间位置的"那个数"是不存在的。这种情况下，我们会求取中间位置的两个数的平均数，作为这组数据的中数。中数是独一无二的（参见表 A.3 的最后两行）。

众数

集中趋势的第三种描述方法是众数。**众数**是一组数据中出现频率最高的那个数。我们来看表 A.3 里的数据，不难发现，组 1 的众数是 65，组 2 的众数是 60。尽管一组数据的众数很容易被找出来，但要注意，它可能不太可靠，尤其是在样本量很小的时候。众数的优势是能够直观地呈现整体中最多人获得的分数。

离中趋势（变异性）分析

假设现在有研究者发现了两种可降低易激惹病人焦虑水平的药物。然而，两种药物的区别是：一种可以很稳定地让病人的焦虑水平产生中等程度的下降；而另一种有时能让病人的焦虑水平有很大程度的下降，有时没有作用，有时甚至会让病人的焦虑水平上升。总体来看，两种药物缓解焦虑的平均值是没有差异的，但两种药物的作用效果明显存在差异。所以很多时候，仅仅知道一组数据的平均值是远远不够的，我们还需要知道数据分布是集中的还是分散的。

离中趋势（变异性）分析可以提供表示一组数据分散程度的指标。数据越分散，这一数值越大。数据越集中，这一数值越小。让我们再来看看表 A.3，你一定能指出哪组数据更分散。那么我们该如何描述这一事实呢？

全距

全距是描述离中趋势的最简单的指标，即一组数据的最大值与最小值的差。组 1 的最高分为 73，最低分为 55，全距为 18（73-55 = 18）；组 2 的最高分为 63，最低分为 31，全距为 32。所以组 2 的分数比组 1 的分数更为分散。

标准差

标准差是更好的描述离中趋势的指标，它可以用来表示一组数据相对于平均数的离散程度。标准差的计算方法如下：先计算组中的每个数据相对于平均数的离差，将离差平方后相加，再除以样本量（数据个数），然后再开方，所得的平方根即为标准差（见表 A.4）。可以看到，组 1 的标准差（5.4）比组 2 的标准差（11.3）小。

表 A.4　标准差的计算

组 1 的平均数 =65

分数	离差（d）	离差的平方（d^2）
65 − 65 =	0	0
67 − 65 =	2	4
73 − 65 =	8	64
65 − 65 =	0	0
58 − 65 =	−7	49
55 − 65 =	−10	100
70 − 65 =	5	25
69 − 65 =	4	16
60 − 65 =	−5	25
68 − 65 =	3	9
		292

$$SD = \sqrt{\frac{d^2 \text{的总和}}{\text{分数个数}}} = \sqrt{\frac{292}{10}} = \sqrt{29.2} = 5.4$$

组 2 的平均数 =54

分数	离差（d）	离差的平方（d^2）
54 − 54 =	0	0
60 − 54 =	6	36
63 − 54 =	9	81
33 − 54 =	−21	441
56 − 54 =	2	4
60 − 54 =	6	36
60 − 54 =	6	36
31 − 54 =	−23	529
62 − 54 =	8	64
61 − 54 =	7	49
		1276

$$SD = \sqrt{\frac{d^2 \text{的总和}}{\text{分数个数}}} = \sqrt{\frac{1276}{10}} = \sqrt{127.6} = 11.3$$

Copyrigld © Cengage Leaning 2013

标准分数

标准差的一个重要用途是可以用它来"标准化"分数，使分数更有意义。例如，安妮塔和她的双胞胎姐妹阿姆瑞塔在不同的班级完成了心理学期中考试（不同班级的考试题目不同）。安妮塔考了 118 分，阿姆瑞塔考了 110 分。谁考得更好呢？在知道两个班各自的平均分、她们两人的成绩在各自班级的排名位置之前，我们是很难回答这一问题的。我们需要一个指标来回答这一问题，如使用 Z 分数。

将原始分数转化为 **Z 分数**的计算过程如下：用原始分数减去平均数的差除以标准差，即得到 Z 分数。为了更好地帮助大家理解，我们来算一下安妮塔和阿姆瑞塔姐妹俩的 Z 分数。阿姆瑞塔考了 110 分，所在班级的平均分为 100，标准差为 10，所以她的 Z 分数为 +1.0（参见表 A.5）。安妮塔考了 118 分，所在班级的平均分为 100，标准差为 18，所以她的 Z 分数也是 +1.0（参见表 A.5）。单看原始分数，我们也许会认为安妮塔比阿姆瑞塔考得更好，但从标准分数来看，

表 A.5　Z 分数的计算

$$z = \frac{X - \overline{X}}{SD} = \frac{(\text{原始分数} - \text{平均数})}{\text{标准差}}$$

阿姆瑞塔：$z = \dfrac{110 - 100}{10} = \dfrac{+10}{10} = +1.0$

安妮塔：$z = \dfrac{118 - 100}{18} = \dfrac{+18}{18} = +1.0$

Copyrigld © Cengage Leaning 2013

中数 /Median　描述数据集中趋势的指标之一，把一组数据由低依次到高排列，位于中间位置的那个数即中数；该组数据中有一半的数比中数大，另一半的数比中数小。

众数 /Mode　描述数据集中趋势的指标之一，一组数据中出现频率最高的那个数。

离中趋势（变异性）/Variability　描述一组数据分散的程度，离中趋势分析可得知一组数据是分散还是集中。

全距 /Range　一组数据中最大值与最小值的差。

标准差 /Standard deviation　表示一组数据相对于平均数的离散程度的指标。

Z 分数 /z-score　以标准差为单位来衡量某分数与平均数的差距。

她们俩的分数是相等的。与所在班级的其他学生相比，她俩相对于平均水平的领先优势是同等的。

正态分布曲线

如果对概率事件进行观察和记录，我们会发现有些事件发生的概率很高（经常发生），而有些事件发生的概率较低（偶尔发生），还有一些事件发生的概率极低（极少发生）。最终我们发现，概率事件的分布符合正态曲线（图A.3）。**正态分布曲线**是一个钟形曲线，最中间的分数最多，向左右两端依次递减，两头是一些极端值（极高或极低的分数）。大多数心理学特质或行为都是由多种因素决定的。因此，就如概率事件一样，心理学变量也大多接近于正态分布。已有研究证明，人的身高、记忆广度、智力分数都符合正态分布。换句话说，大多数人都拥有中等水平的身高、记忆能力和智力。离平均值越远，人数越少。

我们应该庆幸如此多的心理学变量都符合正态分布，因为关于这一分布已经有了很多有价值的研究结果。其中之一便是标准差与正态分布的关系。具体来说，标准差衡量的是某分数偏离平均数的比例。从图A.4中可以看出，大约有68%的数

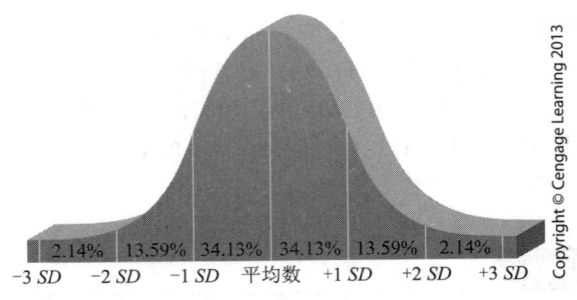

图A.4 标准差与正态分布曲线的关系

据（智力分数、记忆力分数、身高等）会落在正负1个标准差（±1SD）之间；有95%的数据会落在正负两个标准差（±2SD）之间；有99%的数据会落在正负3个标准差（±3SD）之间。

表A.6详细展示了Z分数与其相对应的正态分布曲线不同区域内百分比之间的关系。例如，93.3%的个体的Z分数会小于+1.5，因此，在一项测试中获得的Z分数为1.5（无论原始分数是多少）应该是个很好的成绩，因为大约93%的人会比这个分数要差。标准差（或Z分数）与正态分布的关系是稳定不变的，这让来自不同测验、不同样本的分数有了可比性（只要它们所属的分布接近于正态分布）。

表A.6 Z分数的计算值

Z分数	对应值左侧区域的百分比	对应值右侧区域的百分比
-3.0 SD	00.1	99.9
-2.5 SD	00.6	99.4
-2.0 SD	02.3	97.7
-1.5 SD	06.7	93.3
-1.0 SD	15.9	84.1
-0.5 SD	30.9	69.1
0.0 SD	50.0	50.0
+0.5 SD	69.1	30.9
+1.0 SD	84.1	15.9
+1.5 SD	93.3	06.7
+2.0 SD	97.7	02.3
+2.5 SD	99.4	00.6
+3.0 SD	99.9	00.1

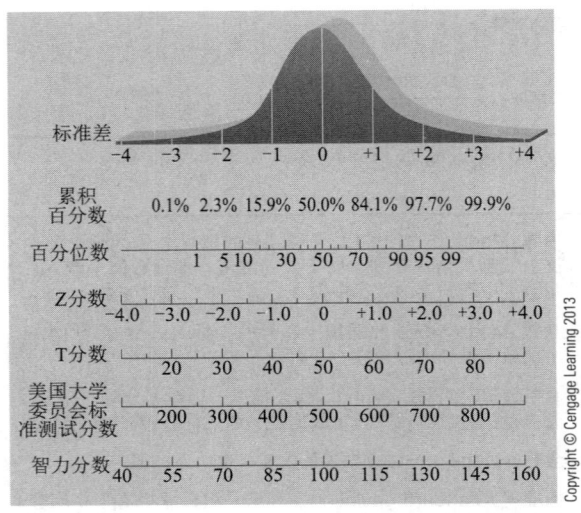

图A.3 正态分布曲线。正态分布是一个理想化的数学模型。然而，很多心理学变量都接近于正态分布曲线。上图展示了标准差、Z分数以及其他分数与正态分布曲线的对应关系。

知识巩固
描述统计

测一测

1. _____ 统计对数据进行整理和概括，使之更有意义或更容易被理解；_____ 统计用于决策，从少量样本推断总体的情况，从而得出结论。
2. 频数分布直方图和频数分布折线图是对应于频数分布表的图表。对不对？
3. 描述集中趋势的三个指标是平均数、中数和_____。
4. 当一组数据由小到大排列，中间位置的那个数就是中数。对不对？
5. 用于描述离中趋势的标准差是指一组数据中最大值与最小值的差。对不对？
6. Z 分数为 -1 是指该分数低于平均数且两者距离为一个标准差。对不对？
7. 在正态分布中，有 99% 的分数会落在 $\pm 1SD$ 中间。对不对？

想一想

批判性思考

8. 如果有人让你计算下列这组年薪的平均数：2 000 000，33 000，27 000，21 000，你多半会拒绝。为什么呢？你会换哪一个指标来描述这组数据的集中趋势？

自我反思

让我们再来看看安妮塔关于催眠感受性的数据，复习一下她是如何用图表形式呈现这些数据的。

现在，计算被试催眠感受性分数的"代表值"。众数、中数、平均数这三个指标，你更倾向于选择哪一个？

再来分析一下这组数据的离中趋势。全距和标准差这两个指标，你会用哪一个？

如果你的课程分数是以 Z 分数的形式结算的，你会感觉如何？

你觉得安妮塔关于催眠感受性研究的分数能形成正态曲线吗？为什么？

答案：1. 描述；推论。 2. 对 3. 众数 4. 对 5. 不对 6. 对 7. 不对，8. 首 图 若 这 组 数 据 中 有 一 个 极 端 值（2 000 000），而 中 数 对 极 端 值 不 敏 感，因 此 计 算 所 得 的 中 数 标 准 以 作 为 整 体 的 代 表 值，这 种 情 况 下，用 中 数 来 描 述 集 中 趋 势 会 更 好。

相关分析——确定事物间的关系

关键问题 A.2：相关分析在心理学中是如何应用的？

我们在第 1 章已经提到，心理学家关于人类行为的很多结论都不是通过实验方法得到的，而是通过对已有现象的观察和测量。心理学家可能会注意到这样一些现象：一对夫妻的社会经济地位和受教育水平越高，他们所生育的孩子数量越少；学生进入大学后的表现与其在高中时的学业成绩是相关联的。以及，就像安妮塔发现的那样，催眠感受性更高的学生比其他人更多地听音乐。我们可以用**相关**（按照某种规律共同发生变化）来描述以上几个例子中两个变量之间的关系。

相关关系

心理学家十分热衷于探索事物间的关系：来自单亲家庭的孩子是否更容易在学校有不良行为？幸福与财富有关吗？儿童期接触互联网与 20 岁时的智力水平会有关系吗？对他人怀有敌意的人格特质与得心脏病的概率有关吗？以上这些都是关于相关的问题（Howell，2011）。

最简单的目测是否存在相关关系的方法是绘制一幅**散点图**。在散点图中，X 轴代表变量 1，Y 轴代表变量 2，在坐标轴中用交叉点来表示每一对数据，当这些点足够多时就可以看出两者的整体模式是

正态分布曲线/Normal curve 一种钟形的分布，最中间的分数最多，向左右两端依次递减，两头是一些极端值。

相关/Correlation 两个变量（事物）间存在的稳定的、具有一定规律的关系。

散点图/Scatter diagram 一种用于描绘成对数据的图表；表中的点标注了 X 轴的值与其对应的 Y 轴的值的交叉点。

怎么样的（见图 A.5）。

图 A.5 是 3 种基本的相关关系的散点图。图 A、B、C 是三种不同程度的正相关关系。**正相关**是指随着 X 变量的增大，Y 变量也增大。例如大学生的智力与其学业成绩是正相关关系。**零相关**是指两个变量间不存在关系（见图 D）。例如大学生帽子的尺寸与其学业成绩是零相关关系。图 E 和 F 是不同程度的**负相关**关系，即随着 X 变量的增大，Y 变量减小。例如被试的酒类消费量与其身体协调性测试的分数成负相关关系：喝酒越多，身体协调性越差。

相关系数

相关系数是表示变量间相关关系强弱的指标，取值范围介于 ±1.00 之间。如果相关系数等于 0 或接近于 0，那么相关关系不存在或者很弱。相关系数等于 +1.00 的相关是**完全正相关**；相关系数等于 −1.00 的相关是**完全负相关**。最常用的相关系数是皮尔逊相关系数 r。如表 A.7 所示（表中的数据

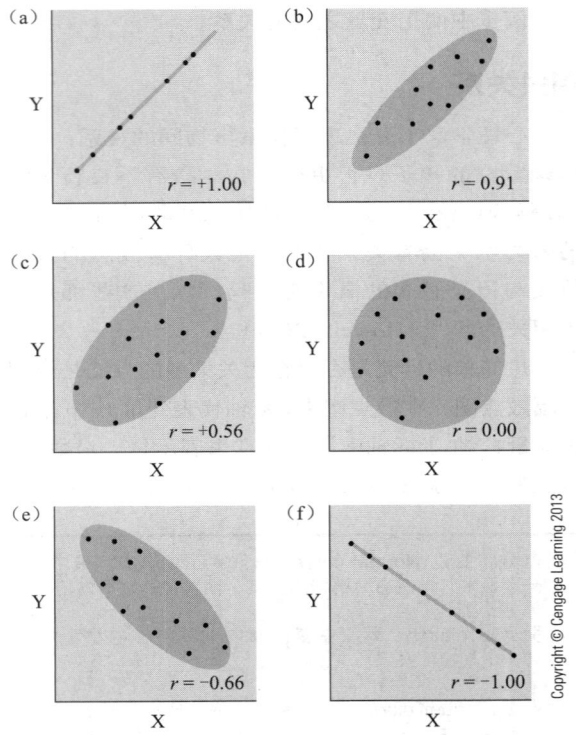

图 A.5 不同相关关系（正相关、零相关、负相关）的散点图。

纯属假设），皮尔逊相关系数的计算方法比较简单。

正如第 1 章里所说的那样，心理学领域极少有完全正相关或完全负相关存在。大多数相关关系的系数都是在 0 到 ±1 之间。相关系数越接近 +1 或 −1，相关关系越强。下面是一个有趣的例子：有人研究了被收养的儿童与其亲生母亲的智力分数之间的关系。在 4 岁的时候，儿童与其亲生母亲智力分数的相关系数为 0.28；7 岁的时候，这一相关系数为 0.35；13 岁的时候为 0.38。随着时间推移，被收养儿童的智力分数与其亲生母亲的智力分数越来越接近。

相关关系可以为我们提供很多很有用的信息。例如，知道抽烟与肺癌发生率之间存在相关是很有价值的。再比如，孕妇怀孕期间的酒类摄入量与婴儿出生缺陷率之间存在相关。还有，一段时间内经历的生活压力事件数量与情绪问题发生的可能性也存在相关。还有更多的例子，这里不再一一列举。重点是，相关分析的确可以帮助我们确认事物之间有价值的关系。

预测

我们可以根据相关关系来做预测。如果我们知道两个变量间存在相关关系，并且知道某人在其中一个量上的得分，那我们就可以预测他在另一个量上的得分。例如，很多大学用公式来计算申请者在未来获得成功的概率。这些公式通常会用到多重相关（多个自变量与一个因变量之间的相关），用于做预测的自变量包括高中学业成绩、教师评定等级、课外活动、学术能力评估测试的分数等。尽管没有一个自变量与申请者未来在大学获得成功的概率呈完全正相关，但综合起来，这些自变量与其未来成功的相关会很高，是相当有效的筛选申请者的工具。

对于相关系数进行如下的转换，你会得到一个相当有用的结果：把相关系数 r 平方，所得的值（决定系数）可以表示一个变量中可由该相关关系来解释的**变异的百分比**。例如，大学生智力分数与学业成绩的相关系数为 0.5，0.5 的平方等于 0.25，即学业成绩有 25% 的变异可以用智力分数来解释。学业成绩与智力分数的关系如图 A.5 的 C 图所示，智力分数可以部分预测学业成绩的变异。如果智力

与学业成绩之间没有相关，那么二者的关系应该如图 A.5 的 D 图所示。

以此类推，如果相关系数为 +1.00 或 −1.00，那么 Y 变量 100% 的变异都可以用 X 变量来解释。如果知道 X 变量的值，那么立刻就可以算出 Y 变量的值。例如，同卵双生子的智力分数高度相关（$r=0.86$），因此双生子中一人的智力分数可以解释另一人智力分数高达 74%（r^2）的变异。

相关系数的平方值可以用于判断很多媒体或心理学通俗读物里所提到的相关的价值。例如，随便扫一眼那些大众读物，你就会发现很多观点是基于 0.25 到 0.3 的相关关系提出的。这意味着只有 6%～9% 的变异可以用这一相关来解释，因此这是不可靠的。这样的相关关系也许的确存在，但事实上并没有太大意义。

相关与因果

需要强调的是，两个变量存在相关关系并不意味着一个变量导致了另一个变量的发生，即相关不意味着**因果**。存在相关关系只能说明两个变量有所关联。当然这也不是说这两个变量间一定没有因果关系，但不能仅仅因为它们相关就判断它们存在因果关系。想要检验因果关系是否存在，必须进行实验研究（参见第 1 章）。

很多时候，两个变量相关是因为它们都受到第三个变量的影响。例如，我们可能会发现学生学习的时间越长，考试成绩越好。我们很容易得出结论说学习时间长是考试成绩好的原因，但也有可能学习时间与考试成绩之间存在相关是因为二者都受到学习动机或兴趣的影响。

我们需要时刻牢记因果关系与原因不明的相关关系的区别。因为在日常生活中，我们很少会进行实验，很多信息其实都只是相关，而不是因果。这也提醒我们，在对人类行为得出结论或发表观点时，需要更加谨慎。

表 A.7 智力分数与学业成绩的相关系数 r 的计算

学生编号	智力分数（X）	学业成绩（Y）	X 变量的平方（X^2）	Y 变量的平方（Y^2）	两个变量的乘积（XY）
1	110	1.0	12 100	1.00	110.0
2	112	1.6	12 544	2.56	179.2
3	118	1.2	13 924	1.44	141.6
4	119	2.1	14 161	4.41	249.9
5	122	2.6	14 884	6.76	317.2
6	125	1.8	15 625	3.24	225.0
7	127	2.6	16 129	6.76	330.2
8	130	2.0	16 900	4.00	260.0
9	132	3.2	17 424	10.24	422.4
10	134	2.6	17 956	6.76	348.4
11	136	3.0	18 496	9.00	408.0
12	138	3.6	19 044	12.96	496.8
总计	1503	27.3	189 187	69.13	3488.7

$$r = \frac{\Sigma XY - \frac{(\Sigma X)(\Sigma Y)}{n}}{\sqrt{\left[\Sigma X^2 - \frac{(\Sigma X)^2}{n}\right]\left[\Sigma Y^2 - \frac{(\Sigma Y)^2}{n}\right]}}$$

$$= \frac{3488.7 - \frac{1503 \times 27.3}{12}}{\sqrt{\left(189187 - \frac{1503^2}{2}\right)\left(69.132 - \frac{27.3^2}{12}\right)}}$$

$$= \frac{69.375}{81.088} = 0.86$$

Copyrigld © Cengage Leaning 2013

正相关 /Positive relationship 两个变量间存在的一种正向变化的关系，一个变量增大，另一个也随之增大（或一个变量减小，另一个也随之减小）。

零相关 /Zero correlation 两个变量间不存在（线性）关系。

负相关 /Negative relationship 两个变量间存在的一种负向变化的关系，一个变量增大，另一个随之减小。

相关系数 /Coefficient of correlation 一个表示相关关系的方向和程度的统计学指标，取值范围在 ±1 之间。

完全正相关 /Perfect positive relationship 相关系数等于 +1.00 的相关关系。

完全负相关 /Perfect negative relationship 相关系数等于 −1.00 的相关关系。

变异的百分比 /Percent of variance 一组数据的总变异的百分比例。

因果 /Causation 事物间关系的一种，原因导致结果。

推论统计——数据的显著性检验

关键问题 A.3：什么是推论统计？

研究者想知道男孩是否比女孩更有攻击性，所以到一个游乐场观察一群5岁儿童的行为。观察一周并进行记录之后，研究者发现男孩的确比女孩做出了更多的攻击性行为。这一差异仅仅是偶然的，还是可以据此得出结论，即男孩比女孩更有攻击性？推论统计可以帮助我们回答这类问题（Heiman, 2011）。

再如，有研究者正在以一小组抑郁人群为被试，研究一种新疗法的效果。他仅仅是对这一小部分的人感兴趣吗？并不是，因为通常情况下，心理学家都致力于发现对人类或动物广泛适用的行为规律（Babbie, 2011）。毫无疑问，这位研究者是想知道这种新疗法是否可能对所有抑郁人群都有作用。正如之前所说，推论统计可以帮助我们做出推断，即通过小范围被试的行为推断他们所代表的大范围人群的行为。

样本与总体

在科学研究中，最理想的情况是我们能一一观察**总体**中的所有对象或个体。然而，这常常是不可能且不现实的。例如，要观察所有的恐怖分子、癌症病人和婆婆们既不现实（因为这些都是很庞大的群体），也不可能（因为恐怖分子可能会改变政治立场，有些人也许不知道自己患了癌症，有些人可能因为离婚而不再有婆婆）。这种情况下，我们通常会选取一个**样本**（总体的一小部分），通过对样本的观察得到关于总体的结论。

样本的选取需要具有**代表性**，也就是说，样本必须能够真实地反映总体的组成和特征。在之前那个有关记忆力药物的研究中，至关重要的一点是选取的20个人能够代表总体人群。为了得到代表性样本，我们需要**随机取样**，即人群中的每一个人被选取为被试的概率应该是相等的。

差异的显著性检验

在我们的记忆力药物研究中，我们发现服用药物组的记忆分数要比服用安慰剂组的分数高。这一结果很令人振奋，但是它有没有可能只是偶然？如果让两组被试再次重复测验（两组均不服用任何药物），他们的记忆分数也许也会有差别。两组被试的分数差距需要多大，我们才能认为这一结果不是偶然因素引起的呢？

统计显著性检验可以告诉我们。实验结果有多大可能只是偶然。检验的结果通常用概率来表示。在心理学领域，如果某一实验结果发生的概率小于或等于0.05，我们就可以认为该结果在统计上达到了显著性水平。记忆力药物实验的结果发生的概率为0.025（$p = 0.025$），说明该结果不太可能只是偶然因素造成的。由此我们可以得出结论，即这种记忆力药物的确能够提高被试记忆力测验的分数。

知识巩固
相关分析和推论统计

测一测

1. 散点图可以用于直观地表示两组数据的_____关系。
2. 若两变量是负相关关系，则 X 变量会随着 Y 变量的减小而增大。对不对？
3. 相关系数为0.00的相关被称为完全正相关。对不对？
4. 一定要牢记，相关不意味着_____。
5. 推论统计通过对_____的观察得到关于_____的推断或结论。
6. 代表性样本可以通过_____取样获得。
7. 如果一项实验的结果发生的概率小于0.25，我们就可以说它在统计上达到了显著性水平。对不对？

想一想
批判性思考

8. 假设有人发现不脱衣服睡觉与醒来时头痛有相关关系。能否得出结论说，不脱衣服睡觉会导致醒来时头痛?

自我反思

请各举出至少一个你在日常生活中观察到的有关人类行为的正相关和负相关的例子。这些例子中的相关程度会有多强呢?请估计其相关系数值。

有一位女性在冬天会喝更多的咖啡(相对于夏天),她在冬天也更容易感冒。她决定少喝咖啡以预防感冒。你赞同她的做法吗?关于相关和因果,你会告诉她些什么?

很多情况下,我们需要通过对小样本人群的观察来推断关于整体人群的情况。统计学是如何帮助提高推断的准确性的?

假设你想要研究某一药物是否导致新生儿缺陷,你会选用怎样的显著性标准?如果是进行一项心理学实验呢,你又会选择怎样的显著性标准?

答案:1.相关; 2.尺; 3.尺寸; 4.图framework; 5.样本; 6.随机,尺寸尺; 8.尺确。滴着共汝滴测, 相关不代表因果。请有可能是寒冷能致她的腹未时关减弱起三个变量(长均啃了太多糖)导致的。

总体 /Population　同属于某一类别的全部人或事物(如全体大学生、全体已婚女性)。

样本 /Sample　总体中的一小部分。

代表性样本 /Representative selection　从总体中随机选取的一小部分,它能够真实地反映总体的特征。

随机取样 /Random selection　一种取样方法,总体中的每个个体都有同样的概率被选取到样本中。

统计显著性 /Statistical significance　一个标准,达到该标准事件(如实验结果)通常被认为不可能只是偶然因素引起的。

本章总结

关键问题回顾

A.1 什么是描述统计?

A.1.1 描述统计对数据进行整理和概括。

A.1.2 用不同种类的图表(如直方图、折线图)来直观地呈现数据,可以让心理学研究的结果更清晰,更容易发现趋势和模式。

A.1.3 集中趋势的分析可以提供一组数据的"代表值"。平均数是用一组数据的总和除以数据的个数所得到的值;中数是把一组数据由低到高依次排列,位于中间位置的那个数;众数是一组数据中出现频率最高的那个数。

A.1.4 离中趋势的分析可以提供一组数据分散程度(变异性)的指标。全距是一组数据中最大值与最小值的差;标准差表示一组数据相对于平均数的离散程度。

A.1.5 用原始分数减去平均数的差除以标准差,就转化成了标准分数(Z分数)。标准分数(Z分数)以标准差为单位来衡量某分数与平均数的差距,它让来自不同样本的分数有了可比性。

A.1.6 来自正态分布的分数会比较容易解释,因为我们对于正态分布的特征已经有了很多的了解。

A.2 相关分析在心理学中是如何应用的?

A.2.1 相关是指两个变量按一定规律共同发生变化。

A.2.2 两个变量间的相关关系可能是正相关,也可能是负相关。

A.2.3 相关系数显示了两组数据相关的强度。

A.2.4 利用变量间的相关关系,当知道其中一个变量时,就可以预测另一个变量。

A.2.5 仅仅知道两个变量相关,并不能推断出它们也存在因果关系。

A.3 什么是推论统计?

A.3.1 推论统计用于决策,从少量样本推断总体的情况,从而得出结论。

A.3.2 大多数心理学研究都基于样本。在代表性样本的基础上得到的研究结果通常被认为同样适用于总体。

A.3.3 在心理学研究中,不同被试组间的差异可能纯粹是偶然因素引起的。统计的显著性检验可以帮助我们确定组间差异发生的概率有多大。如果差异足够大,发生概率足够小,就说明实验结果不是偶然因素引起的。

参 考 文 献

Aamodt, M. G. (2010). *Industrial/organizational psychology: An applied approach* (6th ed.). Belmont, CA: Cengage Learning/Wadsworth.

Abe, N., Suzuki, M., Mori, E., et al. (2007). Deceiving others: Distinct neural responses of the prefrontal cortex and amygdala in simple fabrication and deception with social interactions. *Journal of Cognitive Neuroscience, 19*(2), 287–295.

Abel, G. G., Wiegel, M., & Osborn, C. A. (2007). Pedophilia and other paraphilias. In L. VandeCreek, F. L. Peterson, Jr., & J. W. Bley (Eds.), *Innovations in clinical practice: Focus on sexual health* (pp. 157–175). Sarasota, FL: Professional Resource Press.

Abma, J. C., Martinez, G. M., Mosher, W. D., et al. (2004). Teenagers in the United States: Sexual activity, contraceptive use, and childbearing, 2002. *Vital Health Statistics, 23*(24), 1–48.

Abraham, W. C. (2006). Memory maintenance: The changing nature of neural mechanisms. *Current Directions in Psychological Science, 15*(1), 5–8.

Abrahamse, W., Steg, L., Vlek, C., et al. (2005). A review of intervention studies aimed at household energy conservation. *Journal of Environmental Psychology, 25*(3), 273–291.

Abrahamson, D. J., Barlow, D. H., & Abrahamson, L. S. (1989). Differential effects of performance demand and distraction on sexually functional and dysfunctional males. *Journal of Abnormal Psychology, 98*(3), 241–247.

Abrams, D. B., Brown, R., Niaura, R. S., et al. (2003). *The tobacco dependence treatment handbook: A guide to best practices.* New York, Guilford.

Accordino, D. B., Accordino, M. P., & Slaney, R. B. (2000). An investigation of perfectionism, mental health, achievement, and achievement motivation in adolescents. *Psychology in the Schools, 37*(6), 535–545.

Adams, J. (2001). *Conceptual blockbusting* (4th ed.). New York: Basic Books.

Adamson, K. (2004). *Kate's journey: Triumph over adversity.* Redondo Beach, CA: Nosmada Press.

Adan, A., & Serra-Grabulosa, J. P. (2010). Effects of caffeine and glucose, alone and combined, on cognitive performance. *Human Psychopharmacology: Clinical & Experimental, 25*(4), 310–317.

Addis, K. M., & Kahana, M. J. (2004). Decomposing serial learning: What is missing from the learning curve? *Psychonomic Bulletin & Review, 11*(1), 118–174.

Adler, S. A., & Orprecio, J. (2006). The eyes have it: Visual pop-out in infants and adults. *Developmental Science, 9*, 189–206.

Adolphs, R. (2008). Fear, faces, and the human amygdala. *Current Opinion in Neurobiology, 18*(2), 166–172.

Adorno, T. W., Frenkel-Brunswik E., Levinson, D. J., et al. (1950). *The authoritarian personality.* New York: Harper.

Adults and Children Against Violence Together. (2010). *Violence prevention for families of young children.* Washington: Author.

Advisory Council on the Misuse of Drugs. (2009). *MDMA ("ecstasy"): A review of its harms and classification under the Misuse of Drugs Act 1971.* London, England: Author.

Afifi, T. O., Brownridge, D. A., Cox, B. J., et al. (2006). Physical punishment, childhood abuse, and psychiatric disorders. *Child Abuse & Neglect, 30*(10), 1093–1103.

Ahima. R. S., & Osei, S. Y. (2004). Leptin signaling. *Physiology & Behavior, 81*, 223–241.

Ahluwalia, M. K., & Pellettiere, L. (2010). Sikh men post-9/11: Misidentification, discrimination, and coping. *Asian American Journal of Psychology, 1*(4), 303–314.

Ajzen, I. (2005). *Attitudes, personality and behaviour* (2nd ed.). New York: McGraw-Hill.

Åkerstedt, T. (2007). Altered sleep/wake patterns and mental performance. *Physiology & Behavior, 90*(2-3), 209–218.

Albarracín, D., Johnson, B. T., & Zanna, M. P. (Eds.) (2005). *The handbook of attitudes.* Mahwah, NJ: Erlbaum.

Alberti, R., & Emmons, M. (2008). *Your perfect right* (9th ed.). San Luis Obispo, CA: Impact.

Alberto, P. A., & Troutman, A. C. (2009). *Applied behavior analysis for teachers* (8th ed.). Englewood Cliffs, NJ: Prentice Hall.

Albrecht, C. M., & Albrecht, D. E. (2011). Social status, adolescent behavior, and educational attainment. *Sociological Spectrum, 31*(1), 114–137.

Albright, D. L., & Thyer, B. (2010). Does EMDR reduce post-traumatic stress disorder symptomatology in combat veterans? *Behavioral Interventions, 25*(1), 1–19.

Alcock, J. E. (2003). Give the null hypothesis a chance: Reasons to remain doubtful about the existence of psi. *Journal of Consciousness Studies, 10*(6-7), 29–50.

Alcock, J. E., Burns, J., & Freeman, A. (2003). *Psi wars: Getting to grips with the paranormal.* Exeter, UK: Imprint Academic Press.

Aldhous, P. (2010, November 11). Is this evidence that we can see the future? *New Scientist.*

Alegre, A. (2011). Parenting styles and children's emotional intelligence: What do we know? *The Family Journal, 19*(1), 56–62.

Algoe, S. B., Gable, S. L., & Maisel, N. (2010). It's the little things: Gratitude as a booster shot for romantic relationships. *Personal Relationships, 17*(2), 217–233.

Ali, M. M., & Dwyer, D. S. (2010). Social network effects in alcohol consumption among adolescents. *Addictive Behaviors, 35*(4), 337–342.

Allen, D., Carlson, D., & Ham, C. (2007). Well-being: New paradigms of wellness-inspiring positive health outcomes and renewing hope. *American Journal of Health Promotion, 21*(3), 1–9.

Allen, J. L., Lavallee, K. L., Herren, C., et al. (2010). DSM-IV criteria for childhood separation anxiety disorder: Informant, age, and sex differences. *Journal of Anxiety Disorders, 24*(8), 946–952.

Allen, K., Blascovich, J., & Mendes, W. B. (2002). Cardiovascular reactivity in the presence of pets, friends, and spouses: The truth about cats and dogs. *Psychosomatic Medicine, 64*(5), 727–739.

Allen, M., Mabry, E., & McKelton, D. (1998). Impact of juror attitudes about the death penalty on juror evaluations of guilt and punishment: A meta-analysis. *Law & Human Behavior, 22*(6), 715–731.

Alleyne, M. D. (Ed.) (2011). *Anti-racism and multiculturalism: Studies in international communication.* Piscataway, NJ: Transaction Publishers.

Allport, G. W. (1958). *The nature of prejudice.* Garden City, NY: Anchor Books, Doubleday.

Allport, G. W. (1961). *Pattern and growth in personality.* New York: Holt, Rinehart, & Winston.

Altemeyer, B. (2004). Highly dominating, highly authoritarian personalities. *Journal of Social Psychology, 144*(4), 421–447.

Alter, A. L., Aronson, J., Darley, J. M., et al. (2010). Rising to the threat: Reducing stereotype threat by reframing the threat as a challenge. *Journal of Experimental Social Psychology, 46*, 166–171.

Altman, L. K. (2002). AIDS threatens to claim 65M more lives by '20. *Arizona Daily Star,* July 3, A7.

Altschuler, G. C. (2001). *Battling the cheats.* The New York Times: Education, Jan. 7, 15.

Alwin, D. F., Cohen, R. L., & Newcomb, T. M. (1991). *Political attitudes over the life span: The Bennington women after fifty years.* Madison, WI: University of Wisconsin Press.

Amabile, T., Hadley, C. N., & Kramer, S. J. (2002). Creativity under the gun. *Harvard Business Review, 80*(8), 52–61.

Amato, P. R., & Fowler, F. (2002). Parenting practices, child adjustment, and family diversity. *Journal of Marriage & Family, 64*(3), 703–716.

Ambady, N., & Rosenthal, R. (1993). Half a minute: Predicting teacher evaluations from thin slices of nonverbal behavior and physical attractiveness. *Journal of Personality & Social Psychology, 64*, 431–441.

American Academy of Child and Adolescent Psychiatry. (2008). Child sexual abuse. Washington, DC: Author.

American Lung Association. (2011). Secondhand smoke.

American Psychiatric Association. (2000). *Diagnostic and statistical manual of mental disorders* (4th ed.). Washington, DC: Author.

American Psychiatric Association. (2010*). DSM-5: The future of psychiatric diagnosis.* Washington, DC: Author.

American Psychiatric Association. (2010). *Proposed draft revisions to DSM disorders and criteria.* Washington, DC: Author.

American Psychological Association. (2002). Ethical principles of psychologists and code of conduct. *American Psychologist, 57*, 1060–1073.

American Psychological Association. (2003a). *Demographic shifts in psychology.* Washington, DC: Author.

American Psychological Association. (2003b). Guidelines on multicultural education, training, research, practice, and organizational change for psychologists. *American Psychologist, 58*(5), 377–402.

American Psychological Association. (2007a). *2007 APA directory survey.* Washington, DC: Author.

American Psychological Association. (2007b). *Report of the APA Task Force on the sexualization of girls.* Washington, DC: Author.

American Psychological Association. (2008). *Report of the Task Force on the Implementation of the Multicultural Guidelines*. Washington, DC: Author.

American Psychological Association. (2010). *Ethical principles of psychologists and code of conduct: 2010 amendments*. Washington, DC: Author.

American Psychological Association. (2011). *Sexual orientation and homosexuality*. Washington, DC: Author.

Ancis, J. R., Chen, Y., & Schultz, D. (2004). Diagnostic challenges and the so-called culture-bound syndromes. In J. R. Ancis (Ed.), *Culturally responsive interventions: Innovative approaches to working with diverse populations* (pp. 213–222). New York: Brunner-Routledge.

Andersen, M. L., Poyares, D., Alves, R. S. C., et al. (2007). Sexsomnia: Abnormal sexual behavior during sleep. *Brain Research Reviews*, 56(2), 271–282.

Anderson, C. A. (1989). Temperature and aggression. *Psychological Bulletin*, 106, 74–96.

Anderson, C. A. (2004). An update on the effects of violent video games. *Journal of Adolescence*, 27, 113–122.

Anderson, C. A., & Bushman, B. J. (2002). Human aggression. *Annual Review of Psychology*, 53, 27–51.

Anderson, C. A., Anderson, K. B., & Deuser, W. E. (1996). Examining an affective aggression framework. *Personality & Social Psychology Bulletin*, 22(4), 366–376.

Anderson, C. A., Berkowitz, L. Donnerstein, E., et al. (2003). The influence of media violence on youth. *Psychological Science in the Public Interest*, 4, 1–30.

Anderson, C. A., Carnagey, N. L., & Eubanks, J. (2003). Exposure to violent media: The effects of songs with violent lyrics on aggressive thoughts and feelings. *Journal of Personality & Social Psychology*, 84(5), 960–971.

Anderson, C. A., Gentile, D. A., & Buckley, K. E. (2007). *Violent video game effects on children and adolescents: Theory, research, and public policy*. New York: Oxford University Press.

Anderson, J. R. (2010). *Cognitive psychology and its implications* (7th ed.). New York: Worth.

Anderson, K. J. (2010). *Benign bigotry: The psychology of subtle prejudice*. New York: Cambridge University Press.

Anderson, M. C., & Green, C. (2001). Suppressing unwanted memories by executive control. *Nature*, 410(6826), 366–369.

Anderson, M. C., Ochsner, K. N., Kuhl, B., et al. (2004). Neural systems underlying the suppression of unwanted memories. *Science*, 303, 232–235.

André, C., Jaber-Filho J. A., Carvalho, M., et al. (2003). Predictors of recovery following involuntary hospitalization of violent substance abuse patients. *The American Journal on Addictions*, 12(1), 84–89.

Andresen, J. (2000). Meditation meets behavioural medicine: The story of experimental research on meditation. *Journal of Consciousness Studies*, 7(11-12), 17–73.

Anekonda, T. S. (2006). Resveratrol: A boon for treating Alzheimer's disease?. *Brain Research Reviews*, 52(2), 316–326.

Annett, M. (2002). *Handedness and brain asymmetry: The right shift theory*. Hove, UK: Psychology Press.

Annett, M., & Manning, M. (1990). Arithmetic and laterality. *Neuropsychologia*, 28(1), 61–69.

Anshel, M. H. (1995). An examination of self-regulatory cognitive-behavioural strategies of Australian elite and non-elite competitive male swimmers. *Australian Psychologist*, 30(2), 78–83.

Antoni, C. (2005). Management by objectives: An effective tool for teamwork? *International Journal of Human Resource Management*, 16(2), 174–184.

Antony, M. M., & Swinson, R. P. (2008). *The shyness and social anxiety workbook: Proven, step-by-step techniques for overcoming your fear* (2nd ed.). Oakland, CA: New Harbinger.

Arbona, C. B., Osma, J., Garcia-Palacios A., et al. (2004). Treatment of flying phobia using virtual reality: Data from a 1-year follow-up using a multiple baseline design. *Clinical Psychology & Psychotherapy*, 11(5), 311–323.

Ariely, D., & Loewenstein, G. (2006). The heat of the moment: The effect of sexual arousal on sexual decision making. *Journal of Behavioral Decision Making*, 19(2), 87–98.

Ariely, D., & Wertenbroch, K. (2002). Procrastination, deadlines, and performance: Self-control by precommitment. *Psychological Science*, 13(3), 219–224.

Arnett, J. J. (2004). *Emerging adulthood: The winding road from late teens through the twenties*. New York: Oxford University Press.

Arnett, J. J. (2010). Oh, grow up! Generational grumbling and the new life stage of emerging adulthood—Commentary on Trzesniewski & Donnellan (2010). *Perspectives on Psychological Science*, 5(1), 89–92.

Arnett, J. J., & Galambos, N. L. (Eds.). (2003). *New directions for child and adolescent development: Exploring cultural conceptions of the transition to adulthood*. San Francisco: Jossey-Bass.

Aron, A., Fisher, H. E., Strong, G., et al. (2008). Falling in love. In S. Sprecher, A. Wenzel, & J. Harvey (Eds.), *Handbook of relationship initiation* (pp. 315–336). New York: Psychology Press.

Aronow, E., Altman Weiss, K., & Reznikoff, M. (2001). *A practical guide to the Thematic Apperception Test: The TAT in clinical practice*. New York: Brunner-Routledge.

Aronson, E. (2008). *The social animal* (10th ed.). New York: Worth.

Aronson, E., Wilson, T. D., & Akert, R. M. (2010). *Social psychology* (7th ed.). Englewood Cliffs, NJ: Prentice Hall.

Aronson, K. (2003) Alcohol: A recently identified risk factor for breast cancer. *Canadian Medical Association Journal*, 168(9), 1147–1148.

Arthur, W., & Doverspike, D. (2001). Predicting motor vehicle crash involvement from a personality measure and a driving knowledge test. *Journal of Prevention & Intervention in the Community*, 22(1), 35–42.

Artz, S. (2005). To die for: Violent adolescent girls' search for male attention. In D. J. Pepler, K. C. Madsen, et al. (Eds.), *The development and treatment of girlhood aggression* (pp. 137–160). Mahwah, NJ: Erlbaum.

Ary, D. V., Duncan, T. E., Biglan, A., et al. (1999). Development of adolescent problem behavior. *Journal of Abnormal Child Psychology*, 27(2), 141–150.

Asch, S. E. (1956). Studies of independence and conformity: A minority of one against a unanimous majority. *Psychological Monographs*, 70(9, Whole No. 416).

Ash, D. W., & Holding, D. H. (1990). Backward versus forward chaining in the acquisition of a keyboard skill. *Human Factors*, 32(2), 139–146.

Ashby, F. G., & Maddox, W. T. (2005). Human category learning. *Annual Review of Psychology*, 56, 149–178.

Ashcraft, D. (2012). *Personality theories workbook* (5th ed.). Belmont, CA: Cengage Learning/Wadsworth.

Ashton, M. C. (2007). *Individual differences and personality*. San Diego: Elsevier.

Asmundson, G. J. G., & Taylor, S. (2005). *It's not all in your head*. London: Psychology Press.

Athenasiou, R., Shaver, P., & Tavris, C. (1970). Sex. *Psychology Today*, 4(2), 37–52.

Atkin, D. J., & Lau, T. Y. (2007). Information technology and organizational telework. In C. A. Lin, & D. J Atkin (Eds.), *Communication technology and social change: Theory and implications* (pp. 79–100). Mahwah, NJ: Erlbaum.

Atkinson, R.C. & Schiffrin, R.M. (1968). Human memory: A proposed system and its control processes. In K. W. Spence, & J. T. Spence (Eds.), *The psychology of learning and motivation* (Vol. 2, pp. 742–775). London: Academic Press.

Atwood, J. D. (2006). Mommy's little angel, daddy's little girl: Do you know what your preteens are doing? *American Journal of Family Therapy*, 34(5), 447–467.

Aucoin, K. J., Frick, P. J., & Bodin, S. D. (2006). Corporal punishment and child adjustment. *Journal of Applied Developmental Psychology*, 27(6), 527–541.

Avery, D. H., Eder, D. N., Bolte, M. A., et al. (2001). Dawn simulation and bright light in the treatment of SAD. *Biological Psychiatry*, 50(3), 205–216.

Awadallah, N., Vaughan, A., Franco, K., et al. (2005). Munchausen by proxy: A case, chart series, and literature review of older victims. *Child Abuse & Neglect*, 29(8), 931–941.

Axmacher, N., Do Lam, A. T. A., Kessler, H., et al. (2010). Natural memory beyond the storage model: Repression, trauma, and the construction of a personal past. *Frontiers in Human Neuroscience*, 4, 211. doi: 10.3389/fnhum.2010.00211.

Ayers, L., Beaton, S., & Hunt, H. (1999). The significance of transpersonal experiences, emotional conflict, and cognitive abilities in creativity. *Empirical Studies of the Arts*, 17(1), 73–82.

Ayllon, T. (1963). Intensive treatment of psychotic behavior by stimulus satiation and food reinforcement. *Behavior Research & Therapy*, 1, 53–61.

Ayllon, T., & Azrin, N. H. (1965). The measurement and reinforcement of behavior of psychotics. *Journal of the Experimental Analysis of Behavior*, 8, 357–383.

Ayman, R., & Korabik, K. (2010). Leadership: Why gender and culture matter. *American Psychologist*, 65(3), 157–170.

Baard, P. P., Deci, E. L., & Ryan, R. M. (2004). Intrinsic need satisfaction: A motivational basis of performance and well-being in two work settings. *Journal of Applied Social Psychology*, 34(10), 2045–2068.

Babbie, E. R. (2011). *The basics of social research* (5th ed.). Belmont, CA: Cengage Learning/Wadsworth.

Bachman, J. G., & Johnson, L. D. (1979). The freshmen. *Psychology Today*, 13, 78–87.

Baddeley, A. D. (2003). Working memory: Looking back and looking forward. *Nature Reviews Neuroscience*, 4(10), 829–839.

Baddeley, A., Eysenck, M. W., & Anderson, M. C. (2009). *Memory*. Hove, UK: Psychology Press.

Baer, J. M. (1993). *Creativity and divergent thinking*. Hillsdale, NJ: Erlbaum.

Bahr, S. J., & Hoffmann, J. P. (2010). Parenting style, religiosity, peers, and adolescent heavy drinking. *Journal of Studies on Alcohol & Drugs*, 71(4), 539–543.

Bailey, C. H., & Kandel, E. R. (2004). Synaptic growth and the persistence of long-term memory: A molecular perspective. In M. S. Gazzaniga (Ed.), *The cognitive neurosciences* (3rd ed., pp. 839–847). Cambridge, MA: MIT Press.

......*

致教师的一封信

尊敬的老师：

您好！

感谢您选择"万千心理"的教材！

为了支持您的教学工作，我们将特别为您提供以下周到贴心的服务：

1. **免费样书**：如果您选用了"万千心理"的教材进行授课，我们将免费提供教师样书；
2. **免费教辅**：丰富的教学辅助资料，包括教师用书、教学演示PPT及习题库等；
3. **好书推荐**：我们将定期以电子邮件和宣传手册的形式为您推荐优秀教材、教辅，以及您感兴趣领域的最新书目和"万千心理"畅销书单；
4. **会员折扣**：您可享受全年最优购书折扣以及不定期的会员特惠活动；
5. **出版机会**：您将有可能成为我们优先选择的签约作者或译者。

北京万千新文化传媒有限公司（简称"万千公司"）是中国轻工业出版社与美国万国图文公司共同投资兴办的合资企业。"万千心理"是万千公司推出的心理学类图书品牌。二十多年来，万千公司与美国心理学会（APA）、美国咨询协会（ACA）等心理机构进行了多项卓有成效的合作，并与世界排名前十位的出版集团，如培生教育有限公司（Pearson Education）、圣智学习出版集团（Cengage Learning）、麦格劳希尔公司（McGraw Hill）、约翰威利父子有限公司（John Wiley & Sons Inc.）等著名出版机构建立了良好的版权贸易与合作关系。时至今日，万千公司成功地策划并引进了数百种心理类图书，包括"心理学专业教材与教辅系列""心理学公共课教材系列""跨专业心理学教材系列""心理咨询与治疗系列"以及"心理自助系列"等心理学读物，共20余个系列、780余种图书。"万千心理"得到了心理学科领域专业人士的一致认同，受到了广大读者的喜爱。

"万千心理教学支持计划"，真诚期待您的加入！

此致

敬礼！

"万千心理"敬上

欢迎任课教师加入教学支持计划！

咨询电话：010-65181109，65125990
读者信箱：1012305542@qq.com
新浪微博：万千心理官方微博